Die Welthandelsorganisation und die Regulierung
internationaler Wirtschaftsdynamik

Die Deutsche Bibliothek verzeichnet diese Publikation in der Deutschen Nationalbibliografie: detaillierte bibliografische Daten sind im Internet über http://dnb.ddb.de abrufbar.

Ausgabe in 4 Bänden: Bd. 1 (Abschnitte 'A', 'B', 'C', 'D", E'); Bd. 2 (Abschnitte 'F', 'G', 'H', 'I'); Bd. 3 (Abschnitte 'J', 'K'); Bd. 4 (Abschnitte 'L', 'M', 'N').
<u>Dies ist Bd. 2 (Abschnitte 'F', 'G', 'H', 'I').</u>

Druck: DIP-Digital-Print, 58453 Witten.
© 2008 Trade Focus Verlag, Zedernweg 45, 53757 St. Augustin
http://www.tradefocus.de
ISBN 978-3-9810240-4-3

Inhaltsverzeichnis　　　　　　　　　　　　　　Bd. 2 (Abschnitte 'F', 'G', 'H', 'I')

Teil I

F	**Entwicklungsländer, Wissensverbreitung und technologische Fähigkeiten**	421
1.	Einleitung	422
2.	Wissensverbreitung	422
2.1	Die Kanäle	422
2.2	Wissensverbreitung auf internationaler Ebene	424
2.3	Technologietransfer und Direktinvestitionen	427
3.	Technologische Fähigkeiten als Erklärungsansatz	428
4.	Ergebnisse auf der Firmen- und Länderebene	435
4.1	Ausgebildete technologische Fähigkeiten	435
4.1.1	Koreas Automobilindustrie	436
4.2	Firmen mit mittleren technologischen Fähigkeiten	441
4.2.1	Beispiel Indien	442
4.3	Firmen mit geringen technologischen Fähigkeiten	458
4.3.1	Beispiel Afrika	458
5.	Fazit	460
G	**Exportorientierung: Dogmatisch liberal vs. moderat liberal**	463
1.	Einleitung	465
2.	Der Übergang von Importsubstitution zur Exportorientierung	466
3.	Die Politikelemente der Exportorientierung	471
3.1	Wechselkurspolitik	473
4.	Exportorientierung nach Krueger/Bhagwati/Balassa	484
5.	Exportorientierung in dogmatisch liberaler Form	497
6.	Zwischenfazit	508
7.	Daten zu Wechselkursentwicklung und Exporten	509
8.	Die Exportorientierung-Wachstums Kausalhypothese	511
9.	Länderstudien	525
10.	Korea	525
10.1	Die frühen Jahre	527
10.2	Der HCI-Plan	532
10.3	Korea im Vergleich zu Brasilien	535
10.4	Die Anreize des HCI-Plans	536
10.5	Erfolge des HCI-Plans	537
10.6	Direktinvestitionen	542
10.7	Strukturpolitische Beeinflussung	542
10.8	Wettbewerbspolitik	544
10.9	Fazit	546
11.	Taiwan	548
12.	Brasilien	553

12.1	Fünf außenhandelspolitische Zeitphasen	553
12.2	Die Frühphase brasilianischer Entwicklung	554
12.3	Das siebziger Jahre mit der Neo-IS Strategie	558
12.4	Schuldenkrise und verlorenes Jahrzehnt	564
12.5	Die Dimensionen der brasilianischen Industriepolitik	565
12.6	Fazit Industriepolitik bis zu den neunziger Jahren	568
12.7	Beispiel Automobilindustrie	572
12.8	Progressive Liberalisierung in den neunziger Jahren	575
12.9	Sektorale Entwicklungen in den neunziger Jahren 115576	
12.10	Die Entwicklung technologischer Fähigkeiten	578
12.11	Die aktuelle Position Brasiliens auf dem Weltmarkt	586
12.12	Zusammenfassung	587
13.	China	589
14.	Afrika	593
14.1	Einleitung	593
14.2	Zwischen Sozialismus und Marktwirtschaft	595
14.3	Die Debatte um die Erklärungsfaktoren der afrikanischen Entwicklung	597
14.4	Die Relevanz des verarbeitenden Sektors	600
14.5	Importsubstitution, Wechselkursüberbewertung, Strukturanpassung	603
14.6	Exportorientierung und Liberalisierung	605
14.7	Wie weit soll Liberalisierung in Afrika gehen?	607
14.8	Länderbeispiel Kenya	624
14.9	Textil/Bekleidung: Warum neue Präferenzregeln wirksam sind	628
14.10	Textil/Bekleidung: Der südafrikanische Raum	631
14.11	Regionale Integration	634
14.12	Fazit	634
15.	Zusammenfassung Abschnitt 'A' bis 'G'	637

Teil II

H	<u>Die Nachkriegsordnung des eingebetteten Liberalismus</u>	651
1.	Einleitung	653
2.	Die Gründung der Internationalen Handelsorganisation scheitert	659
3.	Das GATT	664
4.	Mengenmäßige Beschränkungen und Zahlungsbilanzmaßnahmen	666
5.	Meistbegünstigung	670
5.1	Ausnahmen von der Meistbegünstigung	675
5.2	Regionale Integrationsprojekte, Freihandelsabkommen und Allgemeines Präferenzsystem	677
6.	Sondergenehmigungen, Exportsubventionen und die Großvaterklausel	678
6.1	Der audiovisuelle Sektor	681

6.2	Landwirtschaft und das GATT		682
7.	Inländerbehandlung		688
8.	Verbindliche Zölle und Zollneuverhandlungen		697
9.	Beitrittsverhandlungen		698
10.	Das GATT Streitbeilegungssystem		699
11.	Nicht-Mitglieder des GATT		702
12.	Keine Zuständigkeit des GATT		703
13.	U.S. Sec. 301 und das Neue Handelspolitische Instrument der EU		708
14.	Schutzmöglichkeiten im GATT		719
14.1	Schutzklausel		723
14.2	Antidumping		729
14.3	Ausgleichszölle		761
15.	Subventionen im GATT		768
15.1	Tokio-Runde, Subventionen und freiwillige Selbstbeschränkungsabkommen		773
15.2	Die faktische Relevanz von Subventionen		775
15.3	Die Europäische Kommission		776
15.4	Eisen- und Stahl		777
15.5	Schiffbau		781
15.6	Regionalförderung		782
15.7	Automobile		784
15.8	Krisenhilfen		784
15.9	Forschungs- und Entwicklungssubventionen		785
15.10	OECD Subventionshöhen		788
15.11	Marktverzerrende Wirkungen von Subventionen		792
16.	Staatliche Konzerne		792
17.	Öffentliche Auftragsvergabe		797
18.	Zollsenkungsrunden		797
18.1	Die Situation nach dem Zweiten Weltkrieg		797
18.2	Empirie des Allgemeines Präferenzsystems		801
18.3	Liberalisierung bis Anfang der neunziger Jahre		806
18.4	Stand der Liberalisierung heute		812
I	**VERs**		817
1.	Einleitung		820
1.1	Was ist 'managed trade'?		820
1.2	Interessengruppen		825
1.3	Industriepolitik		827
1.4	Weitere Gründe für die VER Abkommen		834
2.	Automobile		835
3.	Eisen- und Stahl		851
4.	Landwirtschaft		866
5.	Textilien und Bekleidung		870
6.	Schuhe		894

7.	Chemische Produkte	897
8.	Maschinenbau	900
9.	Unterhaltungselektronik und sonstige Elektronik	900
10.	Speicherchips	903
11.	Sonstige Produkte	908
12.	Weitere Beschränkungen	909
13.	Auswirkungen des 'managed trade'	910
14.	Fazit aus dynamisch ordoliberaler Perspektive	913
15.	Kritik des 'embedded liberalism'	918

F Entwicklungsländer, Wissensverbreitung und technologische Fähigkeiten

Inhalt

1.	Einleitung	2
2.	Wissensverbreitung	2
2.1	Die Kanäle	2
2.2	Wissensverbreitung auf internationaler Ebene	4
2.3	Technologietransfer und Direktinvestitionen	7
3.	Technologische Fähigkeiten als Erklärungsansatz	8
4.	Ergebnisse auf der Firmen- und Länderebene	15
4.1	Ausgebildete technologische Fähigkeiten	15
4.1.1	Koreas Automobilindustrie	16
4.2	Firmen mit mittleren technologischen Fähigkeiten	22
4.2.1	Beispiel Indien	22
4.3	Firmen mit geringen technologische Fähigkeiten	38
4.3.1	Beispiel Afrika	39
5.	Fazit	40

F   Entwicklungsländer, Wissensverbreitung und technologische Fähigkeiten

1. Einleitung

Anhand von Informationen über die Wissensverbreitung auf internationaler Ebene und der Theorie des Erwerbs technologischer Fähigkeiten, läßt sich besser verstehen, warum Firmen in Entwicklungsländern teils auf einem weniger fortschrittlichen Niveau aktiv sind. Anhand von mikroökonomischen Firmenstudien können diese Probleme aufgezeigt werden, es kann aber auch verdeutlich werden, wie diese Nachteile durch firmenexterne Anreizstrukturen wie die Außenhandels- und Wirtschaftspolitik beeinflußt werden. Dies erleichtert die Frage nach den Vorteilen der Exportorientierung anzugehen. Ausgeklammert wird hier die Frage nach Exportkontrollen, die Technologietransfer aus Gründen nationaler Sicherheit verhindern sollen.[2434]

2. Wissensverbreitung

2.1 Die Kanäle

Sieht man genauer auf die Verbreitung von Wissen und Technologie gibt es bestimmte Kanäle, die sich hinsichtlich der Intensität und auch ihrer nationalen und internationalen Wirkungsausprägung unterscheiden: (0) Das über frei verfügbare Informationsmittel, etwa Bücher und Fachzeitschriften, zugängliche Wissen über Technik und deren Anwendung; (1) der Austausch von Waren, die Informationen über ihre Herstellung enthalten ('reverse engineering'); (2) normale Marktbeziehungen, bei denen zwischen den Akteuren auch Informationen über Qualität, Trends, bis hin zu Produktionsprozessen weitergegeben werden; (3) Zuliefererbeziehungen (längerfristige Beziehungen mit Subunternehmern und Ausrüstungslieferanten); (4) Mobilität von Fachkräften, professionellen Beratern und informelle Kontakte zwischen Angestellten von konkurrierenden Firmen (durch persönliche Affinitäten oder Konferenzen) sowie beispielsweise grenzüberschreitende Kontakte zu besser ausgebildeten Landsleuten, die in einem Industrieland leben; (5) eigene Anstrengungen im Bereich Forschung und Entwicklung und Verbindungen mit Institutionen, die Forschung und Entwicklung betreiben und Informationen (darunter auch Informationen, die durch die Patentanmeldung bekannt wird) bereitstellen, beispielsweise private Handelskammern oder staatliche Institutionen, etwa Universitäten oder staatliche Unternehmen (oder innovative Kombinationen: In Taiwan etwa eine Bank, die nicht nur die Finanzierung übernimmt, sondern auch Informationen über Investitionsmöglichkeiten und die neueste Technologie bereitstellt); (6) weiterhin Beziehungen innerhalb von Firmen (etwa der Filiale einer multinationalen Firma in einem Entwicklungsländer zu

---

[2434] Dazu gehört das Wassenaar Arrangement, der Nachfolger von Cocom, sowie weitere Abkommen, die die Verbreitung von Atomwaffen verhindern sollen. Hoelscher/Wolffgang 1998: 45-63.

ihrer Mutter); (7) und zwischen Firmen (innerhalb von einem Joint-Venture bis hin zu einer strategischen Allianz) bis hin zu; (8) speziellen vertraglichen Instrumenten des Technologietransfers (Lizenz- und Knowhowübertragungsverträge).[2435]

Punkte (1) (2) (3) zeigen die Beziehung internationaler Handel und Technologietransfer auf, Punkt (4) ist besonders in der internationalen Dimension für Entwicklungsländer wichtig, wenn es etwa darum geht, im Ausland ausgebildete Fachkräfte in eigenen Firmen anzustellen, Punkt (5) weist auf die wichtige Rolle der nationalen Rahmenbedingungen und Institutionen aber auch eigenen Anstrengungen für den technologische Entwicklung hin, die Punkte (6) (7) lassen erkennen, daß durch längerfristige Firmenbeziehungen und Firmenengagements Technologietransfer erfolgen kann, d.h. durch Direktinvestitionen in all ihren Ausformungen (der Kauf von ausländischen Firmen, Neugründung von Firmen und die diversen Zwischenformen bsp.: Joint-Ventures). Schließlich benennt Punkt (8) eine spezielle Möglichkeit an ausländische Technologie zu gelangen, die oft auch zu längerfristigen Beziehungen führt, welche beispielsweise, neben anderen Faktoren, in der Industrialisierung von Japan und Südkorea eine wichtige Rolle gespielt hat. Der Lizenzgeber kann dabei aber relativ weitgehende Bedingungen stellen, z.B. Exportverbote, territoriale Beschränkungen oder spezielle Nutzungsbeschränkungen ('field of use or field of sale limitations'), welche teilweise ein Wachstum des Lizenznehmers erschweren.[2436] Der Terminus Kanäle ist insofern irreführend, weil er einen Verbreitungsautomatismus nahelegt, den es nicht gibt und weil er nicht die hauptsächlichen kausalen, anreizbezogenen und wettbewerblichen Wirkungszusammenhänge angeht, die zur Verbreitung und zum effizienten Einsatz von Technologie führen.

[2435] Dies ist eine Zusammenfassung und systematisierte Darstellung auf der Basis eine Literaturvorlage. Aufgezählt und genauer diskutiert werden dort: Subcontracting and other sourcing mechanisms, workforce mobility, equipment suppliers, user-producer relationships, research and development and other institutions, consultants, informal linkages, strategic alliances, intra-enterprise linkages, the special case of state enterprises, the special case of small and medium enterprises. Siehe UNCTAD 1996b: 13-25; siehe für eine Aufzählung ähnlicher Kanäle: OECD 1996c: 64-65. Hinzugefügt ist der spezielle Fall der Lizenzen. Dazu etwa Vickery 1988. Weiterhin erwähnt wird der Fall der Informationsverbreitung durch die Patentanmeldung. Hier hätte die Firma durchaus den Weg der Geheimhaltung gehen können. Es ist als ungeschickt anzusehen, wenn in Fällen Patente angemeldet werden, in denen die damit weitergegebenen Informationen es schnell ermöglichen, das Patent zu umgehen. Dies wird erwähnt von Mansfield et al. 1982: 40; für zwei solcher Fälle siehe Mansfield et al. 1981. Die Beobachtung, daß individuelle Kontakte zu besser ausgebildeten Landsleuten im Ausland wichtig sind, in Biggs et al. 1995: 4. Weitere Details zu Taiwan in Abschnitt 'G'.

[2436] Hier mischte sich in Japan und Korea der Staat in die Verhandlungen ein, um die Bedingungen zu verbessern. World Bank 1993: 293-294. Bezüglich Lizenzen werden für die grenzüberschreitende Lizenzvergabe Bedingungen toleriert, die für die nationalen Märkte bzw. den EU-Binnenmarkt als Wettbewerbsbehinderungen angesehen werden: Etwa Exportverbote und territoriale Beschränkungen. Solche Klauseln sind in der internationalen Lizenzvergabe normal. Begründet wird dies damit, daß diese Kontrollklauseln Anreize für die internationale Lizenzvergabe erhöhen, mit positiven Wirkungen auf den internationalen Technologietransfer. Siehe dazu empirisch Vickery 1988: 32-33; Australia Importing Technology 1988: 23. Siehe zu den rechtlichen Aspekten Byrne 1998; Timberg 1981: 84-138; Bellamy/Child 2001: 663-664. Besonders einige sehr weitgehende Klauseln könnten womöglich verboten werden, ohne daß dies zu extremen Anreizverlusten führen würde. Unter anderem um diese Fragestellungen ging es bei den Verhandlungen zu einem internationalen Kodex zum Technologietransfer. Dazu Stoll 1994. Siehe zu diesen Fragen Abschnitt 'J', TRIPS.

2.2 Wissensverbreitung auf internationaler Ebene

Wie wird die Wirksamkeit dieser Kanäle eingeschätzt? Eingangs sei daran erinnert, daß 96 % der weltweit getätigten F&E-Ausgaben in den Industrieländern erfolgen.[2437] In Abschnitt 'E' wurde bereits thematisiert, daß Technologiediffusion in den Industrieländern als normales Phänomen bezeichnet werden kann. Der Technologietransfer in die Entwicklungsländer ist aber oft dadurch gekennzeichnet, daß veraltete (10 bis 17 Jahre) Technologie übergeben wird.[2438]

Wie wird die Relevanz von Technologietransfer in der Literatur eingeschätzt? Speziell der internationale Handel wird aktuell als eigenständiger Faktor zur Förderung des Technologietransfers herausgestellt, wobei sein Einfluß teils in der Literatur als umfassend positiv eingestuft wird, weil er verbesserte Wissensdiffusion, vereinfachte Imitation ausländischer Waren und Importe von Hochtechnologiegüter, die direkt die Produktivität erhöhen mögen, impliziert.[2439] Wiewohl der internationale Handel positiv durch die schon erwähnten Mechanismen wirken mag, wird er aber von anderen Autoren nicht als Komplettlösung zur Verbesserung der weltweiten Wissensdiffusion angesehen.[2440] Auch die sog. Neue Wachstumstheorie hat mit ihrer Thematisierung von Wissenstransfereffekten ('knowledge spillovers') auf den Transfer von Wissen von Industrieländern in die Entwicklungsländer hingewiesen.[2441] In diesen Untersuchungen werden die 'spillover'-Effekte zwischen Industrieländern als hoch eingeschätzt, die USA kommt beispielsweise für 46 % des japanischen Produktivitätswachstums in F&E intensiven Bereichen auf.[2442] Generell besteht aber der Eindruck, daß der Nord-Süd-Technologietransfer in seiner Intensität weitaus geringer ist.[2443] Schätzungen von Coe et al. (1997) aus dem Bereich der Neuen Wachstumstheorie besagen, daß F&E in Industrieländern den Output in Entwicklungsländern insgesamt jährlich um US$ 22 Mrd. (1990) erhöht.[2444] Ein 1 % Anstieg des F&E Stammkapitals würde den Output in Entwicklungsländern um 0,06 % steigern.[2445] Obwohl dies nicht wirklich hohe Werte sind, ist von "important and substantial benefits" die Rede.[2446]

[2437] Coe et al. 1995: 1.
[2438] Abschnitt 'E', Punkt 8.
[2439] Waziarg 1998: 4; Abschnitt 'G', Punkt 8.
[2440] Stewart/Ghani 1992: 145.
[2441] Grossman/Helpman 1991: 15. In den Modellen der neoklassischen Wachstumstheorie wird die Steady State Wachstumsrate durch das Wachstum des technischen Fortschritts vorgegeben, der exogen vorgegeben ist. In der Neuen Wachstumstheorie wird das Wachstums des technischen Fortschritts endogen über bestimmte Parameter in die Wachstumsmodelle eingebaut. Hier werden etwa Wissenstransfereffekte einbezogen. Aber auch solche, in denen Humankapital eine besondere Rolle spielt. Siehe Maurer 1993: 1-7.
[2442] In einem dynamischen wachstumstheoretischen Modell von Bernstein/Mohnen 1998: 336. Hier profitiert aber nur Japan von den USA und nicht umgekehrt. Wie immer müssen die Ergebnisse wachstumstheoretischer Studien mit besonderer Vorsicht interpretiert werden. In weiteren Studien werden anhand von Technologiefluß-Matrizen positive Einflüsse Deutschlands, Japans und der USA auf das Produktivitätswachstum anderer Länder gefunden. Verspagen 1997: 244-246.
[2443] Stewart/Ghani 1992: 145.
[2444] Coe et al. 1997: 148. Siehe auch Coe et al. 1995.
[2445] Coe et al. 1997: 147.
[2446] Und es erfolgt ein Vergleich mit Entwicklungshilfezahlungen von US$ 50 Mrd. jährlich. Coe et al. 1997: 148.

Diese Studie wird von Mayer (2000) kritisiert und richtigerweise angemahnt, daß nicht der Handel mit dem gesamten Kapital SITC 7 der Warenklassifikation der Vereinten Nationen zugrundegelegt werden darf, weil dieser auch Waren umfaßt, die nicht direkt die Produktivität anheben.[2447] Neben Maschinen für spezielle Anwendungen, etwa im Metall-, Textil-, Papierbereich, die durchaus direkt die Produktivität heben könnten, sind hier auch Flugzeuge, TV- und Radiogeräte, Halbleiter und Automobile enthalten. Differenziert in bezug auf den Import dieser Produkte, um Produktivitäts- und Wissenssteigerungseffekte besser einschätzen zu können, werden hier unterschiedliche Muster herausgearbeitet:

Es gibt Länder (wie Bangladesh, China, Äthiopien, Indien, Nigeria, Pakistan) die seit einiger Zeit tatsächlich merklich mehr Spezialmaschinen, oftmals für weniger anspruchvolle Tätigkeiten, einführen und solche, die diese Steigerungen eher für Ausrüstung für den Abbau mineralischer Rohstoffe erkennen lassen (Angola, Kongo, Ghana, Guyana, Sambia, Simbabwe). Andere Länder weisen sinkende oder wenig veränderliche Tendenzen auf.[2448]

Sichtbar wird auch, daß so gemessene Wissenstransfereffekte nicht automatisch im Sinne eines Aufbau einer effizienten, wettbewerbsfähigen Industrie gedeutet werden können, denn es muß gelingen, diese Maschinen sinnvoll einzusetzen.

In weiteren Studien auf dem Niveau von Firmen wird die Situation sogar als dramatisch und stagnierend beschrieben.[2449] Diese Einzelstudien erlauben zwar keine weitreichenden Schlüsse, sind aber zumindest erwähnenswert. So gibt es Studien, die beschreiben, daß in einem Stahlwerk in Thailand in drei Zeiträumen, die zwischen 5 und 12 Jahren dauerten, bei der Produktion von galvanisierten Stahlplatten keinerlei Produktivitätsverbesserungen und Lerneffekte erzielt wurden.[2450] In einer Reifenfabrik in Ghana konnten nur sehr eingeschränkt Lernerfolge verbucht werden.[2451] In der Textilindustrie in Tansania sank die Arbeitsproduktivität kontinuierlich ab, gemessen in Spindelstunden nahm die Kapazitätsauslastung zwar zu, insgesamt sank der Output aber ab. Festgestellt wird, daß dort statt Lernkurven "'unlearning' curves" festzustellen sind. Nach 10 bis 15 Jahren Erfahrung befinden sich die Firmen immer noch in einem 'start-up'-Zustand.[2452] In Kenya wird für die Textilindustrie im großen und ganzen Exportfähigkeit diagnostiziert, für die Philippinen wird dies erst nach einem Modernisierungsprogramm angenommen und vor einer zu schnellen Liberalisierung gewarnt (nicht aber davor, Zölle für Produktionsinputs zu senken).[2453] In Kenya

---

[2447] Mayer 2000: 9.
[2448] Mayer 2000: 19.
[2449] UNCTAD 1996a: 22. Siehe mit weiteren Referenzen auf Studien über die Düngemittel und Papierindustrie in Bangladesh, die Baumwolltextilindustrie in Bangladesh, die Textilindustrie in Tansania auch Rath 1990: 1434.
[2450] UNCTAD 1996b: 22.
[2451] UNCTAD 1996b: 22.
[2452] Mlawa 1995: 6.
[2453] Park 1987: 80-81, 122, 172.

können größere Bauprojekte nur von ausländischen Firmen ausgeführt werden.[2454] Typisch für Entwicklungsländer sei, daß es einige wenige Firmen gibt, die international wettbewerbsfähig seien, eine Verbreitung von Technologie auf andere Firmen erfolgt in geringerem Ausmaß.[2455] Bestimmte Unternehmen streben Innovationen gar nicht mehr an und versuchen über eine 'low technology'-Strategie, mit niedrigen Lohnkosten und durch clevere Marketingstrategien zu überleben.[2456] Die F&E Institutionen sind in Entwicklungsländern oft in einem besonders schlechten Zustand und verfügen kaum zu Verbindungen zur Industrie.[2457] In Publikationen wird zudem, ohne weitere empirische Stützung, davon ausgegangen, daß es heutzutage nicht mehr so einfach ist wie früher, Technologie zu lizensieren, selbst wenn die Bedingungen der Lizenzverträge etwa Exporte ausschließen.[2458]

Es gibt aber auch optimistischer stimmende Studienergebnisse: Die Studie von Lücke (1992) besagt, daß nicht mehr patentgeschützte Prozessinnovationen (Sauerstoffblas-, Stranggußverfahren in der Stahlindustrie; endloses Rotorspinnen, d.h. der Faden mitsamt aufnehmender Spule wird selbst maschinell gedreht und nimmt somit 'endlos' die unverarbeitete Wolle auf; Webmaschinen ohne Webschiffe d.h. Fadentransport erfolgt durch Preßluft, Wasser oder Projektile) sich relativ schnell verbreitet haben und eine Verbreitung eigentlich nur dadurch gebremst wird, daß Entwicklungsländer Faktorvorteile bei niedrigen Löhnen haben, welches die Einführung einer arbeitsparenden Technologie weniger profitabel macht und deren Einführung verzögert.[2459]

Insgesamt gesehen verlieren die Begriffe Technologietransfer, Diffusion und Spillovers aber ihre generell positiven Assoziationen, so auch das Fazit einer Überblicksstudie der UNCTAD (1996b):

"The review of innovational behavior and learning connections in the South was not intended to imply that they are automatic and ubiquitous; indeed, the fact that they are not constitutes a large part of the problem."[2460]

[2454] Bakuli 1994: 1611.
[2455] Rath 1990: 1434.
[2456] Diese Strategie wird auch in Industrieländern angewandt, ist aber in den Entwicklungsländern wohl weitverbreitet. UNCTAD 1996b: 22.
[2457] Für Afrika Biggs et al. 1995: 226-229.
[2458] Diese Einschätzung ohne empirische Fundierung World Bank 1993: 319.
[2459] Lücke 1992: 9-10. Diese Ergebnisse werden bestätigt von einer weitaus konkreter ausgerichteten Untersuchung. Dies stellt nämlich fest, daß im Textilbereich auch noch mit Maschinen älteren Datums sehr hohe Produktivitätswerte erreicht werden. Wenn die Organisation und die Qualitätskontrolle stimmt, werden sogar bessere Werte als mit neuen Maschinen erzielt. Pack 1987: 85.
[2460] UNCTAD 1996b: 23.

2.3 Technologietransfer und Direktinvestitionen

In der frühen Analyse von Fröbel, Hinrichs und Kreye wird bezweifelt, daß Entwicklungsländer von Direktinvestitionen und der internationalen Arbeitsteilung profitieren können. Diese Autoren gingen dabei von einem hohen Anteil von Investitionen im Bekleidungs- und Elektronikbereich aus und einer Enklaven-Produktion in Exportproduktionszonen. Diese Pauschalthese war schon damals sachlich falsch[2461] und ist auch deshalb nicht mehr aktuell, weil der Handel mit verarbeiteten Waren rapide zugenommen hat - wobei der Textil- und Bekleidungsbereich für viele Länder weiter wichtig bleibt.[2462] Der Forschungstand zu diesem Thema ist, daß Direktinvestitionen Wachstumsprozesse und Technologietransfer *potentiell* positiv beeinflussen können, ein durchgängig positives Bild ergibt sich auch heute nicht.[2463] Zuerst einmal bestätigt sich, daß die Investoren oft veraltete Technologie eingesetzt haben. In einer Studie aus dem Jahr 1984 wird festgestellt, daß die Tochterunternehmen in den Entwicklungsländern durchschnittlich 9,8 Jahre später mit der Technologie arbeiten, die gerade im Mutterbetrieb im Einsatz ist.[2464] Auch Länder mit kleinen und mittleren Unternehmen können durchaus Technologie verbreiten, oft mit reinen Technologietransfervereinbarungen.[2465] Weiterhin sind Direktinvestitionen nicht immer mit der heimischen Wirtschaft ausreichend verflochten, um positive Effekte, darunter Technologietransfer wahrscheinlicher zu machen. In den mexikanischen Maquiladoras wurden nur 2 % (1992) der Inputs durch mexikanische Firmen bereitgestellt, dies impliziert einen völlig fehlenden Technologietransfer durch Zuliefererbeziehungen.[2466] Für Mexiko insgesamt kann immerhin für die Automobilzuliefererindustrie von substantiellem Technologietransfer berichtet werden. Durch relativ restriktive Regeln wurde erzwungen, daß Zulieferer nicht mehrheitlich von den multinationalen Konzernen kontrolliert werden durften und lokale, finanzkräftige Industriekonglomerate konnten sich in diesem Bereich engagieren. Geschlossen wird, daß erst dann, wenn sich die lokalen Unternehmen soweit entwickeln, daß sie nahezu wettbewerbsfähig werden, das Interesse der großen Multis erwacht, mit diesen zusammenzuarbeiten. Eine Einbeziehung kleinerer oder mittlerer Unternehmen scheiterte somit auch daran, daß eine staatliche Förderungspolitik, sei es in der Form von Informations- oder Beratungsprogrammen, großteils ausblieb.[2467] In vielen anderen

---

[2461] Diese in Deutschland einflußreiche Studie verneint mit marxistischem Hintergrund, daß Entwicklungsländer von der internationalen Arbeitsteilung profitieren können. Fröbel et al. 1977: 24-25; 94-96, 595-598. Sachlich ist dieses Buch unrichtig. Es stützt weiterhin mittelbar das Argument, daß ein Protektionismus der Industrieländer gegenüber Textilien und Bekleidung und womöglich sogar weitere Politiken, etwa ein Verbot von Auslandsinvestitionen, gerechtfertigt wären. Dieses Buch ist allein aus Zeitungsartikeln zusammengeschrieben worden und nimmt entwicklungsökonomische Studien, die Entwicklungserfolge beschreiben, überhaupt nicht zu Kenntnis. Es gibt keine Literaturliste. Nicht zur Kenntnis genommen wurden beispielsweise die Publikationen über Südkorea von Frank et al. (1975) und zu Brasilien von Tyler (1976), welche solchen Schlußfolgerungen entgegenstehen.
[2462] USITC 1997: 3-16.
[2463] USITC 1997: 3-16; Nunnenkamp 2002: 5-34.
[2464] USITC 1997: 3-14.
[2465] Niosi/Rivard 1990: 1539-1541.
[2466] Brannon et al. 1994: 1934.
[2467] Burger 1998: 170-175. In dieser Untersuchung wird etwa hergeleitet, warum mangelnde Zusammenarbeit und Technologietransfer als Marktversagen konzipiert werden kann. Dies ist dann der Fall, wenn die ausländischen Investoren nicht von den Vorteilen lokaler Unternehmen profitieren. Dies ist gesamtgesellschaftlich nicht optimal, weil auch diese über lokales Wissen verfügen und lokal Wissenstransfer betreiben könnten. Burger 1998: 78-81.

Fällen erreichen multinationale Konzerne immerhin Werte von deutlich über 25 % lokaler Inputs.[2468] Die ausdifferenzierte Diskussion kann hier so zusammengefaßt werden, daß Direktinvestitionen sich erkennbar positiv auswirken können in Länder mit höheren Einkommensniveaus. Für Länder mit niedrigen Einkommensniveaus werden in den Untersuchungen häufig keine signifikanten positiven Effekte gefunden. Die Rolle, die den Direktinvestitionen zukommen, hängt somit von der internen Situation des Landes ab.[2469] Schwächeren Ländern fällt es nicht nur oft schwer Investitionen anzuziehen, sondern sie können diese auch nicht zu nachhaltigen Wachstumsimpulsen nutzen. Grund ist, daß die Wissensdiffusion und Technologieweitergabe, die zu einer Produktivitätssteigerung lokaler Firmen führen könnte, aufgrund der wenig ausgeprägten technologischen Fähigkeiten der Letzteren nur eingeschränkt stattfindet.[2470] Weiterhin hängt viel von den Investitionen selbst ab: Wenn, wie dies in vielen ärmeren Ländern oft der Fall ist, vor allem in den Abbau von Rohstoffen investiert wird, ist Technologiediffusion meist von vorneherein beschränkt.[2471]

3. Technologische Fähigkeiten als Erklärungsansatz

Ein Erklärungsversuch für die Wirksamkeit dieser unterschiedlichen Kanäle, wird in der Theorie über den Erwerb technologische Fähigkeiten ('technological capacities') vorgelegt, besonders von Sanjaya Lall.[2472] Damit steht dieser Autor natürlich nicht allein, es gibt weitere Autoren, die diese Schule prägen[2473], und andere Autoren können erwähnt werden, weil sie auf demselben Komplexitätsniveau wirtschaftliche Entwicklung diskutieren, welche allesamt Wettbewerb in einer dynamischen Art und Weise konzipieren.[2474] Dieser Ansatz versucht die ausdifferenzierte Literatur zum Technologieerwerb

---

[2468] In einer Studie über japanische Multis werden für Asien 44 %, Lateinamerika 30 % erreicht. In Mexiko haben von 67 internationalen Firmen 37 Zulieferer und davon 11 einen heimischen Input von über 25 %. Überblick über diese Studien in Brannon et al. 1994: 1934.
[2469] USITC 1997: 3-13; Nunnenkamp 2002: 5-20.
[2470] "In the present context of FDI as a driving force of economic development in poor countries, it is important to note that the capability of local firms to absorb superior technology and knowledge appears to be a decisive determinant of whether or not the potential for spillovers will be realise" Nunnenkamp 2002: 32, 30-34.
[2471] Nunnenkamp 2002: 20.
[2472] Kurz seien Inhalte seiner Publikationen erwähnt, nicht zuletzt um darauf hinzuweisen, daß den Erkenntnissen ausführliche Länder- bzw. Firmenstudien zugrundeliegen. Über die technologischen und sonstigen Fähigkeiten indischer internationaler Konzerne geht es in Lall 1982. Eine kurzen Überblick über Technologieexporte der wichtigen Entwicklungsländer gibt Lall 1984. Über die technologischen Fähigkeiten indischer Unternehmen und die ambivalente Rolle indischer Wirtschaftspolitik informiert Lall 1984a. Detailreich zeigt die technologischen Fähigkeiten indischer Firmen das Buch von Lall 1987. Für eine Einschätzung der indischen Exporte verarbeiteter Produkte siehe Lall 1999. Eine breite Untersuchung über technologische Fähigkeiten in Entwicklungsländern und eine Diskussion der Rahmenbedingungen, die diese fördern, erfolgt in einer Studie für die OECD: Lall 1990. Dazu kommen die allgemeinen Artikel über die Theorie des Erwerbs technologischer Fähigkeiten Lall 1992, 1993, 1994. Über die indische Kapitalgüter- und Maschinenbauindustrie schreiben Lall/Kumar 1981; bezüglich Ghana, u.a. zum Thema Liberalisierungseffekte, siehe Lall et al. 1994; und Lall/Wignaraja 1996; über die marktstimulierende Industriepolitik in Ostasien Lall/Teubal 1998. Zum Zusammenhang Importliberalisierung und Industrieleistung siehe Lall/Latsch 1998.
[2473] So wird ein derartiger Ansatz zum Verständnis technologischen Wandels ('technological change') am Beispiel Koreas erarbeitet von Pack/Westphal 1986: 102-117. Theoretisch ähnlich argumentieren Stiglitz 1987; und Nelson 1987. Mit der Methode dieser Schule erfolgen die Studien über Lateinamerika Katz 1987; zu Afrika Biggs et al. 1995.
[2474] Geht es um konkrete Vorgänge, wird auch von liberal ausgerichteten Autoren eine solche Beschreibungsweise verwendet, siehe beispielsweise die Beschreibung von indischen F&E Anstrengungen unter den Bedingungen von IS Politik von Bhagwati/Srinivasan 1975: 222-224. Dies gilt generell für die Autoren, die auf mehrdimensionale Art und Weise Erfolgsfaktoren von Unternehmen untersuchen, zum Beispiel in den Ansätzen von Porter 1991; und in der 'National Systems of Innovation' Forschung: Lundvall 1992; Dalum 1992. Dies trifft ebenso zu für Autoren, die Wettbewerbspolitik in Entwicklungsländern untersuchen. Um die Natur des Wettbewerbs zu untersuchen, sind sie sozusagen gezwungen eine Vielzahl von Faktoren zur Kenntnis zu nehmen, darunter auch die diversen Ebenen staatlicher Interventionen,

und -transfer, die reich an konkreten Einzelbeispielen ist, mit einem Fokus auf die unterschiedlichen Fähigkeitsstufen von Firmen zu systematisieren. Gewählt wird damit ein "micro-cosmic"[2475] oder "micro-micro-economics"[2476]-Ansatz, der aber auch die wirtschaftpolitischen Bedingungen in den jeweiligen Ländern im Auge behält. Die Diskussion zeigt ein weiteres Mal Abweichungen von neoklassischen Bedingungen und ebenso geht es um Marktversagen und mögliche Gründe für staatliche Interventionen sowie um Entwicklungspolitiken. In bezug auf die Entwicklung technologischer Fähigkeiten fällt zuerst einmal auf, daß zwei der diesbezüglich relevanten, zu Beginn von Abschnitt 'E' aufgezählten, neoklassischen Bedingungen nicht in der Realität vorliegen: 2. konstante Produktionstechnik und 10. unendliche Reaktionsgeschwindigkeit (kein Zeitbedarf für Anpassungsprozesse).[2477]

Ausgangspunkt der Theorie technologischer Fähigkeiten sind empirisch gewonnene Erkenntnisse über Firmen in Entwicklungsländern, die erst einmal besagen, daß es extreme Abweichungen im Effizienzniveau der eingesetzten Produktionstechniken gibt, wobei Firmen in Entwicklungsländern tendenziell auf geringerem Produktivitätsniveau liegen.[2478] Weiterhin zeigen die empirischen Untersuchungen, im Widerspruch zu den neoklassischen Annahmen, daß es mit dem Erwerb einer Technologie nicht getan ist und es sehr wohl Geld kostet und Zeit dauert, auch eine standardisierte Technologie zu erlernen, zum Einsatz zu bringen, Abläufe zu verbessern, geschweige denn die gesamten Aspekte einer Technologie vollständig zu beherrschen. Es ist nicht so, daß die Entwicklungsländer, wie in neoklassisch inspirierten Modellen angenommen wird, nur den Marktpreis zahlen müssen, um sofort danach mit einer effizienten Produktion zu beginnen und auf Weltmarktniveau konkurrieren zu können. Die neoklassische Produktionsfunktion wird aufgrund empirischer Ergebnisse abgelehnt, denn die Firmen befänden sich nicht in einem Kontinuum von Entscheidungen zwischen dem Einsatz bestimmter Faktoren, sondern an einem lokalisierbaren Punkt[2479]: Firmenstudien zeigen nämlich, daß diskontinuierliche Abläufe eine wichtige Rolle bei Entscheidungen spielen und spezielle, lokal vorhandene Fähigkeiten die Art und Weise der zukünftigen Anstregungen, pfadabhängig, vorprägen.[2480] Wichtig ist dabei die Rolle des Lernens. Empirische Forschung zeigt, daß sich, ist eine Anlage erst einmal installiert, diverse Möglichkeiten ergeben, den Produktionsprozess zu optimieren oder sogar zu modifizieren. Dabei ergeben sich

---

zum Beispiel die wettbewerbsmildernde Außenhandelspolitik, die künstliche Anreize setzende Politik der Exportförderung, die internen Dynamiken etc. Siehe dazu Sercovich et al. 1999; Graham 1996; Fritschtak et al. 1989.

[2475] Nelson 1987: 89.
[2476] Stiglitz 1987: 56.
[2477] Meist werden an dieser Stelle Annahmen der neoklassischen Wachstumstheorie erwähnt, die ähnliche Implikationen haben, nämlich das Technologie weltweit auf demselben Niveau zu erhalten ist und das technologische Unterschiede sich in Form von in Maschinen und Fabriken verkörperter Kapitalintensitäten messen lassen. Mayer 2000: 1.
[2478] Als Grund wird unzureichende Diffusion von Wissen und Technologie angesehen und als Beweis für signifikante Kosten für die Absorption von Wissen und Technologie aufgeführt. Weitere Gründe: Fehlende vertikale Integration und Spezialisierung und daraus resultierende geringe Kapazitätsauslastung. Eine Überblick über einige Studien dazu in Pack/Westphal 1986: 122.
[2479] Zu diesem Abschnitt Lall 1992: 165-166.
[2480] Lall 1992: 169; Lall/Latsch 1998: 446-447.

deutliche Kostensenkungsmöglichkeiten, die durch die Verbesserung der Ausbildung der Arbeiter deutlich erhöht werden können. Dieses Lernen erfolgt über einen längerfristigen Zeitraum und die Kenntnisse dürfte nicht wieder vergessen werden.[2481] Daraus ergibt sich die Folgerung, daß Wissen zwar in Form von diversen Formen und über diverse Kanäle erworben werden kann, einige Aspekte des Wissens sind aber nicht kommunizierbar und müssen in der lokalen Anwendung als spezifische Lernerfahrung gemacht werden.[2482]

Grundlegend wird in der Theorie technologischer Fähigkeiten davon ausgegangen, daß sich die Unternehmen immer komplexere Fähigkeiten in verschiedenen Bereichen erarbeiten müssen, um letztendlich in einem optimalen Sinne wettbewerbsfähig, d.h. anpassungsfähig an den Marktprozess, zu werden. Das verwendete Schema wird hier nur kurz angesprochen, genaueres siehe Tabelle.[2483] Die Bereiche, in denen die Fähigkeiten erworben werden müssen sind: Pre-Investment, Project Execution, Process Engineering, Product Engineering, Industrial Engineering und Linkages with the Economy. In diesen jeweiligen Bereichen wird unterschieden zwischen simplen, auf Erfahrung beruhenden Routinetätigkeiten, adaptiven, auf zielgerichteter Suche basierenden, Anstrengungen und innovativen, forschungsbasierten Fähigkeiten.[2484] Weiterhin macht es Sinn zwischen technischen, unternehmerischen (langfristige Planung und Ausführung von Projekten) und managertypischen (nicht-technische Organisation, Finanzplanung, Personal, Marketing) Fähigkeiten zu unterscheiden.[2485] Kurzum: Es ist ein langer Weg, der erhebliche Anstrengungen erfordert, bis einer Firma 'mastery', d.h. die Beherrschung sämtlicher dieser Aspekte in ihrem Industriebereich gelingt. Kriterium dafür muß die internationale Wettbewerbsfähigkeit sein, allerdings nicht im einem allzu engem Sinn, denn diese kann in einigen Bereichen auch mit einer veralteten Technologie erreicht werden.[2486]

In Entwicklungsländern fehlt besonders vielen Firmen die Fähigkeit zu moderner Produktentwicklung und Produktdesign und der eigenständigen Entwicklung neuer Produkte durch eine eigene Forschungsabteilung. Aber schon eine Fähigkeitsstufe niedriger, wenn es um die Produktion eines standardisierten Produktes geht, fehlt beispielsweise die Fähigkeit zur Automatisierung und ständigen Verbesserung von Produktionsprozessen eingeschlossen einer funktionierenden Qualitätskontrolle. Dazu gehört auch die Fertigkeit, wenn es nötig ist, auf ausländische Technologie zurückzugreifen und

---

[2481] Diverse Studien, die "the great importance of 'minor' technological changes as source of productivity growth" bestätigen, darunter solche für Lateinamerika, präsentiert Katz 1987: 45-46. Für Afrika wird berechnet, daß ein 1 % Anstieg der Ausbildung von Arbeitern zu einem 60 % Anstieg der Wertschöpfung führt. Auch in weiteren Zusammenhängen wird die Ausbildung von Arbeitern als wichtigste Variable angesehen. Interessant ist auch, daß weitere Faktoren das Lernen beeinflussen. Ein verbesserter Zugang zu Kapital führt zu einem 37 %tigen Anstieg der Wertschöpfung. Ähnlich wirksam ist der Technologietransfer beispielsweise durch Lizenzen, Technologietransferverträge oder durch Informationsweitergabe durch ausländische Direktinvestitionen. Diese Daten zu Afrika in Biggs et al. 1995: 3. Einige bestätigende Studien mit deutlichen Kostensenkungen, nach längeren Lernperioden, zitiert Davies 1979: 49-50. Siehe auch OECD 1996c: 19.
[2482] Pack/Westphal 1986: 109. Hier wird somit genau die andere Seite der Münze thematisiert, die eben im Abschnitt 'E', im Patentkapitel, Punkt 8, als Faktor diskutiert wurde, der Vorsprungsgewinne anderer Firmen ermöglicht.
[2483] **Tabelle 301**.
[2484] Lall 1992: 167; Lall 1990: 17-23; Lall 1987: 18-19. Siehe ausformuliert schon Dahlman et al. 1987.
[2485] Lall 1990: 20.
[2486] Internationale Wettbewerbsfähigkeit wird nicht mit Exporten gleichgesetzt in Lall 1987: 11.

eine wohlinformierte Auswahl treffen zu können. Auch in der Durchführung von Investitionsprojekten kommt es zu erheblichen Unterschieden.[2487]

Schon aus der Breite der hier erwähnten Fähigkeiten ergibt sich, daß eigene, lokal erfolgende Anstrengungen eine wichtige Rolle bei der Ausbildung von Fähigkeiten spielen und das auf diese Weise beeindruckende Fortschritte erzielt werden können. Die Empirie zeigt aber auch, daß in vielen Fällen die eigenen Anstrengungen durch Wissen und Technologie aus dem Ausland ergänzt werden müssen, um Wettbewerbsfähigkeit zu ermöglichen. Es reicht nicht aus, wenn einem Unternehmer aus einem Entwicklungsland erklärt wird, daß in den Bibliotheken jede Menge theoretisches Wissen in Büchern vorhanden sind oder daß sie Waren aus Industrieländern auseinanderbauen könnte, wenn es darum geht einen erfolgreichen technologischen Entwicklungspfad einzuschlagen.

Dem Technologietransfer steht eine spezielle Barriere entgegen. Das Unternehmen muß dazu in der Lage sein, mit den so gewonnenen Informationen etwas anzufangen. Kurzum: Es muß über gewisse grundlegende Fähigkeiten bzw. Absorptionskapazitäten bzw. Kompetenzen ('absorptive capacity') verfügen.[2488] Diese Terminologie ähnelt dem Verständnis von Anpassungsfähigkeit der Unternehmen bei Walter Eucken. Die Relevanz dieses Konzepts wird aus der industrieökonomischen Forschung über die Industrieländer bestätigt, die besagt, daß Firmen erst einmal F&E betreiben müssen, um von der Wissensverbreitung und Technologietransfer überhaupt signifikant profitieren zu können, sodaß sich ein eigentümliches, reziprokes Verhältnis etabliert.[2489] Auf diese Weise kann auch erklärt werden, warum mit Firmen, die keine F&E betreiben, etwa Firmen aus Entwicklungsländern, ein solcher Austausch nicht oder nur beschränkt stattfindet.[2490] Somit kann ein Mindestmaß an Fähigkeiten ausgemacht werden, damit überhaupt die Teilnahme an Marktprozessen möglich ist:

"If a firm is unable by itself to decide on its investment plans or selection of equipment processes, or to reach minimum levels of operating efficiency, quality control, equipment maintenance or cost improvement, or to adapt its product design to changing market conditions, or to establish effective linkages with reliable suppliers, it is unlikely to be able to compete effectively on open markets."[2491]

[2487] Korea hat beispielsweise darauf geachtet schon in der Planungsphase an Projekten beteiligt zu werden und es gelangt bei späteren Projekten den Aufbau und die Inbetriebnahme schneller vorzunehmen und dabei erhebliche Kosten einzusparen, bis schließlich (in einem Fall nach 17 Jahren) das komplette Anlagendesign und der Aufbau eingeständig erfolgen konnte. Enos/Park 1988: 73. In Afrika unterhalb der Sahara allgemein und in der Stahlindustrie in Brasilien kommt es dagegen, partiell zumindest, zu massiven Verzögerungen und Kostensteigerungen. Für Afrika Lall 1990: 22. Für die Berichte bezüglich Verzögerungen beim Bau und der Kapazitätsauslastung neuer Stahlwerke in Brasilien in den staatliche gelenkten Expansionsphasen Ende der siebziger und Anfang der achtziger Jahre siehe Howell et al. 1988: 266-269. Positive Berichte zu Brasilien, von der schnellen Fertigstellung des USIMINAS Stahlwerks, liegen vor in Bell et al. 1984: 112. Siehe allgemein Howell et al. 1988: 265.
[2488] OECD 1996c: 18-19.
[2489] Bernstein/Nadiri 1989: 250.
[2490] Franz 1995: 87. Ähnliche Schlußfolgerung in Freeman/Hagedoorn 1994: 778-779. Mittelbar bestätigt wird diese These durch eine Studie die besagt, daß der Import von Technologie ansteigt, sobald F&E-Ausgaben ansteigen. Zusammenfassung dieser Studie und Referenz in OECD 1996c: 66.
[2491] Lall 1992: 168.

Mit dieser Theoriekomponente läßt sich beispielsweise erst überzeugend erklären, warum sich die Firmen langfristig stark in ihrer Effizienz und ihren Fähigkeiten unterscheiden. Diese Beobachtung ist natürlich auch für die Industrieländer relevant[2492], allerdings haben selbst kleinere Firmen hierzulande Fähigkeiten, die in Entwicklungsländern für größere Konzerne keinesfalls selbstverständlich sind.

Mit diesen Thesen wird sich keinesfalls vom Mainstream ökonomischer Theoriebildung verabschiedet. Obschon ein eigenständiges Interesse auf Firmenebene am Technologieerwerbsprozess vorliegt, wird weiterhin angenommen, daß die Firmen innerhalb eines breiten Sets von Anreizen operieren, darunter solche auf den heimischen Märkten, solche welche die Chancen umfassen, die von der Liberalisierung ausgehen und dazu kommen die institutionellen Bedingungen, die beeinflussen, inwieweit die Firma technologische Fähigkeiten erwirbt.[2493] Diese Rahmenbedingungen schaffen eine gemeinsame Basis, wodurch sich, aller speziellen Entwicklungswege der Firmen zu Trotz, die Länder voneinander unterscheiden lassen.[2494]

Charakteristisch für diesen Ansatz ist der Anspruch viele relevante Bestimmungsfaktoren in die Analyse einzubeziehen, die von der dynamischen Theorie des Wettbewerbs bekannt sind. So kommt Mytelka (1999) in seiner Forschung über Wettbewerbfähigkeit und dessen regulatorischem Umfeld zum Ergebnis, daß unterschiedliche Aspekte Wettbewerbsfähigkeit beeinflussen, nicht nur Liberalisierung und Märkte mit intensiver Konkurrenz, sondern auch staatliche Anreize und Lernen von anderen, also Externalitäten. Weiterhin gibt es mehrere Faktoren, die für einen Nachfrage- oder Angebotsschub in Frage kommen.[2495]

[2492] Siehe die Untersuchung von Davies 1979. "The model is based on the simple premise that potential adopters of an new innovation will adopt when their assessment of the profitability of adoption is sufficiently favourable to suggest that the initial outlay required can be recouped within an acceptable time period. Firms will differ, however, in three respects: (a) their ability to acquire and understand the technical information on which this assessment is to be based, (b) their attitudes to risk, and (c) the broad goals to which they aspire." Weiterhin werden hier Lerneffekte und die Firmengröße als einflußreiche Variablen auf die Technologieanwendung genannt. Davies 1979: 87.
[2493] Die These wird vertreten, daß es "an inherent need for the development of new skills and information simply to get a new technology into production " gibt. "This necessity operates regardless of policy regime and provides the elemental drive for firms to invest in capacity building." Dies erinnert ein wenig an Albert O. Hirschman. Es wird aber direkt danach zugestanden: "Second, apart from this inherent pressure for capacity aquisition, external factors strongly influence the process. As with any investment decision, the macroeconomic environment, competitive pressures, and the trade regime all affect the percieved returns to FTC development efforts". Lall 1992: 169. Ähnlich Katz 1987: 16-17.
[2494] "Thus, there are factors that are firm-specific (leading to microlevel differences in FTC development and to 'ideosyncratic' results) and those that are common to given countries (depending on their policy regimes, skill endowments and institutional structures)." Lall 1992: 169. So auch Biggs et al. 1995: 6.
[2495] Mytelka 1999: 21. Diese Sicht wird gestützt von Produktivätsvergleichen auf dem Firmenniveau. Nicht nur Wettbewerb, sondern auch Technologie als solche und die verfügbare Produktauswahl beinflußt die Leistungsfähigkeit einer Firma. Solow/Baily 2001: 168. In weiteren Untersuchungen wird versucht zu differenzieren, etwa in bezug auf Arbeitskosten, F&E und Nachfrageeffekte in ihrer Beziehung mit Exporterfolgen im Technologiebereich. OECD 1996c: 116-125. Die Korrelation zwischen Nachfrage und Innovation ist deutlich erkennbar für die verarbeitende Industrie, besonders der Kapitalgüterindustrie, vorhanden. Siehe: Scherer 1982: 236.

Die Aufmerksamkeit, die dem Prozess des Technologieerwerbs zukommt, hat zur Folge, daß einige Optionen deutlich werden, wie Firmen in diesem Prozess geholfen werden kann, zumal dann, wenn im dynamischen Sinne Marktversagen vorliegt. Und zwar nicht nur auf der Ebene von 'national-level policies', also etwa liberaler Anreizbedingungen oder aber einer gezielten Schutzpolitik, sondern auch auf der Ebene von 'industry-level policies' und 'firm-level policies'.[2496]

Aus der Perspektive eines solchen mehrdimensionalen Ansatz kann kritisiert werden, daß eine bestimmte Ausprägung liberaler Entwicklungstheorie unplausiblerweise bei positiven Anreize durch Märkte und Wettbewerb stehenbleibt und damit weitere Faktoren ignoriert, die wichtig sind, wenn es darum geht technologische Fähigkeiten zu erwerben, darunter solche bei der der Staat hilfreich eingreifen kann: Ausbildung, F&E- und Innovationsförderung, Verbesserung der Verbindungen zwischen Universitäten und der Wirtschaft und Investitionsanreize für innovative Industrien. Weiterhin erwähnt werden kann die Gründung von Instituten für Produktstandardisierung und Qualitätszertifizierung sowie die Förderung von Industrieverbänden, die als Informationssammlungsstellen dienen. Darüberhinaus können genutzt werden konkrete Hilfen für das Exportmarketing, für Reisen zu und Präsentationen in Messen, Bereitstellung von Informationsstellen, die Markt- und Machbarkeitsstudien erstellen können und über verfügbare Technologien Daten bereithalten und Vermittlungsstellen für Consultants sowie die Etablierung von Exportdienstleistungen.[2497] Dabei können auch weniger naheliegende Maßnahmen effektiv sein, wie zum Beispiel Steuerfreiheit für Einnahmen von Fachkräften, die aus dem Ausland kommen.[2498] Einmischen kann sich der Staat bei Verhandlungen über Know-how und Technologietransfers sowie Lizenzvergabe. Deutlicher in der Diskussion umstritten, aber ebenso erwähnenswert sind Subventionen, schützende Außenhandelspolitiken, Unterstützung durch öffentliche Aufträge und Kreditgarantien, staatlich initiierte Umstrukturierungen und Modernisierungsprogramme. Ebenso zum Politikrepertoire gehört das Verbot ausländischer Investitionen oder die Untersagung der Übernahme der mehrheitlichen Kontrolle einheimischer Unternehmen oder Instrumente, welche ausländische Investitionen regulieren: Etwa durch Mindestinlandauflagen oder Technologietransfervereinbarungen. Der Staat kann weiterhin Forschungsinstitute gründen und selber staatliche Industrien aufbauen. Wichtig scheint dabei zu bleiben, wie diese Instrumente einsetzt werden. Diesbezüglich scheint es förderlich zu sein, wenn Maßnahmen von staatlicher Seite, aber unparteiisch, auf Erfolg bewertet werden und der Staat damit die Rolle übernimmt, Druck auf die Unternehmen auszuüben. Dieser Druck kann schon mit öffentlich ausgeschriebenen Preisen für Exporterfolge oder für Qualitäts- oder Designverbesserungen erhöht werden. Regiert das Unternehmen nicht wie gewünscht, müssen Hilfen zurückgezogen werden. Dabei kann eine bestimmte industriepolitische Strategie verfolgt werden, bei

---

[2496] So die Terminologie in Biggs et al. 1995: 6-7.
[2497] Zu diesen Maßnahmen: Lall/Keesing 1992: 187-190; ähnlich Biggs et al. 1995: 6-10.
[2498] Biggs et al. 1995: 8.

der die hier erwähnten Instrumente einander ergänzend eingesetzt werden.[2499] Wie auch immer hier bestimmte einzelne Instrumente bewertet werden, bleibt es jedenfalls unverständlich, warum aus liberaler Seite in bezug auf die Entwicklungsländer die Tips zum Erreichen wirtschaftlichem Wachstums mit der Aufzählung weniger Faktoren, etwa im Washington Consensus, erschöpfen, und erwartet wird, daß allein dies dazu ausreicht, ein substantielles Wachstum zu erzielen: Makroökonomische Stabilität, liberale Außenhandelspolitik, wettbewerbsintensive heimische Märkte.[2500]

Box 'National System of Innovation'. Die 'National Systems of Innovation"-Schule thematisiert in bezug auf die Industrieländer Aspekte institutioneller Verflechtung und andere Faktoren und untersucht deren Rolle als Erfolgsfaktoren für Firmen und für die Länder.[2501] In bezug auf diese Forschungsrichtung gilt, daß sie sich vielfach auf statistisch verfügbare Zahlen in bezug auf die Unterschiede der Industrieländer untereinander konzentriert, also Zahlen über F&E, Patente, Ausbildung etc.. Dabei werden, weil implizit vorrausgesetzt wird, daß Firmen in Industrieländern über die grundlegende technologische Fähigkeiten verfügen, subtilere Unterschiede fokussiert: Interne Organisation, Beziehungen zwischen Firmen, F&E-Intensität und Organisation, sowie die Rolle des öffentlichen Sektors und der institutionelle Aufbau des Finanzsystems in den Ländern.[2502] Bei Porter (1991), der ebenfalls zu diesem Ansatz gezählt werden kann, geht die Analyse tiefer und bezieht die Anreize mit ein, die durch Unternehmensstrategien, -strukturen und heimischen Wettbewerb, Nachfragebedingungen (Marktgröße- und Entwicklung, auch Außenschutz), verwandte und unterstützende Branchen und Faktorvorteile geprägt sind. Ebenso werden hier auch Entwicklungsländern in die Analyse miteinbezogen.[2503] Damit wird auch vom 'National Systems of Innovation'-Ansatz sowohl in bezug auf die Industrie- als auch Entwicklungsländer ein breiteres Set von Erfolgsfaktoren und Anreizen thematisiert und nicht nur solche, die kompatibel zur neoklassisch liberalen Theorie sind.

[2499] Zu letzteren Punkten siehe Porter 1991: 699-701.

[2500] Darauf weisen hin Lall 1990: 9. Sowie Stiglitz 1998a: 16-17. Siehe das Original, welches teils differenzierter argumentiert: Williamson 1990: 8-17. Dies ändert aber nichts daran, daß die liberalen Ansichten dogmatisch vorgetragen wurden, beispielsweise von Krueger 1997: 1, 11. Weiter unten mehr.

[2501] Beispiel: Lundvall 1992: 8-16; Dalum 1992; Chesnais 1992.

[2502] Lundvall 1992: 13.

[2503] Porter 1991: 157. Explizit wird von ihm auch auf Außenschutz eingegangen und dieser für Entwicklungsländer als teilweise gerechtfertigt angesehen. Wenn auf den heimischen Märkten Wettbewerb herrscht, könne er auch zur Ausbildung von erfolgreichen Unternehmen führen Porter 1991: 683. Weiterhin wird staatlichen Politiken, darunter Subventionen, im Anfangsstadium der Entwicklung eine große Rolle zugemessen: "knappes Kapital in ausgewählte Branchen lenken, die Risikobereitschaft durch explizite und implizite Hilfsgarantien fördern, den Erwerb ausländischer Technologie anregen und beeinflussen und vorübergehenden Schutz gewähren" Porter 1991: 690. Ist dieses Stadium überwunden sollen private Firmen die Wirtschaft tragen. Der Staat wandelt sich dann "vom Akteur und Entscheidungsträger zum Helfer, Signalgeber und Antreiber." Porter 1991: 690. Abgeraten wird von langfristigem Schutz und Subventionen Porter 1991: 700. Porter wird zur 'National Innovation System' Schule zugerechnet. Dalum 1992: 197.

4. Ergebnisse auf der Firmen- und Länderebene

Wie sehen die empirischen Ergebnisse auf Firmen- und Länderebene aus? Sichtbar wird hier werden, daß auch die Ländercharakteristikas eine Rolle spielen.

4.1 Ausgebildete technologische Fähigkeiten

Firmen, die ihre Technologien beherrschen, also 'mastery' erreichen, werden hier mit dem Terminus der ausgebildeten technologischen Fähigkeiten benannt. Sie sind anpassungsfähig, weil sie lernfähig sind, F&E betreiben und auf Exportmärkten wettbewerbsfähig sind. Oftmals haben diese Firmen in ihrer Geschichte mehrmals oder sogar routiniert davon Gebrauch gemacht Technologie aus Industrieländern zu erwerben, zu lizensieren oder anderweitig anzuwenden, wobei sie im Verlauf der Zeit immer besser einschätzen können, welche Technologie sie brauchten und wie diese eingesetzt werden kann. Die Studien bestätigen, daß es massiver Anstrengungen bedarf, um eine Technologie zu beherrschen. Teils haben diese Industrien Kapitalanteile an ausländische Investoren verkauft, um besser an ausländische Technologien und Produktionsinputs zu gelangen. Diese Firmen haben nicht nur Lernerfolge vorzuweisen, sie verfügen über eine breite Palette technologischer Fertigkeiten, eingeschlossen substantielle, wenngleich nicht immer schon perfektionierte F&E- und Designfähigkeiten und haben die Fähigkeiten ausländische Technologie einzusetzen, selbst weiterentwickelt, eben Absorptionsfähigkeit. Aufgrund ihrer mittlerweile breit angelegten Fähigkeiten, haben diese Industrien gute Chancen international wettbewerbsfähig zu werden oder sind es schon. Als Beispiel dienen hier: Die Stahl-[2504] und Flugzeugindustrie[2505] in Brasilien, die Stahl[2506]- und Automobilindustrie[2507] in Korea. Diese Industrien sind in einem unterschiedlichen regulatorischen

---

[2504] Zur Stahlindustrie in Brasilien bezüglich dem Einfluß des Staates, staatlicher Kreditabsicherungen und Schutzpolitik Howell et al. 1988: 263-277. Das USIMINAS Stahlwerk wird als Joint-Venture mit japanischen Unternehmern gegründet und erbaut, geht dann der Besitz 1966, als die Fähigkeiten der Brasilianer zum alleinigen Betrieb vorhanden waren, in die Hände der Brasilianer über, die von da an auch kontinuierliche Verbesserungen ('learning by doing', 'equipment stretching') erreichten. Bei der nächsten Expansionsphase ab 1975 waren die Brasilianer in der Lage ihre Technologie selbst auszuwählen und einzukaufen, darunter auch den USA und Deutschland. Ende der siebziger Jahre hilft USIMINAS beim Aufbau weiterer Stahlwerke in Brasilien. Bezüglich Japan lagen aber weiterhin die engsten Beziehungen vor. Weiterhin werden substantielle Beträge in Auslandschulungen, Consulting und technische Hilfen bei der Produktion investiert. Es gab also eigenes Lernen, die Ausbildung eigener Fähigkeiten, substantielle Investitionen, kontinuierliche Anstrengungen neue Technologie einzusetzen und kontinuierliche Kontakte zum Ausland. Dahlman/Fonseca 1987: 154-182.

[2505] Die im staatlichen Besitz befindliche und partiell staatlich subventionierte brasilianische Flugzeugindustrie, Embraer, ist ein Beispiel für Lerneffekte, diese sind aber generell für den Flugzeugbau typisch. Es wird auch als Beispiel für einen positiven Wohlfahrtseffekt durch seine 'spillovers' angeführt. Ohne diese wird von einem Wohlfahrtsverlust von US$ 30 Mill. ausgegangen, unter Einbeziehung der Verbesserungen des Humankapitals und höherer Löhne wird daraus ein Gewinn von US$ 70 Mill. Baldwin 1992: 251-252. Weiterhin muß beachtet werden, daß andere Unternehmen in dieser Flugzeugkategorie ebenfalls subventioniert wurden, hier hätte ein weltweites Abkommen über eine Subventionsminderung Sinn gemacht. Weiterhin sind hier aufgrund der oligopolistischen Struktur der Märkte Argumente der Strategischen Handelspolitik relevant. Der Markteintritt in einen oligopolistischen Markt mit hohen Preisen verspricht, ebenfalls von relativ hohen Preisen profitieren zu können ('profit shifting'). Baldwin 1992: 226; siehe auch Frischtak 1994.

[2506] Die Erfolgsgeschichte des staatlichen POSCO-Stahlwerks ist schon mehrfach erwähnt worden und relativ bekannt. Deshalb keine erneuten Details an dieser Stelle. Siehe dazu Amsden 1989: 291-318; zum Automobilbereich Kim 1993. Dazu später mehr. Für einen Überblick über weitere Sektoren Enos/Park 1988.

[2507] Das Versprechen, daß in der Teminologie dieser Schule liegt, 'mastery' zu erwerben, ist für Korea's Automobilindustrie noch nicht vollständig eingelöst. Dazu ist ein weiterer Ausbau vor allem der F&E-Anstrengungen nötig. Dies liegt auch daran, daß die

Umfeld bzw. unterschiedlichen Außenhandelspolitiken gewachsen, in beiden Ländern sind recht intensive staatliche Interventionen sichtbar, ihre heimischen Märkte sind geschützt worden, eine Importsubstitution wurde erfolgreich erreicht, Exporte erfolgten, aber nicht immer schon nach kurzer Zeit und die Industrien haben teils massive staatliche Unterstützung (Subventionen, verbilligte Kredite) erhalten. Dadurch mag den sonstigen Rahmenbedingungen eine etwas geringere Bedeutung zukommen, ganz abgekoppelt von der Umwelt wirtschaftlicher Anreize u.a. des Weltmarktes agierten aber auch diese Firmen nicht. In Korea bestand ein direkter Zwang zu exportieren, der Aufbau der Firmen erfolgte schnell und die Anstrengungen bezüglich technischer Verbesserungen waren womöglich etwas größer. In Brasilien begann erst in den siebziger Jahren eine Exportorientierung und der Stahlbereich erreichte anfang der achtziger Jahre Exporte. Die sozialen Kosten waren in Brasilien aufgrund weniger effizienter Durchführung höher als in Korea, andererseits spricht einiges dafür, daß der größere Markt in Brasilien die anfangs zögerliche Exportorientierung wettgemacht hat.[2508] Bei diesen Firmen lagen meist keine extrem weitreichenden Beschränkungen zum Import nötiger Produktionsinputs, Technologie oder Rohstoffen vor. Korea hat partiell eine Importsubstitution im Bereich von Automobilteilen verfolgt und dadurch sind den Firmen Kosten entstanden. Diese IS-Politik erfolgte aber relativ flexibel und gefährdete nicht die Wettbewerbsfähigkeit und die Entwicklung dieser Industrien.

4.1.1 Koreas Automobilindustrie

Oft wird in der Literatur wird darauf hingewiesen, daß Südkorea (ähnlich wie Indien) nur sehr geringe Direktinvestitionen aufweist und daß es vor allem Rekurs auf nichtinvestierende Modi des Technologietransfers genommen hat. Dies habe dazu geführt, daß "protecting domestic technological learning" verfolgt wurde, durch die Schutzzölle, Verbot von Direktinvestitionen, Förderung der großen Konzerne und von F&E, in einem Umfeld in dem die Unsicherheit groß ist, aber Externalitäten vorliegen und ein Lernprozeß soziale Wohlfahrtseffekte für viele verspricht.[2509] Dies ist sicher partiell richtig und die Anstrengungen der Koreaner sollen nicht in Zweifel gezogen werden, wenig überzeugend scheint aber die Betonung der womöglich sogar alleinigen Relevanz des heimischen Lernens und der heimischen Anstrengungen. Darauf hinzuweisen ist nicht zuletzt wichtig, weil in der deutschen Entwicklungsdiskussion immer wieder das Gespenst der Selbstgenügsamkeit oder der Abtrennung bzw. Dissoziation vom Weltmarkt auftaucht (philosophisch auf Fichte

---

Automobilindustrie nicht als 'mature' anzusehen ist, weil die Unternehmen aus den Industrieländern den Einsatz von immer komplexeren Technologien forcieren und die Entwicklungs- und Schwellenländer einem 'moving target' ausgesetzt sind. Kim 1993: 168-178. Immerhin ist die Automobilindustrie Koreas sehr erfolgreich und bereits anpassungsfähig im Sinne von Eucken.
[2508] Fischer/Nunnenkamp et al. 1988: 193-270. Siehe für den Stahlbereich: **Tabelle 123**.
[2509] Lall 1992: 180. Siehe das folgende, für die Anstrengungen der siebziger Jahre geltende Zitat, welches aber die nachfolgende Diskussion stark beeinflußt hat: "But, as we have argued, transfers of technology from abroad constitute only an initial stage in aquiring technological mastery. Of far greater consequence is local effort to master the technology that is transferred and to apply the mastery in other undertakings, thereby to reduce reliance on foreign technological mastery and to foster locally based innovative activity. In a similar vain, the organization of export activity entails a variety of functions that must be learned if their performance is gradually to be taken over by nationals. Korea's industrial competence must therefore be considered as resulting primarily from indigenous effort." Westphal et al. 1981: 70.

zurückzuführen).[2510] Gerade das Beispiel Korea zeigt, daß ein Land trotz weitgehender Fähigkeiten und auch heimischen Lernens weiterhin ausländischen Technologietransfer aus Industrieländern einsetzen mußte, um seine Entwicklung weiterzuführen. Und auch ausländische Direktinvestitionen sind in Korea zu finden: Wiewohl der niedrige Prozentsatz von ausländischen Investitionen immer wieder als Beweis für die Relevanz eigener Anstrengungen angesehen wird, wird in Studien etwa gezeigt, daß 1974 etwa 1/3 der Exporte aus ausländischen Investitionsprojekten, aus der japanischen Elektronikindustrie, stammen.[2511] Diese Anteil sank später wieder ab, im folgenden Beispiel werden aber durchaus auch ausländische Investitionen im Bereich Automobilzuliefererindustrie erwähnt. Geschätzt wird, daß ausländische Investitionen zwischen 1962 und 1983 für einen Anteil von 5 % an den insgesamten ausländischen Kapitalzuflüsse verantwortlich waren.[2512]

Somit stimmt es, daß ein Wachstum der Produktivität zu einem großen Teil auf eigenen Anstrengungen beruhen kann und auch auf den heimischen Markt gestützt erfolgen kann, allein dies reicht nicht aus, um international wettbewerbsfähig zu werden.[2513] Diesen Fakt hat die Weltbank in ihren viel kritisierten Bericht 'East Asian Miracle' richtig gesehen, als sie darlegt, daß gerade Korea massiv auf Lizensierung ausländischer Technologie (und ausländische Experten sowie auch enge Kontakte zu ausländischen Firmen) zurückgegriffen hat. Dies zwar nur in bestimmten Sektoren, aber gerade in solchen, die für den Exporterfolg sehr wichtig waren.[2514]

Diese Thesen können an folgender Darstellung der Entwicklung der koreanischen Automobilindustrie deutlich gemacht werden, die vor allem zurückgreift auf Kim (1993). Das erste moderne Montagewerk wurde 1962 gebaut mit Hilfe von Nissan, die dort den Nissan Saenara basierend auf SKDs-Set montierten, wobei dies keinerlei technologische Kompetenz voraussetzte.[2515] Etwa später, 1965, wurden im Shinjin Motor Co. Werk CDK-Montagen durchgeführt, die implizierten, daß immerhin Fließbänder nötig und ein Schweiß-, Karosserie-, und Lackierwerk Vorraussetzung waren. Fahrzeuge unterschiedlicher Lizenzgeber wurden dort montiert.[2516] Diese Phase kann als Imitationsphase bezeichnet werden, mit ausländischer Unterstützung wurde die Montagetechnologie erlernt.[2517]

[2510] Hier wird von einer autarken, vom Weltmarkt abgetrennten Entwicklung gesprochen, die dafür sorgen kann, das zu erreichen, was als problematische Entwicklung erscheint, wenn sich ein Land dem Weltmarkt aussetzt. Überbetont wird dabei die Abhängigkeit von Technologie aus Industrieländern und die Unfähigkeit eigene Produktionsgütersektoren, Beispiel Maschinenbau, aufzubauen. Diese Abhängigkeit besteht sicher teilweise, es ist aber möglich, dieser Abhängigkeit durch den Aufbau eigener Fähigkeiten zu einem immer größeren Teil zu entgehen. Die obengenannten Thesen laden hingegen dazu ein, den Aufbau eigener Industrie gänzlich ohne Technologietransfer aus Industrieländern zu versuchen. Dies ist unrealistisch. Siehe für dieses Konzept Senghaas 1977: 37.
[2511] Castley 1996: 69.
[2512] Es wäre interessant zu wissen, wie hoch diese ausländischen Kapitalzuflüsse in dieser Zeit absolut gesehen lagen. Kim 1991: 29.
[2513] So richtigerweise World Bank 1993: 317.
[2514] World Bank 1993: 301-304.
[2515] Kim 1993: 148.
[2516] Kim 1993: 149.
[2517] Kim 1993: 149.

Daewoo. Der Automobilhersteller Daewoo ist seit 1972 ein 50/50 Joint-Venture mit General Motors (bzw. Opel) und hat Technologie von Opel Deutschland zur Verfügung gestellt bekommen (der Kadett wurde dort als 'Le Mans' produziert). In den siebziger Jahren ist weiterhin eine Montage von aus dem Ausland importierten Teilen festzustellen. Zwar wird Produktionstechnologie weitergegeben, nicht aber Design- und sonstiges Fertigungs-Knowhow. Erst 1982, als die Unternehmensleitung an den südkoreanischen Joint-Venture-Partner übergeben wird, finden vermehrt solche lokalen Anstrengungen statt.[2518] Später wird Daewoo in umfassender Weise in das General Motors-Netzwerk integriert, u.a. durch Joint-Ventures in der Zuliefererindustrie.

Hyundai versuchte eigenständiger aufzutreten und es gelangt in den siebziger Jahren den Kleinwagen 'Pony' durch ein Bündel von Lizenzen unterschiedlicher Hersteller zu bauen (Design Italien, Werklayout und Experten British Leyland, Motor, Achse, Getriebe Mitsubishi usw.) und entzog sich damit den weitverbreiteten Paketlizenzen.[2519] Anfang der achtziger Jahre gingen auch Hyundai und Kia Minderheitenkapitalbeteiligungen zu ausländischen Herstellern ein und kamen so in den Genuß eines beschleunigten Technologie- und Wissenstransfers. So besteht bei Hyundai seit 1982 eine 10 % Kapitalbeteiligung der japanischen Mitsubishi Motors (später 15 %). Dadurch bekam es technologisch aufwendige Teile zur Verfügung und Zugang zu technologischem Wissen gestellt.[2520] Zwischen 1975 und 1981 gelang Hyundai der Übergang von Montage zur Herstellung durch den ersten unter Bedingungen von Skalenökonomien gefertigte Wagen 'Pony' und es gelingt zudem bis 1981 93 % 'local content' zu erreichen.[2521] Ab 1982 wurde eine eigene Herstellung angestrebt, erst einmal durch die Imitation von Teilen, die für Ford montiert wurden, welche aber in eigener Regie hergestellt werden. Im Jahr 1982 gelang es eine computergesteuertes Montageband Kontrollsystem zu installieren, hier halfen japanische Experten, letztendlich konnte Hyundai aber selbst das System zum Laufen bringen.[2522] Hyundai gelang der Eintritt auf den amerikanischen Markt in eigener Anstrengung, mit eigener Werbekampagne und mit eigenem Vertriebsnetz 1986 mit dem Pony Excel.[2523] Durch F&E Anstrengungen gelang es Hyundai weitere Technologien zu meistern, ist aber immer wieder gezwungen Lizenzen zu nehmen, wenn es um avanciertere Designs oder neue Technologien geht.[2524] Im F&E Vergleich mit Japan betrugen die durchschnittlichen F&E-Ausgaben pro koreanischem Unternehmen aber ein Zehntel der japanischen und nur ein Viertel der Forscher befanden sich dort.[2525]

[2518] Daewoo nutzte von 1962 bis 1989 nur 33 Lizenzabkommen, die ausschließlich mit General Motors (und deren Partnern) abgeschlossen wurden. Kim 1993: 164-165.
[2519] Kim 1993: 150.
[2520] Kim 1993: 108.
[2521] Kim 1993: 149-151.
[2522] Kim 1993: 153.
[2523] Kim 1993: 115.
[2524] Kim 1993: 174-176.
[2525] Kim 1993: 160.

Kia. Kia Motors hat 1983 einen Vertrag mit dem japanischen Mazda Hersteller abgeschlossen sowie 1986 eine 10 % Beteiligung von Ford und bekommt dadurch, ähnlich wie Daewoo, ohne viel eigenen Aufwand Zugang zum amerikanischen Markt.[2526]

Weil U.S.-Hersteller zunehmend daran interessiert waren, Kleinwagen aus Korea in ihr Programm aufzunehmen, weil in diesem Segment die Profite nicht so hoch lagen und deshalb kein Interesse an einer eigenen Produktion besteht, übten sie Druck auf ihre japanischen Partner aus, vermehrt Technologie nach Korea zu lizenzieren, wobei sie selbst die Lizenzgebühren übernahmen.[2527] Es ist auch bemerkenswert, daß die koreanischen Konzerne zwar eine eigene Zuliefererindustrie aufbauten. Diese wies aber noch zu geringe Unternehmensgrößen auf. Nur für die Inlandsproduktion wurden hohe 'local content'-Werte erreicht (90 %), für exportierte PKW mußten die hochwertigeren Teile zu 70 % importiert werden.[2528] Im Jahre 1989 wurden dennoch nur noch durchschnittlich 10 % der Teile importiert, oftmals technisch anspruchsvolle Teile, wie Speziallager, Vergaser, Katalysatoren, Getriebeautomatiken, Servolenkungen, Kurbelwellen und Bremssysteme.[2529] Der Zuliefererindustrie gelang es dagegen mit relativ einfach herzustellenden Teilen signifikante Exporterfolge zu erzielen: Generatoren, Autoradios, Kühler, elektronische Komponenten, Kugellager, Kupplungsscheiben und Gehäuse, Kolbenringe, Klimaanlagen, Sitzbezüge und Anlassermotoren.[2530]

Diese hohen Werte sind auch auf die staatliche Industriepolitik seit 1967 zurückzuführen, die mit relativ direkten Maßnahmen aber auch mit Anreizen darauf hinwirkte, daß hohe Lokalisierungsgrade erreicht wurden. So wurde die erlaubte Produktionsmenge vom Erreichen einer bestimmten 'local content'-Menge abhängig gemacht. Für die Planerfüllung gab als Belohnung Devisen für den Import von Montagekits für Mittelklassewagen. Darlehen wurden bevorzugt an Unternehmen vergeben, die in die Herstellung von Automobilteile investierten und die Einfuhrzölle für Grundstoffe für die Herstellung von Automobilteilen wurde abgeschafft.[2531] Trotz dieser IS-Politik mußten (und konnten) aber immer noch technologisch anspruchsvolle Teile importiert werden. Dies gab zu einem weiteren Förderprogramm Anlaß, welches 1986 sektorübergreifend installiert wurde (d.h. nicht nur für die Automobilindustrie).[2532] Für die Automobilindustrie wurde angestrebt, daß für US$ 1,12 Mrd. Kfz-Teile nun von den eigenen Firmen produziert werden müssen.[2533] Aufwendigere Teile wurden von Zulieferern hergestellt, die als Joint-Venture oder über sonstige Kapitalbeteiligung mit ausländischen Firmen verbunden waren: Hyundai Motor; Korea Brake, Ordeg Inc. (mit Degussa Katalysatoren), das

---

[2526] Kim 1993: 75, 108
[2527] Kim 1993: 107.
[2528] Kim 1993: 92.
[2529] Und Bremsschläuche. Kim 1993: 92.
[2530] Kim 1993: 122.
[2531] Kim 1993: 181.
[2532] Kim 1998: 187.
[2533] Es gelingt aber nicht, dieses Ziel ganz zu erreichen, insgesamt werden bezüglich dem gesamten sektorübergreifenden Programm von 4.542 Teile nun 2.157 im Inland hergestellt. Kim 1993: 182.

U.S. Unternehmen Eton mit Sammi für die Produktion von Frontachsen[2534] oder Tong-Il Co. (Achsen, Getriebe und Werkzeugmaschinen), welches selbst Kapitalbeteiligungen an westlichen Maschinenbauunternehmen hat sowie Technologietransfer-Abkommen unter anderem mit der Wanderer Maschinengesellschaft mbh, der Heyligenstädt Werkzeugmaschinen Gmbh sowie der Zahnradfabrik Friedrichshafen (Autoteile).[2535]

Diesem Bild entspricht einer graduellen Öffnung für ausländische Direktinvestitionen, wobei Projekte von unter 50 % Beteiligung und einem Investitionsvolumen von US$ 100 Mill. automatisch zugelassen wurden, weiterhin wurden Restriktionen für Lizenzverträge deutlich gelockert.[2536] Von 394 Verträgen über eine technologische Zusammenarbeit zwischen inländischen und ausländischen Firmen (ohne Joint-Ventures), die bis 1989 abgeschlossen wurden, fielen 256 (65,0 %) auf Japan, 65 (16,5 %) auf die USA, 31 auf Großbritannien und 27 auf die BRD.[2537] Lizenzverträge wurden bis 1989 587 abgeschlossen, hauptsächlich mit Japan (60 %), USA (16,4 %), England (9,4 %) und BRD (7,0).[2538] Aufgrund dieser Gleichzeitigkeit von Schutz, Exportanreizen, Technologietransfer und eigenständiger Anstrengung und der Ausbildung eigener Fähigkeiten ist es, siehe oben, nicht sinnvoll, anhand des Beispiels Korea einen Schulenstreit auszutragen und Korea nur als Beispiel eigenständiger Technologieentwicklung zu vereinnahmen. In dieser Diskussion wird tendenziell vergessen, wie eng die koreanischen Firmen mit ausländischen Unternehmen verbunden waren. Korea hat zudem eine sehr spezifische Form von Technologietransfer verfolgt, nämlich Verträge über technologische Zusammenarbeit, Lizenzen, Kapitalgüterimport und Minderheitenbeteiligungen. Andererseits darf nicht ignoriert werden, daß massive Anstrengungen, auch seitens des Staates, erfolgten, heimischen Firmen zu helfen, die technologische Leiter heraufzusteigen.

Hinsichtlich der außenhandelspolitischen Rahmenbedingungen war der Import von Kraftwagen in Korea anfangs verboten, im Jahre 1974 bestand, zusätzlich noch, ein Zoll von 250 %, in den achtziger Jahren wurde dieses Verbot aufgehoben und die Zölle langsam abgesenkt: Im Jahr 1988 von 60 % auf 40 %, seit 1989 auf 25 %.[2539] Importe japanischer Automobile werden von Korea, offenbar bis heute, ganz verhindert.[2540] Werden Steuern hinzugerechnet sind die importierten Wagen immer noch um 31 % teurer als eine vergleichbarer koreanischer Wagen.[2541] Zudem waren die koreanischen Wagen im Heimatmarkt teurer als vergleichbare Automobile in anderen Ländern, dadurch lag eine Subventionierung der Hersteller vor.[2542] Weitere Industriepolitiken sind: Steuererleichterungen[2543];

[2534] Kim 1993: 112.
[2535] Kim 1993: 154.
[2536] Kim 1993: 195.
[2537] Kim 1993: 113.
[2538] Sowie weitere Lizenzgeber, die nicht Ländern zugeordnet werden. Kim 1993: 174.
[2539] Seit 1986 ist die Einfuhr von Sonderkraftwagen erlaubt. Seit dem Jahre 1987 werden Omnibusse, Lkw und Oberklasse-Pkw eingeführt. Im Jahre 1988 auch Kleinwagen. Die Aufhebung dieser Einfuhrverbote bedeutet nicht die Abschaffung der Zölle. Kim 1993: 179.
[2540] Köllner 1998: 173.
[2541] Kim 1993: 180.
[2542] Kim 1993: 188.

präferentielle Kredite werden in großem Ausmaß von staatlich kontrollierten Banken vergeben[2544]; dazu kommen Exportanreize und eine realistische Wechselkurspolitik, siehe Abschnitt 'G', Korea; und eine bemerkenswert konsequent durchgeführte Strukturpolitik, d.h. zeitlich begrenzte Marktreservierungen bzw. Markteintrittsverbote für bestimmte Firmen, um erst einmal bestimmten Firmen Skalenökonomien durch Massenfertigung einzuräumen.[2545] Bezüglich der Lizenzen ist zu bemerken, daß durch die eigenen Fähigkeiten Marktversagen bei der Lizensierung begrenzt werden konnte, denn mit eigenen Erfahrungen konnte der wirkliche Wert einer ausländischen Technologie besser eingeschätzt werden und die informationellen Asymmetrien, welche ausländischen Anbieter bevorzugen, reduzierten sich dadurch.[2546] In Japan und Korea hat der Staat die Lizenzverträge gründlich geprüft und teilweise mit ausgehandelt, wobei besonders darauf geachtet wurden, daß keine für den heimischen Markt wettbewerbshemmenden Klauseln enthalten waren. Im Vergleich dazu haben die lateinamerikanischen ANDEAN-Pakt Staaten hauptsächlich darauf geachtet, daß die Lizenzgebühren nicht so hoch waren.[2547] Bemerkenswert sind weiterhin die in den achtziger Jahren beginnenden Förderungsmaßnahmen für F&E, durch Steuervergünstigungen, Gründung von Forschungseinrichtungen, Ausbildungsförderung und die direkte Subventionierung von Forschungsprogrammen.[2548] Insgesamt wird in der Literatur am Beispiel Koreas klar geschlossen, daß, neben den privaten Anstrengungen und der partiellen Wirksamkeit liberaler Faktoren, auch die staatliche Industriepolitik positiv gewirkt hat.[2549]

4.2 Firmen mit mittleren technologischen Fähigkeiten

Diese werden in der Literatur folgendermaßen charakterisiert: Sie kennen sich mit improvisierenden Strategien aus, können Probleme bearbeiten, betreiben auch F&E und verfügen typischerweise über eine flexibel einsetzbare Produktionsanlage, die zwar keine extreme Massenfertigung erlaubt, dafür aber besser auf Konjunkturschwankungen und Nachfrageschwankungen auf den, oft kleinen, heimischen Märkten reagieren kann. Diese Charakterisierung scheint auf viele Betriebe, darunter auch aus der Kapitalgüterindustrie zuzutreffen, darunter in Lateinamerika. Meist befinden sich diese Firmen zudem in Länder, die mehr oder weniger intensiv über einen Außenschutz oder eine IS Politik verfügen. Viele dieser Unternehmen haben keine ausgeprägten Zulieferernetzwerke und versuchen viel im eigenen Unternehmen zu produzieren, beispielsweise werden in einem Metallbetrieb auch Plastikteile hergestellt. Wird versucht skalenintensive Kapitalgüter zu produzieren sind die

---

[2543] Etwa 100 % in den ersten drei Jahren und 50 % in den nachfolgenden zwei Jahren. Kim 1993: 183.
[2544] In Korea befinden sich alle Banken, ob staatlich oder privat, unter strenger Kontrolle der Regierung. Im Jahre 1984 werden 36 % der Kredite der Schwerindustrie eingeräumt. Gegenüber einem privaten Zinssatz von 41,76 % und einem offiziellen Zinssatz von 14,5 % 1978 werden bevorzugte Darlehen mit 7 bis 15 % verzinst. Kim 1993: 184.
[2545] Kim 1993: 185.
[2546] Im Markt für Technologie wird eine fundamentale Asymmetrie diagnostiziert, die die Verkäufer favorisiert, denn der wirkliche Wert von Technologie kann erst dann bewertet werden, wenn sie gekauft und eingesetzt ist. Pack/Westphal 1986: 121.
[2547] Pack/Westphal 1986: 122.
[2548] Kim 1993: 198-210.
[2549] Kim 1993: 188-189.

Kapazitäten oft nicht ausgelastet, ausländische Technologie wird eher ad hoc erworben und nicht kontinuierlich mit dem Ziel internationaler Wettbewerbsfähigkeit erneuert. Ausländische Produktionsinputs sind durch Zölle oft teuer. Diese Industrien haben teils eine relativ dünne Kapitaldecke für kontinuierliche Verbesserung eigener Fähigkeiten. Sie verfügen über substantielle Fähigkeiten, auch über sehr gut ausgebildete Experten und Fachkräfte, ihnen fehlt aber, sicher auch aufgrund des mangelnden Kapitals, die Fähigkeit an der vordersten Front technologischer Entwicklung präsent zu sein. Im Vergleich dazu wird das Beispiel Korea wieder instruktiv, welches mit der extremen Exportorientierung, auch über größere Gewinne und zudem generell über größere Firmen verfügte. Insgesamt ist im Bereich mittlerer technologischer Fähigkeiten eine fehlende oder weniger deutlich ausgeprägte Exportfähigkeit zu konstatieren.[2550] Diese Beschreibung trifft auf viele indische Firmen und teils auf brasilianische Firmen zu, zu letzteren im Abschnitt G mehr.

4.2.1 Beispiel Indien

Dieses Land verfügte über einen größeren Zeitraum seiner Geschichte über mittlere technologische Fähigkeiten, bemerkenswerterweise gelang dabei der Aufbau einer ausdifferenzierten Kapitalgüterindustrie, die über breit angelegte Fähigkeiten verfügt, die aber in den meisten Fällen nicht zur internationalen Wettbewerbsfähigkeit reichen, weil der indische Staat durch seine wirtschaftsrechtlichen und institutionellen Regulierungen in extremer Form Anreize abgemildert hat, die zu einem dynamischen heimischen und exportbezogenen Wachstum hätten führen können. Erst seit den achtziger Jahren kommt es zu einem zufriedenstellenden Anstieg der Produktivität.[2551] Indien ist bekannt für seine frühen planwirtschaftlichen Ansätze und die umfassende Regulierung von Investitionen.[2552]

Indien wuchs langsamer als viele andere Länder, dafür aber kontinuierlich und konnte die beiden Ölkrisen und die Schuldenkrise ohne Verwerfungen meistern. Indien erreichte 1980 ein BSP von US$ 142 Mrd. und 1990 US$ 254 Mrd.. Zum Vergleich: Im Jahre 1990 lag das BSP von Korea (US$ 236 Mrd.) aber gleichauf.[2553] Die Exportwachstumsraten lagen bei: 1970-1975: 18,6 %, 1975-1980: 13,6 %; 1980-1985: 2,4 %; 1985-1990: 15,7 %.[2554] Und 1990-1995: 15,4 %.[2555] Durchschnittlich betrug das

---

[2550] Katz 1987: 25-40.
[2551] Zugrunde liegt hier die folgende Literatur: Aggarwal 2001; Ahluwalia 1986; Bardan 1984; Basu/Pttanaik 1997; Bhagwati/Srinivasan 1975; Brunner 1991; Chadha 2000; Chakravarty 1987; Das 1999; Das 2003; Evans 1992; Ganesh-Kumar/Vaidya 1999; Goldar/Aggarwal 2004; Goldar et al. 2004; Jha et al. 2004; Kapur/Patel 2004; Kohli 1989; Krishna 2000; Kumar 1990; Lall 1987; Lall 1999; Lall/Kumar 1981; Lucas 1988; OECD 1998b; Pandey 2004; Patnaik 1997; Rodrik/Subramanian 2004; Singh et al. 1999; Srinivasan 2001; Subramanian 1993; Trade Policy Review India 1993; UNCTC 1992; UNIDO India 1990; UNIDO India 1995; von Hauff et al. 1994; World Bank India 2000.
[2552] Für eine Geschichte der Planung in Indien, in der darauf beharrt wird, daß es keinen Einfluß der Sowjetunion gab, wohl aber zu denselben Schlußfolgerungen gekommen wurde: Chakravarty 1987: 13. Bis 1987 herrschte in Indien Exportpessimismus vor und es wird beklagt, daß für Konsumgüter ein zu kleiner Markt vorliegt. Chakravarty 1987: 57.
[2553] Siehe: **Tabelle 124**.
[2554] UNCTAD 1994: 81.
[2555] Lall 1999: 1779.

Pro-Kopf-BSP Wachstum von 1980-2000: 3,8 %.[2556] Die Exporte (Mill. US$) lagen bei 1970: 1876; 1975: 4.666; 1980: 8303; 1985: 9465; 1990: 18.286; 2000/01: 44.560 (zum Vergleich Exporte von Korea 1990: 63.123; Brasilien: 31.408; Indonesien 26.807; Türkei 13.026).[2557] Zu Beginn ist in bezug auf die Exportstruktur anzumerken, daß zwar der Anteil verarbeiteter Produkte über die Jahre anstieg, dies aber hauptsächlich auf weniger aufwendig herzustellende, arbeitsintensive Waren zurückzuführen ist. Indiens Anteil an den Weltexporten sank etwa auf 0,5 % im Jahre 1989/1990 ab. Nur in wenigen Bereichen hielt Indien damals substantielle Weltmarktanteile: Tee 22 %, Lederartikel 12 %, Juwelen und Schmuck 9 %, Knoblauch 8 %, Reis 7 %, Eisenerz 7 % and Webstoffe 7 %. In den achtziger Jahren lagen besonders im Chemiebereich und der Lederartikelindustrie Exportsteigerungsraten vor. Der Anteil höherwertiger Industriewaren stagniert in bezug auf die relativen Exportanteile auf einem gewissen Niveau.[2558] Bemerkenswert ist, daß Indien nicht so sehr mit China vergleichbar ist, sondern 1998 beinahe exakt hinsichtlich seiner Exportstruktur und der absoluten Zahlen der Türkei entspricht.[2559]

Viel geändert hat sich an dieser Exportstruktur bis heute nicht. Die Exporte bestehen 2002 großteils aus arbeitsintensiven Produkten wie Bekleidung, Textilien und Edelsteinen bei einem in den neunziger Jahren gleichbleibend höheren relativen Anteil von Chemieexporten (ca. 10%).[2560] Im Dienstleistungsbereich stiegen die Softwaredienstleistungen von 1995/96: US$ 2400 Mill. auf 2000/01: US$ 8800 Mill. an.[2561] Anders abgegrenzt dominieren ressourcenbasierte und arbeitsintensive 'low tech' Exporte mit 86 %, der 'medium tech' Bereich kommt auf 13,1 % und 'high tech' auf 4,4 %. Dies sind Zahlen für 1996.[2562] Im 'low tech' Bereich dominieren wiederum kleinere Produzenten, sodaß diesbezüglich den Exporten eine signifikante armutsreduzierende Rolle zukommt.[2563] Exporte sind für Indien schon deshalb wichtig, weil sich die Importe hauptsächlich in für das Funktionieren der Wirtschaft und das Überleben der Bevölkerung unerläßlichen Güterbereichen bewegen: Petroleum, Düngemittel, pflanzliche Öle und Getreide und dann Kapitalgüter.[2564]

Einigkeit besteht in der Wirtschaftswissenschaft darüber, daß sich in Indien diverse Maßnahmen nachteilig auf die für Exporteure ausgewirkt haben und zwar nicht nur die binnenorientierte, importsubstituierende Außenhandelspolitik, sondern auch interne Maßnahmen. Deshalb zuerst einmal

---

[2556] Rodrik/Subramanian 2004: 1.
[2557] f.o.b. UNCTAD 1994: 224, 250; für 2000/01 ohne weitere Angabe. Trade Policy Review India 2002: 146. Siehe auch: **Tabelle 125, Tabelle 126**.
[2558] UNIDO India 1995: 54-56.
[2559] Siehe: **Tabelle 76**. Einzig sind die ressourcenbasierten Exporte Indiens doppelt so hoch.
[2560] Trade Policy Review India 2002: 146; **Tabelle 126**. Sowohl im High-Tech als auch Medium-Technologiebereich liegt Indien klar hinter vielen anderen Ländern. Lall 1999: 1776-1780.
[2561] Trade Policy Review India 2002: 148. Von einer anderen Quelle werden für 1997-98 Exporte von Softwaredienstleistungen von US$ 1,75 Mrd. angegeben. Chadha 2000: 7.
[2562] Zahlen für 1996. Noch weiter aufgegliedert: 'ressourcenbasiert' 31,1 %, 'low tech' 52,3 %. Lall 1999: 1776. Siehe zur technischen Klassifikation Lall 2000: 341; **Tabelle 22**.
[2563] Geschätzt wird, daß die Hälfte der verarbeiteten indischen Exporte auf den 'small scale sector' zurückzuführen sind. Jha et al. 2004: 77.
[2564] UNIDO India 1995: 55; siehe: **Tabelle 127**.

zu einem Aspekt, der nicht in dieses Bild paßt, die Wechselkurspolitik.[2565] Indien hatte seine Währung an das britische Pfund gebunden und 1949 wurde der Rupie im Gleichschritt mit dem Pfund ebenso abgewertet. Erst Ende 1950 kam es während des ersten Fünfjahresplanes zu einer erhöhten Inflation und seitens des IWF zum Druck eine Wechselkursabwertung vorzunehmen, da der reale effektive Wechselkurs anstieg. Diese Episode war politisch ungeschickt seitens des IWF in Angriff genommen worden und führte dazu, daß der Wechselkursabwertungen fortan für die indische Politik mit Machtverlustängsten verbunden waren.[2566] Interessanterweise kommt Indien aber um dieses Problem drumherum. Nach dem Zusammenbruch des Bretton-Woods-Regimes im August 1971 knüpfte Indien den Rupie für kurze Zeit an den Dollar, entscheidet sich aber im Dezember 1971 wieder für eine Bindung ('peg') zum britischen Pfund. Dies führte dazu, daß der Rupie aufgrund der Schwäche des Pfund automatisch abgewertet wurde, ohne daß dies für viel politisches Aufsehen sorgte. Schon bis 1975 erfolgte eine reale Abwertung um 20 %, trotz der realen effektiven inflationären Aufwertungstendenzen durch die erste Ölkrise.[2567] Somit scheint es nicht zu stimmen, wenn bis wenigstens 1975 ein zu hoher Wechselkurs zum Nachteil der Exporteure erwähnt wird, wobei es nicht gelungen sei, mit Exportsubventionen dagegenzusteuern.[2568] Ab 1975 wurde der Rupie an einen Korb von Währungen gebunden und zusammen mit einer restriktiven Geldpolitik zur Inflationsbekämpfung führte dies zu einem exportfördernden Wechselkurs. Im Jahre 1979 kam es, während der zweiten Ölkrise, zu einer kurzen Krise, d.h. Inflation und reale effektive Aufwertung. Dies wurde ab 1983 rückgängig gemacht und es erfolgte eine nominale und reale Abwertung 1980 Indexzahl 100, im Jahre 1992 Indexzahl 45. Dies hat sicherlich zur Exportsteigerung nach 1985 beigetragen.[2569]

Ebenso gab es aber Aspekte der indischen Politik, die klar hemmende Effekte auf die Wirtschafts- und Exporttätigkeit gehabt haben. Negativ auf die Fähigkeit der Firmen zu exportieren haben die staatliche zugeteilten Lizenzen für eine Investitionen, die mit Produktionskapazitätsobergrenzen kombiniert war, gewirkt (sog. "MRTP restrictions", die auch mit wettbewerbspolitischen, antimonopolistischen Erwägungen begründet wurden und zudem zum Schutz kleiner Firmen dienen sollten[2570]). Dies hat in

---

[2565] Kapur/Patel 2004: 10.
[2566] Warum dieser Wechselkurs nicht angepaßt wurde, kann damit erklärt werden, daß kurz von den Wahlen 1966 Indien von westlichen Entwicklungshilfegeberländern zu einer Abwertung gezwungen wurde, ohne weitere Abstimmungen mit anderen Ländern, etwa der Sowjetunion, die ebenfalls Hilfsgeber war. Dies erfolgte zudem in einem Klima der Geheimniskrämerei und mangelnder öffentlicher Diskussion dieser Maßnahme und führte zu erheblichen Verlusten für die regierende Kongresspartei. Fortan waren Abwertungen politisch nicht mehr durchsetzbar, weil mit Machtverlustängsten behaftet. Siehe die deutliche Kritik an diesem Vorgang, eine frühe Variante der 'ownership'-Debatte, in Bhagwati/Srinivasan 1975: 164, 167.
[2567] Kapur/Patel 2004: 2-3, 12.
[2568] So aber Dean et al. 1994: 32. Ohne weitere Details, siehe aber oben im Text, wird für später in den achtziger Jahren eine "more activist policy on the exchange rate" festgestellt in: UNIDO India 1995: 56.
[2569] Kapur/Patel 2004: 3; Zahlen aus Dean et al. 1994: 32. UNIDO India 1995: 56.
[2570] Diese Politikaspekte gehören zum Paket 'sozialistischer' Politiken, die u.a. von Indira Ghandi verfolgt wurden und unter linken Gruppen und der armen Bevölkerung Indiens eine große Popularität hatten. Kohli 1989: 310; unter Nehru war dieses Kontrollsystem noch nicht so stark ausgeprägt, dies wird der Ära Indira Ghandi, von den späten sechziger bis zu den siebziger Jahren, zugeschrieben: "This is the period when commercial banks were nationalized, financial repression was pursued with vengeance, and several laws imposing draconian controls (the Monopolies and Restrictive Trade Practices Act, the Foreign Exchange Regulation Act, Conservation of Foreign Exchange and Prevention of Smuggling Act, to mention a few) were enacted." Srinivasan 2004: 13.

massiver Art und Weise einen am geschäftlichen Erfolg orientierten Aufbau und Ausbau einer Firma verhindert.[2571] Dazu kommt, daß der breit angelegte Außenschutz eng mit dem System der Kapazitätslizensierung verbunden war. Dadurch haben nur bestimmte Unternehmen Importlizenzen erhalten und konnten zusätzlich Renten abschöpfen. Der indische Binnenmarkt wurde auf sehr breit angelegte Art und Weise durch Importlizenzen kombiniert mit mengenmäßigen Beschränkungen geschützt, daneben wurden als zweite Absicherung hohe Zölle veranschlagt.[2572] Noch 1994 lagen die durchschnittlich angewandten Zölle im Bereich verarbeiteter Güter auf einem Niveau von 73 %.[2573] Erst die Reformen 1991 führten (kombiniert mit einer damaligen realen Abwertung der Währung von 16,3 %), zum Abbau dieses Schutzes, mit sinkenden Zollhöhen, die sich auf ein aktuell angewandtes Zollniveau zwischen 25 % und 35 % einpendelten. Die von Indien in der WTO verbindlich festgelegten Zölle liegen großteils auf einem weit höherem Niveau (gebunden wurden 58,5 % der Zollpositionen auf einem durchschnittlichen Niveau von 34,2 %[2574]). Ab dem 1. April 2001 wurden mengenmäßige Beschränkungen ganz abgeschafft.[2575] Die derzeit noch vorhandene Schutzwirkung der Zölle wird durch den abgewerteten Wechselkurs gesteigert.[2576]

Indien rechtfertigte seine mengenmäßigen Beschränkungen, die durch das GATT verboten waren, seit langer Zeit mit der GATT Zahlungsbilanzausnahme, die im Falle von Zahlungsbilanzproblemen QRs erlaubte.[2577] In der Literatur wird in bezug auf dieses System der mengenmäßigen Beschränkungen bemerkt, daß es je nach der Höhe der Devisenreserven zu einer mehr oder weniger strikten Schutzpolitik kam. Erwähnt werden die restriktiven Perioden 1957-62, 1968-74, dagegen die Zeiten einer eher offenen Handels- und Währungsumtauschpolitik 1966-68, 1975-79 und 1982-1989.[2578]

Neben der schon erwähnten Kapazitätslizensierung kamen vor allem in den sechziger und siebziger Jahren noch Preiskontrollen dazu, die in einigen Industriesektoren die Profitabilität merklich schmälerten und das Wachstum bzw. Investitionen in neuere Technologien der Industrien behinderten.[2579] Weiterhin wurden private Firmen durch das Wettbewerbsrecht daran gehindert, sich expansiv zu verhalten, um zu verhindern, daß sie dominierende Stellungen erreichen. Öffentlichen Firmen wurde dies aber erlaubt.[2580] Versuche Lizenzen für ausländische Technologien zu erwerben

---

[2571] Bhagwati/Srinivasan 1975: 45, 162, 218, 225.
[2572] Siehe: **Tabelle 128**.
[2573] Trade Policy Review India 1998: 46.
[2574] Finger et al. 1996: 31; siehe ausführlich auch Pandey 2004: 18.
[2575] Srinivasan 2001: 2, 5.
[2576] Das 2003: 37.
[2577] Siegel 2002: 584-586.
[2578] Kapur/Patel 2004: 1.
[2579] Gezeigt wird dies am Beispiel der eigentlich prosperierenden Zementindustrie, die sich seit dem ersten Zementwerk 1914 mit einem nur sehr geringen Zoll geschützt, sehr gut entwickelte, bis in die sechziger Jahre, als Preiskontrollen eingeführt wurden. Indien kann eigenständig Zementwerke bauen und ist, über Lizenzen, bezüglich der Technologie und hinsichtlich der Kosten wettbewerbsfähig und könnte sogar Zement exportieren. Stattdessen begann Indien Zement zu importieren. Negativ wirken sich dabei auch die Schwierigkeiten im Elektrizitäts- und Transportbereich aus. Ähnlich spielte sich im Eisen- und Stahl sowie Papierbereich ab. Lall 1987: 31, 53-56.
[2580] Lall 1987: 30.

wurden nicht verunmöglicht, aber nachteilig behandelt.[2581] Daß diese Maßnahmen insgesamt, darunter auch die schützende Außenhandelspolitik, zu negativen Wohlfahrtseffekten bzw. unerwünschten Anreizen geführt hat, ist unumstritten.[2582] Der Wert der Exporte am BSP lag 1950 bei 2,6 % und sank dann bis 1992 auf 1,7 % ab.[2583] Indien ist damit ein klares Beispiel für eine zu extrem angewandte interne Regulierung der Unternehmenstätigkeit und eine gleichermaßen zu extreme und zu breit angelegte Politik des Außenschutzes und der Importsubstitution, wobei dies hohe Wohlfahrtsverluste bzw. soziale Kosten verursacht hat.

Bemerkenswert ist weiterhin der vollständige Verzicht auf ausländische Investitionen über 15 Jahre, von 1967 bis 1982 (während Brasilien US$ 14 Mrd. und Korea immerhin US$ 648 Mill. erhielt).[2584] Erst 1995 kann überhaupt davon die Rede sein, daß Indien, mit US$ 5 Mrd. über nennenswerte Direktinvestitionen verfügt, welche bis 2002 auf US$ 25 Mrd. ansteigen.[2585] Es gab zwar ausländische Investitionen in Indien, die sogar hohe Marktanteile innehatten. Diese beschränkten sich aber oftmals auf sehr spezielle Produktbereichen, sodaß sie insgesamt keine größere Bedeutung hatten. Ebenso häufig war es so, daß sie neben Firmen des öffentlichen Sektor, die große Marktanteile haben, geduldet wurden, aber wohl in ihrer Firmenpolitik eingeschränkt blieben.[2586]

[2581] Durch eine prüfende Bürokratie und durch strikte Kontrollen und Begrenzungen, z.B. eine zeitliche Begrenzung und eine Begrenzung der Höhe von Lizenzzahlungen auf 3 % (üblich sind teils 10 %). Dadurch wurden z.B. wertvollere Technologien nicht transferiert. Lall 1987: 34-35.

[2582] Siehe schon die, allerdings noch nicht zugespitzt formulierte, Kritik an Indien in Little et al. 1970: 216-220, 265-268, 381-384. Dies ändert sich mit Bhagwati/Srinivasan 1975; Lall/Kumar 1981; Bardhan 1984; Chakravarty 1987. Eine Überblick über die Literatur gibt Lall 1987: 24-28. Es wird von Bhagwati/Srinivasa (1975) nicht einmal zu einem Vergleich zu einem Szenario mit vollständig freien Handel angestellt, sondern formuliert, daß beinahe jeder Schritt in Richtung eines etwas liberaleren Systems als eine Verbesserung anzusehen wäre: "The influence of this policy on the pattern of industrial investments that emerged through the period must have been considerable. It is clear that the policy of anticipatory and automatic protection that inhered in the working of import policy served to divorce market-determined investment decisions from any guidelines that international opportunity costs (with suitable modifications) might have otherwise provided." Bhagwati/Srinivasan 1975: 46.

[2583] Siehe: **Tabelle 55**.

[2584] Bhagwati/Srinivasan 1975: 41, 46, 50. Lall 1987: 23-31. Die gesamten ausländischen Direktinvestitionen in Indien beliefen sich in dieser Zeit auf US$ 50 Mill.. Netto sind die Zahlen sogar negativ. Auch für die anderen Nettozahlen für Brasilien und Korea siehe Lall 1984: 477. Ausländische Investoren wurden durch den Foreign Exchange Regulation Act (FERA) zudem angehalten, ihre Anteile auf 40 % und weniger zu reduzieren. Lall 1987: 30-31. Generell bestand die Politik, daß nur in sehr wenigen Bereich Investitionen erlaubt und erwünscht waren. Im Bereich nicht-dauerhafter Konsumgüter wurden keine ausländischen Markennamen erlaubt, in diesem Bereich sind ausländische Unternehmensanteile auf 40 % und weniger beschränkt. Nicht nur IBM, siehe unten, sondern auch Coca Cola wurde in den siebziger Jahren dazu angehalten, ihrer Aktivitäten in Indien aufzugeben. Für diesen frühen Überblick Kapoor/Saxena 1979: 170. Davon gab es aber Ausnahmen, zum Beispiel im Teebereich, dort haben britische Investoren Anteile bis zu 74 % behalten dürfen, sie mußten sich aber fortan als indische Firmen anmelden und Steuern zahlen. Kumar 1990: 12-13.

[2585] Siehe: **Tabelle 37**. Dahinter steht eine Liberalisierung des Investment-Regimes, unter anderem sind 51 % Anteile im Software Dienstleistungsbereich erlaubt: Chadha 2000: 6.

[2586] Kumar 1990: 26-30. Hier die Industrien: Marktanteile von über 66 %: verarbeitete Lebensmittelprodukte, Zigaretten, Automobilteile, Trockenbatterien, bestimmte Chemikalien, Metallprodukte, Toilettenwaren, Streichhölzer. Zwischen 34 und 66 % lagen die Marktanteile im Bereich: Motorräder, elektrischen Lampen, Stahlröhren, Stahldrähte, bestimmte Industriechemikalien, Farben, Asbestzement, Flachglas, Automobilreifen, spezielle Gase. Im Bereich 10-34 %: Speiseöl, Automobile, elektrische Kabel, Bleichmittel, Textilfasern, Gummi- und Plastikprodukte, andere Textilwaren. Weniger als 10 %: Baumwolltexilien, Brauereien, Textilmaschinen, Stahlschmieden, Zement, Keramik, Papier, Holz, Glascontainer. Kumar 1990: 26-30. Die Bereiche in denen der öffentliche Sektor große Anteile hat, sind hier herausgenommen, weil nicht aussagekräftig: Aluminium, Plastikrohmaterialen, Pharma, Nichteisenmetalle, elektrischer und nicht-elektrischer Maschinenbau, Werkzeugmaschinen und Düngemittel. Im Motorradbereich bestehen diverse Joint Ventures mit japanischen und europäischen Herstellern UNIDO India 1990: 68-69.

Welche Effekte hatte dieses Anreizsystem auf die wirtschaftliche Entwicklung?

Im geschützten Binnenmarkt haben viele Industrien nicht mehr darauf geachtet Faktorvorteile wie geringe Lohnkosten zu nutzen, sondern haben eine kapitalintensive Produktion angestrebt. Dazu kommt, daß sie mit ihren Anstrengungen vor allem durch das interne Umfeld gelenkt wurden. Insofern waren ihre Fähigkeiten nicht nur, aber doch stark davon bestimmt, welche Probleme im Land vorlagen. Beispiel: F&E wurden dezidiert daran ausgerichtet für einen nicht mehr importierbaren Input einen lokalen Ersatz zu finden, sodaß es nicht mehr darum ging, unter Bedingungen eines freien Weltmarktes Effizienz zu verbessern.[2587] Weitere Ergebnisse liegen vor: Prozesse wurden an heimische Rohmaterialien angepaßt, Qualitätsverbesserungen durchgeführt, die zu längeren Haltbarkeit führen, bestimmte Innovationen gelangen, ebenso wurde die Effizienz der Anlagen verbessert. Nichtsdestotrotz waren die Auswirkungen dieses interventionistischen und importsubstituierenden Systems fast durchgängig negativ.[2588]

Ein Beispiel für eine effizienzmindernde Außenwirtschaftspolitik: Im Textilbereich wurde durch einen Importstop von Synthetikstoffen (1977: 200 % Zoll) bewirkt, daß sich die heimische Industrie auf relativ gesehen minderwertige Baumwolle spezialisiert. Es bestand eine sehr niedrige Produktivität im Bereich Spinnen und Weben, die Maschinen sind oft sehr alt. Importierte Maschinen wurden mit 67,4 % verzollt und es gab Gewerkschaftswiderstand gegen Modernisierung. Daneben wurden Preiskontrollen und eine ganze Reihe sonstiger Regulierungen mit durchweg negativen Effekten auf diese Industrie genutzt. Die Textilexporte lagen wertmäßig bei 1950-1951 US$ 259 Mill., fielen bis 1966 auf US$ 102 Mill. ab und stiegen wieder auf 1982 US$ 278 Mill. an. Hinsichtlich Quantität sanken die Exporte seit 1973 bis 1982 ab (von 631 Mill. Meter auf 199 Mill. Meter).[2589] Der Staat übernimmt teilweise Textilfirmen, dies führte aber zu hohen Verlusten und keineswegs zu Erfolgen.[2590] Eine einzige Firma, Reliance, erreichte mit ausländischen Maschinen und Lizenzen internationale Wettbewerbsfähigkeit. Bezüglich Textilmaschinen war der indische Markt kleiner als die Verkäufe einer einzigen europäischen Firma und die indische Industrie war fragmentiert. Die technologischen Fähigkeiten einiger Firmen waren relativ gut ausgeprägt, sie waren aber dennoch nicht in der Lage über die Anpassung der Maschinen an indische Bedürfnisse hinauszugehen. Andere Firmen produzierten schlechte Qualität. Beide Firmenkategorien waren angesichts gewisser Politiken

---

[2587] So schon die Beobachtungen von Bhagwati/Srinivasan 1975: 219-223.
[2588] Lall 1987: 59, 58-69 (im Zementbereich sind die Firmen in der Lage kleine Zementwerke auch in anderen Ländern aufzubauen und verfügen über eine gut funktionierende Forschungsabteilung, dafür waren Lizenzen nötig, danach gab es aber auch eigene Entwicklungen, es gibt Probleme mit der Qualität von Inputs, wenn es um den Bau von Zementwerken geht), 80-100 (indischer Stahl ist 1950 bis 1960 nicht nur wettbewerbsfähig, sondern billiger als ausländischer Stahl, dann mischt sich der indische Staat ein. Das einzige private Unternehmen TISCO darf, unter der Drohung enteignet zu werden, nicht unlimitiert expandieren und modernisieren, führt aber mit deutscher Technologie ein Stranggußverfahren ein und verfügt über diverse Fertigkeiten. Die staatliche SAIL-Holding hält ineffiziente Werke aufrecht, die unter sehr hohen Kosten erbaut wurden. Bis 1983 gibt es kein SAIL-Werk mit Stranggußverfahren, selbst in der technologisch langsam folgenden USA sind 1986 schon 50 % der Werke damit ausgestattet, zu letzterem Fink 1989: 170).
[2589] Lall 1987: 117.
[2590] Die National Textile Corporation (NTC) übernimmt 1974 103 verstaatlichte Textilmühlen, dies führt nicht zum Erfolg. UNIDO 1990: 55.

nicht zu Textilexporten in der Lage, die in den achtziger Jahren sodann wieder zurückgingen. Mit einer Ausnahme, die Firma Star, die mit eigenen Innovationen auch Exporte und den Aufbau von Textilfirmen im Ausland vorweisen kann.[2591] In bezug auf Bekleidungsexporte ist Indien besser positioniert und erreicht immerhin in bezug auf die EU Top 5 Anbieterstatus.[2592] Dieser Exporterfolg basierte auf vielen kleinen Firmen, einem Industriebereich, die sich gemäß globaler Nachfrage entwickelt haben (ähnlich wie die erfolgreiche Schmuck bzw. Edelsteinverarbeitung in Indien). Die Investitionsraten pro Kopf der Arbeiter lag auf dem niedrigstem Niveau weltweit und die wenigen großen Firmen, die hier investiert haben, haben oft kleinere Firmen als Zulieferer.[2593] An den indischen Exporten hat Bekleidung einen Anteil von 12 % (1987), aber nur einen Weltmarktanteil von 2 %, Hongkong kommt damals auf 40 %, Taiwan 25 %, Korea auf 10-12 % (1987-88).[2594] Grund für diese Entwicklungen ist aber nicht nur die interne Schwäche, sondern das Multifaserabkommen, welches in bezug auf Indien (genauso wie auf Brasilien) besonders restriktiv wirkte. Indien bekam für den U.S. Markt eine Quotemenge eingeräumt auf dem Niveau von Singapur und unter dem Malaysias. Korea, China (ab Mitte der achtziger Jahre) und Taiwan verfügten über weitaus größere Quoten.[2595]

Wie können die technologischen Fähigkeiten im Kapitalgütersektor charakterisiert werden?

Der staatliche, aber relativ autonom agierende Werkzeugmaschinenhersteller Hindustan Machine Tools, hinkt hinter der weltweiten Entwicklung hinterher, teils sind die Gründe Auflagen für Lizenzverträge zur Herbeischaffung ausländischer Technologie, teils die zu diversifizierte Produktion, dazu kommen weitere Gründe. Er verfügt über substantielle Fähigkeiten, die aber nur auf dem mittleren Niveau angesiedelt werden können. Anfang der achtziger Jahre erfolgten 5 % des Outputs als Exporte, dieser Wert sank aber danach wieder ab, weil der technologischen Entwicklung bzw. der Konkurrenz der asiatischen NICs nicht gefolgt werden kann.[2596] Der staatliche, knapp profitable Kapitalgüterproduzent BHEL fertigt große elektrische Geräte wie Transformatoren und Turbinen und benötigt dafür ausländische Lizenzen. Er konnte, zumal ein Staatskonzern, den Import solcher Geräte bis 1978 verhindern. Exporte sanken nach dem Erreichen von 10-12 % am Output wieder ab. Eine gewisse Liberalisierung danach führte zu erhöhten Anstrengungen in der Firma.[2597] Siehe dazu schon die Ausführungen in Abschnitt 'D', Punkt 11.6 Energieanlagen. Das Unternehmen Hindustan Level, auf politischen Druck her nicht mehr 100 %, sondern nur noch 51 % kontrolliert durch den Unilever Konzern weist viele, teils patentierte Innovationen auf, die auf indische Bedingungen zugeschnitten sind, verfügt über eine der größten F&E Abteilungen Indiens und die Zusammenarbeit im Bereich

---

[2591] Lall 1987: 114-139.
[2592] Lall 1987: 117; siehe: **Tabelle 112**.
[2593] Kumar/Khanna 1990: 189-190. Siehe auch UNIDO India 1990: 57-58.
[2594] UNIDO India 1990: 58, Fußnote.
[2595] Genauer Abschnitt 'T'; siehe: **Tabelle 109**.
[2596] Lall 1987: 144-152.
[2597] Bis Anfang der achtziger Jahre ist dies die einzige Firma aus einem Entwicklungsland, die über diese Technologie bzw. Fähigkeiten verfügt und auch ausländische Aufträge ausführt. Lall 1987: 152-161.

Technologietransfer mit den ausländischen Teilen des Konzerns funktioniert gut.[2598] Insofern scheint hier der Übergang zu ausgebildeten technologischen Fähigkeiten vorzuliegen. Der Bereich der Telekommunikation wurde für den öffentlichen Sektor reserviert und nur in den fünfziger und sechziger Jahren gab es eine Zusammenarbeit mit ausländischen Firmen. Dies hatte zur Folge, daß 1985 noch eine Fabrik erweitert wurde, in der eine Technologie aus dem Jahre 1940 produziert wird, weiterhin wurde eine neue Fabrik gegründet, die Technik aus dem Jahre 1960 einsetzt.[2599] Dazu muß kein Kommentar gegeben werden. Im Jahre 1971 wurde die staatliche Computerfirma Electronics Corporation of India (ECIL) gegründet und es wird prognostiziert, daß Indien ohne ausländische Hilfe und Investitionen eine Computerindustrie aufbauen kann. IBM beendet 1977-78 seine Produktion in Indien auf Wunsch des indischen Staates. Als klar wurde, daß Indien die Computernachfrage nicht mit der staatlichen Firma befriedigen konnte, wurden eine Reihe von privaten Firmen zugelassen, die wohl auch im Wettbewerb zueinander standen. Deren Fähigkeiten werden in der Literatur als gut bezeichnet, zumal einige Mikrocomputer in den achtziger Jahren produziert werden (in Indien 10.000, in den USA 7-7,5 Millionen), wobei immer wieder betont wurde, daß ein liberalisierter Zugang zu Halbleitern nötig ist und eine Zusammenarbeit mit ausländischen Firmen.[2600] Fraglich ist, ob diese moderat optimistische Bewertung aufrechtzuerhalten ist. Insgesamt gesehen wurden die hier beschriebenen Fähigkeiten durch staatlich gegründete F&E-Institutionen und die Qualität des indischen Ausbildungssystems gestützt.[2601]

Wirklich tragisch erscheint am Beispiel Indiens, daß einige dieser Industrien (Zement, Stahl und Textilien) in den Jahren vor dem Zweiten Weltkrieg ohne staatliche Hilfe und mit nur geringem Zollschutz bereits eine optimistisch stimmende Entwicklung durchgemacht hatten und zudem über produktionskostenbezogene Vorteile verfügten, mit denen ein Erfolg auf dem Weltmarkt möglich gewesen wäre. Dies wurde aber durch die diversen staatlichen Eingriffe weitgehend unmöglich gemacht[2602], ungünstig wirkte aber auch das für Indien sehr restriktive MFA und die Beschränkungen der Industrieländer des Stahlhandels, siehe Abschnitt 'I'.

Selbst am Beispiel Indiens kann aber gezeigt werden, wie staatliche Politiken positive Entwicklungen initiieren und anfangs auch partiell tragen können, so in der Automobilindustrie in Indien, die spätestens seit 1988 mit dem staatlich/privaten Joint Venture mit Suzuki als erfolgreich bezeichnet werden kann und derzeit einen Boom erlebt.[2603] Davor war sie am Rande ihrer Fähigkeiten

---

[2598] Lall 1987: 161-169.
[2599] Agarwal 1985: 289.
[2600] Brunner 1991: 1737-1746.
[2601] Lall 1987: 32-33.
[2602] Lall 1987: 58-69 (Zement), 80-100 (Stahl), 114-139 (Textilien).
[2603] In Indien begannt die Modernisierung der Automobilindustrie 1981 durch ein Joint Venture von Suzuki mit dem indischen Staat (Maruti Udyog Ltd), Suzuki hält 40 %. Die Produktion wurde bis 1994 auf 200.000 Einheiten ausgebaut. Der Suzuki Alto wird mittlerweile von Indien nach Europa exportiert. In den achtziger Jahren dehnte Maruti die Produktion von Null auf 95.390 (1988) aus und die anderen Produzenten lagen insgesamt bei 64.451 Einheiten. Die weiteren Produzenten Hindustan Motor und Premier Automobiles bauten vor allem mit eigenem Know-how, wiewohl sie teils auf Motoren von Isuzu respektive Nissan zurückgriffen. Der Nutzfahrzeughersteller Telco

angelangt.[2604] In Indien verfügt die teils private und teils staatliche Stahlindustrie nicht über herausragende Fähigkeiten, aber über signifikante komparative Vorteile durch heimische Eisenerzvorkommen und kann somit billig produzieren.[2605] Auch diese Industrie könnte mit staatlicher Hilfe und oder privatem Engagement umstrukturiert und modernisiert werden, hier wurden neulich ausländische Investoren zugelassen.[2606]

Weiterhin ist bemerkenswert, daß Indien über große Investitionen durch den öffentlichen Sektor verfügt. Mitte der achtziger Jahren stiegen die Investitionen des öffentlichen Sektors von Werten zwischen 6 % und 8 % auf fast 12 % des BSPs an (in den neunziger Jahren wurde 8 % beinahe durchgängig beibehalten).[2607] Dies sind Infrastrukturinvestitionen aber auch Investitionen in öffentliche Unternehmen. Geschätzt wird, daß der öffentliche Sektor für 1/3 der Wertschöpfung in Indien aufkommt. Ende März 1996 wird von 234 Unternehmen, die von der Zentralregierung betrieben werden (und 1036 auf der Ebene der regionalen Regierungen, davon machen 507 Verluste[2608]), ausgegangen. Dazu gehören u.a. Fluglinien, Öl- und Telekommunikationsunternehmen, Maschinenbau- und Transportmittelfirmen sowie zwei Stahlwerke.[2609] Obwohl sich der Staat derzeit aus einiger dieser Unternehmen zurückzieht[2610], geht dieser Restrukturierungsprozess langsam vor sich.

Schlußendlich gibt es spezielle Bereiche, die nur für kleine Produzenten reserviert wurden. Einige Konsumgüter und Exportprodukte dürfen nur von kleinen und mittelgroße Unternehmern hergestellt werden. Für diese sind 799 Güter aus fast allen Bereiches des verarbeitenden Sektors administrativ reserviert worden.[2611] Beispiele: Einige Textilien, Leder, Möbel, Papier, Getränke, Pharmaerzeugnisse, bestimmte Metall- und Plastikprodukte (PVC Röhren), Quarzuhren, einige Gummieprodukte

---

entwickelte eigene Modelle und erreicht 90 % 'local content'. Diese Hersteller haben technische Austauschabkommen mit dem Ausland sogar aus eigenem Antrieb aufgekündigt. Diese starke Betonung eigener Fähigkeiten hat zwar zum Aufbau diverser Fähigkeiten geführt, so sind die Telco-Lkw robust und in Indien wegen ihrer Qualität geschätzt und die Karosserie für neue Modelle wurde entwickelt und sogar ein Werk in Malaysia gegründet. Nur der Motor mußte von Mercedes Benz lizensiert gebaut werden. Insgesamt konnte aber durch diese rein auf eigene Fähigkeiten bauende Firmenentwicklung einer forschungsaufwendige Weiterentwicklung viele Teile des Automobils nicht erfolgen. Mercedes Benz engagiert sich mittlerweile in einem Joint Venture mit Tata Engineering & Locomotive (Telco) im Nutzfahrzeugbereich. UNIDO India 1990: 70-72; UNIDO India 1995: 186-192. Zu Telco Lall 1987: 175-182. Zu einem Projekt von Toyota, welches seit 1984 besteht und jetzt von Daewoo übernommen wurde North 1997: 148-155. Mittlerweile sind weitere multinationale Konzerne in Indien aktiv und es gibt einen regelrechten Boom in der indischen Automobil- und Automobilzuliefererindustrie und damit auch zu signifikantem Technologietransfer.

[2604] Auch hierzu, bezüglich Bajaj und Telco, siehe Lall 1987: 170-182.
[2605] Das Eisenerz kostet 32 % des Preises, den japanische Stahlwerke bezahlten. Indien kann billiger als viele (USA, Japan, Deutschland und Korea) andere Stahlproduzenten produzieren. Sicher gibt es aber noch Probleme mit der Qualität, etwa bezüglich Stahlplatten und bezüglich Spezialstahl. Das staatliche Unternehmen SAIL hat Modernisierungsaktivitäten selbst bezahlen können. Eine Modernisierung der Stahlindustrie ist im Gang. UNIDO India 1995: 174.
[2606] Abschnitt 'D', Punkt 11.3.
[2607] Ab 1987 stieg dieser Wert von 8 % an und erreichte 1989 einen Wert von knapp unter 12 % des BSP. Zwischen 1979 und 1983 gab es einen starken Rückgang staatlicher Investitionen. Rodrik/Subramanian 2004: 29.
[2608] Department of Disinvestment India 2005.
[2609] Trade Policy Review India 1998: 98, 143.
[2610] Department of Disinvestment India 2005.
[2611] Aufzählung von Waren, die für kleine Unternehmen reserviert sind in Trade Policy Review India 2000. S. 66.

(Schuhteile).[2612] Ein Auslaufen dieser Reservierung wird angestrebt, 2003-04 wurden 75 Produkte von der Liste gestrichen.[2613]

Welches Fazit ist in bezug auf technologische Fähigkeiten und die indische Anreizumgebung zu ziehen?

Auch in Ländern, in denen eine ausgeprägte Politik der Importsubstitution verfolgt wurde, die Anreize für Investoren setzt auf der gesamten Bandbreite Ersatz für Exporte zu schaffen, gibt es Lerneffekte und Produktivitätsverbesserungen und es bilden sich oftmals sehr komplexe, ausdifferenzierte Industriestrukturen aus, zumal eigene Lösungen für Kapitalgüter gefunden werden müssen, die nicht importiert werden. Aus diesem Grund verzichten einige Autoren darauf Indiens Importsubstitutionspolitiken als kompletten Fehlschlag anzusehen. Womöglich konnte Indien durch diese Fähigkeiten ein höheres Produktivitätswachstum erreichen als Brasilien, die Arbeitsproduktivität stieg 2,5 %[2614], die Gesamtfaktorproduktivität sank aber ab (1959/1960-1978/1979).[2615] In anderen Untersuchungen werden die siebziger Jahre in bezug auf das Produktivitätswachstums skeptisch eingeschätzt, hier werden aber ab 1980 optimistischer stimmende Werte gefunden. Das Output steigt von 1980-1999: 5,73 % (davor 1969-80: 3,14 %). Die Steigerung der Gesamtfaktorproduktivität (Output pro Arbeiter, Ausbildung) kam nach 1980 für 57 % des Outputwachstums auf (davor nur 9 %), ein Wert den im Ländervergleich nur China erreicht.[2616] Dies deutet auf signifikante Produktivitätsverbesserungen hin. Oftmals scheint es dennoch so zu sein, daß die Produktivitätsverbesserungen auf eine niedrigerem Niveau als in anderen Ländern liegen. Auch reichen die rein intern erzielten Lerneffekte sehr oft nicht dazu aus, international wettbewerbsfähig zu werden.[2617]

Von Rodrik/Subramanian (2004) wurde die These aufgestellt, daß der Wachstumserfolg Indiens nicht nur durch die liberalen Reformen Anfang der neunziger Jahre, sondern schon durch interne Reformen seit Anfang der 1980ziger Jahre ausgelöst wurde. Damals suchte Indira Ghandi die politische Unterstützung ihrer Partei durch eine "pro-business"-Orientierung zu erneuern, die sich in reduzierten Steuern, vereinfachterem Zugang zu ausländischen Kapitalgüter und einer liberaleren Haltung in bezug auf Kapazitätslizensierungen äußerte, beschränkt aber auf die bestehenden Unternehmensgruppen. Gemäß Rodrik/Subramanian (2004) hat diese moderate Haltungsveränderung ("altitudinal") schon in den achtziger Jahren zu einem veränderten Geschäftsklima geführt, welches vermehrte private Investitionen in die Industrie auslöste (die nicht mehr zwischen 2 % und 4 % am

---

[2612] SME India 2005.
[2613] Jha et al. 2004: 77.
[2614] Bruton 1989: 1626.
[2615] Chenery et al. 1986: 20-22; siehe **Tabelle 130**.
[2616] Rodrik/Subramanian 2994: 7, 17-18, 35.
[2617] "But experience - of simple learning-by-doing - is not sufficient, certainly not for remaining competitive in a world of constantly improving best practice." Pack/Westphal 1986: 105.

BSP schwanken, wie in den siebziger Jahren), sondern zwischen 4 % und 6 % (Mitte der neunziger Jahre werden 10 % erreicht, dieser Wert fiel aber sehr schnell wieder und erreichte 2001 knapp unter 6 %).[2618] Diese dadurch ausgelösten interne Dynamik, die in dieser Zeit kaum mit einer Liberalisierung in bezug auf den Außenhandel in Verbindung steht, wird von Rodrik/Subramanian (2004) aufgrund diesem (und anderen) fehlenden Aspekten des extrem liberalen Politikpakets als "pro-business"-Orientierung und nicht als "pro-market"-Orientierung beschrieben.[2619] Der Hintergrund dazu stammt aus dem Aufsatz von Kohli (1989), welcher diverse Maßnahme der indischen Regierung beschreibt, die zu dieser 'pro-business'-Orientierung führten: So wurden unter Indira Ghandi (1981-82) Preiskontrollen für Stahl und Zement aufgehoben und es findet ein kleiner Schritt zu mehr Importliberalisierung statt. Dazu kam, daß staatliche Kontrollen bezüglich neuer Firmeneintritte und Expansionspläne heimischer Firmen (s.o. Kapazitätslizensierungen) toleranter gefaßt wurden. Im Jahr 1981 wurden viermal soviele Anträge auf Firmenneugründung und Expansion akzeptiert, als in jedem der zurückliegenden fünf Jahre, dazu wurden 20 wichtige Industrien in bezug auf Firmenneugründung und Kapazitätsexpansion vollständig dekontrolliert ('automatic licensing').[2620] Obwohl Rajiv Ghandi ab 1985 eine noch weitgehendere Liberalisierung nicht durchsetzen konnte[2621], kam es nicht zu einer Rücknahme der bisherigen Maßnahmen und zu weiteren selektiven Politiken, die das Vertrauen der Wirtschaft stärkten und partiell liberalisierend wirkten: Die Rolle der Planungskommission wurde geschwächt; langfristig angelegte steuerliche Entlastungen für Unternehmen und die Mittelklasse durchgesetzt; Kapazitätsbeschränkungen für Textilmühlen aufgehoben; der obere Schwellenwert für Monopole angehoben; vermehrt wurden Quoten durch Zölle ersetzt und Kapitalgüterimporte erleichtert.[2622] Im Jahre 1985 konnten z.B. heimische Interessengruppen noch die Expansion und eine partielle Liberalisierung in bezug auf den Import von Inputgütern in bezug auf den Automobilbereich/Suzuki verhindern (s.o.), dies wird dann 3 Jahre später erlaubt.[2623] Diese Informationen stärken die Argumente von Rodrik/Subramanian (2004).

Oben wurde bereits das zweite Gesicht des indischen Erfolgs erwähnt, welches Rodrik/Subramanian nicht erwähnen, welches ein Bestandteil der liberaleren Seite indischer Wirtschaftspolitik darstellt: Für die arbeitsintensiven Exporte wurde ein günstiger Wechselkurs gewählt, der das Exportwachstum begünstigte, es gab also eine Exportorientierung ohne Liberalisierung.

Das dritte Gesicht indischer Reformen stellt die Produktivitätssteigerung im Landwirtschaftsbereich dar, welche nicht allein durch liberale Wirtschaftspolitiken erzielt wurde.[2624]

[2618] Rodrik/Subramanian 2004: 29.
[2619] Rodrik/Subramanian 2004: 2.
[2620] Kohli 1989: 308.
[2621] Dazu die detailreiche und spannende Schilderung der politischen Widerstände gegen diese Pläne von Kohli 1989: 318-320.
[2622] Kohli 1989: 314.
[2623] Kohli 1989: 314.
[2624] In Indien fand zwischen 1980 und 1983 eine Periode starken Produktivitätswachstums im Agrarbereich statt, wobei das Produktivitätswachstum zudem über dem Wachstum der arbeitenden Bevölkerung lag. Zudem gab es im Bereich der Inputs und Outputs

Die vierte Facette ist die Liberalisierungspolitik ab 1990, zu der eine für indische Maßstäbe noch weitergehendere Zollliberalisierung gehörte. In der Literatur wird dazu von Srinivasan (2004) plausiblerweise behauptet, daß die Erfolge der achtziger Jahre nicht hätten aufrechterhalten werden können, ohne die Reformen weiterzuverfolgen und zu vertiefen.[2625]

Derzeit befindet sich Indien in einer prekären Übergangssituation. Die bisher durchgeführte Liberalisierung hat dazu geführt, daß die durchschnittlich angewandten Zölle bei 29 % liegen.[2626] Verbindlich festgelegt wurden mit Gründung der WTO 69,8 % der Zölle. Für Konsumgüter sind bislang keine verbindlichen Höchstwerte zugesagt, für bestimmte Fertigwaren wurden verbindliche Zölle von 40 % und für Inputgüter, Maschinen und Ausrüstung Höchstwerte von 20 % festgelegt, im Bereich der Computer- und Telekommunikationsausrüstung wurden für 217 Tarifpositionen die Zölle ganz abgeschafft.[2627] Diese moderate Liberalisierung wird langsam wirksam, 1980-81 standen 36,6 % der Firmen im Wettbewerb mit ausländischen Produkten, 1996-97 stieg dieser Wert auf 52,1 % (Kriterium für Wettbewerb: mehr als 10 % des Outputs in dem jeweiligen Industriesektor wird importiert, d.h. Daten darüber wie groß im Einzelnen die Marktanteile sind, werden in dem Artikel nicht zur Verfügung gestellt).[2628] Trotz einer Zunahme von Importpenetration in 13 von 18 Sektoren (von 1988-89 bis 1996-97) kam es bislang nicht zu einer Kontraktion des Outputwachstums, weil die Importzunahme angesichts weiter bestehender Barrieren und des abgewerteten Wechselkurses oft nur auf einem sehr geringfügigem Niveau lag.[2629] Dahinter stehen noch höhere interne Wachstumsraten und zwar nicht nur im Bereich Textil- und Bekleidung, Lebensmittel, sondern auch in den Bereichen kapitalintensiver Produktion: Papier, Chemikalien, Eisen- und Stahl, Maschinen und Transportausrüstung.[2630] Das Wachstum hat sich insbesondere im Bereich der Konsum- und Kapitalgüter abgespielt und 41 % des Output liegen bereits im Bereich von skalenintensiven Industrien, die für eine Industrialisierung wichtig sind.[2631] In bezug auf die Wirkung der Zunahme der Konkurrenz auf die Nutzung von Skalenökonomien herrscht Unsicherheit vor. Vorteile, die aus

---

jeweils günstige Preisentwicklungen. Insgesamt resultierten daraus höhere Einkommensniveaus. Die Basis dafür wurde gelegt durch die Verbreitung von dezentral einsetzbarer Bewässerungstechnik ('tubewell irrigation'), subventionierte Düngemittel, Investitionen in Straßenbau und Marktinfrastruktur. Smith/Urey 2002: 13-20; Rodrik/Subramanian argumentierten, daß die Landwirtschaft auf die insgesamten Produktivitätsfortschritte keinen Effekt hatte, in Rekurs auf zwei Studien. Rodrik/Subramanian 2004: 12.

[2625] In seiner Antwort auf Rodrik betont er die Bedeutung dieser 'systematischen' Reformen. Betont wird die Unerläßlichkeit der Reformen zur Aufrechterhaltung des Wachstums. Bezweifelt werden die Produktivitätssteigerungszahlen, die von Dani Rodrik für die achtziger Jahre vorgelegt werden, welche suggerieren könnten, daß in den neunziger Jahren dieses Produktivitätswachstum auch ohne weitere Reformen weitergegangen wäre. Der Autor ist bekannt als oft extrem liberaler Denker, nichtsdestotrotz erscheinen seine Argumente hier als plausibel. Srinivasan 2004: 2-4. Die kausale Relevanz der Reformen ab 1990 betont auch: UNCTAD 2005: 6.

[2626] Zahlen für 2002. Goldar 2004: 1.

[2627] Trade Policy Review India, Report of the Secretariat, WT/TPR/S/33, 5 March 1998. S. 53. Siehe auch: WTO Dokument TN/MA/S/4/Rev.1/Corr.1.

[2628] Pandey 2004: 33; siehe: **Tabelle 131**.

[2629] Pandey 2004: 28-29, 39; siehe **Tabelle 132**. Daß Indien noch nicht in die Weltmärkte integriert ist, wird auch hervorgehoben von Aggarwal 2001: 21.

[2630] Pandey 2004: 29; siehe **Tabelle 133**, **Tabelle 134**.

[2631] Pandey 2004: 31-33; siehe: **Tabelle 135**.

Skalenökonomien erzielt werden, gehen, so eine Studie, zurück. In dieser Zeitperiode muß dies aber nicht unbedingt zunehmender Importkonkurrenz zugeschrieben werden, sondern dies könnte daran liegen, daß generell immer mehr indische bzw. in Indien operierende Firmen versuchen, Skalenvorteile zu erzielen und dies insgesamt zum Rückgang der Erträge aus der Massenfertigung durch eine Zunahme der internen Konkurrenz führt.[2632] Im Falle einer weitgehenderen Liberalisierung ist aber durchaus denkbar, daß Importe zu Problemen bei der Kapazitätsauslastung führen. Gleichgewichtsmodelle sagen voraus, daß ungünstigerweise insbesondere im Bereich der derzeit dynamisch erfolgreichen skalenintensiven Konsum- und Kapitalgüterindustrien eine Importsteigerung zu erwarten wäre.[2633]

In bezug auf Indien die Frage nach Skalenökonomien und deren Aufrecherhaltung in Zukunft zu stellen ist kein Luxus. Der verarbeitende Sektor hat in Indien 17 % des BSP inne. Davon kommt der Textil- und Bekleidungsbereich noch einmal für 28 % auf[2634], nach anderen Angaben sind es 26 % für die der Industriesektor aufkommt.[2635] Im Jahre 2000 belief sich das BSP Indiens auf US$ 457 Mrd. (zum Vergleich: Deutschland US$ 1900 Mrd.; USA 9800 Mrd.; China US$ 1100 Mrd.; Brasilien US$ 601 Mrd.; Südafrika US$ 132 Mrd.).[2636] Deutschland erwirtschaftet 30 % seines BSP in der Industrie (US$ 570 Mrd.), die USA 24,4 % (US$ 2391 Mrd.) und in Indien sind dies großzügig mit 20 % gerechnet dementsprechend US$ 91 Mrd.(im Jahre 2000).[2637] Zum weiteren Vergleich: Hinsichtlich des BSP ist Indien im Jahre 2000 so groß wie NRW im Jahre 2003.[2638] Einmal grob geschätzt ist es somit durchaus möglich auf dem indischen Markt Skalenökonomien zu erzielen. Gleichzeitig ist es aber aufgrund dieser Größenordnungen nicht ganz undenkbar, daß stark steigende Importe das Erreichen von Skalenökonomien gefährden könnten. Aus diesen Informationen folgt in aller Klarheit, daß Indien zuerst einmal Möglichkeiten einer Expansion auf den Weltmärkten eingeräumt werden sollten und es erst nach einigen Jahren dynamischer Entwicklung in einigen Sektoren, möglich wird, Schritt für Schritt, zu entscheiden, welche indischen Industrien sich ganz dem Wettbewerb öffnen und welche kontrahieren können.

Die Importpenetration Indiens liegt noch weit unter dem Niveau von Brasilien[2639], welches ebenso ein Beispiele für eine Liberalisierung unter moderatem Zollschutz ist und deshalb könnten die Importe in den nächsten Jahren noch stark ansteigen.[2640] Derzeit sinken die Preise/Kosten-Margen aufgrund des

---

[2632] Krishna/Mitra 1998: 453.
[2633] De Cordoba et al. 2004: 23.
[2634] Trade Policy Review India 2002: 108.
[2635] World Bank Data Profile India 2005.
[2636] World Bank Data Profile India 2005; World Bank Data Profile Germany 2005; World Bank Data Profile USA 2005.
[2637] World Bank Data Profile India 2005; World Bank Data Profile Germany 2005; World Bank Data Profile USA 2005.
[2638] Das Wirtschaftsministerium NRW schätzt für 2003 das BSP von NRW auf Euro 470 Mrd., Exporte belaufen sich auf Euro 120 Mrd. NRW Informationen 2005: 1.
[2639] Siehe: **Tabelle 136**.
[2640] Dazu die Untersuchung von Goldar et al. 2004: 28. Importsteigerungen werden dort in einer ganzen Reihe von Bereichen prognostiziert, ebenso aber auch breit angelegte Exportsteigerungen.

zunehmenden Importwettbewerbs tendenziell ab, dies kann aber durch niedrigere Lohnkostenanteile an der Wertschöpfung abgefangen werden.[2641] Die Preis/Kosten-Margen deuten weiterhin derzeit nicht auf einen sehr intensiven Wettbewerb hin.[2642] Konkret faßbare Beispiele für Anpassungskosten liegen erst einige vor, für den Bereich der für kleine und mittlere Unternehmen reservierten Uhrenindustrie, weil vermehrt Uhrantriebe von China über Nepal nach Indien geschmuggelt werden. Ebenso sind Plastiktüten aus China billiger als in Indien, u.a. weil, durch den Zollschutz, die Preise für den Polymer Grundstoff von indischen Unternehmen hoch gehalten werden können. Spielzeuge werden ebenso billig auf dem indischen Markt verkauft, ein Problem ist hier offenbar, daß die Zölle nicht greifen, weil der Wert beim Zoll von vornherein zu niedrig angegeben wird.[2643] Eine weitere Studie stellt als Effekt der bisher erfolgten Liberalisierung fest, daß sich die Unterschiede zwischen den Firmen verstärken und Firmen, deren Produktivität relativ hoch ist, positiv beeinflußt wurden. Viele technologisch rückständige Firmen sowie rückständige Regionen gehören aber zu den klaren Verlierern.[2644] Dies läßt sich gut an der Industriestruktur Indiens nachvollziehen. Wie oben schon gezeigt, verfügt es über eine breite Industriestruktur, die in der Zeit der Importsubstitution aufgebaut wurde und über signifikante technologische Fähigkeiten, die aber oft nicht dazu ausreichen, um auf dem Weltmarkt konkurrenzfähig zu sein.[2645] Dies gilt für viele Bereiche, etwa für den Maschinenbau, die Anlagentechnik und die Elektronik. Davon gibt es Ausnahmen: Wie in vielen Entwicklungsländern gibt es mittlerweile einige Produzenten, die effizient sind. Parallel dazu sind aber viele Firmen vorhanden, die nicht mithalten können. Dies trifft in Indien etwa auf den Papier- und Aluminiumbereich zu.[2646] Öl- und petrochemische Produkte sind schon dem internationalen Wettbewerb ausgesetzt[2647], im Stahlbereich hat Indien komparative Vorteile, die Werke sind aber teils eben technologisch veraltet[2648], immerhin konnte der Automobilbereich erfolgreich restrukturiert werden mit Hilfe von Joint Ventures mit ausländischen Investoren.[2649]

In diesem Umfeld wird es verständlich, warum es derzeit schwer möglich ist, zwischen Protektion und dem Wachstum von Industrien eine klare Verbindung zu ziehen. Andere Faktoren, wie Planung durch Lizensierung von Investitionen und öffentliche Investitionen spielen ebenso eine große Rolle.[2650] Die Liberalisierung spielt sicher insofern eine positive Rolle, indem Inputgüter und Kapitalinvestitionen wie Maschinen besser erhältlich sind.[2651]

[2641] Goldar/Aggarwal 2004: 28; sinkende Preis/Kosten-Margen werden ebenso gemessen von Krishna/Mitra 1998: 454.
[2642] Pandey 2004: 42.
[2643] Polymer kostet in Indien US$ 1200 t, in Korea oder Kuwait zwischen US$ 600 t und US$ 900 t. Krishna 2000: 10.
[2644] Aghion et al. 2003: 22-24.
[2645] Lall 1987: 226-229.
[2646] UNIDO India 1995: 14, 177-179.
[2647] UNIDO India 1995: 178.
[2648] UNIDO India 1995: 174.
[2649] UNIDO India 1995: 186-192; eine Liste der Automobil-Joint-Ventures findet sich in Trade Policy Review India 1998: 148.
[2650] Pandey 2004: 44.
[2651] Darauf deuten die Importsteigerungen im Automobilbereich, bei Maschinen für die Lebensmittel und Textilindustrie hin, obwohl die Zollreduktionen hier im mittleren Intensitätsbereich liegen. Pandey 2004: 49.

Die politischen Signale in bezug auf die zukünftige indische Politik sind widersprüchlich, einerseits wird geäußert, daß Indien alle Möglichkeiten Nutzen wird, seine Wirtschaft mit Schutzmaßnahmen zu verteidigen und es wird diesbezüglich kritisiert, daß dadurch einer Liberalisierung die Glaubwürdigkeit fehlt[2652], andererseits beginnt Indien aus eigenem Antrieb regionale Freihandelsabkommen auszuhandeln, darunter mit Mercosur und ASEAN. Zwar sind hier noch keine sehr weitreichenden Fortschritte erzielt worden, es ist aber etwa davon die Rede, daß die höchsten Zölle auf 10 % reduziert werden sollen.[2653]

Beruhigend ist für Indien derzeit, daß in fast allen Industriebereichen (außer Jute und andere Pflanzenfasertextilien sowie Holz- und Holzprodukte plus Möbel) steigende Exporte vorliegen.[2654] Es stimmt mit den obigen Beobachtung überein, daß diese Exportintensität jedoch nicht durchgängig zwischen 1980-81 und 1996-97 anstieg, sondern in einigen Industrien in den achtziger Jahren sogar abfällt (bei Transportausrüstung etwa) und in vielen stagnierte (im Maschinenbaubereich aber auch bei Textilprodukten).[2655] Erst in den neunziger Jahren erfolgt ein erneuter Anstieg, der besonders ausgeprägt ist einerseits im Bereich der arbeitsintensiven Industrie Textilien, Leder und andererseits im kapitalintensiveren Bereich von Chemiegrundstoffen, Metallprodukten, nicht-metallischen Mineralprodukten.[2656] Hinsichtlich des Output- und wertschöpfungsbezogenen Wachstums liegt der Automobil- gleichauf mit dem Textilproduktbereich auf einem hohen Niveau über 20 % jährlichem Wachstum.[2657] Erwartet werden in bälde signifikante Exporte im Automobilzuliefererbereich.[2658] Insgesamt gesehen trägt der industrielle Bereich auf moderat breite Art und Weise zur Wohlfahrtserzeugung bei, mit 28 % bleibt die Landwirtschaft bedeutsam, 46 % Dienstleistungen, 41 % Industrie.[2659] Die Wettbewerbsschwäche Indiens ist klar daran erkennbar, daß es nur einen 0,81 % Anteil am weltweiten Handel mit verarbeitenden Produkten hat (China 5 %).[2660]

Indien erwartet von der zunehmenden Liberalisierung und einer Verbesserung des Marktzugangs in Industrieländer zwar keine Wunder, aber doch durchgängig Wohlfahrtssteigerungen.[2661] Es möchte sich im Windschatten von China, erst einmal gewisse, allerdings viel geringere Anteile am Welttextil- und Bekleidungshandel sichern und ansonsten möglichst breit angelegt, auch über den Süd-Südhandel,

---

[2652] Srinivasan 2001: 36.
[2653] Goldar et al. 2004: 1. Zum Stand der Verhandlungen Jha et al. 2004: 29-31.
[2654] Pandey 2004: 38.
[2655] Pandey 2004: 39; siehe: **Tabelle 137**.
[2656] Pandey 2004: 39; siehe: **Tabelle 137**.
[2657] Ebenso deutlich wächst der Chemiegrundstoffbereich, Gummi, Plastik, Petroleum, Kohle, leider kommt der Eisen- und Stahlbereich nicht ganz mit. **Tabelle 134**.
[2658] Für das Jahr 2015 wird mit US$ 50 Mrd. gerechnet. Jha et al. 2004: 82.
[2659] Industrie oben faßt zusammen: 'industry' und 'manufacturing' Daten für 1999 in Weltentwicklungsbericht 2000/2001: 296.
[2660] Jha et al. 2004: 24.
[2661] Siehe etwa den breiten Rekurs auf Gleichgewichtsuntersuchungen in Jha et al. 2004: 114-117.

wachsen.²⁶⁶² Ingesamt gesehen, kann Indien sehr wohl von einer zunehmenden, selektiven Liberalisierung profitieren, zumal wenn versucht würde, mehr Direktinvestitionen anzulocken. Auf der anderen Seite stellt eine Liberalisierung auch die Gefahr dar, daß es durch steigende Importanteile gerade in skalenintensiven Bereichen wieder erschwert wird, eine optimale Produktionsmenge zur Kostensenkung zu erreichen. Es spricht deshalb einiges dafür, diese Liberalisierung kontrolliert erfolgen zu lassen. Dafür spricht auch die Präsenz eines substantiellen staatlichen Sektors, der langsam, aber mit klaren Prioritäten, umstrukturiert werden sollte, um technologische Fähigkeiten zu erhalten und weiter auszubauen, ohne diese sämtlich an das Ausland zu verkaufen, um sicherzustellen, daß eine dynamisch über Exporte wachsende, integrierte Industriestruktur mit den diesbezüglichen Externalitäten in Indien etabliert werden kann.²⁶⁶³ Bei Direktinvestitionen liegt Indien derzeit (Daten für 2002), mit 5,2 % am BSP immer noch auf relativ niedrigem Niveau, absolut gesehen beträgt der Direktinvestitionsstock US$ 25.408 Mrd. (Im Vergleich: Brasilien 100.847, China 447.966, BRD: 531.738; USA 1.505.171; Singapur 135.890; Hongkong 455.469 und Korea 43.731 (noch 1995 nur 9.451)).²⁶⁶⁴ Indien liegt damit auf der Hälfte der Summe der kleinen NICs.

Dafür, daß Liberalisierung selektiv erfolgen sollte, bei gleichzeitiger Exportorientierung, spricht daß versucht werden sollte, die technologischen Fähigkeiten wenigstens einiger bestehender Firmen und Sektoren grundlegend und breit angelegt zu verbessern, um Effizienz- und Wohlfahrt, die auch in diesen Fähigkeiten enthalten ist, zu erhalten. Für eine selektive Liberalisierung, bei energischen Anstrengungen der Verbesserung, spricht auch, daß für Indien eine ganze Reihe negativer Faktoren vorliegen, die Anpassungskosten erhöhen können bzw. die Flexibilität des indischen Produktionsapparates mindern. Die technologischen Fähigkeiten liegen nicht auf dem Niveau von Korea und Taiwan, die Ausbildungsstand hinkt hinter Taiwan, Korea und China hinterher und in bezug auf F&E liegen nur moderat hohe Ausgaben vor. Es ist weiterhin nicht immer einfach, Inputgüter zu Weltmarktpreisen zu erhalten (weil viele Zölle noch zu hoch sind, es wäre aber problematisch alles zu liberalisieren), schließlich gibt es substantielle Infrastrukturmängel beim Transport und der Elektrizitätsversorgung²⁶⁶⁵, welche die Produktionskosten hochtreiben, wobei etwa allein schon aufgrund hoher Elektrizitätskosten im Baumwolltextilbereich Nachteile gegenüber China bestehen.²⁶⁶⁶

[2662] Jha et al. 2004: 90, 115-116.
[2663] Bei ausländischen Investitionen besteht etwa das Risiko, daß diese in die internationalen Wertschöpfungsnetzwerke der internationalen Firmen eingebunden werden und die heimischen Zulieferer abgekoppelt werden. Siehe für Argentinien Kosakoff 2000: 28.
[2664] Siehe: **Tabelle 49**, sowie **Tabelle 37**.
[2665] Lall 1999: 1780-1785.
[2666] **Tabelle 138**. Dazu kommen Kostennachteile durch höhere Transportkosten im Schiffsbereich, die sich gegenüber China, auf 37 % belaufen relativ zu den U.S. Märkten. Goswami et al. 2002: 8.

4.3 Firmen mit geringen technologische Fähigkeiten

Dies gilt etwa für Firmen in den afrikanischen Ländern unterhalb der Sahara (Sub-Saharan Africa).[2667] Hier wird eine Studie über technologische Fähigkeiten afrikanischer Unternehmen in Simbabwe, Kenya und Ghana zusammengefaßt, wiewohl diese Beobachtungen für bestimmte Unternehmen in anderen Ländern genauso gelten mögen:

4.3.1 Beispiel Afrika

In diesen Staaten gibt es erst einmal nur wenige große Unternehmen bzw. wenige Gruppen oder sonstwie abgrenzbare Teile der Bevölkerung, die überhaupt über die finanziellen Möglichkeiten verfügen in den Ausbau von komplexeren Fähigkeiten zu investieren. Empirische Studien zeigen, daß es intern Versuche gibt, zu lernen und es gibt auch eine Ausbildung von Arbeitern und dies erhöht auch die Produktivität, nur erfolgt dies auf einem qualitativ niedrigerem Niveau und ist nicht kontinuierlich genug. F&E Anstrengungen sind im internationalen Vergleich qualitativ und quantitativ unzureichend. Hier wirken auch Probleme mit der Schulbildung herein und wiewohl die drei Länder besser dastehen als andere Länder in Afrika, halten sie, außer Simbabwe, etwa einem Vergleich mit Lateinamerika nicht stand. Die Firmen sind nicht in technologisch avancierten Bereichen präsent. Es sind Textil- und Bekleidungsfirmen, Holzbearbeiter und Möbelhersteller, die Getränke- und Lebensmittelindustrie, Palmölverarbeiter, die Speiseöl und Seife herstellen, Eisen- und Stahlunternehmen, die Stahl etwa in Lichtbogenöfen erwärmen und dann zu Bewehrungsstahl und anderen standardisierten Produkten ausrollen, Betriebe, die Metall verarbeiten, etwa zu Auto- und Maschinenteilen und die Nägel, Türen, Wassertanks und Pflüge für die Landwirtschaft produzieren. Ausdifferenzierter ist der Industriesektor in Kenya und Simbabwe. In Simbabwe gibt es etwa ein größeres Stahlwerk, einen Agrarmaschinenhersteller, größere Bekleidungs- Textil- und Schuhfirmen.[2668] Generell gilt aber, daß diese Firmen in einer informationsarmen Umgebung arbeiten ("most firms are technologically isolated from the rest of the world"[2669]): Warum? Es gibt nur wenige vertikale Verbindungen zwischen Firmen, große Firmen sind vertikal integriert und es ist dementsprechend für kleinere Firmen schwierig als Subunternehmer tätig zu werden, dadurch ist Wissensdiffusion durch 'spillovers' gering. Ein weiterer Grund für diese Schwierigkeit ist, daß Zuliefererverträge aufgrund der mangelnden Rechtssicherheit nicht rechtlich verbindlich abzuschließen sind. Auch gibt es Probleme aufgrund der manchmal extrem unterschiedlichen Fähigkeiten der Firmen, teils mit ethnischen Implikationen (in Simbabwe setzen sich die Weißen, in Kenya die indischen Unternehmen von den lokalen schwarzen Unternehmen hinsichtlich Finanzkraft

---

[2667] Zu diesem Ländergruppe gehören sämtliche afrikanische Länder mit Ausnahme der nordafrikanischen Länder Algerien, Ägypten, Libyen, Marokko, Tunesien sowie Südafrika. Harrold et al. 1996: 1.
[2668] Biggs et al. 1995: 226-229; Wangwe 1995: 98-133.
[2669] Biggs et al. 1995: 8.

und Fähigkeiten ab[2670]), dies verhindert eine bessere Spezialisierung, eine damit verbunden Steigerung der Effizienz, eben die Etablierung einer vernetzteren Industriestruktur.[2671] Über Lizenzen für ausländische Technologien verfügen generell wenige, größere Firmen, im Metall- und Lebensmittelbereich, meistens sind dies Joint Ventures oder solche mit einer ausländischen Kapitalbeteiligung.[2672] Studien weisen auf die hohen Kosten in den größeren Unternehmen in Afrika hin. Der Bereich kleinerer Firmen, etwa im Möbel-, und Bekleidungsbereich, verfügt über unzureichende Fähigkeiten, um etwa als Zulieferer von größeren Unternehmen eingesetzt zu werden, wobei staatliche Hilfen skeptisch gesehen werden, weil diese zu kostenintensiven Übergangsphasen führen würden.[2673] Direktinvestitionen gibt es wenige, sodaß es, einmal abgesehen von den auch denkbaren negativen Effekten, keine Möglichkeit gibt zum Vergleich eigener Fähigkeiten mit diesen. Experten und Consultant-Dienstleistungen sind kaum vorhanden und teuer, wenn sie importiert werden. Es gibt wenig Infomationsquellen über technische- und sonstige Geschäftsfragen. Wenn aber Kontakte mit ausländischen Käufern bestehen, gibt es positive Effekte: Im Bekleidungsbereich unterhält ein deutscher Importeur erfolgreich eine Fachkraft, die in Simbabwe permanent dazu da ist die Qualität und Effizienz zu verbessern.[2674] Oft können den langfristigen Erfolg der Firmen nur heimische Manager, die über umfassende Fertigkeiten verfügen, garantieren. Dies bedeutet, daß sie die Planung von Projekten, die Auswahl von Maschinen und zukünftiger Inputgütern genauso beherrschen müssen, wie die spätere Durchführung der Produktion, des Management und die Reaktion auf Veränderungen.[2675] Ähnlich wie im Abschnitt zu mittleren technologischen Fähigkeiten wird festgestellt, daß in vielen Industriebereichen die Firmen zuviele Produkte auf einmal produzieren. Dabei gehen Vorteile durch Spezialisierung verloren. Vorgeschlagen werden Spezialisierungsabkommen zwischen Firmen. Staatliche Institutionen, die die hier beschriebenen Nachteile wettmachen könnten, gibt es entweder garnicht oder sie stehen nicht in engem Kontakt mit den Firmen oder sie haben eine unzureichende Qualität. Für Kenya und Simbabwe besteht der wichtige Vorteil über eine größere Gemeinschaft von ausgewanderten Personen zu verfügen, die in Kontakt mit der Heimat stehen und dadurch Informationen verbreiten. Gäbe es mehr Handel, wären diese Kontakte aber weitaus wertvoller.[2676] Ein weiteres Problem ist der mangelnde Wettbewerb auf den kleinen Märkten, auf denen selbst bei geringen Skalenökonomien nur wenige Firmen bestehen können: In Simbabwe werden die Hälfte von 7000 Produkten im verarbeitenden Sektor unter

---

[2670] Im Simbabwe kennen sich die weißen und schwarzen Unternehmer gut und spielen regelmäßig Golf zusammen. Dies hilft aber nicht beim Aufbau von Zuliefererernetzwerken. Biggs et al. 1995: 4, 102. In Kenya sind die Mikro-Firmen zu 94 % in der Hand der Afrikaner, große Firmen werden oftmals von Asiaten kontrolliert. Söderbom 2001: 18.
[2671] Biggs et al. 1995: 101-102; für Tansania Wangwe 1995: 163-164; anhand der genauen Studie von Ghana dieselben Ergebnisse in Lall et al. 1994: 132-135.
[2672] Biggs et al. 1995: 102.
[2673] Pack 1993: 12.
[2674] Biggs et al. 1995: 101. Die teils auch fehlerhafte Arbeit ausländischer Firmen und Consultants zeigt Lall et al. 1994: 232-233.
[2675] Am Beispiel Tansania Wangwe 1995: 159.
[2676] Biggs et al. 1995: 2-10, 92, 101.

monopolistischen Bedingungen und 80 Prozent der übrigen Produkte (40 der gesamten Produkte) unter oligopolistischen Bedingungen produziert.[2677]

5. Fazit

Dies Beispiele bestätigen erst einmal die Theorie vom Erwerb technologischer Fähigkeiten, als einen eigenständigen Ansatz, dem Aussagekraft in bezug auf wirtschaftliche Prozesse zukommt. Diese Theorie ist zudem kompatibel mit den sonstigen, hier in der Arbeit rekonstruierten Vorstellungen von einem dynamische liberalen Wettbewerb. Auf Firmenebene ließ sich erkennen, daß beides wichtig ist, substantielle eigene Anstrengungen der Firmen (gestützt durch gut ausgebildete Facharbeiter, oft finanziert durch staatliche Investitionen in Humankapital) und die Fähigkeit auf ausländische Technologien zurückzugreifen. Grundlegend wurde sichtbar, daß die technologischen Fähigkeiten der Firmen dafür ausschlaggebend sind, ob die auf den heimischen und den weltweiten Märkten konkurrieren können. Viele Firmen sind dafür nur unzureichend ausgestattet, dies gilt nicht nur für kleine Firmen, die nicht über das Kapital verfügen in den Erwerb technologischer Fähigkeiten investieren zu können. Ebenso scheint ein Mechanismus wirksam zu sein, der Firmen mit weitergehenden technologischen Fähigkeiten belohnt, weil die Wahrscheinlichkeit ansteigt, von multinationalen Konzernen besser wahrgenommen zu werden und Technologietransfer zu erhalten. Dies steht im Einklang mit der Theorie dynamischen Wettbewerbs, läßt aber dann Marktversagen sichtbar werden, wenn es in einer Volkswirtschaft sehr vielen Firmen über lange Zeit nicht gelingt, diese Hürde zu nehmen. Weitere spezielle benachteiligende Faktoren für Firmen, potentiell ebenso Marktversagen, wurden deutlich, darunter solche, die mit den sonstigen Anreizstrukturen eng zusammenhängen: Kapitalmärkte investieren nicht gerne langfristig in Unternehmen, wenn die Wissensdiffusion unzureichend ist, Skalenökonomien und pekunäre Externalitäten nur schwach ausgebildet sind und wenn, in einem weiteren Sinne, Ausbildung, Informations- und Wissensbereitstellung, Förderleistungen, Risikoreduzierung etc. unzureichend sind. Marktversagen durch ein von diesen Faktoren ausgelöste nicht-optimale Wohlfahrtssteigerung zu definieren reicht aber nicht. Es muß eine Portion Realismus hinzukommen, denn dieses Umfeld ist nicht ad hoc herzustellen. Bei der Formulierung einer diesbezüglichen korrigierenden Politik müssen noch weitere Faktoren beachtet werden, etwa die komparativen Vorteile und die Art und Weise, wie überhaupt ein dynamischer Entwicklungspfad und dessen Anreize erreicht werden können. Sichtbar wurde die Relevanz von Anreizfaktoren für die Ausbildung technologischer Fähigkeiten, erkennbar an den negativen Effekten einer interventionistischen und importsubstituierenden Außenhandelspolitik Indiens. Damit ist die Debatte über liberale Anreizsysteme durch den Außenhandel in Abschnitt 'G' eröffnet. An Koreas Automobilbereich wurde sichtbar, daß es, wenigstens in bestimmten Phasen der industriellen Entwicklung möglich sein muß, bestimmte Inputgüter ohne hohe Zöllen importieren zu

---

[2677] Biggs et al. 1995: 102.

können, damit Export stattfinden kann. Ebenso gelang es Korea weiterhin wenigstens partiell Importsubstitution zu betreiben. Durch die hier erfolgte Vorarbeit ist es leichter, nun die Debatte über Importsubstitution und Exportorientierung zu führen.

G Exportorientierung: Dogmatisch liberal vs. moderat liberal

Inhalt

1.	Einleitung	465
2.	Der Übergang von Importsubstitution zur Exportorientierung	466
3.	Die Politikelemente der Exportorientierung	471
3.1	Wechselkurspolitik	473
3.1.1	Der IWF-rechtliche Hintergrund politisch bestimmter Wechselkurse	474
3.1.2	Die ambivalenten Effekte der Wechselkursabwertung	478
3.1.3	Wechselkurs und Inflation	480
3.1.4	Wechselkursabwertung und Exportorientierung	482
4.	Exportorientierung nach Krueger/Bhagwati/Balassa	484
4.1	Frühe Politiken der Exportorientierung	485
4.2	Effektive Schutzraten und heimische Ressourcenkosten	486
4.3	Die erste Ländervergleichsstudie von Krueger/Bhagwati	487
4.4	Die Ländervergleichsstudie von Balassa	491
4.5	Definitionsvarianten der Exportorientierung	493
5.	Exportorientierung in dogmatisch liberaler Form	497
6.	Zwischenfazit	508
7.	Daten zu Wechselkursentwicklung und Exporten	509
8.	Die Exportorientierung-Wachstums Kausalhypothese	511
9.	Länderstudien	525
10.	Korea	525
10.1	Die frühen Jahre	527
10.2	Der HCI-Plan	532
10.3	Korea im Vergleich zu Brasilien	535
10.4	Die Anreize des HCI-Plans	536
10.5	Erfolge des HCI-Plans	537
10.6	Direktinvestitionen	542
10.7	Strukturpolitische Beeinflussung	542
10.8	Wettbewerbspolitik	544
10.9	Fazit	546
11.	Taiwan	88

12.	Brasilien	553
12.1	Fünf außenhandelspolitische Zeitphasen	553
12.2	Die Frühphase brasilianischer Entwicklung	554
12.3	Das siebziger Jahre mit der Neo-IS Strategie	558
12.3.1	Das Exportwachstum 1970 bis 1980	562
12.4	Schuldenkrise und verlorenes Jahrzehnt	564
12.5	Die Dimensionen der brasilianischen Industriepolitik	565
12.6	Fazit Industriepolitik bis zu den neunziger Jahren	568
12.7	Beispiel Automobilindustrie	572
12.8	Progressive Liberalisierung in den neunziger Jahren	575
12.9	Sektorale Entwicklungen in den neunziger Jahren	576
12.10	Die Entwicklung technologischer Fähigkeiten	578
12.11	Die aktuelle Position Brasiliens auf dem Weltmarkt	586
12.12	Zusammenfassung	587
13.	China	589
14.	Afrika	593
14.1	Einleitung	594
14.2	Zwischen Sozialismus und Marktwirtschaft	595
14.3	Die Debatte um die Erklärungsfaktoren der afrikanischen Entwicklung	597
14.4	Die Relevanz des verarbeitenden Sektors	600
14.5	Importsubstitution, Wechselkursüberbewertung, Strukturanpassung	603
14.6	Exportorientierung und Liberalisierung	605
14.7	Wie weit soll Liberalisierung in Afrika gehen?	607
14.7.1	Vorteile und Nachteile der Liberalisierung	607
14.7.2	Das Konzept der heimischen Ressourcenkosten	608
14.7.3	Industrien in Afrika	611
14.7.4	Empirische Studien über Effekte bisheriger Liberalisierung	618
14.8	Länderbeispiel Kenya	624
14.9	Textil/Bekleidung: Warum neue Präferenzregeln wirksam sind	628
14.10	Textil/Bekleidung: Der südafrikanische Raum	632
14.11	Regionale Integration	634
14.12	Fazit	634
15.	Zusammenfassung Abschnitt 'A' bis 'G'	637

G   Exportorientierung: Dogmatisch liberal vs. moderat liberal

1. Einleitung

Schon die Darlegung der Theorie technologischer Fähigkeiten konnte bei den Länderbeispielen nicht darauf verzichten, auf die Anreizeffekte einzugehen, die von der Außenhandelspolitik ausgehen. Mit der hier nun erfolgenden Thematisierung der Außenhandelspolitik wird von der Firmenebene abstrahiert und die Anreizstruktur untersucht, die, neben den internen, heimischen Anreizen, zusätzlich wirksam wird. Diese zusätzliche Rolle sollte, gemäß liberaler Annahmen, der Weltmarkt spielen, der mit seinen Preisniveaus und Nachfrageelastizitäten (und markt bzw. unternehmensstrukturellen Aspekten) auf die inländischen Unternehmen einwirkt. Mit der Außenhandelspolitik wird eine dritte Ebene sichtbar, nämlich die Ebene politischer Entscheidungen, die an dieser Schnittstelle zwischen intern und extern anzusetzen und damit versuchen, die Anreizstrukturen wiederum zu verändern. Zur Außenhandelspolitik gehört die Wahl der Schutzniveaus, Entscheidungen über Subventionen z.B. Exportsubventionen und solche über die Wechselkurspolitik.

Eine Wirtschafts- und Außenwirtschaftspolitik, die sich der Tendenz nach auf den Weltmarkt ausrichtet wird als Exportorientierung (export orientation, 'EO') bezeichnet. Je weiter sich eine Wirtschaft isoliert von der äußeren Anreizstruktur, die der Weltmarkt mit seinen Chancen und Preisniveaus zur Verfügung stellt, desto mehr wird sie allein von internen Anreizen geprägt. Diese Option ist als Importsubstitution (import substitution, 'IS') bekannt. [2678]

Im Exkurs zur frühen Entwicklungsökonomie in Abschnitt 'E', wurde das Konzept der Importsubstitution bereits beschrieben: Die zugrundeliegende Idee ist, durch die Erschwerung von Importen eine Anreizstruktur zu etablieren, die einen umfassenden Strukturwandel auslöst, der es ermöglicht viele Waren, die importiert wurden, durch heimische Produktion zu ersetzen und die Wirtschaft dadurch so umzugestalten, daß sie unabhängiger (besonders vom Export von Primärprodukten), anpassungsfähiger, diversifizierter wird, um besser in der Lage zu sein Wohlfahrt zu steigern.[2679] Die Literatur bemerkt, daß positive Wachstumseffekte der Importsubstitution dann entstehen, solange die Ausweitung des Binnenmarktes das wirtschaftliche Wachstum tragen kann. Und ebenso dann, wenn Aktivitäten gefördert werden, die hohe Ersparnisse ermöglichen und wenn es gelingt, von einfachen Produktionstätigkeiten in höherwertige Bereiche umzusteigen, solange dies nicht vollständig den komparativen Vorteilen widerspricht. Weiterhin, wenn vor- und nachgelagerte Kopplungseffekte entstehen und die Anwendung und Absorption von neuem technischen Wissen

---

[2678] Der kaum mehr verwendete Begriff der Exportdiversifizierung wird verwendet von Donges 1981: 30.
[2679] Diese Definition in Bruton 1989: 1604.

gelingt.[2680] Die Protagonisten der Exportorientierung weisen dagegen darauf hin, daß gerade diese Ziele am besten mit einer Politik der Exportorientierung erreicht werden können.[2681]

Am Beispiel Brasiliens wird eine weitere, wichtige Verwendungsmöglichkeit von Importsubstitution deutlich werden, nämlich das Anziehen von 'tariff jumping investments'. Zollschutz erschwert den Marktzugang für Unternehmen aus den Industrieländern, sodaß sie durch Direktinvestitionen versuchen, Marktzugang zu erhalten, wenn eine Land groß genug ist und profitable Absatzmöglichkeiten verspricht. Auf diese Weise hat Brasilien in der Flugzeug, Maschinenbau- und Automobilindustrie Investitionen angelockt.[2682]

Warum eine extreme Politik der Importsubstitution in eine Sackgasse gerät und dagegen eine Politik der Exportorientierung Vorteile aufweist, wobei im Widerspruch zu extrem liberalen Vorstellungen aber Aspekte beider Politiken kombiniert werden können und der Staat weiter eine Rolle spielen kann, ist das Thema diese Abschnitts, der durch Länderstudien bezüglich Korea, Taiwan, Brasilien, China und afrikanischer Länder abgeschlossen wird.

2. Der Übergang von Importsubstitution zur Exportorientierung

Die Gründe dafür, daß die meisten Entwicklungsländern nach dem Zweiten Weltkrieg eine Politik der Importsubstitution verwendet haben, meist sogar mit einem sehr breit angelegten Zollschutz, oft kombiniert mit QRs und Importlizenzen, wurde schon erwähnt. Ab Mitte der sechziger Jahre gab es erste Reformen, die aber erst schrittweise zu mehr Liberalisierung führten.[2683] Die Politik der Importsubstitution ist ein Grund dafür, daß bis heute das Zoll- bzw. sonstige Schutzniveaus in Entwicklungsländern im Allgemeinen höher liegen als in Industrieländern.[2684]

Während der erste Phase der Importsubstitution haben viele Ländern einfache Konsumgüterindustrien aufgebaut und danach versucht, diese industrielle Entwicklung zu vertiefen. Diese bis Mitte der sechziger Jahre andauernde Phase wird, nicht zuletzt angesichts positiver Wachstumsraten, vielfach als positiv bewertet, darunter von liberal ausgerichteten Autoren.[2685]

[2680] Zu diesen Thesen Donges 1981: 50.
[2681] Die These der positiven Effekte der Exportorientierung auf die Wohlfahrtserzeugung legt dar. Balassa in Balassa 1982: 51; Edwards 1358-1359.
[2682] Siehe Punkt 4.4.6.1 Abschnitt 'E'.
[2683] Krueger 1978: 4.
[2684] Siehe: **Tabelle 302, Tabelle 190**.
[2685] Bruton 1998: 915-916; ähnlich positiv die Bewertung von Balassa 1971: 181; für Indien wird von "appropriate and inexpensive import substitution in consumer goods" gesprochen, welches bis 1964 beendet gewesen sei. Srinivasan 2004: 13. Für Argentinien und Brasilien war der erste 'leichte' Prozess mit dem Zweiten Weltkrieg abgeschlossen, der sich auf Lebensmittel und simple Konsumgüter bezog, Holzmöbel, Schuhe, Töpfe sowie Textilien und Bekleidung. In den fünfziger und sechziger Jahren wurden dann dauerhafte konsumbezogene Produkte, Kühlschränke, Waschmaschinen, Nähmaschinen sowie Transport- und Chemieprodukte in Angriff genommen, die bestimmte Formen der Metall- und Plastikverarbeitung voraussetzen. Dies scheint eine typische Sequenz zu sein. Teitel/Thoumi 1986: 456-457, 466-467. In dieser Zeit gab es positive Wachstumsraten in vielen Entwicklungsländern. Siehe: **Tabelle 139, Tabelle 140**.

Angesichts weniger intensiv ausgeprägter Skalenökonomien in diesen Industrien, weniger aufwendigen Technologien und dem fehlenden Erfordernis hochwertig ausgebildete Arbeiter zur Verfügung zu haben, stellten die kleinen Märkte der Entwicklungsländer diesbezüglich keinen Nachteil dar.[2686] Aus liberaler Perspektive wird weiterhin darauf hingewiesen, daß es eine natürliche Importsubstitution gibt, die mit Wachstum und Strukturwandel einhergeht, denn die heimischen Firmen können ihre besseren Kenntnisse der lokalen Märkte und ihre Nähe zu den Konsumenten als Vorteil nutzen und importierte Waren verdrängen. Mit letzterem Argument wird eine aktive Importsubstitutionspolitik nicht gerechtfertigt.[2687]

Schon bezüglich der ersten Phase der Importsubstitution nach dem Zweiten Weltkrieg werden kritische Stimmen laut und dies erscheint sachlich gerechtfertigt. Angemerkt wird, daß Entwicklungsländer, wie Brasilien oder Indien, siehe oben, diese erste Phase der Importsubstitution schon in dieser Zeit abgeschlossen hatten (d.h. sie können schon in den fünfziger Jahren Möbel, Gummiprodukte, Textilien, Bekleidung, Lederprodukte, Getränke, Tabak produzieren). Trotzdem wird diesen etablierten Industrien weiterhin ein hoher Zollschutz eingeräumt. Auch weisen diese Industrien, trotz vorliegender komparativer Vorteile, nur geringe Exporte auf.[2688] In vielen Entwicklungsländern beruhen die Exporte bis 1970 immer noch großteils auf wenigen Primärprodukten bzw. Rohstoffen. Exportwaren, die als verarbeitete Produkte eingestuft wurden, sind oft auf Fähigkeiten zurückzuführen, die während der ersten Phase der IS-Politik erworben wurden und zeichnen sich durch eine relativ simple Weiterverarbeitung von heimischen Materialen aus.[2689]

Die Argumente gegen die Importsubstitution können aufgeteilt werden in 'statische' und 'dynamische' Argumente. Beide Perspektiven erlauben eine Kritik, aber auch eine Verteidigung der Politik der Importsubstitution, dies wird hier basierend auf den Argumenten in Balassa et al. (1971) und Donges (1981) angegangen. Aus der neoklassischen Theorie folgen statische Kosten durch den Zollschutz: Zölle erhöhen aus neoklassischer wohlfahrtsökonomischer Perspektive die Kosten für Konsumenten und führen zu einem Rückgang des Inlandsverbrauchs und zu einer ineffizienten Produktionsausweitung durch heimische Konzerne. Von der Importsubstitutionsseite werden Zölle damit gerechtfertigt, daß sie Preiserhöhungsspielräume für heimische Unternehmen schaffen und damit die Investitionsneigung erhöhen.[2690] Statische Kosten entstehen auch dadurch, daß aufgrund höherer Preisniveaus durch Zölle Ressourcen, die genausogut in Industrien mit komparativen Vorteilen eingesetzt werden könnten, in kostenintensivere Industrie gelenkt werden. Durch diese Eingriffe würden nicht nur der internationale Handel, sondern auch damit verbundene Spezialisierungsmöglichkeiten verzerrt ('distortion') bzw. in weniger implizit wertender Terminologie,

---

[2686] Balassa 1971: 181.
[2687] Donges 1976: 632. Es gibt auch eine 'natürliche' Exportdiversifizierung, nämlich dann, wenn die Firmen eine Profitmaximierung anstreben und dabei auch die Auslandsmärkte lukrativ sind, wenn die Märkte extrem klein sind und die Firmen auch kleine Produktionsmengen exportieren müssen oder wenn etwa traditionelle Verbindungen zu Absatzmärkten in anderen Ländern bestehen. Als Vorraussetzung ist eine bestehende Infrastruktur zu nennen. Donges 1981: 32.
[2688] Zahlen für 1962 in Bergman/Malan in Balassa et al. 1971: 133. Siehe auch **Tabelle 141**.
[2689] Balassa et al. 1971: 46. Krueger 1978: 19, siehe: **Tabelle 142**.
[2690] Donges 1981: 34-35.

teils ungünstig modifiziert. Dies ist aber von der Importsubstitutionsseite her erwünscht, denn die Importsubstitution will den Erwerb neuer komparativer Vorteile in kostenintensiven Industriebereichen beschleunigen.[2691] Sichtbar würde eine solche zu kapitalintensive Produktion beispielsweise daran, wenn, begünstigt durch einen hohen Zollschutz, zuviele kapitalintensive Konsumgüterindustrien auf einmal aufgebaut werden, etwa eine Automobil-, TV- und Radio- und Haushaltsgeräteproduktion.[2692]

Auch aus dynamischer Perspektive kann der hohe Zollschutz kritisiert werden, weil er Skalenökonomien und damit verbundene positive dynamische Effekte verhindert, auch deshalb, weil er verhindert, daß Inputgüter bzw. Vorprodukte zu Weltmarktpreisen zu erhalten sind. Dies führt dazu, daß in den Produktionsstätten zu viele Produkte selbst hergestellt werden müssen. Diese werden wiederum mit zu geringen Skalenökonomien produziert. Zu diagnostizieren ist somit eine mangelhafte Spezialisierung. Dies kann zu Kostennachteilen führen, die wiederum andere Produzenten negativ beeinflussen und dadurch werden Exporte erschwert.[2693] Angesichts einer zunehmend kapitalintensiven Produktion durch die Importsubstitution kommt es weiterhin zum Problem, daß allein zum Aufrechterhalten bzw. Modernisieren der IS-Industrien gewisse Importe benötigt werden und dadurch, ohne eine Politik, die Exporte fördert, zunehmend Schwierigkeiten auftreten Importe mit den geringen Exporterlösen zu bezahlen.[2694]

Eine zweite Phase der Importsubstitution, die sich auf eine kapitalintensivere Produktion ausweiten möchte, birgt somit neben den Chancen, hierauf Exporte basieren zu lassen auch diverse Risiken, darunter das Paradox, daß zum Aufbau dieser Industrien wieder substantielle Importe und zum Betreiben der Produktion oft hochwertige Zwischenprodukte nötig waren.[2695] In Länder, die nur wenige Exporte generieren, führt ein solcher Entwicklungsweg typischerweise zu einer Zahlungsbilanzkrise (balance of payments, 'BOP'). Oft wurde versucht diese Krise durch restriktive Importbarrieren zu lösen, unter Inkaufnahme problematischer Wirkungen auf die heimische Industrie. Damit konnte eine temporäre Stabilisierung erreicht werden, die aber nur solange dauert, bis die Importe wieder stark anstiegen (schon deshalb, weil die Unternehmen neue Kapitalgüter kauften). Tatsächlich fand über Jahrzehnte ein solcher 'stop-and-go' Zyklus in Argentinien statt.[2696] Tabelle 55 bietet eine Überblick über Export/BSP Relationen und zeigt, daß neben Argentinien eine Reihe anderer Länder hier niedrigere Werte aufwiesen: Brasilien, Indien und Mexiko.[2697]

[2691] Balassa et al. 1971: 72-73.
[2692] Donges 1981: 45.
[2693] Balassa et al. 1971: 78. Die kann empirisch gezeigt werden anhand der verarbeitenden Industrie in Lateinamerika Katz 1987: 28-29.
[2694] Balassa et al. 1971: 80; Donges 1981: 48.
[2695] Balassa et al. 1971: 75-76, 86; Balassa 1971: 181; Donges 1976: 653; Donges 1981: 47.
[2696] Hieraus resultierte der 'stop-and-go'-Zyklus in Argentinien. Immer wieder werden bei 'go' zuviele Importe angefordert, eine Zahlungsbilanzkrise schließt sich an, die Wirtschaft erholt sich danach wieder, die Firmen erhöhen aber nur ihre Kapazitätsauslastung und investieren nicht neu. Die Wirtschaft stagniert, auch aufgrund fehlender Möglichkeiten Inputs zu importieren. Bei zu hohen Importen entsteht erneut eine Zahlungsbilanzkrise, denn es gelingt nicht durch eine Erhöhung des Exportniveaus hier herauszufinden. Exporte liegen nur seitens des primären Sektors vor. Berlinski/Schydlowsky in Balassa et al. 1982: 83-87.
[2697] Wenigstens Brasilien hat damit ebenso Probleme, siehe weiter unter, Länderbeispiel Brasilien, Punkt 12.3-12.4.

Die Verfechter der Importsubstitution behaupten, daß die statischen Kosten durch dynamisch konzipierte Gewinne wettgemacht werden können: "Whichever formulation is chosen, the gist of the matter is that the present (static) cost of protection is accepted for the sake of future (dynamic) benefits."[2698] Die Importsubstitution wird aber mit denselben dynamischen Gründen ebenso kritisiert.[2699] Von der IS-Politik wird abgeraten, weil der Schutz zu weitgehend angewendet würde und es kaum Aussichten auf eine Aufhebung des Schutzes gäbe. Dies sei schon mit dem Erziehungszollargument inkompatibel, weil dies nur solange gelte, bis die Industrie internationale Wettbewerbsfähigkeit erreicht habe. Ein zu hoher und permanenter Schutz vor dem Wettbewerb mit ausländischen Industrien führe zudem dazu, daß die heimischen Firmen nicht mehr ausreichend motiviert sind, in Produktivitätszuwächse zu investieren und dies führe dazu, daß nicht dynamische Vorteile entstehen, sondern die Kosten dieser Politik kumulieren.

Dies steht im Einklang mit dem 'X-efficiency'-Argument von Leibenstein (1966).[2700] Dieses Argument impliziert, daß die Motivation in Produktivitätszuwächse zu investieren plötzlich stark steigt, wenn die Öffnung zum freien Handel erfolgt. Dieses Argument ist insofern eine Vereinfachung, weil es besagt, daß die Firmen nur unter den Bedingungen weltweit freien Handels und intensiven Wettbewerbs maximale Anstrengungen unternehmen.[2701] Kritisch kann dagegen eingewandt werden, daß, bei Wettbewerb, auch unter Zollschutz die Profite bei den Firmen am höchsten sind, die am effizientesten produzieren. Somit bestehen auch unter Zollschutz Anreize die Produktivität zu erhöhen.[2702] Exporte haben darüberhinaus aber den Vorteil, die Anreiz- und Nachfragegrenzen des heimischen Marktes zu durchbrechen und machen es möglich Skalenökonomien zu erzielen, wobei sich die Firmen zusätzlich dem Wettbewerb auf Exportmärkten aussetzen. Damit kann verhindert werden, daß es auf den kleinen heimischen Märkten zu allzu schwachem Wettbewerb kommt.[2703]

Argumentiert wird, daß zwar einige Länder mehr Spielräume bezüglich der Importsubstitution gehabt hätten, weil dort die heimische Nachfrage für verarbeitete Produkte relativ groß war. Aber auch in den großen Länder (Zahlen für 1967), wie Brasilien und Mexiko, mit einer Marktgröße von US$ 13,5 Mrd. und US$ 9,3 Mrd., lag diese unterhalb derer der Industrieländer: Norwegen lag damals bei US$ 5,6 Mrd., aber schon Schweden und die Niederlande lagen damals bei verarbeiteten Produkten über US$

[2698] Zum Erziehungszollargument: "We have considered the so-called static costs or allocative costs of protection which result from distortions in relative prices due to the application of protective measures. The infant industry argument tells us that an industry should nevertheless be protected if this cost is recouped as a result of productivity improvements over time." Balassa et al. 1971: 75.
[2699] Balassa et al. 1971: 77.
[2700] Leibenstein 1966: 413.
[2701] Rodrik 1995: 2934; anders formuliert: Die Art und Weise mit der Firmen durch fehlende Motivation oder Disziplin vom Prinzip der Profitmaximierung abweichen, hängt bei Leibenstein (1966) in systematischer Art und Weise von den Handelsbarrieren ab: "The argument seems to be not just that firms do not always aim to maximize profits but that the extent to which they depart from the profit maximization aim is related in some systematic way to trade restrictions." Corden 1974: 224.
[2702] "For any given level of the tariff the profits in the industry concerned depend on the efficieny of the firms in the industry; the lower efficieny, the lower profits." Corden 1974: 225. Das gilt aber nur, wenn Marktkonkurrenz nicht auf dem heimischen Markt verhindert wird und keine Absprachen zwischen den Firmen, etwa bezüglich der eingesetzten Technologie getroffen werden. Weiterhin dürfen die Firmen nicht durch weitere negative Effekte der Importsubstitution daran gehindert werden, etwa durch allzu stark erschwerten Zugang zu Kapitalgüter und Inputs.
[2703] Balassa et al. 1971: 78.

17 Mrd..[2704] Aus diesem Grund sei auch für diese Länder dieses Argument von den Grenzen der heimischen Märkte gültig.[2705]

Die Überzeugungskraft der Argumente für die Importsubstitution wurde aber wiederum erhöht durch faktisch vorliegende Entwicklungserfolge, die in einigen Ländern realisiert wurden, die teils noch eine solche Politik betrieben: Brasilien wuchs zwischen 1970 bis 1980 jährlich durchschnittlich um 8,4 %, und erreichte im Jahre 1980 ein BSP von US$ 237 Mrd., damals größer als sämtliche anderen Entwicklungsländer und etwas über Spanien (zum Vergleich das damalige BSP der BRD US$ 819 Mrd., Korea lag erst bei US$ 58 Mrd.).[2706] Dieser Einschub soll hier nicht als Beweis für den Erfolg der IS-Politik dienen, sondern verdeutlichen, wie schwer es die Kritiker der Importsubstitution damals hatten, angesichts solcher Beispiele ihre partiell plausiblen Argumente durchzusetzen.

Der Kritik zum Trotz scheint die Importsubstitution in der Lage gewesen zu sein, immerhin spezielle Problemdimensionen zu einem gewissen Grad korrigieren zu können, die in den Entwicklungsländern vorlagen. So wird von Balassa (1971) zugestanden, daß es gewisse Vorteile hat, eine verarbeitende Industrie aufzubauen, weil dies zu einer besseren Ausbildung der Arbeiter und zu pekunären Externalitäten für andere Firmen führt. Weiterhin wird das Wachstumspotential erhöht, denn eine Spezialisierung allein auf Primärgüter läßt nur ein auf diesen Bereich basierende Wohlfahrtssteigerung zu. Somit wird eine gewisse Förderung der verarbeitenden Industrie als akzeptabel erachtet, durch "'reasonable' rates of tariffs" (hier 20 %) und Exportsubventionen.[2707] Für die außenhandelspolitische Strategie wird von Balassa et al. (1971) eine moderat liberale Anreizstruktur vorgeschlagen:

"Also, as a general rule, equal incentives should be provided to all branches of manufacturing other than infant industries, and additional protection for infant industries on a temporary basis."[2708]

Daß generell eine Förderung der verarbeitenden Industrie zu rechtfertigen ist, wird später anhand empirischen Untersuchungen über den Strukturwandel von Chenery et al. (1986) sichtbar, die zeigen, daß ein höherer Anteil des verarbeitenden Sektors an der Wertschöpfung eine notwendige Bedingung für Exporterfolge ist: "In general, the episodes of export expansion started from a base of higher manufacturing shares; only Israel and Turkey started such a phase with less than 30 percent share of manufacturing in gross output."[2709]

[2704] In kleineren Entwicklungsländern liegt der Markt für verarbeitete Produkte deutlich unter den Werten für Brasilien und Mexico: Pakistan US4 3,7 Mrd., Philippinen US$ 3,1 Mrd., Chile US$ 2,3 Mrd. und Malaysia US$ 1,2 Mrd. (Zahlen für 1967). Balassa et al. 1971: 30, 74-75, 180-183; Chenery et al. 1986. 201.

[2705] "Nevertheless, the limitations of domestic markets are apparent even in large developing countries, and the absence of foreign competition also hinders improvements in production methods. Our conclusions thus apply to Brazil, too, although this country has more leeway in expanding manufacturing industries that produce only for the domestic market than, for instance, Chile does." Balassa et al. 1971: 76.

[2706] Siehe **Tabelle 143** sowie auch **Tabelle 140**. Wachstumszahlen aus Weltentwicklungsbericht 1982: 121.

[2707] Wenn zusätzlich die Nutzung des Faktor Arbeit subventioniert wird, reduziert sich dieser Zoll auf 10 %. Balassa 1971: 186.

[2708] Balassa et al. 1971: 99.

[2709] Chenery et al. 1986: 193.

Obwohl es Unterschiede zwischen den kleineren, typischerweise rohstoffexportierenden Ländern und den großen Ländern mit den größeren Binnenmärkten gibt, die länger eine IS-Politik tragen können, ist nun empirisch zu beobachten, daß besonders bezüglich neuer Industrien, typischerweise der Schwerindustrie, die Relevanz von IS-Anreizen immer stärker absinkt. Anfang der siebziger Jahre stellt sich somit erstmals in dringlicher Form die Frage, ob die Politik der Importsubstitution fortgesetzt werden sollte, denn, dies geht zumindest aus den Studien hervor, zu diesem Zeitpunkt wurden die Anreizeffekte der Importsubstitution für die verarbeitende Industrie geringer. Herauszuheben sind hier die ländervergleichenden Untersuchungen von Chenery et al. (1960, 1986, 1989).[2710] Dort wird unter anderem anhand einer Kombination von neoklassischen Modellen und Input-Output-Analysen versucht, die Gewichtungsverschiebungen innerhalb der Industriesektoren und deren Gründe, darunter heimische Nachfrage (domestic demand, 'DD'), Importsubstitution (import substitution, 'IS'), interne Verflechtung mit Zwischenprodukten (input-output coefficients, 'IO') sowie Exporte (export expansion, 'EE') nachzuzeichnen, um auf dieser Ebene die Verbindungen zu handelspolitischen Strategien klarer aufzeigen zu können.[2711] Wiewohl ein klares Absinken der Relevanz der IS-Anreizintensität über die Zeit zu bemerken ist, ist immerhin bemerkenswert, daß sich für Anfang/Mitte der siebziger Jahre für Kolumbien, Mexiko, Türkei, Korea und Taiwan geringe, aber noch positive Werte für die Anreizeffekte der Importsubstitution nachzeichnen lassen. Deutlich wird an Korea, Taiwan, Japan und Israel aber, daß Anreize durch Exporte weitaus höher liegen können.[2712] Somit gibt es zwar noch gewisse Spielräume für eine IS-Politik, der Tendenz nach ist ergänzend eine Politik der Exportorientierung nötig, um von deren Anreizintensität profitieren zu können.

3. Die Politikelemente der Exportorientierung

Als Ausweg aus diesem Dilemma sinkender heimische Anreizeffekte und aufgrund der breit angelegten, sowohl statisch neoklassisch als auch dynamisch konzipierbaren Vorteile einer solchen Politikveränderung, wird damals die Strategie der Exportorientierung (Little et al. 1970; Balassa 1971; Balassa et al. 1971; Donges 1976; Bhagwati 1978; Krueger 1978) vorgeschlagen, um ein beschleunigtes Wirtschaftswachstum und eine bessere Integration in die Weltwirtschaft zu erzielen.[2713]

Die Strategie der Exportorientierung geht über die Kritik an der Importsubstitutionspolitik insofern hinaus, weil fortan nicht mehr nur die Nachteile der IS-Politik thematisiert werden, sondern die Vorteile der Exporte herausgehoben werden und eine Politik der Exportförderung vorgeschlagen wird, die zuerst einmal vor allem den Abbau von Anti-Export-Anreizen zum Ziel hatte.

Um dies zu erreichen wurden insbesondere die vier folgenden Politikelemente vorgeschlagen:

[2710] Dieser Ansatz wird als überzeugend angesehen. So äußern sich folgende Autoren: Martinussen 1997: 66-70.
[2711] Chenery et al. 1986: 47-53, 176.
[2712] Siehe **Tabelle 144** und **Tabelle 145**.
[2713] Eine überzeugende Analyse aus statisch neoklassischer und aus dynamischer Perspektive, unter Einbeziehung der relevanten Argumente, u.a. Skalenökonomien, Lerneffekte, Größe der heimischen Märkte, der wichtige Rolle des verarbeitenden Sektors, des Erziehungszollarguments liefert in einer undogmatischen Art und Weise: Balassa et al. 1971: 71-99.

(1) Abwertung der Wechselkurse, um Anreize für die Produktion von Exportgütern zu erhöhen, (2) der Einsatz kompensatorischer Instrumente, die die Kostennachteile für Firmen durch die IS-Politiken aufheben, etwa Exportsubventionen, und (3) eine progressive Liberalisierung.[2714] Generell wird (4) auf die Vorteile eines freieren Handels ("relatively free trade"), darunter Wettbewerb und die Vorbildfunktion von Importen, hingewiesen.[2715]

Argumentiert wird von diesen Autoren teils auch aus dynamischen Erwägungen, daß Exporte, einmal abgesehen davon, daß sie es ermöglichen die Skalennachteile kleiner Märkte zu umgehen, weitere Vorteile, nämlich Lerneffekte, verbessertes Marketing und Zugang zu Designinformationen sowie Anreize zur Erhöhung der technischen Effizienz, erzielen helfen.[2716] Durch erhöhte Exporte könnten weiterhin mehr Kapitalgüter und Zwischenprodukte importiert werden, wodurch wiederum eine verbesserte Spezialisierung und Ausrichtung an den komparativen Vorteilen ermöglicht würde.[2717]

Diese Überzeugung, daß eine Politik der Exportorientierung und Liberalisierung gegenüber der Importsubstitution bessere Wohlfahrtsergebnisse aufweisen kann, wird in den siebziger Jahren mehr und mehr zur wirtschaftspolitischen Überzeugung des IWF und der Weltbank. Diesbezügliche Forderungen sind zunehmend in den Stabilisierungs- und Strukturanpassungsprogrammen[2718] des IWF enthalten.[2719] Hier wird versucht, die makroökonomische Debatte über die IWF-Stabilisierungspolitiken in den achtziger Jahren zu umschiffen.[2720] Aufgrund der engen sachlichen Verknüpfungen, so wird etwa schon in Krueger (1978) viel Raum zur Diskussion der Wirkungen der IWF-Programme verwendet, kann auf Anmerkungen zu den Effekten der Wechselkursabwertung aber nicht verzichtet werden, sodaß hier die Effekte der Strukturanpassungsprogramme am Rande doch vorkommen.[2721]

[2714] Krueger 1978: 4-5; Bhagwati 1978: 46, 56-60, 209-210. Little et al. 1970: 176. Balassa 1970: Balassa et al. 1971: 73, 77.
[2715] Little et al. 1970: 116-117, 149.
[2716] Balassa et al. 1971: 75-76, 86.
[2717] Chenery et al. 1986: 213; Balassa et al. 1971: 72-80; Donges 1981: 48.
[2718] "Structural adjustment is a process of market-oriented reform in policies and institutions, with the goals of restoring a sustainable balance of payments, reducing inflation, and creating the conditions for sustainable growth in per capita income". Definition aus Corbo/Fischer 1995: 2847.
[2719] Noch Anfang der siebziger Jahre stützt und akzeptiert die Weltbank eine Strategie der Importsubstitution. Dies ändert sich bis 1979, in diesem Jahr wird auch das "structural adjustment lending" erstmals vorgestellt. Corbo/Fischer 1995: 2851. Hierzu ein Zitat von Jürgen Donges, aus einem Bericht, den er als Berater der Weltbank verfaßt hat: "It is noteworthy that, until the early seventies, the Bank's economic and sector missions to developing countries used to adopt benevolent attitudes towards (protectionist) import-substitution policies, while they now advocate for fairly neutral incentive regimes combined with reasonably liberalized trade regimes and realistic exchange rates." Aus einen Überblick über die Weltbank-Geschichte in Kapur et al. 1997: 484. Weiter Infomationen im Länderteil zu Afrika.
[2720] Für eine Entwicklungsgeschichte der wirtschaftspolitischen Überzeugungen im Kontext der Probleme Indiens in den sechziger Jahren und den Zahlungsbilanzschwierigkeiten afrikanischer Ländern Mitte der siebziger Jahren siehe: Mosley et al. 1991: 27-38; aus Weltbanksicht Kapur et al. 1997. Der IWF legt im Gegenzug zur Kreditvergabe den Ländern Bedingungen nahe, die diese erfüllen sollen, dies ist als "conditionality" bekannt. Dazu autoritativ Polak 1991; aus IWF-rechtlicher Perspektive Denter 1998. Ausführlich und genau in bezug auf die Zahlungsbilanzfinanzierungsfazilitäten, die in den siebziger Jahren geschaffen wurden: Rettberg 1983: 220-279; zur Strukturanpassung siehe Aghevli/Montiel 1996; Ghulati et al. 1985; Helleiner 1990; Killick 1995; Sahn et al. 1993; Taylor 1988; Taylor 1993a; speziell zum Liberalisierungsaspekt der IWF-Programme Scharer et al. 1998.
[2721] Fragestellungen, die sich explizit auf die IWF-Politiken beziehen, haben einen großen Raum in Krueger 1978: 119-142.

Aus den obengenannten vier Forderungen wurden damals vor allem zwei Aspekte der
Wirtschaftspolitik der Entwicklungsländer fokussiert, die als Anti-Export Anreize wirken können:

Erstens wird eine Abwertung der Wechselkurse gefordert, die damals in vielen Ländern gegenüber
einer Gleichgewichtssituation bei freien Güter- und Finanzmärkten künstlich hoch gehalten wurde. Ein
solcher hoher Wechselkurs verteuert Exporte und wirkt somit als Anti-Export-Anreiz.[2722]

Zweitens wird das außenhandelspolitische Schutzregime auf Anti-Export-Anreize untersucht: Exporte
können auch dadurch vermindert werden, daß der IS-Schutz zu breit und zu intensiv angelegt wird und
für den Export nötige Produktionsinputs nicht oder zu teuer zur Verfügung stehen.[2723]

3.1 Wechselkurspolitik

Die These von künstlich hochgehaltenen Wechselkursen und die Forderung nach Abwertungen bzw.
einem realistischeren Wechselkurs wird somit zu einem wichtigen Politikelement der
Exportorientierung, denn es ist unstreitig, daß ein zu hoch angelegter Wechselkurs Exporte nicht
fördert. Geschätzt wurde, gegenüber einer hypothetischen Freihandelsumtauschrate, etwa eine
Überbewertung des Wechselkurses in Brasilien von 27 %, in Chile von 68 %, in Mexiko von 9 %, in
Malaysia von 4 %, in Pakistan von 50 % und in den Philippinen von 15 % vorlag.[2724] Später wird etwa
von Robert Summers und Alan Heston für 1976 bis 1985 für Lateinamerika durchschnittlich eine
Überbewertung von 33 % und in Afrika um 88 %, relativ zu Asien gesehen, berechnet.[2725]

Nun ist es nicht ganz unproblematisch von 'künstlich' hochgehaltenen oder überbewerteten
Wechselkursen zu sprechen. Künstlich wird als Antonym zu natürlich benutzt, wobei mit natürlich die
liberale Modellvorstellung gemeint sind, die freie Kapitalmärkte und frei durch die Kapitalmärkte
bestimmte Wechselkurse fordert, von denen zudem erwartet wird, daß diese automatisch zu einer
ausgeglichenen Zahlungsbilanz führen werden, denn bei einen Zahlungsbilanzüberschuß steigt die
Währung und die Exporte verteuern sich und bei einem Defizit sinkt der Wert der Währung ab und die
Exporte verbilligen sind. Dazu sollten freie Gütermärkte kommen, denn innerhalb dieser Theorielogik
erhöhen Zollbarrieren 'künstlich' den Wechselkurs, weil sie die vorhandene Nachfrage nach in
ausländischer Währung dotierten Waren künstlich verringern und somit einen höheren relativen Wert
des Wechselkurses im Vergleich zum externen und internen Gleichgewichtszustand ermöglichen.[2726]

[2722] Little et al. 1970: 176. Balassa 1970: Balassa et al. 1971: 73, 77, (für Brasilien) 124-125.
[2723] Balassa 1981c: 13.
[2724] Hier wird erst einmal angenommen, daß sich Exporte verringern und Importe vergrößern und darauf bezogen wird eine Freihandelsumtauschrate errechnet, die in bezug auf die Exporte und Importe wieder für einen ausgeglichene Zahlungsbilanz sorgt. Balassa et al. 1971: 60, 326-327.
[2725] Aus dem Projekt internationaler Preisvergleiche von Summers/Heston zitiert in Dollar 1992: 525.
[2726] Mit künstlich ist die Abweichungen von neoklassischen Idealvorstellungen freier Kapitalmärkte und freiem Handel gemeint. Durch Import- und Devisenumtauschbeschränkungen ist ein als flexibel angenommener Wechselkurs, verglichen zu einer Situation von offenen Märkten, überbewertet, weil künstlich eine positive Zahlungsbilanz erzeugt wurde, die mit den wirklichen Konsumbedürfnissen einer Volkswirtschaft nichts zu tun habe. Ohne Intervention pendelt sich ein Gleichgewicht zwischen Güter- und Devisenangebot und Nachfrage ein, welches für eine ausgeglichene Zahlungsbilanz sorgt. Rose/Sauerheimer 1999: 48. Ausgeglichene Wechselkurse führen auch zu einem

Der Zusammenbruch des Bretton Woods Systems (und auch die weiter bestehenden Zollbarrieren) führten aber nicht zu einem Übergang zu einem System völlig freier, rein marktbestimmter Wechselkurse.[2727] Im Gegenteil, die Wechselkurse können bis heute vom Staat weitgehend beeinflußt werden. Aufgrund der engen Verbindung mit der WTO Thematik und der allgemeinen Frage nach Liberalisierung lohnt sich die Hintergründe darzustellen, bevor auf die Effekte der Wechselkurspolitiken eingegangen wird.

3.1.1 Der IWF-rechtliche Hintergrund politisch bestimmter Wechselkurse

Der IWF strebt nach seinen Statuten eine freie Konvertibilität der Währungen auf internationaler Ebene an, auch weil dadurch der internationale Handel befördert wird.[2728] Dieser sachliche Zusammenhang war ein Grund dafür, daß schon von Anfang an eine Beziehung zwischen IWF und dem GATT bzw. später der WTO formal vorgesehen wurde, die sich praktisch darin geäußert hat, daß der IWF Informationen über die Zahlungsbilanzsituation der Länder an das GATT bzw. die WTO weitergibt. Im GATT- bzw. WTO Zahlungsbilanzausschuss wird darüber beraten, ob ein WTO-Mitglied zusätzliche Handelsbeschränkungen zum Schutz seiner Zahlungsbilanz bzw. zur Aufrechterhaltung seiner Währungsreserven (diese sind nämlich zum Bezahlen der Importe nötig) aufrechterhalten darf.[2729] In Abschnitt 'J' werden mehr Informationen zur Relevanz des Indien- und Argentinien WTO-Panelberichts präsentiert, wobei ersterer Bericht die Rolle sowohl des IWF wie auch des WTO Ausschusses stärkt, zum Schutz der Zahlungsbilanz nicht nötige Handelbeschränkungen kritisieren bzw. ablehnen zu können.[2730]

Ausgleich bei Einkommen und Beschäftigung, das ist etwa die Vorstellung eines länderüberschreitenden Gleichgewichtsmodels: Im Gleichgewichtsmodell, also bei flexiblen Wechselkursen (unter Ausklammerung der realen Tendenz zum Überschießen) sollten Handelsüberschüsse zur Aufwertung führen und damit eine zunehmende Nachfrage konterkarieren und somit garantieren, daß Einkommen und Beschäftigung zwischen zwei Länder auf demselben Niveau bleibt. Dornbusch et al. 1977: 838.

[2727] Obstfeld 1995: 119-120.

[2728] Articles of Agreement of the International Monetary Fund, Art. 1 "Purposes, The purposes of the International Monetary Fund are: ... (iv) To assist in the establishment of a multilateral system of payments in respect of current transactions between members and in the elimination of foreign exchange restrictions which hamper the growth of world trade". Zitiert aus Denters 1998: 222. Ziel des IWF ist es auch, bei der Überwindung von Zahlungsbilanzschwierigkeiten zu helfen, dies ist bekanntlich eines der Kernaufgaben des IWF. Siehe IWF-rechtlich dazu Rettberg 1983: 42. Während der Gründung konnte nicht durchgesetzt werden, daß der IWF die Berechtigung erhält in die heimische Wirtschaftspolitik der Mitgliedsländer einzugreifen, damit diese ihre Politik so ausrichten, daß eine Aufrechterhaltung ausgeglichener Zahlungsbilanzen auf weltweiter Ebene erreicht wird. Diese dem amerikanischen White-Plan zugrundeliegende Forderung wird nicht umgesetzt. Rettberg 1983: 45-52. So konnte Deutschland in den sechziger Jahren nicht gezwungen werden, seine Währung weiter aufzuwerten, um seine Außenhandelsüberschüsse (die in anderen Ländern zu massiven Defiziten führten) zu korrigieren. Rettberg 1983: 53-54.

[2729] Siegel 2002: 561.

[2730] Siehe Abschnitt 'J', Zahlungsbilanzmaßnahmen. Dort werden erwähnt die Fälle: United States vs. Argentine - Textiles and Apparel, WT/DS56/R, 25 November 1997; United States vs. India - Quantitative Restrictions, WT/DS90/R, 6 April 1999 bzw. WT/DS90/AB/R, 23 August 1999. Siehe dazu auch Siegel 2002: 579-586.

Obwohl der IWF in Richtung einer freien Konvertibilität wirken soll und dies auch ernst nimmt[2731], bleiben die Mitglieder weitgehend souverän bei der Wahl ihres Währungsregimes. Nach der Unsicherheit in den siebziger Jahren nach Zusammenbruch des Goldstandards wurde 1976 beschlossen, seit dem 1. April 1978 in Kraft, daß die Mitglieder des IWF frei in der Wahl des Wechselkurssystems sind, gemäß der Einfügung von Art. IV Sec. 2. Dies bedeutet, daß sie auch den Umtauschwert eigenständig festlegen können, gebunden nur an eher diffus formulierte Anforderungen seitens des IWF, die bislang nicht als Sanktionsgründe genutzt wurden.[2732]

Erwähnenswert ist in diesem Zusammenhang ein weiteres Ziel des IWF, nämlich unkontrollierte Abwertungswettläufe, wie in den dreißiger Jahren des vorigen Jahrhunderts, zu verhindern.[2733] Eine freie Konvertierbarkeit der Währung wird weiterhin in Art. VIII Sec. 2 (Sec. 3 und Sec 4) für laufende Zahlungen vorgesehen, wobei dies sich ausdrücklich auf Zahlungen zur Aufrechterhaltung des Güterverkehrs bezieht und nicht unbedingt auf den freien sonstigen Kapitalverkehr.[2734]

Wie dem auch sei, es bestehen vier Möglichkeiten weiterhin Kapitalverkehrskontrollen zu nutzen:

(1) nach Art. VII Sec. 3 (a), wenn der IWF eine 'scarce currency' Situation feststellt;

(2) wenn Großvaterrechte ('grandfathering') vorliegen, dies bezieht sich auf das Recht Regelungen aufrechtzuerhalten, die beim IWF-Beitritt bestanden, gemäß Art. XIV Sec.2. Die Länder haben demgemäß das Recht, solche beim Beitritt niedergelegten Maßnahmen aufrechtzuerhalten, sie dürfen aber gemäß Art. VIII Sec. 2,3,4, der die freie Konvertibilität vorsieht (mit Ausnahme von Punkt (1),(2) siehe auch (3)), keine zusätzlichen, strengeren Maßnahmen einführen. Der IMF strebt an, daß die Länder sukzessive auf ihre 'grandfather'-Rechte verzichten, dies ist möglich durch eine Erklärung, daß fortan Art. VIII-Status erreicht ist;

[2731] So wurde in den neunziger Jahren innerhalb der IWF einen Zusatz zum Abkommen vorgeschlagen, der liberalisierte Kapitalbewegungen, wiewohl mit Sicherheitsklauseln, verbindlicher festschreiben soll, als dies zuvor möglich war. Eine offizielle Erklärung dazu findet sich in IMF Annual Report 1998: 89. Angesichts der Asienkrisen und auch angesichts der Unsicherheiten im IWF über die Auswirkungen einer solchen Liberalisierung, wird dieses Projekt aber derzeit nicht mehr in diesem Maße verfolgt. Kontrovers ist die Diskussion im IWF Jahresbericht 1998: 90-92; siehe dann "Kapitalverkehrskontrollen können ein solide makroökonomische Politik nicht ersetzen, wenngleich sie eine Atempause für Korrekturmaßnahmen verschaffen können." IMF Jahresbericht 2000: 49. Siehe auch: IMF Jahresbericht 2002: 38-39. Schon früher wurde die Position, daß temporär eingesetzt Kapitalverkehrskontrolle sinnvoll eingesetzt werden können, wobei generell aber Konvertibilität nötig ist, in Arbeitspapieren vertreten. Über technische Hilfe wurde die Etablierung offener Umtausch- und sonstiger Finanzmärkte unterstützt. UNCTAD 1997: 17-19.

[2732] Einzig eine Bindung an Gold wird fortan untersagt. Die Mitgliedsländern sind somit nur durch die diffus formulierten, aber weiter bestehenden Verpflichtungen des IMF-Abkommens gebunden. Rettberg 1983: 203-206, 210-211. Für die Situation in der OECD, die einen eigenständigen Kodex aufweist, siehe OECD 2001.

[2733] Articles of Agreement of the International Monetary Fund, "Art. 1 Purposes, The purposes of the International Monetary Fund are: ... (iii) To promote exchange stability, to maintain orderly exchange arrangements among members, and to avoid competitive exchange depreciation." Aus: Denters 1996: 221; siehe auch Polak 1997: 17.

[2734] Rettberg 1983: 43-44. Der IWF verbietet ausdrücklich sog. diskriminierende Devisenbewirtschaftung, die bilaterale, auf bestimmte Staaten zugeschnittene Devisenkontingente vorsieht, die Teil des Schacht-Planes in Deutschland in den dreißiger Jahren gewesen sind. Auch in bezug auf die Gründungskonflikte des IWF siehe die genaue Darstellung von Rettberg 1983: 43-44. Die klare Trennung zwischen den laufenden Transaktionen und dem reinen Kapitalverkehr ist aber nicht sauber möglich, weil das erstere mit dem zweiteren vollzogen wird. Hierzu etwa IMF 1997: 11.

(3) besteht das Recht Kapitalverkehrskontrollen einzusetzen noch einmal gemäß Art. VIII Sec. 2 (a) und Art. VII Sec. 3 (b). Der IWF muß hier zwar zustimmen und es ist üblich, daß ein Zeitplan zur Abschaffung vorgelegt werden, die Zustimmung ('approval') des IWF wird aber als Recht der Mitglieder, solche Maßnahmen zu verwenden, interpretiert und eine Verlängerung der Maßnahmen ist möglich. Damit korrespondiert die Verpflichtung diese Maßnahmen gemäß VIII Sec. 5 (a) (xi) zu notifizieren.[2735]

Von 125 ärmeren Ländern haben bis 1995 den Verzicht auf ihre Großvaterrechte 51 Länder erklärt und damit Art. VIII-Status erhalten, 2002 sind es noch insgesamt 20 Länder, die auf Art. XIV zurückgreifen.[2736]

(4) Schließlich ist es möglich den Kapitalverkehr für Zahlungen einzuschränken, die nicht als 'making of a payment' im Sinne von Art. VIII Sec. 2 (a) eingestuft werden, dies bezieht sich auf Kontrollen für Gelder, die etwa durch Exporte eingenommen wurden. Kumuliert ein solcher Geldtransfer, könnte dazu auch Kapitalflucht gesagt werden. Maßnahmen gegen Kapitalflucht sind durch Art. VI 'Capital transfers' abgedeckt.[2737]

Der Wechselkurs ist somit eine politisch beeinflußbare Größe. Der Wechselkurs kann von der Politik festgelegt werden, normalerweise wird dieser in Relation zu einer anderen Währung oder eine Korb anderer Währungen definiert und in Relation dazu finden dann weitere Veränderungen statt.[2738] Mit dem Umtauschkurs können neben einer ausgeglichenen Leistungs- bzw. Zahlungsbilanz weitere Ziele[2739] angestrebt werden, die Wettbewerbsfähigkeit einer Wirtschaft etwa, durch die Förderung der Exporte. Und es können interne Vorgänge, beispielsweise die Güterpreise, Inflationsraten, relative Anreize zwischen handelbaren und nicht-handelbaren Produkten, beeinflußt werden.[2740] Das exakte Niveau eines Gleichgewichtswechselkurses bzw. eines Wechselkurses, der im Einklang mit den wirtschaftlichen Fundamentdaten steht ('economic fundamentals') steht, ist schwer zu bestimmen.[2741] Es sollte versucht werden einen Wechselkurs anzustreben, der Exporten nicht im Wege steht, der eine ausgeglichene Zahlungsbilanz ermöglicht und nicht zu internen Schwierigkeiten, wie Inflation,

---

[2735] Siegel 2002: 605-606. Auch in Art. VI Sc. 3 ist die Möglichkeit zu Kapitalverkehrskontrollen erwähnt, aber mit Referenz auf Art. VII Sec. 3 (b) und Art. XIV Sec. 2. UNCTAD 1997: 17, 23. Die sog. multiple currency practices, also multiple Wechselkurse bedürfen einer Genehmigung seitens des IWF. Siegel 2002: 603. Sie wurden offenbar deshalb so lange benutzt, weil sie für viele Länder unter das 'grandfathering' fielen. Die weitere Verpflichtung, daß keine diskriminierende Devisenbewirtschaftung toleriert wird, wurde oben schon erwähnt, siehe Rettberg 1983: 43-44; damit nutzt der IWF ein ähnliches Prinzip wie die Meistbegünstigung in der WTO. Siegel 2002: 605.
[2736] Länderliste in UNCTAD 1997: 18; für 2002 siehe Siegel 2002: 566.
[2737] Siegel 2002: 607.
[2738] Aghevli/Montiel 1996: 612-620.
[2739] Durch die Beeinflussung der Zahlungsbilanz durch die Wechselkurspolitik entstehen Zielkonflikte. Eine Nachfragebeschränkung durch Abwertung kann bei hohen Importen nötig sein, dies kann aber etwa im Konflikt mit Beschäftigungszielen stehen. Dornbusch/Fischer 1992: 194-197. Für die Industrieländer haben diese Zielkonflikte an Bedeutung verloren, weil eine Politik der Geldwertstabilität im Einklang mit den Beschäftigungszielen angesehen wird. Ausführlich Bofinger et al. 1996: 22-47.
[2740] Aghevli/Montiel 1996: 612-643. Es kommt nämlich ganz auf die Kriterien und Zeithorizonte an. Es kann etwa als Fundamentalbedingung eine Inflationsfreiheit und Vollbeschäftigung angenommen werden. Für eine Berechnung von 'fundamental equilibrium exchange rates' siehe etwa Clark/MacDonald 1998: 4.
[2741] Aghevli/Montiel 1996: 634.

führt.[2742] In bezug auf solche Anforderungen können beispielsweise reale Gleichgewichtswechselkurse berechnet werden.[2743] Genuin von 'außen' beeinflussen die Finanzmärkte durch spekulative Aktivitäten die Wechselkurse.[2744]

Ein stark überbewerteter Wechselkurs sollte deshalb vermieden werden, weil dies Importe verbilligt, die Importnachfrage erhöht und dadurch ein Zahlungsbilanzdefizit droht. Typischerweise haben in Entwicklungsländern aber darüberhinausgehende Faktoren zu Zahlungsbilanzdefiziten bzw. Krisen geführt, nämlich negative Terms of Trade Entwicklungen, sinkende Reserven ausländischer Währung, erschwerter Kreditzugang und ansteigende Zinsen auf den internationalen Finanzmärkten.

Die Schuldenkrise wurde durch steigenden Zinsen aufgrund einer plötzlichen Umstellung der Methode der Stabilisierungspolitik der Zentralbank in den USA ausgelöst. Versucht wurde damals die Inflation, die durch die Ölpreissteigerung der zweiten Ölkrise 1979 ausgelöst wurde, zu bremsen.[2745] Die Zinsen (LIBOR) stiegen zwischen 1978 und 1981 von 9 % auf 17 %, die jährlichen Tilgungszahlungen stiegen von 1978 US$ 57,2 Mrd. auf 1981 US$ 124,1 Mrd.[2746] Dies führte zu einer erheblichen Zusatzbelastung der Leistungsbilanz der Entwicklungsländer.[2747] Zum Vergleich: Manche Industrieländer finanzieren ihre Zahlungsbilanzdefizite über längere Zeit. Kanada oder Australien haben seit Jahren ein Leistungsbilanzdefizit von 1 % bis 2 % des BSP. Entwicklungsländern fällt es schwerer, dies zu finanzieren.[2748] Die Entwicklungsländer haben deshalb oftmals versucht, ihre Zahlungsbilanzdefizite einzudämmen, indem auf importreduzierende Handelsbarrieren und zusätzlich

---

[2742] Edwards 1988: 316; Edwards 1989: 8. Siehe auch das Zitat "On the one hand, exchange rates, jointly with other policies, play an important role in helping maintain international competitiveness. On the other hand, exchange rates - also jointly with other policies - help promote macroeconomic stability and low inflation. In a way, when making decisions regarding exchange rate action, economic authorities face a classical policy dilemma." Edwards 1993: 3.

[2743] Mit denen versucht wird gleichzeitig ein internes und externes Gleichgewicht zu erzielen. Edwards 1989: 5, 147.

[2744] Knight/Scacciavillani 1998: 37.

[2745] Von Oktober 1979 bis September 1982 unternahm die U.S. Regierung ein 'monetaristisches' Experiment der Steuerung der Inflation durch die Bekanntgabe der Geldbasis bzw. Geldmengenentwicklung. Das Geldmengenziel wurde zwar verfehlt, es gelang aber die Inflation einzudämmen. Damals gab sie eine Steuerung der Zinssätze für Tagesgeld temporär auf, welches die vor- und auch nachherige Form der Geldpolitik war. Dies führte zu hohen Zinsen, etwa langfristige Zinsen von 15,1 % im Oktober 1981. Bofinger et al. 1996: 282. Mit der Wahl Ronald Reagans als Präsident wird dann eine Politik eines steigende Dollarwertes betrieben, hier kommen hohe Zinsen gerade Recht. Gegen Ende 1982 sanken die U.S. Zinsen wieder ab. Leider dort keine weiteren konkreten Zahlen über Zinsniveaus Ende 1982: Krugman/Obstfeld 1997: 590-593. Hinweis auf diesen Zusammenhang auch in Todaro 1997: 513.

[2746] Krugman/Obstfeld 1997: 699-703. Ein unsystematischer Überblick über wichtige Schuldnerländer im Jahre 1980: Die Schulden Korea betrugen 1980 ca. US$ 30 Mrd., die Indonesiens US$ 20 Mrd., Pakistan US$ 8 Mrd. Thailand US$ 8 Mrd., Malaysia US$ 6 Mrd., Chile US$ 12 Mrd., Mexiko US$ 52 Mrd., Indien US$ 20 Mrd., China US$ 4,5 Mrd., dagegen Kenya US$ 3,3 Mrd., Tansania US$ 2,6, Senegal US$ 1,4 Mrd., Ghana US$ 1,3 Mrd., Elfenbeinküste US 7,4 Mrd., Nigeria US$ 8,9 Mrd. von der Krise wird vor allem erfaßt Philippinen US$ 17 Mrd., Brasilien US$ 72 Mrd., Argentinien US$ 27 Mrd., Venezuela US$ 29 Mrd. Auffällig hohe Schulden haben im Jahre 1994: China US$ 100,5 Mrd., Indien US$ 98,9 Mrd., Indonesien US$ 96,5 Mrd., Thailand US$ 60,9 Mrd., Türkei US$ 66,3 Mrd., Brasilien US$ 151,1 Mrd., Mexico US$ 128,3 Mrd. Für Afrika: Kenya US$ 7,2 Mrd., Tansania US$ 7,4 Mrd., Senegal US$ 3,6 Mrd., Ghana US$ 5,3 Mrd., Elfenbeinküste US 18,4 Mrd., Nigeria US$ 33,4 Mrd. Vgl. Weltentwicklungsbericht 1996: 254.

[2747] Grund für die hohe Verschuldung waren zuerst einmal die Gelder, die durch die erste Ölkrisen den OPEC Staaten zur Verfügung standen und die über die privaten Banken zu niedrigen Zinsen an Entwicklungsländer verliehen wurden. Neben den erhöhten Zinszahlungen und einer höheren Ölrechnung kam beim Ausbruch der Schuldenkrise noch Kapitalflucht in erheblichem Ausmaß dazu, wodurch die Entwicklungsländer ein weiteres Mal geschwächt wurden. Ausführlicher Todaro 1997: 510, 508-513.

[2748] Knight/Scacciavillani 1998: 8.

auf Kapitalverkehrskontrollen und Devisenrationierung zurückgegriffen wurde.[2749] Mit
Kapitalverkehrskontrollen sind meist Maßnahmen gemeint, die zur Eindämmung der Kapitalflucht
gedacht sind, es gibt hier aber einen fließenden Übergang zur[2750] Devisenrationierung (und multiplen
Wechselkursen), bei denen oft bestimmte Unternehmen (oder Gütergruppen) bei der Zuteilung
ausländischer Devisen bzw. dem Zugang zu Umtauschmöglichkeiten bevorzugt wurden. Dies hat,
einmal abgesehen von den problematischen Effekten einer plötzlichen allgemeinen Devisenknappheit,
Importe erschwert bzw. fast ganz zum Erliegen gebracht[2751] und in vielen Ländern stärker die
Importnachfrage verzerrt, als dies die Zölle getan haben.[2752] Auch die Erhöhung sonstiger
Importbarrieren kann in diesem Zusammenhang erwähnt werden. Dies erfolgte durch diverse
Maßnahmen: Importlizensierung, Importdepotpflicht, zusätzlich auf die Zölle aufgeschlagene
Einfuhrabgaben (bei Zahlungsbilanzkrisen durch das GATT erlaubt).[2753] Schließlich ist es ein Effekt
überhöhter Wechselkurse, daß Exporte erschwert werden, weil Exporte dadurch auf dem Weltmarkt
teurer werden.[2754]

Die Protagonisten der Exportorientierung schlagen nun eine Wechselkursabwertung vor. Dies eröffnet
die Möglichkeit extrem verzerrende Devisenrationierungssysteme abzubauen und es lassen sich durch
einen realistischen Wechselkurs Schwarzmärkte für Devisen und damit verbundene Renten
abbauen.[2755] Mit der Verbilligung der Exporte durch Abwertung ergibt sich dann auf dem heimischen
Markt ein weiterer erwünschter Effekt, nämlich eine Veränderung der Preisverhältnisse handelbarer
('tradables') gegenüber nicht-handelbaren ('non tradables') Gütern. Dies bedeutet, daß die Produzenten
handelbarer Güter, also Exporteure bzw. potentielle Exporteure, eine Erhöhung des Werts ihrer
Exporteinnahmen umgerechnet in heimischer Währung erfahren und dies erhöht die Exportanreize.[2756]
Gehofft wird, daß sich die Unternehmen dadurch von anderen, nicht-handelbaren Aktivitäten (etwa
Investitionen in Immobilien) wegorientieren und in die Exportproduktion investieren, wenn die
Abwertung groß genug ist.[2757]

3.1.2 Die ambivalenten Effekte der Wechselkursabwertung

Warum war es so schwer eine Abwertung vorzunehmen, obwohl die Protagonisten der
Exportorientierung zeigen, daß hiervon wünschenswerte Anreizveränderungen ausgehen können?

[2749] Aghevli/Montiel 1996: 613; Sahn et al. 1997: 52-53. Es ist nicht lange her, daß auch die Industrieländer den Umtausch beschränkt haben, zum Beispiel für Auslandsreisen, um Kapitalflucht zu verhindern. Siehe dazu den jährlichen Bericht der IMF z.B. IMF 1984: 32.
[2750] Kapitalflucht ist ebenso ein Problem vor und bei Zahlungsbilanzkrisen, dementsprechende Maßnahmen werden implementiert Edwards 1989: 173, 234-251.
[2751] Dann hilft auch der Zollabbau nicht mehr viel. Dean et al. 1994: 33.
[2752] Aghevli/Montiel 1996: 613; Todaro 1997: 475; einen Überblick solche Maßnahmen gibt Edwards 1989: 178-187.
[2753] Siehe auch hier den Überblick in bezug auf diverse Länder Edwards 1989: 198-233.
[2754] Todaro 1997: 476.
[2755] Aghevli/Montiel 1996: 630-631; Krueger 1978: 1-4, 119-141.
[2756] Aghevli/Montiel 1996: 630-631; Krueger 1978: 1-4, 119-141.
[2757] Nicht ganz unplausiblerweise wird darauf hingewiesen, daß die Abwertung groß sein sollte, damit diese relative Preisveränderung im Verhältnis handelbarer und nicht-handelbarer Güter wirksam wird, zumal auch im Bereich nicht-handelbarer Güter Renditen winken. Gulhati et al. 1985: 28-29.

Dies liegt daran, daß es neben positiven auch negative Effekte der Wechselkursabwertung gibt. Einige dieser Pro-Contra-Argumentationspaare, die sich potentiell gegenseitig aufhebende reale Wirkungen einer Wechselkursabwertung beschreiben[2758], sollen hier - ohne den Rekurs auf konkrete Länderbeispiele - präsentiert werden, zumal auch Liberalisierung allein aus diesen Zusammenhängen heraus begründet wird:

Generell gilt, daß die Protagonisten der Exportorientierung die positiven Wirkungen der Wechselkursabwertung und auch der Liberalisierung hervorheben. Die Skeptiker weisen dagegen auf die spezielle Situation in bestimmten Ländern, auf kumulative negative Effekte und die unzureichende Reaktionsfähigkeit von Unternehmen auf die neuen Anreize hin, teils mit dem Verweis auf strukturelle Rigiditäten.[2759] Eine eindeutige Wirkung hat die Wechselkursabwertung in der Verteuerung der importierter Güter. Die Entwicklungsländer nutzten auch deshalb einen hoch bewerteten Wechselkurs, weil sie dadurch Importe billiger erhalten konnten, zum Beispiel Öl, Maschinen und Inputgüter für die Produktion und Nahrungsmittel.[2760] Außerdem konnte der Staat bei einem hohen Wechselkurs zu günstigeren Konditionen ausländische Währung kaufen, Kredite zurückzahlen und seine Währungsreserven zu erhöhen, dazu kommt, daß Firmen, die Kredit in Dollar aufgenommen haben, unter einer Abwertung leiden.[2761] Diese billigen Importe haben aber auch weniger wünschenswerte Wirkungen. Zwar erhöhen sie die Dynamik der Importsubstitution (zusätzlich zu den Anreizen durch die Zölle), denn dadurch erhöht sich der Anreiz in höherwertige Technologie zu investieren und Inputgüter aus dem Ausland zu beziehen. Dies stand aber nicht immer im Einklang mit komparativen Vorteilen oder dynamischen Entwicklungschancen und somit bestand zumindest partiell die Gefahr, daß diese Produktion langfristig nicht aufrechterhalten werden kann. Zudem wurden durch billige Importe lokale Produzenten benachteiligt, dies wirkte entgegen dem IS-Ziel.[2762] Eine Abwertung kann aber ebenso die IS-Anreize erhöhen und heimische Produzenten schützen, indem ausländische Güter teurer werden und die Nachfrage auf heimische Güter umgelenkt wird.[2763]

Das Thema Inflation ist bei dieser Fragestellung ebenso relevant. Ein hoher nominaler Wechselkurs wurde in vielen Ländern mit der Inflationsvermeidung begründet, ausgelöst etwa durch hohe Ölpreise,

---

[2758] "Devaluation will trigger a number of partly offsetting repercussions and the net outcome will depend on the country's specific situation." Gulhati et al. 1985: 25. Speziell für eine Modellkonzeption solcher Wirkungen in bezug auf Afrika: Boccara/Nsengiyumva 1995. Daß die hier erwähnten negativen Effekte auch tatsächlich auftreten, dazu siehe die Diskussion des IWF Programmdesigns in Taylor 1983: 190-208; als Zusammenfassung diverser Länderstudien Taylor 1988: 147-149. Aus IWF Sicht ein Überblick über die Effekte in Schadler et al. 1993; Schadler et al. 1995; Schadler et al. 1995a.

[2759] Beispiele für strukturelle Rigiditäten: Für eines Land das Mineralien exportiert, ist es schwer ist, die Anreize auf handelbare Güter umzustellen. Wenn in einem Land der Hauptteil des Konsums für Nahrungsmittel verwendet wird und es nur begrenzte Angebotsreaktionen der Agrarproduzenten gibt, kommt es durch erhöhte Nahrungsmittelexporte zu einer Preissteigerung die Nachfrage für Industriegüter verringert. Taylor 1983: 38-48; 49-54; 203.

[2760] Todaro 1997: 476.

[2761] Aghevli/Montiel 1996: 631; Todaro 1997: 476; teils gibt es hier Möglichkeiten für den Staat, bei Abwertung negative Effekte zu umgehen. Taylor 1988: 34-36.

[2762] Todaro 1997: 468-469, 473; Ghulhati et al. 1985: 20.

[2763] Gulhati et al. 1985: 20.

aber auch durch die Preiserhöhung bei sonstigen Inputgütern.[2764] Die mit der Abwertung verbundenen Preiserhöhungen haben weiterhin in einige Ländern dazu geführt, daß Arbeiter in den Städten Lohnsteigerungen forderten und es daraufhin aufgrund zunehmender Nachfrage im Bereich der nicht-handelbaren Güter zu inflationären Preissteigerungen kam ('wage price spiral').[2765] Auf dieses Problem behauptet die liberale Schule eine Antwort zu wissen, die Liberalisierung im Sinne eines Abbaus der Handelsbarrieren (zusammen mit der Abwertung) auch deshalb fordert, weil diese preisdisziplinierend bzw. inflationshemmend wirken kann.[2766] Liberalisierung wird weiterhin als sinnvoll erachtet, weil die Abwertung zwar Inputgüter verteuert aber durch einen Zollabbau dieser Effekt direkt abgefedert werden könne.[2767] Gleichzeitig kann Liberalisierung aber negativ auf die heimische Produktion wirken, indem heimische Nachfrage auf ausländische Güter umschwenkt.[2768] Positive Wirkungen bzw. ein Ausgleich gegenüber letzterem negativen Effekt kann durch ein Outputwachstum ausgelöst werden, daß den heimischen Unternehmen dadurch erleichtert wird, daß sie durch die Liberalisierung verbesserten Zugang zu Inputgütern bekommen.[2769] Liberalisierung mag aber insofern problematisch wirken, weil die erleichterten Importe (obwohl diese, s.o. teurer sind) ein eigenständiger Grund sein können, daß sich das Zahlungsbilanzdefizit doch wieder erhöht.[2770] Werden nun Kapital- und Inputgüter und Kredite aus dem Ausland tatsächlich teurer, könnte dafür kompensiert werden, indem die Preise für das exportierte Output proportional ebenso ansteigen.[2771] Ebenso wird erwartet, daß ausländische Nachfrage nach Exportgütern dafür kompensieren kann, daß sich die heimische Nachfrage verringert.[2772] Zugestanden wird aber, daß etwa in Afrika, die Exportreaktion nicht so schnell und weitgehend erfolgt, wie in industrialisierten Ländern.[2773] Allerdings gäbe es auch dort die Hoffnung, daß kurzfristig, aufgrund von Überkapazitäten, und mittelfristig, aufgrund der veränderten Anreize (und den Schutzeffekt durch die Abwertung) positive Wirkungen auf die heimische Produktion zu erwarten sind.[2774] Es kann aber immer noch zu negativen Terms of Trade Entwicklungen kommen.[2775]

3.1.3 Wechselkurs und Inflation

Warum wird Inflation zu einem Problem, das den Pro-Export Anreiz durch die Wechselkursabwertung und die Zahlungsbilanzstabilisierung gefährden kann? Dies liegt am engen Zusammenhang zwischen nominalen und den realen Wechselkursen, wobei die Inflation eine entscheidende Rolle spielt. Was ist

---

[2764] Sahn et al. 1997: 49; Gulhati et al. 1985: 21.
[2765] Todaro 1997: 477.
[2766] Deshalb sollen im Stabilisierungspaket Kredite und Entwicklungshilfezahlungen erhalten sein, um Importe zu finanzieren. Krueger 1978: 59, 62; ein solcher Effekt wird statistisch der Tendenz nach bestätigt in Romer 1993: 891-892.
[2767] Balassa et al. 1971: 73.
[2768] Aghevli/Montiel 1996: 632.
[2769] Krueger 1978: 163.
[2770] Sahn et al. 1997: 5.
[2771] Aghevli/Montiel 1996: 631.
[2772] Aghevli/Montiel 1996: 632.
[2773] Gulhati et al. 1985: 28.
[2774] Gulhati et al. 1985: 30; Taylor 1988: 44.
[2775] Schadler et al. 1995a: 38.

der reale Wechselkurs ('real exchange rate')? Es ist der nominale Wechselkurs korrigiert um den Inflationseffekt. Wiewohl versucht wird diesem realen Wechselkurse direkt als Relation zwischen den Preisen handelbarer und nicht-handelbarer Güter zu definieren[2776], wird in der Realität auf die Konsumentenpreissteigerung d.h. Inflation zurückgegriffen.[2777] Steigt die Inflation, steigt der reale Wechselkurs.[2778] Als Indiz dafür, daß der nominale Wechselkurs überbewertet ist, wird die Höhe der Schwarzmarktumtauschraten angesehen.[2779]

Generell gilt, daß ein Anstieg des realen Wechselkurses durch Inflation nicht lange toleriert werden kann, ohne daß eine Anpassung bzw. Abwertung des nominalen Wechselkurses erfolgt, denn dadurch wird zuerst einmal die Wettbewerbsfähigkeit eines Landes gefährdet.[2780] Es gibt weitere Gründe, dieser Regel zu folgen: "If domestic inflationary pressures exceed 'the' international rate of inflation, international reserves will decline, overvaluation will take over, and a speculative attack on the Central Bank foreign exchange holdings will eventually take place."[2781] Es korrespondiert weiterhin mit der empirischen Erfahrung, daß in vielen Ländern in der Zeit vor einer dann unausweichlich gewordenen Wechselkursabwertung eine potentiell inflationäre Politik der Geldmengen bzw. Kreditausweitung betrieben wurde. Ebenso kommen etwa negative Terms of Trade Entwicklungen, kombiniert mit einer solchen inflationären Politik, als Grund für eine Krise dazu. Dagegen können Länder, die ihre Inflation kontrollieren, ihren nominalen Wechselkurs für eine längere Zeit beibehalten.[2782] Weil es diverse Faktoren gibt, die die Inflationsrate beeinflussen können, gibt es somit auch weitere Faktoren, die den realen Wechselkurs beeinflussen.[2783] Am wichtigsten ist in diesem Zusammenhang aber, daß Inflation auch ohne Wechselkursabwertung bekämpft werden kann, durch eine restriktive Fiskalpolitik etwa.[2784]

[2776] Edwards 1989: 5. Die erfolgt aus dem Grund eben die Anreizeffekte auf diese Preisbereiche zu messen. Es wird kritisiert, daß etwa der 'purchasing power'-Ansatz, der ebenso zur Messung eines 'realen' Wechselkurses benutzt werden kann, diese Preisrelation nicht widerspiegelt. Edwards 1989: 6.

[2777] Dies läßt sich aber mit den vorhanden Statistiken nicht messen, es wird deshalb auf Konsumentenpreisindexe zurückgegriffen, wobei davon ausgegangen wird, daß sich diese so verändern, wie die Relation der handelbaren zu nicht-handelbaren Gütern. Aghevli/Montiel 1996: 621; Edwards 1998: 88.

[2778] Das Kürzel RER, der ebenso für den realen Wechselkurs steht, wird teils für einen Indexwert verwendet, der sich umgekehrt verhält. Der RER fällt, wenn der reale Wechselkurs bzw. die Inflation ansteigt, wenn also durch Inflation mehr von der ausländische Währung pro Dollar-Einheit vorhanden ist. Andersrum wird, wenn der RER ansteigt, wird davon ausgegangen, daß bei geringer Inflation, die Anreize für die Produktion handelbarer Güter ansteigen. Gillis et al. 1996: 476; Edwards 1989: 5; mit Daten für Lateinamerika Edwards 1995a: 29. Der effektive Wechselkurs wird somit dadurch festgestellt, daß inländische Güterpreise in bezug auf eine Auslandswährung gemessen werden und in Relation dazu eine Abwertung oder Aufwertung festgestellt wird. Dornbusch/Fischer 1992: 188-190.

[2779] Edwards 1989: 189-190.

[2780] "The countries experiencing high rates of inflation inevitably were forced to depreciate their currencies rapidly to avoid a deterioration in their external competitiveness" Aghevli/Montiel 1996: 616. Statistisch empirisch wird gezeigt, daß eine Abweichung vom wünschenswerten Niveau und Fluktuationen des realen Wechselkurses zu einem niedrigerem Wachstum führen. Cottani et al. 1990: 75.

[2781] Edwards 1993: 3. Wie dies funktioniert beschreibt Lall 1997.

[2782] Edwards 1989: 166-173. Für das Beibehalten des Wechselkurses sind noch andere Faktoren wichtig. Ungünstig ist etwa das Sinken der Währungsreserven und Kapitalflucht. Edwards 1989: 166-173.

[2783] Weitere Einflußfaktoren sind: internationale monetäre Transfers, Entwicklungshilfe, internationale Zinsniveaus, Handelspolitik, Kapitalkontrollen, Staatsausgaben, technischer Fortschritt. Cottani et al. 1990: 61. Warum technischer Fortschritt? Es wird auch argumentiert, daß es normal ist, wenn handelbare Güter im Preis gegenüber nicht-handelbaren Gütern absinken, denn dies sei der Sektor in dem höhere Produktivitätsfortschritt erzielt werden. Diese von Bela Balassa formulierte These wird auf David Ricardo zurückgeführt. Edwards 1989: 47.

[2784] Aghevli/Montiel 1996: 633.

Als Ergänzung dazu können auch von der strukturalistischen Theorie inspirierte Maßnahmen ergriffen werden, die auf einer anderen Inflationstheorie aufbauen.[2785]

In Afrika bestand etwa lange Zeit ein tragisch zu nennendes Problem. Immer wieder traten inflationäre Tendenzen auf und diese wurden dann durch eine restriktive Fiskalpolitik, d.h. hohe Zinsen bekämpft, eben um einen abgewerteten Wechselkurs überhaupt für eine gewisse Zeit aufrecherhalten zu können.[2786] Eine Zinssteigerung zur Inflationsbekämpfung macht eine Kreditaufnahme für private Unternehmen aber teuer oder die Situation ist generell unsicher und beides hat negative Auswirkungen auf das Wirtschaftswachstum.[2787]

3.1.4 Wechselkursabwertung und Exportorientierung

Eine Wechselkursabwertung sollte nun, um eine Exportorientierung zu gewährleisten, dazu führen, daß die Anreize für Exporte durch eine Erhöhung der Exporteinahmen umgerechnet in heimische Währung steigen.[2788] Im folgenden interessieren die Effekte auf die handelbaren und nichthandelbaren Gütern. Ziel der Exportorientierung ist es, vor allem für die handelbaren Güter Pro-Export-Anreize aufzubauen, deshalb ist die Inflationsbekämpfung wichtig, denn Inflation bzw. ein Anstieg des realen Wechselkurses führt dazu, daß die Löhne und andere heimische Inputgüter im Preis steigen. Dadurch sinken die Profite der Unternehmen, die handelbare Güter herstellen. Dies kann soweit gehen, daß sich die Anreizeffekte aufheben: Die Abwertung erhöht zwar die Exportanreize, es kommt aber gleichzeitig zu einem proportionalen Absinken dieser Anreize (durch die Ebene nichthandelbarer Güter) durch Inflation.[2789] Dieses relative Preisverhältnis kann sich aber auch zugunsten

---

[2785] Seit 300 Jahren gibt es die kontroverse Debatte zwischen der monetaristischer Theorie der Inflation, die auf die Geldmenge fokussiert und der strukturalistischer Erklärung, die Verteilungskonflikte thematisiert: Preissteigerungen seitens der Firmen, Lohnforderungen und sonstige sog. Rigiditäten. Kindleberger zitiert in Taylor 1988: 10. Heutzutage hat die strukturalistische Seite die monetaristischen Erfolge anerkannt, merkt aber an, daß die monetaristische Erfolgsbilanz durchaus noch verbessert werden könnten, wenn partiell auch strukturalistische Erklärungen und damit verbundene Lösungsinstrumenten anerkannt würden. Siehe das Fazit von Taylor 1983: 202. Inflation kann nach diesem Balassa Ansatz (Fußnote oben) auch dadurch bekämpft werden, daß der handelbare Sektor die Preise durch Produktivitätsfortschritt absenkt. Damit wäre Inflation nicht nur mit einer restriktiven Geldpolitik (mit Rezessionswirkung), sondern auch durch Modernisierung und Outputsteigerungen zu bekämpfen. Taylor 1988: 10-11, 27-29.

[2786] Denkbar ist in Afrika auch der folgende Zusammenhang während einer Strukturanpassungsepisode: Dieser darauf beruht darauf, daß viele Länder Afrikas nicht ganz offen sind, sondern 'semi-open economies' sind, in welchen Grundnahrungsmittel nicht perfekt handelbar, sondern im Gegenteil oft sogar dezidiert 'non-tradables' sind: Die neu bevorzugten Produzenten von Exportgütern reagieren auf verbesserte Anreize und konsumieren nachfolgend substantielle Anteile von nicht exportierbaren Waren, etwa Grundnahrungsmittel. Wenn Grundnahrungsmittel inelastisch im Angebot vorliegen, dann steigen durch den erhöhten Grundnahrungsmittelkonsum die Preise an. Dadurch kommt es zu erhöhten Lohnforderungen seitens der Exportarbeiter, wodurch die Exportexpansion wiederum gefährdet werden kann. Preisanstieg ist weiterhin gleichbedeutend mit Inflation, welche zu einem absinkenden realen effektiven Wechselkurs (RER) führt, welcher eine Abwertung der Währung nötig macht, um nicht den Strukturanpassung zu gefährden. Ein Strukturanpassungsprogramm müßte aus diesen Gründen von einer Ausweitung der Agrarproduktion begleitet werden oder es müßten durch Importe plus besserer Infrastruktur, die die Importe in das Land bringt, versucht werden, einen relativ stabilen Nahrungsmittelpreis zu etablieren. World Bank 2000a: 22; Delgado 1992: 449-453. Dies wurde aber durch die dogmatische Weltbank Haltung im Agrarbereich erschwert, die Politiken zur Ausweitung der Agrarproduktion erschwert und Preisstabilisierung durch den Staat etwa ablehnt, sodaß sich die Weltbank hier selbst das Leben schwer macht. Dazu Hermanns 2005b, 2005d.

[2787] Bigsten et al. 2003: 11-12. So in Tansania 1988 zwischen 25 % und 31 % während einer Phase der Inflationsbekämpfung. Die Inflation sank daraufhin von 28 % 1988 auf 19 % 1990 ab. Ndulu/Semboja 1994: 543. Autoritativ in bezug auf Wechselkurspolitik und Inflation zwischen 1965-1983 in Afrika: Gulhati et al. 1985: 1-21.

[2788] Aghevli/Montiel 1996: 630.

[2789] Sahn et al. 1997: 55.

der handelbaren Güter entwickeln: So wird gegen diesen obigen Zusammenhang argumentiert, daß es nicht so sein muß, daß Löhne ansteigen[2790] oftmals sänken die Löhne ab, wobei erhofft wird, daß die Firmen deshalb ihren Output erhöhen und expandieren.[2791]

Insgesamt ist aus diesen Gründen ist die Rede davon, daß eine nominale Wechselkursabwertung nur dann aufrechterhalten und wirksam werden kann, wenn diese nicht durch eine reale Wechselkursaufwertung bzw. einen inflationären Preisanstieg konterkariert wird.[2792] Wenn sich Inflation etabliert muß ggf. weiter abgewertet werden, um die Erhöhung des realen Wechselkurses zu konterkarieren. Verhindert werden kann dies aber auch mit einer restriktiven Geldpolitik, die die Inflation begrenzt, sodaß der reale Wechselkursaufwertungseffekt nicht auftritt.[2793] Somit ist es, alles ist allem, denkbar eine nominale Wechselkursabwertung zu beschließen und mit weisen[2794] heimische Politiken zu ergänzen, sodaß deren Wirksamkeit aufrechterhalten kann. Schlußendlich kommt es dann darauf an, welche Effekte überwiegen.[2795] Ob die Exportorientierung den Kontraktionseffekten entgegen wirkt und sich die Wirtschaft, kurzfristiger Anpassungskosten zum Trotz, langfristig stabilisiert.[2796]

Die Ergebnisse der Strukturanpassungspolitiken können hier nicht auf Länderebene näher diskutiert werden. Weiter unten wird noch einmal genauer auf die Anreizeffekte der nominalen und realen Wechselkursveränderungen auf die Exportentwicklung eingegangen, wobei eine positive Kausalbeziehung zwischen einem abgewerteten Wechselkurs und Exportsteigerungen, die die Protagonisten der Exportorientierung annehmen, für einige Länder, siehe oben schon Indien, und für weitere Länder vorliegt. Dagegen ist es für Länder, die extreme wirtschaftspolitische Schwierigkeiten hatten, z.B. die afrikanischen Länder, schwieriger, diese Beziehung empirisch herzuleiten.[2797] Aufgrund dieser Zusammenhänge kann etwa in den afrikanischen Ländern noch nicht einmal ein

---

[2790] Todaro 1997: 478.
[2791] Aghevli/Montiel 1996: 631. Es werden auch Lohnkontrollen genutzt, um die Löhne niedrig zu halten. Anhand der osteuropäischen Strukturanpassung Schadler et al. 1995a: 107. Faktisch ist es so, daß in einige Ländern die Löhne absinken, in anderen ansteigen. Dazu empirisch Edwards 1989: 338-347.
[2792] Aghevli/Montiel 1996: 616; anhand einer Übersicht über die Effekte der IWF Programme Schadler et al. 1995a: 93.
[2793] Somit besteht auch die Gefahr, daß Abwertung statt restriktiver Geldpolitik eingesetzt wird. Aghevli/Montiel 1996: 633. Daran schließen sich die Debatten um die richtigen Wechselkursregime an, die dazu geeignet sind inflationäre Erwartungen zu begrenzen. Siehe etwa Edwards 1993: 17-20.
[2794] "All theses complications exist in real economies and are not put forward to argue that stabilization is not important or not necessary in some cases. Rather the structuralist view emphasizes complexity and the need for wisdom and receptiveness to how the economy at hand seems to work. A structuralist stabilization package would no doubt include many policies listed in table 1.1. Not many others are known. But it would not apply them all in the usual direction, and would also incorporate distributional consideration and nonmarket interventions explicitly." Taylor 1983: 202.
[2795] Bei einer Wechselkursabwertung wird angestrebt, daß die Überbewertung der eigenen Währung zurückgenommen wird. Durch eine Abwertung wird der Preis ausländischer Devisen erhöht und damit der relative Preis handelbarer Güter gegenüber nicht-handelbarer Güter erhöht. Die Konsumenten weichen auf nicht-handelbare Güter aus und die Nachfrage nach Importen sinkt, weil sich die Preise für importierte Güter steigen. Der Erwerb von Devisen wird lukrativer und gleichzeitig erhöht durch die Abwertung die Wettbewerbsfähigkeit der handelbaren Güter für ausländische Käufer. Die Importe müssen absinken, damit nicht bei gleichbleibendem Importvolumen eine Verschlechterung der Handelsbilanz ausgelöst wird. Typischerweise erhöht sich aber kurzfristig die Importrechnung, langfristig erhöhen sich dann die Exporte. Dies ist als J-Kurveneffekt bekannt. Dornbusch/Fischer 1992: 818-820; Krueger 1978: 2-5; Bhagwati 1978: 57-59.
[2796] Krueger 1978: 163.
[2797] Siehe dazu **Tabelle 146**.

Preisboom, etwa in bezug auf Rohstoffe, einfach so genossen werden, sondern er muß mit teils restriktiven makroökonomischen Politiken abgefangen werden, damit nicht durch die holländische Krankheit oder durch eine Immobilienblase ('construction boom') die Anreize für den Export handelbarer Güter absinken.[2798]

Soweit einmal die Darstellung der mit der Strukturanpassungspolitik (Wechselkursabwertung und Liberalisierung) verbundenen, sich teils gegenseitig aufhebenden, Effekten. Deutlich dürfte geworden sein, daß IWF und Weltbank jedenfalls nicht mit Instrumenten operiert, die 'nur' positive Wirkungen haben. Ohne Umsicht eingesetzt, ist es denkbar, daß negative Wirkungen Überhand nehmen. Ebenso dürfte sichtbar geworden sein, daß es nachvollziehbare Gründe für eine - vorsichtige - Umstellung auf die Exportorientierung gibt: Langfristig gesehen höhere Anreizeffekte und sonstige wichtige Effekte, etwa die Erleichterung der Inflationsbekämpfung durch Importe. Dies wirft eine Reihe von Fragen auf: Wie sehen die Erfahrungen mit der Exportorientierung tatsächlich aus? Ist es möglich Exportorientierung 'vorsichtig' einzusetzen? Wie spiegelt sich diese Debatte in der Literatur wieder?

4. Exportorientierung nach Krueger/Bhagwati/Balassa

Oben konnten einige Argumenten für und gegen die wirtschaftspolitische Orientierung der Exportorientierung aufgezählt werden, eine noch umfassendere Zusammenstellung findet sich in Donges (1981).[2799] In der Literatur wird oft erst einmal davon ausgegangen, daß eine übermäßige Form der IS-Politik kontraproduktive Wirkungen aufweist. Dies ist plausibel und konnte schon, in Abschnitt 'F', anhand Indiens gezeigt werden und wird weiter unten in klarer Form anhand Argentiniens erkennbar. Auch an Brasilien lassen sich partiell unerwünschte Wirkungen der IS-Politik erkennen. Und eine Politik der Exportorientierung kann nicht nur anhand der Argumente dafür, sondern anhand von empirischen Länderstudien, etwa dem Erfolg der Türkei, für sinnvoll erkannt werden.

Dies muß nicht im Umkehrschluß dazu führen, dogmatisch liberale Vorstellungen zu vertreten. So beruht die Argumentation in Donges (1981) zwar auf liberalen Annahmen, es steht aber nicht beständig ein vollständig liberales Szenario im Raum. Zudem werden mögliche negative Wirkungen einer Exportorientierung erwähnt, die eintreten: "wenn die Öffnung einer Volkswirtschaft abrupt erfolgt und eine Anpassungskrise hervorruft, bei der zahlreiche Unternehmen Konkurs anmelden müssen und Erweiterungs- und Rationalisierungsinvestitionen nicht oder nur sehr zögernd vorgenommen werden".[2800] Bemerkenswerterweise unterscheidet dieser Autor weiterhin, mit viel

---

[2798] Diese Argumentation, mit eine Liste von Wirtschaftspolitiken, die dagegen wirken, findet sich in Brownbridge/Harrigan 1996: 412, 416. Diese Position wird hier auch deshalb mitgetragen, weil die Wirkungen eines überhöhten Wechselkurses auf die Industriestruktur nicht als sinnvoll angesehen wird. Sprich: Inputgüterimporte werden billig. Dies wirkt der Importsubstitution und weiterhin einer wohlfahrtsmaximierenden Wirtschaftsstruktur aus dynamischer Perspektive gesehen entgegen, weil es gegen eine Spezialisierung und Vernetzung der heimischen Wirtschaft in bezug auf die Vorprodukteherstellung entgegenwirkt. Zumindest in einer extremen Ausprägung ist dies sicher nicht mehr sinnvoll begründbar.
[2799] Ohne Thematisierung der Wechselkursabwertung. Donges 1981: 30-54.
[2800] Donges 1981: 53.

Weitblick, siehe die Länderstudien zu Korea und Taiwan unten, nicht zwischen Exportorientierung *oder* Importsubstitution, sondern geht davon aus, daß sich Elemente beider Strategien kombinieren lassen, wenn der Tendenz nach eine Exportorientierung (er nennt diese damals Exportdiversifizierungspolitik) gewählt wird, hier ein Zitat aus Donges (1981):

"Besonders hervorgehoben werden, weil häufig mißverstanden, muß noch der Umstand, daß sich die überwiegend positiven Wachstumswirkungen der Exportdiversifizierungspolitik erzielen lassen, ohne daß dazu die Importsubstitution unterbunden werden müßte. Exportdiversifizierungspolitik heißt ja, daß bei Industrialisierungsbemühungen in einem möglichst offenen Rahmen sowohl der Binnenmarkt erschlossen als auch ein Exportpotential aufgebaut werden soll. Eine Diskriminierung der Importsubstitution könnte sogar Nachteile mit sich bringen, wenn die Produktion von Gütern, die wegen ihrer zunächst hohen Sach- und insbesondere Humankapitalintensität einst nur in Industrieländern erfolgte, später in den sich industrialisierenden Entwicklungsländer nicht aufgenommen würde, sobald hier komparative Vorteile entstehen. Betroffen sind hiervon sind jene Produktions-Güter, deren Technik inzwischen standardisiert ist und die Arbeitskräfte mittlerer Qualifikation und einfache Maschinen in einem Ausmaß beanspruchen, das mit der Faktorausstattung in den industriell schon weiter fortgeschrittenen Entwicklungsländern kompatibel ist. Im Unterschied zur Importsubstitutionspolitik erzwingt der bei der Exportdiversifizierungspolitik bewirkte Angebotsdruck allerdings eine stärkere Beachtung der komparativen Kostenunterschiede und vermeidet die Binnenmarktlastigkeit der Industrialisierung, die in eine entwicklungspolitische Sackgasse führt."[2801]

4.1 Frühe Politiken der Exportorientierung

Schon in den sechziger Jahren wurden von einigen Entwicklungsländer Reformen durchgeführt, die hin auf eine Exportorientierung zielen und Liberalisierungsschritte vornahmen. Somit folgen nicht wenige Länder diesen Vorschlägen schon relativ früh, zumindest zu einem gewissen Grad:

Mit einem partiellen Abbau von QRs und Importlizenzen und dem späteren Abbau von Zöllen, kombiniert mit der Einführung von oftmals relativ komplizierten Anreizen für Exporte. In einigen Ländern, Norwegen, Malaysia und Mexiko, gibt es schon in den sechziger Jahren Rückerstattungen für Zölle oder relativ niedrige Zölle für Inputs, die die Anreizveränderungen durch Zölle verringern, nicht so aber in Brasilien, Chile und den Philippinen.[2802] In vielen Länder, darunter denen die hier im Mittelpunkt stehen, liegt der Zollschutz aber noch relativ hoch.[2803] Somit wird bezüglich Liberalisierung die eben vorgeschlagene moderat liberale Außenhandelspolitik erst einmal nicht verfolgt. Dies mag darin begründet sein, daß Liberalisierung viel schwieriger durchzusetzen ist, als ein Politik der Förderung der Exporte, weil unklar ist, wie die Verteilungsfolgen aussehen, also wer in

---

[2801] Donges 1981: 54.
[2802] Balassa et al. 1971: 62. Siehe für Brasilien auch **Tabelle 147**.
[2803] Balassa et al. 1971: 62. Siehe für Brasilien: **Tabelle 147**. Für Korea: **Tabelle 148** und **Tabelle 149**. Taiwan: **Tabelle 150**.

welcher Weise positiv oder negativ betroffen ist.[2804] In einem gewissen Maße gehört Liberalisierung aber zur Politik der Exportorientierung dazu, dies gilt zumindest in Hinblick auf den immer wieder als entscheidend dargestellten Zugang zu Produktionsinputs für Exportproduzenten (der aber in Korea nicht so frei war, wie immer dargestellt, aber frei genug, um extreme Kosten zu umgehen, s.u.).[2805]

Die erste umfassende Ländervergleichsstudie bezüglich der Effekte dieser Reformen von Little et al. (1970) bezog Argentinien, Brasilien, Mexiko, Indien, Pakistan, die Philippinen und Norwegen ein. Nicht zuletzt anhand der bereits eingearbeiteten Zitate aus diesem Buch wird deutlich, daß dort zwar die Vorteile einer liberaleren außenpolitischen Orientierung erwähnt werden, dies aber unter Beachtung von Ausnahmen und dynamischen Effekten geschieht, oft solchen, die hier unter dem Punkt Marktversagen diskutiert wurden.[2806]

Das Projekt von Balassa et al. (1971) weist noch deutlicher auf die Vorteile liberaler Politik hin. Aus Sicht dieser Arbeit ist auch diese Publikation deshalb bemerkenswert, weil sowohl statische als auch dynamische Argumente offen diskutiert werden.[2807]

Diese beiden Publikationen beschreiben und vergleichen die Außenhandelsregime der Entwicklungsländer, wobei auch die Erfahrungen der Ländern erwähnt werden, die eine exportorientierte Politik wählten. Erst in späteren Studien werden aber empirische Untersuchungen vorgelegt, die den Übergang vom einem zum anderen Regime beschreiben. Die Errungenschaft dieser beiden Autorengruppen wird heutzutage vor allem darin gesehen, auf die teils sehr hohen und sehr undifferenziert angewendeten Schutzmaßnahmen hingewiesen zu haben, insbesondere im Hinblick auf effektive Schutzraten, die zu den kritisierten Wirkungen der IS-Politik führen würden.[2808]

4.2 Effektive Schutzraten und heimische Ressourcenkosten

Obwohl seine Aussagekraft kritisiert wird[2809], sei hier kurz auf eine Methode hingewiesen, mit denen versucht wird unerwünschte Wirkungen von außenhandelspolitischen Schutzregimes darzulegen: Effektive Protektionsraten (effective rates of protection, 'ERP'). Als Methode zur Messung von Anti-

---

[2804] Rodrik 1995: 2963.
[2805] Für Korea betont Frank et al. 1975: 62, 82; betont für Korea und Taiwan in Balassa in Balassa et al. 1982: 40, 42; World Bank 1993: 128, 131. Siehe zum Kommentar in der Klammer unten das Länderkapitel Korea.
[2806] Siehe die Ausführungen zum Thema wirksamer Exportanreize oder bezüglich komparativer Vorteile und den Vorteilen des Preismechanismus. Little et al. 1970: 269-270, 359. Die Nachteile der Importsubstitution, unter anderen die negativen Wirkungen auf Exporte, hohe Importkosten, hohe interne Preise, eine überbewerteter Wechselkurs, eine allzu starke Förderung eines kapitalintensiven verarbeitenden Sektors werden ebenso erwähnt. Little et al. 1970: 129-130. Ebenso werden erfolgreiche Exporteure, Taiwan, Hongkong, Pakistan systematisch untersucht und weniger erfolgreichen gegenübergestellt: Indien, Argentinien und Brasilien. Little et al. 1970: 254-269. Bezüglich der Ausnahmen siehe etwa Little et al. 1970: 118 (Erziehungszölle), 149-150 (Skalenökonomien, Externalitäten), 158 (Schutzzölle von 20 % akzeptiert), 425-426 (Skalenökonomien bei Automobilen). Diese Ausnahmen werden somit nicht ignoriert, sondern bezüglich dynamischer Vorteile des internationalen Handels erwähnt. So ermöglich Handel des Erreichen von Skalenökonomien, von Lerneffekten, von Effizienzverbesserungen und Wettbewerb. Little et al. 1970: 114-116.
[2807] Balassa et al. 1971: 49-88.
[2808] Edwards 1993a: 1362-1363. So auch Rodrik 1995: 2931.
[2809] Bruton 1998: 912.

Export-Anreizen werden teils nicht die nominalen Zölle, sondern die effektiven Schutzraten genutzt. Einbezogen werden dabei auch die Zölle auf Produktionsinputs, die aus Input-Output-Tabellen hergeleitet werden[2810], weil damit gemessen werden kann, wie hoch die Kostenniveaus sind, auf der die heimische Wertschöpfung aufgrund der Zölle produzieren und verkaufen kann. Ergebnis damaliger Studien sind stark abweichende und teils sehr hohe effektive Schutzraten, die aus liberaler Perspektive generell als kostenverursachende Verzerrungen interpretiert wurden, zumal dazu noch QRs und Importlizenzen dazu kommen, dies aber auch in später erfolgreichen Ländern wie Korea.[2811] Zur Darstellung und Kritik des Konzeptes der heimischen Ressourcenkosten, siehe Punkt 14.7.2.

4.3 Die Ländervergleichsstudien von Krueger/Bhagwati

Die erste Ländervergleichstudie, deren Anspruch es ist, systematischer herauszuarbeiten, wie der Übergang von einem Importsubstitutionsregime hin zu einer exportorientierten Außenhandels- und Wechselkurspolitik aussieht, wird von Krueger (1978) und Bhagwati (1978) vorgelegt, wobei hier aber Daten nur bis 1972[2812] zugrundeliegen.

In diesen Studien wird die These vertreten, daß Ländern, die eine exportorientierte Politik betreiben auch höhere Wachstumsraten erzielen können. In den beiden Publikationen wird auf die Kosten von umfassender, über weite Strecken auf QRs und Importlizensierung basierender Importsubstitution hingewiesen. Argumentiert wird, daß dadurch Verzerrungen (aus neoklassischer Perspektive immer gleich Wohlfahrtsverluste), Anti-Export-Anreize und Rentensuche ausgelöst wurden. Am deutlichsten sichtbar sei dies in Indien, wobei hier auf die oben schon erwähnte Studie von Bhagwati/Srinivasan (1975) Rekurs genommen wird. Dazu kann kritisch angemerkt werden, daß Indien nur eingeschränkt als Beispiel eines reinen IS-Regimes tauglich ist, weil der Staat dort diverse weitere Barrieren für eine liberale Entfaltung wirtschaftlicher Tätigkeit aufgestellt hatte.[2813] Die zentrale These von Krueger/Bhagwati besteht darin, daß in Außenhandelsregimen, die auf QRs und Importlizenzen beruhen, intensive, die optimale Ressourcenallokation verzerrende Anti-Export-Anreize etabliert werden und zwar durch hohe Prämien, die mit dem Innehaben von Importlizenzen verbunden sind. Um diese Prämien (und die Anti-Export-Anreize) abzubauen, wird eine Abwertung der Währung vorgeschlagen.[2814] Weiterhin solle die Varianz innerhalb der Außenhandelsregime abgebaut

---

[2810] Balassa et al. 1971: 74.
[2811] Balassa et al. 1971: 59-62, Bruton 1989: 912.
[2812] Krueger 1978: xviii.
[2813] Bhagwati 1978: 85, 107, 184; siehe dazu Abschnitt 'F'. Die Arbeit von Bhagwati/Srinivasan (1975) über Indien fließt in die Argumentation mit ein, beispielsweise wenn es um Auswirkungen des indischen QR-Regimes auf den technischen Wandel geht. Bhagwati 1978: 193-195. Das Projekt wurde 1970 begonnen, geleitet von Krueger/Bhagwati und dem National Bureau of Economic Research. Finanziert wurde es von der Agency for International Development des U.S. Department of State. Den beiden Büchern von Krueger (1978) und Bhagwati (1978) liegen wiederum Studien zugrunde über: Chile, Kolumbien, Ägypten, Ghana, Israel, Philippinen, Südkorea und die Türkei. Auch für Brasilien und Pakistan wurden Studien begonnen, konnten aber nicht fertiggestellt werden. Bhagwati 1978: xiv.
[2814] Folgende Zitate sind relevant: "Bias is defined as the extent to which the relative incentives for domestic production of exportables and of import substitutes are distorted away from those that would prevail under optimal resource allocation", "premiums on import licenses had been at least as important as tariffs in increasing the incentive to product import substitutes", "QR regimes tend to provide more protection to import-substitution industries than is generally recognized and intended", "While liberalization may have effects on its own, it seems clear

werden.²⁸¹⁵ Im Vergleich dazu, wird eine Exportförderungspolitik hervorgehoben, welche dazu dienen soll, den vorhandenen Schutzmaßnahmen zum Trotz neutralere Anreizstrukturen zu etablieren (hier wird Südkorea als Beispiel von Neutralität erwähnt).²⁸¹⁶

Bemerkenswert ist dabei, wie Anti-Export-Anreize gemessen (und abgebaut werden können): Ein IS-Regime ist dadurch definiert, daß der effektive Wechselkurs für Exporte geringer ist als der für Importe. Ein Pro-Export-Regime definiert sich aus einem effektiven Wechselkurs, der eingeschlossen Subventionen, Steuererleichterungen und anderen Förderungen, als Anreiz durchschnittlich über dem effektiven Importwechselkurs liegt (dieser schließt Zölle, Quotenaufschläge etc. ein). Weil es sich zudem um durchschnittliche Werte handelte, konnte somit ein als liberal bezeichnetes Regime auch hohe und sogar selektive ausgerichtete Zölle einsetzen, solange andere Anreize dafür kompensierten.²⁸¹⁷ De facto waren die Autoren damals darauf aus, eine Neutralität der Anreize als wünschenswerte Politik darzustellen, weil die erfolgreichen asiatischen Länder in ihren Untersuchungen dieser Neutralität nahekamen. Ganz sicher sind sich die Autoren darin nicht.²⁸¹⁸

Später wird von Bhagwati (1988), in bezug darauf, eine deutlichere "Ultra-EP strategy" gefordert, also keine Neutralität, sondern ein klar positiver Pro-Export-Anreiz.²⁸¹⁹ Nichtsdestotrotz ist die Argumentationsrichtung schon damals in erkennbarer Art und Weise liberal ausgerichtet: Exporten, vermehrten Exportanreizen, der Liberalisierung, der Reduzierung der Variabilität des Schutzes, dem Wettbewerb und einer Orientierung anhand der komparativen Vorteile bezüglich des internationalen Handels, welcher für die Entwicklungsländer die weniger kapitalintensive aber arbeitsintensive Herstellung vorsieht, wird zugesprochen, zu einem erhöhten Wirtschaftswachstum zu führen.²⁸²⁰ Immerhin wird ein Problem anerkannt:

"Finally, there is evidence that changing the bias of the regime must result in some dislocation in economic activity; when bias toward import substitution industries is reduced, their profitability will

---

that a major part of its impact is through the removal of premiums on import licenses and the consequent reduction of bias of the system." Krueger 1978: 9, 104, 110-111.

[2815] Varianz wird eng mit einer allgemeinen Rationalisierung des Außenhandelsregimes verbunden und es bleibt hier unklar, warum genau Varianz als ein Problem angesehen wird. Krueger 1978: 111-116.

[2816] Bhagwati 1978: 209-210.

[2817] "These neutral definitions leave open the question wither the degree of import substitution that is implied by the IS strategy is optimal or not. They also do not address the related question as to whether the pattern of interindustrial import substitution under the Phase II regimes, as observed in the Project studies, is also suboptimal and, if so, whether the pattern of interindustrial export composition under the Phase IV and V regimes, as actually studied in the Project, is economically more mindful of costs and benefits and hence superior under the EP than under the IS strategy. " (Ohne Herv. im Original). Bhagwati 1978: 206-209.

[2818] "But when all this is noted, it still seems reasonable to conclude that the EP strategy under Phases IV and V does appear, in practice, to be characterized by a less chaotic and more neutral pattern of interindustrial incentives than does the IS strategy under Phase II. Whether this constrast ist truely large and, in turn, makes for an substantial impact on the returns to overall investment is difficult to judge, however. " Bhagwati 1978: 210.

[2819] Deshalb wird nun gefordert, daß nur eine "Ultra-EP strategy" (EP=export promotion) wirklich als exportorientiert darstellen werden sollte, bei der Neutralität zugunsten einer klaren Förderung der Exporte aufgegeben wird. All dies in Bhagwati 1988: 32-33. So auch der Kommentar von Edwards 1993a: 1364-1365.

[2820] Es geht auch um die Überlegenheit des Marktes als Koordinationsmechanismus Krueger 1978: 9, 104, 110-111, 248-259, 283-284, 293.

diminish. If the profitability of other activities is not sufficiently increased, longer-term stagnation may result".[2821]

Die empirischen Ergebnisse der beiden Studien sind eher durchwachsen und schwer für die eine oder andere Seite zu vereinnahmen, nicht zuletzt, weil langfristig angelegte wirksame Liberalisierungspolitiken damals noch garnicht vorlagen.[2822] Es wird berechnet, daß das Politikpaket Wechselkursabwertung, Exportorientierung und Liberalisierung zu einer Zunahme von Exporteinnahmen führt (1 % Exportwachstum, 0,1 % Wachstum: Korea mit 40 % Exportwachstum, 4 % höheres heimischen Wachstum[2823]). Realistischerweise wird aber für die erfolgreichen Länder Brasilien und Korea (nicht aber Indien und Ghana) geschlossen, daß, neben dem Schritt zu einem etwas exportorientierteren Außenhandelsregime auch andere Politiken zum Wachstum beigetragen haben.[2824] Für Korea wird in der diesen Studien zugrundeliegenden Forschungsarbeit darauf hingewiesen, daß die frühe IS-Phase den Anstoß zum darauffolgenden Exportwachstum gegeben hat, welches erst später von Exportanreizen und einer vorsichtigen Liberalisierung begleitet wurde.[2825]

Bemerkenswert ist, daß die Exporterfolge dieser Länder nicht unbedingt vorrangig mit einer deutlich erkennbaren Liberalisierung als zusammenhängend angesehen werden, sondern vor allem mit einer "export-promotion"-Politik.[2826] Am Rande: Auch Exportanreize werden als Problem angesehen, wenn Exportanreize viel zu hoch angesetzt und ohne rational nachvollziehbare Prioritäten eingeräumt werden.[2827]

Die höchste Liberalisierungsstufe, Phase IV, wird in den Untersuchungen längere Zeit nur von Brasilien, Kolumbien und Südkorea durchgehalten (die Türkei, Indien, Ägypten, Chile und Ghana schaffen es kaum über Phase II, einer weitgehend von QRs bestimmten Außenhandelspolitik, nicht hinaus).[2828] Für das exportorientiert eingestufte Korea wird eingestanden, daß der Außenhandel selbst in der höchsten Liberalisierungsstufe noch stark von QRs bestimmt wurde.[2829] Für Brasilien wird später noch gezeigt, daß die beschriebene Liberalisierung vorlag und auch positiv auf die Exporte wirkte, die Liberalisierung erfolgte aber nur selektiv und partiell.[2830] Trotz dieser Ausgangslage wird anhand von Modellen berechnet, daß eine kombinierte Politik der Importsubstitution und

---

[2821] Krueger 1978: 163.
[2822] Die Resultate sind durchwachsen: Ungenutzte Kapazität verringert sich nicht, die Preise für Kapitalgüter steigen stark an, bei zollgelenkten Importregimen schädigen Importe die heimische Industrie, sodaß die Liberalisierung rückgängig gemacht wird Krueger 1978: "But that resource reallocation may not take place instantaneously for various reasons: (1) investors are very likely to wait to see if the new incentives created by devaluation will continue; (2) it takes time to decide to create new capacity; (3) there are further lags as plant and equipment are ordered and installed; and (4) additional time may be needed for developing foreign markets. " Krueger 1978: 164.
[2823] Krueger 1978: 273-274, 282-283.
[2824] Krueger 1978: 272-274.
[2825] Frank et al. 1975: 54.
[2826] Krueger 1978: 282-283.
[2827] Kruger 1978: 44.
[2828] Kueger 1978: 37.
[2829] Krueger 1978: 40. Bestätigt für 1968 in dem die Hälfte des heimischen Outputs von QRs geschützt wird, von Westphal/Kim in Balassa et al. 1982: 221.
[2830] Coe 1991: 43-46.

Exportförderung bessere Ergebnisse zeigt, als eine nur moderate Politik der Importsubstitution.[2831] In den vorgeschlagenen Phasenplänen zur Liberalisierung wird darauf beharrt, daß nicht nur QRs durch Zölle ersetzt werden, sondern daß die Zölle nicht nur abgesenkt, sondern auch uniformer bzw. undifferenzierter abgewendet werden sollten, immer kombiniert mit eine Wechselkursabwertung.[2832] Eine vollständige Abschaffung von QRs wird in dem Phasenmodell sehr wohl, nicht aber eine vollständige Liberalisierung bezüglich der Zölle vorgeschlagen.[2833]

Im großen und ganzen sind die Studien von Bhagwati (1978) und Krueger (1978) kein Vorbild für eine überzeugende Argumentation. Zwar sind die Autoren nicht dafür verantwortlich, daß die zugrundeliegenden Daten nur kurze Zeiträume handelpolitischer Reformen widerspiegelten. Dazu kommt die Schwierigkeit mit der Aussagekraft effektiver Wechselkurse für Importeure und Exporteure, denn diese verraten zum Beispiel wenig über den Grad der Liberalisierung. Problematisch ist aber, wenn dieser unzureichenden Beweislage zum Trotz geschlossen wird, daß überzeugende empirische Anhaltspunkte für das Funktionieren einer exportorientierten und auch einer handelspolitisch liberalen Strategie gefunden werden konnten.

Diese Kritik bezieht sich weiterhin darauf, daß kontinuierlich in der Schwebe gehalten wird, wieweit die liberale Politik gehen soll, was mit optimaler Ressourcenallokation gemeint ist und welcher Grad an Liberalisierung und Orientierung an den Weltmärkten eigentlich für erforderlich gehalten wird. Daß hier potentiell eine extreme, dogmatisch ausgeprägte liberale Politik im neoklassischen Sinn gemeint sein könnte, wird daran deutlich, daß selbst moderat abweichende Politiken nur am Rande erwähnt werden. So wird auf Erziehungszölle kurz mit der Bemerkung eingegangen, daß diese nur dann sinnvoll einsetzbar sind, wenn auf schnelle Exporte geachtet wird.[2834] Zu den neoklassik-inkompatiblen Skalenökonomien wird bemerkt, daß aus deren Vorhandensein klar folgen würde, daß die meisten Entwicklungsländer aufgrund ihrer kleinen Märkte für den Weltmarkt planen sollten.[2835] Daß eine extrem liberale Politik genauso überzeugend funktionieren würde, wie die ersten moderat liberalen Schritte, die in der Studie gezeigt werden, kann nicht bewiesen werden, wird aber nichtsdestotrotz angenommen.

Speziell angesichts der Massivität der schon damals unter IS-Politik etablierten Kapitalgütersektoren in einigen Entwicklungsländern ist weiterhin wenig überzeugend, wenn als Vorteil eines exportorientierten Politikpaketes angepriesen wird, daß dadurch die Kapitalintensität der heimischen

---

[2831] Krueger in Bhagwati 1978: 214.
[2832] Bhagwati 1978: 56-59, 221.
[2833] Bhagwati 1978: 56-59, 221. Eine vollständige Liberalisierung wird auch schon früher nicht vorgeschlagen: "Compared to the policies of industrial protection followed by developing countries engaged in import substitution, the application of these guidelines would entail providing more favorable treatment to nontraditional primary commodities, reducing the amount of protection of manufactured products, and equalizing the incentives for manufactured goods sold in domestic and in export markets. Also, as a general rule, equal incentives would be provided to all branches of manufacturing other than infant industries, and additional protection to infant industries on a temporary basis." Balassa 1971: 187.
[2834] Krueger 1978: 290.
[2835] Krueger 1978: 286-287.

Produktion wieder deutlich zurückgehen werde, denn dies kann mit schwerwiegenden Wohlfahrtseinbußen verbunden sein.[2836] Hier müßte zumindest diskutiert werden, ob und wie es möglich ist, diese Sektoren zumindest teilweise, vielleicht sogar unter Zollschutz und mit Subventionen, zu modernisieren.[2837]

Krueger (1997) verteidigt bis heute unter anderem auf diesen Studien basierend das gesamte neoklassisch- und Heckscher-Ohlin-liberale Politikpaket: Exportorientierung, Liberalisierung, Ausrichtung an die komparativen Vorteilen, Skepsis gegenüber staatlichen Eingriffen.[2838] Weiterhin wird in diesem Artikel Taiwan als Beispiel für eine rein liberale Politik erwähnt, dies wird hier weiter unten widerlegt.[2839] Wenn es bei Krueger (1997) um den Inhalt der eigenen Studie aus dem Jahre 1978 geht, wird die Formulierung insofern vorsichtiger, als dort vor allem gezeigt werde, daß extrem ausgerichtete IS-Politiken wohlfahrtsmindernd sind: Diese Studie "provided further systematic empirical evidence of the economic wastefulness and irrationality of the inner-oriented trade regimes."[2840]

4.4 Die Ländervergleichsstudie von Balassa

Mit einer modifizierten Untersuchungsmethode werden dieselben Fragen von Balassa et al. (1982) untersucht und genauer, in ausführlicheren Länderkapiteln, behandelt. Die Daten reichen diesmal bis 1973[2841], sodaß auch hier die Entwicklungspolitiken bis Anfang der achtziger Jahre nicht mehr einbezogen wurden, ebenso nicht Wirkungen von IS-Politiken, die erst Mitte der achtziger Jahre sichtbar wurden.

Von Balassa et al. (1982) wird in ähnlicher Weise thematisiert, inwiefern es gelingt, mit Exportanreizen gegen Importsubstitutionsanreize vorzugehen. Diese Herangehensweise prägt auch die nachfolgende Diskussion, besonders die Weltentwicklungsberichte der Weltbank (1987, 1991) die Exportorientierung als entwicklungsökonomische Strategie öffentlich bekannt machten.[2842]

In den Länderstudien von Balassa et al. (1982) bezüglich der Situation in den fünfziger bis Anfang der siebziger Jahre wird behauptet, daß durch Wechselkursabwertungen und Exportsubventionen in den asiatischen Ländern Korea und Taiwan, zumindest für die erfolgreichen Exportsektoren, keine Anti-Export-Anreize mehr bestanden haben.[2843] Diese Aussage stimmt zwar insofern, daß sich Korea und

---

[2836] Sinkende Kapitalintensität wird angestrebt und dies auch mit einem höherem Beschäftigungswachstum begründet. Dies steht schon im Widerspruch zum Hinweis auf die Wichtigkeit von Skalenökonomien. Krueger 1978: 252-253, 286.
[2837] Etwa durch eine Restrukturierung, mit oder ohne Einbeziehung ausländischer Investitionen, so etwa Lall 2000: 357.
[2838] Krueger 1997: 9-10, 17. BhagwatiSrinivasan (2002) verteidigen mit diesen Studien ("the best evidence") die Verbindung freier Handel, Wachstum und Armutsreduzierung. Bhagwati/Srinivasan 2002: 181.
[2839] Krueger 1997: 9-10, 17.
[2840] Krueger 1997: 9.
[2841] Balassa in Balassa et al. 1982: 38.
[2842] Weltentwicklungsbericht 1987: 89-128; Weltentwicklungsbericht 1991: 4-12, 37-49.
[2843] Westphal/Kim in Balassa et al. 1982: 241; Balassa in Balassa et al. 1982: 41.

Taiwan nach der ersten 'leichten' Phase der Importsubstitution zu einer Politik der Exportorientierung entschlossen hatten. Diese Exportförderung setzten sie aber je nach Industrie unterschiedlich um, darunter mit Subventionen für den Aufbau bestimmter Industrien, wobei sie weiterhin Schutzbarrieren sowie Zölle einsetzen und somit Exportorientierung und Importsubstitution kombinieren. In Balassa et al. (1982) wird suggeriert, daß dies einen Übergang zum freien Handel war:

"Exporters enjoyed a free-trade regime in both Korea and Taiwan. They were free to choose between domestic and imported inputs; they were exempted from indirect taxes on their output and inputs; and they paid no duty on imported inputs."[2844]

Diese Aussage kann anhand des in Abschnitt 'F' rekonstruierten Automobilbeispiel bezweifelt werden, ebenso kann sie schon anhand der im selben Buch von Balassa et al. (1982) vorliegenden Länderstudie für Korea nicht aufrechterhalten werden. Denn dort liegen nicht nur unterschiedliche Intensitäten der Exportanreize vor (im Bereich der 'Zwischenprodukte II'), sondern es gibt bei dauerhaften Konsumprodukten, Maschinenbau und Automobilindustrie negative Exportanreize.[2845] Mehr dazu im Länderbeispiel Korea in Abschnitt 'G', Punkt 10. Für andere Länder werden allerdings überzeugendere Ergebnisse berechnet. In Argentinien, das eine ausgeprägte Politik der Importsubstitution verfolgte, sind für 70 von 82 Sektoren die effektiven Subventionsraten für heimischen Verkäufe höher als für Exporte, obwohl mit Exportanreizen versucht wird dagegen zu steuern.[2846]

Argentinien: Einige Informationen über dieses Land. Zwischen 1971 und 1980 wächst die verarbeitende Industrie in Argentinien jährlich nur um 0,9 %. Die Exporte verarbeiteter Produkte stiegen zwar durchschnittlich um 18,5 % an, dabei handelte es sich aber in den meisten Fällen um Rohstoffe und auf Rohstoffen basierende weiterverarbeitete Waren zum Beispiel Chemie- und Farbenprodukte. Der gesamte breite sonstige Industriebereich, von Automobilen, Haushaltswaren über Eisen- und Stahl zeigt zwar ebenso steigende Exportwerte, diese liegen aber wertmäßig teils niedrig, teils relativ hoch (zeigen dann aber keine steigenden Werte) und es ist keinerlei Bezug zwischen dem Wachstum der verarbeitenden Industrie und den Exporten erkennbar. Insofern spiegelten sich für Argentinien klare rohstoffbasierte komparative Vorteile wieder. Dagegen hat die Außenhandelspolitik bezüglich des Bereichs verarbeiteter Produkte weder in einigen Produktgruppen mit positiven Anreizen zu höheren Exporten geführt, noch konnte der Außenhandel einen positiven Einfluß auf die Wachstumsraten in der verarbeitenden Industrie ausüben.[2847] Es wird allgemein geschlossen, daß der Anti-Export-Bias bis 1976 noch intensiver wurde, danach gab es eine Episode der Liberalisierung, die allerdings 1981 rückgängig gemacht wurde.[2848] Stimmen diese Werte, benachteiligte eine solche Außenhandelspolitik Exporte und kann zur Erklärung der wenig zufriedenstellenden Export- und auch

---

[2844] Balassa in Balassa et al. 1982: 40.
[2845] Westphal/Kim in Balassa et al. 1982: 232, 241.
[2846] Balassa in Balassa et al. 1982: 40-42, 103.
[2847] Diese Thesen sämtlich in Teitel/Thoumi 1986: 474-477, 482-483.
[2848] Cavallo/Cottani 1991: 17-32.

Wachstumsleistung Argentiniens herangezogen werden. Überzeugend ist, hier eine Veränderung der Politik zu fordern.

Leider werden in der Studie von Balassa et al. (1982) neben Argentinien, Korea, Taiwan nur noch Kolumbien, Israel und Singapur untersucht und einige für diese Fragestellung interessante Länder, speziell Brasilien und Indien, ausgeklammert. Für den Fall Brasilien, welches schon 1960 beginnt eine Politik der Exportförderung mit IS-Politiken zu kombinieren, gibt es (wie schon bei Krueger/Bhagwati) keine eigenständige Studie. Nichtsdestotrotz wird für dieses Land das Bestehen von Anti-Export-Anreizen behauptet. Eine Exportförderung wird erwähnt, die mit Steuererleichterungen, Rückerstattungen für Zölle, präferentieller Exportfinanzierung insgesamt Subventionen zwischen 8 % für Holzprodukte und 37 % für Bekleidung und Schuhe bzgl. des Exportwertes bereitstellt. Dies wird einem durchschnittlichen Zoll von 57 % gegenübergestellt und als Hinweis auf einen Anti-Export-Anreiz gewertet.[2849] Diese Aussagen sind nicht genau und ausführlich genug, um Überzeugungskraft reklamieren zu können. Weiterhin wird Brasilien vorgeworden, daß Exporteure aufgrund der hohen Schutzbarrieren keine Wahl zwischen heimischen und ausländischen Produktionsinputs haben.[2850]

Wie dem auch sei: Balassa kommt zu weitgehenden Schlußfolgerungen. In seiner Zusammenfassung der Erkenntnisse nimmt er noch die 'X inefficiency'-These von Leibenstein dazu und erwähnt Kosten durch mangelnde Kapazitätsauslastung, geringe Skalenökonomien, Monopole und fehlenden Wettbewerb und die Verschiebung von Resourcen in Bereiche mit mangelnden komparativen Vorteilen. Dazu werden Gleichgewichtsmodelluntersuchungen angeführt, die zum Ergebnis kommen, daß freier Handel zu einer Verdopplung des Outputs führen würde, wenn die Ressourcen in Export- und nicht mehr in Importsubstitutionssektoren eingesetzt würden. Auch wenn an dieser Stelle die Vorteile einer moderaten Exportorientierung nicht in Frage gestellt werden - und es zudem klar ist, daß die extreme IS-Politik Argentiniens verfehlt ist - ist festzuhalten, daß auch Balassa et al. (1982) aus den in seinem Band vorliegenden Studien mehr schließt, als diese eigentlich zulassen, nämlich einen generellen Beweis einer weitgehend auf liberalen Konzepten basierende Wirtschafts- und Außenwirtschaftspolitik.[2851] Es ist deshalb hier nötig weitere Studien einzubeziehen.

4.5 Definitionsvarianten der Exportorientierung

Die theoretische Seite der Debatte ist von folgender Definition geprägt: Von Krueger (1978), Bhagwati (1978) und Balassa et al. (1982) wird vorgeschlagen, von einer ausgeglichenen Anreizpolitik zu sprechen, wenn die Anreize für Exporte und für Importsubstitution auf demselben Niveau gehalten werden:

[2849] Balassa in Balassa et al. 1982: 42.
[2850] Balassa in Balassa et al. 1982: 42.
[2851] Balassa in Balassa et al. 1982: 49-52.

"At that time, both decided to adopt outward oriented policies that provided broadly similar incentives both to exports and to import substitution."[2852]

Mit dieser Formulierung wird zuerst einmal betont, daß Exportanreize nicht weniger intensiv sein müssen als Anreize für die Importsubstitution, um Exportaktivitäten nicht zu behindern. Es müßte also nicht einmal eine Währung abgewertet werden, solange Exportsubventionen gegeben werden, die die Überbewertung der Währung bzw. eben die Importsubstitutionsanreize ausgleichen. Gemäß dieser Definition ist die Außenorientierung kompatibel mit einer Wirtschaftspolitik, die wenigstens partiell staatliche Modifikationen von Anreizen vorsieht.[2853]

Die oben gewählte Formulierung impliziert weiterhin, daß Exportanreize gleichartig ('broadly similar') angewendet werden. Dies kann so verstanden werden, daß bezüglich der Exportanreize nicht differenziert wird, also bestimmte Sektoren nicht speziell gefördert werden. Bei diesem vermeidlich pedantisch anmutende Punkt geht es also um nicht weniger als um eine Ablehnung oder das Zulassen einer Politik die Marktversagen korrigiert bzw. einer interventionistischen Industriepolitik. In der späteren Definition von Exportorientierung der Weltbank (1987) im Weltentwicklungsbericht, wird die folgende Definition verwendet, in der sich, neben außenhandelspolitischer Neutralität, ebenso eine Forderung nach industriepolitischer Neutralität versteckt:

"Für analytische Zwecke lassen sich handelspolitische Strategien grob in zwei Gruppen einteilen, und zwar in außenorientierte und binnenorientierte Konzepte. Eine außenorientierte Strategie ist sowohl gegenüber der Produktion für den Binnen- oder Exportmarkt als auch gegenüber der Verwendung von Inlands- und Importgütern handels- und industriepolitisch neutral. (...) Da hierdurch der Außenhandel nicht behindert wird, nennt man diese neutrale Strategie häufig (eher unpassend) eine exportfördernde Strategie. Dagegen ist eine binnenorientierte Strategie dadurch gekennzeichnet, daß handels- und industriepolitische Anreize die Produktion für den Inlandsmarkt gegenüber der Herstellung von Exportgütern begünstigen. Dieser Ansatz ist bekannt als Strategie der Importsubstitution."[2854]

An diesen Ausführungen ist klar erkennbar, daß sich in dieser Frage um eine präzise Formulierung nicht herumgedrückt werden darf. Bei diesen Umschreibungen geht es um die wichtige Unterscheidung zwischen einer dogmatisch liberalen und einer moderat liberalen entwicklungsökonomischen Richtung, wobei erstere hier als 'Washington consensus' bezeichnet werden soll. Ebenso wird sichtbar: Die internationalen Finanzinstitutionen äußern sich in ihren Publikationen keineswegs durchgängig extrem liberal, sondern befinden sich in ihren Publikationen in einem Dialog mit einem moderat liberalen alter ego.

[2852] Balassa in Balassa et al. 1982: 40. Ähnlich Bhagwati 1978: 207-209.
[2853] Piazolo 1994: 83.
[2854] Weltentwicklungsbericht 1987: 89.

Typisch in dieser Hinsicht ist der bekannte Weltentwicklungsbericht (1987), der die Unterscheidung zwischen Exportorientierung und Importsubstitution einer breiten Öffentlichkeit bekannt machte. Einerseits finden sich dort mehrere Zitate, die eine extreme Liberalisierung fordern:

"Es liegt in der Logik einer Liberalisierung des Außenhandels, die Zölle soweit wie möglich zu senken. Solange der Durchschnittszoll von Null abweicht, bleibt ein Rest der Diskriminierung des Exports bestehen (es sei denn die Ausfuhren werden entsprechend subventioniert)."[2855]

"Einfuhrliberalisierung in Verbindung mit einer Abwertung der heimischen Währung anstelle eines durch Ausfuhrsubventionen neutralisierten Protektionismus."[2856]

"Angenommen aber, eine Schutzbedürftigkeit junger Industrien sei tatsächlich gegeben und eine staatliche Unterstützung sei deshalb in irgendeiner Form angebracht. Maßnahmen zur Einfuhrbeschränkung sind aber kaum die geeignete Antwort. Eine Subventionierung an der Quelle eventueller externer Vorteile vermeidet die Kosten, die mit dem Schutz eines ganzen Industriezweiges vor Importkonkurrenz verbunden sind."[2857]

"Theoretisch gelingt eine Umorientierung von einer binnen- und einer außenorientierten Strategie am besten dadurch, daß man bestehende Handelsschranken beseitigt, die heimische Währung abwertet und die Allokation der Produktionsfaktoren dem Preismechanismus überläßt."[2858]

Andererseits fordert dieser Bericht trotz Exportorientierung keinen vollständigen Zollabbau, sondern nur einen Abbau mengenmäßiger Beschränkungen und eine Abkehr von einer extremen Politik der Importsubstitution:

"In der Praxis bedeutet die Außenorientierung jedoch nicht zwangsläufig, daß der Staat weniger eingreift. Einige Länder habe eine Außenorientierung vorgenommen, indem sie ihre Ausfuhren förderten und dadurch die für den Export nachteiligen Effekte von Einfuhrbeschränkungen teilweise neutralisierten, während sie ihre Einfuhrschranken nur langsam abbauten."[2859]

Auch weist die Weltbank (1987) darauf hin, daß Mittel zur Verfügung stehen müssen, um eine Exportausweitung zu ermöglichen und zudem wird Koreas HCI-Plan und seine Auslandsverschuldung zur Förderung von Exporten positiv erwähnt.[2860]

[2855] Weltentwicklungsbericht 1987: 126.
[2856] Weltentwicklungsbericht 1987: 107.
[2857] Weltentwicklungsbericht 1987: 106.
[2858] Weltentwicklungsbericht 1987: 107 (Box).
[2859] Weltentwicklungsbericht 1987: 93.
[2860] Weltentwicklungsbericht 1985: 79.

Die extreme, hier als dogmatisch liberal bezeichnete Version liberaler Argumente ist dabei identisch mit denen, die später, im Jahre 1990, als 'Washington Consensus' ausformuliert werden. Dort wird eine Liberalisierung des Handels und ein Verzicht auf staatliche Interventionen gefordert, dazu kommt die Forderung nach Privatisierung und einer Aufhebung der Beschränkungen von Kapitalmärkten mit der Begründung, daß so Wohlfahrt und Effizienz erreicht werden können. Ein Schwerpunkt dieses Ansatzes liegt auf der Handelspolitik.

Ausgehend von einem Artikel, der den "Washington consensus" verteidigt, von Krueger (1997), der hier stellvertretend für das Original von Williamson (1990, 1990a)[2861] und die Stellungnahmen anderer Autoren[2862] erwähnt wird, können folgende Elemente eines solchen wirtschaftspolitischen Reformprogramms aufgezählt werden, das geläufig unter diesen Namen fällt.[2863] Typisch ist, daß sich unter anderem auf außenhandelpolitische Maßnahmen konzentriert wird und mit Rekurs auf eine Effizienzbegründung nur ein kleine Anzahl Maßnahmen zugelassen wird.[2864] Begonnen wird mit einer Abwertung der Währung, mit dem Ziel, daß einheitliche Anreize für Importe und Exporte entstehen. Dazu kommt dann der Abbau des Zollschutzes und anderer Handelshemmnisse, ein uniformer Zolltarif, um es Interessengruppen unmöglich zu machen ihre Industrien weiter zu schützen und eine Liberalisierung des Zahlungsverkehrs sowie sowenig staatliche Interventionen wie möglich.

Von diesem durch diese Elemente induzierten Wechsel zu einer exportorientierten Handelspolitik wird von Krueger (1997) erwartet, daß die Selektion der Wirtschaftstätigkeit gemäß der Weltmarktpreise und anhand der komparativen Vorteile erfolgt, wobei dies gleichbedeutend damit ist, daß die Exportsektoren nicht mehr benachteiligt werden. Zwar wird die extreme Heckscher-Ohlin Implikation, daß Entwicklungsländer nur arbeitsintensive Wirtschaftssektoren aufbauen sollten, vermieden, indem

---

[2861] Klar ist die enge Orientierung an den Stabilisierungsprogrammen für Lateinamerika in den achtziger Jahren. Der Originaltext differenziert zwischen 'fiscal deficits', 'public expenditure priorities', 'tax reform', 'interest rates', 'exchange rate', 'trade policy', 'foreign direct investment', 'privatization', 'deregulation', 'property rights'. In welche Richtung die Forderungen gehen, ist hinreichend bekannt, weniger bekannt ist, daß im Originaltext nicht selten eine weniger strenge Position eingenommen wird. So im Bereich der Handelspolitik, in der zwar festgehalten wird, daß freier Handel anzustreben ist, es werden aber drei Ausnahmen genannt, das Erziehungszollargument, zum Aufbau neuer Industrie unter Schutz von außen, es wird ein moderater (zwischen 10 und 20 prozentiger) genereller Zoll zur Diversifikation der Industrie als sinnvoll empfunden, weiterhin wird eine zeitlich gedehnte, sukzessive Liberalisierung als akzeptabel erachtet und damit eine Liberalisierung, die sich etwa allein an Zahlungsbilanzvariablen orientiert oder die sonstwie sehr schnell erfolgt nicht unbedingt als nötig erachtet. Williamson 1990: 8-17.
[2862] Viele dieser Politikelemente sind bereits von Krueger (1978) vertreten worden und auch in den damaligen Weltbank Publikationen. Anzumerken ist, daß in dieser Zeit die staatliche Förderung exportorientierter Konzerne selbstverständlich ist und auch eine klare Liste von Produktbereichen diskutiert wird, die von Exportinteresse für Entwicklungsländer sind, aber vielfach auf protektionistische Maßnahmen seitens der Industrieländer treffen. Vgl. World Development Report 1978: 56-58, 27-29. Dieser Denkrichtung, die nicht auf die oben erwähnten Punkte reduziert werden kann und die zudem unterschiedliche Schwerpunkte setzt, richtet sich damals gegen die strukturalistische Entwicklungsökonomie, gegen Befürworter von Planung und 'big push'-Industrialisierung und gegen den Exportpessimismus. Diese Theorierichtung kann nach Toye (1987) auf Harry Johnson zurückgeführt werden, der nach dem Zweiten Weltkrieg die Chicago-Schule begründet und beeinflußt hat.
[2863] Daß diese Konzepte nicht ihre Aktualität eingebüßt haben, wird auch daran deutlich, daß dieser Artikel beim 109ten Jahrestreffen der American Economic Association, als 'Presidential Address' gehalten wurde. Krueger 1997: 10.
[2864] Dies gilt zum Beispiel für die Theorie Cordens 1971; 1974. Oder für aktuelle liberale Ansätze, statt vieler Krueger 1997. Siehe für eine kritische Perspektive auf den 'Washington Consensus' aus der Sicht der UNCTAD sowie lateinamerikanischer 'Think tanks', Gore (2002). Hier wird auf die Spielräume der einzelnen Länder abgestellt, die sich gemäß ihren eigenen Bedürfnissen durch "strategic integration" in den Weltmarkt einfügen, wobei sie ihre Geschwindigkeit des Zollabbaus selbst bestimmen und es weiterhin möglich sein sollten, daß heimische Unternehmen unter Zollschutz Produktionskapazitäten aufbauen. Gore 2000: 796-797.

argumentiert wird, daß die komparativen Vorteile derer, je nach erreichter Entwicklungsstufe und Kapitalintensität nicht nur bei arbeitsintensiven landwirtschaftlichen Produkten, sondern auch bei arbeitsintensiven verarbeiteten Produkten mit teilweise höherem Kapitaleinsatz lägen, nicht aber bei kapitalintensiven Wirtschaftszweigen. Anstelle eines Zollschutzes für neu aufzubauende Industrien, sollte, wenn überhaupt, eine Subvention treten und dieses Argument sollte nicht weiter dazu benutzt werden, um eine Strategie der Importsubstitution zu begründen.[2865] Schließlich wird festgestellt, daß die Strategie der Importsubstitution gescheitert sei, wobei aber nur extreme wirtschaftstheoretische Modelle und offensichtlich erfolglose empirisch vorliegende Ausformungen der Importsubstitutionspolitik als Beispiele zugrundegelegt werden. In der ökonomischen Theorie solle ein "consensus on the principle of comparative advantage" und "free trade" leitend sein.[2866] Weiterhin gehöre zu diesem Paket Privatisierung, eine makroökonomische Politik, die zu einer möglichst niedrigen Inflationsrate führt, die Abwesenheit staatlicher Eingriffe, Steuersenkungen sowie ein Interesse an ausländischen Investitionen.[2867]

Selbst wenn dem 'Washington Consensus' noch Spielräume unterstellt werden, ist es unübersehbar, daß durch die Erwähnung sehr niedriger und uniform angelegter Zöllen ein Verzicht auf selektive Schutzpolitiken und, eng damit verbunden, ein weitgehender Verzicht auf Industriepolitik im Raum steht. Vorgeschrieben wird somit der Verzicht darauf, während der Entwicklung eines Landes komparative Vorteile zu schaffen, stattdessen solle man sich passiv nach bestehenden komparativen Vorteilen richten. Selbst für Afrika, in dem Industrien über sehr geringe technologische Fähigkeiten verfügen, wird es als "top priority" angesehen, den Wettbewerb durch Deregulierung, Privatisierung und schließlich durch eine "low and completely uniform tariff structure" zu stärken.[2868]

Angesichts dieser Vorgaben wird jedenfalls weiter unten untersucht, ob eine Politik der Exportorientierung nicht auch anders, nämlich moderater liberal, angelegt sein kann und schließlich wird es darum gehen, ob eine solche Politik für Afrika erfolgversprechend ist.

5. Exportorientierung in dogmatisch liberaler Form

Um diese Fragen weiter zu verfolgen, soll kritisch auf ein weiteres ländervergleichendes Projekt zu diesen Thema eingegangen werden, welches von der Weltbank in den achtziger Jahren durchgeführt wurde, unter der Leitung von Michael Michaely (Für die Zusammenfassung der Ergebnisse siehe: Michaely et al. 1991; Papageorgiou et al. 1991; Dean et al. 1994; die hier zugrundeliegenden Länderstudien sind: Indonesien Pitt 1991; Philippinen Shepherd/Alburo 1991; Korea Kim 1991; Türkei Baysan/Blitzer 1991; Brasilien Coes 1991; Argentinien Cavallo/Cottani 1991; Chile

---

[2865] Krueger 1997: 1, 11. Sogar Anne O. Krueger gibt aber zu, daß es Argumente für einen vereinzelten Zollschutz für neu aufzubauende Industrie gibt und daß der Staat womöglich erfolgreiche einzelne Industrien aufbauen kann und daß dieser Punkt in der Entwicklungsökonomie noch nicht vollständig geklärt ist. Krueger 1997: 1.
[2866] Krueger 1997: 10-11.
[2867] Stiglitz 2002: 92.
[2868] World Bank 1994: 9, 12.

Hachette/De la Cuadra 1991).[2869] Weitere, zu diesem Thema vorliegende Studien stützen sich nicht auf Länderuntersuchungen, sondern nutzen komplexe Gleichgewichtssimulationen und werden hier ausgeklammert.[2870] Allein schon aufgrund der eingeschränkten Zeitperioden der früheren Studien erscheint es sinnvoll, noch einmal genauer die Vorteile der Exportorientierung zu untersuchen.

Überraschenderweise beginnt das Vorwort der Zusammenfassung von Michaely et al. (1991) mit der folgenden Feststellung:

"The benefits of open trading have by now been sufficiently demonstrated and described by economic historians and analysts. In this study, we take them for granted and turn our minds to the 'whether' and the 'how'."[2871]

Dazu kommt, daß die Zusammenfassung der Ergebnisse vor allem darauf ausgerichtet ist, die episodenartig angelegten Strukturanpassungsprogramme des Internationalen Währungsfonds zu bewerten. Es geht folglich nicht um eine langfristige Einschätzung des Erfolgs bestimmter Entwicklungsstrategien. In der Terminologie des IWF geht es um 'timing' und 'sequencing' der Strukturanpassungsprogramme. Faktisch sind die untersuchten Liberalisierungsepisoden identisch mit den Zeiträumen, in denen die Strukturanpassungsprogramme wirksam waren.

Die erste Schwierigkeit, die dadurch für die Aussagekraft diese Studien einschließlich der Länderstudien aufgeworfen wird, ist, daß sich die Strukturanpassungsprogramme des Internationalen Währungsfonds nicht auf eine Liberalisierung beschränken. Neben einer Wechselkursabwertung und einer Liberalisierung, die durchaus in das Konzept einer exportorientierten Außenhandelspolitik passen, wird weiterhin eine inflationsbekämpfende Fiskalpolitik d.h. eine Hochzinspolitik zur Einschränkung der umlaufenden Geldmenge eingefordert, dazu kommt der Abbau von Haushaltsdefiziten, die Umschichtung bestehender Auslandsschulden und die Aufnahme neuer Kredite.[2872] Die Programme haben somit eine eigenständige Wirkung, die mal mehr und mal weniger entwicklungsfördernd einzuschätzen sind. Somit sei hier auch auf die relevante Literatur zur Einschätzung der IWF-Programme verwiesen.[2873] In ihren Zusammenfassungen der Länderstudien halten sich die Autoren an Fragen, die mit der Umsetzung der IWF-Programme verbunden sind, unter anderem, wie schnell und wie deutlich eine Liberalisierung sein muß, damit sie aufrechterhalten werden kann.

[2869] Die Studien werden begonnen im Jahre 1984 und reichen von ihrer Datenlage teils bis in die Mitte der achtziger Jahre, also weiter als die vorher erwähnten Studien. Zu den Zusammenfassungen kommen weitere ausführliche Länderstudien für die folgenden Länder, die nicht sämtlich oben erwähnt wurden: Vol. I: Argentinien, Chile, Uruguay; Vol. II: Korea, Philippinen, Singapur; Vol. III: Israel, Jugoslawien; Vol. IV, Brasilien, Kolumbien, Peru; Vol. V: Indonesien, Pakistan, Sri Lanka; Vol. VI: Neuseeland, Spanien, Türkei. Vol. VII.
[2870] Siehe etwa Goldin et al. 1993.
[2871] Vorwort der drei Herausgeber Michaely et al. 1991: vii.
[2872] Papageorgiou et al. 1991: 9.
[2873] Siehe die von seiten des IWF herausgegebenen empirischen Untersuchungen der Auswirkungen der Strukturanpassungsprogramme: Schadler et al. 1993; Schadler et al. 1995; Schadler et al. 1995a; Sharer et al. 1998. Unabhängig: Gerster 1982; Taylor 1988; Killick 1995; Bird 1995. Grundlegend bezüglich der völkerrechtlichen Aspekte des IMF: Denters 1996.

Die Ergebnisse in Michaely et al. (1991) bestätigen die IWF-Politik ohne jegliche Abstriche: Neben der bekannten Schlußfolgerung, daß eine allzu extreme IS-Politik wachstumsmindernd sein kann, wird unter anderem postuliert, daß "[s]trong liberalization episodes are associated with higher increases in the rate of GDP growth than weak episodes" sowie "[s]trong liberalization attempts have a much greater impact on growth in countries that have had severely restricted trade regimes than in countries that had a moderat regime" und "[c]ountries with sustained liberalization episodes contribute experienced higher post-liberalization rates of GDP growth than in countries which have had moderate regimes" und "[l]iberalization has led, on average, to a significant improvement in export performance"[2874]

Kurzum: Als empirisch abgesichert wird präsentiert, daß eine schnelle und deutliche Liberalisierung ohne spätere Modifikationen die beste Politik für wirtschaftliches Wachstum ist. Es sollte bei der Umsetzung der Programme auch nicht abgewartet werden, bis sich die Währungsreserven oder Exporte erholen.[2875]

Erst in zweiter Linie wird als empirisch abgesichert dargestellt, daß eine nicht näher spezifizierte Abkehr von der Importsubstitutionspolitik und eine Liberalisierung im Sinne des Zollabbaus zu mehr Wohlstand führt. Bemerkenswert ist das Selbstbewußtsein der Autoren der Zusammenfassung: Die zugrundeliegenden Länderstudien seien zwar wichtig, aber nur die Zusammenfassung ermögliche eine empirische Erarbeitung von, "general principles", die für viele Länder gelten.[2876] Die Ergebnisse seien zudem fast sämtlich durch eine ökonometrische Analyse gestützt.[2877]

Michaely et al. (1991) bewerten somit nicht nur generell die Wohlfahrtsauswirkungen der Liberalisierungspolitik, sondern gehen soweit, normativ wirtschaftswissenschaftlich bewerten zu wollen, welche Art und Weise der Umsetzung von Liberalisierungspolitik und Entwicklungspolitik generell wünschenswert ist. Sieht man in die Details der Erfahrungen der Länder mit den Liberalisierungsepisoden, werden aber differenzierte Sachverhalte deutlich, die solche Schlußfolgerungen weniger überzeugend erscheinen lassen:

So wird in bezug auf Korea (ähnlich für Neuseeland) festgestellt, daß es zwei Perioden einer schwachen, sukzessive zunehmenden Liberalisierung gab, die also solche dennoch aufrechterhalten werden konnte, dies spricht gegen die These, daß nur eine extreme Liberalisierung aufrechterhalten werden kann und zum Erfolg führt.[2878] Der Autor der Länderstudie über Korea spricht sich offen dagegen aus, daß es in bezug auf die Art und Weise der Liberalisierung allgemein gültige Gesetze geben kann und folgert, daß diese aufgrund der unterschiedlichen Situation der Länder immer anders

---

[2874] Kessidis in Michaely et al. 1991: 303.
[2875] Michaely et al. 1991: 279.
[2876] Michaely et al. 1991: 1, 6, 8-9.
[2877] Michaely et al. 1991: 9.
[2878] Michaely et al. 1991: 36.

erfolgen müsse.[2879] In Peru fand eine schnelle und deutliche Liberalisierung statt, die rückgängig gemacht wurde.[2880] Weiterhin ist in fast sämtlichen Ländern, die ein sehr restriktives Außenhandelsregime hatten, das erste Liberalisierungspaket gescheitert.[2881] In Pakistan, den Philippinen, Portugal und Spanien wurden die Liberalisierungspakete partiell aufrechterhalten.[2882] Streicht man Portugal und Spanien aufgrund der besonderen Umstände in Europa als Sonderfälle weg, bleiben nur Pakistan und Philippinen als partiell erfolgreiche Liberalisierer. Die Länder, die eine schnelle und starke Liberalisierung vorgenommen und aufrechterhalten haben, sind Singapur, Israel, Chile, Sri Lanka, Uruguay, Türkei, Indonesien.[2883] Singapur und Israel sind in dieser Liste wiederum Sonderfälle, Singapur aufgrund extrem hoher Direktinvestitionen.[2884] Pakistan und Sri Lanka müssen hier ausgeklammert bleiben. Mehr Information sollen hier zuerst einmal zur Türkei und zu Indonesien und weiter unten noch zu Brasilien, Chile, Korea und noch einmal Indonesien, Philippinen und Argentinien geliefert werden, um die Qualität der Schlußfolgerungen und der Länderstudien von Michaely et al. (1991) besser bewerten zu können:

Türkei: Im Falle der Türkei trifft es, einer partiellen Einschränkung zum Trotz, zu, wenn hier ein Erfolg der Exportorientierung und zusätzlich der Liberalisierung festgestellt wird. Dies folgt allerdings nicht aus der bei Michaely et al. (1991) zugrundeliegenden Länderstudie von Baysan/Blitzer (1991), die bis 1985 zwar eine deutlich wahrnehmbare Liberalisierung, nicht aber den vollständigen Abbau von Zollschutz nachzeichnen konnte und skeptisch bezüglich der längerfristigen Aufrechterhaltung dieses Liberalisierungsschrittes war. Schon in bezug auf diese Studie kann aber immerhin von einer graduellen Liberalisierung gesprochen werden. Diese Liberalisierung konnte tatsächlich aufrechterhalten werden und mündete in einem teils geringen, teils gering-moderaten Zollschutz im Jahre 1990. Der Türkei gelang es in diesem Zeitraum, unter Nutzung einer Wechselkursabwertung sowie durch Exportsubventionen seine Exporte stark auszuweiten (Exportsteigerungsraten 1980 bis 1985: 19,6 %; 1985 bis 1990: 11,8 %). Die Exporte konzentrieren sich allerdings zunehmend wieder auf arbeitsintensive Waren und der Grad der Diversifizierung geht zurück. Weiterhin ist bemerkenswert, daß in den gesamten achtziger Jahren keine deutliche Reaktion hinsichtlich einer Ausweitung der Investitionen vorlag, sodaß die Exportreaktion vor allem auf der während der IS-Zeit aufgebauten Industrie basierte. Im Jahre 1980 lag die Türkei bezüglich der Größe ihres verarbeitenden Sektors an fünfter Stelle, nach Brasilien, Mexiko, Indien und Korea.[2885] Die Exporte lagen 1970 bei

---

[2879] Kim 1991: 125-129.
[2880] Michaely et al. 1991: 36.
[2881] Michaely et al. 1991: 40.
[2882] Michaely et al. 1991: 36.
[2883] Michaely et al. 1991: 35.
[2884] Siehe: **Tabelle 37** und **Tabelle 50**.
[2885] In der Türkei lag in den siebziger Jahren sogar eine Verstärkung der IS-Anreize und der Schutzpolitik vor. Dies wird in der Studie über die Türkei deutlich herausgearbeitet. Von 1980 an erfolgte dann im Rahmen eines IWF-Strukturanpassungsprogramms eine Liberalisierung, die auch unter der zivilen Regierung ab 1984 weiter aufrechterhalten werden konnte. Diese Liberalisierung sah zunächst einmal nur eine Abschaffung der Importlizenzierung bzw. QRs vor. Als Kompensation für die Abschaffung des fast vollständiges Schutzes, etwa im Bereich Haushaltswaren, wurden die Zölle erhöht. Insgesamt lag sicher ein Übergang zu einem eher auf Preisen basierten System vor. Baysan/Blitzer 1991: 318. Im Verlauf der achtziger Jahre erfolgte dann eine graduell fortschreitenden Liberalisierung, mit durchschnittlichen, angewandten nominalen Zöllen von 17,8 % im Jahre 1985 (bei effektiven Zöllen von 23,8 %), die 1989 auf 8,7 % bzw. 11,3 % abfallen, aber mit einem weiterhin aufrechterhaltenem höheren Schutzniveau für Zwischenprodukte und Investitionsgüter, darunter

US$ 588 Mill., im Jahre 1975 bei US$ 1401 Mill., im Jahre 1980 bei US$ 2910 Mill., im Jahre 1985 bei US$ 8255 Mill., im Jahre 1990 bei US$ 13026 Mill. und im Jahre 1993 bei US$ 15610 Mill..[2886] Insgesamt ist die Türkei somit als Beispiel für den Erfolg von Exportorientierung und Liberalisierung zu bewerten, dieser Erfolg beruht aber immerhin teilweise auf einer bestehenden Industriestruktur. Sichtbar werden auch die tiefgreifenden Effekte dieser Politiken, eben die Reorientierung auf arbeitsintensive Exporte.

Indonesien: Für Indonesien stimmt die oben aufgestellte These einer starken Liberalisierung nicht, weil, trotz Liberalisierung ab 1966, weiterhin ein deutlich wahrnehmbarer Zollschutz vorhanden war. Zwar hat sich die Liberalisierung positiv auf das Exportwachstum ausgewirkt, wesentlich dazu beigetragen hat aber der Ölexport und daß vorher geschmuggelte Waren nun offiziell deklariert wurden. Weiterhin expandierten damals einige Industrien über den Export, andere wuchsen aufgrund der Importsubstitutionsanreize mittels des heimischen Marktes. Es wird festgestellt, daß der Schutz unter Nutzung diverser Instrumenten, darunter vorgegebener Importpreisen, zwischen 1971 und 1978 sogar wieder zunahm.[2887] Zölle für Produktionsinputs wurden allerdings abgesenkt. Im Jahre 1978 wurden neben einer Abwertung Exportsubventionen eingeführt.[2888] Das Exportwachstum sah wie folgt aus: 1970-1980: 35,3 %, 1980-1985: -0,3 %, 1985-1990: 8,0 %. Der Wert der Exporte lag 1970 bei US$ 1,1 Mrd.; 1980 bei US$ 21,9 Mrd., 1990 bei US$ 25,6 Mrd., 1997 bei US$ 53,5 Mrd..[2889] Noch 1980 lag Indonesien hinsichtlich der Exporte vor Korea, später nicht mehr. Wird Indonesien, der hohen Zölle zum Trotz, als ein Beispiel für Exportorientierung und Liberalisierung genutzt[2890], ist es erstaunlich, daß ein Land, trotz relativ hoher Zölle hohe Exportwachstumsraten aufweisen kann. Weiterhin bemerkenswert ist, welche extreme Spezialisierung auf komparative Vorteile vorliegt: Noch 1985 sind 90 % der Exporte rohstoffbasierte Produkte, Nahrungsmittel, Tee, Kaffee, Tabak, Pflanzenöle und Fette sowie Erdöl und Erdölprodukte. Durch ausländische Investitionen in den Bereichen Textil, Bekleidung, Schuhe stieg deren Anteil an den Exporten bis 1997 auf 43 % an. Möglicherweise durch staatliche Industriepolitik in den achtziger Jahren aufgebaute Schwerindustrien

---

Haushaltswaren, Metallprodukte, Transportausrüstung, Maschinen und Elektronik. Begleitet wurde die Liberalisierung mit Exportanreizen bzw. -subventionen. Die türkischen Exporte stiegen von 1980 US$ 2,6 Mrd. auf US$ 11,7 Mrd. 1988 und richteten sich immer mehr in Richtung arbeitsintensiver Waren, Lebensmittel, Textilien- und Bekleidung aus. Dazu kommen Eisen- und Stahlprodukte und Industriechemikalien. Die Exporterfolge zu Beginn der achtziger Jahre sind vor allem auf die Nachfrage aus dem mittleren Osten zurückzuführen und konnten nicht aufrechterhalten werden. Der Diversifizierungsgrad ging in dieser Zeit zurück. Celasun 1994: 468-481. Zur fehlenden Reaktion seitens der Investitionen auf die Liberalisierung siehe Aricanli/Rodrik 1990: 1348. Siehe zu der Einschätzung der Industrialisierung unter IS als Basis des Exporterfolgs Senses 1989: 27.

[2886] f.o.b. UNCTAD 1994: 250.

[2887] Im Vergleich zu anderen Ländern lag der Zollschutz Indonesiens im hohen Bereich: **Tabelle 190**. Für 1984 wurde in Indonesien ein ungewichteter durchschnittlicher Meistbegünstigungszoll von 37 % erhoben, dazu kommen Zusatzgebühren. Im Jahre 1994 lag dieser Wert bei 20 %. Dabei lagen 16.406 Zollpositionen unter 30 %. Aber 34.940 Zollpositionen lagen zwischen 30 und 50 %. Es wird geschlossen: "Notwithstanding these improvements in Indonesia's trade regime, licensing, tariffs and surcharges still continue to be major obstacles to imports. Some third of agricultural and manufacturing production is still protected by a complex and comprehensive import licensing regime, often involving State-trading monopolies and quotas. In addition, tariffs, inclusive of surcharges, remain relatively high on some products, with peaks up to 275 % applying to motor vehicles. Moreover, the tariff structure remains dogged with substantial inter-sectoral variation in duty rates across products, encompassing a high degree of tariff escalation." Trade Policy Review Indonesia 1995: 49, 51, 53.

[2888] Siehe dazu Pitt 1991: 78-159.

[2889] Werte f.o.b. UNCTAD 1994: 6. Für 1997: Siehe Dhanani 2000: 175. Siehe **Tabelle 63**.

[2890] Trotz der vielen Importbarrieren stiegen immerhin die Importe zwischen 1985-1990 um 15,6 % im Durchschnitt jährlich an, die Exporte nur um 8,0 %. Werte: Exporte 1990 US$ 25,6 Mrd., Import US$ 21,8 Mrd. (Exporte f.o.b., Importe c.i.f.). UNCTAD 1994: 6-7, 18-19.

können immerhin einen Anteil von 16 % daran erreichen.[2891] Inwiefern dies als Erfolg gedeutet werden könnte, kann hier nicht letztendlich geklärt werden. Noch heute kommen 10 Waren für 80 % der Exporteinnahmen auf.[2892] Als Fazit wird von Dhanani (2000) gezogen, daß eine progressive Liberalisierung zwar nicht negativ wirken muß, prekär sind aber für Indonesien die hohen Importe, die teils von den Lohnveredelungsunternehmen (auch von der Ölindustrie) benötigt werden, um Exportwaren zu produzieren. Diese können angesichts fallender Öl- und Textil- bzw. Bekleidungspreise immer schwerer ohne Zahlungsbilanzdefizite finanziert werden. Marktversagen ist insofern sichtbar, als die technologischen Fähigkeiten und die Vernetzung und Spezialisierung der indonesischen Wirtschaft allzu gering ausgeprägt ist, sodaß nur wenige der benötigten Inputs selbst bereitgestellt werden können. Dies könnte eine vorsichtige und weise staatliche Industriepolitik rechtfertigen.[2893]

Ein weiterer Kritikpunkt zu Michaely et al. (1991): Wiewohl ein Ländervergleich denkbar wäre, weil ein Index der Liberalisierung (von 1 bis 20) konstruiert wird, weist dieser Index aufgrund seiner subjektiven Konstruktion durch die Autoren nur eine eingeschränkte Vergleichbarkeit auf. Letztendlich werden die Indizes nicht zu einem Ländervergleich genutzt, sondern es werden, wenn es um mathematische Überprüfung bestimmter Thesen im Ländervergleich geht, Ersatzvariablen konstruiert, die problematisch sein können, weil die Einstufung einiger Länder kontrovers ist (z.B. wird Korea generell als moderat liberal eingestuft).[2894] Die statistische Überprüfung, die als Beweis sämtlicher der obengenannten Thesen bezüglich der Strukturanpassungsepisoden angeführt wird, ist einem simplen Kritikpunkt ausgesetzt: Erstaunlicherweise werden die folgenden Länder als Entwicklungsländer eingeordnet: Spanien, Griechenland, Portugal, Israel und Neuseeland (immerhin 5 von 19 Ländern).[2895]

Wie sieht es um die Qualität der Länderstudien des Michaely et al. (1991) Buchprojekts in bezug auf die hier verfolgten Fragen aus? Die Länderstudien untersuchen nicht konsequent der Frage nach der Rolle des Staates und untersuchen somit nicht sämtliche Dimensionen staatlicher Anreizpolitik.

[2891] Dhanani 2000: 175.
[2892] Leider ohne nähere Beschreibung: Dhanani 2000: 4.
[2893] Von US$ 13 Mrd. Öleinnahmen werden US$ 9 Mrd. für importierte Ölprodukte und Dienstleistungen bzgl. Öl ausgegeben. Dhanani 2000: 33. In dieser Arbeit wird es generell als positiv angesehen, wenn Importe von Inputs relativ frei erfolgen können, wiewohl am Beispiel von Korea noch gezeigt wird, daß auch diesbezüglich Maßnahmen für die Industrie tragbar sind, wenn diese Inputs teilweise durch eine selektive Importsubstitutionspolitik durch heimische Teile ersetzt werden. In Indonesien liegt Marktversagen in hier thematisierten Sinne vor, weil offenbar zu wenig Investitionen in Firmen erfolgen, die auf dem heimischen Markt Inputgüter produzieren. Dies führt auf breiter Ebene zu hohen Importanteilen. So im Chemiebereich 43 %, Maschinen 53 %, Automobile 56 %, elektrische Güter 70 %, Textilien, Bekleidung, Leder 40-43 % und Schuhe 56 %. Natürlich sind dies teilweise Werte, die für Lohnveredelungs- bzw. Montageindustrien typisch sind. Gleichzeitig deutet dies aber darauf hin, daß nur geringe bis mittlere technologische Fähigkeiten vorliegen, wenig F&E betrieben wird und bestimmte, durchaus in die Industriestruktur einfügbare Investitionen fehlen. Um hier eine Verbreiterung und Vertiefung industrieller Fähigkeiten zu erreichen, müßten bestehende Defizite im F&E Bereich angegangen werden und es könnte versucht werden kapitalkräftige, mittelgroße bis große private Unternehmen zu schaffen. Bisher gibt es sehr viele kleine Unternehmen. Kurzum: vorsichtige und selektive Maßnahmen des Staates, in enger Zusammenarbeit mit dem privaten Sektor, könnten die Situation bzw. die Wohlfahrtserzeugung in der indonesischen Wirtschaft verbessern. Dhanani 2000: 2-23.
[2894] Kessides in Michaely et al. 1991: 41, 302; Edwards 1993a: 1367.
[2895] Neuseeland wird aufgrund seiner Wirtschaftspolitik, also IS-Politik und dann Liberalisierung, in die Studie miteinbezogen. Siehe Fußnote 3 in: Michaely et al. 1991: 8.

Industriepolitik wird nicht thematisiert. Die übergreifende Frage nach der Wirkung von Importsubstitution und Exportorientierung wird indirekt, vermittels der Frage nach der Intensität der Exportanreize thematisiert. Die Frage nach der Wirksamkeit der Exportanreize kann aber nur dann richtig eingeschätzt werden, wenn die Wirksamkeit anderer Faktoren, darunter die Industriepolitik, ebenso untersucht wird oder in diese Exporteinreize eingerechnet wird. Dies sehen die 'terms of reference' für diese Studien eigentlich auch vor, die auch die Frage nach industriepolitischen Strategien stellen: "It is desirable to treat productive activities during the process of trade liberalization uniformly or differentially."[2896]

Dazu die folgenden Kommentare zu den Länderstudien:

Brasilien: Die Studie über Brasilien von Coes (1991) konzentriert sich nur auf die Liberalisierungsepisode von 1964 bis 1976 und untersucht die Industriepolitik des brasilianischen Staates, welche über direkte Subventionen und staatliche Konzerne erfolgte, nicht. Lobend erwähnt werden die hohen Outputsteigerungen, die in dieser Zeit erreicht wurden und in bezug auf die als wirksam anerkannte Exportförderung wird nur sehr allgemein geschlossen, daß diese "may have created new distortions" und "little attention was given to the allocative efficiency of the export promotion program."[2897]

Chile: Für Chile wird von Hachette/De la Cuadra (1991) eine konsequente Liberalisierung beschrieben, die einige überraschende interventionistische Details aufweist, die von diesen Autoren heruntergespielt werden, denn Chile ist eigentlich als das Musterbeispiel einer liberalen Politik bekannt. Die Relevanz dieser Details läßt sich anhand weiterer Literatur bestätigen. Im Jahre 1979 bestand ein uniform bzw. durchgängig angewandter Zoll von 10 %, der 1984 auf 35 % erhöht wurde, dann im Jahre 1985 auf 25 % absank, seit 1988 15 % betrug und schließlich seit 1991 auf dem Niveau von 11 % liegt.[2898] Ausnahme ist der Automobilbereich, mit Zöllen von 20 % plus Steuern von 10 % (1987), die danach allerdings wieder vermindert werden.[2899] Weiterhin befinden sich die für die Exporte wichtigen Kupferminen in staatlicher Hand.[2900] Ebenso bemerkenswert ist, daß sich die Ausrichtung komparativer Vorteile nicht nur auf liberale Art und Weise ergibt. Dies wird am Rande von Hachette/De la Cuadra (1991) thematisiert, wobei aber der Eindruck vermittelt wird, daß diese interventionistischen Maßnahmen bereits abgeschafft worden sind.[2901] Es geht darum, daß im Agrarbereich zwischen 1980 und 1984, neben subventionierten Krediten, ein Preisstabilisierungsmechanismus sowie ein Preisbandsystem eingeführt wurde, um vor Preisbewegungen auf dem Weltmarkt zu schützen.[2902] Nach anderen Informationen wurde es 1985

[2896] Editors' Preface, welches den Forschungsplan und die Fragen beschreibt, zum Beispiel in Kim 1991: x.
[2897] Coe 1991: 117.
[2898] Hachette/De la Cuadra 1991: 266-271; Trade Policy Review Chile 1993: 43.
[2899] Hachette/De la Cuadra 1991: 295.
[2900] Trade Policy Review Chile 1993: 52.
[2901] Hachette/De la Cuadra 1991: 265.
[2902] Dieses Preisbandsystem galt jedoch noch 1993 für Speiseöle, Zucker, Weizen, Weizenmehl. Weiterhin gibt es, sehr wenige, saisongebundene Agrarzölle. Trade Policy Review Chile 1993: 47.

eingeführt.[2903] Bestand hat das Preisbandsystem bis heute, einzig wurde durch eine diesbezüglichen WTO Streitbeilegungsfall jetzt eine Vorkehrung geschaffen, daß die variablen Zöllen, die den Binnenmarkt vor Preisbewegungen auf dem Weltmarkt schützt sollen, nicht mehr, wie zuvor, deutlich über die gebundenen WTO Zölle hinausgehen dürfen.[2904] Das Preisbandsystem galt und gilt somit noch für Weizen, Weizenmehl, Speiseöl, Zucker, daneben gab es temporär Mindestimportpreise für Milchpulver, Zucker, Reis, Weizenmehl und Mais. Dies hat sicher mit dazu beigetragen, daß es der chilenischen Landwirtschaft besser ergangen ist: Für Weizen liegen Ertragssteigerungen von 136,3 % vor, für die Zeitperiode von 1959-1961 bis 1988-1990 (tonnes per ha).[2905] Ab 1985 kommt es zu einer Steigerung der Weizenproduktion von 1,1 Mill. t (1985) auf Werte auf einem Niveau von 1,7 Mill. t.[2906] Milch wird durch variable Minimalzölle geschützt, wodurch höhere Preise auf dem Binnenmarkt garantiert werden.[2907] Im Milchbereich liegen substantielle Exporte vor.[2908] Für Zuckerrohr gibt es eine staatliches Ankaufmonopol, welches auch Preise festlegt.[2909] Schutzwirkung hat auch ein 1980 verhängtes Importverbot für Fleisch, aufgrund von Maul- und Klauenseuche in Argentinien, welches bis heute nicht aufgehoben wurde, wobei im Fleischbereich deutliche Exporterfolge erzielt werden.[2910] Im Jahre 1990 wird die Landwirtschaft weiterhin dadurch unterstützt, daß für immerhin US$ 500 Mill. ein Bewässerungsprogramm aufgelegt wurde.[2911] Im Jahre 1995 kamen Exporte landwirtschaftlicher Güter für 36,6 % der chilenischen Exporte auf, allein gegenüber 1990 hat sich der Wert verdoppelt, davon hat Fleisch einen Anteil von 28 %.[2912] Die übrigen Exporte sind allerdings Wein, Früchte (Äpfel, Birnen, Trauben, Pflaumen, Kiwis, Orangen, Nektarinen, Zitronen, Avocados, Aprikosen, Kirschen, Nüsse, Oliven, Mandeln[2913]), die vom privaten Sektor offenbar ohne weitere staatliche Lenkung oder preisliche Förderung bereitgestellt werden.[2914] Zuletzt: Es wird von Hachette/De la Cuadra (1991) erwähnt, daß Chile seit 1979 keinen Rekurs auf Exportsubventionen nimmt.[2915] Es gibt aber seit 1985 Exportsubventionen für spezielle verarbeitete Produkte, die bis zu 10 % des Exportwertes ausmachen.[2916] Somit scheinen die Exporterfolge des angeblich modellhaft liberalen Chiles mindestens zu einem Teil auf staatlichen Interventionen zu beruhen, einem partiellem Schutz und Exportanreizen.[2917]

[2903] Trade Policy Review Chile 2003: 35-36.
[2904] Trade Policy Review Chile 2003: 35-36.
[2905] Trade Policy Review Chile 2003: 35-36, 60; Ertragssteigerung in Mitchell et al. 1997: 32.
[2906] FAO Faostat Database, 2004.
[2907] Trade Policy Review Chile 1993: 85.
[2908] Importe 119,8 (1000 MT), Exporte 184,8 (1000 MT). Im Vergleich Fruchtexporte 865,6 (1000 MT). Leider hier keine Wertangaben für den Milchbereich. FAO Food and Agriculture Indicators Chile 2002: 2.
[2909] Das private Monopol IANSA, welches Subventionen vergibt. Trade Policy Review Chile 1997:
[2910] Hachette/De la Cuadra 1991: 264-265; Trade Policy Review Chile 1993: 87.
[2911] Trade Policy Review Chile 1993: 87.
[2912] Trade Policy Review Chile 1993: 82.
[2913] Trade Policy Review Chile 1997: 91.
[2914] FAO Food and Agriculture Indicators Chile 2002: 3.
[2915] Hachette/De la Cuadra 1991: 217.
[2916] Je höher die Exporte sind, sinkt der Wert auf 3 % Förderung ab. Trade Policy Review Chile 1993: 64.
[2917] So in bezug auf Chile aber auch in bezug auf andere lateinamerikanischen Staaten und die mindestens teils erfolgreiche staatliche Förderung der Agrarwirtschaft (dies ist nicht immer identisch mit einer Förderung der Kleinbauern) gesehen von Spoor 2000: 9-11, 16-19.

Korea: In der Studie über Korea schließt Kim (1991) zu Beginn aus, eine Bewertung der direkt intervenierenden Industriepolitik zu versuchen und der Terminus 'infant industries' kommt ein einziges Mal am Ende der Studie vor.[2918] Thematisiert wird die Zollschutzpolitik und die Exportförderung dieses Staates, allerdings ohne Details der Wirkung auf die einzelnen Industriesektoren zu untersuchen und es wird auf die zurückgehende Relevanz der Förderung und die Zunahme der Liberalisierung hervorgehoben.[2919]

Indonesien: Bezüglich Indonesien wird in der Studie von Pitt (1991) die Außenhandelspolitik nur bis 1978 thematisiert, sektoral differenzierte Zolldaten werden nicht vorgelegt, dazu wird nur beiläufig die Industriepolitik des indonesischen Staates erwähnt und nur beiläufig der Erfolg selektiver Exportanreize angesprochen.[2920]

Philippinen: Die Studie über die Philippinen erwähnt die seit den siebziger Jahren vollzogenen Industriepolitiken nur ungenau, eine Politik, die mit der Einräumung von Monopolen für staatliche und private Akteure verbunden waren und es wird pauschal deren Ineffizienz behauptet.[2921] Aufgrund fehlender Daten werden nur allgemein sinkende Exporte aus solchen Bereichen dokumentiert: Öl, Kupfer, Metallprodukte.[2922] Weiterhin wird die Automobilindustrie erwähnt[2923], nicht aber die Stahlindustrie.[2924] Als Importsubstitutions-Industrien klassifiziert, wird festgestellt, daß Textilien und Bekleidung, Chemikalien, Zellstoff und Papier geschützt werden.[2925] In bezug auf die Analyse der Exporte wird nicht untersucht, inwiefern diese Politiken Exporterfolge vorweisen konnten. Vielmehr wird die in den siebziger Jahren entstehende Lohnveredelungsexportindustrie im Textil-, Bekleidungs-, und Elektronikbereich auch Halbleiter, hier liegt die lokale Wertschöpfung aber nur bei 10 %[2926]) kritisch bewertet.[2927] In bezug auf die Philippinen scheinen diese Informationen und die Bewertung in dieser Studie insgesamt stimmig zu sein: Angesichts verbreitetem 'rent seeking' stagniert dort die Entwicklung, vor allem komparative Vorteile im Bereich primärer Produkte bleiben.[2928] Sichtbar gemacht werden können in bezug auf die Philippinen aber auch Probleme, die eine zu schnelle

---

[2918] Kim 1991: 128.
[2919] "The focus of this study is the procedural issues relating to the timing and sequencing of Korea's trade liberalization policies; other policies are studied only when relevant to analysing issues essential for formulating and implementing liberalization policy. The normative question of whether liberalization is good or bad is therefore not dealt with." Kim 1991: 11. Siehe in bezug auf die Schutzpolitik die Verweise von Kim 1991: 25.
[2920] So wird ein staatliches Stahlwerk erwähnt, ohne weitere Informationen. Die Exportförderungspolitik nach 1978 wird nicht weiter ausgeführt. Pitt 1991: 155, 158-159.
[2921] Shepherd/Alburo 1991: 228-230.
[2922] Shepherd/Alburo 1991: 228-230, 282.
[2923] Shepherd/Alburo 1991: 228.
[2924] Es gibt hier drei Produzenten: National Steel Cooperation, Jacinto Steel, Bacnotan Steel. Die National Steel Corporation ist 1996 privatisiert worden und an eine japanische und ein malaysisches Unternehmen verkauft worden. Die Industrie wird derzeit vom Staat restrukturiert. European Market Access Database 1998: 4.
[2925] Shepherd/Alburo 1991: 257-260.
[2926] European Market Access Database Philippines 1998: 2.
[2927] Shepherd/Alburo 1991: 236-239.
[2928] Die Exporte 1991 sind, neben Elektronik, Textil, Bekleidung, Schuhen: Zucker, Kokosnußprodukte, Kupfer, Fisch, Krustentiere, Gold, Bananen, Kaffee, Chemikalien. Trade Policy Review Philippines 1993: 27-29. Siehe zu den geringen technologischen Fähigkeiten Richter 1994: 41. Ebenso dort wird die Tendenz zur Rentensuche beschrieben, als z.B. Gewinne aus dem Elektronik-Subcontracting von Marcos-Günstlingen abgezweigt und nicht reinvestiert werden Richter 1994: 50. Siehe auch Shepherd/Alburo 1991: 228-230, 280-286.

Liberalisierung ohne Modernisierung oder sonstige unterstützende Interventionen des Staates auslösen kann, hierzu weitere Hintergrundinformationen. Die Textil- und Bekleidungsindustrie gibt insgesamt 2,5 Mill. Arbeitern Beschäftigung. Die geschützte Textilindustrie setzt veraltete Technologie ein und verunmöglicht es damit der geschützten Bekleidungsindustrie, Exporte zu erzielen. Fast sämtliche Bekleidungsexporte der Philippinen stammen von Unternehmen, die in Enklaven produzieren, die von der sonstigen Ökonomie fast ganz abgeschnitten sind. Obwohl diese Probleme u.a. durch klar erkennbare Rentensuche und einen zu lange angewandten Schutz ausgelöst wurden, ist eine vollständige ad hoc Liberalisierung allein kein Mittel, um in diesem Bereich eine Entwicklung zu mehr technologischen Fähigkeiten und zu neuen komparativen Vorteile hin einzuleiten, weil die dadurch ausgelösten sozialen Effekte kaum zu kontrollieren wären.[2929]

Argentinien: Einzig in der Studie über Argentinien finden sich konkreter argumentierende Abschnitte über die Entwicklung einzelner Industriesektoren, an denen auch partielle Exporterfolge einer staatlich/privaten Zusammenarbeit im Aufbau zweier großen Chemiefabriken sichtbar werden. Ebenso werden problematische Aspekte von partiellen Liberalisierungsepisoden sichtbar, als durch Importe die heimische Produktion stark absinkt (Papier), weil keine Ausweichmöglichkeiten in den Export für die Firmen verfügbar waren. Im Maschinenbau und Kapitalgüterbereich wurde darauf verzichtet, technologische Fähigkeiten zu verbessern. Hier wurde eine plötzliche Importliberalisierung dazu eingesetzt, diesen Bereich kontrahieren zu lassen. Begründet wurde dies damit, daß die Effizienz anderer Industrien verbessert werden kann, indem dort fortan ausländische Produkte eingesetzt werden. Weiteren negative Effekte ist der Maschinenbau- und Kapitalgüterbereich durch heimische höhere Stahlpreise ausgesetzt. Die Automobilindustrie produzierte auf den heimischen Markt begrenzt. Im Jahre 1980 wurde erlaubt bis zu 6 % der Teile aus Brasilien einzuführen. Weiterhin wurde Strukturpolitik insofern betrieben als General Motors, Citroen und der staatliche Konzern IME freiwillig ihre Produktion aufgaben und Safrar-Peugeot und Fiat sich zusammenschlossen, unter einem Zollschutz von 132-192 %.[2930] Bis wenigstens 1983 wird die These plausibel bestätigt, daß ein überbewerteter Wechselkurs und übermäßiger Schutz zu den Effekten führen, die die Befürworter der Exportorientierung bei ihrer Kritik der Importsubstitution erwähnen.[2931] Der damalige Abbruch der Liberalisierungsepisode zwischen 1976 und 1981 in Argentinien hing u.a. mit makroökonomischen Problemen zusammen. Eine hohe Inflation wurde durch eine Abwertung der Währung bekämpft, während eine inflationssteigernde expansive Geldpolitik betrieben wurde, wobei parallel dazu toleriert wurde, daß die private und öffentliche Verschuldung stark zunahm. Bezüglich dieser makroökonomisch sehr ungewöhnlichen Politikstrategie merken die Autoren an, daß eine noch

---

[2929] Dazu die detaillierte Studie von Richter 1994: 151-157, 247-258, 336.
[2930] Cavallo/Cottani 1991: 147-151.
[2931] Schon davor ist Argentinien keinesfalls als liberal zu bezeichnen, mit sehr hohen Zöllen und Anti-Export-Anreize 1969. Zwischen 1969 bis 1976 nimmt der Schutz deutlich zu, darunter durch Importlizenzierung, hohen Importdepotverpflichtungen unter Bedingungen der Inflation, 1971 werden wieder multiple Wechselkurse eingeführt, hohe für verarbeitete Produkte, niedriger für Agrarprodukte. Dadurch verschärft sich der Anti-Export-Bias. Cavallo/Cottani 1991: 21, 92, 129.

weitergehende Liberalisierung die sowieso schon hohen Kosten dieser Politik noch weiter erhöht hätten.[2932]

Insgesamt gesehen bestätigen die Länderstudien dieses Projektes keineswegs allein liberale Ansichten. Hauptkritikpunkt ist hier, daß es schwer verständlich ist, wie die Effekte von Exportorientierung in dieser groß angelegten Studie bewertet werden sollen, wenn nicht der Faktor Industriepolitik eingeschätzt werden kann. Ohne über eine letztendlich überzeugende argumentative Basis zu verfügen, wird nichtsdestotrotz von Michaely et al. (1991) geschlossen, daß Exportorientierung sinnvoll ist und es wird dabei noch weitergegangen. Im Vergleich zu Krueger/Bhagwati/Balassa wandelt sich in Michaely et al. (1991) die Definition von Liberalisierung:

"That a liberal is preferable to a restrictive regime is by now generally accepted, and a substantial body of empirical research carried out over the last 20 years supports this conclusion. This mere statement gives no clue, however, as to how liberalization is best achieved. Little is known about the essential attributes of a change of one regime to another: of a move away from a distorted trade policy regime to a more neutral one. It is this issue of timing, phasing, and sequencing involved in the design and implementation of a trade liberalization policy that forms the subject matter of the study".[2933]

Gegenüber dem Focus auf Wechselkursen und Exportanreizen in den früheren Studien ist auffällig, daß eine erweiterte Definition vorgenommen wird, die einer Liberalisierung des Außenhandels eine wichtige Rolle einräumt:

"We shall call a "liberalization" any change that makes the country's trade system more "neutral". A trade system is completely neutral if it operates precisely as it would with no government interference of any sort. A trade system with no government interference whatsoever would thus be, by definition, neutral; but conceivably a system with many interventions could also be neutral if it perfectly simulated free-market operation. Be that as it may, the less the operation of a trade regime deviates from the way it would work under complete neutrality, the more neutral it is. A movement that leads in this direction is a "liberalization"; a change that increases the deviation is its opposite."[2934]

Einige, wenige Maßnahmen werden davon ausgenommen und zwar eine Konsumsteuer auf importierte Produkte, weil diese für alle importierten Waren gilt und somit den Wettbewerb dieser Waren untereinander nicht behindert. Weiterhin wird eine allgemeine Subvention auf alle wirtschaftlichen Aktivitäten, für handelbare und nichthandelbare Güter gleichermaßen, nicht als Abweichung von Neutralität angesehen.[2935] Dies sind Maßnahmen, die nicht zu Abweichungen von neutralen Anreizen führen. Die obige Definition beruht somit eindeutigerweise auf den neoklassischen

---

[2932] Cavallo/Cottani 1991: 113, 134.
[2933] Michaely et al. 1991: 1.
[2934] Michaely et al. 1991: 14.
[2935] Dean et al. 1994: 95.

Pareto-Annahmen, die davon ausgehen, daß interventionistische Eingriffe in Preise generell als wohlfahrtsmindernde Verzerrungen zu bewerten und abzulehnen sind, siehe dazu Abschnitt 'C'. Zudem wird eine nicht überzeugende Engführung bezüglich des Grads der Außenhandelsliberalisierung vorgenommen, der Rückschlüsse auf weitere Entwicklungspolitiken erlauben solle:

Es wird davon ausgegangen, daß in Ländern in denen Außenhandelsschutzinstrumente weniger ausgeprägt eingesetzt werden, heimische Verzerrungen schon dadurch weniger intensiv sein können, weil die Notwendigkeit besteht mit der Außenwelt im Wettbewerb zu bestehen. Weiterhin sei es aus den Erfahrungen nicht ersichtlich, daß mit bestimmten Handelspolitiken anderen Verzerrungen durch staatliche Interventionen entgegengesteuert werden kann.[2936]

Damit wird der Krueger/Bhagwati/Balassa-Ansatz abgelehnt, der davon ausging, daß mit Exportsubventionen eine Exportorientierung gestützt werden kann. Zwar werden Exportsubventionen erwähnt und auch eingestanden, daß damit ein Schritt hin zu mehr Neutralität gemacht werden kann. Gleichzeitig (und ohne einen klaren Hinweis auf die letztendlich in den Länderstudien genutzten Bewertungskriterien) werden Exportsubventionen aber als "increased government intervention" eingestuft.[2937] Als Maßnahme zur Steigerung von Exporten während der IWF-Programme eingesetzt, werden sie abgelehnt, weil eine Währungsabwertung als Exportanreiz ausreicht.[2938]

Kurzum: Michaely et al. (1991) formuliert die Kernpunkte neoklassisch liberaler Überzeugung und präsentiert sie als empirische Erkenntnisse wohlfahrtsmaximierender Entwicklungsökonomie.

6. Zwischenfazit

Aufgrund der oben erwähnten Kritikpunkte sind die Ergebnisse dieser Studien nicht überzeugend. Aus diesem Grund wird hier so verfahren, daß selbst eigene Länderstudien erarbeitet werden, denn eine etwas überzeugende Darlegung der tatsächlichen Ereignisse müßte doch möglich sein.

Die Ergebnisse der eben erwähnten Länderstudien werden in die weiter unten präsentierten Kapitel über Korea und Brasilien einfließen. In die Bemerkungen u.a. über Argentinien sind bereits oben weitere Informationen eingeflossen und bestätigen für dieses Land die These, daß eine extreme IS-Politik wohlfahrtsmindernd ist.

Somit werden nicht alle Ergebnisse von Michaely et al. (1991) abgelehnt. Als plausibel erscheint etwa das statistische Ergebnis, daß robuste Beweise für eine zweite Ebene entwicklungsökonomischer Thesen gefunden wird. Erstens wird postuliert, daß eine allzustarke IS-Orientierung

---

[2936] Fußnote 1 in Michaely et al. 1991: 14.
[2937] Michaely et al. 1991: 16.
[2938] Michaely et al. 1991: 283.

wohlstandsmindernd wirkt. Daß diese These zutreffend zu sein scheint, wurde nicht zuletzt an Argentinien sichtbar. Zweitens wird eine Bestätigung für die von Krueger/Bhagwati/Balassa untersuchten Einflußfaktoren auf die Außenhandelsorientierung gefunden. Es wird als statistisch abgesichert präsentiert, daß Exportförderungspolitiken speziell im verarbeitenden Sektor effektiv sind und weiterhin, daß die Wechselkursabwertung als Exportanreiz wirkt.[2939]

Dies stützt die hier vollzogenen Entscheidung, sich an das von Krueger/Bhagwati/Balassa vorgegebene Bewertungsschema zu halten und die Exportanreizstruktur und ebenso die damit eng verbundenen Wechselkurse zu untersuchen. Weil unten nur Korea, Taiwan, Brasilien, China und Afrika behandelt werden, werden aus diesem Grund im Anschluß in Punkt 7 breiter angelegte Daten zu Wechselkursen und Exportwachstum präsentiert.

Drittens wird von Michaely et al. (1991) die These vertreten, daß Länder, in denen Liberalisierung länger aufrechterhalten wird, schneller wachsen als Länder, die eine Liberalisierungsepisode abbrechen.[2940] Ein kritischer Überblick über diesbezügliche Studien findet sich in Punkt 8 Exportorientierung-Wachstum Kausalhypothese.

7. Daten zu Wechselkursentwicklung und Exporten

Daten zu Wechselkursen: Die Episoden-Daten von Michaely et al. (1991) sind durchwachsen: Von 31 Episoden gab es bei eigentlich positiven Anreizeffekten durch den Wechselkurs ein Exportwachstum nur in den Philippinen in Episode 1 und 2. Die Türkei kann in Episode 2 eine Exportsteigerung verzeichnen. Keine Veränderung der Exporte ergab sich in Israel Episode 1, Pakistan Episode 2, Portugal Episode 2, Sri Lanka Episode 2. Die Exporte sinken in Kolumbiens Episode 1; ohne expliziten Wechselkurstrend nehmen die Exporte zu in Indonesien Episode 1, Israel Episode 2, Korea Episode 2, Spanien Episode 2. Keine Trendzunahmen der Exporte finden sich in Brasilien, Griechenland Episode 2, Israel Episode 3, Neuseeland Episode 3, Pakistan Episode 1, Türkei Episode 2, Uruguay, Jugoslawien; bei einer ungünstigen realen Wechselkursentwicklung steigen die Exporte bei Korea Episode 1, Singapur. Kein Trend ist in Chile in Episode 2 sichtbar, dasselbe gilt für Kolumbien Episode 2, Portugal Episode 1, Spanien Episode 1. Ungünstiger Wechselkurs und negative Exporttrends fallen zusammen bei Argentinien Episode 1, Argentinien Episode 2, Peru und in Sri Lanka Episode 1.[2941]

Insgesamt gesehen sinken in den Entwicklungsländern im Zeitraum von 1980 und 1992 die realen Wechselkursindexwerte weitaus deutlicher ab als in den Industrieländern (dies deutet auf eine

---

[2939] Kessidis in Michaely et al. 1991: 304.
[2940] Gemessen wurde das Wachstum drei Jahr vor der Episode und in vier Jahren innerhalb der Episode. Unklar ist, warum nicht längerfristigere Zeiträume gewählt werden. Kessidis in Michaely et al. 1991: 303.
[2941] Michaely et al. 1991: 222.

Überbewertung der Währung hin, besonders deutlich erkennbar in Afrika, aber auch in Asien, Lateinamerika steuert durch massive Wechselkursabwertungen dagegen).[2942]

Eine länderspezifische Übersicht über die Entwicklung realer Wechselkurse (als real exchange rates, 'RERs' bzw. real effective exchange rates, 'REERs') findet sich in Dean et al. (1994), für den Zeitraum von 1980 bis 1992. Diese werden hier durch Informationen über nominale Wechselkursbewegungen, Abwertungen und Schwarzmarktprämien ergänzt und es werden Exportwachstumsraten zugeordnet.

Für Lateinamerika ist die Datenlage am schlechtesten, weil mehrere Male die Währung aufgrund von Inflation bzw. Hyperinflation neu angepaßt und neu benannt wurde, Brasilien konnte dabei trotz Inflation eine interne Preissteigerung vermeiden.[2943]

Nach einer Durchsicht der zusammengestellten Daten in Tabelle 146 scheint es durchaus als denkbar, daß eine nominale Wechselkursabwertung zusammen mit einem negativen bzw. stabilen Trend bei den realen Wechselkursen bzw. bei der Inflationsvermeidung zu positiven Exportwachstumsraten führen kann. Eine ausführlichere Analyse müßte natürlich weitere Gründe für diese Entwicklungen hinzuziehen, um diese These besser zu bestätigen. Nichtsdestotrotz scheint der Zusammenhang Wechselkursabwertung Exportwachstum zu gelten für: Bangladesh, Pakistan, Indien, Brasilien, Chile, Costa Rica, Korea, Mexiko, Indonesien, Philippinen und China.

Es gibt aber auch Fälle, die, teils wegen des erratischen Exportwachstums, Unsicherheit hinterlassen: Uganda, Ghana, Nigeria, Tansania, Malawi, Südafrika, Kenya, Madagaskar, Peru, Venezuela und Kolumbien. In Argentinien wachsen die Exporte trotz realer Wechselkursaufwertung, in Malaysia ändert sich der nominale Wechselkurs nicht, der reale Wechselkurs bleibt aber im Rahmen, für Thailand gilt dasselbe. Einige Länder sind anhand der Informationen nicht zu deuten: Sri Lanka, Tansania und Zaire.[2944]

Noch einige Daten zu den siebziger Jahren in Afrika: Die meisten afrikanischen Staaten hatten in den siebziger Jahren mit zweistelligen Inflationsraten zu kämpfen, die zu einer realen Aufwertung des Wechselkurses führten, welcher sodann überbewertet war und dadurch wurden Anti-Export-Anreize etabliert. Besonders deutlich sichtbar ist dieser Zusammenhang anhand von Tansania, Äthiopien, Madagaskar, Somalia und Sudan.[2945]

Zwischen 1973 und 1982 liegen hier folgende Werte vor (Inflation jährlich durchschnittlich, reale effektive Aufwertung 1973 = 100, Zahlen für das Ende dieser Zeitperiode 1982): Uganda 57 %, 167; Tansania 19 %, 145; Sudan 21 %, 82; Somalia 66 %, 162; Sambia 13 %, 87; Kenya 15 %, 90, Malawi

---

[2942] Siehe: **Tabelle 151**.
[2943] Papageorgiou et al. 1991: 18-20; Edwards 1993a: 1369.
[2944] Siehe: **Tabelle 146**.
[2945] Ghulati et la. 1985: 9.

11 %, 78; Madagaskar 15 %, 90, Äthiopien 12 %, 110. Dieses Zahlen verdecken die dazwischenliegenden Episoden der Aufwertung, weil einige der Länder bis 1982 dann schließlich abgewertet haben. Kenyas Exporte gingen schon zurück, als der reale effektive Wechselkurs noch garnicht angestiegen war.[2946] Diese Daten sprechen insgesamt dafür, daß Wechselkurse zur Exportförderung eingesetzt werden können. Sichtbar wird ebenso an den teils widersprüchlichen Daten zu Liberalisierung, Wechselkursen und Exportentwicklungen, daß es in sehr stabilen Ländern durchaus Politikalternativen d.h. Exporte auch bei einem aufgewerteten, auf einem höheren Niveau liegendem Wechselkurs zu geben scheint.

8. Exportorientierung-Wachstums Kausalhypothese

Die Exportorientierungs-Wachstum Kausalhypothese behauptet, in der Version von Krueger (1978) und Balassa in Balassa et al. (1982), daß, wenn alle anderen Ausgangsbedingungen gleich sind, eine exportorientierte Strategie zu einem höheren Wachstum führt und das dann höhere Wachstum auch als Hinweis auf das Außenhandelsregime genommen werden kann.[2947]

Diese Debatte fand parallel zu den Anstrengungen der obigen Ländervergleichsprojekte statt und kann in bezug darauf so eingeordnet werden, daß in dieser Debatte versucht wird die Qualität und Überzeugungskraft der Ergebnisse nicht durch eine detaillierte Analyse der Außenhandelspolitik und der spezifischen Situation einzelner Ländern zu verbessern, sondern durch eine Analyse unter Einbeziehung von weitaus mehr Ländern anhand der Konstruktion vergleichbarer Indikatoren.[2948]

Obwohl viele der gleich genannten Untersuchungen zumindest der Tendenz nach für einen kausalen Zusammenhang Exportorientierung-Wachstum sprechen wird hier argumentiert, daß es, angesichts breiter Kritik an Methoden und verwendeten Länderklassifizierungen, zu weit gehen würde, wenn die Einbeziehung vieler Länder zu der Schlußfolgerung genutzt wird, daß dieser Zusammenhang fortan als eindeutig bewiesen gilt, zumal für diese große Zahl von Länder.[2949]

Der locus classicus dieser Debatte ist der 'Trade as a Handmaiden of Growth'-Artikel von Kravis (1970), der sich damals gegen die sogenannte "current trade-pessimism theory", also die Prebisch/Singer-These eines wenig elastisches Wachstums der Nachfrage, insbesondere für Primärgüter aus den Entwicklungsländern seitens der Industrieländer richtete, wobei eine weitere Ausformung dieser These sich gegen den freien Handel (und für eine IS-Politik) aussprach, weil

---

[2946] Ghulati et al. 1985: 9, 17-18.
[2947] Balassa in Balassa et al. 1982: 51-59. Unkomplizierter formuliert: "the currently popular policy view that more open and outward oriented economies have outperformed countries with a restrictive trade regime." Edwards 1993a: 1360. Vertreten wird diese These schon in Krueger 1978: 273-274; wieder erwähnt in Krueger 1980.
[2948] "These studies make no pretense of learning details of trade policy practices of the countries in the sample; their strategy has been to maximized the number of countries included in the analysis." Edwards 1993a: 1379.
[2949] Anders formuliert: Hier besteht weiter der Eindruck, daß es informativer ist, den Erfolg der Exportorientierung für wenig Länder plausibel, etwa anhand von Länderstudien, aufzuzeigen, als ihn für viele Länder mit statistische Methodik pauschal und ungenau zu behaupten.

angesichts ungünstiger Terms of Trade einzig eine binnenorientierte Industrialisierung als Weg zu Wachstum und letztendlich dann zu Exporterfolgen erschien.[2950]

In Rekurs auf eine wirtschaftshistorischer Recherche wird von Kravis (1970) dagegen argumentiert, daß diese These für die Zeit vor dem Zweiten Weltkrieg zu einem gewissen Grad gerechtfertigt war, nicht mehr aber für die Zeit nach dem Zweiten Weltkrieg.[2951] Angesichts des damals langsamen, durch die IS-Politik mitbeeinflußten, Exportwachstums großer Länder wie Indien, Pakistan, Brasilien und Argentinien mußte das Gegenargument allerdings auf die hohen Exportwachstumsraten kleinerer Länder gestützt werden.[2952] In Rekurs auf statistische Berechungen wird sodann argumentiert, daß die Exporterfolge nicht von externen 'strukturellen' Weltmarktbedingungen, sondern von internen Faktoren, etwa der Mobilität von Ressourcen, gemessen durch Diversifikationstendenzen abhingen. Genaugenommen ist dieser Artikel somit zuerst einmal ein Beispiel für eine Export-Wachstums-Weltmarktbedingungen-Analyse.[2953]

Im selben Artikel wird weiterhin ein klarer Zusammenhang zwischen Exporten und höherem Wachstum gefunden.[2954] Diese Export-Wachstums-These ist nicht identisch mit der Exportorientierungs-Wachstums-These, denn hier werden Exporte und Wachstum untersucht und nicht ein exportorientiertes Außenhandelsregime mit seinen Anreizeffekten.[2955] Diese Differenzierung ist aber weniger bedeutsam, weil, siehe den ersten Satz in diesem Abschnitt, ebenso von den Theoretikern erwartet wird, daß Exporterfolge als Hinweis auf exportorientiertes Außenhandelsregime gedeutet werden können.[2956]

Die Diskussion damals war vermutlich viel einfacher strukturiert: Weil in dieser Zeit die Importsubstitutionspolitik noch von vielen Experten verteidigt wurde, genügte es, so eine Intentionen von Kravis (1970), zu zeigen, daß durch bzw. trotz (!) Exporten überhaupt höheres Wachstum erzielt werden konnte. Konnte dies gezeigt werden, könne dies schon als Argument für eine Abkehr von der IS-Politik verstanden werden.[2957] So schlau diese Argumentation erscheint, die Katze beißt sich dennoch in den Schwanz, wenn Wachstum und Exporte faktisch auf einer erfolgreichen IS-Strategie

---

[2950] Kravis 1970: 851-852.
[2951] Kravis 1970: 853-859.
[2952] Hier werden mit einem Exportwachstum über 83 % in den Zeitperioden für 1948-51 und 1963-66 aufgezählt Israel, Nicaragua, Taiwan, Jamaika, Liberia, Äquatorial Afrika, Sierra Leone, Peru, Surinam, Libanon, Rhodesien, Malawi, Sambia, Jordanien, Britisch Guinea, Panama, Äthiopien, El Salvador, Mosambik, Ecuador, Guatemala, Ost Kamerun, Angola und Kenya. Kravis 1970: 866.
[2953] Zwar sei die Zeit des Exportpessimismus vorbei, empirisch könne aber weiterhin gezeigt werden, daß solche Länder besonders anhand ihrer Exporte wachsen, die dafür eine intensivere Nachfrage auf den Weltmärkten haben. Andere Länder, die über eine solche Nachfrage für ihre Güter in diesem Maße nicht verfügen, haben es schwerer über Exporte zu wachsen. Eine Übersicht über weitere Studien, die den Zusammenhang zwischen Exporten, BSP-Wachstum und Weltmarktbedingungen beleuchten, in Edwards 1993a: 1384.
[2954] Die These wird anhand von 39 nichtölexportierenden Entwicklungsländern bezüglich des Zeitraum von 1950 bis 1965 bestätigt, mit einer Signifikanz von 0,51. Kravis 1970: 868. Für eine Diskussion und Verteidigung seiner Thesen siehe Kravis 1973.
[2955] Harrison 1996: 421.
[2956] Daß so verfahren wird, daß die "growth rate of exports as proxy for policy orientation" genommen wird, ist nicht wirklich überzeugend. Balassa in Balassa et al. 1982: 51. Exportwachstum und Outputwachstum werden zwar als korreliert gefunden, es bleibt aber unklar, ob das wirklich vom Außenhandelsregime ausgelöst wird oder ob etwa Exporte durch Outputwachstum erzeugt werden. Balassa et al. 1982: 51-59. Dazu auch Edwards 1993a: 1372-1373.
[2957] Michaely 1977: 49.

beruhten, denn es ist mit dieser Herangehensweise nicht erkennbar, in welche Richtung die Kausalität läuft. Insofern wird von Kravis (1970) die hier gestellte Frage nach den Pro-Export-Anreizen eigentlich garnicht an erster Stelle untersucht. Es wird simplerweise eine bestimmte Variable als Hinweis auf Exportorientierung gedeutet.

Diese schon jetzt erkennbaren Schwierigkeiten, etwa mit der Kausalität, erklärten ein weiteres Phänomen dieser Debatte: Die Präsenz vieler Diskussionsstränge. Weil zum Beispiel auch der Grad der Liberalisierung als Exportorientierung gedeutet werden kann, differenziert sich diese Debatte unter anderem auch hin zur Liberalisierungs-Wachstum Kausalhypothese hin aus, siehe weiter unten.

Wie sehen weitere Ergebnisse aus? In einigen weiteren frühen Untersuchungen[2958] wird empirisch eine Bestätigung für die Export-Wachstums-These gefunden, meist wird aber auf Michaely (1977) verwiesen, wenn es um die aktuellere Debatte geht.[2959]

Ausgerechnet Michael Michaely macht aber eine differenzierte Aussage, weil er einen Schwellenwert entdeckt: Er stellt anhand von Daten bis 1973 fest, daß Exportwachstum vor allem in den Ländern positiv mit Wachstum korreliert sind, die bereits ein bestimmtes Entwicklungsniveau erreicht haben (in der Gruppe befinden sich neben Griechenland, Portugal, Spanien, Israel und Jugoslawien auch Taiwan und Korea).[2960]

In weiteren Untersuchungen finden sich meist ebenso moderat positive Bestätigungen dieser Export-Wachstums-These und von 12 Untersuchungen finden interessanterweise 5 ebenso einen solchen Schwellenwert.[2961] Weiterhin finden sich Studien, die keine Bestätigung für diesen Zusammenhang finden.[2962] Weiterhin werden statistische Kausalitätstests herangezogen, die diese These teils bestätigen, teils nicht und teilweise werden Beweise für eine gegenseitige Beeinflussung innerhalb dieses Kausalnexus gefunden (Exporte führen zu Wachstum, Wachstum aber auch zu Exporten).[2963]

[2958] Mit früh sind hier Untersuchungen gemeint, die von 1973 bis 1983 diese These untersuchen. Übersicht in Bahmani-Oskooee et al. 1991.
[2959] Oft genannt wird, mit zugrundeliegenden Daten bis 1973, Michaely 1977. Greenaway/Sapsford 1994: 153. Eine tabellarischen Übersicht über diesbezügliche Studien findet sich in Greenaway/Sapsford 1994: 154-155; und in Piazolo 1994: 260.
[2960] In dieser Studie wird diese These somit vor allem für relativ entwickelte Länder bestätigt: Griechenland, Taiwan, Portugal, Spanien, Israel, Jugoslawien und Korea. Damit stellt sich schon die Frage, ob dieser Zusammenhang nicht nur auf eine Gruppe von Ländern zutrifft. Michaely 1977: 52. Weiterhin ist der Anteil der Exporte am BSP sogar negativ mit dem Wirtschaftswachstum verbunden, das erklärt sich durch die vielen weniger entwickelten Länder, die oft durchaus hohe Anteile haben, aber eben ein unterdurchschnittliches Wachstum aufweisen. Michaely 1977: 52.
[2961] Anhand der tabellarischen Übersicht über diesbezügliche, methodisch teils etwas differierende Studien in Greenaway/Sapsford 1994: 154-155. Auch die, teils deckungsgleichen, in Piazolo (1994) aufgelisteten Studien zeigen meist einen statistisch positiven Zusammenhang auf. Piazolo 1994: 260. Siehe auch Frankel/Romer 1999: 379. Das Ergebnis von Michaely (1977) bezüglich der Schwellenwerte wird teils bestätigt von Inderjit Kohli und Nirvikar Singh. Hier wird die Handelsstruktur zum Ausgangspunkt genommen und Länder, deren Exportwachstum höher als 6 % liegt, sowie solche mit einem Anteil von mehr als 17 % der Exporte am BSP, werden als außenorientiert eingestuft. Zwischen 1960 und 1970 liegen die Koeffizienten bei beiden Gruppen im positiven Bereich, deutlicher jedoch bei der außenorientierten Gruppe. Für die aktuellere Zeit finden sich positive aber nicht mehr signifikante Ergebnisse für beide Gruppen. In: Edwards 1993a: 1382-1383.
[2962] Keinen Zusammenhang in einer Studie von 19 Länder finden Greenaway/Sapsford 1994: 169-170.
[2963] Diese Widerlegung beruht auf einer statistischen Untersuchung der Kausalität. Von 37 Ländern wird nur in Ecuador, Costa Rica, Indonesien und Ägypten eine Bestätigung der These gefunden. Im Fall von Korea verringern die Exporte das interne Wachstum. Jung/Marshall 1985: 8-10. Eine Kausalität von Exportwachstum zum Wachstum als auch umgekehrt wird gefunden bei Korea und Thailand.

Speziell für Japan wird anhand 5 verschiedener Testmethoden für 1952 bis 1973 eindeutig festgestellt, daß interne Dynamiken das Wachstum getragen haben. Für die spätere Zeit gibt es keinen klaren Hinweis auf die Gültigkeit der Export-Wachstums-Hypothese, abgesehen davon, daß Exporte in zyklischen Aufschwungperioden eine wichtige Rolle gespielt haben. Diese Rolle der Exporte war dann aber wirklich wichtig, so werden Anteile der Exporte von 30 % am Outputwachstum erreicht.[2964]

Wie dem auch sei, die Unsicherheit liegt nach Ansicht weiterer Autoren an der Methode selbst. Meist[2965] wird auf statistische bzw. ökonometrische Methoden, also Korrelationsstudien oder Granger-Kausalitätstests, zurückgegriffen, um Bezüge zwischen den Daten herzustellen. Dies schränkt die Aussagekraft ein, weil diese Ergebnisse eingestandenermaßen stark von den Annahmen der Autoren abhängen.[2966] Ein Problem bei der Untersuchung der Export-Wachstums-These ist das der Autokorrelation: Dadurch, daß Exporte eine Komponente des BSP sind, ist einer positiven Korrelation dieser Variablen kaum auszuweichen, unklar bleiben dabei die wirklichen Zusammenhänge zwischen diesen.[2967] Gezeigt wird von Sheehey (1990), daß nicht nur Exporte, sondern auch Staatskonsum, privater Konsum und Investitionen ähnliche Effekte auf das Wachstum haben wie Exporte. Das impliziert nicht, daß Exporte unwichtig sind (in dieser Studie sind sie mit 0,482 statistisch signifikant verbunden mit Wachstum), es zeigt aber, daß es leicht ist, positive Korrelationen zwischen den Variablen zu erzielen, die gemeinhin in einem klaren Zusammenhang mit dem BSP-Wachstum gesehen werden. Dieser Autor bezweifelt, daß es mit diesen Methoden möglich ist, letztendlich überzeugend zu beweisen, daß eine auf Exporte gerichtete Entwicklungsstrategie besser ist und er fordert, daß andere Testverfahren genutzt werden.[2968] Daß diese Debatte nicht abgeschlossen ist, liegt weiterhin daran, daß bemerkt wird, daß Exporte im besten Fall nur eine wenig zufriedenstellende Ersatzvariable für die Anreizwirkungen des Außenhandelsregimes sind:

Taiwan hat eine positive Kausalität vom Exportwachstum zum Wachstum, genauso wie Indonesien und die Dominikanische Republik. Negative Kausalität findet sich bei El Salvador, Paraguay und Peru. Keine Kausalität findet sich bei Brasilien und Ecuador. Insofern Indonesien eher als moderates IS-Land eingestuft werden kann und Brasilien oft als exportorientiertes Beispiel angeführt wird, sind diese Ergebnisse nicht als Beweis für die obige These zu verstehen. Die sonstigen Ergebnisse bestätigen die These. Bahmani-Oskooee et al. 1991. Für die asiatischen NICs Korea, Hongkong, Singapur, Taiwan aber auch für Brasilien wird ein bidirektionale Kausalität für die sechziger und siebziger Jahre im Rahmen der Plausibilität der Berechnung bestätigt von Chow 1987: 60.

[2964] Boltho 1996: 429.
[2965] Die Literatur ist so ausdifferenziert, daß es weitere Ansätze gibt, allgemeine Gleichgewichtsmodelle und wachstumstheoretische Ansätze. Die Ansätze beschreibt und klassifiziert Edwards 1993a: 1361. Im wachstumstheoretischen Ansatz sind jedenfalls die eher direkt meßbaren Variablen, wie Arbeit, Kapital und Land besser zu messen, als institutioneller Wandel oder neue Einstellungen. In diesem Sinne Denison 1993: 44-45. Exportorientierung ist somit ebenso nicht einfach zu messen.
[2966] Siehe die Eingeständnisse von Dollar 1992: 536; Harrison 1996: 438-440. Sichtbar auch den Kritikern Pritchett 1996; Rodrigues/Rodrik 1999. Allgemein zur Ökonometrie: Ronning 1996: 78-133.
[2967] Um dies zu umgehen, werden verschiedene Berechnungsmethoden verwendet, so wird der proportionale Anteil der Exporte am BSP zugrundegelegt. So geht vor Michaely 1977: 50. Damit wird dieses Problem aber nicht überzeugend gelöst. Von Sheehey (1990) wird gezeigt, daß wenigstens für die Zeit von 1960 bis 1970 viele weitere Faktoren ebenso relevant sind für das Wirtschaftwachstum wie Exporte: Staatsverbrauch, privater Konsum und Investitionen. Exporte sind aber eben auch relevant. Sheehey 1990: 111.
[2968] Die Einbeziehung dieser obengenannten weiteren Variablen wird damit begründet, daß die Entwicklungsländer nicht am Rande ihrer Produktionsfunktion produzieren würden, sondern es möglich ist, durch Reallokation von Arbeit, durch Infrastrukturmaßnahmen, durch Regierungsinterventionen und, wenn die Kapazitäten nicht ausgenutzt sind, durch Erhöhung der Produktion Exporte anheben zu können. Weil solche Effekte empirisch bewiesen seien, sei es nicht überzeugend, nur Exporten zuzugestehen, Faktoren in Sektoren zu verschieben, in denen höhere Wachstumsimpulse erzielt werden können. Es wird aber andererseits zugestanden, daß Exporte dies durchaus tun können, aber eben nicht nur diese. Sheehey 1990: 115.

"The simplest measures of trade orientation are based on actual trade flows, such as imports plus exports as a share of GDP or the growth rates of imports and exports. (...) One problem of this approach, however, is that trade flows are at best an imperfect proxy of *trade policy*."[2969]

Um dieser Unsicherheit zu entgehen wurde in der Literatur begonnen, die Intensität der Exportorientierung durch die außenhandelspolitischen Anreize genauer zu untersuchen. Hier wird - ähnlich wie oben - die Qualität der Ergebnisse versucht zu verbessern, indem nicht nur viele Länder sondern auch viele Variablen, die eine Einschätzungen der Außenhandelsorientierung erlauben, zurückgegriffen wird: Darunter Wechselkursentwicklung und deren Pro-oder-Anti-Export-Effekte und weitere Indikatoren. Diese weiteren Indikatoren, die als Hinweise auf Exportorientierung, Wechselkursabwertung und moderate Liberalisierung gedeutet werden sind Schwarzmarktaufschläge (die einen Hinweis darauf liefern, ob ein angemessener Wechselkurs vorliegt), relative Preisbewegungen handelbarer Güter, Preise von Investitionsgütern, relative Preise heimischer Güter gegenüber ausländischen Gütern (oder handelbare vs. nicht-handelbare Güter) und Veränderungen der Importanteile.[2970] In einer weiteren Diskussionslinie wird sich nur auf Liberalisierung im Sinne eines Abbaus von Schutzmaßnahmen und Zöllen konzentriert.[2971]

Wie sehen Ergebnisse dieser Untersuchungen in bezug auf die Pro-Export-Anreizeffekte seitens der Handelspolitik aus? Zuerst einmal kann Krueger (1978) keinen Beweis für den Zusammenhang Exportorientierung-Wachstum vorlegen. Anhand einer vierstufig aufgefächerten Länderklassifikation gelingt es Balassa in Balassa et al. (1982) jedoch für den Zeitraum bis 1973 einen moderat signifikanten Zusammenhang aufzuzeigen.[2972] Danach wird dieser Zusammenhang etwa in den beiden Weltentwicklungsberichten der Weltbank (1987, 1991) betont.[2973] Dort wird festgestellt, daß "außenorientierte handelspolitische Strategien mehr Erfolg hatten als binnenorientierte".[2974] Es wird aber auch folgendes zugestanden: "Es ist jedoch durchaus möglich, daß andere Maßnahmen, die nicht Teil der hier beschriebenen binnen- oder außenorientierten Strategie sein, zu den Unterschieden in der wirtschaftlichen Leistung mit beigetragen haben" z.B. der Staat und seine interne Wirtschaftspolitik.[2975] Die Argumentation der Weltbank beruht dabei einer subjektiven Länderklassifikation[2976], die die Länder bezüglich der Aspekte: Effektive Protektionsrate, Einsatz von

---

[2969] Kursiv im Original. Harrison 1996: 421.
[2970] Siehe die Übersicht über diesbezügliche Studien, die diese Aspekte in den Vordergrund stellen. Harrison 1996: 422.
[2971] Diese Diskussion wird zusammengefaßt und kritisiert in Rodriguez/Rodrik 1999.
[2972] Krueger kann nicht beweisen, daß eine Liberalisierung des Außenhandelsregimes zum Exportwachstum führt: Krueger 1978: 274. Daraufhin wird von Balassa eine vierfache Klassifikation verwendet. Damit kann er bestätigen, daß Länder mit geringerem Anti-Export-Bias schnelleres Exportwachstum aufweisen. Wenig überzeugend ist, daß er sodann "the growth rate of exports as proxy for policy orientation" nimmt. Exportwachstum und Outputwachstum werden zwar als korreliert gefunden, es bleibt aber unklar, ob das wirklich vom Außenhandelsregime ausgelöst wird oder ob etwa Exporte durch Outputwachstum erzeugt werden. Balassa et al. 1982: 51-59. Dazu auch Edwards 1993a: 1372-1373. Schwach bestätigt, hier haben exportorientierte Länder eine 1,0 % höhere Wachstumsrate als binnenorientierte Länder, wird die These in Balassa 1989: 1683. Bestätigt von Kessidis in Michaely et al. 1991: 304.
[2973] Weltentwicklungsbericht 1987: 89-128; Weltentwicklungsbericht 1991: 4-12, 37-49.
[2974] Weltentwicklungsbericht 1987: 103.
[2975] Weltentwicklungsbericht 1987: 103.
[2976] Zu dieser Unterscheidung McNab/Moore 1998: 238-239.

direkten Kontrollen wie Kontingenten und Einfuhrlizensierungen, Einsatz von Exportanreizen, Ausmaß der Überbewertung der Inlandswährung einschätzt. Darauf bezogen werden 42 Länder in vier Kategorien eingeteilt: stark außenorientiert, moderat außenorientiert, moderat binnenorientiert, stark binnenorientiert.[2977] Mit Korea (und mit Singapur und Hongkong) als stark außenorientiertem Land und dem wachstumsstarken Brasilien sowie Indonesien, Thailand, Malaysia, die als moderat außenorientiert eingeordnet werden, gelingt es den Erfolg außenorientierter Strategie bezüglich Wachstum und Exportwachstum darzulegen.[2978] Besonders die Klassifikation von Korea ist dabei kontrovers.[2979] Einen klaren positiven Effekt der Exportorientierung zeigt McNab/Moore (1998) anhand der subjektiven Klassifikation der Weltbank (1987).[2980] In einer Übersichtsberechnung, die den Zusammenhang vieler Variablen zur Einschätzung der Handelspolitik einbezieht, zeigt Harrison (1996) eine statistische Korrelation zwischen handelspolitischen Reformen zwischen 1976 und 1988 (aber nicht für den Zeitraum davor) und dem BSP-Wachstum. Diesem Ergebnis liegen die subjektiven Einschätzungen bezüglich liberalisierender aber auch exportorientierender handelspolitischer Reformen in Michaely et al. (1991) zugrunde. Indikatoren für Preisverzerrungen, die Schwarzmarktaufschläge (charakteristisch für afrikanische Länder), sind dagegen typischerweise mit negativen Effekten auf das Wachstum verbunden.[2981]

Aufgrund der Kontroversen um diese sog. subjektive Länderklassifikation der Weltbank wurde nach objektiveren Werten gesucht.[2982] Die hier verwendeten sog. objektiven Indikatoren haben u.a. den Vorteil, keine grobe Klassifizierung zwischen Ländern vorzunehmen, sondern kontinuierliche Übergänge aufzuzeigen.[2983] Relevante Untersuchungen sind Sachs/Warner (1995, 1995a), Wacziarg (1998), Edwards (1998), die allesamt, trotz teils differierendem Fokus, die Exportorientierung-Wachstums-Hypothese bestätigen.[2984]

Zwei bekannte Untersuchungen, Edwards (1992) und Dollar (1992), sollen hier näher diskutiert werden.[2985] Ihnen liegen folgende Datensätze zugrunde: Edwards nutzt den Leamer-Interventions-Index[2986], aber auch weitere Variablen, die auf export- und effizienzmindernde Interventionen

---

[2977] Weltentwicklungsbericht 1987: 95.
[2978] Weltentwicklungsbericht 1987: 94-104.
[2979] Edwards 1992: 33.
[2980] McNab/Moore 1998: 239, 248.
[2981] Harrison 1996: 432-434. Dazu nur eine kurze Kritik in Rodrigues/Rodrik 1999: 37.
[2982] Diese objektiven Indikatoren sind "ex post in the sense that they do not measure or gauge trade policy directly, but rather measure the effects or results of trade policy". Von den Autoren werden die subjektiven Einstufungen vorgezogen. McNab/Moore1998: 238-239.
[2983] Dies sieht als Vorteil dieser Herangehensweise an Edwards 1992: 33.
[2984] So geht es Wacziarg (1998) darum, dynamische Effekte des Handels zu messen, Edwards (1998) geht es darum, den Zusammenhang zwischen Offenheit und Produktivitätssteigerung und Wachstum zu messen. Sachs/Warner (1995) schätzen, genauso wie Edwards, Offenheit auch im Hinblick auf Exportorientierung ein. Ben-David (1993) geht diesbezüglich die Frage nach der Konvergenz an. Kritik dieser Studien sowie von Edwards (1992) und Dollar (1992) in Rodrigues/Rodrik 1999. Auch Sachs/Warner (1995a) diskutieren die Frage nach der Konvergenz in bezug auf die Exportorientierung.
[2985] Der Artikel von Dollar (1992) erreicht hinsichtlich der Zitate eine sehr weite Verbreitung. Rodriguez/Rodrik 1999: 4.
[2986] Reproduziert in Pritchett 1996: 324.

hindeuten.[2987] Dollar rekurriert auf Preisniveaudaten, die Summer/Heston-Indikatoren, die er umformt und zu vier Länderabstufungen kommt.[2988]

Zu Edwards (1992): Der Leamer-'Interventions'-Index beruht unter anderem auf einem Vergleich zwischen der faktische Handelsintensität und einer Handelsintensität, die über ein Heckscher-Ohlin-Modell, das Rückschlüsse auf Faktorvorteile erlaubt, vorausgesagt wird. Ist die Handelsintensität niedriger, als der Index voraussagt, wird anhand kontinuierlich vorliegender Zahlenwerte auf mal mehr und mal weniger Interventionen geschlossen. Dieses Vorgehen ist fehleranfällig, nicht zuletzt, weil es theoretisch aufwendig ist. In einer Überprüfung der Übereinstimmung dieses Index mit Werten für Zollhöhen und nichttarifäre Handelshemmnisse liegen keine statistischen Übereinstimmungen vor. Dies kann natürlich auch an der schlechten Datenlage bezüglich letzterer Werte liegen, stimmt aber dennoch skeptisch. Ebenso kontraintuitiv sind einige Ländereinstufungen gemäß dieses Index.[2989] Bemerkenswert ist auch, daß Ländereinstufungen gefunden werden, die die liberale Theorie nicht so erwarten würde: So sind Länder offener, die in bezug auf Interventionen höher eingeschätzt werden.[2990] Die statistischen Berechnungen von Edwards (1992) bestätigen den Zusammenhang Exportorientierung-Wachstum für 30 Entwicklungsländer (für 1970 -1982), allerdings nicht nur anhand des Leamer-Interventionsindex, sondern mit Hilfe anderer Indikatoren, wie Schwarzmarktaufschlägen, Variationskoeffizienten der Schwarzmarktaufschläge, ein Index für relative Preisverzerrungen, durchschnittliche Importzölle, durchschnittliche nichttarifäre Handelshemmnisse sowie zwei subjektive Länderklassifizierungen der Weltbank, darunter der aus dem Jahre 1987. Nicht statistisch signifikant bestätigend ist lediglich der Index für effektive Schutzraten.[2991]

Zu Dollar (1992): Zugrunde liegt hier der Preis-Niveau-Index von Summer/Heston. Dieses Projekt versucht, anhand von Warenkörben die Kaufkraft der heimischen Währung zu berechnen, um einen international vergleichbaren Kaufkraftwechselkurs (purchasing power parity exchange rate) herzustellen. Werden diese Werte durch den nominalen Wechselkurs dividiert, entsteht ein international vergleichbarer Index von Preisniveauunterschieden.[2992] Schon dieser Preisindex erstreckt sich aber nicht in derselben Qualität auf alle Länder: Nur in 7 von 39 afrikanischen Ländern ist er direkt erhoben worden, für den Rest wird dies auf der Basis anderer Länderdaten geschätzt.[2993] Welche Aussagekraft wird diesen Daten zugesprochen? Erstens wird auf einen überbewerteten Wechselkurs

---

[2987] Folgende Variablen werden über die Leamer-Einstufung hinaus einbezogen: Schwarzmarktaufschläge, Variationskoeffizient der Schwarzmarktaufschläge, Index relativer Preisverzerrungen, durchschnittliche Importzölle, durchschnittliche nicht-zollbezogene Schutzbarrieren, Index der Weltbank für Handelsverzerrungen aus dem Weltentwicklungsbericht 1983, Index effektiver Protektionsraten und schließlich die vierstufige Weltbankländerklassifikation von 1987. Edwards 1992: 54-55.
[2988] Dollar 1992: 539-540.
[2989] Für diese Kritik siehe Pritchett 1996: 323. So wird nach dem Interventionsindex Singapur und Hongkong als am meisten interventionistisch eingestuft, Bangladesch und die Türkei (alle für 1982) am wenigsten. Pritchett 1996: 313, 326.
[2990] Dies folgt allerdings aus dem etwas anders berechneten Leamer-Offenheitsindex. Pritchett 1996: 322-323.
[2991] Folgende Variablen werden über die Leamer-Einstufung hinaus einbezogen: Schwarzmarktaufschläge, Variationskoeffizient der Schwarzmarktaufschläge, Index relativer Preisverzerrungen, durchschnittliche Importzölle, durchschnittliche nicht-zollbezogene Schutzbarrieren, Index der Weltbank für Handelsverzerrungen aus dem Weltentwicklungsbericht 1983, Index effektiver Protektionsraten und schließlich die vierstufige Weltbankländerklassifikation von 1987. Edwards 1992: 54-55.
[2992] Pritchett 1996: 314.
[2993] Dollar 1992: 532. Pritchett 1996: 326-327.

zurückgeschlossen, wenn dieser von einem Wechselkurs bei freien Märkten abweicht. Zweitens werden hohe Preisniveaus auf heimischen Märkten als Hinweis auf einen hohen Schutz gedeutet, eben auf importsubstituierende bzw. Anti-Export-Anreize.[2994] Dieser Index wird korrigiert durch die Einbeziehung von Faktorausstattungsberechnungen, wobei nach Ansicht des Autors erst dadurch Rückschlüsse auf den Grad der Überbewertung möglich sind.[2995] Zudem wird die Wechselkursvariabilität einbezogen und beide Datenreihen in einem 'Outward Orientation Ranking' zusammengefaßt.[2996] Verwundernswert ist bei der erhaltenen Länderabstufung nicht, daß eine positive Zusammenhang zwischen Exportorientierung-Wachstum gefunden wird: So sind vor allem afrikanische Länder mit zu hohen, variablen Wechselkursen ausgestattet, dann folgt Lateinamerika. Asiatische Länder verfügen tendenziell über angemessene und stabile Wechselkurse. Alle erfolgreichen asiatischen Exporteure finden sich somit in der am meisten exportorientierten Kategorie wieder. Interessanterweise haben Korea und Taiwan - rein bezüglich Preisverzerrungen - innerhalb ihrer Ländergruppe relativ hohe Werte, dies spiegelt sich aber nicht mehr in der genutzten Länderabstufung wieder. Es werden zudem mal wieder Industrieländer als LDCs klassifiziert: Spanien, Portugal und Irland.[2997] In der zweiten von vier Abstufungen hinsichtlich der Preisniveaus bzw. wohl noch akzeptablen Wechselkurse befinden sich Länder wie Indien, Indonesien, die Philippinen, Türkei, Brasilien, also Länder mit interventionistischen Regimen, teils mehr oder weniger stark IS-orientiert, die aber, aus unterschiedlichen Gründen, auch ein relativ hohes Exportwachstum verzeichnen können. In der 3 und 4ten, eher binnenorientierten Kategorie mit hohen Preisniveaus finden sich alle afrikanischen Ländern und überhaupt sehr viele kleine Entwicklungsländer.[2998] Es verwundert somit nicht, daß ein Zusammenhang zwischen Exportorientierung und Wachstum gefunden wird, weil die erfolgreichsten Exporteure in exportorientierten Kategorien zu finden sind.

In der Kritik dieses Artikels wird die These aufgestellt, daß dieses Ergebnis gegenüber der Einbeziehung von Kontrollvariablen nicht robust ist und ebenso nicht besteshen bleibt angesichts neuerer Summer/Heston-Daten oder Änderungen in der Zeitperiode. Zudem wird die geographische Anordnung thematisiert und es wird gefragt, ob der Interventionsindex nicht eher Faktoren widerspiegelt, die für die Ländergruppen typisch sind.[2999]

Der umstrittenste Punkt an diesen Studien ist schnell benannt: Strittig ist, welche Länder anhand welcher Kriterien als exportorientiert oder binnenorientiert eingestuft werden können.[3000] Es liegt also

---

[2994] Dollar 1992: 526, 539.
[2995] Für 1976 bis 1985, gewichtet, unter Einbeziehung des Gesichtspunkts der als negativ wirksamen Wechselkursvariabilität sowie noch weiter bezüglich Faktorausstattung korrigiert, in vier Stufen dargestellt, in Dollar 1992: 526-534. Diese Korrektur wird besonders kritisiert in Pritchett 1996: 327.
[2996] Dollar 1992: 532.
[2997] Dollar 1992: 531, 540-541.
[2998] Interessant ist, daß innerhalb dieser Länderblöcke Korea und Taiwan die höchsten Werte hatten, etwa über Brasilien und Indien hinausgehend. Weiterhin sind alle Industrieländer genauso Wechselkurs bzw. preisverzerrt wie die Entwicklungsländer. Dollar 1992: 530-533.
[2999] Rodrigues/Rodrik 1999: 9-15.
[3000] Einen vergleichenden Überblick über Länderklassifikationen, anhand dessen unterschiedliche Einstufungen sichtbar werden, der diese sämtlich reproduziert, findet sich in Piazolo 1994.

ein ernstzunehmendes methodisches Problem vor, das zur Kenntnis genommen sollte, selbst wenn hier nicht grundsätzlich Vorteile ein exportorientierten Politik bezweifelt werden.

Woran liegt dies? Vor allem daran, daß es eine schwer faßbare Grauzone von Ländern wie Korea, Taiwan, der Türkei oder Brasilien gibt, die zwar eine deutlicher erkennbare exportorientierte Strategie, eben Pro-Export-Anreize und einen angemessenen Wechselkurs wählen, die sich aber anhand des Grades der Exporterfolge, der Intensität und Selektivität der verwendeten Schutz- und Industrialisierungspolitiken unterscheiden. Oben wurde bereits beschrieben, daß es sogar Indien, allen sonstigen Hemmnissen zum Trotz, schafft, durch einen angemessenen Wechselkurs relativ hohe Exportsteigerungen aufrechtzuerhalten.

Um Mißverständnisse vorzubeugen, es geht hier nicht um eine Pauschalkritik dieser Studien, es geht darum, deren Schwachpunkte aufzudecken: Aus beiden Perspektiven, sowohl einer liberalen als einer kritisch liberalen, müßte man daran interessiert sein, wirklich überzeugende Einstufungen der Länder zu erzielen, weil beide Seiten sonst zu falschen Ergebnissen kommen.

Schwer ist beispielsweise abzuschätzen, inwieweit der interne Strukturwandel gemäß liberalen Vorstellungen fortgeschritten ist. Indikatoren wären hier etwa das Ausmaß und die Selektivität der Liberalisierung und deren faktische Wirkungen. Die liberale Seite ist der Gefahr ausgesetzt, Länder allein aufgrund ihres hohen Exportwachstums wenigstens als moderat exportorientiert einzustufen (etwa die Korea, Taiwan, Türkei, Brasilien, Indonesien), um die statistischen Beweise für den Erfolg der Exportorientierung zu verbessern. Beim näheren Hinsehen mag sich aber herausstellen, daß der interne, zumindest teilweise, nach liberalen Wirkungsmechanismen ablaufende Strukturwandel hin auf internationale Wettbewerbsfähigkeit, um den es letztendlich geht, in einigen dieser Länder noch nicht weit genug fortgeschritten ist. Wird dies nicht beachtet, kann diese Forschung in einigen Jahren nicht mehr erklären, warum diese Länder in einer globalisierten Welt nicht mithalten können. Diese Vorbehalte gelten beispielsweise für die Einstufung der Weltbank (1987), die Brasilien als moderat außenorientiert klassifiziert.[3001] Hinsichtlich von Brasilien kann dies insofern bezweifelt werden, weil dieses Land zwar außenorientiert im Sinne des Abbaus eines Anti-Export-Bias durch Exportsubventionen war. Andererseits bestanden aber noch hohe importsubstituierende Schutzzölle, die in einigen Industriebereichen die Wirksamkeit liberale Mechanismen verhindert haben, dazu kommen partiell ungeschickte staatliche Interventionen. Von anderen Autoren wird Brasilien als binnenorientiert eingeordnet.[3002] Oben wurde zudem sichtbar, daß sogar Indien, Indonesien, Mexiko und Philippinen einer exportorientierte Kategorien zugeordnet werden. Dies kann der Exportorientierung eine unbegründete Rechtfertigung zukommen lassen, denn diese Länder sind in deutlichem Maße binnenorientiert, obwohl sie relativ hohe Exportsteigerungen aufweisen. Läßt sich

---

[3001] Weltentwicklungsbericht 1987: 95.

[3002] In einer Studie über Brasilien wird dieses Land letztendlich als binnenorientiert eingestuft, wiewohl interventionistisch: "Both the outward-oriented Korean and inward-oriented Brazilian governments were heavily interventionist." Moreira 1995: 133. In der Klassifizierung von Leamer wird Korea als mäßig außenorientiert und Brasilien als stark binnenorientiert eingestuft. Siehe die Übersicht von Piazolo 1994: 259.

die Beobachtung der Binnenorientiertheit aufrechterhalten, muß das Exportportwachstum auf anderen Einflußfaktoren (Wechselkurse, überdeutliche komparative Vorteile im Primärgüter- und Rohstoffbereich, Faktorvorteile, etwa im Bereich arbeitsintensiver Produktion, möglicherweise auch teils erfolgreiche IS-Anreize und sonstige Industrialisierungspolitiken) zurückzuführen sein, die trotz der mehr oder weniger vorhandener Anti-Export-Anreize zu Exporten führen.[3003] Es ist somit nötig, weitere Aspekte des Entwicklungsprozesses zu beachten, denn sonst kann die Wirkungsmächtigkeit der exportorientierten Strategie nicht trennscharf herausgelöst werden.

Dies ist zwar nicht deren Schlußfolgerung, folgt aber aus der wachstumstheoretischen Untersuchung von Levine/Renelt (1992). Dort wird nicht die Außenhandelspolitik und andere Variablen, sondern einzig bei der Variable Investitionen/BSP und der Variable Anteil des Handels am BSP eine robuste Korrelation gefunden.[3004] Daß dies nicht gänzlich unplausibel ist, wird gestützt von der wachstumstheoretischen Studie von De Long/Summers (1991), in der für Ausrüstungsinvestitionen (d.h. u.a. Maschinen) ein klarer Zusammenhang zu Wachstumsraten hergestellt werden kann. Umstritten ist aber auch dort die Kausalitätsfrage (Wachstum führt auch zu nachfolgenden höheren Investitionen), sodaß es durchaus sein kann, daß eine exportorientierte Politik für eine größere Höhe und verbesserte Effizienz dieser Investitionen sorgen kann.[3005]

Daß der Faktor Investitionshöhe (und ggf. die Industriepolitik) jedenfalls einbezogen werden sollte, wenn Exporterfolge erklärt werden, wird deutlich an den diesbezüglichen Daten in Tabelle 167 für das Exportwachstum in den siebziger Jahren und den Investitionssummen für 1980 bezüglich Brasilien, Mexiko, Thailand, Türkei, Indonesien und den Philippinen. Es ist wenigstens auffällig, daß in vielen Fällen eine hohe absolute Investitionssumme im Zusammenhang mit hohen Exporten steht.[3006]

Diese Unsicherheiten bezüglich der Relevanz von Faktoren, insbesondere solcher, die die Aussagekraft ökonometrischer Studien auszeichnen, nehmen Srinivasan/Bhagwati (1999) zum Anlaß für folgendes erstaunliche Zitat:

"So, we conclude from these nuanced studies in depth of several countries, in the OECD and NBER Projects in particular, in favor of trade openness. In fact, in our view, the most compelling evidence on

---

[3003] Um die Exportorientierung-Wachstums-These zu überprüfen, wäre es somit durchaus denkbar, Korea, dessen Exportorientierung in wichtigen Industriebereichen auf eine Zwang zum Export basierte, in eine Kategorie einzuteilen, die nur ein Land enthält, nämlich Korea. Weiterhin könnte zwischen Ländern differenziert werden, die gleichermaßen stark exportorientiert sind, wobei die eine Gruppe neutrale Anreize verwendet, die andere aber selektive industriepolitische Interventionen, also beispielsweise direkte Kreditsubventionen oder Interventionen bezüglich der Export- und Importaktivitäten. So vorgeschlagen von Pritchett 1996: 311.

[3004] Levine/Renelt 1992; Hinweis in Harrison 1996: 440. Auch von anderen Autoren wird auf den robusten Zusammenhang zwischen Investitionen und Wachstum hingewiesen. Hier wird aber auch angemerkt, daß Wachstumsoptionen, durch eine offene Handelspolitik etwa, auch zu mehr Investitionen führen, von Rodrik 1999: 15-17. Dagegen zeichnet einen Zusammenhang mit der Außenhandelspolitik nach, unter Rekurs auf die Leamer-Indikatoren, mit endogener wachstumstheoretischer Methodik Edwards 1992: 54. Einen robusten Zusammenhang von exportorientierter Handelspolitik und Wachstum wird mit wachstumstheoretischer Methodik allerdings gefunden in McNab/Moore 1998: 248.

[3005] De Long/Summers 1991: 446-447; Kritik an der Kausalität, welche besagt, daß nicht Investitionen zu Wachstum, sondern Wachstum zu Investitionen führt, findet sich in Blomström et al. 1996: 275-276.

[3006] Siehe: **Tabelle 167**.

this issue can come only from careful case studies of policy regimes of individual countries, and we argue below against the current resort (by Sachs, Rodrik and others) to cross-country regressions as reliable method of empirical argumentation."[3007]

Der Hintergrund dieses Zitats besteht darin, daß etwa Rodrik (1999) anhand statistischer Analysen Ergebnisse erhält, die liberale Thesen deutlich erkennbar in Frage stellen. Darauf reagieren Srinivasan/Bhagwati (1999), indem sie die statistisch ökonometrischen Forschungsmethoden generell als zu unsicher ablehnen und sie fordern wieder einen Rückgriff auf detailreiche Länderstudien. Der Kreis der Argumente ist somit einmal durchlaufen.

Oben wurde jedoch gezeigt, daß das OECD Projekt (Little et al. 1970) und das NBER Projekt (Krueger 1978, Bhagwati 1978), auch weil die Daten zeitlich nur bis 1973 reichen und auch Michael et al. (1991) nur partiell überzeugende Ergebnisse vorzuweisen haben. Somit liegen eigentlich keine wirklich aussagekräftigen Länderstudien vor, die für viele Länder die Überlegenheit - nur - der Exportorientierung und Liberalisierung für das Wachstum aufzeigen.

Fazit: Diese statistischen Studien zeigen positive Verbindungen zwischen Exporten und Wachstum sowie Exportorientierung und Wachstum. Bei einer Vielzahl von Ländern ist aber nicht klar, welche Faktoren zusätzlich eine Rolle gespielt haben. Angesicht der breit angelegten Kritik an den genutzten Länderklassifikationen und der Methodik[3008] ist somit Bescheidenheit angesagt. Es ist nicht überzeugend, wenn Dollar (1992) mit seinen Ergebnissen impliziert, daß für mindestens 37 (oder sogar 62) von 95 Ländern die Exportorientierung-Wachstum Kausalhypothese gilt und somit in ihrer Wirksamkeit eindeutig bewiesen werden konnte.[3009] Für diese Arbeit folgt daraus, daß Länderstudien vorgelegt werden müssen, um die These der Exportorientierung besser bewerten zu können.

Bei der Liberalisierung-Wachstum These geht es um eine ähnliche Fragestellung. Hier wird angenommen, daß der, womöglich sogar vollständige, Abbau von Handelshemmnissen zu einen gesteigerten Wachstum führt. Meist wird dies deshalb angenommen, weil eine verbesserte Wissensdiffusion, vereinfachte Imitationen ausländischer Waren und Importe von Hochtechnologiegüter, die direkt die Produktivität erhöhen, erwartet wird.[3010] Weiterhin würde der Zugang zu Importen, darunter Inputgüter, erleichtert, sodaß sich Kosten einsparen lassen und sich neue Spezialisierungs- und Produktionsmöglichkeiten ergeben.[3011] Dabei wird nicht beachtet, daß wiewohl die zunehmende Offenheit vielen Länder Chancen bietet, durch Exporte Skalenökonomien zu erhöhen erhöht werden können, unzureichende Exporte und gleichzeitig zunehmende Importe ebenso

---

[3007] Srinivasan/Bhagwati 1999: 31. Siehe genauso wieder Bhagwati/Srinivasan 2002: 181.
[3008] Rodrigues/Rodrik 1999.
[3009] Dollar 1992: 540.
[3010] Wacziarg 1998: 4.
[3011] Donges 1981: 40.

dazu führen, daß die Kapazitäten nicht mehr ausgenutzt werden, Kostennachteile ausgelöst werden und Industrien kontrahieren.[3012]

Kurzum: Es gibt keine grundsätzliche Erwartung, daß durch Liberalisierung Wachstum ausgelöst wird. Eindeutig ist in der Literatur akzeptiert, daß Liberalisierung Vorteile und Nachteile hat und es darauf ankommt, welche Effekte überwiegen.[3013] Somit spielen dabei natürlich interne Effekte und interne Politikmaßnahmen zur Verbesserung der Produktivität eine Rolle.[3014] Die Forschung zu dieser Fragestellung ist ausdifferenziert, weil sie viele Komponenten dieses Zusammenhangs untersucht. Ein skeptischer Literaturüberblick findet sich in Pack (1988), der allerdings nicht sehr viele Studien einbezieht.[3015] Ein Literaturüberblick der USITC (1997) zum Thema dynamischer Effekte der Handelsliberalisierung, der viele Kausaldimensionen der Liberalisierung einbezieht, gibt eine differenzierte, aber für den mittelfristigen Zeitrahmen zustimmende Bewertung der Liberalisierung-Produktivitätswachstums-These. Für die USA läge zwar ein negativer Zusammenhang zwischen dem Grad der Importpenetration und Produktivitätswachstum vor.[3016] Für 14 weitere OECD-Länder wird aber langfristig ein positiver Zusammenhang aufgezeigt, so führe eine 1 % Zollsenkung über einen Zeitraum von 19 Jahren zu einer Steigerung der Gesamtfaktorproduktivität von 3,4 %.[3017] In bezug auf die Entwicklungsländer werden für Mexiko, Chile und die Elfenbeinküste (letzteres kann nicht ganz stimmen[3018]) positive Zusammenhänge vermeldet.[3019]

Von Greenaway/Sapsford (1994) wird von 12 Ländern nur für die Türkei (dies wird hier im Text, s.o., genauso gesehen), Kolumbien und Spanien eine positive Wirkung der Liberalisierung auf den, wohlgemerkt, Export/Wachstums-Kausalnexus gefunden, negativ ist das Ergebnis für Neuseeland und für weitere 8 Länder (Brasilien, Griechenland, Israel, Korea, Pakistan, Peru, Philippinen, Sri Lanka) liegt kein klares Ergebnis vor.[3020]

[3012] Tybout 1992: 190; Pandey 2004: 37.
[3013] McCulloch et al. 2001: 14-29; siehe die Thesen von Rodrik (1988), in Punkt 4.4.6.2, Abschnitt 'E'.
[3014] Pack 1988: 365.
[3015] Pack 1988: 352-365.
[3016] USITC 1997: 3-19.
[3017] USITC 1997: 3-19.
[3018] Die Daten, die dieser Studie zugrundeliegen, sind Firmendaten, die den Zeitraum von 1979 bis 1987 umfassen. USITC 1997: 3-20. Diese Firmendaten können nicht zutreffend sein, jedenfalls spiegeln sie weder den Effekt von Liberalisierung noch die Entwicklung in der Wirtschaft der Elfenbeinküste wieder. Die Elfenbeinküste befindet sich seit Beginn der achtziger Jahre in einer Krise, die durch das Ende des Kakaobooms ausgelöst wurde, so sinken die insgesamten Investitionen zwischen 1981 und 1987 um 50 %. Wangwe 1995: 241 Zwischen 1980 und 1983 fiel die Wertschöpfung im verarbeitenden Gewerbe um 19 %, Importe gingen um 44 % zurück. Die Wertschöpfung im verarbeitenden Gewerbe hatte einen Höhepunkt 1980 und erreicht 1988 immer noch nicht wieder diesen Stand. Immerhin gibt es Investitionen im Palmölbereich, hier ist ein Expansion zu verzeichnen. Dazu Riddel 1990a: 155, 167, 173, 175. Die Liberalisierung, um die es hier geht, wird halbherzig durchgeführt und wurde erst ab Ende 1988 halbwegs umgesetzt. Riddel 1990a: 168. Das bedeutet wiederum nicht, daß es in der Elfenbeinküste nicht relativ effiziente Firmen gibt. Deren Leistung steht aber nicht in systematischem Zusammenhang mit der Außenhandels- und sonstigen Anreizpolitik, so in der effizienten Palmöl-, Kaffee- und Kakaoverarbeitung. Siehe Wangwe 1995: 248, 255.
[3019] USITC 1997:3-20 bis 3-21.
[3020] Liberalisierung hat in 8 von 12 Fällen, darunter Brasilien und Korea, keine Wirkung auf den Export/Wachstums-Kausalnexus. Positive Wirksamkeit für die Türkei, Kolumbien und Spanien, negativ für Neuseeland. Greenaway/Sapsford 1994: 166.

Das positive Ergebnis für Kolumbien wird bestätigt von Fernandes (1993), immerhin sei angemerkt, daß in dieser Studie sektorspezifische Zölle, welche trotz Liberalisierung relativ hoch bleiben (bis auf eine Ausnahme, teils deutlich über 20 %) und Importpenetrationsanteile dokumentiert werden, wobei letztere mit der Liberalisierung zwar zunehmen, aber nicht stark oder überraschend. Es handelt sich hier also um eine progressive Liberalisierung, bei der kein freier Handel erreicht wurde.[3021] Für Bolivien zeigt Jenkins (1995), daß Liberalisierung im engen Sinn zur Erhöhung von Importen, nicht aber der Produktivität, führte.[3022]

In einer weiteren, sektorbezogenen Studie zeigen Choudri/Hakura (2000), daß traditionelle Sektoren (Nahrungsmittel, Getränke, Tabak) nur wenig mit Wachstum auf eine Zunahme des Handels reagieren, dagegen aber teilweise Sektoren, die sowieso höhere Wachstumsraten aufweisen (Holzprodukte, nicht-metallische Mineralien, Metalle).[3023]

Für Chile wird für die siebziger Jahre ein komplexes Bild gezeichnet und die These, daß eine Effizienzsteigerung durch die Liberalisierung vorliegt, kann nur für eine kleinere Gruppe von Firmen gezeigt werden. Die Ergebnisse reagieren eingestandenermaßen sensibel auf die Modellannahmen.[3024]

Als Effekt der bisher erfolgten Liberalisierung in Indien wird festgehalten, daß sich die Unterschiede zwischen den Firmen verstärkten und Firmen, deren Produktivität relativ hoch ist, positiv beeinflußt wurden. Viele Firmen, die technologisch rückständig sind sowie rückständige Regionen gehörten aber zu den klaren Verlierern.[3025]

Schließlich sei auf die Studie von Rodrigues/Rodrik (1999) hingewiesen, welche die Liberalisierung-Wachstums-, die Exportorientierung-Wachstums-, die Produktivitätssteigerungs-Wachstums-These kritisch untersuchten. Dort wird auf eine breit angelegte Art und Weise die Fragwürdigkeit der statischen Ergebnisse wiederum anhand statistischer Methoden gezeigt.[3026] Angeregt wird, die Effekte von Handelspolitik eher anhand kontingenter Zusammenhänge zu untersuchen, etwa ob Handelsbeschränkungen in kleinen oder großen Ländern oder solchen mit geringem oder mit hohem Einkommen anders wirken oder ob Zollfreiheit für Exporteure Wachstum erhöht.[3027]

[3021] Das Ausscheiden von Firmen ist kein Faktor, der den Produktivitätszuwachs erklärt. Größere Firmen haben höhere Produktivitätszuwächse, setzen mehr importierte Inputs ein und es wird angenommen, daß diese auch mehr exportieren. Fernandes 2003: 20, 22, 25, 31-32.
[3022] Jenkins 1995: 593.
[3023] Choudhri/Hakura 2000: 14.
[3024] Dabei geht es nur um die siebziger Jahre bis 1979. Insgesamt sinkt die Gesamtfaktorproduktivität ab, die Effizienz gemessen anhand Skalenökonomien scheint von 21 Industrien nur in 5 zuzunehmen. Tybout et al. 1991: 233, 242, 244.
[3025] Aghion et al. 2003: 22-24.
[3026] Hier werden noch mehr Studien einbezogen, über Dollar (1992) und Edwards (1992) hinaus. Rodrigues/Rodrik 1999:
[3027] Rodrigues/Rodrik 1999: 39. "First, in cross-national work, it might be productive to look for contingent relationships between trade policy and growth. Do trade restrictions operate differently in low- versus high-income countries? In small versus large countries? In countries with a comparative advantage in primary products versus those with comparative advantage in manufactured goods? In periods of rapid expansion of world trade versus periods of stagnant trade? Further, it would help to disaggregate policies and to distinguish the possibly dissimilar effects of different types of trade policies (and combinations thereof). Are tariff and non-tariff barriers to imports of capital goods more harmful to growth than other types of trade restrictions? Does the inclusion of duty-free access to imported inputs to

In weiteren Studien zeigt die Diskussion des Zusammenhangs Exportorientierung-Produktivität starke Unterschiede zwischen Firmen, Sektoren und Ländern. Die Resultate sind nicht eindeutig.[3028]

Weitere Ergebnisse liegen für den Zusammenhang Exportorientierung-Gesamtfaktorproduktivität vor: Für Brasilien steigt die Gesamtfaktorproduktivität in Sektoren, die Exporterfolge haben, an.[3029] Andere Untersuchungen erinnern an den Schwellenwert, der von Michael Michaely gefunden wurde und zeigen, daß Exportorientierung bzw. Exportexpansion positive Effekte und dagegen IS-Politiken negative Effekte auf Länder haben, die über einem Niveau von US$ 2000 pro-Kopf Einkommen liegen, dasselbe gilt für Länder mit mittlerem und hohem Einkommen. Für Länder mit sehr niedrigem Einkommen kann dagegen gezeigt werden, daß Importsubstitution zu einer Zunahme der Gesamtfaktorproduktivität führt. Im Frühstadium wirtschaftlichen Wachstums eingesetzt, führe Liberalisierung zu negativen Effekten.[3030] Binnenorientierte Länder wie Indien weisen immerhin leicht positive Wachstumsraten ihrer Gesamtfaktorproduktivität (total factor productivity, 'TFP') auf, weiterhin verzeichnen Länder mit weitgehenden Regierungseinflüssen aber durch interne Reformen z.B. deutliche Anstiege der Gesamtfaktorproduktivität.[3031] Davon einmal abgesehen, scheint es aber gleichzeitig so zu sein, daß als exportorientiert klassifizierte Länder sehr oft noch höhere Werte etwa des Gesamtfaktorproduktivitätswachstums aufweisen.[3032] Insgesamt sind die Ergebnisse durchwachsen und dürften, darauf wurde in Abschnitt 'F', auch von den technologischen Fähigkeiten der Firmen bzw. den Rahmenbedingungen der Länder abhängen, wenn es darum geht, auf eine Liberalisierung zu reagieren.

Weiterhin stellt sich auch hier wieder die Frage nach der Länderklassifikation und der tatsächlichen Außenhandelspolitik der Länder. Weiter unten wird im Abschnitt zu Afrika auf weitere empirische Untersuchungen eingegangen, die zeigt, daß Firmen mit geringen Fähigkeiten zu einem großen Teil nur 'passiv', mit Kostensenkungen, auf Liberalisierung reagieren und deshalb keine Wohlfahrtssteigerungen zu erwarten sind. Mit dem theoretischen Ansatz der technologischen Fähigkeiten sind positive und negative Liberalisierungseffekte gut zu verstehen. Ob eine Liberalisierung angestrebt wird, hängt für die Staaten insgesamt gesehen somit davon ab, ob es Sektoren gibt, in dem Wohlfahrtszuwächse zu erwarten sind, um eine mögliche Stagnation oder den Verlust von Produktionskapazitäten in einem anderen Sektor kompensieren zu können.[3033]

---

exporters stimulate growth? Are export-processing zones good for growth? Does the variation in tariff rates (or NTBs) across sectors matter? The cross-national work has yet to provide answers to such questions. Second, we think there is much to be learned from micro-econometric analysis of plant-level data sets." (ohne Herv. im Original) Rodrigues/Rodrik 1999: 39.

[3028] Übersicht: Tybout 1992. Der locus classicus internationaler Produktivitätsvergleiche ist Kravis (1976), über frühe Erklärungsversuche bezüglich Produktivitätswachstum siehe den Überblick in Nelson 1981.
[3029] Bonelli 1992: 104.
[3030] Mit negativen Effekten ist hier eine fehlende Konvergenz in der Produktivitätsentwicklung gemeint. Kawai 1994: 395.
[3031] **Tabelle 152**. Siehe Rodrik 1999: 72-73. Zu den Vorteilen und Nachteilen der TFP-Messmethode OECD 1996: 54, 58.
[3032] **Tabelle 152**.
[3033] Unter anderem dieser Aspekt wird in der Diskussion der Vor- und Nachteile von Liberalisierung erwähnt von McCulloch et al. 2001: 15-16.

9. Die Länderstudien

Soweit der Überblick zum Stand der Dinge der Debatte über die Exportorientierung, der es erforderlich macht in Länderstudien die Relevanz der Einflußfaktoren genauer zu untersuchen, um, endlich, zu einem Fazit zu kommen hinsichtlich des Erfolges von Exportorientierung, aber auch in bezug auf die Rolle des Staates in der Außenhandels- und Industriepolitik.

10. Korea

Keine Kontroversen gibt es über den Punkt, daß den koreanischen Exporten eine prägende Rolle bezüglich des Wirtschaftswachstums zukommt. Damit ist das Land aber noch nicht hinsichtlich seiner Außenhandelspolitik in eine bestimmte Kategorie eingeordnet, es ist nicht geklärt, welche Rolle der Außenschutz gehabt hat und welche Wirkungen der Industriepolitik zukam.

Zweierlei kann schon zu Beginn in diesem Sinne festgehalten werden: Exporte haben einen positiven Effekt auf das Wirtschaftswachstum gehabt, Importsubstitutionseffekte waren vorhanden, haben aber nicht eine so große Wirksamkeit wie die Anreize, die aus den Exporten resultieren. Zwischen 1960 und 1968 haben Importsubstitutionseffekte in einzelnen Industrien durchaus auch mal höhere Wachstumsbeiträge geleistet, der Export trägt aber mehr zum Wachstum bei.[3034] Insgesamt wird der Importsubstitution gegenüber der Rolle der Exporte und der heimischen Nachfrage eine nachrangige Rolle zugesprochen, dies trifft für die gesamte frühe Zeit der koreanischen Industrialisierung zu, wenn man von der ersten sog. leichten Phase der Importsubstitution vor 1960 absieht.[3035] Auch in wachstumstheoretischen Untersuchungen dominiert der Export in Korea und die Importsubstitutionseffekte werden relativ niedrig angesetzt.[3036]

Der common sense reicht aus, um in bezug auf Korea und Taiwan zu erkennen, daß Exporte von verarbeiteten Produkten positive Auswirkungen auf das Industriewachstum gehabt haben, vor allem, weil sie derartig hohe Anteile der Exporte am Outputwachstum und somit auch am BSP aufwiesen, wie dies 1970-73 in Korea, mit 61,7 % und Taiwan, mit 57,1 % des Outputwachstums, der von Exporten getragen wurde, der Fall war.[3037] Korea erreicht das folgende durchschnittliche jährliche Exportwachstum: 1970-1975: 48,6 %; 1975-1980: 27,7 %; 1980-1985: 15,0 %, 1985-1990: 18,1 %.[3038]

Wie wurde dies erreicht und welche Rolle hat dabei die Außenhandels- und Industriepolitik gespielt?

[3034] Für 12 von 80 Bereichen des verarbeitenden Sektors kommt Importsubstitution für mehr als 20 % des Wachstumsimpulses auf, die Exportexpansion bei 20 von 80 Bereichen für mehr als 20 %. Bei der Hälfte der verarbeiteten Produkte kommt die heimische Nachfrage auf 80 % der Wachstumsimpulse. Frank et al. 1975: 90-93. Siehe auch Westphal/Kim in Balassa et al. 1982: 255, 259.
[3035] Westphal/Kim in Balassa et al. 1982: 260.
[3036] **Tabelle 144**, **Tabelle 145**. Dazu Chenery et al. 1968: 169.
[3037] Chenery et al. 1986: 195. Siehe auch **Tabelle 145**.
[3038] UNCTAD 1994: 18.

In Teilen der obengenannten liberalen Literatur wird die Forderung nach einem Rückzug des Staates aus der Industriepolitik bzw. aus einer Politik zur Korrektur von Marktversagen vertreten. Exportorientierung und Liberalisierung werden mit der zusätzlichen Bedingung versehen, daß möglichst keine Unterschiede zwischen Industriesektoren ('Neutralität', 'Nicht-Diskriminierung') gemacht werden sollten. Dieses einflußreiche Argument aus der neoklassisch inspirierten, dogmatisch liberalen Denkrichtung des 'Washington Consensus' konnte anhand der Studie von Michaely et al. (1991) deutlich herausgearbeitet werden.

Anhand der Erfahrungen von Korea kann dagegen gezeigt werden, daß weder diese behauptete Neutralität noch eine sehr weitgehende Liberalisierung vorlag und trotzdem herausragende Wachstumserfolge erzielt wurden. Korea nutzte sowohl eine exportorientierte Wirtschaftspolitik als auch Importsubstitution und baute zudem Industrien gemäß dem Erziehungszoll-Argument auf.[3039] Das Außenhandelsregime spiegelte dabei die staatlich Industriepolitik wieder und zeichnete sich durch Selektivität und deutlich ausgeprägten Schutz aus. Eine Liberalisierung erfolgte progressiv und wurde bezüglich bestimmter Industrien sogar teils wieder rückgängig gemacht.

Stimmen diese Elemente nicht mit liberalen Vorstellungen überein, gibt es durchaus Elemente des koreanischen Entwicklungsprozesses, die als liberal einzustufen sind. Neben dem Staat spielen private Unternehmen die tragende Rolle, für exportierende Unternehmen wurden partiell Importe ohne Zollbarrieren zugelassen, die internen Preise wichen, in einigen Perioden zumindest, nicht extrem von den Weltmarktpreisniveaus ab. Und anhand der Exporte können die Firmen immer wieder überprüfen, ob hochwertige technologische Fähigkeiten und internationale Wettbewerbsfähigkeit vorliegen. Schließlich, dies wurde oben schon in Abschnitt 'F' am Automobilbeispiel gezeigt, wurde ausländische Technologie in breitem Maße angewandt, wobei komplementär intensive heimische Anstrengungen vorlagen.

Hier wird die These vertreten, daß es - trotzalledem - nicht möglich ist es, Korea als gänzlich liberal einzustufen, denn der koreanische Staat hat den Entwicklungsprozeß und den Erwerb komparativer Vorteile selektiv initiiert und beschleunigt und dabei Marktversagen korrigiert bzw. dem vorgebeugt. Dies soll hier anhand des 'East Asian Miracle'-Berichts der Weltbank und seiner begleitenden Studien[3040], unterstützt von weiterer Literatur[3041], gezeigt werden. Diese Argumentationsrichtung anerkennt die selektive Ausrichtung der koreanische Wirtschaftspolitik. So gab es in Korea Anti-Export Anreize, vor allem aber einen positiven effektiven Schutz bzw. divergierende positive Export-Anreize für Industrien, die sich gerade im Aufbau befanden (Maschinenbau, Haushaltswaren,

---

[3039] Dies wird in bezug auf Korea in dem Weltbank Arbeitspapier betont von Westphal 1981: 15-18. Dort wird allerdings auch festgehalten, daß Erziehungszölle funktionieren können, d.h., nicht immer funktionieren müssen und in bezug auf Korea werden die spezifische Natur der Anreize bzw. staatliche Stützungsmaßnahmen diskutiert. Westphal 1981: 16, 23-27. Siehe auch Piazolo 1994: 67-68.
[3040] World Bank 1993. Als begleitende Studie zu dieser Publikation siehe: Leipziger/Petri 1993; Kim/Leipziger 1993.
[3041] Frank et al. 1975; Westphal 1981; Westphal et al. 1981; Westphal/Kim in Balassa et al. 1982; Pack/Westphal 1986; Chenery et al. 1986; Dahlman et al. 1987; Enos/Park 1988; Amsden 1989; Kim 1991; Westphal 1990; Kim 1993; Piazolo 1994; Moreira 1995; Seung 1996; Köllner 1998; Beez 2000. Aus der Reaktion auf den Weltbank-Bericht: Rodrik 1994; Page 1994a; Amsden 1994; Amsden 1995.

Automobile). Die Exportanreize lassen damit Rückschlüsse auf eine selektive industriepolitische Strategie zu, die vom koreanischen Staat vorgeprägt wurde.[3042]

Genau diese letztere These wurde von liberalen Autoren wie Balassa et al. (1982) nicht akzeptiert:[3043] Zentrale Bedeutung bekommt bei dieser Argumentation der Behauptung zu, daß die Exporteure in Korea einen freien Zugang zu importierten Inputs eingeräumt bekommen haben ("Exporters enjoyed a free-trade regime in both Korea and Taiwan").[3044]

Diese These stimmt partiell, denn die koreanische Regierung räumte der heimische Industrie teilweise einen zollfreien Zugang zu Importen ein, wenn dies wichtig für die Exportproduktion war. Erstens erfolgte der freie Zugang zu Importen für Exporteure aber nur partiell, dies gilt sowohl für die sechziger und siebziger Jahren als auch in bestimmten Bereichen noch bis Anfang der neunziger Jahre, weil eine selektive Importsubstitution durchgeführt wurde. Dadurch entstanden den heimischen Unternehmen signifikante Kosten. Zweitens bedeutet dies nicht, daß die Exportanreize bzw. die Industriepolitik neutral waren. Der Heimatmarkt blieb zudem durch hohe Zölle geschützt und dort konnten die Unternehmen die, wenn auch schwächeren, Effekte der Importsubstitution nutzen.[3045] Typischerweise verzeichneten die Exporteure arbeitsintensiver Waren aber weniger starke IS-Effekte und es sind vor allem die kapitalintensiveren Industrien, die sich Ende der sechziger Jahre noch auf den Binnenmarkt stützen müssen bzw. können.[3046]

10.1 Die frühen Jahre

Die in den sechziger Jahren genutzten Maßnahmen werden unter anderem von Frank et al. (1975) beschrieben.[3047] Aufgezählt werden erst einmal die Maßnahmen, die einen selektiven Charakter hatten.

[3042] Die wird beschrieben in World Bank 1993: 20, 24, 83, 89-90, 96-97, 295-297, 355; Chenery et al. 1986: 167; Westphal 1981: 16-18; Westphal/Kim in Balassa et al. 1982: 255, 259; Westphal 1990: 55-56. Dieses Argument stützen beispielsweise die ländervergleichenden Untersuchungen: Vergleich mit Südafrika Piazolo 1994: 252-253; Vergleich mit Brasilien Moreira 1995: 53-54.
[3043] Westphal/Kim in Balassa et al. 1982: 241. Dies akzeptiert Balassa nicht: "Among the eleven economies studied, only Korea used export targets for individual firms. At the same time, the application of a free-trade regime to exports was in no way related to the fulfilment or the non-fulfilment of these targets". Und dies obwohl es von weiteren Autoren im Balassas Buch anders gesehen wird. Weiterhin wird erwähnt, daß eine solche aktive staatliche Lenkung in Taiwan, Hongkong und Singapur nicht vorhanden war, welche ähnliche Exporterfolge wie Korea hatten. Siehe Balassa et al. 1982: 48: Immer wieder wird von den gleichartigen Anreizen für Exporte und Importsubstitution und von gleichen, nicht-diskriminierenden, also nicht favorisierenden Anreizen für Exporte gesprochen. Dies wird als Politik, die die beste Exportleistung nach sich zieht, angesehen. Balassa in Balassa et al. 1982: 59. Es wird sogar soweit gegangen, ähnliche Anreize für verarbeitete Waren und primäre Güter anzupreisen. Es stimmt zwar, daß Korea seine Landwirtschaft durch hohe Schutzzölle gefördert hat, es ist aber nicht nötig, aus dieser Anreizstruktur im Zusammenhang mit anderen Anreizen Schlußfolgerungen zu ziehen, blo3 weil dies Argentinien anders erfolgt. Balassa et al. 1982: 45. Folgender Satz bezieht sich offensichtlich kritisch auf diese Argumentationen: "The early admirers of HPAE trade policy clearly overstated the neutrality of incentives between domestic and foreign sales and understated the variation between sectors." Aus dem Weltbank-Bericht 'East Asian Miracle' World Bank 1993: 324.
[3044] Für Korea betont dies Frank et al. 1975: 62, 82; für Korea und Taiwan siehe Balassa in Balassa et al. 1982: 40, 42; World Bank 1993: 128, 131. Und "The few addition export subsidies granted did not introduce much differentiation among export products" Balassa in Balassa et al. 1982: 40-41. Genaugenommen beziehen sich diese Äußerungen nur auf den Zeitraum bis 1972: "The incentive system remained practically unchanged in the following four years." Balassa in Balassa et al. 1982: 41.
[3045] Zum letzteren Punkt Moreira: "A selective trade regime was set up, virtually segmenting export and domestic markets." Moreira 1995: 54.
[3046] Frank et al. 1975: 212-213.
[3047] Detailliert auch von Westphal/Kim in Balassa et al. 1982: 228-247.

Dies gilt zuerst einmal für den Außenschutz. Wiewohl die Waren, die überhaupt zum Import zugelassen wurden, von 1964 von 500 auf 1500 erhöht wurden, wurden die Schutzeffekte abgemildert, etwa dadurch, daß nach einer Wechselkursabwertung 1964 spezielle Zölle erhoben wurden, die Unterschiede zwischen heimischen und ausländischen Preise ausgleichen sollten. Diese wurden erst 1973 wieder abgeschafft.[3048] Im Jahre 1967 gab es eine weitere Reform, die fortan die Einfuhr auf einer negativen Liste basieren ließ: Von 30.000 Warenkategorien unterlagen 17.128 einer automatischen Importgenehmigung, 10.255 sind nur beschränkt zu importieren und bei 2.617 ist der Import verboten.[3049] Dies war ein klarer Liberalisierungsschritt, dieser wird aber danach nicht vertieft, sondern die Anzahl der beschränkten Kategorien wurde leicht erhöht.[3050] Im Gegenzug zu dieser Liberalisierung wurden 1967 die bestehenden hohen Zölle weiter erhöht.[3051] Die Charakterisierung des damaligen Zollregimes als "fairly liberal compared with earlier years"[3052] von Krueger (1978) ist sachlich nicht falsch, aber irreführend, wenn es im Sinne einer weitgehenden Liberalisierung verstanden würde, zumal die Informationen über die früheren Jahre nicht präsentiert werden. Immerhin wird zugestanden, daß die erreichte Liberalisierung damals nicht weiter fortschritt.[3053]

Mit der Machtübernahme von Park Chung Hee 1961 wurde 1962 wurde begonnen, von der Regierung Exportziele zu benennen, die für bestimmte Waren galten. Die Exportziele wurden mit den Industrieverbänden und Firmen direkt, mittels Exportförderkonferenzen ("export situation room"), abgesprochen und zwar mehrmals jährlich, wobei dies mit dem Präsidenten persönlich diskutiert wurde.[3054] Von 1961 bis 1964 wurden Exportsubventionen gemäß Warenkategorien in unterschiedlicher Höhe gewährt.[3055] Im Jahre 1966 wurde ein "export-import link"-System etabliert, speziell auf bestimmte, weniger profitable Exporteure ausgerichtet. Diese wurden mit Importrechten, teils für Rohmaterialien, teils für Luxusgüter ausgestattet, die teils in der Produktion genutzt, teils teuer an andere Firmen oder Importeure verkauft werden konnten.[3056]

Offenbar keinen Unterschied zwischen Industriesektoren wurde mit den folgenden Maßnahmen gemacht: Auch nur auf dem Heimatmarkt aktive Produzenten von Zwischenprodukten, die aber für

---

[3048] Frank et al. 1975: 49, 63.
[3049] Frank et al. 1975: 58-59; siehe **Tabelle 148**.
[3050] Frank et al. 1975: 60-62.
[3051] Der höchste Zollsatz von 250 % wird auf 150 % erniedrigt. Frank et al. 1975: 60; siehe: **Tabelle 148**.
[3052] Krueger 1978: 35.
[3053] So aber die Charakterisierung in Krueger 1978: 34-35. Trotzdem wird Korea in die liberal fortgeschrittene Phase IV eingeordnet: "The period from 1966 until August 1972 can be characterized as Phase IV. South Korea's trade regime has continued to be fairly liberal compared with earlier years, although some quantitative restrictions are still in effect. Several attempts were made to complete the liberalization of the trade and payments regime, but these efforts never came in fruition." Krueger 1978: 35.
[3054] Frank et al. 1975: 46. Besonders erfolgreiche Exporteure wurden vom Präsidenten geehrt, dies war mit hohem sozialen Ansehen verbunden. Piazolo 1994: 74. Neben der Verhaftung von Wirtschaftsführern, die der Rentensuche beschuldigt wurden, werden einige sehr reiche Unternehmer verschont, die fortan in enger Zusammenarbeit mit dem Staat den Aufbau der Wirtschaft vonstatten bringen sollen. Die Renten früherer Zeit wurden also akzeptiert und in ein neues "Rent-Seeking-Arrangement" einbezogen. Dies besteht daraus, daß die Zahl der zugelassenen Unternehmen verkleinert wurde, der Staat sich per staatlichen Krediten am Unternehmensrisiko beteiligte und die neuen Renten den Unternehmen zugestand, die u.a. auch staatliche Entwicklungsziele durchsetzten. Siehe die ausführlichere Darstellung in Beez 2000: 149-161.
[3055] Frank et al. 1975: 46, 49.
[3056] Frank et al. 1975: 51.

Exportindustrien produzierten, bekamen Anreize eingeräumt. Nämlich sog. "local letters of credit", die sie von den Exporteuren bekamen. Diese eröffneten auch diesen Firmen den Zugang zu Importlizenzen, Rohstoffimporten, zu Devisen und verbilligten Krediten.[3057] Nicht diskriminierend zwischen Industriebereichen war auch das System der freien Rohstoffimporte für Exportproduzenten. Die sog. "wastage allowance"-Exportanreize ermöglichten es exportierenden Firmen, bestimmte Rohstoffmengen zollfrei zu importieren. Über die in der Produktion benötigten Mengen wurden den Firmen bestimmte Mengen zugestanden, die teuer verkauft werden konnte und somit als Exportanreize dienten.[3058] Dies ist damit zu erklären, daß in der frühen Phase koreanischer Industrialisierung die Exporte auf der Weiterverarbeitung von Rohstoffen beruhte: Holz, Textil- und Bekleidung, Schuhe, Perücken.[3059]

Ebenso ist es womöglich nicht als diskriminierend bzw. als selektiv anzusehen, wenn "exporters were ranked according to performance and the more successful were given better administrative treatment."[3060] Diese Einstufung als erfolgreicher Exporteur ermöglichte den Zugang zu verbilligten Krediten und Steuererleichterungen. Für die damalige Zeit können somit einige Maßnahme als selektiv, andere als "non-discriminatory" bezeichnet werden. Auf die Wirksamkeit der Importrechte deutet hin, daß relativ hohe Importe von Inputs vorlagen.[3061]

Weil also selektive Schutzpolitiken und - interessanterweise - auch selektive Importsubstitutionspolitiken (welche hilfreich waren Skalenökonomien und Kopplungen zu erzielen) verfolgt wurden, kann nicht für die gesamte Ökonomie die Rede von einem 'free-trade regime' sein, so schließen Westphal/Kim in Balassa et al. (1982).[3062] Dazu kommt, daß sich die durch Anreize geförderten Industrien aus der Situation der Importsubstitution heraus später als erfolgreiche Exporteure etablieren werden.[3063]

Dies spiegelt sich wieder in der Untersuchung der effektiven Exportanreize für Koreas Industrie im Jahre 1968. Deutliche Exportanreize finden sich dort auch in bezug auf Industrien, die damals noch nicht als erfolgreich und als ineffizient eingestuft wurden, etwa für elektrische Maschinen, Automobile, Chemieprodukte, Zellstoff und Papier sowie Metallprodukte.[3064] Überdurchschnittlicher Zollschutz wird Schiffen, Automobilen, Eisenbahnausrüstungen eingeräumt.[3065] Bestimmten, vom Staat zur Importsubstitution ausgewählte Industrien, meist Schwerindustrien, die zuerst einmal nur auf

---

[3057] Frank et al. 1975: 51.
[3058] Frank et al. 1975: 50.
[3059] Frank et al. 1975: 80.
[3060] Diese verbesserte Behandlung schließt auch finanzielle Vorteile mit ein. Frank et al. 1975: 57.
[3061] So Kim 1991: 32; und auch Frank et al. 1975: 40-51, 61-62, 82, 196-199.
[3062] "...selective import substitution has permitted scarce investment resources to be concentrated in one or a few sectors at a time, and has therefore allowed greater exploitation of economies of scale and of the linkages among closely interrelated activities." Westphal/Kim in Balassa et al. 1982: 260. Frank et al. 1975: 206-208, 210-213.
[3063] Westphal/Kim in Balassa et al. 1982: 241.
[3064] Zuerst werden diese Produkte als ineffizient eingestuft, eine Seite weiter werden die effektiven Subventionswerte festgestellt. Dies deutet darauf hin, daß nicht nur schon erfolgreiche Exporteure solche Anreize eingeräumt bekamen. Westphal/Kim in Balassa et al. 1982: 236-237.
[3065] Westphal/Kim in Balassa et al. 1982: 237.

dem Heimatmarkt tätig waren, wurden teilweise partielle Zoll- und Steuerbefreiungen eingeräumt.[3066] Ebenso wurden schon damals die staatlich kontrollierten Banken dazu eingesetzt, genau diese Industrien massiv und selektiv zu fördern.[3067] Für den Maschinenbausektor wurde ein spezielles verbilligtes Kreditinstrument 1968 geschaffen.[3068] Diese gesamten Anreize werden nun zusammengezogen und berechnet, darunter eben verbilligte Kredite nur für bestimmte Industrien. Als Ergebnis wird eingestanden, daß neben des 'self selection'-Effekts der erfolgreichen Exporteure, die damit in den Genuß von Privilegien kamen, auch staatliche Politiken die Selektivität dieser Anreize mitbestimmt haben.[3069]

Versucht wird von Westphal/Kim in Balassa et al. (1982) trotzdem ein liberale Argumentation: Die Berechnung für das Jahr 1968 zeige darüberhinaus, daß diejenigen Industriebereiche, in denen statische komparative Vorteile vorgelegen hätten, die höchsten Exportsubventionen bekommen haben.[3070] Die damals als nicht effizient eingeschätzten importsubstituierenden Industrien, die zudem durch staatliche Politiken gefördert wurden, fanden dagegen auf dem heimischen Markt hohe Anreize vor.[3071] Mit dieser Argumentation wird versucht zu zeigen, daß die staatlichen Förderungspolitiken nicht erfolgreich waren und zudem gegen die komparativen Vorteile gerichtet waren. Dagegen würden die Exportsubventionen Koreas "static comparative efficiency in most cases" widerspiegeln.[3072] Dieser Argumentation wird hier nicht gefolgt, weil die damals als nicht effizient eingeschätzten Unternehmen in wenigen Jahren effizient sein werden und schon diese Autoren explizit zugestehen, daß diese Industrien selektiv gefördert wurden.[3073] Generell ist für Korea festzuhalten, daß ein Pro-Export-Bias schon damals vorlagt und dies wird von den Autoren der Studie, und auch hier, als positiv bewertet.[3074]

Zur Struktur damaliger Exportanreize: Ein Pro-Export-Bias sei, aufgrund negativer effektiver Protektion insgesamt gesehen festzustellen für alle Industrien - außer - Zwischenprodukte I: Haushaltswaren, Maschinen und Transportausrüstung.[3075] Siehe Tabelle 299.

Ausdrücklich wird darauf hingewiesen, daß diese "high-cost import-substituting" Bereiche, die damals für 5,7 % der Exporte aufkamen, durch den Schutz des heimischen Marktes subventioniert wurden. Obwohl diese Anreize von Westphal/Kim in Balassa et al. (1982) als hoch eingeschätzt werden, werden sie nicht in die Berechnungen miteinbezogen.[3076] Relativiert wird dieses Argument einer

---

[3066] Westphal/Kim in Balassa et al. 1982: 238.
[3067] Damals besonders ausgeprägt Düngemittel und Kunstfasern, mit 10 % und 4,3 % Anteil an sämtlichen Zinssubventionen. Westphal/Kim in Balassa et al. 1982: 238, 242.
[3068] Westphal/Kim in Balassa et al. 1982: 239.
[3069] Westphal/Kim in Balassa et al. 1982: 240-241.
[3070] Westphal/Kim in Balassa et al. 1982: 243, 245-247.
[3071] Frank et al. 1975: 207.
[3072] Westphal/Kim in Balassa et al. 1982: 243, 245.
[3073] Westphal/Kim in Balassa et al. 1982: 241-247.
[3074] Siehe: **Tabelle 153**. In: Kim 1991: 58. Frank et al. 1975: 69-74. Westphal/Kim in Balassa et al. 1982: 241.
[3075] Siehe: **Tabelle 299** und die Erklärung in Westphal/Kim in Balassa et al. 1982: 241.
[3076] Westphal/Kim in Balassa et al. 1982: 241, 243. "In these cases, high effective incentives to domestic sales must be interpreted, at least in part, as a subsidy to exports, although to determine by how much is beyond the scope of this study. Our estimates understate the true subsidies that these exports recieved, but one can compare the effective subsidy on total sales with the share of exports in total sales to gain

Stützung durch den Schutz des heimischen Marktes in Frank et al. (1975) dadurch, daß bis 1968 wenig Abweichungen heimischer Preise von den Weltmarktpreisen festgestellt werden können und es somit weniger wahrscheinlich erscheint, daß eine solche Subventionierung über den heimischen Markt ausschlaggebend für den Erfolg war.[3077] Dies wiederum relativiert aber ebenso die liberale Erwartung angeblich ineffizienter importsubstituierender Industrien, von denen typischerweise erwartet wird, daß sie unter Zollschutz Preise über dem Weltmarktpreisniveau verlangen.

Dies Berechnungen von Westphal/Kim in Balassa et al. (1982) werden weiterhin Anlaß für die Behauptung, daß Korea, alles in allem, ein 'neutrales' Anreizregime ausgebildet hat, allerdings nur in dem Sinne, daß sich insgesamt die Pro-Export- und Anti-Export-Anreize ausgleichen.[3078] Nach Frank et al. (1975) stellte sich diese Neutralität so dar, daß selektive Anreize, darunter durch Schutzzölle vorlagen. Auch das relativ weitgehende 'free trade'-Regime für Exporteure war teils selektiv ausgerichtet und zudem wurden durch 'local content'-Anreize Inputproduzenten in Richtung des heimischen Marktes hin 'verzerrt'. Später werden diese Anreize durch Zollerhöhungen für "new import substitution industries" und sonstige Präferenzen weiter ausgebaut[3079], auf der anderen Seite wird das 'free trade'-Regime für Exporteure deutlicher eingeschränkt.

Daß die liberale Schule viel daran gesetzt hat, ihre Position zu stärken, wird daran sichtbar, daß argumentiert wird, daß die Relevanz von Importsubstitution in Korea auch deshalb so gering war, weil bestimmte Produkte noch nicht importiert worden seien, als eine heimische Produktion aufgebaut wird. Somit könne bei Automobilen, Kühlschränken und TV-Geräten von Importsubstitution im engen Sinne nicht die Rede sein, weil es hier nie Importe gab (d.h. Importsubstitution wird hier 'nur' im Sinne der Verdrängung importierter Waren durch die heimische Produktion verstanden).[3080]

Zwischenfazit: Für diese frühe Momentaufnahme der koreanischen Industrialisierung am Ausgang der sechziger Jahre wird von liberaler Seite die Behauptung aufgestellt, daß statische komparative Vorteile passiv befolgt wurden, weil vor allem die damit übereinstimmenden Sektoren einen Pro-Export-Bias hatten, ergänzt durch eine Liberalisierung (nicht bezüglich des heimischen Markts, aber immerhin für die Exporteure).[3081] Dieses Bild stimmt schon für diese frühe Zeit nicht. Parallel dazu gab es eine selektive Industriepolitik, bei der bestimmte Industrien speziell und intensiv bezüglich Exporten gefördert wurden und es gab eine selektive Importsubstitution, in Form von mindestens moderaten Anreizen zum Aufbau von Industrien im Heimatmarkt, die sich nicht mit den statischen komparativen Vorteilen zufriedengab. Die These von der Neutralität ist somit irreführend. Dies anerkennt auch die Weltbank, aber erst im 'East Asian Miracle' Bericht (1993), in dem sich auf die These zurückgezogen

---

an impression of this phenomenon in particular sectors." Westphal/Kim in Balassa et al. 1982: 243. Berechnungen liegen auch hier vor, werden aber nicht in die effektiven Exportanreize nicht integriert. Es wird aber zugestanden, daß die Anreize durch den Verkauf auf dem heimischen Markt hoch sein können. Frank et al. 1975: 204-206, 208.

[3077] Frank et al. 1975: 216.
[3078] Westphal/Kim in Balassa et al. 1982: 241.
[3079] Frank et al. 1975: 63.
[3080] Westphal/Kim in Balassa et al. 1982: 260.
[3081] Dieses Bild wird beispielsweise, für die Zeit von 1961 bis 1973, kritiklos akzeptiert in Piazolo 1994: 74.

wird, daß die Exportanreize im Durchschnitt, aber nicht in bezug auf die konkreten Industrien neutral waren.[3082]

10.2 Der HCI-Plan

Durch den HCI-Plan (HCI = 'Heavy and Chemicals Industries'), begonnen Ende der sechziger Jahre, in dieser Form publik gemacht 1973 von Präsident Park, gab es einen zweiten IS-Schub, der durch direkte staatliche Beteiligung beim Aufbau der Industrie und einem teilweise neu etablierten, hohen und selektiven Schutz begleitet wurde. Konzentriert wurde sich auf den Aufbau der folgenden Industriebereiche: Stahl, Petrochemie, Maschinen, Nichteisenmetalle, Schiffbau, Elektronik sowie Automobile.[3083] Der Staat nahm dabei die Initiative in die Hand mit der Gründung von öffentlichen Unternehmen in den Sektoren Zement, Düngemittel, Öl, Kunstfasern und Stahl. Die Idee eine Schiffbauindustrie aufzubauen, stammte ebenso von staatlicher Seite. Seit 1969 wurde die Elektronikindustrie gesetzlich als förderungswert angesehen und bekommt Subventionen erst für den Aufbau von Schwarz-Weiß-, dann für die Farb-TV-Produktion. Es wird allerdings seitens des Staates auch klargestellt, daß einen substantiellen Teil der Anstrengungen die privaten großen Konzerne selbst übernehmen müssen und daß sie nach einiger Zeit internationale Wettbewerbsfähigkeit erreichen müssen. Der Staat engagiere sich nur in der ersten beiden Entwicklungsphasen in der Förderung.[3084]

Die erste große Werft wurde als Ableger des Hyundai-Konzerns gegründet, staatliche Unterstützung erfolgte hier nicht nur durch längerfristige Kredite, sondern über ein zeitlich begrenzt eingeräumtes Monopol zu Herstellung von größeren Stahlstrukturen offenbar für den Hochbau, die mit hohem Profit verkauft wurden. Dazu wurde verlautbart, daß Ölimporte nach Korea mit eigenen Schiffen stattzufinden haben. Fachkräfte für die große Werft wurden teils von einer kleineren, schon bestehenden öffentlichen Werft bereitgestellt, teils vom Hyundai-Konzern.[3085]

Sichtbar wird schon hier, daß der HCI-Plan eindeutig dazu führte, daß durch staatliche Aktivitäten das Risiko für den privaten Sektor, sich in diesen Bereichen zu engagieren, reduziert wurde - wenn auch nicht gänzlich abgeschafft. Den privaten großen Unternehmen wurde es durch direkte staatliche Einflußnahme auf die Firmenstrategie nahegelegt, in den HCI-Bereichen tätig zu werden und sie wurden staatlich gefördert, durch Steuererleichterungen und billige Kredite, wobei die Kreditwürdigkeit anhand der Exporte gemessen wurde. Die Exportziele gab der Staat in Konsultation

---

[3082] "In Japan, Korea, and Taiwan, China, incentives were essentially neutral on average between import substitutes and exports. But within the traded goods sector, export incentives coexisted with substantial remaining protection of the domestic market. Export incentives, moreover, were not neutral among industries or firms." World Bank 1993: 359.
[3083] Die ersten Projekte waren schon vor 1973 geplant und wurden bis 1974 fertiggestellt: Petrochemischer Komplex in Ulsan (1968-74), Hyundai Schiffswerft (1972-73), Schwermaschinenfabrik (1973-74), das Stahlwerk POSCO in Pohang (1970-73). Beez 2000: 258. POSCO löst 47 kleinere Stahlbetriebe ab. Zwei japanische Stahlwerke, die es vorher gab wurden während des Koreakriegs schwer beschädigt. Amsden 1989: 293. Automobile werden hier miteinbezogen, zumal der 'Langfristige Plan zur Förderung der Automobilindustrie' als Fortläufer früherer Gesetze nicht zufällig 1974 verabschiedet wurde, der zudem protektionistische Maßnahmen vorsah. Kim 1993: 181.
[3084] Kim/Leiziger 1993: 20.
[3085] Die Hyundai Heavy Industries (HHI) baut 1973 ihr erstes Schiff, einen großen Rohöltanker und ist im Jahre 1984 der weltgrößte Schiffbauer. Amsden 1989: 169-290.

mit den Unternehmen vor. Ebenso wurde Außenschutz eingeräumt und für bestimmte Firmen der Binnenmarkt reserviert, auf dem wohl immerhin moderat höhere Preise erzielt werden konnten, teils begünstigt durch die konzentrierte Industriestruktur.

Bis Ende der siebziger Jahre waren die Banken in staatlichen Händen und bis heute übt der koreanische Staat großen Einfluß mittels der Banken auf die Industrie aus. Letztendlich ergibt sich für die Unternehmen dadurch ein staatlicher Zwang zum Export, weil der Staat beim Verfehlen von Exportzielen u.a. die Kreditvergabe stoppen konnte.[3086]

Geachtet wurde weiterhin darauf, Marktversagen zu vermeiden und dynamische Vorteile geltend zu machen, indem in allen HCI-Sektoren skalenbezogen optimale Produktion angestrebt wurde, allein deshalb waren Exporte notwendig, weil der heimische Markt schnell Grenzen für eine skalenoptimale Produktion zog.[3087] Weiterhin wurden auch während des HCI-Schubs spezielle Vorteile eingeräumt, die schon aus den sechziger Jahren bekannt waren, deren Komplexität in den siebziger Jahren aber nachließ: Exporteure bekamen spezielle Importrechte zugesprochen, Lizenzen oder niedrigere Zölle und durften etwas mehr importieren als für ihre Exporte nötig ist (Überschüsse konnten zu überhöhten Preise auf dem geschützten heimischen Markt zu hohen Preisen verkauft werden) und sie bekamen privilegierten Zugang zu ausländischen Währungen.[3088]

Teilweise wurden diese liberalen Ausnahmen aber rückgängig gemacht oder wurden davon abhängig gemacht, inwiefern die Unternehmen Anforderungen der Regierung genügten, darunter auch die Importsubstitution bestimmter Teile. Damit wurden die Importmöglichkeiten sehr wohl partiell wieder eingeschränkt. Im Jahre 1975 wurde das Zollausnahmesystem für exportierende Nutzer von Rohmaterialien in ein Zollrückerstattungssystem umgewandelt, welches höhere Kosten für die Firmen implizierte.[3089] Die Vorteile wurden teils nur dann eingeräumt, wenn die Firmen IS-Ziele erreichten. Den Firmen wurde zudem beispielsweise nahegelegt, bestimmte Teile, die bisher importiert wurden, innerhalb bestimmter Planzeiträume selbst herzustellen, z.B. durch die Gründung von lokalen Zulieferfirmen. Partiell wurden solche Firmen, wenn sie erfolgreich waren, auch zollgeschützt, siehe unten. Zwar wurde nicht auf der vollständigen Einhaltung dieser Pläne bestanden - die Politik blieb also flexibel und realistisch - gegenüber einer Freihandelssituation hat diese IS-Politik aber den koreanischen Firmen zu einem gewissen Grad Kosten auferlegt, die typischerweise in IS-Regimen entstehen.[3090]

[3086] Siehe hierzu: Westphal 1981: 27; Westphal 1990: 47-49.; Kim/Leipziger 1993: ix, 19-20, 22-23, 35; Leipzinger/Petri 1993: 12-15. Beez 2000: 152, 161, 175. So auch World Bank 1993: 291. "The HCI policy was implemented through directed, subsidized credit, selective protection, regulations affecting industrial entry, and direct involvement in government decision making." Leizpiger/Petri 1993: 13. Die Kredite werden gegen Ende der siebziger Jahre sogar zu negativen Zinsen in die HCI-Industrien abgegeben. Kim/Leipziger 1993: 23.

[3087] "In the development of HCI economy (sic) of scale, efficient operation, and competitive prices are prerequisite, since these are industries which have vast inter-industry effects. The competitiveness of HCI is, therefore, fundamental to the whole economy. Economy of scale is especially required when we consider that domestic markets are so limited that HCI should be developed as export industries." Kim/Leipziger 1993: 18.

[3088] Frank et al. 1975: 66-67; Kim/Leipziger 1993: 19.

[3089] Kim 1991: 67-68.

[3090] Für den Automobilbereich siehe Kim 1993: 180-181.

Welche Aspekte wies der HCI-Plan im Bereich Außenwirtschaft auf? Auffällig ist die Präsenz der gesamten Breite außenhandelspolitischer Maßnahmen von nicht-tarifären Handelshemmnissen, darunter Importverbote, mengenmäßige Beschränkungen bis zu hohen, teils ansteigenden Schutzzöllen. Über die Zeit findet allerdings, wenn auch langsam, eine Liberalisierung statt, die Mitte der achtziger Jahre immer deutlicher dokumentiert werden kann. Im Jahre 1973 wurde das Zollsystem reformiert: Insgesamt wurde die Zahl der Waren, auf die Zölle entfallen, von 3217 auf 3984 erhöht. Gesenkt wurden Zölle für 1067 Güter im Bereich industrieller Rohstoffe und Güter des täglichen Gebrauchs. Für 440 Importsubstitutions- und Luxusgüter wurden die Zölle erhöht. Im Jahre 1978 erfolgte eine ähnliche Reform des Zollsystems mit Zollsenkungen, aber der gleichzeitigen Erhöhung für IS-Güter. Die Zölle selbst spiegelten zudem nicht notwendig den Grad der Protektion wieder. Während der gewichtete Durchschnitt von 54 % auf 8 % von 1968 bis 1978 sank, stieg die gewichtete nominale Protektionsrate in dieser Zeit von 14 % auf 18 % an. Während Zollnachlässe für Inputs bzw. Vorprodukte ('intermediate products') gewährt wurden, war für Verbrauchsgüter, Luxusgüter und die IS-Güter der siebziger Jahre die Einfuhr erschwert.[3091] Dadurch wurde der Leichtindustrie, darunter auch der Textilindustrie und der Nahrungsmittelverarbeitung, ein Vorsprung auf dem heimischen Markt eingeräumt, erkennbar anhand der koreanischen Zölle im Jahre 1978.[3092]

Im Jahre 1978 bestanden etwa effektive Schutzraten von 135 % für Automobile und Schiffbau, 131 % für Haushaltsgeräte, 77 % im Bereich Landwirtschaft, Forsten und Fischerei, 47 % für den Maschinenbau (elektrisch und nicht-elektrisch) und 32 % für nicht-dauerhafte Konsumgüter.[3093]

Siehe dazu die folgende Einleitung der UNCTAD (1996b) Publikation, die diese Zollhöhen recherchiert hat und dazu folgenden Kommentar abgibt:

"Despite all evidence to the contrary, the emperor was seen to be wearing clothes! Through their neoclassically tinted spectacles, Little and Balassa and Associates were able to ignore the fact that in 1978 the most highly protected sectors in the Korean economy recieved effective rates of protection of 135 % for transport equipment ..."[3094]

Dazu kommt, daß noch 1983 ein Anteil von 93 % der Importe (nach Werten) mengenmäßigen Beschränkungen unterlagen.[3095] Dieses Bild unterschiedlich hoher Zollanreize wird bestätigt von Kim (1991).[3096] Wiewohl schon vorher immer wieder Schritte in diese Richtung unternommen worden

---

[3091] Köllner 1998: 162. Diese Zahlen stimmen mit den oben erwähnten Güterzahlen nicht überein. Sie werden aber dennoch erwähnt, um hier eine Tendenzaussage machen zu können. Vgl. dazu Frank et al. 1975: 58-59.
[3092] Siehe: **Tabelle 154**.
[3093] UNCTAD 1996b: 60. Siehe auch die **Tabelle 155**. Zitiert in Moreira 1995: 58. Siehe für die durchschnittlichen nominalen Werte **Tabelle 154**.
[3094] UNCTAD 1996b: 60.
[3095] Beez 2000: 281. Diese Größenordnung wird bestätigt in Kim/Leipziger 1993: 17. **Tabelle 149**.
[3096] Kim 1991: 54.

sind[3097], erfolgte in den achtziger Jahren eine sukzessive Liberalisierung, die aber weiterhin von selektivere Schutzmaßnahmen begleitet wurde.[3098] Somit ist sicherlich für die siebziger Jahre die These nicht aufrechtzuerhalten, daß in Korea eine Freihandelssituation für Exporteure ('virtual free trade regime for export activity") herrschte.[3099] Die Schutzzoll- und die Industriepolitik des koreanischen Staates hat bei Firmen Kosten ausgelöst, aber offenbar solche, die von den Firmen getragen werden konnten. Deutlich wird dies anhand der staatlichen Planvorgaben gewisse Komponenten als reif für die Importsubstitution auszuloben. In der Literatur wird berichtet, daß die koreanischen Unternehmen teils tatsächlich schafften diese nach einiger Zeit zu entwickeln und wenn diese Entwicklung abgeschlossen war, gab es zur Belohnung Zollschutz. Tendenziell wurden Importlizenzen weiterhin von komplexeren Anforderungen abhängig gemacht, neben Exporten auch von der Einhaltung von 'local content'-Auflagen, dazu kamen Vorgaben für die Exportquellendiversifizierung (gegen Japan gerichtet) und ad hoc Eingriffe, falls durch Importe für einheimische Unternehmen Probleme entstanden.[3100] Das hatte unter anderem zu Folge, daß die Firmen doch nur bei bestimmten heimischen Firma ein spezielles Produkt kaufen durften. Im Endeffekt gab es also doch eine Art 'law of similars' in Korea.[3101] Noch 1987 wurde ein Fünfjahresplan für Importsubstitution aufgestellt, der jährlich 800 Maschinen, Komponenten und Materialien bestimmte, die nicht mehr importiert werden sollen, 1994 sind 4202 von 4542 Posten selbst entwickelt worden und ein weiterer Plan wurde danach aufgelegt.[3102] Bemerkenswert sind aber nicht nur die HCI-Waren. Auffällig ist, daß in weiteren Industriebereichen, in denen substantielle Exporte vorliegen, hohe Zölle aufrechterhalten wurden und dies teilweise dazu führte, daß die Importe auf geringem Niveau lagen: Dies gilt für Bekleidung, Automobile, elektrische Maschinen und den Agrarbereich.[3103] Auch der Weltbank-Bericht 'East Asian Miracle' erkennt an, daß es mengenmäßige Beschränkungen- und Zollschutz für HCI-Sektoren gab. Bis in die Mitte der achtziger Jahre hinein konnten HCI-Unternehmen, so wird weiterhin geschlossen, auch Renten auf dem Heimatmarkt abschöpfen.[3104]

10.3 Korea im Vergleich zu Brasilien

Wiewohl es in Korea keinen völlig freien Handel für Exporteure gab, kann im graduellen Kontrast zu Brasilien festgehalten werden, daß es im letzteren Land offenbar noch deutlich schwieriger als in Korea war, Importe zu erhalten.[3105] Mittelbar kann daraus geschlossen werden, daß Korea generell mehr Importe zur Erzielung von Exporten benötigt hat, als dies in Brasilien zu beobachten war (in

---

[3097] Ausführliche Darstellung in Kim 1991: 34-57.
[3098] Siehe: **Tabelle 156**, **Tabelle 154**, **Tabelle 149**.
[3099] So selbst Westphal 1990: 44.
[3100] So wird für 1983 geschätzt, daß US$ 8,7 Mrd., also 61 % der Importe solchen Sonderregime zuordenbar waren. Köllner 1998: 166-168, 172-177.
[3101] Dies gesteht zu und widerspricht sich damit selbst Westphal 1990: 47.
[3102] Von 1992 bis 1996 sollen weitere 4000 Posten substituiert werden. Köllner 1998: 175-178.
[3103] Siehe dazu: **Tabelle 154** und **Tabelle 157**.
[3104] World Bank 1993: 97, 295-297, 308. Diese Renten konnten womöglich auch aufgrund der konzentrierten Industriestruktur leicht abgeschöpft werden. Auf wettbewerbswidriges Verhalten und zwischen heimischen und Exportmärkten diskriminierenden Preisstrategien weist hin Westphal 1981: 27. Westphal 1990: 47-48.
[3105] Balassa in Balassa et al. 1982: 42, 47.

Brasilien wurden ungefähr 10 % importierte Inputs für Exporte benötigt bzw. zugelassen, in Korea immerhin ca. 25 %). Aber auch Korea hat dies nicht ad hoc erreicht. Es hat Anfang der siebziger Jahre mit Prozentwerten, die in der Lohnveredelung erreicht werden (70 %) angefangen, um später seine Importanteile zurückzubauen. Interessanterweise startete Korea von einem ebenso niedrigen Anteil wie Brasilien und im Prozeß der Etablierung von Schwerindustrien und durch den dynamischen Prozeß der Ausbildung neuer technologischer Fähigkeiten stieg der Importprozentwert wieder an.[3106] Das spätere Absinken in den achtziger Jahren ist schwer zu interpretieren, denn es kann sowohl an einer verstärkten Inputsubstitution liegen als auch an der Wirtschaftskrise in Korea Anfang der achtziger Jahre. Parallel dazu kann der breit angelegte Erfolg der Importsubstitution im allgemeineren Sinne, nämlich, daß in fast allen Bereichen immer weniger Importe benötigt werden, um die heimische Nachfrage zu befriedigen, auf beeindruckend klare Weise dokumentiert werden.[3107] Im Vergleich zu Brasilien fällt weiterhin auf, daß weiterhin Exportsubventionen nicht so stabil und kontinuierlich bereitgestellt und eher diskretionär verwaltet wurden.[3108] Im Vergleich zu Brasilien sind die Exportanreize weiterhin etwas niedriger angesiedelt.[3109] Siehe dazu Tabelle 158.

10.4 Die Anreize des HCI-Plans

Für die siebziger Jahre des HCI-Plans kann hinsichtlich der Anreize zuerst einmal darauf verwiesen werden, daß durch die Förderungsprogramme der Wechselkurs für Exporte höher lag als der nominale Wechselkurs.[3110] Einig sind sich die Autoren darin, daß das Wechselkursregime durch immer wieder erfolgende Abwertungen eine Überbewertung vermeidet.[3111] Die hier vorliegenden Informationen besagen zusätzlich, daß Korea nicht gezwungen war, zu einer extremen Abwertung zurückzugreifen, nach Indexwerte lagen der Wechselkurs für 1980 = 100 und im Jahre 1992 = 92.[3112] Vorher sah die Situation so aus, daß der Wechselkurs, gemessen an 'purchasing power parities' zwischen 1965 und 1983 auf einem ähnlichen Niveau lag.[3113] Von Korea wurde eine mittelhohe Inflation toleriert, allerdings nur in den siebziger Jahren.[3114] In den siebziger Jahren ist zudem eine zweite Phase der IS auszumachen. Für Korea stieg zwischen 1970 bis 1973 die IS-Anreizrelevanz im Bereich der Lebensmittel-, der Druckereiindustrie und im Maschinenbaubereich im Vergleich zur Episode davor erkennbar an. In diesen Bereichen und in allen weiteren Sektoren, darunter Transportausrüstung, welche noch in der Episode 1963 bis 1970 fast gleich von der IS und EE (export expansion) getragen wurde, blieb aber die Relevanz der Exportanreize bei zunehmender Tendenz klar ausgeprägt.[3115]

[3106] Siehe: **Tabelle 158**.
[3107] **Tabelle 159**. Siehe aber die eher höheren Zahlen in **Tabelle 160**.
[3108] Balassa in Balassa et al. 1982: 42.
[3109] **Tabelle 158**. Moreira 1993: 110.
[3110] **Tabelle 161**. Kim 1991: 58.
[3111] Zwischen 1975 und 1979 und zwischen 1981 und 1983 ist die Währung überbewertet, es werden aber immer wieder Abwertungen eingesetzt, um Exporte zu fördern. Kim/Leipzinger 1993: 14. Beez 2000: 222-229.
[3112] Dean et al. 1994: 32, 56, 75, 85, 92-93.
[3113] Kim 1991: 24-25.
[3114] Kim/Leipziger 193: 15.
[3115] Chenery et al. 1986: 182-183.

10.5 Erfolge des HCI-Plans

Ist der HCI-Plan erfolgreich gewesen und wie werden die Exporterfolge bewertet? Nach den Exportzahlen zu urteilen liegt jedenfalls ein Erfolg vor: Zwischen 1970 und 1980 stiegen die Exporte jährlich um 37,2 %, zwischen 1980 und 1990 um 15,0 %.[3116] Dazu kommt, daß speziell die HCI-Industrien auf breiter Ebene Exporte vorweisen können, siehe Tabelle 77. Mit Hilfe des HCI-Plans gelang es im Bereich Stahl, Petrochemie, Schiffbau, Chemie, Maschinenbau und im Automobilbereich grundlegende Entwicklungsschritte zu machen und erfolgreich zu werden. Dadurch entstanden signifikante Verzerrungen, große Konzerne wurden bevorzugt, besonders bei der Kreditvergabe, und das Finanzsystem wurde durch hohe Kredite geschwächt. Während der zweiten Ölkrise des Jahres 1980 kam es zur Krise und zu einem unterstützenden IWF-Kredit.[3117] Die Unterstützung für die Industrie wurde zurückgefahren, es gab zudem Probleme mit nicht zurückgezahlten Krediten. Die großen Konzerne wurden von staatlicher Seite daraufhin gezwungen, sich zu restrukturieren und sich auf bestimmte HCI-Bereiche zu spezialisieren.[3118]

Angemerkt sei in diesem Zusammenhang, daß der Erfolg in der Elektronikindustrie als marktkonform im liberalen Sinne eingeschätzt wird, weil er im Einklang mit komparativen Vorteilen wie geringen Lohnkosten trotz relativ hoher Qualität steht.[3119] Ebenso steht der Bekleidungs- und Textilsektor im Einklang mit arbeitsintensiven komparativen Faktorvorteilen. Am Rande: Sowohl im Bekleidungsbereich als auch dem Textilsektor lag ein signifikanter Außenschutz vor.[3120] Der liberalen Seite sei somit zugestanden, daß das Argument der komparativen Vorteile partiell relevant zur Erklärung des koreanische Entwicklungserfolgs bleibt, wenn die frühe aber auch die Entwicklung Koreas in den siebziger Jahren betrachtet wird. Es ist festzustellen, daß Korea im Bereich elektronischer Produkte sowie Textilien große Exportmengen bis Anfang der neunziger Jahre vorzuweisen hat. Dies beginnt spätestens für die neunziger Jahre Fragen aufzuwerfen, weil zwischendurch die Löhne in diesen Bereichen angestiegen sind und somit Verschiebungen der komparativen Vorteile hätten eintreten müssen.[3121] Zusätzlich sind aber nicht-marktkonforme bzw. eigentlich nicht mit komparativen Vorteilen ausgestattete Industrien wie Stahl und Automobile und Chemie erfolgreich gewesen sind.

Die diesbezügliche These der Weltbank in 'East Asian Miracle' (1993) lautet, daß auch Mißerfolge bei diesen nicht-marktkonformen Industrien vorliegen, erkennbar an den drei Sektoren Düngemittel, Aluminium und Maschinenbau. Anhand der angeblichen Mißerfolge dieser drei Sektoren wird

---

[3116] Dies sind f.o.b.-Werte. UNCTAD 1994: 18.
[3117] Park/Rhee 1998: 152.
[3118] Eingeschlossen Fusionen und Kapazitätsreduktionen. Kim/Leipziger 1993: 17, 23; siehe auch World Bank 1993: 309. Eine ähnliche Strategie verfolgt der koreanischen Staat in der Zeit der Asienkrise: Seliger 1999: 575-581.
[3119] Dies hat zu relativ hohen japanischen Direktinvestitionen in den siebziger Jahren geführt, die 1974 für ein Drittel der koreanischen Exporte aufkommen. Castley 1996: 69, 75.
[3120] Das hohe Gewicht des Textilsektors wird betont in den Berechnungen der Weltbank, die argumentiert, daß Korea sich gemäß des Heckscher-Ohlin-Modells komparative Vorteile entwickelt hat. World Bank 1993: 313-315.
[3121] Siehe: **Tabelle 157** und **Tabelle 162**.

statistisch die Fähigkeit der koreanischen Regierung bezweifelt, daß sie Gewinner auswählen kann ('picking winners').[3122] Nun stimmt es zwar, daß in einigen Sektoren der Erfolg eingeschränkter war, es ist aber fraglich, ob dies als Mißerfolg bezeichnet werden muß, zumal Korea auch dort Wachstums- und Exporterfolge vorweisen kann. Zum Aluminium und Düngemittelbereich können hier leider keine Informationen präsentiert werden.

Zumindest im Maschinenbaubereich ist der Mißerfolg nicht so dramatisch wie dargestellt: In Südkorea gelang es, unter absolutem Schutz vor Importen, Dieselmotoren zu bauen, allerdings ohne diese selbst zu entwickeln.[3123] Ebenso gelang es in Südkorea nicht, einen technologisch avancierten, weitgehend von Importen unabhängigen Maschinenbausektor zu etablieren, andererseits ist, so Köllner (1998) auch mit einem wenig avancierten Maschinenbaubereich viel gewonnen.[3124] Diesbezüglich kurz noch einmal zu einer Problematik der IS-Politik, die hier besonders wichtig ist, wenn es darum geht, die Relevanz liberaler Politiktendenzen in Korea einzuschätzen: Beim besonders ausgeprägten Importschutz für den Maschinenbau und den immer wieder vonstatten gegangenen Versuchen durch Importverbote die Importsubstitution voranschreiben zu lassen, ist trotzdem eine gewisse Rücksichtnahme auf die Fähigkeiten der Firmen zu verzeichnen. Es wird somit keine Importsubstitution betrieben, die die Fähigkeiten von Firmen extrem einschränkt. Dennoch werden durch die IS-Politik höhere Kosten ausgelöst. Dies wird zum Beispiel an der Werkzeugmaschinenindustrie deutlich, deren Importabhängigkeit mal absinkt, dann aber wieder ansteigt.[3125]

[3122] Kim/Leipziger 1993: 24-25. Diese Zweifel werden noch stärker betont, ohne daß es aber zu detaillierten Sektorstudien kommt, in World Bank 1993: 86, 97, 313.
[3123] Enos/Park 1988: 157-161.
[3124] Gemeinhin wird die Förderung des Maschinenbaus, Stichwort Changwon Maschinenbaudistrikt, in Korea als Fehlschlag angesehen. Beez 2000: 262; Kim/Leipziger 1993: 27. Dies müßte aber differenzierter gesehen werden, zumal die Förderung des Maschinenbaus sich nicht auf den Changwon-Distrikt beschränkte. Obwohl es schon diverse Betriebe gab, nahmen 1972 die Importe von Werkzeugmaschinen auf 91,6 % zu, dies lag am Aufbau der Schiffbauindustrie, für die die heimischen Betriebe nicht mehr die Kompetenz hatten, Maschinen herzustellen. Innerhalb der HCI-Politik zum Aufbau der Schwerindustrie wurden u.a. die Firmen Kia (1976), Daewoo (1976) und Hyundai (1978) vom koreanischen Staat dazu angehalten, ebenso in die Maschinenproduktion einzusteigen. Damit einher ging eine massive Förderungspolitik durch verbilligte Kredite, auch für Käufer der Maschinen, Außenschutz und technologische Unterstützung, durch das 1976 gegründete Korea Institute for Metals and Machinery (KIMM). Dem Verband der Werkzeugmaschinenhersteller (KOMMA) wird die Entscheidung über Importbeschränkungen anvertraut. Bis 1979 reduzierte sich die Importabhängigkeit auf 75,5 % und die Produktion verzehnfachte sich. Für Maschinentypen, die in Korea hergestellt werden können, werden Importverbote erlassen. Technologie wird über Lizenzen vor allem aus Japan gekauft. Bis 1987 wird die Abhängigkeit von Importen auf 47,8 % reduziert. Der koreanischen Industrie gelingt es aber nicht, mit dem Stand der technischen Entwicklung Schritt zu halten, z.B. hinsichtlich CNC-Steuerungen und aus Japan müssen immer wieder die neuen, computerisierten Modelle eingeführt und damit der Versuch gemacht werden, an japanische Technologie zu gelangen. Von sechs Joint Ventures mit japanischen Unternehmen ist nur eines mehrheitlich von Japan kontrolliert aufgrund von staatlichen Investitionsbeschränkungen. Zwischen 1979 und 1984 verschob sich Importsubstitutionspolitik und konzentrierte sich nicht mehr auf die neuen Maschinen selbst, sondern eher auf einzelne Teile und Komponenten der Maschinen. Kurzum: Eine Liberalisierung erfolgte. Der Maschinenbauverband verlor das Recht, Importe abzulehnen. Die IS Politik wird selektiv: Nur für bestimmte Maschinen gab es ein Importverbot. Interessanterweise gingen die Exporte, die Anfang der achtziger Jahre noch über 45 % lagen, auf 1991 10 % zurück. Aufgrund dieser mangelnde Exporte (bzw. dadurch nicht vorliegender Skalenökonomien) und aufgrund notwendiger Inputteil bzw. Vorproduktimporte aus Japan, liegen bei koreanischen Herstellern Kostennachteile vor. Im Jahre 1995 führte Korea 55,2 % seines Maschinenbedarfs ein, 1994 sind Werkzeug- und metallverarbeitende Maschinen für 22 % der defizitären Seite der koreanischen Handelsbilanz verantwortlich. Insgesamt erfolgt die Bewertung der koreanischen Politik aber nicht als negativ, sondern als "Prosperieren in Abhängigkeit". Köllner 1998: 268. Ebenso wird geschlossen, daß ohne die Importverbote die Importabhängigkeit höher gewesen wäre. Siehe ausführlich und überzeugend Köllner 1998: 266, 242-275.
[3125] Siehe: **Tabelle 163**.

Zurück zu der Einschätzung des Erfolgs der HCI-Sektoren durch die 'East Asian Miracle' Studie. Der Chemiebereich, ein HCI-Prioritätsbereich, zeichne sich, so die Weltbank, durch deutlich steigende Gesamtfaktorproduktivität aus.[3126] Daß sie aufgrund eigener Berechungen einer geringen Gesamtfaktorproduktivitätssteigerung im Stahlbereich von einem Mißerfolg spricht[3127], wird aber nicht nur vom Verfasser hier anders gesehen.[3128] Schon eine andere Einschätzung des Beispiels Maschinenbau würde allerdings womöglich schon ausreichen, um die These der Weltbank in der obengenannten statistischen Untersuchung abzumildern, denn von 6 Sektoren wären dann höchstens 2 als tatsächlicher Mißerfolg darzustellen. Daran wäre zu schließen, daß es dem koreanischen Staat sehr wohl gelungen ist, erfolgreiche Industrien auszuwählen. Das wird nicht zuletzt an den Exporten deutlich, bei denen die HCI-Industrien wie Stahl, Chemie, Schiffe, Automobile und petrochemische Produkte noch im Jahre 1992 Plätze unter den 10 prozentual wichtigsten Exportbereichen einnehmen.[3129] Anhand von ökonometrischen Untersuchungen kann gezeigt werden, daß der HCI-Plan das Wachstum Koreas erhöhte und es wird geschlossen, daß damit das Erziehungszollargument in diesem Fall erfolgreich umgesetzt wurde.[3130] Es stimmt somit nicht, wenn die Weltbank im 'East Asian Miracle' in bezug auf Korea schließt:

"We conclude that promotion of specific industries generally did not work and therefore holds little promise for other developing countries"[3131]

In der Zeit zunehmender Liberalisierung, geprägt durch eigenständigere Firmenentscheidungen, prägten sich die komparativen Vorteile Koreas weiter aus, die nicht direkt mit dem Schlagwort Schwerindustrie benannt sind. Zuerst einmal blieben Textilien und Schuhe wichtiges Exportgut, wobei hier auf höherwertige Waren umgestiegen wird. Im Bereich der Industrie werden forschungs-, technologie- und humankapitalintensive Waren wichtiger, sichtbar an der Automobilindustrie sowie bei elektronischen Produkten zu denen immer mehr Computer- bzw. Halbleiterprodukte hinzukommen.[3132]

Der Vollständigkeit halber kurz zu einem weiteren, noch tiefer schürfenden Argument, welches auffälligerweise zwischen Neoklassikern und den sog. Revisionisten[3133] nicht umstritten ist. So geht z.B. auch Amsden (1989), die die Eingriffe des Staates thematisiert, davon aus, daß die Kriterien für

---

[3126] World Bank 1993: 315.
[3127] World Bank 1993: 315.
[3128] Die gesamten Produktionskosten für ein Tonne Stahl liegen nur in Japan noch unter den Werten, die Korea in seinem POSCO-Stahlwerk erreicht (in US$, für 1985). USA: 446; Westdeutschland: 364; Japan 347; Korea 362; Brasilien 384. Aus: Amsden 1989: 298.
[3129] Siehe: **Tabelle 162**.
[3130] Piazolo 1994: 243-244.
[3131] World Bank 1993: 24, 354. "Although governments in these four economies were undoubtly trying to alter industrial structure to achieve more rapid productivity growth, with the exception of Singapore their industrial structures evolved largely in a manner consistent with market forces and factor-intensity-based comparative advantage." World Bank 1993: 355.
[3132] Anhand der Berechnung nach der 'revealed comparative advantages'-Methode. Piazolo 1994: 95.
[3133] Die Unterscheidung benutzt die Weltbank, um zwischen einer eher liberalen und einer eher den Einfluß des Staates herausstellenden Argumentation in bezug auf asiatische Wachstumserfolge zu unterscheiden: World Bank 1993: 9.

die Kreditvergabe allein leistungsbasiert waren, eben Exporte oder Profitabilität und somit international wettbewerbsfähige Firmen angestrebt wurden bzw. eben daß der koreanische Staat rigorose Disziplin von privaten Firmen eingefordert hat.[3134] Dieses Bild der rigorosen Disziplin kombiniert mit dem freien Zugang zu Inputs suggeriert ein Bild der koreanischen Wirtschaft, das mit neoklassischen Annahmen dann doch wieder weitgehend übereinstimmt. Ein weiteres Mal wird gegen diese Schlußfolgerung argumentiert, weil damit nicht in Einklang zu bringen ist, daß es zuerst die Entscheidung und auch die Anreize gab, einen Industriebereich aufzubauen und dann erst die Leistungsüberprüfung durch Exporte erfolgte und es weiterhin durchaus Wohlfahrtskosten des HCI-Plans gab. Dieser Aspekt wird aus neoklassischer Perspektive von der Weltbank (1993) betont.[3135]

Auch dann, wenn man liberale Annahmen nicht ganz akzeptiert, ist es klar, daß die Importsubstitution in Korea zu Kosten für die Verbraucher und Firmen geführt hat[3136], die IS-Zwänge gegenüber Firmen wurden oben schon erwähnt. Die Schätzungen der Weltbank richten sich auf weitere Aspekte und erwähnen Kosten von 4 % des BSP, die durch Steuerausfälle, Zinssubventionen und Schuldenübernahme für Privatfirmen angefallen sind. Dazu kommen die Auslandskredite. Durch die Finanzierung des HCI-Plans und die Krise 1980 mitverursacht, war Korea bei Ausbruch der Schuldenkrise 1982 mit 53 Mrd. US$ das am vierthöchsten verschuldete Entwicklungsland, bis 1990 sanken die Schulden aber auf 4,85 Mrd. US$ ab. Insgesamt lagen also durchaus Kosten vor, diese scheinen aber gegenüber den Vorteilen tragbar gewesen zu sein.[3137] Neben den schon genannten Punkten haben weiterhin temporäre Überkapazitäten zu Kosten geführt.[3138] Die koreanischen Firmen konnten jedoch, auch aufgrund ihrer Größe, diese Kosten tragen. Schließlich bleibt auffällig, daß der Staat davon abgesehen hat, die Kosten allzu stark in die Höhe zu treiben.

Auf diesen Grundlagen kann die Gesamtbewertung des HCI-Plans erfolgen. Die Frage laute nicht, wie die Kosten im Vergleich zu einer Strategie des freien Handels ausgesehen hätten, sondern angesichts Koreas läge die Schwierigkeit darin, zu beweisen, daß eine alternative (d.h. auch liberale) Politik besser gewirkt hätte. In den meisten HCI-Bereichen wurde innerhalb von 10-15 Jahren internationale

---

[3134] Weltbank 1993: 20-21; "Where Korea differs from most other late industrializing firms is in the discipline its state exercises over private firms" Amsden 1989: 14. Auf diese Übereinstimmung weist auch hin Weltbank 1993: 6.
[3135] World Bank 1993: 309.
[3136] So auch World Bank 1993: 353.
[3137] Die Schulden wurden vor allem in den siebziger Jahren gemacht. Gegen Ende der achtziger Jahre stieg die Sparquote von 1976 bei 20 % auf 35 % an und überflügelte damit die Auslandskreditaufnahme. Nach 1991 steigen die Schulden wieder an. Piazolo 1994: 101. Ebenso wurden Schulden während der Krise 1980 gemacht. Park/Rhee 1998: 152. In Weltbanks 'East Asian Miracle' werden die Kosten des HCI-Plan nicht mit Zöllen in Verbindung gebracht, sondern mit Steuernachlässen und Zinssubventionen, die auf 3 % des BSP geschätzt werden. Zudem kam es zu diversen Politiken, um auf die zweite Ölkrise Anfang der achtziger Jahre zu reagieren. Hier werden Überkapazitäten erwähnt, die zu einer Restrukturierungspolitik seitens der Regierung geführt haben. Die staatliche Übernahme von krisengeschüttelten Unternehmen kostete 1 % des BSP. Zudem wurden überschuldete Unternehmen vom Staat freigekauft, 1986-87 wurden beispielsweise 10 % der Kredite nicht zurückgezahlt. Bis 1993 stellten 40 % der Kredite solche dar, die bewußt seitens der Regierung an Firmen vergeben werden, wiewohl offenbar diese Kredite seit 1980 nicht mehr subventioniert wurden. World Bank 1993: 309. Die Weltbank entzieht sich an dieser Stelle einer Bewertung der Frage der Kreditvergabe auf die Außenhandelspolitik.
[3138] World Bank 1993: 309.

Wettbewerbsfähigkeit erreicht. Die selektive Industriepolitik Koreas hat somit zu höheren und schneller erzielten Wohlfahrtsgewinnen geführt, als dies eine liberale Politik ermöglicht hätte.[3139]

Daß diese Politik unter anderem durch ihre selektiven Interventionen Wohlfahrtserfolge erzielt hat, ist in der Literatur nicht mehr umstritten.[3140] Diese Feststellung kann noch einmal bekräftigt werden mit dem Hinweis darauf, daß diese selektive Förderungspolitik in einem Land begonnen wurde, das 1970 erst über ein BSP von 8 Mrd. US$ und 270 US$ Pro-Kopf-Einkommen verfügte und es somit durchaus nicht selbstverständlich war, daß die komparativen Vorteile Koreas in kapitalintensiven und wissensintensiven Bereichen lagen.[3141] Auch das Argument, daß zusätzlich liberale Aspekte eine wichtige Rolle gespielt haben, entwertet nicht die Erfolge der interventionistischen Entscheidungen der Regierung. Die von der Neoklassik als neutral angesehenen Investitionen in Infrastruktur, Ausbildung und die hohen Zinsen und hohen Sparraten stehen jedenfalls nicht außerhalb jeden kausalen Zusammenhangs mit der HCI-Politik und waren nicht nur dazu gedacht, allein die im Bereich neoklassischer Annahmen befindliche, erfolgreich exportierenden Textil- und Bekleidungs- sowie den Elektroniksektor mit Häfen und mit Fachkräften zu versorgen.[3142] Die Investitionen in die Infrastruktur erfolgten im Rahmen staatlicher Unternehmen wie Bahnen, Elektrizität, Telekommunikation, dazu kamen Unternehmen, die im Bereich Kohleförderung aktiv sind. Die Wertschöpfung in diesem staatlichen Bereich wuchs zwischen 1970 und 1980 noch stärker als die sonstige Wirtschaft mit 14,5 % pro Jahr und ist, weil im großen und ganzen kostendeckende Preise veranschlagt werden, profitabel.[3143] Wenn auch, teils plausibel, argumentiert wird, daß eine

---

[3139] So die Bewertung von folgenden Autoren: Mit weiteren Verweisen auf positive Einschätzungen der Weltbank in bezug auf den HCI-Plan. Kim/Leipziger 193: 20-21, 25. Siehe auch das folgende Zitat: "Thanks to the Miracle, it will no longer be fashionable to argue that East Asian economies did so well because they had so few government interventions, or that they would have grown even faster had there been less interventions. This is an extremely valuable service, insofar as the debate on East Asia can now move to a higher plateau of common understanding." Rodrik 1994: 2. Im Weltbankbericht 'East Asian Miracle' wird dies aber teils wieder bezweifelt: "These findings do no imply that governments were not attempting to influence industrial structure. They undoubtly were. But they suggest that, despite government intentions, the manufacturing sector seems to have evolved roughly in accord with neoclassical expectations; industrial growth was largely market conforming." World Bank 1993: 315; ähnlich: World Bank 1993: 21. Dieses Statement ist falsch, zumal eben diverse Sektoren, die dezidiert als nicht marktkompatibel bezeichnet werden, eben doch existieren und auch von der Regierung gefördert wurden. Dies wird im selben Bericht sogar empirisch genau herausgearbeitet. So steigt die Wertschöpfung im Metallprodukte- und Maschinenbaubereich in den achtziger Jahren noch einmal deutlich an und auch im Chemiebereich ist nur ein relatives Absinken auf gleichbleibend hohem Niveau zu beobachten. Als einziges, fragwürdiges Argument bleibt hier, zu behaupten, daß der Chemiebereich relativ kleiner als im internationalen Vergleich ist. World Bank 1993: 305.

[3140] Kim/Leizpiger 1993: 24-27. Mit diesem Weltbank-Zitat: "the HCI drive was overambitious and resulted in serious misallocations of resources. Nevertheless (...) many of the goals of that policy were in fact achieved. Exports of HCI did not quite reach target of 50 per cent of total exports by 1980, but exceeded the target only a few years later and reached 56 per cent in 1983 (...) In a comprehensive dynamic perspective, it is difficult to demonstrate that an alternative policy would have worked better." Kim/Leipziger 1993: 25. Siehe auch Beez 2000: 258-265. Der Weltbankbericht 'East Asian Miracle' ist hier keine Ausnahme: "Unlike other governments that have attempted to build a heavy-industry sector, Korea was at least partially successful." World Bank 1993: 129. Wiewohl an weiteren entscheidenden Stellen immer wieder gezögert wird, eine solche eindeutige Bewertung vorzunehmen. World Bank 1993: 97, 309. Teils werden auch Ergebnisse der Vorstudien falsch wiedergegeben, beispielsweise werden Schlußfolgerungen von Kim/Leipziger falsch wiedergegeben in World Bank 1993: 97.

[3141] **Tabelle 124.** Dies dürfte ausreichen, um die Argumente von einem Wachstum gemäß neoklassischer Faktor-Erwartungen zu widerlegen. In: World Bank 1993: 324.

[3142] Die Investitionen in Infrastruktur und Ausbildung sowie die weiteren Faktoren makroökonomische Stabilität und auch der Schutz der Eigentumsrechte (der allerdings durch Restrukturierungen etc. durchbrochen wird) werden detailliert und überzeugend nachgezeichnet in World Bank 1993: 43, 191-203, 203-221, 222.

[3143] Zu den staatlichen Konzernen gehört das monopolistische staatliche Tabakunternehmen. Zu diesem Abschnitt Moon/Kang 1991: 22.

Liberalisierung schon ab Anfang der achtziger Jahre erfolgte und daß die Erfolge hernach vor allem auf den Anstrengungen der privaten Unternehmen basieren, muß beachtet werden, daß auch später noch die Kreditvergabe vom Staat gelenkt wurde.[3144]

10.6 Direktinvestitionen

In bezug auf ausländische Investition ist zu bemerken, daß diese zwischen 1962 und 1983 für 5 % der ingesamten ausländischen Kapitalzuflüsse aufkommen.[3145] Insgesamt sind es im Jahre 1978 ungefähr US$ 875 Mill. Auslandsinvestitionen (857 Projekte), hauptsächlich im Bereich Kunstfaser und elektrische Maschinen, im Rahmen meist 50-50 angelegter Joint Venture oder Minderheitenbeteiligungen, wobei die individuellen Projekte eher kleindimensioniert waren.[3146] Korea liegt damit, wie Taiwan, über die siebziger bis Anfang der neunziger Jahre hindurch absolut gesehen auf einen niedrigen Niveau hinsichtlich Direktinvestitionen, nur Indien liegt auf einem noch niedrigen Niveau.[3147] Im Jahre 1990 weist Korea ca. US$ 5 Mrd. ausländische Direktinvestitionen vor, dies sind zu diesem Zeitpunkt 2,1 % des BSP.[3148] Dies gilt jedenfalls bis zur Finanzkrise Ende der neunziger Jahre, wonach die Werte deutlich ansteigen.[3149]

10.7 Strukturpolitische Beeinflussung

Wie sah der HCI-Plan im Bereich einer möglichen strukturellen industriepolitischen Beeinflussung aus? In der Literatur wird von Graham (1996) die Meinung vertreten, daß Korea auch hier staatlich interveniert hat, sogar im Sinne einer umfassenden Art und Weise der Regulierung.[3150] Ebenso wird im 'East Asian Miracle'-Bericht der Weltbank unter dem Label "cooperation" bzw. "coordination" kurz auf solche Möglichkeiten hingewiesen. Beharrt wird aber darauf, daß von den Regierungen geschaffenen Wettbewerbssituationen ('contests'), bei denen sich alles um Exporte drehte, bewirkten, daß die Kooperations- und Koordinationsaspekte nicht zur Abschwächung des Wettbewerbs führte.[3151]

Worum geht es hier? Koordination kann, so die Weltbank (1992) helfen Marktfehler etwa bei Unteilbarkeiten zu beheben, indem darauf geachtet wird, daß Skalenökonomien erreicht werden:

[3144] Leipziger/Petri 1993: 14-15.
[3145] Kim 1991: 29.
[3146] Westphal et al. 1981: 21-22.
[3147] Siehe: **Tabelle 37**.
[3148] Country Fact Sheet Republic of Korea: World Investment Report 2004.
[3149] Siehe: **Tabelle 37**.
[3150] Graham 1996: 16.
[3151] World Bank 1993: 92-93. Ebenso wird auf die Probleme hingewiesen, die solche Kooperations- und Koordinationsversuche mit sich bringen: "Cooperation raises several problems, however. First, cooperative behavior may become collusion, if firms act together to raise prices. Second, cooperation may inhibit competition, leading to managerial slack or a more general loss of efficiency. Third, business-government cooperation may encourage firms to seek favors from government. How did the East Asian economies that encouraged cooperation avoid these problems? They combined cooperative behavior - including sharing of information among firms and between the private and public sectors, coordination of investment plans, and promotion of independent investments - with competition by firms to meet well-defined economic performance criteria. They developed institutional structures in which firms competed for valued economic prices, such as access to credit, in some dimensions while actively cooperating in others; in short, they created contests." World Bank 1993: 93.

"Coordination may yield substantial benefits when large indivisibilities in investment lead to economies of scale. One such case arises when investments are interdependent. For example, if a steel plant and a steel-using industry are needed concurrently, it does not pay to develop the plant unless there is a steel-using industry".[3152]

Wie sah dies in Korea konkret aus? Ein wichtige Rolle spielten sieben sektorspezifische Industrieförderungsgesetze, die dem Staat Befugnisse einräumten, eine Industrie als Rationalisierungsindustrie zu klassifizieren. Geschieht dies, hat der Staat Möglichkeiten auf diverse Art und Weise eine Rationalisierung durchzuführen, unter anderem durch Eintrittsbeschränkungen, Investitionskontrolle, Spezialisierungsvereinbarungen etc. Seit 1986 gab es nur noch ein übergreifendes Industrieentwicklungsgesetz.[3153] Eine weitere Rolle spielte die Anwendung des Wettbewerbsrechts, das dem Wachstum großer Firmen nicht im Weg stand und enge oligopolistische Strukturen sowie womöglich sogar private koordinierende Strategien[3154] tolerierte. Schon erwähnt wurde, daß um Skalenökonomien und damit verbundene Lerneffekte zu erzielen im Automobilbereich nur bestimmten Firmen eine staatliche Lizenz zum Kfz-Bau eingeräumt wurde, die Investitionspläne staatlich genehmigt wurden und es auch zum Mittel einer erzwungenen Spezialisierung und des erzwungenen Marktaustritts gegriffen wurde. Die Lizenz zum Kfz-Bau erhielten Hyundai und Daewoo, für die zudem der heimische Markt reserviert wurde.[3155] Vom Staat wurde festgelegt in welchem Produktbereich die Firmen produzieren durften (Klein-, Mittelklasse-, Oberklasseautomobile). Der Lastkraftwagen- und Busbereich wurde einer dritten Firma, Kia, zugewiesen, bis Kia 1987 auch Kfz bauen durfte.[3156] Dabei wurde Kia gezwungen, aus dem Markt für Personenkraftwagen auszutreten, allerdings mit dem Versprechen, daß der Markteintritt dann wieder möglich sei, wenn die Nachfragebedingungen dies zuließen.[3157] Diese Maßnahmen waren somit nur temporär wirksam und somit war die so hergestellte Sicherheit nicht absolut. Immerhin gab es Verlängerungen der Einstufung einer Industrie als Rationalisierungsindustrie. Bei einer Verlängerung konnten für weitere drei Jahre Produktionslizensierungen und Investitionskontrollen durchgeführt werden. Im Fall von Kia, wurde beispielsweise bestimmt, daß nachfolgend die nächsten 2 Jahre niemand in den Markt eintreten durfte.[3158]

Nicht immer gelang es durch Rationalisierung erfolgreiche Industrien zu begründen: Im schwerindustriellen Maschinenbau wurden vier Firmen, die Stromerzeugungsanlagen herstellen, in die Firma Korea Heavy Industries and Construction Co. überführt, welche anschließend verstaatlicht wurde und staatliche Hilfe benötigte.[3159] Daewoo mußte die Produktion von Schiffsdieselmotoren

---

[3152] World Bank 1993: 92.
[3153] Kim 1993: 186.
[3154] Dagegen steht die Beobachtung, daß in Korea, aber auch in Japan ein intensiver Wettbewerb herrscht. World Bank 1993: 92-93.
[3155] Kim 1993: 185.
[3156] Kim 1993: 81, 87; 185-186.
[3157] Chang 1994: 122.
[3158] Kim 1993: 185-186.
[3159] Chang 1994: 122.

aufgeben und die zwei verbliebenen Firmen wurden gezwungen, sich auf bestimmte Motorentypen zu spezialisieren. Ähnliche Spezialisierungs-Arrangements wurden bezüglich elektronischer Schaltsysteme vorgenommen (Samsung, Gold Star, OPC and Daewoo).[3160] In den Bereichen Schiffbau, international aktiver Baudienstleister und der Düngemittelindustrie wurden vom Staat Restrukturierungen eingeschlossen Zusammenschlüssen und Auflösungen von Firmen durchgeführt. Zum Beispiel wurden 63 einzelne Schiffbauunternehmen in 17 Unternehmen zusammengefaßt. Insgesamt gab es zwischen 1986 und 1988 Zusammenschlüsse und Firmenauflösungen, von denen 82 ineffiziente Firmen betroffen waren.[3161] Dabei wurden von der Regierung für erfolgreiche Firmen Anreize bereitgestellt, wenn sie scheiternde Firmen übernehmen, wenn dies im Einklang mit den industriepolitischen Prioritäten stand.[3162] Während der Asienkrise veranlaßten die Wettbewerbsbehörden, daß die großen sog. Chaebols[3163] Produktionsstätten austauschten und sich auf eine Spezialisierung einigten. Im Bereich Elektronik wurde Samsung und bei Automobilen Hyundai auf diese Weise zu deutlich größeren Firmen ausgebaut, wobei die Konzentration in der koreanischen Wirtschaft zunahm.[3164] Zusammengefaßt gab es Restrukturierungen bzw. Rationalisierungspolitiken, erzwungene Firmenaustritte, Zusammenschlüsse und Spezialisierungsverabredungen und eine Koordination von Investitionen, um hohe Investitionsniveaus, Skalenökonomien und Lerneffekte zu erzielen, kurz, um moderne wettbewerbsfähige Firmen aufzubauen.[3165] Dies ging soweit, daß nicht nur Rationalisierungsprogramme aufgelegt wurden, wie etwa in Europa, sondern die Unternehmen gezwungen werden konnten, ein Rationalisierungsprogramm durchzuführen.[3166] Die Textilindustrie wird beispielsweise sogar mehrmals zu einer Modernisierung gezwungen.[3167]

10.8 Wettbewerbspolitik

Wegen diesem Fokus auf Skalenökonomien, und aufgrund des erreichten Konzentrationsgrades wird Korea in der Literatur als "virtual antithesis of competition policy" beschrieben.[3168] Obwohl die Chaebol-Unternehmensgruppen diversifiziert und vertikal integriert waren (d.h. Automobile herstellen, handeln und in der Distribution aktiv seien), sind in spezifischen Produktbereichen oft nur wenige dieser großen Unternehmen aktiv. In diversen Märkten lagen damit konzentrierte Strukturen vor. Im Jahre 1977 wurden 36 % der Industriegüter von monopolistischen Unternehmen oder wenigstens Firmen mit marktbeherrschender Stellung hergestellt, die nicht weniger als 70 % des koreanischen Marktes beliefern. Weitere 15 % der Industriegüter werden duopolistisch hergestellt und zwei Firmen haben einen Anteil von nicht weniger als 50 % des Marktes. Nur 14 % werden in die

---

[3160] Chang 1994: 122.
[3161] Davon 23 aus dem Bereich Schiffbau und den internationalen Baudienstleistern. Chang 1994: 122.
[3162] Graham 1996: 16.
[3163] Dies ist der koreanische Name für die großen Unternehmensgruppen wie Samsung, Hyundai, Daewoo, Kia etc.
[3164] Seliger 1999: 579.
[3165] Chang 1994: 115-117; 122.
[3166] Chang 1994: 114.
[3167] Westphal 1990: 52.
[3168] Graham 1996: 16.

Wettbewerbskategorie eingeordnet.[3169] Der Anteil der 30 größten Firmengruppen im verarbeitetenden und im Minen-Sektor am BSP betrug 40 % im Jahre 1985 und sank auf 30 % im Jahre 1990 ab.[3170] Auf Druck der USA wurde 1980 ein Wettbewerbsrecht eingeführt.[3171] Im diesem Monopoly Regulation and Fair Trade Act ist in Kapitel 3 eine breite Ausnahme für Zusammenschlüsse enthalten, durch die Rationalisierung erreicht oder die internationale Wettbewerbsfähigkeit verbessert werden kann.[3172] Die Leitlinien für die Zusammenschlußkontrolle beziehen sich nur auf horizontale und vertikale Zusammenschlüsse, nicht auf konglomerate Zusammenschlüsse, obwohl letzteres wichtigstes Strukturmerkmal der koreanischen Wirtschaft ist.[3173] Bislang sind nur zwei Zusammenschlüsse verboten worden. Die Zahl der durch die Korean Fair Trade Commission (KFTC) und anderer Stellen untersuchten und modifizierten Zusammenschlüsse ist nicht bekannt.[3174] Die KFTC steht bis heute unter dem Einfluß des Economic Planning Board (EPB), welches für Industriepolitik zuständig ist. Neuerdings untersteht die KFTC direkt dem Ministerpräsidenten, ist aber bis heute nicht unabhängig.[3175] Im Jahre 1991 wurde vorgesehen, daß sich die Chaebols bestimmte Kernkompetenzen aussuchen konnten, wobei sie diesbezüglich von Ausnahmen vom Wettbewerbsrecht profitieren.[3176] Kartelle sind verboten, ist gibt aber Ausnahmen: Rezessionskartelle, Rationalisierungskartelle, Restrukturierungskartelle, Kartelle um die Wettbewerbsfähigkeit kleiner und mittlerer Firmen zu stärken, Kartelle um die Terms-of-Trade zu rationalisieren (d.h. zu verbessern) und solche um Forschung- und Entwicklung zu fördern.[3177] In den Kriterien für die Restrukturierungskartelle findet sich ein direkter Hinweis, daß es deren Zweck ist, koreanische Firmen auf den Weltmärkten zu stärken.[3178] Mehrere Rationalisierungskartelle wurden gegen Ende der siebziger Jahre erlaubt. Temporär hat es die Regierung Industrievereinigungen nahegelegt Preisstabilisierungen durchzuführen.[3179] Zum Vergleich: Ungewöhnlich ist dies nicht, hier folgt Korea dem Beispiel Japans, der EU und Deutschlands, welche ähnliche Maßnahmen im Wettbewerbsrecht verankert und genutzt haben.[3180] Von dem 1981 bis 1990 angestrengten wettbewerbsbehördlichen Untersuchungen fanden 36

[3169] Der Autor erreicht nicht 100 %. Yang 1991: 1-5. Ähnliche Konzentrationszahlen, mit Literaturangabe, werden zitiert in Kim 1991: 29.
[3170] Graham 1996: 32.
[3171] Graham 1996: 17-18. In Kraft seit dem 1. April 1981. Substantielle Veränderung im Dezember 1986, in Kraft seit dem 1. April 1989.
[3172] Yang 1991: 1-8. Die Minister müssen sich auf folgende Kriterien einigen: "(1) Where it is the only way to achieve efficiency of an industrial activity and rationalization of management; (2) Where it is difficult to procure by normal methods such a large fund as is needed for the investment in equipment and operations; or (3) Where it is necessary for the public interest." Unklar, ob dies heute noch aktuell ist. In: Yang 1991: 5-11.
[3173] In bezug auf die Leitlinien zur Zusammenschlußkontrolle von 1981. Graham 1996: 31.
[3174] Graham 1996: 31.
[3175] Die Unabhängigkeit des KFTC wurde sukzessive gestärkt, aber auch neue Reformanstrengungen habe nicht zu einer grundlegenden Änderung des Systems geführt. Graham 1996: 19, 28.
[3176] Graham 1996: 33.
[3177] Korea Monopoly Regulation and Fair Trade Act 1996: Chapt. 4, Art. 19, Para. 2. Siehe für Kriterien um Ausnahmen vom Kartellverbot zu rechtfertigen. Yang 1991: 3-9/3-12. Ob diese heute noch so gelten, dafür kann keine Garantie übernommen werden.
[3178] "The supply capacity of a particular industry, due to a change in domestic or overseas economic environment, shall be evidently excessive, or the productivity or competitiveness in the world market, due to underdevelopment in production facility or method, shall be evidently low." Yang 1991: 3-10.
[3179] Yang 1991: 1-4/1-5.
[3180] Peck et al. 1988: 196-221. Ebenso gibt es im europäischen und deutschen Wettbewerbsrecht Ausnahmen für Kartelle für ähnliche Zwecke, die auch genutzt wurden. Sicher aber nicht in dem Ausmaß wie in Japan oder Korea. Bellamy/Child 2001: 2004-2005; Immenga/Mestmäcker 1992: 269-320. Die Europäer haben bei Restrukturierungen teils zudem Subventionen eingesetzt, nicht immer eine gute Idee, weil dies Anpassung verzögern kann, siehe dazu Abschnitt T.

im Bereich Kartelle statt, von denen es in 41 % der Fälle um Preisfestlegungen ging.[3181] Als Grund für diese als niedrig angesehene Zahl wird genannt, daß Regierungsstellen teilweise noch Preiskontrollen ausübten.[3182] Es wäre aber zu weitgehend zu behaupten, daß systematische Preisverzerrungen den Erfolg der koreanischen Wirtschaft garantieren, vielmehr scheint so gewesen zu sein, daß es gelang die Kosten durch abweichende Preisniveaus für andere Bereich der Wirtschaft niedrig zu halten. Teils durch freie Importe, teils durch Exporte und durch effiziente Produktion, wurde auf einem vergleichbaren Preisniveau gearbeitet, wie auf den Weltmärkten.[3183]

10.9 Fazit

Korea kann somit als Beispiel für eine ganze Reihe von Politiken dienen, die u.a. dazu gedient haben bestimmte Marktfehler im Sinne von Abschnitt 'E' auszuräumen. Auch von der Weltbank im 'East Asian Miracle' Bericht wird immerhin am Rande darauf hingewiesen. Dort werden die folgenden Marktfehler genannt: Skalenökonomien, Investitionskoordination, Verhandlungen über Lizenzen, pekunäre Externalitäten und Lerneffekte.[3184] Der koreanische Staat hat somit darauf geachtet, daß Skalenökonomien ohne Umschweife angestrebt und pekunäre Externalitäten (bzw. Kopplungseffekte) realisiert wurden.[3185] Weiterhin wird deutlich, daß durch diverse Politiken Risiken für die Firmen verringert wurden. Darunter durch Schutz, nicht nur durch Zöllen, sondern auch vor Markteintritten und durch Kreditsubventionierung und offenbar gut informierte[3186] und flexibel durchgeführte staatliche Vorgaben der Entwicklungsziele. Durch Forschungsförderung und Anreize bzw. staatliche Eingriff bzgl. Modernisierung, wurden ebenso Risiken reduziert und einem Marktversagen bezüglich technologischer Fähigkeiten entgegengewirkt. Positiv wird angemerkt, daß es zu signifikanten Externalitäten auf der Ebene des Wissenserwerbs, also zu Wissensdiffusion, gekommen ist, was vorteilhaft gewirkt habe.[3187]

Diese Effekte wurden von einer zupackenden staatlichen Strukturpolitik unterstützt, die Instrumente wie Produktionslizenzen, Eintrittskontrollen, Spezialisierungspolitiken und entwicklungsorientierte Wettbewerbspolitiken einsetzt, um aktiv für Skalenökonomien und einen schnellen Erwerb technologischer Fähigkeiten zu sorgen. Die importsubstituierende und ebenso exportorientierte Außenhandelspolitik und sogar die Steuerpolitik stützte dabei mit selektiven Anreizen diese Strukturpolitik. Weiterhin wurde auf Offenheit gegenüber ausländischer Technologie vermittels Lizenzen und Kooperationen mit ausländischen Firmen geachtet, die wurden oben im Abschnitt 'F'

[3181] Graham 1996: 30-31.
[3182] Graham 1996: 31.
[3183] World Bank 1993: 351, 354.
[3184] World Bank 1993: 292-295.
[3185] Auf diese beiden Punkte weist schon hin Westphal 1981: 19. Beispiel eines pekunären externen Effekts: Weil die Kosten der Infrastruktur festgelegt sind, wird durch eine staatlich beschleunigte bessere Nutzung eine ebenso schnellere Verbilligung dieser Dienstleistung ausgelöst. Murphy et al. 1989.
[3186] Nicht nur die Vorgänge auf internationalen Märkten werden zusammen mit der Industrie analysiert, unter der Beachtung komparativer Vorteile, sondern Entscheidungen werden auch verändert, ggf. rückgängig gemacht. Westphal 1990: 54.
[3187] Westphal 1990: 55.

zum Aufbau Koreas technologischer Fähigkeiten im Automobilbereich dokumentiert. Diese teilweise selektiv-geplante Industrialisierung wurde mit einem staatlichen Zwang zum Exporterfolg ausgestattet, der einerseits 'künstlich' im Sinne von Zwängen und selektiven Anreizen gestaltet wurde, andererseits aber genauso wie der freie Wettbewerb zu einem Antrieb wurde, eine kontinuierliche dynamische Entwicklung und Verbesserung der technologischen Fähigkeiten durchzuführen. Dies führte, bei einigen Firmen erst nach längerer Zeit, zum Erreichen internationaler Wettbewerbsfähigkeit bzw. der Fähigkeit zur Anpassung an Marktentwicklungen. Die Kosten dieser Politik konnten durch die Nutzung von Elementen der Exportorientierungspolitik d.h. realistische Wechselkurspolitik und partiell und flexibel zugelassene Importe und den relativ modernen Zustand der koreanischen Wirtschaft verringert werden.

Die koreanische Politik weicht dabei nicht gänzlich von liberalen Vorstellungen ab. Private Unternehmen sind auch in den Bereichen erfolgreich, die mit komparativen Vorteile im engeren Sinne zu tun haben: Textilien/Bekleidung und Unterhaltungselektronik. Bei Textilien/Bekleidung sind auch die generöseren MFA Quoten für den U.S. Markt zu berücksichtigen.[3188] Ebenso waren fast sämtliche Industrien des HCI-Plans erfolgreich, insofern hat die staatliche Auswahl und Förderung bestimmter Industrien funktioniert.[3189] Die Weltbank (1987) beantwortet die Frage, warum diese staatlichen Interventionen so erfolgreich waren, dahingehend, daß "die Eingriffe des Staates marktmäßigen Kontrollmechanismen unterworfen" waren.[3190] Der Eindruck hier ist vielmehr, daß der Markt so erfolgreich war, weil er staatlichen Kontroll- und Gestaltungsmechanismen unterworfen war. Das Anreizumfeld wurde durch staatliche Prioritätssetzungen bezüglich des Risikoarragements immer wieder modifiziert und somit gelang es Kräfte und Wirkungsketten zu etablieren wurden, die ein freier Markt nicht auf diese Weise bereitgestellt hätte. Sicher kann der koreanische Erfolg zusätzlich damit erklärt werden, daß die Märkte freier waren als anderswo und die Interventionen moderater. Dies ist aber kein Beweis dafür, daß ein gänzlich freier Märkte und eine Verzicht auf die Interventionen noch besser gewirkt hätten.[3191] Dies genau impliziert die Weltbank aber, wenn sie diese Argumentation verwendet.[3192] Tatsächlich hat der koreanische Staat über fast drei Jahrzehnte wohlfahrtssteigernd interveniert. Er hat die komparativen Vorteile Koreas durch den HCI-Plan aktiv verändert und den Erwerb neuer komparativer Vorteile stark beschleunigt, er hat dynamische Aspekte des Wettbewerbs beachtet und aktiv gefördert und er hat den Unternehmen den Anstoß gegeben, in neue Sektoren

---

[3188] Siehe: **Tabelle 109**.

[3189] Somit läßt sich die These der Weltbank in 'East Asian Miracle' nicht aufrechterhalten: "We conclude that promotion of specific industries generally did not work and therefore holds little promise for other developing countries." World Bank 1993: 354.

[3190] Weltentwicklungsbericht 1991: 47.

[3191] Noch einmal anders formuliert: Wirkungszusammenhänge, die die liberale Schule annimmt, liegen zwar teilweise vor, keinesfalls zeigt sich aber die Wirksamkeit des neoklassisch liberalen wirtschaftspolitischen Politikpakets: Möglichst keine handelspolitischen Interventionen bzw. schneller Abbau des Schutzes, geringe oder gar keine Zölle, keine staatlichen Interventionen, eine Ausrichtung der Industriestruktur allein gemäß komparativen Vorteilen, nur sehr selektive Interventionen zur Korrektur von Externalitäten, Ignoranz der Relevanz von Wissensdiffusion und des Erwerbs technologischen Fähigkeiten, schließlich keine Anerkennung der Wichtigkeit von Skalenökonomien, pekunären Externalitäten, der Rolle von Risiken und der Verbesserbarkeit von Kapitalmärkten.

[3192] Diese Kommentare beziehen sich auf Weltentwicklungsbericht 1991: 46-48.

vorzustoßen und hat, vielen von ihnen, die Sicherheit gegeben, daß Krisen bewältigt werden können. Zusätzlich hat der Staat Ausbildung, Wissen und F&E gefördert.[3193]

Die durchaus vorhandenen Kosten der Interventionen, etwa durch den selektiven Zwang Importsubstitution durchzuführen, waren für die Firmen auch deshalb tragbar, weil Marktversagen entgegengewirkt wurde und die Dynamiken einer auf Skalenökonomien, pekunären Externalitäten und Wissensdiffusion basierenden Wirtschaft etabliert wurden. Interessanterweise findet dieser Prozess unter staatlicher Anleitung statt, es wird aber offenbar versucht, dynamische Gleichgewichtssituationen anzustreben, indem mehrere große Firmen mit ähnlichen Fähigkeiten aufgebaut werden. Damit konnte, der hohen Konzentrationsniveaus zum Trotz, zumindest ansatzweise auch auf dem Heimatmarkt Wettbewerb etabliert werden. Für andere Firmen gibt der Staat Kernkompetenzen bzw. eine erzwungene Spezialisierung vor. Schließlich kommt es während der Asienkrise zu einer noch weitergehenden, erzwungenen Spezialisierung. Spezialisierung kommt immer auch einer erzwungenen Wissensdiffusion gleich, denn hier werden die Forschungs- und Entwicklungsabteilungen ehemaliger Konkurrenten gebündelt. Der koreanisch Staat machte damit wieder etwas, daß es seit Jahren gewohnt ist und gut kann. Er realisiert für sein Land eine neu strukturierte Industrielandschaft in Form eines oligopolistisch geprägten dynamischen Gleichgewichts, von dem er glaubt, daß es den Weltmärkten der Zukunft einen Schritt voraus ist - im Wettbewerb mit den Kapitalmärkten, die diese Aufgabe in Europa und den USA versuchen genausogut zu machen.

11. Taiwan

In Taiwan vollzog sich das Wachstum in deutlicher Weise gestützt auf staatliche Unternehmen und über kleinere bzw. mittelgroße Firmen.[3194] Ähnlichkeiten der Politik mit der in Korea sind aber nicht zu verleugnen. Taiwan verfolgte in den siebziger Jahren, beraten von Arthur D. Little, einer Wirtschaftsberatungsfirma aus den USA, eine zweite Periode der Importsubstitution und kombinierte diesen mit massiven öffentlichen Investitionen in Infrastrukturprojekte und in die Schwerindustrie.[3195] Diese öffentlichen Investitionswellen setzen sich bis heute fort.[3196] Das Bankensystem ist teilweise oder ganz im staatlichen Besitz.[3197] Der Zollschutz stieg dabei im Jahre 1974 auf einen Höchststand von 55,7 % an. Erst danach sank dieser bis 1979 auf 39,1 % ab. Erst ab 1985 fand eine signifikante Liberalisierung statt[3198], die heutzutage mit einem niedrigen bzw. moderaten Zollniveau von 7,8 % als abgeschlossen gelten mag (es gibt aber ein Zollkontingent mit hohen Zöllen, welches die

---

[3193] Zum Humankapital Piazolo 1994: 105-107. Zu Stand von F&E in Korea Enos/Park 1988: 43.
[3194] Siehe die folgende Literatur: Riedel 1975; Amsden 1984, 1985; Yang 1993; Chen/Hou 1993; Lall 1999b; Lall 1999c; Okuda 1994; Rodrik 1994a; Brautigam 1995; Smith 1998; Wade 1990; World Bank 1993.
[3195] World Bank 1993: 132.
[3196] World Bank 1993: 133-134.
[3197] Stand dieser Information ist dementsprechend 1985. Amsden 1985: 91.
[3198] Chen/Hou 1993: 339; siehe: **Tabelle 150**. Bestätigt in World Bank 1993: 297; Smith 1998: 311.

Automobilindustrie schützt, 24,6 % innerhalb und 60 % Zoll außerhalb der Quote).[3199] Neben dem Zollschutz wurden Importe durch ein System von Importerlaubnissen geregelt, die teilweise nur Importe aus bestimmten Ländern bzw. Kontinenten zuließen. Ziel war es beispielsweise im Bereich Maschinenbau keine Importe aus Korea und Japan zuzulassen und bei Bekleidung wurden nur Waren aus Europa und Amerika zugelassen.[3200] Diese Importerlaubnisse wurden flexibel gehandhabt, aber, ähnlich wie in Korea, kann dieser Flexibilität zum Trotz, eine IS-Politik erkannt werden. Diese äußerte sich in Taiwan dadurch, daß die Importerlaubnis tendenziell erst nach einer umfangreichen Gegenprüfung, ob das Produkt nicht doch in Taiwan erhältlich ist, gegeben wurde.[3201] Das System wird als flexibel in der Handhabung beschrieben. In bestimmten Fällen verweigerte sich der Staat einer Industrie Schutz zu geben (hier Videorecorder), weil diese nicht schnell genug niedrigere Kostenniveaus erreichte. Ebenso wurde aber effizienten Industrien eine weitere Schutzperiode eingeräumt.[3202] Noch im Jahre 1984 waren 50 % der Importe in irgendeiner Form beschränkt. Für 29 % von diesen mußte eine Importerlaubnis von einer heimischen Institution eingeholt werden. Dafür zuständig waren Ministerien, aber auch direkt heimischen Produzenten ähnlicher Produkte.[3203] Die restlichen 21 % fielen bei privaten Importeuren oder öffentlichen Handelshäusern an.[3204] Vermittels der zweiten Phase der IS-Politik in den siebziger Jahren kam die heimische Nachfrage dem weiteren Ausbau der Leichtindustrie zugute. Für Taiwan hatte die IS-Anreizrelevanz für die Lebensmittelindustrie, Textilien, Metallwaren, Holzprodukte, Maschinen und Transportausrüstung zwischen 1970-1973, im Vergleich zur Episode 1963-1970, wieder eine positive Wirkung, wie in Korea liegt die Relevanz der Exporte aber klar erkennbar höher.[3205] Generell zeichnete sich der Strukturwandel in diesen asiatischen Ländern dadurch aus, daß die leichte Industrie anfangs sehr wichtig ist, später die schwere Industrie dazukommt und danach beide Industrien zu gleichen Teilen den Wandel tragen, wobei auch die schwere Industrie in ihrem Entwicklungsprozeß stark von Exporten beeinflußt wurde.[3206] Anfang der achtziger Jahre kam der taiwanesische Staat für 50 % der Investitionen auf. Staatliche Konzerne dominieren im Bereich Stahl (erfolgreich), Aluminium, Schiffbau (moderate Verluste), Petroleum (erfolgreich), Schwermaschinenbau und auch bei Halbleitern.[3207] Bis heute ist es fraglich, ob der Aufbau einer eigenen Automobilindustrie (1996 wurden 650.000 Automobile hergestellt, 120.000 Angestellte beschäftigt) letztendlich gelingen wird. Dieser Aufbau erfolgte unter einem Außenschutz bei Zöllen von 30 % bis 42 % (und weitere Schutzzölle für Automobilteile) sowie einem erst Mitte der neunziger Jahre gelockertem Einfuhrverbot für japanische Automobile, wobei mit USA und EU Quoten ausgehandelt wurden[3208]).[3209]

[3199] Zölle oben: Einfache Durchschnittswerte Meistbegünstigungszölle. Siehe den Kommentar zur Automobilindustrie: "In 2004, about 422,000 cars were produced, but only about 62,000 were imported, perhaps owing to TRQs." Trade Policy Review Separate Customs Territory of Taiwan, Penghu, Kinmen and Matsu 2006: 25, 31, 73.
[3200] Wade 1990: 129-130.
[3201] Wade 1990: 130.
[3202] Wade 1990: 131-133.
[3203] Wade 1990: 131.
[3204] Wade 1990: 131.
[3205] Chenery et al. 1986: 182-183.
[3206] Chenery et al. 1986: 201.
[3207] Amsden 1985: 91. Zu der Bewertung Wade 1990: 90-105.
[3208] European Market Access Database, Taiwan, 1999: 4.

Durchgängig erfolgreich ist der staatliche Industriepolitik in Taiwan also nicht, ähnlich wie in Korea halten sich aber die Mißerfolge und deren Kosten in Grenzen.

In den achtziger Jahren wird ein erhöhter Zollschutz vor allem den Industrien mit rückläufigen komparativen Vorteilen eingeräumt: Der Textilindustrie und der staatlich dominierten Düngermittel-, Industriechemikalien- und Petroleumprodukteherstellung.[3210] Daraus läßt sich nicht schließen, so aber Smith (1998), daß in Taiwan einzig und allein im Einklang mit liberalen und 'public choice'-Erwartungen verfahren wird, also daß nur die kleinen- und mittelgroßen privaten Firmen erfolgreich sind und daß diese, im Gegensatz zu den nicht-erfolgreichen Firmen, hinter denen staatlich-bürokratische Interessengruppen stehen, nicht mehr zollgeschützt werden.[3211]

Auch in der weiteren neoklassisch beeinflußten Literatur, in World Banks 'East Asian Miracle' (1993), wird der Erfolg der taiwanesischen kleinen und mittleren Unternehmen betont, welche tatsächlich in Taiwan große Teile der Wirtschaft prägen. Gemäß dieser Version scheinen diese Firmen folgende neoklassische Wunschvorstellung von Entwicklung in die Wirklichkeit umzusetzen: Die Firmen bleiben im Bereich komparativer Vorteile im arbeitsüberschüssigen Faktorbereich, sie binden viele Arbeitskräfte an sich und ziehen sogar Arbeitskräfte vom Land an. Gleichzeitig gelingt es ihnen sich zu einer fortgeschritteneren Produktionsweise zu entwickeln, sie erhöhen ihre Effizienz und die Einkommen der Angestellten steigen an - und - sie kommen für einen großen Teil der taiwanesischen Exporte auf. Dabei seien allein Marktkräfte zur Geltung gekommen.[3212] Zugestanden wird zwar, daß diese Firmen staatlich gestützt worden sind, mit günstigen Krediten etwa. Es werden aber nur die Maßnahmen erwähnt, die dem neoklassischem Dogmatismus nicht widersprechen und zudem werden einige 'innovative' Maßnahmen erwähnt, die in keine Schublade passen. Diejenigen Maßnahmen, die aus dynamischer Perspektive relevant sind, werden in World Bank (1993) nicht erwähnt.[3213]

[3209] Schon vor einiger Zeit wurde damit begonnen. Amsden 1985: 92. Mit Toyota wurden die Verhandlungen abgebrochen, weil die taiwanesische Seite zu hohe Forderungen stellte, danach wurde die Politik liberaler, aber nicht erfolgreicher. Wade 1990: 102.
[3210] Smith 1998: 312.
[3211] Smith 1998: 320-326.
[3212] Ein etwas längeres Zitat, welches zuerst einmal die Gesamtgruppe der 'High Performance Asian Economies' fokussiert, dann aber auf Taiwan eingeht, lohnt sich hier: "Just as numerous small land holdings improved equity and efficiency, the HPAEs benefited form a profusion of small and medium-size enterprises (SMEs). The large number of SMEs generally reflected market forces rather than government intervention. But several of these economies supported SMEs with preferential credits and specific support services. Rapid growth of labor-intensive manufacturing in these firms absorbed large numbers of workers, reducing unemployment and attracting rural labor. As firms shifted to more sophisticated production, efficiency rose and workers' real incomes increased. Support for SMEs has been most explicit and successful in Taiwan, China. As shown in table 4.1, SMEs comprised at least 90 percent of enterprises in each sector. Not surprisingly, the SMEs also dominate the export sector, producing about 60 percent of the total value of exports (see table 4.2)." World Bank 1993: 161-162.
[3213] Als Stützungsmaßnahmen für die SMEs werden Kredite und Exportfinazierungsprogramme erwähnt. Es wird nicht genauer spezifiziert, inwieweit die Kredit vergünstigt wurden. Nur in bezug auf Japan wird zugestanden, daß die Kredite "government-supported directed-credit programs" waren, also der sektorale Focus von der Regierung vorgegeben wurde. Für Japan wird aber eine industriepolitische Ausrichtung abgestritten. Dies seien Anpassungsmaßnahmen gewesen. World Bank 1993: 162; dies kann nicht ganz stimmen, siehe zur japanischen Anpassungsmaßnahmen, die durchaus industriepolitisch wirksam waren Peck et al. 1988; sowie Abschnitt T. Siehe auch den folgenden Abschnitt über Taiwan: "The shift to a high-technology economy has necessitated the close coordination of industrial, financial, science and technology, and human resources policies. In 1984, the government revised laws to provide tax incentives for manufacturers who allocate a percentage of their revenues to research and development (R&D). Incentives were given to industry to diversify and improve production techniques. The government encouraged the establishment of venture-capital firms and revised university curricula to strengthen science, mathematics, engineering, and computer education. It began to recruit technical manpower from abroad by offering competitive salaries for

Sieht man hinter die Kulissen, ist bemerkenswert, daß die Regierung in Taiwan eine Umstellung der Wirtschaft auf den High-Tech Sektor nach langen Konsultationen mit Experten Mitte/Ende der achtziger Jahre beschloß.[3214] Eine solche grundlegende Entscheidung reduziert bei einer handlungsfähigen Regierung zu einem gewissen Grad das Risiko für Firmen, wenn sie sich entschließen, mit ihren Investitionen in diese Richtung zu folgen.

Daß die taiwanesische Regierung handlungsfähig ist, daran besteht kein Zweifel. Zuerst einmal gab es diverse Kreditprogramme speziell für die 700.000 kleinen und mittleren Firmen. Die kommen tatsächlich für 70 % der Beschäftigung, 55 % des BSP und für 62 % der Exporte verarbeiteter Güter auf (Daten für 1995).[3215] Im Bereich Management und Technologieinformationen wurden eine ganze Reihe von Institutionen gegründet, die diesen Firmen beratend zur Seite stehen.[3216] Die Regierung trägt 50-70 % der Kosten für eine Consultant-Beratung.[3217] F&E wird nicht nur durch steuerliche Erleichterungen gestützt. Wenn F&E Verträge für den private Sektor zu risikoreich sind, werden diese von der staatlichen Institution Industrial Technology Institute (ITRI) gemanaged und dafür gibt es finanzielle Unterstützung.[3218] Um schwächere kleine und mittlere Firmen besser einzubinden werden diese enger mit größeren Produzenten verbunden und darauf geachtet, daß die Produktivität steigt.[3219] Um die Produktivitätssteigerung und Technologiediffusion sorgt sich die Institution China Productivity Centre. Ein Team von Ingenieuren besucht zu diesem Zwecke Firmen und zeigt diesen die besten Möglichkeiten Automatisierung und Präzisionstechnologien einzusetzen. Innerhalb von 2 Jahren werden 1000 Produktionsstätten besucht und 4000 Vorschläge gemacht, wie Verbesserungen erfolgen können.[3220] Dazu kommt, daß die taiwanesische Regierung auf Restrukturierung drängte und Ende der achtziger Jahre der Textil- und Bekleidungsindustrie Subventionen von US$ 95,4 Mill. und Kredite bereitstellte. Damit förderte Taiwan einen arbeitsintensiven Industriezweig im Land, obwohl

---

former Taiwan, China, residents living overseas. (...) While is is too early to assess these policies fully, a few observations are possible. A growing number of small, high-technology firms produce increasingly sophisticated and higher-value-added products. For most firms, however, the transition to hi-tech industries has been difficult. On the one hand, the rapid rate of technological change and rising protectionism in industrial economies make it increasingly difficult to obtain advanced technology. On the other hand, the small scale structure of industry is not conducive to the costly investments in R&D and skills-training needed to shift toward new technology. As a result, most Taiwan, China, manufactures are still assembling imported high-tech components." World Bank 1993: 133-134.

[3214] "Once again, the government moved to restructure the economy. After extensive consultations with domestic and foreign advisors, that government decided to focus on high-technology industry: information, biotechnology, electro-optics, machinery and precision instruments, and environmental technology industries." World Bank 1993: 133.

[3215] Lall 1999c: 21. Weitere Daten: "By 1989, SMEs constituted 98.5 per cent of all firms in the manufacturing sector, accounted for 68 per cent of total employment, with an output share in manufacturing of 48 per cent, and contributed to 47 per cent of total sales. A comparison of export ratios of SMEs and large enterprises shows that between 1976 and 1988, large enterprises exported 37 per cent of their domestic production, while SMEs exporting 64 per cent of their domestic production over the same period". Smith 1998: 318.

[3216] Das China Productivity Centre, das Industrial Technology Institute (ITRI) und Technologiezentren für einzelne Sektoren: Metall-, Biotechnologie, Lebensmittel- und Informationstechnologie. Lall 1999c: 21.

[3217] Lall 1999c: 21.

[3218] Lall 1999c: 21. Die steuerlichen Anreize für Firmen, die mehr als 1 % in F&E investieren beschreibt World Bank 1993: 133-134.

[3219] Es handelt sich um das Centre Satellite Factory Promotion Programme des Wirtschaftsministeriums, welches 1989 ungefähr 60 Netzwerke etabliert hat, die 1186 kleinere Firmen um ein Zentrum herum bündeln. Dieses Programm leistet Verkaufshilfe, berät bei der Produktivitätserhöhung und hilft bei der Aufteilung der Arbeit, um Rationalisierungeffekte nutzen zu können. Lall 1999c: 21; Lall 1999b: 259.

[3220] Lall 1999b: 21.

dieser bereits seit längerem die Produktion in Länder mit billigeren Löhnen ausgelagert hatte.[3221] Sehr wohl war auch die oftmals staatlich aufgebaute Schwerindustrie im Export erfolgreich, mit zwischen 1976 und 1988 immerhin 37 % des Outputs der exportiert wird.[3222] High-Tech-Bereiche, für die in der Literatur generell geringer Schutz diagnostiziert wird, wird immerhin noch ein partieller Schutz eingeräumt.[3223]

Besonders bemerkenswert sind die Aktivitäten des taiwanesischen Staaten in bezug auf die kleinen- und mittelgroßen Firmen der Elektronik- und Computerzubehörindustrie. Hier hat der taiwanesische Regierung das Computing and Telecommunications Laboratory (CCL) gegründet, welche große Aufträge mit den multinationalen Firmen aus den Industrieländern aushandelt, bündelt, die Standards festlegt, über die gewählten Technologien Informationen bereithält und dann die Aufträge an die kleineren Unternehmen weitergibt. Als z.B. IBM, Motorola und Apple im Juni 1995 den Power PC vorstellten, konnten dadurch einen Tag später 30 relativ kleine Firmen aus Taiwan eigenentwickelte Zubehörteile vorstellen. Weil durch diese Interventionen im dynamischen Sinne Skalenvorteile aktualisiert werden und Technologietransfer bzw. Wissensdiffusion aktiv vom Staat initiiert wird, paßt dies nicht in das neoklassische Szenario von Taiwan. Und dies ist nur ein Beispiel: Über die neunziger Jahre hat die taiwanesische Regierung 30 Konsortia in den Bereich Laptops, hochauflösendes Fernsehen, Videotelefonie, Breitbandkommunikation etc. gegründet. Dabei wurden die Produkte definiert, Technologietransfer organisiert, komplexe Verhandlungen mit Firmen aus den Industrieländer geführt und Fragen geistigen Eigentumsschutzes geklärt. Dies wäre den kleinen und mittleren Unternehmen aufgrund ihrer Größennachteile nicht so möglich gewesen.[3224]

In Bereich Elektronik- und Computerteile gab es zudem ausländische Investitionen in Montagewerke bzw. es wurde eben Lohnveredelung durch Auslagerung arbeitsintensiver Produktionsabschnitte durchgeführt.[3225] Die gesamten ausländischen Investitionen erreichten 1990 den geringeren Wert von 6,1 % und 2002 den schon höheren Wert von 11,9 % am BSP.[3226] Absolut gesehen liegen die ausländischen Direktinvestitionen 2002 bei ca. US$ 33 Mrd. und spielen damit eine moderat relevante Rolle beim Erfolg Taiwans.[3227]

Ähnlich wie Korea setzte sich Taiwan somit nicht passiv einem Wandel komparativer Vorteile aus, sondern übernahm selbst die Initiative. Diese Politiken waren nur insofern 'market conforming', als daß darauf geachtet wurde, die selektive Förderung dieser Firmen darauf auszurichten, "to create

---

[3221] Lall 1999b: 269.
[3222] Siehe die Fußnote oben Smith 1998: 318.
[3223] "For example, the engineering-based and chemicals sectors accounted for unter 5 % of Taiwan's exports in 1963 but close to 60 % in the early 1990s. The ratio of manufacturing GDP to total GDP in Taiwan is just under 50 %, the highest ratio of any country in the world. The ratio of total exports to GDP is over 60 %, second only to Singapore, and manufactured goods account for over 90 % of the exports." Graham 1996: 20.
[3224] Lall 1999b: 21.
[3225] Zwischen 1973 und 1980 sind ausländische Firmen zu 50 % an den gesamten Investitionen beteiligt, meist im Elektronik-, Chemie- und Textilbereich, der auf den Export ausgerichtet war. Amsden 1985: 93.
[3226] Country Fact Sheet: Taiwan Province of China. World Investment Report 2004.
[3227] Wieder ist der Kapitalstock gemeint. **Tabelle 37**.

profitable, internationally competitive firms."[3228] In bezug auf Korea und Taiwan läßt sich zudem zeigen, daß die Importssubstitution in der leichten Industrie, allerdings auf einem geringfügigeren Niveau als die Exporte, positiver Wachstumsfaktor blieb, dessen Relevanz in den siebziger Jahren noch einmal anstieg.[3229] Genauso dies erwartet Donges (1981).[3230] Erwähnt werden muß weiterhin, daß Taiwan lange Zeit durch niedrigere Lohnkosten und einen schnellen Anstieg der Arbeitsproduktivität, auch gegenüber Korea, konkurrenzfähig war.[3231] Wichtig für den Wachstumserfolg war auch die gute Ausbildung seiner Bewohner.[3232] Am Rande: Für Thailand, Indonesien und Malaysia wird in bezug auf die Importsubstitutionspolitik ein ähnliches Bild gezeichnet. Für alle drei Länder wird konstatiert, daß die erfolgreichen Exportschub-Politiken ('export push') auf der Basis eines noch moderat geschützten Heimatmarktes stattfanden (bei einer parallel erfolgenden langsamen Liberalisierung).[3233] Zuletzt sei darauf hingewiesen, daß für Taiwan, wie für Korea, relativ generöse MFA-Textil- bzw. Bekleidungsquoten für den U.S. Markt vorlagen, die das frühe Wachstum über die Leichtindustrie erleichtert haben.[3234]

12. Brasilien

In bezug auf Korea wurde mit dem Verweis auf die Wachstumseffekte der Exporte begonnen und mit wohlfahrtssteigernden Industriepolitiken geschlossen, wobei die extrem liberale Theorierichtung diese Erfolge nicht für sich beanspruchen kann. Für Brasilien bietet sich die umgekehrte Reihenfolge an[3235]: Trotz industriepolitischer Erfolge werden an Brasilien die wohlfahrtsmindernden Gefahren einer zu breit angelegten staatlichen Industriepolitik deutlich, wovor die neoklassisch liberale Theorierichtung, aber auch die dynamische Theorie warnt. Der Politik gelingt es in Brasilien teils nur unzureichend Marktfehler zu korrigieren und teils schafft sie selbst Marktfehler, indem sie einfach erkennbare komparative Vorteile seitens des staatliche Bankenssystems ignoriert. Deutlich wird zudem, daß eine konsequente Exportorientierung von einer weitergehenderen Liberalisierung begleitet werden müßte,

---

[3228] Die Weltbank gesteht in ihrem 'East Asian Miracle'-Bericht zu, daß Taiwan diese selektiven Interventionen vorgenommen hat. Argumentiert wird aber, daß dies 'marktkonform' erfolgte, weil auf die preisliche Wettbewerbsfähigkeit geachtet wurde und die selektive Förderung angeblich mit komparativen Vorteilen übereinstimmte. Diese Argumentation ist widersprüchlich. World Bank 1993. 355.
[3229] Chenery et al. 1986: 175, 201. Siehe: **Tabelle 142**.
[3230] Donges 1981: 54.
[3231] Amsden 1985: 96.
[3232] Anfang der siebziger Jahre verfügt Taiwan über mehr Ingenieure pro Kopf der Bevölkerung als jedes andere Entwicklungsland, außer Singapur. Die Ausbildungsausgaben stiegen stark an. Taiwan bildet 50 % mehr Ingenieure pro Kopf der Bevölkerung aus, als die USA. Amsden 1985: 97.
[3233] World Bank 1993: 139-142, 298-299.
[3234] Siehe: **Tabelle 109**.
[3235] Zugrunde liegt die folgende Literatur: Aghosin/Ffench-Davis 1993; Amann/de Paula 2004; Baer 1989; Balassa 1981b; Balassa et al. 1986; Baldwin/Flam 1989; De Gregorio 1992; Bonelli 1992, 2000; De Paula 2004; Elias 1992; Ferraz et al. 2003; Frischtak 1994; Fritsch/Franco 1992; Fritsch/Franco 1994; Goldstein 2001; Hirschman 1968; IMF Country Report Brazil Recent Economic Developments April 1998; IMF Country Report Brazil Selected Issues and Statistical Appendix January 2001; Katz 2000; Leff 1967; Nunnenkamp et al. 1988; Nunnenkamp/Agarwal 1993; Macario et al. 2000; Meller/Mizala 1982; Moreira/Correa 1998; Moreira/Najberg 2000; Rocha 2003; Stone 1994; Tyler 1979, 1985; USITC 1998.

als dies in Brasilien der Fall war, um daraus entstehende Kosten zu vermeiden. Auch hier folgt aber nicht, daß ein vollständiger Rückzug des Staates zu fordern wäre.[3236]

12.1 Fünf außenhandelspolitische Zeitphasen

Obwohl hier der Focus auf der Zeit nach dem Zweiten Weltkrieg liegt, soll kurz erwähnt werden, daß Brasilien bereits seit 1822 formal unabhängig war. Schon vor dem Zweiten Weltkrieg konnte Brasilien eine gewisse Entwicklung verzeichnen, vor allem mit Kaffeeexporten und einer ersten Periode industriellen Wachstums in den 1930iger Jahren des 20. Jahrhunderts. Dies führte dazu, daß im Jahre 1939 bereits nicht-dauerhafte Konsumgüter selbst produziert werden konnten und Importe nur noch 10 % des Verbrauchs darstellten. Im Bereich der Zwischenprodukte lagen die Importe bei 25 % und bei Kapitalgütern bei 66 % des Verbrauchs. Schon damals gab es in den meisten Industriebereichen eine heimische Produktion und die Struktur kann als relativ diversifiziert bezeichnet werden.[3237]

Für die Nachkriegszeit können fünf außenhandelspolitische Zeitphasen abgegrenzt werden:[3238]

(1) Eine Zeit der Importsubstitution nach dem zweiten Weltkrieg, mit ersten außenhandelspolitischen Modifikationen 1957. (2) Nach Reformen im Jahre 1964 werden, neben einer partiellen Liberalisierung, Exportanreize eingeführt. (3) Im Jahre 1974 wird die Liberalisierung merklich zurückgenommen und eine zweite Periode der Importsubstitution erfolgte, die bis zur Schuldenkrise Anfang der achtziger Jahre reichte, aber auch die achtziger Jahre prägte. (4) Die Schuldenkrise und die nachfolgenden Jahre wirtschaftspolitischer Instabilität mündeten schließlich (5) in die Reformen des Plano Real 1992, der eine Inflationsbekämpfung und relativ weitgehende Liberalisierung kombiniert mit Privatisierungen durchführte.

12.2 Die Frühphase brasilianischer Entwicklung

Ab 1955 begann der brasilianische Staat, sich industriepolitisch zu engagieren, mit Infrastrukturprojekten, dem Bau von Straßen, Eisenbahnen, der Elektrizitätsversorgung, aber auch in der Förderung der Schwerindustrie in den Bereichen Stahl, Zement, Schiffbau und Automobile.

[3236] Ähnlich die Einleitung in Moreira 1995: 87-88. "The neoclassical view correctly draws attention to the benefits of a more open economy, but, given its assumptions that product and factor markets are generally efficient in LDCs, the tend to underestimate the market failures facing the Brazilian government, and therefore, fair to consider the dynamic interaction between the IS and export promotion policies. On the other hand, the structuralist view rightly points out that, given the nature of the market failures, government intervention was vital. However, it does not address the point that under an inward-oriented regime, the diagnosing and correction of market failures was far from satisfactory, leading to often misguided and wholesale interventions." Moreira 1995: 88.
[3237] Coe 1991: 15-16. Als Reaktion auf die Wirtschaftskrise in den dreißiger Jahren wurden Importkontrollen und eine Abwertung eingesetzt, um eine Zahlungsbilanzkrise zu verhindern. Diese Kombination wird auch später gerne eingesetzt. Moreira 1995: 88-96.
[3238] Zu dieser Einordnung siehe die folgenden Autoren: Für die Zeit zwischen 1946 bis 1964 und die Einordnung bis 1974 siehe Coe 1991: 16-19. Siehe weiterhin Moreira 1995: 87-132. Siehe auch die Darstellung diverser Episoden in Krueger 1978: 28-29, 61, 82-83, 93, 103, 113-114, 147-149, 158-159, 167-168, 186-189, 199, 206-209, 278-279.

Ebenso wurde die charakteristische brasilianische Industriepolitik gegenüber Auslandsinvestitionen etabliert.[3239]

Geplant wurde damals vom brasilianischen Staat, daß ausländische Investitionen neben dem staatlichen Sektor eine wichtige Rolle bei der Entwicklung des Landes spielen sollten. Deshalb wurde Mitte der fünfziger Jahre begonnen ausländische Investitionen anzuziehen, teils mit umfassenden Anreizen. So wurde 1955 ein Gesetz beschlossen, das es Investoren ermöglichte, Ausrüstung ins Land zu bringen, ohne sich überhaupt um Zollabfertigung und den Wechselkurs kümmern zu müssen.[3240] Dazu wurde den Firmen ein zollgeschützter Markt versprochen. Dies war sachlich-wirtschaftspolitisch gesehen unnötig, denn schließlich ging es dabei um wettbewerbsfähige Firmen aus den Industrieländern, die angelockt werden sollten.[3241] Im Gegenzug mußten sich die ausländischen Investoren zu Mindestinlandquoten ('local content') verpflichten, um die Einbeziehung heimischer Unternehmen in den Wertschöpfungsprozess zu fördern.[3242]

Schon früh haben sich daraufhin viele ausländisch kontrollierte Unternehmen in Brasilien engagiert. Sie erzielten schnell hohe Anteilen an der Wertschöpfung, besonders im Bereich verarbeiteter Güter und im High-Tech-Bereich.[3243] Der Anteil ausländischer Unternehmen an den Exporten belief sich im Jahre 1974 bei 'basic products' 11 %, im Bereich 'manufactures' werden in der Untergruppe 'equipments and instruments' 67 % erreicht, in der Untergruppe 'other' 17 %, insgesamt wird ein Anteil von 17 % erreicht. Diese Anteile blieben von 1974 bis 1985 auf einem ähnlichem Niveau.[3244] In bezug auf den gesamten investierten ausländischen Kapitalstock wird ein Anteil am BSP gemessen von 1975: 5,9 %, 1985: 11,3 %, 1995: 17,9 % und 2003: 25,8 %.[3245] In absoluten Zahlen liegt dieser investierte Kapitalstock 2002 bei ca. US$ 100 Mrd. und liegt damit signifikant über anderen Entwicklungsländern; so kommen Korea und Indonesien auf die Hälfte; Indien, Taiwan, Thailand und Südafrika liegen ca. auf einem Drittel dieser Summe. Einen höheren investierten Kapitalstock weisen nur Mexiko mit ca. US $ 150 Mrd. und China mit ca. US$ 450 Mrd. (2002) auf.[3246]

Die Theorie ausländischer Investitionen bezüglich IS-Ländern besagt, daß diese Investoren sich im negativen Fall vor allem auf den Heimatmarkt konzentrieren und die Investitionsströme schon dadurch limitiert sind. Argumentiert wird, daß, wiewohl positive Wohlfahrtseffekte erzielt werden, diese

---

[3239] Diese Seite wird vor allem untersucht in Moreira 1995: 99-101.
[3240] Wie lange dieses Gesetz wirksam war, wird nicht dargelegt. Moreira 1995: 99.
[3241] Moreira 1995: 102.
[3242] Der Anteil ausländischer Investitionen an den gesamten Investitionen im verarbeitenden Sektor beträgt: 1956: 29,6 % (US$ 84,4 Mill.); 1960: 21,7 % (US$ 104,4 Mill.); 1964: 5,9 % (US$ 47,4 Mill.); 1968 10, 3 % (US$ 99,4 Mill.); 1972: 14,5 % (US$ 486,5 Mill.); 1976: 14,9 % (US$ 1036,3 Mill.); 1980: 22,6 % (US$ 1461,0 Mill.); danach sinken die Werte rapide ab. Am gesamten einfließenden Kapital hat FDI in den siebziger Jahren einen Anteil von etwas über 10 %. Moreira 1995: 99, 196.
[3243] Siehe: **Tabelle 50**.
[3244] Der Anteil ausländischer Unternehmen an den Exporten belief sich im Jahre 1985 bei 'basic products' 15 %, im Bereich 'manufactures' werden in der Untergruppe 'equipment and instruments' auf 63 % erreicht, in der Untergruppe 'other' 18 %, insgesamt wird ein Wert von 23 % erreicht. Gruppen gemäß einer brasilianischen Warenklassifikation eingeteilt. Fritsch/Franco 1992: 212.
[3245] Siehe: **Tabelle 49**. Country Fact Sheet Brazil. World Investment Report 2004.
[3246] Alle Zahlen für das Jahr 2002. **Tabelle 37**.

Effekte größer wären, sofern Investoren in exportorientierte Strategien eingebunden werden.[3247] Für Brasilien kann diese Argumentation bestätigt werden, weil sich einige ausländische Investoren mit einer Binnenmarktstrategie zufrieden geben. Dennoch gelingt es, einige ausländische Investoren in wichtigen Bereiche dazu zu bringen, eine moderat exportorientierte Strategie einzuschlagen, dies geschieht zuerst einmal nur zögerlich und bis heute nicht in der gesamten Breite und denkbaren Intensität.[3248]

Die Zeit vor 1964 war vor allem durch einen überbewerteten Wechselkurs und Zahlungsbilanzschwierigkeiten geprägt, die dazu führten, daß mehrere Wechselkurse eingeführt und bezüglich der Außenhandelspolitik klar erkennbar eine Politik der Importsubstitution durchgeführt wurde: Importe wurden lizensiert und auf essentielle Importe beschränkt. Nur als zweite Absicherung spielten Zölle eine Rolle. Insgesamt lag eine IS-Orientierung bzw. ein Anti-Export-Bias bezüglich der vorliegenden Anreize vor.[3249] Einem durchschnittlichen BSP-Wachstum zwischen 1950 und 1963 von 7 % zum Trotz kam es zu einer Stagnation der Exporte, 1954 lagen diese bei US$ 1,5 Mrd. und dieser Wert wird bis 1965 nicht überschritten.[3250] Noch bis 1970 bestanden die Exporte vor allem aus Primärprodukten (u.a. Kaffee) und diese litten unter sinkenden Terms-of-Trade.[3251]

Für die frühe Periode des Zollschutzes wird in der Literatur die These vertreten, daß mögliche statische Wohlfahrtsverluste gering geblieben seien, weil sich die Leichtindustrie im Einklang mit den komparativen Vorteile bzw. der Faktorausstattung befand. Weiterhin wurde ein Auktionssystem für Importlizenzen eingeführt, mit dem die Rentensuche reduziert wurde und schließlich hatte das schnelle Wachstum gegenüber den höheren Konsumentenpreisen kompensiert. Anderseits gab es, auch durch das völlige Fehlen ausländischen Wettbewerbs, keine weitergehenden Anreize für die Unternehmen, ihre Effizienz zu verbessern, geschweige denn auf den Exportmärkten aktiv zu werden.[3252]

Im Jahre 1964 kam es zu einem Militärcoup und die Militärregierung führte wirtschaftspolitische Reformen im Sinne der Exportorientierung in Form von Wechselkursabwertungen und Exportanreizen durch.[3253] Begonnen wurde 1964 mit einer 132 %tigen Wechselkursabwertung. Zwei Jahre später war

---

[3247] Srinivasan/Bhagwati 1999: 27-28.
[3248] Fritsch/Franco 1992: 200, 215-216.
[3249] Es werden hohe Schutzraten, unter anderem effektive Schutzraten für die Industrie gefunden, die in der Literatur unumstritten sind. Besonders hoch werden arbeitsintensive Aktivitäten, wie die Möbelproduktion, Tabak, Bekleidung und Schuhe geschützt. Die Landwirtschaft wurde dagegen nicht geschützt. Coe 1991: 16-17, 32. Effektive Schutzraten wurden bzgl. 1963 und 1966 auch wiedergegeben in Krueger 1978: 114. Siehe auch Moreira 1996: 126, 198. Diese Charakterisierung stimmt auch überein mit Krueger 1978: 28-29. Zwar finden zwei Episoden der Wechselkursabwertung statt. Diese führen kurzfristig zu umgekehrten Resultaten. Der partielle Abbau der QRs (also der Lizenzen und anderen NTBs) führte 1957 sogar zu einer Intensivierung des 'bias'. Denn durch eine damalige Erhöhung der Zölle steigt der effektive Wechselkurs für Importe (eingeschlossen der Aufschläge 'premia') sogar um 44 % an, während der effektive Wechselkurs für Exporte nur um 22 % stieg. Krueger 1978: 103. Siehe weiterhin: **Tabelle 147**.
[3250] Coe 1991: 23-24.
[3251] Coe 1991: 29. Siehe: **Tabelle 142**. Es wird in bezug auf die Episode seit 1957 angemerkt, daß durch diese Reformen bereits Exporte anstiegen, wobei dieser Volumenanstieg aber durch fallende Terms-of-Trade nicht zu einer Ertragszunahme führte. Krueger 1978: 61.
[3252] Moreira 1995: 93.
[3253] Krueger 1978: 208.

diese Abwertung noch wirksam und der effektive Wechselkurs lag noch ein wenig niedriger.[3254] Als zusätzlicher Exportanreize wurde für importierte Produktionsinputs eine Zollrückerstattung (mit nur moderatem Effekt) eingeführt, weiterhin wurden Befreiungen von der Mehrwertsteuer für die Nutzung von Inputs, die für exportierte Waren nötig waren, eingeführt. Nach 1970 wurden Exportsubventionen durch Exportkredite wirksam.[3255] Diese Exportorientierung bzw. Liberalisierung, die als "gradual and selective", aber doch als wirkungsvoll bezeichnet wird, beließ höhere Zölle für Konsumgüter und eher moderate für Zwischenprodukte und Kapitalgüter.[3256] Liberalisierung bezog sich in bezug auf diese Zeitperiode vor allem auf den Abbau der Importlizensierung bzw. weitgehende Abschaffung sonstiger nichttarifärer Importverbote. Das Außenhandelsregime wurde auf Zölle umgestellt und diese wurden im März 1967 selektiv abgesenkt, wobei im Dezember 1968 ein Teil dieser Zollsenkungen wieder zurückgenommen wurde.[3257] Bis 1967 war hinsichtlich der Industrie keine Exportorientierung festzustellen, die vorherigen Exportzuwächse resultierten aus Überkapazitäten, weil damals der heimische Markt durch eine restriktive Geldpolitik kontrahierte. Als die heimische Nachfrage wieder stieg, gingen die Exporte 1967 sogar wieder zurück.[3258] Ingesamt sank die Orientierung hin zur Importsubstitution in dieser Zeit ab. Erst für das Jahr 1967/68 wird eine Anreiztendenz ('bias') hin zu Exporten festgestellt.[3259]

Obwohl die Situation bezüglich faktischer Exporterfolge so eindeutig nicht war, wird schon für diese frühe Periode geschlossen, daß Brasilien das beste Beispiel für eine Reaktion der Exporte auf veränderte Anreize ist.[3260] Für die Zeit nach 1967 liegt dann tatsächlich eine Steigerung der Exporte vor:

Von 1967 US$ 1,6 Mrd. stiegen diese bis 1973 auf US$ 6,2 Mrd., ein durchschnittlich jährlicher Anstieg von 25 % begleitet von einem jährlichen Wirtschaftswachstum von 10,15 % zwischen 1968-1973.[3261] In diese Zeit wurden präferentielle Zollkonzessionen für bestimmte Investitionsprojekte eingeräumt, teils von regionalen Entwicklungsorganisationen verwaltet. Und es gelang die Einrichtung einer zollbefreiten Entwicklungszone in Manaus.[3262] Schließlich wurden die Bedingungen für

---

[3254] Krueger 1978: 83.
[3255] Diese Exportkredite gab es als Gesetz schon früher, sie wurden aber erst nach 1970 wirksam. Weiterhin gab es direkte Einkommenssteuernachlässe. Eine Übersicht über die Maßnahmen und Einschätzungen von deren Wirkung findet sich in Coes 1991: 49, 58-59, 61-62. Genauso Moreira 1995: 106.
[3256] Coes 1991: 47, 98. Interpretiert wird diese Zollerhöhung so, daß die brasilianische Regierung versuchte, die zunehmenden Importe zu verringern, die durch den Anstieg des Wirtschaftswachstums ausgelöst wurden. Die brasilianische Regierung nutzte dazu Zölle und nicht den Wechselkurs. Coes 1991: 47.
[3257] Moreira 1995: 108-106, 109. Krueger 1978: 93. **Tabelle 147**.
[3258] Krueger 1978: 187.
[3259] Krueger 1978: 103. An anderer Stelle wird das Fazit gezogen, daß der Anti-Export Bias sogar noch zugenommen hat bis zu dem obengenannten Datum. Krueger 1978: 159. Dennoch ist in den Tabellen ein klarer Trend der Abnahme erkennbar, speziell nach 1968 Krueger 1978: 188-189. So auch Moreira 1995: 108.
[3260] "The best evidence is probably supplied by the Brazilian case" Krueger 1978: 208. Siehe auch das Zitat von Fishlow "Incentives were provided in sufficient magnitude to overcome initial inertia and lack of information. In such circumstances, production for sale abroad could become a regular and profitable activity ... " In: Krueger 1978: 209.
[3261] Krueger 1978: 279.
[3262] Coes 1991: 47.

ausländische Investitionen verbessert, z.B. die Grenze für Profitüberweisungen in das Ausland auf 10 % des Kapitals gelockert.[3263]

12.3 Die siebziger Jahre mit der Neo-IS Strategie

In der Diskussion dieser Zeitperiode wird darauf hingewiesen, daß der Wechselkurs weiterhin überbewertet blieb und die Exporte vor allem durch eine merkliche Subventionierung erzielt wurden. Durch den Ölschock 1973 und die damit verbundene dramatische Verschlechterung der Zahlungsbilanz ereignet sich in Brasilien ein Wandel der Entwicklungsstrategie. Brasilien schwenkt auf eine "neo-IS"-Strategie um, die ein Schwergewicht auf die Förderung der Schwerindustrie, aber auch auf die Verbesserung technologischer Fähigkeiten legen sollte[3264], wobei ausländische Konzerne vermehrt in Joint-Ventures eingebunden wurden.[3265] Diese Strategie wurden von einer Zollerhöhung und weiteren restriktiven Maßnahmen begleitet und durch Exportanreize ergänzt, die fortan, bis 1985, gegenüber dem teils ansteigendem Wechselkurse hinsichtlich ihrer Anreizwirkung mehr als kompensierten.[3266] Die Erhöhung der Zölle ist deutlich erkennbar (darunter solche für Zwischenprodukte und Kapitalgüter und für als überflüssig angesehene Waren, im Jahre 1976 wurde ein vollständiges Importverbot für Automobile, Spielzeug und sonstige Luxusprodukte etabliert). Dazu wurde eine zeitlich weit vor den Importen liegende Importdepotpflicht eingeführt, dies hatte angesichts einer Inflationsrate von 30 % eine umso abschreckendere Wirkung.[3267] Zudem wurde ein schon früher etabliertes Gesetz der Ähnlichkeit ('law of similar') gestärkt, welches besagte, daß Waren, die im Inland produziert werden können, nicht mehr importiert werden dürfen.[3268] In Brasilien lag die durchschnittliche effektive Zollschutzrate bei 46,4 % für verarbeitete Produkte im Jahre 1980 und somit nicht mehr so hoch wie in anderen Entwicklungsländern in frühen Zeitperioden (Argentinien 1969: 89 %, 1977: 39 %; Chile 1961: 182 %; Indien 1961: 313 %; Pakistan 1964: 271 %; Philippinen 1974: 125 %; Südkorea 1968: - 1 %; Taiwan 1965: 33 %; Thailand 1971: 40 %).[3269]

Grund für die Zollerhöhung war auch, daß angesichts der Zahlungsbilanzkrise, infolge der hohen Ausgaben für Öl, die Importe abgesenkt werden mußten, um wieder eine positive Zahlungsbilanz zu erreichen. Eine Zahlungsbilanzkorrektur durch eine Währungsabwertung (und die damit einhergehende Verteuerung der Importe aus der Perspektive brasilianischer Käufer) wurde abgelehnt,

---

[3263] Moreira 1995: 106.
[3264] Schon im Jahre 1968 wird eine Institution (National System of Scientific and Technological Development, 'SNDCT') gegründet, welches die nationalen wissenschaftlichen und technologischen Anstrengungen koordinieren soll. Moreira 1995: 107.
[3265] Fritsch/Franco 1992: 208-209.
[3266] Moreira 1995: 114-115, 195. **Tabelle 164**. So auch Coes 1991: 81.
[3267] Coes 1991: 49, 52-54; Moreira 1995: 104, 109, 115; für 1979 wird hier ein Zollequivalent von 51,1 % berechnet, bei 360 Tagen Importdepotpflicht und einer durchschnittlichen jährlichen Inflationsrate von 51,6 $. Andere Länder, die hier ebenso erwähnt sind, liegen weit unter den brasilianischen Werten. Kostecki/Tymowski 1985: 271. Siehe: **Tabelle 147** und **Tabelle 165**.
[3268] Dieses wurde von der CAEX verwaltet. Moreira 1995: 115.
[3269] Tyler 1985: 226.

weil befürchtet wurde, daß sich die damals schon substantiellen Auslandsschulden, die in heimischer Währung ausgestellt waren, in ihrem Wert deutlich erhöht hätten.[3270]

Weil nachfolgend vor allem die Anreize durch Exportsubventionen detailreicher diskutiert werden, sei hier darauf hingewiesen, daß durch die Zölle auch signifikante Anreize für die Importsubstitution etabliert wurden, wobei dies empirisch durch höhere Profitabilität in diesen Bereich nachgezeichnet werden kann, einmal abgesehen von den negativen Anreizen für Primärprodukte.[3271] Eine wichtige Erkenntnis, die diese Thesen von den IS-Anreizen partiell relativiert ist aber, daß die Preisniveaus 1980 in Brasilien nicht extrem vom Weltmarktpreisniveau abwichen, mit Ausnahme von elektrischer Ausrüstung (45,2 %), Chemikalien (40,7 %) und Pharmaprodukte (79,0 %) und Parfüm (28,5 %). Darüberhinaus lagen die durch die Zölle erhöhten Preisniveaus bei unter 25 %.[3272] Insofern ist ein intensiver Anreiz- bzw. Preiseffekt des IS-Schutzes nur in einigen Bereichen erkennbar, diese sind teils deckungsgleich mit denen, die industriepolitische Priorität hatten und auch mit Exportsubventionen gefördert wurden. Daß die weiter bestehenden nominalen Zölle trotzdem vielfach höher lagen, wird als Anhaltspunkt für eine erfolgreiche Importsubstitution angesehen, denn die Preisniveaus hatten sich aufgrund einer effizienten Produktion (im Falle von Brasilien traut man sich kaum von einem intensivem internen Wettbewerb sprechen) oft deutlich darunter abgesenkt.[3273] Viele der Primärprodukte wurden dagegen mit Preiskontrollen unter den Weltmarktpreise gehalten und diesbezüglich fand eine Exportbesteuerung statt.[3274] Die aus der IS-Politik resultierenden Anreize lagen aber deutlich niedriger als die, die durch die Exporte insgesamt auf die brasilianische Wirtschaft wirkten. Dazu gleich unten.

Die noch erhöhten Zölle hatten, zusammen mit sonstigen Schutzbarrieren und durch die teilweise erfolgreiche Politik der Importsubstitution, das Importvolumen stark verringert. In dieser Zeitperiode stiegen die Importe nach der partiellen Liberalisierung seit den sechziger Jahren an, sanken Mitte der siebziger Jahre aber wieder ab. Auf zweistelliger Ebene der Industrieklassifikation waren 1979 nur in vier Bereichen (Maschinenbau, elektrische- und kommunikationsbezogene Ausrüstung, Chemikalien und sonstige verarbeitete Waren) Importratios von mehr als 10 % der heimischen Verfügbarkeit vorhanden.[3275] Der Anteil von Importen, die in Brasilien zur Exportproduktion benötigt wurden, lag auf einem relativ niedrigem Niveau, mit einem Höhepunkt von 16 % im Jahre 1975. In Korea lagen deutlich höhere Werte bis ungefähr 34 % vor, wobei diese Werte Mitte der achtziger Jahre absinken.[3276] Weil auch in Brasilien Inputgüter bzw. Vorprodukte gebraucht wurden, besonders in den

---

[3270] Coes 1991: 39, 49. Der Autor beschreibt im Detail, wie diese Kredite, die mit flexiblen Zinsraten ausgestattet waren, auf den Zustand der Inflation zugeschnitten waren und somit für die brasilianischen Kreditnehmer attraktiv waren. Coes 1991: 71-73.
[3271] Es wird nachgezeichnet, daß die Profitabilität höher in geschützten Bereichen ist. Tyler 1985: 222, 227, 230-231. Die negative Anreize im Bereich der Primärprodukte sind mindestens teilweise durch anderen Förderungspolitiken wettgemacht worden. Siehe dazu weiter unten in diesem Abschnitt.
[3272] Tyler 1985: 227; siehe: **Tabelle 165**, dort: Implicit nominal protection.
[3273] Tyler 1985: 228, 231.
[3274] Tyler 1985: 229, 233.
[3275] Tyler 1985: 229. Diesen allgemeinen Trend beschreibt, anhand sektoraler Trends, Coes 1991: 97.
[3276] Siehe: **Tabelle 158**.

Bereichen Metall, Maschinen, Elektro- und Kommunikationsausrüstung, Chemie, Pharma und Plastik, läßt sich daraus auf eine Benachteiligung der inputnutzenden Firmen schließen, die durch die Zölle gezwungen wurden, zu höheren Kosten zu produzieren.[3277] Mittelbar deutet dies auf hohe Kosten der brasilianischen Importsubstitution bzw. Protektion hin, im Einklang mit den Erwartungen der Kritiker der Importsubstitution.[3278]

Trotz der Einführung eines Systems einer stufenweisen Korrektur der Wechselkurse ('crawling peg') wurde zudem eine Überbewertung deutlich und erst 1979 und 1980 erfolgten wieder Abwertungen.[3279] Ausgebaut wurde die Exportförderung mit der Agentur CACEX[3280] bzw. dem Förderprogramm BEFIEX, das nach 1975 immer wirksamer wurde.[3281] Die unter BEFIEX verwalteten Firmen konnten ihre Exporte zwischen 1974 und 1981 verzehnfachen und zwischen 1982 und 1989 vierfach ansteigen lassen.[3282] Dieses Programm fokussierte allerdings ausländische Firmen und erreichte 1987 50 % von deren diesbezüglichen Exporten.[3283] Dieses Förderungsprogramm unterstützte Exporte in den Sektoren Automobile, dauerhafte Konsumprodukte und Kapitalgüter sowie solche im Elektrotechnik- bzw. Kommunikationsbereich. Ein zweites Programm bezog auch Textilien, Schuhe und weiterverarbeitete Lebensmittel mit ein.[3284]

In Studien wird festgestellt, daß vor allem verarbeitete Waren auf diese Exportanreize reagierten und diese Exporte eine hohe Preiselastizität aufwiesen, wobei in der Literatur angemerkt wird, daß dies auch mit der Wechselkurspolitik allein hätte erreicht werden können.[3285] Alles in allem wird geschlossen, daß die Anti-Export-Anreize teilweise durch die Exportsubventionen wettgemacht wurden.[3286] Siehe dazu Tabelle 165. Für 1981 wurde ein durchschnittlicher Pro-Export-Anreiz von 13,9 % berechnet, für 1980 allerdings ein negativer Wert -4,5 %.[3287] Ebenso mag es in den Jahren davor durchaus so gewesen sein, daß es noch Anti-Export-Anreize gab.[3288] Auffällig bleiben die

---

[3277] Eine Tabelle, die für diese Bereiche Importanteile von 10 bis 18 % zeigt, die anderen Industriebereiche liegen z.T. deutlich darunter, findet sich in Coe 1991: 60.
[3278] Moreira 1995: 110-111. Siehe: **Tabelle 158**. Diese Interpretation wird bestätigt auch in: **Tabelle 166**, zum Vergleich Korea: **Tabelle 160**.
[3279] Die Wechselkurspolitik Brasiliens in den siebziger Jahren wird so beschrieben: "It did not in fact end overvaluation in a trend or average sense, but simply eliminated the extreme levels of overvaluation which had preceded the several large nominal devaluations before 1968." Es wird weiterhin darauf hingewiesen, daß aufgrund der Verschlechterung der Zahlungsbilanz 1974 eine reale Abwertung nötig gewesen wäre. Coes 1991: 54, 77-81, 116.
[3280] Die CACEX ist die "foreign trade and exchange division of the Banco do Brazil". Coes 1991: 116.
[3281] Coes 1991: 53-54.
[3282] Fritsch/Franco 1994: 73.
[3283] Fritsch/Franco 1994: 73-74. Siehe für eine genauere Diskussion der Frage, inwiefern ausländische Firmen einen größeren Teil der Exportsubventionen nutzen können und inwieweit strukturelle Variablen, etwa Firmengrößen, eine Rolle spielten. Weil die Ergebnisse nicht eindeutig sind, werden diese hier nicht wiedergegeben. Fritsch/Franco 1994: 81-82.
[3284] Coes 1991: 63.
[3285] Ein weiteres Mal wird dies berechnet, mit einem ähnlichen Ansatz wie bereits Cardoso/Dornbusch 1980, hier nicht in der Literatur, in Coes 1991: 90-93.
[3286] Tyler 1985: 233. **Tabelle 165**. Moreira 1995: 109. **Tabelle 158**. So schließen auch Fritsch/Franco 1994: 72. Es wird weiterhin argumentiert, daß die hohen Exportsubventionen nötig waren, um die Nachteile wettzumachen, die durch hohe Zölle etabliert wurden. Fritsch/Franco 1994: 79.
[3287] Tyler 1985: 233.
[3288] Daß die Exporte in dieser Zeit trotzdem anstiegen, wird als Beweis für die Effizienz der Industrien verstanden, die unter dem IS-Regime etabliert wurden. Teitel/Thoumi 1986: 482-483.

unterschiedlich starken Anreize, wobei es für Primärprodukte, Textilien und Schuhe negative oder neutrale Anreize gab. Festzuhalten ist, daß die Schwerindustrie der Leichtindustrie vorgezogen wurde, wobei dies den komparativen Vorteilen partiell widersprach, die sich nicht nur im Automobil- und Stahlbereich[3289], sondern auch in der Leichtindustrie (Textil, Bekleidung und Schuhe) fanden.[3290] Auffällig ist, daß die Exportanreize in Brasilien auf einem höheren Niveau als in Korea lagen, wiewohl sich die Importe für die Exportproduktion auf einem geringerem Niveau befanden.[3291]

Ein Grund für das schlechte Abschneiden des Textil und Bekleidungsbereich war, genauso wie für Indien, daß für Brasilien die Quotenmengen des Multifaserabkommens niedrig festgelegt wurden. Länder wie Korea, China und Taiwan hatten deutlich bessere Möglichkeiten, Textilien in den U.S. Markt zu exportieren. Brasilien lag mit seiner Quote auf einem Niveau mit Indien, unterhalb des Niveaus von Malaysia, Pakistan, Singapur und Thailand.[3292] Bei Schuhen halten die Industrieländer ihren Importschutz nur temporär aufrecht[3293] und dies führt zu Erfolgen Brasiliens, wobei auffällig ist, daß diese komparativen Vorteilsbereiche nicht bewußter gefördert wurden.

In dieser zweiten Periode der Importsubstitution, zwischen 1970 und 1980, wuchs die brasilianische Wirtschaft jährlich um durchschnittlich 8,4 % und erreichte im Jahr 1980 ein BSP von US$ 237 Mrd., höher als sämtliche anderen Entwicklungsländer zu diesem Zeitpunkt. Das BSP lag etwas über dem Spaniens (zum Vergleich: Das damalige BSP der BRD betrug US$ 819 Mrd., Korea lag erst bei US$ 58 Mrd.).[3294] Nach anderen Zahlen, die die Exporte miteinbeziehen, stiegen die Exporte durchschnittlich um jährlich 7,0 % an und das BSP um 8,7 %, zwischen 1970 und 1979.[3295] Zum Vergleich wies Korea ein durchschnittliches Exportwachstum zwischen 1970 und 1979 um jährlich 25,7 % und ein Wachstum des BSP um jährlich 10,3 % auf.[3296] Der Export begann somit in Brasilien eine moderat wichtige Rolle einzunehmen: Die heimische Nachfrage erklärte 83,4 % des Wachstums, die Importsubstitutionsanreize 2,5 % und das Exportwachstum 14,0 %, wobei das Exportwachstum tendenziell zwischen 1975 und 1985 wichtiger wurde.[3297] Die brasilianischen Exporte stiegen auf US$ 20,1 Mrd. US$ in 1980 an. Zu diesem Zeitpunkt erreichte Korea Exporte von US$ 17,5 Mrd.. Später, im Jahre 1990, lag allerdings Korea mit US$ 65 Mrd. höher als Brasilien mit US$ 31,4 Mrd. Exporten.[3298]

[3289] Fischer/Nunnenkamp et al. 1988: 55 (Automobile); 90, 95 (Stahl).
[3290] **Tabelle 165**. Dies wird auch als Grund für die enttäuschenden Exportleistungen in diesem leichtindustriellen Bereich angesehen: Moreira 1995: 119.
[3291] **Tabelle 158**; siehe auch **Tabelle 164**.
[3292] **Tabelle 109**.
[3293] Siehe den Punkt Schuhe in Abschnitt 'I'.
[3294] Siehe: **Tabelle 124** und **Tabelle 140**. Weltentwicklungsbericht 1982: 121.
[3295] Weltentwicklungsbericht 1981: 137, 149. Siehe auch: **Tabelle 167**.
[3296] Weltentwicklungsbericht 1981: 137, 149. Siehe auch: **Tabelle 167**.
[3297] Fritsch/Franco 1994: 85.
[3298] Siehe: **Tabelle 63**.

12.3.1 Das Exportwachstum 1970 bis 1980

Wie läßt sich das Exportwachstum im Zeitraum von ungefähr 1970 bis 1980 in Brasilien hinsichtlich der Unternehmen und der Wirtschaftssektoren aufgliedern?

Das Exportwachstum basierte im Bereich der verarbeiteten und High-Tech-Produkte zum einem auf ausländischen Unternehmen, die mit dem Versprechen auf einen geschützten Markt nach Brasilien gelockt wurden.[3299] Nicht alle, aber viele ausländische Unternehmen gehörten in den siebziger Jahren zur der 'high growth-low value'-Gruppe, die hohes Wachstum, aber bezogen auf ein niedriges wertbezogenes Ausgangsniveau erzielten. Diese Gruppe zeichnet sich generell durch nicht-traditionelle Exportwaren aus: Luftfahrt, Eisenbahnausrüstung, Reifen und Schläuche, elektrische Apparate und Teile, elektrische Maschinen, Landwirtschaftsmaschinen, Metallwaren, wissenschaftliche Apparaturen und Ausrüstung sowie synthetische Harze und Plastik.[3300] Somit wurde auf sektoral breiter Ebene insgesamt gesehen ein hohes Exportwachstum erzielt, aber mit relativ geringen Exportwerten in den einzelnen Sektorbereichen. Weiterhin ist auffällig, daß diese gestiegenen Exportwerte dabei offenbar nicht die in diesen Bereichen hohen Exportanreize widerspiegelten, zumindest nicht in bezug auf die hier vorliegenden Werte für 1980.[3301] Zumindest die hohe Exportsubventionierung für Maschinen und elektrische Ausrüstung führte nur zu einer moderaten Reaktion seitens der wohl großteils ausländischen Unternehmen. Diesbezüglich waren die Exportanreize somit nur teilweise wirksam, um eine Exportorientierung zu erreichen. Sichtbar wird, daß es schwer ist, den ausländischen Firmen die binnenmarktorientierten Strategien abzugewöhnen.

Von heimischen Unternehmen wurden oftmals die Exporte getragen, die im Bereich der rohstoffbasierten Exporte (natural resource based, 'NRB') angesiedelt waren. Typischerweise waren dies 'low growth - high value'-Produkte, die ein geringes Exportwachstum bei hohen schon erreichten Exportwerten erreichen: Dosenfrüchte und -gemüse, Öle und Fette, Kakao, Schokolade und Bonbons, andere Lebensmittel, Textilien, Seile und Schnüre, Leder, nicht-elektrische Maschinen (Motoren), Eisen und Stahl, Büromaschinen und chemische Produkte fallen in diese Kategorie, zu der weitere Informationen weiter unten präsentiert werden.

Zuerst einmal Informationen zu chemischen Produkten. Hinsichtlich der Exportförderung wird oben der Chemiebereich erwähnt. Hier war, bis 1978, keine ausgeprägte Exportsteigerung zu verzeichnen. Immerhin gelang es durch die Exportanreize den Anti-Export-Bias auszugleichen.[3302] Im Chemie und Petrochemiebereich sind staatliche Unternehmen präsent.[3303]

[3299] Tyler 1976: 147-149.
[3300] Teitel/Thoumi 1986: 477; siehe: **Tabelle 141**.
[3301] Siehe: **Tabelle 141** und **Tabelle 165**.
[3302] Siehe: **Tabelle 165**.
[3303] Moreira 1995: 114; Baldwin 1992: 251-252. Siehe dazu weiter unten das Fazit Industriepolitik Punkt 12.6.

Vier der weiteren, oben erwähnten Produktgruppen können den durch die IS-Industriepolitik geförderten Industrien zugeordnet werden: Bei Motoren ist die ausländisch investierte Automobilindustrie relevant, dazu kommt die staatliche Stahlindustrie, der private, zollgeschützte Papier- und Zellstoffbereich[3304] und der staatliche geförderte landwirtschaftliche Sektor.

Der landwirtschaftliche Sektor in Brasilien wurde, neben Minimumpreisen, staatlichem Aufkauf, Subventionen für Konsumenten, in der Exportproduktion vor allem durch massive, verbilligte Kreditprogramme gefördert, die vor allem den großen Produzenten zugute kamen. Für Brasilien kann festgestellt werden, daß diese Interventionen halfen, hohe Wachstumsraten aufrechtzuerhalten. Wenn die verbilligten Kredite einbezogen werden, kann in bezug auf Brasilien von einem Anti-Export-Bias für die Landwirtschaft nicht mehr die Rede sein.[3305] Von 1980 jährlich US$ 25 Mrd. gingen diese Kredite ab 1987 auf US$ 6 Mrd. im Jahre 1990 zurück.[3306] Nur am Rande erwähnt werden kann hier das Thema Agrarpolitik und ungleiche Landverteilung: So hat Brasilien, trotz der Größe seines Agrarlandes, vor allem Besitzer großer Ländereien zum Zuge kommen lassen, die sich in der Exportproduktion von Kaffee, Zucker, Sojabohnen etc. engagierten, wobei die arme Bevölkerung in die Regenwälder des Amazonasgebiets abgedrängt wurde. Weil empirisch weitgehend abgesichert ist, daß mittelgroße Familienbetriebe (Beispiel USA: 160 acres = 64 ha) effizienter arbeiten (außer bei typischen Plantagenfrüchten), weil in größeren Betrieben auf Lohnarbeit zurückgegriffen werden muß, verzichtete Brasilien (mit seiner Präferenz für 988 acres = 400 ha und noch viel größere Betriebe) damit auf deutlich höhere Wachstumsimpulse. Eindeutig negativ zu bewerten sind die sozialen Auswirkungen dieser Politik.[3307]

Zum Bereich 'high growth - high value' gehörten: Automobile und Automobilteile, Bekleidung, Radio, TV, Kommunikation, Schuhe, Schiffbau und Ölprodukte.[3308] Im Automobilbereich gab es in den siebziger Jahren deutliche Exportsteigerungen, die Exportsubventionen gingen zudem deutlich über

---

[3304] Teitel/Thoumi 1986: 475-477.
[3305] Spoor 2000: 9. Dort der Hinweis auf Brandao/Carvallo 1991: 77-78.
[3306] Spoor 2000: 9, 19. Übergreifende Daten: Der landwirtschaftliche Sektor wuchs, teils trotz IS-Politiken, zwischen 1975 und 1980 in Lateinamerika und der Karibik mit 3,6 % und schaffte es sogar in der Zeit der Schuldenkrise ein Wachstum von 2,7 % aufrechtzuerhalten. Erst ab 1985 kam es zu einer Stagnation bei 1,3 %, die 1990 von einem erneutem 3,1 % Wachstum abgelöst wurde. Die Länder unterscheiden sich in ihren Politiken, deshalb ist es schwierig eine pauschale Zuordnung zu treffen. Fest steht jedoch, daß unter den agrarwachstumsstarken Ländern auch solche sind, die höhere Zölle nutzten und deutliche Interventionen in den Agrarsektor nutzten. Spoor 2000: 10.
[3307] Von 1940 bis 1980 gelangt es, das bebaute Land von 197,7 Mill. ha auf 364,8 Mill. ha auszudehnen. Zwischen 1970 bis 1980 stiegt die Zahl sehr kleiner Betriebe (unter 1 ha) von 236,093 auf 280,003 an. Die Zahl der Betriebe von 1-10 ha und 10-50 ha Größe sank oder stieg nur sehr leicht an, während größere landwirtschaftliche Betriebe hohe Steigerungsraten zu verbuchen haben. Immerhin gibt es in der Kategorie der Farmen von 10-50 ha 1,6 Mill. Eigentümer. Dennoch bewirtschaften Betriebe bis 50 nur 12 % des landwirtschaftlich bebaubaren Landes, 39 % des 'croplands' und 28 % des Kapitals. Thiesenhusen/Melmed-Sanjak 1990: 397. Neben den großen Betrieben sind ebenso die mittelgroßen Farmen sehr wohl in der Lage, für den Export zu produzieren und Überschüsse über ihre Subsistenz heraus zu erwirtschaften, Thiesenhusen/Melmed-Sanjak 1990: 402, 405. Es ist unumstritten, daß eine Landreform bzw. eine gerechtere Landverteilung zu Effizienzgewinnen führen wird. Zur diese Effizienzinterpretation bzgl. der Farmgrößen und zur einer Charakterisierung Brasiliens als dominiert von großen Betrieben siehe Binswanger/Deininger 1997: 15; Thiesenhusen/Melmed-Sanjak 1990: 404-408.
[3308] Teitel/Thoumi 1986: 478-479.

den Ausgleich der Anti-Export-Anreize hinaus.[3309] Im Bekleidungsbereich bestand ein leichter Pro-Export-Anreiz.[3310] Dieser hier als letzter aufgezählte Bereich basiert auf der Produktion ausländischer Unternehmen, kleinerer brasilianischer Firmen, einem Joint-Venture des brasilianischen Staates mit einem japanischen Unternehmen, im Falle des Schiffbaus und bei Ölprodukten, einem staatlichen Unternehmen.[3311] Siehe zu diesem Abschnitt: Tabelle 141, Tabelle 165, Tabelle 303.

12.4 Schuldenkrise und verlorenes Jahrzehnt

Die achtziger Jahren werden als verlorenes Jahrzehnt Brasiliens und Lateinamerikas bezeichnet. Dies spiegelt sich in den Daten wieder. Zwischen 1980 und 1991 erreichte Brasilien durchschnittlich eine Wachstumsrate des BSP von 0,5 %.[3312] Während die Bevölkerung um 26 % zunahm, wuchs die Wirtschaft nur um 16 %, sodaß sich ein Verlust von 8 % an Pro-Kopf-Einkommen errechnet.[3313] Die Investitionen sanken von durchschnittlich 23,3 % des BSP in den siebziger Jahren auf 18,3 % in den achtziger Jahren ab und erreichten 1992 einen Tiefpunkt von 13,6 %.[3314]

Grund dafür ist die Schuldenkrise ab 1980, mit stark sinkenden Investitionsraten, abnehmenden Technologieimporten und dem Versuch, mit hohen Exportsubventionen wieder eine positive Zahlungsbilanz zu erreichen.[3315] Dazu kommen inflationäre Tendenzen.[3316] Im Maschinen- und Automobilbereich fiel der Weltmarktanteil Brasiliens auf 0,6 %, während Koreas Anteils auf 1,9 % stieg.[3317] In der Zeit davor waren die Weltmarktanteile Brasiliens noch angestiegen.[3318] Insgesamt erzielte Brasilien zwischen 1980 bis 1990 ein Exportwachstum von 5,1 %.[3319] Dabei stiegen die Exporte typischerweise an, wenn die Rezession besonders stark war und sanken bei wachsendem internen Markt ab.[3320] Dies deutet nicht gerade auf eine intensive Integration Brasiliens in den Weltmarkt hin. Gegen Ende der achtziger Jahre spielte der wieder ansteigende Wechselkurs eine negative Anreizrolle bezüglich der Exporte.[3321] Die koreanischen Exporte wuchsen in dieser Zeitperiode zwischen 1980 bis 1990 um 15,0 %, die taiwanesischen um 14,8 % und die indischen um 7,3 %.[3322]

[3309] Der in **Tabelle 165** wiedergegebene negative Netto-Effektive-Schutz resultiert womöglich aus der Einbeziehung von Preiskontrollen. Insgesamt wird anhand der Diskussion einer ähnlichen Berechnung seitens der Weltbank aufrechterhalten, sodaß der Automobilsektor sogar an zweiter Stelle als Empfänger der Exportsubventionen eingestuft wird. Fischer/Nunnenkamp et al. 1988: 120-121.
[3310] **Tabelle 165**.
[3311] Siehe dazu die Informationen, die gleich nachfolgend präsentiert werden.
[3312] Weltentwicklungsbericht 1993: 291.
[3313] Bonelli 2000: 75.
[3314] Bonelli 2000: 75.
[3315] Zwischen 1978 und 1982 steigen die Ölpreise um das dreifache, und die internationalen Kreditzinsen um das zweifache. Im Jahre 1982 erreicht das Zahlungsbilanzdefizit 5,8 %. Zwischen 1980 und 1984 wird ein erstes Strukturanpassungsprogramm durchgeführt. Moreira 1995: 124-127. Siehe zu den Kreditzinsen oben in Abschnitt 'G' zum Wechselkurs.
[3316] Moreira 1995: 129.
[3317] Moreira 1995: 126.
[3318] Fritsch/Franco 1992: 210.
[3319] UNCTAD 1994: 14.
[3320] Moreira 1995: 129.
[3321] Moreira 1995: 129.
[3322] Zwischen 1980 bis 1990. UNCTAD 1994: 18.

Diese spezielle Charakteristik Brasiliens wird daran deutlich, daß der Export/BSP-Wert durchgängig relativ niedrig lag: Im Jahre 1950 lag er bei 4,0 %, 1973 bei 2,6 % und noch im Jahre 1992 lag er bei 4,7 %.[3323] Zum Vergleich: Noch niedrigere Werte erreichte Indien, im Jahre 1950 lag er bei 2,6 %, 1973 bei 1,0 % und 1992 bei 1,7 %.[3324] Korea kommt 1950 auf 1,0 % im Jahre 1973 liegt er bei 8,2 % und 1992 bei 17,8 %.[3325] An den sehr niedrigen brasilianischen Werten wird erkennbar, daß in solchen Länder leichter ein 'stop and go'-Zyklus in bezug auf Zahlungsbilanzkrisen und einer Rücknahme der Liberalisierung entstehen kann.[3326]

Die Auswirkungen des verlorenen Jahrzehnts sind auch bezüglich der Produktivitätsdaten sichtbar. In Brasilien stieg die Gesamtfaktorproduktivität nicht so schnell, immerhin um 2,9 % (1960-1973), dann sank sie ab -0,8 (1973-1984), -0,2 (1984-1994)[3327] in anderen Untersuchungen liegen aber bis 1980 positive Werte vor.[3328] Im internationalen Vergleich erreichte Brasilien durchaus hohe Werte bezüglich der Arbeitsproduktivität, wurde aber von Korea überholt und teils wird auch eine absinkende Tendenz festgestellt.[3329]

12.5 Dimensionen der brasilianischen Industriepolitik

Wie hängen diese Entwicklungstendenzen mit den weiteren Dimensionen der Industriepolitik der brasilianischen Regierung zusammen?

Diese werden hier gesondert präsentiert, weil nicht immer eine chronologische Zuordnung im Sinne der Zeitperioden oben möglich ist. Seit dem ersten T-Plan ('target plan'), 1956-1961, gab es eine systematischere brasilianische Industriepolitik.[3330] Diese konzentrierte sich Anfangs auf Bereiche, in denen begründeterweise ein Marktversagen bzgl. der Kapitalmärkte vorlag: Dies traf damals für die Stahlindustrie zu, ebenso ging es um Infrastrukturprojekte.[3331] Problematisch am Förderungsschwerpunkt Schwerindustrie ist, daß von Anfang an die Kredite der staatlich kontrollierten Banken, etwa der Nationale Entwicklungsbank (BNDE), tatsächlich vor allem der Schwerindustrie zugute kamen.[3332] Somit hat die brasilianische Industriepolitik Marktversagen partiell korrigiert, aber ein neues, womöglich breiter angelegtes Marktversagen geschaffen, denn die

---

[3323] **Tabelle 55**.
[3324] **Tabelle 55**.
[3325] **Tabelle 55**.
[3326] Allein weil die heimische Industrie Importe benötigt, aber nicht ausreichend Exporte vorliegen, um diesen Bedarf zu bezahlen. Liberalisierung ist hier nur ein Teil der Lösung, weil diese zwar positiv auf exportorientierte Firmen wirken kann, gleichzeitig kann sie die Importe aber so erhöhen, daß die Staaten gezwungen sind, diese wieder rückgängig zu machen.
[3327] Davor war die Steigerung aber deutlicher. Chenery et al. 1986: 20-22; siehe **Tabelle 130**. Skeptisch ebenso Bruton 1989: 1624-1625. Niedrigere Werte in **Tabelle 152**.
[3328] Fritsch/Franco 1994: 84.
[3329] **Tabelle 168**, eine absinkende Arbeitsproduktivität wird aber festgestellt in: **Tabelle 169**.
[3330] Moreira 1995: 97.
[3331] Moreira 1995: 99.
[3332] Moreira 1995: 95.

Leichtindustrie wurde fast gänzlich von langfristigen Krediten ausgeschlossen und die privaten Kreditmärkte konnten dies nicht auffangen. Dazu kamen erste Probleme mit einer moderaten Inflation und einer bewußt eingesetzten expansiven Geldpolitik.[3333]

Im Jahre 1966 waren staatliche Konzerne vor allem im Stahl-, sowie einige im Gummi- und Chemiebereich präsent. Ausgeprägte Anteile in allen Sektoren hielten damals ausländische Konzerne 51 %, heimische private Firmen besaßen 41 % und staatliche Unternehmen 8 % der Eigentumsanteile.[3334] Problematisch war, daß die ausländischen Firmen damals unterhalb optimaler Skalenökonomien investierten, die heimischen privaten Firmen dennoch auf Zulieferstatus beschränkt wurden.[3335] Zwischen 1965 und 1973 stieg der Anteil staatlicher Unternehmen an der gesamten Kapitalbildung auf 18,7 % an.[3336]

In dieser Phase können die negativen Effekte bzw. Kosten dieser Form der Industriepolitik, die auf den Aufbau der Schwerindustrie fokussierte als hoch angesetzt werden, denn vorliegende komparative Vorteile wurden nicht genutzt, wobei die Hälfte der Bevölkerung damals arbeitslos war. Die Förderung der Schwerindustrie verspricht auf der anderen Seite dynamische Vorteile, wie Skalenökonomien, pekunäre Externalitäten und den Aufbau technologischer Fähigkeiten. Hierzu wird aber kritisch angemerkt, daß zuviele Sektoren auf einmal gefördert wurden, durch zuviele Firmeneintritte eine fragmentarisierte Industriestruktur entstand (die keine Skalenökonomien erreichte) und nicht genügend ausgebildete Fachkräfte zur Verfügung standen, um hier höhere Vorteile zu erzielen. Weiterhin wurde es versäumt, erfolgreiche private Unternehmer zu unterstützen, damit diese über genügend Investitionsmöglichkeiten für den weiteren Aufbau der Industrie verfügten.[3337]

In bezug auf die siebziger Jahre werden in der Literatur die folgenden Aspekte erwähnt und teils kritisiert: Angemerkt wird, daß zwar Exportsubventionen eingeräumt werden, im Unterschied zu Korea werden diese aber nicht mit einem Exportzwang verbunden.[3338] Dazu kann bemerkt werden, daß der Zwang zum Export in Brasilien sicher nicht so intensiv war wie in Korea, daß aber auch Brasilien solche Versuche machte, siehe gleich unten. Weiterhin waren die Zollrückerstattungssysteme für Exporteure in Brasilien tatsächlich nicht breit genug angelegt, zumindest zu Beginn. Bis 1975 wurden Rückerstattungen für Zölle weiterhin von einem Grad von 70 % lokalisierter Produktion abhängig gemacht, danach wurde diese Bestimmung aber gelockert.[3339] Mit der Agentur CACEX konnte verhandelt werden und für eine Reihe von Bereichen und Firmen wurden spezielle, offenere Importregime ausgehandelt.[3340] Und unter den BEFIEX-Exportförderungs-Programm wurden

---

[3333] Sämtliche dieser Thesen dieser drei Sätze werden hier entnommen aus Moreira 1995: 100.
[3334] Zahlen für 1966. Ausführliche Tabelle differenzierend nach Industriesektoren in Moreira 1995: 103. Die Tabelle wird hier nicht reproduziert, weil sich die Schwerpunkte später deutlich verändern.
[3335] Moreira 1995: 103.
[3336] Siehe: **Tabelle 170**.
[3337] Moreira 1995: 102.
[3338] Zu den Informationen und Argumenten in diesem Abschnitt Moreira 1995: 110.
[3339] Moreira 1995: 111, 162.
[3340] Fritsch/Franco 1994: 72.

langfristige Exportziele vorgegeben, speziell für ausländische Firmen und dies wird Vorbedingung für den Import von Kapitalgütern.[3341] Somit gab es, ähnlich wie in Korea, auch in Brasilien Flexibilität, und auch Bedingungen und Druck auf die Unternehmen. Der Grad der Flexibilität war aber offenbar nicht so weitgehend ausgeprägt wird in Korea. Dies läßt sich mittelbar aus den hohen Werten für effektive Schutzraten schließen, wodurch auf dem Weltmarkt erhältliche Produktionsinputs zumindest nicht so frei erhältlich waren wie in Korea. In der Literatur wird geschlossen, daß es wahrscheinlich ist, daß die Firmen in Brasilien, diesen Ausnahmeregeln zum Trotz, oft qualitativ minderwertig Produkte einsetzen mußten oder in der eigenen Firma Inputs produziert haben, die sonst durch arbeitsteilige Spezialisierung erhältlich gewesen wären.[3342] Dieser Eindruck wird auch durch folgenden Punkt gestützt: In Brasilien waren Mindestinland bzw. 'local content'-Programme viel verbreiteter als in Korea. Das Erreichen von 'local content' wurde nicht nur als Bedingung für die Zollrückerstattung genutzt, sondern auch mit Anreizen, etwa verbilligten Krediten, Kapazitätslizensierungen (wie in Indien), dem Zugang zur öffentlichen Auftragsvergabe oder der Auftragsvergabe seitens staatlicher Konzerne verbunden. Hauptschwerpunkte lagen auf Chemie, Pharma, nicht-metallischen Gütern wie Papier und Zement und der Kapitalgüterindustrie. Geschätzt wird, daß ungefähr 50 % der Wertschöpfung im verarbeitenden Sektor Mindestinlandregeln unterlag.[3343] Das sind hohe Werte, die es nahelegen, daß die Industrie unnötig stark im heimischen Markt zur Rückwärtsintegration bzw. zum Einsatz lokal verfügbarer Produkte gezwungen wurde. Nimmt man zusätzlich an, daß die Produktionsanlagen nicht optimale Skalenökonomien aufwiesen, ergeben sich letztendlich Spezialisierungs-, Qualitäts-, und Kostennachteile gegenüber den Weltmärkten.[3344]

Eine durchgängig negative Gesamtbewertung dieser Industriepolitik wird dadurch erschwert, daß 'local content', teilweise wenigstens, auch positive Auswirkungen auf den brasilianischen Industrialisierungsprozeß gehabt haben mag. Beispielsweise benötigte die ebenfalls ausländisch investierte, durch Zollschranken angezogene, kapital- und wissensintensive Energieanlagenindustrie in einem späten Entwicklungsstadium im Jahre 1995 nur für 18 % des Produktionswerts Importe. Dies sind nicht unbedingt sehr hohe Zahlen, wenn es um die Produktion aufwendiger Turbinen für große Wasserkraftwerke geht.[3345]

Kritisiert werden kann weiterhin, daß vor allem ausländische Konzerne von den Exportsubventionen profitierten.[3346] Dies wäre aber erst dann ein wirklich überzeugender Punkt, wenn diese überhaupt keine zukunftsfähige Investitionspolitik in Brasilien betreiben würden. Die ausländischen Konzerne

---

[3341] Moreira 1995: 115.
[3342] Ferraz et al. 1996: 166; Tyler 1985: 227; dies steht im Einklang mit der Charakterisierung der mittleren technologischen Fähigkeiten lateinamerikanischer Industrie in Punkt 4.2, Abschnitt 'E'.
[3343] Fritsch/Franco 1994: 75.
[3344] Moreira 1995: 110-111, 118-119.
[3345] Für eine lokalen Produktionswert von US$ 1,8 Mrd. 1995 werden Importe von US$ 334 Mill. benötigt. USITC 1998: 22.
[3346] Moreira 1995: 111.

wenden sich immerhin langsam dem Export zu.[3347] Hohe Exportwachstumsraten wurden dabei im dem durch ausländische Konzerne geprägten Automobilbereich erzielt.[3348]

Daß ausländische Konzerne aber im großen und ganzen keine konsequent exportorientierte Strategie durchführen wird daran deutlich, daß keine eigenständige F&E-Fähigkeit aufgebaut wurde. Dies kann dadurch erklärt werden, daß die multinationalen Konzerne vom Wissen ihrer Mutterkonzerne profitieren können und die heimischen, oft kleineren Unternehmen, im Wettbewerb gegenüber den ausländischen Konzernen wenig Chancen hatten.[3349] Daß diese Erklärungskette zumindest zu einem gewissen Grad plausibel ist, wird dadurch gestützt, daß Brasilien im Vergleich zu Korea in bezug auf F&E Ausgaben Anfang der 1980ziger Jahre klar zurücklag.[3350]

12.6 Fazit Industriepolitik bis zu den neunziger Jahren

Im großen und ganzen gesehen, gab es in Brasilien in der Nachkriegszeit bis Mitte der achtziger Jahre somit, trotz dem Versuch, zu einem gewissen Grad eine Exportorientierung zu verfolgen, eine Reihe von wohlfahrtsmindernden Außenhandels- und Industriepolitiken:

Dazu gehört der zu breit angelegte Zollschutzschutz und die zu in extremer Form durchgeführten 'local content'-Bestimmungen. Durch einige Aspekte der exportorientierten Reformen Mitte der siebziger Jahren konnte diesen negativen Effekten entgegengesteuert werden, z.B. mit der Entkopplung der Zollrückerstattungen von 'local content'-Auflagen und durch längerfristige Exportabmachungen, von deren Erfüllung freie Importe abhängig gemacht wurden. In dieser Zeit wurde weiterhin die Nationale Entwicklungsbank dazu gebracht, in einem gewissen Rahmen, auch an heimische private Firmen Kredite zu vergeben.[3351]

Ein weiteres Ziel dieser Politik, größere heimische Konzerne mit technologischen Fähigkeiten hinter Zollschutz zu etablieren, hatte teilweise Erfolg.[3352] Denn unter den Top-100 nicht-Finanzgruppen wurden 30,7 % der Verkäufe von heimischen privaten Firmen getätigt, ausländische Firmen kommen für 31 % und staatliche Unternehmen für 38 % auf.[3353]

Weiterhin konnten die schwerindustriellen Projekte der interventionistische Industriepolitik der brasilianischen Regierung ebenfalls zu Exporten beitragen. Staatliche Unternehmen sind im Stahl-,

---

[3347] Fritsch/Franco 200, 215-216.
[3348] Teitel/Thoumi 1986: 474.
[3349] So das Argument in Moreira 1995: 113.
[3350] Siehe: **Tabelle 171**.
[3351] Moreira 1995: 115.
[3352] Moreira 1995: 116.
[3353] Moreira 1995: 121.

Chemie-, Düngemittel-, Petrochemie-, Luftfahrt-, und Minenbereich präsent[3354], der Papier- und Zellstoffbereich liegt in privaten Händen, ist aber durch Importbarrieren gestützt worden.[3355]

In bezug auf den Papier- und Zellstoffbereich wurde aber, im Vergleich zu Korea, versäumt, auf eine konsequente Modernisierung und Restrukturierung zu drängen.[3356] Deutlich wird hier, daß Zollschutz erleichtert, daß Industriebereiche bestehen, die nicht Weltmarktstandards entsprechen.

In den Bereichen der Herstellung grundlegender Produktionsinputgüter gelingt es offenbar optimale Skalenökonomien zu erzielen, es wird aber kritisiert, daß zuviele staatliche Konzerne aktiv sind, die zwar erfolgreich sind, aber die Ausbildung heimischer, finanzstarker Unternehmen verhindern.[3357]

Der Stahlbereich wird als effizient einschätzt und steht, trotz kritischer Analyse in der Literatur, noch im Einklang mit den komparativen Vorteilen und dort gelingt es erfolgreich, eine Importsubstitution der hohen Stahlnachfrage durchzuführen.[3358] Ebenso liegen Exporte vor, in Abschnitt 'I' wird noch gezeigt, wie die Stahlexporte Brasiliens von protektionistischen Maßnahmen der USA und der EU erschwert wurden, ausgerechnet zum Zeitpunkt der Schuldenkrise.

Der staatliche Luftfahrtbereich (Embraer) konnte erfolgreich aufgebaut werden, der in einer Nische des Weltmarkts agierte[3359], wobei bei diesem Unternehmen darauf geachtet wurde, daß konsequent und kontinuierlich Zugang zu ausländischer Technologie bestand.[3360]

Der Versuch, in den achtziger Jahren eine Computerindustrie aufzubauen, ist als industriepolischer Mißerfolg nennenswert, nicht zuletzt, weil er gezielt auf heimische Firmen zielte. Hier gelang es nicht, Skalenökonomien zu erzielen. Im Jahre 1985 bauten 37 heimische Firmen PCs. Es gab zudem keine konsequente Finanzierung dieser. Nach einem Jahrzehnt des Erziehungszollschutzes lagen keine signifikanten Exporte vor.[3361] Es wird bemerkt, daß die meisten lokal gefertigten Computer aus ausländischen Teilen montiert und dann als brasilianische Fertigung ausgegeben wurden.[3362]

Zudem scheitert die staatlich geförderte Etablierung einer Telekommunikationsausrüstungsindustrie, wobei hier beachtet werden muß, daß die Firmen aus den Industrieländern massive Subventionen erhielten.[3363]

[3354] Moreira 1995: 114; Baldwin 1992: 251-252.
[3355] Moreira 1995: 117.
[3356] Siehe dazu das Beispiel der Papier- und Zellstoffindustrie gleich weiter unten.
[3357] Moreira 1995: 119.
[3358] Fischer/Nunnenkamp et al. 1988: 90, 95; siehe **Tabelle 120**.
[3359] Privatisiert 1992. Frischtak 1994: 602; 610-611.
[3360] Dieses Unternehmen erhält kontinuierlich ausländische Technologie. Frischtak 1994: 611.
[3361] Moreira 1995: 128. Womöglich ein Beispiel für eine Fragmentierung der Produktion durch einen zu hohen Zollschutz. Dazu Corden 1974: 212.
[3362] Bastos 1999: 3.
[3363] Die Telekommunikationsindustrie in den Industrieländern wurde subventioniert, bezüglich ihrer F&E-Anstrengungen und sie profitierten von geschlossenen und konzentrierten Heimatmärkten, wobei sie sich teils in staatlicher Hand befanden. Toleriert wurden kartellähnliche

Erfolgreicher ist die Importsubstitution im Düngemittelbereich, dort hat der Zollschutz zu höheren Preisen auf dem heimischen Markt geführt, staatliche und private Unternehmen haben investiert, später auch im Bereich chemischer Inputs. Der Schutz wurde aufrechterhalten, um eine skalenoptimale Ausnutzung der aufgebauten Kapazitäten zu garantieren.[3364]

In einigen Bereichen, die ebenso Skalenökonomien benötigen, etwa Wasserturbinen und große mechanische Pressen, sind im Vergleich zu den Industrieländern aber eindeutig zuviele Unternehmen präsent.[3365]

Es gelangt nicht eine Schiffbauindustrie auszubauen, obwohl diese lange Zeit als Nr. 3 in der Welt gehandelt wurde. Sie geriet durch zu hohe Kosten in eine Krise.[3366] Zu weiteren Sektoren siehe weiter unten.

Aufgrund dieser teilweisen Wirkungsmächtigkeit staatlicher Anreiz- und Industriepolitik ist es wenig überzeugend, wenn dies etwa in der Michaely et al. (1991) Länderstudie über Brasilien von Coes (1991) unter "commercial policy" subsumiert und nicht näher analysiert wird.[3367] Immerhin sind 7 industrielle Schwerpunkte mit einem gewissen Erfolg etabliert worden, darunter hat der Aufbau der Stahl und Luftfahrtindustrie dem Staat inakzeptabel hohe Kosten verursacht, weiterhin können 6 relative oder klar erkennbare Fehlschläge verzeichnet werden.[3368]

Insgesamt gesehen kann ein ambivalentes Fazit gezogen werden. Die Politik bis Mitte der achtziger Jahre kann insofern positiv bewertet werden kann, weil es immerhin gelang eine breite Industrialisierung zu initiieren, die in einzelnen Sektoren als erfolgreich zu bezeichnen ist. Die staatlichen Unternehmen waren teilweise erfolgreich. Durch Exportsubventionen (oder durch verbilligte Kredite, die zu Exporten führten, etwa im Landwirtschaftsbereich) konnte der Anti-Export-Bias überwunden werden und bestimmte Industrien selektiv gefördert werden, auch unter Nutzung eines direkten Drucks, Exporte zu erzielen.

Abmachungen für Auslandgespräche, die US$ 10 bis 20 Mrd. mehr Einkommen pro Jahr garantierten. Die zehn größten Zulieferer für Telekommunikationsdienstleistungen haben einen Anteil von 64 % an den Weltmärkten. Dazu Roobeek/Broeders 1993: 275-277. Vor diesem Hintergrund erscheint es weniger verwunderlich, wenn es Brasilien nicht gelingt eine eigene Industrie für digitale Vermittlungsstationen aufzubauen. Als die Technologie bereits entwickelt wurde und das Produkt vor der Vermarktung stand, wurde sich für eine Liberalisierung entschieden und für einen Stop der F&E-Förderung. Obwohl schon vorher teils in die Regierungsförderung involviert, haben dann Alcatel, NEC, Ericsson und Siemens mit ihrer Technologie den Markt übernommen. Mytelka 1999: 119-134.

[3364] Europaen Market Access Database Brazil 1999: 3.

[3365] In Brasilien gab es 5 Hersteller von großen mechanischen Pressen, in Deutschland 2, in den USA 2. Es gab vier Hersteller von Wasserturbinen, in Deutschland 2, in den USA 1. Zahlen für 1980. Moreira 1995: 120.

[3366] European Market Access Database Brazil 1999: 5.

[3367] Coes 1991: 116-117.

[3368] Die Erfolge sind: Automobil, Stahl, Petrochemie, Chemie, Luftfahrt, Düngemittel, Landwirtschaft, Mißerfolge: Computer, Telekommunikation, Schiffbau, Papier- und Zellstoff, Energieanlagen und mechanische Pressen.

Dem entgegen steht die zu breit angelegte Industrialisierung, mit zuvielen weniger erfolgreichen Projekten, teils hohen interne Preise oder ungenügend ausgeprägte Skalenökonomien. Diese negativen Seiten wurde u.a. ausgelöst und verstärkt durch einen zu weitgehenden Zollschutz, den ungenügenden Zugang zu Zwischenprodukten und durch zu weitgehend eingesetzte Mindestinlandregeln. Eine breite Importsubstitution wurde zwar erreicht, nicht aber dynamisch wachsende Exporte in vielen Sektoren wie in Korea. Speziell Moreira (1995) beklagt, daß die Förderungsmaßnahmen im Vergleich zu Korea' nicht selektiv genug waren. Dies deutet auf erhebliche Kosten hin, die die brasilianische Politik für die Wohlfahrt des Landes gehabt hat. Dazu kommt, daß nur auf eine Dimension komparativer Vorteile geachtet wurde, etwa bei den Investitionen in die schwerindustrielle Weiterverarbeitung von Rohstoffen. Die komparativen Vorteile des leichtindustriellen Sektors wurden nicht genug gefördert, die ebenso im Einklang mit komparativen Vorteilen standen und noch stehen.[3369]

Letzteres kann vor allem dem staatlichen Bankensektor zugeschrieben werden, der eigentlich Marktversagen korrigieren sollte. Dieser Bankensektor hatte es nicht nur versäumt, komparative Vorteile mehrdimensional zu sehen, sondern er hat generell den privaten Sektor unzureichend beachtet. Gezeigt werden kann, daß die brasilianischen Firmen, im Gegensatz zu Korea (ca. 30 %) , zu einem großen Teil (ca. 60 %) durch die eigenen Einkünfte finanziert sind. Die brasilianische Entwicklungsbank kommt im besten Fall für 8 % der Kredite für den privaten Sektor auf. Dies deutet auf ernsthafte Schwierigkeiten für private Firmen hin, eine langfristige Finanzierung zu erhalten.[3370]

Auf der anderen Seite macht es sich die Literatur leicht, wenn sie Brasilien mit der erfolgreichen Industriepolitik Koreas vergleicht. Immerhin konnte die brasilianische Politik ausländische Investoren langsam zum Export zwingen, wie hätte Brasilien es schaffen sollen, die gesamte F&E Abteilung von VW nach Brasilien zu locken? Sowohl des kritische als das liberale Szenario bleiben unklar in bezug auf mögliche überlegene Wohlfahrtswirkungen: Das kritische Szenario würde womöglich fordern, daß der Staat die Automobilindustrie hätte selbst aufbauen sollen. Wäre dies zusammen mit einem Engagement im Stahlbereich nicht ebenfalls sehr teuer geworden, selbst wenn dazu die Einnahmen im Bekleidungs- und Schuhbereich hätten genutzt werden können? Die liberalen Denker könnten angesichts der hier vorliegenden Informationen von komparativen Vorteilen argumentieren, daß die Stahlindustrie durch private Investoren hätte finanziert werden müssen und daß mit den Einkünften der Stahl- und Minenindustrie in den achtziger Jahren eine dynamische Automobilindustrie durch einen Privatinvestor hätte gegründet werden können. Es konnte jedoch gezeigt werden, daß der private Sektor zu solchen Investitionen im Stahlbereich damals nicht bereit war, dazu kam, daß es im

---

[3369] Noch deutlich kritischer, unter anderen in bezug auf die Rolle der ausländischen Investitionen, die das Größenwachstum und den Erwerb technologischer Fähigkeiten seitens heimischer Konzerne verhindern. Moreira 1995: 117-124. Die Bewertung von Moreira (1995) streicht die problematischen Effekte heraus, die dieser aber, weil ihm Korea als Vergleich vorschwebte, in der nicht entschiedenen Selektivität der brasilianischen Regierung sieht: "In sum, for all its success in deepening the industrial structure, diversifying exports, strenghening the LPFs' (local private firms, d. Verfasser) position and improving the S&T infrastructure (science and technology, d. Verfasser), the II NDP (new development plan, d. Verfasser) did not go far enough to change substantially the pattern of Brazil's industrialization. The incentive regime continues to be largely non-selective, biased towards the internal market, and exports heavily subsidized and lesser business." Moreira 1995: 122.
[3370] Moreira 1995: 121, 123.

Stahlbereich keinen freien Handel gab. Das liberale Szenario ist weiterhin auch deshalb nicht leicht vorstellbar, weil es in erheblichem Maße zum Engagement ausländischer Investoren in der Rohstoffausbeutung geführt hätte. Speziell bei solchen Investitionen kann bezweifelt werden, daß dies zu erheblichen Wohlfahrtswirkungen geführt hätte. Der Eindruck besteht, daß die Kritikpunkte im großen und ganzen zutreffend sind, aber vor einem realistischen Hintergrund gesehen sollten.

12.7 Beispiel Automobilindustrie

Diese für Brasilien charakteristische anreiz- und industriepolitische Struktur wird hier am Beispiel der Automobilindustrie konkreter gezeigt, die wie ein Mikrokosmos die brasilianischen Erfolge und Probleme spiegelt. In den frühen siebziger Jahren wurden, auch aufgrund von 'local content' bzw. Mindestinlandauflagen Fahrzeuge zu 100 % aus heimischen Inputs hergestellt. Die Produktionskosten lagen damals um 35 % über denen der USA.[3371] In der Zeit als diese Auflagen noch streng angewandt wurden, war dieser Zwang zur lokalen Vorprodukteherstellung ein Grund für hohe Inputpreise und eine fehlende Wettbewerbsfähigkeit: Leicht-Lkw hatten beispielsweise einen 72 %-Anteil von Materialkosten an der Produktion, dagegen lag dieser in den USA bei 46 %.[3372] Diese nachteilige Kostenstruktur reduzierte sich im Verlauf der siebziger Jahre, unter anderem durch die Möglichkeit zollfreier Importe für exportierende Unternehmen.[3373] Anfang der achtziger Jahren kann die Automobilindustrie brasilianischen Stahl zu Weltmarktpreisen erwerben und gerät dadurch nicht von vornherein in eine nachteilige Position (der Stahl wurde dabei allerdings durch ein internes Rückerstattungssystem heruntersubventioniert, denn die Preise auf dem heimischen Markt lagen wohl durch die Protektion doch etwas höher).[3374] Inputs wie Glas, Plastik- und Gummiprodukte (speziell Reifen) und einige Elektrik- und Elektronikprodukte waren relativ gesehen teurer, aufgrund der höheren Preisniveaus, ermöglicht durch IS-Zölle und erzwungen durch 'local content'-Auflagen. Wird eine Überbewertung der Währung vermieden, bauten sich diese Kostennachteile relativ zu anderen Ländern gesehen aber wieder ab (die Preise für Inputs lagen 1980/81 durchschnittlich nur um 13 % über den Weltmarktpreisen[3375]).[3376] Dazu kam, daß Brasilien über Lohnkostenvorteile verfügt.[3377] Trotz der neu eingeräumten Importmöglichkeiten waren die Automobilproduzenten hinsichtlich der Auswahl von Inputs aber nicht frei.[3378] Nicht zuletzt aufgrund der breiten Präsenz von Automobilzulieferern scheinen Nachteile aber nicht extrem ausgeprägt gewesen zu sein.[3379] Brasilien erreichte 1984 eine Massenproduktion von 679.000 Einheiten, aber nur 32.000 Einheiten auf der

---

[3371] In den sechziger Jahren sind die Kostennachteile noch ausgeprägter. Verglichen mit 45 % und 53 % in Venezuela und Mexico und 164 % in Chile, ist der brasilianische Rückstand aber nicht extrem ausgeprägt. Fischer/Nunnenkamp et al. 1988: 55.
[3372] Fischer/Nunnenkamp et al. 1988: 56.
[3373] Fischer/Nunnenkamp et al. 1988: 54-59.
[3374] Fischer/Nunnenkamp et al. 1988: 81.
[3375] Dies lag zudem niedriger als die Exportanreize, die diesen Nachteil mit 34 % überkompensierten. Preise für Stahl, Glas, nichteisenhaltige Metalle, Reifen und Autoteile lagen unter internationalen Preisniveaus. Preise für Gußteile, Maschinen und Ausrüstung höher. Fischer/Nunnenkamp et al. 1988: 131.
[3376] Fischer/Nunnenkamp et al. 1988: 54-59.
[3377] Für 1980/81 gilt dies, Japan, Mexiko, Indonesien und Korea liegen damals niedriger. Fischer/Nunnenkamp et al. 1988:
[3378] Fischer/Nunnenkamp et al. 1988: 56.
[3379] Fischer/Nunnenkamp et al. 1988: 57, 79.

Modellebene. Dies lag unter einer damals als skaleneffizient eingeschätzten Produktion von 250.000 Einheiten pro Modell. Korea kommt auf der Modellebene zum selben Zeitpunkt auf 39.000 und erreicht eine insgesamte Produktion von 159.000 Einheiten.[3380]

Dennoch war Brasilien hinsichtlich der Kosten sowie der Preise Anfang der achtziger Jahren auf den Weltautomobilmärkten wettbewerbsfähig, so die detailreiche Untersuchung von Fischer/Nunnenkamp et al. (1988).[3381] Wiewohl Automobile technologieintensiv sind, sind sie gleichzeitig arbeitsintensiv und Brasilien verfügte in dieser Hinsicht über Lohnkostenvorteile. Die Einschätzung, ob die Automobilindustrie im Einklang mit den komparativen Vorteilen Brasiliens steht fällt teils ambivalent, insgesamt aber positiv aus.[3382] Daß hier nicht mehr Exporte in die Industrieländer erfolgten, sei es auch im Bereich Autoteile, lag an Entscheidungen der multinationalen Konzerne. Speziell VW war dafür bekannt, Limits dafür aufzuerlegen.[3383] Dagegen exportierte Fiat fertige Automobile nach Europa, wobei dies hilft in den frühen achtziger Jahren ansteigende Exporte zu erklären.[3384] Als ungünstiger Faktor kam hinzu, daß Anfang der achtziger Jahre Märkte, etwa in Lateinamerika, wegfielen, die in den siebziger Jahren relevant waren.[3385] Immerhin stieg der Export nach Europa aber von 1975 6,1 % auf 1984 27,4 % der Automobilexporte.[3386]

Der geschützte Heimatmarkt ermöglichte Brasilien das schon in Punkt 3.3 Abschnitt 'E', Punkt 3.3, als wohlfahrtsfördernd bezeichnete 'rent distribution'-Arrangement zwischen dem brasilianischem Staat und den ausländisch investierten Automobilfirmen, wobei der brasilianische Staat hohe Verkaufssteuern (von 63 %) veranschlagte, teils höhere Preise erlaubte (aber nicht durchgängig) und zeitweilig Preiskontrollen benutzte.[3387] Immerhin gelang es, trotzdem hohe Produktionszahlen und akzeptable Kostenniveaus zu erreichen, sodaß speziell hierdurch keine klaren Hinweise auf eine Wohlfahrtsminderung zu erkennen sind.[3388]

Wie sah die Rolle der sonstigen Anreize aus? Festgestellt wird, daß die Wechselkursentwicklung zwischen 1970 und 1984 keine Erklärungskraft hinsichtlich der Marktanteile der Automobilexporte hatte. Die Wechselkurse werden als stabil und nicht als nachteilig für Exporte bezeichnet.[3389]

[3380] **Tabelle 172**. Für 1986 wurden bei einem Modell 182.539 Einheiten erreichten, Korea lag bei 70.494. Dazu siehe: **Tabelle 173**.
[3381] Ausführlich Fischer/Nunnenkamp et al. 1988: 54-72.
[3382] In dem Überblick über weitere Studien sind auch durchaus noch positive Einschätzungen zu finden. Fischer/Nunnenkamp et al. 1988: 53-54, 68, 71, 95.
[3383] VW und Mercedes handelten von Brasilien aus mit ihren Niederlassungen in Afrika, in Nigeria und Südafrika. Fischer/Nunnenkamp et al. 1988: 43. Leider gelingt es VW nicht in Nigeria erfolgreich zu werden, großteils aufgrund mangelnder Politikqualität. Dazu Struck 1995.
[3384] Fischer/Nunnenkamp et al. 1988: 43.
[3385] Dies führte zu einem 20 %tigen Rückgang der Exporte in andere Entwicklungsländer in den frühen achtziger Jahren. In Asien erhöhten einige Länder den Zollschutz, um eigene Industrien aufzubauen. Wirklich ausschlaggebend war aber, daß Mexiko erfolgreicher als zuvor lateinamerikanische Länder (ALADI) belieferte. Fischer/Nunnenkamp et al. 1988: 26-27, 38-41.
[3386] Fischer/Nunnenkamp et al. 1988: 26-27.
[3387] Fischer/Nunnenkamp et al. 1988: 58, 79. Zur 'rent distribution' anhand der brasilianischen Automobilindustrie Shapiro 1990: 130-135.
[3388] **Tabelle 172**.
[3389] Fischer/Nunnenkamp et al. 1988: 114-115.

Weiterhin haben die Exportsubventionen, aber auch der sonstige Druck im Rahmen der BEFIEX-Programme, klar positive Auswirkungen auf die Exporte gehabt. Für den Automobilbereich gab es seit 1972 solche BEFIEX-Pakete: Typischerweise enthielt ein Anreizpaket die folgenden Aspekte: Eine 70 % bis 90 %tige Zollreduzierung für Maschinen- und Ausrüstungsimporte, eine 50 %tige Zollverringerung für Rohstoff- und Zwischenproduktimporte, sowie speziell ausgehandelte vollständige Befreiung von Importzöllen. Im Gegenzug mußte sich das Unternehmen bereiterklären, Exportziele zu erfüllen, die über einen Zeitraum von 10 Jahren festgelegt sind.[3390]

Nicht unbedingt direkt in diesen BEFIEX-Paketen enthalten, aber damit in enger Verbindung standen die sonstigen Exportsubventionen: Verbilligte Exportkredite, verbilligte sonstige Kredite für Exporteure, Zollrückerstattungen sowie Steuererleichterungen.[3391] Sowohl das BEFIEX-Programm als auch die sonstigen Fördermaßnahmen waren dabei erfolgreich, die Nachteile für die Automobilproduzenten durch hohe Zölle und den überbewerteten Wechselkurs zu kompensieren. Und zwar um genau 10 %. Diesen Wert erhalten Fischer/Nunnenkamp et al. (1988) in einer ausführliche Berechnung.[3392] Dieser Wert stellte eine Exportsubvention in Reinform dar, die angesichts heimischer Kostenstrukturen nicht nötig gewesen wäre und deshalb wird geschlossen, daß die brasilianischen Automobilexporte in deutlicher Weise durch die Exportsubventionen gefördert wurden. Letztendlich wird dadurch Unsicherheit erzeugt, inwiefern die Exporte ohne Subventionen aufrechterhalten werden können. Die Wettbewerbsfähigkeit der Produzenten und die heimischen Preisstrukturen sprechen aber dafür, daß dies auch ohne Subventionen gelungen wäre.[3393]

Die BEFIEX-Programm-Anreize waren stark auf den Automobilbereich konzentriert: Zwischen 1972 und 1984 kam dieser für 47 von 294 firmenspezifischen Programmen auf. Auf 38 % von insgesamt US$ 85 Mrd. kamen die Exportzusagen. Hinsichtlich der speziell erlaubten Importe erreichte der Automobilbereich einen Anteil von 42 % für Maschinen und Ausrüstung und 56 % bezüglich Rohstoffen und Teilen. Daraus läßt sich plausibel schließen, daß dieses Programm eine diskriminierende Wirkung vis-a-vis mittelgroßer ausländische sowie heimischer Firmen hatte, die womöglich Schwierigkeiten hatten, in den Genuß dieser Vorteile zu kommen.[3394] Zwischen 1972 und 1984 kam der Automobilbereich in den Genuß von 2/5 der gesamten Anreizzahlungen des BEFIEX-Programms. Dies zeigt, zu welchem Anteil auch andere Industriebereiche profitieren konnten.[3395]

Die Exportsubventionen können als wohlfahrtsmindernd eingestuft werden, denn genausogut hätte ein angemessener Wechselkurs angestrebt werden können.

[3390] Fischer/Nunnenkamp et al. 1988: 117.
[3391] Fischer/Nunnenkamp et al. 1988: 117.
[3392] Fischer/Nunnenkamp et al. 1988: 130.
[3393] Fischer/Nunnenkamp et al. 1988: 130-132.
[3394] Zumal die internationalen Firmen besser in der Lage waren Exportversprechungen zu geben, da sie priviligierten Zugang zu ihren Heimatmärkten haben. Fischer/Nunnenkamp et al. 1988: 119.
[3395] Fischer/Nunnenkamp et al. 1988: 119.

12.8 Progressive Liberalisierung in den neunziger Jahren

In den achtziger und neunziger Jahren fand in Brasilien eine zunehmenden Liberalisierung statt, die aber bis heute als progressiv bzw. schrittweise bezeichnet werden muß. Deren Wirkung auf den Binnenmarkt ist ab Mitte der neunziger Jahre zunehmend zu erkennen.

In den achtziger Jahren lagen die tatsächlich angewandten Zölle niedriger als die offiziell angegebenen: Im Jahre 1984 betrug der durchschnittliche offizielle Zolltarif 90,1 %, der angewandte Tarif lag in Schätzungen bei 19,1 %.[3396] Bis 1990 bestand ein durchschnittlicher Nominalzoll von 79,6 %.[3397] Weiterhin war ein System der Importlizensierung in Kraft, das besagte, daß wenn gleiche Produkte auf dem heimischen Markt vorhanden sind, Importe verboten werden, es bestand also weiterhin ein 'law of similars'. Im Bereich der verarbeitenden Industrie lag der Anteil der Importe am heimischen Verbrauch bei 4,8 % (im Jahre 1989).[3398] Das bedeutet, daß die brasilianische Wirtschaft noch im Ausgang der achtziger Jahre kaum als liberal bezeichnet werden kann, in dem Sinne, daß ihr Strukturwandel noch nicht weitgehend von partiell steigendem Wettbewerb, Weltmarktpreisniveaus und diesbezüglich erkennbaren komparativen Vorteilen mitbestimmt wurde.

Im Jahre 1988 wurde eine weitere Teilreform durchgeführt, im Zuge der "New Industrial Policy".[3399] Gegenüber einem zu hoch bewerteten Wechselkurs[3400] wurden wieder Exportanreize angesetzt. Von 1980 = 100 sank der Wechselkurs auf den Indexwert 80 im Jahre 1992, Mitte der achtziger Jahre wurde über einige Jahre eine Indexwert von 70 erreicht, am Ende der achtziger Jahre steigt der Wechselkurs bis auf den Indexwert 110 im Jahre 1990 an, sodaß anfang der neunziger Jahre ein überbewerteter Wechselkurs vorlag.[3401] Diesem wurde mit Exportanreizen entgegengesteuert. Noch bis in die heutige Zeit gibt es das BEFIEX-Programm, welches Rückerstattungen für Importzölle vorsieht, wenn Firmen sich bereiterklären bestimmte Exportziele zu erreichen und der Wert ihrer Exporte 40 % höher ist, als der ihrer Importe. Hier wurden 1996 für 3384 Mill. US$ Zölle zurückerstattet.[3402]

Das Exportwachstum konnte in der Krise der achtziger Jahre nicht aufrechterhalten werden, stiegt aber gegen Ende der achtziger Jahre etwas an: 1970-1975: 30,2 %, 1975-1980: 17,0 %, 1980-1985: 5,1 %, 1985-1990: 7,6 %.[3403]

Zu Beginn der neunziger Jahre wurde mit der Collor-Regierung eine weitgehende Liberalisierung eingeleitet. Alle nicht-tarifären Handelshemmnisse wurden abgebaut und es erfolgte ein substantieller

---

[3396] Fritsch/Franco 1994: 72.
[3397] Trade Policy Review Brazil 1992: 110.
[3398] Moreira/Correa 1998: 1863.
[3399] Die durchschnittlichen Zölle für verarbeitete Produkte sinken ab von 90 auf 43 %. Moriera/Correa 1998: 1859.
[3400] Daß dieser zu hoch bewertet ist, folgt schon aus der Existenz der diversen Importkontrollen. Dieses Argument in Moreira 1995: 109.
[3401] Dean et al. 1994: 75.
[3402] Trade Policy Review Brazil 1996: 84.
[3403] UNCTAD 1994: 14.

Zollabbau: Im verarbeitenden Sektor fielen die Zölle bis 1994 auf durchschnittlich 14 %.[3404] Diese Zollsenkungen wurde im Bereich Unterhaltungselektronik und Automobile wieder rückgängig gemacht.[3405] Brasilien wird offener, sowohl auf der Import als der Exportseite. Bis 1996 stieg der Anteils der Importe am heimischen Verbrauch auf 15,5 %.[3406] Hinsichtlich der Exporte nahmen diese als Anteil am gesamten Output von insgesamt 10 % (1989) auf 14,5 (1996) zu.[3407]

12.9 Sektorale Entwicklungen in den neunziger Jahren

Einige Beobachtungen bezüglich der sektoralen Entwicklung in den neunziger Jahren:

Die negative Entwicklungstendenz der achtziger Jahre kehrte sich in den neunziger Jahren mit der Umsetzung des Real Planes ab 1993 um.[3408] In den neunziger Jahren wuchs die brasilianische Wirtschaft und es gelangt die Inflation zu stoppen. Unterbrochen wurde diese positive Tendenz durch die Auswirkungen der Asienkrise, den 11. September 2001 und die Wahl von Präsident Lula, wobei der IWF mit teils massiven Stützungszahlungen eingreift.[3409]

Die Wachstumszahlen lauten wie folgt: 1990: -4,3 %; 1991: 1,0 %; 1992: -0,5 %; 1993; 4,9 %; 1994; 5,9 %; 1995; 4,2 %; 1996: 2,7 %; 1997: 3,3 %; 1998; 0,2 %, 1999: 0,8 %[3410]; 2000: 4,4 %; 2003: 0,5 %; 2004: 5,2 %.[3411] In den Jahren 2003 (Exporte US$ 83 Mrd., Import US$ 63 Mrd.) und 2004 (Exporte US$ 109 Mrd., Importe US$ 80 Mrd.) lagen zudem erstmals wieder positive Handelsbilanzen vor.[3412]

Ein wichtiger Aspekt zum Verständnis der neunziger Jahre ist der Einkommenseffekt des Real-Planes, welcher bei einer relativ hoch bewerteten Währung gleichzeitig eine Preisstabilisierung erreichte, wobei dies einen starken Einkommenssteigerungseffekt für viele weniger reiche Haushalte hatte. Dies trug zwischen 1994 und der Asienkrise 1998 zu einer Nachfragesteigerung insbesondere bezüglich Haushaltsgeräten, Unterhaltungselektronik und Automobilen bei. Dies ließ den brasilianischen Markt für ausländische Konzerne als attraktiv erscheinen, woraufhin auf breiter Ebene Firmenübernahmen und Investitionen erfolgten.[3413]

[3404] Moreira 1995: 1860.
[3405] Moreira/Correa 1998: 1860.
[3406] Moreira/Correa 1998: 1893.
[3407] Moreira/Correa 1998: 1864.
[3408] Zum chronologischen Ablauf dieses Plans und zur Situation bis 1995, wobei hier die positiven Tendenzen noch nicht ausgeprägt sichtbar sind. Bonelli 2000: 77-79. So ändert sich die Exportstruktur Brasiliens wenig von 1990 bis 1995, einmal abgesehen von einer Verdopplung der Holzproduktexporte, dies löst bei einem umweltbesorgten Beobachter Sorge aus. Bonelli 2000: 77. **Tabelle 174**. Für den Zeitraum 1990 bis 1996 ergaben sich Produktivitätsverbesserungen in Brasilien, so wie in ganz Lateinamerika, vor allem dadurch, daß Arbeiter entlassen wurden: "than of a high rate of expansion of industrial production per se". Ohne Hervorhebung im Original. Katz 2000: 1587. Positive Tendenzen im Export lassen sich ab 1996 nachzeichnen: **Tabelle 175**.
[3409] Dos Santos 2005: 1.
[3410] IMF Country Report Brazil Selected Issues and Statistical Appendix January 2001: 202.
[3411] World Bank Data Profile Brazil 2006: 1.
[3412] World Bank Bazil 2006: 2.
[3413] Ferraz et al. 2005: 35.

Automobile: Die ausländischen Konzernen überlassene Automobilindustrie nahm erst seit der Liberalisierung und dem Aufschwung in den neunziger Jahren wieder substantielle Investitionen vor.[3414] Dabei spielte der reservierte Markt weiter eine Rolle. Im Jahre 1995 wurde der auf 20 % erniedrigte Zoll wieder sukzessive auf 70 % angehoben angesichts eines Zahlungsbilanzdefizits im Automobilbereich von US$ 2,8 Mrd. (Anstieg der Autoimporte von 9.358 Einheiten 1990 auf 360.000 Einheiten 1995).[3415] Aufgrund der höheren Zölle sanken die Automobilimporte ab, von US$ 3,3 Mrd. auf US$ 2 Mrd., davon kommen wiederum 60 % aus Argentinien (andersrum kommen 44 % der argentinischen Importe aus Brasilien). Zudem fand eine Spezialisierung der brasilianischen Automobilhersteller auf kleine Wagen statt, 2001 lag 72 % der Produktion in diesem Bereich. Dies erlaubte es den Herstellern Skaleneffekte zu erzielen.[3416] Dies ist ein Effekt des Zollabbaus durch das regionalen Integrationsabkommens Mercosur: Die Automobilhersteller in Argentinien spezialisierten sich dagegen auf Modelle mit niedrigen Skalenökonomien.[3417] Brasilien macht den neuen Investoren (Mercedes, Chrysler, Hyundai, Honda, Toyota, Mitsubishi, Renault, Peugeot) 'local content'-Vorgaben: 50 % in den ersten drei Jahren, 60 % danach.[3418] Brasilien erreicht beim Export von Automobilen und Teilen von US$ 5,1 Mrd. (2004).[3419] Die Exporte der Automobilindustrie liegen bei 23,4 % des Outputs.[3420] Mehr in Box Brasilien Punkt 11.1 Abschnitt 'D'.

Eisen- und Stahl: In dieser Industrie konnte eine Importsubstitution durchgeführt werden, die hinsichtlich der erreichten Effizienz als erfolgreich eingeschätzt wurde.[3421] Die in neunziger Jahren privatisierte Stahlindustrie wird weiter mit einem Zollschutz geschützt, der bei 18,3 % liegt (seit 1996 ist sie wieder mit Importlizenzen geschützt[3422]).[3423] Die Privatisierung hatte ein komplexe Eigentümerstruktur zur Folge: Staatliche Banken, staatliche Pensionsfonds und staatliche Eisenerzkonzerne (die später privatisiert wurden) erwarben große Anteile. Der Staat behält dadurch Einfluß auf die Stahlindustrie, erst in einer späteren Phase erfolgten Investitionen durch ausländische Interessen (Acelor).[3424] Die Stahlindustrie entwickelte sich positiv, sie verzeichnete hohe Investitionen und eine Produktivitätssteigerung.[3425] Zum Teil kann es weiterhin auf den Staat zurückgeführt werden, wenn eine Kapazitätserweiterung angestoßen wird, unter anderem durch Kredite der staatlichen Entwicklungsbank BNDE, die 2000-2001 zu 45 % in die Stahlindustrie flossen.[3426] Ein weiterer Grund für diese Kredite war, daß die brasilianische Industrie zu komplex strukturiert und nicht ausreichend

---

[3414] Trade Policy Review Brazil 1996: 143.
[3415] Humphery et al. 1998: 150-151.
[3416] Deren Profitabilität sei aber nicht so hoch. Ferraz et al. 2003: 39.
[3417] Humphery et al. 1998: 152.
[3418] Humphery et al. 1998: 151, 153.
[3419] Inklusive Reifen. Trade Policy Review Brazil 2004: 134.
[3420] Diese Outputzahlen sind aus einem anderen Artikel entnommen und deshalb ist die genaue Abgrenzung bzw. Vergleichbarkeit fraglich. Hier werden diese Zahlen nur angegeben, wenn die Abgrenzung wenig Mißverständnissen ausgesetzt ist. Moreira/Correa 1998: 1864.
[3421] Fischer/Nunnenkamp et al. 1988: 164-270.
[3422] European Market Access Database Brazil 1999: 4.
[3423] Siehe auch hier Abschnitt 11.2, 'D'.
[3424] Amann/de Paula 2004: 27-28.
[3425] Gemessen in Tonnen pro Beschäftigte stieg die Produktivität von 1990: 155 auf 2000: 493. Amann/de Paula 2004: 17-18.
[3426] Amann/de Paula 2004: 27-28.

internationalisiert ist, um hohe Summen von den internationalen Kreditmärkten aufnehmen zu können. Dazu kommt, daß die heimischen Zinsen auf den privaten Kreditmärkten hoch sind.[3427] Die Investitionen betrugen US$ 1,45 Mrd. jährlich zwischen 1994 und 2000 und hatten eine substantielle Qualitätsverbesserung zur Folge.[3428] Trotz der vielen Importbeschränkungen auf der Welt gelang es 26 % des Outputs zu exportieren.[3429] Bei halbfertigen Stahlprodukten erreichte Brasilien einen 14,2 % Weltmarktmarktanteil, bei galvanisierten Stahlplatten 0,4 %.[3430] Dies sind halbfertige Produkte (sprich: billig).[3431] Zwischen 1992 und 2001 nahm die Stahlkonsumption auf dem heimischen Markt um 89 % zu, bei galvanisierten Stahlplatten um 402 %. Über 50 % dieser Nachfragesteigerung kam aus der Automobil- und Bauindustrie.[3432] Seit 1988 ging die Beschäftigung von 150.000 (1988) auf einen Tiefswert von 70.000 (2001) zurück (seit 1999 gibt es aber insgesamt wieder eine leicht steigende Tendenz).[3433] Die Produktivität stieg in diesem Zeitraum von 11 auf 5,4 Arbeitsstunden für eine Tonne Stahl.[3434] Brasilianischer Stahl verfügt über komparative Vorteile, aufgrund der niedrigen Kosten für Eisenerz und durch niedrige Lohnkosten.[3435]

Petrochemie: Die ebenso mit moderaten Zöllen geschützte Petrochemie[3436] ist weiterhin in staatlicher Hand und erreicht den moderat hohen Exportwert von 8,4 % des Outputs.[3437]

Nicht-elektrische Maschinen: Relativ erfolgreich war die Produktion nicht-elektrischer Maschinen, mit in den siebziger Jahren 36,1 % und in den achtziger Jahren 5,8 % Wachstum. Im Jahren 1990 lagen Exporte von US$ 2,5 Mrd. vor, darunter Motoren, Pumpen, Zentrifugen und Maschinenteile.[3438]

Luftfahrt/Embraer: Der staatlichen Industriepolitik gelang der Aufbau des Flugzeugherstellers Embraer, der 1969 von der brasilianischen Luftwaffe gegründet wurde.[3439] Die Luftfahrtindustrie gehörte damals sicher nicht zu den komparativen Vorteilen Brasiliens. Dem steht gegenüber, daß zumindest auf der Theorieebene staatliche Eingriffe in diesem Bereich leicht begründbar sind, weil statische und dynamische Skalenökonomien und Lerneffekte vorliegen, durch die Produktionskosten stark abfallen können. Die Politik kann diese Prozesse lenken, wenn sie in Output und Kapazitätsentscheidungen eingreifen kann.[3440] Ebenso konnte sie in Kaufentscheidungen eingreifen, so

---

[3427] Amann/de Paula 2004: 27-28.
[3428] Ferraz et al. 2003: 25.
[3429] Moreira/Correa 1998: 1864.
[3430] Ferraz et al. 2003: 25.
[3431] Ferraz et al. 2003: 25.
[3432] Ferraz et al. 2003: 25.
[3433] Ferraz et al. 2003: 26.
[3434] Ferraz et al. 2003: 25.
[3435] Siehe den Ländervergleich in **Tabelle 176**. Ferraz et al. 2003: 27.
[3436] Trade Policy Review Brazil 1996: 40.
[3437] Moreira/Correa 1998: 1864.
[3438] European Market Access Database Brazil 1999: 5.
[3439] Zu Embraer Frischtak 1994; Baldwin/Flam 1989; Goldstein 2001; sowie die Sektion Embraer mit einem Überblick über die Weltluftfahrtmärkte Nolan 2001: 141-183.
[3440] Baldwin/Flam 1989: 485. Konkret: Vor 1980 wurden von der brasilianischen Regierung 1/3 der Bandeirante gekauft. Dieses zweimotorige Turbo-Prop-Propeller Flugzeug mit neunzehn Sitze wurde als Nischenprodukt auf dem amerikanischen Markt erfolgreich und stellte 1982 1/3 der Flugzeuge in der Klasse 10-20 Sitzer dar. Die Konkurrenten Beech und Fairchild zogen nicht nach. Goldstein 2001: 9.

konnten Flugzeugkäufer auf eine Langzeitfinanzierung durch die brasilianische Entwicklungsbank zurückgreifen, es gab eine Exportförderung sowie Steuererleichterungen.[3441] Kurz zur frühen Entwicklungsphase der Industrie: Durch eine zu diesem Zweck durchgeführte deutliche Erhöhung der Importzölle wurde Flugzeughersteller Piper dazu gebracht, in Brasilien Montage zu betreiben und Technologie zu transferieren, wobei dieser im Gegenzug seine Marktanteile in Brasilien ausdehnen konnte.[3442] Der Erfolg von Embraer basierte vor allem darauf, daß sowohl eigene Fähigkeiten erarbeitet wurden als auch kontinuierlich auf ausländische Technologie zurückgegriffen wurde.[3443] Beim frühen Erfolg mit dem Modell Bandeirante konnte immerhin 50 % der Teile in Brasilien produziert werden.[3444] Die Stützung durch die Politik hat zudem dazu beigetragen, daß Embraer eine risikofreudigere Geschäftspolitik betrieben hat.[3445] Bezweifelt wird allerdings, daß in der frühen Phase signifikante Devisen erwirtschaftet wurden, ebenso sei wenig Technologiediffusion erreicht worden.[3446] Antriebseinheiten müssen beispielsweise weiter importiert werden.[3447] Zwei der wichtigen Konkurrenten von Embraer de Havilland, Canada, und Saab-Scania, Schweden, im Bereich der 30-40 Sitzer Jets wurden vom Staat unterstützt. Nach zehn Jahren Verluste wird de Havilland 1986 an Boeing verkauft.[3448] Embraer gerät zwischen 1990 und 1994 in eine Krise und macht Verluste.[3449] Von 12.700 fallen die Angestellten auf 3600 im Jahre 1995.[3450] Im Dezember 1994 wurde Embraer privatisiert. Der Staat begnügte sich mit 6,8 % der Anteile, spielt aber weiter eine ausschlaggebende Rolle, weil er eine 'goldene Aktie' behält und weil der Pensionsfond der staatlichen Banco do Brazil Previ und der Pensionsfond von Telebras Sistel, zusammen mit dem brasilianischen Konglomerat Bonzano Simonsen, die Anteile halten.[3451] Davor hatte der Staat für US$ 700 Mill. die Schulden von Embraer übernommen.[3452] Eine ausländische Anteilseignerschaft wurde auf 40 % begrenzt.[3453] Nach der Privatisierung gelang es Embraer mit dem erfolgreichen kanadischen Konzern Bombardier mitzuhalten, welcher sehr schnell seine Fähigkeiten und Weltmarktanteile in Bereich größerer Jets 70 bis 90 Sitze ausbaut.[3454] Embraer beginnt ebenfalls diese Jets zu bauen und kann 1999 einen Auftrag von 200 Jets von Crossair aus der Schweiz sichern.[3455] Im Bereich der über 90 Sitzer würden Bombardier und Embraer womöglich in Konkurrenz zu Airbus und Boeing geraten.[3456] Seit seiner

---

[3441] Goldstein 2001: 7.
[3442] Goldstein 2001: 8.
[3443] Frischtak 1994: 611.
[3444] Gemessen am Wert. Goldstein 2001: 8.
[3445] Baldwin/Flam 1989: 486.
[3446] Goldstein 2001: 9.
[3447] European Market Access Database Brazil 1999: 5.
[3448] Baldwin/Flam 1989: 486-487.
[3449] Von US$ 30 Mill. spricht Nolan 2001: 182. von US$ 133 Mill. spricht Goldstein 2001: 11.
[3450] Goldstein 2001: 12.
[3451] Staatlich beeinflußte Akteure spielen eine wichtige Rolle in dem Konsortium welches Embraer kauft: 41 % des Anlagen und 47 % der Einlagen werden den Pensionsfonds bzw. staatlichen Banken verwaltet. Zu diesen Banken gehört Banco do Brazil. European Market Access Database Brazil 1999: 20. Banco do Brazil unterhält wiederum den Previ Pensionsfond. Amann/de Paula 2004: 15. Der Anteil des amerikanische Investors Wasserstein Perella wird später von Bonzano Simonsen gekauft. Oben werden auch die Informationen benutzt aus Goldstein 2001: 11.
[3452] Goldstein 2001: 11.
[3453] Goldstein 2001: 11.
[3454] Nolan 2001: 181.
[3455] Nolan 2001: 182.
[3456] Boeing hat 1999 eine 100 Sitze-Maschine gebaut, Airbus plant dies. Nolan 2001: 183.

Privatisierung, die auch zu einer Restrukturierung führte, stieg der Umsatz pro Arbeiter von US$ 24.000 (1994) auf US$ 201.000 (1998). Die Produktion erfolgt unter intensiver Nutzung von Inputs von anderen Firmen.[3457] Von 1994 bis 1998 wurden US$ 500 Mill. in Produktverbesserungen investiert.[3458] Die Entwicklungskosten für einen der neuen Jets sind höher, US$ 850 Mill. für den ERJ-170 (70 Sitze). Die Jets müssen zudem speziellen Lärm- und Emissionsauflagen genügen.[3459] Die Finanzierung und auch die Entwicklung wird dabei interessanterweise in internationaler Kooperation durchgeführt. Für den kleineren Jet ERJ-145 (50 Sitze) werden dabei mit mehrere Komponentenhersteller Risikoaufteilungsabkommen ('risk sharing agreements') ausgehandelt. Diese finanzieren US$ 300 Mill. in Bargeld und in zusätzlichen Werten in Form ihrer eigenen Teile vor, dadurch daß sie dafür Zahlungsaufschub gewähren.[3460] Von der staatlichen Entwicklungsbank BNDES wird 22 % dieses Projekts finanziert.[3461] Flügel kommen für dieses Modell aus Spanien, Leitwerke aus Chile, Hydraulikteile aus einem Joint Venture mit Liebherr Deutschland. Der Glashersteller Pilkington Aerospace und andere Firmen haben vor Ort in Brasilien Produktionsstätten aufgebaut.[3462] Der ERJ-145 kostet US$ 18 Mrd. und es gelingt ihn zwei Tonnen leichter, US$ 2 Mill. billiger und 15 % kostengünstiger bezüglich Unterhalt und Verbrauch zu bauen, im Vergleich zu Bombardiers CRJ-200.[3463] Im Jahre 1998 schrieb Embraer nach 11 Jahren erstmals wieder schwarze Zahlen.[3464] Im Jahre 1999 wurde eine strategische Allianz mit französischen Luftfahrtunternehmen etabliert (Aerospatiale-Matra, Dassault Aviation, Snecma, Thomson-CSF), welche gemeinsam 20 % des wahlrelevanten Kapitals aufkauften. Darüberhinaus geht Embraer Kooperationen mit weiteren Firmen ein.[3465] Exporte stellen 90 % der Verkäufe dar. Die Zahl der Arbeiter hat sich wieder auf über 10.000 Personen erhöht. Derzeit werden ungefähr die Hälfte der Inputs importiert. Embraer ist Brasiliens größter Exporteur, es kommt für 3,5 % der Exporte 1999 auf, ebenso ist er der größter Importeur, immerhin wurde eine positive Handelsbilanz in den ersten sieben Monaten des Jahres 2000 erreicht.[3466] Dafür, daß jedenfalls eine gewisse Technologiediffusion und pekunäre Externalitäten stattfinden, spricht, daß Embraer sich dort befindet wo auch VW, Ford und General Motors investiert haben. Die Automobilhersteller hatten Investitionen in Komponentenhersteller angezogen, von denen auch Embraer profitierte. Ebenso können dort Materialtests durchgeführt werden.[3467] Ein Nachteil Embraers ist, daß die Wechselkursabwertung 1999 zur Folge hatte, daß Kapital aus dem Ausland teurer wurde.[3468]

[3457] Nolan 2001: 182.
[3458] Nolan 2001: 182.
[3459] Nolan 2001: 182.
[3460] Goldstein 2001: 18-19.
[3461] Goldstein 2001: 20.
[3462] Goldstein 2001: 18-19.
[3463] Goldstein 2001: 24.
[3464] Goldstein 2001: 14.
[3465] Trade Policy Review Brazil 2000: 93. Bei diesem Kauf geht es auch darum, daß die französischen Hersteller Zugang zu Militäraufträge in Brasilien erhalten wollen. Die Franzosen setzen sich dabei gegen U.S. Hersteller durch. Goldstein 2001: 16.
[3466] Zu diesen drei Sätzen Goldstein 2001: 15. Eine Liste der Inputs die importiert werden müssen, findet sich in Goldstein 2001: 19.
[3467] Goldstein 2001: 18.
[3468] Goldstein 2001: 14.

Auf internationaler Ebene kommt es schon in den achtziger Jahren zwischen den Flugzeugherstellern in diesem Marktsegment zu gegenseitigen Beschuldigungen von staatlicher Hilfe profitiert zu haben und darüber, daß speziell im Falle größerer Verkäufe Niedrigpreise ausgehandelt werden.[3469] In den neunziger Jahren kommt es in der WTO zu einem Streitfall zwischen Kanada, Bombardier, und Brasiliens, Embraer, über diverse Formen staatlicher Unterstützung u.a. bei der Exportfinanzierung. Dieser Fall nahm aufgrund der in der WTO Geschichte einmalig hohen Forderung Kanadas auf der Höhe von US$ 3,3 Mrd. Vergeltung gegenüber Brasilien üben zu wollen, dramatische Züge an.[3470] Insgesamt gesehen wird geschlossen, daß Embraer speziell aufgrund seines ausgezeichneten Managements erfolgreich ist. Es hätte aber nicht bis heute durchhalten können, wenn Brasilien alle 'Spielregeln' eingehalten hätte.[3471]

Zellstoff und Papier: Brasilien ist mit einer Produktion von 7 Mill. t Zellstoff und 7 Mill. t Papier der 7 größte und 11 größte Produzent auf den Weltmärkten. Zugrundeliegt der land- bzw. ressourcenbezogene komparative Vorteil niedriger Preisniveaus für Eukalyptus, wobei schnellwachsende Wälder für die Zellstoffproduktion gepflanzt werden. Die Exporte von 'short fibre'-Zellstoff steigen an und dort wird ein Weltmarktanteil von 19,4 % erreicht.[3472] Die Produktionskosten sind niedriger als in anderen Ländern, insgesamt liegen die Länder aber nah beieinander.[3473] Im Papierbereich kann dieser Erfolg nicht wiederholt werden, hier liegt der Weltmarktanteil bei 2,2 %.[3474] Während der IS-Periode entstanden viele kleine Firmen, die nicht unbedingt kostengünstig produzieren konnten, wobei der brasilianischen Staat hier nicht eingriff. Erst durch diverse Firmenübernahmen in den neunziger Jahren wurde ein Konzentrationsniveau erreicht, daß helfen wird, die in dieser Industrie wichtigen Skalenökonomien zu erzielten. Im Jahre 2000 sind die 4 größten Zellstoffproduzenten Klabin, Aracruz, Suzano und Votorantim für 70 % der Gesamtproduktion verantwortlich. Im Papierbereich kommen die 5 größten Produzenten auf 51,4 % der gesamten Produktion.[3475]

Computer: Nicht nur in Brasilien sondern auch in Indien und Mexiko scheiterte der Aufbau einer eigenen Computerindustrie, denn der Außenschutz wurden übertrieben angewendet, dies erhöhte die Kosten und zudem konnte nicht mit der technologische Entwicklung mitgehalten werden. Dies hat zu sozialen Kosten geführt, die wahrscheinlich nur zu einem Teil durch positive Externalitäten durch

---

[3469] Ein Wettbewerber beschwert sich darüber, daß 'seine' Regierung nicht eine solche günstige Finanzierung anbieten kann, wie die brasilianische Regierung, wenn es sich an den OECD Leitlinien für Luftfahrtfinanzierung hält. Baldwin/Flam 1989: 493.
[3470] Goldstein 2001: 21. Ausführlich siehe Abschnitt 'J', Punkt 8.3.1.1, Subventionen und Ausgleichsmaßnahmen.
[3471] Goldstein 2001: 25. Ebenso wird geschlossen, daß Brasilien nicht 'Ziel' eines Streitfalls geworden wäre, wenn es sich an den OECD Runden über Exportsubventionen beteiligt hätte: "A more immediate lesson from the Brazil-Canada saga, albeit perhaps one deviod of normative value, is that non-OECD countries are probably more easily caught at practising strategic trade policy - possibly because they do not sit at the table where negotiations to regulate exports subsidies are held." Goldstein 2001: 25.
[3472] Weltmarktanteile 2001 und Wachstum 1990-2001: USA 15,2 (1,1 %); Indonesien 15,1 %, (37,5 %); Kanada 10,3 % (6,2 %); Spain 5,4 % (3,3 %); Finland 4,7 % (-1,2%); Others 30,0 % (1,5 %). Ferraz et al. 2003: 28.
[3473] Brazilien 417; USA 454; Schweden 529; Spanien 450; Portugal: 444; Chile: 454; Kanada: 528; Argentinien: 449 (US$ t/c.i.f North Europe 1995). Ferraz et al. 2003: 28.
[3474] Ferraz et al. 2003: 28.
[3475] Ferraz et al. 2003: 28.

Wissensdiffusion bzw. ausgebildete Fachkräfte wettgemacht werden konnten.[3476] Der seit Mitte der siebziger Jahre von Brasilien eingeführte sogenannte reservierte Markt für eine indigene Informatikindustrie wird im Oktober 1992 abgeschafft und kann als Fehlschlag betrachtet werden. [3477] In der Zeit danach wurde versucht mit einem Zollschutz von erst 55 % dann 32 % auf Computerhardware ausländische Firmen zu einer Montage und Produktion nach Brasilien zu locken.[3478] Ein PC der nach den staatlichen aufgestellten Anreizregeln des Basic Productive Process[3479] hergestellt wurde, kann dadurch bis zu 35 % weniger kosten als ein importierter PC.[3480] Aufgrund des US$ 7,6 Mrd. großen Computermarktes (enge Abgrenzung, 1999) investierten daraufhin Firmen wie Compac, Acer, IBM und Dell in eine lokale Montageproduktion. Ebenso sind die brasilianischen Firmen Itautec, Procomp, Tropcom und Microtec auf dem Markt präsent, auch aufgrund ihrer Kontrolle von Geschäftsketten.[3481] Aufgrund des zunehmenden Schmuggels von Computerkomponenten, wurden aber Ende der neunziger Jahre 65 % der Computer auf dem 'grauen' Markt montiert.[3482] HP und Espson begannen Drucker zu bauen, Canon und Lexmark versorgen den Markt weiter rein durch Importe.[3483] Bei den legal verkauften Produkten haben U.S. Firmen einen Marktanteil von 60 % und importieren dafür Teile für US$ 2 Mrd. Die Teile für den 'grauen' Markt stammen meist aus Asien und können nicht beziffert werden.[3484] Kurz: Es gelingt hier nicht signifikanten Technologietransfer auszulösen und Komponentenindustrien nach Brasilien zu locken.

Unterhaltungselektronik- und Haushaltegerätebereich. Viele Firmen sind hier in einer Zone präsent, die für Importe von Inputgüter bzw. Komponenten eine spezielle Zollbefreiung vorsieht ('Zona Franca de Manaus').[3485] Aktiv auf dem brasilianischen Markt sind seit den achtziger Jahren Philipps, Panasonic, Sanyo und Toshiba. Dazu kommen die heimischen Firmen CCE und Gradiente. In den neunziger Jahren versuchte sich Sony im TV- und Videosektor plazieren. Die heimische Firma Cineral engagiert sich zu einem Joint Venture mit Daewoo, letztere Firma schließt aber während der Asienkrise seine Produktion. Samsung Electronics beschließt während der Asienkrise sich auf Handys umzuorientieren. Auf diesem Markt engagiert sich auch Nokia zusammen mit Gradiente. Ebenso

---

[3476] Jedenfalls wären die Politiken erfolgreicher gewesen, wenn sie etwas liberaler angewandt worden wären. Übersicht über diese drei Länder mit ihrer Computerpolitik. UNCTAD 1996b: 87-91. Weitere Fehler wurden in Brasilien gemacht, es wurden einfach zuviele Firmen zugelassen und die Finanzierung war unzureichend. Moreira 1995: 128. Eine positive Bewertung hinsichtlich der Wissensexternalitäten erfolgt in Schmitz/Hewitt 1991: 190. Diese Autoren sind nicht so ganz sicher mit ihrer Bewertung und zudem liegt ihr Artikel früher in der Zeit, sodaß oben die Skepsis überwiegt. Dennoch ist der Punkt nicht ganz unplausibel.
[3477] Meist wurden Teile aus dem Ausland importiert und dann einfach der Name einer brasilianischen Firma hinzugeführt. Bastos 1999: 3. Siehe zu dieser Politik auch Trade Policy Review Brazil 1996: 149. Die Importsubstitution in diesem Bereich ist somit als Fehlschlag anzusehen. So auch UNCTAD 1996b: 88.
[3478] Trade Policy Review Brazil 1996: 41, 149; eine Absenkung auf 32 % erfolgt seit 1993: Trade Policy Review Brazil 1992: 109.
[3479] Diese besagen, daß ein PC von der Platinenebene aus aufgebaut werden muß. Ebenso müssen 5 % des Umsatzes in F&E investiert werden (3 % in die Firma, 2 % in lokale Universitäten), dafür gibt es 50 % weniger Einkommensteuer, 18 % weniger Mehrwertsteuer und von 7 bis 12 % weniger Verkaufssteuern. Insgesamt kann damit ein lokal produzierter PC billiger als ein importierter verkauft werden. Bastos 1999: 13.
[3480] Bastos 1999: 7.
[3481] Bastos 1999: 3.
[3482] Bastos 1999: 2.
[3483] Bastos 1999: 8.
[3484] Bastos 1999: 9.
[3485] Ferraz et al. 1991: 34.

finden in den neunziger Jahren signifikante Investitionen von vielen großen Haushaltsgeräteherstellern statt. Der europäische Marktführer Elektrolux kauft die brasilianische Gruppe Refrigar, Whirlpool kauft einen Mehrheitsanteil der heimischen Gruppe Brasmotor, Siemens Bosch kauft Continental, Seb kauft Arno, Tsann Kuen engagiert sich in einem Joint Venture mit Sector, einer brasilianischen Firma.[3486]

Sowohl im Unterhaltungselektronik- als auch im Haushaltsgerätebereich konzentrieren sich die Hersteller auf die weniger reichen Konsumenten und bieten "middle range products" an. D.h. Qualität und Design wird verbessert, hinsichtlich der Technologie werden aber nicht die fortschrittlichsten Produkte angeboten. Damit wird versucht, auf die spezielle Marktsituation zu reagieren. Mit den niedrigen Kostenniveaus von "low end"-Produkten, die unter Nutzung großer Skalenökonomien in Asien produziert werden, kann nicht konkurriert werden und im Hochpreissegment liegt in Brasilien nicht genügend Nachfrage vor. Dazu kommt, daß es vor Ort keine Produktion elektronischer Komponenten gibt, welche aus Asien eingeführt werden müssen. Diese Komponenteneinfuhr beläuft sich auf knapp über US$ 1 Mrd. Im Jahre 1989 war es dagegen noch möglich, bei TV Monitoren und Radios sehr wenige Komponenten zu importieren, nur der Wert für Videorecorder war deutlich höher.[3487] Aufgrund des weiter bestehenden Zollschutzes belaufen sich die Einfuhren von fertig produzierten Unterhaltungselektronik- und Haushaltsgüter für den Endverbrauch zwischen US$ 150 Mill. und US$ 450 Mill.[3488] Exporte im Audio- und Videosegment belaufen sich seit 1990 um US$ 350 Mill.[3489]

Der Textil- und Bekleidungsbereich war ein wichtiger Sektor zu Beginn der brasilianischen Industrialisierung.[3490] Die Produktionsstruktur zeichnet sich durch viele kleine- und mittelgroße Firmen aus (und einige große, die aber nicht in starkem Wettbewerb stehen[3491]), die sämtlich wenig für Modernisierung und Qualitätsverbesserung tun. Im Jahre 1994 sind hier 820.000 Menschen beschäftigt. Der Sektor ist durch höhere Zölle geschützt (Bekleidung 1991 55,8 %, Textil 47,9 %).[3492] In diesem Bereich liegen keine hohen Exporte vor, seit neuestem mehr Importe als Exporte.[3493] Nach einer jahrzehntelangen Ignoranz durch die brasilianische Entwicklungspolitik wird nun eine Restrukturierung und Modernisierung angestrebt, wobei die Nationale Entwicklungsbank Kredite vergibt. Einige Baumwolltextilproduzenten sind international wettbewerbsfähig.[3494] Wie oben schon erwähnt, minderte das Multifaserabkommen die Chancen Brasilien, so hatte China 1988 bereits einen

---

[3486] Ferraz et al. 1991: 35.
[3487] Dies liegt natürlich auch am technologischen Wandel, etwa dem Aufkommen von Handys. Im Gegensatz zu einigen asiatischen Ländern wird aber eben in Brasilien nicht so eine integrierte Produktionsstruktur aufgebaut. Ferraz et al. 1991: 37.
[3488] Komponentendaten: US$ 1,56 Mrd. 1997; US$ 1,06 Mrd. 2000. Importdaten undatiert. Ferraz et al. 2003: 35-36.
[3489] Ferraz et al. 2003: 36.
[3490] Baer 1989: 25.
[3491] Trade Policy Review Brazil 1996: 237.
[3492] Trade Policy Review Brazil 1992: 237.
[3493] Exporte am Output liegen mal bei 11,0 (miscellaneous textile products), 10,5 % (natural fiber textile products), 4,3 % (synthetic fibre textile products). Moreira/Correa 1998: 1864.
[3494] Trade Policy Review Brazil 1996: 237.

Anteil an den Quoten für den U.S. Markt von 11 % während Indien und Brasilien auf dem Niveau von 2,3 % blieben.[3495]

Schuhe: Die ebenfalls durch kleine und mittlere Unternehmen geprägte Schuh- und Reisewarenindustrie erreicht ein 3,7 % Anteil an den gesamten Exporten und eine fast vollständige Importsubstitution.[3496] Vom gesamten Output geht 40,6 % in den Export, meist in die USA[3497], der übrige Anteil wird auf dem heimischen Markt verkauft. Importe liegen bei 1 % des heimischen Marktes.[3498] In der Uruguay Runde hat Brasilien einen Zoll von 35 % verbindlich festgelegt.[3499] China dominiert schon seit einiger Zeit den U.S. Schuhmarkt. Derzeit hält es 69 %, zwischen 2003 und 2004 stiegen die Exporte um 8 % auf US$ 11,3 Mrd. an. Brasilien hält dort einen Marktanteil von 7 % (US$ 1,0 Mrd.), Italien liegt bei 8 % (US$ 1,3 Mrd.) bei ansteigenden Importen aus Vietnam.[3500] Der U.S. Markt wird zu 90 % von ausländischen Herstellern beliefert, die U.S. Schuhindustrie schafft es immerhin Exporte von US$ 450 Mill. vorzuweisen, diese Zahlen sinken aber langsam ab.[3501] Die Literatur meldet, daß Brasilien gegenüber China konkurrenzfähig bleibt, da die Industrie teils Modernisierungsanstrengungen unternimmt und teils in den Nordosten des Landes, nach Ceará und Bahia, wandert, weil dort niedrigere Lohnniveaus herrschen. In Brasilien liegt das Lohnniveau bei US$ 1 pro Stunde, in China bei US$ 0,5 pro Stunde (1993). In Brasilien sind ca.147.500 Menschen in der Schuhindustrie beschäftigt, in China 923.000, in Indien 134.700, in Italien 79.000, in den USA 42.700 (2002).[3502]

12.10 Die Entwicklung technologischer Fähigkeiten

Wie sehen die Fähigkeiten der brasilianischen Firmen aus und deren Reaktion auf die Liberalisierung. Für den Anfang der achtziger Jahre werden die Fähigkeiten lateinamerikanischer Firmen im mittleren Bereich angesiedelt, mit wenig skalenintensiver, wenig automatisierter und dafür flexibler Produktion.[3503] Brasilien wurde dazu noch stark durch die Zeit der Schuldenkrise und Inflation in den achtziger Jahren geprägt, als Investitionen auf ein Minimum reduziert und Kosten eingespart wurden, bei teils sehr niedrigen Kapazitätsauslastungsraten.[3504] Erst in den neunziger Jahren, unter Liberalisierungsdruck, wurden wieder Investitionen getätigt. Dies ist besonders klar für die Automobilindustrie und die Unterhaltungselektronik dokumentiert, die den Grad der Automatisierung in dieser Zeit erheblich erhöht haben, zumal vorher, z.B. in der Automobilindustrie noch viel

---

[3495] **Tabelle 109**. Siehe Abschnitt T.
[3496] European Market Access Database Brazil 1999: 6. Trade Policy Review Brazil 1996: 148-149.
[3497] Moreira/Correa 1998: 1864.
[3498] Unklares Datum für den Importprozentsatz. Ferraz et al. 2003: 42.
[3499] European Market Access Database Brazil 1999: 9.
[3500] USITC Tradeshifts Textiles, Apparel, and Footwear 2004: 8-9; daß die Höhe der Exporte auf demselben Niveau gehalten werden kann, wird bestätigt in: U.S. Bureau of Census Foreign Trade Statistics Brazil 2006.
[3501] Siehe: USITC Tradeshifts Textiles, Apparel, and Footwear 2004: 9.
[3502] Ferraz et al. 2003: 42.
[3503] Katz 1987: 25-45.
[3504] Beispielsweise 1992 im Werkzeugmaschinenbereich nur 52,7 %, im elektrische Stromerzeugung 37 % und für Landwirtschaftsmaschinen 41,3 %. Ferraz et al. 1996: 150-151, 159.

Handarbeit eingesetzt wurde.[3505] Durch die Importsubstitution wurden die Firmen gezwungen ihre Inputs selbst zu produzieren, hatten dadurch aber Kostennachteile gegenüber Wettbewerbern auf den internationalen Märkten. Nun wird, mit Zunahme der Liberalisierung, einen Trend zur De-Vertikalisierung festgestellt, d.h. Inputs werden wieder von den internationalen Märkten bezogen.[3506]

Ein Grund für De-Vertikalisierung wurde an der Computer- und Haushaltwarenindustrie deutlich, die kaum Inputs in Brasilien produziert. Dies liegt u.a. an den relativ gesehen weiterhin zu kleinen Märkten für diese Produkte durch das Fehlen einer schnell expandierenden Mittelklasse, verglichen zu China.[3507] Dies bestätigt die partielle Relevanz einer frühen These von Chenery et al. (1974), die u.a. von "trickle up"-Effekten sprechen und der Betonung der Relevanz der Steigerung der Masseneinkommen für die Industrialisierung in der deutschen Entwicklungsökonomie von Elsenhans (1981, 1983).[3508] Daß Brasilien dennoch so schlecht nicht dasteht, wird daran deutlich, daß vor allem die Größe des brasilianischen Marktes als hauptsächlicher Erfolgsfaktor für die Unternehmen angesehen wird.[3509] Die strategische Positionierung der Unternehmen richtet sich allerdings nicht vornehmlich auf Exporte, sondern, etwa im High-Tech-Bereich, seit einiger Zeit auf die Mercosur-Region, wobei als wichtige Geschäftsstrategie niedrigere Preise, nicht aber Innovationen genannt werden.[3510]

Dies stimmt mit Daten überein, die zeigen, daß im High-Tech Bereich nur 17,4 % der Firmen Exporte von über 20 % der Verkäufe vorliegen haben, im Bereich, der mit natürlichen Ressourcen zusammenhängt, sind es 41,5 %.[3511] Dieser Bereich wird von brasilianischen Unternehmen dominiert. Somit gibt es sehr wohl erfolgreiche brasilianische Firmen, die oft im Bereich der Agrar- und Lebensmittel und der rohstoffintensiver Produktion tätig sind, sie verfügen aber nach Literaturmeinung nur über moderat hohe technologische Fähigkeiten.[3512]

Einiges spricht somit für die Interpretation, daß brasilianische Firmen durch die starke Präsenz der multinationalen Konzerne, kaum eine Gelegenheit hatten kontinuierlich an einem bestimmten Technologiepfad zu lernen und eigenen Fähigkeiten aufbauen können, weil die multinationalen Konzerne ihre Technologie schnell wechseln und aus dem Ausland erhalten.[3513] Die High-Tech-Industrie Brasiliens, hier sind ausländische Konzerne wahrnehmbar präsent[3514], ist auf den Zugang zu

---

[3505] Dazu kommt die Einsparung von Arbeitskräften Ferraz et al. 1996: 159.
[3506] Ferraz et al. 1996: 166.
[3507] Ferraz et al. 1996: 36.
[3508] Dabei handelt es sich um die Weltbank-Publikation 'Redistribution with Growth'. Chenery et al. 1974: 48; die Relevanz des Steigerung der Einkommen großer Bevölkerungsmassen für die Entwicklung betont Elsenhans 1983: 19. Er irrt sich in dem Punkt, daß Exportorientierung nicht in der Lage ist, das Einkommen großer Bevölkerungsmassen in den Entwicklungsländern zu steigern. Siehe die ansonsten plausiblen Einschätzungen von Elsenhans 1981: 280.
[3509] Ferraz et al. 1996: 157.
[3510] Ferraz et al. 1996: 166-167.
[3511] Siehe: **Tabelle 177**.
[3512] Moreira 1995: 132.
[3513] Bruton 1989: 1624-1625.
[3514] Siehe: **Tabelle 150** und **Tabelle 178**.

ausländischer Technologie fokussiert und der Ausbau heimischer F&E-Kapazitäten wird ungenügend betrieben.[3515] Eine Ausnahme stellt der staatliche Flugzeughersteller Embraer dar. Er ist erfolgreich ist, weil es gelingt eigene Fähigkeiten zu erarbeiten, wobei dabei aber zusätzlich auf ausländische Technologie zurückgegriffen wurde.[3516]

Die F&E-Ausgaben brasilianischer Firmen liegen generell auf einem niedrigen Niveau.[3517] Dies liegt auch daran, daß das Finanzsystem weiterhin bestimmte große, oft staatliche Unternehmen bevorteilte und vielfach das Wachstum der kleinen und mittleren Firmen über Eigenfinanzierung erfolgte.[3518] Es gelingt offenbar nur sehr begrenzt eine vernetzte, ineinandergreifende Struktur von erfolgreichen ausländischen und heimischen Firmen aufzubauen, die beide F&E betreiben. Dies wird daran deutlich, daß Industrien, etwa im Bereich Unterhaltungselektronik, die von substantiellen Exportanreizen profitiert haben, nicht zu Exporterfolgen kamen (immerhin gelingt es 59 % des heimischen Bedarfs zu beliefern, vom Output werden aber nur 6,9 % exportiert).[3519] Diese auf nicht positive Wirkungen ausländischer Direktinvestitionen abzielende Argumentation hat aber auch ihre Grenzen: Von der zögerlichen Haltung gegenüber Exporten sind einige Industriebereiche auszunehmen. Zum Beispiel die Automobilindustrie, wiewohl auch hier die Exporte nur langsam auf eine höheres Niveau steigen.[3520] In diesem Bereich war der Druck durch die BEFIEX-Programme erfolgreich.

Ebenso haben die Interventionen der brasilianischen Regierung in den Bereichen Stahl, Luftfahrt, Petrochemie und den teils privaten Chemie- Düngemittel- und Zellstoffbereich, gestützt durch die Privatisierung, letztendlich zu effizienten Industrien geführt, die von Bedeutung für den brasilianischen Exporterfolg sind.

12.11 Die aktuelle Position Brasiliens auf dem Weltmarkt

Mit diesen Informationen im Hintergrund kann sich besser vorgestellt werden, warum Lateinamerikas Anteile, nach den Zunahmen der Weltmarktanteile in den siebziger Jahren[3521], heute im den Bereich Hochtechnologie und auch bei Mediumtechnologie zurückgehen. Es ist aber ebenso zu bemerken, daß die Welthandelsanteile Lateinamerikas, nach Asien, noch relativ hoch sind und deutlich vor Indien und Afrika liegen. Einiges dazu hat der Erfolg Mexikos beigetragen, durch die dortigen Direktinvestitionen ausgelöst. Beim dem Rückgang der Anteile für andere Länder Lateinamerikas, darunter Brasilien, handelt es sich um relative Tendenzen, nicht um absolute Verluste.[3522] Die relativen

---

[3515] Ferraz et al. 1996: 165-167.
[3516] Frischtak 1994: 611.
[3517] Nur 0,7 % der Industriefirmen führen zwischen 1974 und 1979 F&E durch, die meisten davon sind staatliche Unternehmen. Anfang der achtziger Jahren haben koreanische Firmen in der gesamten Bandbreite der Industrien F&E-Ausgaben zu verzeichnen, brasilianische Firmen mit F&E finden sich nur im Bereich Metall, Maschinenbau, Elektrische Ausrüstung, Transport. Auch dort liegen die Werte aber deutlich unter den Werte für Korea. Moreira 1995: 121.
[3518] Moreira 1995: 121, 123.
[3519] Moreira/Correa 1995: 1863-1864.
[3520] **Tabelle 179**.
[3521] Siehe die Tabelle in Fritsch/Franco 1992: 210.
[3522] Siehe die von Sanjaya Lall zusammengetragenen Daten in: **Tabelle 76**, **Tabelle 41**, **Tabelle 42**, **Tabelle 13**.

Anteile bei verarbeiteten Produkten liegen für Lateinamerika nicht gerade auf einem hohem Niveau.[3523] Auch die absoluten Zuwächse halten sich in Grenzen: Außer Automobilteilen bewegen sich die Exporte von elektrischen und nicht-elektrischen Maschinen zwischen 1995 und 1999 auf einem Niveau.[3524] Exporte, die auf Rohstoffen basieren, aber dennoch unter verarbeitete Produkte fallen, sind besonders ausgeprägt und belaufen sich auf 46 % der brasilianischen Exporte. Für den Rest kommen auf Automobilteile, Flugzeuge, Schuhe, Textilien und andere.[3525] Importe werden vor allem in den Bereichen Maschinenbau, elektrische Ausrüstung, Motorräder und Fahrräder, Chemiefasern und Harze benötigt[3526]: Dominiert werden Importe von Rohstoffen, wie Chemikalien, deutlich weniger wichtig sind Kapitalgüter wie Maschinen etc.[3527] Das zeigt, daß die Importsubstitution wenigstens in der von Brasilien angestrebten Breite nicht erfolgreich war und daß der internationale Handel, trotz Zöllen, von eine komplexen Arbeitsteilung geprägt bleibt.

12.12 Zusammenfassung

Wie kann die brasilianische Außenhandels- und Entwicklungspolitik abschließend bewertet werden? So sinnvoll diese Politik erscheint, wurde sie doch, man denke an den übermäßig breiten Schutz und die Mindestinlandauflagen, zu weit getrieben, es wurde zu schnell eine zu breite Industrialisierung angestrebt, ohne daß sich dynamische Vorteile ausbilden konnten und damit wurden vorhandene Ressourcen zu breit verteilt.[3528] Damit bestätigt Brasilien zu einem klar erkennbaren Maße die Kritik der Theoretiker der Exportorientierung an der Politik der Importsubstitution. Geht man etwas weniger dogmatisch mit den Erfahrungen Brasiliens um, dann kann ergänzend die These vertreten werden, daß die Exportanreize teils wirkungsvoll waren und diese Tendenzen etwas korrigieren konnten. Aus der Perspektive der Theoretiker, die von wohlfahrtssteigernden Effekten staatlicher industriepolitischer Maßnahmen überzeugt sind kommt die Kritik, daß das Problem nicht die IS-Politik war, sondern daß sie nicht selektiv und konsequent genug angesiedelt war.[3529]

Rechnet man die Erfolge und Mißerfolge gegeneinander auf, sieht die 'picking winners'-Bilanz Brasiliens nicht so gut aus wie die Koreas. Weiterhin wurden einem Marktversagen in anderen Bereiche nicht entschieden genug entgegengesteuert, die besonders auch für die Rahmenbedingungen einer funktionierenden dynamischen Wirtschaft, dies gilt für Ausbildung und F&E-Förderung.[3530]

[3523] **Tabelle 180**.
[3524] **Tabelle 181**.
[3525] **Tabelle 181**.
[3526] **Tabelle 182**.
[3527] Siehe: **Tabelle 183** und **Tabelle 184**.
[3528] Moreira 1995: 131.
[3529] Moreira 1995: 122.
[3530] Moreira 1995: 130.

Prägend für Brasilien war Juscelino Kubitscheks Forderung nach einer schnellen kapitalintensiven Entwicklung "50 years in 5".[3531] Daß der IS-Schutz gegenüber einer Freihandelssituation dazu führte, daß vermehrt kapitalintensiv produziert wurde, im Gegensatz zu einem vermehrten Einsatzes der Faktors Arbeit, wozu die Neoklassik rät[3532], war so gewollt. Dies wurde nicht zuletzt durch die hohe Verschuldung Brasiliens ermöglicht, die über dem Niveau aller anderen Länder liegt. Im Jahre 1980 lag Brasilien mit US$ 72 Mrd. klar vor anderen Ländern wie Mexiko US$ 52 Mrd., Korea US$ 30 Mrd., Indonesien US$ 20 Mrd., Indien US$ 20 Mrd.. Im Jahr 1994 betrugen die Schulden Brasiliens US$ 151 Mrd.. Mexiko nahm wieder den 2ten Platz ein mit US$ 128,3 Mrd. China, Indien, Indonesien lagen ca. US$ 100 Mrd., Korea kam auf US$ 54,5 Mrd. Schulden.[3533] Brasilien erreichte 1994 ein BSP von U$ 554,5 Mrd. (1980: 236,9 Mrd.), Korea erreicht 377,1 Mrd. (1980: 63,6 Mrd.).[3534]

Durch diese Politiken traten neben den Wohlfahrtseffekten massive Kosten auf, die u.a. daraus resultierten, daß Industriepolitiken scheiterten. Dazu kommt, daß die staatlichen Banken dabei versagten, die komparativen Vorteile kleiner- und mittelgroßer Firmen, z.B. im Schuh- und Textil- und Bekleidungsbereich u.a. zu erkennen.[3535] Auf der anderen Seite konnte Brasilien durch seine Industriepolitik den Erwerb komparativer Vorteile beschleunigen, neue Schwerpunkte setzen und die Industriestruktur ergänzen. Die ausländischen Direktinvestitionen haben nicht immer durchgängig positiv gewirkt, konnten die Importsubstitution aber beschleunigen und wurden in den neunziger Jahren zu einer dynamischen, immerhin teilweise exportorientierten Kraft. In bezug auf das Außenhandelsregime der siebziger Jahre wird in der Literatur geschlossen:

"In general, the social welfare costs of the prevailing trade regime, while considerable, are less than one would surmize from an examination of the very restrictive policies on an individual basis. Nevertheless, substantial allocative gains could be reaped by trimming the extreme ends of the continuum of effective protection. At the same time, it is clear that considerable biases against export sales exist, presumably retarding export expansion. In general, economic policies have denied the country significant benefits from international trade."[3536]

Aus der Perspektive der neunziger Jahre ist die Bewertung pointierter:

"This stategy, as shown, cannot be considered a complete failure. Far from it. Import controls combined with fiscal and credit incentives were very effective in turning an agrarian country into a highly sophisticated industrialized economy. Yet the indiscriminate use of protection amid an inconsistent and often misguided approach to market failures, led not only to a damaging waste of

---

[3531] Zitiert aus Humphrey et al. 1998: 119. Der Slogan ging "fifty years of progress in five years of development". Damit verbunden war der Zielplan "Plano de Metas", der ausländische Direktinvestitionen aber auch staatliches Engagement in der Wirtschaft als wünschenswert ansah. Siehe dazu OECD Brazil 2002: 3.
[3532] Von diesem IS-Effekt warnt Balassa in Balassa et al. 1982: 34.
[3533] Weltentwicklungsbericht 1996: 254. Weitere Daten weiter oben beim Exkurs Wechselkurs.
[3534] Weltentwicklungsbericht 1996: 244-245.
[3535] Moreira 1995: 119, 121
[3536] Tyler 1985: 235.

resources, but also produced serious structural weaknesses that seriously compromised the industry's efficiency and competitiveness".[3537]

Einige Jahre später ändert sich die Bewertung durch die teils erfolgreiche Privatisierungspolitik. Aus dieser Perspektive kann ebenso nicht geschlossen werden, daß ein vollständiger Rückzug des Staates die bessere Lösung gewesen wäre. Als Alternative schwebt ein partieller Rückzug kombiniert mit einem qualitativ besserem Eingreifen des Staates vor[3538], etwa durch eine Strukturpolitik, die das Entstehen von größeren, dynamisch wachsenden internationalen Konzernen mit Skalenökonomien und technologischen Fähigkeiten konsequenter gefördert hätte und diese Entwicklung durch eine entschiedenere Exportorientierung auf den Erfolg hin hätte kontrollieren lassen.

Schlußendlich ein kurzer Kommentar zu Liberalisierung: Wer eine umfassende Liberalisierung für ein Land fordert, welches eine wenig intensive Integration in den internationalen Handel aufweist, der muß einfach damit rechnen, daß es zu Zahlungsbilanzproblemen kommt. In Brasilien lag der Export/GDP Wert 1992 bei 4,7 %[3539], im Jahre 2004 erreicht er immerhin schon 22,5 %.[3540] Trotzdem scheint allein aus Zahlungsbilanzgründen weiter eine gewisse Vorsicht mit der Liberalisierung nötig zu sein.

13. China

Im Jahre 1998 verfügte China über ein BSP von US$ 928 Mrd., im selben Jahr erreichte Indien US$ 421,3 Mrd. und Brasilien US$ 758,0 Mrd., Korea US$ 369,9 Mrd (zum Vergleich USA US$ 7901 Mrd., Deutschland US$ 2122 Mrd.).[3541] Im Jahre 2005 liegt China bei US$ 2200 Mrd., Indien bei US$ 804 Mrd., Brasilien bei US$ 882 Mrd., Korea bei US$ 791 Mrd. (zum Vergleich USA US$ 12400 Mrd., Deutschland 2800 Mrd.) [3542] Ähnlich wie im Falle Brasilien fällt bei China auf, zu welchem ausgeprägten Grad die Wertschöpfung viele Jahre lang im Binnenland stattfand. Im Jahre 1992 erreichte China 2,3 % Exporte am BSP, damals höher als Indien 1,7 %, niedriger als Brasilien 4,7 %, Korea erzielte 17,8 %, diese Zahlen liegen für China 2005 bei 63 %, (Indien 29 %, Brasilien 22 %, Korea 68 %) also deutlich höher.[3543] Zu beachten ist, daß Chinas Exporte zwar 2006 auf US$ 969 Mrd. liegen, dazu aber Importe von US$ 791 Mrd. nötig sind.[3544]

In Abschnitt 'D' zum internationalem Handel wurden bereits zentrale Charakterisikas von Chinas Erfolg herausgearbeitet, mit Fokus auf die technologischen Fähigkeiten, die Gründe für den

---

[3537] Teilweise kursiv im Original. Der Satz ended mit: "while exposing the economy to violent macroeconomic imbalances". Moreira 1995: 131.
[3538] In diesem Sinne Moreira 1995: 132, 139.
[3539] **Tabelle 55**.
[3540] World Bank Data Profile Brazil 2006: 1.
[3541] World Development Report 1999/2000: 231.
[3542] GDP, current US$. World Bank Data Profiles 2008.
[3543] **Tabelle 55**. Sowie: Merchandise trade (% of GDP). World Bank Data Profiles 2008.
[3544] World Development Report 2008: 362.

Wachstumsprozeß und Daten bezüglich der Exporte und dem Anteil ausländischer Firmen daran. Hier sollen nur noch einige Daten und Fakten mit dem Schwerpunkt Außenhandelspolitik nachgetragen werden, die oben noch nicht thematisiert wurden, speziell in bezug auf den Grad der Politik der Exportorientierung insbesondere hinsichtlich der Wechselkurs und Zollpolitik.

In welcher Art und Weise ist in China eine exportorientierte Außenhandelspolitik betrieben worden? Bis Ende der achtziger Jahre wurde eine Politik weitgehenden Schutzes, durch Zölle und nichttarifäre Handelshemmnisse, aufrechterhalten. Als die Reformen 1978 begonnen wurde lag ein überbewerteter Wechselkurs vor und der gesamte Handel wurde mit 12 Handelshäusern, die mit Import- und Exportmonopolen ausgestattet waren, durchgeführt. Oft wurden Exporte mit Verlusten durchgeführt und dies mit Exportsubventionen kompensiert. Dieses System wurde graduell liberalisiert. In den achtziger Jahren wird die Währung regelmäßig abgewertet, ein Prozeß der Anfang der neunziger Jahre vorerst zum Ende kam. Für die Währung bestand nominal 1980 ein Indexwert von 370 der 1990 auf 100 absank. Exportsubventionen wurden 1991 abgeschafft. Importe privater Firmen wurden auch dadurch erschwert, daß der Zugang zu ausländischer Währung beschränkt war (erst seit 1985 überhaupt für exportierende Firmen erhältlich) und Importrechte selektiv vergeben wurden. Der Abbau der Beschränkungen erfolgt hier durch die Etablierung von sog. 'swap centers' 1988 bis 1993, in denen ausländische Währungen marktgemäß gehandelt werden durften, wobei allerdings der Kurs für heimische Unternehmen auch von Exporterfolgen abhängig war und für diese höher lag, nämlich zwischen der offizielle Umtauschrate und der 'swap'-Rate. Im Jahre 1994 wurde der offizielle Wechselkurs abgewertet auf den Kurs, der sich in den 'swap centers' ergeben hatte. Dies führte zu einer nominalen Abwertung von 50 %. Gemäß anderen Indikatoren stieg der Wechselkurs seitdem auf moderatem Niveau an. Dieser Abwertung wird eine substantielle Anreizwirkung im Hinblick auf die Steigerung der Exporte zugesprochen.[3545]

In bezug auf die Zölle und sonstige Handelshemmnissen wurde in China eine selektive Liberalisierungspolitik betrieben, die in einigen Bereichen schon stark fortgeschritten ist. Die im Jahre 1997 durchschnittlich 24,9 % hohen Industriegüterzölle wurden, so die offizielle Darstellung, mit dem WTO-Beitritt auf 9,4 % abgesenkt.[3546] Ohne die Beachtung der weiter bestehenden nichttarifären Handelsbarrieren, lag die Protektion, unter Berücksichtigung der diversen Ausnahmen des chinesischen Zollregimes, schon 1996 importungewichtet bei 7,6 % und importgewichtet bei 3,7 %.[3547]

Der Liberalisierungseffekt des WTO-Beitritts wird deshalb vor allem durch den Abbau von nichttarifären Handelsbarrieren wirksam werden, welche vor allen in den Bereichen Stahl,

---

[3545] Zu diesem Abschnitt Cerra/Saxena 2002: 3-5, 10; Wang 2004: 3-6.
[3546] Vgl. Schüller 1999: 1161.
[3547] Jakubowicz 1999: 83.

Unterhaltungselektronik- und Haushaltsgeräte etabliert waren. Es bleiben aber auch nach dem WTO-Beitritt moderate hohe Schutzzölle vorhanden.[3548]

Von den 140 Mrd. US$ der Importe Chinas im Jahre 1998 stellen über 70 Mrd. US$ bzw. 51% Waren dar, die als Inputs zur Lohnveredelung (oder: 'processing trade') genutzt werden. Wird angenommen, daß etwa ein Drittel des Warenwertes im Zuge der Montage oder sonstigen Bearbeitung innerhalb Chinas hinzugefügt wird, stimmt dies ungefähr damit überein, daß 105 Mrd. US$ der 184 Mrd. US$ gesamtchinesischer Exporte, also 56%, auf die Lohnveredelung zurückzuführen sind. Somit sind nicht alle Exporte der Lohnveredelung zuzurechnen und es läßt sich besser ausmachen, in welchen Bereichen die heimischen Firmen erfolgreich sind. Die originär chinesische Exporte sind mit 79 Mrd. US$ zu beziffern und bestehen, neben Textilien, Bekleidung und Schuhen, aus dem schwer abzugrenzenden Bereich sonstiger Produkte, siehe dazu Abschnitt 'D', Punkt 2.11.[3549]

Dies deutet auf das Vorhandensein mittlerer technologischer Fähigkeiten bei vielen chinesischen Firmen hin, wobei es, getreu der Theorie technologischer Fähigkeiten, zusätzlich wichtig ist, daß die technischen Fähigkeiten durch relativ gute Marketing- und Managementfähigkeiten ergänzt werden und es müßte bekannt sein, wie neue Investitionen geplant und ausgeführt werden müssen.

Diese Zahlen können mit weitere Informationen über Outputanteile ergänzt werden: Die staatlichen Konzerne haben noch einen Anteil von 40,6 % am Output, die ausländischen Investitionen 18,9 % und sonstige 40,5 % (für 1995).[3550] Besonders hohe Anteile haben die ausländischen Investitionen am Output der Elektronikindustrie (60 %), Bekleidung- und Schuhe (51,5 %), Büromaschinen folgt (39,6 %) sowie Plastikprodukte (30,4 %). Automobile liegen bei 24,6 % (für 1995).[3551] Am Export haben die ausländisch investierten Unternehmen für das frühe Jahr 1993 einen Anteil von 25,5 % kommen aber in den eben genannten Bereichen schon auf Werte von über 50 %.[3552]

Insgesamt gesehen, hat die chinesische staatliche Wirtschaftspolitik die komparativen Vorteile ihres Landes zwar merklich modifiziert, etwa im Bereich der Schwerindustrie und hier tragen staatliche Interventionen in Teilbereichen (Stahl, Chemie) zum heutigen Erfolg bei, die komparativen Vorteile wurden aber nicht ignoriert und dies steht zum Teil im Einklang mit der Theorie der Exportorientierung. Viele der produzierten Güter befinden sich in den Bereichen, die die Theorie

---

[3548] Hermanns 2001: 285-289.

[3549] Die 79 Mrd. US$ originär chinesischen Exporte bestehen einerseits aus arbeitsintensiven Gütern wie Textilien, Bekleidung, Schuhen, Metallwaren, Möbeln, Fahrrädern, Spielzeug (Anteil dieser Warengruppe an den nicht lohnveredelten Exporten 20%). Andererseits werden einfache Maschinen, Unterhaltungselektronik, Haushaltsgeräte, Büromaschinen, Computerzubehör (ebenfalls 20% Anteil) sowie chemische Produkte (6%), Rohstoffe, Agrarprodukte und Schiffe ausgeführt. Daten aus Langhauser 2000: 16, 28-29, 38. Nicht gleich, aber vergleichbar, die Daten zur Lohnveredelung in Schüller 2000: 681. Japan, Taiwan, Korea und Malaysia exportieren große Mengen von halbfertigen Gütern und Inputgütern nach China, um sie dort weiterzuverarbeiten. Geschätzt wird etwa, daß 4/5 aller Hochtechnologieexporte Chinas auf 'processing trade' basieren. Im Jahre 2000 wird, ähnlich wie oben, geschätzt, daß dieser 'processing trade' einen Anteil von 53 % an den gesamten chinesischen Exporten hat. Lall/Albaladejo 2004: 1455-1456.

[3550] Sun 1998: 74.

[3551] Sun 1998: 75.

[3552] Sun 1998: 153.

internationalen Handels, gemäß Heckscher-Ohlin, erwarten würde. Dazu zählen auch die Lohnveredelungsexporte. Ebenso liegen aber bereits technologische Fähigkeiten bei verarbeiteten Produkten vor. In der Literatur wird bezweifelt, ob die einfache Heckscher-Ohlin Erwartung von Vorteilen in bezug auf arbeitsintensive Produktion für China noch gilt. Zusätzlich versucht der Staat, durch eigene Interventionen, in bestimmten Bereichen den Erwerb technologischer Fähigkeiten und komparativer Vorteile zu beschleunigen. Die weit fortgeschrittene Liberalisierung (es bleibt aber in bezug auf einige strategische Bereich moderater Schutz bestehen) ist schon deshalb notwendig, weil viele Firmen Lohnveredelung betreiben und zudem benötigen sonstige Investoren Inputs vom Weltmarkt und die heimischen Firmen können eine Vielzahl von Inputs nicht selbst herstellen. Auch dieser Aspekt wird von der Exportorientierungstheorie so beachtet.

Das eigentliche Wunder in China scheint darin zu liegen, daß aufgrund der Aufbruchsstimmung in einiger ganzen Reihe von kleineren und mittleren Betrieben intensiv danach getrachtet wird, die technologischen Fähigkeiten und die Wettbewerbsfähigkeit zu verbessern, indem nach Informationen über beste Technologien gesucht und technologische Fähigkeiten in Design, Marketing, Training und Qualitätskontrolle schnell verbessert werden. Dies liegt sicher auch daran, daß exportiert wird. Unterstützt wird dies durch positiv wirkende pekunäre Externalitäten einer breiten Spezialisierung und Produktivitätssteigerung weiterer Firmen, nicht zuletzt auch multinationaler Unternehmen auf dem Binnenmarkt, die Inputgüter verfügbar machen. Es geht also mal wieder um einen Aspekt, den die Neoklassik nicht beachtet. Der Kontrast zu anderen Ländern wird deutlich, wenn die Situation in China mit der in Afrika und die der chinesischen mit der vieler kleiner Firmen in Entwicklungsländern verglichen wird. So agieren die Firmen in Afrika in einer informationsarmen Umfeld und sind sich teils überhaupt nicht bewußt, daß sie Probleme mit ihrer eingesetzen Technologie haben, sie können nicht auf dieser Wachstumsdynamik aufruhen und ihr Kapital erhöhen und neue Investitionen ausführen. Dadurch verlangsamt sich der Prozeß der Ausbildung technologischer Fähigkeiten.[3553]

Sichtbar werden an China auch die Gefahren schneller Wachstumsprozesse: Die Importintensität des Wachstums stellt eine gewisse Gefahr für die chinesische Zahlungsbilanz dar. Weiterhin wird aufgrund der breiten Präsenz ausländischer Unternehmen, die teils in Joint-Ventures eingebunden sind, viel in Zukunft davon abhängen, inwiefern diese bereit sind, moderne Technologie zu transferieren. China hat damit ein ähnliches Problem wie Brasilien, aber aktivere eigene Unternehmen und kann vielleicht mehr Druck auf die multinationalen Konzerne ausüben. Oben wurde in Punkt 6.3 Abschnitt 'D' gezeigt, daß ein Transfer höherwertiger Technologie noch nicht in allen Bereichen vonstatten gegangen ist. Siehe dazu auch Abschnitt 'J', TRIPS.

[3553] Diese Probleme beim Ausbau technologischer Fähigkeiten werden angesprochen von Lall 1999b: 256-261.

14. Afrika

Anfangs lohnt sich eine generelle Bemerkung.[3554] In Afrika leben die meisten Menschen dicht und friedlich beieinander wie in Europa. Sie verhalten sich wie hier, sie gehen ihren alltäglichen Beschäftigungen nach, besuchen ab und zu den Markt, um Sonderangebote einkaufen. Sie verfügen über politische Organisationen, wirtschaftliche Interessenverbände, über eine Presse und Kommunikationsmöglichen. Entscheidungen über wirtschaftspolitische Prioritätssetzungen, die Verhandlungen mit Investoren und andere Abstimmungsvorgänge mögen nicht genauso ablaufen wie hier, die Unterschiede sind aber nicht grundlegend. Der wichtigste Unterschied ist, daß die Menschen in Afrika extrem arm sind.

Afrika unterhalb der Sahara (ohne Südafrika) kommt im Jahre 1995 mit einer Bevölkerungszahl von 587 Mill. auf ein BSP von US$ 140 Mrd., dies ist 5 % des BSPs Deutschlands und 2 % des BSPs der USA.

Das BSP Sub-Sahara-Afrikas ist damit etwas größer als das Portugals US$ 102 Mrd. (9,9 Mill. Einwohner), es ist so groß wie Norwegen US$ 145 Mrd. (4,4 Mill. Einwohner) oder der Stadt Hongkong US$ 143 Mrd. (6,2 Mill. Einwohner).

Mit Südafrika US$ 136 Mrd. (42,5 Mill. Einwohner) kommt Sub-Sahara Afrika auf ein BSP von US$ 276 Mrd., dies ist so groß wie Belgien US$ 269 Mrd. (10,1 Mill. Einwohner), und Schweden US$ 228 Mrd. (8,8 Mill. Einwohner). Andersrum erzielte Sambia mit einer ähnlich hohen Einwohnerzahl (10 Mill.) wie Belgien und Schweden ein BSP von US$ 4 Mrd., Niger mit 12 Mill. Einwohnern ein BSP von US$ 1,8 Mrd. Zum Vergleich: Das BSP der BRD lag bei US$ 2415 Mrd., der USA auf US$ 6952 Mrd. (Zahlen für 1995).[3555]

Diese Größenordnungen haben sich 2006 nicht geändert. Im Jahre 2006 liegt Sub-Sahara Afrika bei eine BSP von US$ 455 Mrd. (Südafrikas BSP beträgt US$ 254 Mrd.) und die Exporte liegen bei US$ 174 Mrd. und die Importe bei US$ 124 Mrd. (Südafrikas Exporte betragen US$ 58 Mrd., die Importe US$ 77 Mrd.).[3556]

[3554] Die folgende Literatur liegt diesem Abschnitt zugrunde: Biggs et al. 1995; Bigsten et al. 2003; Brenton/Manchin 2002; Coughlin 1990; Deraniyagala 1999; Deraniyagala/Semboja 1999; Gulhati et al. 1985; Goldstein/Ndungu 2001; Harold et al. 1996; James 1995; Kanaan 2000; Karmiloff 1990; 1990a; Kweka et al. 1987; Lall 1995a; Lall et al. 1994; Lall/Latsch 1998; 1999; Lall et al. 1994; Lall 1999a; 1999b; Latsch/Robinson 1999; Meier et al. 1989; Mengistae/Teal 1998; McCarthy 1998; McCulloch et al. 2001; Mosley et al. 1991; OECD 2001a; OECD 2004; Ogbu et al. 1995; Parker et al. 1995; Rankin et al. 2002, 2002a; Riddell 1990; 1990a; Sahn et al. 1998; Sharpley/Lewis 1990; Simon 1995; Söderbom 2001; Söderbom/Teal 2001a; Söderbom/Teal 2000; Söderbom/Teal 2001; Stein 1995; Stevens 1990; Thoburn 2000; UNIDO 2004; Wagacha 2000; Wangwe 1995; Wignaraja/Ikiara 1999.
[3555] McCarthy 1998: 429-430. Zum Vergleich Portugal US$ 102 Mrd., Türkei mit US$ 164 Mrd. (61,1 Mill.) Argentinien mit US$ 281 Mrd. (34,7 Mill) Indonesien US$ 198 Mrd. (193,3 Mill.) mit US$ Mexico 250 Mrd. (91,8 Mill.) Indien mit US$ 324 Mrd. (929 Mill.), Brasilien US$ 688 Mrd. (159 Mill.) mit China US$ 697 Mrd. (1.2 Mrd.). BSP: Weltentwicklungsbericht 1997: 236-237; Bevölkerung: Weltentwicklungsbericht 2004: 251-253, 261.
[3556] World Development Report 2008: 340-344.

Das Wirtschaftsministerium NRW schätzt für 2005 das BSP von NRW auf Euro 489 Mrd., die Exporte NRWs belaufen sich auf Euro 143 Mrd.[3557]

Auffällig sind zudem die Unterschiede zwischen den Ländern hinsichtlich der Bevölkerungszahl. Viele afrikanische Ländern haben eine kleine Bevölkerungszahl, dies bedeutet zusammen mit dem geringen BSP einen sehr kleinen Markt. Eine hohe Bevölkerungszahl und damit auch größere Entwicklungschancen haben dagegen Nigeria, Äthiopien, Elfenbeinküste, Kamerun, Kenya, Kongo (ex Zaire), Ghana, Elfenbeinküste, Mosambik, Madagaskar, Sudan und Tansania, mit einer Bevölkerungszahl die teils erheblich über 15 Mill. Einwohner liegt.[3558]

14.1 Einleitung

Anhand von Afrika stellt sich mit größter Dringlichkeit die Frage, warum liberale und sonstige Erwartungen wirtschaftlicher Entwicklung in breit angelegter Form fehlgeschlagen sind:

"Africa has, as a result, become *the* development challenge."[3559]

Der Anteil von Sub-Sahara Afrika an den gesamten Weltexporten ging von 3,8 % im Jahre 1960 auf 2,1 % im Jahre 1985 auf 1,3 % im Jahre 1995 zurück,. Von den Exporten sind 80 % Primärgüter, also Agrarprodukte und Rohstoffe.[3560]

Ein Grund dafür ist, daß der Prozess wirtschaftlicher Entwicklung nur eine kurze Zeitperiode lang auf dynamische Art und Weise abgelaufen ist. Der Prozeß der Dekolonialisierung war erst im Verlauf der sechziger Jahre abgeschlossen, deutlich später als in anderen Entwicklungsländern.[3561] Dann ist eine Abschwächung des Wachstums und ein Absinken der Exporte im Vergleich zu den sechziger Jahren schon in den siebziger Jahren zu erkennen.[3562] Dieser problematische Trend setzte sich mit dem

---

[3557] NRW Informationen 2007: 65, 68.
[3558] Zahlen für 1995 (BSP, Einwohner): Angola $ 3,7 Mrd., 14 Mill.; Äthiopien $ 5,2 Mrd., 67 Mill.; Benin $ 1,5 Mrd., 7 Mill.; Botswana $ 4,3 Mrd., 2 Mill.; Burkina Faso $ 2,3 Mrd., 12 Mill.; Burundi $ 1,0 Mrd., 7 Mill.;, Elfenbeinküste $ 10,0 Mrd. 17 Mill.; Gabun $ 4,6 Mrd. 1,2 Mill., Ghana $ 4,3 Mrd. 20 Mill.; Gambia $ 384 Mill., 1,2 Mill.; Guinea $ 3,6 Mrd. 8 Mill.; Guinea-Bissau $ 257 Mill. 1,2 Mill.; Kenya $ 9,0 Mrd. 31 Mill.; Kamerun $ 7,9 Mrd., 16 Mill.; Kongo $ 2,1 Mrd., 3 Mill.; Kongo Dem. Rep. (ex Zaire) -, 54 Mill.; Liberia -, 3,2 Mill.; Madagaskar $ 3,1 Mrd., 16 Mill.; Malawi $ 1,4 Mrd., 11 Mill; Mali $ 2,4 Mrd., 11 Mill.; Mauritanien $ 1,0 Mrd., 3 Mill.; Mauritius $ 3,9 Mrd.,1,2 Mill., Mosambik $ 1,4 Mrd., 18 Mill.; Namibia $ 3 Mrd., 2 Mill; Niger $ 1,8 Mrd. 12 Mill.; Nigeria $ 26,8, Mrd., 133 Mill.; Ruanda $ 1,1 Mrd. 8 Mill.; Sambia $ 4,0 Mrd., 10 Mill.; Simbabwe $ Mrd. 3 Mill.; Senegal $ 4,8 Mrd. 10 Mill.; Sierra Leone -, 5 Mill; Sudan -, 32 Mill.; Tschad $ 1,1 Mrd., 6,4 Mill.; Südafrika $ 136 Mrd. 44 Mill.; Swasiland 1,0, Tansania $ 3,6 Mrd., 35 Mill.; Togo 981 Mill., 5 Mill.; insgesamt: 631 Millionen Menschen. BSP: Weltentwicklungsbericht 1997: 236-237; Bevölkerung: Weltentwicklungsbericht 2004: 251-253, 261
[3559] "The economies of Sub-Saharan Africa (SSA) have been in decline for a quarter of a century (...) SSA is not just failing to converge with other regions, its decline is absolute: per capita incomes are significantly lower now than a quarter-century ago. Nor was this decline the result of a sudden, dated catastrophe across the continent, or a disasterous performance in a few countries. Rather, decline has been fairly continuous over the entire period." UNIDO 2004: 5.
[3560] Eingeschlossen Südafrika für das gesamte Afrika unterhalb der Sahara. OECD 2001a: 9, 12. In anderer Abgrenzung sinkt der Anteil von 4,0 % 1980 auf 1,5 % 1995. Siehe DIW-Afrika 1997: 199.
[3561] MacCarthy 1998: 426. Daten für die einzelnen Länder UNHCR 2000: 46.
[3562] Afrika in den siebziger Jahren: **Tabelle 185**.

Nullwachstum in den achtziger Jahren in vielen Ländern fort.[3563] Die afrikanischen Länder konnten somit gerade mal 10 bis 15 Jahre eine durch steigendes Wachstum geprägte Kapitalakkumulation erreichen, bevor es zu einer langen Stagnationperiode kam. Schon vor 25 Jahren, nämlich spätestens Ende der siebziger Jahre, hätte auffallen müssen, daß Afrika sich viel schwächer entwickelt als andere Länder und Regionen. Geschlossen wird etwa von Subramanian/Roy (2001):

"The record of sustained economic performance in sub-Sahara Africa (hereafter Africa) is not heartening. It is not that there have not been periods of sustained growth: as Table 1 shows, sixteen African countries, at various points of time, achieved high rates of growth. Sadly, however, very few such episodes have been long and sustained enough to lead to high levels of income and standards of living."[3564]

14.2 Zwischen Sozialismus und Marktwirtschaft

Eine politische Reaktion darauf fand sehr wohl schon Ende der siebziger Jahre statt, allerdings ohne eine nachfolgend konsequente Begleitung und Unterstützung der afrikanischen Länder. Gemeint ist die Rede von Ronald Reagan am 15. Oktober 1981, welche die Entwicklungsländer zur Nachfolge der Industrieländer im Hinblick auf freie Marktwirtschaft aufforderte. Diese Rede ist zuerst einmal vor dem Hintergrund des damaligen Wunsches der USA nach einer neuen GATT Runde zu verstehen.[3565] Zweiter Hintergrund ist, daß in dieser Zeit eine grundsätzliche Neuorientierung der IWF/Weltbank Politik u.a. gegenüber Afrika beschlossen wurde. Noch in den siebziger Jahren wurden staatliche Vermarktungsgesellschaften im Agrarbereich akzeptiert, nun wurde zunehmend auf Liberalisierung und Privatisierung gesetzt.[3566] In bezug auf die Außenhandelspolitik wurde damals der hier schon dargestellte Ansatz der Exportorientierung von Krueger/Bhagwati etabliert.[3567] Die Privatisierungspolitik in bezug auf den verarbeitenden Sektor Afrikas wurde Anfang der neunziger Jahre konsequenter als zuvor durchgesetzt.[3568]

Diese Änderung des politische Fokus war sicherlich nicht ganz falsch. Naiv war und ist es bis heute aber, wie dieser Politikwechsel in Afrika umgesetzt wird. Erwartet wurde, daß ein marktwirtschaftliches System, das zunehmend durch die Konditionalität von IWF/Weltbank

---

[3563] Ländervergleich: **Tabelle 186**.
[3564] Trotz dem Hinweis auf Table 1 im Zitat wird diese hier nicht reproduziert. Subramanian/Roy 2001: 4.
[3565] Etwas später traf sich Ronald Reagan in Cancun, Mexiko, mit Vertretern der Entwicklungsländer. Dort wurde über den eventuellen Beginn einer neuen GATT Runde debattiert. Brauer 1982: 1. Bis es dazu 1986 kommt, dauert es noch etwas. Dazu: Preeg 1995: 31-59. Siehe das Reagan-Zitat: "Ask these questions, because no matter where you look today, you will see that development depends upon economic freedom. A mere handful of industrialized countries that have historically coupled personal initiative with economic reward now produce more than one-half the wealth of the world. The developing countries now growing the fastest in Asia, Africa, and Latin America are the very ones providing more economic freedom for their people - freedom to choose, to own property, to work at a job of their choice, and to invest in a dream for the future." Reagan 1981: 1.
[3566] Für den Agrarsektor siehe Hermanns 2005b: 14-17. Das Konzept des 'private sector development' wird erläutert in Kontext der Entwicklungshilfe von Schulpen/Gibbon 2002: 1-5.
[3567] Siehe World Development Report 1978: 56-57.
[3568] Überblick für die Privatisierung in den neunziger Jahren in Kennedy/Jones 2003: 8. Zahlen werden weiter unten präsentiert.

eingefordert wurde, trotz der ungünstigen Ausgangssituation und bei Nullwachstum in den achtziger Jahren ohne stützende Maßnahmen[3569] und ohne - seien es nur moderate - Modifikationen neoklassisch liberaler Vorstellungen erfolgreich werden könne. Von 35 Programmen war in einem einzigen Fall eine kompensatorische Politik vorgesehen.[3570]

Diese Kritik bezieht sich hier nicht nur auf die fehlende Stützung von Unternehmen in einem industriepolitischen Sinn, sondern ebenso auf die - eigentlich unkontroverse - Stützung von Rahmenbedingungen für ein marktwirtschaftliches System, z.B. wurde die Förderung institutioneller Qualität 'good governance' erst in den neunziger Jahren zum Thema. Bis heute wird zudem erwartet, daß sich wirtschaftliches Wachstum und effiziente Agrarmärkte in Afrika ohne massive Investitionen in den Infrastrukturausbau etablieren lassen.

In der Literatur wird von Simon (1995) davon ausgegangen, daß ein einziges simples neoklassisches Modell die Antwort auf alle Fragen afrikanische Entwicklung der nächsten 30 Jahre liefern kann. Da alle andere Versuche gescheitert seien, solle sich Afrika fortan nur noch von natürlichen Ressourcen gestützt entwickelt, also basierend auf Landwirtschaft und Grundstoffe (wie Mineralien) - im vollständigen Einklang mit dem einfachen simplen Heckscher-Ohlin Modell.[3571] Ebenso wird in der Literatur davon ausgegangen, daß das neoklassische Pareto-Modell für die afrikanische Landwirtschaft gilt. Ein kritischer Kommentar dazu findet sich woanders.[3572]

Nicht gänzlich falsch war die Änderung des politische Fokus deshalb, weil es in vielen afrikanischen Staaten von sozialistischen Ideen inspirierte Wirtschaftssysteme gab. Dies hätte zwar wie in China zu ersten Industrialisierungserfolgen führen können, ebenso ist klar aber, daß dies, besonders in kleinen Märkten, das Entstehen ineffizienter Firmen zur Folge haben kann:

Als 'Marxist-Leninist or scientific socialist states' bezeichnet werden (Informationen Stand 1995): Angola (erneuerte Festlegung in der Verfassung des Marxismus-Leninismus 1991, in den neunziger Jahren aber Krieg mit UNITA), Äthiopien bis 1993; Mosambik (Übergang zur Marktwirtschaft ab 1984); als 'mixed economies' oder 'marginal marxist' werden beschrieben Zimbabwe (unter der ZANU-Partei von Präsident Mugabe), Kap Verde, Benin, Sao Tome and Principe, Somalia (dort aber Clankriege), Kongo (nennt sich bis 1991 marxistischer Einparteienstaat), Guinea-Bissau (Versuch des Übergangs zur Demokratie verzögert sich); als 'other socialist' werden beschrieben: Algerien; Libyen, Guinea (seit 1984 Abschaffung des Sozialismus), Madagaskar (Machtwechsel gelingen zunehmend ohne extreme Störungen), Seychellen, Tansania (Einparteienstaat unter Nyerere, aber Übergang zum

---

[3569] Die IWF/Weltbank Programme sahen wohl eine Liberalisierung vor, es fehlte aber an Politiken, die die darauf folgenden Anpassungen und Veränderungsprozesse erleichterten bzw. die Wirtschaft bei diesem Prozess stützten. Dies ist keine pauschale Beschuldigung, sondern das Ergebnis einer 270 Seiten Studie der IEG (2006). Effekte von Liberalisierung auf die Einkommensverteilung wurden unzureichend beachtet, es gab keine konkreten Programme um die Anpassung an Veränderungen zu erleichtern und unzureichende Mikro-Level Forschung, welche die Effekte Liberalisierung auf der Ebene von Firmen nachzeichnete. IEG 2006: xx.
[3570] Überblick in Mosley 1995: 699.
[3571] Elbadawi 2001: 16.
[3572] Hermanns 2005b: 19.

Mehrparteiensystem).[3573] Senegal versuchte sich unter Senghor in einer afrikanischen Form des Sozialismus.[3574] Die sozialistische Orientierung äußerte sich konkret darin, daß in den Staaten teils sehr viele staatliche Unternehmen gegründet wurden und teilweise ein staatlicher Einfluß in der Landwirtschaft bestand, wobei letzterer teils zu Erfolgen führte.[3575] Am Rande: In dieser Liste wurden Algerien und Libyen erwähnt, fortan geht es, wie bereits zu Beginn, nur noch um Sub-Sahara Afrika.

Für eine andere Ländergruppe, speziell die Elfenbeinküste und Kenya, war dagegen eine spezielle Form privat-staatlicher politischer Ökonomie typisch. Firmen wurden von privaten Investoren und dem Staat gemeinsam gegründet. In der Elfenbeinküste wurde die private Anteilsseite der Firmen meist von Firmen der Ex-Kolonialmacht Frankreich getragen. Diese Firmen wurden mit einem deutlich wahrnehmbaren Zollschutz geschützt und erreichten oft regionale, aber nicht internationale Wettbewerbsfähigkeit, außer im Nahrungsmittelbereich (in der Elfenbeinküste: Kakao, Kaffee, Bananen, teils Ölsaaten). In diesem Land kam es marktstrukturell zu duopolistischen bzw. sogar monopolistischen Strukturen, welche den Wettbewerb hemmten. [3576]

14.3 Die Debatte um die Erklärungsfaktoren der afrikanischen Entwicklung

Afrika war einer Reihe von Faktoren ausgesetzt, die ungünstig wirkten. Welche Faktoren werden u.a. in der Literatur aufgezählt?

Die Grundlage für wirtschaftliches Wachstum, Infrastruktur, Elektrizitätsversorgung, Telefon, Straßen und Eisenbahnen ist unzureichend vorhanden. Afrika hat ein Netzwerk von 171.000 km geteerter Straßen, dies ist 18 % weniger als Polen, welches ungefähr so groß ist wie Simbabwe. Die Qualität der Infrastruktur geht zurück.[3577]

Dazu kommt, daß von 42 Staaten 14 keinen Zugang zum Meer haben, dies erhöht die Transportkosten und die Abhängigkeiten von den Nachbarländern in deutlicher Art und Weise. Im Vergleich zu anderen Ländern liegen weiterhin höhere Kosten des Seetransports vor, die 15 % bis 20 % des Werts des Outputs ausmachen, für die Länder ohne Zugang zum Meer liegt dieser Anteil am Outputwert bei 41 %.[3578] Die Hauptexporte, Nahrungsmittel und Rohstoffe, eignen sich aufgrund der niedrigen Gewinnmargen zudem kaum für den Lufttransport.[3579] Gegenüber Asien wird von einem 20 %

[3573] Simon 1995: 729-736.
[3574] Gray 2002: 15.
[3575] World Bank 1981: (Parastatals) 37-40; (Marketing Boards) 58-61; Typisch, aber nicht beschränkt ist dies auf staatliche Konzerne im Dienstleistungsbereich. Beispiel Ghana: Staatliche Farmen, State Fishing Corporation, State Trading Corporation, eine staatliche Schiffahrtslinie, Ghana Airways, State Transport Corporation. Aus: McCarthy 1998: 434. Zum Agrarsektor näher Hermanns 2005b.
[3576] Wangwe 1995: 241-272; Trade Policy Review Elfenbeinküste 1995: 1-110.
[3577] Um 90 % der Bevölkerung Äthiopiens 20 km in die Nähe einer asphaltierten Straße zu bekommen, müßten US$ 4 Mrd. aufgewandt werden, das sind 75 % des BSP von Äthiopien. Mutume 2002: 1-3. Für die Entwicklungshilfe wäre dies durchaus finanzierbar.
[3578] Thoburn 2000: 6. Für den Transport im Binnenland wird in Europa mit US$ 1,65 pro Kilometer gerechnet, in den USA mit US$ 1,10, in Westafrika werden Werte von US$ 4,94 erreicht, dagegen in Südafrika teils nur US$ 1,38. UNIDO 2004: 84. In Sambia wird schon durch den Binnentransport ein Anteil von 60 % bis 70 % des Wertes der Produkte erreicht. So jedenfalls Trade Policy Review Zambia 2002: 75.
[3579] McCarthy 1998: 428.

Nachteil im Transportkostenbereich ausgegangen. Dies ist so, als ob die Exporte Afrikas überall 20 % höhere Zölle zahlen müssen.[3580] In einer anderen Berechung liegt Afrika um 60 % über den Durchschnittswert für die Entwicklungsländer.[3581]

Diese hohen Kosten mögen teils auch an seltsamen Abmachungen gelegen haben, so hat die Elfenbeinküste im Gegenzug zur AKP-Bananenquote, die vor allem nach Frankreich geht, französischen Kühlschiffen eine monopolistische Stellung für den EU Handel eingeräumt. Auch wenn es darum ging, Ananas in die EU zu verkaufen, mußte dies auf den französischen Bananenfrachtern erfolgen. Erst 1994 wurde das erste private Schiff auf dieser Route zugelassen.[3582] Sicher hilft der Elfenbeinküste hier eine Liberalisierung und damit stellt sich generell die Frage nach dem kartellisierten Seeverkehr.[3583]

Unumstritten ist, daß in Afrika die Ausbildung auf dem weltweit niedrigstem Qualitätsstand steht.[3584] Dazu kommt, daß in einigen Länder noch immer die technischen Berufe bzw. Managementaufgaben von ausländischen Experten durchgeführt werden.[3585]

Schon erwähnt wurde, daß Afrika von negativen externen Schocks heimgesucht wurde: Ölpreissteigerungen, die ungünstigen Terms of Trade Entwicklungen im Rohstoffbereich, die Reduzierung der Entwicklungshilfe, Dürren (zwischen 1968 und 1980 im Senegal etwa 6 Dürrejahre[3586]). Festzuhalten ist somit, daß externe Faktoren zur Erklärung beitragen, warum Afrika Entwicklungsschwierigkeiten ausgesetzt war und ist.

Dazu kommt die hohe Verschuldung, die nicht nur die ungünstige Auswirkung hatte, daß die weniger Geld zur Verfügung hatten, sondern auch, daß IWF/Weltbank darauf drängten, daß nach staatlichen Einnahmequellen gesucht werden müsse. Aufgrund schwer durchsetzbarer breit angelegter

---

[3580] Subramanian/Tamirisa 2001: 14.
[3581] Frachtkosten als Prozent der Importwertes UNIDO 2004: 84; siehe **Tabelle 187**.
[3582] Frachtkosten lagen um 50 % unter den gewohnten Preisen. Trade Policy Review Elfenbeinküste 1995: 115-116.
[3583] Die privaten Schiffsbetreiber sind durch die sog. Konferenzen kartellisiert. Hier soll aber nicht suggeriert werden, daß mit einer Liberalisierung generell das Problem Transportkosten zu beheben ist. Interessant ist, daß sich dies bis in das EU-Recht nachvollziehen läßt, in der Gruppenfreistellung zu sog. Liner Conferences. Dies ist Verordnung 4056/86. "This is without question the most generous exemption which exists in Community competition law as it is unlimited in time and granted regardless of market shares." Siehe Bellamy/Child 2001: 15-025 bis 15-035. Der UN Code of Conduct for Liner Conference von 1974 besagt, daß die Marktanteile innerhalb dieser Konferenzen zu 40 % zwischen der nationalen Flotte, zu 40 % mit Schiffseignern aus dem Ziel bzw. Ursprungsland und zu 20 % mit unabhängigen Schiffseignern aufgeteilt werden sollten. Das Konferenzsystem läßt neue Mitglieder diskretionär zu. Trade Policy Review Elfenbeinküste 1995: 115.
[3584] McCarthy 1998: 428. Ausführlicher, mit Rekurs auf Ghana, aber mit einem Überblick über einige afrikanische Länder in Lall et al. 1994. In der Kategorie 'natural science, mathematics, computing and engineering' sind in Ghana 0,01 % der Bevölkerung eingeschrieben, in Korea 0,76 %. Tertiäre Ausbildung bekommen im führenden Land, Simbabwe, 6 % der Kohorten, in Korea liegt der Wert bei 38 %. In absoluten Zahlen sind dies 400 Studenten pro 100.000 Einwohner im führenden Land, Simbabwe, in Korea liegt diese Zahl bei 3688. Lall et al. 1994: 37-45.
[3585] So in der Elfenbeinküste, die von französischen Investitionen dominiert ist, sind ca. 50 % der avancierten Stellen (1984) von ausländischen Fachleuten besetzt. Dies könnte durchaus verhindert haben, daß heimische Fähigkeiten aufgebaut wurden. Riddell 1990a: 164.
[3586] Gray 2002: 27.

Steuererhebung, mußten Einnahmen aber dort erhoben werden, wo es leicht möglich ist: Zölle[3587] und es wird auf die Industrieproduktion und Konsumgüter Steuern erhoben[3588] und teils auch Steuern auf Agrarprodukte (mit klar ungünstigen Auswirkungen).[3589]

Ungünstig wirkten politische Instabilitäten. Tragisch war beispielsweise der Kollaps des regionalen wirtschaftlichen Intergrationsprojekts des East African Community-Marktes zwischen Kenya, Tansania und Uganda, welcher im Zeitraum zwischen 1967 und 1976 Bestand hatte und den einzelnen Ländern wichtige Wachstumsimpulse gegeben hatte.[3590] Dazu kommt die auf ethnischen Konflikten beruhende politische Instabilität in einigen Staaten, die in Afrika besonders ungünstig wirkt, weil die Nachbarstaaten deutlich in Mitleidenschaft gezogen werden.[3591]

Natürlich sind auch Faktoren, die aus der Perspektive dogmatisch liberaler Theorie erwähnt werden, für die wirtschaftliche Entwicklung ungünstig. Aufgezählt werden in der Literatur überbewertete Wechselkurse, Infrastrukturdefizite, ungenügendes Humankapital, politische Instabilität, keine kontinuierliche, vertrauenserweckende Wirtschaftspolitik, Probleme mit Steuern, Korruption, ungenügender Wettbewerb, ungenügende Deregulierung, ungenügende Liberalisierung, keine marktorientierte Lohnpolitik.[3592]

Die Literatur wird u.a. versucht einzelne liberale Politikelemente herauszulösen und es ergibt sich ein Streit, ob es nun am fehlenden Humankapital[3593] oder an den hohen Transaktionskosten (Infrastruktur, Telekommunikation, Korruption, gemessen an der Länge asphaltierter Straßen, der Verfügbarkeit von Telefon und Faxmaschinen und einem Korruptionsindex) liegt, daß Afrika hinterherhinkt. In bezug auf diese Faktoren wird die Schuld afrikanischer Regierungen gesehen und ein negativer kausaler Zusammenhang mit wirtschaftlichen Wachstum behauptet.[3594]

Dies ist als Reaktion auf die Probleme Afrikas nicht überzeugend, weil es ausklammert, daß es nicht nur an fehlenden liberalen Rahmenbedingungen liegt, daß sich Afrika nicht genügend schnell entwickelt. Zudem können sich diese Rahmenbedingungen, die auch von der ordoliberalen Theorie teils an sinnvoll angesehen werden, sukzessive entwickeln, wobei sich die Fähigkeiten afrikanischer Regierungen sukzessive verbessern könnten. Dies würde sicher dadurch erleichtert, wenn afrikanische

---

[3587] Zölle und Steuern auf den Handel machen (1985 - 1990) in der Elfenbeinküste 40,2 %; in Ghana 45, 3%, in Kenya 20.4 %, in Madagascar 47,7 %, in Mali 29,2 %; in Nigeria 24,6 %; im Senegal 36,3 %, in Tansania 12,4 %, in Zambia 27,3 % der staatlichen Einnahmen aus. Nur in Madagaskar, Mali und Sambia wurde durch die Liberalisierung und dem nachfolgenden intensiveren Handel eine erhöhte Einnahmen aus den Zöllen erzielt. Mosley et al. 1990: 604-605.
[3588] Kweka et al. 1997: 9. Hohe Verbrauchssteuern auf Bier, Getränke, Zigaretten etwa in Trade Policy Review Kenya 1994: 117-118.
[3589] Am Beispiel der 'kella'-Steuern, die den Handel behindern, in Äthiopien Hermanns 2005b: 174.
[3590] Das Datum 1977 erwähnt Wangwe 1995: 210; das Jahr 1976 wird für den Zusammenbruch genannt von Sharpley/Lewis 1990: 210.
[3591] Zitiert wird eine Studie von Easterly (1996, hier nicht im Literaturverzeichnis), die feststellt, daß ein um ein Prozent reduziertes Wachstum in einem Staat, den Nachbarstaat mit 0,34 bis 0,55 % vermindertem Wachstum trifft. McCarthy 1998: 429.
[3592] Es ist ärgerlich, daß etwa in einer aktuellen Studie der OECD sich diese Aufzählung solcher Faktoren immer wieder wiederholt, obwohl in derselben Studie auch auf sonstige 'harte' Hindernisse für die Expansion afrikanischer Industrie hingewiesen wird. OECD 2001a: 11-12, .
[3593] Adenikinju et al. 2001: 62.
[3594] Dies ist die aktuelle These von Paul Collier, dem Direktor der Afrika-Abteilung der Weltbank. Siehe Elbadawi 2001: 16, 23.

Firmen zunehmend Weltmarkterfolge hätten. Fragwürdig ist somit, angesichts dieser Liste zu schließen, daß die "most serious contraints lie within the control of African governments."[3595]

Studien zeigen u.a. simplerweise, daß es an der schwachen Finanzlage der Firmen liegt, wenn sie keine Exporte schaffen oder in der Produktivitätsentwicklung hinterherhinken. Ebenso kann gezeigt werden, daß in Afrika 'harte' staatliche Förderungsmaßnahmen wie Exportkredite zu Produktivitäts- und Effizienzentwicklung führen können.[3596]

Allein an liberalen investitionsfreundliche Rahmenbedingungen liegt es somit wohl nicht, daß ausländische Investoren in Afrika hohe Profite erzielen und es wird bemerkenswerterweise festgestellt, daß diese, im Unterschied zu afrikanischen Unternehmen, keine Probleme mit der Finanzierung haben.[3597] Viele afrikanische Unternehmen verfügen kaum über Kapital, das sie investieren könnten. Dies lag bzw. liegt auch an den hohen Zinsniveaus.[3598]

In weiteren empirischen Studien wird gezeigt, daß der Anteil von Investitionen am BSP ein überzeugender Indikator dafür ist, daß Exportwachstum und sonstiges wirtschaftliches Wachstums erzielt werden. Geschätzt wird, daß ein 6 % Wachstum einer Investitionsrate von 28 % bedarf. Die afrikanischen Länder liegen, außer Mauritius, welches auf 29 % kommt, alle unterhalb einer Investitionsrate von 25 %. Die asiatischen Staaten erreichen (Thailand, Malaysia) dagegen teils über 40 %.[3599]

Schon ein verbessertes, risikofreudigeres Bankensystem, niedrigere Zinsen und gewisse Spielräume für die Staaten Exporte zu fördern und die Produktivität der Firmen nachhaltig anzuheben, könnten also helfen den privaten Sektor zu vitalisieren und das wirtschaftliche Wachstum anzukurbeln.

14.4 Die Relevanz des verarbeitenden Sektors

In den afrikanischen Ländern finden die meisten Menschen Beschäftigung in der Landwirtschaft. Dieser Bereich trägt aber nicht viel zum BSP bei. So beim Diamantenproduzenten Angola nur 12 %, es sind aber 74 % der Menschen dort beschäftigt, in Simbabwe ist der Beitrag zum BSP 15 % und 71 % der Bevölkerung arbeiten im Agrarbereich. Dies ist ein Hinweis auf die geringe Produktivität in diesem Bereich.[3600]

[3595] OECD 2001a: 110.
[3596] Fosu 2001: 129.
[3597] OECD 2001a: 106.
[3598] In Firmenstudien geben afrikanische Firmen Probleme mit der Finanzierung als klaren Hemnisfaktor an, dies fehlt bei ausländischen Investoren. OECD 2001a: 110. Siehe oben und unten in diesem Abschnitt. Die Zinsen konnten in den neunziger Jahren teils gesenkt werden.
[3599] Elbadawi 2001: 19-20, 24, 29; siehe: **Tabelle 188**.
[3600] McCarthy 1998: 430. Im Senegal arbeiten 70 % der Bevölkerung in der Landwirtschaft, dies macht 1987-1993 11 % des BSP aus. Kelly et al. 1996: 10.

Der verarbeitende Sektor ist zu einem großer Teil von der Weiterverarbeitung landwirtschaftlicher Produkte geprägt, 70 % der Beschäftigung und 60 % der Wertschöpfung im verarbeitenden Sektor ist Industrien zuzuschreiben, die mit der Landwirtschaft zusammenhängen. Dies sind die Bereiche Nahrungsmittel, Textilien und Lederverarbeitung.[3601]

Auch der verarbeitende Sektor kommt aber, im Vergleich zu anderen Ländern gesehen, für einen geringen Prozentsatz der Weltschöpfung auf. Dienstleistungen prägen die Wertschöpfung in Afrika mit Anteilen zwischen 40 % und 55 %.[3602] Selbst in Südafrika erreicht der verarbeitende Sektor nur 19 %, Kenya erreicht 12 %, Ghana 10 % und Simbabwe 17 % des BSPs. Von 44 Ländern liegen 24 Länder bei 10 % und darunter (Zahlen teils für 1998 und 1999).[3603] Der Anteil der verarbeitenden Industrie geht in Kenya und Tansania relativ gesehen zurück.[3604] Die Wertschöpfung in der verarbeitenden Industrie liegt, einmal abgesehen von Südafrika (mit US$ 26 Mrd.), noch im Kamerun, Elfenbeinküste, Äthiopien, Kenya, Mauritius, Nigeria, Senegal und Sudan über US$ 1 Mrd..[3605] Afrika erreicht damit in keinem einzigem Land einen Anteil von 30 % verarbeitender Industrie am gesamten Output, der eine Phase der Exportexpansion wahrscheinlicher machen würde.[3606]

Generell ist in Afrika die Industriestruktur unzureichend ausgebildet, integriert und spezialisiert. Für die Entwicklung der verarbeitenden Industrie ist die Verfügbarkeit von Inputgütern bzw. Vorprodukten, sprich: Spezialisierung, bedeutsam.[3607] Spezialisierung ist aber kaum vorhanden und dies erhöht generell Produktionskosten.[3608] Afrikanische Ländern verzeichnen ebenso kaum Intra-Industriehandel und kommen damit nicht in den Genuß von dessen Wohlfahrtseffekten.[3609] Innerhalb der Länder sind die Kopplungseffekte nicht weit ausgeprägt, etwa zwischen den staatlichen Konzernen und den oft viel kleineren privaten Firmen.[3610] Typisch ist, daß ein hoher Prozentsatz der Inputs, die in der Produktion benötigt werden, importiert wird. So werden durchschnittlich vom relativ ausdifferenzierten verarbeitenden Sektor der Elfenbeinküste 54 % bis 58 % der Inputs importiert.[3611] Dies ist nicht per se falsch, verschenkt aber Möglichkeiten der Wohlfahrtserzeugung, wenn darauf

---

[3601] Thoburn 2000: 3. Der verabeitende Sektor hat, Ausnahmen sind hier die Elfenbeinküste, Mauritius, Südafrika, Swasiland, Sambia und Simbabwe, nur einen Anteil von knapp über 10 % oder darunter (für 16 Länder unter 6 %) am BSP. McCarthy 1998: 430
[3602] World Development Report 1999/2000: 252-253.
[3603] Söderbom 2001: 3. Mit etwas anderen Zahlen, die aber das Gesamtbild bestätigen, siehe UNIDO 2004: 31.
[3604] **Tabelle 186**.
[3605] UNIDO 2004: 30.
[3606] "In general, the episodes of export expansion started from a base of higher manufacturing shares: only Israel and Turkey started such a phase with less than a 30 per cent share of manufacturing in gross output. It appears that episodes of export expansion also exhibit high rates of industrialization. (...) Yet the fact that the episodes of export expansion started from a relatively high initial share of manufacturing indicates that a country may need to develop a domestic industrial base before it can expand its manufacturing sector through exports". Chenery et al. 1986: 191-192.
[3607] So die Berechnung in Chenery et al. 1986: 205.
[3608] Biggs et al. 1995: 101-102; Pack 1993: 9.
[3609] Yeats 1998a: 61.
[3610] Am Beispiel von Tansania. Wangwe 1995: 161.
[3611] Dahinter verstecken sich mal höhere und mal niedrigere Zahlen, insbesondere die hohen Zahlen für Nahrungsmittel (80 % für zwei Subsektoren von drei), Leder und Schuhe (70 %) sind schon bemerkenswert, weil es bei der Schuhherstellung sicher relativ einfach gewesen wäre, Inputs, etwa Plastikteile, im Land herzustellen. Bei Textilien sind 40 % wohl akzeptabel, denn Garne oder sogar Synthetikgarne werden eben billig in Asien hergestellt. Im Bereich von Chemie, Elektrik, Transportmittel, Gummi werden 75 % importierter Inputs erreicht. Daten für 1980. Riddel 1990a: 161.

verzichtet würde, einfache Inputs, die auf dem heimischen Markt kostengünstig herstellbar wären, selbst herzustellen, wenn dies keine Kostennachteile implizieren würde.

Oben wurde in Abschnitt 'F' schon eine Studie in bezug auf die technologischen Fähigkeiten afrikanischer Firmen zusammengefaßt, die auf das niedrige Niveau derer hinweist. Hervorgehoben wird darin die unzureichende Wissensdiffusion der heimischen Firmen und Institutionen untereinander: "most firms are technologically isolated from the rest of the world".[3612]

Auf diese unzureichende industrielle Basis bzw. diese unzureichenden technologischen Fähigkeiten weist mittelbar hin, daß etwa die BRD Afrika kaum als Ort für die Lohnveredelung nutzt, einmal abgesehen von Südafrika (Vulkanisationsbeschleuniger, Zentrifugen, Filter, elektrische Widerstände, Zündapparate, Lichtmaschinen für Motoren, gewirkte Sportbekleidung) und Mauritius (Schmuckwaren aus Edelmetallen). Betrachtet man alle EU Staaten ist Madagaskar mit Ziertaschentüchern, Schals und Krawatten zu nennen, in geringem Ausmaß auch Südafrika im Bekleidungsbereich.[3613]

Der Grad der Exportdiversifizierung afrikanischer Länder geht gemäß der absoluten Zahl exportierter Güter zurück.[3614] Dazu geht der Anteil der verarbeiteten Güter an den Exporten in immerhin 12 von 30 afrikanischen Ländern unterhalb der Sahara zurück.[3615] Seit 1988 werden 49 neue und erfolgreiche Produkte in die EU eingeführt (plus Südafrika mit 40 neuen Produkten).[3616] Diese erfolgreichen Exportprodukte sind rohstoffbasiert, zum Teil sind verarbeitete Produkte festzustellen, bei denen komparative Vorteile vermutet werden: Holz, Baumwolle (Mali, Benin), Diamanten (Guinea, Togo, Zaire, Lesotho), Rohgold (Sudan, Uganda), dazu kommen Bekleidung, Schmuck, Metalle und Möbel. Südafrika hat in dieser Untersuchung Möbel, Kfz-Teile, Zentrifugen, Filter, Kupfer, Münzen, Wolle, Ferrolegierungen, Papier und Pappe sowie chemische Produkte und Kunststoffwaren als Exporte vorzuweisen.[3617]

Der Rückgang der Diversifizierung oder des Anteils verarbeiteter Produkte an den Exporten muß nicht per se negativ bewertet werden, denn eine gewissen Umstrukturierung ist in Afrika unabdingbar. Wünschenswert wäre allerdings, wenn diese Umstrukturierung vermehrt zu neuen Exporten des verarbeitenden Sektors führen würde.

[3612] Biggs et al. 1995: 8. "Rather than the knowledge leakages from firm to firm that constitute a quasi public good in more developed countries, processing information is likely to be more closely guarded in the African context - firms cannot assume that they will recieve inflows roughly equal (stastistically) in value to the outflows of information that would characterize a more thickly populated industrial sector". Pack 1993: 9.
[3613] DIW-Afrika 1997: 204, 207-208.
[3614] Siehe: **Tabelle 189**.
[3615] McCarthy 1998: 431.
[3616] Erfolgreiche Produkte sind definiert als solche, die eine Wachstumsrate von 2 % aufweisen und deren EU Importwert über 100.000 Euro liegt. Als neu sind hier erfolgreiche Produkte definiert, die 1988 noch unter 1500 Euro lagen. DIW-Afrika 1997: 204, 207.
[3617] DIW-Afrika 1997: 204.

Festgestellt wird in der Literatur schließlich, daß Sub-Sahara Afrika die einzige Region ist, in der das Produktivitätswachstum geringer ist, als das Niveau des Humankapitals, der Pro-Kopf-Einkommen und die politische Stabilität erwarten lassen würden.[3618] Aus wachstumstheoretischen Untersuchungen sind negative Wachstumsraten der Gesamtfaktorproduktivität verzeichnet.[3619]

14.5 Importsubstitution, Wechselkursüberbewertung und Strukturanpassung

Alle afrikanischen Ländern haben eine Politik der Importsubstitution betrieben, dies äußerte sich in einem hohen Zollschutz und sonstigen Importkontrollen.[3620] Dies wird schon an den relativ hohen durchschnittlichen Meistbegünstigungszöllen von 36 % für Sub-Sahara Afrika im Jahre 1985 sichtbar, eine Ausnahme unter den Entwicklungsländern war Afrika zu dieser Zeit aber nicht.[3621] Wiewohl nicht alle Zölle verbindlich festgelegt sind und die verbindlich festgelegten Zölle gemäß WTO hoch sind[3622], liegen derzeit die durchschnittlichen angewandten Zölle niedriger: Mauritius 19,9 % Senegal 14,7 %, Elfenbeinküste 24 %, Kenya 18 %, Ghana 14,7 %, Tansania 16,1%.[3623] Dies gilt auch für Mauritius, das eine zeitlang als Beweis für den Erfolg liberaler Politiken angeführt wurde.[3624]

Die zu breit angelegten und zu hohen Zölle führten teils zum typischen IS-Problem, daß billige Inputs nicht auf dem Weltmarkt bezogen werden können und dadurch die Wettbewerbsfähigkeit behindert wird.[3625] Der Wirkungen einer solchen Politik kommt der Rentensuche gleich: Tansania gelang es im Jahre 1978 durch den hohen Schutz in 15 von 16 Firmen trotz sehr geringer Kapazitätsauslastung trotzdem Profite zu machen.[3626]

Die Wechselkurse waren in den siebziger Jahren überbewertet, sodaß tendenziell handelbare Güter, insbesondere im Bereich verarbeiteter Produkte hinsichtlich der vorliegenden Anreize benachteiligt waren.[3627] Die traditionellen Exporte bzw. Agrar- und Rohstoffexporte wurden durch den hohen Wechselkurs weniger berührt.[3628]

Als weiteres Problem kam hinzu, daß die Überbewertung zur administrativ verwalteten Rationierung ausländischer Devisen führte. Dies unterstützte teils den Schutzeffekt der Zölle, teils wurden Importe

---

[3618] Referenz in Adenikinju et al. 2001: 57.
[3619] Hakura/Jaumotte 2001: 80.
[3620] McCarthy 1988: 432.
[3621] Damals waren dieses hohe Durchschnittszollniveaus weit verbreitet, so in Lateinamerika, insofern ist Afrika hier keine Ausnahme. Siehe **Tabelle 190**.
[3622] WTO 2001a: 8, 11.
[3623] Dies sind die verbindlichen durchschnittlichen Zollniveaus aus den jeweiligen Trade Policy Reviews der WTO: Mauritius 2001: 33; Senegal 2003: 39; Elfenbeinküste 1995: 33; Kenya 2000: 31; Ghana 2001: 32; Tansania 2000: 33.
[3624] Subramanian/Roy 2001: 13-15. Durchschnittliche MFN Zollrate ist 19,9 %, immerhin sind die Textilinputgüter teils zollfrei, 18 % der Warenpositionen haben aber Zölle von 65 % und mehr, davon 12,5 % Zölle von 80 % und mehr. Trade Policy Review Mauritius 2001: 27.
[3625] Für Südafrika USITC 2004: K-38, K-45.
[3626] Ndulu/Semboja 1994: 537.
[3627] Nicht in Malawi, aber in Kenya, Tansania, Äthiopien, Madagaskar, Sudan, Somalia. Gulhati et al. 1985: 16. Für Kenya bestätigend Wignaraja/Ikiara 1999: 62.
[3628] Gulhati et al. 1985: 42.

dadurch verbilligt, sodaß die oben erwähnte importintensive Produktion ermöglicht wurde. Gleichzeitig hatte dies einen verzerrenden Effekt auf die Importnachfrage, denn Interessengruppe bzw. Unternehmer fingen an, um Importmöglichkeiten zu konkurrieren.[3629] Firmen, die Zugang zu ausländischen Devisen bekamen, haben aufgrund des Effekts der hohen Wechselkurse tendenziell zuviele Inputs vom Weltmarkt bzw. von den eng verbundenen Firmen in den Industrieländern bezogen. Auch dadurch entstand das Problem, daß dynamische Effekte bzw. Kopplungseffekte der Importsubstitution auf dem Heimatmarkt gering blieben.[3630]

Vor diesem Hintergrund ist die Politik von IWF/Weltbank Exportorientierung anzustreben, realistische Wechselkurse zu etablieren und Umtauschbeschränkungen abzuschaffen, sinnvoll.

Als dann Zahlungsbilanzkrisen dazu kamen, konnten die Importe nicht auf einem Niveau aufrechterhalten werden konnte, um die teils technikintensiven Investitionen weiter aktiv bleiben zu lassen. Durch die Rezessionen kam weiter eine geringe Kapazitätsnutzung dazu.[3631]

Dadurch gerieten die Firmen, darunter die staatliche Firmen, unter Druck. Kredite konnten unter diesen Bedingungen nicht zurückbezahlt werden. Die 'sozialistischen' staatlichen Unternehmen litten somit unter diese Form der IS-Politik und unter den Finanzkrisen des Staates und konnten keine solche Rolle übernehmen wie anfangs in China oder Korea.[3632] Sie banden aber Ressourcen, die dem privaten Sektor fehlten.[3633] Empirische Studien zeigen in Afrika nicht immer, aber oft Verluste in staatlichen Unternehmen.[3634]

Auch die privat-staatlichen Unternehmen in der Elfenbeinküste und Kenya entwickelten sich nicht genuin exportorientiert. In den Kontrakten wurde den ausländischen Investoren (die die eigenen wirtschaftlichen Interessen mit einschlossen) Zollschutz bzw. andere monopolistische Rechte zugesichert.[3635] Dies macht es nicht unbedingt wahrscheinlicher, daß eine dynamische Entwicklung angestrebt wird. In Abwesenheit kompensierender Politiken, die auf Exportorientierung drängen, kann dies als Rentensuche bezeichnet werden.

[3629] Gulhati et al. 1985: 36-37; McCarthy 1998: 432.
[3630] Am Beispiel von Tansania Wangwe 1995: 161.
[3631] Am Beispiel Tansania Ndulu 1993: 357. Allgemein für Afrika Gulhati et al. 1985: 30-31.
[3632] Oder Thailand, dort haben öffentliche Unternehmen ein Profit nach Steuern von 14,7 % vorzuweisen, im Jahre 1989. Die positive anfängliche Rolle in Entwicklungsprozess von China und Korea, wobei sich dann der private Sektor dynamischer entwickelte, erwähnt. Kennedy/Jones 1993: 11-12.
[3633] McCarthy 1998: 433-434.
[3634] So machen 43 % der staatlichen Firmen in Ghana Verluste. Von 48 staatlichen Firmen in Nord- und Sub-Sahara Afrika haben im Jahre 1984 nur 12 einen Profit von über 4 % gemacht. Weitere Verweise in Kennedy/Johnes 1993: 12.
[3635] Beispielhaft die Zementfabrik SICM-SOCIMAT in der Elfenbeinküste. Dieser Firma wurde 1954 im Gegenzug zur Investition zugesichert, daß keine Zementimporte zugelassen werden. Trade Policy Review Elfenbeinküste 1995: 107. Für die Elfenbeinküste müssen hier keine Beispiel aufgezählt werden, dafür gibt es zuviele. Siehe Trade Policy Review Elfenbeinküste 1995. Ebenso ist die Situation in Kenya: "The structure of protection is dominated by large joint ventures established between the Government and multinationals during the 1960s and 1970s. These companies have in most cases been granted monopoly rights and substantial protection against potentially competing imports". Trade Policy Review Kenya 1994: 110.

In Afrika wurden 40 % der staatlichen Unternehmen zwischen 1991 bis 2001 privatisiert, viele große Firmen oder öffentliche Dienstleister blieben aber unter staatlicher Kontrolle.[3636]

IWF/Weltbank versuchte Zahlungsbilanzkrisen bzw. makroökonomische Schwierigkeiten abzuwenden, indem sie ihr Strukturanpassungspaket schnürte. Wechselkurse wurden abgewertet, um Anreize zur Exportorientierung zu erhöhen, gleichzeitig wurde die Inflation mit einer Politik hoher Zinsen zur Geldmengenbeschränkung bekämpft. Dies ist nötig, damit sich nicht wieder eine reale Aufwertung der Wechselkurse ergibt. Zinsniveaus zwischen 25 % und 31 % waren deshalb normal, etwa in Tansania 1988.[3637]

Trotz der hohen Zinsen kam es nicht zu hohen Sparraten. Wiewohl es in der frühen Phase der afrikanischen Entwicklung ähnlich hohe Investitionsraten wie in Asien gegeben hat, können diese aufgrund der ausbleibenden Booms und fehlenden dynamischen Entwicklungen nicht aufrechterhalten werden und es kommt nicht zu wirklich intensiver Kapitalakkumulation.[3638] Kurzum: Die achtziger Jahre kündigen sich an mit gar keinen oder sehr niedrigen Wachstumsraten, etwa in Ghana, Tansania, Kenya und Sambia.[3639] Selbst angesichts der höheren Wachstumszahlen in den neunziger Jahren, etwa in Uganda und Ghana, wird in der Literatur aufgrund der niedrigeren Kapitalakkumulation daran gezweifelt, ob sich diese aufrechterhalten lassen.[3640]

14.6 Exportorientierung und Liberalisierung

Eines ist klar: Obwohl nicht wenige Firmen in Afrika auch exportieren, wurden die Firmen nicht von Anbeginn an auf eine exportorientierte Art und Weise aufgebaut, mit dem klaren Ziel auf seiten der Firmen und des Staates, daß diese auf den Weltmärkten wettbewerbsfähig werden und dynamisch wachsen. Dies ist aus dynamischer Perspektive schwer zu verstehen, weil Afrika durch seine kleinen Märkte viel geringere Spielräume als andere Länder gehabt hat, Anreizeffekte durch Erziehungszölle einzusetzen. Importsubstitution unter diesen Umständen steht für unzureichende Skalenökonomien, ungenügende Lerneffekte, nicht vorhandene Spezialisierungsmöglichkeiten und fehlende Externalitäten, wenigstens für sehr viele Industrien.[3641]

Daß der Staat in Afrika, wie in Korea, seine Firmen aktiv zur Verbesserung der technologischen Fähigkeiten, zu Modernisierungen und Spezialisierung gezwungen und Umstrukturierungen durchsetzt hat, ist nicht bekannt. Ebenso haben sich IWF/Weltbank und die Entwicklungshilfe nicht systematisch darum gekümmert, daß die afrikanische Industrie in einer solchen Art und Weise gestärkt wird.

[3636] Überblick in Kennedy/Jones 2003: 8. Für die Diskussion dieser Liberalisierung siehe Etukudo 2000.
[3637] Ndulu/Semboja 1994: 543.
[3638] Berthelemy/Söderling 1999: 8, 19-20, 25-26.
[3639] **Tabelle 186**.
[3640] Berthelemy/Söderling 1999: 29.
[3641] Pack 1993: 4.

Die daraus resultierenden Nachteile sind beispielsweise in der Textilindustrie zu beobachten, die zwar wenigstens in den Unternehmen, die ausländische Experten anstellt, auf Weltmarktniveau produzieren kann, wenn die Inputs auf Weltmarktpreisniveau zugänglich sind (z.B. in Kenya und Simbabwe). Selbst dort führen diese Firmen aber zu kleine Auftragsgrößen aus und produzieren (etwa durch die häufigen Umstellungen der Maschinen bedingt) um 30 % unter der Gesamtfaktorproduktivität asiatischer Unternehmen.[3642]

Von kleinen afrikanischen Unternehmen zu erwarten, auf den Weltmärkten konkurrenzfähig zu sein, ist unrealistisch. In Ghana gibt es einen Textilsektor, der durch kleinere Firmen geprägt ist. Dieser kann, trotz sehr niedriger Arbeitskosten, aufgrund der sehr niedrigen Produktivität, nicht an asiatische und nicht einmal an deutsche Kostenniveaus herankommen.[3643]

Im Prinzip eröffnen diese Defizite bezüglich der Industriestruktur, der Anreize und der heimischen Rahmenbedingungen den Staat Chancen, Marktversagen zu korrigieren und insgesamt gesehen eine dynamische exportorientierte Entwicklung anzustreben. Es müßte versucht werden die technologischen Fähigkeiten zu verbessern, etwa durch die Bereitstellung von ausgebildeter Arbeit.[3644] Ebenso müßten Informationen über Technologie, über Exportmöglichkeiten und über Standards und vorgelegt werden. Zudem sind dafür Experten nötig, die aktiv auf die Firmen zukommen.[3645] Zudem müssen mehr Kredite zur Verfügung gestellt werden. Dies könnte partiell auch subventioniert erfolgen, zumal die Firmen bei der Kreditvergabe oft Schwierigkeiten haben eine Sicherheit bereitzustellen.[3646] Dazu muß eine Politik kommen, die Korruption bekämpft, Infrastrukturmängel wenigstens für einige Gebiete behebt und dezidiert investitionsfeindliche Regeln abschafft, nicht zuletzt um Direktinvestitionen anzulocken, in anderen Worten die Transaktionskosten werden gesenkt.[3647]

[3642] Die Unternehmen, die 5-20 ausländische Facharbeiter angestellt haben, haben deshalb einen Vorteil, weil diese Personen z.B. selbst dann wenn sie selbst nicht weiterwissen, ohne das Auftreten hoher Kosten (etwa für ausländische Consultants), an technische und sonstige Informationen gelangen können. Pack 1993: 8, 10.

[3643] Die Arbeitsproduktivität befindet sich im Vergleich zu den Industrieländern auf dem Niveau von 10 % beim Spinnen, 20 % beim Weben und 12 % bei der Verarbeitung. Die Kosten für grauen Baumwollstoff liegen 1,73 mal höher als vergleichbarer asiatischer Stoff, dazu kommen Qualitätsprobleme. Obwohl die Lohnkosten nur auf 3,6 % des deutschen Niveaus liegen, liegt die operative Effizienz bei 31 % im Bekleidungsbereich und 37,5 % beim Sticken. Die Verarbeitungskosten sind damit höher als in Deutschland. Lall et al. 1994: 202.

[3644] Auf Marktfehler speziell in bezug auf 'skill' weist hin McCarthy 1998: 440. Eine massive Ausbildungsinitiative, um vermehrt afrikanische Fachkräfte zur Verfügung zu haben, wird gefordert von Pack 1993: 7.

[3645] Lall 1999b: 250-261.

[3646] Lall 1999b: 267-268.

[3647] Diesen liberalen Konsensus faßt zusammen in einer OECD-Publikation Bigsten et al. 2001: 119; Fosu 2001: 129-131. Der Focus auf die Transaktionskosten stammt von Paul Collier, der die These aufstellt, daß hauptsächlich solche Transaktionskosten, die oft mit politischer Korruption, langsamer Zollabfertigung, aber auch unzureichender Infrastruktur zusammenhängen, der Hauptgrund für die Zustände in Afrika sind. Elbadawi 2001: 27-28. Über die These kann in bezug auf ihren Alleinerklärungsanspruch gestritten werden, nicht aber darüber, daß durch solche Aspekte tatsächlich Direktinvestitionen abgeschreckt werden und daß diese in Afrika positiv wirksam werden können. Durch Direktinvestitionen könnten in Afrika positive Entwicklungen ausgelöst werden. McCarthy 1998: 441.

Zwei Probleme stellen sich dabei. Afrikanische Länder sind nicht für effiziente Interventionen bekannt[3648], einige der hier aufgezählten Interventionen sind aber nicht extrem aufwendig und können so angelegt werden, daß sie nicht einfach durch Interessengruppen zu vereinnahmen sind. Ebenso geht es für Afrika nicht darum, eine Industriepolitik wie in Korea durchzuführen, weil dies zu Kosten wie in Brasilien führen könnte. Eine selektiv fördernde Politik wäre aber sehr wohl denkbar. Dies würde es erleichtern, daß sich Afrika in Zukunft im Bereich arbeitsintensiver verarbeitenden (Leicht-) Industrie Vorteile erwirbt, wiewohl aber die Landwirtschaft nicht vergessen werden darf, weil sie Wachstumseffekte auslösen kann.[3649] Eine solche Politik umzusetzen bedarf explizit unterstützender Entscheidungen der internationalen Institutionen IWF/Weltbank und der Entwicklungshilfe Geberländer, da viele afrikanischen Regierungen nicht gänzlich autonom über ihre Politiken entscheiden zu können.

14.7 Wie weit soll Liberalisierung in Afrika gehen?

Offen bleibt die Frage, ob Exportorientierung in Afrika zusammen mit eine vollständigen Liberalisierung durchgesetzt werden sollte. Die Weltbank (1994) sieht es als "top priority" an, neben Privatisierung und Deregulierung ein "low and completely uniform tariff structure" zu etablieren.[3650] Dieser Frage soll hier anhand des verarbeitenden Sektors angegangen werden.

14.7.1 Vorteile und Nachteile der Liberalisierung

Aus dynamischer Perspektive ist Liberalisierung eine Frage der Vorteile und der Kosten, die sich aufgrund von deren industriestruktureller Wirkung besser analysieren läßt, dies wurde anhand der überzeugenden Analyse von Rodrik (1988) bereits in Abschnitt 'E' dargestellt.[3651]

Vorteile: Diverse positive Aspekte der Liberalisierung können aufgezählt werden, darunter ein intensiverer Wettbewerb, sinkende Preise für die Konsumenten, verbesserte Nutzung komparativer Vorteilen, u.a. durch eine Verfügbarkeit von Inputgütern vom Weltmarkt. Dazu kommt das Erreichen von Skalenökonomien durch Exporte. Ebenso ist es nicht ganz abzulehnen, daß einige ineffiziente Unternehmen durch eine Liberalisierung aus dem Markt ausscheiden. Dies kann positiv wirken, weil effiziente Firmen ihre Markt ausweiten können und andere effiziente Firmen, die Inputgüter brauchen, nicht mehr in ihrem Wachstum behindert werden. Letztendlich sind Firmen dazu gezwungen, ihre technologischen Fähigkeiten zu verbessern und können trotz Intensivierung des Wettbewerbs mithalten.

[3648] "But effective intervention will require efficient and good governance and this is a scarce phenomenon on a continent noted for government failures." McCarthy 1998: 441.
[3649] Die Debatte, ob exportorientierte Landwirtschaft oder städtische leichte verarbeitenden Industrie die meisten Wachstumseffekte verspricht wird auch empirisch geführt, hier mit einem klaren Vorsprung der Landwirtschaft, weil diese breiter angelegte Impulse verspricht, für Tansania in World Bank 2000a: 151.
[3650] World Bank 1994: 9, 12.
[3651] McCulloch et al. 2001: 14-29. Siehe Punkt 4.4.4.4 in Abschnitt 'E'.

Kosten: Die Theorie internationalen Handels, die ebenso die Folgen der Liberalisierung beschreibt, kann Wohlfahrtsgewinne nicht unter allen Umständen garantieren und würde in Afrika als tendenzielle Verlierergruppe die kapitalintensive Produktion ausmachen. Aus dynamischer Perspektive kann Liberalisierung durch zunehmende Importe dazu führen, daß in heimischen Unternehmen Produktivitätssteigerungen durch Skalenökonomien oder Lerneffekte nicht mehr erreicht werden, selbst wenn diese Firmen bislang einen optimistisch stimmenden dynamischen Entwicklungspfad vorweisen können. Und wenn zuviele Firmen vom Markt ausscheiden, kann dies zu Wohlfahrtsverlusten führen.

Generell scheint es aber sinnvoll zu sein, daß ein gewisser Anteil verarbeitender Industrie in allen Ländern vorhanden bleibt[3652], ohne daß es dabei aber sinnvoll erscheint, bestimmte Industrien vorzugeben.

14.7.2 Das Konzept der heimischen Ressourcenkosten

Ein wirtschaftswissenschaftliches Konzept, welches dazu benutzt wird, von der Liberalisierung zu überzeugen, ist das der heimischen Ressourcenkosten (domestic resource costs, 'DRC'). Mit dieser Berechnungsmethode wird davor gewarnt, daß Firmen nicht teure Produktionsinputs importieren und nicht zu hohe Löhne (etwa für Industriearbeiter) zu zahlen, denn damit würden zu viele heimische Ressourcen verbraucht, gemessen anhand der Weltmarktpreise und den 'wahren' Faktorvorteilen. Diese 'wahren' Faktorvorteile werden als Schattenpreise ('shadow price') etwa für Arbeit und Kapital angenommen d.h. oft nur geschätzt:

"This, of course, is a hard empirical problem, but one can often at least make intelligent guesses".[3653]

In Studien der Weltbank wurde beispielsweise festgestellt, daß die heimischen Ressourcekosten in Tansania etwa bei 25 % der Firmen im Vergleich zu den Weltmarktkosten höher sind d.h. die Firmen erwirtschaften negative Wertschöpfung (wobei diese Firmen 42 % aller importierten Inputs nutzten und 50 % der Devisen zugesprochen bekamen).[3654]

Aufgrund der niedrigen Arbeitskosten in den Ländern ergeben sich bei der DRC Berechnung oft Bedenken gegenüber kapitalintensiven Investitionen. Eine ressourcenintensive oder eine arbeitsintensive Produktion im Niedriglohnbereich wird vorgezogen und prognostiziert, daß

[3652] Nicht zuletzt weil der Einsatz von Technologie Effizienz und Wohlfahrtssteigerung verspricht und Exporte wahrscheinlicher macht. Weiterhin kann Diversifizierung vor schwankenden Terms-of-Trade Entwicklungen schützen. All diese Argumente sprechen dafür, daß eine Liberalisierung die einen breiten Teil des Industriesektors betrifft, problematische Folgen haben kann, auch für die Wohlfahrt eines Landes. Liberalisierung kann zudem die Risiken für Firmen erhöhen, die danach zum größeren Teil von Weltmarktpreisentwicklungen abhängig sind. In diesem Sinne McCulloch et al. 2001: 15-17; siehe ebenso Lall/Wignaraja 1996: 193-194; Lall/Latsch 1998: 450-453; Lall/Latsch 1999: 39-41.
[3653] Bruno 1972: 31.
[3654] Ndulu/Semoja 1994: 540.

letztendlich auf diese Weise mit demselben heimischen Ressourceneinsatz mehr ausländische Devisen erwirtschaftet werden können. Auf diese Weise würde die soziale Wohlfahrt gesteigert bzw. soziale Kosten des Zollschutzes lassen sich erkennen. Argumentiert wird, daß Industrien, die diesem Kriterium nicht entsprechen, verschwinden müssen, sodaß Kapital in Bereiche mit komparativen Vorteilen fließt kann.[3655]

Dieses Konzept macht zu einem gewissen Grad sicherlich Sinn. Zum Beispiel war es sozial sicher nicht profitabel, wenn im Sudan viele Importe benötig wurden, um die heimische Produktion aufrechtzuerhalten, diese Importe durch hohe Zölle verteuert wurden und die Vergabe von Devisen über Korruption erfolgte und der Erfolg von Unternehmen sekundär war.[3656]

Die DRC Methode wird allerdings auch kritisiert. Pack (1993) gesteht zuerst einmal zu, daß es gemäß liberaler Erwartungen sehr wohl denkbar sei, daß eine exportorientierte Politik durch einen abgewerteten Wechselkurs zu steigenden Exporten und einer besseren Kapazitätsauslastung führt. Sinkende Zölle können eine Bewegung des Kapitals in Bereiche fördern, die eher mit komparativen Vorteilen übereinstimmen und parallel dazu können offensichtlich unproduktive und durch reine Rentensuche geprägte Industriebereiche zur Kontraktion gezwungen werden.[3657]

Dies gilt aber wiederum nur, wenn genug Kapital und Managementwissen vorhanden ist und steigende Exporte zu einer planvollen Steigerung der Effizienz genutzt werden, hier sind aber klare Defizite Afrikas vorhanden, die eine solche Reaktion erschweren.[3658]

Die DRC Methode könne dabei Entscheidungen für solche neuen Schwerpunktsetzungen nicht zweifellos anleiten:

Dies läge schon allein an der geringen Aussagekraft, eigentlich positiv eingeschätzter, niedriger DRC Werte, die besagen, daß komparative Vorteile vorliegen. Unklar bliebe hier, ob soziale Profitabilität wirklich vorliegt, denn DRCs werden statisch berechnet. Selbst wenn Lerneffekte vorliegen oder sich eine gesellschaftlich nützliche Technologie verbreitet hat, bleibt bei moderater Protektion unklar, ob selbst bei niedrigen DRCs nicht die Kosten, die Konsumenten tragen müssen, nicht allzu hoch gewesen sind. Generell gilt, daß diese positiven und negativen Effekte schwer quantifizierbar sind,

---

[3655] Über welche Faktorvorteile die Länder verfügen und in welcher Intensität diese vorliegen, um soziale Opportunitätskosten zu berechen bzw. eben zu sagen, wo es aus der Perspektive sozialer Wohlfahrt besser ist zu investieren, ist schwierig. Dies sei aber nicht unmöglich und könne durch "intelligent guesses" erfolgen. Bruno 1972: 31 Fußnote 36. Für eine konkrete Anwendung des Konzepts, die zu Politikempfehlungen führt: Greenaway/Milner 1990: 816-818.
[3656] Zum Beispiel, wenn nicht nur viele Importe erfolgen müssen, um die heimische Produktion aufrechtzuerhalten, sondern wenn diese Importe durch hohe Zölle verteuert werden und die Vergabe von Devisen über Korruption erfolgt und nicht durch den Erfolg von Unternehmen gesteuert wird. Dies war oft in Afrika der Fall, siehe am Beispiel des Sudan: Umbadda 1985: 153-154.
[3657] Pack 1993: 4.
[3658] "In summary, while industrial productivity in Africa might be improved by the typical macroeconomic cum liberalization policy package, the magnitude of the gain is not likely to be particularly large given the scarcity of experienced industry managers and the paucity of general industrial experience. These factors suggest that African industry may require more than efficient pricing policies if productivity growth is to occur." Pack 1993: 4.

zumal wenn diese sich dynamisch über die Zeit vollziehen.[3659] Konkreter wird argumentiert, daß ein DRC Wert wenig Informationsgehalt hätte. Selbst wenn die Baumwollproduktion in Afrika einen DRC von unter 1 hat, kann eine erfolgreiche Produktion für den Weltmarkt daran scheitern, daß wenige besser ausgebildete Techniker fehlen. Dasselbe würde für viele andere Bereiche arbeitsintensiver Produktion gelten.[3660]

Ebenso ist fraglich, welchen Informationsgehalt ein hoher DRC Wert hat, der so interpretiert wird, daß Ressourcen sozial unvorteilhaft eingesetzt werden. Dies kann sowohl aus technischer Ineffizienz resultieren, als auch aus einem unpassenden Faktoreinsatz (d.h. in Afrika tendenziell immer zuviel Kapital statt Arbeit). Ebenso sind keine Informationen enthalten über die Verteilung der Produktivitäten innerhalb des Industriebereichs (oft sind einige Firmen relativ produktiv, viele aber äußerst schwach). Der DRC sagt damit nichts über die Möglichkeiten aus, durch Restrukturierung oder Förderung von Firmen Produktivitätsgewinne (und bessere DRCs) zu erzielen.[3661]

Schließlich sind die Schätzungen, die den Faktorpreisen zugrundeliegen, veränderlich und auch politisch beeinflußbar. Würde es in Afrika (etwa durch eine qualitativ verbesserte Entwicklungshilfe) gelingen, vielen Afrikaner eine gute Ausbildung zu ermöglichen, müßte Arbeit ausdifferenziert werden in unterschiedliche Qualitätskategorien und dies in die DRC Berechnung einbezogen werden, denn dies müßte zu sinkenden Kosten für qualifizierte Arbeit führen, welches in diesem Bereich dann zu niedrigeren DRC Werten führen würde.[3662]

In bezug auf Metallverarbeitung wird für Afrika oft ein DRC Wert gefunden, der über 1 liegt und dies wird als problematisch angesehen (zwischen 2,45 und 7,87 in Ghana[3663] und 2,15 in Madagaskar[3664]). Impliziert dies nun, daß Metallverarbeitung, insgesamt gesehen, schlecht für die afrikanischen Ökonomien ist? Oder sollte diese nicht vielmehr weiter ausgebaut werden, sodaß Fähigkeiten erworben werden, die es letztendlich erlauben etwa Outsourcing Montage Investitionen anzuziehen?[3665]

Zum Vergleich, der DRC Wert der erfolgreichen Automobilproduktion in Thailand liegt bei 5,18, also klar über 1, weil dieser Wert durch importierte Produktionsinputs und darauf erhobene Zölle ansteigt.[3666] Soweit ersichtlich ist das Argument mit heimischen Ressourcenkosten vielleicht der

---

[3659] Pack 1993: 3.
[3660] Pack 1993: 6-7.
[3661] Pack 1993: 3-4.
[3662] Pack 1993: 6.
[3663] Biggs/Shah 1997: 19.
[3664] Greenaway/Milner 1990: 817.
[3665] "This implies there may be a considerable resource misallocation associated with commercial and industrial policy. It also suggests that greater allocative efficiency could be achieved by encouraging resources to shift from activities with relatively high DRCs to activities with relatively low DRCs." Greenaway/Milner 1990: 818.
[3666] Kaosaard 1998: 1-6, Box 2.

Tendenz nach, aber nicht vollständig überzeugend, wenn es um die Wahl von Liberalisierungsschwerpunkten in Afrika geht.[3667]

14.7.3 Industrien in Afrika

Um diese Fragen besser bewerten zu können, wird hier ein beispielhafter Überblick über konkret bestehende afrikanischen Industrien präsentiert, der sich auf den Senegal, die Elfenbeinküste, Kenya, Ghana und, mit weniger Informationen, Tansania und Simbabwe bezieht.[3668]

Diese Staaten sind für afrikanischen Verhältnisse zum Teil recht weitgehend industrialisiert. Viele der kleineren, weniger fortgeschrittenen Staaten Afrikas haben ähnliche Leichtindustrien, nicht aber bestimmte größer angelegte Projekte vorzuweisen.[3669]

Die Elfenbeinküste ist mit US$ 10,1 Mrd. für ca. 27 % des BSPs von Westafrika verantwortlich.[3670] Kenya kommt mit US$ 9,7 Mrd. auf 28 % des BSPs Ostafrikas, bei Einbeziehung des ebenso relativ erfolgreichen Simbabwes (US$ 7,1 Mrd.), Daten für 1998.[3671]

Welche verarbeitenden Industrien gibt es in Afrika? Aus dem Agrarbereich werden hier nur die Agrarindustrien erwähnt: Fisch, Fischverarbeitung (Senegal[3672], Elfenbeinküste[3673], Kenya[3674], Ghana[3675], Tansania[3676]), Ölsaaten (Senegal: Erdnußöl[3677], Ghana: Palmöl Exporte durch viele kleine Produzenten[3678]), Palmölverarbeitung zu Seife, Speiseöl (Elfenbeinküste[3679], Ghana[3680]), Zucker

---

[3667] "The conventional wisdom is that a compression of the variation in productivity will occur automatically if all firms face heightened competitive pressures from tariff reduction or the elimination of quotas. If weaker firms cannot respond to these inducements, however, they may simply face bankruptcy. This is undesirable for two reasons. First, the firms and their workers may generate significant political opposition to such national policy changes, undermining the possibility of liberalization. Second, most African markets are not filled with potential entrants who will buy the physical assets of defunct firms. Hence, bankruptcy may imply the loss of productive power of physical equipment that is potentially profitable as well as the dispersion to lower marginal product activities of workers with accumulated industry-specific skills. Thus a phased approach to liberalization is superior to a shock treatment." Pack 1993: 7.
[3668] Aus: Trade Policy Reviews, div. Ausgaben; Lall et al. 1994; Wangwe 1995.
[3669] In diesen Staaten fehlen typischerweise Industrie der Chemie- und Plastikverarbeitung, Eisen- und Stahlfirmen und etwa eine Papierfabrik wie in Kenya.
[3670] Ohne Nigeria. Hier liegen die Staaten der Westafrikanische Wirtschafts- und Währungsunion (WAEMU) zugrunde. Ohne Elfenbeinküste kommen diese auf ein BSP von US$ 29,7 Mrd., mit der Elfenbeinküste auf US$ 38 Mrd. Nigeria allein kommt auf US$ 36,4 Mrd. Daten für 1998. World Development Report 1999/2000: 230-231.
[3671] Ostafrika hier: Burundi, Uganda, Madagaskar, Malawi, Mosambik, Tansania, Sambia, Simbabwe. Daten für 1988. World Development Report 1999/2000: 230-231.
[3672] Erzielt 30 % der Exporterlöse, 490.000 t pro Jahr, vom Fang gehen 7 % in den Export. Trade Policy Review Senegal 2003: 71.
[3673] Kommt für 7 % des BSP auf. Trade Policy Review Elfenbeinküste 1995: 93-94.
[3674] Hier 0,4 % des BSP, 198.000 t, Exporte nach Europa und den Mittleren Osten. Trade Policy Review Kenya 1994: 107.
[3675] Fang von 450.000 t liegt auf dem Niveau des Senegal. In Ghana hat sich der Fischexport durch die Investition der amerikanischen Firma Pioneer Food Cannery schnell entwickelt, von nahezu Null auf US$ 77 Mill. 1998, dies sind 20 % der nicht-traditionellen Exporte, so benannt weil eben verarbeitet. Eine weiteres Unternehmen ist aktiv, staatliche Anteile 25 %, Schweizer Firma IBN-Ag 75 %. Trade Policy Review Ghana 2001: 65, 73.
[3676] In Tansania gibt es 80.000 Fischer, 500.000 Menschen insgesamt leben von diesem Sektor. Trade Policy Review Tanzania: 52.
[3677] Seit Jahren wird versucht, SONACOS, der Pflanzenölmühle mit weitergehenden Vermarktungsaktivititäten in dem im Senegal dominierenden Erdnußbereich, zu privatisieren, dies fand bis heute nicht statt. Trade Policy Review Tanzania 2000: 67.
[3678] Exporte bei US$ 20 Mill. 1998. Trade Policy Review Ghana 2001: 73.

(Elfenbeinküste[3681], Kenya[3682]); Minenbereich (Senegal: Phosphat[3683], Elfenbeinküste: Ölfund[3684], Kenya: Sodaasche, Flourspar, Limestone[3685], Ghana: Gold, Diamanten, Mangan, Bauxit[3686], Tansania[3687]); Düngemittelindustrie (Senegal[3688], Elfenbeinküste: hier leidet sie unter höheren Inputkosten durch Abwertung und durch die Abschaffung von Düngemittelsubventionen[3689]; in Kenya gibt es keine Düngemittelindustrie, Importe sind ganz liberalisiert worden[3690], dort sind dennoch weltweit die höchsten Düngemittelpreise zu verzeichnen[3691]); Raffinierung von Erdöl (Senegal[3692], Elfenbeinküste[3693], Kenya[3694], Ghana[3695], Tansania[3696]); es werden elektrische Waren und solche der Unterhaltungselektronik produziert: Batterien (Elfenbeinküste[3697], Kenya[3698], Tansania[3699]), Radios (Elfenbeinküste: TV-Montage[3700], Tansania: eine japanische Firma baut Radios, Radiokassettenrecorder, Taschenlampen, Föne aus japanischen Bauteilen[3701]); eine Papierfabrik

---

[3679] Die von heimischen Unternehmern geleitete Firma Cosmivoire produziert unter Zollschutz Seife und Speiseöle, mit Seife gibt es kleinere Exporterfolge, das Speiseöl reicht nicht den Qualitätsvorschriften der Industrieländer. Die Firma verbessert ihre Effizienz in den achtziger Jahren. Wangwe 1995: 245-246. Der Hersteller Blohorn, der dem Unilever Konzern gehört, kann Ölkuchen nach Europa exportieren, verfügt aber ansonsten nicht über eine klare Exportstrategie. Wangwe 1996: 248.

[3680] Auch in Ghana ist der Unilever Konzern in diesem Bereich präsent. Trade Policy Review Ghana 2001:

[3681] Unter staatlicher monopolistischer Kontrolle. Trade Policy Review Elfenbeinküste 1995: 79.

[3682] Zucker kommt für 1 % des BSP auf, viele Zuckerarten werden in den sieben staatlichen Zuckerunternehmen produziert, Produktionskosten sind relativ zum Weltmarktpreis gesehen hoch, bis 1992 wurden die Preis vom Staat kontrolliert, erste Importe werden 1992 zugelassen, geschützt wird der Sektor durch variable Zölle. Trade Policy Review Kenya 1994: 116.

[3683] Trade Policy Review Senegal 2003: 73.

[3684] Ein relativ bedeutender Ölfund, der aber noch nicht erschlossen ist, dann weiterhin etwa Gold, Diamanten, Bauxit, Eisen, Mangan, Columbotantalit. Hier keine Informationen über die Relevanz dieser Bodenschätze. Trade Policy Review Elfenbeinküste 1995: 99.

[3685] Trade Policy Review Kenya 1994: 109.

[3686] Gold kommt für 40,9 % der Exporte auf, 1999. Trade Policy Review Ghana 2001: 67.

[3687] Limestone für die Aluminiumherstellung, sonst Gold, Diamanten, Edelsteine, insgesamt aber geringe Rolle, 4,5 % der Exporte 1998. Trade Policy Review Tanzania 2000: 8.

[3688] Die staatlich/private Joint Venture Firma Chemical Industries Company 'ICS' (aber mit 47,4 % Anteilen des sengalesischen Staates, 14,3 % Indian Famers Fertilizer Cooperative, 9,97 % Indische Regierung sowie Anteile der Elfenbeinküste, Nigeria, Kamerun) baut im Senegal Phosphat ab und produziert daraus Phosphorsäure und Düngemittel. Die Phosphorsäure wird großteils an die Indian Farmers Fertilizer Cooperative verkauft, der weltweit drittgrößte Hersteller von Phosphorsäure und dann nach Indien exportiert, deshalb kommt Indien für 12 % der Exporte Senegals auf. In die USA gehen nur 0,6 % der Exporte, in die EU 42,2 %. Trade Policy Review 2003: 7-8, 73. D Trade Policy Review 2003: 73-74.

[3689] Eine staatliche und eine private Firma sind hier aktiv. Trade Policy Review Elfenbeinküste 1995: 106.

[3690] Es gibt stattdessen eine Pflanzenschutzmittelproduktion in Kenya. Trade Policy Review Kenya 1994: 125.

[3691] Strasberg et al. 1999: 10.

[3692] African Refining Company (SAR), das Importmonopol wurde abgeschafft, bleibt aber de facto bestehen, für Hydrocarbon gibt es Preiskontrollen, Preiskontrolle mit Subventionselement bei Butangas aus sozialen Gründen. Trade Policy Review Senegal 2003: 75.

[3693] Die Vridi Raffinierie, Exporte von Ölprodukten kommen auf 5 % der Gesamtexporte. Auffällig ist, daß der Import von Rohöl mit Zöllen und Steuern belegt ist, die Konsumenten tragen die Verteuerung dadurch, es gibt weiterhin Preiskontrollen, damit die Preise wiederum nicht zu hoch sind. In der Elfenbeinküste wurden in den neunziger Jahren Öl- und Gasvorkommen entdeckt. Trade Policy Review Elfenbeinküste 1994: 100.

[3694] Kenya Petroleum Refineries Ltd (KPRL) in Mombasa. Importe von sechs privaten Firmen und einer staatlichen Importfirma, die 17 % der Importe tätigt. Trade Policy Review Kenya 1994: 108.

[3695] Die Tema Oil Refinery in Accra, welche nigerianisches Öl raffiniert, mit einer relativ kleinen Kapazität von 45.000 Barrel am Tag. Schmiermittel werden von Mobil, Shell und Britisch Petroleum hergestellt, die gemeinsam eine Firma betreiben. Trade Policy Review 2001: 70.

[3696] Eine Raffinerie als Joint Venture des Staates mit AGIP, Italien, Trade Policy Review Tanzania 2000: 59.

[3697] Trade Policy Review Elfenbeinküste 1995: 108.

[3698] Sowie elektrische Lampen und Kabel, sämtliche Inputgüter müssen importiert werden. Trade Policy Review Kenya 1994: 131.

[3699] Vom japanischen Investor Matsushita Electric Company (EA) Ltd. Wangwe 1995: 146.

[3700] Trade Policy Review Elfenbeinküste 1995: 108.

[3701] Dies ist Matsushita Electric, Tochter der japanischen Firma, 500 Mitarbeiter, sie stellt Trockenbatterien, Radios, Radiokassettenrecorder, Föne und Taschenlampen her, aus japanischen, vollständig vorbereiteten Teilen ('completely knocked down CKD-Sets). Das Management ist japanisch. Batterien und Radios werden auf regionaler Ebene exportiert. Exporte waren mal vorhanden, sind aber versiegt, es wird sich

besteht in Kenya[3702]; Zement wird produziert (Elfenbeinküste[3703], Kenya[3704], Ghana: neuerdings Kapazitätsverdopplung[3705]); Reifen (Kenya, mit Monopolvertrag aus den sechziger Jahren[3706], Ghana[3707]); es gibt eine Gummiverarbeitung (Elfenbeinküste[3708], Ghana: Schaumgummimatratzen[3709]), Holz (Tansania[3710]); dazu die Produktion von Möbeln, die es auf informeller Ebenen überall in Afrika gibt (Elfenbeinküste[3711], Kenya[3712], Ghana[3713]); gewisse Chemieprodukte (in Kenya müssen zwischen 25 und 100 % der Inputgüter importiert werden[3714]) beispielsweise Kosmetik, Reinigungsmittel und Farben werden hergestellt (Elfenbeinküste: kleinere Fabriken[3715], Kenya: Kosmetik[3716]); Eisen- und Stahl (Kenya: hier ein Lichtbogenofen zur Erwärmung von Stahlschrott und Weiterverarbeitung[3717], ebenso ein solcher in Ghana, dort ein vollständiges Versagen beim Technologietransfer der Experten aus England, erst neulich ist der Betrieb durch indische Fachkräfte aktiviert worden[3718], Simbabwe: das einzige integrierte Stahlwerk in Sub-Sahara Afrika[3719]); einfache Metallverarbeitung, darunter

---

auf regionale Märkte konzentriert. Verpackungen, Kisten, Metallkappen für Batterien etc. werden von heimischen Firmen zugeliefert. Wangwe 1995: 141.

[3702] Siehe unten Punkt Kenya.

[3703] Hier sind Importe von Clinker nötig, ein Abfallprodukt der Eisenerzschmelze, welche einem Zoll von 12,5 % ausgesetzt sind. Im Jahre 1954 wurde den Zementinvestoren zugesichert, daß Importe erst autorisiert werden müssen, seit 1994 gibt es eine Liberalisierung. Der importierte Zement wird immer noch mit Zöllen von 14 bis 34 % geschützt. Trade Policy Review Elfenbeinküste 1995: 107. Eine Politik zu Lasten der Konsumenten und Produzenten, hier muß man sich wirklich mal entscheiden.

[3704] Siehe unten Punkt Kenya.

[3705] Die Ghacem Ltd. Trade Policy Review Ghana 2001: 75. Nach der Übernahme von A/S Norcem durch Heidelberger Zement, ein deutsches Unternehmen. Siehe: http://www.ghacem.com.

[3706] Firestone East Africa Ltd. wird im Prinzip 1992 das Monopol entzogen, welches eine Verdreifachung der Produktion zwischen 1976 und 1990 ermöglicht hatte, es bestanden Zölle von 60 % sowie Schutz über Lizenzverfahren. Die Liberalisierung Ende der neunziger Jahre hat die Zölle auf höchstens 25 % festgeschrieben, davon werden aber Ausnahmen ('supended duties') gemacht, darunter für Reifen. Leider keine genaue Zahl. Trade Policy Review Kenya 1994: 128; Trade Policy Review Kenya 2000: 30.

[3707] Die Bonsa Tyre Company arbeitet weit unter Kapazität. Trade Policy Review Ghana 2001: 75.

[3708] Trade Policy Review Elfenbeinküste 1995: 89.

[3709] Trade Policy Review Elfenbeinküste 1999: 75.

[3710] Rohholzexporte machen 10 % der Exporte aus, obwohl Abholzung als Problem angesehen wird. Trade Policy Review Tanzania 2000: 54.

[3711] Trade Policy Review Elfenbeinküste 1995: 105.

[3712] Nur 0,2 % des BSP für Holzprodukte und die Möbelindustrie. Die Industrie wird geschützt in bezug auf die fertigen Möbelstücke zwischen 45 % (1988), jetzt durchschnittlich 22,8 % (1999), die Einfuhr von unbearbeitetem Holz war aber auch mit Zöllen belegt (20-35 %, dazu kommt Import- und Exportlizensierung). Die Zölle für die Rohmaterialien sind immerhin auf 15 % abgesenkt worden, denn diese verhindert den Aufbau einer Möbelindustrie. Trade Policy Review Kenya 1994: 123; Trade Policy Review Kenya 2000: 95.

[3713] Ein Exportverbot von unbearbeitetem Holz ist etabliert, die Holz- und Möbelexporte steigen von US$ 30 Mill., 1994, auf US$ 85 Mill. 1998. Durch das Exportverbot wird implizit eine Subvention etabliert, weil dadurch die Holzpreise intern absinken, nicht nur aus neoklassischer Perspektive ist das so. Eine Abschaffung dieses Bans ist aber aus Umweltschutzgründen nicht unbedingt zu befürworten. Trade Policy Review Ghana 2001: 56, 66, 74. Die Holzindustrie ist nur teilweise effizient, die Exporte werden zu 95 % dominiert von IKEA. Lall et al. 1994: 31, 119-136.

[3714] Trade Policy Review Kenya 1994: 125.

[3715] Trade Policy Review Elfenbeinküste 1995: 107.

[3716] In Kenya ist ein großes ausländisches Unternehmen aktiv. Die EU exportiert aber Kosmetikprodukte nach Kenya, über US$ 5 Mill., die offenbar noch in dritte Länder weiterverkauft werden, die kenyanischen Exporte liegen bei US$ 6 Mrd., Seifen und Poliermittel. Trade Policy Review Kenya 1994: 127. Es wäre denkbar, daß das ausländische Unternehmen in Kenya eine aggressivere Exportstrategie wählen könnte. Die hängt natürlich wieder von den Inputgüterkosten etc. ab.

[3717] Siehe unten Box Kenya.

[3718] Die Firma, die vor allem Bewehrungsstahl produzieren sollte, wurde vom Staat gegründet, offensichtlich waren aber englische und danach italienische Experten nicht in der Lage die Produktion zu starten. Überraschungsfreierweise gelingt dies dann den neuen 60 % indischen Eignern, mit der Hilfe von 17 Fachkräften. Es können hier nur standardisierte Stahlteile produziert werden, die einer intensiven Weltmarktkonkurrenz ausgesetzt sind. Lall et al. 1994: 227, 232.

[3719] In Simbabwe die Iron and Steel Corporation ZISCO, sie leidet aber unter absinkenden Fähigkeiten der Mitarbeiter und zu geringen Investitionen. Nach dem Abbau von Subventionen stiegen die Preise dramatisch an. Wangwe 1995: 126. Im Moment liegen substantielle Exporte vor, das Stahlwerk forderte Kredite vom Staat in Simbabwe. Es scheint derzeit ein chinesischer Investor gefunden zu sein, der neues

Reparaturteile (Ghana[3720]), teils größere Firmen, die Gußteile (Tansania[3721]) Stahl- und Aluminiumröhren, Zinn, Wellblech (z.B. in der Elfenbeinküste[3722]), Teile für den Haushalt (Ghana: Glasflaschen[3723], Aluminiumtöpfe[3724]) herstellen. Oder sie produzieren für den Agrarbereich (Elfenbeinküste: Machetenmonopol[3725], Tansania: Pflüge, Karren, handbetriebene Ölpressen[3726], Simbabwe: Pflüge, die von Tiere bzw. Traktoren gezogen werden können[3727]); teils werden fortgeschrittenere Elektroteile und Maschinen hergestellt (Elfenbeinküste: Elektrokabel[3728], in Tansania: Radiatoren für Kühler[3729], Sicherungskästen, Elektrokabel, Lampengehäuse[3730], Kenya: hier gibt es 100 Maschinen-Workshops, 20 Gießereien, die aber nur über geringe technologische Fähigkeiten und geringe Investitionsniveaus verfügen, dazu kommt Importknappheit, hoher Zollschutz, bei geringen Fähigkeiten bei der Herstellung elektrischer Maschinen[3731]). Weiterhin: Fahrrad- und Motorradmontage (Elfenbeinküste[3732], Kenya: hier werden die Fahrräder montiert und

---

Kapital bereitgestellt und Anteile der Firma übernimmt. Bei der Investorenwahl wurde weiserweise die indische LNM Gruppe von Lakshmi Mittal ignoriert, die derzeit weltweit alle alten Stahlwerke aufkauft, nicht nur sämtliche in Osteuropa sondern auch eines in Südafrika, sodaß hier eine regionale Monopolisierung drohte. Siehe zu den Informationen hier South African Financial Gazette 2004: 1.

[3720] Der Bereich von Eisen- und Stahlbearbeitung bzw. auch Maschinenbau ist von Firmen mit geringen und im Ausnahmefall mittleren technologischen Fähigkeiten geprägt. Lall et al. 1994: 224.

[3721] Hier ist die Kapazitätsauslastung mit 50 % höher in kleinen Unternehmen (unter 150 t pro Jahr), in größeren nur 25 %. Hier werden weiterhin sämtliche typisch afrikanischen Probleme aufgezählt: "The low level of capacity utilization is a result of the various problems buffeting the sub sector. Such problems include:- shortage of raw materials, including constant interruption and shortage of such utilities as power and water, high production costs due to importation of important raw material and massive utilization of energy. Other problems include low market potential due to stiff competition and poor marketing strategies, ageing machinery and low level of technological capability and under-developed inter-firm industrial linkages. These problems are manifestations of the broader production and supply constraints facing the economy due to unfavourable macroeconomic climate, and inadequate domestic industrial, trade and other sectoral policies to promote the industrial manufacturing sector in Tanzania. Other problems are firm specific and require different solutions. They include problems related to location, seasonality in market demand, lack of specific technical and managerial skills, among others. The existance of overcapacity in other firms is both the result of changes in the market place and of investments which were only partly informed by economic considerations. These problems have implications for the profitability and efficiency of an enterprise as a whole, and weaken the overall structure of the sub-sector. Also a number of product of the metals and engineering sub-sector attract sales tax. This tax is most often imposed without taking consideration of similar tax already imposed on intermediate raw materials. This results in double taxation and this contribute to making the output uncompetitive." Kweka et al. 1997: 9.

[3722] Trade Policy Review Elfenbeinküste 1995: 107.

[3723] Aber nicht sehr erfolgreich, es gibt Schwierigkeiten bei der Konkurrenz mit Importen. Trade Policy Review Ghana 2001: 75.

[3724] Ein Ex-Mitarbeiter des Aluminiumwerks mit Maschinen aus den 1950ger Jahren, Kredit vom dem Teil der Familie, die in England lebt. Lall et al. 1994: 227.

[3725] Trade Policy Review Elfenbeinküste 1995: 107.

[3726] Themi mit USAID Entwicklungshilfe aufgebaut, durch die Abwertung des Wechselkurses wurden die importierten Metallteile sehr viel teurer, eine Pflug kostet 1985 TSh 1500, 1991 TSh 8000. Gegenüber billigeren Importen verliert die Firma Marktanteile und muß das Angebot diversifizieren. Wangwe 145-146.

[3727] Die Unternehmen Tinto und Bain für die Traktorausrüstung, Zimplow und Bulawayo Stahl für die Tierausrüstungen. Wangwe 1995: 126-127.

[3728] Wie so oft in der Elfenbeinküste ein Joint Venture zwischen Staat und einem privaten Investor, wobei sich der Staat im Moment zurückzieht, bei SICABLE. Trade Policy Review Elfenbeinküste 1995: 69.

[3729] Afrocooling, eine technisch effiziente Firma, 120 Mitarbeiter, die Exporterfolge aufzuweisen hat, wobei der Export aber schwankend ist, dies wird teils der geringen Größe der Firma zugeschrieben. Lokale Teile werden eingesetzt, aber viele auch noch importiert, sodaß mögliche Kopplungseffekte in Tansania ausbleiben. Die Radiatoren werden etwa in einem Lkw-Werk in Tansania und einem Traktorenwerk in Tansania und Brasilien eingesetzt. Die Firma selbst wurde mit Hilfe indischer Consultants gegründet, die Unternehmer waren aber von Anbeginn in alle Aspekten der Verhandlungen, des Kaufs eingeweiht und haben auch auf diesem Feld substantielle technologische Fähigkeiten erworben. Wangwe 1995: 146, 152, 155, 161.

[3730] Die Firma NEM, 120 Mitarbeiter, die mit der Eldon Company in Schweden verbunden ist, sie produziert für IKEA. 90 % der Rohmaterialien werden importiert. Finanziert über einen Kredit der schwedischen Entwicklungshilfe. Aber unzureichende technologische Fähigkeiten, weil die Manager sich wie Angestellte vorkommen und nicht eigene Produkte entwerfen. Wangwe 144, 154.

[3731] Trade Policy Review Kenya 1994: 130.

[3732] Trade Policy Review Elfenbeinküste 1995: 108.

reexportiert[3733], Ghana[3734]), Automobilmontage (Elfenbeinküste[3735]), eine LKW- und Traktor-Montage (Tansania[3736]) einfache und etwas avanciertere Plastikverarbeitung (Senegal: Plastikschuhe[3737], Kenya: Plastikröhren[3738]), Schuhe (Elfenbeinküste: hier gibt die Firma Bata 1985 auf, danach Produktion nur auf 11 % des damaligen Niveaus[3739]); überall gibt es Textilfirmen, bei der Baumwollstoff- und Baumwollgarnherstellung kommt aber oft zu Kosten- und Qualitätsnachteilen gegenüber asiatischen Herstellern[3740] (Senegal[3741], Elfenbeinküste[3742], Tansania[3743], Simbabwe[3744] zu Kenya siehe weiter unten); es gibt kaum Herstellung von Synthetikgarnen aber in Kenya, im Bekleidungsbereich gibt es oft einen informellen Sektor mit vielen kleinen und mittelgroßen Firmen, mit unzureichenden Fähigkeiten und Investitionsmöglichkeiten (Senegal[3745], ein Niedergang etwas größerer, teils staatlicher Firmen dieses Bereichs findet statt in Tansania[3746] und Ghana[3747]). Überall gibt es eine Pharmaindustrie, dazu kommt der Dienstleistungsbereich, die Bauindustrie, die Tourismusindustrie (oft halbwegs funktionsfähig, aber kaum halb ausgebucht, im Senegal[3748], dann Banken (abgesehen von anderen Problemen haben typischerweise nur wenige Personen ein Bankkonto[3749]), schließlich gibt es die Dienstleister in den Bereichen Strom, Wasser, Telekom, TV, Lufttransport, Transport (Eisenbahn etwa).[3750]

An dieser Aufzählung, die einen überraschend breiten Industriebereich zeigt, sind sechs Aspekte erkennbar: (1) Erstens hängen viele der Industrie eng mit den alltäglichen Bedürfnissen der Menschen

---

[3733] Trade Policy Review Kenya 1994: 133.
[3734] Lall et al. 1994: 224.
[3735] Trade Policy Review Elfenbeinküste 1995: 108.
[3736] Die Firmen TAMCO (Scania LKW) und TRAMA (Traktoren). Wangwe 1995: 161.
[3737] Plastikschuhe im Senegal. Trade Policy Review Senegal 2003: 76.
[3738] Es werden für immerhin US$ 77 Mill. Plastikprodukte importiert, für die auf breiter Ebene benötigten Inputgüter sind die Zölle hoch (29 %, 1992), ebenso werden die fertigen Güter (60 %, 1992) und durch den Stop von Importlizenzen geschützt. Trade Policy Review Kenya 1994: 126.
[3739] Trade Policy Review Elfenbeinküste 1995: 105.
[3740] Pack 1987: 67-83.
[3741] Hat eine Baumwolltextil und Baumwollschnurindustrie. Keine Informationen zu Größe und Effizienz. Trade Policy Review Senegal 2003: 76.
[3742] Trade Policy Review Elfenbeinküste 1995: 103-104.
[3743] Importsubstitutionsfirmen sind 4 von 5, mit wenig Kapital, veralteten Maschinen und fehlenden Fähigkeiten selbst Projekte zu initiieren, passende Maschinen auszuwählen, den Inputmix zu bestimmen sowie sonstige spätere Abläufe durchzuführen. Wangwe 1995: 153-154.
[3744] In Simbabwe wird von der staatlichen Baumwollvermarktungsgesellschaft wohl ein relativ hoher Preis verlangt, die 5 relativ großen Textilfirmen (teils mit veralteter, teils mit sehr moderner Technologie) beliefern die 250 Bekleidungsfirmen mit Stoffen, die aber nicht genug Designvariation aufweisen, um auf dem Weltmarkt zu bestehen, teils gibt es Qualitätsprobleme. Stoffimporte waren kaum nicht möglich, wegen Umtauschbeschränkungen. Im Bekleidungsbereich gab es u.a. Probleme aufgrund mangelnder Ausbildung. Wangwe 1995: 110-111, 115.
[3745] Diese Firmen sind nicht im Export tätig. Ingesamt gibt es im Senegal 470.000 kleine Firmen. Große Firmen dominieren aber die Wertschöpfung 13 % der Firmen kommen für 75 % des Umsatzes und 90 % der fixen Kapitalinvestitionen auf. Trade Policy Review Senegal 2003: 76.
[3746] Die staatlichen Firmen waren wohl nicht produktiv genug und hatte immer Zugang zu Krediten und etwa präferentiellen Zugang zu Importen. Der Niedergang des Bekleidungssektors in Tansania wird weiterhin beschleunigt durch ziemlich deutlich steigende Importe. Die privaten Firmen, die sich bilden sind meist klein und haben wenig Kapital zur Verfügung. Der Bekleidungsbereich trägt 1980 2,4 % und 1990 0,2 % des BSP bei. Kweka et al. 1997: 4-6.
[3747] Siehe weiter unten im Text und in der dazugehörigen Fußnote mehr.
[3748] Trade Policy Review Senegal 2003: 79.
[3749] Trade Policy Review Senegal 2003: 80.
[3750] Siehe für diesen gesamten Dienstleistungs- bzw. des Bereich dieser 'harten' Investitionen bzw. die Privatisierungen in den Bereichen Strom, Wasser, Öl, Gas, Telekom, Transport, Minen die Länderstudien in OECD 2004.

zusammen, dies legt es nahe, viele dieser Industrien zu erhalten. Dies steht im Einklang mit dem Eindruck, daß die erste Phase der Importsubstitution in der Leichtindustrie nicht besonders hohe Kosten verursacht. (2) Wurde, zum Teil wenigstens, nicht auf komparative Vorteile geachtet. Wenn die Zahlungsbilanz durch hohe Inputimporte belastet wird und die Kosten für die Konsumenten höher sind als der Nutzen solcher Projekte, kann eine Kontraktion einiger dieser Firmen aus Effizienzgründen sinnvoll sein. (3) Vorstellbar ist weiterhin eine partielle Liberalisierung, durch die der Import von Inputs zugelassen wird, um den Aufbau eigener exportorientierter, lohnveredelnder Industrie zu ermöglichen. (4) Viertens herrscht in allen diesen Bereichen, spätestens seit dem Markteintritt Chinas[3751], aber auch durch Brasilien, welches im Rohstoffbereich stark ist, eine starke Weltmarktkonkurrenz. (5) Zudem sind die aufgezählten Industrien in bezug auf den Weltmarkt nicht sonderlich originell, sodaß Exportorientierung sicher nicht einfach ist. Chancen liegen aber weiterhin vor. (6) Sechstens stellt sich die Frage, welche Effekte ein vollständige Liberalisierung in Afrika haben würde. Diese Unternehmen stellen nicht zuletzt, weil sie diverse Fähigkeiten der Menschen aufrechterhält, einen eigenständigen ökonomischen Wert dar. Eine Kontraktion vieler Industriebereichen gleichzeitig, etwa im Textil- und Bekleidungsbereich, bei Möbeln und Lederwaren, einfachen Metall- und Aluminiumwaren und im Falle der in Afrika teils für die Wertschöpfung bedeutenden Lebensmittelindustrie[3752] hätte sicherlich keine positiven Auswirkungen auf die Wohlfahrt.

In bezug auf die komparativen Vorteile stellt sich konkret die Frage nach der Kosten/Nutzen Abwägung für die in einigen Ländern vorhandenen Schwerindustrien[3753], etwa der Stahl- und Petroleum- und Chemie- und Papierindustrie in Kenya, welche oft nicht nach weltweiten Standards effizient ist. Studien zeigen aber, daß durch negativ wirkenden Standortbedingungen, etwa Stromausfälle, hohe Transportkosten bzw. Infrastrukturmängel, aber auch durch solche, die vom Staat her kostengünstiger verbessert werden können, höhere Zölle, Korruption oder langsam arbeitende Zollabfertigung, Kostennachteile entstehen.[3754] In solchen Fällen wäre es sinnvoll, wenn diese Nachteile zuerst angegangen werden und erst dann eine progressive Liberalisierung erfolgt, wenn die Chance besteht, daß auf Kostenebene eine Konkurrenzfähigkeit erreicht werden kann.[3755] Mit diesem Argumenten geht es nicht darum, eine partielle Liberalisierung, gerade wenn sie auf dynamische Entwicklungsprozesse in bestimmten Sektoren abzielt, abzulehnen.[3756]

[3751] Vor allem Konkurrenz aus Asien. Lall 1999b: 245.
[3752] Sie kommt für die Hälfte der Wertschöpfung in der verarbeitenden Industrie auf in der Elfenbeinküste und im Senegal, und für über die Hälfte in Kamerun. In Nigeria, liegt die Wertschöpfung in diesem Bereich einen Anteil von 30 %. In der Elfenbeinküste und dem Senegal wird vor allem Kakao und Kaffee für den Export vorbereitet, Kamerun hat aber eine Getränkeindustrie, Senegal eine Industrie, die Fisch weiterverarbeitet (Dosenfisch). Adenikinju et al. 2001: 58.
[3753] Im Senegal gibt es einen Phosphatdüngemittelfabrik, in der Elfenbeinküste (nicht aber in Nigeria) eine Raffinerie, die aber für das gerade gefundene eigenen Öl nicht geeignet zu sein scheint (es wird aber nigerianisches Öl verarbeitet). In Nigeria produziert die Chemieindustrie hauptsächlich Seife und Reinigungsmitte sowie Gummie. Die Elfenbeinküste verfügt über eine Gummiindustrie. Die Chemieindustrie in Kamerun produziert vor allem Pharmaprodukte, Kosmetika, Seife und Parfüm. Adenikinju et al. 2001: 58-60.
[3754] So wird in Ghana ein moderate Protektion von 15 % für einfache Baustahlteile gefordert, weil es Kostennachteile durch nicht ausreichende Infrastruktur gibt. Lall et al. 1994: 188.
[3755] UNIDO 2004: 16.
[3756] Eine unter diesen Bedingungen stattfindende selektive Liberalisierung lehnt ebenso, trotz aller Kritik daran, nicht ab: "It should be reiterated that this is not an argument against all forms of liberalization or increased competition in highly protected economies. What it

Für die Zukunft ist sichtbar, daß einige dieser Tätigkeiten zum Ausgangspunkt eines wieder erstarkenden verarbeitenden Sektors werden könnten, der über Lohnkostenvorteile auf dem Weltmarkt erfolgreich sein kann, selbst dann wenn das Wirtschaftswachstums für eine absehbare Zeit hauptsächlich über Agrarprodukte und Rohstoffe getragen wird. Ebenso erscheint es angesichts zunehmender Weltmarktkonkurrenz bei geringen technologische Fähigkeiten im verarbeitenden Sektor sinnvoll, durch Zollschutz eine Wertschöpfung auf einem bestimmten Niveau ermöglichen und einen gewissen Grad an technischen und organisatorischen Fähigkeiten aufrechterhalten, welche einen eigenständigen ökonomischen Wert haben. Dies würde bei einer allzu breit angelegten Liberalisierung gefährdet.[3757] Ein Rekurs auf solche und auf ähnliche Argumente findet sich in einer Vielzahl von Publikationen[3758]:

"The first step in the liberalization argument is incontrovertible: activities exposed to liberalization that cannot compete will certainly die out. However, it is not clear that activities that are presently uncompetitive are *inherently* uneconomic, hence not worth saving. This assumes that there are no learning processes, and that activities cannot be in the process of becoming efficient. If there are, exposed activities would include both those that are inherently inefficient as well as those that are potentially economic after they undergo a learning process. The second and third steps are even more debatable: it is not clear, given the nature of the capability building process and the market failures involved, that fully liberal policies are necessary or sufficient to stimulate the development of industrial capabilities. The liberalization case rests again on a particular, oversimplified view of the learning process - essentially that it is automatic, costless and similar across technologies."[3759]

Weiterhin müssen die afrikanischen Länder langfristige Perspektiven beachten, die es nicht angeraten erscheinen, auf einen einzigen Sektor zu setzen. Die derzeitigen positiven Entwicklungen im Textil- und Bekleidungssektor stehen etwa unter dem Vorbehalt, ob es nicht China gelingen wird, die afrikanischen Länder wieder vom Weltmarkt abzudrängen bzw. deren Gewinnmargen deutlich zu verringern.[3760]

---

amounts to is a questioning of the sweeping arguments against all forms of selective intervention" Lall/Latsch 1998: 453; siehe auch Lall et al. 1994: 188; Lall/Latsch 1999: 40. Entwickelt wird u.a. ein Klassifikationsschema, welches zwischen hoffnungsvollen und weniger hoffnungsvollen Industrien versucht zu unterscheiden. Lall 1999b: 229-231.

[3757] "A big-bang liberalization risks pushing too many firms into bankruptcy, thereby wasting all the organizational capital invested in the firm. (...) To date, African liberalizations have often followed the big-bang pattern and therefore have probably been excessively wasteful of organizational capital. To this it must be added the fact that productivity is not entirely in the hands of the firm itself. If the environment is sufficiently adverse - erratic power supply, bad transport, slow customs procedures, predatory officials - then even the best-managed firm cannot survive. In the absence of complementary reforms, trade liberalization can simply lead to de-industrialization. (...) Conversely, without trade liberalization, other reforms can be stymied by the conservatism of firms that do not face the stimulus of competition." UNIDO 2004: 16; ähnlich Lall/Wignaraja 1996: 193.

[3758] UNIDO 2004: 16; Lall 1995a: 2026; Lall/Latsch 1998: 457-460; Morissey 1995: 606-607; für Schutz im Textil- und Bekleidungsbereich in dem die internationale Märkte sehr intensiven Wettbewerb aufweisen Thoburn 2000: 14.

[3759] Lall 1999b: 228.

[3760] Zwischen 1990 und 1999 stiegen die Bekleidungsexporte von Sub-Sahara Afrika um insgesamt 88 % (jährlich um 6,5 %), auf US$ 1,78 Mrd., mit Textilien insgesamt US$ 3,4 Mrd., das sind vom gesamten Welthandel im Textil- und Bekleidungsbereich von US$ 331,8 Mrd. genau 1 %. Davon wiederum kommt die Südafrikanische Zollunion SACU und Mauritius für 80 % auf. Afrika, einmal abgesehen von

Für einen gewissen Zollschutz sprechen auch Modellrechnungen von Buffie (2001). In bezug auf die speziellen Charakteristika primärgüterexportierender Länder wird berechnet, daß, parallel zu einer Politik der Exportorientierung, ein höherer Zollschutz für Konsumgüter bezüglich der Wohlfahrt optimal sein kann, weil dadurch höhere Löhne, Beschäftigung und Investitionen im importsubstituierenden Konsumgüterbereich ausgelöst werden können. In Kombination mit Exportsubventionen wird ein effektiver Zollschutz von 52 % bis 72 % vorgeschlagen, ohne Exportsubventionen ein effektiver Zoll von 20 % bis 30 %. Zölle auf Inputgüter sollten deutlich niedriger liegen.[3761]

14.7.4 Empirische Studien über Effekte bisheriger Liberalisierung

Empirische Studien über die Reaktion afrikanischer Firmen auf die Liberalisierung bestätigen diese Argumente, weil sie zeigen, daß die Firmen in Afrika aufgrund ihre Schwäche, nicht mit einer Exportorientierung oder Investition in technologische Fähigkeiten auf den zunehmenden Wettbewerb reagieren, wie es die liberale Theorie erwartet. Oftmals minimieren die Firmen Investitionen, Arbeitskräfte werden entlassen und es wird versucht über billige Arbeitskräfte zu konkurrieren, weil die dünne Kapitaldecke und die Schwierigkeiten an Informationen über technologisch basierte Reaktionsoptionen zu kommen keine andere Strategie zuläßt.

Diese 'low technology-' bzw. 'defensive-' bzw. 'passive' bzw. 'retreat' Strategie wird in afrikanischen Ländern beobachtet, in denen Firmen mit unzureichenden technologischen Fähigkeiten einer Liberalisierung ausgesetzt sind.[3762] Gezeigt kann dies an der Bekleidungsindustrie, so reagieren 16 von 20 keynianischen Bekleidungsfirmen mit einer solchen defensiven Strategie auf die Importe von Second-Hand und sonstiger Bekleidung.[3763] Im Bereich der Elektro- und Metallverarbeitung etc. ist es etwas wahrscheinlicher, daß eine aktive Strategie gewählt wird, ein Hinweis darauf, wie wichtig der verarbeitenden Sektor ist.[3764] In Tansania wird beobachtet, daß einige Firmen in diesem Bereich positiv bewertbare Anstrengungen unternehmen und auch Investitionen getätigt werden, dies erfolgt meist unter den Beschränkungen des afrikanischen Umfeldes, d.h. mit wenig breiter Recherche hinsichtlich verfügbarer Technologien, wenig nachfolgendem Training und Informationsweitergabe.[3765] Es sind aber nur 11 %, die in höherwertige technologische Verbesserungen investieren, 35 % ersetzen obsolete alte Maschinen, immerhin mit neuen Maschinen statt gebrauchten, 50 % stagnieren.[3766] Von 55 % der Firmen, die in Tansania seit der Liberalisierung

---

Mauritius (die Exportplattform mit 1,2 Mill. Einwohnern), taucht in keiner Liste signifikanter Anbieterstaaten in diesem Bereich auf, dies zeigt aber auch das Potential Afrikas. Weltexporte in Spinanger 2000: A 4; Zahlen für Afrika UNIDO 2004: 67. Siehe auch **Tabelle 112**.

[3761] Buffie 2001: 161-184.

[3762] Lall/Wignaraja 1996: 193; Wignaraja/Ikiara 1999: 78; Lall 1999b: 246.

[3763] Wignaraja/Ikiara 1999: 78; mit der insgesamten Bewertung der subjektive ausgewählten Firmenstudie, in der oft Bekleidungsfirmen passiv sind. Lall 1999b: 246-247.

[3764] Lall 1999b: 246.

[3765] Deraniyagala/Semboja 1999: 133.

[3766] Deraniyagala/Semboja 1999: 126-128.

neue Produkte einführen, sind es fast 50 %, die 'die technologische Leiter' heruntersteigen, Produktentwicklung zurückfahren und simplere, billigere Produkte anbieten, die teils von niedrigerer Qualität sind und die sich näher am lokalen Bedarf orientiert sind, um der Konkurrenz durch Importe auszuweichen.[3767]

Generell zeigen weitere Studien, daß Liberalisierung, wenn sie im Frühstadium wirtschaftlichen Wachstums eingesetzt wird, zu negativen Effekten auf die Produktivitätsentwicklung führt.[3768] Ebenso wird argumentiert, daß eine Liberalisierung ohne ein Politik der Verbesserungen technologischer Fähigkeiten nicht so effektiv zu sein verspricht, wie eine solche mit einer solchen Politik.[3769] Bei geringen technologischen Fähigkeiten kontrahiert der verarbeitende Sektors, viele Firmen schließen und es gibt eine Respezialisierung auf andere komparative Vorteile.[3770] Schon die ordoliberale Theorie zeigt, daß Wettbewerb ohne den Zugang zu Technologie, Wissen und Kapital nicht auf breiter Ebene wohlfahrtssteigernd ist. Weiterhin müssen Anreize (die sowohl Risiken als auch Planungssicherheit umfassen) bestehen bleiben, um Investitionen auszuführen und Kredite zurückzahlen zu können.[3771]

Anhand einer Studie über Ghana wird über Liberalisierungseffekte geschlossen:

"A recent study of technological capabilities in Ghana in the adjustment period concludes that the generally low level of capabilities have meant that rapid liberalization, unaccompanied by supply-side measures to develop skills, capabilities and technical support, led to significant and costly deindustrialization."[3772]

Die Weltbankstudie von Parker et al. (1997) über die Reaktionen von afrikanische Firmen auf die Liberalisierung zeigt, daß eine Liberalisierungspolitik, die in allen afrikanischen Staaten noch nicht vollständig erfolgt ist, dazu führen kann, daß sich die Firmen anders orientieren, ihre Ausrüstung erneuern und mehr importierte Inputs einsetzen. Dies ist in immerhin ungefähr 40 % der Fällen zu beobachten. Diese Studie zeigt auch, daß von diesen Firmen sehr wenige exportieren. Dies bestätigt für immerhin 60 % der Firmen die obige 'low technology'-Strategie These, daß eben sehr viele Firmen zu einer aktiven Strategie nicht in der Lage sind.[3773]

Es kann aber nicht als zufriedenstellendes Ergebnis einer Liberalisierung bewertet werden, wenn über die Hälfte der Firmen überhaupt nicht darauf reagieren können, wobei diese Firmen weder exportieren werden noch aktiv gegenüber Importen konkurrieren. Somit liegt der Schluß nahe:

[3767] Am Beispiel von Tansania Deraniyagala/Semboja 1999: 130.
[3768] Mit negativen Effekten ist hier eine fehlende Konvergenz in der Produktivitätsentwicklung gemeint. Kawai 1994: 395.
[3769] Biggs et al. 1995: 12.
[3770] Lall/Latsch 1998: 459; am Beispiel Ghana Lall 1995a: 2024-227.
[3771] Siehe Abschnitt 'C', Abschnitt 'E'.
[3772] Lall 1995a: 2026.
[3773] Siehe: **Tabelle 191**.

"While it is clear that inward looking policies of import substitution failed to provide the basis for sustained growth of the manufacturing sector there remains uncertainty as to whether simply removing these policies is sufficient to promote growth of the sector."[3774]

In der Literatur werden diese Thesen weiter gestützt, darunter in der Studie für die Europäische Kommission von Mengistae/Teal (1998) und anhand der mikroökonomischen Firmenuntersuchungen von Rankin et al. (2002) und Söderbom (2001):[3775] In den mikroökonomischen Firmenstudien wird sichtbar, daß sich die afrikanischen Länder hinsichtlich ihrer Produktivität deutlich unterscheiden und auch diese Unterschiede in bezug auf die Industriesektoren ebenso länderintern ausgeprägt sind. Egal in welchem Land die Liberalisierung stattfindet, gibt es somit extrem fragile Industriebereiche. Dies bedeutet weiterhin, daß einige Länder so schwach sind, daß sie einer Liberalisierung womöglich überhaupt nicht standhalten können.

Für diese Länderkategorie ist Ghana ein Beispiel:

Dort geht sogar die Produktivität in neugegründeten Firmen zurück, anstatt sich zu verbessern.[3776] Der produktivste Sektor ist die eng mit Landwirtschaft verbundene Nahrungsmittelindustrie (food and beverages). Dieser Bereich ist relativ produktiv (Output pro Arbeiter). Beispiel Ghana: Der Nahrungsmittelbereich[3777] ist 250 % produktiver und dort wird 3 1/2 mal soviel Wert erwirtschaftet als im Textil- und Bekleidungsbereich (der aber für immerhin 14 % des Outputs verarbeiteter Güter aufkommt[3778]). Nach dem Nahrungsmittelbereich kommt der Metall, Maschinen und Chemiebereich.[3779] Es gibt Exportsteigerungen in Ghana, diese resultieren vor allem aus Holz- und Holzprodukten, darunter auch Möbel (hier steckt IKEA dahinter).[3780] Die Exportreaktion der Firmen im verarbeitenden Sektor ist im großen und ganzen aber sehr schwach, die Exporte gehen im verarbeitenden Bereich sogar zurück, von 1994 13,9 % auf 1999 6,6 %.[3781] Ghana zeichnet sich weiterhin untypischerweise dadurch aus, daß dort die exportierenden Firmen weniger produktiv sind,

---

[3774] Mengistae/Teal 1998: 18.
[3775] Dies sind Ergebnisse des Centre for the Study of African Economies, University of Oxford.
[3776] Rankin et al. 2002: 13.
[3777] Für Firmenstudien dazu, die dieses Bild teils bestätigen, siehe Lall 1994: 208-215.
[3778] Siehe zu Textil- und Bekleidungsbereich auch die Firmenstudien von Lall et al. 1994. Sie bestätigen das obige Bild. Gleichzeitig beschreiben sie aber Firmen, die schon ein gewissen Größe erreichen, Techniker, etwa aus Deutschland anstellen und Maschinen aus Europa kaufen. Auf dem Investitionsniveau aber, auf dem dies geschieht, ist es aber nicht ausreichend, um Importen standzuhalten. Ebenso fehlen technologische Fähigkeiten, etwa zur Qualitätskontrolle, zur Umstellung der Produktionsabläufe bei unterschiedlichen Aufträgen, es gibt unzureichende Anreize für Arbeiter die Produktivität zu steigern. Lall et al. 1994: 200-207.
[3779] Rankin et al. 2002: 18.
[3780] Mengistae/Teal 1998: 27; Rankin et al. 2002: 32. Es ist aber nur eine einzige Firma, die, sehr erfolgreich, Möbel exportiert. Die Holzindustrie ist nur teilweise effizient, die Exporte werden zu 95 % dominiert von IKEA. Lall et al. 1994: 31, 119-136. Die restlichen Firmen produzieren für den heimischen Markt und sind durch Zölle geschützt. Unter diesen wohlgemerkt zollgeschützten Firmen, gibt es aber auch eine Reihe von größeren Firmen, die relativ effizient produzieren, weil der Leiter in Europa oder Kanada gearbeitet haben. Hier werden auch größere Maschinen eingesetzt. Die sonstigen Firmen sind ineffizient, u.a. weil sie von Schreinern geleitet werden, die mit ganz kleinen Unternehmen angefangen haben und nicht grundlegende Fähigkeiten der Betriebsführung erworben haben. Lall et al. 1994: 216, 223.
[3781] Trotz Zahlungsbilanzkrise 1999 und einer Aufwertung des Cedi seit 1995 ist im großen und ganzen der Anti-Export Bias aber seit 1989 merklich abgesunken, dazu und die obigen Daten aus Trade Policy Review Ghana 2001: 8. Siehe auch **Tabelle 186**.

als die, die nicht exportieren.[3782] Obwohl eigentlich Vorteile in der arbeitsintensiven Produktion vorliegen müßten, exportiert Ghana im Textil- und Bekleidungsbereich 0,03 % seines Outputs, wobei von 35 Firmen nur 3 % exportieren (es gibt aber immerhin 177 Textil- und 2417 Bekleidungsfirmen mit insgesamt ca. 18.000 Arbeitern[3783]).[3784] Damit kann festgehalten werden, daß es auf diesem niedrigen Produktivitäts- bzw. Technologieniveau auch im Bereich arbeitsintensiver Produkte nicht einfach ist, dies in einen komparativen Vorteil umzuwandeln.[3785]

Wäre es nun sinnvoll in Ghana oder in Kamerun[3786], eine vollständige Liberalisierung im Textil- und Bekleidungsbereich oder gegenüber den Weltnahrungsmittelmärkten vorzunehmen (beispielsweise Getränke oder tiefgekühlte und vorfabrizierte Mahlzeiten für die Garküchen der Städte)? Nein, denn die Produktivitätsunterschiede innerhalb der afrikanischen Länder verdeutlichen, daß es nicht viel bedeutet, wenn der Nahrungsmittelbereich in Ghana, relativ gesehen, produktiv ist.[3787] Mauritius ist um 65 % effizienter (Indexzahl 394) als das nächst effiziente Land: Die Elfenbeinküste (Indexzahl 238), Kenya (Indexzahl 140) und Ghana (Indexzahl 103) folgt. Sambia (Indexzahl 62) , das am wenigsten effiziente Land, ist sechsmal weniger effizient als Mauritius (hier wird gemessen, welche Output aus diversen Inputs erzeugt wird).[3788] Selbst wenn behauptet würde, daß Mauritius beinahe schon auf Industrieländerniveau produziert, sind dies sehr deutliche Unterschiede.

Der durchschnittliche Zoll Ghanas beträgt 14,7 %, Rohmaterialien (mit 0 bis 5 %) und Inputgüter (mit 10 %), Kapitalgüter (4 %) sind nur wenig geschützt, 20 % Zölle werden vor allem auf Konsumgüter erhoben. In diesem Bereich wird zudem ein Zusatzzoll von 20 % erhoben. Der führt dazu, daß Chemikalien, einige Textil- und Bekleidungsprodukte, Leder, Holz- und Holz bzw. auch Metallmöbel, einfache Metallprodukte sowie diverse Nahrungsmittel und Getränke mit 40 % geschützt sind.[3789] Dieser moderate Zollschutz schützt damit arbeitsintensive Bereiche, die hinsichtlich der Produktivität womöglich nicht mit den Weltmärkten mithalten können.

Weiterhin wird zeigen etwa Söderbom/Teil (2000), daß Investitionen oftmals auf niedrigem Niveau liegen und daß dies mit dem niedrigen Nachfragewachstum, hohen Risiken für Unternehmer angesichts fluktuierender sonstiger Bedingungen, etwa Wechselkursentwicklungen, Inflation und den Zinsniveaus, zusammenhängt.[3790] Auf der anderen Seite hat Afrika komparative Vorteile im

---

[3782] Mengistae/Teal 1998: 34.
[3783] Zahlen für 1987. Lall et al. 1994: 201.
[3784] Mengistae/Teal 1998: 20.
[3785] Thoburn 2000: 5; Lall et al. 1994: 202.
[3786] In Kamerun kommt die Lebensmittelindustrie für 50 % der Wertschöpfung im verarbeitenden Gewerbe auf, dies ist teilweise auf eine Getränkeindustrie zurückzuführen, die für den heimischen Markt produziert. Adenikinju et al. 2001: 58.
[3787] Für einen Überblick, der besagt, daß es neben großen Firmen auch viele kleinere gibt, die Schwierigkeiten haben ein gewisses Niveau an Technik und Skalen zu erreichen. Lall et al. 1994: 209.
[3788] Mengistae/Teal 1998: 34; siehe **Tabelle 192**.
[3789] Trade Policy Review Ghana 2001: 32-34.
[3790] Erwähnt werden auch hohe Transaktionskosten. Dies wird oben nicht erwähnt, weil es unklar ist, worauf sich dies bezieht. Es gibt vieles, daß in Afrika höhere Transaktionskosten verursachen kann, von der Regierung, bis über die Zollverwaltung, bis zu den konkreten Transportkosten. Söderbom/Teal 2000: 18-20; Bigsten et al. 2003: 11-12.

Lohnkostenbereich, die Löhne sind teils niedriger als in China. Geschlossen wird aber, daß offenbar grundlegende Fähigkeiten fehlen technologisch effiziente und exportfähige Firmen aufzubauen.[3791] Dies erklärt, daß sogar in den Bereichen, in denen nur geringe Investitionen nötig sind und somit die Risiken nicht so hoch sind, keine Exporterfolge vorliegen.[3792] Dazu kommt, daß die Kreditmärkte kleine Firmen benachteiligen.[3793]

In einer mikroökonomischen Studie über die verarbeitende Industrie Ghana von Lall et al. (1994) wird dokumentiert, daß Firmen nur in 45 % der Fälle innerhalb eines Jahres Investitionen vornehmen. Dies bedeutet, daß 55 % der Firmen gar keine Investitionen vornehmen. Wenn investiert wird, liegt dies durchschnittlich bei 14 % des Kapitals der Firmen welches reinvestiert wird, dies liegt knapp über den 13 % Investitionen die angenommen werden, um überhaupt den Verfall des Kapitals bzw. die Abschreibung des Kapitals zu ersetzen.[3794] Konkreter: Von 23 Firmen investieren seit 1983 nur 7 Firmen über US$ 100.000 und nur 2 investieren über US$ 1 Mill.[3795] Ähnlich verhalten sich die Firmen in Kenya: Mikro-Firmen investieren im Jahr zu 46 %tiger, mittelgroße Firmen mit 49 % und große Firmen mit 65 %tiger Wahrscheinlichkeit. Die durchschnittlichen Investitionen nach Firmengröße sind wie folgt ausgeprägt: small 30 %, medium 13 %, large 10 %, macro 8 %. Durchschnittlich 12 %, nicht genug, um die Abschreibung bzw. Abnutzung des Kapitalstocks zu kompensieren.[3796]

In bezug auf dieses niedrige Niveau der Kapitalausstattung wird gefordert, abgewertete, extrem niedrige Wechselkurse dazu einzusetzen, um überhaupt erst eine Rekapitalisierung afrikanischer Unternehmen im verarbeitenden Sektor zu ermöglichen.[3797]

Diese Studien zeigen, daß allein eine Verschärfung des Wettbewerbs durch eine breit angelegte Liberalisierung nicht dazu beiträgt, die technologischen Fähigkeiten afrikanischer Firmen zu verbessern, weil ihre Anpassungsfähigkeit gering ausgebildet ist. Dennoch wird in den Programmen der Weltbank in bezug auf afrikanische Länder ein Rückbau staatlichen Engagements in der Wirtschaft und ein breit angelegter Zollabbau mit uniformen, nicht selektiven Zöllen gefordert.[3798]

Welche Firmen exportieren in Afrika und welche Produktivitätsentwicklung liegt hier vor? In einer Firmenuntersuchung exportieren Ghana von 142 Firmen 8 %; und in Sambia von 153 Firmen 8 %; in Kenya von 168 Firmen 23 %; in Zimbabwe von 158 immerhin 54 %.[3799] In einer anderen Studie sind die Werte geringer, auch dies ist eine Firmenstudie, deren Aussagekraft in bezug auf die

---

[3791] Söderbom/Teal 2000: 19.
[3792] Söderbom/Teal 2000: 20.
[3793] Bigsten et al. 2003: 6, 11-12.
[3794] Rankin et al. 2002: vi, 25; Thoburn 2000: 14.
[3795] Lall et al. 1994: 115.
[3796] Söderbom 2001: 28; gefordert werden mindestens 13 % Investitionen pro Jahr. Thoburn 2000: 14.
[3797] Elbadawi 2001: 16.
[3798] Überblick in Mosley 1995: 699.
[3799] Mengistae/Teal 1998: 19-21.

Gesamtwirtschaft begrenzt ist.[3800] In der Literatur wird festgehalten, daß die nicht-exportierenden Firmen dies aufgrund mangelnder Effizienz nicht können.[3801] Die Firmen welche exportieren, exportieren einen moderat großen Anteil ihres Outputs, sind aber nicht extrem auf den Export spezialisiert, das ist aber nicht unbedingt ungewöhnlich: Der Anteil des exportierten Outputs liegt in Kenya bei 30 %; in Ghana bei 28 %; in Zimbabwe bei 20 %; in Sambia bei 21 %.[3802] Abweichungen gibt es etwa im Nahrungsmittelbereich, so exportieren in Kenya dort 22 % der Firmen und diese exportieren 60 % des Outputs.[3803] Zum Vergleich: Auch in den USA exportieren nur 21 % der Firmen, und nur 5 % haben Exporte, die über 50 % des Outputs liegen.[3804]

Pessimistischer stimmt somit eher, daß die Exporte afrikanischer Firmen zu einem großen Teil nur auf regionaler Ebene vorliegen: Nur ein gewisser Prozentsatz geht wiederum an die Welt: Ghana 34 % (von den 8 % exportierender Firmen, also weniger als 4 %); Zimbabwe 12 % (von den 54 % exportierenden Firmen).[3805] Typischerweise exportieren größere Firmen, wobei diese nicht deutlich höhere Werte ihres Outputs exportieren, im Durchschnitt weniger als 30 % ihres Outputs.[3806] Gezeigt werden kann weiterhin, daß die exportierenden Firmen meistens (bis auf Ghana, Sambia mit sehr kleinen Exportsektoren) produktiver sind als die Firmen, die auf den heimischen Markt konzentriert sind.[3807] Exportorientierung hat somit positive Effekte auf die Produktivitätsentwicklung.[3808] In einer Studie von Söderbom/Teal (2002) wird geschlossen, daß die großen, eher kapitalintensiven Firmen Exporte aufweisen, daß dies aber meist solche sind, die auf regionalem Niveau stattfinden. Allein in den Bereichen, in denen Lohnkostenvorteile vorliegen, etwa in der Bekleidungsindustrie, wird auch auf internationalem Niveau exportiert. Geschlossen wird daraus, daß die großen Firmen arbeitsintensivere Prozesse zulassen sollen.[3809]

Weiterhin gilt, daß es teilweise gelingen kann, in Nischenmärkten auch international wettbewerbsfähig zu werden, wenn Investitionen erfolgen. Hilfreich ist es, wenn ein ausländischer Partner gewonnen wird, der dazu beiträgt, die technologischen und sonstigen Fähigkeiten zu verbessern.[3810] Wichtig ist, daß das lokale Management schon früh an all diesen Prozessen beteiligt ist und daß schon bei der Durchführung des Projekt, bei der Auswahl der Maschinen, bei der Bestimmung des Inputmixes für die spätere Produktion technologische Fertigkeiten erworben werden. Selbst wenn es möglich ist,

---

[3800] Siehe: **Tabelle 191**.
[3801] Mengistae/Teal 1998: 35.
[3802] Die Autoren schätzen diesen Anteil als gering ein. Mengistae/Teal 1998: 21.
[3803] Mengistae/Teal 1998: 20.
[3804] Bernard et al. 2003: 5-6.
[3805] Zahlen für Kenya und Sambia liegen nicht vor. In Mauritius wird 54 % in Länder außerhalb Afrikas exportiert. Mengistae/Teal 1998: 36-37.
[3806] Mengistae/Teal 1998: 22, 26.
[3807] Mengistae/Teal 1998: 34. Auch für Ghana wird höhere Produktivität in Exportsektoren festgestellt. Mit ebensolchen Ergebnissen für Firmen in Kamerun, Kenya, Simbabwe. Etwas mißtrauisch stimmt, warum hier nur die nächsten 2 Jahre untersucht werden, weil es, s.o. durchaus für Afrika Untersuchungen gibt, die den Niedergang von Firmen beschreiben. Bigsten et al. 2001: 116. Es kann aber nicht die Kausalität geklärt werden, ob höhere Effizienz zu Exporten führt oder Exporte zu höherer Effizienz. Bigsten et al. 2001: 116.
[3808] Bigsten et al. 2001: 116.
[3809] Söderbom/Teal 2002: 14.
[3810] Hier käme es aber auch darauf an, den Richtigen zu finden, nicht einen mit monopolistischen Interessen. Wangwe 1995: 59.

Spezialisten zu mieten, ist es unerläßlich, daß diese Fähigkeiten bei der Produktion von den lokale anwesenden Unternehmen erworben werden können.[3811] Gelingt dies nicht, können bereits gewonnene Fähigkeiten auch verloren gehen, wie bei Textilfirmen in Tansania.[3812]

14.8 Länderbeispiel Kenya

Kenya gilt als das am meisten industrialisierte Land in Ostafrika. Dennoch ist vorstellbar, daß eine ganze Reihe von Industriebereichen einer Liberalisierung nicht standhalten würden. Auf der anderen Seite zeigen sich Chancen für dynamische Entwicklungen. Der Sektor verarbeitender Industrie in Kenya hat 216.000 Angestellte 1998 (Im Jahre 1991: 189.000), die Hälfte davon arbeitet im Textil- und Bekleidungsbereich.[3813] Die Struktur des Outputs ist in Kurzversion folgendermaßen charakterisierbar (1990): 30 % an den Lebensmittelbereich, dann folgen Getränke und Tabak; sodann Ölprodukte; Maschinen kommen auf 9 %, Metallprodukte 6,8 %, Textilien 6,4 %.[3814]

Zum Textilbereich: Aufgrund ausländischer Textilimporte (und heimischen Mißernten) mußte ein Teil der Textilmühlen schließen. Dies lag an einer insgesamten Krise und auch einer Umstrukturierung im Baumwollbereich. Die Zahl der Textilmühlen sank von 1997 bis 1999 von 94 auf 63. Die Baumwollpreise wurden lange Zeit vom Cotton Lint and Seed Marketing Board relativ hoch gehalten, trotz geringer Qualität aufgrund von veralteten Entkörnungsmaschinen, die die Rohbaumwollverarbeitung erschwerten.[3815] Kenya importiert seit geraumer Zeit 4/5 seines jährlichen Baumwollbedarfs aus Uganda, Tansania und Ägypten.[3816] Insgesamt stieg die Beschäftigung in diesem Bereich von 25.500 auf 27.200 Arbeiter, die Schließung der Mühlen hat aber zu Protesten geführt.[3817]

Firmenbeispiel Textilindustrie: Die Firma Rivatex (kenyanischer Staat 80 %, sonstige Anteilseigner IFC/Weltbank, sowie Schweizer und Deutsche Entwicklungshilfe). Diese Firma kann mit ihrer Produktion traditioneller Kangas kostenbezogen nicht gegenüber Produkten aus Asien konkurrieren, dazu kommen weitere Schwierigkeiten, wie die Erhöhung der Kreditverbindlichkeiten in DM durch die Abwertung des kenyanischen Schilling zwischen 1976 und 1992 um 500 %.[3818]

[3811] "The examples of NEM and Afrocooling suggest that a major source of production capablities is the accumulation of entrepreneurial, technical, and managerial skills from previous experience in commerce and industry." Wangwe 1995: 154, 159.
[3812] Am Beispiel von Textilfirmen in Tansania. Wangwe 1995: 156.
[3813] Trade Policy Review Kenya 2000: 68.
[3814] Daten für 1990. Trade Policy Review Kenya 1994: 110.
[3815] Hier ist von 60 % über den Weltmarktpreisen die Rede. Wangwe 1995: 211.
[3816] Trade Policy Review Kenya 2000: 60.
[3817] Für die historische Herleitung, u.a. ist von 60 % über den Weltmarktpreisen die Rede, siehe Wangwe 1995: 211. Für die aktuellen Entwicklungen der Mühlenumstrukierung siehe USITC 2004: K-6. Es könnte sein, daß dies nicht primär mit Liberalisierung, sondern mit anderen Maßnahmen, etwa dem liberalen Rückbau der Funktionen des Cotton Board zusammenhängt, der fünf seiner sechs Entkörnungsanlagen verkauft hat. Kenya kann nur 1/5 seines Baumwollbedarfs selbst herstellen, sodaß es auf Baumwollimporte aus anderen afrikanischen Staaten angewiesen ist. Trade Policy Review Kenya 2000: 60.
[3818] Wangwe 1995: 212-214.

Seit langer Zeit gibt es schon eine Synthetiktextilproduktion in Kenya (1992 52 % der Textilproduktion), durch international operierende Textilhersteller, so durch das indische Familienunternehmen Sunflag und die indische Raymond-Gruppe, die über ausländisches Personal und Wissen verfügen, wobei die Raymond-Gruppe 30 % des Outputs exportieren konnte, davon nach Tansania, Uganda, Ruanda, Sambia, Sudan. Nach Europa gehen 50 % der Exporte, speziell nach England.[3819]

Für Kenyas Textilindustrie zeigt eine Studie, daß wiewohl der erreichte Effizienzgrad hoch ist, aufgrund mangelnder Spezialisierung, technisch erreichbare Skalenökonomien durch längere Produktionsabläufe nicht erreicht werden und dies ein wichtiger Grund für niedrige Produktivität ist.[3820] Im Textilbereich schließen aufgrund der Liberalisierung (bei Zöllen von 25 bis 30 %) einige Firmen und andere arbeiten mit niedriger Kapazität (60 %).[3821] Davor waren die Zölle deutlich höher und mit Exportsubventionen wurde versucht, die Nachteile auszugleichen, dies gelang aber aufgrund von Verzögerungen in der Auszahlung und der Zuweisung nicht optimal.[3822]

Die Bekleidungsindustrie ist weniger ausgebildet und produktiv, sie leidet u.a. an den relativ hohen internen Textilpreisen, die teils auch durch die Zölle ausgelöst werden.[3823] Exporte liegen zwar vor, aber auf niedrigem Niveau.[3824]

Damit hat Kenya die Chance bislang nicht ausreichend wahrgenommen, über den Textil- und Bekleidungsbereich zu wachsen, etwas daß durch die Zoll- und Quotenbefreiung des AKP-Abkommens möglich gewesen wäre, einzig hätte eine Verarbeitung von Garnen zu Stoffe im Land stattfinden müssen, um den Ursprungsregeln zu genügen.[3825] Dafür findet sich schwer eine Erklärung (sprich: Es ist schade, daß die Inder, die sich in Kenya engagiert haben, welche in Indien selbst unter staatlichen Kapazitätsbeschränkungen und der MFA Begrenzung litten, nicht erfolgreich in afrikanische Länder hineinexpandiert sind, ähnlich wie Japan in die asiatischen Länder). Einzig kann es sein, daß die Investoren befürchtet haben, daß eine Expansion der Produktion dazu geführt hätte, daß Kenya in das MFA aufgenommen worden wäre oder in sonstige bilaterale Abmachungen.

[3819] Wangwe 1995: 212-214. Es gibt weiterhin auch staatliche Textilunternehmen, die besonders hohen Schutz eingeräumt bekommen. Trade Policy Review Kenya 1994: 121.
[3820] Pack 1987: 96, 137, 175. Dies wird bestätigt durch Informationen, die besagen, daß eine große Bandbreite an Bekleidung und Textilprodukten in Kenya produziert wurde: u.a. Zelte, geknüpfte Teppiche, Decken, Taschen, Säcke, Bekleidung.
[3821] Trade Policy Review Kenya 2000: 70, 93.
[3822] Davor ware die Zölle deutlich höher, Garne 53 %(1992), Stoffe zwischen 50 und 60 %, für Baumwollimporte ist eine Autorisierung nötig, die Importe wurden vor allem durch Umtauschbeschränkungen für Textilprodukte eingeschränkt. Um diese Nachteile auszugleichen wurden Exportsubventionen eingeräumt, die 20 % des f.o.b-Wertes umfassen, diese Gelder wurden aber oft nur verzögert ausgezahlt. Trade Policy Review Kenya 1994: 120-121.
[3823] Trade Policy Review Kenya 1994: 121.
[3824] Im Jahre 1991 hat Kenya ein BSP US$ 8,6 Mrd., die Exporte machen 26 % des BSP 1990 aus, US$ 1,1 Mrd. großteils Agrarprodukte, Textilwaren werden für US$ 13 Mill., Bekleidung für US$ 2 Mrd. exportiert. Trade Policy Review Kenya 1994: 120-121. Diese Textil- aber vor allem Bekleidungsexporte sind auf US$ 83,4 Mill. (2001) gestiegen, davon gehen US$ 69 Mill. in die USA, ermöglicht durch den AGOA, die Exporte in die EU sinken sogar ab, von US$ 9 Mrd. (1997) auf US$ 2 Mrd. (2001). USITC 2004: K-10, K-11.
[3825] Trade Policy Review Kenya 1994: 121; zu den Ursprungsregeln siehe ABl. Nr. L 229, 17. August 1991, Viertes AKP-EWG Abkommen, unterzeichnet am 15. Dezember 1989 in Lome. S. 166-169; Kenya war nicht Mitglied im MFA. Trade Policy Review Kenya 1994: 121.

Neuzugängen wurde meist eine recht niedrige Quoten bzw. geringe Expansionsmöglichkeiten zugestanden.[3826] Ganz zufriedenstellen ist diese Erklärung nicht, denn es gab noch mehr afrikanische Länder und MFA-'country jumping' war auch in Asien verbreitet. Diese Episode scheint somit eher mit Rentensuche zu tun zu haben.

Importiert werden von Kenya vor allem Gewebe und Textilfasern für die Exportproduktion sowie gebrauchte Kleidung.[3827] Die Liberalisierung hat jedenfalls die mangelnde Wettbewerbsfähigkeit unter anderem dieses Bereichs aufgezeigt: Im Textil- und Bekleidungsbereich, Zucker und elektrischen Maschinen.[3828] Dies gilt trotz durchschnittlichen Zöllen von 33 % auf Bekleidungsendprodukte.[3829] Derzeit wächst der von der sonstigen Ökonomie abgetrennte EPZ-Sektor im Bekleidungsbereich, dem zollfreie Importe eingeräumt werden, aufgrund der Einbeziehung Kenyas in den U.S. AGOA, der - unter bestimmten Bedingungen - zoll- und quotenfreie Exporte in die USA erlaubt.[3830]

Im landesinternen Produktivitätsvergleich schneidet die Nahrungsmittelindustrie am besten ab.[3831] Dieses gute Abschneiden liegt wohl auch an Del Monte und der exportbezogenen Nahrungsmittelproduktion (Ananas). Nur 5 % dieser wird auf heimischen und regionalen Märkten verkauft. Düngemittel und Herbiziden werden importiert, Zucker und Wasser wird vor Ort hergestellt. Hinsichtlich vieler Aspekte, unter anderem der Einbeziehung und Ausbildung heimischer Fachkräfte scheint sich diese Firma akzeptabel zu verhalten, siehe aber die Fußnote. Die Firma ist nicht mehr in der Lage ihren Landbesitz auszudehnen.[3832]

Der verarbeitende Sektor in Kenya besteht weiterhin aus Lederverarbeitung und Schuhproduktion, Zucker und dessen Weiterverarbeitung, Getränkeherstellung, Tee- und Kaffeeweiterverarbeitung, Tabak- und Chemikalienproduktion, Maschinenbau, aus einer Ölraffinerie, einem Papierwerk sowie Automobil- bzw. Transportmittelwerke mit 3 Montagewerken, die jeweils 5000 Einheiten jährlich produzieren. Der informelle Sektor produziert weiterhin Haushaltswaren, Automobilteile und Farmwerkzeuge.[3833] Die quasi-staatlichen Automobilmontagewerke weisen eine sinkende Produktion auf[3834], vielleicht sind sie bereits geschlossen worden.[3835] Zu einigen Firmen etwas genauer: Es gibt noch ein Stahlwerk (KUSKO), mit zwei elektrischen Lichtbogen-Schmelzöfen (es handelt sich also

---

[3826] Keesing/Wolf 1980: 86.
[3827] USITC 2004: K-8.
[3828] Trade Policy Review Kenya 2000: 70.
[3829] Trade Policy Review Kenya 2000: 51, 70.
[3830] USITC 2004: K-7.
[3831] In Kenya ist der Nahrungsmittelbereich in etwa doppelt so produktiv wie der Textil- und Bekleidungsbereich. Der Metallbereich liegt in der Mitte davon. Innerhalb der Mikro-Firmen liegt der Textilbereich allerdings vorne und im Nahrungsmittelbereich sind die großen Firmen am produktivsten. Söderbom 2001: 11, 21-25.
[3832] So Wangwe 1995: 218-221; Del Monte ist 1994 von der mexikanischen Grupo Cabal übernommen worden. Die Schattenseiten von De Monte werden etwa anhand des inakzeptablen Geschäftsgebarens auf den Philippinen sichtbar, wo eine Ausdehnung des Landbesitzes durch Pacht erfolgte, welches erhebliche Nachteile für Kleinbauern und deren Einschüchterung mit sich brachte. Siehe Windfuhr/Braßel 1995: 20-28.
[3833] Trade Policy Review Kenya 2000: 68.
[3834] Trade Policy Review Kenya 1994: 132; Trade Policy Review Kenya 2000:
[3835] Goldstein/Ndungu 2001: 2001.

nicht um ein integriertes Stahlwerk, sondern nur um die Erwärmung von importiertem Stahl, der dann heiß ausgerollt wird und zu Stücken, Stäben, Draht, Platten und Bandstahl verarbeitet wird), welches im Besitz indischer Familien ist.[3836] Darum gruppierenden sich diverse metallverarbeitende Unternehmen, die für partiellen Wettbewerb mit KUSKO sorgen: u.a. Nalin Nail und Wire Products Limited (im Besitz einer entwicklungsfördernden Holding[3837]) in der Nagel- und Metalldrahtherstellung.[3838] Die Metallindustrie erzielt aufgrund von Transportkostenvorteilen regionale Exporte, weil die benachbarten Länder nicht über diese Fähigkeiten verfügen, die Qualität ist aber wohl teils nicht so zufriedenstellend.[3839] Es liegen hohe Importe vor, die auf einem Niveau von 10 und 25 % verzollt werden und geringe Exporte. Die weiterverarbeiteten Produkte werden mit noch deutlich höheren Zöllen geschützt.[3840] Die Zementindustrie, mit zwei größeren Firmen (eine staatliche, mit veralteter Technologie, die andere staatlich/privat, Bamburi Portland Cement Company) gegründet in den fünfziger Jahren, verloren ihre Exportwettbewerbsfähigkeit in den achtziger Jahren, aufgrund widriger Umstände, aber auch aufgrund politischer Streitigkeiten und daraus resultierender behindernder Kohlezölle und Preiskontrollen. Nachdem die Bamburi Portland Cement Company allerdings durch eine Schweizer Management Firma gelenkt wird, hat sich ihre Position verbessert, dazu wurden die behindernden staatlichen Politiken abgeschafft, die Effizienz wurde verbessert (durch einen IFC/Weltbank Kredit und ein japanischer Entwicklungshilfekredit) und Exporte konnten sogar leicht gesteigert werden. In Kenya ist Limestone als Input für die Zementproduktion vorhanden.[3841] Der Papierbereich wird dominiert von Pan African Paper Mills (in der Hand einer indischen Firmengruppe), es gibt aber eine Reihe kleiner- und mittlerer Firmen, die auch Papier und Verpackungsmaterial herstellen. Panpaper produziert eine größere Produktpalette, kann aber keine Skalenökonomien erzielen. Hohe Kosten werden durch Probleme im Rohstoffnachschub ausgelöst (dem Staat gehört der Wald, es gibt Zölle auf Holzimporte). Die Firma operiert auf dem Land in Kenya, hat 2200 lokale Angestellte und von anfangs 235 indischen Ingenieuren sind noch 30 vor Ort. Die Ausbildung erfolgt teils in Europa und Amerika und hat zu hohe Effizienzsteigerungen und einer wohl relativ umweltschonenden Produktion geführt.[3842] Die Papierindustrie wird zollgeschützt, siehe gleich genauer, wurde aber eben durch andere staatliche Maßnahmen benachteiligt.[3843] Es gibt weiterhin eine Pharmaindustrie.[3844] Im großen und ganzen ist der verarbeitender Sektor in Kenya nicht

---

[3836] Wangwe 1995: 227.
[3837] Der Industrial Promotion Service (IPS) und der Aga Khan Fund for Economic Development (AKFED) hält Anteile an fünf Unternehmen: Wakulima Tool Limited; Leather Industries of Kenya; the Plastic and Rubber Company Limited sowie eine Textilfirma. Wangwe 1995: 228.
[3838] Wangwe 1995: 227-228.
[3839] Wangwe 1995: 228.
[3840] Trade Policy Review 1994: 130.
[3841] Wangwe 1995: 230-233. Der Verweis auf Limestone mit Bestätigung dieses vorsichtig positiven Befundes in Trade Policy Review 1994: 129.
[3842] Wangwe 1995: 233-236.
[3843] Aufgrund Umtauschkontrollen 1988 werden die Zellstoffzölle von 40 % auf 10 % gesenkt, Holz aus Kenyas Wäldern war immer schwieriger zu beschaffen, u.a. weil der Staat sich im Schutz engagiert, ansonsten gab es Preiskontrollen aufgrund der monopolistischen Struktur dieses Sektors, dies könnte Profitabilität und Investitionswilligkeit geschmälert haben. Trade Policy Review Kenya 1994: 123-124.
[3844] Mit 23 mittleren und größeren Firmen, darunter internationale Firmen, die von Kenya aus die regionalen Märkte beliefern, es gibt aber auch eine Reihe innovativer kleiner und mittlerer Firmen, die etwa Zulieferer für Zucker und Stärkerohstoffe sind. Wangwe 1995: 222-226.

allzustark spezialisiert, sodaß ein großer Teil der Zwischenprodukte und Kapitalgüter eingeführt werden muß.[3845]

Die Liberalisierung in Kenya ist durch einen maximalen Wertzoll von 25 % geprägt. Auf 17 % der Zollpositionen, immerhin 1011, werden aber höhere Zölle erhoben, auf verarbeitete Waren wie Reifen, Batterien, Papier, Schuhe, Garne, Harze, einige Eisen- und Stahlprodukte sowie landwirtschaftliche Produkte wie Früchte und Gemüse. Der höchste Zoll von 70 % wird auf Reis, Weizen, Zucker und Milch erhoben.[3846] Die Garn- und Holzzölle sind typische IS-Zölle, die Inputgüter verteuern und dadurch die Exportproduktion erschweren, sichtbar wird aber ebenso, daß über gesonderte Exportzonen dieses Problem umgangen werden kann. Die verbindlich in der WTO festgelegten Zölle engen Kenya bislang kaum in der Gestaltung des Zollregimes ein, nur 1,6 % der Zollpositionen sind verbindlich. Zählt man die Zölle auf Agrarprodukte dazu, die allesamt bei 100 % verbindlich festgelegt wurden, sind es 15 %, wobei die verbindlichen Zollraten hoch angesetzt sind.[3847]

Insofern kann in großen und ganzen von einer eher moderaten Liberalisierung gesprochen werden. Kenya erreicht eine Wirtschaftswachstum von 1992: 0,5 %; 1993: 0,2 %; 1994: 3,0 %; 1995: 4,8 %: 1996: 4,6 %; 1997: 2,4 %; 1998: 2 %; 1999: 1 %; 2000: 0 %; 2001: 1; 2002: 2 %.[3848] Die Exporte Kenyas sind etwas diversifizierter als die Exporte der afrikanischen Länder unterhalb der Sahara: Der Export höherwertiger landwirtschaftlicher Produkte macht insgesamt 60 % der Exporte aus: Tee (30 % der Exporte 1998), Kaffee, Pyrethrum, Blumen und Früchte. Als Rohstoff: Sodaasche. Dazu kommen verarbeitete Waren, Erdölprodukte, Zement, Bekleidungs- und Lederprodukte. Für Kenya sinkt der Anteil verarbeitender Waren zwischen 1993 bis 1998 von 29 % auf 25 % an den Exporten ab.[3849] Der Leser mag selbst über die außenhandels- und industriepolitischen Möglichkeiten Kenyas nachdenken, u.a. wurde oben ja erwähnt, daß Fahrradmontage stattfindet, somit ist Exportorientierung und Lohnveredelung im verarbeitenden Sektor möglich. Gezeigt werden konnte jedenfalls, daß Kenya wohl kaum seine ganze verarbeitende Industrie abbauen sollte, um fortan nur noch Agrarprodukte und Mineralien zu exportieren.

14.9 Textil/Bekleidung: Warum neue Präferenzregeln wirksam sein können

Viele afrikanische Ländern haben Schwierigkeiten aus importierten Garnen qualitativ hochwertige Textilien herzustellen. In ihrem Interesse ist es billige Textilstoffe aus Asien zu importieren und direkt zu Bekleidung zu verarbeiten. Wenn Afrika diesbezüglich mehr Freiräume eingeräumt würde und die bestehenden Präferenzspannen nicht durch einen Zollabbau in der neuen WTO-Verhandlungsrunde erodieren, hat Afrika die Chance die nach der Abschaffung des Multifaserabkommens weiter bestehenden Zölle für Länder wie China dazu nutzen zu können, Marktanteile zu erobern. Verringern

---

[3845] Trade Policy Review Kenya 2000: 68.
[3846] Trade Policy Review Kenya 2000: 29-31.
[3847] Trade Policy Review Kenya 2000: 32.
[3848] Daten aus Trade Policy Review Kenya 2000: 3. Ab 1998 aus dem Weltbank Datenpool WDI.
[3849] **Tabelle 186**

sich die Zölle nicht, besteht in den USA in Zukunft ein T-Shirt Zoll von 32 % für China[3850], für Afrika läge dieser bei Null.

Oben wurde schon erwähnt, daß afrikanische Staaten in der Vergangenheit hätten versuchen können, trotz nur kleiner Quotenmengen für Neulinge, in das Multifaserabkommen (MFA) integriert zu werden, auch weil das teils weniger strikte Ursprungsregeln als das AKP-Präferenzabkommen vorrausgesetzt hatte.[3851] Am Rande: Die EU hatte die Einbeziehung in das Allgemeines Präferenzsystem im Textil- und Bekleidungsbereich abhängig von der Unterzeichnung des MFA oder eines bilateralen Abkommens gemacht.[3852] Kenya war aber nicht Mitglied des MFA[3853] und nutzte diese Möglichkeiten nicht.

Im Gegensatz zum allgemeinen bzw. GSP-Präferenzsystem der USA, welches Textilien und Bekleidung ganz ausklammerte (das GSP der USA deckte bisher nur 17 % der Exporte Afrikas ab, davon waren ein Großteil Ölimporte[3854]), hatte die EU, die immerhin 55 % der Exporte Afrikas aufnimmt (zum Vergleich, die USA nimmt 23 % der Exporte Afrikas auf, davon aber nur 7,4 % nicht-Öl[3855]) mit ihrem AKP-Abkommen immerhin erlaubt, daß die afrikanischen Staaten Garn (aus Indien, aus Asien) importieren, dieses dann zu Textilien verarbeiten und diese Textilien dann als Bekleidung in die EU zoll- und quotenfrei exportieren konnten ('doppelte Transformation', 'double transformation', 'double jump').[3856]

Als neue Regel erlaubt die EU seit kurzem eine vollständige Kumulation, d.h. die Umformung von Garn zu Textilien kann in irgendeinem anderen AKP Land, auch in weitere Produktionsschritte aufgeteilt, stattfinden.[3857] Ebenso ist auch die Verarbeitung von AKP Textilien zu Bekleidung möglich.[3858] Seit dem Zeitpunkt des Cotonou AKP Abkommens findet zudem ein 'phase in' von Südafrika (welches kein AKP Land ist) statt, wodurch Garne und Woll- und Synthetiktextilien aus Südafrika auch in die AKP-Kumulation einbezogen werden, also von anderen afrikanischen Staaten

---

[3850] Siehe T-Shirts in: HS 61099010: USA Zolltarif 2004: 1173.

[3851] **Tabelle 109**. Die normalen Ursprungsregeln sind teils toleranter als die präferenziellen, so wird vollständiges Herstellen, definiert als Zusammenfügen von Texilien als ursprungserzeugend im HS 61 angesehen. Verordnung (EWG) Nr. 2454/93 'Durchführungsvorschriften'. In: ABl. L 253, 11. Oktober 1993. S. 242. Hier sind bis zum 1. Januar 2005 noch die EU MFA-bzw. ATC-Regeln wirkungsmächtig, diese dürften aber mittlerweile identisch sein mit denen im Zollkodex. Vermulst/Dacko 2004: 15-16.

[3852] Die EU hat im Textilbereich GSP nur eingeräumt, wenn MFA Mitgliedschaft bestand oder ein bilaterales Abkommen vorlag, siehe Verordnung (EWG) Nr. 4259/88 des Rates vom 19. Dezember 1988 zur Anwendung allgemeiner Zollpräferenzen für Textilwaren mit Ursprung in Entwicklungsländern. In: ABl. L 375/83, 31.12.1988. S. 83-84.

[3853] Trade Policy Review Kenya 1994: 121.

[3854] Mattoo et al. 2002: 4, 6.

[3855] Mattoo et al. 2002: 4.

[3856] Hier wird auf das HS Kapitel 61 rekurriert, in HS 62 wird teils ein 40 % Wert von Inputgütern akzeptiert. Verordnung (EWG) Nr. 2454/93 'Durchführungsvorschriften'. In: ABl. L 253, 11. Oktober 1993. S. 286-287. Fast gleich in: Beschluß des Rates und der Kommission vom 25. Februar 1991 über den Abschluß des Vierten AKP-EWG-Abkommens. In: ABl. L 229, 17.8.1991. S. 168. Siehe auch UNCTAD 2001a: 24.

[3857] UNCTAD 2001a: 24; Brenton/Manchin 2002: 7-8; USITC 2004: K-5. Partielle Kumulation wird etwa von der EU in ihrem GSP für ASEAN, SAARC, CACM und die Andean Group eingefordert, dies bedeutet, daß ein Produkt, daß in Land A weiterverarbeitet wird in Land B einzigen Ursprung haben muß. UNCTAD 2001a: 27.

[3858] UNCTAD 2001a: 24.

dort bezogen, weiterverarbeitet und dann zu Präferenzraten in die EU importiert werden können.[3859] Diese regionale Kumulation soll zur Stützung der EU-Textilindustrie neuerdings auch den Mittelmeeranrainerstaaten eingeräumt werden.[3860] Südafrika hat, neben seiner beschränkten Mitgliedschaft im Cotonou-Abkommen seit 2000, ein Freihandelsabkommen mit der EU abgeschlossen, welche sukzessiv Zölle für südafrikanische Produkte, darunter auch Textilprodukte absenkt.[3861] Viel ist davon in den Handelsströmen noch nicht zu bemerken. Von den US$ 7 Mrd. Bekleidungsimporten aus Afrika im Jahre 2003 liegt Tunesien bei US$ 3 Mrd., in der allgemeinen Liste der Hauptzuliefererländer der EU werden nur noch Mauritius mit US$ 619 Mill. und mit US$ 145 Mill. Madagaskar genannt.[3862]

Box Südafrikas Textilindustrie. Diese regionale Kumulation unter Einbeziehung Südafrikas ist deshalb positiv für den südafrikanischen Wirtschaftsraum, weil es Südafrika, nicht durch Liberalisierung, sondern durch Umstrukturierung und Direktinvestitionen gelangt, die seine Textil- und Bekleidungsindustrie zu modernisieren. Südafrika, das sich Mitte der neunziger Jahre nach einer partiellen Zollsenkung über den Zustrom billiger Textilien aus Asien beklagte, konnte durch ausländische Investitionen im Textilbereich seine Textil- und Bekleidungsindustrie revitalisieren. Der Verlust von 30.000 Jobs ist hauptsächlich auf die Umstrukturierung nicht aber auf die Importe zurückzuführen. Seitdem präsentiert sich Südafrika in guter Verfassung bzgl. Textil- und Bekleidung, es werden Schutzzölle von durchschnittlich 22 % bis 44 % auf Textilien aufrechterhalten, auf Bekleidung 87 % (einzelne Garnzölle liegen etwa darunter, 5 oder 15 %).[3863]

Die USA versucht mit dem African Growth and Opportunities Act ('AGOA') aus dem Jahre 2000 in ähnlicher Art und Weise mehr Freiräume zu eröffnen. Nebenbei wird versucht, den Zustand zu korrigieren, daß die USA bislang in bezug auf Afrika kaum nennenswerte Zollpräferenzen vergeben hatte. Der AGOA sieht aber erst einmal strengere Ursprungsregeln vor, die postulieren, daß Garn aus den jeweiligen Präferenzländern kommen muß oder aus den USA.[3864] Diese Regeln wurden für weniger entwickelte Länder Afrikas sowie Botswana und Namibia (nicht aber Mauritius, Südafrika, Gabun und die Seychellen) insofern aufgeweicht, daß es bis 2007 möglich ist, daß diese Länder bis hin zu einem Anteil von 2,4 % (für 2003) der U.S. Importe Garn und sogar Stoffe aus dritten Ländern nutzen können. Die später zusätzlich beschlossene, aktuelle Erhöhung der Obergrenze auf 7,0 % der US Importe kommt aber wiederum nur Produzenten zugute, die mit Garnen und Textilien produzieren, die in den afrikanischen Ländern oder der USA hergestellt worden sind.[3865] Diese 2,4 % und 7 %

[3859] Partnership Agreement between the members of the African, Caribbean and Pacific Group of States of the one part, and the European Community and its Member States, of the other part, signed in Cotonou on 23 June 2000. In: ABl. L 317, 15.12.2000. S. 215-220.
[3860] EU Trade News, 15.10.2004.
[3861] USITC 2004: K-45.
[3862] WTO 2004a: 154.
[3863] Ausführlich Roberts/Thoburn 2002; TIPS Report Employment 2004; USITC 2004: K-39. Es besteht aber immer noch die Befürchtung, daß ab Anfang 2005 nach Auslaufen des Multifaserabkommens, etwa ein 22 % Zoll auf Baumwolltextilien nicht ausreicht, um den südafrikanischen Textilsektor vor chinesischen Importen zu schützen. USITC 2004: K-4. Siehe für die Garnzölle South Africa Customs Information 2004.
[3864] Mattoo et al. 2002: 8.
[3865] So in USITC 2004: K-5.

Obergrenzen sind im Moment Grund genug für die Steigerung der Bekleidungsproduktion in Ländern wie Kenya (15 % der AGOA Importe), Lesotho (40 %) und Swaziland (9 %). Mauritius (mit 13 %) und Südafrika (welches einbezogen ist und auch exportiert, aber nur lokal vorhandene Garnen und Textilien und nicht solchen aus dritten Ländern verwenden darf).[3866] Die Bekleidungsimporte der USA liegen 2003 bei 71 Mrd., China kommt für 12 Mrd. auf, Afrika liegt bei 2 Mrd.. Dies sind schon 2,8 %, somit ist die 2,4 % Obergrenze des AGOA nicht extrem großzügig bemessen. Lesotho taucht mit 419 Mill. in der Liste der Zulieferer auf, Mauritius mit 283 Mill.. Andere afrikanische Länder werden in dieser U.S. Zuliefererliste, in der sich nur die wichtigsten Länder befinden, nicht erwähnt.[3867]

Einzig Japan erlaubt in seinen Ursprungsregeln des allgemeinen GSP-Präferenzsystem den 'single jump' von Stoffimporten zu Bekleidungsexporten, aber mit Quotenbeschränkung.[3868]

Interessanterweise definieren die nicht-präferentiellen, 'normalen' Ursprungsregeln der EU, die nach dem Auslaufen des Multifaserabkommens (und solche die nach der Harmonisierung der Ursprungsregeln durch die WTO) seit dem 1. Januar 2005 gelten, als 'vollständiges Herstellen' den Vorgang, der nach der Zusammenfügung der Stoffteile stattfindet und akzeptieren dies als ursprungserzeugend.[3869] Möglich ist es damit für alle interessierten Länder Textilien zu importieren, wobei deren Weiterverarbeitung als ursprungserzeugend gilt. Dies könnte auch ohne Präferenzen afrikanischen Länder Chancen eröffnen, so liegt in der EU für die Warenkapitel 61 bis 63 Bekleidung der Zollsatz fast durchgängig bei 13 %.[3870]

14.10 Textil/Bekleidung: Der südafrikanische Raum

Partiell gelingt es derzeit im südafrikanischen Raum, unter anderem über ausländische Investitionen, die Textil- und Bekleidungsindustrie zu revitalisieren (dazu gibt es Baumwollproduktion). So investierten taiwanesische Unternehmen u.a. in eine moderne Jeansstoffabrik in Lesotho, hier spielen neben anderen Gründen, die gleich genannt werden, die geringen Lohnkosten und die gut ausgebaute Infrastruktur einer 4 bis 5 Stunden Fahrt zum Hafen im südafrikanischen Durban eine Rolle.[3871] Taiwanesische Investitionen wurden in der Bekleidungsindustrie des Baumwollproduzenten Malawis und in Swaziland getätigt.[3872]

[3866] USITC 2004: K-5.
[3867] WTO 2004a: 153.
[3868] UNCTAD 2001a: 24.
[3869] Verordnung (EWG) Nr. 2454/93 'Durchführungsvorschriften'. In: ABl. L 253, 11. Oktober 1993. S. 242, 247. Dies fließt offenbar in die Harmonisierungsarbeit des Rates für die Zusammenarbeit auf dem Gebiet des Zollwesens (bzw. der World Customs Organization) mit ein. UNCTAD 2001a: 25.
[3870] EU Zolltarif 1999: 274.
[3871] In Lesotho wird von taiwanesischen Unternehmen eine breit angelegte integrierte Textil- und Bekleidungsproduktion aufgebaut. USITC 2004: K-13.
[3872] In Malawi sind aber die Baumwollmühlen noch in schlechten Zustand Cotton News 2001: 4-9.

In Madagaskar spielen die besonders niedrigen Lohnkosten eine Rolle. Bis dato sind 230 Firmen und mehr als 80.000 Arbeiter in einer neuen Exportzone im Textil- und Bekleidungsbereich in Antananarivo angestellt, die relativ breit angelegt Produkte herstellen kann, so etwa nicht nur T-Shirts sondern auch Kashmere-Pullover.[3873] Das Engagement in Madagaskar erfolgt teils gesteuert durch Firmen, die in Mauritius aktiv sind, welches aufgrund seiner geringen Einwohnerzahl (und trotz dem Transport von chinesischen Arbeitern in dieses Land) Lohnkostensteigerung aufweist.[3874]

Mauritius importiert Baumwolle aus West- und Zentralafrika[3875], verfügt über eine eigene Baumwollmühle zur Weiterverarbeitung, dazu kommen lokale Textilfabriken (acht Stoffabriken) die die Bekleidungsindustrie beliefern. Die lokale Garnindustrie produziert zu 19 % bis 27 % höheren Kosten als auf dem Weltmarkt. Die 40.000 t Garn, die pro Jahr benötigt werden, werden großteils importiert[3876], ebenso werden in größere Mengen Stoff importiert (US$ 860,5 Mill. Bekleidungsexporte, US$ 367,0 Mill. Textilimporte).[3877] Dies deutet mittelbar auf Probleme mit den Ursprungsregeln hin. Immerhin gehen 60,2 % der Bekleidungsexporte in die EU.[3878] Es fragt sich nämlich, was mit den importieren Textilien geschieht, denn die in die EU exportierte Bekleidung darf allein aus importiertem Garn hergestellt werden. Auf der anderen Seite gibt es Informationen, die besagen, daß 80 % des Stoffbedarfs aus zwei lokalen Stoffabriken bezogen werden.[3879] Mauritius hat als Inselstaat keine Ausnahmen von den Ursprungsregeln für seine Bekleidungsproduktion eingeräumt bekommen, von zwei Ausnahmen mit geringer Bedeutung abgesehen.[3880] Mauritius exportiert in die EU über die Präferenzen des Cotonou-Übereinkommens (welches Zollfreiheit einräumt, aber eben den Ursprungs-'double jump' Garn, Textilien, Bekleidung nötig macht) und in die USA (dort quotenkontrolliert).[3881]

Mauritius war nicht Mitglied des Multifaserabkommens, hat aber neben dem AKP auch vom GSP profitiert und hat vielleicht zusätzlich ein bilaterales Abkommen mit der EU gehabt.[3882] Mauritius,

---

[3873] USITC 2004: K-23.
[3874] Madagaskar hat alles in allem nur einen Kostenvorsprung von 5-8 %, weil die Produktion in Mauritius durch den bessern Ausbildungsgrad der Arbeiter und unternehmerfreundliche Rechtsregeln einen gewissen Vorteil aufweist, dazu kommen höhere Kosten in Madagaskar für das Fachpersonal. Im Jahre 2002 betrugen die Arbeitskosten im Bekleidungsbereich US$ 0,33 in Madagaskar; 0,38 in Kenya und Indien, 0,41 in Pakistan, 0,68 in China, 1,25 in Mauritius, 1,38 in Südafrika. USITC 2004: K-24, K-30.
[3875] Cotton Board News 2001: 10.
[3876] USITC 2004: K-31.
[3877] USITC 2004: K-35. Dies sind 19,800,000 lbs (9,000 MT) gewebte Stoffe und 12,000,000 lbs gestickte Stoffe. Cotton Board News 2001: 10. Die Frage nach den Ursprungsregeln für Mauritius wird in sonstigen Publikationen immer wieder ausgeblendet, so beispielsweise in Trade Policy Review Mauritius 2001: 66-69. Auch nicht in OECD 2004: 209-231. Ebenso ITC Mauritius 2001: 11; und auch in UNCTAD 2001b: 121-132.
[3878] UNCTAD 2001b: 122.
[3879] ITC Mauritius 2001: 11.
[3880] Im Jahre 1974 waren bestimmte Textilfabriken nicht fertig, hier wurden von der EU bis Dez. 1975 Ausnahmen von Ursprungsregeln eingeräumt: Verordnung (EWG) Nr. 866/75 des Rates vom 18. März 1975 'Ausnahme von der Begriffsbestimmung für Ursprungserzeugnisse'. In: ABl. L 84, 4.4.75. S. 3. Für geringe Mengen wurde eine Ausnahmen gewährt gemäß Beschluss Nr. 1/99 des AKP-EG-Ausschusses für Zusammenarbeit im Zollwesen vom 25. März 1999. In: ABl. L 117, 5.5.1999. S. 49-51.
[3881] USITC 2004: K-3. Aber hatte Quoten in den USA Erzan/Holmes 1990: 209.
[3882] Trade Policy Review Mauritius 2001: 69; ebenso Dickerson 1995: 576-577. Als GSP-Mitgliedstaat wird Mauritius erwähnt in Verordnung (EWG) 4257/88 des Rates vom 19. Dezember 1988 zur Anwendung allgemeiner Zollpräferenzen. In: ABl. L 375, 31.12.1988. S. 44. Es ist somit falsch, Mauritius als Mitglied des MFA zu bezeichnen, siehe aber OECD 2004: 215. Weil aber die EU im Textilbereich

angeblich Beispiel für den Erfolg einer liberalen Politik[3883], die zu Wachstum geführt hat, konnte sein Wirtschaftwachstums auf dem Zuckeranbau aufbauen, weil diese winzige Insel 40 % der AKP Quote für Zucker innehat (507.000 t), der zu EU-internen Preisen (die liegen 3 mal so hoch wie auf dem Weltmarkt) verkauft werden konnte.[3884] Aufgrund dieser Eigenheiten ist es schwer möglich, Mauritius als Beispiel des Erfolgs rein liberaler exportorientierter Politik (obwohl es über einige 'liberale' Erfolgsfaktoren aufweist)[3885] in Afrika anzusehen und mit Blick auf dieses Land zu schließen, daß andere afrikanische Regierungen an ihren Mißerfolgen vor allem selbst die Schuld tragen, es wird aber schon sichtbar, daß die Konzentration auf zwei Bereich, hier Zucker und Textil- und Bekleidung vorteilhaft ist. Auch im Bereich Leder, Möbel wären durch die niedrigen Lohnkosten Wachstumserfolge initiierbar.[3886]

Auch Lesotho (2,2 Mill. Einwohner, 45.000 Arbeiter in der Textil- und Bekleidungsindustrie[3887]), wo es derzeit zu substantiellen Investitionen asiatischer Bekleidungs- und auch Textilhersteller kommt, ist kein Beispiel für den Erfolg dogmatisch liberaler Politik. Lesotho profitierte seit einiger Zeit schon von einer speziellen Sondergenehmigung des EU-Lomé-Abkommen bzgl. der Ursprungsregeln, aus dem Grund, weil es ein so kleines Land ist und damit bzgl. dem Aufbau einer Textilindustrie klar benachteiligt ist (ähnliches ließe sich aber von allen afrikanischen Ländern sagen). Diese Sondergenehmigung galt in den neunziger Jahren 8 Jahre und lief Ende der neunziger Jahre aus. Daraufhin sanken die Exporte in die EU fast ganz ab. Erst mit dem U.S. AGOA aus dem Jahre 2000 wurde in Lesotho die Industrie revitalisiert, jetzt auch mit substantiellen Investitionen in die Textilindustrie, offenbar um bei den vorliegenden, schon relativ hohen Exporten in die USA auch die aktuell zusätzlich eingeräumte 7 % Obergrenze des U.S. Marktes nutzen zu können, siehe oben.[3888] Die Kapazität für Bekleidung in Lesotho liegt bei 21 Mill. Jeanshosen und 35 Mill. genähten Shirts,

---

GSP nur einräumte, wenn MFA Mitgliedschaft bestand oder ein bilaterales Abkommen vorlag, wird mindestens ein bilaterales Abkommen vorgelegen haben, siehe Verordnung (EWG) Nr. 4259/88 des Rates vom 19. Dezember 1988 zur Anwendung allgemeiner Zollpräferenzen für Textilwaren mit Ursprung in Entwicklungsländern. In: ABl. L 375/83, 31.12.1988. S. 83-84.

[3883] Und für hohe Investitionsniveaus, die angeblich allein intern erzeugt wurden: "and indeed most of the early investment came from domestic sources" World Bank 1994: 68-69. Stimmt ja genaugenommen auch, nur daß intern von extern abhing.

[3884] Seit 1826 bestanden derartige Präferenzregime für Mauritius. Die Jahreszahl ist nicht falsch eingetippt. Trade Policy Review Mauritius 1995: 71. Zucker kommt für 7,7 % des BSP 1993 auf. Trade Policy Review Mauritius 1995: 1. Die positiven Effekte des hohen Zuckerpreises sind mit Zahlen belegt. Trotz der Vernichtung von 1/3 der Ernte durch einen Zyklon führte etwa der hohe Zuckerpreis 1975 zu einem zusätzlichen Einkommen von 19 % des BSP (verglichen mit konstanten Preisen aus dem Jahre 1972). Insgesamt führte dies von 1968-1980 zu US$ 529 Mill. zusätzlichem nationalem Einkommen, 7 % des BSP in dieser Zeitperiode, so Schätzungen der Weltbank, in UNCTAD 2001b: 125.

[3885] So Elbadawi 2001: 15; auch Rodrik 1998a: 26. Mauritius verfügt über ein explizit investorenfreundliches Politikregime, einen gut ausgebauten Bankensektor, funktionierende Infrastruktur und Telekommunikation, stabile politische Verhältnisse, dies soll hier nicht geleugnet werden. Diese Faktoren sich sicher relevant bei der Erklärung des Erfolgs. Auf der anderen Seite wird bei niedrigen Lohnkosten auch schonmal in einem Land investiert, daß diese Vorteile nicht hat, Beispiel Madagaskar. Und durch die Investitionen wird erst eine positive Politikentwicklung ausgelöst. Hier soll nur der liberalen Vereinnahmung von Mauritius die Spitze genommen werden, die behauptet, daß alle liberalen Politikelemente in Mauritius vorliegen. Mauritius verwendet relativ hohe Zölle in vielen Bereichen. Dazu: Trade Policy Review Mauritius 2001: 27-31.

[3886] UNIDO Wood Furniture 2003; UNIDO Leather 2004.

[3887] USITC 2004: K-13.

[3888] UNIDO 2004: 13; USITC 2004: K-17. Siehe für die drastisch absinkenden Exporte in die EU USITC 2004: K-21. Das EU-Südafrika Freihandelsabkommen sieht aber eine volle regionale Kumulierung zwischen Südafrikas Textilprodukten und AKP Länder ab dem Jahre 2006 vor, sodaß ab dann Textilien aus Südafrika in Lesotho genutzt werden könnten (nicht aber aus Asien) und trotzdem zoll- und quotenfreien Marktzugang in die EU möglich wäre. USITC 2004: K-18.

Kenya exportiert 2002 36.514 tausend SME Textilien und Bekleidung in die USA (seit 1997 mehr als verdreifacht), Lesotho liegt 2002 schon bei 84,393 tausend SMEs.[3889]

Die Schwierigkeiten anderer Textilhersteller Afrikas wird verdeutlicht durch die schon relativ avancierte Textilfirma Cotivo in der Elfenbeinküste (gegründet 1976 teils durch die französische Schaeffer-Gruppe, den Staat Elfenbeinküste sowie einer Schweizer und Deutschen Entwicklungsgesellschaft). Sie schafft es, den Rückzug des amerikanischen Jeansherstellers Blue Bell aus den Geschäftsbeziehungen zu überstehen, kann im Bereich blauem Jeansstoff aber nicht gegenüber Asien konkurrieren und spezialisiert sich auf den wenig profitablen Nischenmarkt mit weißen Jeanstoff. Erzielt werden dabei hohe Exporte (50 % der Produktion durchschnittlich 1987-1990). Im Gegensatz zum geschützten heimischen Markt (effektive Protektionsrate 1990: 125 %) sind auf dem Weltmarkt kaum Profite zu erzielen, darüber wundert sich das Management.[3890]

14.11 Regionale Integration

Ein Abschluß regionaler Integrationsabkommen kann in Afrika zu Effizienzgewinnen und einer Erhöhung des Wachstum führen, unter anderem deshalb, weil die Transportkosten im Nahbereich noch gering sind und es hier zu einer verbesserten Arbeitsteilung kommen kann, weil sich die Länder teils gut ergänzen können. Dies ist empirisch belegt, für den Metallbereich und sonstige Güter mit hohen Transportkosten.[3891] Bezweifelt wird aber, ob dies der einzuschlagende Wege ist, um die afrikanische Wettbewerbsfähigkeit zu verbessern. Auch nach einer regionalen Integration sind die Märkte in Afrika zu klein, um wirklich überzeugend Skalenökonomien zu erzielen und durch einen Zollschutz könnten die IS-Probleme qualitativ minderwertiger Inputs weiter auftreten. Eine regionale Integration kann für einige Industriebereiche positive Effekte haben, eine Neuauflage einer reinen IS-Strategie, also ein ganz von den Weltmärkten abgetrenntes Gebiet mit relativ hohem Zollschutz ohne die klare Tendenz zur Exportorientierung ist für Afrika keinesfalls als sinnvoll anzusehen.[3892]

14.12 Fazit

Afrika hat Chancen, sich exportorientiert zu entwickeln, die Firmenstudien zeigen nicht ein rein binnenorientiertes Afrika. Neben komparativen Vorteilen in der Exportlandwirtschaft und im Rohstoffbereich hat Afrika Lohnkostenvorteile, die Vorteile im Bereich Textil- und Bekleidungs- sowie Möbelindustrie und beim Outsourcing von Montageaktivitäten, siehe das Beispiel Fahrräder in Kenya, eröffnen. Ob dies erfolgreich gelingt, hängt bei Bekleidung auch von politischen

---

[3889] Square meters equivalent, 'SME'. USITC 2004: K-12, K-22.
[3890] Wangwe 1995: 262-265. Die Firma Cotivo ist 1994 zu einem neuen Unternehmen FTG zusammengefaßt worden, jetzt gibt es nur 2 größere Textilproduzenten in der Elfenbeinküste. Anfang der neunziger Jahre kommen Textilien für 2 % der Exporte auf. Festgestellt wird, daß der Schutz zu hoch ist und den Import von möglichen Produktionsinputs verhindert. Das kann hier nicht überprüft werden. Trade Policy Review Elfenbeinküste 1995: 103.
[3891] Mengistae/Teal 1998: 39.
[3892] Yeats 1998a: 97.

Entscheidungen der Industrieländer ab. Trotz Weltmarktkonkurrenz kann versucht werden Nischenmärkte zu erobern und zudem besteht zudem die Option Rohstoffressourcen mit Weiterverarbeitung zu koppeln (etwa im Baumwolle und Textilbereich). Fortgeschrittenere Länder wie Südafrika, Kenya oder die Elfenbeinküsten und zudem Länder, die aufgrund ihres Ölreichtums höhere Investitionsniveaus erreichen können, haben durchaus das Potential, eine wettbewerbsfähige und diversifizierte Industrie verarbeitende Industrie aufzubauen.

Generell sind die afrikanischen Firmen geschwächt nach der Stagnation der letzten Jahrzehnte, die nicht zuletzt ausgelöst wurde durch die verzwickten makroökonomischen Schwierigkeiten, die eine ständige Bekämpfung der Inflation durch die Kontraktion von Geldmenge und Kredit nötig machte, um überhaupt erstmal die Vorbedingung für exportorientiertes Wachstum, nämlich eine Aufrechthaltung realistischer Wechselkurse zu ermöglichen. Das exportorientierte Wachstum wird durch die Schwäche der Firmen erschwert. Diese Firmen verfügen weiterhin in vielen Fällen nur über geringe technologische Fähigkeiten, sodaß viele davon eine breit angelegte Liberalisierung (etwa gegenüber den billigen Produkten China, darunter solche im Textil- und Bekleidungsmarkt, in bezug auf Nahrungsmittel, Metallartikel, Haushaltwaren, Möbel, Werkzeugherstellung) kaum verkraften würden. Solche Produkte sind ausgerechnet die simpleren 'easy entry level' Gegenstände, bei deren Produktion Lerneffekte erfolgen und deren Produktion, auch für den Weltmarkt, in Afrika eigentlich als nächste Stufe erfolgen müßte.[3893]

Das Argument, daß sich Afrikas Firmen trotzdem endlich dem Wettbewerb stellen müssen und daß diese heimischen Firmen bei verbliebenen 'natürlichem' Schutz in den informellen Sektor abwandern und nur noch lokale (statt regionale) Vorteile ausspielen und z.B. simple Reparaturarbeiten durchführen sollten, ist zynisch. Aus dynamischer Perspektive würden dadurch die vorhandenen Fähigkeiten verloren gehen, zu einem gewissen Grade standardisierte Produkte herzustellen, Unternehmen zu leiten und Marketing zu betreiben. Der Staat in Afrika kann zwar keine breite und undifferenzierte IS-Politik, aber ein 'passive' Schutzpolitik für einige Sektoren auf einem gewissen Niveau rechtfertigen, solange er aktiv Exportorientierung betreibt und eine merkliche Liberalisierung zuläßt, um Exportchancen zu erhöhen.

Dieser passive Schutz wird nicht automatisch zu dynamischen Wohlfahrtssteigerungen führen. Dazu ist eine dynamische Entwicklung nötig. Um diese zu ermöglichen ist in Afrika eine Politik der makroökonomischen Stabilität, realistischer Wechselkurse, Exportorientierung und eine selektive Liberalisierung nötig, damit es gelingt, nicht nur Wohlfahrt passiv und stagnierend zu erhalten, sondern auch in bestimmten Bereichen dynamische Entwicklungen zu initiieren und zwar auch dadurch, daß Direktinvestitionen angelockt werden. Dies impliziert, daß eine selektive, weise angelegte Liberalisierung in den Bereichen erfolgen sollte, die über ihre komparativen Vorteile in bezug auf die Faktoren Ressourcen- und Lohnkosten wettbewerbsfähig sind und die Inputgüter bzw.

[3893] Dieser oft gedachte Gedanken wird ausgesprochen in Lall 1999b: 245.

Vorprodukte aus den Weltmärkten brauchen. Wenn sich herausstellen sollte, daß Exportexpansion durch den Schutz ineffizienter Firmen im Binnenland behindert werden, ist in Kauf zu nehmen, daß diese kontrahieren. Ebenso kann Liberalisierung dazu eingesetzt werden, den Druck auf Firmen zu erhöhen, die unter ausländischer Kontrolle stehen, um diese zu Investitionen zu zwingen. Privilegien für ausländische multinationale Konzerne passen nicht mehr in diese Zeit.

Diese selektive Liberalisierung muß langfristig angelegt sein und glaubwürdig erfolgen, auch dadurch, daß sie verbindlich in der WTO festgelegt wird. Dazu müssen die afrikanischen Regierungen diverse weitere vertrauenssichernde Maßnahmen durchführen, die von der liberalen Seite richtigerweise gefordert werden. Das reicht aber nicht.

Um die dynamischen Prozesse zu stärken und breiter angelegt zu ermöglichen, muß der Staat in Afrika aktiv versuchen, offensichtlichen Marktversagen entgegenzutreten. Ausbildung muß systematisch verbessert werden. Eine Verbesserung der Kreditbereitstellung an kleine und mittlere Unternehmen muß erfolgen. Der Staat müßte darüber hinaus versuchen, ineffiziente, darunter staatliche aber auch kleine und mittlere Industrien zu modernisieren und zu versuchen systematisch die technologischen Fähigkeiten in vielversprechenden Sektoren zu erhöhen, darunter durch in Rekurs auf Direktinvestitionen. Einige dieser Aktivitäten müßten, wenigstens teilweise, subventioniert erfolgen.[3894] Industriepolitik als Tabuterminus anzusehen und in der Entwicklungshilfe keine Weitergabe technologischen Wissen zu fördern, ist kontraproduktiv bzgl. der Entwicklung afrikanischer Industrien.[3895] Auch von den Direktinvestitionen multinationaler Konzerne in Afrika ist mehr zu erwarten. Es reicht nicht, daß IKEA eine kleine Montageproduktion in Tansania aufbaut und womöglich im Gegenzug aushandelt, in Dar al Salaam einen Großmarkt zu eröffnen, der es den vielen kleinen lokalen Möbelproduzenten erschwert, ihre Produkte zu verkaufen., es muß mehr passieren. Technologie muß in kleinere Firmen transferiert werden, Schreiner müssen ausgebildet werden, Informationen über Design bereitgestellt werden, kurz, es muß in Afrika eine dynamische Entwicklung initiiert werden. Wie dies funktioniert, wissen die Firmen aus ihren Erfahrungen in China.

Wie es funktioniert, diese Prozesse politisch zu unterstützen, ist nach diesen Informationen leicht nachvollziehbar. Es bedarf simplerweise politischer Entscheidungen der Industrieländer, u.a. bei Bekleidungsursprungsregeln und ggf. ein selektiv verbesserter Marktzugang landwirtschaftlicher Produkte, schon lassen sich dynamische Prozesse in Afrika initiieren und stärken. Solange die Meistbegünstigungszölle für Bekleidung nicht ganz abgebaut werden, könnte dies Afrika sogar eine langfristige Zukunftsperspektive bieten, der denkbar ungünstigen Weltmarktbedingungen zu Trotz.

[3894] Lall 1999b: 250-273.
[3895] Ausführlich Lall et al. 1994: 190-198.

15. Zusammenfassung Abschnitte A bis G

Ausgangspunkt in Abschnitt 'A' und 'B' dieser Arbeit war zu zeigen, daß die ordoliberale Theorie Walter Euckens auf einem dynamischen Hintergrundverständnis der modernen Wirtschaft beruht. Postuliert wird dort eine Wirtschaftsverfassung, die das Eigentum schützt, aber nicht in absoluter Art und Weise, gefordert werden abgewogene Gesetze, die eine Wissensdiffusion nicht unterbinden und politische Institutionen, etwa die Wettbewerbspolitik, die auf eine komplexe Art und Weise den Strukturwandel begleiten und die Art und Weise des Wettbewerbs auf dem Markt mitprägen.

Damit nicht genug: Walter Eucken benannte, welches Ergebnis dies auf mikroökonomischer Ebene haben sollte: Anpassungsfähige Firmen. Firmen, die über ausgebildete technologische Fähigkeiten verfügen, siehe Abschnitt 'F', sollen im Wettbewerb um Vorsprungsgewinne stehen. Durch weitere Rahmenbedingungen, etwa die Bereitstellung von Ausbildung durch den Staat, durch F&E und Wissensverbreitung, wird es erleichtert, daß Firmen, die im Wettbewerb zurückgeworfen werden, wieder aufholen können. Es sind diese Rahmenbedingungen, die neben dem Schutz des Eigentums und der zunehmend liberalen Ausprägung der Wirtschaft, die hohen Investitionen und Wachstumserfolge erklären helfen, die in den Industrieländern in der Nachkriegszeit vorliegen.

Die neoklassische Theorie, siehe Abschnitt 'C', kann diesem leicht zu verstehendem und realistischem Konzept des Wettbewerbs nicht folgen und klammert wichtige Aspekte, etwa die Wissensdiffusion aus, welche sie sogar als wohlfahrtsmindernd ansieht. Immerhin ist der Verweis der Neoklassik auf die Relevanz von freien Märkten (wenn diese i.S. der Wettbewerbspolitik aufrechterhalten werden) ernstzunehmen. Auch Walter Eucken warnt vor einem durch die ganze Menschheitsgeschichte feststellbaren 'Hang zur Monopolbildung', der nicht nur die Effizienz- und Wohlfahrtserzeugung vermindert, sondern auch gefährlich für Demokratie und Grundwerte ist. Die in Abschnitt 'B' erwähnte historische Richtungsentscheidung der Auflösung internationaler Kartelle durch die U.S. Wettbewerbspolitik, gegen Ende des Zweiten Weltkrieg, unterstützt diese Warnung. Diese Kartelle waren damals mit Vertragsinhalten ausgestattet, die heutzutage jedermann zum Stirnrunzeln bringen würden. Vor diesem Hintergrund hat Eucken zutreffenderweise den Markt als genialstes Entmachtungsinstrument der Geschichte charakterisiert. Weiter unten werden in Abschnitt 'I' u.a. die freiwilligen Selbstbeschränkungsabkommen beschrieben, woran sichtbar wird, daß dieser 'Hang zur Monopolbildung' auch in der Nachkriegszeit erkennbar ist.

In den Abschnitten 'E' und 'F' wurde über die Kritik der Neoklassik hinausgegangen und gezeigt, daß die Theorie dynamischen Wettbewerbs die eigentlich prägende Denkrichtung in der Wirtschaftswissenschaft ist. Empirisch wird gezeigt, daß Skalenökonomien, sonstige Größenvorteile, die Diffusion von Wissen, F&E und strategische Optionen - zusätzlich zu und gestützt von den Rahmenbedingungen der Wirtschaftsverfassung - als eigenständige Faktoren wirksam sind und den Erfolg von Firmen bestimmen. Eine ordoliberale Gesamtausrichtung der Wirtschaftspolitik i.S. dieser Arbeit, verliert dadurch nicht ihren Sinn, weil liberale Dynamiken, die im Einklang mit neoklassischen

Vorstellungen stehen, etwa die Marktkonkurrenz, die Wirtschaft prägen und zu einer Wohlfahrtssteigerung führen - zusammen mit den Faktoren, die die Neoklassik meist ausklammert. Sichtbar wird in diesen Abschnitten auch, daß eine allzu extreme liberale Ausrichtung der Wirtschaftsverfassung, z.B. ein Verbot der Wissensdiffusion im neoklassischen Sinne, zu wohlfahrtsmindernden Folgen führen würde. Somit kann bezweifelt werden, ob die Neoklassik in der Lage ist optimal wohlfahrtsteigernde Politiken zu beschreiben.

Bestätigt wird dies in Abschnitt 'D' über die Theorie des internationalen Handels, welche zeigt, daß ergänzend zur Relevanz komparativer Vorteile und dem neoklassischem Heckscher-Ohlin Modell, Phänomene des dynamischen Wettbewerbs zur Erklärung des internationalen Handels einbezogen werden müssen, also Vorsprungsgewinne durch Technologie, Spezialisierung und Skalenökonomien, sonstige Größenvorteile und Direktinvestitionen innerhalb oligopolistischer Konkurrenzsituationen. Diese ergänzen die Wohlfahrtsgewinne, welche die neoklassische Theorie des internationalen Handels annimmt. Weil der internationale Handel aus diesen Gründen schwerer in seine Wirkungen einzuschätzen ist, weil u.a. Weltmarktkonkurrenz auch zum Marktaustritt von Firmen führen kann, kann geschlossen werden, daß der internationale Handel nicht automatisch aber *potentiell* die Wohlfahrt erhöht. Daraus konnte zweierlei gefolgert werden: Die sich daraus ergebenden Chancen zur Wohlfahrtsteigerung sollten wahrgenommen werden. Ein freier Handel im neoklassischen Sinn, ohne jegliche politische Interventionsmöglichkeit, ist deshalb nicht akzeptabel, u.a. weil er wohlfahrtsmindernde Effekte haben kann.

In Abschnitt 'E' wurde zudem verdeutlicht, warum und in welcher Weise die dynamische Theorie wohlfahrtsminderndes Marktversagen anerkennt und es wird die These vertreten, daß der Staat positiv auf die Wirtschaft einwirken kann, indem er etwa versucht u.a. durch Zölle und Subventionen, F&E Förderung, Wettbewerbspolitik und Strukturpolitik versucht Marktversagen zu korrigieren. Die dynamische Theorie ist nicht leichtfertig darin, Marktversagen festzustellen, weder fordert sie Interventionen im Sinne eines Automatismus, noch geht sie davon aus, daß die Interventionen immer funktionieren und sinnvoll sind. Zudem ist sie bezüglich staatlicher Interventionen in Industrieländern skeptisch eingestellt, weil die Wirtschaft über ein stützendes Umfeld i.S. dynamischer Vorstellungen verfügt. Ebenso akzeptiert sie, daß staatliche Interventionen auch negative Auswirkungen haben können. Aus dieser Möglichkeit zieht sie aber nicht den normativ wirtschaftswissenschaftlichen Schluß, daß auf staatliche Maßnahmen ganz verzichtet werden soll, denn dadurch blieben Möglichkeiten der Wohlfahrtserhöhung ungenutzt.

Abschnitt 'F' zeigt, daß der Erwerb von technologischen Fähigkeiten nicht automatisch erfolgt, wie es die Neoklassik erwarten würde, sondern ein zeitaufwendiger und kostenintensiver Prozess ist. Neben der Relevanz der staatlichen bereitgestellten Rahmenbedingungen und dem Zugang zu moderner Technologie wird am Beispiel von Koreas Automobilindustrie und Indiens Wirtschaftspolitik gezeigt, daß neben staatlichen Einflüssen, das Anreizumfeld des Außenhandelspolitik und der Weltmärkte beachtet werden muß, um den Erwerb hochwertig ausgebildeter technologischer Fähigkeiten zu verstehen. Dies bestätigt den mikroökonomischen Ansatz Euckens, welcher anpassungsfähige Firmen als Basis für einen funktionierenden dynamischen Wettbewerb ansieht. An Afrika wird verdeutlicht, daß es Firmen schwer haben ihre technologischen Fähigkeiten zu verbessern, wenn sie in einer wenig spezialisierten, ungenügend verknüpften Wirtschaftsstruktur situiert sind, in der zudem wichtige Informationen nicht zugänglich sind und zuwenig Kapital für Investitionen erwirtschaftet werden konnte.

Abschnitt 'G' wendet sich der Politikdebatte um die Exportorientierung zu. Dargelegt wurde zuerst einmal, warum es nur eingeschränkt möglich war, Erkenntnisse bestehender Studien der liberalen Entwicklungsökonomie zu übernehmen, u.a. weil diese nicht auf aktuellen Daten basieren, relevante Länder, wie u.a. Brasilien, ausklammern und die Qualität ihrer Länderstudien unzureichend ist. In bezug auf die sonstige Literatur ist zu bemerken, daß sie oft vorgeprägte Meinungen reproduziert. So betont die Theorierichtung, die mit der Importsubstitution sympathisiert, die positive Rolle der Herausbildung inländischer technologischer Fähigkeiten in Korea. Der viel kritisierte Weltbank Bericht 'East Asian Miracle' sieht aber richtig, daß der Erfolg Koreas nicht zustande gekommen wäre, wäre nicht auf hochwertige Technologie aus Industrieländern zurückgegriffen worden.

Aus der Diskussion und den Länderbeispielen ergibt sich folgendes Bild wirtschaftlicher Entwicklung in den Entwicklungsländern:

Daß eine rein binnenzentrierte Entwicklung im Sinne der Importsubstitution keine zufriedenstellende Wohlfahrtsmaximimierung nach sich zieht, wird an Argentinien, Indien und Afrika deutlich. Die ungünstigen Auswirkungen der Binnenorientierung auf Indiens Kapitalgütersektoren und deren technologische Fähigkeiten wurde in Abschnitt 'F' herausgearbeitet.

Erfolge hatte die Exportorientierung und Liberalisierung in anderen Ländern zu verzeichnen, darunter der Türkei. Dort, aber z.B. auch in Chile, wird aber zusätzlich sichtbar, daß staatliche Interventionen unterstützend gewirkt haben. Einer Neuorientierung gemäß neuer Anreize durch eine exportorientierte Wirtschaftspolitik zum Trotz konnten in der Türkei Industriesektoren, die in der IS-Zeit aufgebaut haben, die heutigen Erfolge unterstützen.

An Indonesien wurde Marktversagen deutlich, weil angesichts der Größe dieses Landes, die vertikale Integration der Produktionsstruktur auf einem wohlfahrtsmindernden, niedrigem Niveau liegt. Denkbar ist, dies durch staatliche Interventionen abzumildern.

Gezeigt werden konnte anhand von Korea und Taiwan, daß staatliche Interventionen die Wohlfahrtserzeugung lenken und beschleunigen können. Der koreanische Staat hat, im Gegensatz zum Eindruck der Weltbank in 'East Asian Miracle', sehr wohl erfolgreich Gewinner ausgewählt und konnte, in Zusammenarbeit mit den privaten Firmen, den Erwerb neuer komparativer Vorteile beschleunigen und Marktversagen korrigieren. Für Taiwan konnte recherchiert werden, daß die

Stilisierung in der Literatur als neoklassisch liberales Musterbeispiel mit erfolgreichen, kleinen Firmen deshalb nicht zutrifft, weil der Staat einem übergreifenden institutionellen Arrangements den kleinen Computerfirmen auf clevere Art und Weise hilft Skalenökonomien zu erreichen, sie über Technologien informiert und damit dynamisch wichtige Faktoren aktiviert und dadurch Marktversagen verhindert. Auch sonst spiegelt Taiwan keinesfalls durchgängig neoklassische Vorstellungen von Wachstumsprozessen wider.

Mauritus ist ebenso nicht auf neoklassische Art und Weise gewachsen, d.h. rein durch Exporte auf einem freiem Weltmarkt bei früher, konsequenter Liberalisierung.

Schließlich hat der Staat selbst in Brasilien bestimmte Erfolge vorzuweisen, wiewohl gleichzeitig hohe Kosten durch die zu breit angelegten, teuren und komparative Vorteile ignorierenden Interventionen entstanden.

Es spricht also einiges dafür, daß staatliche Interventionen in bestimmten Fällen aus Gründen der Wohlfahrtsteigerung gerechtfertigt werden können. Aus dynamischer Perspektive läßt sich dies dadurch erklären, daß staatliche Aktivitäten unter bestimmten Bedingungen, wenn Marktversagen vorliegt, wohlfahrtssteigernde Wirkungen haben können. Ein Typ von Marktversagen wird hier herausgehoben, das Marktversagen wenig risikofreudiger privater Kapitalmärkte:

Würde eine private Bank einen 15 Jahre langen Lernprozeß abwarten, bis es zu Exporterfolgen kommt, wie in der koreanischen Automobilindustrie? Würden Banken die Finanzierung neuer Unternehmen übernehmen, wenn bereits signifikante Importe vorliegen und ausländische Firmen vor Ort präsent sind? Wäre es nicht eine Erleichterung für die Banken in diesen Fällen zu wissen, daß es zusätzlich zur einer Politik der Exportorientierung für einige Zeit Außenschutz gäbe? Haben private Banken mehrstellige Milliardensummen zu verleihen, um private Stahlwerke aufzubauen, die im Einklang mit den komparativen Vorteilen eines Landes stehen? Jedenfalls nicht immer: Oben im Text wurde dokumentiert, daß selbst private Unternehmen aus den Industrieländern das Risiko des Aufbaus eines Stahlwerks in Brasilien, trotz Eisenerzvorräten, nicht eingegangen sind. Die Weltbank hat sich geweigert Koreas nun erfolgreiches POSCO Stahlwerk zu finanzieren. Bis heute haben Firmen in Brasilien aufgrund ihrer Anteilseignerstruktur Schwierigkeiten direkt von den internationalen Finanzmärkten zu leihen und selbst in den USA war es in den achtziger Jahren offenbar undenkbar, die dringend nötige Modernisierung von Stahlwerken über Banken zu finanzieren, zum letzteren siehe Abschnitt 'I'.

Angesichts der begründeten Zweifel an der Kompetenz der Staaten und der Möglichkeit von Interessengruppeneinfluß, siehe Abschnitt 'E', wäre es aber naiv zu glauben, daß staatliche Aktivitäten - immer - im Sinne einer Effizienz- und Wohlfahrtssteigerung wirken würden. Dies kann an vier Punkten in bezug auf die Erfahrungen Koreas, Brasiliens, Indiens und Afrikas noch einmal verdeutlicht werden:

(1) Erstens geht es hier nicht um Planwirtschaft. Die obige Formulierung 'der Erwerb komparativer Vorteile wurde durch den Staat beschleunigt' wurde deshalb gewählt, weil der Staat selbst in Korea und Taiwan nicht komparative Vorteile künstlich erzeugt im Sinne von einfach so geschaffen hat. Dafür ist der Wachstumsprozeß einer Volkswirtschaft zu komplex. Selbst die geschützten und subventionierten privaten Firmen mußten selbst wirtschaften und eigene Strategien verfolgen, u.a. um auf den Weltmärkten erfolgreich zu sein. Die staatlichen Konzerne, die einzelne Vorwärts- und Rückwärtskopplungen übernommen haben und die staatlichen Versorgungsunternehmen, wuchsen gemeinsam, d.h. auch gestützt von den privaten Unternehmen. Korea kann deshalb keineswegs als Beweis für planerische Ansätze der frühen Entwicklungsökonomie verwendet werden.[3896]

(2) Zweitens bleiben staatliche Interventionen ambivalent, d.h. sie können auch negative Wohlfahrtswirkungen haben. Der Warnung von Albert O. Hirschman zum Trotz, daß nicht alles gleichzeitig aufgebaut werden kann, etablierte der brasilianische Staat in vielen Bereichen Unternehmen und zog Direktinvestitionen an. Zwar gelang es früh eine Politik der Exportorientierung zu wählen, deren Umsetzung mit Hilfe von Exportsubventionen war aber teuer. Ebenso ist an Brasilien erkennbar, daß ein zu breit angelegter Zollschutz Kosten verursachte. Erst ausgelöst wurde Marktversagen, indem die komparativen Vorteile bei Textilien, Bekleidung und Schuhen von der staatlichen Entwicklungsbank übersehen wurden und es wurde vergessen, die unerläßlichen Rahmenbedingungen für eine funktionierende Wirtschaft, Ausbildung und F&E bereitzustellen. Im Vergleich zu Korea gelang weniger brasilianischen Firmen der Übergang von der Importsubstitution zu einer dynamischen, an den Weltmärkten orientierten Entwicklung. So beeindruckend das brasilianische IS-Wachstum in den siebziger Jahren ist, danach hätte, der Krise zum Trotz, ein weniger breit angelegter Übergang zu Exporterfolgen im Sinne eines dynamischen Firmenwachstums auf den Weltmärkten erfolgen müssen.[3897]

(3) Indien zeigt mit anderen Schwerpunkten die Gefahren, die mit staatlichen, wohlfahrtsmindernden Politiken verbunden ist. Dieses Land entschied sich früh, staatlich angeleitet, gegen die Nutzung seiner

---

[3896] Diese Beobachtung findet sich in Rodrik 1995: 2948. Seine Kritik bezieht sich auf das Zitat von Wade "The governments of Taiwan, Korea and Japan have not so much *picked* winners as *made* them." (Kursiv im Original). Wade 1990: 334. Siehe oben auch die Diskussion der Argumente von Albert O. Hirschman und der 'big push'-Argumentation. Natürlich ist es im gewissen Sinne ein 'big push', der in Korea stattfand, der auch pekunäre Exteralitäten auslöste. Dieser 'big push' erfolgte aber nicht rein auf planerischer Basis, sondern basierte zu einem großen Teil auf privatwirtschaftlichem Engagement. Es gibt deshalb keinen Grund aufgrund der Erfolge der asiatischen Staaten die planerischen Ansätze der frühen Entwicklungsökonomie etwa Rosenstein-Rodan (1943) wieder für aktuell zu erklären. So richtigerweise Rodrik 1995: 2949.

[3897] Hier wird sich nicht den Thesen von Rodrik (1999) angeschlossen, die hier m.E. zuweit geht. Mit der Importsubstitutionspolitik sind klar erkennbare Kosten verbunden und die Probleme damit lassen sich nicht allein auf Geschehnisse im makroökonomischen Bereich schieben: "First, ISI worked rather well for about two decades. It brought unprecedented growth to scores of economies in Latin America, the Middle East, and North Africa, and even to some in Sub-Sahara Africa". Dies ist nicht falsch. Es bleibt aber etwas zu positiv formuliert, denn entscheidend ist, daß dieses IS-Wachstum zukunftsfähig sein muß. "Second, when the economies of these same countries began to fall apart in the second half of the 1970s, the reasons had little to do with ISI policies per se or the extent of government interventions in the microeconomic sphere. Countries that weathered the storm were those in which government undertook the appropriate macroeconomic adjustments (in the area of fiscal, monetary, and exchange-rate policy) rapidly and decisively." Rodrik 1999: 99. Die liberalen Denker Srinivasan/Bhagwati (1999) weisen plausiblerweise darauf hin, daß Rodrik (1999) mit diesen Thesen zuweit geht. Srinivasan/Bhagwati 1999: 3-4.

komparativen Vorteile und nutzte Politiken, die direkt gegen das Erreichen von Effizienz und Unternehmenswachstums gerichtet waren. Über lange Zeit wurde ein extreme Form der Importsubstitution aufrechterhalten, das Land konnte, auch aufgrund des fast vollständigen Verzichts auf ausländische Investitionen bis Anfang der achtziger Jahre, technologische Entwicklungen nur unzureichend nachvollziehen. Dies führte letztendlich zu, im Vergleich, ineffizienten Industriebereichen, deren Restrukturierung und Modernisierung heute eine schwierige Aufgabe ist. Deutlich wird an Indien aber auch, daß technologische Fähigkeiten vorhanden sind, Ausbildung und Wissen die Wirtschaft stärken und sich ein großes Land wenigstens zu einem gewissen Grad auf interne Dynamiken bzw., in anderer Terminologie, pekunäre Externalitäten stützen kann.

(4) In Afrika gelang es aufgrund der zu kurzen Zeit der Kapitalakkumulation nicht eine ausreichend integrierte Wirtschaftsstruktur aufzubauen. Hier wird argumentiert, daß ein partiell angelegter, 'passiver' Zollschutz, der nicht gegen Exportchancen wirkt, zur Erhaltung der dennoch vorhandenen technologischen Fähigkeiten und zum Schutz der leichtindustriellen Importsubstitution begründbar ist, um die darin verkörperten wirtschaftlichen Werte zu schützen, die sich auch auf Management- und Geschäftswissen erstrecken. Dieser Zollschutz ist aber nicht dazu geeignet, dynamische Entwicklungen zu initiieren. Der Aufbau von dynamischen Firmen muß letztendlich unabhängig davon erfolgen, weil IS-Anreize aufgrund der kleinen Märkte kaum bestehen und Zölle den Aufbau exportorientierter Firmen nicht stören sollten.

Kurz: Eine Wirtschaftspolitik ist nötig, die hilft, solche Problemdimensionen, die auch mit staatlichen Interventionen verbunden sind, zu korrigieren und die in der Lage ist möglichst viele dieser ambivalenten Schalter in eine wohlfahrtssteigernde Richtung zu stellen:

Dies ist die Exportorientierung.

Schon ein einziges Politikelement der Exportorientierung kann in dieser Hinsicht positiv wirken, nämlich eine Wechselkursabwertung bzw. das Anstreben eines Wechselkurses der Exporte nicht verunmöglicht. Indien verfügte seit 1971 über einen solchen, in diesem Sinne, angemessenen Wechselkurs, sodaß wenigstens dieser Faktor den Exporten nicht entgegenstand. Durch dieses Politikelement wurde immerhin eine gewisse Stabilisierung des Landes mittels eines kontinuierlichen Exportwachstums angesichts einer sonst völlig verfehlten Politik erreicht.[3898]

[3898] Hier wird nicht darüber spekuliert, welche Position Indien hätte erreichen können, wenn es auf ähnliche Weise wie in Korea eine Wohlfahrtsmaximierung bei weiter bestehendem Zollschutz und industriepolitischer Selektivität angestrebt hätte. Im Gegenzug sollte die neoklassische Gegenseite darauf verzichten, sich darüber Gedanken zu machen, wie eine vollständig liberale Außenhandelsstrategie, für den Industrie und Landwirtschaftsbereich, ergänzt durch eine vollständige Offenheit für Direktinvestitionen, in Indien gewirkt hätte. Dies hätte jedenfalls zu extremen Ungleichheiten innerhalb Indiens sowie zu einer massiven Landflucht und Verstädterung geführt und nicht unbedingt zu einer optimalen Wohlfahrtssteigerung. Zudem hätte dies politisch schwer bewältigt werden können. Indien ist klar erkennbar ein Kandidat für eine moderate Form der Exportorientierung. Warum wird oben der Terminus 'ergänzt' benutzt? Weil Offenheit für ausländische Direktinvestitionen nicht notwendig zum orthodox liberalen Politikpaket dazugehört. So: Srinivasan/Bhagwati 1999: 23.

Für die Exportorientierung spricht weiterhin, daß es nicht ausgeschlossen ist, daß ein Land, welches einen wirtschaftspolitischen Kurs einschlägt, der sich an dogmatisch liberalen Vorstellungen orientiert, eine Wohlfahrtssteigerung erzielen kann.[3899] Es geht hier nicht um eine ideologische Auseinandersetzung, sondern um die Frage nach Wohlfahrtsmaximierung. So ist es sehr wohl denkbar, daß ein Land, das über langfristig denkende Kapitalmärkte und eine aktive Unternehmerschicht verfügt, basierend auf naheliegenden komparativen Vorteile, d.h. Primärprodukte, Rohstoffe und einer arbeitsintensiven Produktion auf den Weltmärkten erfolgreich werden kann und daß dieses Land sukzessive neue Bereiche komparativer Vorteile erwirbt. Einmal davon ausgegangen, daß genug Profite und auch Spargelder vorliegen, ist es vorstellbar, daß der private Sektor bislang nicht bestehende Rückwärts- und Vorwärtskopplungen als Chancen erkennt und solche Produktionsstätten finanziert, die von Anfang an mit moderne Technologie arbeiten und konkurrenzfähig sind. Es wird hier ebenso nicht impliziert, daß ein solcher Entwicklungsweg notwendig Probleme im Bereich von Skalenökonomien, pekunären Externalitäten, Technologieerwerb, Wissensdiffusion etc. mit sich bringen wird. Solche Entwicklungsdynamiken, die liberalen Szenarien relativ weitgehend folgen und auf komparativen Vorteilen und den Aktivitäten privater Unternehmen beruhen, sind in Korea, Taiwan, Brasilien, China und in Afrika im Agrar- und Rohstoffbereich zu beobachten. In einem solche Fall sind staatliche Eingriffe nicht nötig.

Anhand der Länderbeispiele konnte allerdings genauso gezeigt werden, daß es eine Alternative zum dogmatisch liberalen Kurs gibt, wodurch es ebenso möglich ist, die Wohlfahrt eines Landes optimal zu erhöhen. Diese ist eine moderat liberale Form der Exportorientierung, welche eine selektive Schutzpolitik mit einer progressiven, cleveren Liberalisierung kombiniert. Mit einer exportorientierten Wechselkurspolitik läßt sich erstens ein Anti-Export-Bias vermeiden. Nachteilige Anreize, u.a. ausgelöst durch den Außenschutz, können zweitens durch Exportsubventionen, darunter solche basierend auf Steuererleichterungen und Zollbefreiungen korrigiert werden. Diese Frage wird aktuell in bezug das WTO Abkommen, das eine graduelle Abschaffung von Exportsubventionen, darunter Zollbefreiungen und Steuererleichterungen, die im Zusammenhang mit Exporten eingeräumt werden, vorsieht. Aus den Länderstudien folgt weiterhin, daß eine partielle Liberalisierung für Inputgüter oder Zollbefreiungen mit positiven Wirkungen eingesetzt wurde, um Exporteure nicht zu benachteiligen. Schließlich ist eine progressive Liberalisierung nötig, wenn es gelungen ist, Industriesektoren, die wichtig zur Wohlfahrtserzeugung sind, zu modernisieren und umzustrukturieren, sonst wirkt der Entmachtungseffekt der Märkte nicht und Preisniveaus bleiben unnötigerweise hoch. Von der Situation vor Ort, eben ob Marktversagen überhaupt vorliegt, und von der Qualität staatlicher Interventionen hängt ab, inwiefern beispielsweise selektive Politiken, etwa Zollschutz oder Exportsubventionen begründbar sind, um einige Industrien, sicher aber nicht alle, zu fördern.

[3899] Die hier diskutierten Theorieansätze schließen ein solches Szenario nicht aus und sollen nicht insofern mißverstanden werden, daß sie ein Wirtschaftswachstum gemäß liberalen Wirkungsmechanismen, die hinsichtlich der Außenhandels- und Wirtschaftspolitik näher an das 'neoklassische Ideal' heranreichen, nicht für wünschenswert erachten. Allein würden sie dies nicht als Beweis für die Geltung neoklassischer Modelle angesehen, weil sicher auch in solchen Szenarien dynamische Prozesse und die in der dynamischen Theorie zusätzlich herangezogenen Faktoren wirksam sind und erklärungsrelevant bleiben.

Alles in allem folgt aus den Länderbeispielen, daß es aus dem hier gewählten Fokus auf die Wohlfahrtssteigerung keinen Grund gibt, die neoklassische Forderung nach einer internationalen Wirtschaftsverfassung, die den Staat ganz aus der Wirtschaft verdrängt, mitgetragen, weil der Staat, solange die Märkte eine prägende Rolle behalten, Möglichkeiten hat, die Wohlfahrt zu maximieren.

Welche Folgen hat dies für eine internationale Wirtschaftsordnung?

Angesichts der Erfahrungen von Argentinien und Indien besteht hier der Eindruck, daß die Frage der 'public choice'-Theoretiker ernstgenommen werden muß, wie offensichtlich fehlgeleitete wohlfahrtsmindernde staatliche Politiken, die teils durch Interessengruppeneinflüsse ausgelöst wurden, verhindert werden können. Dazu kommt, daß aus Abschnitt 'D' über den internationalen Handel folgt, daß eine internationale Arbeitsteilung *potentiell* wohlfahrtssteigernd sein kann. Besonders am Intra-Industriehandel differenzierter Güter konnte gezeigt werden, daß es eine große Bandbreite von Möglichkeiten der Spezialisierung gibt, ohne daß es zu hohen Anpassungskosten durch eine Öffnung für den internationalen Handel kommen muß. Dazu wurde sichtbar, daß sich die Wertschöpfung in den Industrieländern in fast allen Industriebereich kontinuierlich positiv entwickelt hat, von sehr wenigen Ausnahmen abgesehen, sodaß es bislang zu keinen erkennbaren Anpassungskosten durch eine Öffnung für den internationalen Handel u.a. hin zu den Entwicklungsländern gekommen ist. Eine Rückkehr zu einem breit angelegten Protektionismus ist somit nicht zu befürworten, nicht nur weil dies wohlfahrtsmindernd wäre und deshalb auch ethisch-normativ abgelehnt werden kann, sondern auch deshalb, weil dies i.S. von Walter Euckens 'Hangs zur Monopolbildung', genauso wie den den siebziger und achtziger Jahren, siehe Abschnitt 'I' zu einer Proliferation von Schutzregimen führen würde, die ggf. nicht mehr rückgängig zu machen sind. Ebenso wurde im Abschnitt 'D' zum internationalen Handel gezeigt, daß aufgrund denkbar negativ wirksamer Dynamiken ein vollständig freier Handel, ohne Ausnahmeregeln, sowohl aus der normativ wirtschaftspolitischen als der ethisch-moralischen Perspektive nicht begründbar ist.

Eine internationale Wirtschaftsordnung muß in der Lage sein, durch sachlich angemessene, effizienzbefördernde Regeln auf diese Problemdimensionen eine Antwort zu finden und dadurch Wohlfahrtssteigerungen für alle Staaten erzielen.

Fraglich ist, welche Regeln dies im Zusammenhang mit dem Staat sein können?

Einmal von vorgefaßten Meinungen befreit, besagt das Ergebnis hier, daß die Politik der Exportorientierung bewirkt, was die neoklassischen Theoretiker und die 'public choice'-Theorie von rechtlichen Regeln wünscht: Die Exportorientierung ist ein wirkungsvolles Instrument zur Disziplinierung des Staates und reduziert die Kosten ungeschickter staatlicher Interventionen, weil durch sie letztendlich die Überprüfung der Qualität der staatlichen Eingriffe durch die Weltmärkten erfolgt.[3900]

Die WTO erscheint aus dieser Perspektive auf den ersten Blick als 'second best': Die WTO mischt sich - ebenso auf den ersten Blick - nicht in wirtschaftspolitische Richtungsentscheidungen ein. Es gibt kein Abkommen darüber, daß Anti-Export-Anreize abgebaut werden, daß Wechselkursabwertungen erfolgen und eine clever umgesetzte, export- und wachstumsfördernde Politik in Entwicklungsländern erfolgt.

Der einzige Kandidat, der auf multilateraler Ebene in der Lage ist, auf eine sinnvolle Ausrichtung von Wirtschaftspolitiken einzuwirken, ist der IWF. Zuzugestehen ist, daß der IWF mit seinen Strukturanpassungsprogrammen positive Wirkungen haben kann, zumindest hinsichtlich des Drängens auf wirtschaftpolitische Reformen, die eine Etablierung von Pro-Export-Anreizen implizieren: Wechselkursabwertungen, Exportsubventionsprogramme und partielle Liberalisierung.

Problematisch ist aber, daß der IWF sich den dogmatisch liberalen 'Washington Consensus' zu eigen gemacht hat, der hier nicht akzeptiert wird, weil nicht gezeigt werden kann, daß dieser 'first best' im Sinne einer dynamischen Effizienzmaximierung wirkt. Eine konsequente, an den eigenen Chancen orientierte Liberalisierung ist sinnvoll, aber es gibt Schwellenwerte, ab denen dies nicht mehr zutrifft. Dies wird von der extrem liberalen Denkrichtung nicht beachtet, weil davon ausgegangen wird, daß nur ein vollständig freier Handel die Wohlfahrt optimal erhöht. Kurzum: Der IWF möchte neoklassische Modellmeinungen in der Realität durchsetzen, die unter Umständen sogar wohlfahrtsmindernde Wirkungen haben.

Dies macht die WTO wieder interessant. Sie hat einerseits eine liberale Seite: Mit dem Verbot mengenmäßiger Beschränkungen übernimmt sie partiell normativ wirtschaftswissenschaftliche Hierarchien, die u.a. von neoklassisch liberalen Denker akzeptiert sind und schränkt die Spielräume des Staates in bezug auf Zollerhöhungen ein, wenn Zölle einmal verbindlich festgelegt wurden. Dadurch wird auch der Staat diszipliniert. Dies ist als positiv zu bewerten, weil so tatsächlich der Einfluß von Interessengruppen gemindert und eine rationalere Außenwirtschaftspolitik verfolgt wird. Ganz werden die Spielräume des Staates nicht genommen, denn die WTO Regeln lassen es zu, eine Politik der moderat liberale Exportorientierung zu verfolgen. Zwar geraten die Staaten in Verhandlungen unter Druck Zölle abzusenken, können aber versuchen, sich dem zu verweigern und weiterhin verfügen die WTO Regeln über Ausnahmeregeln, die, unter bestimmten Bedingungen, Schutzmaßnahmen erlauben.

[3900] So auch das Fazit der Studie über Korea und Brasilien von Moreira (1995): "Government intervention can be a powerful instrument of industrialization as long as it is used within the discipline of an outward-oriented economy, and with selective and clear objectives of remedying specific market failures." Ohne Herv. im Original. Moreira 1995: 139.

Andererseits besteht die Gefahr, daß die WTO mit der Einschränkung staatlicher Möglichkeiten eine wohlfahrtssteigernde Politik durchzuführen zu weit geht.[3901] Dies ist unter anderem deshalb nicht auszuschließen, weil der schillernde, ambivalente Staat teils angeleitet von Interessengruppen in der WTO aktiv sein kann. Also verhandeln Staatenvertreter miteinander, die nicht immer dem Weltgemeinwohl bzw. einer weltweiten Wohlfahrtssteigerung verpflichtet sind, sondern offen gegenüber Interessengruppeneinflüssen sind. Dadurch können Arrangements getroffen werden, die bestimmte Interessengruppen bevorzugen, selbst wenn dies auf Kosten des nationalen Gemeinwohls oder des Weltgemeinwohls geht. Nicht als positiv zu bewerten ist deshalb, daß die WTO keine auf sachlichen Kriterien beruhende Bremse eingebaut hat, die davor bewahrt, daß beispielsweise Zollverhandlungen dazu führen, daß Länder mit sehr vielen schwachen Firmen, Afrika oder mit modernisierungsbedürften Kapitalgütersektoren, Indien, einem freiem Handel ausgesetzt werden, der für sie wohlfahrtsmindernde Effekte haben kann. Die WTO Regeln werden in Abschnitt 'J' vor diesem Hintergrund zusammengefaßt und, aus der hier gewonnenen Perspektive, normativ wirtschaftswissenschaftlich bewertet.

In diesem Zusammenhang sei daran erinnert, wie weit die Forderungen einiger dogmatisch liberaler Theoretiker und der 'public choice'-Denker gehen. Sie fordern ein privates Recht auf Außenhandelsfreiheit, also vollständig freien Handel, eingeschlossen der Möglichkeit dieses und andere Freiheitsrechte weltweit im Sinne von Privatklagen durchzusetzen. Dies würde zu einem Verbot staatlicher Eingriffe in die Wirtschaft führen, das durch Privatklagen durchgesetzt werden kann: Angestrebt wird, daß eine einzelne Privatperson beispielsweise aus Europa in der WTO in Rekurs auf ein zukünftiges WTO Abkommen (oder ggf. in Rekurs auf ein Prinzip der Eigentumsfreiheit) gegen Indien eine Klage anstrengen kann, wenn dort Zölle oder Subventionen genutzt werden, die mutmaßlich auf das Unternehmen des Klägers ungünstig wirken. Würde der Klage stattgegeben, müßte Indien seine Intervention abschaffen, selbst wenn diese dort wohlfahrtssteigernd wirkt, klar erkennbar etwa bei Politiken, die eine angemessen umgesetzte Modernisierung oder Umstrukturierung stützen. Diese Forderung ist in einer komplex strukturierten Weltwirtschaft schon deshalb schwer nachvollziehbar, weil ein solcher privater Schaden vielleicht schon durch die Wahl eines anderen Marktes oder eine andere Geschäftsstrategie behoben werden kann.

Bezüglich von Welthandelsregeln, die auf die Einschränkung staatlicher Spielräume gerichtet ist, geht es deshalb darum, eine sachlich begründbare Balance zu finden. Dies ist nicht zuletzt deshalb nötig, weil bemerkenswerterweise beide Argumentationsrichtungen, die neoklassisch liberale und die dynamische liberale das Ziel der Effizienzmaximierung anstreben (sieht man z.B. von Lüder Gerken ab, der dieses Ziel aufgibt und sich nur noch auf Wirtschaftsverfassungsregeln stützen möchte). In dieser Arbeit wird begründet auf eine dynamisch liberalen Theorie die These vertreten, daß eine dynamisch verfaßte, von dynamisch liberale Wirkungsketten bestimmte Weltwirtschaft Wohlfahrt

---

[3901] Das ist der Kontext des Satzes: "However, global realities will limit developing economies' ability to adopt the more interventionist instruments of export promotion." World Bank 1993: 360.

maximieren kann, wobei aber bestimmte Spielräume und Ausnahmen für staatliche Interventionen möglich bleiben müssen, um effizientere Arten und Weisen der weltweiten Effizienzmaximierung nutzen zu können, als die 'public choice'-Theorie in Form der 'constitutional economics' anstrebt, die Effizienzmaximierung vor aller mit der sehr weitgehenden Einschränkung staatlicher Spielräume in Verbindung bringt, um eine neoklassische Pareto-Welt zu begründen.

Das Argument, daß nicht alle Länder über die administrativen Fähigkeiten Koreas oder Taiwans verfügen und deshalb eine direkte Förderung von Industrien wohlüberlegt sein muß, ist zwar nicht von der Hand zu weisen. [3902] Ein 'Verbot' für staatliche Eingriffe folgt daraus nicht. Auch Länder mit weniger gut ausgestatteten Regierungen können bestimmte exportfördernde Maßnahmen sinnvoll einsetzen: Viele der 'weichen' Maßnahmen der Exportförderung sind relativ einfach zu verwalten und nicht immer besonders attraktiv für Interessengruppen: Beispielsweise sind dies Hilfen beim Exportmarketing, bei der Informationsbereitstellung über verfügbare Technologien, bei Standards, Qualitätsanforderungen, einer bessere Vernetzung der Firmen mit F&E-Institution und neutral eingesetzter Exportkredite. Bei 'härteren', theoretisch umstritteneren Maßnahmen, spezifische ausgerichteten Exportsubventionen und Steuererleichterungen wird es schwieriger. Schließlich können mit staatlichen Subventionen bestehende Sektoren modernisiert, restrukturiert und selektiv ergänzt werden, teils unter Einbindung ausländischer Investoren.

Weiterhin ein zusammenfassender Kommentar in bezug auf Liberalisierungseffekte:

In bezug auf die Frage nach Liberalisierungseffekten zeigt Afrika, stellvertretend für viele kleine Länder mit schwachen Industriesektoren, daß Liberalisierung nicht auf eine generell wohlfahrtsverbessernde, zu einem gewissen Grad dosierbaren Teilkomponente der Exportorientierung zu reduzieren ist. Die empirischen Untersuchungen zeigen klar und deutlich, daß Firmen mit nur geringen technologischen Fähigkeiten und einer unzureichenden Kapitalausstattung, angesichts einer Liberalisierung der heimischen Nationalökonomie und einem zunehmenden Wettbewerb, nicht zu einem 'supply response' in der Lage sind. In Afrika, aber auch anderswo, verfolgt ein großer Prozentsatz der Unternehmerschaft stattdessen eine passive 'low technology'-Strategie der Kostenreduktion, um am heimischen Markt präsent zu bleiben und verbessern ihre Produktivität nicht mehr. Eine überstürzte und vollständige Liberalisierung könnte hier dazu führen, daß diese Firmen unfähig sind, der ausländischen Konkurrenz standzuhalten und vom Markt ausscheiden. Liberalisierung ist keine pauschale Garantie für Investitionen und Produktivitätswachstum. Gleichzeitigt kann von einem partiellen 'passiven' Schutz kein dynamischer Impuls für Wachstum und Wohlfahrtssteigerung erwartet werden, sondern nur eine Erhaltung ökonomischer Werte.

[3902] Diesbezüglich wird die Debatte geführt, daß bestimmte Staaten nicht zu solchen Politiken in der Lage sind, weil sie eben nicht über eine qualitativ hochwertige Bürokratie aufgebaut haben, die relativ immun gegenüber Einflüssen von Interessengruppen ist. World Bank 1993: 352-353.

Zwar gibt es in Afrika die Möglichkeit einen Strukturwandel im liberalen Sinne zuzulassen und sich auf komparative Vorteilen bei Primärgütern und Rohstoffen zu konzentrieren. Empirische Forschungen über den Strukturwandel zeigen aber, daß typischerweise in Ländern Exporterfolge erzielt werden, in denen der verarbeitende Sektor ein gewisses Gewicht an der Wertschöpfung einnimmt. Ein vollständiges Verschwinden des verarbeitenden Sektors, der hier konkret aufgezählt wurde und reine (Re-) Spezialisierung auf Primärgüter und Rohstoffe wäre wenig sinnvoll. In der Übergangszeit ist es zwar nicht einfach, Prioritäten zu setzen, aber wer hat gesagt, es müsse einfach sein? Je nach den speziellen Umständen in diesen Ländern könnte Marktversagen jedenfalls dann festgestellt werden, wenn der verarbeitende Sektor mit geringen technologischen Fähigkeiten völlig stagniert, obwohl es durchaus Möglichkeiten gäbe, ihn intensiver in die Wirtschaftsstruktur einzubinden, hierzu siehe auch das Beispiel Indonesien.

Es gibt somit Schwellenwerte, ab denen bestimmte liberale Annahmen nicht mehr funktionieren und es in einer Volkswirtschaft zu einer wohlfahrtsvermindernden Stagnation kommen kann. In einer solchen Situation kann dem Zollschutz die wohlgemerkt passive Rolle zukommen, die verbliebenen Unternehmen des verarbeitenden Sektors zu schützen, um Wohlfahrts- bzw. Verluste von Fähigkeiten zu vermeiden, die mit ihrem Marktaustritt verbunden wären. Die bestehenden Unternehmen stellen einen Wert dar, der durch die Liberalisierung gefährdet wird. Von diesem Punkt aus kann die Frage besser angegangen werden, wie eine dynamische Entwicklung initiiert werden kann, die auch zur Kontraktion ineffizienter Unternehmen führen kann. Anpassung und Umstrukturierung muß so durchgeführt werden, daß viele wirtschaftliche Werte erhalten bleiben, zu denen eben auch das Humankapital und technologische Fähigkeiten zählen. Dieser Problemdimension stellt sich die neoklassische Theorie nicht: Sie bietet nur ein Reservoir von Argumenten, die besagen, daß eine solche Abwägung unnötig ist und daß selbst in dieser Situation Zollschutz ineffizient ist.[3903]

Die großen Volkswirtschaften, die eine Exportorientierung und Liberalisierung vornehmen, sind hier flexibler. Sie können es in Kauf nehmen, wenn einige Bereiche stark kontrahieren, in denen Anpassungsfähigkeit ungenügend vorliegt, so etwa der Maschinenbausektor in China, wenn in anderen Bereichen Firmen vorhanden sind, die Wachstum und Exporte tragen. Aber auch in bezug auf China und Indien stellt sich die Frage, wie die breit angelegten, teils ineffiziente Kapitalgütersektoren unter den heutigen Umständen modernisiert werden können. Hier bietet sich ebenfalls ein schrittweises Vorgehen an, um bestehende Kapitalgütersektoren wenigstens teilweise zu erhalten und das darin gebundene Wissen weiter nutzen zu können. Es bietet sich also an, vor einer Liberalisierung, die technologischen Fähigkeiten bestimmter Sektoren durch staatliche Interventionen zu verbessern, siehe auch das Beispiel des Textil- und Bekleidungsbereichs in den Philippinen. Insofern muß die Entwicklungsökonomie sind vermehrt mit dem Label Wettbewerbspolitik, unter das geläufig auch die

---

[3903] So würde die dogmatisch liberale Seite argumentieren, daß Nachteile der Entwicklungsländer beliebig ausgeglichen werden können, wenn Arbeit für Kapital substituiert wird. Das hilft aber nicht, wenn die Lohn- und Kostenniveaus in einem Entwicklungsland relativ hoch und die Effizienz sehr niedrig ist. Weiterhin muß auch in den Entwicklungsländern in den meisten Industriesektoren Arbeit mit wenigstens etwas Kapital und mit technologischen Fähigkeiten, darunter Managementfähigkeiten, kombiniert werden, damit sich ein Erfolg einstellt.

Strukturpolitik fällt, auseinandersetzen. Dies umfaßt einen weiten Bereich von staatlichen Instrumenten, die wirkungsmächtig sind zur Korrektur von Marktversagen: Umstrukturierungen, Firmenzusammenschlüssen und Rationalisierung bzw. Modernisierungsprogramme und kontrollierte Firmenschließungen. Dieser wichtige Bereich in der Grauzone von Wirtschaftspolitik und Wettbewerbspolitik wurde von der Entwicklungsökonomie wenig wahrgenommen. Insgesamt gesehen wird von der Forschung die Analyseebene Walter Euckens bestätigt, daß nämlich Liberalisierung dann im hohen Maße wohlfahrtsfördernd ist, wenn Firmen einen gewissen Grad an technologischen Fähigkeiten erreicht haben, d.h. anpassungsfähig im Sinne Euckens sind.

Abschliessend sei auf zwei Typen staatlicher Eingriffe hingewiesen, die in bezug auf die WTO nicht mehr diskutiert werden: Das Schwergewicht liegt hier auf die Diskussion der Außenhandelspolitik und weiterer Maßnahmen (Außenschutz, darunter Zölle, Exportanreize, Exportsubventionen, 'local content'-Auflagen). Die Korrektur von Marktversagen im o.g. Sinne dynamischen Sinne, zur Förderung von Skalenökonomien, pekunären Externalitäten, Wissensdiffusion, Kapitalmärkten, Ausbildung, F&E kann weiterhin durch folgende Maßnahmen unterstützen werden:

Investitionspolitik. An den Länderbeispielen wurden positive und negative Beispiele staatlicher Interventionen deutlich. Indien ließ eindeutig zu wenig ausländische Investitionen zu. Brasilien womöglich zuviele, einige Sektoren waren fragmentiert, d.h. zuviele Unternehmen verhinderten das Erreichen von Skalenökonomien. Korea akzeptierte Investitionen kontrolliert, gemäß industriepolitischen, dynamisch liberalen Erwägungen: Im skalenintensiven Automobilbau werden anfangs nur zwei heimischen Unternehmen Produktionslizenzen eingeräumt und es wurden ausländische Minderheitenbeteiligungen toleriert. Dagegen wurden im Bereich Automobilzulieferer ausländische Investitionen zugelassen. Indonesien müßte dem Beispiel Koreas folgen, denn dort gibt es zuviele Automobilproduzenten, die keine Skalenökonomien erzielen können. Sichtbar wird daran, daß es für Investitionen keine generellen Regeln gibt, welche Politik wohlfahrtsmaximierend ist, weil es von der Situation in den Ländern abhängt, inwieweit Investitionsregulierungen negative oder positive Auswirkungen haben. Konkret: In Indonesien würde ein Verbot weiterer Investitionen im Bereich der Automobilproduktion positive Auswirkungen haben, in anderen Länder mag eine Liberalisierung sinnvoll nutzbar sein. Deshalb ist es unmöglich, generelle Liberalisierungsforderungen im Investitionsbereich zu unterstützen, etwa durch ein Abkommen zum Investorenschutz wie das MAI, weil dies im Einzelfall klar erkennbare, wohlfahrtsmindernde Wirkungen haben kann.

Wettbewerbspolitik. Eine Wettbewerbspolitik, die für eine merkliche Intensität des Wettbewerbs auf globaler Ebene sorgt, wird angesichts der Zusammenschlußwellen für die nächsten Jahre immer wichtiger werden. Auch eine vermehrte internationale Zusammenarbeit der Wettbewerbsbehörden ist wünschenswert. Wettbewerbspolitik sollte einem dynamischen Firmenwachstum nicht im Weg stehen und gleichzeitig den weltweiten Wettbewerb durch eine vorrausschauende Zusammenschlußkontrolle aufrechterhalten, Ausnahmen für strukturpolitische Maßnahmen bereitstellen und die Wissensdiffusion fördern. Als Ergänzung der Effektivität der Wettbewerbspolitik ist, so Walter

Eucken, eine Wirtschaftsordnung nötig, die Wettbewerbsintensität ermöglicht. Ob eine neoklassische oder 'public choice' Vorstellung von Wirtschaftsverfassung diesen Kriterien genügt ist fraglich: Folgt man ihren wirtschaftspolitischen Rezepten, würde die Marktmacht bestehender Unternehmen in engen oligopolistischen Konstellationen erhöht, weil diese sich mit Klagen besser dagegen schützen könnten, daß ein neuer Herausforderer auf den Markt tritt, selbst wenn dieser beispielsweise nur moderat subventioniert wurde.

H Die Nachkriegsordnung des eingebetteten Liberalismus

Inhalt

1.	Einleitung	653
2.	Die Gründung der Internationalen Handelsorganisation scheitert	659
3.	Das GATT	664
4.	Mengenmäßige Beschränkungen und Zahlungsbilanzmaßnahmen	666
5.	Meistbegünstigung	670
5.1	Ausnahmen von der Meistbegünstigung	675
5.2	Regionale Integrationsprojekte, Freihandelsabkommen und Allgemeines Präferenzsystem	677
6.	Sondergenehmigungen, Exportsubventionen und die Großvaterklausel	678
6.1	Der audiovisuelle Sektor	681
6.2	Landwirtschaft und das GATT	682
7.	Inländerbehandlung	688
8.	Verbindliche Zölle und Zollneuverhandlungen	697
9.	Beitrittsverhandlungen	698
10.	Das GATT Streitbeilegungssystem	699
11.	Nicht-Mitglieder des GATT	702
12.	Keine Zuständigkeit des GATT	703
13.	U.S. Sec. 301 und das Neue Handelspolitische Instrument der EU	708
14.	Schutzmöglichkeiten im GATT	719
14.1	Schutzklausel	723
14.2	Antidumping	729
14.2.1	Antidumping zwischen Verwaltungsverfahren und Politik	731
14.2.2	Was ist Dumping?	734
14.2.3	U.S. Antidumpingrecht	735
14.2.4	EU Antidumpingrecht	743
14.2.5	GATT und Antidumping	746

14.2.6	Empirische Daten über die Antidumpingnutzung	752
14.2.7	Empirische Daten über Antidumpingeffekte	755
14.3	Ausgleichszölle	761
15.	Subventionen im GATT	768
15.1	Tokio-Runde, Subventionen und freiwillige Selbstbeschränkungsabkommen	773
15.2	Die faktische Relevanz von Subventionen	775
15.3	Die Europäische Kommission	776
15.4	Eisen- und Stahl	777
15.5	Schiffbau	781
15.6	Regionalförderung	782
15.7	Automobile	784
15.8	Krisenhilfen	784
15.9	Forschungs- und Entwicklungssubventionen	785
15.10	OECD Subventionshöhen	788
15.11	Marktverzerrende Wirkungen von Subventionen	792
16.	Staatliche Konzerne	792
17.	Öffentliche Auftragsvergabe	797
18.	Zollsenkungsrunden	797
18.1	Die Situation nach dem Zweiten Weltkrieg	797
18.2	Empirie des Allgemeines Präferenzsystems	801
18.3	Liberalisierung bis Anfang der neunziger Jahre	806
18.4	Stand der Liberalisierung heute	812

H   Die Nachkriegsordnung des eingebetteten Liberalismus

1. Einleitung

Auf der Ebene internationaler Regeln für die Wirtschaft wurde die Nachkriegszeit durch das GATT geprägt, deshalb hier ein Überblick über die Regeln des GATT und die Grundzüge der Wirtschaftspolitiken dieser Zeit. Gezeigt wird soll, auf welche Bereiche die Regeln Einfluß hatten und es soll ein Eindruck von den Faktoren vermittelt werden, welche die Wirtschaft in der Nachkriegszeit prägten. Für die spätere Bewertung der World Trade Organization (WTO) kann damit ein Hintergrund erarbeitet werden, um feststellen zu können, inwiefern eine Wende zu einer liberaler ausgestalteten, regelbasierten weltweiten Wirtschaftsordnung gelungen ist.

Mit der von John Gerard Ruggie (1982) vorgeschlagenen Charakterisierung der Nachkriegzeit als eingebetteten Liberalismus ("embedded liberalism") sollen hier die Diskussionslinien gebündelt werden, die für diese Arbeit relevant sind: Wirtschaftsordnungsregeln auf internationaler Ebene, Wirtschaftsdynamiken aus dynamisch ordoliberaler Sicht und deren Einflußfaktoren und ein sachgerechtes Zusammenwirken beider im Sinne einer weltweit optimalen Wohlfahrtssteigerung. Das Szenario des eingebetteten Liberalismus kann zudem dazu benutzt werden, um festzustellen, inwiefern sich die derzeitigen Globalisierungstendenzen und eben die WTO Regeln sich vom flexibleren Charakter der Wirtschaftregeln der Nachkriegszeit absetzen lassen.[3904]

Mit dem Begriff des eingebetteten Liberalismus wird die politikwissenschaftliche These verbunden, daß die Wirtschaftspolitik der westlichen Industriestaaten in der Nachkriegszeit auf internationaler Ebene von einer Kompromißlösung geprägt war. Der Kern dieses Kompromisses bestand darin, so

---

[3904] Unter dem Terminus "inter-national economy", welcher der "globalized economy" entgegengestellt wird, entwickeln Hirst/Thompson (1996) ein ähnlichen, allerdings noch weiter zugespitzten Idealtypus, der als 'inter-national economy' in vielen Aspekten der Nachkriegsordnung nachgebildet ist: "An *inter-national economy* is one in which the principal entities are national economies. Trade and investment produce growing interconnection between these still national economies. Such a process involves the increasing integration of more and more nations and economic actors into world market relationships. Trade relations, as a result, tend to take on the form of national specializations and the international division of labor. The importance of trade is however progressively replaced by the centrality of investment relations between nations, which increasingly act as the organizing principle of the system. This form of interdependence between nations remains, however, of the 'strategic kind'. That is, it implies the continued relative separation of the domestic and international frameworks for policy-making and the management of economic affairs, and also a relative separation in terms of economic effects."; "A *globalized economic* is an ideal type distinct from that of the inter-national economy and can be developed in contrast with it. In such a global system distinct national economies are subsumed and rearticulated into the system by international processes and transactions. (...) The international economy is an aggregate of nationally located functions. (...) The global economy raises these nationally based interactions to a new power. The international economic system becomes autonomized and socially disembedded, as markets and production become truly global. Domestic policies, whether of private corporations or public regulators, now have to routinely to take into account of the predominantly international determinants of their sphere of operations. As systemic interdependence grows, the national level is permeated by and transformed by the international. In such a globalized economy the problem this poses for public authorities is how to construct policies that coordinated and integrated their regulatory efforts in order to cope with the systematic interdependence between their economic actors. The first major consequence of a globalized economy would thus be the fundamental problematicity of its governance. Global socially decontextualized markets would be difficult to regulate, even supposing effective coordination by the regulators and a coincidence of their interests. The principal difficulty is to construct both effective and integrated patterns of national and international public policy to cope with the global market forces." Herv. im Original. Hirst/Thomson 1996: 8-13.

Ruggie (1982), daß die USA, angesichts des Kalten Krieges und der anfänglichen Dollarknappheit in Europa, einsahen, daß es in ihrem Interesse liegt, keine extreme Freihandelsordnung durchzusetzen, sondern speziell in Europa politische Regierungseingriffe in die Kapitalströme und die Wirtschaft zu tolerieren, um die Wirtschaft zu stärken und die Prosperität und den Zusammenhalt des Westens nicht zu gefährden.[3905] Dabei spielte eine Rolle, daß es in den USA nicht nur Vertreter von Freihandelsideen gab, sondern auch solche, die einen gewissen Einfluß des Staates befürworteten, der auch in den USA ausgeübt wurde.[3906] Unter anderem aus diesen Gründen kam eine relativ flexible internationale Ordnung für die Wirtschaft zustande, in der, so die These von Ruggie, auf eine spezifische Weise Machtausübung mit dem Ziel der Erreichung von sozialpolitischen Zwecken kombiniert wurde.[3907] Das Verhältnis des eingebetteten Liberalismus zu liberalen wirtschaftspolitischen Modellen, die sozialpolitische Ausrichtung und die normative Begründbarkeit dieser Maßnahmen, die von liberalen Vorstellungen abweichen, faßt Ruggie folgendermaßen zusammen:

"The essence of embedded liberalism, it will be recalled, is to devise a form of multilateralism that is compatible with the requirements of domestic stability. Presumably, then, governments so committed would seek to encourage an international division of labor which, while multilateral in form and reflecting some notion of comparative advantage (and therefore gains from trade), also promised to

---

[3905] Ruggie 1982: 382-383, 392. Der Terminus der eingebetteten Wirtschaftsordnung stammt von Polanyi 1995: 75. Er beschreibt damit im Unterschied zu Ruggie, daß die vorkapitalistische Wirtschaft in Sozialbeziehungen eingebettet war. Zu ähnlichen Ergebnissen wie Ruggie kommt Maier 1978. Der Terminus des 'embedded liberalism' wird bis heute in der WTO Diskussion benutzt, um beispielsweise der WTO zuzuschreiben, daß sie noch eine Menge "regulatory diversity" zuläßt. Howse/Nicolaidis 2003: 317.

[3906] Bis in die siebziger Jahre, wird ein Einfluß des Staates auf die Wirtschaft auch in den USA für angemessen befunden. Dies wird zum Beispiel an den Verhandlungen der Tokio-Runde des GATT deutlich. Siehe dazu weiter unten im Text und Winham 1986: 387. Schon direkt nach dem Zweiten Weltkrieg geben die USA liberale Positionen auf, die sie noch während des Krieges eingenommen hatten. Dies wird schon früh als Abkehr vom "free trade" hin zum bloßen "freer-trade" verstanden, der dann das GATT prägen wird. Jackson 1969: 553-554. Die USA geben es beispielsweise auf, ihre anfängliche liberale Wettbewerbspolitik in Deutschland und Japan durchsetzen zu wollen und akzeptierten große Firmen, denen sie anfangs vorgeworfen hatten, für die faschistische Wirtschaftsordnung mitverantwortlich gewesen zu sein. Zudem tolerierten sie ansatzweise die Verstaatlichung z.B. der Kohleproduktion im Ruhrgebiet. Vgl. dazu Maier 1978: 30-31, 34, 43-44. Dies steht im Einklang mit den positiven Erfahrungen, die die USA in den Bereichen natürlicher Ressourcen und anderswo mit der Wirtschaftsplanung gemacht haben, wenngleich dies keinesfalls mit einer generellen Befürwortung der Planwirtschaft verwechselt werden darf. Vgl. Maier 1987: 129. Weiter gehen sie aber nicht und setzen sich im großen und ganzen dann doch für eine liberale Ordnung ein, allerdings wurden interessanterweise die von Ludwig Erhard durchgesetzten Liberalisierungsmaßnahmen wie die Aufhebung von Preiskontrollen damals nicht befürwortet. Carlin 1996: 463-464.

[3907] "... fusion of power and legitimate social purpose" Ruggie 1982: 385; siehe auch das folgende Zitat, welches die Position Ruggies deutlich macht, daß die Machtausübung von den sozialpolitischen Zwecken abhängt: "But that multilateralism and the quest for domestic stability were coupled and even conditioned by one another reflected the shared legitimacy of a set of social objectives to which the industrial world had moved, unevenly but 'as a single entity'. Ruggie 1982: 398, 382, 385-386. Auch von Keohane (1984) wird der spezielle Charakter die Nachkriegsordnung des Westens hervorgehoben: "American hegemony coexisted easily with extensive cooperation: mutual adjustment of policies took place, perhaps to an unprecedented extent among interdependent countries in peacetime, during the years after World War II". Keohane 1984: 179, sowie auch 137. In der Theorie internationaler Beziehungen ist 'cooperation' nicht mit normativen Bedeutungen belegt, sondern meint im extremen Fall sogar die Akzeptanz amerikanischer Machtausübung. Ruggie geht hier weiter und sagt dezidiert, daß diese Akzeptanz von Vorteil für die Staaten war und sich weiterhin ein Standard etabliert hat, der diese Politik deutlich von einer reinen Politik der Machtausübung und Durchsetzung eigener Interessen unterschied. Ruggie 1982: 383-399. Dezidiert an die realistische Theorie der Politikwissenschaftlich wendet sich Ruggie (1982), wenn er sagt, daß sich durch konstant bleibende sozialpolitische Ziele, die eine bestimmte Staat/Gesellschaft Beziehung implizieren, der Niedergang eines Hegemons aufhalten läßt. Die größte Gefahr für den Hegemon sieht Ruggie, in unkonventioneller Weise, darin, daß sich liberale Ideen verbreiten und sich die Staat/Gesellschaft Beziehungen verändern und damit das sozialpolitische Ziel, welches die westliche Welt verbindet, gefährdet wird, sodaß auch die Macht des Hegemons geschwächt wird. Ruggie 1982: 413.

minimize socially disruptive domestic adjustment costs as well as any national economic and political vulnerabilities that might accrue from international functional differentiation."[3908]

Anhand einer kurzen Charakterisierung der Grundzüge des GATT wird von Ruggie beschrieben, wie dieser Kompromiß aussah und zu welchen Wirtschaftspolitiken er führte.[3909] Ziel ist es in diesem Abschnitt dieses vor Jahren beschriebene GATT Szenario Ruggies zu aktualisieren und durch empirische Daten über die Wirtschaftspolitiken dieser Zeit zu ergänzen. Dabei bestätigt sich in vielen Bereichen die These von der Flexibilität des GATT.

Somit bedarf es hier keines neuen Szenarios, es ergeben sich aber (1) in bezug auf eine Reihe wirtschaftspolitischer Instrumente neue Erkenntnisse, welche die Bewertung des 'embedded liberalism' aus heutiger Sicht beeinflussen. Zumal in bezug auf solche, die in Ruggie nicht erwähnt wurden: So thematisiert Ruggie zwar mengenmäßige Beschränkungen zum Zahlungsbilanzschutz, die Schutzklausel und die Nutzung protektionistischer, freiwilliger Selbstbeschränkungsabkommen (VERs). Den schon in den siebziger Jahren erfolgten Schritt, privaten Parteien Möglichkeiten einzuräumen, außenhandelspolitischen Schutz zu beantragen, erwähnt er nicht. Die dazu nutzbaren Antidumpingzölle und Sec. 301, das GATT inkompatible Repressalieninstrument der USA kommen nicht vor - ebenso nicht die Agrarpolitik - kurz: Ruggie thematisiert den mutmaßlich 'sozialen' Schutz- und Regulierungsaspekt des 'embedded liberalism' und diese Seite wird - so scheint es dem Leser - realistisch bewertet: Dem Protektionismus der Schutzklausel, den VERs und dem Multifaserabkommen, welches als Schutz gegen den Handel mit Textil- und Bekleidung mit den Entwicklungsländern angewandt wurde, schreibt Ruggie moderate Auswirkungen zu, passend zu seinem 'flexiblen', sozialverträglichen Szenario.[3910]

Somit geht es (2) zweitens doch um mehr als eine bloße Aktualisierung Ruggies: Zwar wird das Szenario des 'embedded liberalism' nicht in Frage gestellt. Anhand der in den ersten Abschnitten dieser Arbeit herausgearbeiteten Spannung von moderater und extremer liberalen wirtschaftspolitischen Ansätzen lassen sich jedoch zwei Fragen stellen: Erstens läßt sich bezweifeln, ob der 'embedded liberalism' pauschal als sozial verträglich eingestuft werden kann. Dies kann von einem extremer liberalen wirtschaftspolitischen Ansatz her angezweifelt werden, denn dieser könnte reklamieren, daß seine Verfolgung zu größerer Wohlfahrt geführt hätte. Ein solcher Zweifel ist im Rahmen dieser Arbeit nicht selbstverständlich, denn hier wird beispielsweise eine moderat liberale

---

[3908] Ruggie 1982: 399. Vgl. auch das folgende Zitat: "Once negotiations on postwar commercial arrangements got under way seriously, in the context of preparations for an International Conference on Trade *and* Employment, the principles of multilateralism and tariff reductions were affirmed, but so were safeguards, exemptions, exceptions, and restrictions-all designed to protect the balance of payments and a variety of doemstic social policies." Herv. im Original. Ruggie 1982: 396.

[3909] Ruggie 1982: 397-404, 410-412..

[3910] Ruggie konnte 1982 die Wirkungen natürlich schwerer einschätzen, als es jetzt möglich ist. Schon damals war es aber fraglich, ob z.B. in bezug auf das Multifaserabkommen geschlossen werden konnte: "However, each of these provided for a regular expansion of exports, though of course more limited than would have been under conditions of 'free trade'. In sum, the impact of these restraints on international trade, even by GATT's own reckoning, has been relatively modest." Bezug ist hier das Multifaserabkommen, die VERs und die Schutzklauselnutzung. Ruggie liegt mit seiner "relatively modest" Einschätzung falsch. Ruggie 1982: 412. Siehe dazu Abschnitt 'I', dort wird u.a. genau beschrieben, wie das Multifaserabkommen in den siebziger Jahren wirkte und gehandhabt wurde.

Exportorientierung für sinnvoll erachtet, welche gewisse Flexibilitäten aufweist. Dennoch drängt sich in bezug auf die Nachkriegsordnung des 'embedded liberalism' der Eindruck der Überlegenheit einer liberaler gestalteten Wirtschaftsordnung auf, angesichts unnötiger und zu stark ausgeprägter staatlicher Interventionen, welche für die Entwicklungsländer und somit auch die Industrieländer wohlfahrtsmindernde Auswirkungen hatten. Erfolgen Interventionen dieses Intensitätsgrades mehr als zwei Jahrzehnte, kann geschlossen werden, daß dies weltweit wohlfahrtsmindernd gewirkt hat. Somit beantwortet die an Ruggie angelehnte These einer relativ flexiblen internationalen Wirtschaftordnung zwar einige Fragen, nicht unbedingt aber die hier relevanten. Aus diesen Gründen ergeben sich zwei über dieses Szenario hinausgehende Fragen, die einen bezug auf die Fragestellung dieser Arbeit haben: Welche internationale Wirtschaftsordnungsregeln sind optimal wohlfahrtsmaximierend?

Die Rolle des Staates:

In bezug auf die Nachkriegsordnung ist offen sichtbar, daß Eingriffe des Staates nicht am Rande stattfanden, sondern klar erkennbar wirksam waren. Der Staat hat auf deutlich sichtbare Art und Weise die Wirtschaft beeinflußt und dies auf mehreren Ebenen. Dies gilt für alle Industriestaaten, auch wenn sich die hauptsächlich angewandten Instrumente und die Schwerpunkte der Interventionen unterschieden. Aus dynamisch ordoliberaler Perspektive stellt sich die Frage, inwiefern die Interventionen wohlfahrtssteigernd, sachgerecht und für die Wohlfahrtssteigerung unbedingt nötig waren.

Der Grad der Wirksamkeit der liberalen Ordnung:

Nichtsdestotrotz waren in der Nachkriegszeit die Funktionsprinzipien, die eine liberale Ordnung auszeichnen, nicht ganz ausgehebelt: Die Nachkriegszeit kann wohl kaum als Zeit der Planwirtschaft nach sozialistischem Vorbild bezeichnet werden. Es lag allerdings auch kein laisser faire Liberalismus vor oder kein extrem liberale Version des Ordoliberalismus, der einen Verzicht auf staatliche Eingriffe durchgesetzt hätte. Sowohl für das Verhältnis der Industrieländer untereinander als auch die internationale Ebene wird eine gewisse Abschwächung in der Verfolgung extrem liberaler Vorgaben deutlich. Wiewohl es Liberalisierung gab, gab es davon Ausnahmen. Das liberale und ordoliberale Ziel einer auf dem Prinzip der Konstanz der Wirtschaftspolitik beruhenden, unumkehrbar geltenden Marktöffnung, wurde insbesondere auf internationaler Ebene nur eingeschränkt beherzigt.

Wie auch immer die Benennung dieser Zeitperiode erfolgt (so wird der gegenläufige Terminus "liberal protectionism" vorgeschlagen[3911] es ist von "*regulated competition*"[3912] oder "managed trade" die

---

[3911] In bezug auf den durch das Multifaserabkommen geregelten Textil- und Bekleidungssektor lautet so der Titel des Buches von Aggarwal 1985. Weiter unten wird anhand der eigenen Diskussion der Vorgänge im Textil- und Bekleidungsbereich der protektionistische Aspekt dieses Abkommens betont, siehe Abschnitt T.

[3912] "Global competition becomes *regulated competition*, where neither government alone, nor firms and industry alone, can explain the pattern of exports and investments. It is the interaction of business strategy, government policy, and industry structure that is the key driver of global winners and losers." Herv. durch den Autor. Yoffie 1993: 21.

Rede[3913] oder eben "embedded liberalism compromise"[3914]), geht es um die schwierige Abwägung zwischen zwei Phänomenbereichen, die sich gegenseitig durchwirken. Nämlich einer Wirtschaft, die zu einem erkennbaren Grad von liberalen Wirkungsketten bestimmt und dennoch dem stützendem, intervenierendem und lenkendem Einfluß des Staates ausgesetzt war.

Diese Frage läßt sich nicht im Sinne eines wissenschaftlichen Laborversuchs lösen, der eine Vergleichsepoche herzieht, die hinsichtlich der die Wirtschaft prägenden Faktoren ähnlich Eigenschaften aufweist, aber hinsichtlich der Wirtschaftsordnungsregeln und der Wirtschaftspolitik anders verfaßt gewesen wäre: Und zwar einerseits noch protektionistischer und mehr vom Staat geprägt und andererseits deutlich liberaler. Ein solches Experiment, mit dem die begrifflichen Abgrenzungen und die wirtschaftspolitische Frage nach der optimalen Effizienz- und Wohlfahrtsmaximierung und den dazu nötigen Regeln eindeutiger lösbar wäre, ist nicht möglich.[3915]

Ein solcher Laborversuch hätte auch die Wirkung von Risiken auf die Wirtschaft überprüfen können, eine Aspekt, der in Abschnitt 'E' thematisiert wurde. Es ist offenkundig, daß die Flexibilität der Wirtschaftsordnung der Nachkriegszeit und der staatliche Einfluß die Wirtschaft zwar nicht ganz, aber sicher zum Teil von Risiken befreit hat, die ein extrem liberales Szenario aufgewiesen hätte. Von Ruggie (1997) wird die These vertreten, daß gerade die Abfederung von Risiko und gewisse staatliche Interventionen ein größeres Wachstum bewirkt haben, eine These, mit der er liberale aber auch dynamisch ordoliberale Vorstellungen geradewegs umkehrt.[3916] Obwohl dieses Argument nicht ganz abgelehnt wird, wird hier nicht zugestimmt, mehr dazu im Fazit zu Abschnitt 'I'.

[3913] Gebraucht wird dieser Terminus für VERs und Antidumpingmaßnahmen etwa von Müller 1983: 246; und von Tyson/Yoffie 1993: 29.

[3914] Schon damals bestand Einfluß der extrem liberalen Seite, welche eine weitgehendere Liberalisierung fordern. Ohne diesen Einfluß wäre der Begriff Kompromiß nicht gerechtfertigt: "Liberal internationalist orthodoxy, most prominent in New York financial circles." Ruggie 1982: 393.

[3915] Vielleicht wäre an einem solchen Laborversuch erkennbar, inwiefern es in den letzten Jahrzehnten ein 'trade-off' etwa zwischen wirtschaftlicher Effizienz und einer gleichmäßigeren und regional ausgewogeneren Entwicklung gegeben hat. Zum Beispiel könnte er die Frage beantworten, ob Europa, wenn es von vorneherein liberaler gewesen wäre, ein höheres Einkommensniveau hätte erwirtschaften können, aber womöglich unter Inkaufnahme größerer regionaler Disparitäten. Siehe Abschnitt 'E', Punkt7, Regionalförderung.

[3916] Durch die Globalisierung der Produktion sei es nicht mehr so wie früher möglich, durch Regierungsinterventionen positive Wirkungen auf Beschäftigung und Wachstums zu erzielen: " Finally, globalization of production challenges what was perhaps the central policy premise guiding the postwar American political economy. As Cowhey and Aronson depict it, the federal government assumed that its primary role was to manage levels of consumer spending, support research and development, and otherwise help socialize the costs of technological innovation by means of military procurement and civilian science programs. America's corporations would take it from there. Today, it is getting harder not only to determine whether something is an American product, but more critically whether the legal designation, 'an American corporation,' describes the same economic entity, with the same positive consequences for domestic employment and economic growth, that it did in the 1950s and 1960s. In the absence of an alternative, the major default option for government is the denationalized' economic policy posture of competing with other, similarly situated, capitalist countries in providing a friendly policy environment for transnational capital irrespective of ownership or origins. A British scholar calls this model 'the residual state.'" Reproduziert ohne Fußnoten. Ruggie 1997: 7. Weiterhin sei es Teil der 'embedded liberalism'-Abmachung gewesen, daß der Staat die Effekte u.a. des internationalen Wettbewerbs abfedert: "As noted at the outset, the postwar international economic order rested on a grand domestic bargain: societies were asked to embrace the change and dislocation attending international liberalization, but the state promised to cushion those effects by means of its newly acquired domestic economic and social policy roles. Unlike the economic nationalism of the thirties, then, the postwar international economic order was designed to be multilateral in character. But unlike the laissez-faire liberalism of the gold standard and free trade, its multilateralism was predicated on the interventionist character of the modern capitalist state. Increasingly, this compromise is surpassed and enveloped externally by forces it cannot easily grasp, and it finds itself being hollowed out from the inside by political postures it was intended to replace." Ruggie 1997: 7.

Auch ohne Labor soll hier versucht werden, wenigstens der Tendenz nach Antworten auf einige der Fragen zu finden. Leitend soll die gegen Ruggie (1982, 1997) gewandte Kritik sein, welche die These der Sozialverträglichkeit des 'embedded liberalism' in Frage stellt. Dahinter steht u.a. die von Walter Eucken gemachte Beobachtung, daß Flexibilitäten nicht nur positive, sondern negative Wirkungen auf die Wohlfahrtserzeugung haben können.

Warum und unter welchen Umständen staatliche Wirtschaftspolitiken und Interventionen in die Wirtschaft positiv wirken können, wurde im Abschnitt 'E' und 'G' gezeigt. Dort wurde ebenso auf mögliche Fehlschläge und negative Wirkungen dieser Politiken hingewiesen, die in einer dynamischen Theorie der Wirtschaft - sogar noch ausgeprägter als in der Neoklassik - vorstellbar sind. Schon daraus folgt, daß geprüft werden muß, ob pauschal von einer sozialen Verträglichkeit des 'embedded liberalism' unter dem GATT die Rede sein darf.

Nicht nur hier in Abschnitt 'H', in dem die GATT Regeln und die diversen Regierungsinterventionen erwähnt werden, sondern auch in Abschnitt 'I', in dem es um protektionistische Maßnahmen im engeren Sinne geht, wird an aktuelleren Informationen als sie Ruggie vorlegt, verdeutlicht, warum hier sein Eindruck bezweifelt wird, daß: "the impact of these restraints on international trade, even by GATT's own reckoning, has been relatively modest".[3917] Implizit gesteht Ruggie selbst die Fragwürdigkeit seiner Einsichten zu, wenn er erwähnt, daß sich die soziale Verträglichkeit des 'embedded liberalism' vor allem auf die Industrieländer bezog - nicht auf die Entwicklungsländer.[3918]

Anhand von Abschnitt 'D', der die historische Entwicklung der Handelsintegration beschreibt und Abschnitt 'I' wird sichtbar, daß es nicht das Wachstum der Industrieländern (und die dortige soziale Verträglichkeit) gefährdet hätte, wenn die 'flexible' Ordnung in einem graduellen Sinne 'regelgebundener' ausgestaltet worden wäre, sodaß den Entwicklungsländern ein sicherer Marktzugang und eine größere Partizipation an Handel und Wachstum eingeräumt worden wäre. Der Verzicht auf (nicht einmal alle) aber gewisse Aspekte der Protektion durch die Industrieländern hätte wenigstens gleiche oder - wahrscheinlich - sogar höhere Wohlfahrtseffekte für die Industrieländer und deutlich höhere Wohlfahrtseffekte für die Entwicklungsländer bewirken können.

Abschnitt 'G' und 'I' zeigen, daß dynamische Entwicklungsmöglichkeiten vieler Entwicklungsländer, darunter Brasilien und Indien, durch protektionistische Instrumente beschränkt worden sind und zwar gleichzeitig in den Sektoren Textil- und Bekleidung, Eisen und Stahl und Agrarprodukte. Protektionistische Maßnahmen sind hier schon bei sehr geringen Marktanteilen eingeführt worden, ohne Rücksicht auf die Probleme diese Länder. Dazu kamen weitere Interventionen in die Märkte,

---

[3917] Ruggie 1982: 412.
[3918] Gegen Ende seines Artikel gesteht dies Ruggie damals zu: "The compromise of embedded liberalism has never been fully extended to the developing countries." Ruggie 1982: 413. Dies rettet ihn aber nicht, weil er gleichzeitig die Wirkungen des Protektionismus in bezug auf die Entwicklungsländer klein redet. Siehe schon oben u.a. zum Multifaserabkommen.

welche die Wettbewerbsposition der Firmen aus den Industrieländern positiv beeinflußten, sichtbar u.a. am Automobilbereich.

Um diese Fragen konkret angehen zu können, wird zuerst in Abschnitt 'H' das GATT als Wirtschaftsordnung rekonstruiert und ein empirischer Eindruck über die Wirtschaftspolitiken in Industrie- und (wenn möglich) Entwicklungsländern vermittelt. In Abschnitt 'I' werden die protektionistischen Maßnahmen und deren Effekte rekonstruiert und zwar - soweit wie möglich - im Detail, weil darüber keine umfassende Darstellung verfügbar ist.

Der Autor bittet um Verständnis dafür, daß anhand des nun folgenden Überblicks über die GATT Regeln und Flexibilitäten in der Nachkriegszeit, zwei Aspekte gleichzeitig erreicht werden sollen:

Erstens soll in bezug auf das 'flexible' GATT versucht werden, 'flexible' und liberale Wirkungen zu differenzieren. Denn das GATT war nicht nur 'flexibel'. Dies wird u.a. anhand von Beispielen sektoraler Wirtschaftspolitiken und an GATT-Streitbeilegungsentscheidungen gezeigt, damit der Leser die Möglichkeit hat, die Relevanz der liberalen und weniger liberalen Elemente nachzuvollziehen.

Zweitens wird durch den Überblick über die GATT Regeln und über empirische Hintergründe die Grundlagen für die Diskussion der WTO in Abschnitt 'J' vorbereitet, um die Unterschiede der GATT und der WTO Wirtschaftsordnung besser einschätzen und diese beiden Ordnungen hinsichtlich ihrer sachlichen Angemessenheit für eine dynamische ordoliberale weltweite Wohlfahrtssteigerung bewerten zu können.

2. Die Gründung der Internationalen Handelsorganisation scheitert

Schon bei den Verhandlungen zur Internationalen Handelsorganisation (International Trade Organization, 'ITO')[3919], die nach dem Scheitern ihrer Gründung, letztendlich zur Etablierung des GATT führten, wurde am Widerstand, nicht nur der Länder der Dritten Welt, sondern auch vieler Industrieländer gegenüber Plänen der USA deutlich, daß eine in deutlicher Weise freihändlerische, multilaterale Ordnung für den Welthandel, welche die USA mit gewissen Beschränkungen[3920] anstrebte, nur eingeschränkt durchsetzbar war.[3921]

[3919] Hierzu: Wilcox 1949; Diebold 1952; Allen 1953; Gardner 1956; Zeiler 1999; Miller 2000. Die Havanna-Charta zur Gründung der ITO in: Hummer/Weiß 1997.
[3920] So wurde von den USA eine Schutzklausel für erforderlich gehalten, um in bestimmten Fällen Zollzugeständnisse wieder rückgängig zu machen, um eigene Industrien zu schützen. Dies wurde am 25. Februar 1947, auf der Druck der Republikaner, beschlossen mit Executive Order 9832, die besagt, daß Handelsabkommen, etwa das GATT, eine Schutzklausel enthalten müssen und erst wenn dies vollzogen ist, eine Zustimmung der USA dazu erfolgen darf. Zeiler 1999: 82. Auch will sich die USA weiterhin des Zollschutzes bedienen und es ist schwierig gegenüber protektionistisch gesinnten Interessengruppen Zollsenkungen durchzusetzen. Dies gelang vor allem mit dem Verweis auf die sicherheitspolitischen Interessen der USA, die damals darin bestanden, den russischen Expansionsbestrebungen entgegenzutreten, wobei dies nach sich zog, durch einem Abbau von Zollbarrieren westlich gesinnten Ländern Handelsgewinne zukommen zu lassen. Zeiler 1999: 75-83.
[3921] Die diversen Kontroversen um mengenmäßige Beschränkungen und vor allem das Zollpräferenzsystem der Engländer können an dieser Stelle nicht nachgezeichnet werden, siehe zu einigen Aspekten den Text. Meist ist es jedenfalls so, daß die USA eine liberalere Position als andere Staaten einnehmen. Siehe dazu Wilcox 1949; Gardner 1956. Dies gilt auch für die Tokio-Runde, bei der sie wenigstens zu Beginn

Aber auch die USA nahmen nicht eine extrem liberale Haltung ein. Sie versuchten damals einige speziellen Regeln mit liberaler Ausrichtung durchzusetzen, wobei dies nicht so konsequent wie geplant gelang. Dazu kam, daß auch die freihändlerisch eingestellten U.S. Politiker moderat hohen Zöllen nicht abgeneigt waren, solange es keine "embargo tariffs" der Republikaner waren.[3922] Die Demokraten waren eher freihändlerisch eingestellt, befürworteten einen multilateralen Ordnungsrahmen auf deutlichere Art und Weise und waren in der Gründungszeit des GATT in der Regierungsverantwortung (immerhin konnte parallel dazu ein republikanisch dominierter Kongress drei Jahre lang Einfluß auf Handelsfragen ausüben).[3923]

Der Widerstand gegen liberale Regeln außerhalb der USA äußerte sich unter anderem in der breiten Ablehnung eines von der USA angestrebten generellen Verbots von mengenmäßigen Warenverkehrsbeschränkungen und dem eng damit verbundenen Versuch eine Industriepolitik der Entwicklungsländer, aber auch eine solche in anderen Mitgliedsstaaten, sehr stark einzuschränken.[3924] Die mengenmäßigen Beschränkungen (quantitative restrictions, 'QRs') wurden als potentiell wirksamste Instrumente angesehen, die den Staaten zur Regulierung des Außenhandels zur Verfügung stehen und die einen freien Handel am substantiellsten einschränken können. Die Verhinderung ihres Gebrauchs stand hoch auf der damaligen U.S.-amerikanischen Agenda.[3925]

---

noch guten Mutes sind und das gesamte Set nicht-tarifärer Handelshemmnisse zum Thema machen: Baldwin 1970. Daß dieses Ziel nicht erreicht wurde, wird an einer gefaßten Reaktion besser sichtbar als an einer dramatisierten Variante: "The Tokyo Round was predominantly a liberal undertaking, but it made compromises with protectionist forces, and in so doing, tended to shift the ground from an argument between liberalism and protectionism to one of the management of the international trade system. The emphasis at the Tokyo Round was on fair trade, not free trade, and various governments accepted that the notion of fair trade included certain elements of protectionism." Winham 1986: 11.

[3922] Allen 1953: 107, 113.
[3923] Hier sind vor allem Cordell Hull, der freihändlerisch eingestellte Will Clayton (im Außenministerium für wirtschaftliche Fragen zuständig) und Clair Wilcox hervorzuheben. In der gesamten relevanten Zeit wurde die USA von den Demokraten regiert, unter den Präsidenten Roosevelt und Truman, zwischen Nov. 1946 und 1949 gab es allerdings eine republikanische Mehrheit im Kongress, die auf deutliche Art und Weise protektionistische Interessen vertrat und multilateralen Abkommen gegenüber mißtrauisch war. Diese setzte u.a. das Gesetz durch, welches bestimmte, daß Handelsabkommen der USA eine Schutzklausel enthalten müssen. Truman gewinnt im November 1948 und im Jahre 1949 gab es wieder eine demokratische Mehrheit im Kongress. Zeiler 1999: 44-45 (Clayton), 56-57 (Wilcox), 75-105. Zur Rolle und liberalen wirtschaftspolitischen Haltung Cordell Hulls siehe Allen 1953. Interessanterweise wollte Cordell Hull schon nach dem Ersten Weltkrieg eine internationale Handelskonferenz organisieren, um den wirtschaftlichen Aufschwung zu begünstigen. Dies lehnten damals höhere Stellen ab, weil sie es nicht als wahrscheinlich ansahen, daß sich die verfeindeten Europäer über Zölle einigen können. Allen 1953: 107, 113.
[3924] Am 21. November 1947 begann in Havanna, Kuba, die abschließende Konferenz, die zur Gründung einer neuen International Trade Organization (ITO) führen sollte. In dieser Konferenz kam es zu einem deutlichen Widerstand seitens der weniger entwickelten Länder (von denen viele erst zu dieser Konferenz zugegen waren) gegen die bisher vorliegenden Vorschläge. Über 800 Eingaben wurden gemacht, 200 dieser Eingaben hätten, wären sie angenommen worden, das gesamte Regelwerk vollständig unterminiert. Schon früher hatte in der Londoner Konferenz eine Staatengruppe, angeführt von Australien, Indien, China, Libanon, Brasilien und Chile für Spielräume zur Förderung industrieller Entwicklung interveniert. Seit diesem Zeitpunkt befand sich ein Kapitel über wirtschaftliche Entwicklung in der ITO-Charta. Vgl. Wilcox 1949: 42, 47-48. Aber nicht nur die Entwicklungsländer opponierten, es sind vor allem Industrieländern, allen voran England, die eine Abschwächung der Passagen der ITO erzielten, so die englische Einfügung von Passagen in den 'London Draft', die sich auf Maßnahmen zur Sicherung der Vollbeschäftigung bezogen. Eine ebensolche Flexibilisierung von Regeln geschah in bezug auf Zahlungsbilanzmaßnahmen. Zum Einfluß dieser Industrieländer siehe: Gardner 1956: 48, 271-286. Detailreich wird die Rolle Englands diskutiert von Zeiler 1999: 91-126; und Miller 2000. Das Erfordernis mit England einen Kompromiß einzugehen betont auch Senti 1986a: 10-15. Die relevanten Dokumente werden erwähnt in: GATT Analytical Index 1995: 3-6.
[3925] Vgl. dazu die deutlichen Worte zu diesem Thema von Clair Wilcox (1949) in bezug auf die ITO Charta: "The *Charter* does condemn tariffs in principle; it permits old duties to be increased and new duties to be imposed; it calls only for the reduction, on a selective basis, of duties that may be too high. The *Charter* condemns quantitative restrictions; it permits their employment, of necessity, under specified conditions, but only on sufferance and as an exception to the general rules of policy. If domestic production is to be protected, the tariff

Dies konnte nicht vollständig durchgesetzt werden. In der ITO-Charta wurden mengenmäßige Beschränkungen nicht nur zum Zahlungsbilanzschutz, sondern auch, zumindest für die zeitlich nicht definierte Nachkriegszeit, zur Aufrechterhaltung der Vollbeschäftigung anerkannt, für letzteres mit einem recht vagen Artikel, der eine Aufhebung von handelspolitischen Maßnahmen schwer erzwingbar macht.[3926] Vor allem auf Wunsch von Frankreich und England wurde in den Entwurf der ITO-Charta eine Passage eingeführt, die eine diskriminierende, speziell auf einzelne Staaten zugeschnittene Anwendung von mengenmäßigen Beschränkungen zum Schutz der Zahlungsbilanz erlaubt.[3927] Solche Maßnahmen hätten damals, in der Zeit der Dollar-Knappheit, vor allem amerikanische Waren betroffen und dies war einer der Gründe für die letztendliche Ablehnung der ITO-Charta durch die USA.[3928] Nun wären dies aber Übergangsmaßnahmen gewesen. Und dem IWF wurde die Autorität zugesprochen darüber zu befinden, ob eine ernsthafte Zahlungskrise vorliegt.[3929] Aber selbst wenn es gelungen wäre, gestützt auf den IWF, von seiten des ITO-Exekutivrats oder der ITO-Versammlung gegen Zahlungsbilanzmaßnahmen anhand diverser sonstiger niedergelegter Kriterien vorzugehen[3930], blieben (neben der simplen Möglichkeit mit einer überwerteten Währung für ständig hohe Importe und eine prekäre Zahlungsbilanzsituation zu sorgen[3931]) die folgenden weiteren Spielräume für handelspolitische Maßnahmen: Der Widerstand der Entwicklungsländer führte zu einem Kompromiß bezüglich handelspolitischer Maßnahmen, gemeint sind mengenmäßige Beschränkungen zur Förderung der Industrialisierung. Diese durften zum Aufbau einer

---

method of restriction is to be preferred. Tariffs permit the volume of trade to grow as costs and prices fall abroad and income and demand increase at home. They permit prices and production within each country to adapt themselves to the changing conditions of the world economy. They permit the direction of trade to shift with changes in comparative efficiency. They can be so devised and administered as to accord equal treatment to all other states. They leave the guidance of trade to private business, uninfluenced by considerations of international politics. Tariffs are the most liberal method that has been devised for the purpose of restricting trade. They are consistent with multilateralism, non-discrimination, and the preservation of private enterprise. Quantitative restrictions, by contrast, impose rigid limits on the volume of trade. The insulate domestic prices and production against the changing requirements of the world economy. They freeze trade into established channels. They are likely to be discriminatory in purpose and effect. They give guidance of trade to public officials; they cannot be divorced of politics. They require public allocation of imports and exports among private traders and necessitate increasing regulation of domestic business. Quantitative restrictions are among the most effective methods that have been devised for the purpose of restricting trade. They make for bilateralism, discrimination, and the regimentation of private enterprise. These were the major reasons, but not the only ones, for bringing quota systems under international control." Herv. im Original. Wilcox 1949: 81-82.

[3926] Havanna Charta zur Gründung der ITO. Art. 21 Abs. 4 (b) (i). In: Hummer/Weiß 1997: 48. Dieser Absatz ärgert durch die damit verbundene Rechtsunsicherheit die USA. Gardner 1956: 48, 375.

[3927] Havanna Charta zur Gründung der ITO. Art. 23 Abs. 1 (a). In: Hummer/Weiß 1997: 50. Immerhin wird hier darauf hingewiesen, daß es sich bei diesen diskriminierenden mengenmäßigen Beschränkungen nur um eine Übergangsmaßnahme handelt. Gardner 1956: 364, 376. Diese wird vom Internationalen Währungsfond bestimmt. Wilcox 1949: 48.

[3928] Gardner 1956: 376. Zu den Gründen des Scheiterns, unter anderem die Kritik der amerikanischen Wirtschaft an den unklaren Regeln, das Desinteresse Trumans, aber auch das bereits bestehende GATT siehe: Diebold 1952; Zeiler 1999.

[3929] Havanna Charta zur Gründung der ITO. Art. 24 Abs. 2. Wilcox 1949: 86.

[3930] Diese Kriterien befinden sich unter anderem in den folgenden Artikeln: Havanna Charta zur Gründung der ITO. Art. 21 Abs. 3 (c) "avoid unnecessary damage to the commercial or economic or interests of any other Member"; Art. 21 Abs. 4 (c) "pay due regard to the need for restoring equilibrium in its balance of payments on a sound and lasting basis and to the desirability of assuring an economic employment of productive resources". Es mag also denkbar sein, daß ein ITO-Mitglied die Rechtfertigung für QRs zum Zwecke des Zahlungsbilanzschutzes hätte anzweifeln können. Wilcox 1949: 87.

[3931] Hierauf und auf anderes spielt offenbar mit dem Verweis auf die Souveränität bezüglich "domestic economic policies' an: Wilcox 1949: 86-87.

Grundstoffversorgung und zum Schutz von Industrien, die während dem Krieg gegründet wurden, genutzt werden.[3932]

Darüberhinaus dürfen die Länder gemäß ITO ihre Industrien durch hohe Zölle (und auch Zollkontingente: 'tariff rate quotas', die ein mengenbeschränkendes Element enthalten, dazu gleich mehr) schützen, deren Gebrauch im Gegensatz zu den mengenmäßigen Beschränkungen nicht eingeschränkt wurde.[3933] Ebensolche Flexibilität galt in bezug auf Subventionen. Diese waren nur einem Konsultationsverfahren ausgesetzt, welches in der ITO nur optional durch den Terminus der ernsthaften Schädigung eines anderen Mitglieds durch einen rechtlich eingrenzbaren Begriff ergänzt wurde.[3934] Die Subventionierung der Landwirtschaft wurde mit dem Verweis auf ernsthafte Schädigung und Exportsubventionen mit Verweis auf einen fairen Anteil ('fair share') am Weltmarkt eingegrenzt.[3935] Sonstige Exportsubventionen wurden von der ITO nicht akzeptiert.[3936] Mengenmäßige Beschränkungen wurden weiterhin für die Landwirtschaft (und zur Bekämpfung von Knappheiten von Lebensmitteln aber auch bezüglich des Mangels sonstiger für den Staat wichtiger Produkte) erlaubt, daneben zur Erhaltung natürlicher Ressourcen, als Exportquoten für Rohstoffe, wenn Preiskontrollen verwendet werden und zur Verwaltung internationaler Rohstoffabkommen sowie zum Schutz von Fischressourcen und der Tierwelt.[3937]

Insgesamt gesehen sind somit doch relativ weitgehende Regeln beschlossen werden: Dennoch blieben den Staaten unter der ITO eine ganze Reihe von Möglichkeiten mengenmäßige Beschränkungen anzuwenden und sie hätten damit und durch andere Maßnahmen die eigene Wirtschaft schützen können. Die ITO enthielt einige weitere bemerkenswerte Bestandteile: Nicht zuletzt als Reaktion auf die oben, im Abschnitt 'B', erwähnte Ausbreitung der Kartelle in den Jahren vor dem Zweiten Weltkrieg, gab es ein Verfahren bei Verstößen gegen Wettbewerbsregeln, das jedoch durch England etwa abgeschwächt wurde[3938] und auch Regeln zum Schutz von ausländischen Investitionen, die von den Entwicklungsländern etwas abgeschwächt wurden. Dazu kommen solche in bezug auf

---

[3932] Ansonsten mußten sie von dem Exekutivrat ausdrücklich erlaubt werden. Aber selbst in den beiden Fällen, in denen eine automatisch Autorisierung vorgesehen wird, muß Schaden gegenüber anderen Volkswirtschaften vermieden werden, sonst durften diese ihrerseits Zugeständnisse zurückziehen. Havanna Charta zur Gründung der ITO. Art. 13. In: Hummer/Weiß 1997: 25-32. Siehe zur Interpretation Wilcox 1949: 151, 149-152. Siehe auch die Ausführungen über Grundstoffe, u.a. der Verweis auf Grundstoffabkommen und die Möglichkeit der Preisstützung in Art. 56. Hummer/Weiß 1997: 95-100. Die USA konnte sich vielleicht auch deshalb in der vorliegenden Form durchsetzen, weil sie das Argument verwandte, daß es wichtig sei, den wirtschaftlich starken Länder QRs zu verbieten. Siehe für das Verhandlungsgeschehen zwischen der USA und den Entwicklungsländern Gardner 1956: 366-367.
[3933] So richtigerweise der Hinweis in Wilcox 1949: 148.
[3934] Havanna Charta zur Gründung der ITO. Art. 25. In: Hummer/Weiß 1997: 59-60. Wilcox 1949: 127.
[3935] Havanna Charta zur Gründung der ITO. Art. 27, Art. 28. In: Hummer/Weiß 1997: 61-62. Wilcox 1949: 127-128.
[3936] Hier gibt es eine Ausnahme, wenn ein anderer Mitgliedsstaat ebenso Exportsubventionen nutzt. Havanna Charta zur Gründung der ITO. Art. 26. In: Hummer/Weiß 1997: 60-61. Wilcox 1949: 127.
[3937] Havanna Charta zur Gründung der ITO: Dort bezüglich heimischer Produktionskontrollprogramme, die als Preisstützungen umgesetzt werden. Siehe Art. 20 Abs. 2 c). Dieser Artikel wurde damals so interpretiert, daß QRs nötig sind, um solche Programme nicht in ihrer Funktionsweise zu gefährden. Weiterhin siehe für den ernsthaften Mangel an Lebensmitteln und anderen Waren: Art. 20 Abs. 2 a); zudem gibt es hier schon den Artikel 'Allgemeine Ausnahmen.' Er hat in der ITO-Charta die Nr. 45: Art. 45 Abs. viii (natürliche Ressourcen); Art. 45 Abs. xi (Ausfuhrquoten für Rohstoffen); Art. 45 Abs. ix (Grundstoffabkommen gemäß ITO); 45 Abs. x (Fischereiabkommen, Tiere). Weiterhin siehe: Art. 20 Abs. 2. Vgl. Wilcox 1949: 84.
[3938] Wilcox 1949: 106-113. Wolff 1996a: 239-240. Siehe Havanna Charta zur Gründung der ITO. Art. 46 bis Art. 52. In: Hummer/Weiß 1997: 87-92.

Dienstleistungen und einen Abschnitt über faire Arbeitsstandards (mit Verweis auf eine Kooperation mit der Internationalen Arbeitsorganisation (International Labour Organization, 'ILO').[3939] Im Gegensatz dazu hat sich das später gültige GATT-Regelwerk in bezug auf Wettbewerbsregeln nur als Konsultationsforum angeboten.[3940] Der Schutz der ausländischen Investitionen wurde in der ITO zwar erwähnt und eine "ausreichende" Sicherheit gefordert, die in bilateralen Abkommen weiter konkretisiert werden solle. Es blieb den Mitgliedsstaaten aber das Recht eingeräumt zu entscheiden, welche Investitionen sie zulassen wollen und unter welchen Bedingungen.[3941]

Es ist schwer zu bewerten, ob die ITO liberaler in ihrer Ausrichtung geworden wäre als das danach geltende GATT-Regelwerk, das einen Teil der ITO-Charta darstellt, denn es kam nicht zu einer praktischen Umsetzung und Rechtsfortbildung der ITO-Regeln.[3942] Die ITO-Charta enthält gleichermaßen liberale Elemente, tendenziell solche die außenhandelspolitische Optionen einschränken und Elemente, die abweichende Spielräume beibehalten bzw. eröffnen. Für eine liberale Tendenz spricht, daß der Exekutivrat der ITO weitgehende Befugnisse erhielt, wobei acht der wirtschaftlich wichtigsten Mitglieder dort vertreten gewesen wären und Abstimmungen nach dem Mehrheitsprinzip erfolgen sollten. Damit hätten die Industrieländer eine treibende Kraft sein können, die, falls dies in ihrem Interesse gewesen wäre, eine liberale Lesart der Regeln hätten durchsetzen können. Gegen eine liberale Ausrichtung spricht, daß bei einem Streit jede Entscheidung von einem der betroffenen Staaten an eine Versammlung sämtlicher Mitgliedsstaaten hätte verwiesen werden können, wobei diese, nach dem Prinzip eine Stimme pro Land, nach dem Mehrheitsprinzip entschieden hätte.[3943] Denkbar wäre dort eine Mehrheit von Entwicklungsländern und womöglich auch kleinerer Industriestaaten gewesen, die Entscheidungen hätten verhindern können. Das vorherrschende Konsensprinzip des GATT wirkt anders, weil dadurch sowohl die schwachen als auch die stärkeren Mächte eine Einigung blockieren können und es oft darum ging, über ein Gesamtpaket abzustimmen.[3944] Wie dem auch sei, hier kommt es darauf an zu zeigen, daß schon die ITO einen

---

[3939] Siehe Havanna Charta zur Gründung der ITO. Art. 12. (Investitionen), Art. 7 (faire Arbeitsstandards), Art. 53 (Dienstleistungen). In: Hummer/Weiß 1997: 20, 24-25, 93. Der Investitionsschutz für erfolgte Investitionen ist relativ weitgehend. Siehe etwa die Formulierungen: "adequate security for existing and future investments", "take unreasonable or unjustifiable action within its territory injurious to the rights or interests of nationals of other Members in the enterprise, skills, capital, arts, or technology which they have supplied". Wilcox 1949: 145-148. Dennoch bleibt den Ländern ein signifikanter Regulierungsspielraum. Zu den Aktivitäten der Entwicklungsländer Garder 1956: 365-366. Besonders lateinamerikanische Länder weigern sich weitergehende Verpflichtungen in bezug auf Arbeitsstandards, etwa eine Verdammung von Zwangsarbeit, einzubeziehen. Wilcox 1949: 139.
[3940] Siehe: Restrictive Business Practices. Arrangements for Consultations. Decision of 18. November 1960. BISD 9S/28-29, 1961. Siehe für die weitere Diskussion den Bericht in: BISD 9S/170-179, 1961. Der Vorschlag restriktive Geschäftspraktiken formell in das GATT zu integrieren wird 1955 abgelehnt. Siehe: BISD 3S/239, 1955. Für weitere Referenzen und Diskussionen zu diesem Thema siehe Hoekman/Mavroidis 1994: 137-139; und Garcia-Castrillón 2001: 102. Die ersten Konsultationen, die nach der Entscheidung aus dem Jahre 1960 erfolgten, wurden von der USA und der EU parallel zu laufenden Japan/Kodak-Panel verlangt. Zu diesem Zeitpunkt war aber die WTO bereits gegründet. Im Gegenzug dazu verlangte Japan ebenso Konsultationen über mutmaßlich wettbewerbsbeschränkende Praktiken U.S.-amerikanischer Filmfirmen. Siehe die Dokumente: WT/L/154, WT/L/158, WT/L/180, 26 June 1995. Weiterhin: WTO 1997: 57. Siehe Abschnitt 'J', Nichtverletzungsbeschwerden.
[3941] Havanna Charta zur Gründung der ITO. Art. 12. In: Hummer/Weiß 1997: 24.
[3942] Siehe die ausführliche Diskussion der Regeln und der immer wieder erfolgende Verweis auf nationale Umsetzungsspielräume in Wilcox 1949: 53-167.
[3943] Havanna Charta zur Gründung der ITO. Art. 74 bis Art. 81. In: Hummer/Weiß 1997: 110-114. Vgl. zur Interpretation Wilcox 1949: 159.
[3944] Footer 1997: 668. Siehe auch Abschnitt 'A'.

gewissen Kompromißcharakter aufwies und dort keineswegs eine vollständig liberale Handelsordnung vorgeprägt wurde, ein Kompromiß, der noch deutlicher am GATT sichtbar wurde:

3. Das GATT

Was ist das GATT? Parallel zur Aushandlung der ITO wurden bereits Zollsenkungsverhandlungen durchgeführt und um diese festzuschreiben wurde das Allgemeine Zoll- und Handelsabkommen (General Agreement on Tariffs and Trade, 'GATT') auf provisorische Weise am 30. Juni 1948 in Genf in Kraft gesetzt und enthielt unter anderem diese Zollsenkungen.[3945] Etwas früher, am 23. März 1948, hatte die Abschlußzeremonie zur Gründung der ITO stattgefunden, mit der nachfolgenden Unterzeichnung durch 53 Länder (Ausnahme: Argentinien, Polen, Türkei).[3946] Geplant war, daß die zwischendurch etablierten GATT-Regeln später von den ITO-Regeln abgelöst würden. Die GATT-Regeln beruhten auf dem Genfer-Entwurf für die ITO-Regeln, wobei sie aber im Laufe des Jahres 1948 überarbeitet wurden und somit von der ITO-Havanna-Charta abweichende Regeln eingefügt wurden. Weil es in den USA nicht gelang die ITO-Charta vom Kongress ratifizieren zu lassen (sie wurde im Dezember 1950 nicht einmal mehr dem Kongress zur Entscheidung vorgelegt[3947]) gelang die Gründung der ITO nicht. Die Gründe dafür dürften vielschichtig sein.[3948] Aus diesem Grund bildet das GATT (bis zur Gründung der WTO 1995) das für die Nachkriegszeit prägende Regelwerk für den internationalen Handel. Der prekäre völkerrechtliche Status des GATT ist anderswo plausibel dargelegt worden, das GATT ist trotzdem als internationale Organisation anzusehen, denn sie hat sich

---

[3945] Das Protokoll von Genf über die Vorläufige Anwendung des Allgemeinen Zoll- und Handelsabkommens lag am 30. Oktober 1947 vor. Es trat am oben bezeichneten Zeitpunkt bezüglich der Zollsenkungen in Kraft. Es schloß die Zollverhandlungen von 23 Staaten ab, die davor, ab dem 10. April 1947, stattgefunden hatten. Diese Verhandlungen liefen damals noch unter der Bezeichnung 'Tagung der Vorbereitenden Kommission der Konferenz der Vereinten Nationen über Handel und Arbeit' (Interim Commission for the International Trade Organization, 'ICITO'). Ab dem 1. Januar 1948 ist das Regelwerk gültig und wurde auf vorläufige Art und Weise angewandt. Dieses Regelwerk wird als GATT 1947 bezeichnet, um es vom GATT 1994 abzugrenzen, das durch die WTO-Gründung etabliert wurde. Hummer/Weiß 1997: 1-7. Wilcox 1949: 44. Schon am 21. November 1947 begann in Havanna der Konferenz der Vereinten Nationen über Handel und Arbeit. GATT Analytical Index 1995: 6.

[3946] Die Havanna-Charta wurde am 24. März von 53 Länder unterzeichnet. Argentinien und Polen verweigerten sich. Die Türkei verzögerte ihre Unterzeichnung. Einer Ratifikation kam die Unterzeichnung noch nicht gleich. Wilcox 1949: 49.

[3947] Gardner 1956: 378.

[3948] Mehrere Faktoren kommen als Erklärung in Frage. Der Ausbruch des Kalten Kriegs, der Skeptizismus der Öffentlichkeit, ob die ITO wirklich sinnvoll ist, um der Ausdehnung Rußlands entgegenzuwirken oder ob nicht konkretere Maßnahmen vorzuziehen sind. Schon 1948 wurde der Marshall Plan umgesetzt. Im Jahre 1949 erfolgte die NATO-Gründung. Zudem fand eine protektionistische Wende in den USA statt, am deutlichsten in bezug auf die Agrarpolitik, die nun vollständig mit Importbeschränkungen ausgestattet wurde. Diesbezüglich erschient das als schwächer wahrgenommene GATT geeigneter, um diese Interessen durchzusetzen. Gardner 1956: 378, 369-380. Die Agrarpolitik der USA genügte nicht den ITO Standards, weil diese in einer Vorabversion Regeln für Exportsubventionen vorsahen, siehe in der Endversion ITO Art. 26. Daraufhin wurde seitens der USA darauf hingewirkt, daß diese Regeln nicht in den GATT Vorabversionen auftauchen, hier geht es um den Text der Lake Success Konferenz im Januar und Februar 1947. Josling et al. 1996: 16. Dem widerspricht nicht Jackson 1969: 368-369. Regeln für Exportsubventionen wurden während dem GATT-Review Prozess 1955 dann doch wieder eingeführt, allerdings nicht sehr strenge. BISD 3S/226-227, 1955. Dies deutet darauf hin, daß das GATT von den USA recht früh als Alternative zur ITO gesehen wurde. Zur protektionistischen Wende in den USA gehörten weiterhin bestimmte Regeln im erneuerten Trade Agreements Act von 1951, die Zollsenkungen unter ein bestimmtes Niveau verhindern sollten sowie erste Anwendungen der Schutzklausel, die mit dem GATT möglich wird. Siehe dazu den Artikel, der versucht die Republikaner, die damals die Wahlen gewonnen hatten, von den Vorteilen einer liberalen Politik und des GATT zu überzeugen von Wilcox 1953: 63, 70, siehe auch Senti 1986a: 6.

über das völkerrechtliche Gewohnheitsrecht so etabliert.[3949] Der heutzutage gültige Text des GATT, der für die WTO weiter relevant bleibt, wurde durch spätere Revisionskonferenzen verändert. Die wichtigsten Änderungen erfuhr das GATT 1955 und 1965.[3950] Im Jahre 1955 erfolgte eine relativ weitreichende Überarbeitung, unter anderem die Hinzufügung von Art. XVIII, siehe zu diesem Artikel, der für die Entwicklungsländer von Bedeutung ist, weiter unten.[3951] Im Jahre 1965 wurde der Abschnitt IV (von Art. XXXVI bis XXXVIII), zu Handel und Entwicklung hinzugefügt. Großteils finden sich dort Absichtserklärungen, erwähnenswert ist die Aufhebung des Reziprozitätsprinzips für Zollverhandlungen für Entwicklungsländer, dazu gleich mehr.[3952] Die diversen GATT-Organe entschieden, wie heute noch in der WTO, nach dem "praktizierten Prinzip der Einstimmigkeit" d.h. ein Land hat eine Stimme und ein Konsens aller Vertragspartner wird angestrebt, sodaß eine Vertragspartei nicht überstimmt werden kann. Mit Zweidrittelmehrheit kann über Vertragsänderungen (ausgenommen GATT Art. I, dieser kann nur einstimmig verändert werden), über Beitritte und Ausnahmegenehmigungen ('waiver') abgestimmt werden.[3953] Wird mit Zweidrittelmehrheit abgestimmt, sind die Beschlüsse nur für die Vertragsparteien bindend, die zugestimmt haben.[3954] Zudem erscheint hier in aller Kürze der Hinweis angebracht, daß sich die Auslegung der GATT-Regeln in einer komplexen Mixtur ergänzender Beschlüsse der GATT-Organe, Ergebnisse der Verhandlungsrunden und der konkreten Praxis der Vertragsparteien entwickelt hat.[3955] Die folgende Literatur liegt den Interpretationen hier vor allem zugrunde.[3956] Wie sehen die Regeln des GATT aus und die auf Handel und Wirtschaft bezogenen Politiken der Mitgliedsstaaten? Hier erste grundlegende Aspekte:

[3949] Das GATT beruhte auf einer Übergangskommission, mitsamt einen geschäftsführenden Sekretär, welche die Gründung der ITO organisieren sollte. Trotzdem kann das GATT als internationale Organisation angesehen werden. Ausführlich zur gewohnheitsrechtlichen Begründung des GATT als internationaler Organisation siehe Benedek 1990: 210-280.

[3950] Der Text des Original GATT findet sich in BISD Vol. I, 1952. Die 1955 beschlossenen Veränderungen werden in BISD Vol. I (Revised), 1955 abgedruckt. Siehe zu einer Nachzeichnung dieser Modifikationen: GATT Analytical Index 1995: 6-8, 512.

[3951] Zur Beschreibung des Arbeitsprogramms siehe die 'Review Reports' in BISD 3S/170-252, 1955. Der Art. XVIII ist relevant für die Entwicklungsländer und wird bezeichnet als 'Staatliche Unterstützung der wirtschaftlichen Entwicklung' ('Governmental Assistance to Economic Development'). WTO 1995: 511-518; WTO 1998: 90-97. Am Widerstand des U.S.-Kongress scheitert auch die Gründung der Organization for Trade Cooperation, die das GATT verwalten sollte. Siehe den Text in BISD Vol. I (Revised), 1955: 75-82. Hudec 1987: 26-27.

[3952] Diese Aufhebung des Reziprozitätsprinzips findet sich in Art. XXXVI, Art. 8. WTO 1995: 534; WTO 1998: 113. Die Einfügung von Part IV in das GATT stand im Zusammenhang mit dem politischen Momentum, welches mit der UNCTAD I Konferenz 1964 zusammenhing. Seidl-Hohenveldern 1986: 121. Schon während der Review Session 1954-1955 wurde ein Artikel hinzugefügt, der den Entwicklungsländern bei Zollverhandlungen eine fairere Behandlung einräumen sollte. Siehe Hudec 1987: 27. Dies ist Art. XXVIII bis, Zollverhandlungen ('tariff negotiations'). In diesem Artikel wird in Art. 3 (b) erwähnt, daß weniger entwickelte Länder zur Förderung der wirtschaftlichen Entwicklung eine flexiblere Handhabung der Zölle benötigen. WTO 1995: 529-530; WTO 1998: 108-109. Siehe Punkt 5.1, Ausnahmen von der Meistbegünstigung für Entwicklungsländer.

[3953] Siehe auch GATT Art. XXX. Senti 1986a: 68. Das Konsensprinzip geht auf die Havanna-Konferenz zur Gründung der ITO zurück. Benedek 1990: 232-234; siehe zur WTO schon Abschnitt 'A'.

[3954] GATT Art. XXX Abs. 1. Senti 1986a: 68.

[3955] Dazu grundlegend Benedek 1990: 94-156.

[3956] Jackson 1969; Hudec 1975; Senti 1986a; Hudec 1987; Jackson 1989; Benedek 1990; Hoekman 1995.

4. Mengenmäßige Beschränkungen und Zahlungsbilanzmaßnahmen

Zuerst zu den mengenmäßigen Beschränkungen (quantitative restrictions, 'QRs'), weil diese bereits in bezug auf die ITO hervorgehoben wurden. Das GATT enthält, genauso wie die ITO, einen Artikel, der die Anwendung von mengenmäßigen Beschränkungen verbietet, nämlich Art. XI.[3957] Dieser klar angelegte Artikel wurde später durch die sog. 'Grauzonenmaßnahmen' oder 'nicht-tarifäre Handelsmaßnahmen', also Maßnahmen, deren GATT Kompatibilität unklar ist, unterlaufen. Im GATT haben sich die Mitgliedstaaten, speziell die Industrieländer, geweigert, zu dieser Frage eine klare Haltung einzunehmen, weil sie oft bilateral ausgehandelte, sogenannte freiwillige Selbstbeschränkungsabkommen (voluntary export restraints, 'VER'), die meist auf mengenmäßigen Beschränkungen aufbauten, benutzt haben. Diese Maßnahmen werden in Abschnitt 'I' dargestellt.

Die EU behauptete beispielsweise, daß solche Maßnahmen auf gewohnheitsrechtlicher Basis GATT Kompatibilität erworben haben, dagegen argumentiert die GATT Streitbeilegung, daß das "argument that law was made by facts could only have some validity in the absence of an existing law expressly prohibiting a certain act."[3958] Daß die GATT Streitbeilegung, u.a. schon früh[3959], das Verbot mengenmäßiger Beschränkungen gemäß Art. XI bestätigte, zeigte keine Wirkung.[3960]

Weiterhin wurde das Verbot mengenmäßiger Beschränkungen aufgrund diverser im GATT angelegter Ausnahmen, darunter zum Schutz der Zahlungsbilanz und der Agrarpolitik, nur halbherzig umgesetzt.

Mengenmäßige Beschränkungen dürfen zur Reetablierung einer positiven Zahlungsbilanz eingesetzt werden, dazu siehe Art. XII 'Beschränkungen zum Schutz der Zahlungsbilanz' und, für Entwicklungsländer, Art. XVIII: B des GATT.[3961] Diese Artikel spiegeln die damalige Präferenz des Internationalen Währungsfond für handelspolitische Maßnahmen wieder, denn mit

---

[3957] GATT Art. XI, 'Allgemeine Beseitigung mengenmäßiger Beschränkungen' ('General Elimination of Quantitative Restrictions'). WTO 1995: 500; WTO 1998: 78.
[3958] United Kingdom (on behalf of Hong Kong) vs. EEC - Quantitative Restrictions against Imports of Certain Products from Hong Kong, BISD 30S/129, 134, Paras. 15-16 (1984).
[3959] Ganz früh wird dieses Problem im 'Uruguayan Recourse' Panel erwähnt, ohne daß Art. XI explizit diskutiert wird, wobei einige, aber nicht alle (Italien etwa) Industrieländer ihre mengenmäßigen Beschränkungen mit der Ausnahmen zum Schutz der Zahlungsbilanz (Japan) und mit den Agrarausnahmen in Art. XI (die USA etwa), begründen konnten: Bericht Uruguay vs. Austria, Belgium, Canada, Czechoslovakia, Denmark, Finland, France, Germany, Italy, Japan, Netherlands, Norway, Sweden, Switzerland, United States - Uruguayan Recourse to Article XXIII, BISD 11S/95, 130, 133, 148 (1963).
[3960] Siehe weitere Panelberichte mit Art. XI Relevanz: United Kingdom (on behalf of Hong Kong) vs. EEC - Quantitative Restrictions against Imports of Certain Products from Hong Kong, BISD 30S/129, 134, Paras. 15-16 (1984); United States vs. Japan - Panel on Japanese Measures on Imports of Leather, BISD 31S/94, 112-113 (1985). Ein weiterer, allerdings sehr knapp argumentierender Panelbericht zeigt, daß Art. XI auch auf 'local content' Regeln anwendbar sein könnte. EU vs. United States - United States Manufacturing Clause, BISD 31S/74, 88 (1985). Ein wichtiger Panelbericht bezüglich dieser Frage wendet sich direkt gegen ein in den achtziger Jahren ausgehandeltes VER, dem DRAMs Abkommen zwischen USA und Japan, siehe Abschnitt 'I', wobei festgestellt wird, daß dieses Abkommen nicht mit GATT Art. XI vereinbar ist. EU vs. Japan, USA - Trade in Semiconductors, BISD 35S/116, 153-163 (1989). Davor war im Agrarbereich schon klargestellt worden, daß Art. XI wirksam ist und sich auch auf Minimumimportpreissysteme beziehen läßt. United States vs. EEC - Programme of Minimum Prices, Licences and Surety Deposits for Certain Processed Fruits and Vegetables, BISD 25S/68, 99 (1979). Hier folgen, in den achtziger Jahren, diverse Fälle nach. Siehe GATT Analytical Index 1995: 313-323.
[3961] GATT-rechtlich beruhen die frühen Zahlungsbilanzmaßnahmen auf einer Sondergenehmigung 'waiver', dem sog. 'Hard core waiver'. BISD 3S/38-41, 1955. Erst 1957 wurden Art. XII und Art. XVIII: B dem GATT hinzugefügt. Steward 1993: 1860.

Kapitalverkehrskontrollen können ebenfalls die Handelsströme verringert werden. Diesbezüglich zieht der Währungsfond damals die mengenmäßigen Beschränkungen vor.[3962] Handelsbeschränkungen aufgrund von Zahlungsbilanzproblemen wurden im GATT Ausschuß für Zahlungsbilanzbeschränkungen diskutiert und meist akzeptiert.[3963] Sicher waren darunter auch Maßnahmen, die aus entwicklungspolitischen Gründen aufrechterhalten wurden und nicht direkt einen Zahlungsbilanzgrund hatten.[3964] Der IWF hat im GATT, im signifikantem Unterschied zu dem was bei der ITO vorgesehen war, keine rechtlich relevanten Feststellungen bezüglich der Zahlungsbilanzsituation abgegeben, sodaß beispielsweise Indien bis vor wenigen Jahren sein gesamtes Außenhandelssystem auf QRs aufbauen konnte. Erst mit der WTO hat sich dies geändert. Geändert hat sich auch die normative Ausrichtung der Politik des IWF, der nun eine Präferenz für die Aufrechterhaltung der Handelsströme hat und andere Maßnahmen, darunter die Abwertung des Wechselkurses und ggf. interne Nachfrageunterdrückung durch Zinserhöhung vorschlägt, um mit Zahlungsbilanzproblemen fertig zu werden.[3965] Aus dieser Perspektive gesehen, wird die Einbeziehung von Artikeln zum Schutz der Zahlungsbilanz direkt auf das Bretton-Woods-System fixierter Wechselkurse zurückgeführt. Nach der Umstellung auf flexible Wechselkursrate in den siebziger Jahren wird darauf hingewiesen, daß eine Kontrolle von Importen und Exporten auch durch die Abwertung von Währungen vorgenommen kann. Der administrativ gesteuerte Zahlungsbilanzschutz, der durch Beschränkungen der Einfuhr funktioniert, verliert in diesem neuen Währungssystem einen Teil seiner Legitimität.[3966] Mehr dazu in Abschnitt 'G' zu den ambivalenten Effekten der Währungsabwertung und Abschnitt 'J', Zahlungsbilanzausnahmen, zur neuen Situation in der WTO.

[3962] Der Währungsfond versuchte damals darauf hinzuwirken, daß möglichst wenige Maßnahmen zur Beschränkung von Kapitalbewegungen angewandt werden, unter anderem, weil diese für den Ablauf des internationalen Handel unerläßlich sind, denn die importierenden Firmen brauchen ausländische Währung, um bezahlen zu können und oft müssen beim Import bestimmte Beträge hinterlegt oder Zölle bezahlt werden. Anstelle von Kapitalverkehrskontrollen sollten solche Maßnahmen gewählt werden, die den Handel direkt beeinflussen, also mengenmäßige Beschränkungen oder Zusatzgebühren ('surcharges'), weil, so der Eindruck damals, diese im Endeffekt weniger schädlich seien. Im GATT wurde somit das Recht niedergelegt, solche Maßnahmen verwenden zu dürfen, wenn eine Zahlungsbilanzkrise vorlag. Die meisten Industrie- und Entwicklungsländer haben auf dieses Recht in den ersten Jahrzehnten nach dem Zweiten Weltkrieg zurückgegriffen. Die Industrieländer haben allerdings, mit Beginn der siebziger Jahre zunehmend, sowohl auf die Handelsmaßnahmen als auch Kapitalverkehrskontrollen verzichtet. Vgl. zu diesem Abschnitt Roessler 1975: 628-631, 633-634.
[3963] Jackson 1997: 241-244. Erst ab Mitte der achtziger Jahre kam es dazu, daß keine einvernehmliche Meinung mehr im Ausschuß erzielt werden konnte. Schon 1985 reserviert Japan seine Recht gegen über Maßnahmen Portugals und Ungarn gegenüber Maßnahmen der Türkei, deren Maßnahmen sie für ungerechtfertigt halten. Note by the Secretariat. MTN.GNG/NG7/W/46, 6 July 1988, S. 19, Para. 54. Im Jahre 1970 wurden detaillierte Konsultationsprozeduren beschlossen. Im Jahre 1972 wurden die simplifizierten Prozeduren für periodische Überprüfungen von Zahlungsbilanzmaßnahmen der Entwicklungsländer eingeführt. Steward 1993: 1860.
[3964] Dies ist daran erkennbar, daß die sog. BOP-Ausnahmen (Abkürzung von: 'Balance of Payments') oft längerfristig in Kraft waren, während Zahlungsbilanzprobleme meist zyklischer Natur sind. Daß die Entwicklungsländer nicht eigentlich den Schutz der Zahlungsbilanz, sondern Protektionismus um Sinn hatten, kann man, so dieser Autor, daran erkennen, daß nicht all Produkte, sondern nur bestimmte Produkte unter Einfuhrbeschränkungen fielen. Hoekman 1995: 75.
[3965] Die Entwicklungsländer, die notorischen Zahlungsbilanzproblemen ausgesetzt waren, haben dagegen sowohl Kapitalverkehrskontrollen als auch mengenmäßige Beschränkungen genutzt, allerdings auch nicht durchgängig und ähnlich intensiv. Auch nahm der Druck auf sie zu, die Maßnahmen auslaufen zu lassen. Weil ihnen im GATT ein Veto zustand, konnten sie allerdings einen Bericht der Kommitees für Zahlungsbilanzfragen blockieren. In Indien beruhte beispielsweise das gesamte Außenhandelsregime noch bis nach der WTO-Gründung auf mengenmäßigen Beschränkungen. Erst mit einem Streitbeilegungsfall der WTO wurde letztendlich klargestellt, daß die Streitbeilegung nachträglich die Rechtfertigung Zahlungsbilanzmaßnahmen zu nutzen, überprüfen kann. Dem IWF wurde dabei eine wichtige Rolle bei der Feststellung eingeräumt, ob Zahlungsbilanzschwierigkeiten vorliegen. Vgl. United States vs. India - Quantitative Restrictions on Imports of Agricultural, Textile and Industrial Products, WT7DS90/AB/R, 23 August 1999; Denters 2004; Raghavan 2000. Siehe Abschnitt 'J', Zahlungsbilanzausnahme.
[3966] Hoekman 1995: 75.

Bangladesch, Ägypten, Indien, Israel, Nigeria, Pakistan, Philippinen, Sri Lanka, Tunesien, Türkei und Jugoslawien hatten beispielsweise von 1980 bis 1990 ihre Importe unter Rekurs auf Zahlungsbilanzprobleme eingeschränkt, ohne daß hier Details über die genutzten Instrumente vorgelegt werden können. Es konnten hier mengenmäßige Beschränkungen oder pauschale zusätzliche Einfuhrabgaben ('surcharges')[3967] genutzt werden.[3968] In der frühen Zeit des GATT, etwa 1959, haben 23 Mitgliedsstaaten, u.a. mengenmäßige Schutzmaßnahmen begründet auf Zahlungsbilanzproblemen genutzt.[3969] Somit ermöglichte es diese Rechtslage den Industrieländern und vielen Entwicklungsländern, selbst wenn letztere nur unter moderat einzuschätzenden Zahlungsbilanzkrisen litten, mengenmäßige Beschränkungen einzusetzen.[3970] Die Tokio Runde änderte dies nicht.[3971] In den achtziger Jahren wurde zunehmend Druck ausgeübt einen Rekurs auf diesen Artikel auslaufen zu lassen und es kam zu einem ersten Panelbericht. Dieser stellt fest, daß sich Korea, angesichts ausreichender Währungsreserven, nicht mehr auf die Zahlungsbilanzausnahmen berufen kann.[3972] Argentinien (1991), Brasilien (1991), Kolumbien (1992), Ghana (1989), Griechenland (1987), Ungarn (1985), Italien (1982), Korea (1989), Peru (1991) und Portugal (1986) erklären ihren Verzicht ('disinvoking') auf die Zahlungsbilanzausnahme zurückgreifen zu wollen.[3973] Ob dies eine GATT bzw. WTO-rechtliche Bedeutung hat und diese Länder sich nicht mehr später auf diesen Artikel berufen können, ist unklar.[3974]

[3967] Diese Maßnahmen werden zuerst nicht akzeptiert, später aber toleriert. Dazu Hudec 1987: 31-32, 35-38. Siehe auch Jackson 1989: 214-215.

[3968] GATT Analytical Index 1995: 395.

[3969] Dies sind Brasilien, Burma, Ceylon, Chile, Ghana, Indien, Indonesien, Malaysia, Pakistan, Rhodesien, Türkei, Uruguay, Südafrika. Dazu kommen diverse Industrieländer: Australien, Österreich, Dänemark, Finnland, Frankreich, Griechenland, Japan, Neuseeland, Schweden und England. Siehe BISD 8S/66, 1960. Damals nutzten 13 von 16 Entwicklungsländer, die GATT-Mitglieder sind, restriktive Maßnahmen, die mit Zahlungsbilanzproblemen begründet werden. Verweis darauf in Hudec 1987: 29. Auf Deutschland wurde 1959 Druck ausgeübt, mengenmäßige Beschränkungen im Agrarbereich auslaufen zu lassen, weil die Zahlungsbilanzsituation zufriedenstellend sei. BISD 8S/31-50, 1960. Noch 1968 führte etwa Frankreich Importquoten und Exportsubventionen aus Zahlungsbilanzgründen ein. Baldwin 1970: 2,3. Im August 1971 wurde von den USA eine 10 % Einfuhrabgabe im Rahmen der Schwierigkeiten bei der Umstellung auf flexible Wechselkurse eingeführt. Jackson 1997: 242.

[3970] Die hier vertretene Bewertung wird geteilt von Senti 1986a: 258-264; weitere Informationen und Daten in Finger 1995: 285, 293-294.

[3971] Declaration on Trade Measures Taken for Balance-of-Payments Purposes, 28 November 1979, BISD 26S/205-209, 1980.

[3972] Siehe zum Beispiel den Druck auf Korea einen klaren Zeitplan vorzulegen, wann bestimmte Importbeschränkungen aufgehoben und eventuell später ein Verzicht auf Art. XVIII: B erfolgen kann. Einige Mitglieder des Ausschusses äußern sich folgendermaßen: "GATT provisions relating to balance-of-payments difficulties were not intended to be used for protective or economic development purposes". In: Report on the 1987 Consultation with the Republic of Korea, BOP/R/171, 10. December 1987: S. 2-3. Etwas später, am 11. März 1988, siehe L/6316, erfolgt dann der Antrag der USA ein Panel in bezug auf die Maßnahmen Koreas einzuberufen. Korea stimmte der Einrichtung eines Panels, ohne Vorbehalt, zu. Als Korea darauf hinweist, daß seiner Ansicht nach Panels diese Frage nicht entscheiden dürfen, weist der Panel auf Koreas Zustimmung hin. Das Panel entscheidet aufgrund dem 'prevailing view' im Ausschuß für Zahlungsbilanzmaßnahmen, daß ausreichende Währungsreserven vorlagen und die Maßnahmen Koreas nicht GATT-kompatibel sind. Siehe: Australia vs. Korea - Restrictions on Imports of Beef, BISD 36S/202, 203, Para. 10 (a), 228, Para. 100, 1990; fast identisch ist: United States vs. Korea: Restrictions on Imports of Beef, BISD 36S/268, 1990. Siehe für zunehmenden Meinungsverschiedenheiten Ende der achtziger Jahre im Ausschuß: Note by the Secretariat. MTN.GNG/NG7/W/46, 6 July 1988, S. 19, Para. 54; siehe auch Hudec 1991: 190, 196. Die Zustimmung Koreas zum Panel ist dokumentiert in: C/M/220, 8 June 1988, S. 8. Ein zweites Panel in bezug auf die Zahlungsbilanzfrage wurde 1987 etabliert, wobei die USA die Beschuldigungen eng faßten und mit Indien zu einer einvernehmlichen Lösung gelangten. United States vs. India - Import Restrictions on Almonds, L/6197, 3 July 1987. Hudec 1991: 548-549.

[3973] GATT Analytical Index 1995: 395.

[3974] Brasilien macht anläßlich seiner 'disinvokation' deutlich, daß es Art. XVIII:B wieder benutzen möchte, wenn es diesen benötigt: "Brazil decided to disinvoke Article XVIII: B as an indication of its commitment to trade liberalization, as well as an evidence of its position that Article XVIII:B is, and should remain, an important instrument to the protection of the balance of payments, which is to be invoked when needed and is to disinvoked when the circumstance allow it." BOP/R/194, 24 July 1991, S. 3, Para. 2.

Ebenfalls gab es die bereits von der ITO bekannten Regeln für die Agrarpolitik, die in Art. XI Ausnahmen vom Verbot der mengenmäßigen Beschränkungen vorsahen. Diese Ausnahmen waren aber relativ eng gefaßt und stießen alsbald mit den Agrarpolitiken der Industrieländer zusammen.[3975]

Mengenmäßige Beschränkungen wurden zudem in bezug auf einige der weiter unten erwähnten Schutzoptionen toleriert. Auch heute gilt für die WTO noch, daß mengenmäßige Beschränkungen durch die Schutzklausel, die auf alle Länder gleichermaßen angewandt werden muß, erlaubt sind.[3976] Dagegen sind im Antidumpingbereich 'undertakings', also Abmachungen zwischen heimischen Antidumpingbehörden und ausländischen Unternehmern der WTO nur als Preisvereinbarung möglich.[3977]

Dazu kommt, daß sowohl von der ITO als auch dem GATT und bis heute von der WTO auf der grundsätzlichen Ebene der Zölle mit mengenmäßigen Beschränkungen funktionsähnliche Maßnahmen toleriert werden. Mit diesen bleibt es möglich, Importmengen weitgehend zu kontrollieren und dadurch die Firmen im Binnenland zu schützen. Es handelt sich dabei um die sogenannten Zollkontingente ('tariff rate quotas', TRQs), also Zölle, die ab einer bestimmten erreichten Menge sprunghaft ansteigen und dies potentiell auf so hohe Werte, daß die Importe gänzlich unterbleiben. In den Zolllisten sind diese Zollkontingente nicht mehr weit verbreitet, eine Anwendung erfolgte etwa in bezug auf Zeitungspapier[3978] und sie werden bis heute im Agrarhandel öfter eingesetzt. Obwohl dies keine Zollkontingente im engen Sinne sind, wurden im GATT auch variable Importabgaben zugelassen, nur solange sie nicht über die verbindlich festgelegten Zölle hinausgehen.[3979] Eine weitere Option in dieser Hinsicht sind Importlizenzen, also das Abhängigmachen von Importen von einer vorherigen Lizensierung, welches oft in Verbindung mit mengenmäßigen Beschränkungen und Zollkontingenten erfolgte. Bestes Beispiel ist die Bananenmarktordnung der EU, die Zollkontingente zusammen mit einem Lizensierungssystem eingesetzt hat.[3980] Worauf es an dieser Stelle ankommt, ist zu zeigen, daß Maßnahmen, die eine weitergehender einschränkende Wirkung auf den internationalen Handel haben als Zölle vom GATT bis in die heutige Zeit noch WTO-rechtlich akzeptiert sind.

[3975] So im GATT-Text schon in GATT Art. XI: 2 c) i), der auf die Bedürfnisse der USA ausgelegt war, die seit dem Agricultural Adjustment Act 1933 Stützungspreise für Bauern zahlten, die Feldfrüchte für die Grundversorgung anbauten. Einige Jahre später wurde der USA klar, daß sie den Ansprüchen in diesem Artikel nicht genügen und sie bekamen 1955 von den Vertragsparteien des GATT eine Sondergenehmigung ('waiver') für ihre Agrarpolitik eingeräumt. Obwohl der Artikel in der Streitbeilegung speziell in den achtziger Jahren immer deutlicher so ausgelegt wurde, daß Probleme für die Subventionierungsregimes von EU und USA entstanden, gelang es in der WTO ein Agrarabkommen zu installieren, daß sich hinsichtlich der Subventionsdisziplin wieder vom Standard von Art. IX entfernt. Josling et al. 1996: 12-14. Siehe die Fälle in **GATT Fallübersicht**.
[3976] Agreement on Safeguards, SG Art. 5. WTO 1995: 317.
[3977] Die exportierende Partei, die des Dumpings für schuldig befunden wurde, kann sich bereiterklären ihre Exportpreise zu erhöhen oder ihre Ausfuhren zu gedumpten Preise zu unterlassen. Preiserhöhungen sollten im Rahmen der Dumpingspanne belassen werden. Die 'undertakings' sind Absprachen zwischen den beiden involvierten Parteien. Senti 1986a: 237. Siehe in diesem Abschnitt den Punkt Antidumping sowie Abschnitt 'J', Antidumping.
[3978] Siehe den GATT Streitbeilegungsfall Canada vs. EC - Panel on Newsprint, BISD 31S/114, 1985.
[3979] Siehe Uruguay vs. Div. Länder - Uruguayan Recourse to Article XXIII Uruguayan Recourse, BISD 11S/95, 100, Para. 17, 1963. GATT Analytical Index 1995: 72. Siehe Abschnitt 'J', Flexible Zölle.
[3980] Dazu den WTO Bananen Streitfall: Ecuador, Guatemala, Honduras, Mexico, United States vs. EU - Regime for the Importation, Sale and Distribution of Bananas, WT/DS27/AB/R, 9 September 1997, S. 76-80, Paras. 170-178. Siehe u.a.: Ott 1998; Kuschel 1995; 1999.

5. Meistbegünstigung

Bis heute ist es somit nicht gelungen eine Welthandelsordnung zu gründen, die insofern liberalen Prinzipien folgt, als daß sie nur Zölle im engen Sinne erlaubt oder, dazu später mehr, sonstige Schutzmaßnahmen verbietet. Anzuerkennen ist jedoch, daß es der USA nach dem Zweiten Weltkrieg gelungen ist, eine multilaterale Ordnungsstruktur zu entwerfen und daß es ihnen trotz der Ablehnung der ITO immerhin gelang, mit dem GATT nicht nur Zollsenkungen durchzuführen, sondern die grundlegenden Prinzipien der Meistbegünstigung und Inländerbehandlung durchzusetzen, aber auch hier finden sich Ausnahmen und Abstufungen.

Das Meistbegünstigungsprinzip steht im Einklang mit dem wirtschaftstheoretischen Prinzip der komparativen Vorteile, weil es letztendlich den Import des kostengünstigsten Lieferanten ermöglicht.[3981]

Dieses, schon seit langem in Handelsverträgen angewandte, in GATT Art. I unbedingt ('unconditional') angewandte[3982], Prinzip der Meistbegünstigung (most-favoured nation treatment, 'MFN'), besagt, daß Zölle und andere Belastungen, die im Zusammenhang mit der Einfuhr von Waren entstehen, die einem Staat eingeräumt werden, automatisch den anderen Vertragsparteien des GATT zugestanden werden müssen, ohne daß weitere Bedingungen daran geknüpft werden dürfen.[3983] Mit anderen Belastungen sind etwa Zollkontingente gemeint. Somit mußte die Verringerung der Zölle, die in Verhandlungen ausgehandelt wurde, gleichermaßen allen anderen GATT Vertragsparteien zugestanden werden. Zollabbau i.S. von Liberalisierung wird dadurch einerseits nicht befördert, weil es die Bereitschaft von Ländern Zollreduktionen durchzuführen, einschränkt, weil eben potentiell sämtliche Mitglieder des GATT davon profitieren können.[3984] Andererseits bestanden weiter Anreize für Zollverhandlungen, denn die Länder, die hauptsächlich am Marktzugang interessiert waren, waren

---

[3981] Senti 1986a: 105.

[3982] Seit dem 15 Jh. gab es dieses Prinzip in bilateralen Verträgen und es verbreitete sich danach. Die terminologische Unterscheidung zwischen unbedingter und bedingter Meistbegünstigung ('unconditional vs. conditional MFN') resultierte daraus, daß oftmals gewisse Bedingungen für die Einräumung von Meistbegünstigung gestellt wurden. Kurz zur Geschichte und zu diesen Thesen EPIL, Bd. 8, 1984: 412. Andere Autoren geben als erstes Datum das Jahr 1055 an, als Henry III der Stadt Mantua die Zollprivilegien einräumte, die allen anderen Städten eingeräumt wurden. Mit weiteren Verweisen Trebilcock/Howse 2005: 49; siehe auch Jackson 1997: 157-160; kurz Tumlir 1985: 20-21. So wurde eine frühe Form des Meistbegünstigungsprinzip beispielsweise im Vertrag der Engländer mit den Niederländern vom 17. März 1824 benutzt, als es um das Abstecken von Einflußsphären in den Gebieten des heutigen Malaysia, Indonesien und Singapur ging. England und die Niederlande beschlossen ihre jeweiligen Untertanen bzw. Schiffe zum Handel im Hoheitsgebiet des jeweils anderen zu ermächtigen. Bei der Ein- und Ausfuhr sollten, gemäß dem Prinzip der "meistbegünstigten Nation", dem jeweils anderen keine höheren Zölle oder Steuern auferlegt werden, als das Doppelte bezüglich der Beträge, die von den eigenen Händlern erhoben wurden. Franck 1911: 18. Die heutige Form der Meistbegünstigung erfolgt im Gegensatz zu der alten Form 'bedingungslos', d.h. den Ländern, die, neben dem Land, mit welchem die Zollkonzession ausgehandelt wurde, ebenso davon profitieren wollen, dürfen keine zusätzlichen Bedingungen auferlegt werden. Wird der Zoll zurückgenommen, sind alle interessierten Länder berechtigt, sich an Kompensationsverhandlungen zu beteiligen. Senti 1986a: 106. Siehe dazu hier den Punkt Zollverhandlungen. Sowie Abschnitt 'J', Präferenzabkommen.

[3983] Hudec 1975: 142; Charnovitz 2005a: 12; Hoda 2002: 18.

[3984] Senti 1986a: 106.

bereit, im Gegenzug ihre Zölle zu erniedrigen, wobei allerdings schon früh eine formelbasierte Zollsenkung benutzt wurde.[3985]

Das Meistbegünstigungsprinzip wird mit dem Begriff gleichartiger Waren ('like products') konkretisiert, welcher sich auf die Waren bezieht, wie sie in den Zolllisten klassifiziert sind. Wird eine gleichartige Ware in ein Mitgliedsland eingeführt, muß allen Ländern in bezug auf diese Ware der gleiche Zoll (bzw. die gleiche sonstige Behandlung) eingeräumt werden.

Dies ist zuerst einmal Grund dafür, daß versucht werden kann, in Zollverhandlungen die eigenen Interessen zu maximieren, indem Zollreduktionen nur mit Hauptlieferländern ausgehandelt wurden, sodaß auch nur diesen Ländern mit ihrem speziellen Warenausfuhrangebot entgegengekommen werden muß. Auch durch die Benutzung vieler Warenpositionen in den Zolllisten kann versucht werden, Konzessionen speziell auf bestimmte Lieferländer und ihre Produktionsfähigkeiten zuzuschneiden. Dies wurde offenbar teils im Textil- und Bekleidungsbereich versucht, dies ist daran erkennbar, daß hier die Zollpositionen differenzierter aufgefächert sind, als in anderen Bereichen.[3986]

Solche Strategien werden aber dadurch erschwert, daß die Prinzipien der Zollklassifikation auf Stoff- und Zweckzuordnungen beruhen[3987], die eine breite Differenzierung aber keine willkürliche Ausweitung ermöglichen. Zudem können die Regierungen nicht in die Zukunft schauen und nicht wissen, wann andere Länder die Fähigkeiten erwerben würden, ebenfalls eine bestimmte Ware zu exportieren.

Bei Zollkontingenten wurde teils versucht, die dort erlaubten Einfuhrmengen nur einem bestimmten Land zukommen zu lassen, das seinerseits Konzessionen gemacht hatte. Dies widerspricht dem Meistbegünstigungsprinzip und ein GATT Streitbeilegungsfall ließ sich leicht gewinnen.[3988]

[3985] Dies spiegelt sich wieder in den 'initial negotiation rights', die bestimmten Staaten für bestimmte Zollpositionen zukamen. Dies ermöglicht es diesen, die Zollverhandlungen zuerst einmal auf hauptsächlich interessierte oder hauptsächlich interessante Staaten einzuschränken und somit konnte, als einmal erreicht wurde, was geplant war, ggf. umgangen werden, weitere Zugeständnisse zu machen. So Senti 1986a: 7. Die Zollverhandlungen erfolgten zuerst einmal für jede Zollposition einzeln, wobei klar erkennbar war, wer 'initial negotiation rights' hielt, die teils historisch aus früheren Verhandlungen resultierten. Ebenso kann das Sekretariat bestimmten Ländern 'principal supplying interest' zusprechen. Bereits in der Kennedy-Runde wurden aber, teils, pauschale Zollreduktionen (50%) benutzt. In der Tokio-Runde wurde u.a. die sog. Swiss Formula benutzt. Die Uruguay-Runde nutzte einen komplexeren Ansatz. Hoda 2002: 25-44; seit Gründung der WTO gibt es die Kategorie des 'substantial interest', wodurch sich der Kreis der Länder mit Verhandlungsrechten potentiell erweitert. Mavroidis 2005: 88-91. Siehe Punkt 8, Verbindliche Zölle und Zollneuverhandlungen.
[3986] Dies war wohl teils im Textil- und Bekleidungsbereich so üblich. Dazu Senti 1986a: 7. Das Meistbegünstigungsprinzip bezieht sich, zuerst einmal (bevor sich die GATT bzw. WTO Streitbeilegung damit befaßt), auf die Ware, wie sie in die Zolllisten eingeordnet wird. Dies wirft die Frage nach den Freiheiten in der Zollklassifikation auf. Anfangs war in der Nachkriegszeit auf weltweiter Ebene gar kein einheitliches System etabliert. Für die OECD wurde eine solche Harmonisierung durch den Rat für die Zusammenarbeit auf dem Gebiet des Zollwesens seit 1950 vorangetrieben. Das Harmonisierte System (HS) setzte sich erst spät durch. Freiheiten gibt es bis heute insofern, weil zwar die Abschnitte und Kapitel des HS übernommen werden müssen, es ist aber freigestellt in den Tarifnummern Unterpositionen zu bilden. Dabei muß sich allerdings an bestimmte Gliederungsgrundsätze bei der Wareneinordnung gehalten werden, so ist der Zweck wichtiger als der Stoff etc. Dazu ausführlich Kareseit 1998a: 307-330. Siehe auch Canada vs. Japan - Tariffs on Imports of Spruce, Pine, Fir (SPF) Dimension Lumber, BISD 36S/167, 1990.
[3987] Kareseit 1998a: 316-318.
[3988] Siehe etwa das EU Zollkontingent für hochwertiges Fleisch, welches in der Tokio-Runde mit den USA ausgehandelt wurde. Die Beschränkung nur auf die USA und ihre Lebensmittelkontrollsysteme, welche automatisch eine Importautorisierung bekommen, wird als

Alle GATT Artikel haben eine komplexe Auslegungsgeschichte. Das Meistbegünstigungsprinzip sticht insofern heraus, weil es in der Streitbeilegung des GATT schon früh konsequent ausgelegt wurde. Dies gilt zuerst einmal für den Fall Denmark vs. Belgium - Belgian Family Allowances (1953), der entscheidet, daß an die Meistbegünstigung keine weitere Bedingung geknüpft werden darf, ein Fall bei dem die politischen Umstände für eine besondere Bindungskraft unter den GATT Mitgliedstaaten sorgten.[3989] Weiterhin wurde es akzeptiert, daß es nicht nötig war, vorliegende diskriminierende Effekte de facto aufzuzeigen, es reichte eine de jure Diskriminierung um eine prima facie Vorwurf machen zu können, der zur Folgerung einer Zunichtemachung und Schmälerung von Vorteilen gemäß Art. XXIII führt.[3990] Das Verbot der Diskriminierung bzw. Unterscheidung zwischen Ländern, erstreckt sich sowohl auf die verbindlich festgelegten Zölle als auch die angewandten Zölle.[3991]

Im Hintergrund steht dabei immer, daß die verbindlichen Zollzugeständnisse eingehalten werden müssen: Eine nachträgliche Änderung der Zollklassifikationen zu Ungunsten von Mitgliedsstaaten stellt eine Aussetzung von Vorteilen unter dem GATT dar, die GATT widrig ist und mindestens

---

Widerspruch gegen Art. I angesehen. Es wird auch festgestellt, daß die Mitgliedsstaaten zwar frei sind, weitere Bedingungen festzulegen in bezug auf die Zölle, aber daß auch diese Bedingungen nicht so wirken dürfen, daß eine Konzession auf ein bestimmtes Land beschränkt wird. Canada vs. EU - Imports of Beef from Canada, BISD 28S/92, 1982. Wenn mengenmäßige Beschränkungen vom GATT zugelassen werden, muß ihre Verwaltung nicht-diskriminierend zwischen Ländern sein. Dies wird durch Art. XIII des GATT festgelegt, als lex specialis u.a. des Meistbegünstigungsprinzips. Dabei gibt es allerdings eine Spannung zwischen der dort niedergelegten Forderung, daß die Anteile so aufgeteilt werden müssen, als ob es keine Beschränkungen gäbe, also gemäß Lieferfähigkeiten der Ländern und der praktisch angewandten Verwaltung solcher Quotensysteme, die sich oft auf historische Lieferungsmengen bezieht, welches ebenso akzeptiert wird. Prägnant dazu Chile vs. EEC - Restrictions on Imports of Dessert Apples, 36S/93, 130-131, 1990; GATT Analytical Index 1995: 397-416. Siehe Abschnitt 'J', Nichtdiskriminierende Anwendung mengenmäßiger Beschränkungen.

[3989] Siehe dazu das folgende Panel Zitat: "According to the provisions of paragraph 1 of Article I of the General Agreement, any advantage, favour, privilege or immunity granted by Belgium to any product originating in the territory of any country with respect to all matters referred to in paragraph 2 of Article III shall be granted immediately and unconditionally to the like product originating in the territories of all contracting parties. Belgium has granted exemption from the levy under consideration to products purchased by public bodies when they originate in Luxembourg and the Netherlands, as well as in France, Italy, Sweden and the United Kingdom. If the General Agreement were definitively in force in accordance with Article XXVI, it is clear that that exemption would have to be granted unconditionally to all other contracting parties (including Denmark and Norway). The consistency or otherwise of the system of family allowances in force in the territory of a given contracting party with the requirements of the Belgian law would be irrelevant in this respect, and the Belgian legislation would have to be amended insofar as it introduced a discrimination between countries having a given system of family allowances and those which had a different system or no system at all, and made the granting of the exemption dependent on certain conditions." Norway, Denmark vs. Belgium - Belgian Family Allowances, BISD 1S/59, 60, 1953. Schon mit dieser Entscheidung wurde nicht nur das Meistbegünstigungsprinzip bestätigt, welches eine Diskriminierung hinsichtlich des Ursprungs verbietet, sondern es wurde ebenso entschieden, daß die Einräumung der Vorteile nicht von Bedingungen abhängig gemacht werden darf, u.a. von Bedingungen, die mit der Politik (u.a. eben der Sozialpolitik) in anderen Ländern verbunden werden. Den weitreichenden Charakter dieser Entscheidung hebt hervor: Charnovitz 2005a: 12. Daß dieser Bericht später auf breite Zustimmung stieß, liegt auch daran, wie Belgien sich damals verhielt: Es hatte nämlich, wie es beliebt, europäischen Ländern, die mit niedrigeren Zöllen verbundene 'Zertifizierung', daß sie über ein solches System für Familienbeihilfen verfügten, gegeben und wieder entzogen. Dies führte dazu, daß schließlich Dänemark, Norwegen, Österreich, Italien, Finland, Kanada und die Tschechoslowakei sich ärgerlich gegen Belgien wenden und darauf bestehen, daß diese Bedingung ganz abgeschafft wird. Siehe die ausführliche Diskussion dieses Falls in Hudec 1975: 142.

[3990] Das spanische Argument, daß Brasilien zusätzlich noch diskriminierende Effekte aufzeigen müsse, wird etwa abgelehnt in Brazil vs. Spain - Tariff Treatment of Unroasted Coffee, BISD 28S/102, 110-111, 112, 1982. Erst anhand von Panelentscheidungen in der WTO wird geklärt, daß auch de facto Diskriminierung Art. I inkonform ist, also ein ungünstiger, diskriminierender Effekt auf ausländische Güter. Mavroidis 2005: 116-117. Siehe Abschnitt 'J', Meistbegünstigung.

[3991] "Having noted that Spain had not bound under the GATT its tariff rate on unroasted coffee, the Panel pointed out that Article I:1 equally applied to bound and unbound items." Brazil vs. Spain - Tariff Treatment of Unroasted Coffee, BISD 28S/102, 111, Para. 4.3, 1982. Mavroidis 2005: 114.

Kompensationsverhandlungen nach sich zieht.[3992] Auch der Rückzug von Zollkonzessionen müßte im Sinne des Meistbegünstigungsprinzip - eigentlich - alle anderen Ländern betreffen.[3993] Von Art. II.1 (b) wird sichergestellt, daß Gebühren und sonstige Abgaben ('other duties and charges') nicht über die verbindlichen Zölle hinaus erhoben werden können.[3994] Dies führt zu dem Problem, daß die Bedeutung von Gebühren und sonstigen Abgaben Fall-zu-Fall bestimmt werden muß, so sind etwa Importsicherheitsleistungen tendenziell GATT widrig.[3995] Das GATT bezieht sich nicht auf Umtauschbeschränkungen, aber es dürfen keine Gebühren beim Import direkt in bezug auf den Umtausch erhoben werden.[3996] Ein steuerlicher Grenzausgleich wird in Art. III.2 (a) unter bestimmten Umständen zugelassen.[3997]

Kommt es zu einem Streitfall wird im ersten Schritt, nach bestimmten Kriterien, Fall-zu-Fall, geklärt, ob es sich um gleichartige Waren handelt, die dann dementsprechend nur einen einzigen Meistbegünstigungszoll aufweisen dürfen, der für alle GATT Mitglieder gilt: Als Spanien beispielsweise unterschiedliche Zölle auf kolumbianischen Kaffee, Arabica und Robusta Kaffee veranschlagte, war dies eine unzulässige Differenzierung des gleichartigen Produkts 'Kaffee', die deshalb der Meistbegünstigung in Art. I widersprach, sodaß Spanien einen einzigen Kaffeezoll etablieren mußte.[3998]

Die Feststellung, daß gleichartige Produkte vorliegen, ist ein wichtiger Schritt, denn erst dann kann von einem Verstoß gegen das Meistbegünstigungsprinzip die Rede sein. Diese Feststellung erfolgt in einem Streitfall von Fall-zu-Fall und benutzt werden unterschiedliche Kriterien, darunter die stofflichen und physikalischen Eigenschaften, der Gebrauchszweck, die Zollklassifikation und die Alternativen aus Konsumentensicht, um feststellen zu können, ob die Waren im Wettbewerb zueinander stehen, wobei dies auf Gleichartigkeit hinweisen würde. In späten GATT Panels wurden

---

[3992] Norway vs. Germany - Treatment of Germany of Imports of Sardines, BISD 1S/53, 1953. Siehe dazu Jackson et al. 1995: 450-451. Siehe auch, in bezug auf ein Zollkontingent, den GATT Streitbeilegungsfall Canada vs. EC - Panel on Newsprint, BISD 31S/114, 1985.
[3993] Hoda 2002: 18. Und mit allen Staaten müssen im Prinzip Zollneuverhandlungen geführt werden. Hoda 2003: 83. Scheitern Zollneuverhandlungen sind es zuerst einmal die Staaten, die 'initial negotiation rights' and 'principal supplying interest' (und seit WTO Gründung 'substantial interests') die bilateral Zugeständnisse zurückziehen dürfen. Ob dieser Rückzug erga omnes, als im Einklang mit dem Meistbegünstigungsprinzip erfolgen muß, ist umstritten. Von Mavroidis (2005) wird vehement dagegen argumentiert, denn dies könnte eine Spirale zurückgezogener Zugeständnisse auslösen. Als Kanada 1990 über die EU Erweiterung unzufrieden war, bekam sie erga omnes Rechte zugesprochen, setzte ein Rückzug der Zugeständnisse aber nicht um. Mavroidis 2005: 94-99.
[3994] French Special Temporary Compensation Tax on Imports, BISD 3S/26, 27, 1955. GATT Analytical Index 1995: 79. Siehe zu den Definitions- und sonstigen Problemen in bezug auf Zölle und ggf. erhobene Zusatzgebühren Mavrcidis 2005: 56-74.
[3995] BISD 25S/103, Para. 4.15, 1979. In anderen Fällen kann eine solche höhere Belastung aber als Druckmaßnahme zur Umsetzung von Gesetzen interpretiert werden und wird somit nicht als Gebühr definiert, die an der Grenze erhoben wird. BISD 25S/49, 64, Para. 4.4, Para. 4.17, 1979. GATT Analytical Index 1995: 80-81.
[3996] BISD 3S/205, 209, Para. 7, 1955. GATT Analytical Index 1995: 81.
[3997] GATT Analytical Index 1995: 86. Dies gilt für Steuern, die direkt auf Waren erhoben werden. Mit dem GATT ebenso nicht vereinbar ist eine steuerliche Grenzabgabe im Bereich von Sozialabgaben und Lohnsteuern. Für andere Situationen ist die Rechtslage nicht so klar. Einige Länder argumentieren aber, daß indirekte Steuern ebenso für eine Grenzanpassung in Frage kämen. Damals wird geschlossen, daß angesichts der Verbreitung von Mehrwertsteuersystemen ergänzt durch spezielle Bereiche, in denen Verbrauchssteuern erhoben werden, die Konflikte in diesem Bereich nicht so dramatisch seien. Bericht 'Border Tax Adjustments', BISD 18S/97, 100-101, 104, 1972.
[3998] Brazil vs. Spain - Tariff Treatment of Unroasted Coffee, BISD 28S/102, 111-113, 1982. Es gibt aber auch zulässige Differenzierungen, die nicht einfach durch eine Behauptung, daß ein bestimmtes Produkt 'like product' ist, ausgehebelt werden können, siehe dazu Canada - Dimension Lumber BISD 36S/167, 197-199, 1990.

regulatorische Zielsetzungen der Politik bei der Feststellung gleichartiger Produkte einbezogen, dieser Ansatz wird seit der Gründung der WTO aber nicht mehr weiterverfolgt und ein neuer Ansatz etabliert.[3999]

Zur starken Stellung von Art. I trug weiterhin bei, daß sich das Meistbegünstigungsprinzip in den GATT Regeln immer wieder findet, speziell in Art. II und in Art. III, der Inländerbehandlung ('national treatment'). So wird bereits in Art. I.1 formuliert, daß dieser sich auch auf Art. III.2 und Art. III.4 Inländerbehandlung bezieht, der u.a. interne steuerliche Abgaben und Gebühren (und interne Abgaben, die an der Grenze erhoben werden) behandelt und stellt damit sicher, daß interne Abgaben nicht auf diskriminierende Weise gegen ein bestimmtes Land oder bestimmte Ländergruppen gerichtet werden dürfen.[4000] Mit etwas anderer Bedeutung geht es als Diskriminierungsverbot in eine ganze Reihe von GATT Artikeln ein[4001], darunter der Art. XX 'Allgemeine Ausnahmen', die Schutzklausel[4002] und Art. XIII, der nicht-diskriminierenden Verwaltung von mengenmäßigen Beschränkungen, wobei letztere aber schwierig durchzuführen ist.[4003] Kurzum: Einmal von den gleich

---

[3999] Die Feststellung, ob es sich um gleichartige Produkte handelt, trifft die GATT bzw. WTO-Streitbeilegungsinstanz nach dem Fall-zu-Fall-Prinzip. Dabei haben sich zwei Schulen etabliert. In der ersten benutzt die Streitbeilegungsinstanz einen engen Ansatz, der sich auf die stofflichen und physikalischen Eigenschaften, den letztendlichen Gebrauchszweck und die Zollklassifikation der Waren bezieht. Ausschlaggebend kann aber auch die Austauschbarkeit mit anderen Waren aus Konsumentensicht ("direct competition and substitutability") und die Qualität einer Ware sein. Vgl. EC vs. Japan - Restrictions on Alcoholic Beverages, BISD 34S/83, 115, Para. 5.6, Para. 5.7 und Para. 5.11, 1988. Die enge Fassung findet sich im Bericht 'Border Tax Adjustments' wieder: "the product's end-uses in a given market; consumers tastes and habits; which change from country to country; the product's properties, nature and quality". BISD 18S/97, 102, 1972. Zweitens wird bei der Feststellung, ob es sich um gleichartige Produkte handelt, auch die Entscheidungsautorität bzw. die Regulierungsabsicht der jeweiligen Regierung, u.a. in Rekurs auf Art. XX, der Ausnahmen vom GATT für Gesundheitsschutz und die Aufrechterhaltung der öffentlichen Moral vorsieht, mit einbezogen, als es um unterschiedliche Regulierungen für zwei Typen Bier ging, ein normales Bier und Starkbier. Vgl. Canada vs. United States - Malt Beverages, BISD 39S/206, 1993, Para. 5.72. Dieser Fall wurde Anlaß für den Begriff 'aims and effect'-Test, mit dem gemeint ist, daß es eben Regulierungszwecke und -effekte, darunter auch protektionistische Effekte, bei der Überprüfung des GATT Kompatibilität der vorliegenden Verwendung bzw. Definition von gleichartigen Produkten ausschlaggebend sein können. Dieser Test wird in der Zeit nach der WTO Gründung wieder rückgängig gemacht, es ist jedoch sehr wahrscheinlich, daß schon bei der 'like product'-Determination die Frage nach den regulatorischen Zielen einer Differenzierung zwischen Waren dennoch im 'Untergrund' bestehenbleibt und die Feststellung beeinflußt: "It simply means that it will remain underground". So die These in Hudec 1999: 377, 368-369. Dies liegt daran, daß vom AB das hauptsächliche Gewicht der Rechtfertigung von Maßnahmen auf Art. XX verschoben wurde, indem dieser Artikel erstmals komplexer ausgelegt wurde. Hudec 1999: 379-381. Ebenso ist festzustellen, daß die Kriterien zur 'like product'-Bestimmung aufgeweitet werden und zwar zuerst einmal in bezug auf die wettbewerblichen Substitutionsbedingungen auf dem Markt. EU vs. Japan - Taxes on Alcoholic Beverages, WT/DS8/ABR, WT/DS10/AB/R, WT/DS11/AB/R, 4. Oktober 1996: 27. Sodann auch auf Gesundheitsrisiken: Canada vs. EC - Measures Affecting Asbestos and Asbestos-Containing Products. WT/DS135/AB/R, 12. März 2001: 43, Para. 114. Mehr in Abschnitt 'J'.

[4000] Siehe Art. I Abs. 1 "and with respect to all matters referred to in paragraphs 2 and 4 of Art. III". WTO 1995: 486. Siehe auch Norway, Denmark vs. Belgium - Belgian Family Allowances, BISD 1S/59, 60, Para. 3, GATT Analytical Index 1995: 194-195. Siehe zur Anwendung auf interne Abgaben, die an der Grenze erhoben werden, der Zusatz in Ad Art. III.

[4001] In folgenden GATT Artikeln ist ein Diskriminierungsverbot enthalten, welches teils mit den Worten 'no less favourable treatment' bzw. keine weniger günstige Behandlung umschrieben ist: Art. III.7; Art. IV (b); Art. V.2; Art. V.5; Art. V.6; Art. IX.1; Art. XIII.1; Art. XVII.1 (a); Art. XVIII: 20; Art. XX, Art. XX (i), Art. XX (j). Überblick aus Senti 1986a: 108-109. Ähnlich Jackson 1969: 255.

[4002] Dies hat zur Folge, daß die Schutzklausel nicht gegen ein Land gerichtet werden darf, sondern nur eine Warenkategorie betreffen darf, wobei alle Länder in gleicher Weise von dieser Zollerhöhung oder mengenmäßigen Beschränkung betroffen sind. GATT Analytical Index 1995: 520. Diese Rechtslage ändert sich mit der Uruguay-Runde, hier sind im Ausnahmefall auch diskriminierende Maßnahmen möglich. Hoekman 1995: 17.

[4003] United Kingdom (on behalf of Hong Kong) vs. Norway - Restrictions on Imports of Certain Textile Products, BISD 27S/125, Para. 15, 1981. Siehe dazu Hudec 1991: 134-135. Chile vs. European Communities - EEC Restrictions on Imports of Apples from Chile, BISD 27S/112, Para. 4.1, 1981; Chile vs. European Communities - Restrictions on Imports of Dessert Apples, BISD 36S/133, Para. 12.28, 1990; siehe GATT Analytical Index 1995: 410.

erwähnten Ausnahmen abgesehen, stieß die Meistbegünstigungsregel nicht nur auf breite Akzeptanz, sondern konnte auch - weitgehend - durchgesetzt werden.

Wie schon erwähnt, werden Meistbegünstigungszölle während Zollverhandlungen ausgehandelt, die, dies ist explizit so im GATT formuliert, dazu da sind, reziproke gegenseitige Zugeständnisse zu erzielen.[4004] Diese Formulierung in Form einer Regel ist aber nur Schein, denn es steht den Vertragsparteien völlig frei ("complete freedom"), die Zugeständnisse anderer Länder einzuschätzen.[4005] Dies gilt auch für das Konzept der Reziprozität, welches für die Verhandlungsrunden teils angeführt wird.[4006]

5.1 Ausnahmen von der Meistbegünstigung für Entwicklungsländer

Letztere Sachlage bezüglich der Zugeständnisse in Zollverhandlungen stellt den Einstieg in die diesbezügliche Kritik der Entwicklungsländer und eine auf deren Forderungen basierende Modifikation des Meistbegünstigungsprinzips im GATT dar.[4007]

Die politischen Bemühungen der Entwicklungsländer führten zuerst einmal zur, allerdings rechtlich unverbindlich formulierten[4008], Aufgabe des Reziprozitätsprinzips für Zollverhandlungen 1964.[4009] Später gelang die Etablierung des Allgemeine Präferenzsystems (Generalized System of Preferences, 'GSP') 1971, welches später im GATT rechtlich permanent abgesichert wurde durch die 'enabling clause' der Tokio-Runde 1979.[4010] Ebenso wurde durchgesetzt, daß die Industrieländer den Entwicklungsländern Sonderbestimmungen einräumen können (special and differential treatment, 'S&D').[4011]

[4004] GATT Art. XXVIII 'Änderung der Listen': "werden sich die beteiligten Vertragsparteien bemühen, auf der Grundlage der Gegenseitigkeit und zum gemeinsamen Nutzen die Zugeständnisse auf einem Stand zu halten, der insgesamt für den Handel nicht weniger günstiger ist, als dieses Abkommen vor den Verhandlungen vorgesehen war." WTO 1998: 106-107. Im Original: "the contracting parties concerned shall endeavor to maintain a general level of reciprocal and mutually advantageous concessions no less favourable to trade than provided for in this Agreement prior to such negotiations". GATT Art. XXVIII Abs. 2. WTO 1995: 528.
[4005] So in den Diskussionen der 'Review Session' über das GATT festgehalten in: BISD 3S/219-220, 1955; wieder betont in BISD 8S/110, 1960. Hinweis darauf in Hudec 1987: 42, 43-45.
[4006] In bezug auf die Punta de Este Declaration, welche Reziprozität nicht erwähnt: "The same declaration makes reference to the launching, conduct and implementation of the results of the negotiations 'as a single undertaking' and 'overall balance of the negotiations', both of the concepts being obviously connected with the notion of reciprocity on the higher plane of comprehensive negotiations." Hoda 2002: 52-53.
[4007] EPIL, Bd. 8, 1984: 411-416.
[4008] Hudec 1987: 56-58.
[4009] "The developed contracting parties do not expect reciprocity for commitments made by them in trade negotiations to reduce or remove tariffs and other barriers to the trade of less developed contracting parties." Abschnitt IV, Art. XXXVI Abs. 8. WTO 1995: 533. Der eingefügte Abschnitt einzeln in Hummer/Weiss 1997: 249-254.
[4010] Die zehnjährige Sondergenehmigung für derartige Abkommen zwischen Nord-Süd, das GSP: Generalized System of Preferences 'enabling clause 1' findet sich in: BISD 18S/24, 25. Juni 1971; diese beiden 'waiver' werden permanent akzeptiert durch die Entscheidung: Differential and more favourable treatment reciprocity and fuller participation of developing countries: 'enabling clause 2', 28. November 1979. In: BISD 26S/203, 1980. Siehe Hudec 1987: 63-65; Senti 1986a: 112.
[4011] Siehe: "They further recognize the importance of the application of differential measures to developing countries in ways which will provide special and more favourable treatment for them in areas of the negotiation where this is feasible and appropriate." BISD 20S/21, 1974. Hudec 1987: 74.

Diese Modifikationen fanden im Zusammenhang der Debatte um eine gerechtere Weltwirtschaftsordnung statt, die 1974 in den beiden VN-Resolutionen zur Neuen Weltwirtschaftsordnung (new international economic order, 'NIEO') kulminierte.[4012] Die Industrieländer erklären sich damals bereit, den Entwicklungsländern bestimmte Zollpräferenzen einzuräumen ohne Reziprozität zu verlangen. Dies erfolgt allerdings nur freiwillig und ist nicht GATT-rechtlich einklagbar und ließ damit weite Spielräume in der Ausgestaltung der jeweiligen Präferenzregime offen[4013], Spielräume, welche die Industrieländer auch für unterschiedliche Behandlung der Entwicklungsländer und für weitergehende politische Bedingungen nutzen.[4014] Mehr zur empirischen Seite des GSP unter Punkt 18.2.

Interessanterweise erfolgte zeitgleich zur Verabschiedung der 'enabling clause' eine partielle Rücknahme der Nicht-Reziprozität in den Zollverhandlungen dadurch, daß eine Graduierungsoption durch die USA in der Tokio-Runde einführt wurde, im quid pro quo für die 'enabling clause'-Flexibilität gegenüber den Entwicklungsländern. Diese Graduierungsoption ('graduation') besagt, daß Entwicklungsländer, deren wirtschaftliche Situation sich verbessert, größere Beiträge hinsichtlich der Zugeständnisse in den Verhandlungen machen sollen.[4015]

Auch die Entwicklungsländer dürfen untereinander Präferenzsysteme aushandeln (Mini-GATT bzw. Trade Negotiations among Developing Countries), wobei angestrebt wurde, daß sie den noch weniger entwickelten Ländern Zollpräferenzen einräumen.[4016] Anfangs, 1971 nahmen an diesem Mini-GATT

[4012] Vgl. Resolution der Generalversammlung 3201 (S-VI) Declaration on the Establishment of a New International Economic Order, 1. Mai 1974; siehe insbesondere Punkt 3 'General Trade' "All efforts should be made: ... (b) To be guided by the principles of non-reciprocity and preferential treatment of developing countries in multilateral negotiations". Resolution der Generalversammlung 3202 (S-VI) Programme of action on the establishment of a new international economic order. United Nations Yearbook 1974: 324ff. Siehe weiterhin, inhaltlich ähnlich formuliert: Resolution der Generalversammlung 3281 (XXIX) Charter of Economic Rights and Duties of States, 12. Dezember 1974. Aus: GAOR, 29th sess., Suppl. No. 31, S. 55ff. Die NIEO Debatte steht in enger Verbindung mit den ITO Artikeln, insbesondere den Artikeln in bezug auf Grundstoffabkommen. Diese Ansätze wurden damals von der UNCTAD auf den Konferenzen UNCTAD I (1964) und UNCTAD II (1968) erneut aufgegriffen. UNCTAD II führte zum Durchbruch für das GSP, welches damals von den europäischen Staaten politisch unterstützt wurde. Siehe u.a. zur dieser Konferenzgeschichte UNCTAD 1985: 16, 56-61.
[4013] Hudec 1987: 64.
[4014] Die USA hat hier eine ganze Liste von Bedingungen aufgestellt: Damit ein Land von den Präferenzen profitieren kann, sollte es nicht kommunistisch regiert sein, nicht dem OPEC-Kartell angehören, keine Enteignungen ohne Kompensation vornehmen, in bezug auf die Drogenbekämpfung kooperieren und internationale Streitschlichtungstribunale akzeptieren. In den achtziger Jahren wurden weitere Bedingungen hinzugefügt: Die Länder sollen von unvernünftigen Exportpraktiken Abstand nehmen, speziell im Kupferbereich, sie sollen geistige Eigentumsrechte respektieren, speziell in bezug auf die Nachahmung von Industriegütern. Weiterhin wird die Einhaltung von Arbeitsrechten und der Grad der Liberalisierung in bezug auf Investitionen und den Dienstleistungshandel zur Bewertung hinzugezogen. Und es wird über den Zugang zu den Märkten und den Rohstoffen angeführt und auf einer 'Graduierung' bestanden, wenn eine bestimmte Mengen an Importen in die USA erreicht wird. Eine Aussetzung von Präferenzen kann der Präsident seit 1984 beschließen, insbesondere wenn der Marktzugang und der Schutz geistiger Eigentumsrechte nicht zufriedenstellend ist. Damit wurde der Zugang zu den Märkten der Entwicklungsländer zum herausragenden Ziel der Außenhandelspolitik der USA. Hudec 1987: 113-115. Siehe Abschnitt 'J', Präferenzsysteme.
[4015] "Less developed countracting parties expect that their capacity to make contributions or negotiated concessions or take other mutually agreed action under the provisions and procedures of the General Agreement would improve with the progressive development of their economies and improvement in their trade situation and they would accordingly except to participate more fully in the framework of rights and obligations under the General Agreement." BISD 26S/205, Para. 7, 1980. Die Einfügung dieses Textes war Bedingung des US-Kongresses, um den anderen entwicklungsländerfreundlichen Teilen zuzustimmen. Hudec 1987: 98.
[4016] Die zehnjährige Sondergenehmigung 'waiver' für Süd-Süd-Handelsvereinbarungen: Trade Negotiations among Developing Countries. In: BISD 18S/26, 25. Juni 1971, 1972.

16 Länder teil, die von diesen angebotenen Präferenzzölle bezogen sich in der frühen Form dieses Abkommens teils auf sehr wenige Zollpositionen und blieben relativ hoch für LDCs (von Brasilien 30 % ad valorem Abschlag vom Meistbegünstigungszoll, von Indien 50 %).[4017] Im Jahre 1988 wurde die erste Runde der Zollverhandlungen in Belgrad abgeschlossen und das Global System of Trade Preferences among Developing Countries ('GSTP') gegründet, gestützt von der UNCTAD und der G 77-Gruppe der Entwicklungsländer, derzeit gibt es 44 Mitgliedsländer. Dem GSTP liegt ein Abkommenstext zugrunde, der u.a. Schutzklauseln und ein Streitschlichtungskomitee vorsieht.[4018] Die Entwicklungsländer reklamieren diese Ausnahme auch für regionale Abkommen untereinander, sichtbar ab Ende der siebziger Jahre.[4019]

Erwähnenswert zu dieser Debatte, aber auch zur Fragestellung dieser Arbeit, ist eine UNCTAD Studie aus dem Jahre 1981, welches detailliert beschreibt wie ein Handelssystem gemäß den NIEO-Forderungen aussehen könnte. Dies wäre ein System von Zollsenkungen, welches die ganz armen Länder gänzlich von der Verpflichtungen ausnimmt, Zollkonzessionen zu machen und weiterhin werden Länder, die größere Vorteile von der Handelsintegration erzielen, dazu verpflichtet, größeren Marktzugang in Form niedrigerer Zölle und mengenmäßiger Beschränkungen einzuräumen. Die Handelseffekte würden immer wieder überprüft. Schließlich wird ein Solidaritätsfond vorgeschlagen, mit dem Gewinner Verlierer kompensieren sollen.[4020]

5.2 Regionale Integrationsprojekte, Freihandelsabkommen und Allgemeines Präferenzsystem

Eine weitere wichtige Ausnahme vom Meistbegünstigungsprinzip, die nicht mehr mit der NIEO Agenda zusammenhängt, wird vom GATT bezüglich von regionalen Integrationsprojekten (regional trade agreements, 'RTA'), Freihandelszonen und Zollunionen (customs unions) etabliert, gemäß Art. XXIV.[4021] Diese Regeln besagen, daß intern "substantially all trade" liberalisiert werden soll und extern die Beschränkungen nicht "on the whole be higher or more restrictive than ... prior" sein dürfen.[4022] Diese GATT Regeln beeinflußten zwar diese Abkommen, eine Überprüfung im zugehörigen GATT Ausschuß fand aber unter den Bedingungen des Konsens statt. Dies hatte zur Folge, daß oftmals einige Mitglieder nicht einverstanden waren und die Regelkonformität vieler Abkommen, darunter auch das der EU-Integration, offen blieb, aber auch nicht ausdrücklich verneint

---

[4017] BISD 18S/11, 1972. Hier wurde ein komplettes GATT in Miniaturform etabliert, mit Schutzklauseln etc. Es treten 1971 16 Länder bei. Seitdem treffen sich die Signatarstaaten und es werden jährliche Berichte unter dem Kürzel: Trade Negotiations among Developing Countries veröffentlicht. Ein später Nachfolger dieses Ansatzes ist das Global System of Trade Preferences among Developing Countries, daß auf Betreiben von UNCTAD und der Gruppe der 77 gegen Ende der achtziger Jahren konkretisiert wurde. Hudec 1987: 108-111.
[4018] GSTP Information 2005.
[4019] In der 'enabling clause II' findet sich folgende Formulierung: Art. 2 (c) "Regional or global arrangement entered into amongst less-developed contracting parties for further reduction or elimination of tariffs ...". BISD 26S/203, 1980. Im Sekretariatsüberblick über regionale Integrationsabkommen etc. finden sich eine Reihe von Abkommen, die unter der 'Enabling clause' notifiziert sind. Darunter ASEAN notifiziert im Jahre 1977 oder die lateinamerikanische LAIA aus dem Jahr 1982. WT/REG/W/39, 17 July 2000: 7-8. Siehe auch Hoekman/Kostecki 1995: 220-221.
[4020] Hudec 1987: 109-111.
[4021] Art. XXIV, Geltungsbereich Grenzverkehr, Zollunionen und Freihandelszonen. WTO 1998: 101-104. WTO 1995: 522-525.
[4022] Art. XXIV.8 (a) (i), Art. XXIV.8 (b) und Art. XXIV.5 5 (a). WTO 1995: 523-524. Jackson 1997: 166.

wurde.[4023] U.a. wird als Grund für diese Unsicherheit die Gründung der EWG angesehen, bei der aus politischen Gründen nicht so genau untersucht wurde.[4024] So widersprach es etwa der "substantially all trade" Regel, wenn in frühen Freihandelsabkommen Agrarprodukte ganz ausgeklammert wurden.[4025] Zu einem Streitfall, bei dem ein solches Projekt direkt angezweifelt wurde - und der von den Vertragsparteien angenommen wurde - kam es in der Zeit des GATT nicht.[4026] Solche regionalen Integrationsprojekte und Zollunionen werden auch von den Entwicklungsländern genutzt und teils auch unter der 'enabling clause' notifiziert.[4027] Bis zum Anfang der neunziger Jahre stieg die Zahl dieser Abkommen, die intern niedrigere Zölle verwenden und sich teils mit einem gemeinsamen Außenzolltarif noch moderat intensiv schützen, auf ca. 50 an und danach erfolgte der rapide Anstieg auf heute ca. 240.[4028] Bestimmte Präferenzabkommen zwischen Industrie- und Entwicklungsländern, beispielsweise die Präferenzabkommen der USA[4029] und die EU-AKP-Zusammenarbeit durch das Lomé-Abkommen, wurden durch explizit eingeräumte Sondergenehmigungen ('waiver') ermöglicht, und, in letzterem Fall, explizit auf GATT Abschnitt IV 'Handel und Entwicklung' und Art. XXIV gestützt.[4030]

6. Sondergenehmigungen, Exportsubventionen und die Großvaterklausel

Diese Sondergenehmigungen 'waiver' sind, gemäß Art. XXV Abs. 5, auch in bezug auf andere GATT-inkonforme Politiken beantragbar. Im Allgemeinen Rat ('general council') wird eine Entscheidung getroffen, dazu eine Arbeitsgruppe einzuberufen, die dann weiter über die Sondergenehmigung (und evtl. Bedingungen, über die verhandelt wird) entscheidet.[4031] Von 115 Anträgen auf eine Sondergenehmigung unter dem GATT wurden 2 abgelehnt.[4032] Beispielsweise gab es früh eine

---

[4023] Zur EU GATT Analytical Index 1995: 818. Zitat aus dem Ausschuß 1992: "Over fifty previous working parties on individual customs unions or free-trade areas had been unable to reach unanimous conclusions as to the GATT consistency of those agreements. On the other hand, no such agreements had been disapproved explicitly." GATT Analytical Index 1995: 818. In vier Fällen gelang ein solcher Konsens. Mavroidis 2005: 245. Das Konsensprinzip hatte, natürlich, auch zur Folge, daß niemals ein Abkommen mit Konsens abgelehnt wurde. Mavroidis 2005: 230. Mit dem Adjektiv "significant limitations" beschränkt Jackson (1997) diese Regeln. Als "loophole" beschreibt er eine weitere Ausnahmeregel, nämlich daß vorläufige ('interim') Abkommen von diesen Regeln abweichen dürfen. Jackson 1997: 166.
[4024] Hoekman/Kostecki 1995: 219.
[4025] So z.B. im European Free Trade Agreement (EFTA) 1960. Ein Abkommen, in dem Landwirtschaft oder ein Industriebereich ausgeklammert werden, widerspricht diesem Kriterium. In vielen neuen Freihandelsabkommen wird der Landwirtschaftsbereich dagegen einbezogen. Grethe/Tangermann 1999: 29-32.
[4026] In einem Streitfall, der nicht angenommen wurde, wurde es abgelehnt, ein Urteil zu fällen, dies sei Aufgabe des Ausschuß. Siehe: United States vs. European Community - Tariff Treatment of Citrus Products from Certain Mediterranean Countries, L/5776, 7 February 1985, C/M/186 (Meeting, not adopted). Vgl. Hudec 1991: 196, 504. Es gab drei Streitfälle in denen sich diese Frage stellte. Einer wurde nicht aktiviert, der zweite ist Citrus (siehe hier in der Fußnote, nicht angenommen), der dritte ein EU Bananenfall, DS38/R kurz vor WTO Gründung, wobei er hier um das AKP Präferenzregime ging. Mavroidis 2005: 241.
[4027] Siehe die Übersicht über regionale Handelsabkommen, die entweder gemäß Art. XXIV oder der 'enabling clause' notifiziert sind: WT/REG/W/39, 17. July 2000.
[4028] World Bank 2005: xii.
[4029] Der Caribbean Basin Economic Recovery Act, 1985, und der Andean Trade Preference Act, 1992. GATT Analytical Index 1995: 903.
[4030] Siehe für eine aktuelle Verlängerung des 'waivers' mit dementsprechendem Inhalt. WT/L/186, 18. Oktober 1996. Siehe auch BISD 29S/121, 1983. Daß es sinnvoll ist hier das Reziprozitätsprinzip zu thematisieren wird etwa deutlich am Lomé-Abkommen der EU mit den AKP-Staaten. Hier räumen einige dieser Staaten der EU ebenfalls Präferenzen ein, ziehen diese aber zurück, als ihnen klar wird, daß dies nach dem GATT doch nicht nötig ist. Siehe Ausführungen im Ausschusses für Zollunionen, Freihandelszonen und für regionale Integrationsabkommen: BISD 29S/123, 1983.
[4031] Siehe die 'Guiding Principles' für die 'waiver'-Vergabe. BISD 5S/25, 1957.
[4032] GATT Analytical Index 1995: 887. Eine Übersicht über alle 'waiver' findet sich in GATT Analytical Index 1995: 892-905.

Sondergenehmigung für die Europäische Gemeinschaft für Kohle und Stahl (1952)[4033] und für die gesamte Bandbreite der U.S. Agrarpolitik (1955), bei der eine pauschale Ausnahme vom GATT Prinzip der Inländerbehandlung, Art. II, und dem Verbot der mengenmäßigen Beschränkungen, Art. XI, eingeräumt wurde.[4034] Hernach kann im GATT der sukzessive Ausbau der U.S. Agrarpolitik mitsamt Einschränkung des Marktzugangs in den jährlichen Berichten zum U.S. 'waiver' nur noch beklagt werden.[4035]

Zeitgleich wurde in einer Überarbeitung des GATT 1955 der Art. XVI 'Subventionen' durch den Abschnitt B 'Zusätzliche Bestimmungen für Ausfuhrsubventionen' ergänzt, der, schwächer als das ITO-Vorbild, zwar besagt, daß Exportsubventionen für Primärprodukte (also Agrarprodukte) vermieden werden sollen. Werden sie aber dennoch angewendet, müsse dies aber so erfolgen, daß ein Mitglied "nicht mehr als einen angemessenen Anteil an dem Welthandel mit diesem Erzeugnis erhält".[4036] Mit diesem "mild constraint" wurden Exportsubvention im Agrarbereich nicht gerade extrem eingeschränkt.[4037] Damals begann zudem die Praxis, Überschüsse durch Preisstützungspolitiken als Nahrungsmittelhilfe anzubieten und ebenso die Verhandlungsgeschichte, die zu späteren u.a. unverbindlichen FAO und schließlich WTO Regeln für die Nahrungsmittelhilfe führte.[4038]

Immerhin gelang es, in Art. XVI Abs. 4, die Abschaffung von Exportsubventionen für industrielle Güter anzustoßen, die dann vierzehn Jahre später (1983) als verbindlich anerkannt wurde, allerdings in Form einer Deklaration, die nur die beitretenden (Industrie-)Staaten verpflichtet.[4039] Später, in den siebziger Jahren, gerieten Länder wie Brasilien, die nicht dieser Deklaration beigetreten waren, unter

---

[4033] Eine lesenswerte Sondergenehmigung, die den Zollabbau innerhalb der EU verspricht, aber schon damals relativ vorsichtig formuliert: "... that the Community has undertaken to take account of the interests of third countries both as consumers and as suppliers of coal and steel products, to further the development of international trade, and to ensure that equitable prices are charged by its producers in markets outside the Community". BISD 1S/17-22, 1953.

[4034] Die USA beschreibt hier, daß sie über ein internes Preisstützungssystem verfügt, welches zu temporär höheren Binnenmarktpreisen führt. Um dieses nicht in seiner Funktion zu gefährden, seien Importbeschränkungen nötig. Ebenso wird das Problem der Überschüsse angesprochen, von Exportsubventionen ist nicht die Rede. Es wird versprochen, wenn möglich, diese Maßnahmen zu beschränken und wenn möglich, wieder vermehrt Importe zuzulassen etc. BISD 3S/32-38, 1955. Daß die Sondergenehmigung von den USA als sehr weitgehend verstanden wurde, wird im Bericht dazu deutlich: "Sec 22 requires the President of the United States to act in certain defined circumstances. An amendment adopted in 1951 provides that no international agreement entered into shall be applied in a manner inconsistent with the provisions of Section 22". Dort werden ebenso andere Meinungen wiedergegeben, u.a. wird darauf hingewiesen, daß die Streitbeilegung angerufen werden könne. BISD 3S/141, 142-144, 1955. Siehe dazu den späten GATT Streitfall zum U.S. 'waiver': EC vs. United States - Restrictions on the Importation of Sugar and Sugar-Containing Products Applied under the 1955 Waiver and under the Headnote to the Schedule of Tariff Concessions, BISD 37S/228, 1991, Para. 5.15.

[4035] Beispielsweise der Bericht in: BISD 18S/223-230, 1972.

[4036] Im Original GATT Art. XVI Abs. 3: "such subsidy shall not be applied in a manner which results in that contracting party having more than an equitable share of world export trade in that product." Für die deutsche Version siehe GATT-Text in WTO 1998: 88.

[4037] Josling et al. 1996: 32.

[4038] Josling et al. 1996: 32-34. Siehe im WTO Abkommen über Landwirtschaft, Art. 10.

[4039] Diese Deklaration wurde, nach einigem Hin und Her, am 1. Januar 1969 unterzeichnet, von 17 Industriestaaten. Jackson 1969: 374. Parallel dazu gab es solche Anstrengungen im Rahmen der OECD. Hudec 1991: 78. Die Entwicklungsländer waren dadurch nicht gebunden. Jackson 1969: 375. Das in Art. XVI Abs. 4 enthaltene 'bi-pricing requirement' ist ein Grund dafür, daß der Verpflichtungscharakter dieses Artikels nicht extrem stark ausgeprägt ist, denn Exportsubventionen können auch qua Binnensubventionierung einfach über eine Volumenerhöhung stattfinden. Zu einer Spekulation darüber, daß das 'bi-pricing requirement' von den USA in den Vertrag hereingeschmuggelt wurde, siehe Hudec 1991: 76-80.

Druck ebenfalls ihre Exportsubventionen auslaufen zu lassen.[4040] Exportsubventionen im Industriebereich hatten allerdings in diversen Entwicklungsländern, etwa Brasilien, einen zentralen Stellenwert in der entwicklungspolitischen Strategie, weil es dadurch gelang, gegenüber einer überbewerteten Währung zu kompensieren und eine zunehmende Exportorientierung dieser Länder zu erreichen, dies wurde in Abschnitt 'G' dargelegt.

Erwähnenswert ist die Sondergenehmigung für die deutsche Wiedervereinigung, durch die es für die EU ermöglicht wurde, osteuropäischen Ländern von 1990 an Zollbefreiungen einzuräumen, ohne daß diese auch anderen Ländern zugute kommen mußten.[4041] Kurz vor der Gründung der WTO kommt es sogar - erstmals - zu einer direkten Klage gegen eine Sondergenehmigung, den agrarpolitischen U.S. 'waiver' durch die EU im Rahmen der Auseinandersetzungen über die Agrarpolitik in der Uruguay-Runde.[4042] Dies war Verhandlungstaktik, auch angesichts des Fakts, daß die Agrarpolitik der Europäischen Gemeinschaft ohne Sondergenehmigung hingenommen wurde.

Auch nach der Gründung der WTO wird so verfahren und eine Sondergenehmigungen ('waiver') vom Streitbeilegungsgremium untersucht.[4043] In diesem Fall wurde klargestellt, daß sich der Lomé 'waiver' zwar auf Art. I GATT erstreckt und den AKP-Staaten spezielle Zollkontingente mit niedrigeren Zöllen eingeräumt werden dürfen, der 'waiver' bezöge sich aber nicht auf Art. XIII und GATS-Verpflichtungen, denen die EU Verordnung nicht genügt.[4044]

Ein ähnlich weitgehende Sonderbehandlung erfuhren am 30. Oktober 1947 bestehende Gesetze, die nicht durch die Initiative der Präsidenten bzw. der jeweiligen Regierungen der GATT Mitgliedstaaten problemlos zurückgekommen werden konnten. Gemäß dem Protokoll für vorläufige Geltung des GATT galt diese Sonderbehandlung nicht für Teil I des GATT mit den Artikeln I Meistbegünstigung und II Listen der Zugeständnisse, aber für Teil II des GATT, mit seinen wichtigen Regeln: Art. III Inländerbehandlung, für mengenmäßige Beschränkungen, Anti-Dumping, Ausgleichszahlungen, Subventionen, Schutzklausel, Ausnahmeregeln und für die zuerst nur rudimentäre Streitschlichtung.

[4040] Howell et al. 1992: 352.

[4041] Diese Sondergenehmigung ('reunification waiver') lief bis zum 31. Dezember 1993, im hier vorliegenden Dokument wurde eine Verlängerung bis zum 31. Dezember 1994 beantragt. GATT Council Doc. 10 November 1994 bzw. L/7541, 19 October 1994, S. 1-2.

[4042] Im U.S. waiver wird explizit festgehalten, daß die Streitbeilegung angerufen werden darf. Dies führte zu einem Fall, in dem der U.S. 'waiver' direkt von der EU angegriffen wird. Hier wird aber festgestellt, daß der 'waiver' sehr weitreichend ist, ebenso wird aber festgehalten, daß die EU die Nicht-Verletzungs-Zunichtemachung und Schmälerungs-Klageoption des GATT verwenden könnte (non-violation nullification and impairment, NV N&I). EC vs. United States - Restrictions on the Importation of Sugar and Sugar-Containing Products Applied under the 1955 Waiver and under the Headnote to the Schedule of Tariff Concessions, BISD 37S/228, 1991.

[4043] Es gibt diesbezüglich nur wenige Vorbildfälle, so etwa der Panel Bericht United States - Sugar Waiver, der festhält, daß 'waiver' nur unter "exceptional circumstances" eingeräumt werden und daß "their terms and conditions have to be interpreted narrowly." Dort wird der U.S. 'waiver' für die Landwirtschaft aber trotzdem auf breiter Ebene akzeptiert. EC vs. United States - Restrictions on the Importation of Sugar and Sugar-Containing Products Applied under the 1955 Waiver and under the Headnote to the Schedule of Tariff Concessions, BISD 37S/228, Para. 5.9, 1991.

[4044] Ecuador, Guatemala, Honduras, Mexico, United States vs. EU - Regime for the Importation, Sale and Distribution of Bananas, WT/DS27/AB/R, 9 September 1997: 72-106; ebenso WT/DS27/ARB, 9. April 1999: 12-33. Auf der Doha-Ministerkonferenz wird der EU ein 'waiver' eingeräumt, der bis zum 31. Dezember 2005 es ermöglicht, Teile der Bananenmarktordnung weiter aufrechtzuerhalten, bis ein neues System etabliert ist. WT/L/437, 7. Dezember 2001. Siehe auch Abschnitt 'J', Nichtdiskriminierende Anwendung mengenmäßiger Beschränkungen.

Diese GATT Teil II Regeln galten damit nur für Gesetzgebung, die nach dem Inkrafttreten dieses Protokolls in Kraft trat (sog. Großvaterklausel, 'grandfathering').[4045] Diese Großvaterklausel war zudem nur für sog. 'mandatory legislation' wirksam. In den USA trifft dies nicht für einfache Bundesgesetze zu.[4046] In einem gewissen Sinn traf eine solcher Großvaterregel auch auf Zollpräferenzen zu, die England und Frankreich ihren ehemaligen Kolonien zugestanden hatten. Diese wurden vom GATT 'eingefroren' und später in die Präferenzabkommen überführt.[4047] Mit der WTO Gründung liefen die Großvaterrechte aus, mit einer Ausnahme.[4048]

6.1 Der audiovisuelle Sektor

Im GATT wurde eine Ausnahme für Spielzeitbegrenzungen in Lichtspieltheatern etabliert: Art. III Inländerbehandlung besagt, daß interne Maßnahmen nicht zwischen heimischen und ausländischen Waren unterscheiden dürfen. Für Kinofilme wurde in Art. III.10 eine Ausnahme eingebaut, die in Art. IV näher spezifiziert wird. Es dürfen intern angewandte Quoten benutzt werden, um die heimische Filmindustrie zu schützen. Wenn solche Quoten angewendet werden, dürfen sie nicht gegen Art. I verstoßen, die zugestandenen Mengen müssen fair zwischen den interessierten Ländern verteilt werden.[4049] Der praktische Wert dieser Ausnahme war allerdings begrenzt, die EU hat diese Kontingentierungen schon im Jahre 1965 abgeschafft.[4050] Danach war vor allem umstritten, ob sich diese Ausnahme auf das Fernsehen bezieht, denn hier haben europäische Staaten Quoten für heimischen Produktionen reserviert und auch andere europäische Staaten, die nicht Mitglieder der EU waren, bevorzugt.[4051] Dies wurde von den USA und auch in der Literatur, nicht ganz ohne Grund, als

---

[4045] Die USA notifizierte damals für einige (Chemie-) Produkte das 'selling price'-System, über welches in der Kennedy-Runde erstmals verhandelt wurde. Ebenso ein Gesetz, daß den Druck von amerikanischen Büchern in den USA erforderlich macht, siehe Abschnitt 'I'. Ebenso finden sich hier Agrargesetze, die Ausnahmen vom Verbot mengenmäßiger Beschränkungen reklamieren. Schließlich wird die U.S. Ausgleichsmaßnahmensgesetzgebung erwähnt, wobei es in dieser Version nicht nötig war Schädigung zu zeigen. Die anderen Länder notifizieren nichts viel nennenswertes, darunter diskriminierende Steuersätze für Alkohol. Die Gesetze und Maßnahmen, die damals unter der Großvaterklausel notifiziert worden sind, werden zusammengefaßt in GATT: L /2375/Add.1, 19 March 1965. Daß die GATT Kompatibilität von älteren Gesetze so begründet werden kann, wenn es sich um klare Verstöße gegen Art. I, wird schon bezweifelt in: Norway, Denmark vs. Belgien - Family Allowances, BISD 1S/59, 61, 1953. Somit gehörte die U.S. Ausgleichsmaßnahmensgesetzgebung, die aus dem Jahre 1897 stammte, zum 'grandfathering' Teil II des GATT. Als Indien nach der Tokio-Runde nicht dem Subventionskodex beitrat, verweigerte die USA Indien gegenüber noch Anfang der achtziger Jahre, daß eine Schädigungsanalyse einer Ausgleichszolluntersuchung zugrundeliegt. Dieser Streit endet 1981, als Indien erklärt, daß es seinerseits über ein Rechtsinstrumentarium verfügt, welches mit dem neuen Tokio-Runden Subventionskodex übereinstimmt. Jackson et al. 1995: 462; Nettesheim 1991: 284; weitere Informationen Jackson 1997: 287.
[4046] Canada vs. United States - Measures Affecting Alcoholic and Malt Beverages, BISD 39S/284-287, 1993.
[4047] England gibt seine Präferenzen bei seinem EEC Beitritt 1973 auf, diese werden aber in das Lomé Abkommen überführt. Smeets 1996: 63. Die historischen Präferenzen wurden in Art. I aufgelistet und in den Annexen A bis F des GATT niedergelegt. Hoda 2002: 18-19; GATT Analytical Index 1995: 48-49.
[4048] Marrakesh Agreement establishing the World Trade Organization, Art. XVI.5 "No reservations may be made in respect of any provision of the agreement." WTO 1995: 17. Die USA wendet bis heute ein Gesetz an, welches die Benutzung von im Ausland gebauten Schiffen auf amerikanischen Binnenlandsrouten verbietet und das unter die Großvaterklausel fällt. Für dieses Gesetz (welches sich in Fußnote 142 oben nicht findet, weil es in den Dokumenten, soweit ersichtlich, nicht enthalten ist) wurde eine Verlängerung beschlossen: General Agreement on Tariffs and Trade 1994: Art. 3 (a). WTO 1995: 22. Dazu gibt es regelmäßig Konsultationen im Allgemeinen Rat. Zuletzt beim Treffen im Dezember 2003, siehe WT/GC/M/84, 27 February 2004.
[4049] Dies kann aber nicht ganz klar bestätigt werden in: GATT Analytical Index 1995: 209-211.
[4050] Baumann 1998: 82.
[4051] Siehe Europäische Fernsehrichtlinie Art. 4 "(1) Die Mitgliedstaaten tragen im Rahmen des praktisch Durchführbaren mit angemessenen Mitteln dafür Sorge, daß die Fernsehveranstalter den Hauptteil ihrer Sendezeit, die nicht aus Nachrichten, Sportberichten, Spieleshows oder

Verstoß gegen Art. I, Art. III und Art. IV angesehen.[4052] Eine Klärung dieser Rechtslage durch einen GATT-Fall erfolgte nicht[4053], sodaß die Spielräume bestehen blieben. Hintergrund ist u.a. die finanzielle Förderung des audiovisuellen Sektors in der EU.[4054] Seit der Gründung der WTO fällt der größte Teil der audiovisuellen Produkte unter das Dienstleistungsabkommen GATS, hier hat die EU bislang keine Marktzugangszugeständnisse gegeben.[4055] Und es dürften weiter Subventionen möglich sein, weil diese im GATS ungenügend diszipliniert sind.[4056] Diese Ausnahme wird unter Rekurs auf den Begriff der kulturellen Vielfalt und der Notwendigkeit interkultureller Kommunikation verteidigt.[4057]

6.2 Landwirtschaft und das GATT

Im Landwirtschaftsbereich wurden die in den GATT Regeln vorhandenen Spielräume von den Staaten in solch extremer Art und Weise genutzt, daß besser von einer Spielwiese oder Spielfeld die Rede ist. Nur so ist es zu erklären, daß der Agrarpolitik zwar in GATT, Art. XI bzgl. mengenmäßigen Beschränkungen und Art. XVI bzgl. Exportsubventionen, von Anbeginn an Spielräume eingeräumt wurden, die Agrarpolitik aber trotzdem eine prägende Rolle in den Konsultationen- und der Streitbeilegung des GATT spielte, mit einem Höhepunkt während der Verhandlungsrunden.[4058] Von 110 GATT Streitfällen bezogen sich 45, das sind 41 % auf die Landwirtschaft.[4059] Sogar Entwicklungsländer wurden von den Industrieländern in bezug auf einzelne Maßnahmen in der Landwirtschaft verklagt, dies sind aber nur einzelne Fälle, etwa USA vs. Indien, hier steht im

---

Werbe- und Texteinblendungen besteht, der Sendung von europäischen Werken im Sinne des Artikels 6 vorbehalten. (...) (2) Kann der Anteil gemäß Absatz (1) nicht erreicht werden, so darf dieser nicht niedriger als der Anteil sein, der 1988 in dem betreffenden Mitgliedsstaat im Durchschnitt festgestellt wurde." Weiterhin erfolgt in Art. 5 eine Quote für den unabhängig produzierten Film: Artikel 5: "Die Mitgliedstaaten tragen im Rahmen des praktisch Durchführbaren und mit angemessenen Mitteln dafür Sorge, daß Fernsehveranstalter mindestens 10 v. H. ihrer Sendezeit, die nicht aus Nachrichten, Sportberichten, Spielshows oder Werbe- und Teletextleistungen besteht, oder alternativ nach Wahl des Mitgliedstaats mindestens 10 v.H. ihrer Haushaltsmittel für die Programmgestaltung der Sendung europäischer Werke von Herstellern vorbehalten, die von den Fernsehveranstaltern unabhängig sind." Richtlinie 89/552/EWG des Rates vom 3. Oktober 1989 zur Koordinierung bestimmter Rechts- und Verwaltungsvorschriften der Mitgliedstaaten über die Ausübung der Fernsehtätigkeit. ABl. Nr. L 268/23, 17.10.1989. Siehe auch Baumann 1998: 77-78. Solche Quotenregelungen gab es vor der Verabschiedung der Fernsehrichtlinie schon in Frankreich, Italien und Spanien. Baumann 1998: 78.

[4052] Für eine Diskussion siehe Baumann 1998: 83-86.
[4053] Immerhin erfolgte die Klärung einer GATT-Arbeitsgruppe, die feststellte, daß sich die Ausnahme für Kinofilme nicht automatisch auf den Fernsehbereich erstreckte. Nicht veröffentlicht in BISD 11S/243, 1963. Hinweis in Baumann 1998: 84.
[4054] Baumann 1998: 78.
[4055] Baumann 1998: 37, 81-82.
[4056] Wenn die EU keine Zugeständnisse gegeben hat, dann gilt auch Inländerbehandlung nicht. Ob Subventionen unter die Inländerbehandlung des GATS fallen ist nicht geklärt. Dafür spricht sich aus: Mattoo 1997: 119-120. Viele Länder subventionieren öffentliche Medien: Überblick in S/WPGR/W/25, 26 January 1998. Zum Begriff öffentlicher Dienstleistungen im GATS siehe Krajewski 2001b.
[4057] Dabei wird auch der Begriff 'kommunikative Vielfalt' benutzt, der explizit darauf abstellt, daß die Repräsentation kultureller Vielfalt in den Medien notwendig ist, um "vielfältige Stimmen zu Wort und Gehör zu bringen". Begriffsdiskussion in Baumann 1998: 109. Die UNESCO benutzt neben der kulturellen Vielfalt ('cultural diversity') partiell die etwas defensiveren Begriffe 'cultural heritage', 'cultural identity' und betont den Aspekt des Schutzes. In der UNECSCO Erklärung zu kulturelle Vielfalt wird auch der Begriff 'cultural rights' benutzt, der darauf hinweist, daß die universellen Menschenrechte ebenso kulturelle Teilnahmerechte anerkennen, etwa Art. 27 der Allgemeinen Erklärung der Menschenrechte und im Internationalen Pakt über wirtschaftliche und kulturelle Rechte, Art. 15. Zwar erfolgen diverse Verweise auf die Menschenrechte, die UNESCO weicht aber der ausdrücklichen Nennung etwa des Rechts auf freie Meinungsäußerung, Pressefreiheit etc. aus. Siehe Art. 5. UNESCO 2001: 14. Zu einer Synopse dieser Menschenrechte: Seidel 1996: 92, 134.
[4058] Hier die umfassende Übersicht, auch über die frühen Runden, in Josling et al. 1996: 22-245.
[4059] **GATT Fallübersicht.**

Hintergrund nicht die Agrarpolitik, sondern das auf Mengenbeschränkungen basierende Schutzsystem Indiens.[4060] Als die EU versuchte Chile wegen hoher Zollniveaus seines Preisbandsystems zu verklagen, verwies letzteres Land darauf, daß es viel höhere Ausgleichszölle gegen die subventionierten EU-Waren verhängen könnte, daraufhin zog die EU die Klage sofort zurück.[4061] Als Entwicklungsland klagte einzig Brasilien gegen die USA. Mehr Entwicklungsländer klagten gegen die EU Agrarpolitiken. Es gelang ihnen nicht, die Politiken dieser großen Industrieländer zu verändern.[4062]

Trotz der gewissen Spielräume der GATT Regeln in dieser Hinsicht waren früh klare Bewertungen möglich: Ein früher Panel akzeptierte 1958 die Subventionspolitik Frankreichs nicht und stellte gemäß Art. XVI:3, Exportsubventionen, fest, daß "the French share of world export trade, particularly wheat flour, is more than equitable."[4063] Im Jahre 1962 wurde von einem Komitee unter Prof. Habeler, welches Vorschläge zur Ausweitung des internationalen Handels machen sollte, die GATT Widrigkeit der EG Agrarpolitik formuliert.[4064] Auch die USA, die für ihre Agrarpolitik eine weitreichende Sondergenehmigung erhalten hatte, wurde offen kritisiert, daß sie immer neue Beschränkungen einführte, die u.a. bereits ausgehandelte Zugeständnisse rückgängig machten.[4065]

Nach der Tokio-Runde wurde der Agrarstreit in den Subventionsausschuß hereingetragen, welcher diese Fälle gemäß der neu etablierten Regeln des neuen Subventionskodex bewerten sollte (wobei dieser nur die Unterzeichnerstaaten betraf, darunter einige große Entwicklungsländer). Im Subventionsausschuß fanden auch informelle Konsultationen statt, die beispielsweise zu Abmachungen hinsichtlich des Niveaus von Exportsubventionen führten.[4066]

[4060] Siehe die Fälle USA vs. India - Import Restrictions on Almonds sowie USA vs. India - Import Licenses on Almonds (Licensing Code), beide 1987, nicht in BISD veröffentlicht, in Hudec 1991: 548-549.

[4061] Siehe den EC vs. Chile - Import Measures on Certain Diary Products aus dem Jahre 1984 in Hudec 1991: 517-518.

[4062] Siehe etwa Brasilien vs. EU - Refunds on Exports of Sugar, hier kann das Panel anhand der Weltmarktentwicklungen nicht feststellen, daß die EU "having more that an equitable share of the world market", wie dies in Art. XVI: 3 GATT festgehalten ist. Brazil vs. European Communities - Refunds on Exports of Sugar, BISD 27S/69-98, 1981. Erfolg haben die Entwicklungsländer auch dann nicht, wenn ihnen die USA zur Hilfe kommt vgl. Chile vs. European Communities - Restrictions on Imports of Dessert Apples, BISD 36S/93, 1990; USA vs. European Communities - Restrictions on Imports of Apples, BISD 36S/135, 1990.

[4063] Siehe: Australia vs. France - French Assistance to Exports of Wheat and Wheat Flour, Report adopted on 21 November 1958, BISD 7S/46, 53, 1959. Hudec 1991: 443-444. Um Agrarhandelsbeschränkungen geht es auch in: Uruguay vs. Div. Länder - Uruguayan Recourse to Article XXIII Uruguayan Recourse, BISD 11S/95, 100, Para. 15, 1963. Einige europäische Länder wurden daraufhin aufgefordert, ihre teils auch diskriminiernden, d.h. nur speziellen Ländern eingeräumten, Quoten zurückzunehmen: BISD 13S/35, 1965.

[4064] Aus dem Jahre 1962: "there has been extensive resort to the use of non-tariff devices, whether or not in conformity with the General Agreement, which, in many cases, has impaired and nullified concessions or other benefits which agricultural exporting countries expect to receive from the General Agreement. Hence the Comittee concluded that the balance which countries consider they had a right to receive under the General Agreement has been disturbed. These developments are of such a character that either they have weakened or threaten to weaken the operation of the General Agreement as an instrument for the promotion of mutually advantageous trade." Zitiert in Josling et al. 1996: 40.

[4065] U.a. im folgenden Bericht, als die USA nun auch für Konsensmilch und für Käse weitere Quoten eingeführt hatten. Die Menge der Emmentaler und Gruyere Importe wurde damals halbiert, obwohl es bereits ein VERs dafür gab. Reports by Working Parties on Action taken under Waivers. United States Import Restrictions on Agricultural Products. BISD 16S/109, 114, 1969.

[4066] Siehe auch zu diesen Streitfällen den Report des Subventionsausschuß 1985. Unterzeichnerstaaten des Subventionskodex sind 1985: Australien, Österreich, Brasilien, Kanada, Chile, Ägypten, EC, Finnland, Indien, Indonesien, Israel Japan, Korea, Neuseeland, Norwegen, Pakistan, Philippinen, Portugal, Spanien, Schweden, Schweiz, Türkei, England für Hongkong, USA, Uruguay und Jugoslawien. Dazu kommen Staaten, die das Abkommen provisorisch auf bilateraler Ebene anwandten. Im Subventionsausschuß wurden die sonstigen Panelberichte diskutiert aber auch eine eigenständige Streitschlichtung versucht, in diesem Fall zwischen den USA, die beklagen, daß Brasilien und die EU Subventionen für den Export und die Produktion von Hühnerfleisch verwenden. Die fünf informellen Konsultationen

Der Subventions-Kodex richtete sich in Teil I zuerst einmal auf Ausgleichszölle, die gegen die Einfuhr von Waren genutzt werden können, wenn in diesem anderen Land subventioniert wurde. Seit der Tokio-Runde wurde als Bedingung neu eingeführt, daß zusätzlich zum Beweis der Subventionierung gezeigt werden muß, daß solche subventionierten Importe zur bedeutenden Schädigung ('material injury') der heimischen Industrie führen, um Ausgleichszölle anwenden zu dürfen.[4067] Speziell zu diesem Kriterium lagen für den Tokio Subventionskodex Teil I zwei Fälle für den Agrarbereich vor. Die forderten gemäß Art. 6.1, daß positive Beweise und eine objektive Untersuchung ("positive evidence", "objective examination") für Schädigung vorgelegt werden müssen, welches beidesmal den Länder nicht gelang.[4068] In weiteren Fällen ging es vor allem um die Industrieabgrenzung für welche die Ausgleichszölle gelten[4069], siehe für die Industriefälle weiter unten. Relativ gesehen wurden von den Industrieländern, hier der Hauptnutzer USA[4070] nicht sehr viele Ausgleichszolluntersuchungen im Landwirtschaftsbereich angestrengt.[4071]

In Teil II des Subventionskodex wurden in den Art. 8 bis Art. 10 Regeln für Exportsubventionen und in Art. 11 Regeln für Subventionen entwickelt, dazu im folgenden mehr:[4072] Weder für

---

bringen kein Ergebnis. Report (1985) des Subventionsausschuß. BISD 32S/161-162, 1986. Letztendlich gibt es aber eine Abmachung zwischen der EU, USA und Brasilien hinsichtlich des Niveaus von Exportsubventionen. Siehe die Fälle USA vs. European Communities - Subsidies on the Export and Production of Poultry, 1982 (Subventionskodex, Teil II Exportsubventionen) und USA vs. Brazil - Subsidies on the Export and Production of Poultry, 1983 (Subventionskodex, Teil II, Exportsubventionen) in Hudec 1991: 495, 513-514.

[4067] Josling et al. 1996: 95.

[4068] In zwei Ausgleichszollfällen wird auf Schädigung eingegangen: Im ersten Fall ist die Behörde CIT Kanadas nicht in der Lage positive Beweise ("positive evidence", siehe Art. 6.1 FN 1, Subventionskodex, Teil I) für Schädigung durch Mais aus den USA vorzulegen. Zumal auch seit 1980-1981 sinkende Einfuhren vorlagen. Behauptet wird einfach, daß Importe in der Zukunft wahrscheinlich seien. Dies wird nicht akzeptiert. Ebenso wurden Preisniveaus nicht ausreichend untersucht. United States vs. Canada - Panel on Canadian Countervailing Duties on Grain Corn from the United States, BISD 39S/411, 1993: Para. 5.2.4, Para. 5.2.6; siehe auch Steward 1993: 1671; in zweiten Fall legt Brasilien ebenso nach diesem Standard ("objective examination") unzureichende Daten und Argumentationen vor: EC vs. Brazil - Imposition of Provisional and Definitive Countervailing Duties on Milk Powder and Certain Types of Milk from the European Economic Community, BISD 41S/467, u.a. Para. 321, 1997: u.a. Para. 321.

[4069] In den sechs relevanten Fällen geht es dreimal um die Definition heimischer Industrie, welche von den Panels eng ausgelegt und mit der 'like product'-Definition verknüpft wird. Es wird nicht akzeptiert, daß in einer einzigen Ausgleichszolluntersuchungen Weinproduzenten und Traubenanbauer gleichzeitig untersucht werden. Weil im Wein- und Fleischbereich die Prozenten der Rohstoffe von den Produzenten des Endproduktes aber schwer zu trennen sind (in den USA ist der Weinbereich viel weitgehender getrennt als in der EU), wurden diese Entscheidungen von den Mitgliedsstaaten stark kritisiert. Für den ersten Wine and Grape Fall dokumentiert dies: Hudec 1991: 522. Die Urteile sind: EEC vs. United States - Definition of Industry Concerning Wine and Grape Products, SCM/71, 24 March 1986, erst nach 6 Jahren angenommen, aber die USA behält sich ihre Ablehnung der Ergebnisse des Panelberichts weiter vor. Hudec 1991: 523; und EEC vs. Canada - Imposition of Countervailing Duties on Imports of Manufacturing Beef from the EEC, SCM/85, 13 October 1987. In einem reinen GATT Art. VI.3 Fall geht es sowohl um die Definition von Industrie als auch darum, wie die Untersuchungen von Subventionen erfolgen muß. Die U.S. Behörden werden darauf hingewiesen, daß es nicht ausreicht, einfach zu behaupten, daß sich Subventionen für Produzenten lebender Schweine auf Fleischproduzenten auswirken. Dies müsse genauer gezeigt werden. Canada vs. United States - Countervailing Duties on Fresh, Chilled and Frozen Pork from Canada, WT/DS7/R, 18 September 1990. So erfolgt die Diskussion dieser Fälle in : Steward 1993: 1657-1666.

[4070] Siehe: **Tabelle 193**.

[4071] Sämtliche von den U.S. Behörden positiv beschiedenen, also zu Zöllen führenden Ausgleichszollfälle im Agrarbereich sind: Brazil - Frozen Concentrated Orange Juice (1982); Canada - Softwood Lumber (zuerst negativ 1983, 1985, positiv erst 1990 und nochmal 2000); Canada - Live Swine and Pork (1985), West Germany, France, Italy - Certain Table Wine (hoher betroffener Importwert: US$ 27,7 Mill.), Peru, Canada, Chile - Fresh cut flowers (1986, Kenya fällt nicht darunter); Norway - Atlantic Salmon (1990); Italy - Pasta, Turkey - Pasta (1995), Argentina - Honey (1999); Canada - Durum and Hard Red Spring Wheat (2002). USITC 2005a.

[4072] Agreement on Interpretation and Application of Articles VI, XVI and XXIII of the General Agreement on Tariffs and Trade, BISD 26S/56 (1980). Hier bezieht sich Part I auf Ausgleichszölle und Part II auf Exportsubventionen und/oder Subventionen. Fortan im Zusammenhang mit den Fällen auch als Subventionskodex Teil I oder II bezeichnet.

Exportsubventionen noch Subventionen gelang durch den Subventions-Kodex eine Disziplinierung. Hintergrund ist, daß in der Tokio-Runde die EU-Bauerninteressen zu stark waren, hier mit Verweis auf Art. 10 Exportsubventionen:

"when GATT Art. XVI was drafted in 1955, US Farm interests were too powerful to be disciplined: when code Article 10 was drafted in 1979, European farm interests were too powerful."[4073]

Typischerweise stellte die Streitbeilegungsinstanz hernach zwar teilweise die GATT Widrigkeit der Agrarpolitiken fest. Es blieb aber, nicht zuletzt für die Streitbeilegungsinstanz selbst, schwer die GATT Regeln anzuwenden, weil der Welthandel auf breiter Ebene und seit Jahren durch diese Agrarpolitiken verzerrt war, sodaß beispielsweise kaum eine unverzerrte Vergleichsepoche gefunden werden konnte, um festzustellen, ob ein Mitgliedsstaat etwa durch Subventionen einen 'mehr als einen angemessene Anteil am Weltmarkt erhält', ein Limit, welches in Art. 10 ausgesprochen wird, siehe etwa United States vs. ECC - Wheat Flour (1983).[4074] Oder es kommt zum seltenen Fall, daß das Panel intern nicht einig über die Auslegung ist, wie United States vs. EEC - Pasta Products (1983).[4075] Hier zweifelte die USA an, ob in der EU weitverbreitete Exportsubventionen erlaubt waren, die für höhere Inputpreise (höhere Weizenpreise) beim Export von Nudeln kompensieren und sie bekommt von der Panelmehrheit (3:1) Recht. Realistischer ist aber die abweichende Meinung ('dissenting opinion'), die argumentiert, daß ohne explizite politische Vorgabe durch die GATT Mitgliedsländer zu diesem Thema nicht einfach aus dem Terminus 'primary products' in Art. 9 geschlossen werden kann, daß jedwede kompensatorische Subvention für verarbeitete Landwirtschaftsprodukte ausgeschlossen ist,

---

[4073] Hufbauer zitiert in Josling et al. 1996: 95. Der hier erwähnte Art. 10 des Tokio Subventionskodex Teil II zu Exportsubventionen, enthält etwas genauer gefaßte Regeln, die aber über Art. XVI. 3 GATT nur wenig herausgehen. Die relativ schwache Ausgestaltung der Regeln resultierte daraus, daß auch die USA offenbar nicht extrem weit gehen wollten, denn ihre einzige Konzession, die sie bereit waren anzubieten, war eine Stärkung der Regeln in bezug auf Ausgleichszoll-Untersuchungen. Hier erklärt sich die USA bereit, solche Zolluntersuchungen, die gegen subventionierte Produkte aus anderen Ländern erhoben werden, zu einem gewissen Grad zu disziplinieren, indem diese Zölle nur dann erhoben werden können, wenn eine Schädigung der eigenen Industrie nach gewissen Kriterien dargelegt werden kann. Siehe Art. 6 Subventionskodex, Teil I. Josling et al. 1996: 95. Die EU hatte dagegen ihre Verhandlungsdirektive, keineswegs eine genauere Definition von 'more than an equitable share of the world market', Subventionskodex, Teil II, auszuhandeln. Hudec 1991: 132.
[4074] Der erste Fall, der aufzeigte, daß der Subventionskodex schwierig anzuwenden ist, ist USA vs. EU - Subsidies on Export of Wheat Flour, SCM/42, 21 March 1983 (Subventionskodex, Teil II, Exportsubventionen). Hier ist das Panel unsicher, wie es das Konzept 'equitable share of markets' in Art. 10.1 definieren soll. Das zweite Vorwurf, Art. 10.3, 'price undercutting' wird aufgrund nur weniger vorgelegter Daten der USA nicht akzeptiert. Daraufhin wird auch nicht Zunichtemachung und Schmälerung bzw. ernsthafte Schädigung nach Art. 8 gefunden. Die USA ist darüber enttäuscht, weil es diesen Fall als Test des Tokio Subventionskodex ansah. Als die EU Weizenmehlexporte unilateral verringerte, war es schon zu spät, weil die USA unilateral eine Vergeltung durchführte und Subventionen erhöhte. Dies führte zu einem weiteren Streitfall der EU gegen die USA, ohne Bericht. Hudec 1991: 490-492, 511-512. Überhaupt wird der Subventionskodex mit sehr vielen Landwirtschaftsfällen befaßt. Sobald aber ein Verstoß gegen den Kodex festgestellt wurde, wurden weitere Aktivitäten der Streitbeilegung durch den betroffenen Staat per Veto blockiert. Siehe etwa Hudec 1991: 494. Damit ist die Situation nicht anders als in den Panels, die am Ende der siebziger Jahre noch nicht den Tokio Subventionskodex einbeziehen und rein auf dem GATT Recht aufbauen, meist auf Art. XVI.3, in dem es um Exportsubventionen geht, wodurch verboten ist, daß dadurch "more than an equitable share of world export trade" erhalten wird. Typisch dafür, daß sich ein Panel nicht dazu entschließen kann, zu erklären, daß dieses Kriterium erfüllt ist, ist USA vs. EC - Export Subsidies on Sugar, BISD 26S/290, 319, 1980. Dieser Fall wurde zudem ausgelöst und stand unter dem Eindruck der Effekte des International Sugar Agreements, bei welchem die EG damals Mitglied werden wollte. Hudec 1991: 473. Das Panel stellte immerhin fest, daß die EG Politik nach Art. XVI.1, der sich Subventionen im Allgemeinen widmet, "threat of serious prejudice" auslöst. Dieses Urteil erforderte aber nur Konsultationen über die Subventionierung. Diese Konsultationen endeten ergebnislos. Hudec 1991: 132-134, 474.
[4075] USA vs. European Community - Subsidies on Exports of Pasta Products, SCM/43, 19 May 1983 (Subventionskodex, Teil II).

speziell, wenn es um eine Kompensation für Nachteile durch hohe Preisniveaus ging, die nicht über Weltmarktpreise hinausreichte.[4076]

Resultat dieser Streitbeilegungsfälle im Landwirtschaftsbereich war, daß oftmals GATT Regelverstöße festgestellt wurden. Die betroffenen Länder reagierten darauf oft mit der Blockade der Annahme der Berichte durch ein Veto, es wurde bestimmte Interpretationen bezweifelt und 'Rechte reserviert'.[4077] Dies führte zu merklichen Spannungen zwischen den Akteuren und auch zu Vergeltungsmaßnahmen (u.a. durch Erhöhung von Exportsubventionen etwa bei Weizen).[4078] Typisch für das GATT war aber, daß daraufhin längere Verhandlungen erfolgten, die dazu führten, daß bestimmte Maßnahmen abgeschafft wurden. Teils wurden aber wirkungsgleiche neue Maßnahmen eingeführt oder es kam zu Kompromißlösungen, die das insgesamte System nicht veränderten.[4079]

Interessanterweise wurde - der Tendenz nach - gegen Ende der achtziger Jahre von der Streitbeilegung zunehmend eine klarere Auslegung der GATT Regeln vertreten, welche jedenfalls die Agrarpolitik der EU klar als GATT widrig ansah, sodaß die Streitbeilegung als eigenständiger Akteur wahrnehmbarer wurde. Dabei spielte eine Rolle, daß in diese Fällen plötzlich wieder gemäß der 'alten' GATT Regeln, Art. XI 'Allgemeine Beseitigung mengenmäßiger Beschränkungen' geklagt wurde (und nicht gemäß Tokio-Subventionskodex, der u.a. auf Exportsubventionen ausgelegt war). Dieser Übergangsprozess ist an den drei Chile vs. EC- Apples (1980, 1989, 1989[4080]) Streitfällen sichtbar: Im ersten Fall herrschte noch Unsicherheit im Zusammenhang mit den EU Politiken, ob diese nicht doch gemäß Art. XI.2 (ii) als Maßnahmen zur Rückführung eines temporären Überschusses anzusehen sind[4081], in späten Fällen bezweifelte das Panel, daß die EU mengenmäßige Beschränkungen anwenden dürfen, weil ihre Maßnahmen keine Produktionsbeschränkung nach sich ziehen, nur dann wäre aber die für den Agrarbereich gültige Ausnahme für QRs erfüllt (s.o., die USA hatte für Art. XI eine Sondergenehmigung durchgesetzt und wird damit nicht auf diese Weise verklagt).[4082] In diesem Panel-Bericht wurde allerdings auch bemerkt, daß im Rahmen der Uruguay-Runde gerade

---

[4076] Es geht hier um Art. 9 im Teil II des Subventionskodex. USA vs. European Community - Subsidies on Exports of Pasta Products, SCM/43, 19 May 1983 (Subventionskodex, Part II): Siehe die 'dissenting opinion' in Paras. 5.1-5.6. Siehe für die weiteren Informationen Hudec 1991: 494.
[4077] Beispiel dafür ist hier der Fall United States vs. European Community - Subsidies on Export of Wheat Flour (Subventions Kodex, Teil II, Exportsubventionen). Hier wird versucht, eine "agreed interpretation" auszuhandeln. Dies scheiterte. Hudec 1991: 492.
[4078] Daraufhin, siehe Fußnote 174, kommt es zu Vergeltungssubventionen seitens der USA. Hudec 1991: 492. Zu Vergeltungszöllen kommt es auch Fall USA vs. European Community - Subsidies on Exports of Pasta Products, SCM/43, 19 May 1983 (Subventionskodex, Teil II). Hudec 1991: 493-494.
[4079] Siehe die Fälle, die thematisch dem Bereich Landwirtschaft zugeordnet sind, in: **GATT Fallübersicht**.
[4080] Chile vs. EC - EEC Restrictions on Imports of Apples, BISD 27S/98, 1981. Chile vs. EC - EEC Restrictions on the Import of Dessert Apples, BISD 36S/93, 125, 1990; USA vs. EU - EEC Restrictions on Imports of Apples, BISD 36S/135, 1990.
[4081] Chile vs. EC - EEC Restrictions on Imports of Apples, BISD 27S/98, 113-114, 1981.
[4082] Interessant ist hier die Argumentation des Panel, daß Art. XI in bezug auf den Agrarbereich keine spezielle Kompensationsregel enthält und somit eine zu tolerante Auslegung dazu führen könnte, daß Zollkonzessionen auf breiter Ebene zunichte gemacht werden können. Weil diese aber die Grundlage des GATT Systems darstellt, könne Art. XI: 2 (c) (i) nur restriktiv ausgelegt werden. Chile vs. EC - EEC Restrictions on the Import of Dessert Apples, BISD 36S/93, 127-129, 1990.

Verhandlungen über die Bedeutung dieser GATT Regeln stattfinden.[4083] Auch hier wurde die Streitbeilegung durch die betroffene Ländergruppe blockiert und Rechte reserviert.[4084]

Sowohl der diese Streitfälle prägende Rekurs auf Art. XI und die in den siebziger Jahren verbreitete Nutzung von Art. XVI.3 (dies sind die GATT Exportsubventionsregeln, die vor den Tokio Exportsubventionsregeln des Tokio Subventionskodex galten[4085]) sowie schließlich von Art. III[4086] wurde einer klagenden Partei nach Gründung der WTO in bezug auf die Landwirtschaft verunmöglicht. Für diesen Bereich gilt fortan das neue Übereinkommen über die Landwirtschaft und das über Subventionen und Ausgleichsmaßnahmen.[4087] Daran wird deutlich, daß die WTO in diesem Bereich neue Spielräume geschaffen hat. Denn wären diese 'alten' GATT Regeln wiederauferstanden, gestärkt durch die WTO Streitbeilegung bei der kein Veto mehr möglich ist, hätten die Agrarpolitiken der Industrieländer erheblich verändert werden müssen.

Eine klare Argumentation vertrat auch das Panel im USA vs. EU - Oilseeds (1991).[4088] Dies war möglich, weil die damalige EWG in der Dillon Verhandlungsrunde ihre einzige (Null-) Zollbindung im Agrarbereich für Sojabohnen/Mehl/Ölkuchen gemacht hatte:[4089] Das Panel vertrat hier eine GATT-rechtlich überzeugend klingende Auslegung, mit weitgehenden Konsequenzen für die Nutzung von Subventionen, die eigentlich vom GATT zugelassen werden. Argumentiert wird, daß Zunichtemachung und Schmälerung von Vorteilen vorliegt, wenn ein Schutzsystem bewirkt, daß die Produzenten durch Subventionen ganz von Weltmarktpreisentwicklungen geschützt werden, ebenso wird festgehalten, daß das GATT u.a. durch Art. III und XI Erwartungen an Wettbewerbsbedingungen ('expectations as to the competitive relationship between their products and those of other contracting parties') schützt, die nicht, etwa durch Subventionen, systematisch konterkariert werden dürfen, denn sonst würde die Basis des GATT, die Festlegung von Zöllen in den Zollverhandlungen, sinnlos sein. Einzig einer Einbeziehung des Tokio-Runden Subventionskodex wird ausgewichen und eine generelle Bewertung der Zulässigkeit von Subventionen unter dem GATT nicht gegeben.[4090] Damit wurde es denkbar, eine Nichtverletzungsbeschwerde im Agrarbereich zu gewinnen.[4091] Der Fall hatte historische

---

[4083] Chile vs. EC - EEC Restrictions on the Import of Dessert Apples, BISD 36S/93, 125, 1990.
[4084] So reservierte die EU ihre Rechte in bezug auf die Interpretation von GATT Art. XI: 2 Chile vs. EC - EEC Restrictions on the Import of Dessert Apples, BISD 36S/93, 135, 1990. Diese Information in Hudec 1991: 565.
[4085] Beispiel: Australia vs. EC - Refunds on Exports of Sugar, BISD 26S/290, 1980.
[4086] Beispiel: United States vs. Spain - Measures Concerning Domestic Sale of Soyabean Oil, nicht abgedruckt in BISD. Dies ist der Fall, der siehe unten, eine politische Stärkung von Art. III zur Folge hatte. Hudec 1991: 479-480.
[4087] Brazil vs. United States - Subsidies on Upland Cotton, WT/DS267/R, 8 September 2004: S. 244-246; S. 337-339.
[4088] USA vs. EC - Payments and Subsidies Paid to Processors and Producers of Oilseeds and Related Aninmal Feed Proteins, BISD 37S/86, 1991.
[4089] Josling et al. 1996: 46.
[4090] "The Panel considered that the main value of a tariff concession is that it provides an assurance of better market access through improved price competition. Contracting parties negotiate tariff concessions primarily to obtain that advantage. They must therefore be assumed to base their tariff negotiations on the expectation that the price effect of the tariff concessions will not be systematically offset." USA vs. EC - Payments and Subsidies Paid to Processors and Producers of Oilseeds and Related Aninmal Feed Proteins, BISD 37S/86, 128-130, 1991.
[4091] Siehe Abschnitt 'J', Nichtverletzungsbeschwerden.

Bedeutung, weil die nachfolgende Ölsaaten-Einigung mit dem sog. Blair-House-Accord verknüpft wurde, der zur USA EU Einigung über Landwirtschaft in der Uruguay-Runde führte.[4092]

Im Chile vs. EC - Apples (1990) wurde erstmals darauf hingewiesen, daß bei den Regeln für die Quotenallokation bzw. der Aufteilung mengenmäßiger Beschränkungen nach Art. XIII die Marktanteile beachtet werden müssen, die in Abwesenheit von Beschränkungen erreichen werden würden[4093], ein Prinzip, das nach der Gründung der WTO im Schiedsgerichtsverfahren des Bananenfalls dazu geführt hat, daß gefordert wurde, Ecuador vermehrt zu berücksichtigen.[4094] Diese Streitbeilegungsfälle lassen die Forderung nach einem vermehrten Zulassen der Kräfte des freien Marktes erkennen, auch wenn denkbar ist, daß dies hätte noch extremer erfolgen können. Durch die konsequente Auslegung des GATT Regelwerks Ende der achtziger Jahren entstand jedenfalls ein zunehmender Druck, eine politische Einigung für die Landwirtschaft herbeizuführen.

7. Inländerbehandlung

Die Inländerbehandlung ('national treatment' bzw. 'national treatment on international taxation and regulation'), Art. III des GATT, ergänzt das Meistbegünstigungsprinzip in Art. I in bezug auf den Binnenmarkt und soll sicherstellen, daß die Zollzugeständnisse nicht dadurch zunichte gemacht werden, indem inländische, lokal produzierte Waren bevorzugt behandelt werden.

Zuallererst warnt Art. III.1 vor einer protektionistischen Anwendung der interner Maßnahmen[4095] und dann geht es in Art. III.2 um intern erhobene Steuern (und sonstige Gebühren):

In Art. III.2 wird formuliert: "Waren, die aus einem Gebiet einer Vertragspartei in das Gebiet einer anderen Vertragspartei eingeführt werden, dürfen weder direkt noch indirekt höheren inneren Abgaben oder sonstigen Belastungen unterworfen werden als gleichartige inländische Waren."[4096]

Sodann werden die Mitgliedstaaten in Art. III.4 verpflichtet, daß ausländische Waren "hinsichtlich aller Gesetze, Verordnungen und sonstigen Vorschriften über den Verkauf, das Angebot, den Einkauf,

---

[4092] Erstmals verwendet die EU in Reaktion auf diesen Fall Direktzahlungen. Josling et al. 1996: 158-160.
[4093] "In applying import restrictions to any products, contracting parties shall aim at a distribution of trade in such products approaching as closely as possible the shares which the various contracting parties might be expected to obtain in the absence of such restrictions." GATT Art. XIII: 2. Chile vs. EC - EEC Restrictions on the Import of Dessert Apples, BISD 36S/93, 130, 1990. GATT Analytical Index 1995: 400-401.
[4094] Ecuador, Guatemala, Honduras, Mexico, United States vs. EU - Regime for the Importation, Sale and Distribution of Bananas, WT/DS27/R/USA, 22 May 1997, S. 322-323. Siehe Abschnitt 'J', Nichtdiskriminierende Anwendung mengenmäßiger Beschränkungen.
[4095] "... nicht derart angewendet werden, daß die inländische Erzeugung geschützt wird." GATT-Text in WTO 1998: 68; "... should not be applied to imported or domestic products so as to afford protection." WTO 1995: 490.
[4096] GATT-Text in WTO 1998: 68. "The products of the territory of any contracting party imported into the territory of any contracting party shall not be subject, directly or indirectly, to internal taxes or other internal charges of any kind in excess of those applied, directly or indirectly, to like domestic products." WTO 1995: 490.

die Beförderung, Verteilung oder Verwendung im Inland keine weniger günstige Behandlung erfahren als gleichartige Waren inländischen Ursprungs."[4097]

Diese Aufzählung impliziert bereits, daß in bezug auf die Maßnahmen, die unter Art. III fallen können, kaum Limits bestehen.

Eine Diskriminierung nach Ländern ist ebenfalls untersagt, denn das Meistbegünstigungsprinzip des Art. I bezieht Art. III Abs. 2 und 4 mit ein.[4098]

Spektakuläre Ausnahme von Art. III des GATT war, daß es sich gemäß Art. III.8 (b) nicht auf direkte Subventionszahlungen für die heimische Industrie ("payment of subsidies exclusively to domestic producers") erstreckte[4099], dazu kam, daß in der Frühzeit des GATT in Art. XVI 'Subventionen im allgemeinen' nur eine Notifikationspflicht und Konsultationen für Subventionen vorgesehen waren.[4100]

Der später, mit dem Abschluß der Tokio-Runde 1979, verabschiedete Subventionskodex änderte daran nicht viel. Einmal abgesehen von den regelmäßigen Streitereien im Landwirtschaftsbereich, kam es in bezug auf Industriesubventionen nur zu einem einigen Fall, dem Airbus Fall. Siehe dazu den Punkt 15 Subventionen. Dies eröffnete einen Spielraum für GATT-Mitglieder ihre Industrie zu subventionieren. Schon im frühen Fall United Kingdom vs. Italy - Agricultural Machinery' (1959)[4101] wurde aber darauf hingewiesen, daß dieser Spielraum nicht ohne Limits in bezug auf die Art und Weise der angewandten Maßnahmen ist: Dieser gilt nicht für Kreditsubventionen, die sich direkt an Konsumenten richten, wenn diese darauf ausgerichtet sind, das sich die Konsumenten nur heimische Produkte kaufen - und sehr spät, Anfang der neunziger Jahre wurde ein weiteres Mal klargestellt, daß Kreditsubventionen oder steuerliche Erleichterungen für heimische Produzenten nicht diesem Spielraum zuordenbar sind, weil sie unter die in Art. III aufgezählten Maßnahmen fallen und damit verboten sind.[4102]

Die Erwartung, die daraus resultiert, ist, daß die Zahl möglicher Instrumente, die mit einen schützenden, protektionistischen Ziel eingesetzt werden, durch Art. III vermindert werden. Sicherlich hat diese GATT Verpflichtung nicht die Wirkung gehabt, daß alle bestehenden Maßnahmen, die unter Art. III fallen - außer direkte Subventionen an Unternehmen - welche die heimische Industrie begünstigen, abgeschafft wurden. Dies ist allein daran zu erkennen, daß derzeit in der WTO viele

---

[4097] GATT-Text in WTO 1998: 68. "The products of the territory of any contracting party imported into the territory of any other contracting party shall be accorded treatment no less favourable than that accorded to like products of national origin in respect of all laws, regulations and requirements affecting their internal sale, offering for sale, purchase, transportation, distribution or use." WTO 1995: 490.

[4098] "The most-favoured-nation requirement in Article I, and also the tariff bindings under Article II, would become ineffective without the complementary prohibition in Article III on the use of internal taxation and regulation as a discriminatory non-tariff barrier." United States - Malt Beverages. BISD 39S/206, 272, 1993. Siehe auch Art. I Abs. 1 "and with respect to all matters referred to in paragraphs 2 and 4 of Art. III". WTO 1995: 486.

[4099] Dies wird in Art. III.8 (b) explizit festgehalten. Soweit auch die Panel-Berichte in: GATT Analytical Index 1995: 194-197.

[4100] Jackson 1969: 387-392.

[4101] United Kingdom vs. Italy - Italian Discrimination against Imported Agricultural Machinery, BISD 7S/60, 1959.

[4102] United Kingdom vs. Italy - Italian Discrimination against Imported Agricultural Machinery, BISD 7S/60, 63-65, 1959. GATT Analytical Index 1995: 195.

dieser Fälle 'nachgeholt' werden.[4103] Nachfolgend wird aber sichtbar, daß es in den achtziger Jahren viele Art. III Fälle gab, sodaß immerhin von einer späten Disziplinierungswirkung ausgegangen werden kann.

Einige Maßnahmen wurden schon früh von der Anwendung von Art. III ausgenommen. Einigkeit besteht darin, daß bestimmte Formen von Steuern, Mehrwert- oder Verbrauchssteuern, die direkt in bezug auf die Waren erhoben werden, mit dem GATT vereinbar sind und daß diese Steuern auch auf ausländische Produkte erhoben werden dürfen.[4104] Dies gilt nicht für steuerliche Grenzanpassungen in bezug auf Sozial- oder Lohnabgaben, die klar gegen die GATT Regeln verstoßen.[4105]

Interessanterweise hat sich erst sehr spät und unter politisch einigermaßen dramatischen Umständen im GATT ein Ansatz verfestigt, der in bezug auf heimische Steuern und sonstige Regulierungen klären sollte, wann und wie, gemäß Art. III, eine protektionistische Anwendung von heimischen Steuern und sonstigen Regulierungen erkannt und auf welche Intensitätsniveau sie als GATT widrig anzusehen ist.

Einzig der frühe Bericht United Kingdom vs. Italy - Agricultural Machinery' (1959) hatte Art. III die Begriffe "equal conditions of competition" und "to treat the imported products in the same way" zugeordnet und geschlossen, daß es Intention bei der Abfassung von Art. III gewesen sei, "equal conditions of competition once goods had been cleared though custom" zu garantieren bzw. anders formuliert: "the intention of the drafters of the Agreement was clearly to treat the imported products in the same way as the like products once they had been cleared through customs. Otherwise indirect protection could be given".[4106] In diesem Fall ging es um das eben schon erwähnte Kreditprogramm für italienische Bauern/Konsumenten, die mit präferentiellen Zinsen heimische Traktoren kaufen konnten und es wurde festgestellt, daß Gesetze oder Regulierungen, die direkt in die Umstände von Verkauf und Kauf eingreifen und dabei heimische Produkte bevorzugen, gegen Art. III verstoßen. Ebenso wurde damals die bis heute[4107] benutzte Argumentation entwickelt, daß Art. III.8 (b) als

---

[4103] Siehe Abschnitt 'J', Punkt 11, Art. III Inländerbehandlung.

[4104] Bericht 'border tax adjustments', BISD 18S/97, 100-101, 1972. GATT kompatibel scheint damit ein Verbrauchssteuerausgleich zu sein, wenn etwa im Ausland produzieren Chemikalien an der Grenze Steuern auferlegt werden, die genauso hoch sind wie die Steuern, die heimische Unternehmen tragen müssen, wenn sie bestimmte Stoffe in der Produktion einsetzen. Solange diese Steuern nicht höher sind, wird dies erlaubt. United States - Taxes on Petroleum and Certain Imported Substances, BISD 34S/136, 162-164, 1988. Hier wird bezug genommen auf den Bericht 'Border Tax Adjustments', BISD 18S/97, 100-101, 1972.

[4105] Bericht 'Border Tax Adjustments', BISD 18S/97, 100-101, 1972; siehe auch BISD 34S/136, 161, 1988. Dahinter steht der frühe Fall, der bestimmt hatte, daß es Art. I widerspricht, wenn zusätzliche Gebühren erhoben werden für Länder, die nicht bestimmte Sozialabgaben (hier 'family allowances') erheben: Norway, Denmark vs. Belgium - Belgian Family Allowances, BISD 1S/59, 1953.

[4106] In diesem Bericht wurde nicht genau zwischen Art. III und z.B. zwischen Art. III.1 und Art. III.4 unterschieden. United Kingdom vs. Italy - Italian Discrimination against Imported Agricultural Machinery, BISD 7S/60, S. 64, Para. 11, Para. 13, 1959. Dies erfolgt später, siehe Abschnitt 'J', Punkt 11, Art. III Inländerbehandlung.

[4107] United States vs. Canada - Certain Measures Concerning Periodicals, WT/DS31/AB/R, 30 June 1997, S. 34-37. Siehe Abschnitt 'J', Punkt 11, Art. III Inländerbehandlung.

Ausnahme für Subventionen angelegt wurde. Dieser Artikel würde aber sinnlos, wenn die sonstigen Paragraphen in Art. III ebenfalls Subventionen zulassen würden.[4108]

Hernach bestand innerhalb des GATT Unsicherheit darüber, wie u.a. de facto Effekte von internen Abgaben bewertet werden sollen. Bezüglich der wettbewerblichen Bedingungen, die durch Art. III geschützt werden, bestand, teilweise, eine eher vage Vorstellung von der Bedeutung dieses Begriffs. So ist die Rede ist von "certain trade neutrality"[4109], die diese Maßnahmen haben sollten, im Jahre 1972 im Bericht der Arbeitsgruppe zu steuerlichen Grenzabgaben ('border tax adjustments').[4110]

Im Jahre 1981 gab es bezüglich dieser Frage eine politische Entscheidung, die zu einer Rechtsfortbildung führte. Auf Betreiben der USA wurde mit 24 zu 21 Stimmen im Allgemeinen Rat beschlossen Art. III zu stärken.[4111] Es ging um die Einführung bzw. Stärkung eines Auslegungsansatzes, der bis heute erhebliche Konsequenzen hat und liberalisierend wirkt.[4112] Grund für diese politische initiierte Rechtsfortbildung war die Irritation der USA über einen Panelbereich, nämlich USA vs. Spain - Soyabean Oil (1981)[4113], aus dem folgte, daß ein Art. III.4 Verstoß nur dann vorliegen würde, wenn gezeigt werden könne, daß tatsächlich eine kausaler nachvollziehbarer, über Handelseffekte aufzeigbarer, Nachteil für die klagende Partei besteht. Dieser Panel argumentierte, daß ein solcher Handelseffekt in diesem konkreten Fall nicht zu zeigen sei, denn obwohl die Maßnahmen protektionistische Wirkung gehabt hätten, wären die Sojabohnenexporte der USA nach Spanien angestiegen.[4114] Auf Betreiben der USA wurde dieser Bericht nicht angenommen, aus Sorge, daß Art. III so seine Wirkung verlieren würde, da solche nachteiligen Kausalketten schwer eindeutig aufzeigbar sind (Spanien enthielt sich der Stimme, im Gegenzug wurde die Klage zurückgenommen) und fortan wird, in den Worten von Robert E. Hudec (1991) die Wirkung von Art. III so verstanden, daß sie "prohibiting all differential treatment causing a detrimental change in competitive conditions."[4115]

[4108] Es wird anerkannt, daß das GATT für die Förderung heimischer Industrie durch Art. III.8 (b) Freiräume aufweist. Dieser Artikel sei aber unnötig, wenn durch eine Abweichung von Art. III ebenso eine Subventionierung möglich wäre. United Kingdom vs. Italy - Italian Discrimination against Imported Agricultural Machinery, BISD 7S/60, 64, Para. 13. 1959.
[4109] "They added that the philosophy behind these provisions was the ensuring of a certain trade neutrality". Siehe Bericht 'Border Tax Adjustments', BISD 18S/97, 99, 1972.
[4110] Der Bericht über steuerliche Grenzanpassung ('border tax adjustments') beschäftigte sich nicht nur mit Grenzabgaben, sondern auch mit intern wirksamen Steuern, eben allgemein mit 'tax adjustments', BISD 18S/97, 99, 100-101, 1972.
[4111] Hudec 1991: 136.
[4112] Siehe Abschnitt 'J', Punkt 11, Art. III Inländerbehandlung.
[4113] U.a. diese Stelle ist damit gemeint: "4.2 (....) the Panel found that (...) net imports of soybeans had increased substantially since 1963. 4.3 Therefore, the Panel found that the Spanish measure (...) had not had restrictive effects on the imports of soybeans from the United States. (...) Consequently, the Panel concluded that the measures instituted by Spain concerning soybean oil, were not inconsistent with the provisions of Article III, paragraph 1, nor to the principles set forth therein." USA vs. Spain - Measures Concerning Domestic Sales of Soyabean Oil, L/5142, 17 June 1981, S. 13, Para. 4.2-4.3. Nicht in BISD veröffentlicht. Dieser Panelbericht erreichte nicht die Qualität anderer Berichte.
[4114] U.a. wird geschlossen, daß obwohl die intern angewendeten mengenmäßigen Beschränkungen dazu führten, daß die heimischen Industrie geschützt wurde, keine nachteiligen Auswirkungen auf die Importe von U.S. Sojabohnen vorlägen, welche deutlich angestiegen seien. Hudec 1991: 479-480.
[4115] Hudec 1991: 136.

Dies wurde in den nachfolgenden Panelberichten, mal mehr und mal weniger konsequent, so angewandt. So entschied das Panel in United States vs. Canada - FIRA (1984), daß die mal mehr oder mal weniger ausgeprägten Abmachungen, daß Investoren bei kanadischen Zulieferern kaufen müssen ('local content'), gegen Art. III.4 verstoßen, obwohl dies in der Mehrheit der Kaufentscheidungen faktisch kaum eine Rolle gespielt haben mag. Der Verstoß gegen Art. III.4 läge vor, weil "preference has to be given to Canadian goods also when these are not available on entirely competitive terms."[4116]

In Japan - Alcoholic Beverages I (1988)[4117] wurde dies ebenso in bezug auf Art. III.2 angewandt, wobei es um Steuern geht. Seitdem wird davon ausgegangen, daß schon minimale Differenzierungen zum Nachteil ausländischer Waren zu einem GATT Art. III Regelverstoß führen, wobei der Protektionismusvorwurf erfüllt ist, ohne ihn de facto aufzeigen zu müssen: "Article III:2 protects expectations on the competitive relationship between imported and domestic products rather than expectations on trade volumes (...) the Panel did not consider it necessary to examine the quantitative trade effects".[4118] Das Panel kann hier, ohne de facto Handelseffekte zu untersuchen, schließen, daß auch gemäß Art. III.2, zweiter Satz, "trade distorting effects affording protection" bestehen, weil niedrigere Steuern auf Reisschnaps im Vergleich zu anderen, als gleichartig eingestuften Spirituosen erhoben werden.[4119] Der Panel weist, mit Bezug auf United Kingdom vs. Italy - Agricultural Machinery' (1959), darauf hin, daß Art. III das allgemeine Ziel habe: "to provide equal opportunities of competition once goods had been cleared through customs."[4120] Ziel von Art. III.2 sei es eine

---

[4116] United States vs. Canada - Administration of the Foreign Investment Review Act, BISD 30S/140, 160, Para. 5.9, 1984. Hier wird versucht, um Handelseffekte herumzukommen, indem behauptet wird, daß ein Bruch der GATT Regeln immer einen nachteiligen Effekt auf die Vertragsparteien hat. "The Panel, however, believes that an evaluation of the trade effects was not directly relevant to its findings because a breach of a GATT rules is presumed to have an adverse impact on other contracting parties." United States vs. Canada - Administration of the Foreign Investment Review Act, BISD 30S/140, 166-167, Para. 6.4, 1984. Siehe zu 'local content' auch: Japan vs. EU - Regulation on Imports of Parts and Components, BISD 37S/132, 193-198, Paras. 5.7-5.24, 1991.

[4117] So Hudec 1999: 363. Siehe: EC vs. Japan - Customs Duties, Taxes and Labelling Practices on Imported Wines and Alcoholic Beverages, BISD 34S/83, 114, 1988.

[4118] EC vs. Japan - Customs Duties, Taxes and Labelling Practices on Imported Wines and Alcoholic Beverages, BISD 34S/83, 122, 1988. Dieser Fall bezieht sich auf die älteren Fälle, darunter United Kingdom vs. Italy - Agricultural Machinery' (1959), BISD 34S/114, 1988, aber auch auf den 'Border Tax Adjustments' Bericht, der nicht so eindeutig ist, BISD 34S/122, Para. 5.11, 1988. Bei der Schlußfolgerung wird sich gestützt auf eine Passage in Canada vs. United States - Taxes on Petroleum and Certain Imported Substances, BISD 34S/136, 158, Para. 5.1.9, 1988. Dort erfolgt aber keine Herleitung von 'it protects expectations on the competitive relationship between imported and domestic products' siehe BISD 34S/136, 156-158, Paras.5.1.6 bis 5.1.9, 1988. Dies zeigt, daß es nicht ganz einfach war, die politische Neuausrichtung mit dem GATT Fallrecht abzustützen.

[4119] Zwischen Art. III.2, erster Satz und Art. III.2, zweiter Satz wird unterschieden: "The Panel noted that, whereas under the first sentence of Article III.2 the tax on the imported product and the tax on the like domestic product had to be equal in effect, Article III.1 and 2, second sentence, prohibited only the application of internal taxes to imported or domestic products in a manner 'as to afford protection to domestic production'." EC vs. Japan - Customs Duties, Taxes and Labelling Practices on Imported Wines and Alcoholic Beverages, BISD 34S/83, 122, Para. 5.11, 1988. Wenn das Panel Sochu als eigenständige Warenkategorie erklärt hätte, hätte es schließen können, daß Ausländer eben 'Sochu' Reisschnaps produzieren sollen, um einen Zugang zu gleichen Bedingungen zum heimischen Markt erhalten zu können. EC vs. Japan - Customs Duties, Taxes and Labelling Practices on Imported Wines and Alcoholic Beverages, BISD 34S/83, 116-117, Para. 5.7, 1988. Handelseffekte werden ebenso nicht untersucht in: Canada vs. United States - Taxes on Petroleum and Certain Imported Substances, BISD 34S/136, 158, Para. 5.1.9, 1988.

[4120] Siehe EC vs. Japan - Customs Duties, Taxes and Labelling Practices on Imported Wines and Alcoholic Beverages. BISD 34S/83, 114, Para. 5.5 (c), 1988. Dies ist ein Zitat aus: United Kingdom vs. Italy - Italian Discrimination against Imported Agricultural Machinery, BISD 7S/60, 64, 1959.

"discriminatory or protective taxation" zu verhindern, um den Wert der ausgehandelten Zollzugeständnisse zu schützen.[4121]

Daß eine Beachtung von Handelseffekten zu inakzeptablen Ergebnissen führen würde, wird u.a. an folgendem Argument zu beweisen versucht: So ist es denkbar, daß ein GATT Mitglied eine hohe Mehrwert- bzw. Verbrauchssteuer anwendet, ohne zwischen Mitgliedsstaaten zu diskriminieren, wodurch die Exporte insgesamt verringert werden. Weil die Erhebung von Verbrauchssteuern aber als GATT kompatibel angesehen wird, darf dies durch Art. III nicht als GATT widrig erkannt werden. Daraus folgt, daß Exportvolumina nicht als Kriterium für Handelseffekte verwendet werden können.[4122] U.a. deshalb wird eine Steuer akzeptiert, die direkt auf Produkte erhoben und im Sinne eines Grenzsteuerausgleichs auf ausländische Produkte angewandt wird, solange dies dazu dient, eine Belastung anzupassen, der heimische Produzenten auf gleiche Weise ausgesetzt sind.[4123]

Diese neue Interpretation wurde fortan nicht nur in Klagen, welche die USA anstrengten, angewandt, so in der Klage gegen Japan - Alcoholic Beverages (1988)[4124], sondern im selben Zeitraum auch in drei Fällen, die sich gegen die USA richteten: Nämlich Kanada, EU, Mexiko vs. USA - Superfund Taxes (1988) und EU vs. USA - Section 337 ('Akzo - Aramid Fibres') (1990).[4125] Auch im dritten Fall, Canada vs. USA - Malt Beverages (1993), kommt es nicht darauf an, daß für Bier nur 1,5 % und für Wein nur 4 % der kleinen Produzenten in den USA von steuerlichen Begünstigungen profitieren, es handelte sich dennoch um einen Verstoß gegen Art. III.2. Ein "trade effects test" oder ein "*de minimis* standard" wird abgelehnt.[4126]

Mit diesem Auslegungsansatz konnte somit gegen offensichtlich unnötige oder protektionisch angelegte Besteuerungsunterschiede und sonstige Abgaben vorgegangen werden, die ausländische Waren benachteiligen, selbst wenn sie minimal sind: Die USA verstößt in Kanada, EU, Mexiko vs. USA - Superfund Taxes (1988) gegen Art. III.2, als sie 11,7 Cent Steuer pro Barrel auf Rohölprodukte

---

[4121] Siehe EC vs. Japan - Customs Duties, Taxes and Labelling Practices on Imported Wines and Alcoholic Beverages, BISD 34S/83, 113-114 Para. 5.5 (b), 1988.
[4122] Canada vs. United States - Taxes on Petroleum and Certain Imported Substances, BISD 34S/136, 158, Para. 5.1.9, 1988.
[4123] Diese Feststellung bezieht sich auf einen Verbrauchssteuergrenzausgleich auf chemische Produkte, der von den USA genutzt wurde, u.a. dazu um Umweltschutzmaßnahmen zu finanzieren. Dies wird in diesem Fall als GATT kompatibel angesehen. Die Produktion der chemischen Produkte in den USA wird auf demselben Niveau besteuert. Siehe dazu Art. III 2 (a), der eine solche Besteuerung auf demselben Niveau erwähnt. Die EU argumentierte in diesem Fall, daß solche direkt auf Produkte bezogenen Steuern nicht GATT kompatibel sind, dies seien nur allgemeine Verbrauchs- und Verkaufssteuern. Canada vs. United States - Taxes on Petroleum and Certain Imported Substances, BISD 34S/136, 147, 3.2.6, 163, Para. 5.2.8, 1988. Nicht GATT kompatibel wären Sozialsteuergrenzausgleichsabgaben. Canada vs. United States - Taxes on Petroleum and Certain Imported Substances, BISD 34S/136, 161, Para. 5.2.4, 1988.
[4124] EC vs. Japan - Customs Duties, Taxes and Labelling Practices on Imported Wines and Alcoholic Beverages, BISD 34S/83, 114, 1988.
[4125] Zu Art. III.4 'less favourable treatment': "These words are to be found throughout the General Agreement and later Agreements negotiated in the GATT framework as an expression of the underlying principle of equality of treatment of imported products", "The Panel rejected any notion of balancing more favourable treatment of some imported products against less favourable treatment of other imported products." EC vs. United States - Section 337 of the Tariff Act of 1930, BISD 36S/345, 386, 387, 1990.
[4126] "the Panel considered that Article III.2 protects competitive conditions between imported and domestic products but does not protect expectations on export volume", "As any fiscal burden imposed by discriminatory internal taxes on imported products is likely to entail a trade-distorting advantage for import-competing products." Canada vs. United States - Measures Affecting Alcoholic and Malt Beverages, BISD 39S/206, 270-273, 1993.

aus dem Ausland erhob, während heimische Produzenten 8,2 Cent bezahlen mußten.[4127] Die gesamte Palette von Rohölprodukten, darunter Rohöl, aber auch raffinierte Produkte wurden hier vom Panel als gleichartige Produkte eingestuft.[4128] Japan verhielt sich in EU vs. Japan - Alcoholic Beverages (1988) Art. III.2 widrig, weil es heimischen Reisschnaps (Sochu) merklich niedriger besteuerte als sonstige und ausländische Alkoholwaren, wobei unter Art. III.2, zweiter Satz, Spirituosen (Wiskey, Brandy, Wodka), Liköre, Schaumweine einer gleichartigen Warenkategorie wie Reisschnaps (Sochu) zugeordnet wurden.[4129] Sensibel reagierte Art. III.4 auch in EU vs. USA - Section 337 ('Akzo - Aramid Fibres') (1990) einer nicht gleichartigen Behandlung von heimischen und ausländischen Waren in bezug auf die Strukturen zweier Beschwerdeverfahren bezüglich der Verletzung geistiger Eigentumsrechte. Hier weigert sich das Panel eine Gewichtung positiver und negativer Aspekte der beiden Verfahren vorzunehmen.[4130]

Seit Beginn des GATT wurde diese strengere Ausgestaltung von Art. III vor allem deshalb mit weniger Sorge betrachtet, weil die Panels immer wieder darauf hinwiesen, daß mit direkten Subventionen die heimische Industrie besser zu schützen sei, als mit solchen abgabenbezogenen Differenzierungen, die Verweise auf diese Option erfolgen 1959[4131] genauso wie 1987.[4132]

Diese stärker ausgeprägte Wirkung von Art. III wurde durch weitere, teils überlappende Kriterien gestützt:

Erstens wird das Wort 'affecting' in Art. III:4 so ausgelegt, daß sämtliche Regulierungen, Gesetze etc. darunterfallen, die in irgendeiner Form dazu geeignet sind, wettbewerbliche Bedingungen zu beeinflussen.[4133] Zweitens ist es nicht nötig, daß ein verbindlicher Zoll vorliegen muß, damit die Schutzwirkung angenommen wird ("the benefits under Article III accrue independent of whether there

---

[4127] Canada vs. United States - Taxes on Petroleum and Certain Imported Substances, BISD 34S/136, 138, Para. 2.2, 1988.
[4128] Genaugenommen erfolgt der Verstoß gegen Art. III.2, erster Satz, und hier wird keiner de facto Test vorgenommen: "Art. III: 2, first sentence, applies whether or not the products concerned are subject to a tariff concession and whether or not adverse trade effects occurred." Canada vs. United States - Taxes on Petroleum and Certain Imported Substances, BISD 34S/136, 155, Para. 5.1.1, 1988.
[4129] Genaugenommen geht es hier um Art. III.2, zweiter Satz, Japan hatte etwa Gin oder Wodka vier bis siebenmal so hoch besteuert wie Sochu. Hier wird schon differenziert zwischen Art. III.2, erster Satz, mit weniger breiter Definition gleichartiger Waren und Art. III.2, zweiter Satz, der zu der obigen, breiteren Vergleichbarkeit führt. EC vs. Japan - Customs Duties, Taxes and Labelling Practices on Imported Wines and Alcoholic Beverages, BISD 34S/83, 88, 116-117, 1988. Damit beginnt die Entwicklung des 'Accordeons' gleichartiger Produkte. Siehe Abschnitt 'J', Punkt 11, Art. III Inländerbehandlung.
[4130] EC vs. USA - Section 337 of the Tariff Act of 1930, BISD 37S/345, 383, 389-391, 1990. Eine Balancierung positiver und negativer Effekte wird nicht zugelassen. So argumentieren die USA etwa, daß die kurze Untersuchungszeit auch dem Beklagten zugute kommt, weil sie schneller das Ergebnis wissen. BISD 37S/389, 1990. Mehr zu diesem Fall gleich unter Punkt 13, Sec. 301.
[4131] Explizit wird hier die Möglichkeit zur Subventionsvergabe erwähnt, die in Art. III: 8 (b) eröffnet wird, ebenso wurden damals die italienischen Traktorproduzenten noch durch einen 32 % ad valorem Zoll geschützt. United Kingdom vs. Italy - Italian Discrimination against Imported Agricultural Machinery, BISD 7S/60, 64-66, 67, 1959.
[4132] "A national policy of promoting the domestic production of certain goods could likewise be pursued in conformity with the General Agreement (e.g. by means of production subsidies) without discriminatory or protective taxation of imported goods." An dieser Stelle wird auch auf Art. XX hingewiesen, die allgemeinen Ausnahmen, mit denen eine Steuerpolitik begründet werden kann. EC vs. Japan - Customs Duties, Taxes and Labelling Practices on Imported Wines and Alcoholic Beverages, BISD 34S/83, 124, 1988.
[4133] EC vs. United States - Section 337 of the Tariff Act of 1930, BISD 36S/345, 385, 1990.

is a negotiated expectation of market access or not").[4134] Drittens kann die Feststellung einer GATT widrigen Maßnahmen nicht dadurch umgekehrt werden, indem darauf hingewiesen wird, daß faktisch wenige oder gar keine Importe andere Länder betroffen ist ("the provisions of Article III 2, first sentence, "were equally applicable, whether imports from other contracting parties were substantial, small or non-existant")[4135] oder eben wenn ansteigende Importe angeführt werden.[4136]

Nicht alle politischen Maßnahmen sind aber offensichtlich unnötig und klar protektionistisch. So können Umwelt- und Gesundheitsschutzmaßnahmen auf einer steuerlichen Ungleichbehandlung von Waren basieren. Wenn Produkte vom GATT als gleichartige Waren eingestuft werden, ist es wahrscheinlich, daß eine steuerlich differenzierte Behandlung zu einem Verstoß gegen Art. III führt, speziell dann, wenn dazukommt, daß ausländische Waren von der steuerlichen Behandlung betroffen sind, also ein protektionistischer Effekt behauptet werden kann. Aus diesem Grund wurde eine alternative Auslegungsmethode vorgeschlagen in: Canada vs. United States - Measure affecting Alcoholic and Malt Beverages (1992): "Specifically, the purpose of Article III is not to prevent contracting parties from differentiating between different product categories for policy purposes unrelated to the protection of domestic production."[4137] Bei der Bestimmung der gleichartigen Produkte müsse das gesetzgeberische Ziel beachtet werden, um die politischen Freiräume nicht unnötig zu beschneiden.[4138] Für diesen speziellen Fall wird geschlossen, daß u.a. Distributionsbeschränkungen von Starkbier gegenüber Bier mit einem geringerem Alkoholgehalt nicht zu einem Art. III.4 Verstoß führen, weil Starkbier und normales Bier für diesen Fall nicht als gleichartige Produkte im Sinn von Art. III.4 angesehen werden.[4139] Dies hatte zur Folge, daß U.S. Beschränkungen der Verkaufs auf bestimmte Läden oder bestimmte Kennzeichnungsauflagen nicht als GATT widrige diskriminierende Maßnahmen angesehen wurden.[4140]

Dieser Ansatz, der bei der Definition gleichartiger Waren sowohl den regulatorischen Zweck als auch die Effekte untersucht, wird als "aims and effects"-Test bezeichnet und kommt noch in einem einzigen

---

[4134] United States - Taxes on Petroleum and Certain Imported Substances, BISD 34S/136, 158, 1988. Zurückgeführt auf Brazilian Internal Taxes, BISD II/182. GATT Analytical Index 1985: 128.

[4135] Canada vs. United States - Taxes on Petroleum and Certain Imported Substances, BISD 34S/135, 158, 1988. Zurückgeführt auf Brazilian Internal Taxes, BISD II/182. GATT Analytical Index 1985: 128.

[4136] Siehe Japan - Customs Duties, Taxes and Labelling Practices on Imported Wines and Alcoholic Beverages, BISD 34S/83, 127, 1988.

[4137] Canada vs. United States - Measures affecting Alcoholic and Malt Beverages, BISD 39S/206, 276, Para. 5.25, 1993.

[4138] "In the view of the Panel, therefore, it is imperative that the like product determination in the context of Art. III be made in such a way that it not unnecessarily infringe upon the regulatory authority and domestic policy options of contracting parties." Canada vs. United States - Measures affecting Alcoholic and Malt Beverages, BISD 39S/206, 294, Para. 5.72, 1993.

[4139] Damit geht das Panel auf das Argument der USA ein, daß diese Differenzierung etwa auch durch Art. XX (a) 'public morals' und (b) 'health' gerechtfertigt werden könnte. Ebenso wird miteinbezogen, daß keine protektionistische Wirkung ersichtlich ist: "However, irrespective of whether the policy background of the laws distinguishing alcohol content of beer was the protection of human health or public morals or the promotion of a new source of government revenue, both statements of the parties and the legislative history suggest that the alcohol content of beer has not been singled out as a means of favouring domestic producers over foreign producers." Und "the Panel considered that low alcohol content beer and high alcohol content beer need not to be considered as like products in terms of Art. III:4." Canada vs. United States - Measures affecting Alcoholic and Malt Beverages, BISD 39S/206, 261, Para. 3.125, 295, Para. 5.74-5.75, 1993.

[4140] Canada vs. United States - Measures affecting Alcoholic and Malt Beverages, BISD 39S/206, 295-256, Paras. 5.75-5.77, 1993. Zu diesem Fall auch Hudec 1999: 368-369.

GATT-Fall vor, EC vs. United States - Taxes on Automobiles (1994).[4141] In dieser Klage der EU gegen eine steuerliche Mehrbelastung von teuren Automobilen mit mehr Benzinverbrauch in den USA gelingt es der EU nur partiell zu obsiegen. Die höhere Besteuerung von Luxusautos, von der die EU de facto stark betroffen war, wurde mit dem legitimen Ziel ('aim') staatliche Einnahmen zu ermöglichen, als gerechtfertigt angesehen und bezüglich des Effekts ('effect') wurde geschlossen, daß die "conditions of competition" sich für die höherbesteuerten Autos nicht sonderlich von den Klassen darunter unterscheiden, sodaß hier kein Verstoß gegen Art. III.2, erster Satz festgestellt wurde.[4142] Weiterhin wurde, aufgrund des mutmaßlichen regulatorischen Ziels ('aim') der USA, daß sie den Verkauf von benzinsparenden Autos fördern wollten, akzeptiert, daß Automobile mit höherem Verbrauch höher besteuert werden dürfen und daß sie aus diesem Grund in andere Kategorien gleichartiger Produkte fallen, woraus folgt, daß keine unzulässige Diskriminierung gemäß Art. III.2 vorliegt.[4143] Der Panel stört sich nicht daran, daß Pickups ('light trucks') von dieser Besteuerung ausgenommen wurden und dies dem Ziel der Ressourcenschonung kaum entspricht. Auch hier wäre, angesichts von 'light truck' Importen, feststellbar, daß die "conditions of competition" nicht i.S. eines protektionistischen Effekts verändert wurden.[4144] Als Widerspruch zu Art. III.4 wird dagegen gesehen, daß ausländische und inländische Hersteller einen bestimmten Benzinverbrauchswert erreichen müssen, um überhaupt importieren zu können und um keiner Strafzahlung ausgesetzt zu werden. Dieser Wert wird als Flottendurchschnittswert berechnet, sodaß ausländische Hersteller hier klar benachteiligt sind, wenn sie nur Luxusautomobile in die USA ausführen.[4145] Am Rande: Die Art. XX 'Allgemeine Ausnahmen' Rechtsprechung steckte damals noch in den Kinderschuhen. Insbesondere die Interpretation der Präambel von Art. XX, die heute zwar als Schutz gegenüber diskriminierenden Maßnahmen ausgelegt wird, aber nicht im strengen Sinne von Art. III, war noch nicht ausgearbeitet.[4146] Die EU blockierte diesen Panelbericht und sprach sich fortan gegen den "aims and effects"-Test aus.[4147] Die Streitbeilegungsinstanz entwickelte daraufhin, nach der Gründung der WTO, einen neuen Ansatz, der sich in vielen Aspekten auf die erste GATT Auslegung stützt und sich zuerst einmal explizit gegen das Verständnis richtet, daß im 'aims and effects' Test den Zielen eine politischen Regulierung bzw. einem Gesetz entgegengebracht wird.[4148] Dazu in Abschnitt 'J', Punkt 11, Art. III Inländerbehandlung, mehr.

[4141] Hudec 1999: 370. Der "aims and effects"-Test wird später explizit in den Panels so benannt. Siehe: EC vs. United States - Taxes on Automobiles, Report of the Panel, DS31/R, 11 October 1994, S. 101, Para. 5.10.

[4142] "In the view of the Panel, the policy objective apparent in the legislation, to raise revenue from sales of perceived 'luxury' products, was consistent with setting a price threshold, and setting it at a level at which only a small proportion of automobiles sold within the United States market were taxed. The fact that a large proportion of EC imports (but not necessarily a large proportion of imports from other countries) was affected by the measure did not demonstrate that the legislation was aimed at affording protection to domestic automobiles selling for less than $30,000." EC vs. United States - Taxes on Automobiles, Report of the Panel, DS31/R, 11 October 1994, S. 102, Para. 5.12, S. 102-103, Paras. 5.12-5.15. Speziell in Art. III.2, erster Satz, wird später in der WTO streng vorgegangen. Siehe Abschnitt 'J', Punkt 11, Art. III Inländerbehandlung.

[4143] EC vs. United States - Taxes on Automobiles, Report of the Panel, DS31/R, 11 October 1994: 107, Para. 5.32.

[4144] EC vs. United States - Taxes on Automobiles, Report of the Panel, DS31/R, 11 October 1994: 108, Para. 5.34-5.35.

[4145] EC vs. United States - Taxes on Automobiles, Report of the Panel, DS31/R, 11 October 1994: 110-112, Paras. 5.44-5.49.

[4146] Dies führt zur Ausführung des Panels, daß Art. XX (d) in breitere Weise die umstrittene mutmaßliche Benzineinsparregulierung stützt, es wird aber ad hoc festgehalten, daß diese jedenfalls reformiert werden müssen, um Art. III.4 zu beachten, ohne daß hier nähere Gründe erwähnt werden. EC vs. United States - Taxes on Automobiles, Report of the Panel, DS31/R, 11. Oktober 1994: 116-117, Paras. 5.62-5.66.

[4147] Hudec 1999: 371.

[4148] Hudec 1999: 374-376.

Fazit: Die politisch initiierte Klärung anfang der achtziger Jahre wurde innerhalb des GATT akzeptiert, Art. III hat fortan eine ähnliche starke Stellung im GATT wie Art. I. Spätestens seit den achtziger Jahren kann von einer disziplinierenden Wirkung der Art. III Auslegung die Rede sein.

8. Verbindliche Zölle und Zollneuverhandlungen

Mit dem GATT ist es gelungen, eine Institution aufzubauen, durch die es gelang in immer neuen Verhandlungsrunden substantielle Senkungen der Zölle und anderer Beschränkungen zu vereinbaren, weiterhin gelang eine Ausdehnung des Regelwerks auf immer neue Aspekte. Daß dadurch die Ausweitung des internationalen Handels erleichtert wurde ist unumstritten, siehe Irwin (1994).[4149]

Grundlegend ist im GATT die Unterscheidung zwischen angewandten Zöllen, d.h. Zölle die tatsächlich von den Staaten angewandt werden ('applied') und den - in EU Terminologie - vertragsgemäßen bzw. in den GATT Verhandlungsrunden vereinbarten, verbindlichen Zöllen ('bound'), den sog. Meistbegünstigungszöllen. Diese Zölle müssen allen anderen Ländern gleich eingeräumt werden. In den GATT (und den WTO) Verhandlungen geht es um die verbindliche Festlegung ('binding') von Zölle im Sinne einer Obergrenze.[4150]

Generell gab und gibt es die Möglichkeit im GATT und noch in der WTO, Neuverhandlungen zum Zwecke der Zollerhöhung anzustrengen. Dies erfolgt gemäß einer speziellen Prozedur, die in Art. XXVIII geregelt ist. Sie funktioniert über drei unterschiedliche Wege[4151], die zwar nicht übermäßig

---

[4149] Erst zwischen 1950 und 1960 pendelt sich wieder ein Handelsanteil von 20 % am BSP ein, den erreichten die OECD Länder schon 1913. Zu Beginn scheint das GATT eine weniger wichtige Rolle gespielt haben. Kausal gesehen hatten damals vor allem die allgemeinen Einkommenssteigerung den Handel erhöht und in Europa bestanden aufgrund der Zahlungsbilanzprobleme noch mengenmäßige Beschränkungen, auch im Industriegüterbereich (nicht aber in den USA). Für eine dennoch bestehende Wirksamkeit der verbindlichen Zollsenkungen der GATT in der Nachkriegszeit, in sich die Handelsanteile erst langsam wieder normalisierten, argumentiert nüchtern und überzeugend: Irwin 1994: 16-17; siehe auch Müller 1983: 60.

[4150] Hoda 2002: 19.

[4151] Diese Prozeduren sind in Art. XXVIII geregelt. Die Regeln beziehen sich auf die Zeitperiode, in der eine Modifikation oder Rücknahme einer Konzession ausgehandelt wird, es geht um die Länder, mit denen verhandelt wird und die Konsequenzen, die es nach sich zieht, wenn die Verhandlungen scheitern. Nach Art. XXVIII Para. 1 (Ad Art. XXVIII) können 'open season' Verhandlungen beantragt werden, wenn diese nicht früher als sechs Monate und nicht später als drei Monate vor dem Ablauf einer Dreijahreszeitperiode notifiziert werden, die seit einem 'tariff binding' vergangen sind (seit dem 1.1.1958 werden diese drei Jahre gezählt). Nach Art. XXVIII Para. 4 können die Vertragsparteien 'specially authorized renegotiations' einräumen. Oder, vermittels Art. XXVIII Para. 5 erfolgen 'reserved right renegotiations', wenn eine Vertragspartei irgendwann innerhalb der Dreijahresperiode notifiziert, daß sie in der nächsten Zeitperiode über Konzessionen verhandeln will. Verhandelt wird mit Ländern, die 'initial negotiation rights' noch aus den Verhandlungsrunden haben oder die als 'principal suppliers' eingestuft werden. Ausnahmsweise können Länder, deren Exporte zu einem großen Teil aus einem davon betroffenen Produkt bestehen, 'principal suppliers' werden (Ad. Art. XXVIII Para. 7). Weiterhin sind Konsultationen mit Ländern vorgesehen, die einen 'substantial interest' haben. In sämtlichen dieser drei Fälle spielen die Marktanteile (oder potentielle Marktanteile, beim Wegfall von mengenmäßigen Beschränkungen) eine Rolle, die dadurch gefährdet sind, daß ein Staat seine Zölle erhöhen will. Normalerweise muß der Staat, der eine Notifikation zur Neuverhandlungen vornimmt, dieser Notifikation Daten über Importe und deren Herkunft hinzufügen. Wenn die Verhandlungen scheitern, sind sowohl die Vertragsparteien mit den 'initial negotiation rights' als auch die 'principal suppliers' sowie die 'substantial interest' Länder, gesondert voneinander, befugt gleich hohe Konzessionen zurückzunehmen ('allowed ... to respond by the withdrawal of "substantially equivalent concessions negotiated with the applicant party"). Seit Gründung der WTO gibt es ein weiteres Verhandlungsrecht, daß dem Land zukommt, dessen Exporte relativ den größten Anteils des Produkts aufweisen, daß von der Zollerhöhung betroffen ist. Siehe Article XXVIII, Background Note, Renegotiation of Concessions, WTO January 1997. Sowie Hoekman 1995: 9-11; ausführlich Hoda 2002; und Mavroidis 2005: 90, 71-103.

oft, aber im GATT doch regelmäßig genutzt wurde.[4152] Es können sogar Zölle in Zollkontingente ('tariff rate quotas') umgewandelt werden, in diesen Fall soll die Kompensation über den Wert des davon betroffenen Handels hinaus gehen, dieser sollte aber nicht einer vollständigen Rücknahme der Konzessionen gleichkommen.[4153] Generell gilt, daß eine solche Zollneuverhandlung für die eigene Wirtschaft schmerzlich sein kann, weil damit gerechnet werden muß, daß andere Länder Zölle erhöhen - wobei umstritten ist, ob eine solcher Erhöhung bilateral oder gemäß Meistbegünstigung erga omnes erfolgt.[4154] Eine im GATT oft erfolgte Art und Weise der Zollneuverhandlung erfolgte - mittelbar - über Art. XXIV, der Ausnahme von den Meistbegünstigungszöllen für regionale Integrationsprojekte, Zollunionen etc. Mit der Gründung dieser Projekte waren oft Veränderungen der Außenzölle verbunden. In Art. XXIV.6 wird festgelegt, daß auch in diesem Fall die Prozedur für Zollneuverhandlungen nach Art. XXVIII eingehalten werden muß.[4155] Erst wenn diese Verhandlungen scheitern, haben bei einer Zollerhöhung die davon betroffenen Staaten seinerseits das Recht bereits gemachte Zugeständnisse zurückzuziehen, unter dem Vorbehalt, daß es sich um die Aussetzung substantiell äquivalenter Zugeständnisse ('substantially equivalent concessions') handelt.[4156]

9. Beitrittsverhandlungen

Für einige kleine Entwicklungsländer gab es eine gesonderte Form des GATT-Beitritts, der auf Betreiben der früheren Kolonialmächte vollzogen wurde. Ein Brief der ehemaligen Kolonialmächte an den GATT Generaldirektor reichte für die Aufnahme aus. Es gab keine Zollverhandlungen. Teils wurden überhaupt keine Zolllisten in diesem Sinne vorgelegt. Viele der am wenigsten entwickelten Länder gaben erst mit der Uruguay-Runde Zolllisten ab und nutzten beispielsweise nur sehr grobe Zollklassifikationen, so gestand Jamaica zu, daß ein Großteil seiner Industriegüterzölle bei 50 % verbindlich festgelegt wird, ohne daß es hier eine Differenzierung zwischen Tarifpositionen gibt.[4157]

[4152] Durchschnittlich finden Neuverhandlungen bezüglich 100 Zollsätzen statt, von 80.000 Zollsätzen, die verbindlich festgelegt sind. Zwischen 1953 und 1986 gab es 250 Neuverhandlungen (74 'open season', 64 'specially authorized', 112 'reserved rights'). Zwischen 1958 und 1960 nutzten 4 Länder die Option ihre Zollzugeständnislisten zu modifizieren. Zwischen 1973 bis 1975 sind es 12 Länder, zwischen 1985 und 1987 stieg die Zahl auf 23 Länder. Hoekman 1995: 11. Für die Zeit zwischen 1997 und 2000 hatten 43 Mitglieder ein Interesse an Neuverhandlungen notifiziert. Article XXVIII, Background Note, Renegotiation of Concessions, WTO January 1997. Siehe Abschnitt 'J', Punkt 4, Zollneuverhandlungen.

[4153] Article XXVIII, Background Note, Renegotiation of Concessions, WTO January 1997: 4.

[4154] Siehe schon eine Fußnote weiter oben. Mavroidis (2004) weist auf den prekären Punkt hin, daß die Aussetzung der Zugeständnisse der Meistbegünstigung unterliegt. D.h. es würden davon wieder weitere Länder betroffen werden, die ihrerseits Verhandlungen fordern oder Zollzugeständnisse aussetzen könnten. Kurz: Eine protektionistische Spirale würde entstehen, wenn dieser Prozess nicht gestoppt werden kann. Gefordert wird deshalb, nur eine bilaterale Vergeltung zuzulassen. Bilaterale Vergeltung bedeutet aber eigentlich eine Abweichung von der Meistbegünstigung, weil hier nur gegenüber einem Staat der Zoll erhöht wird. Erleichtert wird bezüglich dieses erga omnes Problems kommentiert: "So far, incidents of this sort have been avoided." Mavroidis 2004: 98.

[4155] GATT Analytical Index 1995: 812-813. Siehe auch Mavroidis 2005: 134-135.

[4156] "The right of a Member to modify or withdraw a concession is absolute, provided that the prescribed procedures are followed. It is not dependant on an agreement being reached with the Members with INRs and a principal supplying interest. However, as mentioned already, if the Member seeking a modification or withdrawal does go ahead without having reached an agreement with the Members with INRs or a principal supplying interest, these Members get the right to withdraw 'substantially equivalent concessions' initially negotiated with the applicant member." Hoda 2002: 16.

[4157] Die Liste der Zugeständnisse Jamaikas bei der Uruguay-Runde ist nur 11 Seiten lang. Die Industriegüterzölle werden auf einer Seite abgehandelt. Für 3 Zollpositionen im Aluminiumbereich 80 % Zölle, sonst 50 %. Schedule LXVI Jamaica, Uruguay Round, 15. April 1994. Geschätzt wird, daß aufgrund des oben erwähnten Aufnahmeverfahrens mehr als 50 Staaten keine Zolllisten vorlegen mußten. Hoekman 1995: 6. Ähnlich sieht es aus in den Zolllisten von Trinidad und Tobago, ein Großteil der Produkte der HS Kapitel 25 bis 97 wird mit

Auf diese Weise traten etwa Indonesien, Laos, Kambodscha und Tunesien dem GATT bei.[4158] Ebenso war es Praxis, daß bestimmte neu beschlossene GATT Zusatzprotokolle, die bei einem normalen Beitritt an die sonstigen Dokumente angehängt wurden, hier ausgesetzt bzw. nicht angewandt wurde. Dies implizierte etwa, daß bestimmte Deklarationen, etwa zum Abbau von Exportsubventionen im Industriegüterbereich, nicht auf diese Staaten Anwendung fanden.[4159]

Das normale Aufnahmeverfahren für neue Mitglieder war und ist dagegen oft ein langwieriger und schwieriger Prozess. Jeder Mitgliedstaat hat die Möglichkeit eigenständig bilaterale Verhandlungen über Marktzugangskonzessionen mit dem antragstellenden Land aufnehmen, die Aufnahme erfolgt mit Zwei-Drittel-Mehrheit im Allgemeinen Rat. Für diejenigen Mitgliedstaaten, welche nicht zufrieden mit dem Verhandlungsergebnis waren, haben die Regeln im bilateralen Verhältnis keine Geltung: Als damals die Beitrittskonzessionen für Japan auf englischen Widerspruch trafen, galt das GATT im bilateralen Verhältnis zwischen Japan sowie England eingeschlossen seiner vormaligen Kolonien, für eine Zeitlang nicht.[4160] Bis heute findet in der WTO das Aufnahmeverfahren auf diese Weise statt.[4161]

10. Das GATT Streitbeilegungssystem

Das Streitbeilegungssystem des GATT wies besondere Charakteristika auf. Als erster Schritt konnte ein von Diplomatie geprägte, informelles Konsultationsverfahren ('conciliation') genutzt werden, bei welchem die zwei Streitparteien versuchen auf diplomatischem Verhandlungsweg eine Lösung zu finden, dessen Ergebnisse nur teilweise formal festgehalten werden.[4162] Die zweite Option besteht darin, dritte vermittelnde Akteure hinzuzuziehen ('mediation', 'good offices').[4163] Schließlich kann auf eine unparteiische Instanz zurückgegriffen werden, die sog. Panels, zusammengesetzt aus drei bis fünf unabhängigen Experten. Zunächst noch Arbeitsgruppen ('working parties') genannt, wurde deren Tätigkeit zunehmend kodifiziert. Mit der Tokio-Verhandlungsrunde wurde der Name Streitbeilegungsinstanz erstmals offiziell benutzt, im Jahre 1981 wurde ein GATT 'legal office' gegründet, um die Panelisten bei ihrer Arbeit zu unterstützen.[4164] Ebenso wurde das GATT damals in diverse Sonderabkommen aufgetrennt, bei denen nur bestimmte Staaten Mitglied waren und für diese Abkommen wurden spezielle Panelverfahren eingerichtet.[4165] Das Streitbelegungsverfahren beruht

---

verbindlichen Zöllen von 50 % festgelegt. Peru legt alle nicht-landwirtschaftlichen Produkte auf dem verbindlichen Zollniveau von 30 % fest, ähnlich Costa Rica, El Salvador, Guatemala, Marokko, Paraguay, Uruguay, Venezuela. Dies wird erwähnt in Japan - Taxes on Alcoholic Beverages. WT/DS8/AB/R, WT/DS10/AB/R, WT/DS11/AB/R, 4 October 1996. S. 24.

[4158] Jackson 1969: 97-98.
[4159] GATT Art. XXVI Abs. 5 (c) 'sponsorship of a newly independent territory'. Jackson 1969: 96-102, 375.
[4160] Jackson 1969: 99.
[4161] Hoekman 1995: 6-7; aus der WTO Perspektive: Hoekman et al. 2002: 61-70; Evenett/Primo Braga 2005; Kennett 2005.
[4162] "The 'diplomatic' means of dispute settlement are characterized by the flexibility of the procedures, the control over the dispute by the parties, their freedom to accept or reject a proposed settlement, the possibility to avoiding 'winner-loser-situations' with their repercussions on the prestige of the parties." Petersmann 1997: 69.
[4163] Petersmann 1997: 68.
[4164] Zentral dafür ist die Kodifizierung, Ausformulierung und Weiterentwicklung der GATT-Streitbeilegungspraxis in der Tokio-Runde: Siehe dazu: BISD 26S/210-218. Dazu Benedek 1990: 310, 309-332. Kurz, aber präzise Petersmann 1997: 71. Zum GATT 'legal office' Hudec 1991: 129.
[4165] Hudec 1991: 133.

wesentlich auf einer Anhörung und einem nachfolgenden Bericht der Expertengruppe.[4166] Diese Panelberichte etablierten ein Fall-zu-Fall Recht, auf welches (bis heute in der WTO) ein Rückbezug erfolgt.[4167] Von den sechs möglichen Klageoptionen wurde in der Zeit des GATT vor allem die Verletzungs-Klage genutzt ('violation complaints'), in deutlich weniger Fälle die Nichtverletzungs-Klageoption ('non-violation complaints').[4168] Zentrales Charakteristikum der GATT-Streitbeilegung war das Konsensprinzip, welches für einen beklagten Staat die Möglichkeit eröffnete, die Annahme eines Panel-Berichts durch ein Veto zu verhindern.[4169] Ebenso war wichtiges Charakteristikum, daß es eigenständig agierende Arbeitsgruppen bzw. Ausschüsse mit eigenen prozeduralen Abmachungen gab, die in bestimmten Bereichen auf politischer Ebene Konflikte bearbeitet haben.[4170] Diese Arbeitsgruppen haben im Konsensverfahren überprüft, ob bestimmte Länder sich im Einklang mit den GATT Kriterien in bestimmten Bereichen befanden und haben darüber verbindliche Entscheidungen getroffen. Dies gelang etwa dem Ausschuß über regionale Integrationsabkommen weniger[4171] und Ausschuß für Zahlungsbilanzmaßnahmen mehr, welcher über eigenständige Konsultationsprozeduren verfügte.[4172] Kurz sei auf Sonderbestimmungen für Entwicklungsländer in der Streitbeilegung in der Fußnote verwiesen.[4173]

Zwar wurde die Option einer Blockade des Panel-Berichts nicht sehr häufig genutzt und dies spricht für die relative Effektivität der GATT-Streitbeilegungssystems. So wurden von 67 Streitbeilegungsfällen, in denen die Klage wohlbegründet war und eine klare Forderung nach Veränderung bisheriger Praxis beim beklagten Staat vorlag, in 55 % der Fälle dieser Forderung vollständig Rechnung getragen und in weiteren 22 % wurde wenigstens eine partielle Kompensation erreicht. Nur in 10 % der Fälle, insgesamt 7, wurde die Annahme des Panelberichts blockiert und die Maßnahme weiter aufrechterhalten.[4174]

[4166] Benedek 1990: 309-332.
[4167] Petersmann 1997: 75.
[4168] Bezug ist hier Art. XXIII.1. Die drei wichtigsten Optionen. Bei den 'violation complaints', Art. XXIII.1 (a) muß sich der Vorwurf der Zunichtemachung und Schmälerung von Vorteilen, die aus dem GATT resultieren, explizit auf die GATT Regeln beziehen. Einzige Ausnahme sind Marktzugangserwartungen, die sich auf Zollkonzessionen beziehen, die ebenso klar als 'violation complaints' durchgesetzt werden können. Durch die 'non-violation complaints', gemäß Art. XXIII.2 (b), wurde die Option eröffnet, Zunichtemachung und Schmälerung zu behaupten, obwohl keine Regelverletzung vorliegt. Dadurch ist es möglich gegen regelkonformes Verhalten vorzugehen, welches de facto Effekte hat, die Marktzugang etwa verhindern. Dieses Verfahren ist beweisaufwendiger und deshalb schwerer zu führen. Von 250 Streitfällen zwischen 1948-1994 sind 90 % 'violations complaints'. Nur in 3 Fällen kam es zu, Art. XXIII.1 (c) 'situations complaints'. Petersmann 1997: 72-74.
[4169] Benedek 1990: 334.
[4170] Petersmann 1997: 71.
[4171] Übersicht über dessen Tätigkeit in: GATT Analytical Index 1995: 858-872.
[4172] Innerhalb des Komitees für Zahlungsbilanzmaßnahmen konnte diplomatischer Druck ausgeübt werden, den Rekurs auf solche Maßnahmen auslaufen zu lassen. Lag ein Konsens vor, konnten Empfehlungen gegeben werden. Meist wurde sich über den Abbau der Maßnahmen über einen bestimmten Zeitrahmen geeinigt. Die Berichte des Komitees werden im Allgemeinen Rat angenommen. GATT Analytical Index 1995: 378-392. Vgl. Australien, Neuseeland, USA vs. Korea - Restrictions on Imports of Beef, BISD 36S/202, 234, 268, 1990.
[4173] Diese wurden 1966 etabliert und implizierten, daß Verzögerungen bei der Zusammenstellung der Panels nicht genutzt werden konnten, dies war oft Taktik der Industrieländer. Dies änderte aber nichts daran, daß die Entwicklungsländer zögerlich waren, eine Klage anzustrengen. Es kommt nicht dazu, daß die Idee, daß das Sekretariat Klagen initiieren kann, umgesetzt wurde. Siehe Hudec 1987: 67, 78.
[4174] Die restlichen Prozent beziehen sich auf Maßnahmen, die aus anderen Gründen, nicht aber aufgrund der Panelberichts, zurückgezogen wurden. Hudec 1991: 278-280.

Nichtsdestotrotz bestand die Option einer Blockade durch ein Veto. Dadurch wurde die Streitbeilegung ein höchst spannender und politisch anspruchsvoller Vorgang, wobei im GATT eine Vielzahl diplomatischer Winkelzüge möglich waren. So war die Annahme eines Panelberichts grundsätzlich ein Vorgang, der politische Verhandlungen implizierte. Hier war es durchaus denkbar, daß eine Annahme verweigert wurde, weil ein anderer Panel-Report nicht angenommen wurde.[4175] Es konnte ausgehandelt werden, daß der Bericht 'nur' zur Kenntnis genommen wird ('note')[4176], daß die Empfehlungen nicht abgedruckt werden[4177] oder der unterlegene Staat (manchmal unterstützt von weiteren Staaten) wirkte darauf hin, daß eine Erklärung der Vorbehalte beigelegt wurde, daß er bestimmte Schlußfolgerungen nicht akzeptiert.[4178] Ein Fall wurde nicht nur deshalb blockiert, weil man sich im 'Recht' fühlte, sondern einfach um seine Politik zu verteidigen, dies war speziell im Agrarbereich der Fall. Weil es damals keine Berufungsinstanz gab, konnte es auch dazu kommen, daß sich in einem späteren Fall herausstellte, daß beispielsweise Brasilien gerechtfertigterweise die Annahme blockierte.[4179] Dazu kommt, daß es in den achtziger Jahren zu mehr Fällen und zu mehr Schwierigkeiten kam.[4180] Insgesamt gesehen haben diese politischen Reaktionsmöglichkeiten aber nicht die Entwicklung eines Fall-zu-Fall Rechts verhindern können u.a. auch deshalb, weil es ebenso das Phänomen der Panels gab, die - in der umstrittenen Materie - die passenden Auslegungsschwerpunkte setzen konnten und auf allgemeine Akzeptanz gestoßen sind.[4181] Wie dem auch sei, nur wenn diese politischen Kompromisse und die Vorbehaltsoption erwähnt werden, wird verständlicher, warum diese hohe Zahl von angenommenen Berichten zustandekommt. Die bekannte These Hudecs (1991) von der 'relativen' Effektivität des GATT muß diesen Hintergrund beachten.[4182]

[4175] Der EU vs. USA - Definition of 'Industry' concerning Wine and Grape Products - Fall, Subsidies Code, wurde 1986 abgeschlossen, die USA blockierte die Annahme aber bis 1992, zuerst einmal um gegen die eine Blockade durch die EU des Falles USA vs. EU - Subsidies on Exports of Pasta Products zu protestieren. Später kommen noch andere Gründe hinzu. Hudec 1991: 493-494, 522-523.
[4176] Diese Methode erfolgte in dem Fall, in dem es um die Auslegungsmethode in bezug auf Art. III Inländerbehandlung ging, USA vs. Spanien - Measures concerning Domestic Sale of Soyabean Oil. Dieser Fall wird von der USA nur zur Kenntnis genommen. Dieser Fall ist nicht in BISD reproduziert. Siehe Hudec 1991: 479-481. Als die EU erfolglos gegen den U.S. 'waiver' im Landwirtschaftsbereich klagt, nimmt sie dieses Ergebnis auch nur zur Kenntnis und bezieht sich auf die Praxis der USA im eben erwähnten Fall. BISD 37S/228, 1991. Hudec 1991: 568.
[4177] EU - Value Added Tax, adopted 16. May 1988. Procurement Code. In: Hudec 1991: 505-506.
[4178] Japan akzeptierte nicht, unterstützt von weiteren Ländern, bestimmte Schlußfolgerungen für Landwirtschaft in USA vs. Japan - Restrictions on Certain Agricultural Products, BISD 35S/163, 1989. Hudec 1991: 532. Japan akzeptierte ebenso nicht Schlußfolgerungen bzgl. Art. III.2 im Bericht USA vs. Japan - Alcoholic Beverages, BISD 34S/83, 1988. Kanada akzeptierte etwa nicht, daß das GATT auch für Regionalregierungen gilt und blockierte den Panelbericht South Africa vs. Kanada - Gold Coin 1984. Erst 1992 erklärte Kanada, daß ein erfolgreicher Abschluß der Uruguay-Runde dazu führen würde, daß es diesen Aspekt akzeptiert. Hudec 1991: 518-520. Eine detaillierte Liste mit Einwänden legt die EU vor in Reaktion auf den Fall Chile vs. EU - Restrictions on Imports of Dessert Apples, BISD 36S/93, 1990. Genauso in einem Fall zum gleichen Thema, den die USA anstrengte. Hudec 1991: 562, 565.
[4179] Es geht hier um den Fall Brasilien vs. USA - Collection of Countervailing Duty on Non-Rubber Footwear 1989. Hudec 1991: 566.
[4180] "The decade-by-decade data tell us *when* a dramatic increase in noncompliance occured (the 1980s), and the study of individual country records tells us *who* made the compliance happed (the United States, the European Union, and Canada)." Herv. im Original. Hudec 1991: 354.
[4181] "So long as the tribunal gets it right most of the time - that is, decides its cases according to the larger community's perception of right and wrong behavior - the decisions tend to be accepted, and in an opaque sort of way they even succeed in guiding conduct toward the proper goals." Hudec 1999: 377.
[4182] Diese These etabliert Hudec (1991) anhand seines Überblicks über die GATT Fälle: "Yet, by commonsense standards, the evidence of the GATT's overall effectiveness has to be considered impressive." Hudec 1991: 359. Die oben aufgeworfene Frage wird von Hudec (1991) in seinen Statistiken nicht thematisiert.

In Abschnitt 'A' wurde schon erwähnt, daß die Streitbeilegung nicht imstande war, Machtunterschiede gegenüber den Entwicklungsländer auszugleichen, weil diese nicht über Zugeständnisse in einer solchen Höhe verfügen, daß sie auf Industrieländer Druck ausüben können (zumal Kollektivsanktionen nicht akzeptiert wurden und werden[4183]), sodaß die Industrieländer tendenziell die Möglichkeit behielten ihre Politiken aufrechtzuerhalten. Von 110 GATT Klagen lagen 26 Klagen der Entwicklungsländer vor, von denen wurden 6 angenommen d.h. nicht durch ein Veto eines Industrielandes blockiert und auch umgesetzt.[4184] Durch diese Aspekte des GATT wurden Spielräume für Politiken eröffnet, mit denen die heimische Wirtschaft gefördert und geschützt werden konnte.

In dieser Hinsicht war es einerseits plausibel von einer Erosion des GATT-Systems zu sprechen, denn die in den GATT-Verhandlungsrunden vereinbarten Zollsenkungen konnten durch politische Interventionen, beispielsweise Subventionen, insofern unterlaufen werden, weil eine solche Unterstützung den gleichen, negativen Effekt für den Marktzugang für ausländische Unternehmen hat wie eine Zollerhöhung. Andererseits kann der Terminus der Erosion hinterfragt werden, denn teilweise wurden durch die GATT-Regeln selbst derartige Spielräume eröffnet.[4185]

Um diese Fragen, die für die Einschätzung des 'embedded liberalism' relevant ist, weiter zu verfolgen, geht es nun um weitere Spielräume und Aspekte, die für die nationalen und weltweiten wirtschaftlichen Dynamiken der Nachkriegszeit relevant sind:

11. Nichtmitglieder des GATT

Die GATT-Regeln hatten keine Geltung für Nichtmitglieder: China, Taiwan und die osteuropäischen Staaten durften so behandelt werden, wie es den GATT-Mitglieder beliebt, d.h. jede Art der Kontrolle der Handelsströme war erlaubt und die Länder konnten hinsichtlich der Zölle unterschiedlich behandelt werden. Zwar wurden einige osteuropäische Staaten schon früh Mitglieder des GATT, ihre Aufnahmekonditionen unterschieden sich jedoch grundlegend von denen anderer Staaten.[4186] Ein breit angelegtes Handelsabkommen der EU mit China gab es seit 1978[4187] und wurde mit diversen

---

[4183] Siehe auch Benedek 1990: 326-327, 339.
[4184] Siehe: **GATT Fallübersicht**.
[4185] Der Terminus der Erosion wurde in diesem Zusammenhang in bezug auf die vielen Ausnahmen, die sich die Mitgliedsstaaten einräumen von vielen Autoren benutzt. Locus classicus ist Jackson 1978: 97. Schon dort wird deutlich, welche komplexe Sachlage mit diesem Terminus bezeichnet wird. Dort werden einige GATT-Regeln als rigide bezeichnet und die GATT-Mitglieder beschuldigt, einer Einhaltung auszuweichen. Im selben Atemzug wird zugestanden, daß einige Regeln inadäquat sind, um aktuelle Probleme zu bewältigen. Dies liege oft simplerweise daran, daß die alten Bezeichnungen nicht auf neue Praktiken anwendbar sind: "this is because of gaps in the rules permitting evasion of their intent". Somit liegt es nicht nur am Verhalten der Mitglieder, sondern auch an den Regeln selbst, daß eine Erosion vorliegt. So würden die Zahlungsbilanzregeln nicht so angewendet, wie intendiert und sie ermöglichen mehr Freiräume als eigentlich wünschenswert wäre. Dies mag so gewesen sein. Bezüglich Regeln für Subventionen kann allerdings gefragt werden, ob die Freiräume nicht tatsächlich so intendiert waren und John H. Jackson von einem liberalen Hintergrund aus die Regeln nicht als sachgemäß empfindet. Hierzu, auch zum Zitat, siehe Jackson 1978: 97, 93-106.
[4186] Mit einigen osteuropäischen Ländern wurden Sonderabkommen abgeschlossen. So mit Polen, siehe dazu Laczkowski 1971: 110-119.
[4187] Vgl. Handelsabkommen zwischen der Europäischen Wirtschaftsgemeinschaft und der Volksrepublik China, vom 11.5.1978, ABl. Nr. L 123/2.

mengenmäßigen Beschränkungen ausgestaltet.[4188] Die USA entwickelten für ihre Handelsbeziehungen mit kommunistischen Ländern spezielle Abkommen, die Meistbegünstigungsrechte auf diese Staaten ausdehnen konnten, diese wurden mit politischen Bedingungen und mit speziellen Schutzmöglichkeiten versehen.[4189]

12. Keine Zuständigkeit des GATT

Auf diverse Bereiche, die für den Ablauf wirtschaftlicher Aktivitäten ebenfalls von Bedeutung sind, erstreckten sich die GATT Regeln in der Nachkriegszeit nicht. Keine Zuständigkeit beanspruchte das GATT beispielsweise für Investitionen, Kapitalmärkte, Dienstleistungen, den Schutz geistiger Eigentumsrechte und auch nicht für die Wettbewerbspolitik. Das GATT war kein Regelwerk, daß in breiter Art und Weise Aspekte der Wirtschaftspolitik umfaßte, sondern sich vor allem auf den Handel mit Waren und darauf beziehbare staatliche Instrumente bezog, wobei schon damals die Tendenz sichtbar wurde, daß das GATT seinen Einfluß auf andere Bereiche ausdehnt :

Der Unterschied zur WTO wird daran klar erkennbar, daß deren Regeln Relevanz haben für Dienstleistungen (u.a. auch Kapitalmarktdienstleistungen), für den Schutz geistigen Eigentums und es gibt einige Regeln für Investitionen.

Investitionen. Für die Absicherung der grenzüberschreitenden Investitionen werden in der Nachkriegszeit bilaterale Investitionsschutzabkommen (bilateral investment treaties, 'BITs') verwendet, die, von den neueren Versionen einmal abgesehen, einen großen Spielraum für die staatlichen Politik, darunter Enteignungen (dann sind Kompensationen zu zahlen) zulassen.[4190] Größere Vertragsabschlüsse zum Investitionsschutz wie das Energy Charter Treaty aus dem Jahre 1995, das sowohl eine State/State also auch eine Investor/State Streitschlichtung vorsieht, finden sich in dieser Zeit nicht.[4191] Spezielle Regulierungen für ausländische Investitionen, wie die Mindestinlandvorschriften ('local content requirements'[4192]) oder Abmachungen hinsichtlich der

---

[4188] Zum Beispiel von 1988-1992 sind solche Beschränkungen wirksam für Schuhe, Spielwaren, Porzellan, Textilien. Dies ist keine vollständige Aufzählung, ausführlich: Glismann 1996: 95.

[4189] So gab es eine spezielle Schutzklausel, Sec. 406 des Trade Act 1974, ebenso können Antidumping- und Ausgleichszolluntersuchungen auf die sozialistischen Ökonomien (non-market economies, 'NMEs') angewandt werden, dies mit einem speziellen Verfahren, das mehr Spielräume ermöglicht, Zölle aufzuerlegen und eben einen Dumping- oder Subventionsvorwurf zu untermauern. Jackson 1997: 332-334.

[4190] Nach dem Zweiten Weltkrieg wurden Enteignungen aus Gründen öffentlichen Interesses dadurch beschränkt, daß "ful, prompt and effective compensation" gezahlt werden mußte, meist festgehalten in den bilateralen Investitionsschutzabkommen. Nur wenn die Zahlung nicht erfolgt, liegt ein Bruch völkerrechtlicher Verpflichtungen vor. Die Gründe dafür werden nicht näher untersucht. Dieser Standard wurde besonders von den Entwicklungsländern verteidigt, aber auch die westlichen Staaten haben sich in ihrer Rechtsordnung solche Optionen eingeräumt. Vgl. dazu Seidl-Hohenveldern 1986: 171-173. Vgl. für einen statistischen Überblicke zum Thema Enteignung Burton/Inoue 1984. Siehe weiterhin: Vandevelde 1988; Sacerdoti 1997; Aldrich 1994.

[4191] Dazu: Waelde 1995: 56-67; IEA 1994; abgedruckt in: 33 I.L.M 360, 1995.

[4192] Seit 1984 wurden Mindestinlandvorschriften als GATT-inkompatibel angesehen. Argentinien ahnte schon vorher, was passieren würde und versuchte die Geltung des Streits auf die Industrieländer zu beschränken: "Argentina further said the dispute before the Panel involved two developed conctracting parties." United States vs. Canada - Administration of the Foreign Investment Review Act, BISD 30S/140, 161, Para. 5.11, S. 164, Para. 5.18, 1984. Diese Entscheidung führte weder dazu, daß die Entwicklungs- noch die Industrieländer begannen, solche Maßnahmen abzuschaffen. Siehe Abschnitt 'J', Punkt 11, Art. III Inländerbehandlung, für eine weitere Klage gegen Kanada. Damals handelte

eingesetzten Technologie, die von den Industrieländern[4193] und von den Entwicklungsländern in bezug auf Investitionen angewendet wurden, um die Einbindung lokaler Zulieferer sicherzustellen[4194] finden sich erst seit kurzem in bilateralen Investitionsschutzabkommen, hier können keine Informationen über die faktische Relevanz dieser neuartigen Regeln vorgelegt werden.[4195] Somit konnten die Entwicklungsländer in der Nachkriegszeit, teils nach dem Vorbild der Industrieländern, versuchen, ausländische Unternehmen zu beeinflussen. Zu den möglichen Politiken gehörte ein Verbot von Investitionen in bestimmten Bereichen, das auch von den Industrieländern genutzt wurde, so verboten Frankreich, Italien und Spanien japanische Investitionen im Automobilbereich.[4196] Bis heute sind die grenzüberschreitenden Investitionen nicht in ein multilaterales Regelwerk eingebunden und substantiellere Absicherungen für die Investoren finden langsam, etwa in den regionalen Integrationsabkommen, Eingang, überschreiten aber nur partiell, etwa bezüglich der NAFTA, die eine Investor/State-Streitbeilegung vorsieht, ein gewisses Niveau.[4197] In den USA überprüft das Committee on Foreign Investment in the United States (CFIUS) sicherheitspolitisch relevante Investitionen und kann bei problematisch angesehen Firmenzusammenschlüsse noch nach Jahren eine Auflösung anordnen.[4198]

---

die EU im Rahmen von Antidumpinguntersuchungen mit japanischen Fabriken 11'local content' Abmachungen aus, so verbreitet war diese Praxis, siehe: Japan vs. EU - Regulation on Imports of Parts and Components, BISD 37S/132, 197, Paras. 5.20, 1991.

[4193] Für Kanadas lange Geschichte mit Mindestinlandvorschriften, die 1920 beginnt, um U.S.-Produzenten dazu zu bewegen, kanadische Teile zu verwenden, siehe: Winham 1984.

[4194] Edwards/Lester 1997: 178. Siehe dazu Abschnitt 'J', TRIMS.

[4195] Unsicherheit besteht hinsichtlich des Inhalts der bilateralen Investitionsschutzabkommen bezüglich der Annexe und Protokolle, die besonders von den USA hinzugefügt wurden. Dort sind weitere, womöglich substantielle Bedingungen enthalten sein, die sich auch auf die Behandlungen von konkreten Investitionsprojekten erstrecken können. Dazu ist bislang kein Überblick verfügbar, sondern nur Artikel über einzelne Abkommen, siehe die Literaturhinweise in Sacerdoti 1997: 301. Interessanterweise hatten die USA nach dem Zweiten Weltkrieg eher umfassende Abkommen vorgezogen, die sogenannten Friendship, Navigation and Commerce Verträge, die mit Industrieländern abgeschlossen wurden. Dies konnten sie gegenüber den Entwicklungsländern aber nicht durchsetzen und haben in den gesamten siebziger Jahren überhaupt keine Investitionsschutzabkommen mehr ausgehandelt. Erst Anfang der achtziger Jahre gelingt dies wieder. Sacerdoti 1997: 299-300. Ab 1983 haben die USA ein Modellabkommen entworfen, welches recht weitgehende Anforderungen nach Meistbegünstigung, Inländerbehandlung und dem Eigentumsschutz enthält. Inländerbehandlung wirkt in Richtung eines Verbots von 'local-content'-Maßnahmen, weil solche Verpflichtungen dann auf heimische Firmen ausgedehnt werden müßten. Zudem wird "fair and equitable treatment" sowie andere Standards festgehalten. Meist erklären sich die Länder bereits, dem in Prinzip zuzustimmen, es werden aber Ausnahmen vereinbart. Inwiefern diese Abkommen auf industriepolitisch motivierte Eingriffe anwendbar sind, ist unklar. Wettbewerbspolitische Eingriffe bleiben weiter möglich. Vgl. den detaillierten Überblick über die U.S.-Aktivitäten: Vandevelde 1988: 221. Welche Staaten welche Ausnahmen für sich in Anspruch genommen haben, kann hier nicht geklärt werden.

[4196] In Frankreich, Italien, Spanien wurden japanischen Investitionen im Automobilbereich nicht zugelassen. OECD 1987a: 169. Japan läßt ebenso keine Automobilinvestitionen zu. Bletschacher/Klodt 1993: 137.

[4197] Zur NAFTA-Investor/State-Streitbeilegung, die den beteiligten Regierungen selbst schon teils zu weit geht, Been/Beauvais 2003; allgemein Senti 1996. Bis heute gibt es, mit dem Scheitern des multilateralen Investitionsschutzabkommens ('multilateral agreement on investment', MAI) kein multilaterales Regelwerk zum Schutz von Investitionen. Die Entwicklung geht aber in den regionalen Abkommen, den Freihandelsabkommen sowie den Assoziationsabkommen mit Osteuropa in diese Richtung, wiewohl auch dort weiterhin Tabus, wie das 'right of establishment', einmal abgesehen von der EU (Art. 43 ex Art. 52), noch immer ausgespart werden. Dies gilt im übrigen auch in deutlicher Weise für die USA, die ein solches Recht nicht einräumt und diverse Investitionsbeschränkungen aufrechterhält. Sacerdoti 1997: 331. In Abschnitt 'G' wurde zum Schluß gezeigt, warum ein vertraglich verbürgtes Recht auf Direktinvestitionen in einem Land nicht als wohlfahrtssteigernd angesehen werden kann. Die Unterschiede zwischen EU, NAFTA, Mercosur, den Assoziationsabkommen der EU und etwa dem AKP-Abkommen mit afrikanischen und karibischen Entwicklungsländern, welches erwähnt, daß nur unter besonderen Umständen Investitionen abgelehnt werden können und Meistbegünstigung eingeräumt werden sollte, können hier nicht diskutiert werden. Zur NAFTA Senti 1996. Seit dem GATS verfügt die WTO über den Modus der kommerziellen Präsenz und es wird somit eine spezielle Art von Recht auf Investition propagiert, nicht ohne die Möglichkeit Einschränkungen anzubringen. Vgl. Sacerdoti 1997: 331-338.

[4198] In der USA gibt es die Option einer Blockade von Fusionsversuchen aus Gründen der nationalen Sicherheit. Schon der Hart-Scott-Rodino Antitrust Improvements Act of 1976 hatte mit seinen Notifikationspflichten für ausländische Firmenübernahmen einen abschreckenden Effekt. Hollerman 1984: 315. Basierend auf dem sog. Exon-Florio-Amendment des Omnibus Trade and Competitive Act

Erst in letzter Zeit gibt es in den bilateralen Investitionsschutzabkommen Garantien, die weiter gehen als 'prompt, adequate and effective compensation', also eine Kompensation für den Wert bei einer Enteignung. Zunehmend gibt es Regeln, die Investitionen vor willkürlichen Politiken schützen sollen. Die wird zum Beispiel dadurch erreicht, daß das Prinzip des 'fair and equitable treatment' einbezogen wird, daß impliziert, daß der Investor das Recht hat "to carry out his business activity free from unreasonable and discriminatory measures".[4199] In anderen Verträgen ist es vorgesehen, daß der Staat "favourable economic and legal conditions for investments and to abstain from adopting unjustified or discriminatory measures which might damage the managing, keeping, using, disposing, transforming and the liquidation of an investment" bereitstellt.[4200] In weiteren Investitionsschutzabkommen wird sogar ein bestimmtes Verhalten genau bestimmt, so wird in Abkommen mit osteuropäischen Staaten verlangt, daß diese die Vertragsfreiheit respektieren und ein Zugang zu Rohmaterialien und Energieversorgung ermöglicht wird.[4201] Schließlich ist zu bemerken, daß einige Entwicklungsländer in der Nachkriegszeit keine bilateralen Investitionsschutzabkommen abgeschlossen hatten, etwa Algerien, Mexiko, Brasilien und Indien. Somit bestand hier keine Kompensationspflicht bei Enteignungen und es gab, siehe Brasilien, trotzdem ausländische Investitionen. Mexiko und Brasilien begannen erst Anfang der neunziger Jahre sich auf Verhandlungen einzulassen.[4202]

Liberalisierung der Kapitalmärkte. Nicht nur durch den IWF[4203], sondern in einer weiteren internationalen Organisation, der OECD, haben die Industrieländer Verträge mit mittelbaren Wirtschaftsbezug ausgehandelt, beispielsweise bezüglich monetärer Transaktionen.[4204] So wurde dort ein Kodex für die Liberalisierung der Kapitalmärkte, der nur eine sukzessive Liberalisierung unter

---

von 1988 welches 1988 als Gesetzesänderung des Defense Production Act of 1950 verabschiedet wurde, wird die CFIUS, welche nicht öffentlich tagt, dazu befugt Firmenübernahmen zu untersuchen. Lee 2005: 6. Einige Sektoren waren dadurch vor ausländischen Investitionen geschützt, so die Militärindustrie, Luft- und Raumfahrt, sonstiger Verkehr, Telekommunikation, Nuklear- und Wasserkraftwerke, Schiffbau, der heimische Schiffstransport, Banken und Versicherungen. Dazu kamen selektive Verbote oder Hindernisse, beispielsweise im Halbleiterbereich. Vgl. zu einem Überblick für die politische Einflußnahme Bailey et al. 1992. Von 1520 Notifikationen hat CFIUS bisher in 24 Fällen genauere Untersuchungen eingeleitet. In einem Fall wurde ein Zusammenschluß verboten, hierbei ging es im Februar 1990 um Metalle für den Luftfahrtgebrauch. Die Firma, die am Zusammenschluß interessiert war, war eine chinesische. Lee 2005: 6, 8. Die Übernahme der PC-Sparte von IBM durch Lenovo wurde ebenso untersucht und hat zu Anforderungen an IBM geführt, keinen Zugang zu avancierten Forschungseinrichtungen im Mikroprozessorbereich zu gewähren. U.S. China Economic and Security Review Commission 2005: 89.
[4199] Der Bezug ist hier das Dutch Model Law of 1994. Sacerdoti 1997: 346. Die EU hat in ihre AKP-Verträgen die 'fair and equitable treatment' Passage aufgenommen, in Art. 258 (b), und es wird erklärt, was damit gemeint ist: "all rules and practices affecting an investor's interest be transparent, predictable and non discriminatory. This standard refers implicitly to basic principles followed by countries abiding to the rule of law, namely transparency of investment conditions, non discrimination, legality, proportionality, non retroactivity of law and respect for international law." Sacerdoti 1997: 344.
[4200] Dieses Zitat ist aus BIT von Italien mit Rußland (1996) entnommen. Neuerdings ist in U.S.-Abkommen die Formulierung 'full protection' enthalten, die einen Schutz vor zivilgesellschaftlichen Revolten impliziert und, dies ist aber unsicher, womöglich sogar Inländerbehandlung einschließt. Die Bedeutung von Inländerbehandlung in BITs ist nicht klar definiert. Sacerdoti 1997: 346. In einem Model U.S. BIT wird erwähnt, daß "[n]either Party shall in any way impair by unreasonable and discriminatory measures the management, conduct, operation, and sale or other disposition of covered investments". Darüber hinaus können nicht nur direkte sondern auch "indirect" wirksame Maßnahmen dazu führen, daß eine Enteignung oder Nationalisierung festgestellt wird. Zudem wird "fair and equitable treatment" erwähnt. See: International Investment Instruments 1996: 197-198.
[4201] Sacerdoti 1997: 355-355.
[4202] Sacerdoti 1997: 301.
[4203] Siehe Abschnitt 'G' dieser Arbeit.
[4204] Kodex der Liberalisierung der unsichtbaren laufenden Operationen. OECD 1995b.

Aufrechterhaltung von Flexibilität vorsah, ausgehandelt.[4205] Seit der Aufnahme Mexikos, Südkoreas sowie Ungarn, Polens und der Tschechischen Republik in die OECD und der Erfahrungen aus den Finanzkrisen der späten neunziger Jahre, wurde das Ziel der Liberalisierung des Kapitalverkehrs von der OECD aber wieder etwas kritischer gesehen und diese Länder nutzten bestimmte Restriktionen, dennoch drängt die OECD weiter auf Liberalisierung.[4206] Bis zum 1.5.1999 waren innerhalb der EU beispielsweise Kapitalverkehrskontrollen möglich.[4207] Wiewohl solche Kontrollen etwa in der BRD früh aufgehoben wurden, waren beispielsweise in Japan bis 1980 Kapitaltransaktionen mit ausländischen Währungen untersagt.[4208] Auf weltweiter Ebene stehen die Artikel des IWF Kapitalverkehrkontrollen nicht entgegen.[4209]

Dienstleistungen. Bis zur Gründung der WTO gab es keinen gültigen Liberalisierungsrahmen für Dienstleistungen, darunter fallen auch die Finanzdienstleistungen. So wurde in der Nachkriegszeit in den vielen Ländern das heimische Bankensystem vor ausländischer Konkurrenz abgeschirmt[4210] und es war normal, wenn, wie in der BRD, das heimische Bankensystem gegen ausländische Firmenübernahmen instrumentalisiert wurde,[4211] zumal es teilweise in staatlicher Hand war und auch zur Unterstützung von Unternehmen oder zu sonstigen politischen Zwecken herangezogen wurde.[4212]

Geistiges Eigentum. Der Weltorganisation für geistiges Eigentum (World Intellectual Property Organization, 'WIPO') gelang es zwar, einen gewissen Grad an Schutz zu etablieren, so über Berner

---

[4205] Molle 1990: 226-231. In bezug auf den sukzessiven Charakter sowie die weiterhin bestehende Möglichkeit in besonderen Fällen, Schutz der öffentlichen Ordnung und besondere Sicherheitsinteressen, Beschränkungen wirksam werden zu lassen. OECD 1996h: 14; siehe auch OECD 2002.
[4206] OECD 2002: 77-106.
[4207] Erst mit Inkrafttreten des Amsterdamer Vertrags wird Art. 73 e aufgehoben. Kapitalverkehrkontrollen gegenüber Drittländern können auf Vorschlag der Kommission nach Anhörung der EZB auch heute noch angewendet werden. Dies wird in Art. 59 (ex Art. 73 f) festgehalten. Geiger 1995: 223-224.
[4208] Groß 1986: 64.
[4209] Im Jahre 1983 beziehen sich von 146 Mitgliedern des IWF 87 Länder auf Art. XVI 'Übergangsregelungen', Abschnitt 2 'Devisenbeschränkungen' und sind ohne die Zustimmung des IWF autorisiert Zahlungs- bzw. Überweisungsbeschränkungen aufrechtzuerhalten. Vgl. IMF 1984: 7. Siehe auch Übereinkommen über den Internationalen Währungsfonds. Abdruck beispielsweise in Denters 1996. Siehe dazu Abschnitt 'G'.
[4210] In der BRD ist das Bankwesen nichtsdestotrotz immer etwas liberaler strukturiert als in anderen Ländern: Es wurde aber auch gegen ausländische Banken diskriminiert, ein Abbau dieser Maßnahmen erfolgte aber jeweils schneller. Streit 1986: 54-55. Vgl. auch Oberender 1984: 537-576. Japan ließ sich ab 1980 auf eine Liberalisierung seiner Finanzmärkte ein, einschlossen einer Präsenz ausländischer Banken und Wertpapierhäusern. Die Liberalisierung erfolgte jedoch schrittweise, vermittels Lizenzen und es verblieben hohe Zutrittsbarrieren. Im Jahre 1985 wurden fünf ausländische Banken dazu ermächtigt Staatsanleihen zu emittieren, sechs Sitze an der Wertpapierbörse wurden vergeben und neun Lizenzen für das Treuhandgeschäft erteilt. Vgl. Groß 1986: 63. Aufgrund von Mißbräuchen wirtschaftlicher Macht im 19 Jhd., der Bankenkrise 1837 und spätere Erfahrungen mit der Konzentration wirtschaftlicher Macht in Bankholdinggesellschaften verfügte die USA über eine rechtliche Begrenzung der Expansion von Banken, die nur in ihrem Heimatstaat tätig werden durften. Link 1996: 10-12. Dieses System ist aber durch komplexe Öffnungsoptionen flexibler ausgestaltet worden. Erst 1978 erfolgte die Zulassung sog. unselbstständiger Niederlassungen, das Privatkundengeschäft für ausländische Banken wird bis heute beschränkt. Diverse andere Gesetze bevorteilen bestehende amerikanische Banken. Link 1996: 183-198.
[4211] So war in der BRD noch 1975 selbstverständlich davon die Rede, daß die öffentlichen Sparkassen und Landesbanken "auftragsgemäßes Handeln zur Überfremdungsabwehr", also die Verhinderung von Übernahmen seitens ausländischer Firmen ausführen. Büschgen 1975: 365, 371.
[4212] In den europäischen Staaten gibt es nationale Investitionsbanken, die Firmen mit verbilligten Krediten versorgten oder Firmenanteile übernahmen, etwa die Dutch Nationale Investeringsbank, der French Economic and Social Development Fund oder Finanzierungsgesellschaften, wie das italienische Instituto Mobilare Italiano, das temporär Anteile von krisengeschüttelten kleinen und mittleren Unternehmen aufkaufte. Daneben gibt es staatliche Holdings, die ähnliche Funktionen ausführen. Warnecke 1978: 159-160.

Übereinkunft zu Copyright-Schutz, der Pariser Verbandsübereinkunft (gegründet 1883) für den Industriebereich.[4213] Für den Schutz geistigen Eigentums wurden aber weiterhin unterschiedliche nationale Standards zugelassen.[4214] Dies gilt nicht einmal speziell für die Entwicklungsländer. Auch die Industrieländer unterschieden sich stark in bezug auf die Intensität des Patentschutzes.[4215] Vor 1980 verfügte die BRD über eine Patentlaufzeit von 18 Jahren, die USA von 17 Jahren.[4216] Spanien, Portugal, Norwegen und Finnland verfügten genauso wie u.a. Brasilien, Indien, China und Thailand nicht über einen Patentschutz im Pharmabereich.[4217] Ebensolche Ausnahmen wurden für u.a. für Computerprogramme und Lebensmittel gemacht.[4218] Noch 1992 weigerte sich Spanien der Vereinbarung über (europäische) Gemeinschaftspatente beizutreten, weil es wirtschaftliche Nachteile befürchtete.[4219] Im Rahmen der Diskussion um die Neue Weltwirtschaftsordnung kam es temporär zu einer Politisierung dieser Frage, mit einer 5 Jahre Patentlaufzeit im lateinamerikanischen ANDEAN Pakt.[4220] Der weltweit am meisten genutzte Wert für die Patentlaufzeit in der Nachkriegszeit ist 15 Jahre.[4221] Ab Mitte der achtziger Jahre drängte die USA (und später die EU) im Zusammenhang mit der Uruguay-Runde darauf, den Patentschutz weltweit effektiver zu garantieren und dazu setzte vor allem die USA unilaterale Druckmaßnahmen (Sec. 301, Super 301) sowie, seit Mitte der siebziger Jahre schon, Importembargos (Sec. 337) ein, woraufhin viele Länder ihre Patentgesetzgebung verschärften, darunter Korea, Taiwan, Thailand, Brasilien, Indien, China und die ANDEAN Staaten.[4222] Indonesien verschärfte auf unilateralen Druck der EU seinen Urheberrechtsschutz.[4223]

[4213] Die USA entscheiden sich z.B. bei integrierten Schaltungen als erste ein Schutzregime zu etablieren, 1984. Hier kommen die multilateralen Konventionen nicht mit, die u.a. für Software erst über die WIPO Model Conventionen, einen Copyright-Schutz vorschlugen. Dreier 1989: 65-71. Die Pariser Verbandsübereinkunft verfügte zwar über das Prinzip der Inländerbehandlung für den Schutz von Patenten, Handelsmarken und sonstige Aspekten geistigen Eigentums. Wie intensiv der Schutz geistigen Eigentums ausgestaltet wurde, blieb aber den Mitgliedern überlassen. Ebenso gibt es dort das Reziprozitätsprinzip, welches in der Pariser Verbandsübereinkunft für Verfahrensregeln aber auch für Patente gilt oder in der Berner Übereinkunft Copyright-Schutz für Ausländer nur dann ermöglicht, wenn im Ausland auch Schutz für eigene Produktionen ermöglicht ist. Bei einem Verstoß gegen diese Konventionen gab es ein Schlichtungsverfahren und sonst nur das Völkerrecht, welches Repressalien in diesen Fällen erlaubt. Ein Rekurs auf Repressalien gab es für die Pariser Verbandsübereinkunft in 100 Jahren nicht. Die USA argumentieren damals, daß es zu schwer ist, diese zu verändern, u.a. weil dort 98 Länder Mitglied sind (1988). "I would like to emphasize that the traditional system of the Paris Convention has worked well during the past hundred years." Kunz Hallstein 1989: 77-92.
[4214] Dies lag u.a. am Prinzip der Inländerbehandlung der Pariser Verbandsübereinkunft: "If, for example, a member state considers it to be its national interest not to protect certain inventions at all or to protect inventions only by the grant of patents with a rather short term, this country will, as a rule, remain within the limits of its discretion and will not infringe its obligation under the Paris Convention." Kunz Hallstein 1989: 90.
[4215] Baldwin 1970: 147-148. Von 1877 bis 1967 verfügte das deutsche Patentrecht über ein Stoffschutzverbot im Bereich Nahrungs-, Genuß-, und Arzneimittel. Harnisch 2006: 199.
[4216] In Deutschland betrug die Patentlaufzeit bis 1978 18 Jahre. Straus 1996: 200. Die U.S. Patentlaufzeit betrug 17 Jahre, Stand 1980. Scherer 1980: 439.
[4217] GATT Doc. MTN.GNG/N11/W/24/Rev. 1, 15. September 1988. Siehe **Tabelle 1**. Zu Pharmapatenten siehe auch Jayasuriya 1988: 118.
[4218] Siehe: **Tabelle 1**.
[4219] "Mit dem Geltendmachen wirtschaftlicher Gründe für seine Haltung und dem Hinweis auf die große Zahl der für Spanien wirksam werdenden europäischen Patente verhärtete Spanien nur noch die Diskussion und isolierte sich schließlich vollends." Schäfers/Schennen 1992: 640.
[4220] Dies ist damals wohl die kürzeste Schutzfrist, diese galt mit einer Option auf eine Verlängerung auf 10 Jahre bei Akzeptanz des 'local working'/Ausübungszwangs des Patent im Land. Diese Initiativen, die u.a. auch eine Revision der Pariser Verbandsübereinkunft anstrebten, beschreibt: Kunz Hallstein 1975: 265; siehe dazu auch, verständnisvoller, Mangolo 1977.
[4221] Siehe: **Tabelle 194**.
[4222] VanGrasstek Communications 1990; Stegemann 1998: 6-9; zu Sec. 301 Nettesheim 1991b: 353-405. Siehe für die einzelnen Länder Sec. 301 Übersicht 2005. Im nächsten Abschnitt mehr zu Sec. 301 und zum Neuen Handelspolitischen Instrument der EU.
[4223] Arnold/Bronckers 1988: 26.

Wettbewerbsrecht. Auf das Wettbewerbsrecht erstreckte sich das GATT ebenso nicht auf substantielle Art und Weise. Zwar bot es sich als Konsultationsforum an und in bestimmten Fälle wäre es denkbar gewesen die Nichtverletzungs- ('non-violation'-) Klageoption[4224] zu nutzen, diese macht aber eine umfassende eigene Beweisführung des Klägers erforderlich. Erst nach Gründung der WTO wurde diese Klageoption in einem Fall in bezug auf solche Fragen genutzt und die Klage konnte nicht erfolgreich abgeschlossen werden.[4225] Dies ermöglicht Spielräume für die unterschiedliche Ausgestaltung bzw. auch das Fehlen, einer nationaler Wettbewerbspolitik.[4226]

13. U.S. Sec. 301 und das Neue Handelspolitische Instrument der EU

Ohne Informationen über Sec. 301 zu geben, ist die Relevanz des WTO Abkommens nicht vermittelbar, denn die Abschaffung dieses Instruments stand hoch auf der Agenda vieler Staaten, die diesbezüglich zu Konzessionen bereit waren. Dieses Instrument gehörte zu den Spielräumen des 'embedded liberalism', wird aber von Ruggie nicht thematisiert. Sec. 301 ist Teil eines von der USA angeführten Trends einer zunehmenden Privatisierung der Außenhandelspolitik, die es privaten Akteuren erlaubt, über Anträge auf außenhandelspolitische Maßnahmen Einfluß zu nehmen, sichtbar auch anhand der Antidumping- und Ausgleichszolluntersuchungen, siehe auch Abschnitt 'I'.

Für Sec. 301 ist die folgende Einleitung angemessen: Das Gewaltverbot der Vereinten Nationen, VN Charta Art. 2.4, bezieht wirtschaftliche Druckmaßnahmen nicht mit ein. Die Friendly-Relations Declaration schränkt wirtschaftliche Druckmaßnahmen aber ein: "More realistically, the aim is now to ban the use of economic force, as would coerce the other States in order to obtain from it the subordination of the exercise of its sovereign rights."[4227] Innerhalb dieser Limits[4228], sind wirtschaftliche Druckmaßnahmen möglich und können etwa in Form einer Retorsion gegen einen Verstoß gegen in völkerrechtlichen Verträgen niedergelegten Rechten verwendet werden.[4229] In der dadurch etablierten Grauzone befanden sich die U.S. Maßnahmen.

Im Prinzip wurden diese Spielräume durch den eigentlich obligatorischen Rekurs auf die GATT Streitbeilegung eingeschränkt, nämlich durch die in Art. XXII ausgesprochene Verpflichtung in

---

[4224] Näheres zu dieser Klageoption in Punkt 15, Subventionen sowie Abschnitt 'J', Punkt 16, Nichtverletzungsbeschwerden.
[4225] United States vs. Japan - Measures Affecting Consumer Photographic Film and Paper., WT/DS44/R, 31 March 1998. Siehe Abschnitt 'J'.
[4226] Siehe Abschnitt 'G', Korea. So wurden selektiv vertikale nicht-preisliche Beschränkungen vom U.S. Wettbewerbsrecht in den achtziger Jahren nicht mehr überprüft und eine großzügigere Zusammenschlußkontrolle eingeführt. In Belgien bestanden Preiskontrollen und den Niederlanden Kartelle. In Frankreich gab es, angesichts einer Industriepolitik ähnlich wie in Korea, keine funktionierende Zusammenschlußkontrolle. In Italien beginnt erst 1992 eine aktive Wettbewerbspolitik. Überblick dazu in Hermanns 2005a: 48-81.
[4227] Seidl-Hohenveldern 1986: 201.
[4228] Dieser Formulierung wurde damals sicher teils unter dem Eindruck der damals sehr bekannten Untersuchung von Hirschmann (1945) über die Politik des Deutschen Reiches nach 1933 formuliert. Ex negativo würde diese Formulierung in diesem Fall besagen, daß jedenfalls solche Politiken nach dem Völkerrecht verboten sind, die das Nationalsozialistische Deutschland durchgeführt hatte: Ein Ziel war es, die Industrialisierung der Nachbarländer dadurch zu verhindern, daß Deutschland diesen Agrarprodukte zu höheren Preisen abkaufte, im Gegenzug wurden sie gezwungen nur im ersteren Land Industrieprodukte zu kaufen. Hirschman 1945: 34-37.
[4229] Seidl-Hohenveldern 1986: 201.

Konsultationen einzutreten ('consultations') und Art. XXIII Zunichtemachung und Schmälerung ('nullification and impairment'), der vorsah, daß nur die Mitgliedsstaaten zu einer Rücknahme von Konzessionen autorisieren können.[4230] Faktisch nutzten die GATT Mitgliedsstaaten, hier geht es vor allem um die USA und die EU, aber weiterhin unilaterale wirtschaftliche Druckmaßnahmen, sprich: Repressalien. Dabei waren es die USA, die klar und bewußt von den GATT Regeln abwichen, indem sie ein eigenständiges Durchsetzungsinstrument für einen verbesserten Marktzugang für ihre Produkte etablierten: Sec. 301.

Aber auch die EU benutzte ihr, nach dem Vorbild von Sec. 301 gestaltetes, sog. Neues Handelspolitische Instrument nicht auf eine GATT konforme Art und Weise. Erst im Rahmen des Verhandlungspakets der Uruguay-Runde konnte die nahezu ausschließliche Zuständigkeit des GATT gestärkt werden und das Sec. 301 Instrument des USA aber auch EU Instrumente dürfen nicht mehr genutzt werden, wenn sie auf einer eigenen Entscheidung basierend Repressalien einsetzen, dies wurde schon zu Beginn dargelegt.[4231]

Grund für die USA ein unilaterales Durchsetzungsinstrument zu schaffen, welches auf Repressalien beruhte, waren die so bewerteten, unzureichend ausgeprägten Möglichkeiten der GATT Streitbeilegung, woran sich der U.S. Kongress schon sehr früh störte. Als Präsident Kennedy Autorisierung zu den Verhandlungen der GATT Kennedy-Runde forderte, wurden bereits im Jahre 1962 vom U.S. Kongress konsequentere Aktionen gefordert, um gegen ausländische Handelsbarrieren vorzugehen: Resultat war Sec. 252 des Trade Expansion Act, welcher erstmals nach dem Zweiten Weltkrieg den U.S. Präsidenten dazu autorisierte Repressalien anzuwenden, ohne daß dies Beschränkungen unterlag, etwa dadurch, daß die USA die Relevanz der GATT Regeln anerkannte.[4232] Im GATT wurde danach versucht, sich in einigen wenigen Streitfälle ruppig durchzusetzen: Dies resultierte u.a. im sog. 'Chicken War' 1963, als die USA nach gescheiterten Kompensationsverhandlungen nach der Gründung der EWG unilateral beschlossen ein Zollzugeständnis gegenüber Deutschland auszusetzen (daraus resultierte der bis heute gültige, industriepolitisch wichtige 'Light-truck'- bzw. 'Pickup'-Zoll der USA von 25 %[4233]).[4234]

Zwischen 1963 und 1969 hörten die USA gänzlich auf, die GATT Streitbeilegung zu benutzen. Diese Zeit wird in der Literatur als Periode des "antilegalism" beschrieben.[4235] Sowohl USA, EU als auch die neu erstarkten Entwicklungsländer waren sich damals einig in einem, sie wollten nicht in ihren Politiken (speziell der Ausgestaltung der Landwirtschaftspolitik) von GATT Regeln zu sehr eingeschränkt werden. Dazu kam, daß USA und EU die Forderungen der Entwicklungsländer nach

---

[4230] Petersmann 1997: 32.
[4231] Siehe Abschnitt 'A' und 'J'.
[4232] Nettesheim 1991b: 355, Hudec 1991: 32.
[4233] Hudec 1991: 451. Davor betrug dieser Zoll 8,5 %. PPI Fact Letter 2005: 1.
[4234] Der Panel wurde erst zum Schluß involviert. Im Panelbericht wird eine Kompensationshöhe (US$ 26 Mill.) vorgeschlagen, an die sich die USA bei ihrem Rückzug von Zugeständnissen (US$ 25,4 Mill.) auch halten. Hudec 1991: 450-451. Siehe: EEC vs. USA - Panel on Poultry, L/2088, 21 November 1963.
[4235] Hudec 1991: 33-34.

strengerer Regelanwendung in den Industrieländern und nach Ausnahmen für Entwicklungsländer ablehnten.[4236]

Anfang der siebziger Jahren kam es zu einer erneuten häufigen Nutzung der Streitbeilegung, als die U.S. Regierung in Reaktion auf eine zunehmend protektionistische Front, u.a. den Gewerkschaften, beweisen wollte, daß sie Handelsinteressen durchsetzen kann.[4237] Im Jahre 1975 erfolgte dann die Etablierung des handelspolitischen Druckinstruments Sec. 301, welches auf einem administrativen Untersuchungsverfahren beruhte und von privaten Parteien beantragt werden konnte, wobei der Kongress dadurch enger in den Fortgang auch der GATT Prozesse und Verhandlungen involviert wurde, weil er über den Fortgang der Untersuchungen regelmäßig informiert werden mußte.[4238]

Mit dem Sec. 301 räumt die USA Privatparteien ("interested parties"), sprich Wirtschaftsunternehmen, Exporteuren, Importeuren, Gewerkschaften und Arbeitergruppen,[4239] das Recht ein, ein Vorgehen der U.S. Regierung gegen handelsbeschränkende Praktiken in dritten Ländern zu fordern, im Rahmen eines Verwaltungsverfahrens innerhalb des United States Trade Representative (USTR).[4240] Dies bedeutet konkret die Androhung und Durchführung von Repressalien bzw. Vergeltungsmaßnahmen im Zollbereich. Dabei hat der USTR nicht notwendig in jedem einzelnen Fall gegen das GATT Recht verstoßen. Denn zuerst einmal wurde Sec. 301 dazu genutzt, daß GATT Streitfälle angestrengt wurden. Deren Ausgang wurde dann teilweise abgewartet, aber nicht immer.[4241]

Wenn nicht abgewartet wurde, GATT Entscheidungen nicht respektiert und Repressalien genutzt worden, lag ein Verstoß von Sec. 301 gegen die GATT Regeln vor.[4242] Zum Beispiel war die Aussetzung von Zugeständnissen nach einem gewonnenen GATT Fall nicht zulässig, denn die Autorisierung der obsiegenden Partei Zugeständnisse auszusetzen oblag dem GATT und wurde bis auf einen Fall von der unterlegenen Partei per Veto blockiert.[4243]

[4236] Hudec 1991: 33-34.

[4237] Eine neue Welle des Protektionismus gab es in den USA, die Ausdruck fand zuerst im Mills Bill (1970) und später in dem Burke-Hartke-Bill. Hudec 1991: 35. Der Burke-Hartke Bill (1971) hatte eine umfassende Regulierung transnational agierender Konzerne zum Inhalt und führte zu einer Frontstellung der Gewerkschaften gegen fast alle Unternehmerverbände. Daraufhin formulierten sich Interessengruppen, die für eine weltweite wirtschaftliche Vernetzung eintraten, die allerdings auch gegen den Einfluß der Gewerkschaften agierten. Scherrer 2000: 10.

[4238] Zu diesem Abschnitt Hudec 1991: 40-43. Zu Sec. 301 hier Mavroidis 1993; Nettesheim 1991b; Finger/Fung 1994.

[4239] Nettesheim 1991b: 367.

[4240] Mavroidis 1993: 106.

[4241] So wird nicht eine erneute Zollverhandlung abgewartet, im Fall USA vs. EC - Payments and Subsidies on Oilseeds and Animal Feed Proteins (1988), USA erhöht Zölle, später Kompromiß. Hudec 1991: 560. Dies führte zum Fall: EC vs. USA - Determination under Sections 304 and 305 Trade Act of 1974 Relating to EC Oilseed Subsidies (1989). Hier ging es um die prinzipielle Frage, daß die EC die USA dazu bringen will, den GATT Prozess abzuwarten, bevor sie Vergeltungsmaßnahmen nutzt. Hudec 1991: 579-580.

[4242] Das Gesetz wurde bewußt dazu ausgerichtet, um "to circumvent the laborious and dissatisfying GATT rules." Nettesheim 1991b: 388. Die Argumentation der Personen, die darin keinen Verstoß gegen das GATT sehen, ist nicht glaubwürdig. So wird etwa argumentiert, daß Sec. 301 sich nicht von allgemeinen politischen Drohungen unterscheidet und gar keine Handelsgesetzgebung im engen Sinne ist und somit u.a. nur immer ein einzelner Fall vor dem GATT beklagt werden kann. Finger/Fung 1994: 406. Durch die hohen Vergeltungszölle, die teils 100 % aufwiesen, lag seitens der USA auch ein Verstoß gegen die verbindlich festgelegten Zölle in Art. II des GATT vor. Bhagwati 1990: 1315. Ausführlich zur GATT Widrigkeit von Sec. 301: Mavroidis 1993: 118-126.

[4243] Siehe Punkt 10, GATT Streitbeilegungssystem, hier in Abschnitt 'H'.

Dies hat zu einer intensiven Debatte geführt[4244], nicht zuletzt, weil dieses Vorgehen der USA auf einer dort breit angelegten politischen Strömung beruhte, die Reziprozität nicht länger als Gegenseitigkeit verstand, sondern die bestehenden Handelsbeziehungen als unfair ansah, sodaß einseitige Öffnungen des Marktzugangs überhaupt erst einen fairen Zustand wiederherstellen könnten.[4245] Besonders asiatischen Länder wird ein "not playing by the rules" vorgeworfen, woraus geschlossen wird, daß ein "level playing field" neu etabliert werden müsse.[4246] Dieses neue "level playing field" sollte nicht mehr gemäß GATT-Prinzipien, also im Sinne von Verhandlungen aus einer bestimmten Ausgangslage heraus ("first difference reciprocity"), etabliert werden, sondern es solle fortan um "full reciprocity" gehen.[4247] Dazu kam, daß die USA mit dem U.S.-Kanada Freihandelsabkommen entdeckte, daß Regionalisierung eine weitere handelspolitische Option war.[4248] Dies war ein Grund dafür, daß Lester Thurow im Januar 1989 auf dem World Economic Forum in Davos diagnostizieren konnte: "GATT is dead."[4249]

Die Gründe für diesen "aggressive unilateralism" lagen aber nicht nur am hohen Handelsbilanzdefizit und an einem möglichen "diminished giant"-Syndrom der USA, sondern auch daran, daß viele amerikanische Firmen an erweiterten Exportmöglichkeiten interessiert waren. Die Regierung versuchte mit Instrumenten wie Sec. 301 die Exportinteressen gegenüber den Fraktionen, die an Protektion interessiert waren, auszuspielen.[4250] Dabei muß aber beachtet werden, daß die USA, zumal in den achtziger Jahren, durchaus in der Lage war, sowohl Marktöffnung als auch Protektionismus gleichzeitig durchzuführen. Auch protektionistische Schutzmaßnahmen wurden im Rahmen der Forderungen nach einer neuartigen Definition von Reziprozität als gerechtfertigt erachtet, dazu weiter unten mehr, wenn um Antidumping- und Antisubventionsmaßnahmen und die VERs geht.[4251]

Der GATT-Widrigkeit zum Trotz wurden Sec. 301 Vergeltungsmaßnahmen beispielsweise dann aktiviert, wenn der GATT-Streitfall von der unterlegenen Partei blockiert und durch das GATT keine Rechtsdurchsetzung gelang.[4252] Sec. 301 Vergeltungsmaßnahmen wurden darüberhinaus völlig unabhängig vom GATT und dessen Regeln erhoben. Diese beruhten auf den eigenständig durchgeführten Untersuchungen eines Verwaltungstribunals (dem United States Trade Representative,

---

[4244] So die Debatte zwischen Robert E. Hudec, der in den U.S. Maßnahmen "creative illegality" sah, durch die das GATT Recht sinnvollerweise verbessert wurde und Jagdish Bhagwati, welcher die negativen Aspekte von Sec. 301 aufzählte. Er lehnt es ab, daß die Rolle der USA eines "benign dictatorship" positiv bewertet werden kann: "Institutions cannot be built on notions of benign dictatorship." Bhagwati 1990: 1315-1316. Siehe weiterhin ausführlich Bhagwati/Irwin 1987; Bhagwati 1989a; eine Geschichte des Reziprozitätsverständnisses in den USA legt vor Rhodes 1993.
[4245] Bhagwati 1989a: 49.
[4246] Bhagwati 1989a: 49.
[4247] Bhagwati/Irwin 1987: 93.
[4248] Bhagwati 1989a: 35.
[4249] Bhagwati 1989a: 36.
[4250] Bhagwati 1989a: 48-51.
[4251] Dies ist das Fazit aus der Geschichte der U.S. Handelspolitik aus dem Blickwinkel der Reziprozität, bei der es an zentraler Stelle auch um die VERs geht von Rhodes 1993: 240. Ebenso ist vertretbar, hier auch die Antidumping- und Antisubventionsmaßnahmen zu erwähnen.
[4252] Dabei ist der Handlungsspielraum breit angelegt, weil nicht nur ein klar etablierter Verstoß, etwa festgehalten durch ein GATT Panel, sondern auch der breiter gefaßte Begriff 'denial of benefits', der auf die allgemeine Balance von Zugeständnissen unter dem GATT hinweist, vom USTR ausgelegt und für eine Feststellung und Entscheidung für eine Vergeltung genutzt werden konnte. Nettesheim 1991b: 362-363.

'USTR'), welches teils nach eigenen Kriterien feststellte, ob Länder unzumutbare, diskriminierende, unfaire und ungerechte wirtschaftspolitische Praktiken verfolgen.[4253] Wurde dies festgestellt, teils parallel zu und schneller als GATT Panels[4254], wurden die Länder unter Androhung von Vergeltungsmaßnahmen unter Druck gesetzt, diese Politiken auslaufen zu lassen.

Ein amüsanter Nebeneffekt von Sec. 301 war es, daß der USTR im Dienste privater Antragsteller im GATT Fälle initiieren mußte, die kaum Erfolgsaussichten hatten, etwa wenn die USA im Bereich Landwirtschaft klagten, obwohl sie selbst ähnliche Politiken nutzten. Diesen Fälle führten immerhin zu Kompromißlösungen, welche die Interessen der Unternehmen wahrten.[4255] Von den 46 Streitbeilegungsfällen, die im Zeitraum von 1975 bis 1989 von den USA initiiert wurden, wurden 20 durch Sec. 301 begonnen, die meisten davon im Agrarbereich.[4256]

Am Rande: Sec. 301 unterscheidet sich damit vom Neuen Handelspolitischen Instrument der EU, denn dieses sah eine GATT Kompatibilität bei der Nutzung von Vergeltungsmaßnahmen vor und wurde nach Ansicht eines Teils der Literatur auch so durchgeführt.[4257] Faktisch hielt dies die EU Kommission nicht davon ab, gegenüber Indonesien auf verbesserten Urheberrechtsschutz zu drängen, offensichtlich nicht im Einklang mit den Regeln des GATT, immerhin wurden Vergeltungsmaßnahmen nicht genutzt.[4258] Das Neue Handelspolitische Instrument konnte ebenso auf Antrag privater Parteien aktiviert werden.[4259] Auch die EU verhielt sich damit nicht im Einklang mit den GATT Regeln.

[4253] Für diese Begriffe, die hier unsystematisch aufgezählt werden, siehe Mavroidis 1993: 111-112.
[4254] Nettesheim 1991b: 390.
[4255] Dafür als Beispiel der erste durch Sec. 301 initiierte Streitbeilegungsfall. USA vs. Canada - Import Quotas on Eggs. BISD 23 S/91, 1977.
[4256] Die folgenden Streitfälle wurden über Sec. 301 initiiert. Mit Kompromiß ist gemeint, daß partiell auf die Forderungen der USA eingegangen wurde, dies impliziert meist keine gravierende Politikänderung, sondern Anpassungen, wie höhere Importmengen oder geringere Exportsubventionen. Teils sind auch ausführliche Abkommen geschlossen worden, so das USA/EC 1985 Canned Fruit Agreement. Sec. 301 Fallübersicht 2005: 44. USA vs. Canada - Import Quotas on Eggs (1975), Kompromiß, Hudec 1991: 462; USA vs. EU - Measures on Animal Feed Proteins (1976), EC zieht Maßnahme zurück. Hudec 1991: 467. USA vs. Japan - Measures on Imports of Thrown Silk Yarn (1977), Kompromiß. Hudec 1991: 470. USA vs. Japan - Measures on Imports of Leather (1978), Kompromiß. Hudec 1991: 473. USA vs. Japan - Restraints on Imports of Manufactured Tobacco (1979), Kompromiß, danach erneutes Sec. 301 Verfahren, das zu einem eigenständigen weiteren Kompromiß führt. Hudec 1991: 428. USA vs. EU - Subsidies on Export of Wheat Flour (1981), blockiert, Vergeltungssubventionen bis einschließlich 1985. Hudec 1991: 492. USA vs. EC - Subsidies on Exports of Pasta (1982), blockiert, USA erhöht Zölle, EU daraufhin ebenfalls, Kompromiß. Hudec 1991: 493-494; USA vs. EC - Subsidies on the Export and Production of Poultry (1982), Kompromiß. Hudec 1991: 495; USA vs. EC - Production Aid on Canned Peaches (1982), blockiert, Kompromiß. Hudec 1991: 496-498; USA vs. EC - Export Subsidies on Sugar (1982), unbekannter Ausgang. Hudec 1991: 499-500. USA vs. EU - Tariff Treatment of Citrus Products (1982), Zollerhöhung noch im Kontext des Pasta-Falls, insgesamter Kompromiß. Hudec 1991: 504. USA vs. Brazil - Subsidies on the Export and Production of Poultry (1983), Kompromiß. Hudec 1991: 513-514. USA vs. Japan - Quantitative Restrictions on Imports of Leather Footwear (1985), Kompromiß. Hudec 1991: 526. USA vs. Canada - Restrictions on Export of Unprocessed Salmon and Herring (1987), Lösung innerhalb eines Panels des USA-Kanada Freihandelsabkommens. Hudec 1991: 543-544. USA vs. India - Import Restrictions on Almond (1987), Kompromiß, hier wird u.a. die Zahlungsbilanzausnahmen in Frage gestellt, auf der Indien sein Außenhandelsregime basieren läßt. Hudec 1991: 549. USA vs. EC - Directive on Third Country Meat Imports (1987), Kompromiß. Hudec 1991: 552. USA vs. Korea - Restrictions on Imports of Beef (1988), Kompromiß. Hudec 1991: 556; USA vs. Japan - Restrictions on Imports of Beef and Citrus Products (1988), Kompromiß. Hudec 1991: 557. USA vs. EC - Payments and Subsidies on Oilseeds and Animal Feed Proteins (1988), USA erhöht Zölle, später Kompromiß. Hudec 1991: 560. USA vs. Brasil: Restrictions on Imports of certain Agricultural and Manufactured Products (1989), Super 301 Untersuchung, Brasilien 1990 nimmt breite Liberalisierung vor, jedenfalls mehr als mit dem GATT zu erreichen gewesen wäre. Stand 1989, Basis sind die Informationen aus Hudec 1991: 584.
[4257] Ausführlich der Vergleich des Neuen Handelspolitischen Instruments der EU mit Sec. 301 der USA vor dem Hintergrund der Vereinbarkeit mit dem GATT. Mavroidis 1993: 73-86; Nettesheim 1991b: 388.
[4258] Arnold/Bronckers 1988: 26; auch gegen Thailand wurde eine Untersuchung bezüglich Copyright-Schutz initiiert, ein Ergebnis lag damals noch nicht vor. Schoneveld 1992: 23-25. Die seit 1995 etablierte neue Verordnung ermöglichte zwar auch bilaterale Einigungen, der Rekurs

Die GATT-Fälle zeigen aber nur eine Seite von Sec. 301. Im selben Zeitraum, 1975 bis 1989 wurden insgesamt 80 Sec. 301 Verfahren durchgeführt.[4260] Sec. 301 Forderungen wurden nicht nur in reinen GATT Konsultationen, die nicht in die Liste von Hudec (1991) aufgenommen wurden, sondern auch in Verhandlungen auf diplomatischer Ebene durchgesetzt. Schon an einem frühen Fall, Argentina - Air Carriers (1983[4261])[4262], wird sichtbar, daß Sec. 301 in den bislang vom GATT nicht abgedeckten Bereichen, Dienstleistungen und dem Schutz geistigen Eigentums, genutzt wurde.

Spektakulär, u.a. weil im Zusammenhang mit den Verhandlungen in der Uruguay-Runde stehend, waren die Sec. 301 Untersuchungen, die auf dem Vorwurf eines unzureichenden Patentschutzes in den Entwicklungsländern beruhten, die fast sämtlich dazu führten, daß die Länder Gesetze einführten oder die bestehende Gesetzgebung gemäß den Ansprüchen der USA veränderten. Dies spielte eine entscheidende Rolle bei der Integration des TRIPS Abkommens in die WTO: Korea (1985); Brasilien, speziell Pharma (1987); Argentinien, speziell Pharma (1988); Thailand, speziell Urheberrechtsschutz (1990), speziell Pharma (1991); Indien (1991), China (1991, 1994), Taiwan (1992), Brasilien (1993).[4263] Für Indien endete der Vorwurf unzureichenden Pharmapatentschutzes mit dem Entzug von GSP-Präferenzen im Wert von US$ 60 Mill. im Bereich Pharma- und Chemieprodukte, woraufhin Indien seine Gesetzgebung nur partiell veränderte.[4264] Als Brasilien seinen Pharmapatentschutz nicht verbessern wollte, erhöhten die USA für einige brasilianische Produkte die Zölle auf 100 %.[4265] Thailand reagierte u.a. 1992 mit einem neuen Patentgesetz mit verlängerter Schutzfrist und 1993 mit administrativen Maßnahmen, die den Pharma Patentschutz stärkten und Zwangslizenzen einschränkten auf den U.S. Druck.[4266] Ebenso reagierte Taiwan.[4267] Dokumentiert ist, daß die privaten Interessengruppen in Patentschutzfragen einen guten Zugang zur USTR hatten.[4268] Nicht minder

---

auf die WTO ist aber verpflichtend und somit scheinen keine Spielräume für unilaterale Handlungen mehr vorzuliegen. MacLean 1999: 93. Allerdings nutzte die EU auch Gegenmaßnahmen gegen Repressalien der USA, dies ist im strengen Sinn auch nicht mit dem GATT vereinbar.

[4259] Damals wurde dieses Instrument gegen die Stimmen der BRD, Dänemarks und der Niederlande beschlossen, die dadurch protektionistische Tendenzen gestärkt sahen. Rechtlich gesehen, wäre das Instrument unnötig gewesen, die Kommission hätte über Art. 113 EGV die Möglichkeit gehabt, Handelssanktionen zu erlassen. Neu ist das Antragsrecht privater Parteien. Reuter 1995: 187.
[4260] USTR Sec. 301 Fallübersicht 2005: 1-53.
[4261] Jeweils das Datum, an dem der Fall initiiert wurde, die Fälle strecken sich zeitlich länger.
[4262] USTR Sec. 301 Fallübersicht 2005: 21.
[4263] USTR Sec. 301 Fallübersicht 2005: 27, 35, 41, 55, 57, 58, 59, 62, 64, 65.
[4264] Sutherland et al. 2005: 25. Indien stärkte zwar in dieser Zeit u.a. seinen Copyright-Schutz, nicht aber seine Patentgesetzgebung. Steward 1999: 501.
[4265] U.a. Papierprodukte, Unterhaltungselektronik und Pharmaprodukte waren betroffen. Diese Zölle ließen den Handel zum Erliegen kommen und waren zwischen 1989 und der ersten Hälfte von 1990 wirksam. Betroffen war Handel im Wert von US$ 39 Mill. Devereaux et al. 2006a: 62. Als Brasilien daraufhin 1991 und 1992 eine Patentgesetzgebung vorbereitet, wird dies von der USA und U.S. Interessengruppen als ungenügend angesehen. Die USA stellte aber aufgrund eines Patentgesetzes, welches 1993 fertiggestellt wurde, die Repressalien ein. Dieses Gesetz enthielt eine Reihe von Regeln, u.a. eine Regel, die lokale Produktion vorsah, um Patentschutz zu bekommen, die nicht im Sinne der U.S. Interessengruppen waren. Steward 1999: 497.
[4266] Aufgrund interner politischer Schwierigkeiten wird der Druck zwischendurch zurückgenommen. Steward 1999: 500.
[4267] Dort tritt 1993 ein Gesetz in Kraft, das sich an die TRIPS Standards hält. Steward 1999: 502.
[4268] Siehe Devereaux et al. 2004a: 53; die Statements dieser privaten Interessengruppen, etwa zu neuen Versuchen Brasiliens, den Patentschutz zu verbessern, werden in der Literatur wie offizielle Eingaben behandelt. Obwohl auch der Staat als Handelnder erkennbar ist, ist dies in diesem Bereich eingeschränkt der Fall. So führt Kritik durch die privaten Interessengruppen u.a. umgehend wieder zu Sec. 301 Druck. Steward 1999: 497-498.

bemerkenswert hinsichtlich der Anwendungsgebiete sind weitere Fälle, hier eine Auswahl: Brasilien - Informatics (1985), siehe Fußnote[4269], Korea - Insurance (1985)[4270], Argentine - Export tax (1986)[4271], Japan - Construction Services (1988)[4272], Japan - Satellites und Japan - Supercomputer (beide 1989)[4273], Indien - Investment und Insurance (beide 1989)[4274], China - Market Access (1991)[4275], Japan - Automobilteile (1994)[4276], Korea - Agricultural Market Access Beef and Pork (1994).[4277]

Die ganze Bandbreite handelspolitischer Eingriffsmöglichkeiten wird sichtbar am Japan - Halbleiterfall (1985). Hier wurden erst eine Serie von Antidumpinguntersuchungen gegen Japan angestrengt, daraufhin kam es 1986 zu einer ersten Einigung. Diese führte aus der Sicht der USA zu ungenügendem Marktzugang. In Reaktion darauf wurden Zölle auf Farb-TV, motorgetriebene Werkzeuge und Computer erhöht. Nach einer Anhebung der Preise durch japanische Halbleiterfirmen wurden die Zollerhöhungen 1987 teils ausgesetzt, die letzten Zölle jedoch erst 1991, als es zu einem neuen Abkommen kommt, welches der USA 20 % Anteil am japanischen Markt garantierte.[4278]

Schließlich ist nicht weniger bemerkenswert, daß einer ganzen Reihe dieser Untersuchungen Vorwürfe zugrundeliegen, die auf einer wettbewerbspolitischen Argumentation beruhen: Es geht vor allem um langfristige Geschäftsbeziehungen, bzw. vertikale Beschränkungen, die dazu führen können, daß ausländische Firmen sich nicht auf dem Markt oder als Geschäftspartner etablieren können. Die Rede ist auch von Gruppenboykotten, technischen Vorschriften oder Barrieren für die Etablierung ausländischer Supermärkte.[4279]

[4269] USTR Sec. 301 Fallübersicht 2005: 24. Brasilien nahm Rekurs auf die GATT Streitbeilegung, die USA antwortete darauf aber nicht. Durch Verhandlungen kam es zu einer Einigung. Die angedrohte Vergeltung lag mit US$ 700 Mill. sehr hoch und wurde in Verbindung mit einer detaillierten Liste brasilianischer Produkte präsentiert. Hudec 1991: 553. In diesem Zusammenhang hat Brasilien 1987 Copyright-Schutz für Software eingeführt. Devereaux et al. 2004a: 62.
[4270] Es ging um den Zugang von U.S. Firmen zum Markt der Lebensversicherungen, Korea erklärte sich bereit Joint Ventures zuzulassen. Sec. 301 Fallübersicht 2005: 26. Es kann hier nicht geklärt werden, es scheint aber doch so, daß dieses Zulassen von Joint Ventures nicht in einem bilateralen Handelsabkommen mit den USA vorher abgemacht wurde. In einer Publikation wird darauf hingewiesen, daß die Mehrzahl der Sec. 301 Fälle sich auf sog. "friendship, commerce and navigation"-Verträge bezogen haben. Nettesheim 1991b: 363. Darauf findet sich in der USTR Sec. 301 Fallübersicht kein Hinweis, auch die Sachgebiete scheinen kaum mit geläufigen bilateralen Vertragsklauseln deckungsgleich.
[4271] Vorwurf: Subventionierung durch eine Exportsteuer im Sojabohnenbereich, weil dies im Land niedrigere Preisniveaus etablieren kann. Exportsteuern sind vom GATT her aber nicht verboten. Hier reagiert Argentinien mit der Einführung einer Exportsubventionen und die USA hat keinen Erfolg. USTR Sec. 301 Fallübersicht 2005: 28.
[4272] Es geht um Dienstleistungen im Bereich Architektur und Bau sowie Consulting. Japan geht auf einige Forderungen ein. USTR Sec. 301 Fallübersicht 2005: 42.
[4273] U.S. Firmen erhalten daraufhin Zugang zur öffentlichen Auftragsvergabe. USTR Sec. 301 Fallübersicht 2005: 47.
[4274] Das Investitionsregime Indiens ist hier mit seinen Beschränkungen Ziel der Sec. 301 Untersuchung. Diesmal wird jedoch der Ausgang der Uruguay-Runde abgewartet. Dies gilt ebenso für den Versicherungsbereich. USTR Sec. 301 Fallübersicht 2005: 50.
[4275] Mit China werden direkt Marktzugangsverbesserungen ausgehandelt, dies gelingt relativ schnell zur Zufriedenheit der USA. USTR Sec. 301 Fallübersicht 2005: 61.
[4276] Gedroht wird hier, die Zölle auf Luxuswagen aus Japan um 100 % zu erhöhen, es kommt zu einer Einigung. USTR Sec. 301 Fallübersicht 2005: 66.
[4277] In bezug auf den Marktzugang bei Rind- und Schweinefleisch kommt es zu einer Einigung mit Korea. USTR Sec. 301 Fallübersicht 2005: 68.
[4278] USTR Sec. 301 Fallübersicht 2005: 23. Details in Finger/Fung 1994: 387-388.
[4279] Finger/Fung 1994: 382-389.

Ein besonders gravierendes Beispiel für eine Einflußnahme auf die Wirtschaftspolitik eines anderen Staates ist die, von Sec. 301 Untersuchungen eingeleitete und dann auf breit angelegte Verhandlungen zwischen USA und Japan ausgedehnte "structural impediments initivative" ('SII')[4280], um Marktzugangsverbesserung für U.S. Unternehmen nach Japan durchzusetzen.[4281] U.a. wurde hierbei auch auf eine striktere Umsetzung der Wettbewerbspolitik in Japan gedrängt. Daraufhin hat die japanische Wettbewerbsbehörde Strafzahlungen erhöht, diverse Untersuchungen begonnen und Umsetzungsrichtlinien geändert.[4282]

Nun könnte hier zwar argumentiert werden, daß Sec. 301 in bezug auf Wettbewerbspolitik keinen Unterschied machte, weil sich die großen Industrieländer bzw. Länderblöcke, USA und EU, sowieso einräumen, auch ausländische Vorgänge durch ihre Wettbewerbsbehörden zu untersuchen. Es trifft zwar zu, daß die USA und die EU auch Vorgänge im Ausland untersuchen können und die USA sogar diesbezüglich Gefängnisstrafen verhängen können.[4283] Eine Überdeckung mit Sec. 301 liegt aber nicht vor, denn wettbewerbsrechtliche Untersuchungen erfordern es, daß bestimmte Vorabbedingungen erfüllt sind und sie beschränken sich auf das vorliegende Wettbewerbsrecht. Gerade letzteres führte bei den USA Forderungen zu einem Problem: Ihr eigenes Wettbewerbsrecht ist nämlich beispielsweise bezüglich vertikaler Beschränkungen sehr tolerant.[4284] In den Sec. 301 Argumentationen wurden solche vertikalen Beschränkungen dagegen als unfair angesehen, eine Praxis, über die Wettbewerbsrechtler in den USA ihr Unwohlsein ausdrücken.[4285]

[4280] Siehe dazu Howell et al. 1992: 82-86.
[4281] Howell et al. 1992: 84; kurz Yamamoto 1994: 61-69. Dies hat ebenso zu einer Debatte geführt, wobei die eine Fraktion davon ausging, daß Japan tatsächlich auf unfaire Weise den Marktzugang behindert ('Japan is cheating'), die andere Faktion vertritt die Meinung, daß Japan simplerweise anders ist ('Japan is different'). Bhagwati 1989a: 53-58. Die Vorwürfe der USA an Japan waren zumindest in einigen Bereichen nicht begründet, etwa bezüglich des Automobilbereichs. Somit kann geschlossen werden: "Results-based trade policy is not about opening markets at al; it is about granting special favors to prominent and politically powerful U.S. industries." Dieses These wird für den Automobilbereich detailliert und überzeugend begründet von Latham 1996: 1.
[4282] Finger/Fung 1994: 395-397.
[4283] Eine extraterritoriale (wenn man so will, unilaterale) Anwendung räumt sich das Wettbewerbsrecht sowohl in der USA als auch der EU ein. In den USA ist diese Anwendung theoretisch zu einem gewissen Grad durch die im Timberlane Fall entwickelte "rule of reason comity analysis" limitiert. Hier wird ein Test mit mehreren Kriterien durchgeführt, der letztendlich eine Rechtsdurchsetzung gegenüber externem Verhalten ermöglicht, wenn die Effekte "direct, substantial and foreseeable" sind und nach einer Einschätzung, ob dies den gutnachbarlichen Beziehungen abträglich wäre ('international positive comity concerns'). Siehe für dieses U.S. Vorgehen und im großen und ganzen ähnliche EU Ansätze: Himelfarb 1996: 923-925, 939-342; ausführlicher zu den Testkriterien Shank 1996: 174; Hovenkamp 1999: 746-762. Nun nicht mehr in der Theorie, sondern der Praxis wird angenommen, daß U.S. Gerichte nationale Interessen schützen werden, wenn es um eine solche Abwägung von Kriterien geht. Shank 1996: 185, 188. Die USA kann generell gegen ausländische wettbewerbsrechtliche Verstöße vorgehen, wenn diese einen Effekt auf Exporte oder Importe haben und wenn Kartelle, Gruppenboykotte und andere ausschließende Praktiken involviert sind. Shank 1996: 165, 172. Im 'Nippon Paper' Fall wurde die extraterritoriale Durchsetzung so ausgeweitet, daß auch Gefängnisstrafen möglich wurden. Dies führte zu Spannungen mit Japan. ABA Private Anticompetitive Practices 2000: 32-34; Hovenkamp 1999: 754. Beschränkt werden die U.S. Aktivitäten dadurch, daß 'personal jurisdiction' vorliegen muß, es müssen also Geschäftsaktivitäten in den USA vorliegen. Wenn dies nicht der Fall ist, wird es schwieriger. Dies wird etwa erkennbar am Fusionsfall bezüglich des Verhaltens der British Telecom, als diese Anteile der U.S. Firma MCI erwarb. Die USA hat, alles in allem, größere Schwierigkeiten ausländische Fusionen zu bewerten, als dies im EU Wettbewerbsrecht der Fall ist. Jacquemin 1994: 55. Dies war einer der Gründe, warum sich die USA zu einer Zusammenarbeit mit ausländischen Wettbewerbsbehörden entschloß. Shank 1996: 173. Andere Autoren heben die unilateralen Optionen der USA hervor, gestehen aber zu, daß die USA ebenso Interesse an 'comity' Lösungen hat. Rill/Goldman 1997: 182.
[4284] Hovenkamp 1999: 477, 485.
[4285] In bezug auf Japan geht es immer wieder um vertikale Vertriebsbeschränkungen. Finger/Fung 1994: 393. "The concern of competition policy, of course, is that the United States should not argue to foreign governments that they should condemn private business practices which, if conducted in the United States, would not be condemned under current U.S. antitrust law.' See: ABA Private Anticompetitive Practices 2000: 68-69.

Die administrative Bewertung durch den USTR beruht auf mehreren Kriterien, darunter auch das freischwebende Kriterium, daß er dann handeln darf, wenn er feststellt, daß "eine Handlung, eine Politik oder Praktik eines Drittstaates (...) ohne rechtfertigenden Grund den US-Handel belastet oder beschränkt."[4286] Ziel des U.S. Kongresses war es den USTR immer eigenständiger handeln zu lassen, nichtsdestotrotz blieb es immer noch möglich, von Aktionen abzusehen, wenn dies negative Folgen für die Wirtschaft und nationale Sicherheit des Landes nach sich gezogen hätte.[4287] Von der Systematik differenziert Sec. 301 zwischen (1) obligatorischem Handeln ('mandatory action') und (2) fakultativen Handeln ('discretionary retaliatory action').[4288] (1) Beim obligatorischen Handeln spielt das GATT noch insofern als Orientierungspunkt eine Rolle, weil festgelegt wird, daß der USTR handeln muß, wenn gegen Rechte der USA ("denial of rights") gemäß internationalen Handelsabkommen (GATT und anderen Abkommen, bilateralen Abkommen und OECD Absprachen, darunter auch Abkommen solche bei denen die USA garnicht Mitglied ist) verstoßen wird.[4289] Mit dem zweiten Begriff "denial of benefits" wird aber weiter gegangen. Hier wird angespielt auf die Nichtverletzungs-Zunichtemachung und Schmälerungs Klageoption des GATT, die dann benutzt werden kann, wenn Vorteile aus dem GATT verletzt werden, ohne daß aber ein klarer Verstoß gegen die GATT Regeln aufgezeigt werden kann.[4290] Allein dem USTR und nicht dem GATT wird in diesem schwer definierbaren Feld zugesprochen, eine Feststellung zu treffen.[4291] Drittens werden Handlungen erwähnt, die ungerechtertigterweise den U.S. Handel belasten und beschränken ("or is unjustifiable and burdens or restricts United States commerce").[4292] Hier fällt spätestens seit 1984 auch der Schutz des geistigen Eigentums darunter.[4293] Trifft einer diese Tatbestände zu, ist der USTR verpflichtet, Vergeltungsmaßnahmen durchzuführen (es sei denn dies verstößt gegen U.S. Interessen).[4294] (2) Bezüglich dem fakultativen Handeln, bei dem der USTR einen größeren Beurteilungsspielraum eingeräumt bekommt, darf dies dann genutzt werden, wenn ein anderer Staat 'unzumutbare' ('unreasonable') und 'diskriminierende' ("discriminatory") Politiken verfolgt.[4295] Bei dieser Untersuchung ist eine Bezugnahme auf ein internationales Abkommen nicht mehr nötig. Der USTR kann eigenständig die Feststellung treffen, ob Politiken "unfair und ungerecht" sind bzw. ob ein anderer Staat auf unfaire und ungerechte Art und Weise Marktzugang beschränkt.[4296] Gemäß der Version aus dem Jahre 1988 (Omnibus Trade and Competitiveness Act) werden solche unfairen und

---

[4286] Mavroidis 1993: 108.
[4287] Mavroidis 1993: 111.
[4288] Nettesheim 1991b: 361-367; Mavroidis 1993: 111-118.
[4289] Nettesheim 1991b: 361-362; Mavroidis 1993: 108.
[4290] GATT Art. XXIII.1 (b). Sog. "non violation nullification and impairment". Petersmann 1997: 146; GATT Analytical Index 1995: 657-668.
[4291] "On account of the width of the "benefit" notion, the U.S. Trade Representative's authority is extremely broad." Nettesheim 1991b: 363.
[4292] Nettesheim 1991b: 361; Mavroidis 1993: 108.
[4293] Nettesheim 1991b: 363; Mavroidis 1993: 110.
[4294] Nettesheim 1991b: 364; Mavroidis 1993: 110-111. Die bestehenden Schwellenwerte, welche die Aufnahme unbegründeter Verfahren verhindern sollen, sind niedrig angesetzt. So wurde argumentiert, daß ein 'burden' für die USA entstehen würde durch eingeschränktem Zugang zu Rohstoffen. Nettesheim 1991a: 364.
[4295] Nettesheim 1991b: 365; Mavroidis 1993: 111-112.
[4296] Übersetzung der Begriff 'unfair' und 'inequitable'. Nettesheim 1991b: 365-366; Mavroidis 1993: 112.

ungerechten Marktzugangsbeschränkungen folgendermaßen definiert, wobei diese Liste nicht abschließend formuliert wurde.[4297] Übersetzung aus der Aufzählung von Mavroidis (1993)[4298]:

- "a. Die Verweigerung fairer und billiger Möglichkeiten zur Niederlassung von Unternehmen"[4299]
- "b. Der adäquate und effektive Schutz der geistigen Eigentumsrechte"[4300]
- "c. Die Tolerierung des unlauteren Wettbewerbs (restrictive business practices) durch die Regierungen"[4301]
- "d. Das 'Export targeting'", wobei dieser Tatbestand Exportsubventionen und Subventionen umfaßt und ganz allgemein dann erfüllt ist, wenn ein Unternehmen wettbewerbsfähiger wird ("to become more competitive in the export of a class or kind of merchandise"). Damit ignoriert die USA nicht nur die GATT Regeln über Exportsubventionen, sondern auch die Regeln des Tokio Subventionskodex.[4302] Ignoriert wird das 'bi-pricing requirement' des GATT Art. XVI.4, welches nur gravierende Preis- (aber nicht Volumen) Mißbräuche erkennen läßt und damit Spielräume schafft, Exportsubventionen zu vergeben, solange die heimischen Preise nicht über den Exportpreisen liegen.[4303]
- "e. Mängel des nationalen Arbeitsrechts:"[4304] Wenn in einem Land folgende Rechte fehlen, wird dies als 'unzumutbar' angesehen: Koalitionsfreiheit, Tarifvertragsfreiheit, Verbot der Zwangsarbeit, Gewährleistung eines Mindestalters der Arbeitnehmer, Gewährleistung eines Mindestlohnes, Arbeitszeitregelungen sowie Kündigungsschutz und Arbeitsschutzbestimmungen.[4305]

Dies führt bis heute dazu, daß private Parteien auch in eher kontroverseren Bereichen von Sec. 301 Eingaben machen, dazu gehören auch Gewerkschaften, die sich um die Einhaltung von Arbeitsnormen sorgen. So hat die Gewerkschaft AFL-CIO im Jahre 2004 eine Sec. 301 Petition eingereicht mit der Begründung, daß in China Arbeiterrechte massiv verletzt werden und daß dies eine Last für die amerikanische Wirtschaft sei. Diese Eingabe wurde von der USTR ohne Angaben von Gründen abgelehnt.[4306]

Kurz zur Klärung weiterer Kürzel: Was ist Super 301 bzw. Special 301? Super 301 war Ergebnis des Gephard Amendments, das zum Ziel hatte, daß U.S. Handelsdefizit Mitte der achtziger Jahren durch

---

[4297] Mavroidis 1993: 112.
[4298] Genauso Nettesheim 1991b: 366.
[4299] Mavroidis 1993: 113.
[4300] Mavroidis 1993: 113.
[4301] Mavroidis 1993: 113.
[4302] Mavroidis 1993: 115.
[4303] Solange die Subvention zur Folge hat, daß auch der Binnenmarktpreis sinkt, bei sinkenden Exportpreisen, spricht das 'bi-pricing requirement' nicht an. Siehe GATT Art. XVI.4 "which subsidy results in the sale of such product for export at a price lower than the comparable price charged for the like product to buyers in the domestic market." Mavroidis 1993: 1995-116. Ausführlich dazu Hudec 1991: 75-79. "The bi-pricing requirement would have served to soften such opposition by limiting the prohibition to the few cases where the distorting effects of export subsidies would be most visible." Hudec 1991: 77.
[4304] Mavroidis 1993: 116.
[4305] Mavroidis 1993: 116. Dieser Forderung wurde von Gewerkschaften, Menschenrechtsgruppen, liberalen politischen Gruppen und Vertretern von Warenhäusern gestützt. Zur Debatte und den Gesetzesvorschlägen siehe Ballon 1987: 110-127.
[4306] Oben wird die Beschreibung des Vorgangs wiedergegeben der: U.S.-China Economic and Security Review Commission 2005: 43.

die Öffnung ausländischer Märkte um wenigstens 10 % zu reduzieren. Es stärkte Sec. 301 insofern, weil der seit 1974 veröffentlichte USTR Länderbericht über Wirtschaftpolitiken anderer Länder, der National Trade Estimate Report, in seiner Funktion erweitert wurde. Seit 1988 wurde am Ende jedes Berichts eingeschätzt, wie hoch der Handel mit dem betreffenden Länder ohne Handelsbarrieren hätten sein können. Davon ausgehend wurden bestimmte Länder als 'priority countries' eingestuft, auf eine öffentliche 'priority watch list' gesetzt und zur Liberalisierung aufgefordert. Diese Liberalisierung wurde u.a. durch die Sec. 301 Untersuchungen durchgesetzt.[4307] Das davon besonders betroffene Japan verfolgte gegenüber der USA in dieser Zeit eine Verhandlungsstrategie und machte die Drohung gegen Super 301 im GATT zu klagen nicht wahr.[4308] Erst nach Gründung der WTO konnte sich Japan von diesem Druck teils befreien.[4309] Auch die EU und Australien waren zwischen 1991 und 1993 auf der 'priority watch list', aufgrund von Patentrechtsbeschwerden (neben Saudi Arabien, Korea, Ungarn, Polen, Philippinen, Türkei, Ägypten).[4310] Für Ägypten wurde der GSP Status aufgehoben und erst als eine 20 Jahre Patentschutzfrist akzeptiert wurde, wieder eingesetzt.[4311] Mit diesem Druckmittel wurden die ANDEAN Staaten, Columbia, Venezuela, Bolivien, Ecuador und Peru, dazu gebracht Decision 313 implementierten und damit u.a. Patentschutz auf Pharmaprodukte ausdehnten. Diese Länder eröffnen weiterhin die Möglichkeit Zwangslizenzen einzuräumen, sodaß der U.S. Druck, der auch dies verhindern wollte, nicht vollständig erfolgreich war.[4312]

Was ist Sec. 337? Sec. 337 ist, wie Sec. 301, ein Verwaltungsverfahren, welches von privaten Unternehmen genutzt werden kann und richtet sich allgemein gegen unfaire Handelspraktiken. Als Durchsetzungsinstrument werden nicht Zollerhöhungen, sondern Importverbote ('exclusion orders') genutzt, die von den Zollbehörden umgesetzt werden und direkt gegen eine bestimmte ausländische Firma gerichtet sind.[4313] Verwaltet wird dieses Instrument von der U.S. International Trade Commission (USITC). Sec. 337 wird genutzt, wenn Aktivitäten erfolgen mit dem Effekt "to (i) destroy or substantially injure a U.S. industry, (ii) prevent the establishment of such industry, or (iii) restrain or monopolize trade and commerce in the United States."[4314] Im Jahre 1988 erfolgte eine Beschränkung der Aufgabenfelder auf Verletzungen von geistigen Eigentumsrechten (Patente, Copyrights, Markenschutz, Halbleiterarchitekturen).[4315] Ebenso geht es um sonstige Täuschungsversuche etc. bei der Einfuhr, etwa falsche Ursprungsangaben oder die Verletzung von

---

[4307] Nettesheim 1991b: 370, 379, 389; Steward 1999: 496.
[4308] Mavroidis 1993: 111-112.
[4309] Siehe den Kodak-Fall unter Punkt 'J', Punkt 16, Nichtverletzungsbeschwerden.
[4310] Steward 1999: 504-505. Siehe zum Thema TRIPS und bilateralem Druck u.a. auch VanGrassteck Communications 1990: 104-113; Stegemann 1998: 5-15.
[4311] Steward 1999: 508.
[4312] Steward 1999: 508-509. Siehe Abschnitt 'J', Punkt 26, TRIPS.
[4313] Dazu gibt es noch 'cease and desist orders', die darauf hinzielen, daß bestimmte Personen bestimmte Aktivitäten unterlassen sollen. Nettesheim 1991a: 326-330. Zum praktischen Verfahren siehe USITC 1997a.
[4314] Nettesheim 1991a: 329.
[4315] Nettesheim 1991a: 330. Hier geht es auch darum, daß es mit Sec. 337 nicht nötig ist 'personal jurisdiction' nachzuweisen. Dies ist bei Fällen vor Gericht, etwa auch im Falle wettbewerbsrechtlicher Verstöße nötig, hier muß gezeigt werden, daß die beklagte Person 'minimalen Kontakt' zu der U.S. amerikanischen Geschäftswelt hat. Nettesheim 1991a: 330. Siehe für das Wettbewerbsrecht: Hovenkamp 1999: 760.

Handelsgeheimnissen.[4316] Schließlich deckt Sec. 337 Verstöße gegen das Wettbewerbsrecht ab, kann hier als unterstützend wirken, wenn es um extraterritoriale Anwendung des Wettbewerbsrechts geht, darüber wird aber nicht hinausgegangen.[4317] Einige dieser Verstöße können, auch parallel, vor Gericht von den Firmen angegangen werden.[4318]

Seit 1975 gab es 532 Sec. 337 Fälle, bei den neueren Fällen geht es oft um Unterhaltungselektronik, Computerprodukte, Chemikalien, aber auch Insektenfallen und Tintenpatronen, oft sind diese Untersuchungen gegen Unternehmen in China oder Taiwan gerichtet (Stand 2005).[4319] Bis 1989 wurden von 295 Anträgen 49 'exclusion orders' gezählt.[4320]

Im GATT Fall zu Sec. 337 ging es darum, ob durch die unterschiedlichen Ausgestaltung der Durchsetzungssysteme für Verletzungen des geistigen Eigentums Importe aus dem Ausland letztendlich weniger günstig behandelt werden, als heimische Waren. Ein solcher Verstoß gegen Art. III.4 wird vom Panel bejaht. Für Patentverletzungsverfahren bezüglich Waren, die innerhalb der USA produziert werden, steht das Gerichtssystem zur Verfügung und in bezug auf Importe zusätzlich Sec. 337. Folgende Verstöße gegen Art. III.4 werden gefunden, die dazu führen, daß Importe weniger günstig behandelt werden. Das Gerichtssystem eröffnet den Beklagten mehr Zeit zum Antworten und es werden, im Gegensatz zu Sec. 337, Gegendarstellungen ('counterclaims') zugelassen. Sec. 337 eröffnet die Option gegenüber Waren Maßnahmen zu ergreifen, während die Gerichte nur gegen die beklagte Person Durchsetzungsmaßnahmen eröffnen und schließlich kann es sein, daß ausländische Produzenten oder Importeure gleichzeitig von Gerichtsverfahren und Sec. 337 Untersuchungen betroffen sind und somit unter erheblichen Druck geraten.[4321]

14. Schutzmöglichkeiten im GATT

Das Fundament des GATT ist es in den Verhandlungsrunden Marktzugangsverbesserungen auszuhandeln und diese stellen, neben den ggf. zusätzlich modifizierten Regeln, die Zugeständnisse dar, die sich die GATT Mitglieder gegenseitig einräumen. Auf der anderen Seite verbleiben aber, in unterschiedlichen Kategorien und mit unterschiedlichen Zwecken, insgesamt sechs Schutzmöglichkeiten, die es erlauben, die Zugeständnisse auszusetzen bzw. rückgängig zu machen.[4322]

[4316] In der ausführlichen Version: "misappropriation of trade dress, false designation of origin or source, passing-off, false advertising, trade libel, tortious interference with contractual relations or product disparagement". Nettesheim 1991a: 334.
[4317] Nettesheim 1991a: 334, 347.
[4318] Nettesheim 1991a: 336.
[4319] USITC 2005.
[4320] VanGrassteckCommunications 1990: 101.
[4321] EC vs. USA - Section 337 of the Tariff Act of 1930. BISD 36S/345, 383, 389-391, 1990. Eine Balancierung positiver und negativer Effekte wird nicht zugelassen. Schließlich wurden auch die kurzen Zeitlimits als Verstoß gegen Art. III.4 angesehen, die den Beklagten bei Eingaben benachteiligen. Die USA argumentierten dagegen, daß die kurze Untersuchungszeit von Sec. 337 durch höhere Barrieren bei der Eingabe ausbalanciert würde. Die akzeptiert der Panel nicht. BISD 36S/345, 387, Para. 5.14, 389, Para. 5.19, 1990. Inwiefern dieser Fall zu einer Veränderung der U.S. Praxis geführt hat, kann hier nicht dokumentiert werden.
[4322] Hier wird gefolgt Hoekman (1995): "Summarizing, there are 6 GATT safeguard provisions, with the following objectives: (1) facilitating adjustment of an industry (XIX); (2) establishment of an industry (XVIII:c); (3) combating unfair trade (VI); (4) allowing for a change of mind, i.e. renegotiating a tariff concession (XXVIII); (5) dealing with macroeconomic problems (XII and XVIII:b); and (6) achieving health,

Ein wichtiger Aspekt ist, daß nicht bei allen Schutzmöglichkeiten das Reziprozitätsprinzip gilt. Nur bei bestimmten Maßnahmen darf der ungünstig davon betroffene Staat ebenso Zugeständnisse aussetzen. Über diese Möglichkeiten kann der folgende Überblick gegeben werden:

- Zollneuverhandlungen. Diese schon oben beschriebene Option erfolgt primär durch Verhandlungen und unterliegt, bei deren Scheitern, dem Reziprozitätsprinzip, sodaß andere Staaten in Reaktion darauf ebenso Zugeständnisse zurücknehmen können. Zur Entwicklung dieser Option in der WTO in Abschnitt 'J' mehr.[4323]

- Schutzklausel. Erlaubt die Rücknahme von liberalisierenden Zollzugeständnissen zum Schutz vor Importen. Bedingung ist, daß gezeigt werden muß, daß die heimische Industrie eine ernsthafte Schädigung aufweist oder dieses droht. Auch hier gilt, bei gescheiterten Verhandlungen, das Reziprozitätsprinzip, sodaß von der Schutzklausel betroffene Länder ihrerseits Zollzugeständnisse zurücknehmen dürfen.[4324] Zur Schutzklausel gleich mehr.

- Zahlungsbilanzschutz. Bedingung ist hier, daß ein bedeutender Abfall der Währungsreserven vorliegt oder unmittelbar droht, dann dürfen Importe beschränkt werden. Das Reziprozitätsprinzip ist hier nicht wirksam. Weil oftmals nur temporär und auf alle Produkte sogenannte Importaufschläge erhoben werden, erscheint dies als begründet. Es ist aber auch möglich, spezifische Waren mehr als andere vom Import auszuschließen und damit industriepolitische Ziele zu verfolgen.[4325] Im Prinzip sind Beschlüsse vorgesehen, die feststellen, ob dieses Instrument so eingesetzt wird, daß die Interessen anderer Staaten geschädigt werden. Es gab aber im GATT eine klare Präferenz diesen Bereich den politischen Konsultationen im Ausschuß für Zahlungsbilanzbeschränkungen zu überlassen.[4326] Die Entwicklung nach Gründung der WTO wird in Abschnitt 'J' dargestellt.[4327]

- Allgemeine Ausnahmen. Die beiden Artikel, Art. XX Allgemeine Ausnahme ('General Exceptions') und Art. XXI Ausnahmen zur Wahrung der Sicherheit ('Security Exceptions') unterliegen als Ausnahmen ('exceptions') ebenfalls nicht dem Reziprozitätsprinzip. Hier schützt nur die

---

safety, or national security objectives (XX and XXI). However, these six objectives can be split into two groups. The first allow for protection of a specific industry (categories 1-4 above), the second focus on economy-wide variables. In practice all the industry-specific instruments are (imperfect) substitutes for each other, as to a large extent they all address the same issue: protection of domestic firms from foreign competitive pressures." Hoekman 1995: 15, 13-15; eine Systematisierung der Schutzoptionen aus dem Blickwinkel diverser Charakteristikas der Maßnahmen legt vor: Senti 1986a: 200-203.

[4323] Abschnitt 'J', Punkt 4, Zollneuverhandlungen.
[4324] Hoekman 1995: 15.
[4325] Dieses Problem wird schon 1951 diskutiert. GATT Analytical Index 1995: 369-370. Es änderte aber nichts daran, daß die Industrieländer meist zusätzliche Gebühren erhoben und Entwicklungsländer auf ihren QRs beharrten.
[4326] Siehe Report of the Review Working Party: "the new text brings out clearly that the action of the contracting parties adversely affected by an application of restrictions which would not conform to the provisions of the Article, takes the form of a request for consultations rather than a challenge". Siehe BISD 3S/173, Paras. 9-10, 1955. GATT Analytical Index 1995: 374.
[4327] Siehe Abschnitt 'J', Punkt 17, Art. XVIII Zahlungsbilanzmaßnahme für Entwicklungsländer.

Streitbeilegung davor, daß die Balance der Zugeständnisse erhalten bleibt.[4328] Nach Art. XX sind Maßnahmen unter anderem erlaubt zum Schutz der öffentlichen Sittlichkeit, zum Schutze des Lebens und der Gesundheit von Menschen, Tieren und Pflanzen, in bezug auf Waren, die von Strafgefangenen hergestellt werden und zur Erhaltung erschöpflicher Naturschätze. Unter Art. XXI würden etwa Warenembargos unter dem COCOM-Abkommen fallen. Auch diese beiden Artikel werden erst in bezug auf die WTO in Abschnitt 'J' thematisiert.[4329]

- Staatliche Förderung wirtschaftlicher Entwicklung. Die Entwicklungsländer können sich, wenn ihre wirtschaftliche Entwicklung fördern wollen und u.a. neue Industrien aufbauen wollen, auf Art. XVIII, darunter auf Art. XVIII.A und C, berufen.[4330] So ermöglicht es Art. XVIII.C Entwicklungsländern Schutzmaßnahmen zum Aufbau von neuen Industrien zu ergreifen. Wenn Verhandlungen scheitern, können sie von einem GATT-Ausschuß (nur wenn dort ein Konsens vorliegt) dazu ermächtigt werden, Zollzugeständnisse zurückzuziehen, ohne daß notwendig auf einer Reziprozität der Zugeständnisse bestanden würde. Neben dieser Zustimmungsfunktion dieses GATT-Gremiums kann es auf eine Reihe von Kriterien zurückgreifen, die es ermöglichen, Modifikationen der Maßnahmen zu verlangen und anzuzweifeln, ob adäquate Kompensationen angeboten wurden. Scheitern diese Bemühungen, sind die betroffenen Länder dazu ermächtigt Zugeständnisse zurückzuziehen.[4331] In der Praxis wurde dieser Artikel nur in den fünfziger Jahren genutzt. Damals wurden Anträge genau überprüft und Modifikationen gefordert, etwa um sicherzustellen, daß die Maßnahmen nicht zu einer breiteren Protektion genutzt werden konnten. Zudem wurden Schutzmaßnahmen einer regelmäßigen Prüfung unterworfen. Als Beispiel für dieses Vorgehen läßt sich ein Panelbericht anführen, der diesbezüglichen Schutzmaßnahmen von Ceylon zwar nicht ganz ablehnend gegenüberstand, diese aber zuerst einmal bewertete[4332] und weiterhin darauf hinwies, daß in bezug auf bestehende verbindliche Zölle Ceylon Konsultationen mit anderen Mitgliedsländern nach Art. XVIII.C Para. 18 abschließen muß.[4333] Nicht

---

[4328] Unter dem GATT gab es nicht einmal eine Notifikationspflicht für solche Maßnahmen. Ebenso müssen keine Konsultationen zuvor geführt werden: "Under both of these articles there is not requirement to consult, nor a provision permitting retaliation or compensation. General dispute settlement procedures may be invoked if considered necessary." Hoekman 1995: 15.
[4329] Abschnitt 'J', Punkt 12, Art. XX Allgemeine Ausnahme.
[4330] Diese Artikel wurden 1955-1956 in das GATT eingeführt. Gültig seit 7. Oktober 1957. GATT Analytical Index 1995: 496. In Art. XVIII.A wird eine ähnliche Prozedur eröffnet wie in Art. XVIII.C. Hier ist es nicht der GATT-Ausschuß für Erziehungszölle, sondern der Allgemeine Rat, der die Entscheidung über die Angemessenheit von Kompensationen fällt. Art. XVIII.D richtet sich an Schwellenländer, siehe Art. XVIII.4 (b), denn ansonsten dürfen nur Länder, die der Definition in Art. XVIII.4 (a) entsprechen, die Abschnitte A, B und C von Art. XVIII in Anspruch nehmen. Diese Option wurde neun Mal benutzt: Benelux für Surinam (1958), Griechenland (1956, 1965), Indonesien (1983), Korea (1958), Sri Lanka (2 mal 1955 und einmal 1956 und 1957). GATT Analytical Index 1995: 501; nicht zutreffend wird erwähnt, daß Art. XVIII.C nur auf Schwellenländer zutrifft von Prieß/Berrisch 2003: 163; ohne die weiter unten erfolgenden Ausführungen wird von den folgenden Autoren nur erwähnt, daß das Recht auf den Rückzug von Zugeständnissen bestehenbleibt. Matsushita et al 2006: 771.
[4331] Art. XVIII, Sec. A, Art. 7 (b) letzter Satz. WTO 1995: 512. Das Zustimmungserfordernis unterstreichen auch Pries/Berrisch 2003: 163.
[4332] Hier ging es um Mengenbeschränkungen für Textilien: "Whereas the Panel felt that this expectation was reasonable in the case of new or enlarged mills, it expressed some doubts as to a rapid improvement in productivity in the case of the small enterprises which rely on hand and power looms. (...) In view, however, of the advantages which the scheme would have on the conditions of life in villages and in the country in general, and the need for finding adequate employment for a large number of inhabitants, the Panel came to the conclusion that the scheme is consistent with the general purpose of Art. 13." U.a. werden auch, GATT typisch, alternative, weniger handelsbeschränkende Möglichkeiten diskutiert, die Effekte auf Japan und Indien erwähnt etc. Der Panel akzeptiert aber dann die hier genannten Aspekte der Maßnahmen Ceylons. Nur bei Bettbezügen, bei denen verbindliche Zölle vorlagen, müssen Konsultationen nach Art. XVIII.C Para. 18 stattfinden. Unknown vs. Ceylon - Economic Development, Releases under Article XVIII, BISD 6S/127, Paras. 41-42, 1957.
[4333] Unknown vs. Ceylon - Economic Development, Releases under Article XVIII, BISD 6S/112-131, 1957.

nur Ceylon, sondern auch andere Entwicklungsländer waren danach der Meinung, daß diese Prozedur zu weitgehend ihre wirtschaftspolitischen Optionen beschränkt.[4334] Hernach, in den sechziger Jahren, kümmerten sich weder die Industrie- noch die Entwicklungsländer um diesen Artikel, auch angesichts sonstiger Flexibilitäten der Entwicklungsländer, ihre Industrien zu schützen.[4335] Im Jahre 1964 wurde mit dem Abschnitt IV eine Regel hinzugefügt, die besagt, daß das rechtlich eher unverbindliche Postulat der Nicht-Reziprozität auch für den hier relevanten Art. XVIII gilt, wodurch Kompensationsforderung nicht ganz wegfallen, aber zumindest abgemildert werden.[4336] Während der Tokio-Runde wurde die Entscheidung 'Safeguard Action for Development Purposes' ausgehandelt, welche die Zustimmung des GATT-Ausschuß zu Schutzmaßnahmen zu Entwicklungszwecken erleichtern sollte, wobei diese Modifikation aber nur weniger entwickelten Ländern und für vorläufige Maßnahmen zugute kommt. Dort wird klargestellt, daß auch bereits existierende Industrien darunterfallen können ("development of new or the modification of existing production structures") und eine vorherige Zustimmung zu einer entwicklungspolitischen Maßnahme durch den GATT-Ausschuß sei nicht mehr erforderlich. In der Literatur wird darauf hingewiesen, daß damit der Spielraum für Entwicklungsländer deutlich erweitert wurde, weil daraus folge, daß zur Ablehnung einer solche Politik erst ein Konsens unter den Vertragsstaaten etabliert werden muß, der sich gegen diese Maßnahmen ausspricht. Vorher reichte das Veto eines einzigen Staates aus, um die Zulassung zu blockieren. Insgesamt spricht viel dafür, daß Art. XVIII.C, wenn er wieder benutzt würde, wenig freundlich für Entwicklungsländer interpretiert werden würde, sprich der GATT-Ausschuß wird auf seinen verbliebenen Entscheidungs- und Bewertungsbefugnissen bestehen, sodaß Entwicklungsländer in vielen Fällen befürchten müssen, daß sie bei der Einführung von Erziehungszöllen einen Rückzug von Marktzugangsmöglichkeiten befürchten müssen.[4337] Mehr dazu hier nicht, zur diesbezüglichen Situation in der WTO in Abschnitt 'J' mehr.[4338]

- Antidumping, Antisubventionen. Zwei weitere handelspolitische Instrumente können eine Schutzwirkung haben, Antidumping- und Antisubventionszölle. Diese Instrumente werden anders

---

[4334] Hudec 1987: 25, 85.

[4335] Hudec 1987: 24-33.

[4336] So Hudec 1987: 174. Diese Implikation für Art. XVIII wird im Annex im Ad Art. XXXVI, Para. 8 erwähnt. WTO 1995: 558. Hudec 1987: 178-179.

[4337] So die Schlußfolgerung von Hudec 1987: 174-175, 178-179. Diese Einschränkungen bleiben weiter vorhanden, denn GATT Art. XVIII.C, Art. 16, bleibt weiter bestehen. Dieser Artikel ermöglicht es, daß der Zweck der Maßnahmen von den Vertragsstaaten diskutiert wird. Dort wird die Forderung aufrechterhalten, daß, wenn möglich, alternative Maßnahmen mit demselben Effekt zu wählen sind und die Effekte auf die wirtschaftlichen Interessen der anderen Mitgliedsländern diskutiert werden müssen. Erst wenn sich der GATT Ausschluß darin einig ist, daß keine mit den GATT Regeln vereinbarem Maßnahmen gibt, die denselben Zweck erreichen, können die Entwicklungsländer dazu autorisiert werden, soweit wie nötig, von ihren Kompensationsverpflichtungen befreit zu werden. Ebenso besteht in Art. 21 weiter die Möglichkeit Zollzugeständnisse zurückzuziehen, allerdings erst nach einer Erlaubnis durch die Vertragsstaaten. In der Entscheidung Safeguard Action for Development Purposes vom 28. November 1979 wird formuliert, daß Abweichungen von Art. 14, 15, 17 und 18 erlaubt seien. Dies hört sich großzügig an, bezieht sich aber nur auf Konsultations- und zeitliche Zustimmungsverpflichtungen. Der Wegfall von Art. 18 hat die Auswirkung, daß Vertragsstaaten nicht mehr darüber entscheiden dürfen, ob adäquate Kompensationsangebote gemacht worden sind. Generell bezieht sich diese Entscheidung nur auf solche Maßnahmen, die plötzlich eingeführt wurden und vorläufig nach einer Notifizierung akzeptiert werden. Benutzt wird der Begriffe "ununsual circumstances (...) where delay may give rise to difficulties in the application of its programmes and policies of economic development". Siehe L/4897, 3 December 1979. BISD 26S/209, 1980. Reproduziert auch in GATT Analytical Index 1995: 498.

[4338] Abschnitt 'J', Punkt 5, Staatliche Förderung wirtschaftlicher Entwicklung.

begründet, als die Schutzoptionen die bislang aufgezählt wurden. Sie beruhen auf dem Vorwurf gegenüber einem anderen Land, daß unfairer Handel vorliegt und unterliegen der Bedingung, daß bedeutende oder drohende bedeutende Schädigung der heimischen Industrie festgestellt werden kann.

Bei ersterem handelt es sich um den Dumping-Vorwurf, der besagt, daß Waren im Heimatmarkt zu höheren Preise als im Exportmarkt verkauft werden. Bei zweiterem geht es um den Subventions-Vorwurf, der unterstellt, daß ein Land Subventionen, darunter auch Exportsubventionen nutzt, um die Wettbewerbsfähigkeit seiner Industrien zu verbessern. In Reaktion auf das Dumping dürfen Antidumpingzölle veranschlagt und gegenüber Subventionen Ausgleichszölle, die dann erhoben werden, wenn mutmaßlich gedumpte oder subventionierte Waren in den Wirtschaftsraum eines Landes eingeführt werden. Die Feststellung ob Dumping oder Subventionierung vorliegt, erfolgt durch ein behördliches Verwaltungsverfahren, welches, zumal in der Zeit des GATT, viele Spielräume hatte, Dumping oder Subventionierung und Schädigung festzustellen, sodaß diese Maßnahmen de facto als Schutzinstrumente genutzt wurden. Oft wurde private Parteien die Möglichkeit eingeräumt, solche Maßnahmen zu beantragen.

Im Unterschied zur Schutzklausel gibt es bei den Antidumping- und Anti-Subventionszöllen Maßnahmen keine Verpflichtung des eigenen Landes den betroffenen Ländern Kompensationen einzuräumen oder ein Recht der betroffenen Länder Zugeständnisse auszusetzen. Weiterhin gibt es keine Verpflichtung Konsultationen durchzuführen.[4339] Obwohl in der WTO mehr Bedingungen an die behördlichen Untersuchungen gestellt wurden, hat sich an diesen GATT Grundlagen nichts geändert, sodaß Antidumping- und Antisubventionsmaßnahmen diesbezüglich einen klaren Vorteil gegenüber der Nutzung der Schutzklausel aufweisen.

Direkt gegen Subventionsvergabe bzw. einen subventionierten Aufbau oder eine Umstrukturierung der Industrie in einem Dritten Staat konnte mit den GATT Regeln nicht vorgegangen werden, wiewohl es einen Konsultationsmechanismus gab. Dies änderte auch der Tokio-Runden Kodex nicht. Dazu mehr im folgenden:

14.1 Schutzklausel

Der Schutz vor Importen ist also auf unterschiedliche Art und Weise möglich. Die einzige explizit für diesen Zweck eingerichtete Möglichkeit ist Art. XIX, die Schutzklausel ('escape clause', 'general safeguard clause'), Überschrift des Artikels: "Notstandsmaßnahmen bei der Einfuhr bestimmter Waren" ("emergency action on imports of particular products")[4340] Von den USA wurde bei den Gründungsverhandlungen angezeigt, daß dieser in das GATT integriert werden solle.[4341]

[4339] Hoekman 1995: 15.
[4340] WTO 1995: 518-519.
[4341] Für die USA stand bereits 1947 feststand, daß die USA in Handelsabkommen generell eine solche Schutzklausel wünschten. Dies wird schon früh als Abkehr vom "free trade" hin zum bloßen "freer-trade" verstanden, der dann das GATT prägen wird. Jackson 1969: 553-554. Siehe zur Schutzklausel auch Senti 1986a: 240-245, Hoekman 1995: 16-17; die USA verwandte damals Schutzklauseln in bilateralen

Die Schutzklausel ermöglicht es Zugeständnisse, also Zollzugeständnisse, die verbindlich gemacht worden sind, in dem Falle auszusetzen, daß der heimischen Industrie ernsthafter Schaden ('serious injury') zugefügt wird oder dies droht.[4342] Als Schutz werden nicht nur Zölle, sondern auch mengenmäßige Beschränkungen erlaubt.[4343] Der Terminus 'ernsthafter Schaden'/'serious injury' ist erst einmal insoweit abgrenzbar, daß der Terminus ernsthafter Schaden sich von weiteren Begriffe unterscheidet, die bei solchen Untersuchungen genutzt werden. Es geht also um einen 'ernsthafteren' Schaden als der 'bedeutende Schaden'/material injury', der in der Antidumping- und Antisubventionsgesetzgebung verwendet ist und auf weniger gravierende Wirkungen hinweist.[4344] Weiterhin müssen zur Nutzung der Schutzklausel keine Bedingungen vorliegen, es muß z.B. kein unfaire Handelspraxis aufgezeigt werden. Daß ein ernsthafter Schaden vorliegt oder vorzuliegen droht müssen die Länder in eigenen Untersuchungen zeigen.

Ein zweites wichtiges Charakteristikum der Schutzklausel ist das der Nicht-Diskriminierung bzw. Meistbegünstigung: Die Schutzklausel unterliegt dem Meistbegünstigungsprinzip, sodaß ein Rückzug der Zugeständnisse alle Länder gleichermaßen betreffen muß, sodaß die Schutzklausel nicht auf ein einziges Land oder eine Ländergruppe gezielt werden darf.[4345] Diese Verpflichtung wurde 1964 in einer informellen Note festgehalten.[4346] Eine einzige diskriminierende Schutzklauselmaßnahme, Importbeschränkungen bezüglich TVs gegen Korea durch England wurde im GATT notifiziert.[4347] Im einzigen Panelbericht zum Thema Schutzklausel im GATT, United Kingdom vs. Norway - Textile Products[4348], wurde die Meistbegünstigungsverpflichtung bestätigt.

In der Umsetzung der Schutzklausel durch mengenmäßige Beschränkungen (VERs), die direkt auf Länder gerichtet wurden, wurde dieses Prinzip oftmals ignoriert, obwohl GATT Art. XIII weitere Regeln für die Verwaltung von mengenmäßigen Beschränkungen bereithält.[4349]

Handelsabkommen. Als Vorbild für die GATT Schutzklausel diente die erste detailliertere Schutzklausel der USA, die 1942 in einem Handelsabkommen mit Mexiko verwendet wurde, zitiert in Jackson 1969: 554; GATT Analytical Index 1995: 518.

[4342] Jackson 1969: 557; Hoekman 1995: 16-17.

[4343] Hoekman 1995: 16-17.

[4344] Reuter 1995: 154.

[4345] Jackson 1997: 195-197; Hilpold 1995: 96; daran besteht hier kein Zweifel, nicht so wie bei den Zollneuverhandlungen, siehe oben und weiter unter: Mavroidis 2004: 98.

[4346] GATT Analytical Index 1995: 520.

[4347] Dort auch ein Überblick über Schutzmaßnahmen in den siebziger Jahren, bei denen auch Hühnereier, Rasierklingen und Streichhölzer vorkommen. Diese Maßnahmen werden hier nicht noch in Abschnitt 'I' eingearbeitet. Modalities of Application of Article XIX, Note by the Secretariat, L/4679, 5 July 1978. S. 14, Para. 47. GATT Analytical Index 1995: 520.

[4348] Hier hatte Norwegen, während es versuchte, in das MFA aufgenommen zu werden, Rekurs auf die Schutzklausel genommen. Hongkong beschwert sich, weil es, entgegen Art. XIII des GATT bei der Quotenvergabe nicht ausreichend berücksichtigt wurde bzw. dadurch eine Diskriminierung vorlag. Dies wird vom Panel bestätigt. United Kingdom (on behalf of Hong Kong) vs. Norway - Restrictions on Imports of Certain Textile Products. BISD 27S/119, 125-126. Dieser sehr kurze Bericht wurden von den Mitgliedsstaaten nur "in principle" angenommen, sodaß sein Rechtsstatus eher unklar ist. Jackson 1997: 394.

[4349] Art. XIII sieht vor, daß bei der Quotenaufteilung alle Länder mit substantiellen Interessen beachtet werden sollten. Ist dies nicht möglich, können Quoten auch aufgrund historischer Importwerte (Art. XIII Abs. 2 (d) "a previous representative period") vergeben werden. WTO 1995: 504-505; Jackson 1997: 195-196. Siehe zur Anwendung dieser Kriterien etwa Chile vs. EEC - Restrictions on Imports of Dessert Apples, BISD 36S/93, 130-133.

Auch aufgrund von Konflikten über diese Frage[4350], gab es keine Einigung über eine Modifikation der Regeln der Schutzklausel in der Tokio-Runde.[4351]

Eine wichtige Implikation des Meistbegünstigungsprinzips ist, daß sich dieses Prinzip auf die Ware bezieht. Schutzmaßnahmen sollten sich nicht nur unterschiedslos auf alle Länder, sondern auch unterschiedslos auf diese Ware beziehen. Dies bedeutet, daß Maßnahmen, die sich auf den Preis einer Ware beziehen, also preisdiskriminierende Schutzklauselmaßnahmen vom GATT nicht erlaubt sind. Faktisch ging es dabei um Maßnahmen, die nur kostengünstige Produkte aus Entwicklungsländern vom Marktzugang ausgeschliessen wollten. Von 1968 bis 1978 wurden 10 solcher Maßnahmen notifiziert (im Vergleich zu 8 solcher Maßnahmen in den davorliegenden 20 Jahren).[4352] Beispielsweise eine Maßnahme Finnlands im Dezember 1976 gegen Damenstrümpfe "aimed at those developing countries which were able to produce and export at economically low costs."[4353] Oder eine seit 1977 bestehende Schutzklauselmaßnahme Kanadas gegen Schuhimporte, die sich nur gegen Lederschuhe und Sandalen unter einen Preis von Can$ 45 pro Paar und bei Lederstiefel unter einem Preis von Can$ 75 pro Paar richtete. Hierzu stellte Indien 1983 fest: "This price discrimination is not only contrary to the letter and spirit of Article XIX, but also established a dangerous precedent, and had an adverse effect on the export interests of developing countries."[4354] Diese Maßnahme wurde auch 1985 in der Diskussion innerhalb des GATT von England, in Vertretung Hongkongs, kritisiert und als Verstoß gegen das Meistbegünstigungsprinzip bezeichnet.[4355] Nicht zuletzt wird an diesem

---

[4350] Die VERs wichen regelmäßig vom Meistbegünstigungsprinzip ab, weil sie mit einem einzigen Land oder Ländergruppen ausgehandelt wurden. Es gibt eine einzige offizielle GATT Notifizierung, bei der die Schutzklausel diskriminierend angewandt wurde, dies ist: Article XIX Action by the European Economic Community, Portable Monochrome Television Sets from the Republic Korea, L/4613, 15 December 1977. Der Titel allein ist schon GATT inkompatibel. Zum Entsetzen der Entwicklungsländer, die befürchteten, bei einer diskriminierenden Quotenvergabe noch schlechter als zuvor dazustehen, wollte die EU während der Tokio-Runde das Nichtdiskriminierungserfordernis der Schutzklausel aufweichen. Zu diesem Abschnitt: Jackson 1997: 197-198. GATT 1980: 14-15. Die Entwicklungsländer forderten damals, daß Schutzklauselmaßnahmen ("as a rule") nicht getroffen werden sollten, wenn es sich um Strukturprobleme oder um Verschiebungen komparativer Vorteile handelt. Das Kriterium ernsthafter Schädigung sollte genauer definiert werden, darunter durch eine Liste der Faktoren für die Fakten vorgelegt werden müssen und Importe sollten "direct, major and substantial cause of the injury" sein. Ein einzelner Faktor sei nicht genug, um Schädigung aufzuzeigen. Wenn die Schutzklausel ernsthaften Schaden in Entwicklungsländern auslöst, sollte sie nicht verwandt werden. Die Schutzklausel sollte weiterhin nicht dazu führen, daß die bisher vorliegenden Importmengen extrem zurückgefahren werden. Angeregt wird eine Verpflichtungen Kompensationen zu zahlen. Die Meistbegünstigungsverpflichtung wird unterstrichen. Siehe GATT Doc. MTN/INF/17, 6 February 1978, sowie MTN/INF/17/Add.1, 30 June 1978. Verweis auf dieses interessante Dokument in Hilpold 1995: 113. Siehe auch GATT 1980: 14-15; Winham 1984: 242-247.

[4351] Es gibt als Ergebnis der Tokio-Runde nur die Entscheidung, die Verhandlungen fortzuführen. BISD 26S/202, 1980. Senti 1986a: 247-248. "Against the background of increasing economic difficulties, there developed progressively considerable changes in emphasis and a hardening of positions on the part of some countries during the Tokyo Round." So die offizielle Erklärung des GATT 1980: 14-15. Siehe die schon pessimistische Einschätzung ein Jahr davor: Ibrahim 1978: 10.

[4352] Modalities of Application of Article XIX, Note by the Secretariat, L/4679, 5 July 1978. S. 13, Para. 45. GATT Analytical Index 1995: 521.

[4353] Es gibt keine Diskussion, wohl auch weil es um soviele Importbeschränkungen hintereinander geht. Minutes of Meeting, C/M/119, 15 March 1977, S. 21-22. GATT Analytical Index 1995: 521.

[4354] Committee on Trade and Development, COM.TD/114, 28 April 1983. S. 10. GATT Analytical Index 1995: 521.

[4355] England vertritt, in Vertretung der Interessen Hongkongs, die folgende Meinung: "Another aspect of concern to his delegation was Canada's application of price breaks in the context of this Article XIX action. Such devices could produce such a narrow and selective definition of source that the action could not longer be said to be truly non-discriminatory." Minutes of Meeting, C/M/186, 19 April 1985. S. 4-5. GATT Analytical Index 1995: 521. Siehe für die Meinung, daß das Schutzklauselabkommen der WTO solche Maßnahmen endgültig ausschließt, durch SG Art. 2.1 wo formuliert wird: "... shall be applied on the product being imported ... " Lee 2005: 63.

Beispiel deutlich, daß internationale Handelsregeln sinnvoll sind, weil sich sonst ein Netz solcher willkürlich definierter Maßnahmen etablieren würde.

Die Schutzklauseluntersuchungen basieren auf jeweils unterschiedlichen nationalen Schutzklauselgesetzen, so zum Beispiel in der BRD im Außenhandelsgesetz[4356], der diesbezüglichen EU-Verordnungen[4357] oder in den USA Sec. 201 des Trade Act von 1974.[4358] Die Schutzklausel zeichnet sich sowohl in den USA[4359] als auch in der EU[4360] dadurch aus, daß keine gerichtliche Überprüfung der Entscheidung möglich ist, wie dies aber für die Antidumping- und Ausgleichzölle ermöglicht wird. In beiden Ländern behält der Präsident (allerdings seit 1974 mit Abstrichen, weil der Kongress sich ein Veto - gegen ein mögliches Veto des Präsidenten - eingeräumt hat, welches er immerhin schon benutzt hat[4361]) bzw. die EU Kommission Entscheidungsbefugnis.[4362] In der EU ist es Wirtschaftsgruppen nicht möglich eine Schutzklauseluntersuchung zu initiieren, die kann nur die Kommission, meist auf Antrag eines Mitgliedsstaates.[4363] In den USA können Wirtschaftsrepräsentanten und auch Gewerkschaften dies sehr wohl, ebenso der Präsident und diverse andere politische Institutionen u.a. das Ways and Means Comittee und das Senate Finance Committee des Kongresses.[4364] Der EU Ministerrat entscheidet auf Beschlußvorlage seitens der Kommission über

---

[4356] § 10 Abs. 3 S. 1 und 2. Bedingung für die Einführung von Einfuhrbeschränkungen ist, daß Importe vorliegen, sodann muß untersucht werden, ob ein erheblicher Schaden für die inländische Erzeugung vorliegt. Dabei hat die Politik einen weiten Bewertungsspielraum. Putzier 1987: 78-81.

[4357] ABl. Nr. L 324 vom 27.2.1969, 25-33. Verordnung (EWG) Nr. 2603/69 der Rates vom 20. Dezember 1969 zur Festlegung einer gemeinsamen Ausfuhrlegung. ABl. Nr. 349 vom 31/12/1994, 53-70. Verordnung (EG) Nr. 3285/94 des Rates vom 22. Dezember 1994 über die gemeinsame Einfuhrregelung und zur Aufhebung der Verordnung (EG) Nr. 518/94. Siehe zur Umsetzung in der EU Reuter 1995: 118-125.

[4358] Holmer/Hippler Bello 1988: 185. Schon oben wurde unter dem Punkt Zollneuverhandlungen auf den prekären Punkt hingewiesen, daß auch die Aussetzung der Zugeständnisse eigentlich der Meistbegünstigung unterliegt. D.h. es würden davon wieder weitere Länder betroffen werden, die ihrerseits Verhandlungen fordern oder Zollzugeständnisse aussetzen könnten. Kurz: Eine protektionistische Spirale würde entstehen, wenn dieser Prozess nicht gestoppt werden kann. Gefordert wird deshalb, nur eine bilaterale Vergeltung zuzulassen. Erleichtert wird kommentiert: "So far, incidents of this sort have been avoided." Mavroidis 2004: 98.

[4359] Finger et al. 1982: 453.

[4360] Obwohl die EU Industrie kann direktes Antragsrecht hat, kann sie klagen, wenn sie unmittelbar und individuelle von einer Ablehnungsentscheidung betroffen ist. Die EU Organe räumen sich aber eine Ermessensspielraum ein und sie können argumentieren, daß die Nutzung der Schutzklausel einen höheren wirtschaftspolitischen Schaden anrichtet als Nutzen stiftet, sodaß einer Klage keine Chancen eingeräumt wird. Reutter 1995: 126.

[4361] Seit dem 1974 Trade and Tariff Act kann der U.S. Präsident durch eine gemeinsame Resolution durch Repräsentantenhaus und Senat gezwungen werden, Maßnahmen zu ergreifen, wenn er die Schlußfolgerungen der International Trade Commission vorher abgelehnt hat. Im Tariff and Trade Act 1984 wird dies noch einmal bestätigt. Homer/Hippler Bello 1988: 187-189; Schüler 1991: 29. Dies ist einmal passiert: Zur Verteidigung der 'manufacturing clause', welche vorsieht, daß in den USA veröffentlichte Bücher dort produziert werden müssen, siehe dazu Abschnitt 'T. Am 13. Juli 1982 überstimmten Repräsentantenhaus und Senat mit je 2/3 Mehrheit das Veto des Präsidenten. Siehe EU vs. United States - United States Manufacturing Clause, BISD 31S/74, 77 (1985). In Jackson et al. (1995) wird dagegen erwähnt, daß dies noch niemals passiert ist. Der Kongress drängt in den USA darauf, daß die Schutzklausel als Automatismus zu begreifen, der, außenpolitischen Erwägungen zum Trotz, immer umgesetzt werden muß. Jackson et al. 1995: 646. Hintergrund dafür ist, daß zwischen 1948 und 1962 die damalige Tariff Commission in 41 Fällen Schutzmaßnahmen forderte, der Präsident dem aber 'nur' 15 mal zustimmte. Bis 1974 wurde von 30 Fällen von der Tariff Commission nur 4 mal eine Schutzmaßnahmen für begründbar erachtet. Die dahinterliegenden protektionistischen Interessen arbeiteten darauf hin, daß der Kongress den Druck auf den Präsidenten verschärfen kann, die Möglichkeiten der Außenhandelsgesetze auch umzusetzen. Destler 2005: 139-140, 65-71. Dahinter steht eine komplexe Umschichtung der Machtverhältnisse im Kongress, speziell eine relative Entmachtung des Ways and Means Committee, welches vor 1970 protektionistische Gesetzeseingaben meistens abblocken konnte. Destler 2005: 65-71.

[4362] Reuter 1995: 118-120.

[4363] Reuter 1995: 118.

[4364] Jackson et al. 1995: 610; Schüler/Thomas 1991: 414.

Schutzklauselmaßnahmen.[4365] Richtschnur ist ein nicht definiertes 'Interesse der Gemeinschaft'.[4366] Bislang hat die EU bei der Nutzung der Schutzklausel nicht auf Preiskontrollen oder Zollerhöhungen zurückgegriffen, sondern, im Rahmen der Schutzklausel, immer ein VERs ausgehandelt, siehe dazu Abschnitt 'I'.[4367]

Wichtig zum Verständnis der GATT Schutzklausel ist, daß sie auf dem Reziprozitätsprinzip beruht und teilweise wie eine schnelle Form von Zollneuverhandlung funktionierte. Wenn man sich darauf beruft, muß dies nicht nur beim GATT notifiziert werden, sondern es besteht auch die Pflicht in Verhandlungen einzutreten. Scheitern diese, sind andere Vertragsparteien dazu autorisiert Marktzugangszugeständnisse in gleicher Höhe zurückzuziehen.[4368] Tatsächlich ging dies in der Frühzeit des GATT ineinander über: 9 von 15 Art. XIX Nutzungen vor 1962 führten letztendlich zu formellen Zollneuverhandlungen im GATT.[4369] Von 100 Schutzklauselnutzungen zwischen 1947 und 1982 kam es in 40 Fällen zu Zollneuverhandlungen bzw. Kompensationen. In vielen Fällen erfolgte aber keine Reaktion der betroffenen Länder. Nur in wenigen Fällen ergriffen die von den Maßnahmen betroffene Staaten eigenständig Gegenmaßnahmen.[4370]

Es kann also für einen Staat schmerzlich sein, wenn er eigene Industrien schützen will, denn andere exportabhängige Industrien können davon betroffen werden, wenn andere Staaten - wenn sie es denn tun - Zugeständnisse zurückziehen - zumal es durch die Meistbegünstigung erzwungen wird, daß potentiell sehr viele Staaten betroffen sein werden. Vor der Nutzung von Schutzklausel muß zudem eine Untersuchung zeigen, daß eine ernsthafte Schädigung vorliegt oder droht, dazu müssen mindestens etwas gestiegene Importe angeführt werden und ein kausale Zusammenhang aufgezeigt werden. Und der Schutz darf nicht darüber hinausgehen, den Schaden abzuwenden.[4371]

Obwohl schon im GATT Konsens darin bestand, daß die Schutzklausel nur temporär beschränkt angewendet werden sollte, gab es zu diesen zentralen Fragen keine Fallpraxis in der Streitbeilegung, sieht man einmal ab von diversen Statements des Sekretariats und dem oben schon erwähnten Fall, der eine nicht-diskriminierende Anwendung bzw. Verwaltung der damit teils benutzten Quoten forderte.[4372] Ausnahme ist der damals nicht veröffentlichte Bericht der Arbeitsgruppe in US - Fur Felt Hats (1951), über eine Schutzmaßnahme der USA gegenüber Fellmützen aus der Tschechoslowakei, die nach Ansicht der USA zu einer ernsthaften Schädigung der Fellmützenindustrie führte. Dieser Bericht weist zwar Formulierungen auf, die in die heutige WTO Auslegung passen, insgesamt gesehen wurde dort aber eine großzügigere Auslegung der Schutzklausel beschrieben und Verständnis dafür

---

[4365] Reuter 1995: 120.
[4366] Reuter 1995: 124.
[4367] Reuter 1995: 120.
[4368] Hoekman 1995: 15, 16-17.
[4369] Finger 1998: 5.
[4370] So, ohne weitere Details, Senti 1986a: 244. Übersicht über die Schutzklauselnutzung in **Tabelle 195**.
[4371] Hoekman 1995: 16-17.
[4372] Norway - Restrictions on Imports of Certain Textile Products. BISD 27S/119, 125-126, Paras. 14, 16. GATT Analytical Index 1995: 522. Siehe auch Hilpold 1995: 96.

gezeigt, daß Regierungen "on occasion be greatly influenced by social factors, such as local employment problems."[4373] Dieser Aspekt der Auslegung findet in der neuen Ausrichtung der Schutzklausel durch die WTO Streitbeilegung keine Erwähnung mehr.[4374]

Auch das Erfordernis ernsthafte Schädigung der Industrie nachzuweisen ist, bevor Rekurs auf die Schutzklausel genommen wurde, wurde von der Streitbeilegung nicht bestätigt, sondern ist einzig in Fur Felt Hats (1951) erwähnt.[4375] Wie ernst dieses Erfordernis genommen wurde, ist erkennbar daran, daß die USA beispielsweise im Trade Act 1974 das im eigenen Schutzklauselgesetz enthaltende Erfordernis, daß gezeigt werden müssen, daß Importe im kausalen Zusammenhang mit ernsthafter Schädigung der heimischen Industrie stehen, wieder abgeschafft (oder geschwächt) haben.[4376]

Somit werden erst mit der Gründung der WTO werden die Bedingungen für den Rekurs auf die Schutzklausel sichtbar verschärft und auf höchstens 8 Jahre begrenzt, für Entwicklungsländer 10 Jahre.[4377]

Generell wird die Schutzklausel so interpretiert, daß ohne ihr Vorhandensein Staaten womöglich kaum substantielle Liberalisierungsverpflichtungen übernehmen würden.[4378] Von den 150 Maßnahmen gemäß der Schutzklausel, die seit Gründung des GATT bis 1995 genutzt worden sind, sind fast alle von Industrieländern benutzt worden.[4379] Es ist schwer anhand der vorliegenden, immer auf bestimmte Zeiträume konzentrierte Übersichten, allgemeine Aussagen über die Nutzung der Schutzklausel zu machen. In vielen Fällen wurde sie im Bereich 'sensibler' Produkte verwendet, Stahl, Textil und Landwirtschaft. Oft erfolgte der Rekurs nur kurz, zwischen 2 und 4 Jahren. Ebenso auffällig ist aber, daß einige Industrieländer nur deshalb einen kurzen Schutz in Anspruch nahmen, um hernach auf VERs zurückzugreifen. Die untypische, aber erwähnenswerte längste Nutzung erfolgte durch Australien vom 21.4.1967 bis zum 1.7.1989 bezüglich gebrauchter Automobile mit 4-Radantrieb aus den USA.[4380] In der Amtsperiode von Präsident Carter wurden 33 Fälle nach Sec. 201 verfolgt, davon wurde in 13 Fällen von der International Trade Commission keine ernsthafte Schädigung der heimischen Industrie festgestellt. Von den übrigen 20 Fällen wurde in 10 Fällen gegen Importe

---

[4373] Siehe: Report on the withdrawal by the United States of a tariff concession under Article XIX of the General Agreement of Tariffs and Trade. CP/106, 27 March 1951: 48. Siehe auch GATT Analytical Index 1995: 522.
[4374] Abschnitt 'J', Schutzklausel.
[4375] GATT Analytical Index 1995: 518.
[4376] Objektive Beweise sind nötig, eine kausale Verbindung muß zwischen Schädigung und Importen aufgezeigt werden. Agreement on Safeguards, Art. 7, Art. 9. WTO 1995: 316-317. Diese Anforderung gab es im GATT nicht. GATT Analytical Index 1995: 515-532. Die USA schafft mit dem Trade Act 1974 ihr, im eigenen Verwaltungsverfahren enthaltenes, Kausalitätserfordernis sogar wieder ab. Jackson 1989: 155-167. Immerhin läßt sich für die Zeit davor ein vages Kausalitätskonzept rekonstruieren, das aber nicht als überzeugend angesehen wurde. Jackson 1969: 557. In Schüler/Thomas (1991) findet sich die Darstellung, daß der Trade Act 1974 zwei Hauptveränderungen mit sich brachte: Es mußte nicht mehr gezeigt werden, daß der Anstieg von Importen "in major part" durch Zollkonzessionen ausgelöst wurde und es müsse nicht mehr gezeigt werden, daß Importe "a major cause", sondern nur noch "a substantial cause" von Schädigung seien. Thomas 1991: 413. Im Trade Expansion Act of 1962 waren damit striktere Erfordernisse niedergelegt und in den protektionistischen siebziger Jahren wurden diese gelockert. Thomas 1991: 413.
[4377] Agreement on Safeguards, Art. 7, Art. 9. WTO 1995: 319-320.
[4378] Hoekman 1995: 14.
[4379] Siehe für 1978-1987: **Tabelle 195**. Komplette Übersicht in GATT Analytical Index 1995: 539-557.
[4380] GATT Analytical Index 1995: 544.

vorgegangen.[4381] Zwischen 1981 und 1986 wurden 16 Anträge auf Sec. 201 Schutz in den USA bearbeitet, davon wurde in 6 Fällen ernsthafte Schädigung der heimischen Industrie festgestellt. Präsident Reagan entschied sich davon in 4 Fällen, Importbeschränkungen (nicht aber für Schuhe und Kupfer) durchzuführen. Darunter für Motorräder, siehe dazu weiter unten, zwei Stahlwarenkategorien, Stainless Steel and Alloy Tool Steel, Karbonstahl und bestimmte Alloy Steel Products sowie Wood Shakes and Shingles.[4382] Für eine der Stahlwarenkategorien wurde die Entscheidung getroffen VERs auszuhandeln, siehe dazu weiter unten genaueres.[4383] Sichtbar wird, daß der Trend zu VERs sich auch in bezug auf die Nutzung der Schutzklausel widerspiegelt. Zwischen 1959 und 1969 wurden überwiegend Zölle zum Schutz benutzt (80 %), die nächste Zehnjahresperiode zeichnete sich durch den Anstieg von nicht-tarifären Schutzmaßnahmen aus (45 %) und zwischen 1970 und 1979 wurden diese zur Mehrheit (70 %), die letztere Zahl gilt ebenso für 1980 bis 1987.[4384]

Für die USA wurden in Schutzklauseluntersuchungen für US$ 60 Mrd. Importe untersucht und in 50 % hat die International Trade Commission eine positive Entscheidung gefällt. Dies sind Importzahlen, die sich nur auf das Jahr der Untersuchung beziehen.[4385] In einer anderen Untersuchung wird geschätzt, daß die Schutzklausel bis 1980 nur einen Wert von 1,6 Mrd. betraf, dieser geringe Wert liegt aber auch daran, daß oft ein Übergang zu VERs etc. zu beobachten war, die bei diesem Wert nicht mehr beachtet wurden. Damals, 1980, betrug der Wert des Welthandels US$ 2022 Mrd.[4386]

14.2 Antidumping

Der Kontrast der Schutzklausel zu Antidumping ist ausgeprägt, letzteres verfügt über mehrere 'Vorteile', die dazu führten, daß es öfter als die Schutzklausel als protektionistisches Instrument benutzt wurde und wird. Der wichtigste 'Vorteil' ist, daß der Vorwurf mutmaßlich unfairen Handels erhoben wird und es kein Recht für ein von den Maßnahmen betroffenes Land gibt, Zollzugeständnisse zurückzuziehen und zudem dürfen die Antidumpingzölle diskriminierend, also gezielt gegen bestimmte Länder bzw. bestimmte Firmen gerichtet, angewandt werden.

Antidumpingverfahren gibt es seit 1904, von Kanada erfunden, als Mittel um gegen die U.S. amerikanischen 'Trusts' vorzugehen.[4387] In den USA wurde im Revenue Act 1916 ein erstes 'Antidumping'-Gesetz verabschiedet, welches gegen angeblich räuberische Preispraktiken deutscher Firmen während des Ersten Weltkrieg gerichtet war. Bei diesem Gesetz ist neben dem

---

[4381] Für die folgenden Waren trifft dies zu, teils in der englischen Originalbezeichnung: Shrimp, Zucker, Schuhe, Fernsehgeräte, CB-Funkgeräte, High-Carbon Ferrochrome, Clothespins, Bolts, Nuts, and large Screws, Non-Electric Cookware, Pilze. Kein Importschutz wird für folgende Antragsteller gewährt: Honig, Cast Iron Stoves, Stainless Steel Flatware, Unalloyed Unwrought Copper, Bicycle Tires and Tubes, Finishing Tackle, Leather Wearing Apparel. Siehe Holmer/Hippler Bello 1988: 190-191.
[4382] Holmer/Hippler Bello 1988: 199-213.
[4383] Holmer/Hippler Bello 1988: 207-208.
[4384] GATT Analytical Index 1995: 522-523.
[4385] USITC 2005a: 1.
[4386] Finger 1998: 5; genauer Wert für 1980 aus UNCTAD 1994: 2.
[4387] Eine Überblick über die frühen Formen der Antidumpinggesetze in Kanada und die Entwicklung der Antidumpinggesetze in den USA gibt: Finger 1992: 123.

Dumpingvorwurf noch die Intention der Schädigung amerikanischer Industrie aufzuzeigen. Dieses Gesetz sah vor, daß Gerichte diesen Tatbestand untersuchen und war einerseits ein Strafgesetz und ermöglichte Geld- und Gefängnisstrafen und andererseits war es möglich, daß U.S. Firmen zivilrechtliche Kompensation für erlittene Schäden einklagen konnten.[4388]

Um die Nutzung der Antidumpinguntersuchungen zu vereinfachen, u.a. indem nicht mehr ein Gericht, sondern ein behördliches Verwaltungsverfahren die Feststellung trifft[4389], gibt es seit 1921 in den USA ein weiteres, zivilrechtliches Antidumpinggesetz. Hinsichtlich des grundlegenden Konzeptes bezüglich Dumping stellt dieses Gesetz immer noch die Basis der heutigen U.S. Antidumpinggesetze dar (und auch des GATT Antidumping Artikels), obwohl dieses Gesetz damals in einer Periode protektionistischer Haltungen verabschiedet, mit dem Ziel die im ersten Weltkrieg neu entstandene U.S. Industrien vor der deutschen Konkurrenz zu schützen.[4390] Schon damals etablierten auch andere Länder solche Gesetze.[4391]

In der klassischen wirtschaftswissenschaftliche Untersuchung zu diesem Thema von Jacob Viner (1923) wird argumentiert, daß, den Gefährdungen für die heimische Industrie zum Trotz, billige Importe aus der Sicht eines importierenden Landes immer gut sind, wenigstens solange die Verluste durch Schädigung niedriger liegen als die Zugewinne für die Konsumenten.[4392] Als Hauptproblem wird angesehen, daß kaum zu erkennen ist, wann länger anhaltendes Dumping wirklich vorliegt. Sporadisches Dumping sei wenig problematisch, aber solches, welches über mehrere Monate oder Jahre erfolgt, wobei die Vorteile für den Konsumenten nicht so groß seien, wie die Probleme für die heimischen Industrien, welche Profiteinbußen haben oder sogar den Markt verlassen müssen.[4393] Wirklich gefährlich sei aber nur Dumping, welches von Kartellen ausging und explizit dazu gedacht sei, ausländische Konkurrenten vom Markt zu verdrängen, um dann wieder die Preise zu erhöhen und Monopolgewinne nun auch in diesem Land erzielen zu können.[4394] Zudem erfolgt folgende Beobachtung Viners (1923): "Nevertheless there has been a large element of exaggeration in the

---

[4388] Nettesheim 1991c: 211-212; McGee 1996: 3-4; CBO AD/CD Study 1994: 20; Japan vs. USA - Anti-Dumping Act of 1916, WT/DS136/AB/R, WT/DS162/AB/R, 28 August 2000. Japan vs. USA - Anti-Dumping Act of 1916, WT/DS136/R, 31 March 2000. S. 110-111, Para. 6.1-6.2.

[4389] Ebenso war es schwierig Intention zur Schädigung nachzuweisen. Cumby/Moran 1997: 164. Zwischen 1920 und 1922 haben 10 Länder Antidumpinggesetze verabschiedet, meist aus Gründen nationaler Sicherheit und protektionistischen Erwägungen in der Zeit direkt nach Ende des Ersten Weltkriegs. CBO AD/CD Study 1994: 21.

[4390] Nettesheim 1991c: 212-213, 215-216. Schon damals gibt es das Konzept konstruierter Preise ('constructed value'), welches es dem Verwaltungsverfahren des Treasury ermöglichte Preise für den ausländischen Markt bzw. den Heimatmarkt, wenn man die Perspektive der Exporteure einnimmt, anzunehmen. CBO AD/CD Study 1994: 21-22.

[4391] Spätestens 1921 gibt es in Kanada, Australien, Neuseeland, Frankreich, Großbritannien und den Commonwealthstaaten ebenfalls Antidumpinggesetze. Damals wurde dies unter anderem damit begründet, daß Firmenzusammenschlüsse, sog. 'trusts', oft mit Niedrigpreisen ausländische Märkte überschwemmen. Vgl. dazu Finger 1992.

[4392] "Only on the crudest of protectionist reasoning can it be argued that the desirability of allowing the importation of dumped goods should be decided with reference only to its effects on domestic producers and without taking into account its benefit to consumers." Viner 1923: 138.

[4393] Viner 1923: 140.

[4394] Viner 1923: 140-141. Siehe, mit etwas anderen Schwerpunkten, zu Viner (1923) auch Petersmann 1990: 183.

complaints of injury suffered through dumping."[4395] Später, 1955, warnt Jacob Viner vor einem unlimitierten protektionistischer Mißbrauch der Antidumping-Untersuchungen: "what they can do with dumping law will make the escape clause look like small potatoes. They can, if they wish, raise the effective tariff barriers more than all negotiations in Geneva will be able to achieve in the other direction."[4396]

Aus dynamischer wirtschaftswissenschaftlicher Perspektive gibt es viele Gründe für Firmen einen niedrigeren Preis in anderen Länder zu verlangen. Als Herausforderer in einem neuen Markt ist es normal, wenn man versucht über einen niedrigen Preis Marktanteile zu gewinnen. Firmen können in einem Auslandsmarkt weniger Marktmacht haben, speziell wenn sie mit großen Supermarktketten verhandeln, sodaß sie ihre Preise niedriger ansetzen. Niedrige Preise sind ebenso Folge eines schlechteren Markenimage. Dazu kommt, daß der Dumpingvorwurf besagt, daß über einen mutmaßlich geschützten, hochpreislichen Heimatmarkt die Verkäufe im Auslandsmarkt subventioniert werden. Dies ist nicht ganz ausgeschlossen, hängt aber davon ab, ob der Markt wirklich so groß ist und diese Vorteile wirklich vorliegen. Diese Aspekte werden jedoch von den Dumpinguntersuchungen, wie sie derzeit durchgeführt werden, nicht oder nur unzureichend untersucht, so treffend Lindsey (1999).[4397] Angesichts dieser Kritik ist es zu schwach, wenn Mastel (1998) simplerweise Behauptungen aus U.S. Dumpingfällen übernimmt, etwa über Vorteile, die Firmen durch geschützte Heimatmärkte in Japan oder Korea haben, und, ohne weitere eigene Analyse, davon ausgehend für die Notwendigkeit von Antidumpinggesetzen - in der bestehenden Form - eintritt.[4398]

14.2.1 Antidumping zwischen Verwaltungsverfahren und Politik

Weil es in den Dumpinguntersuchungen fast immer gelingt, Dumping nachzuweisen, wird hier Finger/Murray (1990) gefolgt und nicht der Dumpingvorwurf selbst diskutiert. Diese Autoren stellen zudem die These auf, daß Antidumpinguntersuchungen die Schutzklausel ersetzt haben, wenn es darum geht heimische Produzenten vor ausländischer Konkurrenz zu schützen.[4399]

[4395] Noch deutlicher: "In many cases little would remain of the alleged injury from dumping if the complaints were sufficiently discounted for the elements of exaggeration, misrepresentation, inadequate analysis of facts, and even outright lying, which entered into them." Viner 1923: 142. Auf der anderen Seite ist es Fakt, daß damals - nicht nur in Deutschland - Kartelle operierten, die auch mit einem Export-'bounty'-System ausgestattet waren, sich also eigene Exportsubventionen einräumten. Weil unter solchen Umständen intransparent blieb, inwiefern Exportpreise durch komparative Vorteile oder technologische Vorsprünge bestimmt sind oder eben tatsächlich durch Monopolprofite auf zollgeschützten Heimatmärkten, ist die damalige Dumpingdiskussion und Etablierung von Anti-Dumping Gesetzen aus common sense Fairnessgründen nachvollziehbar. Interessanterweise gingen diese Strategien manchmal fehl, weil damalige Kartelle, etwa der Zinnplattenindustrie, die die Weltdominanz anstrebten, durch Dumping ihre eigenen Wettbewerber stärkten. Viner 1923: 51-108. Dazu auch Abschnitt 'B'.
[4396] Aus einer U.S. Kongressanhörung 1955. Zitiert in Petersmann 1990: 188.
[4397] Diese These wird aufgestellt und Kriterien um Dumping festzustellen systematisch präsentiert in Lindsey 1999: 12-20.
[4398] Mastel 1998: 40-50, 149.
[4399] Referiert wird hier erst, daß in den meisten Fällen Dumping gefunden wird und die Erhebung eines Zolls allein davon abhängt, ob Schädigung (wie in der Schutzklausel) gefunden wird. Daraus wird treffend geschlossen: "These findings suggest that the definition of dumping and subsidy are broad enough that the economics of unfair trade remedies is effectively the same as the economics of the escape clause." Finger/Murray 1990: 39; bestätigend De Vault 1993: 736. Von Finger (1992) stammt der Satz: "Antidumping is ordinary protection

Antidumpinguntersuchungen wurden bewußt auf der Ebene eines behördlichen Verfahrens angesiedelt, um die politische Brisanz zu minimieren und den Anschein eines auf Fakten beruhenden Verfahrens zu wahren.[4400] Damit wird - der Tendenz nach - der Druck von der obersten Politikerebene genommen, Entscheidungen zu treffen, die komplexe Einkommensumschichtungen zur Folge haben und die - noch brisanter - ganze Industriebereiche in anderen Staaten treffen.[4401]

Von den Befürworten der Antidumpingmaßnahmen wird argumentiert, daß Antidumping-Untersuchungen eine Überdruckventil seien ('pressure valve' oder 'safety valve' Argument), die eine zunehmende Liberalisierung durch die Präsenz von Schutzmaßnahmen erleichtern und daß diese, relativ gesehen zum gesamten Volumen des internationalen Handels, kam merkliche Auswirkungen haben.[4402] Äußerungen aus Entwicklungsländern wie Mexiko und Chile werden als Beleg für diese These angeführt, welche diese Schutzoptionen im Gegenzug zu einer Liberalisierung eingeführt hatten.[4403] Am Rande ist im Rahmen dieser Arbeit erwähnenswert, daß Antidumping ebenso als Versicherung konzipiert werden kann, für Sektoren, die mit Importen im Wettbewerb stehen und einen Preisschock ausgesetzt sind, wobei dies ggf. wohlfahrtssteigernde Effekte haben kann.[4404]

In der EU werden Antidumping- und Ausgleichzölle von privaten Akteuren beantragt (nur in Ausnahmenfällen von der Kommission). Die Kommission untersucht, der Ministerrat stimmt letztendlich über die Anwendung ab.[4405] Angenommen ist eine Untersuchung, wenn eine einfache Mehrheit dafür ist (seit neuestem, wenn eine einfache Mehrheit dagegen ist).[4406] Die Mitgliedstaaten treffen sich in Beratungskommitees ('advisory committee'), welche den Fortgang der Untersuchungen begleiten.[4407] Die Kommission nimmt einen 'community interest'-Test vor[4408], welcher aber keine komplexe Untersuchung beinhaltet.[4409] Damit ist der Prozess in der EU politischer als der in der USA,

---

with a grand public relations program". Finger 1992: 141. Von Petersmann (1990) stammt der Titel: "Need for Reforming Antidumpingrules and Practices: The Messy World of Fourth-Best Policies". Petersmann 1990: 179.

[4400] Nettesheim 1991c: 272.

[4401] "A technical track is cheaper to operate than a political process. Discretion must be vested in relatively senior government officials, while a more tightly constrained process can be administered by a technically trained, as opposed to a broadly educated and politically astute, staff which could work out a political solution for their superior's signature. A much more important characteristic of the technical track relates to the minimization of the political costs of making a decision. Protection involves large transfers of income - those from consumer to producers are typically eight or ten times the net costs of protection." Finger et al. 1982: 453. Siehe dazu, unter dem Terminus 'political pressure deflection': Zanardi/Anderson 2004.

[4402] Vandenbussche/Zanardi 2006: 3; Zanardi 2005: 17. In Abschnitt 'H' wird dem Argument nicht widersprochen, aber gezeigt, daß Antidumping in den siebziger und achtziger Jahren immerhin systematisch in bestimmten Sektoren eingesetzt wurden, sodaß der neutrale Terminus Überdruckventil wenig aussagekräftig zu sein scheint. Zudem unterschieden sich die Bereich, die von den Antidumpinguntersuchungen betroffen waren, erheblich in ihrem Welthandelsvolumen bzw. Wert, sodaß auch hier dieses Pauschalargument keinen sonderlich überzeugenden Erkenntniswert hinsichtlich der Rechtfertigung solcher Maßnahmen hat. Als Ablenkung politischen Drucks ('political pressure deflection') in ein administratives Verfahren untersuchen das Phänomen Zanardi/Anderson 2004.

[4403] Mexiko: "the monster was born only to protect the liberalization process." De la Torre/Gonzales 2005: 1; für Chile ähnlich Saez 2005: 2.

[4404] In einem Gleichgewichtsmodell wird gezeigt, daß hier ein Zoll die Wohlfahrt erhöhen helfen kann. Fischer/Prusa 1999: 12.

[4405] Das Europäische Parlament hat keinen Einfluß. Evaluation of EC TDI 2005: Annex 1, Page 5.

[4406] Evaluation of EC TDI 2005: Annex 1, Page. 35.

[4407] Das Europäische Parlament hat keinen Einfluß. Evaluation of EC TDI 2005: Annex 1, Page 5.

[4408] Evaluation of EC TDI 2005: Annex 1, Page 28.

[4409] Sondern dies wird "gleichsam vermutet". Ohne Herv. im Original. Reuter 1995: 159.

durch die neue Mehrheitsregel wird es aber auch in der EU schwieriger, Antidumpingmaßnahmen zu blockieren.[4410] Generell gilt, daß in der EU Lobbyaktivitäten Entscheidungen beeinflussen können.[4411]

Für die USA gilt zuerst einmal, daß diesbezügliche Antidumping- und Ausgleichsuntersuchung ohne die Involvierung des Präsidenten durchgeführt werden, eingeschlossen der Umsetzung der Maßnahmen.[4412] Damit ist - der Tendenz nach - ein Automatismus etabliert, der handelspolitische Schutzentscheidungen allein von den Entscheidungen der privaten Antragsteller und Verwaltungsbehörden abhängig macht. Dies trifft zwar nicht immer zu, weil große Fälle, im Automobil- und Stahlbereich, die weitgehende Maßnahmen nach sich ziehen, von der Politik entschieden werden müssen.[4413] Im Unterschied zur EU können in den USA zudem auch Gewerkschaften Antidumpingmaßnahmen beantragen.[4414] Nicht der hohen Politik ausgesetzt sind offenbar kleinere Firmen, die ebenso Antidumpingzölle beantragen. Dies bemerkt Finger et al. (1982) mit seinem Zitat: "Antidumping and countervailing duties are, functionally, the poor (or small) man's escape clause".[4415] Auch in den USA ist Antidumping Lobbyprozessen ausgesetzt, welche eine Maßnahme wahrscheinlicher machen.[4416] Obwohl es dazu wenig Informationen gibt, wird hier weiterhin unterstellt, daß Kongress und Präsident informell versuchen können, Einfluß auf ein Verfahren zu nehmen, siehe dazu auch weiter unten: Denn zuerst einmal sind das Department of Commerce und die International Trade Commission Behörden mit exekutiver Funktion, die dem Präsidenten untergeordnet sind.[4417] Die International Trade Commission, verantwortlich u.a. für die AD Schädigungsfeststellungen, besteht aus 9 Mitglieder, die vom Präsidenten für 9 Jahre benannt werden.[4418] Diese Mitglieder der International Trade Commission sind den Demokraten oder Republikanern zugeordnet und sind oft ehemalige Mitglieder des Kongress oder haben dort in wichtigen Kommitees gearbeitet.[4419] Der Tendenz nach gilt somit, daß der Prozess in den USA unpolitischer als in der EU ist, daß aber ein vollständiger Automatismus ebenso nicht angenommen werden kann.[4420]

[4410] Evaluation of EC TDI 2005: Annex 2, Page 17.
[4411] Evaluation of EC TDI 2005: Annex 2, Page 18.
[4412] "On the other hand, no discretion exists in CVD and AD cases - relief as determined by the DOC is implemented by a DOC antidumping or countervailing duty order without Presidential involvement. Cooper 2003: 5.
[4413] Beispielsweise als am 11. Januar 1982 sieben U.S. Stahlunternehmen mit 494 Kartons mit 3 Millionen Seiten am Department of Commerce auftauchten, um 132 Antidumping- und Ausgleichzollanträge zu stellen. Destler 2005: 153-154; siehe das folgende Zitat: "Champions of these quasi-judical procedures defended them as a way to 'depoliticize' trade issues, to 'run trade on economic law'. They were seen as a way to keep trade decisions 'out of politics', and the petitioners off of legislator's backs, by establishing objective import relief rules that governed the strong and the weak alike. For large cases, however, this was often not the actual result. As steel producers, in particular, moved to take advantage of theses statutes, the effect - and often their clear intent - was not to lower the political temperature but to raise it." Destler 2005: 138; so schon Finger et al. 1982: 465.
[4414] Blonigen 2004: 28.
[4415] Finger et al. 1982: 465; empirisch zu dieser Frage Kelly/Morkre 1994: 23-30.
[4416] So kann für die USA gezeigt werden, daß Beiträge des Political Action Committee (PAC) an einflußreiche Kongressabgeordnete dazu führen, daß Antidumpingzölle wahrscheinlicher werden. Blonigen/Prusa 2002: 11.
[4417] Schüler 1991: 30.
[4418] Schüler 1991: 33.
[4419] Kramer 2003: 17.
[4420] Insgesamt gilt somit, daß, obwohl es in den USA keine Klausel wie in der EU gibt, nach der eine allgemeine Bewertung aus der Perspektive des politischen Gemeinschaftsinteresses erfolgt, auch dort Fälle mit weitreichenden Effekten, wie Stahl oder Automobile auf politischer Ebene entschieden werden bzw. die Entscheidungen der Behörden politisch beeinflußt werden. Nettesheim 1991c: 272.

14.2.2 Was ist Dumping?

Der Vorwurf des Dumping besagt, daß ein Produkt auf dem Heimatmarkt zu einem höherem Preis verkauft wird als auf dem ausländischen Markt, in das es exportiert wird. Dies ist die Definition, wie sie das Antidumpingrecht beim Vorwurf eines Verkaufs unter dem Gestehungspreis bzw. eines nicht kostendeckenden Preises (sales less than fair value, 'SLFV') unterstellt. Letzteres Konzept stammt aus dem U.S. Antidumpingrecht.[4421] Dies wird in einem administrativen Verwaltungsverfahren untersucht.[4422]

Generell fällt es den Behörden leicht, Dumping zu beweisen.[4423] Dies liegt daran, daß ein direkter Vergleich der Netto Heimatmarktpreise und der Netto Auslandsmarktpreise meistens garnicht erfolgt. Das Antidumpingrecht wurde so ausgestaltet, daß viele Details dieses Rechts speziell dazu eingerichtet sind, um es zu erleichtern Dumping zu beweisen und um höhere Dumpingspannen berechnen zu können. So kann beispielsweise der Heimatpreis einfach nicht akzeptiert, ein Verkauf unter den Produktionskosten unterstellt und anhand einer Berechnung der Produktionskosten ein solcher Preis neu - erhöht - bestimmt werden.[4424]

Weil es somit leicht ist Dumping nachzuweisen können Antidumpingzölle zu protektionistischen Eingriffen in den Handel genutzt wurden, sodaß ein Vergleich mit der Schutzklausel gezogen wird.[4425] Die zwei zentralen Vorteile von Antidumping im Vergleich zur Schutzklausel ist klar: Erstens sind nicht alle, sondern nur bestimmte Ländern von Antidumpingzöllen betroffen und zweitens sind diese Ländern nicht automatisch dazu autorisiert Kompensationen zu erhalten oder Zugeständnisse zurückzunehmen.[4426]

Vielleicht ist die bewußte Verfälschung der Fakten nicht einmal das ärgerlichste an den Antidumpinguntersuchungen. Noch schwerer zu verstehen ist, daß die Behörden offensichtlich Machtmißbrauch betreiben, indem sie etwa die betroffenen Firmen mit Informationsforderungen

---

[4421] Nettesheim 1991c: 219; Reuter 1995: 129; Import Administration Antidumping Manual 1997: Chap. 6, 1. Dieses Konzept des Preisvergleichs ähnelt dem Konzept des räuberischen Preisverhaltens im Wettbewerbsrecht, wobei es hier aber nur um einen Markt geht. Obwohl das Wettbewerbsrecht daran interessiert ist, daß der Wettbewerb intensiv ist und niedrigere Preise bestehen, gibt es die Möglichkeit gegen zu niedrige Preise vorzugehen, wenn der Vorwurf erhoben werden kann, daß ein Konkurrent durch Verkäufe unter Kosten Rivalen aus dem Markt verdrängen will. Gegen räuberisches Preisverhalten wird deshalb vorgegangen werden, weil dieses als Vorstufe zu einer letztendlichen Etablierung monopolistischer oder enger oligopolistische Märkte gesehen wird, die dann dazu führen, daß die Preise deutlich erhöht werden können. Hovenkamp 1999: 336.
[4422] Reuter 1995: 129.
[4423] Seine Schlußfolgerungen über die Entsprechung von Dumping Vorwürfen mit der Realität werden von Finger (1992) folgendermaßen zusammengefaßt: "Antidumping is ordinary protection with a grand public relations program". Finger 1992: 141.
[4424] Es stimmt, daß der Dumping Vorwurf sich eigentlich darauf bezieht, daß eine Produzent im Heimatmarkt zu höheren Preisen als auf den ausländischen Märkten verkauft. Dieser Vorwurf ist aber nur ein Nebenaspekt des Antidumpingrechts: "First, the current expansion of the scope of the laws has deformed the original character of the laws. In particular, the inclusion of the cost-of-production test has diminished the legal significance of the dumping element of the statute. It has never been so easy to prove the existence of dumping." Nettesheim 1991c: 257.
[4425] Finger/Murray 1990: 39.
[4426] Hoekman 1995: 15.

konfrontieren, die nicht erfüllbar sind, wobei die Firmen für die Nichterfüllung bestraft werden, indem ein ungünstigeres Berechnungsverfahren gewählt wird ('facts available').[4427] Vor diesem Hintergrund sind multilaterale Regeln für Antidumping unterläßlich. Es ist selbstverständlich, daß eine solche weitgehende Ausnahme, bei der ein betroffener GATT Mitgliedsstaat keine Möglichkeit zum Rückzug von Zollkonzessionen hat, durch Regeln eingeschränkt werden muß.

Bei der Disziplinierung der Antidumpingmaßnahmen kommt es einerseits auf Details an, z.B. welche Dumpingberechnungsmethoden benutzt werden dürfen. Andererseits geht es darum, daß die Argumentation überzeugend ist und klar aufzeigt, daß die Importe, denen Dumping vorgeworfen wird, auch wirklich die heimische Industrie schädigen. Dieses Schädigungskriterium muß seit der Tokio-Runde des GATT verpflichtend aufgezeigt werden. Schließlich blieb es bei aller zutreffenden Kritik wichtig, die Effekte und die Schutzbegründung von Antidumpingzöllen realistisch einzuschätzen.

14.2.3 U.S. Antidumpingrecht

Zuerst einmal zum U.S. Antidumpingrecht, welches von den folgenden Phasen geprägt ist: In der frühen Phase des U.S. Antidumpingrechts wurden die meisten Anträge von den Behörden abgelehnt. In der USA werden zwischen 1921 und 1967 706 Untersuchungen angestellt, nur 75 davon stellten Dumping fest.[4428] Vor 1958 waren in den USA Antidumpingzölle sehr selten. Im Jahre 1958 änderte der Kongress die Regeln, wie die Dumping Margen berechnet werden und die Anzahl der Eingaben stieg an. Zwischen 1958 und 1973 wurden 20 bis 25 Anträge pro Jahr gestellt, diese wurden aber oft abgelehnt. Nur zwei oder drei Fälle pro Jahr führten zu Antidumpingzöllen. Erst die nachfolgenden Änderungen des Antidumpingrechts änderten die Situation. Im Jahre 1974 wurden Verkäufe unter Produktionskosten in die Definition von Dumping aufgenommen, danach stiegen die Anträge um 50 %. Immer noch blieb die Ablehnungsrate hoch, sie lag bei 85 %. Erst mit den Änderungen 1979 stieg die Zahl der Anträge deutlich auf 45 bis 50 Fälle pro Jahr und die Ablehnungsrate sank auf 50 % ab.[4429]

Vor allem die folgenden drei Revisionen des Antidumpingrechts führten, neben eine Beschleunigung des Verfahrens und einer rechtsförmigeren Ausgestaltung, auch zu einer leichteren Nutzung:[4430]

(1) Im Jahre 1974 wurden zwei wichtige Änderung vorgenommen. Ermöglicht wurde, daß für nicht-marktwirtschaftliche Länder (non-market economies, 'NME') der Heimatmarktpreis nicht akzeptiert wird, sondern eine spezielle Preiskalkulation mit geschätzten Inputpreisen eingeführt wird. Die zweite

---

[4427] Aus den USA gibt es viele solcher Geschichten: So wurden etwa von einem schwedischen Kugellagerhersteller Daten über 100 Millionen einzelne Verkäufe gefordert. Die erste Eingabe wog 4 Tonnen und hatte ein Umfang von 150.000 Seiten und enthielt 4 Mrd. einzelne Daten. Als das Commerce Department bei der Qualitätsprüfung feststellte, daß 1 % der Daten über Verkäufe in Deutschland nicht akzeptabel waren, wurden alle Daten ignoriert und ein 180 % Antidumpingzoll auferlegt. McGee 1996: 10; siehe auch Bovard 1991.
[4428] Finger 1992: 134.
[4429] Prusa 1997: 193.
[4430] Eine Geschichte des U.S. Antidumpingrechts liefert: Nettesheim 1991c: 211-214; CBO AD/CV Study 1994: 1-4; umfassend ist Steward 1993: 1383-1691.

Änderung erlaubte es den Behörden Heimatmarktpreise zu ignorieren, wenn sie nicht die Produktionskosten widerspiegeln ('sales below costs').[4431] Beide Änderungen führen bis heute zu einer erheblich größeren Wahrscheinlichkeit, daß Dumping gefunden wird.[4432]

(2) Die nächste wichtige Revision des Antidumping Rechts 1979 in den USA hatte u.a. zur Folge, daß das Finanzministerium ('Treasury') die Verwaltung dem Wirtschaftsministerium ('Commerce') übergeben mußte, mit dem Ziel Interessengruppen zu erleichtern, dieses Instrument zu nutzen, um ausländische Firmen vermehrt Antidumpingzöllen auszusetzen.[4433] Zusammen mit rechtlichen Änderungen fiel es dem neuen Verwaltungsverfahren des Department of Commerce (fortan 'DOC') leicht, Dumping zu zeigen. Dies wird daran deutlich, daß zwischen 1980 und 1992 nur in 7 % der Fälle vom Commerce Department kein Dumping gefunden wurde.[4434]

Parallel dazu wird verlangt, daß bedeutende Schädigung der eigenen Industrie gezeigt werden muß und diesbezüglich führten die Reformen 1979 zu einer rechtlichen Beschränkung der weiten Ermessensspielraums der damaligen Tariff Commission.[4435] Die Feststellung bedeutender Schädigung erfolgte dann[4436] durch die International Trade Commission (ITC). Dieses Tribunal besteht, s.o., aus Personen, die dem Kongress nahestehen. Es wird dennoch die Meinung vertreten, daß die ITC unabhängiger gegenüber protektionistischem Druck aus dem Kongress sei.[4437] Es gibt aber Gegenbeispiele von massivem Druck auf die ITC, sichtbar etwa an Entscheidungen, die später anders ausfallen als zeitlich zuvor.[4438] Die somit nur relative Unabhängigkeit der ITC wird dadurch deutlich, daß sie in einer merklichen Anzahl von Fällen das Vorliegen von Schädigung verneint: Zwischen 1980 bis 1992 in 34 % der Fälle, bei denen eine endgültige Schädigungsfeststellung erforderlich wurde.[4439] Für den Zeitraum 1980 bis 2004 wurden von 1092 Antidumpingfällen 213 (19,5 %) eingestellt, bevor die ITC entschied, in 418 (38,3 %) erfolgte eine negative Entscheidung, davon 188 (17,2 %) schon zu Beginn des Verfahrens, 230 (21,1 %) als endgültige Feststellung. Positiv entschied die Commission in 461 (42,1 %) Fällen.[4440]

[4431] Nettesheim 1991c: 214-215.
[4432] Lindsey 1999: 4-7.
[4433] Dies ist Konsens in der Literatur und kann an den Details nicht nur dieser, sondern vieler weiterer Detailveränderungen der Gesetze gezeigt werden. Siehe: McGee 1996: 6; Cumby/Moran 1997: 164.
[4434] CBO AD/CV Study 1994: x; die Zahl von nur 3 % zwischen 1988 und 1992 findet sich in CBO AD/CV Study 1994: x; ebenso Cumby/Moran 1997: 164-165.
[4435] Nettesheim 1991c: 214-215.
[4436] Die International Trade Commission besteht seit 1975, der Vorläufer International Tariff Commission wurde umbenannt, weil Zölle nicht mehr so wichtig seien, sondern es mehr um nichttarifäre Handelsbarrieren gehe. Schüler 1991: 33.
[4437] Nettesheim 1991c: 217. Der ITC besteht aus 6 Kommissaren (3 Demokraten und 3 Republikaner), die vom Präsidenten für die Zeit von 12 Jahren bestimmt werden. Evaluation of EC TDI 2005: Annex 5, Page 3.
[4438] Anhand eines Falls beschrieben von Bovard 1991: 212-213.
[4439] Zwischen 1988 und 1992 lag die Ablehnungsrate der letztendlichen Schädigungsfeststellung bei 41 %. CBO AD/CV Study 1994: x.
[4440] USITC 2005a: 3.

Somit lag die größte Hürde staatlich administrierten Schutz zu bekommen, darin zu beweisen, daß es einem Industriebereich überhaupt schlechter ging. Gleichzeitig steht fest, daß die Schädigungshürde beim Antidumping einfacher zu nehmen ist, als wenn es um die Schutzklausel geht.[4441]

(3) Eine weitere wichtige Änderung fand 1984 statt, als die Kumulation vieler Importe bei der Schädigungsfeststellung erlaubt wurde. Vorher zielte eine AD Untersuchung typischerweise auf ein Land und es wurde untersucht, ob Importe aus diesem Land zur Schädigung beitragen. Danach wurden multiple Dumpingfälle bezüglich vieler Länder erleichtert, bei denen untersucht wurde, ob die Importe aus diesen Ländern insgesamt zur Schädigung führten. Dies gelang auch. Die Wahrscheinlichkeit einer Schädigungsfeststellung durch das ITC stieg durch diese Veränderung um 20 % bis 30 % an.[4442] Ebenso stiegt die Zahl der multiplen Eingaben um 50 % an.[4443] Die Kumulation hat als Nebeneffekt, daß Länder, die eigentlich wenig in die USA importieren, ebenso der Schädigung beschuldigt werden.[4444] Eine Nutzung der Antidumpinguntersuchungen in bezug auf alle Länder gleichzeitig wird aber vom GATT verboten.[4445]

Antidumpinguntersuchungen werden meist[4446] auf Antrag von Wirtschaftsinteressengruppen initiiert.[4447] Interessant ist diesbezüglich, daß es in den USA bis 1994 nicht einmal Praxis war zu überprüfen, ob der Antragsteller repräsentativ für die Wirtschaft war. Noch 1990 blockierte die USA einen GATT-Streitbeilegungsfall, der dieses Erfordernis anmahnte.[4448] Seit 1994 verhält es sich in den USA[4449] genauso wie in der EU, es wird überprüft ob die Antragsteller mindestens 25 % des Marktes repräsentieren (gilt auch für die Ausgleichzolluntersuchungen).[4450]

In den USA gibt es seit 1979 die Möglichkeit eine gerichtliche Überprüfung der Antidumpingzölle anzustrengen.[4451] Zusätzlich kann auf Verwaltungsebene nach 1 Jahr bzw. 3 Jahren eine Überprüfung

---

[4441] CBO AD/CV Study 1994: xi. Dies ist auch kein Wunder, denn das U.S. Gesetz hält alles für Schädigung was: "is no inconsequential, immaterial, or unimportant". CBO AD/CV Study 1994: 3.
[4442] Prusa 1997: 194. Die These von der Unbestimmtheit im GATT genutzter Begriff u.a. den Schädigungsbegriff und hier speziell die Schädigungsindikatoren für den Antidumping- und Ausgleichzollbereich stellt auf: Schoch 1994: 139-145, 185-188.
[4443] Prusa 1997: 194.
[4444] "The ITC often finds that trace amounts of imports have harmed the U.S. Kenyan flower exports to the U.S. in 1986 were less than 0.05 percent of the total U.S. flower consumption - worth barely $250,000. Yet the ITC concluded that Kenyan carnations were hurting American flower growers. Ball bearings from Singapore amounted to 0.05 % of the U.S. ball-bearing market, yet the ITC concluded that they injured American companies. Thai welded steel pipes and tubes accounted for $ 15,000 worth of $575 million of pipe and tube imports in 1984, yet the ITC found injury. (...) By cumulating the imports of a large number of nations, the ITC can convict the whole crew, despite scant evidence of the ill effects of any single country's imports." Bovard 1991: 212.
[4445] Prusa 1997: 193-194.
[4446] In den USA kann das Department of Commerce auch selbst solche Fälle initiieren, zwischen 1980 und 1986 waren dies 6 Fälle, meistens im Stahlbereich. Nettesheim 1991c: 218.
[4447] Nettesheim 1991c: 234. Darunter zählen in den USA Gewerkschaften: Blonigen 2004: 28.
[4448] In dem Fall Sweden vs. United States, Antidumping Duties on Stainless Seamless Pipes and Tubes from Sweden, ADP/47, entscheidet das Panel, daß gemäß dem Antidumping Kodex der Tokio-Runde das Erfordernis besteht, daß eine Untersuchung darüber erfolgen muß, ob der Antragsteller die heimische Industrie repräsentiert. Es reiche nicht aus, wenn niemand etwas gegen die Untersuchungen einzuwenden hat. Dies war die Praxis der USA. Hudec 1991: 572-573; siehe auch Jackson et al. 1995: 698; und Steward 1993: 1651.
[4449] Jackson et al. 1995: 698.
[4450] Reuter 1995: 152.
[4451] Jackson et al. 1995: 697.

('administrative review') veranlaßt werden. Dabei werden Zölle auf Firmenebene überprüft und diese werden dann oft verringert, wenn die Firmen die Preise ihrer Waren erhöhen, siehe dazu gleich den Vergleich zum EU Antidumping System.[4452] Die finanzielle Hürde der Partizipation am U.S. Antidumpingverfahren ist hoch, sie wird auf mindestens US$ 1 Mill. geschätzt.[4453] Es gibt aber in den USA durchaus Erfolge ausländischer Kläger, auch vor dem Gerichtssystem.[4454] Die Kosten einer Klage liegen bei US$ 500.000 und US$ 1 Mill..[4455]

Einige Grundzüge und Probleme des U.S. Antidumpingrechts werden hier präsentiert, um in WTO Abschnitt 'J', Antidumping, die Relevanz bestimmter Entscheidungen des Panels besser einschätzen zu können:[4456]

Der Unterschied zwischen den Preisen und dem Heimatmarkt, des sog. Normalwertes ('normal value') und den Preisen auf dem U.S. Markt bestimmt die Höhe des Antidumpingzolls.[4457] Zu zwei Punkte ausführlicher (1) Preisvergleich, (2) bedeutende Schädigung.

(1) Preisvergleich: Spielräume haben die U.S. Behörden beim Vergleich des Heimatmarktpreises, des sog. Normalwertes ('normal value') mit dem Exportpreis auf dem U.S. Markt.

Der Normalwert kann als Heimatmarktpreis (home market price), als Drittlandpreis (third country price) oder konstruierter Wert (constructed value, 'CV') berechnet werden.[4458]

Der Exportpreis kann als Exportpreis (export price, 'EP') oder konstruierter Exportpreis (constructed export price, 'CEP') kalkuliert werden. Der konstruierte Exportpreis wird dann berechnet, wenn es etwa in den USA selbst Filialen der betroffenen Firma gibt. Deren Kosten werden aufgeschlagen.[4459]

Der Vergleich zwischen den Preisniveaus kann erstens in Form von gewichteten durchschnittlichen Preisen, zweitens können individuelle bzw. einzelne Transaktionen verglichen werden oder drittens kann ein gewichteter durchschnittlicher Preis mit individuellen bzw. einzelnen Transaktionen

---

[4452] Jackson et al. 1995: 696; Vandenbussche et al. 1999: 2; Belderbos 1997: 424-425.
[4453] Nettesheim 1991c: 262.
[4454] So hat nach einer 6 1/2 Jahre langen Gerichtssaga der Court of International Trade festgestellt, daß die U.S. Firma Southwire nur deshalb Antidumpinguntersuchungen gegen ihren vormaligen Joint Venture Partner Sural aus Venezuela beantragt hatte, damit sie den U.S. Markt ganz für sich allein reklamieren konnte, weil andere Wettbewerber planten vom Markt auszuscheiden. Kelly/Mokre 2002: 9.
[4455] Evaluation of EC TDI 2005: Section 2, Page 3. Für den Zeitraum der achtziger Jahren folgende Schätzung: Die Kosten einer Klage liegen zwischen US$ 150.000 und US$ 500.000, wobei es Hilfen für kleine Unternehmen gibt Kelly/Morkre 1994: 70-71.
[4456] Siehe Import Administration Antidumping Manual 1997; Evaluation of EC TDI 2005: Annex 5. Diese Schilderungen stehen im Einklang mit Nettesheim 1991c: 217-228.
[4457] Nettesheim 1991c: 219-228.
[4458] Wenn der Heimatmarkt weniger als 5 % der Verkäufe verglichen zur USA aufweist, wenn die Heimatmarktpreise unter den Gestehungskosten erfolgen oder wenn es keine Heimatmarktverkäufe gibt, dann wird der Normalwert nicht auf dem Heimatmarktpreis basierend berechnet. Er wird dann mit den drei Methoden, die oben erwähnt sind, berechnet. Evaluation of EC TDI 2005: Annex 5, Page 5. Weitere Anpassungen sind denkbar. Evaluation of EC TDI 2005: Annex 5, Page 6.
[4459] Der EP wird nur dann akzeptiert, wenn es sich um einen Verkauf außerhalb der USA an einen unabhängigen U.S. Importeur handelt. Evaluation of EC TDI 2005: Annex 5, Page 7.

verglichen werden (weighted average price vs. individual transaction prices).[4460] Dieser Vergleich wurde u.a. mit der 'Zeroing'-Methode durchgeführt: Eine Transaktion (innerhalb des Bündels an Transaktionen, die untersucht werden) auf dem Heimatmarkt, die unter dem U.S. Preis lag (also kein Dumping darstellt) wird auf Null gesetzt. Damit wirkt sie nicht ausgleichend bzw. nicht verringernd auf die Berechnung der Dumpingspanne.[4461]

Firmen können individuell untersucht werden, sind es zuviele, wird die Anzahl limitiert.[4462] Wenn die betroffenen Firmen keine oder unzureichende Informationen bereitstellen, wird die Feststellung mit den verfügbaren Fakten ('facts available') getroffen.[4463]

Die Möglichkeit ergibt sich an den Preisen selbst Anpassungen vorzunehmen, bevor diese als 'starting prices' in die Kalkulation der Dumpingmarge eingehen.[4464] Aufgeschlagen werden Kosten für Verpackung, für Zölle im Heimatland auf Inputgüter für die Hersteller des Produktes und mögliche Ausgleichszölle. Abgezogen werden Transportkosten, Transportversicherungen, Hafengebühren, U.S. Zölle. Geht es um ein nicht-marktwirtschaftliches Land wie China, wird ein Drittland zum Vergleich hinzugezogen, um etwa Transportkosten zu ermitteln, hier etwa Indien.[4465] Dazu kommen Verkaufskosten wie Werbung, Kredit und Garantiekosten. Und schließlich wird ein Profit unterstellt.[4466] Bisher wurde hier der minimale untere Schwellenwert 10 % für sonstige Ausgaben und 8 % für Profit angenommen und niedrigere Profitzahlen, die von den Firmen angegeben wurden, dadurch ersetzt[4467], was zu erheblicher Kritik führte.[4468]

Schließlich ist es möglich, beim Antrag auf eine Antidumpinguntersuchungen zu fordern, daß eine eigenständige "'sales below costs'-investigation" bzw. Produktionskostenuntersuchung erfolgen soll.[4469] Diese Untersuchung kumuliert Material- und Arbeitskosten, fixe und variable Produktionskosten sowie Verkaufs- und Managementkosten (selling general and administrative expenses, 'SG&A') sowie Verpackung.[4470] Dazu kommen ad-hoc Anpassungen z.B. für Start-up-Kosten, Bereitstellungen von mutmaßlich kostengünstigen Inputs von abhängigen Firmen.[4471] Kurz: Wenn etwa ein Heimatmarktpreis ('normal value') von 60 ermittelt wurde, als Produktionskosten aber 80 ermittelt werden und die Verkäufe im U.S. Markt auf dem Niveau von 60 liegen, wird eine

---

[4460] Import Administration Antidumping Manual 1997: Chap. 6, 2-9.
[4461] Ikenson 2004: 1; Evaluation of EC TDI 2005: Annex 5, Page 8.
[4462] Evaluation of EC TDI 2005: Annex 5; Page 9.
[4463] Import Administration Antidumping Manual 1997: Chap. 6, 11-18.
[4464] Import Administration Antidumping Manual 1997: Chap. 7, 10-23.
[4465] Import Administration Antidumping Manual 1997: Chap. 7, 11-15, 16.
[4466] Import Administration Antidumping Manual 1997: Chap. 7, 18, 20-25; auch Dritte Ländern werden einbezogen, wenn Produkte dorthin umgelenkt werden, um den Antidumpingzoll zu entgehen. Wird dort aber eine substantielle Transformation vorgenommen, fallen sie nicht darunter. Import Administration Antidumping Manual 1997: Chap. 7, 25-27.
[4467] Krishna 1997: 18.
[4468] Siehe aber die Zahlen für GS&A und Profite, die darüber liegen in Steward 1993: 1559.
[4469] Dies muß natürlich begründet werden, genauso wie auch für eine Antidumpinguntersuchungen Gründe und Daten von den Interessenverbänden vorgelegt werden müssen. Import Administration Antidumping Manual 1997: Chap. 8, 67.
[4470] Import Administration Antidumping Manual 1997: Chap. 8, 67-69.
[4471] Import Administration Antidumping Manual 1997: Chap. 8, 71.

Dumpingmarge von 20 berechnet. Liegen diese Verkäufe unter Gestehungskosten vor, wird überprüft ob sie in 'substantiellen Mengen' erfolgen. Wenn weniger als 20 % der 'sales below costs' Verkäufe im Heimatmarkt ('normal value') vorliegen, werden sie bei der Normalwertfeststellung einbezogen. Wenn allerdings mehr als 20 % oder mehr Preise so niedrig liegen, daß der Kostentest nicht bestanden wurde, dann werden diese bei der Normalwertberechnung ausgeklammert (dadurch erhört sich der Normalwert). Liegen alle Verkäufe unter Gestehungskosten, dann wird der Normalwert in Form eines konstruierten Preises bzw. auf Basis einer Produktionskostenuntersuchung berechnet.[4472] Für nicht-marktwirtschaftlich verfaßte Ländern gibt es eine gesonderte Berechnungsmethode, die Kosten für Produktionsfaktoren ('surrogate factor price') bei der Produktion eines Produkts einschätzt, wobei eine ganze Reihe von Kosten einbezogen werden, aufgeschlagen werden auch Schätzungen für den Profit.[4473]

Ziel dieser Ausführungen ist es auch zu zeigen, daß es zwar Regeln gibt, es aber, aufgrund der vielen Anpassungs- und Wahlmöglichkeiten, im Endeffekt die Behörde in der Hand hat, Dumping zu behaupten.[4474] Dies gilt speziell dann, wenn nicht die Heimatmarktpreise und U.S. Marktpreise direkt verglichen werden, sondern - wie oft - eine Mixtur an Preisfeststellungen benutzt wird. So werden beispielsweise nur die Hochkostenheimatmarktverkäufe beachtet oder konstruierte Werte werden anstatt der vorliegenden Preisinformationen verwendet:

Für die achtziger Jahren wird dokumentiert, daß 3/5 aller Antidumpinguntersuchungen in den USA auf einer 'sales below costs' Feststellung beruhten, daneben spielten andere Untersuchungsmethoden, die viel Spielraum lassen, ein große Rolle.[4475] Dies wird von Linsey (1999) für den Zeitraum 1995 bis 1998 untersucht und anhand von 49 Antidumpinguntersuchungen und 141 firmenspezifischen Dumpingfeststellungen des Department of Commerce bestätigt.[4476] Nur in 4 Feststellungen wurde direkt zwischen Heimatmarkt und U.S. Preisen verglichen, interessanterweise wurde dabei nur in zwei Fällen Dumping gefunden, mit einer Marge von 7,36 %.[4477] In 48 von 49 Untersuchungen und in 107 von 141 firmenspezifischen Dumpingfeststellungen wird Dumping gefunden, mit einer

---

[4472] Weitere Kriterien werden verwandt. Import Administration Antidumping Manual 1997: Chap. 8, 73-74.
[4473] Import Administration Antidumping Manual 1997: Chap. 8, 79-90.
[4474] Siehe auch die folgende Schilderung: In den USA werde typischerweise so vorgegangen, daß einzelne Verkäufe im U.S. Markt mit dem durchschnittlichen Preis im Heimatmarkt verglichen werden. Ein einzelner Verkauf unter dem Preis auf dem Heimatmarkt stellt dabei bereits Dumping dar. Bei der Berechung der durchschnittlichen Preise auf dem Heimatmarkt werden Verkäufe ausgeklammert, die nicht kostendeckend erfolgt sind. Dies hat meist den Effekt, daß dann die Aufmerksamkeit auf U.S. Preise und Kosten gelenkt wird. Dies bedeutet sodann, daß die Feststellung der Kosten der Importeure ausschlaggebend für den Ausgang der Antidumpinguntersuchung wird. Bei dieser Kostenfeststellung werden insgesamte Durchschnittskosten berechnet, um festzustellen, ob auf dem U.S. oder dem Heimatmarkt ein nicht kostendeckender Preis etabliert wurde. Dabei werden aber nicht die tatsächlichen Kosten einbezogen, sondern es werden Kosten konstruiert, die zwar auf Daten basieren, die von den Produzenten vorgelegt werden. Darauf werden aber 8 % für Profite und 10 % Betriebskosten aufgeschlagen. Die so erreichten Kostenniveaus sind "systematically higher than any measure of cost that is relevant to pricing decisions made by participants in most competitive markets." Pierce 2000: 729-230; "It is widely understood that these margins, and in particular the dumping margins, are generally biased upwards." Kelly/Morkre 1994: 69.
[4475] Hier wird aus einer Untersuchung von Horlick (1989) zitiert, die sich nicht hier in der Literaturliste befindet. Kelly/Morkre 1994: 4. Bestätigt, mit Daten (bis 2000) über die Nutzung der weiteren diskretionären Methoden, in Blonigen 2003: 27; siehe **Tabelle 196**.
[4476] Diese Untersuchung wird hier zitiert, weil für den Zeitraum der achtziger Jahre eine solche Untersuchung nicht verfügbar ist. Es besteht kein Grund anzunehmen, daß die Praxis in den achtziger Jahren anders war. Lindsey 1999: 8.
[4477] Lindsey 1999: 9. Siehe: **Tabelle 197**.

durchschnittlichen Dumpingmarge von 44,68 %. Von den 141 firmenspezifischen Feststellungen erfolgen 36 auf der Basis von 'facts available' (durchschnittliche Dumpingmarge 95,58 %), 47 Feststellungen erfolgten nach der Methode für Firmen aus nicht-marktwirtschaftlich verfaßten Länder, die ebenso zu hohen Margen führte (durchschnittliche Dumpingmarge 67,05 %).[4478] In 37 der firmenspezifischen Feststellungen wurde festgestellt, daß wenigstens 20 % der Heimatmarktprodukte unter den Gestehungspreisen verkauft wurden, sodaß eine Mixtur von Drittmarktpreisen, Hochkostenheimatmarktpreisen und konstruierten Werten genutzt wurde.[4479] Von diesen wurde in 31 Feststellungen (in 17 Antidumpinguntersuchungen) deshalb der Vergleich Heimatmarktpreis U.S. Preis durch die Hinzuziehung der Drittmarktpreisen, Hochkostenheimatmarktpreisen und konstruierten Werten verändert, sodaß in 25 Feststellungen Dumping gefunden wurde, mit einer durchschnittlichen Marge von 17,95 %.[4480] In welchem Ausmaß diese Veränderung den einzelnen Methoden zugerechnet werden kann, kann nicht festgestellt werden, weil die dazu nötigen Informationen nicht öffentlich zugänglich gemacht werden.[4481]

(2) bedeutende Schädigung ('material injury', 'threat of material injury'). Hauptgrund für die Ablehnung von Anträgen auf Antidumpingzölle war das zweite Verfahren vor der International Trade Commission, die Schädigung untersuchte, dies wurde bereits oben dargestellt.

Was läßt sich zu diesen Untersuchungen sagen? Zuerst einmal, geht schon aus diesen Ablehnungen hervor, daß es einigen Bereich der U.S. Industrie eindeutig erkennbar gut ging und sie trotzdem eine Antidumping-Untersuchung angestrengt haben. Was ist mit den Fällen in denen bedeutende Schädigung festgestellt wird? Lag eine solche überhaupt vor?

Daß diese Frage beantwortet werden kann, ist Kelly/Morkre (1994, 2003) zu verdanken, welche die Zeiträume zwischen 1980-1988 und 1989-1994 untersucht haben. Sie gehen davon aus, daß Antidumping vor allem einen protektionistischen bzw. Schutzhintergrund hat. Gefragt wird nach dem tatsächlichen Ausmaß der Schädigung.[4482] Schädigung ist dabei definiert als prozentualer Rückgang der Einnahmen der heimischen Industrie durch die als unfair definierten Importe.[4483] Für den Zeitraum 1980 bis 1988: Von 105 Fällen endgültig entschiedenen Fällen[4484], wird in der Hälfte der Fälle, 53, eine Schädigung, die weniger als 5 % der Firmeneinnahmen ('revenue') ausmachte, gefunden. In 70 Fällen liegt die Schädigung unter 10 %. Es gibt allerdings auch 16 Fälle, bei denen die Schädigung bei über 20 % der Firmeneinnahmen lag. In 8 von diesen Fällen lagen die Dumpingmargen über 50 % und

---

[4478] Lindsey 1999. 8. Siehe: **Tabelle 197**.
[4479] Lindsey 1999: 8. Siehe: **Tabelle 197**.
[4480] Lindsey 1999: 8. Siehe: **Tabelle 197**.
[4481] Lindsey 1999: 9.
[4482] Kelly/Morkre 2002: 2-10.
[4483] Herausgestellt wird weiterhin die Diversität der Fälle. In einer Reihe von Fällen sind es kleine Industrien, die Schutz suchen. Nur 7 Industrien hatten mehr als 10.000 Arbeiter, davon waren 4 in der Stahlindustrie. Die anderen drei: Frisches Schweinefleisch, T-Shirts und Farbfernsehgeräte. Kelly/Morkre 1994: 48.
[4484] Insgesamt wurden in dieser Zeit 399 Antidumpinguntersuchungen gestartet, 135 davon führten, angesichts einer positiven ITC Schädigungsfeststellung zu definitiven AD-Zöllen. Kelly/Morkre 1994: 8. Die Zahlen oben beziehen sich auf die in der Literatur untersuchten Fälle.

der Marktanteil der ausländischen Produzenten bei über 13 %.[4485] Geschlossen wird: "The evidence reviewed in this chapter suggests that unfair imports were not a major problem for most U.S. industries that had sought protection."[4486]

Für den Zeitraum 1989 und 1994 werden von Kelly/Morkre (2002) Antidumping- und Ausgleichsuntersuchungen zusammen untersucht: Von 132 Fällen in denen die ITC eine endgültige Feststellung machte, gibt es für 63 Fälle (davon 57 reine Antidumpinguntersuchungen) genügend Daten, um Schädigung zu untersuchen: Schädigung liegt bei 5 % oder weniger in 32 Fällen (51 %); sie ist größer als 5 % und nicht mehr als 10 % in 10 Fällen (16 %); in 14 Fällen liegt die Schädigung zwischen 10 % und 20 % (22 %) und schließlich liegt sie über 20 % in 7 Fällen.[4487] Diese 7 Fälle sind.[4488] Dazu werden absolute Zahlen präsentiert, hier geht es in 14 von 54 Fällen um eine Rückgang der insgesamten Firmeneinkommen zwischen US$ 1 Mill. und US$ 100 Mill. In 8 Fällen lag die Schädigung darüber, davon waren 4 Stahlfälle.[4489] Für 63 % der Fälle ging es um Beschäftigungsverluste von weniger als 100 Arbeitern, im Höchstfall von 800 Arbeitern.[4490] Die jährlichen zusätzlichen Konsumentenkosten lagen bei US$ 27.000 und US$ 3,6 Mill. pro erhaltenen Arbeitsplatz.[4491]

Anhand dieser Zahlen ist zuerst einmal erkennbar, daß räuberisches Preisverhalten in den allermeisten Fällen aufgrund der geringen betroffenen Werte nicht vorliegen dürfte.[4492]

Weitere kann festgehalten werden, daß in einzelnen Fällen tatsächlich höhere Summen und Schädigungseffekte vorlagen.

Ebenso auffällig ist aber, daß es bei der Schädigung - meistens - nicht um sehr weitgehende Effekte geht oder eine Schädigung nicht vorliegt.

Dies wird von Kelly/Morkre (2002) differenziert aufgezeigt: In 44 Industriefällen, bei denen aussagekräftige Daten vorlagen, gingen in 38 Fällen die Einnahmen zurück, in 25 Fällen der Output.[4493] Obwohl nur zwischen 1990 und 1991 ein Wachstumsrückgang der amerikanischen Wirtschaft zu beobachten war, beklagten die Firmen in der gesamten untersuchten Zeitperiode

---

[4485] Kelly/Morkre 1994: 56-57.
[4486] Kelly/Morkre 1994: 30.
[4487] Kelly/Morkre 2002: 25-26.
[4488] Hier sind sie: 25,1 %, pipe fittings from China and others; 25,2 %, stainless steel flanges from India and others; 26,0 %, garlic from China; 26,8 % telephone systems from Japan and others; 29,8 % silicon metal from Brazil and others; 43,0 %, sparklers from China; 46,8 %, benzyl paraben from Japan. Kelly/Morkre 2002: 26.
[4489] Die Nicht-Stahlfälle sind: US$ 292 Mill. Softwood Lumber (Ausgleichszollfall); US$ 334 Mill. Telephone Systems from Japan (Antidumping); US$ 171 Mill. Groundwood Paper from Finland (Antidumpingfall); US$ 353 Mill. Ball Bearings from Japan and other Countries (Antdumping, Ausgleichszoll). Kelly/Morkre 2002: 27.
[4490] Kelly/Morkre 2002: 37.
[4491] Kelly/Morkre 2002: 37.
[4492] Kelly/Morkre 2002: 7.
[4493] Kelly/Morkre 2002: 39.

negative Effekte, welche nicht nur auf Importe zu beschränken waren: In 36 dieser 44 Fälle ging die heimische Nachfrage zurück, in 29 Fällen hatten negative Qualitätsveränderungen das heimischen Einkommen ungünstig beeinflußt, in 28 von Fällen haben Veränderungen im heimischen Angebot das Einkommen heimischer Firmen ungünstig beeinflußt. In 22 von 35 Fällen, in denen fair gehandelte Importe vorlagen, haben Angebotsveränderungen die Industrie ungünstig beeinflußt. Veränderungen im Angebot preislich unfair angelegter Importe konnten nur in 8 Fällen als Hauptverursacher negativer Effekte ausgemacht werden, im Vergleich zu den anderen Wirkungen.[4494] Geschlossen wird zudem, daß zwar in 3/4 der Fälle Preisveränderungen 'unfair' gehandelter Produkte negative Effekte auf Einkommen und Output hatten, aber in 80 % der Fälle anderen Faktoren eine größere Auswirkung zukam.[4495]

Damit wird auf die weitere Problemdimension der Einbeziehung weiterer Faktoren sichtbar: Wenn die GATT Regeln vorschreiben würden, daß die 'unfair' gehandelte Importe der klare Hauptgrund für die Schädigung sein müssen, dann sind in den USA ggf. nur 20 % der Feststellungen zu rechtfertigen.

14.2.4 EU Antidumpingrecht

Die EU verfügt seit 1968 über ein Antidumpinggesetz.[4496] Zwar gibt es auch in der EU Regeln, die auch dargestellt werden können.[4497] Die EU Regeln unterscheiden nicht in extremer Art und Weise von den U.S. Regeln (und Spielräumen) zur Untersuchung der Antidumpingvorwürfe.[4498] Aufgrund einer fehlenden Unterrichtung der Öffentlichkeit über die wichtige Details der Berechnungen der EU Behörden liegt zudem die Literatur nicht vor, mit der es möglich wäre, eine Kritik der EU Regeln ähnlich wie für die USA vorzunehmen. Die EU veröffentlicht ein Schriftstück, welches vor allem Beschreibungen und Bewertungen von Daten enthält. Es bezieht sich auf ein internes Dossier, welches die wirklich relevanten Daten und Berechnungen enthält.[4499] Aus diesen Gründen werden die EU Regeln hier ausgeklammert. Lobbyarbeit hat in der EU ebenso ihren Platz, wenn es um diese Untersuchungen geht, nicht zuletzt, weil die EU Länder den Maßnahmen zustimmen müssen.[4500]

[4494] Kelly/Morkre 2002: 45.
[4495] Kelly/Morkre 2002: 47.
[4496] van Bael 1979: 395.
[4497] Evaluation of EC TDI 2005: Annex 1, Page 1-43; Waer 1993; Bierwagen/Hailbronner 1988; Vermulst/Waer 1991.
[4498] So ist es ebenso in der EU möglich, Heimatmarktpreise daraufhin zu untersuchen, ob dort Verkäufe unter Gestehungskosten erfolgen und falls dies der Fall ist, kann auf Dumping befunden werden. Evaluation of EC TDI 2005: Annex 1, Page 10.
[4499] Auf ein solches Dossier wird in der öffentlichen Version immer wieder hingewiesen. Siehe z.B. Verordnung (EG) Nr 436/2004 des Rates vom 8. März 2004. ABl. L 72/15, 11.3.2004. S. 16. Siehe den folgenden Kommentar: "Many people complain that certain aspects of the Commission's work take place in a black box: and it is certainly true that the Commission has considerable discretion in the economic aspects of AD and AS investigations." Auch auf die Nichtverfügbarkeit der Dumping und Schädigungsberechnungen, die nur die Parteien zu sehen bekommen, die vertraulichen Informationen übergeben haben, weist hin Evaluation of EC TDI 2005: Section 2, Page 11. Die Unterschiede gehen weiter. In den USA haben Rechtsanwälte, wenn sie zugelassen werden, Zugang zu den vertraulichen Unterlagen. Weil sogar die Software zur Verfügung steht, mit der Dumpingmargen berechnet werden, können diese für alle Exporteure nachgerechnet werden. Die EU Kommission schreibt ihre Berechnungen auf und nur der betroffene Exporteur erhält seine Berechnung'. Auch die EU Industrie kann diese Berechnungen somit nicht bewerten und überprüfen. Evaluation of EC TDI 2005: Annex 6, Page. 25.
[4500] Evaluation of EC TDI 2005: Section 2, Page 12. Genauer: Seit neuestem müssen sie die Maßnahmen im Ministerrat mit einfacher Mehrheit ablehnen und die Ablehnung muß seit der Eurocoton Entscheidung des EuGH begründet werden. Evaluation of EC TDI 2005: Section 2, Page 17. Interessant ist aber, daß sich der bürokratische Aspekt der Untersuchung bestätigt, denn die EU Mitgliedsländer nehmen

Insgesamt ist dieses System aus Transparenzgründen inakzeptabel und erschwert die Bewertung der EU Praxis erheblich.[4501]

Aussagekräftiger ist ein Vergleich einiger[4502] Unterschiede des EU- mit dem U.S.- System:

Zuerst einmal gibt es in der EU, neben dem politischen Ermessensspielraum der Behörden, auch eine Verpflichtung zu überprüfen, ob Gemeinschaftsinteresse vorliegt. Faktisch wird dies formal oft nicht gesondert geprüft und oft vorrausgesetzt, wenn Dumping vermutet werden (gilt auch für die Ausgleichszolluntersuchungen).[4503]

In der EU können Gewerkschaften oder Gruppen von Arbeitern keine Antidumpingklagen einreichen.[4504]

In der EU gibt es kein zweigeteiltes System, die Entscheidung über Dumping und Schädigung ist in einer Hand.[4505]

Ein wichtiger Unterschied war, daß es bis zur WTO Gründung in den USA keine zeitliche Begrenzung der Antidumpingzölle gab. Z.B. bestanden Antidumpingzölle auf Farbfernseher aus Japan mehr als 25 Jahre lang und diese wurden zuletzt auf TV Projektoren und Flachbildschirme ausgedehnt. Die EU hatte dagegen 1984 ein sog. Sunset Review System eingerichtet, welches impliziert, daß nach 5 Jahren die Zölle auslaufen, wenn die Industrie nicht eine neue Eingabe macht.[4506] Für die USA wird die durchschnittliche Dauer von Antidumpingmaßnahmen auf 10,6 Jahre geschätzt.[4507]

Generell werden in Antidumpinguntersuchungen von den USA höhere Zölle veranschlagt als von der EU.[4508] Auf der anderen Seite ist es in den USA in vielen Fällen möglich diese Zölle in den

---

aufgrund von Personalknappheit oft nicht an den letzten Konsultationen über die Fälle teil, bei denen sie am Ende der Untersuchung etwa noch eine 10 Tage Frist haben, noch Kommentare abzugeben. Ebenso dürfen sie während der Untersuchung intervenionieren. Evaluation of EC TDI 2005: Section 2, Page 18.

[4501] Dieser Punkt wird immer wieder kritisiert, andererseits wird im selben Atemzug von den Unternehmen hervorgehoben, daß sie zufrieden mit dem EU System sind, weil es vertrauliche Informationen sehr gut schützt. Evaluation of EC TDI 2005: Section 2, Page 11.
[4502] Siehe für mehr Unterschiede: Evaluation of EC TDI 2005: Annex 5.
[4503] Reuter 1995: 159; dies bedeutet nicht, daß dieser Test völlig irrelevant ist, denn es passiert auch, daß schon vor dem Beginn der Untersuchung der Hinweis erfolgt, daß dies nicht im Gemeinschaftsinteresse liegt. Dies erfolgt aber in sehr wenigen Fällen. Konsumenteninteressen sind kaum repräsentiert. Evaluation of EC TDI 2005: Section 2, Pages 28-30. Ein solcher Fall einer Prüfung ergab sich im Unbleached Grey Cotton Fall, weil davon viele weiterverarbeitende Unternehmen in Europa betroffen waren. Hier wurde an 250 Importeure und Verarbeiter ein Fragebogen versandt. Vermulst/Driessen 1997: 154. Eine neuerliche Note hat zudem klargestellt, daß nur dann, wenn negative Antidumpingeffekte 'disproportionate' sind, ein Verstoß gegen das Gemeinschaftsinteresse angenommen wird. Dies macht es unwahrscheinlicher, daß das Gemeinschaftsinteresse gegen Antidumpinguntersuchungen angeführt werden wird. Vermulst/Driessen 1997: 154.
[4504] Evaluation of EC TDI 2005: Section 2, Page 5.
[4505] Evaluation of EC TDI 2005: Section 2, Page 33.
[4506] Belderbos 1997: 425.
[4507] Hier wird auf eine Studie des CBO aus dem Jahr 1998 vewiesen. Die Wortwahl ('permanent') oben ist dieselbe wie in: CBO AD Study 2001: 8.
[4508] In der ersten hier erwähnten Publikation wird keine systematische Beweisführung vorgelegt, sondern es werden einzelne Beispiele aus den neunziger Jahren bis zum Jahr 2005 erwähnt. Dies ist somit kein letztendlicher Beweis dieser These für die achtziger Jahre. Evaluation

sogenannten 'administrative reviews' auf Firmenebene überprüfen zu lassen und diese werden dann oft verringert. Wenn bei Importtransaktionen auf Firmenebene gezeigt werden kann, daß die Exportpreise so erhöht wurden, daß kein Dumping mehr vorliegt, dann müssen diese, in vielen Fällen, einen deutlich niedrigeren Antidumpingzoll zahlen.[4509] Ein Beispiel: Für Farbfernseher konnte etwa die japanische Firma Citizen erreichen, daß ihr Zoll von 17,07 % 1989 auf 1,26 % 1990 gesenkt wurde.[4510] Hat die Firmen den Preis so angehoben, daß in drei 'administrative reviews' keine Antidumpingzölle mehr veranschlagt wurde, können die Firmen ganz aus der Untersuchung entfernt werden.[4511] Dieses System hat auch seine negative Seite: Zölle werden rückwärtsgewandt erhoben, sodaß ein 'administrativ review', welches feststellt, daß weiter Dumping vorliegt, auch dazu führen kann, daß höhere Zölle gezahlt werden müssen, was plötzlich zu hohen Summen führen kann.[4512] Das U.S. System wird deshalb auch als 'duty avoidance' und das EU System als 'duty payment' System charakterisiert, denn in der EU ist es zwar auch möglich, die Zölle zu umgehen, indem sich die Firmen auf 'undertakings' einlassen. Es ist aber die Entscheidung der Kommission, ob hier zugestimmt wird und diese scheint jedenfalls intransparenter und mehr von politischen Fragen abzuhängen, als dies in den USA der Fall ist.[4513] In der EU werden weiterhin weitaus weniger Fälle gerichtlich angegriffen.[4514]

Statt Zöllen gibt es in beiden Ländern die Möglichkeit Abmachungen ('undertakings') zu treffen, meist geht es um die Zusicherung höherer Preise, so führten in den USA die Hälfte der Antidumpingfälle (348 von 774 Fälle, 1980-1988) zu diesen Abmachungen.[4515] In den EU sind es 42,8 % (von 255 Fällen, 1980-1987).[4516] Die 'undertakings' der EU hatten zwischen 1980 und 1985 ein Zolläquivalent von 33,2 %.[4517] Die ad valorem Zölle lagen durchschnittlich niedriger: bei 5,8 %, hier sticht nur Japan mit 35,3 % heraus.[4518] Der Vergleich mit den USA ist nicht ganz einfach, weil hier kein Zolläquivalent der 'undertakings' vorliegt: Zehn Prozent der U.S.-Antidumping Zölle liegen über 100 %. Durchschnittlich wurden 45 % hohe Zölle erhoben.[4519] In der USA werden 'untertakings' nicht akzeptiert, wenn die antragstellende Industrie das nicht will. In der EU kann die Kommission dies eigenständig bestimmen.[4520] Die EU hat ihre Möglichkeiten gestärkt, Abmachungen zu überwachen

---

of EC TDI 2005: Annex 6, Page 16. Daß diese These auch für die achtziger Jahre gilt wird, aber ohne empirische Beispiele, wird dargelegt in Vandenbussche et al. 1999: 2. Grund für die niedrigen Zölle in der EU ist u.a. die 'lesser duty'-Regel, welche Dumpingmargen auf Schädigungsmargen beruhen läßt, statt auf Dumpingmargen. Evaluation of EC TDI 2005: Annex 6, Page 15.

[4509] Vandenbussche et al. 1999: 2; Belderbos 1997: 424-425.
[4510] Belderbos 1997: 424-425.
[4511] Evaluation of EC TDI 2005: Annex 6, Page. 19.
[4512] Evaluation of EC TDI 2005: Annex 6, Page. 19.
[4513] Vandenbussche et al. 1999: 2; so auch die Charakterisierung in Belderbos 1997: 424. Im EU System ist eine Überprüfung des Dumping in der Theorie zwar auch möglich, wurde aber in der Praxis in den achtziger Jahre nicht genutzt. Belderbos 1997: 424.
[4514] Evaluation of EC TDI 2005: Annex 6, Page 17.
[4515] Finger/Murray 1990: 37, 45.
[4516] Messerlin 1989: 582; weitere Zahlen für die EU: Von 903 Fällen wurden ca. 25 % abgelehnt, 35 % führten zu einem Zoll und 40 % zu einer Abmachung. Schuhknecht 1990: 124.
[4517] Dies sind die 'undertakings', die auf einer Schädigungsfeststellung basieren, offenbar die Mehrzahl der Fälle. Die 'undertakings' die auf dem Dumpingvorwurf basieren, liegen bei 6,9 %. Messerlin 1989: 569.
[4518] Messerlin 1989: 569.
[4519] Daten 700 Antidumpingfälle von 1980 bis 1994. Prusa 1999: 16.
[4520] Evaluation of EC TDI 2005: Annex 6, Page 11.

und seit 2005 ist es möglich Abmachungen mit retroaktivem Effekt aufzuheben.[4521] Eine Ausnahme vom Kartellverbot des Wettbewerbsrechts ist damit nicht etabliert. Für die USA besteht zwar die Noerr-Pennington Doktrin, welche erlaubt, daß sich heimische Firmen treffen und Informationen austauschen, wenn sie eine AD Maßnahme beantragen wollen. Ein privates Abkommen, ohne die Involvierung der U.S. Regierung, verstößt aber klar gegen das Kartellverbot.[4522]

14.2.5 GATT und Antidumping

Schon in der Kennedy-Runde des GATT kam es hier zu einem ersten Abkommen zum Thema Antidumpingmaßnahmen, das unter anderem den 'bedeutende Schädigung'/'material injury'-Standard einführte.[4523] Dies war das erste GATT Abkommen, dessen Vorteile nur den Signatarstaaten zukamen. Dieser Ansatz wurde bei den Exportsubventionen und später in der Tokio-Runde fortgeführt.[4524] Streitbeilegungsfälle dazu gab es nicht, nur eine Auseinandersetzung während der Tokio-Runde über die zu laxe Anwendung des Schädigungsstandards.[4525] Interessanterweise wurde im diesem Antidumpingkodex der Kennedy-Runde der Standard für bedeutende Schädigung so klar formuliert, wie danach nicht mehr. Importe mußten "demonstrably the principal cause" der Schädigung seien.[4526] Interpretiert wird dies so, daß die Importe wichtiger sein müssen als alle anderen kausalen Einflüsse, die Schädigung bewirken, zusammen.[4527]

Schon damals wurde diese Auslegung aber bezweifelt: Die U.S. Delegation meinte, daß dies nur bedeutet, daß Dumping ein wichtigerer kausaler Faktor sein müsse als jeder andere kausale Faktor.[4528] Dies entsprach offenbar eher der U.S. Praxis, denn die EU war in den siebziger Jahren irritiert davon, daß die USA nicht auf den Standard der Kennedy-Runde in ihren Antidumpinguntersuchungen eingeht

---

[4521] Evaluation of EC TDI 2005: Section 2, Page 36.
[4522] Taylor 2001: 6.
[4523] Siehe Teil B, Art. 3. Agreement on Implementation of Article VI of the General Agreement on Tariffs and Trade. BISD 15S/24-35, 1968. Hudec 1987: 82, 97. Vorher gibt es etwa schon einen Bericht einer Expertengruppe, der sich auf grundlegende Standards einigen konnte. Antidumping and Countervailing Duties, Report adopted on 13 May 1959. BISD 8S/145, 1960.
[4524] Damals klagt Indien gegen diese Form von Abkommen, weil die Vorteile nicht mehr gemäß Meistbegünstigung an andere GATT-Mitglieder weitergegeben werden. Indien bekommt Recht. Hudec 1987: 89.
[4525] Steward 1993: 1447.
[4526] Es lohnt sich die Passage aus Art. 3 (a) zu zitieren: "A determination of injury shall be made only when the authorities concerned are satisfied that the dumped exports are demonstrably the principal cause of material injury or of threat of material injury to a domestic industry or the principal cause of material retardation of the establishment of such an industry. In reaching their decision the authorities shall weigh, on the one hand, the effect of dumping and, on the other hand, all other factors together which may be adversely affecting the industry." Siehe: Agreement on Implementation of Article IV of the General Agreement on Tariffs and Trade, BISD 15S/26 (1968). Hinweis auf diesen Standard auch in Krishna 1997: 23; ausführlich Pangratis/Vermulst 1994: 68. Krishna (1997) vergißt allerdings, daß hier noch 'material retardation' erwähnt wird, ein Aspekt der der Bewertung "stringent text" entgegenwirkt. Krishna 1997: 23; diesen Punkt bestätigt Pangratis/Vermulst 1994: 68.
[4527] Dies ist die Meinung eines EU Rechtlers, J.F. Beseler, ähnlich klingen die Formulierungen von der U.S. Tarif Commission in einem Bericht an den Kongress 1968. Pangratis/Vermulst 1994: 68-69. Hinter dieser Meinung der U.S. Delegation steht womöglich auf der U.S. Kongress, der damals simplerweise nicht einverstanden war, was die Kennedy-Runde hinsichtlich Antidumping für Ergebnisse vorwies. Es wird sogar 1968 ein Gesetz verabschiedet, welches sogar explizit vorsah, daß der Kodex nicht in U.S. Recht umgesetzt werden darf, wenn Konflikte auftreten. Palmeter 1996: 44.
[4528] Pangratis/Vermulst 1994: 68-69.

- und - sie bemerkte selbst, daß dieser Standard willkürlichem Verwaltungshandeln bzw. administrativen Einschätzungsprärogativen ("administrative discretion") wenig Raum ließ.[4529]

Wie dem auch sei, im Antidumpingabkommen der Tokio-Runde wurde dieser Standard politisch gewollt abgeschwächt. Formuliert wurde unklarer, daß "injuries of other factors must not be attributed to the dumped imports."[4530] Im Rahmen der Rechtsfortbildung durch die Vertragsstaaten wurde 1985 immerhin eine stringentere Formulierung des Standards 'threat of material injury' entwickelt.[4531]

Dies hatte zur Folge, daß der Standard 'bedeutende Schädigung' von den USA bis 1979 teilweise ignoriert wurde, erst danach wurde er akzeptiert.[4532] Auch die EU benutzte ihre Antidumping Untersuchungen damals nicht auf eine akzeptable Art und Weise.[4533] Der 'material injury'-Standard implizierte, daß in dem Untersuchungsverfahren bewiesen werden mußte, daß eine bedeutende Schädigung der heimischen Industrie vorliegen muß, wenn Antidumpingzölle erhoben werden.[4534] Sowohl im Antidumping- und Antisubventionsverfahren werden die Termini 'bedeutende Schädigung'/'material injury' benutzt und müssen konkretisiert werden. Beim Antidumping geschieht dies durch mehrere Faktoren, darunter den Umfang und die Preise der betreffenden Einfuhren und bei den Antisubventionsverfahren geht es eben um Subventionen und zudem muß gezeigt werden, daß eine bedeutende Schädigung verursacht wird oder droht.[4535] Zur Konkretisierung, welche Faktoren zu welchem Grad an der Schädigung beteiligt waren - und welche Rolle die gedumpten Importe haben - gab es eine nicht leicht auflösbare doppelte Anforderung: Einerseits war die Liste solcher Faktoren nicht abschließend und nicht ein Faktor allein könnte die Feststellung begründen ("This list is not exhaustive, nor can one or several of these factors can necessarily give decisive guidance"[4536]), andererseits wurde formuliert, daß gedumpte Importe nicht für die Schädigungen durch andere Faktoren verantwortlich gemacht werden dürfen ("... injuries caused by other factors must not be attributed to the dumped imports."[4537]). Im Antidumpingabkommen der Tokio-Runde wurde weiterhin für Staatshandelsländer bzw. Länder mit Exportmonopolen und Preiskontrollen ein spezielles Antidumpingverfahren multilateral etabliert, welches größere Freiräume für die

---

[4529] Pangratis/Vermulst 1994: 69.

[4530] Agreement on the Implementation of Article VI of the General Agreement on Tariffs and Trade, Art. 3 Abs. 4. In: BISD 26S/174 (1980). Dies Abschwächung gegenüber dem Standard der Kennedy-Runde wird bestätigt in der historischen Darstellung von Steward 1993: 1456; genauso Pangratis/Vermulst 1994: 69. Siehe instruktiv die tatsächlich 'schwache' Diskussion von Art. 3 Abs. 4 in Norway vs. United States - Imposition of Anti-Dumping Duties on Imports of Fresh and Chilled Atlantic Salmon from Norway, Report of the Panel, BISD 41S Vol. I/229, 420-429, 1997.

[4531] Committee on Anti-Dumping Practices. Recommendation concerning Determination of Threat of Material Injury adopted by the Committee on 21 October 1985 (ADP/25). In: BISD 32S/182-184. Pangratis/Vermulst 1994: 71.

[4532] Der Kongress akzeptiert die Veränderungen durch den Kodex nicht Jackson 1989: 226; siehe auch Jackson 1969: 423-424.

[4533] "In essence, the authorities are simply stating that, in compliance with the Regulation, they found dumping and injury to exist rather than making any serious attempt to support such findings." Der erste Schritt zur Verbesserung dieses Zustands wurde nicht durch das GATT sondern durch ein Urteil des EuGH 1979. van Bael 1979: 407.

[4534] Siehe Teil B, Art. 3. Agreement on Implementation of Article VI of the General Agreement on Tariffs and Trade. BISD 15S/24-35, 1968. Hudec 1987: 82, 97.

[4535] Aus der Perspektive des EU Antidumping und Antisubventionsrechts. Reuter 1995: 152.

[4536] Agreement on the Implementation of Article VI of the General Agreement on Tariffs and Trade, Art. 3 Abs. 3. In: BISD 26S/174, 1980.

[4537] Agreement on the Implementation of Article VI of the General Agreement on Tariffs and Trade, Art. 3 Abs. 4. In: BISD 26S/174, 1980.

Antidumpingzollfestlegung ermöglicht.[4538] Insgesamt läßt sich hier eine widersprüchliche Entwicklung feststellen: Zunehmende Regeldisziplin für außenhandelspolitische Maßnahmen, bei abnehmender Strenge bezüglich wichtiger Bedingungen für deren Anwendung.

Eine Einbeziehung spezieller Probleme der Entwicklungsländer erfolgte in der Tokio-Runde nicht. Weil in diesen Ländern u.a. aufgrund der Importsubstitutionspolitik teils höhere Preisniveaus herrschten als auf den Weltmärkten, war es leichter gegenüber einem Entwicklungsland Dumping festzustellen, weil im Vergleich zum Heimatmarkt auf ausländischen Märkten somit öfter zu niedrigeren Preisen verkauft wurde.[4539] Bis heute besteht diese Problem in bezug auf den indischen Markt, weil dieser noch zollgeschützt ist, sodaß Dumping durch die höheren Preisniveaus auf dem Heimatmarkt leicht gezeigt werden kann.[4540]

Die GATT-Streitbeilegung wurde nur in wenigen Fällen mit Antidumpingmaßnahmen befaßt.[4541] In einem frühen Fall wurde festgehalten, daß bestimmte grundlegende prozedurale Erfordernisse, vor allem eine Untersuchung gemäß der Kriterien des Art. IV durchzuführen ist, bevor Antidumpingzölle veranschlagt werden dürfen, hier geht es um italienische Damenstrümpfe, die vorschnell einem schwedischen Antidumping/Mindestpreis ausgesetzt wurden.[4542]

Erst 1986 wurde klargestellt, daß sich die GATT Streitbeilegung vorbehält, Antidumping Untersuchungen, eingeschlossen deren Argumentation und der Daten, die einer Feststellung einer bedeutenden Schädigung und der Kausalitätsbehauptung zugrundeliegen, zu überprüfen. Interessanterweise ist in dieser Streitfall nicht auf den genaueren Tokio-Runden Kodex bezüglich Antidumping (Ausgleichszöllen und Subventionen) gestützt, weil Neuseeland hier kein Mitglied war. Somit wird anhand des GATT Artikels Art. VI. kürzer und weniger ausführlich argumentiert.[4543] Art. VI. 6 (a) stelle klar fest, daß nicht nur eine ernsthafte Schädigung drohen oder vorliegen muß, sondern auch eine kausale Verbindung dafür aufgezeigt werden müsse.[4544] In diesem Fall wird weiterhin festgehalten, daß erstens die Industrie als ganzes betrachtet werden muß (und nicht artifiziell

---

[4538] Tokio Antidumping Kodex Part. IV, Article 15 'Special Situations' BISD 26S/74, 1980. Hier Referenz auf die Staaten, die in GATT Ad Article VI.2 genannt werden.
[4539] Seventh Report by the Comittee on Anti-Dumping Practices adopted on 21 November 1975. BISD 22S/28, 1976. Die hier gemachten Vorschläge zur Korrektur dieser Situation gehen nicht in den Tokio-Runden Antidumping Kodex mit ein.
[4540] Evaluation of EC TDI 2005: Section 2, Page 26.
[4541] Siehe die Fälle 27, 58, 128 (kein Panelbericht, Blockade), 133, 199 (kein Panelbericht, Blockade) in der Numerierung von Hudec 1991. Zu einer substantiellen Schlußfolgerung, die aber nur am Rande Relevanz hat, in diesem Bereich kommt es im Fall mit der Nummer 58. Hier wird in bezug auf erhöhte kanadische Kartoffelzölle festgestellt, daß hier Art. VI.1 (a) nicht erfüllt ist, weil sich der Zoll einfach gegen saisonale Niedrigpreise in den USA richtet und somit in den USA die Kartoffen zu genauso niedrigen Preisen verkaufen werden und somit ein Kriterium jedenfalls nicht vorliegt, anhand dessen Dumping nachgewiesen wird. USA vs. Canada - Exports of Potatoes to Canada. BISD 11S/88, 1963.
[4542] Italy vs. Schweden - Swedisch Anti-Dumping Duties. BISD 3S/81, 84-91, 1955. Der Fall 27 in Hudec 1991: 432.
[4543] Es handelt sich dabei um den Panelbericht Finland vs. New Zealand - Imports of Electrical Transformers from Finland, BISD 32S/55, 61, 1986. Siehe GATT Analytical Index 1995: 242, 244. Der Fall 133 in Hudec 1991: 520.
[4544] GATT Art. IV. 6 (a) Not contracting party shall levy any anti-dumping or countervailing duty on the importation of a product of the territory of another contracting party unless it determines that the effect of the dumping and subsidization, as the case may be, is such as to cause or threaten material injury to an established domestic industry, or is such to retard materially the establishment of a domestic industry." GATT-Text in WTO 1995: 494.

Produktlinien herausgesucht werden dürfen, in denen es leicht ist, hohe Importprozentwerte aufzuzeigen), zweitens wird festgestellt, daß 2,4 % Importpenetration durch Finnlands Transformatorenverkauf nach Neuseeland als Hinweis auf bedeutende Schädigung nicht akzeptiert wird und ebenso wird nicht akzeptiert, daß sich eine bedeutende Schädigung androht. Neuseeland wird dazu aufgefordert, die Anti-Dumping Untersuchung aufzuheben und die gezahlten Zölle zurückzuerstatten.[4545] Das Panel behält sich somit vor, auch die kausale Verbindung von Dumping und bedeutender Schädigung zu untersuchen.

Daraufhin folgte der spektakuläre Fall Japan vs. EEC - Regulation on Imports of Parts and Components (1988)[4546] bei dem es allerdings um die spezielle Umgehungs-('circumvention') Frage ging, also um mögliche Maßnahmen gegen Strategien, die Firmen verwenden, um Antidumpingzölle zu umgehen, d.h. diesmal japanische Direktinvestitionen in Europa, die aber zum Ärgernis der EU wenig lokal produzierte Teile nutzten. Die Konfrontationslinie dieses Falls ist klar, Japan argumentierte nicht nur gegen die EU, sondern auch gegen die USA[4547], welche beide 'circumvention' innerhalb ihrer Antidumpinggesetzen verhindern können. Einzig hatte die EU ihr Gesetz so ungeschickt angelegt, daß es gegen grundlegende GATT Artikel verstieß. Indem Antidumpingzölle als eine interne Gebühr japanischen Produkten nach der Produktion in der EU auferlegt wurden, dies aber nicht für andere Firmen galt, lag ein Verstoß gegen das Prinzip der Inländerbehandlung in Art. III.2 vor. Und der Zwang, 'local content'-Abmachungen zu treffen, um Antidumpingzölle zu vermeiden, führte zu einem Verstoß gegen Art. III.4.[4548] Mit diesem Urteil wurden aber Maßnahmen gegen Umgehung von Antidumpingzöllen nicht verunmöglicht. Die 'circumvention' Frage konnte in den nachfolgenden Verhandlungen zur Uruguay-Runde nicht gelöst werden, sodaß hier bis heute keine multilateralen Regeln bestehen.[4549]

Die weiteren GATT Antidumping Fälle, die unter der Art. 15 Streitbeilegung des Tokio-Runden Antidumpingkodex etabliert wurden, können hier nur gestreift werden. Der hier zuerst präsentierte Fall erfolgt zudem noch später als die oben präsentierten Fälle, erst 10 Jahre nach der Etablierung des Kodex, Sweden vs. United States - Imposition of Antidumping Duties on Imports of Seamless Stainless Steel Hollow Products from Sweden (1989).[4550] Diese Fall und ein weiterer Fall[4551] führten

---

[4545] Siehe auch das folgende Zitat: "The Panel agreed that the responsibility to make the determination of material injury caused by dumped imports rested in the first place with the authorities of the importing contracting parties concerned. However, the Panel could not share the view that such a determination could not be scrutinized if it were challenged by another contracting party. (...) To conclude otherwise would give governments complete freedom and unrestricted discretion in deciding anti-dumping cases without any possibility to review the action taken in the GATT." Finland vs. New Zealand - Imports of Electrical Transformers from Finland, BISD 32S/55, 67, 66-70, 1986.
[4546] Panel wurde am 16. September 1988 etabliert. Japan vs. EEC - Regulation on Imports of Parts and Components, BISD 37S/132, 1991.
[4547] BISD 37S/132, 189, 1991.
[4548] Auch der Rekurs auf Art. XX (d) hilft nicht mehr. BISD 37S/132, 193-198, 1991.
[4549] Der Abschnitt zu diesem Thema wird einfach nicht in das WTO Antidumping Übereinkommen miteinbezogen. Croome 1995: 374.
[4550] Report of the Panel, ADP/17, 20 August 1990. Siehe Steward 1993: 1645-1651; siehe auch Fall 185 in Hudec 1991.
[4551] Mexico vs. United States - Anti-Dumping Duties on Gray Portland Cement and Cement Clinker from Mexico, Report of the Panel ADP/82, 7. September 1992. In einem weiteren Bericht wurde 'standing' untersucht, dies ist Norway - Salmon, siehe weiter unten. Hier wird vom Panel 'schwach' gefunden, daß es ausreicht, wenn die Antragsteller selbst erklären, daß sie einen Großteil der Industrie präsentieren. Siehe Steward 1993: 1652-1654.

dazu, daß die USA, siehe oben, erst ab 1994 aktiv überprüften, ob die AD Untersuchungen überhaupt von einem substantiellen Teil der heimischen Industrie unterstützt wurden.[4552]

Der Panelbericht im Norway vs. United States - Atlantic Salmon (1992) Fall wagt sich weiter vor und kritisierte im Detail Methoden der Antidumpinguntersuchungen, akzeptiert aber die U.S. Schädigungsfeststellung, eingeschlossen der kausalen Verbindung zu Importen.[4553] Diese Bericht ist zuerst einmal wegen der Fakten interessant, weil sich hier zwei schwer zu bewertende Sachverhalte treffen. Einerseits war die U.S. Industrie selbst stark gewachsen (4 fache Erhöhung der Verkäufe zwischen 1987 und 1988).[4554] Andererseits hatten die Norweger einen so hohen Marktanteil inne, sodaß, obwohl dieser absank, immer noch weitgehend glaubwürdig behauptet werden konnte, daß deren Preise eine Rolle bei den absinkenden Preisen spielte.[4555] Sodann stellten sich brisante Fragen nach dem Überprüfungsstandard ('standard of review'). U.a. wurde hier die Grundlagenentscheidung getroffen, den Entscheidungsmaßstab ('standard of review') so zu deuten, daß seitens der Panels keine eigene Faktenrecherche ('de novo review') durchgeführt wird, siehe Abschnitt 'J', Entscheidungsmaßstab.[4556] Vom Panel wurde das Tokio-Antidumpingabkommen weiterhin so ausgelegt, daß bezüglich der Kausalitätsanalyse der Schädigungsfeststellung bestimmte Aspekte der Argumentation der Behörden, speziell die Gewichtung weiterer Einflußfaktoren nicht hinterfragt werden darf und daß eine isolierte Analyse der Einflußfaktoren in Relation zu den gedumpten Importen - nach Ansicht des Panels - nicht erfolgen müsse.[4557] Der Terminus "positive evidence" wird so ausgelegt, daß er bei mehreren alternativen Gewichtungen erfüllt sei, wenn die Vorraussetzung zutrifft, daß "reasonable and unprejudiced minds" diese Gewichtungen vorgenommen haben.[4558] Der Panel hilft sogar den U.S. Behörden, indem er feststellt, daß es bei dem hohen Marktanteil der

---

[4552] Jackson et al. 1995: 698.

[4553] Norway vs. United States - Imposition of Anti-Dumping Duties on Imports of Fresh and Chilled Atlantic Salmon from Norway, Report of the Panel, ADP/87, 30 November 1992. Auf Antrag Norwegens als Art. 15 Fall ebenso niedergelegt und am 27. April 1994 im Comittee on Anti-Dumping Practices angenommen. Siehe den identischen Bericht in BISD 41S Vol. I/229, 1997.

[4554] Norway vs. United States - Imposition of Anti-Dumping Duties on Imports of Fresh and Chilled Atlantic Salmon from Norway, Report of the Panel, ADP/87, 30 November 1992, BISD 41S Vol. I/229, 1997: S. 416.

[4555] Die norwegischen Preise für eine Einheit sinken von US$ 10,12 auf US$ 8,22 zwischen 1988 und 1989 ab, steigen 1990 auf US$ 8,63. Norway vs. United States - Imposition of Anti-Dumping Duties on Imports of Fresh and Chilled Atlantic Salmon from Norway, Report of the Panel, ADP/87, 30 November 1992, BISD 41S Vol. I/229, 1997: S. 423, 436.

[4556] Norway vs. United States - Imposition of Anti-Dumping Duties on Imports of Fresh and Chilled Atlantic Salmon from Norway, Report of the Panel, BISD 41S Vol. I/402-403; United States vs. Korea - Anti-Dumping Duties on Imports of Polyacetal Resins From the United States, Report of the Panel, ADP/92, and Corr. 1, 2 April 1993: Para. 227. So auch Vermulst/Komoro 1997: 7.

[4557] Siehe dazu die zwei Fundstellen im folgenden Bericht: Norway vs. United States - Imposition of Anti-Dumping Duties on Imports of Fresh and Chilled Atlantic Salmon from Norway, Report of the Panel, ADP/87, 30 November 1992, BISD 41S Vol. I/229, 1997: "The question of whether a determination of injury was based on positive evidence therefore was distinct from the question of the weight to be accorded to the facts before the investigating authorities." S. 403, Paras. 494, "this did not mean (...) the USITC should somehow have identified the extent of injury caused by these factors in order to isolate the injury caused by these factors from the injury caused by the imports from Norway" S. 422-423, Para. 555. Ähnlich wird im Bereich Ausgleichszölle argumentiert, dazu weiter unten mehr.

[4558] Zu Art. 3.1 'positive evidence' wird ausgeführt: "In this context, the Panel considered that the mere fact that in a given case reasonable, unprejudiced minds could differ as to the weight to be accorded to certain facts is not a sufficient ground to find that a determination of material injury based on such facts was not based on positive evidence within the meaning of Art. 3.1." Norway vs. United States - Imposition of Anti-Dumping Duties on Imports of Fresh and Chilled Atlantic Salmon from Norway, Report of the Panel, ADP/87, 30 November 1992, BISD 41S Vol. I/229, 1997. S. 403, Para. 494.

Norweger kaum sein könne, daß angesichts von absinkenden Preisen andere Importeure als die Norweger für (Schädigungs-)Effekt verantwortlich sein können.[4559]

Der Fall United States - Korea - Polyacetal Resins (1993)[4560] ist interessant, weil einzig hier das Schädigungskriterium aus GATT Art. VI der materiellen Verzögerung der Etablierung einer Industrie ('materially retards the establishment of a domestic industry') diskutiert wird.[4561] Im U.S. und EU Antidumpingrecht gibt es diese Regel bis heute, sie wurde von der EU noch nie verwendet.[4562] Die USA wirft Korea vor, implizit Importsubstitutionsziele seiner Untersuchung zugrundezulegen. Dies war in diesem Fall naheliegend, denn die koreanische Firma Korea Engineering Plastics hatte 1988 die erste Anlage in Betrieb genommen und konnte 1990 schon 60,8 % des Heimatmarktes beliefern. Im Juni 1990 wurde eine zweite Anlage etabliert, welche die Produktionskapazität verdoppelte. Korea warf dennoch ausländischen Herstellern Dumping vor und konnte immerhin vorweisen, daß deren Preise (aber auch die Marktanteile) stark absanken.[4563] Dieser Sachverhalt zeigt einen Grenzfall sinnvoller Argumentation auf. Deutlicher als Norway vs. United States - Atlantic Salmon (1992) wird hier sichtbar, daß die GATT Streitbeilegung die Argumentation der Behörden hinterfragen kann, sodaß hier nicht der pauschale Eindruck über die GATT Antidumpingfälle geteilt wird, daß "Panels (...) have mostly engaged in 'marginal' review of the finding of fact".[4564] Kurz: Wenn sich die USA heute beschwert, daß die WTO mit ihrem Entscheidungsmaßstab zu weit geht, dann kann sie nicht sagen, daß sie das nicht vorher wußte, denn sie hatte gegen Korea deshalb einen Fall gewonnen.

Die Spielräume des Tokio Antidumping Kodex werden schlußendlich an den späten GATT Fällen deutlich: In United States - Steel Plate from Sweden (1994) ging es um Fragen der Zulassung zu einer administrativen Überprüfung.[4565] In EC - Audio Cassettes (1995) wurde akzeptiert, daß die Importe kumuliert werden dürfen und dabei nicht zwischen den Ländern unterschieden werden muß.[4566] Im selben Fall wurde die 'Zeroing'-Vergleichsberechnungsmethode akzeptiert[4567], die später in der WTO in den meisten Umständen nicht mehr toleriert wird. Schließlich wird an EC - Cotton Yarn (1995) die

---

[4559] "it could not, in the view of the Panel, reasonably be found that the USITC had attributed to the Norwegian imports effects entirely caused by imports from other supplying countries." Norway vs. United States - Imposition of Anti-Dumping Duties on Imports of Fresh and Chilled Atlantic Salmon from Norway, Report of the Panel, ADP/87, 30 November 1992, BISD 41S Vol. I/229, 1997. S. 423, Para. 557.
[4560] United States vs. Korea - Anti-Dumping Duties on Imports of Polyacetal Resins From the United States, Report of the Panel, ADP/92, and Corr. 1, 2 April 1993.
[4561] GATT Art. VI 'Anti-Dumping and Countervailing Duties', Abs. 1. In: WTO 1995: 493.
[4562] Siehe für die USA Chap. 4, Tariff Act 1930, 19 USC 1673; sowie für die EU: EU Antidumping Consolidated Version 2004: Art. 3; und Evaluation of EC TDI 2005: Annex 1, Page 26.
[4563] United States vs. Korea - Anti-Dumping Duties on Imports of Polyacetal Resins From the United States, Report of the Panel, ADP/92, and Corr. 1, 2 April 1993: Paras. 229-287.
[4564] So das Fazit zur GATT Praxis von J.H.J. Bourgeois zitiert in Vermulst/Komuro 1997: 7, FN 12.
[4565] Sweden vs. United States - Anti-Dumping Duties on Imports of Stainless Steel Plate from Sweden, Report of the Panel, ADP/117, and Corr.1, 30 February 1994.
[4566] Japan vs. EC - Anti-Dumping Duties on Audio Tapes in Cassettes Originating in Japan, Report of the Panel, ADP/136, 28 April 1995: Para. 410.
[4567] Schon damals wird aber anerkannt: "Thus, there might be situations where the EU's methodology would produce an outcome which would be inconsistent with the Agreement." Japan vs. EC - Anti-Dumping Duties on Audio Tapes in Cassettes Originating in Japan, Report of the Panel, ADP/136, 28 April 1995: Para. 354-359; ebenso anerkannt wird diese Methode in Brazil vs. EC - Imposition of Anti-dumping Duties on Imports of Cotton Yarns from Brazil, ADP/137, 4 July 1995: Para. 501.

Schwäche der Tokio-Runden Schädigungsdefinition (und die Argumentationsmüdigkeit des Panels) deutlich: Obwohl Brasiliens Teil der gedumpten Exporte einzeln analysiert wurde und deren Marktanteile in der EU zurückgingen, wurde die Feststellung bedeutender Schädigung der EU akzeptiert. Es erfolgt keine Diskussion der insgesamten Sachlage, sondern bei jedem Einzelpunkt der Verweis auf Art. 3 Abs. 3 des Tokiokodex, mit der Folgerung, daß die Kritik an einem Punkt nicht ausreicht, um die gesamte Dumpingschlußfolgerung in Frage zu stellen. Dazu kommt, daß Art. 3 Abs. 4 des Tokiokodex nicht ernstgenommen wurde.[4568] Am Rande: Auch einige Ausgleichszoll Fälle haben Implikationen für Antidumping, weil es um die Definition der heimischen Industrie und die Definition von gleichartigen Produkten ging.[4569]

Insgesamt folgt aus der grundlegenden Anlage der Antidumpinguntersuchungen, dem späten Anstieg der Streitbeilegungstätigkeit, den in der Tokio-Runde teils geschwächten GATT Antidumpingregeln und der wenig konsequenten Schädigungsanalyse, daß das GATT hier nur wenig Disziplin bewirken konnte. Das GATT bewirkte immerhin, daß einige Prinzipien, welche die Nutzung der Antidumpingregeln erschweren, mit der Zeit akzeptiert wurden, speziell hinsichtlich der prinzipiellen Akzeptanz, daß Schädigung aufgezeigt werden muß. Dazu kam der regelmäßige Meinungsaustausch über Antidumpingmaßnahmen im Komitee für Antidumping, welches seit dem ersten Antidumping-Kodex diese Maßnahmen überwachte:[4570]

Als die USA beispielsweise 1975 eine Antidumpinguntersuchung in bezug auf Kleinwagenimporte vonstatten brachten, wurde dort erwähnt, daß selbst die Industrie in den USA der Meinung war, daß keine ernsthafte Schädigung vorlag (die Untersuchung wurde von einem Kongressabgeordneten und von Gewerkschaften initiiert).[4571] Solche Diskussionen können in einem Bereich, der nicht ganz dem Einfluß der Politik entzogen ist, disziplinierend wirken. Eingeschlossen der im folgenden präsentierten Daten wird geschlossen, daß das GATT keine Disziplinierung des Antidumping bewirken konnte.

14.2.6 Empirische Daten über die Antidumpingnutzung

Vor und während der Kennedy-Runde kam es zwischen 1955 und 1966 bei 49 Verfahren nur in 11 Fällen zu einer Feststellung von Schädigung. Zwischen 1968-1974 gab es 145 Verfahren, 52 Antidumpingzollerhebungen und 27 'undertakings' über Preiserhöhungen. In bezug auf Antidumping

---

[4568] Für Art. 3 Abs. 4 folgt ein Verweis auf eine Fußnote, welche besagt, daß es hier u.a. (!) darum geht, daß Schädigung nicht von anderen Ländern ausgeht. Zu weiteren Faktoren findet sich einzig der Satz: "The Panel noted that in recital 46 of the Provisional Determination the EC had concluded that material injury suffered by the EC industry was not caused by "other factors", and was only caused be dumped imports". Dies führt zur Ablehnung der Argumente Brasiliens. Brazil vs. EC - Imposition of Anti-dumping Duties on Imports of Cotton Yarns from Brazil, ADP/137, 4 July 1995: Para. 529.
[4569] Steward 1993: 1645.
[4570] Die ersten drei Treffen werden zusammengefaßt in Report by the Comittee on Anti-Dumping Practices, adopted on 12 February 1970. BISD 17S/43-46, 1970.
[4571] Seventh Report by the Comittee on Anti-Dumping Practices adopted on 21 November 1975. BISD 22S/24, 1976.

gibt es also schon zu Beginn der siebziger Jahre einen deutlichen Anstieg der Anti-Dumping Verfahren.[4572] Ein rapider Anstieg der Untersuchungen findet sich erst in den achtziger Jahren.

Die EU, die seit 1968 über eine Antidumping-Verordnung verfügt, strengte im Zeitraum 1969 bis 1979 insgesamt 60 Untersuchungen an. Nur zwei wurden eingestellt und führten nicht zu einem Ergebnis. Fünf führten zu definitiven Antidumpingzöllen. Und in 53 Fällen wurden Abmachungen ('undertakings') ausgehandelt, d.h. der von der Untersuchung betroffene Staat bzw. die Firma erklärte sich zu Preiserhöhungen oder Volumenbeschränkungen bereit.[4573] Volumen bzw. Mengenbeschränkungen wurden von der EU nur selten genutzt, auch deshalb weil sie nicht mit dem GATT Antidumping Tokiokodex, Art. 7, vereinbar waren. De facto hatten aber auch Preisvereinbarungen volumenbeschränkende Effekt, weil nach dem Abschluß eines 'undertakings' weiterhin Marktanteile überwacht werden.[4574] In den achtziger Jahren setzte sich dieser Fokus der EU auf 'undertakings' fort, von 262 Fällen wurden 202 'undertakings' akzeptiert, nur 60 mal wurden Antidumpingzölle veranschlagt (1980-1988).[4575] Geschlossen wird in der Literatur, daß diese 'undertakings' Exporteure nicht immer extrem schädigten, weil immerhin der Marktzugang nicht abrupt abgebrochen wurde.[4576]

Insgesamt wurden von 1981 bis 1994 2813 AD-Untersuchungen anberaumt, welche zu 1411 Antidumpingzöllen führten, so die einzige, hier vorliegende Untersuchung, die diese wichtige Differenzierung vornimmt: Zanardi (2005).[4577] In den achtziger Jahren wurde der Hauptteil von den sog. traditionellen Nutzern ('traditional users'), Kanada, Neuseeland, Australien, USA und der EU angestrengt, bis 1986 lag deren Anteil an den Untersuchungen bei 95 % und darüber. Schon zu diesem Zeitpunkt stieg aber der Anteil der sog. neuen Nutzern an, mit einem Sprung auf 25 % im Jahre 1990 und 47,8 % 1994.[4578] Führend war die USA bei den aktiv bestehenden Antidumpingmaßnahmen. Am Stichtag 31.12.1994 waren 281 Maßnahmen aktiv, dies war mehr als doppelt soviel wie die EU und stellte 37 % der damals weltweit aktiven Maßnahmen dar.[4579]

Für die USA ist auffällig, daß ein großer Prozentsatz der Antidumping- (und auch Antisubventions-) Fälle für den Stahlbereich reserviert wurden, von 646 Antidumpingfällen waren 244 Stahlfälle, von den 475 Antisubventionsfällen hatten 232 einen Bezug zu Stahl.[4580] Dies kann auch dadurch erklärt

---

[4572] Neben den USA sind es in dieser Zeitperiode nur Kanada und England sowie in sehr geringem Maße Griechenland und die EWG (der sechs Länder), welche die Maßnahmen nutzen. Zusammenstellung aus GATT BISD. In: Hasenpflug 1977: 75.
[4573] Obwohl Volumenbeschränkungen nicht in der EWG-Verordnung zugelassen sind. Siehe: van Bael 1979: 397-398. Bei den Verhandlungen über die Abmachungen geht es flexibel zu: "Needless to say, at the bargaining table, political and commercial considerations are likely to prevail over a strict interpretation of the Regulation." van Bael 1979: 407.
[4574] Dazu Stegemann 1990: 282-283. Volumenbeschränkungen wurden nur sehr selten genutzt. Ein Fall in den achtziger Jahren wird genannt, Harnstoff ('urea') ein chemischer Grundstoff, bei dem mit 10 Ländern Mengenlimits abgemacht wurden. Stegemann 1990: 282.
[4575] Stegemann 1990: 269.
[4576] Und es bestehen etwa Anreize, Distributionsnetze weiter auszubauen. Stegemann 1990: 294.
[4577] Zanardi 2005: 22-23, 28.
[4578] Leider findet sich hier keine derartige Aufgliederung bezüglich der definitiven Antidumpingzölle. Zanardi 2005: 23.
[4579] CBO AD Study 2001: 68; siehe: **Tabelle 198**.
[4580] **Tabelle 199**. De Vault 1993: 741. Siehe auch **Tabelle 200**. Krishna 1997: 3.

werden, daß die EU und Japan für den Stahlprotektionismus privat-staatliche Kartellabmachungen nutzte[4581], dies erschein den U.S. Unternehmen aber als rechtlich zu risikoreich, weil das U.S. Wettbewerbsrecht strafrechtliche Sanktionen vorsieht (im Gegensatz zur EU und Japan, wo es 'nur' Geldstrafen gibt). Die Antidumpingzölle der USA wurden zudem als Basis für einen 'trigger price'-Mechanismus genutzt, d.h. falls ein bestimmter Preis überschritten wurde, wurden die Zölle erhoben.[4582] Dazu näheres in Abschnitt 'I', Eisen- und Stahl. Teils wurden Antidumping- und Ausgleichszölle kumuliert, Britisch Steel mußte 15 % Antidumpingzölle und 40 % Antisubventionszölle zahlen.[4583] Diese Untersuchungen dienten auch als Auftakt zu Verhandlungen über VERs mit der EU und Japan.[4584]

Seitens der EU stiegen die Antidumpingmaßnahmen gegenüber Entwicklungsländern, die damals stark verschuldet waren, an, dies waren Argentinien, Brasilien, Mexiko, Venezuela und Jugoslawien mit durchschnittlich 5 Untersuchungen jährlich zwischen 1982-1987 (1977-1981 nur 1,6 Untersuchungen jährlich durchschnittlich).[4585] Die USA gingen besonders gegen Brasilien vor, mit 56 Untersuchungen von 286 gegen Entwicklungsländer zwischen 1980 und 1988.[4586] Im 31.12.1994 waren noch 13 Maßnahmen gegen Brasilien, 16 gegen Südkorea und 17 gegen Taiwan wirksam. Alle anderen Entwicklungsländer lagen bei gleich/unter 5 Maßnahmen.[4587] In der Literatur wird für die EU, mit dem Argument, daß viele verschuldete Länder keinen Maßnahmen ausgesetzt waren, ein Zusammenhang Verschuldung/Antidumpingmaßnahmen empirisch korrekt zurückgewiesen, dort finden sich aber ebenso Informationen, die zeigen, daß AD gegenüber verschuldeten Ländern benutzt wurde.[4588]

Insgesamt gesehen läßt sich das AD Phänomen nicht auf Stahl reduzieren, schon in den achtziger Jahren richteten sich eine ganze Reihe von Maßnahmen auf andere Bereiche: Chemie, Agrar- und Forstprodukte, Maschinen, Textilien und Bekleidung und sonstige Elektro- und Industrieprodukte.[4589] Um die Produktbreite zu verdeutlichen, einige Beispiele positiv beschiedener U.S. Untersuchungen: elektrische Schreibmaschinen/Japan (1980); Verstärkerteile/Japan (1981); Nitrocellulose/France (1982); Color TV/Korea, Taiwan (1983); Fahrradschläuche/Taiwan (1984); Candles/China (1985); Fresh cut flowers/Canada, Chile, Columbia, Costa Rica, Ecuador, Kenya, Mexico, Peru (1986); Aspirin/Turkey (1987); Ball Bearings/Deutschland, Frankreich, Italien, Japan, Rumänien, Singapur, Schweden, Thailand, UK (1988); Sweater/Hong Kong, Korea, Taiwan (1989); Altlantic

---

[4581] Wolff 1996a: 242-247.
[4582] Wetter 1985: 492.
[4583] Rhodes 1993: 141.
[4584] Rhodes 1993: 138-145.
[4585] Messerlin 1989: 567.
[4586] Finger/Murray 1990: 43. Zieht man die hier aufgezählten Entwicklungsländer, also Brasilien, Südafrika, Korea, Mexiko, Taiwan, Hongkong, Singapur zusammen, kommt man auf 103 Fälle, die 1980 bis 1988 gegenüber sonstigen Entwicklungsländer angestrengt werden. Finger/Murray 1990: 43; siehe: **Tabelle 201**.
[4587] CBO AD Study 2001: 30.
[4588] Messerlin 1989: 567. Die Gruppe Argentinien, Brasilien, Mexiko, Venezuela und Jugoslawien war von jährlich durchschnittlich 5 Maßnahmen zwischen 1982 und 1987 betroffen, dies wird im Artikel auch hervorgehoben und hätte eigentlich für einen kritischen Kommentar reichen müssen, der aber nicht erfolgt. Messerlin 1989: 567.
[4589] Siehe: **Tabelle 200**: Krishna 1997: 3.

Salmon/Norway (1990); Fans/China (1991); DRAMs/Korea (1992); Aramid Fibre/Netherlands (1993); Fresh Garlic/China (1994); Large Printing Presses/Germany (1995).[4590]

14.2.7 Empirische Daten über Antidumping-Effekte

Hinsichtlich der Wohlfahrtswirkungen gibt es einerseits die Autoren, die Antidumpingzölle als normale ad valorem Zölle untersuchen und weitere, welche die die Möglichkeit der Änderung der Zölle bei den 'administrative reviews' (spezielles U.S. Phänomen) einbeziehen. Erstere Autoren finden relativ kleine Wohlfahrtsverluste, letztere deutlichere negative Effekte auf die heimische Ökonomie, so werden Kosten von US$ 2-4 Mrd. für die USA berechnet, bei 14.250 geretteten Jobs sind dies US$ 161.000 bis US$ 281.000 pro Job.[4591]

Speziell bezüglich der 'undertakings', der Einigung auf ein bestimmtes Preisverhalten, wird der Vorwurf erhoben, daß die Industrie Antidumpinguntersuchungen dazu benutzt internationale Kartelle zu stabilisieren, indem etwa Importe seitens Firmen verhindert werden, die sich nicht einem Kartell anschließen. Dies wird dadurch erleichtert, daß in der EU die Industrie darauf hinwirken kann, daß ein 'undertaking' nicht angenommen werden kann.[4592] Für die EU wird in 23 Fällen (von 270, 1980 bis 1989) ein solcher Hintergrund angenommen, bei den USA für 35 Fälle (von 282, 1980 bis 1989)[4593] sowie den PVC und Ferrosilicium Fall, in Abschnitt 'T'. [4594] Ein interessanter Fall, der zeigt, daß die Firmen global strategische Ziele mit den ihnen verfügbaren Instrumenten verfolgen, ist, daß ein japanischer Hersteller von Thermofaxpapier sein Tochterunternehmen anwies mit anderen U.S. Produzenten einen Antidumpinguntersuchung gegen japanische Exporteure anzustrengen, damit in Japan ein Kartell etabliert werden konnte.[4595] Antidumpinguntersuchungen können auch Kartellbildung auslösen, so beim Gummiseil Kartell, welche von einem Hersteller in Malaysia initiiert wurde, nachdem eine AD Untersuchung anstrengt wurde.[4596] Speziell die Frage, ob zurückgezogene Anträge ein Hinweis darauf sind, daß kartellähnliche Abmachungen getroffen worden sind, wird für 16 Fällen zwischen 1989 und 1995 untersucht von Taylor (2001). Er kommt zum Ergebnis, daß, von 2 Fällen abgesehen, keine solche Effekte vorliegen.[4597]

[4590] Beispiele aus: USITC 2005a.
[4591] Gallaway et al. (1999), nicht in der Literaturliste, zitiert von Blonigen/Prusa 2002: 7-8, siehe auch Zanardi 2000: 1. In einer weiteren Untersuchung von 30 Antidumpingzöllen zwischen 1987 und 1992 werden zusätzliche Konsumentenkosten von US$ 500 Mill. bis US$ 800 Mill. jährlich berechnet und ein Wohlfahrtsverlust für die U.S. Wirtschaft von US$ 275 Mill. Siehe CBO AD Study 2001: 5.
[4592] In der EU indem ein Mitgliedstaat überredet wird, ein Veto einzulegen. Daß dies kein Hindernis darstellt und von der Industrie als Vetorecht für 'undertakings' genutzt wird, um bessere Konditionen zu erreichen, wird erwähnt in Stegemann 1990: 274. Die Möglichkeit internationaler Kartelle wird noch nicht beachtet in Stegemann (1990). Er schließt, daß die Gefahr besteht, daß Exporteure, etwa japanische Firmen, ein 'undertaking' zum Anlaß nehmen, die Preise noch über das hinaus erhöhen, was vom 'undertaking' gefordert wird. Aus seinen Interviews schließt er aber, daß diese Gefahr nicht in extremer Form besteht, weil die Firmen meist weiter das Interesse daran habe, im Wettbewerb zu stehen. Stegemann 1990: 295.
[4593] Siehe: **Tabelle 202**.
[4594] OECD 1996g: 17. Diesen Aspekt heben hervor auch Messerlin 1990: 578; Stegemann 1990: 269; und am Beispiel des Ferrosilicium Kartells Pierce 2000: 726-729. Siehe dazu: Abschnitt 'T', Chemikalien.
[4595] Kelly/Mokre 2001: 8.
[4596] Kelly/Mokre 2002: 9.
[4597] Taylor 2001: 19.

Für die achtziger Jahre gibt es klare Hinweise für die handelseinschränkende Wirkung der Antidumpingmaßnahmen. Teils ist es schon allein die Aufnahme einer Untersuchungen, die zur Verringerung des Handels und zur Erhöhung von Preisen führte. Teilweise reagierten die davon betroffenen Firmen auf die bloße Ankündigung einer Überwachung der Importe ('import surveillance') oder sogar dann, wenn eine Untersuchung eingestellt wurde, mit einem Absenken ihrer gehandelten Mengen.[4598] Interessant ist in diesem Zusammenhang, daß bei U.S. Antidumpinguntersuchungen seit 1984 das Department of Commerce verpflichtet ist, auch andere Länder, die dasselbe Produkt in die USA importieren, zu überwachen.[4599] Bezüglich dieser "monitoring schemes" wurde 1981 eine Übereinkunft im GATT getroffen, in der festgehalten wird, daß "they give cause of concern".[4600] Geeinigt wurde sich darauf, daß diese Frage weiter untersucht werden solle.[4601]

Empirische Untersuchungen zeigen die handelsbeschränkenden Wirkung der Antidumpingmaßnahmen. Wenn Zölle verhängt wurden, waren diese von ihrer Höhe her sehr unterschiedlich und teils sehr hoch. Zehn Prozent der U.S.-Antidumping Zölle lagen über 100 %. Durchschnittlich wurden 45 % hohe Zölle erhoben.[4602] Nach der Erhebung von Zöllen sanken die Importe durchschnittlich um 30 bis 50 % ab. Wenn es zu einer sonstigen Einigung oder einem VER kam, sanken die Importe um ähnliche Werte ab.[4603] Die durchschnittlichen Marktanteile der betroffenen Exporteure am U.S. Markt lagen bei 19,3 %, es wurden also durchaus erfolgreiche Sektoren bzw. Unternehmen von diesem Maßnahmen betroffen.[4604]

Fallstudien über Effekte der Antidumpingmaßnahmen auf Firmen in Entwicklungsländern können hier nicht präsentiert werden: Ein einziger Fall wird in der vorliegenden Literatur erwähnt: Sweatshirt Produzenten aus Taiwan wurden einem 21,94 % Antidumpingzoll ausgesetzt, wodurch es, in Kombination mit einem 34 % Zoll, schwierig wurde in die USA zu exportieren. In Taiwan hätten 2/3 der Firmen schließen müssen und tausende Arbeiter ihren Job verloren.[4605]

Preis- und Mengeneffekte von Antidumpingmaßnahmen waren gemäß Prusa (1997) für die USA folgende (1980-1988, Jahr 0 = 100): Die Preise pro Einheit stiegen in 'high duty' Fällen im Jahr 3 um 100 % an. In der 'low duty' Kategorie stiegen diese um immerhin 40 %. Die Menge der importierten Waren sankt bei 'high duty' Fällen bis zum Jahr 3 um - 49 % ab und erholte sich bis zum Jahr 5 leicht

---

[4598] Eine Untersuchung zum Thema der EU-Option, eine Importüberwachung durchzuführen, die das zu führt, daß die Importe absinken, findet sich in Winter 1994. Dieses Ergebnis wird bestätigt für U.S.-Untersuchungen, auch für solche die eingestellt werden, von Prusa 1999: 4. Auch die USA kann eine Importüberwachung durchführen. Nettesheim 1991c: 263.
[4599] Im Jahr 1988 wurde weiterhin hinzugefügt, daß die Überwachung auch erfolgen muß, wenn es sich um eine Komponente eines Produktes handelt. Kritisch dazu Nettesheim 1991c: 263.
[4600] BISD 28S/52 (1982). Siehe Nettesheim 1991c: 263.
[4601] BISD 28S/52 (1982). Siehe Nettesheim 1991c: 263.
[4602] Prusa 1999: 16.
[4603] Prusa 1999: 4.
[4604] Für den Zeitrahmen 1980 bis 1992. De Vault 1993: 748.
[4605] Bovard 1991: 155; die Höhe des Antidumpingzolls und den U.S. erwähnt McGee 1996:11.

auf 41 %. Bei 'low duty' Fällen stieg die importierte Menge bis zum Jahr 5 um 27 % an.[4506] In ähnlicher Weise zeigen weitere Autoren, etwa De Vault (1993), daß die heimische Industrie in der USA von Antidumpingmaßnahmen profitiert hat.[4607] Für die EU zeigt Messerlin (1989) für die Zeit von 1980 bis 1987, daß 'untertakings' am wenigsten schützend wirkten. Im Jahr 4 lagen dort Importe wieder bei immerhin 87,2 % (Jahr 0 = 100). Für Zölle gab es nur ein Jahr 3 Wert, der bei viel niedrigeren 20,5 % lag.[4608] Für die Zeit von 1985 bis 1990 werden von Konings et al. (2001), um fast 30 % niedrigere Importanteile im Jahr 5 berechnet.[4609] Diese Zahlen lassen es zu, die Schutzwirkung der Antidumpingmaßnahmen einzuschätzen.

Antidumpingzölle erhöhen weiterhin die 'mark ups'. Firmen können also höhere Preise verlangen, eine Wirkung, die in konzentrierten Sektoren besonders deutlich vorliegt. Die Marktmacht stiegt durch Antidumpingzölle um 3 bis 15 % an und die 'mark ups' lagen um 3 bis 4 % höher. Jeder Fall hat allerdings spezielle Charakteristika.[4610]

Ein weiterer Effekt der Antidumpingmaßnahmen ist die Handelsumlenkung. Der Schutz durch Antidumpingmaßnahmen ist nicht perfekt, weil andere Zuliefererländer einspringen können. Nach 4 Jahren stiegen, dies zeigt Prusa (1997) die Importe anderen Zuliefererländern um durchschnittlich 40 % an (1980 bis 1988).[4611] Dieser Effekt kann verringert, aber nicht ganz verhindert werden, wenn mehrere Länder in die Antidumpingmaßnahmen einbezogen werden.[4612] Die US-Antidumpinguntersuchungen lösten damit Wachstumseffekte in nicht betroffenen Ländern aus. Zur Kenntnis genommen werden sollte aber, daß dadurch der Schutz nicht "ineffective" war, wie in einigen Publikationen aufgrund dieser Ergebnisse geschlossen wird.[4613] Denn auch die nicht betroffenen Länder hoben ihre Preise an und zwar bei 'high duty' Fällen nicht um 100 %, aber

---

[4606] Prusa 1997: 204. Der Untersuchung von Prusa (1997) liegen 109 abgelehnte Fälle und 126 Fällen, in denen Zölle erhoben wurden, zugrunde. Zeitraum ist 1980 bis 1988, Land ist die USA. Prusa 1997: 196; ähnliche, weniger ausführliche Ergebnisse Prusa 1999; 2001. Siehe auch die Untersuchung von Kelly/Morkre (1994), dort werden auch produktspezifische Nachfrageelastizitäten und auch Substitutionselastizitäten mit den nicht immer gleichen ausländischen Produkten berücksichtigt, um die, sodann unterschiedlichen, Preiseffekte zu untersuchen. Kelly/Mokre 1994: 61-65.
[4607] Er zeigt, daß typischerweise die heimische Industrie hohe Marktanteile hatte (1980-1992): 66,6 %. Die als unfair eingestuften Importe kamen auf 19,3 % und die faire Importe auf 14,1 %. Dies sei ausreichend, um durch AD-Zölle auf die unfairen Produkte der heimischen Industrie einen Preiserhöhungsspielraum einzuräumen. De Vault 1993: 748.
[4608] Messerlin 1989: 572.
[4609] Konings et al. 2001: 25.
[4610] Untersucht wurden nur 9 Fälle, initiiert im Jahre 1996, dies aber auf einer sehr konkreten Datenbasis, anhand der Geschäftsberichte von 1666 europäischer Firmen. Das Ergebnis ist statistisch robust. Andere Einflüssen, etwa Geschäftszyklen etc. relativieren dieses Ergebnis nicht. Allein am Einzelfall wird sichtbar, daß etwa Stahlröhren, aufgrund des homogenen Gutes, die Wettbewerbsintensität hoch bleibt, und im Fall Articifical corundum ist es, trotz der relativ geringen Zahl der Firmen, Fakt, daß nur 14 % der Importeure des Dumpings beschuldigt wurden. Somit ist es hier wahrscheinlich, daß von den sonstigen Importen weiter eine Preisdisziplinierung ausging. Konings/Vandenbussche 2002: 13, 18-20, 22-26.
[4611] Prusa 1997: 195, 200.
[4612] Bei nur 1 betroffenen Land steigen die Importe aus anderen Ländern im Jahr 3 nach der Zollerhebung auf 40 % an, im Jahr 5 auf 70 %. Sind 3 Länder betroffen, sind es im Jahr 3 nur 15 %. Später, im Jahr 5, kommen auch in diesem Fall um 40 % erhöhte Importe aus anderen Ländern. Hier wird nur allgemein die Zollerhebung zugrundegelegt, es erfolgt keine Differenzierung zwischen 'high duties' und 'low duties'. Prusa 1997: 201. Interessanterweise plädiert Prusa (1997) dafür, daß in Antidumpinguntersuchungen vermehrt Firmen aus weiteren Ländern einbezogen werden sollten, um Antidumping effektiver zu machen. Prusa 1997: 212.
[4613] So aber der Schluß aufgrund der Ergebnisse von Prusa (1997) in Konings et al. 2001: 2. Von Konings et al. (2001) wird Handelsumlenkung bezüglich der EU AD Untersuchungen analysiert.

immerhin um 60 bis 70 %. Geschlossen wird hier deshalb, daß es durch Antidumpingmaßnahmen auf eine insgesamt effektive Art und Weise gelangt Preise anzuheben, Handelumlenkung hin oder her.[4614] Dies wird auch für die EU bestätigt.[4615] Die Untersuchung von Prusa (1997) zeigt, daß, außer Japan und dem Iran, sämtliche Länder, die unter Antidumpingzöllen gelitten haben, Netto wiederum von Chancen profitieren konnten, die durch andere Antidumpinguntersuchungen ermöglich wurden.[4616] Für EU Antidumpinguntersuchungen wird, für 1985 bis 1990, eine erheblich weniger ausgeprägte handelsumlenkenden Wirkung festgestellt.[4617] Ein anderer Autor kommt, für 1980 bis 1985, zu einem entgegengesetzten Ergebnis.[4618]

In der empirischen Untersuchung von Belderbos (1997) wird weiterhin festgestellt, daß mehr Firmen in die EU als in die USA aufgrund von AD sogenannte 'tariff jumping' Investitionen vorgenommen haben, dies kann speziell für japanische Unterhaltungselektronikfirmen gezeigt werden.[4619] Dies wird mit der obengenannten Praxis erklärt, daß die EU anders als die USA ihre Zölle nicht durch administrative Reviews überprüft und für die Firmen deshalb in bezug auf den U.S. Markt die Hoffnung besteht, diese abzusenken. In der EU wird zudem die Drohung der Erhebung von Antidumpingzöllen auch bei 'undertakings' aufrechterhalten.[4620] Diese Feststellung in bezug auf das 'tariff jumping' scheint aber auch mit den speziellen Umständen der untersuchten Fälle zusammenzuhängen und der Weigerung der EU Kommission in diesen Fällen Preis-'undertakings' auszuhandeln. Gemäß wirtschaftheoretischer Modelle gibt es auch die Möglichkeit, daß Antidumpingzölle FDI unwahrscheinlicher machen.[4621] In einer weiteren Studie wird gezeigt, daß auch in den USA 'tariff jumping' Investitionen erfolgten, typischerweise japanische Firmen (50 von 80 konkreten 'tariff jumping' Investitionen). Nach einer Erhebung von Antidumpingzöllen lag die Wahrscheinlichkeit japanischer Firmen in den USA zu investieren bei 51,5 %, erheblich höher als für andere Länder, 9,0 %. Fazit ist u.a., daß ein Land über multinationale Firmen und deren Erfahrung verfügen muß, um dies 'tariff jumping' Option verfügbar zu haben. Für Firmen aus Entwicklungsländern war dies sicher schwieriger und diese Länder haben deshalb ein größeres Interesse an strengeren Regeln für AD Untersuchungen.[4622] Die U.S. AD 'jumping' Liste, dies werden

---

[4614] Prusa 1997: 205.
[4615] Für 1980 bis 1985 in Messerlin 1989: 578.
[4616] Prusa 1997: 211.
[4617] Diverse Gründe werden diskutiert. U.a. lag die Protektion durch die AD Zölle in der EU generell niedriger als in den USA. Ebenso sind die nicht-betroffenen Firmen, wie in den USA, immer der Gefahr einer Untersuchung ausgesetzt. Bei 'price undertakings', die generell nicht bekannt werden, wissen sie zudem nicht, welche Preiserhöhung erwartet wird. Dazu kommt, daß japanische Firmen, etwa im Elektrobereich, in den EU in Produktionsstätten investiert haben und somit keine Handelsumlenkung erfolgt. Schließlich ist das empirische Ergebnis interessant, daß in konzentrierten Sektoren handelsumlenkende Wirkungen wahrscheinlicher sind, u.a. weil es sich um strategische Rivalitäten handelt. Konings et al. 2001: 15-17; siehe bestätigend Vandenbussche et al. 1999a.
[4618] Messerlin 1989: 574-575. Schade, daß Konings et al. (2001) den Artikel von Messerlin (1989) nicht kennen.
[4619] Von 1030 Produkt/Firma Kombinationen fanden in den USA 102 mal Direktinvestitionen statt, in den EU 117 mal. Bereich: elektronische Produkte aus der Unterhaltungselektronik und Haushaltswaren. Belderbos 1997: 438-450.
[4620] Dieses System wird zudem als intransparenter und weniger regelgebunden als in den USA charakterisiert. Vandenbussche et al. 1999: 2.
[4621] Dies wird untersucht von Vandenbussche et al. 1999: 22. Wenn FDI angezogen wird, kann dies problematisch sein für die Profitniveaus heimischer Firmen, sodaß davon gesprochen wird, daß die Kommission in solchen Fällen breiteres Interessen hatte. Nämlich auch die Beschäftigungserhöhung. Generell sind auch solche Aspekte einzubeziehen, wenn es um die 'public interest' Analyse der Antidumpingmaßnahmen aus der Perspektive der EU Wohlfahrt geht. Vandenbussche et al. 1999: 3, 23.
[4622] Blonigen 2000: 4; gezeigt wird ebenso, daß 'tariff jumping' Preissteigerungsspielräume erodieren läßt, siehe Blonigen et al. 2002: 17.

meist japanische Firmen sein, erstreckt sich auf: Portable Schreibmaschinen, Stahlplatten, Pager, Handys, Farbfernseher, DRAMs (64k), Kugellager, Stahlröhren, Farbbildröhren, Gabelstapler, Floppy Disk Laufwerke, Telefone, Mechanische Pressen, Zement, beschichtetes Papier, DRAMs und Stahlprodukte.[4623] Aus diesen Informationen kann gegen die Meinung in der Literatur geschlossen werden, daß Antidumping doch industriepolitische Aspekte aufweist.[4624]

Speziell diese Produkte wurden Ende der achtziger Jahren Antidumpinguntersuchungen ausgesetzt, die große Werte bzw. Handelsvolumina betrafen. Von der EU wurden Antidumpingmaßnahmen genutzt bezüglich: Farbfernseher, CD Player, Kassetten, Videokassetten und Speicherchips, mit einem Importwert von 1,3 Mrd. ECU. Chemie, Stahl, Maschinenbauprodukte traten in dieser Zeit dahinter zurück.[4625] Einige zeitlich den Rahmen (bis 1995) sprengende Informationen für die USA: Antidumpingzölle wurden u.a. auch auf Produkte erhoben, die große Handelswerte betrafen, die Top 10 Antidumpingfälle sind: (1) 2001, Softwood Lumber/Canada US$ 6,3 Mrd.; (2) 2004, Shrimps/Thailand US$ 988 Mill.; (3) 2004, Wooden Bedroom Furniture/China US$ 957 Mill.; (4) 1986, Gefrorener Orangensaft/Brasilien 696 Mill.; (5) 1998, Hot-rolled carbon steel sheet/Russia US$ 550 Mill.; (6) 2004, Shrimps/Vietnam US$ 487 Mill.. Abgelehnt wurde von der ITC: (1) Minivans/Japan (bereits zu Beginn der Untersuchungen), hier keine Infos über Wert; (2) 1999, Live Cattle/Canada US$ 933 Mill.; (3) 1988, All terrain vehicles/Japan US$ 651 Mill.; (4) 2002, Outboard Engines/Japan US$ 584 Mill..[4626]

Für die zwischen 1980 und 2004 insgesamt gestellten Antidumping- und Ausgleichsuntersuchungsanträge wird geschätzt, daß diese US$ 61 Mrd. betrafen, dies sind 0,4 % der gesamten U.S. Importe. Die Zahl bezieht sich aber auf den Moment der jeweiligen Untersuchungen und stellt den Importwert für das jeweilige Jahr dar.[4627] Geht man davon aus, daß 42 % dieser Untersuchungen zu Antidumpingzöllen führten, die womöglich für 5 Jahre wirksam waren, sind dies US$ 25,2 Mrd. mal 5, immerhin schon US$ 126 Mrd. und fast 1 % der U.S. Importe.

Frühe empirische Untersuchungen schätzen, daß die Handelströme, die von Antidumpingmaßnahmen beeinflußt wurden, bei 2-5 % des Welthandels lagen.[4628]

[4623] Nur U.S. Firmen, die an der Börse notiert waren, sind hier als betroffene Firmen aufgezählt. Diese Fälle sehen nach japanischen Investitionen aus. Blonigen et al. 2002: 23-24.
[4624] In der Literatur wird gegen die These industriepolitischer Wirkung argumentiert, daß Fälle wie Softwood Lumber (hohe Beschäftigungszahl) und Speicherchips/DRAMs oder Handys (avancierte Technologie) Ausnahmen seien, wenn man die Kabel-, Kerzen, Pinsel und Rote Johannisbeeren-Fälle hinzufügen. Kelly/Morkre 1994: 23. Dies ist zu einfach. Die These mit der Beschäftigungszahl scheint aber zu stimmen. Je größer die sektorale Beschäftigung ist, desto geringer die Wahrscheinlichkeit einer positiven Antidumpingentscheidung. Sadhni-Jallab et al. 2005: 11. Eine konkrete Abschätzung der industriepolitischen Wirkungen kann hier nicht vorgenommen werden, siehe aber Abschnitt 'I'.
[4625] Schuhknecht 1990: 129; siehe: **Tabelle 203**.
[4626] Die Fallaufzählung wurde mit den nachfolgend in der Publikation verfügbaren Informationen ergänzt. USITC 2005a: 5.
[4627] USITC 2005a: 1; von De Vault (1993) wird für 1980 bis 1992 eine Summe von US$ 31,101 Mrd. berechnet, bezieht man Maßnahmen (darunter vorläufige Zölle) mit konkreten Effekten und nicht die abgelehnten Fälle ein. De Vault 1993: 743.
[4628] Verwiesen wird hier auf zwei Untersuchungen von Hindley/Messerlin (1996) und Anderson (1993), die beidesmal nicht hier in der Literaturliste präsentiert werden, siehe aber Vandenbussche/Zanardi 2006: 1.

Am Rande: Auch beim aktuellen Thailand Shrimp AD Fall, den die USA initiiert haben, gibt es einen Hinweis auf die internationale Dimension von privaten Wirtschaftsstrategien. Mexiko hat offenbar Gerichtskosten der U.S. Southern Shrimp Alliance mitfinanziert, die den Antrag gestellt hatten.[4629] An diesem Shrimp Fall wird ebenso sichtbar, daß es erhebliche Unterschiede, je nach betroffenem Land (und betroffener Firma), zwischen den Zöllen gibt. Teils wurden geringe Zölle veranschlagt und über administrative Überprüfungen versucht, die Zölle weiter abzusenken.[4630]

Die 'tariff jumping' Investitionen haben zu eine kontroversen Debatte im GATT geführt, unter dem Terminus 'anti circumvention'. Mit 'circumvention' ist gemeint, daß Antidumpingzölle umgangen werden, indem Produktion in Dritten Ländern begonnen wird, die bislang nicht von den Untersuchungen betroffen sind. Oder es werden Direktinvestitionen gemeint. Obwohl es eigentlich gut für die Wohlfahrt in der EU oder der USA war, wenn dort japanische Unternehmen investierten, wurde als Gefahr angesehen, wenn diese Firmen zuviele Teile aus Japan importierten, Stichwort 'screwdriver plant'. Importierten die Firmen mehr als 40 % der Komponenten aus dem Heimatland wurde vorgesehen, daß sie auf ihre in Europa produzierten Waren Antidumpingzölle zahlen. Sieben Anträge wurden damals gegen japanische Firmen gestellt und es wurden Abmachungen akzeptiert, um Antidumpingzölle zu umgehen. Damit führte die EU - erfolgreich - eine 'local content' Regel ein, welche die lokale Wertschöpfung in den EU Fabriken der japanischen Firmen erhöhte, die allerdings nur Griff, wenn es einen Antidumpingzoll gab.[4631] Die EU verlor den von Japan angestrengten GATT Fall, änderte ihre Gesetzgebung aber nur geringfügig. Die Antidumpingzölle werden nun nicht mehr auf die in der EU hergestellten Waren auferlegt, sondern auf die importierten Komponenten. Ebenso können Maßnahmen getroffen werden, wenn die Produktion in Dritte Länder verlagert wird.[4632] Die USA verfügt über eine ebensolche Möglichkeit, Antidumpingzölle auf Komponenten auszudehnen.[4633] Auf neue Regeln zu diesem Thema konnten sich die Länder nicht einigen, sodaß dieser Bereich ganz aus den WTO Antidumpingabkommen herausgenommen wurde, um eine Einigung zu ermöglichen.[4634] Japanische Firmen reagierten auf diese Unsicherheit, indem sie vermehrt schon vor Antidumpinguntersuchungen in Europa investierten.[4635]

[4629] Bei den Shrimps spielte auch die Umlenkung der Exporte in Richtung USA, wodurch ein Preisverfall ausgelöst wurde, der natürlich eine Antidumpinguntersuchung erleichterte. Auslöser dafür war,. daß die EU strenge Standards in bezug auf Antibiotikarückstände etablierte. Ebenso hatte die EU GSP Zölle für thailändischen Shrimp ausgesetzt, sodaß nun MFN Zölle von 12 % für gefrorenen und 20 % für gekochten Dosenshrimp gelten. Vorher lagen die Werte bei 6 % für gefrorenen und Dosenshrimp. Details in Debaere 2005: 2.

[4630] Siehe die abschließenden Zollbekanntmachungen: Brasilien 'all other' 7,05 %, höchster Firmenwert 67,80 %; Indien 'all others' 10,17 %, höchster Firmenwert 15,36 %; China 'PRC wide' 112, 81 %; die meisten Firmen 53,68 %; Vietnam 'Vietnam wide' 25,76 %; die meisten Firmen 4,57 %; Thailand 'all other' 5,95 %; die meisten Firmen 5,91 %; Ecuador 'all others' 3,58 %; höchster Firmenwert 4,42 %; Federal Register: 70 FR 5143-5154 (Feb. 1, 2005). Derzeit beantragen Firmen aus Brasilien, Ecuador, Indien and Thailand administrative Überprüfungen. ITA 2006.

[4631] Belderbos 1997: 429; nach anderen Informationen müssen 50 % Komponentenimporte vorlegen, damit diese unter Antidumpingregeln fallen. Steward 1993: 1617.

[4632] Belderbos 1997: 429.

[4633] Seit 1988 formal im Omnibus Trade and Competitiveness Act ermöglicht, wenn 'tariff jumping circumvention' wahrscheinlich ist. Belderbos 1997: 429.

[4634] Croome 1995: 374.

[4635] Belderbos 1997: 433-434.

Ein weiterer Aspekt der EU Antidumpinguntersuchungen ist die 'anti absorption'-Klausel, wirksam seit 1988. Schädigung wird in bezug auf die Höhe der Unterbietung der heimischen Preise gemessen. Antidumpingzöllen sollen, aus dieser Perspektive gesehen, nicht nur Dumping, sondern auch die Schädigung der heimischen Firmen beseitigen. Wenn die ausländischen Firmen ihre Preise weniger als die Antidumpingzölle erhöhten und somit die Wirkung der Zölle 'absorbierten', dann kann eine neue Untersuchung beantragt werden, in der die Zölle als Kosten der Exporteure definiert werden. Wenn 'absorption' festgestellt wird, können somit höhere Zölle erhoben werden, die auch retroaktiv auferlegt werden können.[4636] Damit sagt die EU Kommission sehr deutlich, daß eine wahrnehmbare Preiserhöhung von den ausländischen Firmen erwartet wird und daß diese die Preisniveaus europäischer Firmen erreichen soll.[4637]

Kurzum: Antidumping war in der Zeit des GATT ein effektives Instrument, mit - teilweise zumindest - die Preise angehoben, Investitionen angelockt, industriepolitische Ziele erreicht und die heimische Industrie in den Industrieländern geschützt wurde, wirksam für ca. 2-5 % des internationalen Handels. Das GATT hat den Effekt gehabt, daß sich die Staaten daran gewöhnt haben, daß dieses Instrument nicht ganz ohne Regelbindung angewandt werden sollte, eine darüberhinausgehende Wirkung ist nicht erkennbar.

14.3 Ausgleichszölle

Ausgleichszölle sind spezielle Zölle, die erhoben werden können, wenn eine Ware in der eigenen Wirtschaftsraum eingeführt wird und der Verdacht besteht, daß sie unter Hinzuziehung von Subventionen produziert wurde. Sie werden nach einer Untersuchung dieses Tatbestands erhoben und zählen GATT-rechtlich nicht zu den allgemeinen Zöllen. Somit steht ein Erhöhung der Ausgleichszölle ohne Neuverhandlung, ebenso wie beim Antidumping, nicht im Widerspruch zum GATT. Diese Option der Subventionskontrolle räumt die nationale Handelsgesetzgebung der meisten Staaten ein. Das erste Ausgleichszollgesetz, welches für sämtliche mutmaßlich subventionierte Importe galt, gab es in Belgien 1892.[4638] Die USA folgte 1897 und viele andere Ländern folgten in dieser Zeit nach.[4639]

Mit Ausgleichszöllen kann zu einem gewissen Grad eine auf dezentralen Entscheidungen beruhende Subventionsdisziplin durchgesetzt werden. Dies gilt für Subventionsprojekte, die vom Warenexport abhängig sind. Dazu kommt, daß es möglich ist, die Ausgleichszolluntersuchungen so anzulegen, daß

[4636] Diese 'anti absorption'-Klausel wird auch angewandt. Siehe die definitiven Antidumpingzöllen auf TV Kameras aus Japan. Verordnung (EG) Nr. 1925/97 des Rates vom 7. Oktober 1997, ABl. L 276, 09/10/1997, S. 20-28. Oder bezüglich elektronischer Waagen aus Singapur. Verordnung (EG) Nr. 2937/95 vom 20. Dezember 1995, ABl. L 274, 17/11/1995. Siehe dazu Vandenbussche et al. 1999: 5.
[4637] Vandenbussche et al. 1999: 5.
[4638] CBO AD/CD Study 1994: 22.
[4639] Indien folgt 1987, die Schweiz 1902, Serbien 1904, Spanien 1906, Frankreich und Japan 1910, Portugal 1921, Britisch Südafrika 1914, Neuseeland 1921. CBO AD/CD Study 1994: 22. Subventionsausgleichszölle gibt es in den USA seit 1890, als es darum geht, amerikanische Zuckerproduzenten zu schützen, die einer subventionierten europäischen Konkurrenz ausgesetzt sind. Ab 1922 wurden nicht nur Exportsubventionen, sondern auch Subventionen einbezogen. Nettesheim 1991: 279.

Zölle veranschlagt werden, wenn gar keine oder nur geringe Subventionierung vorliegt.[4640] Mit den Ausgleichzöllen können Subventionen, die nur im Inland ihre Wirkung entfalten, nicht getroffen werden. Im Gegensatz zur WTO, die erstmals Regeln für die interne Subventionen aufstellt und Ausgleichszollmaßnahmen ein schrittweit mehr diszipliniert, war es in der Zeit des GATT unproblematisch, wenn ein Unternehmen subventioniert wurde, das nicht exportierte.

Für relativ große Spielräume der Länder bei der Subventionsnutzung in der Nachkriegszeit spricht weiterhin, daß Ausgleichszölle in den Jahren nach dem Zweiten Weltkrieg nicht mit hoher Frequenz eingesetzt wurden. Dies ändert sich ab Mitte der siebziger Jahre. Hier ist ein starker Anstieg der Untersuchungen zu beobachten, besonders von seiten der USA. Dies ist nicht auf die leichte Schulter zu nehmen, weil oft das Verfahren selbst abschreckend wirken kann, selbst wenn dann kein endgültiger Ausgleichszoll veranschlagt wurde. Auf der anderen Seite haben in den siebziger Jahren nur sehr wenige Untersuchungsverfahren zur Erhebung von Ausgleichszöllen geführt. Die spricht wieder für einen geringen Abschreckungseffekt. Vor allem Industrieländer (und einige Entwicklungsländer, etwa Südkorea und Argentinien) sind in dieser Zeit Untersuchungen über Ausgleichszahlungen ausgesetzt. Meist wurde nur ein geringer Teil des Handels später von den umgesetzten Maßnahmen berührt.[4641] In dieser Zeit fällt weiterhin der sektorale Focus der Ausgleichszölle auf, die sich vor allem auf Eisen und Stahl und Automobile bezogen[4642] und damit weitere handelspolitische Maßnahmen in diesen Bereichen ergänzten.

Die Tokio-Runde des GATT konnte zwar im Subventionskodex, Teil I, der sich auf die Ausgleichzolluntersuchungen bezieht, die Anforderung etablieren, daß Schädigung aufgezeigt werden muß[4643], schon damals überschatten aber Streitigkeiten den Abschluß und eine denkbare weitere Engführung der Regeln.[4644] Die Schädigungsregeln waren ähnlich wie im Bereich Antidumping formuliert.[4645] Die Veranschlagung von Ausgleichszahlungen wurde durch den Subventionskodex nicht in einer Art und Weise diszipliniert, um einem protektionistischen Mißbrauch vorzubeugen.

[4640] Beispiel dafür in bezug auf U.S. Untersuchungen in Bovard 1991: 170-177.
[4641] Vgl. Zwischen 1976 und 1979 wurden von den USA 111 Ausgleichszollverfahren begonnen, davon wurden in 22 Fällen Zölle veranschlagt. Und 119 Antidumpingfälle, wobei in 3 Fällen Zölle veranschlagt wurden. Vgl. Finger 1981: 266-268. Siehe für eine detaillierte Übersicht **Tabelle 204** und **Tabelle 205**. Auffällig ist, daß bei einigen Entwicklungsländer, etwa Südkorea und bei Industrieländern wie Spanien und Dänemark, ein großer Teil der Untersuchungen mit einer Festlegung von Ausgleichszöllen beendet wurde, wohingegen diese Zahl bei anderen Ländern nicht sonderlich hoch ist. Siehe für Argentinien: Nogues/Baracat 2005: 6.
[4642] Zwischen 1897 bis 1974 wurden von den USA 65 Ausgleichszollverfahren angestrengt, im Jahre 1975 sind es schon 38. Hinweise auf diesen Umschwung der U.S.-Politik zu dieser Zeit liefert Pestieau 1978: 93, 105. Hier wird aber nicht beachtet, daß von diesen 38 Verfahren 1975 nur eines dazu führte, daß Ausgleichszölle veranschlagt wurden. Nettesheim 1991: 281, Fußnote 17. Bis 1977 wurde Japan keinem Ausgleichszoll ausgesetzt, also keinem Verdacht auf Subventionierung ausgesetzt. Namiki 1978: 140.
[4643] Agreement on Interpretation and Application of Articles VI, XVI and XXIII of the General Agreement on Tariffs and Trade, BISD 26S/56 (1980): Teil I, Art. 6.
[4644] Der Abschluß der Tokio-Runde wurde verzögert durch eine Gesetzgebungsinitiative in den USA, die automatische Ausgleichszölle installieren sollte, ohne daß der Präsident die Möglichkeit hat ein Veto einzulegen. Unter diesen Bedingungen erklärte sich die EU nicht bereit die Tokio-Runde abzuschließen und erst nach Korrektur des Gesetzes gelang dies. Damit wurde das Auferlegen von Ausgleichszöllen etwas erschwert. Vgl. GATT 1979: 16-17. Siehe allgemeiner Nettesheim 1991: 281-282.
[4645] Agreement on Interpretation and Application of Articles VI, XVI and XXIII of the General Agreement on Tariffs and Trade, BISD 26S/56 (1980): Teil I, Art. 6.

Dies zeigt sich im Laufe der achtziger Jahre. Hier ist ein deutlicher Anstieg der Ausgleichszollveranschlagungen zu beobachten, 281 U.S.-Fälle gegen 7 der EU.[4646] Problematisch ist, daß in den USA in den achtziger Jahren Überprüfungen der Zölle - bis auf drei Fälle - abgelehnt wurden.[4647] Für die Entscheidungen im U.S. Verwaltungsverfahren finden sich ähnliche Zahlen wie beim Antidumping: In 14 % der Fälle fand 'Commerce' bzw. DOC keine Subventionen, in 57 % die ITC keine Schädigung.[4648] Somit lag auch hier die größte Hürde staatlich administrierten Schutz eingeräumt zu bekommen, darin, zu beweisen, daß es der eigenen Industrie (bzw. Ware) überhaupt schlechter ging, genauso war dies in den U.S. im Antidumpingbereich. Die Zölle, die bei Ausgleichszolluntersuchungen auferlegt wurden, lagen aber klar niedriger als im Antidumpingfall. Von zwischen 1980 und 1988 untersuchten 73 Ausgleichsfällen verzeichnen 30 Fälle Ausgleichszölle von unter 5 %, 13 einen Ausgleichszoll von 5 bis 10 %, 21 Fälle einen von 10 bis 25 % sowie 9 einen Zoll über 25 %.[4649]

Hinsichtlich Schädigung finden Kelly/Morkre (1994, 2002) folgende Zahlen: Zuerst einmal für 1980-1988: Von 57 dort untersuchten Fällen[4650], bei denen Ausgleichzölle auferlegt wurden, gab es in 41 Fällen eine Schädigung[4651], die weniger als 5 % des Firmeneinkommens ausmachte. In 54 Fälle lag die Schädigung unter 10 % und in 10 Fällen unter 1 %.[4652] Die Ergebnisse von Kelly/Morkre (2002) wurden schon oben präsentiert.[4653]

Staaten, die nicht Signatarstaaten des Subventionskodex waren, wurden durch die USA weiter Untersuchungen ausgesetzt, bei denen ohne[4654] das Aufzeigen von Schädigung Ausgleichszölle etabliert wurden. Dies fiel für Argentinien beispielsweise auch deshalb leicht, weil es Exportsubventionen einsetzte.[4655] Viele Entwicklungsländer, die mit Exportsubventionen eine Exportorientierung anstrebten, mußten somit mit der Möglichkeit rechnen, daß Ausgleichzölle auferlegt wurden.

[4646] Siehe: **Tabelle 193**.
[4647] Zwischen April 1981 und Juni 1987 gab es keine einzige Überprüfung und Aufhebung von Ausgleichszöllen. Bovard 1991: 181. Im Jahre 1978 wurde ein Ausgleichszoll auf argentinische Textilprodukte von 4,53 % auferlegt. Mitte der achtziger Jahren wurde festgestellt, daß keine Subventionierung mehr vorliegt. Im Jahre 1990 wurde vom Commerce Department dann verlautbart, daß es den Zoll aufheben möchte, falls kein Einspruch erfolgt. Dieser Einspruch erfolgte dann von der Amalgamated Clothing and Textile Workers Union und der Zoll blieb weiter bestehen. Bovard. 1991: 182.
[4648] CBO AD/CV Study 1994: x.
[4649] Hier kann nur gehofft werden, daß diese Margen auch mit den Ausgleichszöllen übereinstimmen. Kelly/Morkre 1994: 17. Die dort (1980-1988) untersuchten 152 Dumpingfälle lagen in 45 Fällen unter 5 %, in 19 Fällen zwischen 5 und 10 %, in 34 Fällen zwischen 10 und 25 % und in 56 Fällen über 25 %. Kelly/Morkre 1994: 18.
[4650] Insgesamt werden in dieser Zeitperiode 297 Ausgleichsuntersuchungen begonnen, davon wird in 52 Fällen von ITC Schädigung festgestellt und Maßnahmen etabliert. Kelly/Morkre 1994: 9. Die Zahlen passen nicht ganz mit den oben präsentierten zusammen.
[4651] Definiert als prozentualer Rückgang des Industrieeinkommen durch die unfair gehandelten Waren. Kelly/Morkre 1994: 48.
[4652] Zwei von drei Fällen mit einer Schädigung über 10 % sind Landwirtschaftsfälle. Kelly/Morkre 1994: 56.
[4653] Siehe den Punkt Antidumping. Die Kelly/Morkre (2002) Ergebnisse beziehen sich sowohl auf AD als auch auf CV.
[4654] Dies war dadurch möglich, weil die Großvaterklausel des GATT dies für USA für Ausgleichszollfälle ermöglichte. In Art. VI wird nämlich das Aufzeigen von Schädigung gefordert. Mehr dazu vorn, bei der Erwähnung der Großvaterklausel. Jackson et al. 1995: 462; Nettesheim 1991: 284.
[4655] In den achtziger Jahren gab es in den Bereichen: Lederkleidung, Lederschuhe, Textil- und Bekleidung, Stahlröhren, Ölpipelineröhren, Wolle und sonstige Stahlprodukte Ausgleichsmaßnahmen des USA gegenüber Argentinien. Nogues/Baracat 2005: 6.

Bemerkenswert ist, daß es angesichts der vielen Ausgleichsuntersuchungen in den achtziger Jahren nur wenige GATT Streitfälle gab. Dies lag wahrscheinlich auch daran, daß viele dieser Fälle im Bereich Stahl verwandt wurden und Protektionismus im Stahlbereich offenbar als akzeptabel angesehen war.[4656] Immerhin haben die U.S. Behörden nicht jedem Antrag auf Ausgleichszölle zugestimmt. In einer Reihe von Fällen wurden diese abgelehnt, nicht nur weil es parallel Antidumpinguntersuchungen gab, sondern weil bedeutende Schädigung verneint wurde. Im Jahre 1982 wurden beispielsweise 98 Stahlfälle initiiert, davon haben 14 zu Ausgleichszöllen geführt. Von den insgesamten Fällen wurden allerdings nur 4 deshalb abgelehnt, weil die ITC keine bedeutende Schädigung finden konnte.[4657] Zweiter Grund für die wenigen Streitfälle war, daß die USA die Margen bei ihren Ausgleichszolluntersuchungen relativ moderat ansetzten (diese lagen klar unter den Margen der Antidumpinguntersuchungen).

Bei den fünf GATT Industriefällen zu Ausgleichszöllen wird erstens in Brazil vs. United States - Non-Rubber Footwear (1989) bestätigt, daß auch für Ausgleichszölle, die vor dem Abschluß der Tokio-Runde etabliert wurden, eine Schädigungsfeststellung erfolgen muß.[4658] Sämtliche anderen Streitfälle folgten zeitlich danach, auch als Reaktion darauf, daß Anfang der neunziger Jahre klar wurde, daß die Verhandlungen über Antidumping und Subventionen in der Uruguay-Runde nicht vorankamen.[4659]

In den, zeitlich parallel ausgearbeiteten zweiten und dritten Ausgleichszollfällen, Norway vs. United States - Atlantic Salmon (1992)[4660] und Canada vs. United States - Softwood Lumber (1992)[4661] ging es detaillierter um den Entscheidungsmaßstab ('standard of review'), den das Panel bei Ausgleichszolluntersuchungen benutzen kann, eine Frage, die relevant für spätere WTO Fälle ist. Zwar wurde in diesen Fällen weiterhin, gemäß Art. 6.1, wie in den Agrarausgleichszollfällen, untersucht, ob positive Beweise und eine objektive Untersuchung ("positive evidence", "objective examination") für Schädigung vorgelegt werden können.[4662] In beiden Panels wird aber ausgeführt, daß zwar überprüft werden könne, "whether a reasonable explanation had been provided of how the facts as a whole supportetd the determination made by the investigating authorities", es wird aber verneint, daß der Panel die Gewichtung der Fakten durch die Behörden überprüfen darf.[4663]

[4656] Weitere Informationen dazu in Abschnitt T.
[4657] USITC 2005a: 61-62.
[4658] Brazil vs. United States - Countervailing Duties on Non-Rubber Footwear from Brazil, Report by the Panel, SCM/94, 4 October 1989. Siehe zu weiteren Implikationen, die hier ausgeklammert werden können. Hudec 1991: 566.
[4659] Croome 1995: 304; zur Verhandlungsgeschichte, mit Schwerpunkt Subventionen, nicht Ausgleichszöllen Steward 1993: 845-958.
[4660] Norway vs. United States - Imposition of Countervailing Duties on Imports of Fresh and Chilled Atlantic Salmon From Norway, Report of the Panel, SCM/153, 4 December 1992.
[4661] Canada vs. United States - Measures Affecting Imports of Softwood Lumber from Canada, SCM/162, 7 December 1992, adopted 27-28 October 1993, BISD 40S/358, 1995.
[4662] Siehe "objective evidence": United States vs. Canada - Panel on Canadian Countervailing Duties on Grain Corn from the United States, 21 February 1992, in: BISD 39S/411, 1993: Para. 5.2.4, Para. 5.2.6; siehe auch Steward 1993: 1671; "objective examination". EC vs. Brazil - Imposition of Provisional and Definitive Countervailing Duties on Milk Powder and Certain Types of Milk from the European Economic Community, 27. January 1994, in: BISD 41S/467, 1997: u.a. Para. 321.
[4663] "In this context, the Panel considered that the mere fact that in a given case reasonable, unprejudiced minds could differ as to the weight to be accorded to certain facts was not a sufficient ground to find that a determination of material injury based on such facts was not based on positive evidence within the meaning of footnote 17 ad Article 6.1. The question of whether a determination of injury was based on positive evidence therefore was distinct from the question of the weight to be accorded to the facts before the investigating authorities."

Beispielsweise wurde in einem Dreischritt in Norway vs. United States - Atlantic Salmon überprüft, ob die U.S. Behörden bestimmte Aspekte erwogen haben ("considered") und ob dies auf positiven Beweisen bzw. Daten ("positive evidence") beruhte. War dies der Fall, wurde die Gewichtung ("make a judgement about the relative weight") nicht mehr in Frage gestellt, es wurde allerdings danach gefragt, ob diese Gewichtung "reasonably explained" wurde.[4664] In diesem Fall wurde die Schädigungsfeststellung anhand temporär negativer Indikatoren akzeptiert, obwohl die U.S. Industrie zwischen 1987 und 1988 ihre Verkäufe vervierfachen konnte. Weil die Gewichtung nicht in Frage gestellt wurde und weil zudem Art. 6.2, letzter Satz, so gedeutet wird, daß ein einziger Faktor nicht "decisive guidance" geben darf und die Behörden eine Diskussion (und Gewichtung) der Faktoren erfolgen ließ, schloß das Panel, daß eine "reasonable explanation" erfolgte.[4665]

In Canada vs. United States - Softwood Lumber III (1992) führte dieser schwach ausgelegte Entscheidungsmaßstab zwar nicht dazu, daß einer Diskussion der Ausgleichszolluntersuchung ganz ausgewichen wurde. Dennoch wird sichtbar, daß der Panel mit dem Statement, daß eine bestimmte Feststellung nicht "unreasonable" sei, viele Argumente der U.S. Behörden akzeptiert.[4666] Als die Diskussion einmal zeigte, daß den U.S. Behörden eine Argumentation vorgeworfen werden muß, die "unreasonable and arbitrary" ist (hier anhand des Faktes, daß Importzunahmen behauptet wurden, obwohl zwischen 1988 und 1990 die kanadische Importpenetrationsrate von 28,2 % auf 26,8 % zurückgegangen war), führte dies nicht zu einem Regelverstoß, weil der Tokio Subventionskodex - nach Ansicht der Panels wenigstens - die Lücke aufwies, daß Art. 6.2 den Behörden nicht vorschrieb, welchen Faktor sie als ausschlaggebend ansehen müssen.[4667] Auch die Feststellung drohender bedeutender Schädigung wird ohne die Forderung nach Modifikationen akzeptiert, mit dem Kommentar: "The Panel nevertheless considered this conclusion to be a close judgment ..".[4668] Letztendlich war die Aufnahme der Untersuchung vereinbar mit dem Subventionskodex.[4669]

Hervorhebung im Original. Die oben erwähnte Fußnote 17 ist in der hier vorliegenden Version des Subventionskodex Fußnote 1. Norway vs. United States - Imposition of Countervailing Duties on Imports of Fresh and Chilled Atlantic Salmon From Norway, Report of the Panel, SCM/153, 4 December 1992, BISD 41S Vol. II/576, 1997: Paras. 258, 260. "Rather, in the view of the Panel, the review to be applied in the present case required consideration of whether a reasonable, unprejudiced person could have found, based upon the evidence relied upon by the United States at that time of initiation, that sufficient evidence existed of subsidy, injury and causal link to justify initiation of the investigation." Canada vs. United States - Measures Affecting Imports of Softwood Lumber from Canada, SCM/162, 7 December 1992, adopted 27-28 October 1993, BISD 40S/358, 1995: Para. 335.

[4664] Norway vs. United States - Imposition of Countervailing Duties on Imports of Fresh and Chilled Atlantic Salmon From Norway, Report of the Panel, SCM/153, 4 December 1992, BISD 41S Vol. II/576, 1997: Paras. 261-275.
[4665] Norway vs. United States - Imposition of Countervailing Duties on Imports of Fresh and Chilled Atlantic Salmon From Norway, Report of the Panel, SCM/153, 4 December 1992, BISD 41S Vol. II/576, 1997: Paras. 302-307.
[4666] Canada vs. United States - Measures Affecting Imports of Softwood Lumber from Canada, SCM/162, 7 December 1992, adopted 27-28 October 1993, BISD 40S/358, 1995: Para. 357.
[4667] Canada vs. United States - Measures Affecting Imports of Softwood Lumber from Canada, SCM/162, 7 December 1992, adopted 27-28 October 1993, BISD 40S/358, 1995: Para. 371-372.
[4668] Canada vs. United States - Measures Affecting Imports of Softwood Lumber from Canada, SCM/162, 7 December 1992, adopted 27-28 October 1993, BISD 40S/358, 1995: Para. 410.
[4669] Canada vs. United States - Measures Affecting Imports of Softwood Lumber from Canada, SCM/162, 7 December 1992, adopted 27-28 October 1993, BISD 40S/358, 1995: Para. 412.

Kurz zur Vorgeschichte dieses Falls, der sich in der WTO fortsetzt: Der erste Softwood Lumber I (1982) Fall wurde ausgelöst durch einen Antrag der United States Coalition for Fair Canadian Lumber Imports auf eine Ausgleichszolluntersuchung.[4670] Diese behauptete eine Subventionierung kanadischen Weichholzes von 60 % bis 65 % vor allem durch kanadische Holzeinschlagsgebühren, die nicht den marktgemäßen Wert des Holzes widerspiegeln würden.[4671] Kanada stellte daraufhin einem Antrag auf Schlichtung unter Art. 17 des Tokio Subventionskodex. In diesem Dokument wies Kanada darauf hin, daß der Weichholzhandel mit US$ 2 Mrd. nur von Automobilen und Zellstoff übertroffen würde und davon hunderte Gemeinden abhängen, die kein anderes Einkommen haben.[4672] Als die U.S. Behörden die Subventionsbehauptung der Coalition nicht akzeptierten und den Antrag ablehnten, wurde auch die GATT Schlichtung unnötig.[4673] In Softwood Lumber II kam es 1987 zu einem GATT Panel[4674], weil 1986 von den U.S. Behörden in einer neuerlichen vorläufigen Untersuchung nun doch eine Subventionierung von 15 % festgestellt wurde. Das Panel stellte hier ohne einen Bericht seine Arbeit ein, weil ein Memorandum of Understanding zwischen USA und Kanada ausgehandelt wurde, in welchem Kanada sich bereiterklärte eine 15 % Exportabgabe zu verhängen, die in den Jahren danach verringert wurde, weil sich kanadische Provinzen bereiterklärten, die Einschlagsgebühren und den Holzpreis zu erhöhen.[4675] Als Kanada dieses Memorandum im Oktober 1991 kündigte, wurde im Mai 1992 wieder eine Ausgleichszolluntersuchung eingeleitet, die zu einem 6,5 % Zoll führte.[4676] Hinter dieser Thematisierung von Subventionen für Produkte, die auf natürliche Ressourcen beruhen, stand auch eine 1986 im Repräsentatenhaus angenommene, aber letztendlich im Senat gescheiterte Gesetzgebungsinitiative.[4677] Zur Erklärung der im Jahre 1986 geänderten Haltung der U.S. Behörden wird auch auf Wahlen für den Senat hingewiesen.[4678] Mittlerweile ist es Normalfall für U.S. Behörden auch Subventionen in bezug auf natürliche Ressourcen in ihre Ausgleichszolluntersuchungen beachten zu können.[4679]

Im vierten GATT Ausgleichszollfall Canada vs. United States - Alloy Magnesium (1994) wurde eine Einigung erzielt, d.h. ein mutmaßlich subventionierender Elektrizitätslieferungsvertrag wird

---

[4670] Request for Conciliation under Article 17 of the Agreement. SCM/40, 17 February 1983.
[4671] Request for Conciliation under Article 17 of the Agreement. SCM/40, 17 February 1983: 1, 3-4.
[4672] Request for Conciliation under Article 17 of the Agreement. SCM/40, 17 February 1983: 1, 6.
[4673] Im Stadium einer vorläufigen Feststellung wird der Antrag abgelehnt. Request for Conciliation under Article 17 of the Agreement. Addendum. SCM/40/Add.1, 17 March 1983: 1; siehe Hudec 1991: 510.
[4674] Canada vs. United States - Initiation of a Countervailing Duty Investigation into Softwood Lumber Products from Canada, SCM/83, 25 May 1987; Hudec 1991: 530.
[4675] Das Memorandum wird dokumentiert in: Canada vs. United States - Initiation of a Countervailing Duty Investigation into Softwood Lumber Products from Canada, SCM/83, 25 May 1987; Hudec 1991: 530; Steward 1993: 829.
[4676] Hudec 1991: 530.
[4677] Destler 2005: 158-160. Im Mai 1986 wurde eine Schutzklausel für Holz (allerdings nur für Dachschindeln) genehmigt, die einen von 35 % ausgehenden, aber absinkenden Zoll implizierte. Dies ist die einzige akzeptierte Schutzklausel in diesen Jahren. Schutz für Schuhe wurde kurz zuvor abgelehnt, danach wurden zwischen 1987 und 1990 zwei weitere Schutzklauseln abgelehnt. Destler 2005: 149.
[4678] Als "more of an exercise in metaphysics than in accounting" wird die damalige Begründung der Subventionierung durch das Commerce Department kommentiert bei Bovard 1991: 174. Von Bovard (1991) wird als Grund für diese Entscheidung angeführt, daß es darum ging, die Wahlen mehrerer republikanischer Senatoren sicherzustellen. Bovard 1991: 174.
[4679] Die scheint nicht erst seit dem Omnibus Trade and Competitiveness Act 1988 möglich zu sein, dem nur "minor changes" zugeschrieben werden. Nettesheim 1991: 282. Schon für das Jahr 1984 wird auf solche Fälle hingewiesen. Nettesheim 1991: 292.

verändert.[4680] Schließlich ging es in EC vs. United States - Lead & Bismuth Carbon Steel (1994)[4681] um Stahl. Dieser Fall interessiert zuerst einmal, weil dort eine offene Debatte zwischen USA und EU über den Entscheidungsmaßstab stattfand. Der Panel vertrat die Auffassung, daß er keine Rechtsprinzipien aus den nationalen Rechtssystemen der Unterzeichnerländer übernehmen darf, also nicht das "deference model", welches in den USA als Chevron Doctrin bekannt ist.[4682] Die USA setzte sich für eine Übernahme dieses Prinzips ein: Es sieht vor, daß U.S. Gerichte Akte der Verwaltung, die sie als 'reasonable' ansehen, akzeptieren müssen und keine Auslegung der Gesetze versuchen sollten, einmal abgesehen von Fällen, in denen die spezielle Intention des Kongress aus Text und Geschichte der Gesetze zu rekonstruieren sind.[4683] Die EU argumentierte dagegen, einig sind die Akteure aber, daß der Entscheidungsmaßstab den Panels kein Autorität zu einer neuen Faktenrecherche ('de novo review') einräumt.[4684] Zwei Hintergründe hierzu: Einerseits war den Ländern bewußt, daß die Schwierigkeiten der Panels in den o.g. Fällen zu klaren Entscheidungen zu kommen, auch daraus resultierten, daß der Tokio Subventionskodex nicht ausreichend klar ausgehandelt wurde.[4685] Andererseits gelang es der USA während Endphase der Verhandlungen der Uruguay-Runde[4686] im WTO Antidumpingabkommen einen speziellen Überprüfungsstandard zu etablieren, von dem die USA erwartete, daß er "more specific and deferential" ist.[4687] Erwartet wurde, daß er Art. 11 des DSU übertrumpfen konnte und daß er zudem für den Ausgleichzollbereich gilt. Letzteres sei dadurch vorgesehen gewesen, weil in der Ministerdeklaration eine Passage eingeführt wurde, die eine "consistent resolution of disputes arising from anti-dumping and countervailing duty measures" forderte.[4688] Die verunsicherte ebenso die Panels in bezug auf den Entscheidungsmaßstab. Siehe dazu in Abschnitt 'J' mehr.

Der Fall EC vs. United States - Lead & Bismuth Carbon Steel (1994) wurde im Jahr 1992 initiiert, als die USA viele[4689] Stahlausgleichsfälle gleichzeitig einsetzte. Dieser späte Bericht formuliert den Entscheidungsmaßstab so, daß keine neue Gewichtung der Fakten vorgenommen werden darf. Der

---

[4680] Canada vs. United States - Measures Affecting the Export of Pure and Alloy Magnesium From Canada, Report by the Panel, SCM/174, 9 August 1993: 1-2.
[4681] EC vs. United States - Imposition of Countervailing Duties on Certain Hot-Rolled Lead and Bismuth Carbon Steel Products Originating in France, Germany and the United Kingdom, Report of the Panel, SCM/185, 15 November 1994.
[4682] EC vs. United States - Imposition of Countervailing Duties on Certain Hot-Rolled Lead and Bismuth Carbon Steel Products Originating in France, Germany and the United Kingdom, Report of the Panel, SCM/185, 15 November 1994: Para. 369, 371.
[4683] EC vs. United States - Imposition of Countervailing Duties on Certain Hot-Rolled Lead and Bismuth Carbon Steel Products Originating in France, Germany and the United Kingdom, Report of the Panel, SCM/185, 15 November 1994: Para. 95.
[4684] EC vs. United States - Imposition of Countervailing Duties on Certain Hot-Rolled Lead and Bismuth Carbon Steel Products Originating in France, Germany and the United Kingdom, Report of the Panel, SCM/185, 15 November 1994: Para. 95-98.
[4685] Siehe das Statement der USA, welche darlegt, daß einige Regeln präzise, andere ambivalenter sind. EC vs. United States - Imposition of Countervailing Duties on Certain Hot-Rolled Lead and Bismuth Carbon Steel Products Originating in France, Germany and the United Kingdom, Report of the Panel, SCM/185, 15 November 1994: Para. 88.
[4686] Genauer am 12. Dezember 1993. "The United States had asked for eleven changes. It won several, but not all. Most important was probably an agreement on 'standards of review', which provided that dispute settlement proceedings could look at how dumping cases had been handled by national authorities, but not at the facts of the case." Croome 1995: 374.
[4687] GAO 2003: 22-23.
[4688] Dieser Erwartung wird in diesem speziellen Report der United States General Accounting Office nachgegangen und die Frage verfolgt, ob die USA hier nachteilig behandelt wird. GAO 2003: 22-23.
[4689] Im Jahre 1992 wurden von 38 Stahlfällen 17 mit Ausgleichszöllen abgeschlossen, ohne eine negative Schädigungsfeststellung der International Trade Commission erfolgt. USITC 2005a: 52.

Panel traute sich aber zu, zu überprüfen, ob die Argumente eine "rational basis"[4690] haben. Wenn die Behörden bestimmte, sich aufdrängende Fragen, aus der Argumentation ausgeklammerten und die Bewertung viel zu allgemein war, schließt der Panel, daß eine solche Erklärung unzureichend ist: "did not explain".[4691] Deutlich wird daran, daß es nicht nur 'schwache' Auffassungen bezüglich des Entscheidungsmaßstabs in dieser Zeit gab.

Insgesamt ist als Fazit zu ziehen, daß durch die Ausgleichszölle die Subventionsdisziplin in der Zeit der achtziger Jahre, Schritt für Schritt, erhöht wurde, insbesondere für die Firmen, die am transatlantischen Handel beteiligt waren. Dies ist daran zu erkennen, daß EU klar erkennbar solchen Maßnahmen ausgesetzt war. Es dürften somit nicht nur interne Gründe dafür in Frage kommen, daß damals über eine Stärkung der EU-Beihilfekontrolle nachgedacht wurde.[4692] Über die EU hinaus waren in dieser Zeit Entwicklungsländer wie Brasilien, Argentinien, Mexico, Peru und Korea von den USA-Ausgleichszöllen betroffen.[4693] In den USA profitierten die Firmen von höheren Preisen und wurden so ihrerseits subventioniert.[4694] Die außenhandelspolitische Option, Ausgleichszölle einzusetzen, wurde vom Tokio Subventionskodex nicht ausreichend diszipliniert, u.a. weil Unsicherheit bezüglich des Entscheidungsmaßstab vorlag.

15. Subventionen im GATT

Ein zentraler Moment der Flexibilität der GATT erstreckte sich auf Subventionen, wenigstens solange eine Firma nicht Ausgleichsmaßnahmen beim Import ihrer Ware in ein anderes Land ausgesetzt war. Die Frage nach Subventionen eröffnet ein weites Feld, darunter fallen nicht direkte Industriesubventionen, sondern auch die Regionalförderung, die Förderung von Forschung und

---

[4690] EC vs. United States - Imposition of Countervailing Duties on Certain Hot-Rolled Lead and Bismuth Carbon Steel Products Originating in France, Germany and the United Kingdom, Report of the Panel, SCM/185, 15 November 1994. Para. 518.
[4691] EC vs. United States - Imposition of Countervailing Duties on Certain Hot-Rolled Lead and Bismuth Carbon Steel Products Originating in France, Germany and the United Kingdom, Report of the Panel, SCM/185, 15 November 1994. Para. 549. In diesem Fall wurden zudem einige Grundlagenentscheidungen getroffen hinsichtlich der Subventionierung und Ausgleichzahlungen, in der Hinsicht, daß Aktivitäten privater Banken nicht ohne weiteres der Subventionierung beschuldigt werden können. Paras. 396-403. Es wird zwar nicht generell geklärt, ob Subventionen auf private Entitäten 'übergehen' können, wenn etwa eine subventionierte Firma privatisiert wird, klargestellt wird aber, daß dies genauer untersucht werden muß und jedenfalls der Preis beachtet werden muß, den die private Entität bezahlt hat. Para. 425. Weiterhin hatte die USA die Aktienbeteiligung durch Regierungen an den Stahlfirmen, angesichts von Verlusten in der Vergangenheit als Subvention bezeichnet, ohne sich auf eine Diskussion der zukünftigen Chancen einzulassen. Dies wird als "insufficiency of DOC's reasoning" bezeichnet. Para. 475; siehe auch Paras. 490-491. Ebenso siehe: "In the Panel's view, the DOC's statement was at such a level of generality as to make it unlikely that prospective factors could ever outweigh negative past financial indicators in a determination of whether or not a firm was creditworthy." Para. 549. Selbst wenn es um die Kalkulation der Subventionen geht und weiter behauptet wird, daß das Unternehmen nicht kreditwürdig ist, dürfe eine Regierungsaktienbeteiligung nicht pauschal als Schenkung ('grant') aufgefaßt werden. Para. 518. Weiterhin hatte die USA nicht ausreichend erklärt, warum sie auf 'facts available' zurückgriff. Para. 579. Weiterhin wurde auch Berechnungsmethoden überprüft. Paras. 646, 675.
[4692] So in bezug auf Stahl auch Messerlin 1999: 191.
[4693] Siehe: **Tabelle 193**.
[4694] Auf der anderen Seite haben diese Maßnahmen, die nicht immer fair eingesetzt wurden, den Effekt, die heimische Industrie vor Konkurrenz zu schützen, eben weil teils sehr hohe Ausgleichszölle veranschlagt wurden. Somit wurde zwar einerseits ein mehr an marktwirtschaftlichem Disziplin eingefordert, denn es sind vor allem die USA, die diese Maßnahmen anwenden. Auf der anderen Seite wird die mutmaßliche Subventionierung seitens ausländischer Staaten zum Anlaß genommen den heimischen Firmen indirekte Gewinne vermittels höherer Preise, die von den Verbrauchern und stromaufwärts gelegenen Produzenten gezahlt werden, zu verschaffen. Es geht hier also im Endeffekt oftmals auch um eine Subventionierung und es fällt schwer, zwischen positiven und negativen Effekten zu unterscheiden.

Entwicklungs ('F&E' bzw. research and development, 'R&D') und die Subventionierung der Landwirtschaft. Subventionen können unterteilt werden in Exportsubventionen und Subventionen, die durch sonstige Maßnahmen impliziert werden, etwa steuerliche Nachlässe. Hier gibt es auch steuerliche Nachlässe, die etwa nur Exporten zukommen.

Das Vorgehen gegen Subventionen ist bis heute nicht in einem einheitlichen Verfahren, sondern in mehreren Teilverfahren geregelt. Die wichtigste Unterscheidung die hier getroffen werden muß, ist, daß das Außenwirtschaftsrecht der meisten Länder zuerst einmal die Möglichkeit einräumt, gegen mutmaßlich subventionierte Importe vorzugehen, indem Ausgleichszölle auferlegt werden. Mit dieser Option kann Druck ausgeübt werden, die Subvention zu beenden oder zu verringern. Auf der anderen Seite können Ausgleichszölle nicht direkt verhindern, daß ein Staat Subventionen zum Aufbau einer Industrie einsetzt.

Zudem ist des Thema Subventionen weit aufgefächert, oben wurde schon dargestellt, daß beispielsweise für Exportsubventionen im Industriegüterbereich schon früh unter den Industrieländer ein Konsens etabliert wurden, diese nicht mehr anzuwenden. Schwierig ist die Einschätzung der Relevanz von Subventionen, weil Subventionen in einzelnen Industrieprojekten kulminieren können, so werden etwa in der EU direkte Subventionen gezahlt, dazu kommen Beihilfen seitens der Regional- und Forschungsförderung. Weiterhin gibt es die Länderebene und die EU-Ebene.

Mit Exportsubventionen wird hier begonnen: In den sechziger Jahren beschlossen die Industriestaaten auf Exportsubventionen für Industriegüter zu verzichten.[4695] Der einzige Exportsubventionsstreitfall im Industriegüterbereich ist gemäß Tokio Subventionskodex Teil II, Art. 9 verhandelt worden und wurde aufgrund eindeutiger Rechtslage von Deutschland verloren.[4696] Dieses Verbot erstreckt sich nicht auf den Agrarbereich, in dem weiter Exportsubventionen verwendet wurden. Diese unterlagen zwar Grenzen, aber der Test, der dazu im GATT etabliert wurde, war schwierig anzuwenden.[4697] Typischerweise wurden diese Regeln wurden von GATT-Mitgliedsstaaten zwar benutzt, um die Politik des jeweils anderen anzuzweifeln, selbst wurde sich nicht daran gehalten und solche Klagen und Streitbeilegungsberichte wurden regelmäßig mit einem Veto blockiert.[4698] Entwicklungsländer waren von dem Exportsubventionsverbot im Industriegüterbereich ausgenommen, solange diese nicht zu ernsthafter Schädigung ('serious prejudice') führten.[4699]

[4695] Jackson 1997: 286. Damals gilt noch der Preistest, bei dem der Inlandspreises mit dem Auslandspreis verglichen wird, für Industrieexportsubventionen. Dieser Test befindet sich immer noch im GATT 1994 Text. Mit den speziellen Subventionskodex der Tokio-Runde, siehe Art. 9, fiel dieser Test weg und, für die Unterzeichner dieses Kodex, waren Exportsubventionen im Industriegüterbereich fortan gänzlich verboten. Jackson 1997: 288-289. Siehe den Tokio Subventionskodex in BISD 26S/68, 1980.
[4696] Als zusätzlicher Anreiz für Daimler Benz bei der Privatisierung von Messerschmidt-Bölkow-Blom einer Fusion zuzustimmen, hatte die deutsche Regierung eine Wechselkursversicherung bei Airbus Verkäufen etabliert, welche einen klaren Verstoß gegen Art. 9 und den Annex 'Illustrative List of Export Subsidies' (j) darstellte. United States vs. Germany - German Exchange Rate Scheme for Deutsche Airbus, Report by the Panel, SCM/142, 4 March 1992.
[4697] Jackson 1969: 392-399, Jackson 1997: 286.
[4698] Siehe: **GATT Fallübersicht**.
[4699] Agreement on Interpretation and Application of Articles VI, XVI, and XXIII of the General Agreement on Tariffs and Trade. BISD 26S/56-83, 1980: Part III, Art. 14.4.

Sonstige Subventionen waren im GATT, in Art. XVI, nur unklaren Regeln ausgesetzt, die eine (anfangs unwirksame) Notifizierung und zwischenstaatliche Konsultationen im Falle von Wettbewerbsverzerrungen vorsahen.[4700] In Art. III.8 (b) wurden direkte Zahlungen von Subventionen vom Prinzip der Inländerbehandlung explizit ausgenommen.[4701] Wie schon bei der öffentlichen Auftragsvergabe wurde seit 1970 versucht, die GATT-Regeln bezüglich zu Subventionen zu erweitern und zu präzisieren. Der Kodex für Subventionen und Ausgleichsmaßnahmen konnte mit dem Ende der Tokio-Runde, 1979, abgeschlossen werden.[4702] Erstmals wurde dort für direkte Subventionen für die heimische Industrie ein eigenständiger Artikel eingeführt, Subventionskodex, Teil II, Art. 11, der zuerst einmal ausführlich die positiven Effekte von Subventionen auf die industrielle Entwicklung, auch in Entwicklungsländern, bei der Bekämpfung regionaler Ungleichheiten, zur Aufrechterhaltung von Arbeitsplätzen und Restrukturierung von Industrien und zur Förderung von Forschung und Entwicklung aufzählt. Erwähnt wird aber ebenso, daß Subventionen den Tatbestand der ernsthaften Schädigung oder Zunichtemachung und Schmälerung von Zollkonzessionen erfüllen können.[4703] An zentrale Stelle waren im Subventionskodex, Teil II, Art. 12, weiterhin Konsultation vorgesehen, um Subventionsstreitigkeiten zu schlichten. Schlagen diese Fehl wurde im darauffolgenden, Teil II, Art. 13, die Möglichkeit eröffnet, den Fall an die Streitbeilegung zu übergeben, die auch Gegenmaßnahmen autorisieren könne.[4704]

Damit wurde immerhin die Möglichkeit eröffnet, die Streitbeilegung mit dieser Frage zu befassen. Die Entscheidung eines Panels konnte im GATT jedoch durch ein Veto der ungünstig betroffenen Partei blockiert werden. Dazu kam, daß dem Subventionskodex nur eine bestimmte Ländergruppen beigetreten war, nur für diese galten die Regeln.[4705]

Den Entwicklungsländern wurde bei Subventionen, in Teil III, Art. 14.7, des Kodex die Sonderbehandlung zukommen lassen, daß nur nach einem verlorenen Streitbeilegungsfall oder durch

---

[4700] Jackson 1969: 365-392. Genauer war im Original-GATT nur Paragraph 1 des Art. XVI über Subventionen enthalten, der eine Notifikationspflicht und eine Konsultationsaufforderung enthielt, falls die Subventionen andere Länder schädigen. Die Section B, Additional Provisions on Export Subsidies, wurde 1955 hinzugefügt und bezieht sich auf Exportsubventionen im Agrar- und Industriebereich. GATT Analytical Index 1995: 445.

[4701] GATT Analytical Index 1995: 194-197.

[4702] Genauer: Agreement on Interpretation and Application of Articles VI, XVI, and XXIII of the General Agreement on Tariffs and Trade. BISD 26S/56-83, 1980.

[4703] Im Original Art. 11 Abs.2: "subsidies (...) may cause or threaten to cause injury to a domestic industry of another signatory or serious prejudice to the interests of another signatory or may nullify or impair benefits accruing to another signatory under the General Agreement". Agreement on Interpretation and Application of Articles VI, XVI, and XXIII of the General Agreement on Tariffs and Trade. BISD 26S/70, 1980.

[4704] Die Streitbeilegung im Tokio-Runden Kodex in Art. 18 zu finden. Zu diesem Abschnitt: Steward 1993: 818-819.

[4705] Am 1. November 1986 sind die folgenden Staaten Mitglieder des Kodex. Australien, Österreich, Brasilien, Kanada, Chile, Ägypten, die EU, Finnland, Hongkong, Indien, Indonesien, Israel, Japan, Korea, Neuseeland, Norwegen, Pakistan, Philippinen, Spanien, Schweden, Schweiz, Türkei, USA, Uruguay und Jugoslawien. Siehe BISD 33S/197, 1987. Es ist so gewesen, daß sich die USA geweigert haben, die Rechte unter diesem Abkommen an Staaten weiterzugeben, die sich weigerten den Kodex zu unterzeichnen. Dies war besonders deshalb für Staaten ungünstig, die sich Ausgleichszolluntersuchungen seitens der USA ausgesetzt sahen, denn diese durften für die Nichtunterzeichner weiterhin ohne Feststellung der Schädigung der amerikanischen Industrie seitens der USA verhängt werden. Daraufhin traten einige Staaten doch noch dem Kodex bei. Jackson 1997: 289-290.

Ausgleichsmaßnahmen Gegenmaßnahmen erfolgen dürfen.[4706] Für die Entwicklungsländer mußte zudem in einem Streitfall der Tatbestand Zunichtemachung und Schmälerung und nicht ernsthafte Schädigung ('serious prejudice') bewiesen werden, welches etwas schwieriger ist.[4707] Bezüglich der Auslegung des Subventionskodex gibt es zudem schon früh erhebliche Meinungsverschiedenheiten.[4708]

In bezug auf Industriesubventionen gab es im GATT, von zwei untypischen Ausnahmen abgesehen, keine Streitbeilegungspraxis. Was es jedoch gab, sind Konsultationen, die explizit im Rahmen des GATT angestrengt wurden, so innerhalb im Rahmen des Komitees welches durch den Tokio-Subventionskodex etabliert wurde. Beispiele: Durch eine Sec. 301 Untersuchung in bezug auf Subventionen im Bereich Spezialstahl initiiert, kam es beispielsweise 1982 zu Konsultationen, parallel dazu strengte die USA eine Schutzklauseluntersuchung an.[4709] In bezug auf Exporte Kanadas von Eisenbahnwagons kam es 1982 zu Konsultationen im Tokio Subventionskomitee. Als diese nicht zum Erfolg führten, strengte die USA eine Ausgleichszolluntersuchung an.[4710]

Die beiden einzigen Fälle, in denen es um Industriesubventionen ging, sind die Airbus-Fälle.[4711] Diese Fälle gehören aber in eine andere Kategorie. Der eine Fall wurde zwar unter dem Tokio Subventionskodex verhandelt, es ging hier aber um Exportsubventionen, offenbar weil dahingehend die Regeln eindeutiger waren.[4712] Der zweite Airbus-Fall wurde unter dem speziellen Luftfahrt-Kodex

---

[4706] Agreement on Interpretation and Application of Articles VI, XVI, and XXIII of the General Agreement on Tariffs and Trade. BISD 26S/56-83, 1980: Part III, Art. 14.7. Dies ist insofern interessant, weil hier die Limitierung der eigenen handelspolitischen Möglichkeiten als Präferenzbehandlung eingesetzt wird. Diese Verpflichtung wird offenbar ernstgenommen, denn außer einem einzigen Fall (1982 setzt der USTR Sec. 301 gegen Korea mit Subventionionierungsbegründung ein, der Fall wird aber eingestellt) hält sich beispielsweise die USA daran. Es gibt sonst keinen weiteren Sec. 301 Fall bei dem Subventionen in Entwicklungsländern direkt angegriffen wurden. Siehe USTR Sec. 310 Fallübersicht: 19.

[4707] Art. 14 Abs. 7. Vgl. für die Industrieländer Art. 8. Agreement on Interpretation and Application of Articles VI, XVI, and XXIII of the General Agreement on Tariffs and Trade. BISD 26S/67-68; 72-74, 1980. Hier wird nicht ganz der Interpretation gefolgt von Hudec 1987: 87, 99-100. Dort werden nur die Spielräume der Entwicklungsländer dargestellt, nicht aber die N&I-Klageoption wie im Text oben. Siehe Abschnitt 'J' zu diesen Klageoptionen in der WTO. Bis heute ist dieses Differenzierung fortgeführt worden.

[4708] Siehe den Bericht des Kommitees in BISD 33S/203, 1987. Dort wird angeführt, daß sich in bezug auf zentrale Regeln kein Konsens erzielt werden konnte. Insbesondere bezüglich der Agrarpolitik sind die Konflikte erkennbar. Weil damals schon die Verhandlungen der Uruguay-Runde stattfanden, wurde die Lösung bis dorthin aufgeschoben.

[4709] Konsultationen fanden hier statt mit Österreich, Frankreich, Italien, Schweden, England. Sec. 301 Fallübersicht 2005: 15.

[4710] Sec. 301 Fallübersicht 2005: 16.

[4711] Die in der Nachfolge der Tokio-Runde angegangenen Subventionsfälle lassen deutlich erkennen, daß die USA sich vor allem Hoffnung gemacht hatten, über den Subventionskodex die EU-Agrarpolitik unter Druck zu bringen. Dies gelang allerdings nicht mit Hilfe des Subventionskodex, sondern der Art. XI-Auslegung. Gegenüber 9 Streitbeilegungsfällen zum Thema Landwirtschaft, gab es 2 zum Thema Industriesubventionen, beide bezüglich des Airbus-Programms. In der gesamten GATT-Geschichte, hier der Ausschnitt 1948-1989, gab es darüber hinaus keine Klagen bzgl. Industriesubventionen. Siehe für die beiden Streitbeilegungsfälle Hudec 1991: 544-545, 576-577. Siehe die **GATT Fallübersicht**.

[4712] Im Fall des Subventionskodex ging es um eine Wechselkursgarantie seitens des deutschen Staates die im Rahmen der Übergabe des deutschen Teils des Airbus-Unternehmens an Daimler-Benz gewährt wurde. United States vs. EEC - German Exchange Rate Scheme for Deutsche Airbus, SCM/142, 4 March 1992. Vgl. Hudec 1991: 544, 576-578. Dazu kommt noch eine Klage der EU gegen Steuerausnahmen der USA für Käufer von US-Luftfahrzeugen, die aber zurückgezogen wird, weil die Steuerausnahmen ausgelaufen waren. Vgl. in der **GATT Fallübersicht** die Fälle 158, 160, 196.

verhandelt.[4713] Selbst im Luftfahrt-Kodex waren die Regeln in bezug auf Industriesubventionen schwach formuliert, wobei auch in der OECD dazu keine Einigung erzielt werden konnte.[4714]

Allein in den Agrarstreitbeilegungsfällen wurde Rekurs genommen auf eine weitere, spezielle Klageoption gegen Subventionen, die auch auf Industriesubventionen hätte angewendet werden können: Es gab die Möglichkeit die Klageoption der Nichtverletzungs-Zunichtemachung und Schmälerung ohne direkten Verstoß gegen WTO-Regeln geltend zu machen (non-violation nullification or impairment, 'NV N&I'). Diese Klageoption erfordert eine detaillierte Beweisführung.[4715] Deshalb ist es schwerer, aber nicht ausgeschlossen, eine solche Klage erfolgreich abzuschließen. In Agrarstreitfällen wurden die Klageoption beispielsweise in zwei umstrittenen Fällen verwandt. Ergebnis war beidesmal ein Veto der EU und es fanden Verhandlungen statt, die zu niedrigeren Subventionen führten.[4716] Weiterhin konnten bei dieser Klageoption die Länder nicht zur Rücknahme bzw. Abschaffung der Subventionen verpflichtet werden, wiewohl ein erfolgreicher Kläger auch hier eine Autorisierung zur Rücknahme von Zugeständnissen erhalten oder das Panel bestimmte Maßnahmen hätte vorschlagen können.[4717]

Subventionen waren somit in der Zeit des GATT nicht durchgängig verboten. Insgesamt gesehen scheinen somit die GATT-Regeln in bezug auf die Nachkriegszeit des "embedded liberalism", wenigstens von 1945 bis 1985, kaum einschränkenden Einfluß auf die Subventionierung auf dem heimischen Markt gehabt zu haben. Spätestens Mitte der achtziger Jahren hatte dann die ansteigende Zahl der Ausgleichszolluntersuchungen der USA einen disziplinierenden Effekt, speziell auf die Stahlindustrie. Denkbar ist zudem, daß der starke Anstieg des Anteil der Forschungssubventionen gegenüber den direkten Subventionen zum Teil auf das GATT zurückzuführen ist.[4718] Ein Streit erscheint unwahrscheinlicher, weil sich alle Industrieländer dieser Praxis bedienten, sodaß hier ein implizites gegenseitiges Einvernehmen unterstellt werden kann.[4719]

[4713] Der zweite Fall besteht aus einem Antrag der USA u.a. Art. 8.7 des Agreement on Trade in Civil Aircraft zu überprüfen. AIR/W/62, 25 February 1987. Dieser Überprüfungsprozess wird aber nicht weiterverfolgt: AIR/W/63, 20 March 1987; nach der Diskussion im Ausschuß liegen keine weiteren Dokumenten vor: AIR/M/20, 8 May 1987. Hudec 1991: 544.

[4714] Agreement on Trade in Civil Aircraft, Art. 6 "They affirm that in their participation in, or support of, civil aircraft programmes they shall seek to avoid adverse effects on trade in civil aircraft in the sense of Articles 8.3 and 8.4 of the Agreement on Subsidies and Countervailing Measures. They also shall take into account the special factors which apply in the aircraft sector, in particular the widespread governmental support in this area, their international economic interests, and the desire of all Signatories to participate in the expansion of the world civil aircraft market." Siehe: BISD 26S/166, 1980. Zentraler Moment dieses Abkommens ist die Abschaffung von Zöllen, die Abschaffung von Paketkaufanreizen, etwa die Vergabe von Landerechten erst nach Kauf bei einem bestimmten Hersteller sowie die Einigung, daß das Subventionsabkommen für diesen Bereich gültig ist. Parallel dazu gelang es in der OECD nicht staatliche, subventionierte Kredite an Luftfahrtunternehmen zu disziplinieren, wenn dieses etwa einen Airbus kaufen. Winham 1986: 237-240.

[4715] Siehe zu dieser Klageoption Abschnitt 'J', Nichtverletzungsbeschwerden. Einen Überblick über diese Klageoption bietet GATT Analytical Index 1995: 657-668. Siehe für das Erfordernis einer detaillierte Beweisführung etwa: Uruguay vs. Div. Länder - Uruguayan Recourse to Article XXIII Uruguayan Recourse, BISD 11S/95, 100, Para. 15, 1963.

[4716] Siehe die Fälle Canned Peaches und Citrus Products. Im Citrus Products Fall wurden Zölle verringert. Hudec 1991: 496, 504.

[4717] Siehe GATT Analytical Index 1995: 677-684. Siehe auch: EEC - Oilseeds, BISD 37S/129, Para. 148.

[4718] Siehe: **Tabelle 206**.

[4719] Forschungssubventionen wurden allerdings von den USA sehr wohl in den Ausgleichszolluntersuchungen einberechnet, wenn die Resultate der Forschung nicht öffentlich verfügbar gemacht werden. Nettesheim 1991c: 293.

15.1 Die Tokio-Runde, Subventionen und freiwillige Selbstbeschränkungsabkommen

Zur Erklärung der Ergebnisse der Tokio-Runde wird angeführt, daß die USA und die EU damals nach Aussagen der Literatur erstmals ernsthaft im GATT verhandelten. Bei dieser Konfrontation zwischen den beiden Handelsmächten mußte es aus vielen Gründen zu einer Kompromißlösung kommen. Selbst wenn die These von einer weltpolitisch geschwächten USA mitgetragen würde, war die USA nicht daran interessiert den Zusammenhalt des Westens zu gefährden und konnte deshalb eine Krise des GATT, durch Durchsetzung eigener Interessen, nicht riskieren. Zudem war das Schema aktive, liberale USA vs. passive, interventionistische EU nicht in Reinform anzutreffen. Während der Tokio-Runde gelangte das Thema VERs mitsamt den anderen nichttarifären Handelshemmnissen auf die Agenda. Anvisiert wurde, daß diese in einem separaten Abkommen über Notfallmaßnahmen einbezogen werden sollten, das 'Safeguard Code' benannt werden sollte. Obwohl es offenbar zu einer Einigung bezüglich gewisser Abschnitte diese Kodex kam, stellte sich heraus, daß über VERs keine gemeinsame Position erreicht werden konnte.[4720]

Speziell über diese Verhandlungen wenig bekannt. Klar ist immerhin, daß die USA etwas weiter als andere Länder ging, Liberalisierung zu fordern. Die Entwicklungsländer forderten den Abbau von VERs, die sie betreffen. Die EU fürchtete um ihre Landwirtschaftspolitik. Daraufhin erfolgten gegenseitige Beschuldigungen, wobei die USA ebenso die Nutzung von VERs eingestehen mußte. Die Industrieländer setzten ihre Nutzung der VERs fort.[4721]

Dies bestätigt die These einer flexiblen, 'embedded liberalism'-Ausrichtung der Politik der Industrieländer in dieser Zeit. Speziell die EU hatte die VERs mit sozialpolitischen Erwägungen gerechtfertigt.[4722] Interessant ist der Pragmatismus, mit dem das GATT mit dieser Situation verfuhr. Als klar war, daß es nicht zu einer grundsätzlichen Abschaffung der VERs kommen würde, kam es zu einem 'request' und 'offer' Verhandlungsverfahren über die Ausgestaltung einiger VERs.[4723] In den 10 GATT-Klagen, die zwischen 1955 und 1989 zum Thema VERs verhandelt wurden, wurde die GATT-Widrigkeit dieser Maßnahmen zwar einige Male von der Streitbeilegungsinstanz thematisiert, in keinem Fall kam es zu einer Rücknahme der Maßnahme. Meist konnte die Klägerpartei nachfolgend

---

[4720] In den offiziellen Ergebnisdokumenten der Tokio-Runde gibt es nur die Notiz, daß Verhandlungen bezüglich 'Safeguard' weiter verfolgt werden sollten. BISD 26S/202, 1980. Siehe dazu Hudec 1987: 76.
[4721] Winham 1986: 111-115. In Winham (1986), der ausführlichsten Publikation über die Tokio-Runde finden sich sechs Seiten Anmerkungen zum Thema VERs. Dort wird beschrieben, daß die USA immerhin zwischen 'legaler' und 'illegalen' VERs unterscheiden wollte und daß es um eine Abschaffung der VERs gehen sollte. Andere Länder stellten sich dagegen. Kontroversen gab es über die Definitionsfrage. So wurde etwa bezweifelt, ob die variablen Importabgaben der EU im Agrarhandel zu VERs zählen. Klar ist, daß wenn man dies zum Thema macht, die EU kaum mehr freundlich gestimmt ist, sich im VER Bereich auf Verhandlungen einzulassen. Die Entwicklungsländer fordern von den Industrieländer eine graduelle Erhöhung der Quoten, ein Verbot neue VERs einzuführen und letztendlich eine Abschaffung der VERs, die sich gegen die Entwicklungsländer richteten. Darauf gingen die Industrieländer aber nicht ein u.a. offenbar auch deshalb, weil die Entwicklungsländer im Gegenzug keinerlei Verpflichtungen bereit waren zu übernehmen. Vgl. Winham 1986: 111-115, 242-243.
[4722] Von den europäischen Ländern wurde so argumentiert: Winham 1986: 113.
[4723] Gemäß GATT Informationen wurde in der 'Sub-Group' zu mengenmäßigen Beschränkungen von vielen Teilnehmern die Meinung vertreten, daß eine multilaterale Lösung in diesem Bereich nicht anzustreben ist. Nach dieser Entscheidung wurde ein 'request' und 'offer'-Verfahren installiert und offenbar auch über die Modifikation von VERs im GATT verhandelt. GATT 1980: 50-53.

politischen Druck ausüben und erhielt geringfügig verbesserte Konditionen.[4724] In der Literatur wird davon gesprochen, daß sich die USA zunehmend einem pragmatischen "French approach to free trade" anschlossen: "the thrust was an open, managed trade, not free trade."[4725]

Somit gibt es Einigkeit darin, die Tokio-Runde nicht als eine Wende zu verstehen, wie dies für die Gründung der WTO Jahre später gelten wird, in der die VERs in Art. 11 Abs. 1 und 3 des Schutzklauselübereinkommens schließlich verboten wurden.[4726]

Dieser pragmatische Ansatz spiegelt sich in der niedrigen Konfliktintensität bezüglich Subventionen im GATT wieder. Statt Industriesubventionen anzugreifen wurde über Jahre hinweg bezüglich steuerrechtlicher Aspekte gestritten, bei denen es um breit angelegte, aber hinsichtlich der Größenordnungen wenig relevante Exportsubventionen ging.[4727]

Partiell lagen dafür rein pragmatische Gründe vor. Die lange konfliktlose Zeit im GATT bezüglich der Luftfahrtindustrie (bzw. Airbus), bis 1982, als sich der Erfolg von Airbus schon abzeichnete, lag unter anderem daran, daß die U.S.-Industrie damals einen 30 prozentigen Lieferanteil am Airbus Programm hatte.[4728] Im Einklang mit dieser These einer relativen Toleranz der westlichen Industrieländern gegenüber ihren Subventionspolitiken steht auch der Fakt, daß die meisten Streitbeilegungsfälle in den achtziger Jahren, die sich auf den neuen Tokio-Runde Subventionskodex und dessen Umfeld bezogen, von seiten der USA angestrengt wurden und auf die EU-Agrarpolitik ausgerichtet waren. Diese Agrarkonflikte zogen sich durch die gesamte Geschichte des GATT und können deshalb weder als Beweis für eine insgesamte Verstimmung des EU-USA-Verhältnisses im Sinne der realistischen Theorie internationaler Beziehungen[4729], noch als Indiz für eine neue Gangart im Bereich der Industriesubventionen verwendet werden.[4730] Die Lösung des Airbus-Konflikts erfolgte in bilateralen

---

[4724] Siehe: **GATT Fallübersicht**.
[4725] Winham 1986: 387.
[4726] Agreement on Safeguards Art. 11.1 und Art. 11.3. WTO 1995: 321. Siehe: Petersmann 1997: 219. Siehe auch Abschnitt 'I'.
[4727] Hiermit ist der sich über Jahre erstreckende sog. DISC-Streitbeilegungsfall gemeint, der nicht mit einem Einlenken der USA, sondern mit einem Kompromiß beendet wurde. Erst mit der WTO gelang es, die diesbezügliche U.S.-Gesetzgebung, die über steuerliche Ausnahmekonstruktionen exportierende Unternehmen belohnt, wobei dies eine Exportsubvention darstellt, als WTO-inkompatibel hinzustellen. Vgl. dazu die ausführliche Schilderung von Hudec 1991: 59-100.
[4728] Bletschacher/Klodt 1992: 84. Vgl. zum dem sich abzeichnenden Erfolg von Airbus **Tabelle 207**.
[4729] Diese Bemerkung ist gerichtet gegen die Eindrücke eines Autors, der damit die realistische Schule internationaler Beziehungen im GATT Detail beweisen möchte, von Grieco 1990: 135-167. Damit ist nicht gemeint, daß es nicht Konflikte zwischen der EU und den USA bezüglich der Notifizierung von Subventionen und anderer Aspekte gegeben hat. Grieco 1990: 81-83. Notifizierung ist aber keine Vorabbedingung für eine erfolgreiche Streitbeilegung. Die USA hätte sehr wohl gegen die EU in vielen Fällen Klagen können. Dies haben sie nicht getan. Insofern schwelte dieser Konflikt auf einem klar erkennbar niedrigeren Intensitätsniveau, als die Grieco dies annimmt.
[4730] Ausdrücklich ist hier von relativer Toleranz von Subventionen die Rede. Denn zugestandenermaßen waren die Subventionsfälle im GATT allen voran DISC, Airbus, Pasta, Canned Fruit, Oilseeds, unter anderem weil es dort auch um Auslegungsfragen ging, die substantielle Effekte darauf haben, inwieweit Subventionen überhaupt angegriffen werden können, keine alltäglichen Vorgänge, sondern waren von wahrnehmbaren Spannungen und großen Unsicherheiten begleitet. Hudec 1991: 348. Von acht Fällen kam es in diesen fünf zu größeren Konfrontationen: Zu Airbus wurde bereits informiert, der DISC-Fall bezieht sich auf Steuerersparnisse für U.S.-Unternehmen, die exportieren und zog sich von 1972 bis 1984 und wurde mit einem Kompromiß beendet, wobei die USA ihre Position kaum veränderten mußten. Vgl. dazu die ausführliche Schilderung von Hudec 1991: 59-100. In den drei weiteren Fälle (insgesamt gibt es 9 Fälle zum Thema Landwirtschaft, USA vs. EU) beklagt sich die USA über die EU-Landwirtschaftspolitik. Diese Fälle wurden von der EU blockiert und jeweils mit einem Kompromiß beendet, nicht ohne daß es möglich war, Druck auf die EU-Landwirtschaftspolitik auszuüben. Vgl. Hudec 1991: 151-157; 558-561.

Verhandlungen, in denen, noch vor der WTO-Gründung, ein neuer Luftfahrtkodex ausgehandelt wurde.[4731]

15.2 Die faktische Relevanz von Subventionen

Soweit dies aus der Literatur nachgezeichnet werden kann, wurden Subventionen in den Triade Ländern USA, EU und Japan sowie in den sonstigen Industrieländern in wahrnehmbaren Maße eingesetzt. Auch aufgrund der besseren Datenlage zuerst einmal zur EU: In den europäischen Industrieländern in Europa galt dies vor allem für die Kohleförderung, Kernkraft, die Militär-, Luft- und Raumfahrtindustrie, darunter vor allem dem Flugzeugbau (unter anderem[4732] 'Airbus', mit breiter europäischer Beteiligung, darunter Franco-Spaniens[4733]), die Werftindustrie, die Mikroelektronik ('Computerchips') und schließlich der Eisen- und Stahlindustrie. Weiterhin wurde auch die Automobilindustrie in einem wahrnehmbaren Maße gestützt, das gilt nicht nur für Subventionen, sondern auch bezüglich des Zoll- und sonstigen Außenschutzes und einer partiell toleranten Wettbewerbspolitik. Hier dürfte es weiterhin eine gewisse Überdeckung mit den staatlichen Engagements in öffentlichen Unternehmen gegeben haben. Dabei gab es länderspezifisch unterschiedliche Schwerpunkte.[4734] In allen Länder wurde die Werftindustrie gestützt.[4735] In Frankreich, Italien und Spanien wurde in deutlicher Art und Weise die Eisen- und Stahlindustrie subventioniert, zudem flossen dort substantielle Subventionen in den Automobilbau (in Deutschland gab es ebenfalls, aber geringere, Eisen- und Stahlsubventionen, die Automobilförderung ist dokumentiert für die Zonenrandförderung für Wolfsburg[4736]).[4737] In der BRD wie auch in anderen Ländern gab es Förderungsmittel für die Modernisierung und Umstrukturierung der Textilindustrie, die aber geringer waren.[4738] Weniger bis kaum subventioniert wurde in der BRD der Maschinenbau

---

[4731] Vgl. Civil Aircraft Agreement 1992.

[4732] Zuerst wurde auf nationalem Niveau versucht, Boing und McDonnell Douglas Konkurrenz zu machen. Diese Versuche scheiterten aufgrund mangelnder absetzbarer Stückzahlen. Das Überschallflugzeug 'Concorde' wurde aufgrund seiner mangelnden Wirtschaftlichkeit und dem Verzicht auf den Kauf durch U.S.-Fluggesellschaften, Probleme mit den Landerechten, nur 14 mal verkauft, an England und Frankreich und wurde mit mehr als 10 Mrd. DM subventioniert. Bletschacher/Klodt 1992: 78-81.

[4733] Im September 1967 wurde das Bonner Protokoll unterzeichnet, in dem sich die Regierung Frankreichs, Englands und der BRD verpflichteten, ein gemeinsames Projekt Airbus finanziell zu stützen. Im Dezember 1970 erfolgte die offizielle Gründung. Aufgrund eines Streites zog sich England zurück, stattdessen wurde 1971 das spanische Unternehmen Construcciones Aeronauticas S.A. und aus den Niederlanden Fokker einbezogen. Vgl. Bletschacher/Klodt 1992: 82.

[4734] Hier werden die Subventionsschwerpunkte aufgezählt, bei denen sich die Kernstaaten Europas ähneln. Beispiele für Subventionen gibt es für die gesamte Breite der Industrie. Einen Überblick über Subventionspraktiken bieten: für England, Frankreich, BRD: De Carmoy 1978. Dort wird auch ein direkter Vergleich der regionalen Förderung angestellt, wobei England auf 864. Frankreich 124, BRD 435,8 Punkte bezüglich der dort gewählten Vergleichseinheit kommen. Dies sind für England 0,57, Frankreich 0,06, BRD, 0,14 des Bruttosozialprodukts. Speziell für Deutschland vgl. Zavlaris 1970. Detaillierte Untersuchungen, die sich zwar mit dem EU-Recht auseinandersetzen, aber auch auf sonstige Subventionspraktiken eingehen, werden vorgelegt von Soltwedel et al. 1988; Klodt/Stehn 1992; Rosenstock 1995.

[4735] Soltwedel et al. 1988: 153-178; Rosenstock 1995: 129-190.

[4736] Bletschacher/Klodt 1992: 66. Diese Zonenrandförderung aus Gründen der Teilung Deutschlands ist in den römischen Verträgen, Art. 92 Sec. 2, in einer Liste von Politiken enthalten, darunter auch Hilfe aus sozialpolitischen Gründen, die als kompatibel mit dem Gemeinsamen Markt gelten und wurde somit von europäischen Subventionskontrollverfahren nachsichtig behandelt. Warnecke 1978: 145.

[4737] Vgl. Rosenstock 1995: 191-257 (Stahl), 258-320 (Automobil). Siehe auch: **Tabelle 208**.

[4738] Die Subventionen im Textil- und Bekleidungsbereich waren relativ gering und nicht auf die Modernisierung, sondern vor allem auf Umstrukturierung und den Abbau von Kapazitäten ausgerichtet. Für England wurden für 1972 15 Millionen Pfund aufgezählt. De Carmoy 1978: 38. Indirekter Hinweis auf Hilfen in diesem Bereich ist die Tätigkeit der Europäischen Kommission, die sich gegen Programme in Italien wendet, die 10 Jahre Steuerfreiheit vorsahen. Warnecke 1978: 149. Der Europäische Gerichtshof wandte sich gegen den Caes-Plan in

und die chemische Industrie.[4739] Zudem gab es in den europäischen Ländern regionale Förderungsprogramme, die Investitionszuschüsse und Kreditverbilligungen vorsehen.[4740] In der Nachkriegszeit wurden Subventionen im Einzelfall auch zur Komplettierung industrieller Fähigkeiten eingesetzt: Ein Beispiel kann hier genannt werden: England verfügte bis 1967 nicht über eine eigene Aluminiumindustrie und baute diese mit Hilfe von Subventionen auf.[4741]

15.3 Die Europäsche Kommission

Welche Akteure waren über das GATT hinaus mit Subventionen befaßt und welche Wirkung hatten sie? Zunächst zur Rolle der EU-Kommission, danach zur OECD und dann zu einzelstaatlichen Maßnahmen, den Ausgleichszöllen. Die Höhe der Subventionierung wird in Europa von der Europäischen Kommission beeinflußt, die bekanntlich zuallererst als Hohe Behörde der Europäischen Gemeinschaft für Kohle und Stahl (EGKS) entstanden ist und für die Kohle und Eisen- und Stahl-Politik zuständig war.[4742] Im Laufe der Zeit entwickelt die EU eine eigene Subventions- bzw. Strukturpolitik, die in Regionalförderung, Forschungs- und Technologiepolitik und sektorspezifische Politiken aufgeteilt werden kann und mit der durchaus industriepolitische Ziele verfolgt werden.[4743] Diese Literatur liegt hier zugrunde.[4744] Die seit den römischen Verträgen festgelegte Zuständigkeit der Kommission[4745] erstreckt sich allerdings nicht nur auf die Vergabe von Subventionen, sondern auch auf die Wettbewerbspolitik, die auf einen fairen binnengemeinschaftlichen Wettbewerb achten und auch eine Kontrolle der Subventionen anstreben muß.[4746] Die Wettbewerbspolitik der EU, die sogar über eine partielle EGKS-spezifische Zusammenschlußkontrolle verfügte, die allerdings nur für den

---

Belgien. Dies führte zu einem Rückgang der Investitionen dort. Soltwedel et al. 1988: 145. Insgesamt gilt, daß Frankreich und Belgien am deutlichsten eingegriffen haben, Italien und Deutschland am erfolgreichsten. Soltwedel et al. 1988: 153. Letzterer Autor gibt den detailliertesten Überblick über Subventionen im Textilbereich.

[4739] In Europa wurden in sämtlichen Ländern für nahezu alle Industrien Hilfen gezahlt, auch für die Textil und Maschinenbauindustrie. So Modernisierungs- und Umstrukturierungsbeihilfen für die Textilindustrie in den sechziger Jahren, die auch von der Europäischen Kommission beobachtet wurden. Hier wurde darauf geachtet, daß nicht unnötige Kapazitäten geschaffen werden. Warnecke 1978: 162.

[4740] Hierzu siehe den Überblick in Klodt/Stehn 1992: 67-75.

[4741] De Carmoy 1978: 39.

[4742] Vom französischen Außenminister Robert Schumann wurde eine solche, Deutschland und Frankreich übergreifende hohe Behörde, erstmals am 9. Mail 1950 gefordert, auch weil Frankreich am Zugang zur deutschen Kohle interessiert war. Außer diesen beiden Staaten beteiligen sich Belgien, Italien, die Niederlande und Luxemburg an den Verhandlungen. Der Vertrag wurde am 18. April 1951 unterzeichnet und tritt, als Europäische Gemeinschaft für Kohle und Stahl, am 25.6.1952 in Kraft. Bis 1953 wurden alle Zölle und mengenmäßige Beschränkungen für Eisenerz, Kohle und Schrott abgeschafft. Bis 1954 ist dies auf Spezialstähle ausgedehnt worden. Ab 1958 gab es einen gemeinsamen Zolltarif gegenüber Drittländern. Fink 1989: 37-39. Hier ging es also nicht nur um frühe Zollsenkungen, sondern auch um sektorale Politik. Für den Kohlebereich wurden im Vertrag Subventionen erwähnt. Die Eisen- und Stahlpolitik wurde anfangs insofern als Gemeinschaftspolitik ausgeführt, weil die Mitgliedsstaaten der Montanunion während der Boomphase in dieser Branche das klare Subventionsverbot in Art. 4 c EGKS ignorierten, erkennbar u.a. daran, daß keinerlei Veröffentlichungen zur Subventionskontrolle in den Gesamtberichten der EGKS zu finden sind. Rosenstock 1995: 67-70. Für Frankreich lagen offenbar in dieser Zeit Subventionen vor. Rosenstock 1995: 198. In Deutschland nur marginal. Hiemenz/von Rabenau 1973: 266-279. Genauer, mit dem Hinweis auf Steuervergünstigungen und Finanzhilfen: Donges et al. 1973: 155.

[4743] Klodt/Stehn 1992. 1-7.

[4744] Klodt/Stehn 1992; Rosenstock 1995; Warnecke 1978; Soltwedel et al. 1988; rechtliches Referenzwerk, aber nicht so ausführlich und praxisbezogen wie Rosenstock ist: Hancher et al. 1993.

[4745] Die Stellung der Kommission ist relativ stark ausgeprägt, wenn auch innerhalb der Kommission schon Ländereinflüsse zu konstatieren sind. Nur in Ausnahmefällen hat der (Minister-)Rat etwa mit der Genehmigung zu tun. Er muß zudem einstimmig einer Subvention zustimmen. Rosenstock 1995: 66.

[4746] Warnecke 1978: 146-147.

EGKS-Bereich galt, hatte, trotz breiter Zuständigkeiten[4747], anfangs nur eine relativ geringe Bedeutung, weil sich bestimmte einzelstaatliche Politiken, etwa die Förderung der Entstehung großer Konzerne, nicht davon beeinflussen ließen.[4748] In bezug auf die EU sind also drei Ebenen zu beachten: Die einzelstaatliche Subventionspolitik, die EU-Subventionspolitik und schließlich die Kontrolle der staatlichen Subventionierung durch die EU-Beihilfenkontrolle. Ausgenommen von der wettbewerbspolitischen Beihilfekontrolle sind Politiken bezüglich des Verkehrs (Eisenbahn, Straßen und Binnenschiffahrt)[4749], der staatlichen Finanzmonopole, sowie der Rüstungsbereich.[4750] Weiterhin wird sich, auf der Ebene des EG-Vertrags, eine nicht genauer spezifizierte EU-Industriepolitik und eine Stützungspolitik im Falle einer Rezession eingeräumt.[4751] Darüberhinaus wird dort anerkannt, daß die Kultur- und Filmindustrie gefördert werden sollte.[4752] Typischerweise ließ die Kommission bis in die achtziger Jahren diverse Stützungspraktiken zu und ihr wurde im Rahmen der Beihilfekontrolle ein erheblicher Beurteilungsspielraum eingeräumt. Seither wird eine strengere Kontrolle angestrebt, die auf klareren Kriterien beruht. Charakteristisch ist bis heute die Spannung zwischen den industriepolitischen und regionalpolitischen Zielen und den kontrollierenden und harmonisierenden Intentionen der Kommission. Zu einigen sektoralen Politiken:

15.4 Eisen- und Stahl

Für die Stahlindustrie funktionierte die Beihilfekontrolle in den siebziger und achtziger Jahren unzureichend. Gründe dafür lagen in der Schwäche der Kommission, den Subventionierungspolitiken der EU-Mitglieder gegenüber den teils staatlichen[4753] Stahlkonzernen und in den immer wieder vorkommenden Stahlkrisen. Als ab 1974 die Nachfrage sank, waren die davor etablierten Kapazitäten zu hoch. Daraufhin fand ein komplexer Prozess statt. Ein Kapazitätsabbau wird angestrebt, gelang aber nur marginal und nach Ländern unterschiedlich.[4754] Eine massive Subventionierung fand aus

---

[4747] Beim EGKS-Vertrag war Art. 66 für die Zusammenschlußkontrolle geeignet. Art. 65 setzte hier ein Kartellverbot fest. Weiterhin galten Art. 85 und Art. 86 des EWG-Vertrag als Kartellverbot und als Verbot des Mißbrauchs einer marktbeherrschenden Stellungen. Dazu kommen die Art. 90 bis 94, zu den öffentlichen Unternehmen und zur Beihilfekontrolle. Monopolkommission 1989: 13. Scherer/Ross 1990: 194-198.

[4748] So gab es in Italien erst seit 1992 eine aktive Wettbewerbspolitik und in Frankreich erst ab 1977 eine Zusammenschlußkontrolle, die aber bis heute politisch beeinflußt werden kann. Siehe Gobbo/Ferrero 1998: 251-252; Souam 1998: 211

[4749] Deshalb ist hier ein Liberalisierung nur in kleinen Schritten möglich. Mittlerweile ist hier, seit 1985, auch einiges passiert. Klodt/Stehn 1992: 124-129.

[4750] Dies sind Art. 73 (ex Art. 77) (Verkehr, staatliche Finanzmonopole), Art. 296 (ex Art. 223) (Rüstung). Nicht erwähnt sind Subventionen für gewisse Sozialpolitiken 'Schulmilch' Art. 87 Abs. 2 a (ex Art. 92 Abs. 2 a), bezüglich Naturkatastrophen Art. 87 Abs. 2 b (ex Art. 92 Abs. 2 b) sowie der Teilung Deutschlands bzw. der Zonenrandförderung Art. 87 Abs. c (ex Art. 92 Abs. 2 c) sowie aus Zahlungsbilanzgründen (ex Art. 108 und 109) (BOP). Siehe Rosenstock 1995: 57-58. Art. 226 EGV , der vorsah, daß neue Mitglieder Subventionen als vorübergehenden Schutz ihrer Wirtschaft verwenden können ist mit dem Amsterdamer-Vertrag aufgehoben worden. Rosenstock 1995: 58; Vertrag von Amsterdam 1997: 89.

[4751] Hier kann nicht darauf eingegangen werden, daß sich die EU "wichtige Vorhaben im gemeinsamen europäischen Interesse", also eine eigene Industriepolitik vorbehält und bei einer "beträchtlichen Störung im Wirtschaftsleben", etwa einer Rezession, ebenfalls mit Subventionen tätig werden kann. Art. 87 Abs. 3 b (ex Art. 92 Abs. 3 b). Rosenstock 1995: 61.

[4752] Der Art. 87 Abs. 3 d (ex Art. 92 Abs. 3 d) wird zwar erst mit dem EGV eingefügt, schon früh, 1970, anerkennt die Kommission die besondere Stellung dieser Industrie. Rosenstock 1995: 61, 82.

[4753] Siehe: **Tabelle 209**.

[4754] Während dieser Zeit fand in der EU in Deutschland, Frankreich und England ein Kapazitätsabbau statt, in Italien allerdings eine Zunahme, wobei dort massiv subventioniert wurde. Im großen und ganzen gelang nur ein marginaler Kapazitätsabbau seit 1975. Klodt/Stehn 1992: 120. Der marginale Abbau ging von 1970 138,0 Mill. t bis 1981 126,3 Mill. t. Bezug ist hier EG 1981 einschließlich Griechenland,

sozialen Gründen und aufgrund von Modernisierungszielen statt,[4755] obwohl dies nach dem EGKS-Vertrag nicht erlaubt war.[4756] Währenddessen verschoben sich die Marktpositionen leicht zugunsten Italien und Frankreich.[4757] Zwischen 1975 und 1980 wurden in der EU in diesem Bereich 24 Mrd. DM Subventionen gezahlt.[4758] Erst 1980 wurde ein diesbezüglicher Beihilfekodex verabschiedet, der neben Bedingungen zur Gewährung von Beihilfen, die nicht unerfüllbar erscheinen, eine deutlich formulierte Ausnahme bei schwerwiegenden sozialen Schwierigkeiten vorsah und sich, genau wie seine diversen Nachfolger, als wenig wirksam erwies.[4759] Schon seit Anbeginn veröffentlichte die Hohe Behörde Stahlpreislisten, die seit 1963 zunehmend zur Durchsetzung höherer Preise genutzt wurden.[4760] In der Krise nach 1974 setzte die Kommission zuerst auf eine freiwillige Lösung und am 26.11.1976 wurde EUROFER, die Europäische Vereinigung der Eisen- und Stahlindustrie gegründet, ein Kartell, das seit dieser Zeit auf privater Ebene Liefermengen festlegte.[4761] Im Mai 1977 wurden Mindestpreise für Betonstahl (mit rechtlichen Konsequenzen bei Nichtbefolgung) und Orientierungspreise für den Handel mit einer Reihe von Walzstahlerzeugnissen in der EG festgelegt[4762], ab Dezember 1977 galten Preiskontrollen für ausländische Importe, die als Importabgaben implementiert wurden.[4763] Diese teils noch freiwilligen Vereinbarungen scheiterten und die Kommission griff ab Herbst 1980 in den Markt ein, wozu sie durch Art. 58 EGKS-Vertrag autorisiert war und legte verbindliche Erzeugungsquoten und zusätzlich, über EURORER, freiwillige Lieferbeschränkungen fest. Mitte 1980 wurden die Mindestpreise aufgehoben, weil sie schwer zu kontrollieren waren und angeordnet, daß ab 1982 stufenweise Preiserhöhungen stattfinden sollten. Dies wurde wiederum über EUROFER organisiert.[4764] Anzumerken ist, daß der EGKS-Vertrag ein Kartellverbot enthielt und die privaten

---

ohne Spanien und Portugal. Monopolkommission 1983: 21. Weitere Zahlen zeigen einen Anstieg der Kapazität. Hier ist aber unklar, wie Europa abgegrenzt wird. Fink 1989: 43. Die Kapazitätsausweitung lag auch daran, daß Modernisierungen und Rationalisierung stattfanden, die teils mit Subventionen zusammenhingen und diese Werke nur bei größeren Stückzahlen kostengünstig arbeiten konnten. Stilllegungen kleinerer Anlagen konnten die Ausweitung nicht auffangen. Bei der Modernisierung ging es um die Einführung des Sauerstoffblasverfahrens (Linz-Donawitz-Verfahren), wobei die jährliche Erzeugungsmenge eines Konverters 1,2 Mill. t beträgt, wobei dieser aber abstellbar ist. Die Hochöfen hatten sich ebenfalls kontinuierlich vergrößert und technisch optimale Hochöfen liefern 12000 t Roheisen am Tag und 4 Mill. t bis 4,5 Mill. t im Jahr. Um flexibler zu sein, nutzten die Firmen kleinere Hochöfen. Die Stranggußtechnik und die angeschlossenen Warmbreitbandstraßen hatten allerdings Kapazitäten von 3,6 Mill. t. Deshalb war es in einer Rezession nicht möglich mit Teilstilllegungen, sondern nur einer Minderauslastung der Gesamtanlage zu arbeiten. Diese Unteilbarkeiten, siehe Theorie des Marktversagens, führen zu ungünstigen Kostenstrukturen. Dazu: Monopolkommission 1983: 34-38. Im Allgemeinen ist es aber nicht gerade ungewöhnlich, wenn in der Stahlindustrie unterhalb der vollen Kapazitätsauslastung gearbeitet wird. So wurde im Jahre 1974, welches bis dato maximaler Produktion, in der Rohstahlerzeugung eine Auslastung von 88,1 % erreicht. Zum Vergleich konnten während der Stahlkrise 1982 nur 53,0 % der Kapazität genutzt werden. Monopolkommission 1983: 13. Dazu auch Herdmann/Weiss 1985.

[4755] Siehe: **Tabelle 208**.
[4756] Gemäß Art. 4 c des EGKS-Vertrags. Dazu: Klodt/Stehn 1992: 115: Rosenstock 1995: 198.
[4757] Klodt/Stehn 1992: 115-122; Rosenstock 1995: 193. Siehe auch Krägenau 1986.
[4758] Wienert 1996: 102.
[4759] Rosenstock 1995: 203-205. Im Jahre 1977 wurden in Reaktion auf die Subventionierungen von der Kommission Grundsätze zur Beurteilung von Stahlsubventionen aufgestellt., aber noch weitere Subventionen darunter für ARBED-Saarstahl toleriert. Erst 1980 gelang es den ersten Beihilferahmen für Stahl zu verabschieden. Rosenstock 1995: 191-203. Siehe auch De Lettenhove 1984: 221-223; Oberender/Rüter 1993: 76-80. Vgl. Abl. L 29/5, 6.2.1980, Entscheidung 257/80/EGKS der Kommission vom 1. Februar 1980 zur Einführung von gemeinschaftlichen Regeln über spezifische Beihilfen zugunsten der Eisen- und Stahlindustrie. Immerhin wird in Art. 5, in dem der oben zitierte Tatbestand der schwerwiegenden sozialen Schwierigkeiten erwähnt wird, auch darauf hingewiesen, daß sich die Beihilfen mit dem Funktionieren des Gemeinsamen Marktes vereinbaren lassen müssen.
[4760] Herdmann/Weiss 1985: 106.
[4761] Monopolkommission 1983: 23; Fink 1989: 48-49.
[4762] Monopolkommission 1983. 23.
[4763] Herdmann/Weiss 1985: 106.
[4764] Zu diesem Abschnitt: Monopolkommission 1983: 24-25; Rosenstock 1995. 196-198; 235-236.

Aktivitäten damit wohl kaum vereinbar waren.[4765] Bis Ende der achtziger Jahre wurde, im Gegenzug zur Genehmigung von teils massiven Subventionen (in der gesamten EU zwischen 1975-1985: 106,9 Mrd. DM), seitens der Kommission immerhin ein gewisser Kapazitätsabbau und eine Modernisierung eingefordert.[4766] Mit diesem sog. Davignon Plan gelang es zwischen 1980 und 1988 die Rohstahlerzeugungskapazität der EU von 222 Mill. t auf 188 Mill. t zurückzufahren, damit einher gingen Produktionsquoten, Minimumpreise und freiwillige Beschränkungsabkommen.[4767]

Schritt für Schritt gelang es die Beihilfekodexe und deren Wirkung zu verschärfen (Ausnahme zuerst noch Spanien und Portugal, später die ehemalige DDR).[4768] Daß es überhaupt gelang, sich auf einen solchen Beihilfekodex zu einigen, wird deshalb weniger verwunderlich, wenn man weiß, daß der erste Subventionskodex für die Stahlindustrie, der im Jahre 1980 verabschiedet wurde, erst einmal das Subventionsverbot des EGKS-Vertrags außer Kraft setzte und vorsah, daß unter gewissen Bedingungen Subventionen gewährt werden konnten, sogar für die Deckung laufender Ausgaben vorübergehend gefährdeter Unternehmen. Mit dieser Formulierung hat der Kodex heimisches Konkursrecht teils außer Kraft gesetzt.[4769] Im Juli 2002 liefen die sektorspezifische Regulierungen des EGKS-Vertrags aus.[4770] Im Jahre 1989 wurde, nach dem Auslaufen von VERs zwischen den USA und der EU, versucht eine internationalen Subventionskodex nur für die Stahlindustrie auszuhandeln, der auf dem EU-Stahlbeihilfenkodex beruhte. Die Verhandlungen scheiterten 1993.[4771] Mehr dazu in Abschnitt 'I'.

Insgesamt erreichte das Beihilfevolumen zwischen 1975 und 1995 wohl 150 Mrd. DM, damit lagen die Subventionen in diesem Zeitraum über den von der Industrie selber finanzierten Kapitalinvestitionen von 130 Mrd. DM.[4772] Auch die USA subventionierte ihre Stahlindustrie, in den achtziger Jahren mit mindestens 30 Mrd. US$.[4773] Am 25. Februar 1993 wurde ein weiteres Restrukturierungsprogramm von der Europäischen Kommission aufgelegt, welches bis 1995 zu einer Kapazitätsreduzierung im Bereich heiß gewalztem Stahl führen sollte.[4774] Mitte der neunziger Jahre gab es erneut eine Krise in der Stahlindustrie, also Überkapazitäten und die damit verbundene

---

[4765] Kartelle sind nach Art. 65 Abs. 1 des EGKS-Vertrags nicht erlaubt. Klodt/Stehn 1992: 115. Vgl. für eine prägnante und kurze Bewertung der Eingriffe, die einen wettbewerbshemmenden, alte Strukturen konservierenden Effekt hatten Klodt/Stehn 1992: 118-120.
[4766] Rosenstock 1995: 209-217; es wird von "significant reduction in capacity" gesprochen in OECD 2005: 232. Trotz Einbruch der Stahlnachfrage ab 1973 wurden die Kapazitäten in der EWG aber bis 1981 um 20 Mill. t auf fast 200 Mill. t ausgebaut. Dies führte zu einer Kapazitätsauslastung von damals 60 %. Fink 1989: 43. Ein Marktaustritt der Industrien mit den höchsten Kosten kam wegen der staatlichen Eignerschaft in Frankreich, Italien, Großbritannien und den Niederlanden nicht in Frage. Fink 1989: 43. Vgl. für die Subventionen, darunter auch deutliche deutsche Subventionen: **Tabelle 208**.
[4767] Zwischen 1980 und 1988 ging die Beschäftigung in EU 12 von 672.000 auf 409.000 zurück. OECD 2005: 235.
[4768] Wobei, durch einstimmigen Ratsbeschluß auch von eindeutigen Stellungnahmen abgewichen werden kann, wie im Fall der Subventionierung des notorisch kriselnden italienische Finsider/ILVA-Konzerns. Ausführlich: Rosenstock 1995: 243, 219-257.
[4769] Hierzu Herdmann/Weiss 1985: 102. Siehe oben, auch Kartelle sind nach Art. 65 Abs. 1 des EGKS-Vertrags nicht erlaubt.
[4770] OECD 2005: 233.
[4771] Rosenstock 1995: 233-234.
[4772] Wienert 1996: 102.
[4773] Ausführlich bei Barringer/Pierce 2000: 113. Vgl. auch den Überblick über Studien in dieser Einsicht Anderson/Rygman 1989. Hier werden für 1976 folgende Vergleichszahlen für Subventionen der Stahlindustrie, in Prozent des Bruttosozialprodukts, erwähnt: USA 0,8 %; Kanada 1,6 %; England 7,6 %; Frankreich 4,0 %; Italien 4,3 %; Deutschland 2,0 % und Japan 1,4 %.
[4774] Die Beschäftigung in EU 12 geht auf 287000 zurück. OECD 2005: 236.

Schwierigkeit hohe Preise aufrechtzuerhalten. Dies führte zwischen 1998 bis 2004 zur einer innerhalb der Industrie fortschreitenden Konsolidierung der europäischen Industrie. Beispiele dafür sind die Zusammenschlüsse von Thyssen und Krupp, British Steel und Hoogoven (seit 1999 Corus[4775]) sowie die Fusion von Usinor (Frankreich), Arbed (Luxemburg) und Aceralia (Spanien) in das damals größte Stahlunternehmen Arcelor (2001).[4776] Bis auf die deutschen Unternehmen sind dies fast sämtlich ehemals staatliche Konzerne, die heute teils noch staatliche Anteilseigner haben (z.B. Acerlor mit dem luxemburgischen Staat und die wallonische Landesregierung).[4777] In Japan gingen NKK und Kawasaki Steel zusammen und Nippon Steel, Sumitomo Metals und Kobe Steel etablierten eine strategische Kooperation.[4778] In den USA kam es seit der Asienkrise 1997-1998 zu einer Krise mit politischen Reaktionen. Präsident Clinton reagierte mit einem Steel Action Programme am 4. August 1999, Präsident Bush nahm danach Rekurs auf die WTO Schutzklausel in Form von Sec. 201 des Trade Act von 1974. Im März 2002 wurden Zölle veranschlagt, die im Dezember 2003 wieder aufgehoben wurden. In dieser Zeit fand in den USA eine Konsolidierung der Industrie statt, mit einer verstärkten Zusammenschlußaktivität, teils mit grenzüberschreitendem Charakter. Das zweitgrößte U.S. Unternehmen International Steel Group fusionierte mit Weirton Steel und wurde im April 2005 von Mittal Steel übernommen. Rouge Steel wird von Severstal, dem größten russischen Produzenten übernommen und Valbruna Steel kauft Slater Steel in Indiana. Es wurden allerdings nur 4 Mill. t Kapazität abgebaut und diese Zeit fällt schon fast in die bis heute andauernde Boomperiode.[4779] Die drei größten U.S. Firmen sind nun US Steel, Nucor und International Steel Group, die für 50 % des U.S. Marktes aufkommen. Zudem gelang es im Zuge dieser Konsoldierung eine Modernisierung, 97 % der Produktion finden im Stranggußverfahren statt.[4780] Für die Stahlindustrie gab es neulich einen Versuch innerhalb der OECD zu einem Abbau von Kapazitäten und zu einem Abkommen über strenge Subventionsregeln zu kommen. Es ist bislang nicht gelungen, einen Konsens zu diesen Fragen zu erzielen, insbesondere zur Frage von Ausnahmen für Subventionen.[4781] Weiter unten zu Verhandlungsanstrengungen in diesem Bereich, die mit außenhandelspolitischen Schutzanstrengungen in diesem Bereich zusammenhängen.

Welche weiteren Gemeinschaftsrahmen gibt es für Subventionen? Weitere Gemeinschaftsrahmen gibt es für den Schiffbau (erste Richtlinien 1969), die Textil- und Bekleidungsindustrie (Gemeinschaftsrahmen 1971), die Chemiefaserherstellung (Gemeinschaftsrahmen 1977) werden ebenfalls Richtlinien zur Beurteilung der Beihilfen aufgestellt.[4782] Kohlebeihilfen werden diskutiert, können aber, trotz des Subventionsverbots im EGKS-Vertrag, nicht zurückgedrängt werden.[4783] Für

---

[4775] Folge: Kapazitätsabbau 3 Mill. t durch Schließungen von Stahlwerken etwa in Wales. OECD 2005: 238.
[4776] OECD 2005: 233.
[4777] **Tabelle 209.**
[4778] Was auch immer das heißen mag, OECD 2005: 233.
[4779] Zu diesem Abschnitt: OECD 2005: 239-240; Informationen auf der Webseite: ISG 2006; siehe zu Rußland auch Perlitz 2006: 5.
[4780] Perlitz 2006: 5.
[4781] Siehe die kurzen Informationen zur OECD High Level Steel Initiative in OECD 2005: 240.
[4782] Rosenstock 1995: 88-91 (Textil- und Bekleidung), 91 (Chemiefaser), 133 (Schiffbau).
[4783] Rosenstock 1995. 92-93.

die Textil- und Bekleidungsindustrie wird, im Gegensatz zu allen anderen Bereichen, Ende der achtziger Jahre der Verpflichtungscharakter des Gemeinschaftsrahmens zurückgenommen.[4784]

15.5 Schiffbau

Der Schiffbau ist insofern ein Ausnahmefall, weil die Subventionierung von vorneherein als Ersatz für die Protektion angesehen wird, dies seit Anbeginn in den Verträgen festgehalten wurde[4785] und die Kommission frühzeitig aktiv eine Erhöhung von Subventionen, angelehnt an mutmaßliche Subventionsniveaus in Japan, betrieb. Dabei hatte sie im Sinn, auf eine Harmonisierung hinzuwirken und später wollte sie selbst für die Verteilung der Subventionen zuständig werden, um so, vermittels Investitionslenkung etwa, gegen Überkapazitäten arbeiten zu können. Dies gelang nicht, und wie im Bereich Stahl dominierten hier nationale Politiken. Italien erreichte hier den höchsten Wert eine Stützung von 52 % des Baupreises für exportierte Schiffe.[4786] Trotz Beihilfen verloren vor allem England, aber auch Belgien, Italien und Frankreich Marktanteile, während Dänemark, Niederlande und Deutschland ihre Produktionsanteile an der EU-Produktion steigern konnte, obwohl sie hinsichtlich der Subventionen nicht führend waren. Durch die Subventionen, die besonders hoch für die interne, binnenstaatliche Nutzung sind, brach der EU-interne Schiffshandel zusammen und eine womöglich vorteilhafte Spezialisierung konnte sich nicht entwickeln.[4787] Generell gilt, daß die europäischen Länder nicht mit den niedrigen Lohnkosten in Japan und Korea konkurrieren können. Der Weltmarktanteil der EU-Länder, der 1956 noch 59 % betrug, sank auf 1986 8,5 % ab. Japan produzierte 1986 allein 48,6 % der Weltproduktion und Korea 21,6 %.[4788] Die Kommission konnte den EU-internen Subventionswettlauf nicht stoppen[4789], der erst Ende der achtziger Jahre abflaute.[4790] Auch die USA subventionierte auf direkte und indirekte Art und Weise ihren Schiffbau. So wurden 50 % der Kosten für den Schiffneubau übernommen und auch Zuschüsse zum Betrieb gegeben. Letzteres auch, weil in den USA bis heute eine Gesetz gilt, daß die Küstenschiffahrt Schiffen vorbehält, die in den USA gebaut sind und von einer Crew bemannt sind, die aus U.S.-Bürgern besteht. Seit 1985 gab es keine Subventionen mehr für den Schiffneubau. Unklar ist aber, ob dies, angesichts vieler neuer Gesetzesvorschläge durchgehalten wurde.[4791]

[4784] Rosenstock 1995: 89-90.
[4785] Die Formulierung findet sich in EGV Art. 87 Abs. 3 (c) (ex Art. 92 Abs. 3 8 (c)).
[4786] Soltwedel et al. 1988: 165-166; siehe **Tabelle 210**.
[4787] Soltwedel et al. 1988: 177-178.
[4788] Soltwedel et al. 1988: 158. Die Länder mit den größten Lohnstückkostennachteilen, Frankreich, Italien und das Vereinigte Königreich haben auch den größten Verlust an Marktanteilen zu verkraften. Siehe dazu und zu den weiteren Thesen Soltwedel et al. 1988: 159, 174-178.
[4789] Rosenstock 1995: 131-147.
[4790] Hier finden sich sämtliche nur denkbaren EG- und OECD-rechtlichen Finten wieder, um Subventionen zu begründen. Die Subventionierung von Schiffen, die in Entwicklungsländer gehen, wird als Entwicklungshilfe deklariert, die Rüstungsindustrieausnahme im EG-Vertrag wird genutzt und vieles mehr. Rosenstock 1995: 153-160.
[4791] Hufbauer et al. 1986: 270-274.

15.6 Regionalförderung

Eine Förderung der Industrie erfolgt weiterhin durch die seit 1975 bestehende EU-Politik der Regionalförderung durch den Regionalfonds aber auch durch die eigenständigen Regionalpolitiken der Mitgliedsstaaten. Seit 1975 besteht der Regionalfonds, der unterschiedliche Programme umfaßt, die oft auch als Strukturfonds zusammengefaßt werden.[4792] Im Laufe der Entwicklung der Regionalförderung konnten die EU-Institutionen zunehmend über die Verteilung der Gelder bestimmen und es wurden sektorale Programme entwickelt, etwa für den Schiffbau, die Eisen- und Stahlindustrie, die Telekommunikation und sonstige Projekte von gemeinschaftlichem Interesse. Von 1988 bis 1992 wurden diesbezügliche Haushaltsmittel stark erhöht.[4793]

Zuerst einmal allgemein zur Wirkung der Regionalförderung, einschließlich einiger Kommentare zur Wirkung der Agrarpolitik. In Studien wird "ein deutlicher Impuls zum Abbau regionaler Ungleichgewichte" und eine hohe Trefferquote dieser Programme hinsichtlich bedürftiger Gebiete festgestellt[4794] und ein Abfall der interregionalen Pro-Kopf-Einkommensdifferenzen um 2,5 % errechnet, wobei allerdings der Anteil dieser Programme am BSP der Länder niedrig bleibt.[4795] Nettoprofiteure sind Griechenland, Spanien, Portugal und Irland.[4796] Dabei handelt es sich, dies zeigen weitere Studien, um eine erst seit einigen Jahren deutlicher ausgeprägte Entwicklung, zumal einige der obigen Staaten erst in den achtziger Jahren dazukommen. Von den finanziell gut ausgestatteten EU-Politiken, der Agrarpolitik, profitierten anfangs die EU-Länder eher auf ähnlichem Niveau und dadurch wurde die Ausgleichswirkung des EU-Haushalts abgeschwächt. Vor dem Beitritt Portugals und Spaniens (beide am 1 Januar 1986) gab es dann eine klare Nordausrichtung der agrarpolitische Ausgaben, Abt. Garantie[4797], von denen 70 % eher den nördlichen Gebieten (mit Getreide, Milch, Ölsaaten und Rindfleisch) zugute kamen, 20 % entfielen auf Tabak, Olivenöl, Schaf- und Ziegenfleisch sowie Wein, Obst und Gemüse. Seit 1988, mit der Reform der Agrarpreisstützung, wurde eine Wende eingeleitet, hin zu einer stärkeren Stützung der südlichen Regionen.[4798] Die Agrarpolitik wird im Falle von Marktinterventionen und Zahlungen an Handel und

---

[4792] Soltwedel et al. 1988: 39-42. Im Jahre 1975 wurde, im Zusammenhang mit der Erweiterung der EU um England, Dänemark und Irland, der Europäische Fonds für regionale Entwicklung (EFRE) etabliert. Insgesamt stehen der EU die folgenden Instrumente zur Verfügung: Unter die Strukturfonds fallen: Europäische Fonds für regionale Entwicklung (EFRE); der Europäische Sozialfonds (ESF) und der Europäische Ausrichtungs- und Garantiefonds für die Landwirtschaft (EAGFL), Abteilung Ausrichtung. Sonstige Instrumente sind die Europäische Investitionsbank, die Europäische Gemeinschaft für Kohle und Stahl sowie das Neue Gemeinschaftsinstrument (NGI). Hierzu Klodt/Stehn 1992: 54-55. Letztere wurde von der Europäische Investitionsbank verwaltet und zur Förderung von kleinen und mittleren Unternehmen eingesetzt, allerdings vor allem Anfang der achtziger Jahre, danach verliert es gänzlich seine Bedeutung. Klodt/Stehn 1992: 64. Seit Maastricht gibt es zusätzlich den Kohäsionsfonds. Hier geht es um Umweltschutz- und Verkehrsmaßnahmen, sowie Förderungsmaßnahmen zur Erreichung der Konvergenzbedingungen für die Wirtschafts- und Währungsunion. Klodt/Stehn 1992: 66.
[4793] Klodt/Stehn 1992: 60; siehe: **Tabelle 211**.
[4794] Klodt/Stehn 1992: 92.
[4795] Costello 1993: 276; siehe: **Tabelle 212**.
[4796] Costello 1993: 276; siehe: **Tabelle 212** und **Tabelle 211**.
[4797] Hierunter fallen die Aufkäufe zur Sicherung eines bestimmten Erzeugerpreisniveaus, die Lagerung, Vernichtung oder der subventionierte Weiterverkauf, weiterhin die Ausfuhrerstattungen beim Export, die Verarbeitungszuschüsse für die Nahrungs- und Genußmittelindustrie, zum Zwecke der Kompensation gegenüber dem höheren Inlandspreisniveaus relativ zum Weltmarktpreisniveau, direkte Beihilfen an die Erzeuger. Franzmeyer et al. 1991: 20.
[4798] Franzmeyer et al. 1991: 12.

Lebensmittelindustrie aus dem EU-Haushalt subventioniert, der größte Teil der Subventionierung erfolgt durch die Verbraucher, die höhere Preisniveaus bezahlen.[4799] Die Verschiebung der Schwerpunkte wird sichtbar am steigenden Gewicht der Mittel, die in einem klarerem Zusammenhang mit der Strukturförderung stehen. Die muß so vage formuliert werden, weil auch die Instrumente der EU-Strukturförderung nicht nur den ärmeren Ländern zugute kommen. Sie kommen aber in weitaus größerem Ausmaß diesen zugute.[4800] Zur allgemeinen Abschätzung der Gewichtung: Der Position Agrarpolitik, Abt. Garantie, die anfangs weniger und später moderat relevant für Ausgleichswirkungen war, kamen 1980 noch 68,6 % der Haushaltmittel zu und der Strukturförderung nur 11,0 %. Im Jahre 1990 sind es 56,1 % und 21,0 %, später, 1995, 50,4 % und 28,2 % und schließlich im Jahre 2000 45,0 % und 35,8 % für die Strukturförderung. Seit 1993 gibt es zudem den Kohäsionsfond.[4801] Bemerkenswert ist noch, daß die F&E-Förderung, die 1990 und 2000 je 4 % des Haushalts ausmachte sowie die Zahlungen im Rahmen der EGKS (unter 1 %), vor allem den stärker entwickelten Regionen zugute kamen.[4802] Die eigenständige Regionalförderung seitens der Mitgliedsstaaten[4803] stellt eine weitere Aktivität dar, die zuerst einmal geduldet wurde, prinzipiell aber der Beurteilung der Kommission unterliegt[4804] wobei sukzessive Kriterien und Einschränkungen ausgearbeitet wurden. Seit Mitte der siebziger Jahre wurden in bezug auf die eigenständige Regionalförderung der Staaten durch die Beihilfekontrolle Förderhöchstsätze festgelegt, die 1979 noch einer deutlich angehoben wurden. Anfang der achtziger Jahre wurde eine Methode entwickelt, mit der die Förderwürdigkeit der Regionen nach bestimmten Kriterien bestimmt werden kann, welche 1988 offiziell gilt. Die Förderhöchstsätze werden von der Kommission überprüft und seit Mitte der achtziger Jahre gibt es den Versuch die Sätze zu verringern und den Beihilfen reicherer Staaten strengere Kriterien angelegt, aber die Förderung von Regionen mit hoher Arbeitslosigkeit und niedrigem Einkommensniveau weiter zu erlauben.[4805] Hier gibt es zudem Überschneidungen in bezug auf die staatlichen Unternehmen und solche mit öffentlichen Auftrag, etwa Finanzinstitute, die eine Regionalförderung vornehmen.[4806] Auch in Zukunft ist davon auszugehen, daß die EU-Regionalförderung und die staatliche Regionalförderung parallel laufen werden.[4807]

[4799] Franzmeyer et al. 1991: 9-10.
[4800] Dies wird im Detail aufgezeigt von Franzmeyer et al. 1991: 19-63.
[4801] Uns seit 1994 das Finanzinstrument zur Ausrichtung der Fischerei. Vgl. die Haushaltübersichten in EC 2000: 35-36.
[4802] Franzmeyer et al. 1991: 40.
[4803] Eine Überblick über die Förderungsmaßnahmen, vor allem Investitionszuschüsse, Steuererleichterung und verbilligte Kredite, findet sich in Klodt/Stehn 1992: 67-75. Hier wird auch die unterschiedliche Intensität dieser Förderung deutlich, wobei Irland, Italien und Luxemburg herausstechen. Frankreich und Dänemark nur sehr geringe Zahlungen vornimmt und Deutschland, England, Niederlande und Belgien mit moderaten Zahlungen auffallen. **Tabelle 211, Tabelle 309**.
[4804] Klodt/Stehn 1992: 75-76.
[4805] Zu diesen drei Sätzen Klodt/Stehn 1992: 75-79. Die Förderhöchstsätze sind dabei außerordentlich hoch und liegen bei 75 % der Erstinvestition: Dies gilt 1991 für fast ganz Griechenland, Irland, Italien (Mezzogiorno), Spanien (einige Gebiete), England (Nordirland), Frankreich (Überseeische Departments), Deutschland (Berlin West). Ansonsten betragen die erlaubten Zuschüsse 30 % und weniger. Für die BRD gelten strengere Bedingungen, hier liegen die Förderungshöchstsätze bei 18 % und für den Zonenrandbereich 23 %. Vgl. Klodt/Stehn 1992: 80, 82.
[4806] So treten Abgrenzungsschwierigkeiten auf, etwa bei der italienischen Cassa per il Mezzogiorno, die zur Regionalförderung angehalten wird, offenbar vom Staat unterstützt wird, aber gleichzeitig Mittel auf dem allgemeinen Finanzmarkt aufnimmt. Groeben/Thiesing/Ehlermann 1991: 2564.
[4807] Klodt/Stehn 1992: 86.

15.7 Automobile

Die EU-Regionalförderung ist auch deshalb erwähnenswert, weil unter ihrem Mantel beispielsweise Maßnahmen getroffen werden, die nicht viel mit idyllischen Vorstellungen von Infrastruktur- und Tourismusförderung zu tun haben, sondern die industriepolitisch ausgerichtet sind. So wurde die Produktion von Großraumlimosinen in Portugal über den Regionalfördertopf unterstützt, nicht zuletzt um japanischer Marktdominanz vorzubeugen.[4808] In bezug auf die Automobilsubventionierung und denn daraufhin entwickelten Gemeinschaftsrahmen, gültig seit 1988, ist zuerst einmal festzustellen, daß diverse Förderfälle und Privatisierungszuschüsse davor abgewickelt wurden. Insgesamt wird in bezug auf die Automobilindustrie geschätzt, daß 26 Mrd. ECU von 1977-1987 in diese Industrie geflossen sind.[4809] Frankreich ist bekannt für seine immer wieder erfolgenden rettenden Finanzstützungen für die teils staatliche Automobilindustrie,[4810] wobei aber die meisten europäischen Staaten die Automobilindustrie unterstützen.[4811] In bezug auf den Gemeinschaftsrahmen ist interessant, daß hier ein Abschnitt zur Regionalförderung einbezogen ist und damit die eigenständige staatliche Förderung der Automobilindustrie im Rahmen der Regionalförderung stattfinden kann. Hier kommt der Kommission eine Abwägungsdiskretion zu.[4812] Somit können Beihilfen in bestimmten Projekten kumulieren. Hier gelang es der Kommission zwar zunehmend die Gelder wahrnehmbar herunterzuhandeln, sie lehnte aber kaum ein Ansinnen ganz ab.[4813] Von 1989 bis 1993 kam es diesbezüglich zu 21 Fällen mit dem Volumen von 4,8 Mrd. ECU, wobei es nur in 4 Fälle zu Beanstandungen seitens der Kommission kam. Dazugezählt muß die Förderung von Forschung und Entwicklung der Automobilindustrie, diese betrug für diesen Zeitraum 633,7 Mill. ECU.[4814]

15.8 Krisenhilfen

Generell gilt, daß einmalige Krisenbeihilfen in den Gemeinschaftsrahmen oftmals zugelassen wurden. In bezug auf die OECD Länder werden hier nicht unerhebliche Summen gemeldet, wobei diese eigentlich in den weiter unten genannten Zahlen zur Subventionierung enthalten sein müßten. Von 1989 bis 1993 sind dies immerhin für die gesamte OECD US$ 23,7 Mrd..[4815] Der Begriff der Subvention ist schwer abzugrenzen und erstreckt sich gleichermaßen auf staatliche Finanzhilfen,

---

[4808] Winter 1994: 106.
[4809] Rosenstock 1995: 271.
[4810] Winter 1994: 123. Dies passierte dort schon seit den sechziger Jahren. De Carmoy 1978: 47.
[4811] Rosenstock 1995: 258-320.
[4812] Rosenstock 1995: 274.
[4813] Rosenstock 1995: 293, 296.
[4814] Ein Überblick findet sich in Rosenstock 1995: 294, 301.
[4815] OECD 1998a: 34.

Steuervergünstigungen und günstige Kredite.[4816] Wird letzterer Aspekt hinzugezogen, hat sich auch die Europäische Investitionsbank mit Subventionen betätigt.[4817]

15.9 Forschungs- und Entwicklungssubventionen

Frühzeitig wird von der Kommission deutlich gemacht, daß Forschungs- und Entwicklungsbeihilfen nicht unter die Beihilfekontrolle fallen.[4818] Erst seit 1985 lag für diesen Bereich ein Gemeinschaftsrahmen vor, der die Förderung der Grundlagenforschung und Förderung von Hochschulen von der Beihilfenkontrolle ausnimmt. Innerhalb von Unternehmen darf Grundlagenforschung mit 50 % Anteil des Projektvolumens und bei angewandter, kommerzieller Forschung mit 25 % gefördert werden (kleine und mittlere Unternehmen 10 % mehr) und dies wird seit 1985 von der Beihilfekontrolle überprüft.[4819] Von den von 1971 bis 1986 von der Kommission geprüften 90 Forschungsbeihilfen wurden in 63 Fällen keine Modifikationen verlangt.[4820] Seit 1987 gab es eine eigenständige Forschungs- und Technologiepolitik der EU, die hier aufgrund ihres relativ geringen Stützungsvolumens vernachlässigt wird, wobei anzumerken bleibt, daß diesbezügliche Projekte, etwa im Chip- und Mikroelektronikbereich nicht sonderlich erfolgreich waren.[4821] Noch einmal genauer zur den Forschungs- und Entwicklungsausgaben und deren teilweise staatliche Übernahme, diesmal Zahlen für die EU und vor allem für die OECD-Staaten, d.h. unter anderem auch für die USA und Japan. Zuerst einmal soll ein Überblick über die Situation vor einigen Jahren gegeben werden.[4822] Generell scheint es so zu sein, daß, auch aufgrund der zunehmenden Disziplin für anderweitige Subventionen, die Forschungsförderung in der OECD anstieg, von 1989 bis 1992 von US$ 6,4 Mrd. auf US$ 9,2 Mrd., wobei der Anteil an der gesamten öffentlichen Förderung von 17 % 1989 auf 19 % 1992 anstieg. Die Programme förderten bestimmte Technologien: Mikroelektronik/Informatik, Energieeinsparung, neue Werkstoffe, Luft- und Raumfahrt,

---

[4816] Aus diesen Gründen sind zuverlässige Subventionszahlen notorisch schwierig zu erhalten. Dies wird immer wieder beklagt. Vgl. zu den Problemen O'Cleireancain 1978: 200-209. Ein Grund für die Unsicherheit ist, daß die Steuervergünstigungen oft weitaus größer sind als die direkten Subventionen. Für 1972 gab das Bundesministerium für Finanzen etwa 1185 Mill. DM Subventionen bzw. Zuschüsse, darunter öffentliche Kredite, an und 7013 Mill. DM Steuervergünstigungen. De Cormay 1978: 53.

[4817] Die Europäische Investitionsbank (EIB), errichtet durch den EWG-Vertrag 1958, vergab etwa zwischen 1986 und 1990 zinsbegünstigte Darlehen von 50 Mrd. ECU. Die EIB hat dabei ähnliche Ziele wie die Regionalfonds: Regionalförderung und Modernisierung von Unternehmen. Schätzungen gehen davon aus, daß auf diese Weise 1982 etwa 93.000 Arbeitsplätze erhalten werden konnten. Winter 1994. 105. Zwei-Drittel der Mittel gingen in Ziel 1-Regionen, die ärmsten Regionen. Klodt/Stehn 1992: 64-66.

[4818] Die geschieht 1963. Rosenstock 1995: 114. Erst spät, 1986, wird ein Gemeinschaftsrahmen dafür aufgestellt. Dazu Rosenstock 1995: 114-115. Sowie ausführlich zur europäischen Forschungs- und Technologiepolitik Klodt et al. 1988.

[4819] Klodt/Stehn 1992: 113; 175.

[4820] Vgl. die Übersicht in Klodt et al. 1988: 126-132.

[4821] Die gemeinschaftliche Forschungs- und Technologiepolitik begann mit einer Arbeitsgruppe im Jahre 1967. Seit Inkrafttreten der Einheitlichen Europäische Akte hat die Kommission eine eigene forschungspolitische Kompetenz und muß nicht jede Maßnahmen vom Ministerrat beschließen lassen. In diesem Sinne ist oben 'eigenständig' gemeint. Genauer: Klodt/Stehn 1992: 98-115. Hier gibt es eine Konzentration auf relativ wenig große Programme: Energieforschung: hier wird ein Fusionsenergieprojekt gefördert sowie alternative Energiequellen und Reaktorsicherheit. Dann die Programme zur Chipfertigung und Mikroelektronik (ESPRIT). Die vorgeschlagene Eurochipfabrik wird nicht gegründet. Klodt/Stehn 1992: 98-119; 157-158. Für eine detailliertere Beschreibung und Information über die kleineren Programme Klodt et al. 1988: 96-97; siehe auch Starbatty/Vetterlein 1994. Zum Finanzvolumen vgl. **Tabelle 211**.

[4822] Siehe: **Tabelle 213**.

Biotechnologie.[4823] Die zehn größten Programme erhalten 54 % der gesamten OECD staatlichen Forschungs- und Entwicklungsförderung.[4824]

Insgesamt stiegen F&E-Ausgaben in den OECD-Ländern, öffentlich und privat, von 1989 US$ 317 Mrd. auf 1995 US$ 409 Mrd., davon Nordamerika: US$ 191 Mrd. und die EU US$ 123 Mrd..[4825] Der Staat finanzierte davon einen großen Teil, im Jahre 1995 durchschnittlich 34,5 %. Über 60 % wurden vom Staat finanziert in Island, Polen, Portugal und der Türkei. In Österreich und Italien waren es beinahe 50 %, in Frankreich 42,3 % und in Deutschland 37,4 %. Etwas geringere Zahlen liegen für die USA vor, 36,1 % und Japan 22,8 %.[4826] In der EU stieg die Förderung für F&E. Im Haushalt 2001 waren für F&E-Subsektion EUR 3920 Mill. vorgesehen.[4827] Hinsichtlich der eigenen F&E-Politiken der EU Länder wurden Ausgaben von EUR 3988 Mill., für das selbe Jahr, verzeichnet.[4828]

Die Förderung von F&E ist kein neues Phänomen. Seit dem Zweiten Weltkrieg lag die staatliche Stützung von F&E auf eine hohen Niveau. In den USA wurden im Jahre 1956 die insgesamten F&E-Ausgaben von US$ 6605 Mill. von den U.S.-Behörden zu 50 % finanziert, im Jahre 1970 wurden 44 % staatlich finanziert.[4829] Es ist schwer zu messen, aber zu einem substantiellen Anteil wurde die F&E-Förderung von der Industrie dazu benutzt die Wettbewerbsfähigkeit ihrer Produkte zu verbessern. In den OECD Länder wurde zwischen 1989 und 1991 eine Summe von US$ 40 Mrd. für 282 Unterstützungsprogramme ausgegeben. In der Kategorie der F&E-Aufträge für die verarbeitende Industrie wurde eine Summe von US$ 88,5 Mrd. ausgegeben, zudem lagen weitere Zahlungen vor.[4830]

Es ist nicht bekannt, wieviele dieser Aufträge auf direkte Weise die Wettbewerbsfähigkeit der Unternehmen und derer Produkte verbessert hat. Es ist allerdings eine gewöhnliche Vorgehensweise, wenn zum Beispiel geistige Eigentumsrechte, die aus der Forschung resultierten den Firmen überlassen oder wenigstens mit ihnen geteilt werden. Forschung in der Verteidigungsindustrie kann zu 'dual use'-Ergebnissen führen, also Innovationen, die im zivilen Bereich anwendbar sind.[4831] Weiterhin zeigen Studien aus Deutschland, daß wenigstens 50 % der Projekte, die vom Staat unterstützt wurden, sowieso von der Industrie ausgeführt worden wären.[4832] Dies ist ein klarer Beweise für den kommerziellen Wert von staatlich-gestützten F&E-Projekten. Und es ist eine eindeutiger Beweis dafür, daß F&E nicht unbedingt wirtschaftstheoretisch gerechtfertigt werden kann, beispielsweise

---

[4823] OECD 1998a: 35-37.
[4824] OECD 1998a: 37. Aus Gründen der Diskretion werden diese Programme von der OECD nicht genannt, denn ihre Statistiken werden freiwillig von den Mitgliedsstaaten bereitgestellt.
[4825] "This sum includes any kind of research which is taken out, it presumably includes universities, research institutions as well as private firms:" OECD 1998a: 189.
[4826] OECD 1998a: 192. In other sources it is estimated, that 50 per cent of R&D is financed by the state in EU and BRD. Franz 1995: 134.
[4827] EC 2001: 7.
[4828] "State Aid for horizontal objectives, particular sectors, coal and regional objectives. R&D constitutes 11 per cent of the total aid less aid to agriculture, fisheries and transport, which amount to EUR 33.262 mill." See: State Aid Scoreboard 2002: 19.
[4829] Chandler 1990: 619.
[4830] Siehe: **Tabelle 214**.
[4831] Diese Beispiele werden erwähnt in OECD 1998a: 197.
[4832] Meyer 1995: 130.

durch die Theorie des Marktversagens. Ähnlich wie dies im Bereich der Patente vorliegt, brauchen die meisten Firmen keine Subventionen für F&E-Aktivitäten, um Anreize zu bekommen, Innovationen voranzutreiben. Denn sie werden durch ihre Rivalen auf dem Markt dazu angehalten.[4833] Zudem wurden große Firmen bei F&E-Aufträgen bevorzugt.[4834] Beispielsweise die internationale operierende, deutsche Firma Siemens.[4835] Dies hat sogar zu dazu geführt, daß gefürchtet wurde, daß staatliche F&E-Förderung das Konzentrationsniveau in einer Volkswirtschaft ansteigen läßt.[4836] Alles in allem spielen die Stützungspolitiken der industrialisierten Staaten eine signifikante Rolle darin die Wettbewerbsvorteile ihrer Firmen zu formen und große Firmen werden dabei privilegiert behandelt.[4837] Dies Sorge bezüglich hoher Konzentrationsniveaus und/oder einer Konzentration von F&E in den Händen weniger Firmen ist auch deshalb berechtigt, weil die Wettbewerbspolitik kooperative Forschungsprojekte, trotz Bedenken, großzügig erlaubt. Erwähnenswert ist in den USA etwa eine Lockerung durch den National Cooperative Research Act von 1984[4838], der speziell für die Halbleiterindustrie kooperative Forschung nach dem Vorbild der Japaner ermöglichte.[4839] Dazu korrespondiert auf der EU-Seite eine Gruppenfreistellung.[4840]

Wie kann die Tätigkeit der Europäischen Kommission insgesamt bewertet werden? Wiewohl sie zu einem wichtigen Akteur wurde, wirkte sie, zumindest bis Mitte der achtziger Jahre, insgesamt gesehen nicht im Sinne einer rigorosen Kontrolle von Subventionen, sondern eher als abstimmend zwischen den Ländern und, gegenüber starken und schwachen Staaten, ausgleichend.[4841] Zumindest ein extremes Szenario eines Subventionswettlaufs konnte verhindert werden, insofern kann die Rolle der Kommission aus wirtschaftswissenschaftlicher Perspektive als positiv bewertet werden, denn ein solcher ist auch aus dynamischer Perspektive klar erkennbar wohlfahrtsmindernd. Projekte, die zu einer schnellen und extremen Marktdominanz eines einzelnen Staats geführt hätten, wären von der Europäischen Kommission nicht toleriert worden wären und am Widerstand der anderen Staaten gescheitert. Schwach zeigt sie sich allerdings bezüglich der Ausnahmefälle auf sektorale Ebene, dem Schiffbau und der Eisen- und Stahlindustrie. Eine deutliche und kontinuierliche Subventionierung

---

[4833] Mit Verweis nicht nur auf die Forschung von Edwin Mansfield, sondern auch auf andere Quellen: Scherer 1994: 59.

[4834] Die Kategorie großer Firmen ist definiert ab einem Umsatz von 250 Mill. DM. Erwähnt wird, daß kleine und mittelgroße Firmen, die von F&E Aufträgen profitieren, oft Tochterunternehmen großer Firmen sind. Meyer 1995: 145-149. Eine Bevorzugung größerer Firmen stellen auch fest: Franz 1995: 133-134; Donges 1980: 196.

[4835] Zwischen 1974 bis 1987 erhielt Siemens 14 % der Ausgaben im Telekommunikationsbereich als Technologieförderleistung vom Staat. Wieviel dies in absoluten Zahlen war, wird nicht erwähnt. Meyer 1995: 113.

[4836] Meyer 1995: 145-150.

[4837] Die unfaire, wettbewerbsverzerrende Rolle von Subventionen im High-Techbereich betont Safarian 1997: 60.

[4838] Auto- und Stahlkonzerne begannen daraufhin Kooperationen zu gründen. Vgl. den kurzen Hinweis, ohne eine Nennung der Anzahl, in Scherer 1992: 220. Begründet wurde diese Veränderung des Wettbewerbsrechts auch mit industriepolitischen Erwägungen. Insgesamt gab zu diesem Zeitpunkt 500 angemeldete Kooperationen. Von 1985 bis 1989 wurden von 169 genauer untersuchten Kooperationsfällen 18,3 % in der Telekommunikation, 17,8 % im Bereich Computer und Halbleiter, 14,3 % im Automobilbereich und 10,6 % im Bereich sonstiger Industrieprodukte getätigt. Dazu und zur Rechtslage Franz 1995: 150-157.

[4839] Flamm 1996: 147-148.

[4840] Siehe ABl. 53/5, 19. Dezember 1984, Verordnung 428/85. Diese Gruppenfreistellung wurde durch diverse Nachfolger modifiziert.

[4841] Die Kommission hat sich dabei in diversen Einzelfällen durchaus gegen staatliche Projekte gewandt, vielfach wurden jedoch Kompromisse ausgehandelt. Warnecke 1978: 152; 165-170. Ein großer Spielraum für die EU-Mitgliedsstaaten wird auch diagnostiziert von Witteler 1986: 138. Die Kommission wird als "policy broker" bezeichnet in Rosenstock 1995: 256.

konnte sie nicht verhindern, sie baute ihre eigene Rolle dahingehend sogar aus, siehe die Forschungs- und Entwicklungsförderung und die Regionalbeihilfen.

15.10 OECD Subventionshöhen

Auch im Rahmen der OECD wurde über Subventionshöhen verhandelt. Seit 1969 besteht ein Schiffbauexportfinanzierungsabkommen, das Finanzierungsbedingungen harmonisieren soll, aber nur mäßig erfolgreich war, aber mit Schiffbausubventionen wenig zu tun hat.[4842] Seit den sechziger Jahren wurde in der OECD über Schiffbausubventionen, Kapazitätsabbau und andere Fragen diskutiert. Eine erste Resolution zum Thema Schiffbau trat 1972 in Kraft, wurde aber nicht beachtet. Ebenso scheiterte der Vorschlag der EU an Japan, ein Kartell zu gründen und eine Marktaufteilung auf der Basis 1974/1975 vorzunehmen.[4843] Japan lehnte dies ab und wurde daraufhin von der EU bedrängt: Unter anderem mit der Drohung auf jedes in japanisch gefertigte Schiff das in einen EU-Hafen einläuft eine Hafenzoll zu erheben, der an den mutmaßlichen Subventionen orientiert ist, wobei Japan aber nicht subventionierte. Japan reagierte darauf mit VER-Selbstbeschränkungen, Preiserhöhungen und implementierte einen Kapazitätsabbau (25 % bei Großschiffen 1988 bis 1991). Im Jahre 1990 wurde ein weiterer Anlauf unternommen im Rahmen der OECD zu einem Subventionsabbau im Schiffbau zu kommen. Korea beteiligte sich hier erstmals, da sein Beitritt in die OECD bevorstand. Im Jahre 1994 wurde ein OECD-Schiffbau-Übereinkommen geschlossen. Es läßt gewisse Übergangsfristen für europäische Länder zu, erstmals wurden osteuropäische Hersteller eingebunden und spezielle Antidumpingregeln[4844] vereinbart, die es ermöglichen gegenseitig gegen subventionierte Schiffseinfuhren vorzugehen, wobei dieses Übereinkommen bislang wirkungslos blieb, da es von den USA nicht ratifiziert wurde.[4845] Zwischenabreden der EU mit Korea über die Definition von 'schädigende Preisgestaltung', die 2000 getroffen wurden, scheiterten.[4846] Der Streit eskalierte, als die EU als Reaktion gegenüber Korea im Juni 2002, vormals, am 31. Dezember 2000[4847], ausgelaufene Schiffbausubventionen wieder einführte.[4848] Nachfolgend kam es zu einer WTO Klage der EU gegen

---

[4842] Die USA war hier kein Mitglied. Taiwan und Südkorea waren zu dem Zeitpunkt keine OECD-Mitglieder. Spanien trat von 1979 bis 1984 aus. Rosenstock 1995: 130, 163-165.
[4843] Rosenstock 1995: 166.
[4844] Hier wird sich auf Berechnungsmethoden im Bereich der Antidumping und Ausgleichszolluntersuchungen geeinigt. Siehe: Verordnung (EG) Nr. 385/96 des Rates vom 29. Januar 1996 über den Schutz gegen schädigende Preisgestaltung im Schiffbau. Abl. Nr. L/56/21. Am Rande: Festgelegt wurde dort auch, daß China in diesen Untersuchungen mit der NME-Methode untersucht wird.
[4845] Vgl. OECD 1994. In Kraft seit dem Juli 1996. Unterzeichnerstaaten sind: Finland, Japan, the Republic of Korea, Norway, Sweden and the United States. Ratifiziert wurde das Abkommen von European Community, Japan, Korea and Norway. Die USA bislang nicht. Für aktuelle Informationen siehe die OECD: http://www.oecd.org/. Siehe: Übereinkommen über die Einhaltung normaler Wettbewerbsbedingungen in der gewerblichen Schiffbau- und Schiffsreparaturindustrie, ABl. C 375, 30. 12. 1994. S. 3.
[4846] Siehe: Vereinbarte Niederschrift zwischen der Europäischen Gemeinschaft und der Regierung der Republik Korea über den Weltmarkt im Schiffbausektor, ABl. L 155/49, 28.6.2000.
[4847] Verordnung (EG) Nr. 1540/98 des Rates vom 29. Juni 1998 zur Neuregelung der Beihilfen für den Schiffbau, ABl. L 202/1, 18.7.1998. S. 2.
[4848] Siehe: Verordnung (EG) Nr. 1177/2002 des Rates vom 27. Juni 2002 zur Einführung befristeter Schutzmaßnahmen für den Schiffbau, ABl. L 172/1, 2.7.2002.

Korea und ebenso andersrum.[4849] Im September 2005 ist für Gespräche über Schiffbausubventionen, die ständig in den letzten Jahrzehnten geführt wurden, in der OECD eine 'Pause' vereinbart worden.[4850]

Hinsichtlich ihrer disziplinierenden Wirkung ist die OECD somit schwächer als die EU gewesen und dies konnte nicht dadurch kompensiert werden, daß weitaus mehr Länder in die Konsultationen einbezogen wurden.

Welche Informationen liegen in bezug auf Subventionen auf einem allgemeineren Niveau für die OECD Länder vor? Einige Informationen wurden dazu bereits gegeben. USA. Auch die Vereinigten Staaten engagierten sich mit Subventionen. Generell gilt, daß sie prozentual gesehen, ein geringeres Subventionsniveau aufweisen, wobei die absoluten Werte aufgrund des größeren Bruttosozialprodukts höher sind als in anderen Industrieländern, siehe die Vergleichszahlen weiterhin unten. Konkret engagierten sich die USA mit Subventionen für die Automobilindustrie, so etwa staatliche Kreditgarantieren für Chrysler.[4851] In der Stahlindustrie wurden einige Unternehmen mit Hilfe des Konkursrechts von ihren Pensionsverpflichtungen entbunden, die dann in Höhe von US$ 2,3 Mrd. vom Staat übernommen wurden.[4852] Unsicherheit über das U.S. Subventionsniveau besteht unter anderem deshalb, weil über Aufträge des Militärs eine Subventionierung der Industrie betrieben werden kann. Inwieweit Militäraufträge allerdings speziell für die Vorteile zu verantworten sind, die Boeing und speziell McDonnell Douglas mutmaßlich gegenüber dem europäischen Airbus-Konsortium hatten, wird mit Gründen bezweifelt.[4853] Das Airbus-Programm gibt es seit 1970 und weil das Airbus-Konsortium als Aktiengesellschaft französischen Rechts nicht publizitätspflichtig ist, liegen nur Schätzungen zu den Subventionszahlen vor.[4854] So wird für alle beteiligten Regierungen von mindestens US$ 19,8 Mrd. Stützungszahlungen ausgegangen.[4855]

Diese Unsicherheit gilt ebenso für andere Firmen, die traditionellerweise vom amerikanischen Staat Rüstungsaufträge bekommen.[4856] In bezug auf die Militärausgaben ist jedoch zu beobachten, daß zunehmend duale Technologien und Güter nachgefragt werden, Kommunikationstechnologien und elektronische Datenverarbeitung, die auch zivilen Nutzen haben und deshalb industriepolitische

---

[4849] EU vs. Korea WT/DS273/R, 7.3.2005; siehe Korea vs. EU WT/DS301/6, 27.6.2005: Para. 4.4 S. 4. Siehe Abschnitt 'J'.
[4850] OECD 2005d: 1. Dies gilt auch für Gespräche über Stahlsubventionen, die im Juni 2004 beendet wurden. Siehe Pagani 2006: 798-801.
[4851] Scherrer 1992: 189.
[4852] Scherrer 1992: 221-222.
[4853] Aufgezeigt wird, daß es vor allem Lerneffekte und Skalenvorteile sind und die dadurch ausgelösten Kostenvorteile sind, die die Überlegenheit der U.S.-Luftfahrtindustrie begründen. Nur mit massiven Subventionen war es für Airbus möglich Märkte zu erobern und ähnliche Verkaufszahlen zu erreichen, die eine ähnlich Kostenstruktur ermöglichte. In der empirischen Forschung wird abgestritten, daß sich über 'spin-offs' militärischer Forschung im zivilen Bereich Vorteile erzielen lassen, im Gegenteil, dieser Bereich ist forschungsintensiv und bindet eher mehr Ressourcen. Nur McDonnell Douglas war im Militärbereich stark engagiert, nicht aber Boeing. Bletschacher/Klodt 1992: 89. Nach dem Zusammenschluß der beiden Firmen ändert sich die Situation wieder.
[4854] Bletschacher/Klodt 1992: 70, 82.
[4855] Bletschacher/Klodt 1992: 70. Es wird versucht, die Forschungsförderung besser auf dessen Bedürfnisse auszurichten Klodt/Stehn 1992: 155.
[4856] Dort überwiegen sogar negative Effekte auf die Rentabilität dieser Firmen. Vgl. die Untersuchung von Glismann/Horn 1988: 156-160.

Wirksamkeit haben können.[4857] Hier ist das Sematech-Konsortium zu erwähnen, daß einen Beitrag dazu geleistet hat, daß die USA wieder im Halbleiterbereich wettbewerbsfähig wurden[4858], welches mit US$ 100 Mill. im Jahr von 1988 bis 1994 gefördert wird.[4859] In Relation zum Bruttosozialprodukt der USA gesehen, betragen 1988 die militärischen Käufe und Forschungs- und Entwicklungsausgaben 0.8 %.[4860] Neben direkten Subventionen, gibt es einen großen Förderungstopf für Forschung und Entwicklung. In den achtziger Jahren wurden diese Gelder vor allen in Militärprojekte gelenkt, die 1986 einen Anteil von bis zu 69 %, bzw. US$ 48 Mrd. am gesamten Forschungs- und Entwicklungsbudget der USA hatten. Diese Anteil ist gesunken und im Jahre 2000 wurden ca. US$ 34 Mrd. für militärbezogene Forschung ausgegeben, davon kamen US$ 24 Mrd. privaten Firmen zugute. Auffällig sind die hohen Beträge zur Förderung der Pharmaforschung, 1998 immerhin US$ 13 Mrd., die auch den privaten Konzernen zugute kommen.[4861] Skeptisch gegenüber einer Darstellung der USA als stark subventionierendes Land stimmt, daß einige der von Seiten des Verteidigungsministeriums vergebenen Aufträge, welche in den letzten Jahren in die Computer- und Chipindustrie geflossen sind, relativ zu den eigenen Anstrengungen dieser Unternehmen nicht viel ausmachten.[4862] Unsicherheit besteht somit hinsichtlich der wirklichen Subventionsniveaus für einzelne Firmen, weil die Förderungsmittel aus diversen Töpfen in einzelnen Firmen kumulieren können. Am undurchsichtigsten ist die Lage in Japan, welches ebenfalls in der Industrieförderung aktiv war und ist. Japan verzichtete auf staatliche Unternehmen in brisanten Bereichen, hatte nicht den Anspruch in allen Industriebereichen präsent zu sein und setzte eher auf breit gestreute Förderungsprogramme für Forschung und Entwicklung, als auf große, subventionierte Projekte. Es verzichtete beispielsweise auf die längerfristige Subventionierung zum Aufbau einer eigenen Flugzeugindustrie, produziert aber Flugzeugteile und beteiligt sich an der Entwicklung von militärischen Flugzeugen.[4863] In der Nachkriegszeit wurde deutlich erkennbar der Automobilbau gefördert und durch Zölle und nichttarifäre Handelshemmnisse geschützt. Gefördert wurde damals auch der Aufbau der Energieversorgung sowie die Stahl- und Maschinenteilindustrie. Dies geschah wohl vor allem mit einem aus dem staatlichen Haushalt finanzierten Kreditprogramm, welches erklärt, daß dem japanischem Staat 20 % bis 30 % der heimischen Kapitalbildung zugeschrieben werden kann.[4864] Anfangs wurde die Elektronik- und Halbleiterindustrie durch Zölle, temporäre Einfuhrbeschränkungen

---

[4857] Der Anteil der sonstigen Käufe stieg von 1960-1980 von 14 % auf 22 % an (dies sind Käufe, die nicht in die Kategorien Luftfahrzeuge und sonstiger Waffen fällt. In bezug auf die Käufe, die 1988 US$ 27, 2 Mrd. betragen, sind dies ca. US$ 6 Mrd. (eigene Berechnung aus den vorliegenden Daten), die für industriepolitischen Wirkungen in der Computer- und Chipindustrie aufkommen könnten. Glismann/Horn 1988: 147, 149.

[4858] Leider äußern sich amerikanische Autoren nur ausführlich über japanische Subventionen in diesem Bereich, nicht aber über amerikanische Anstrengungen. Immerhin wird Sematech erwähnt. Flamm 1996: 426. Das Defense Advanced Project Agency (DARPA) finanzierte Forschung an Universitäten im Chipbereich, darunter das Massachusetts Institute of Technology (MIT) mit US$ 2,7 Mill.. Flamm 1996: 148.

[4859] Bletschacher/Klodt 1992: 129.

[4860] Glismann/Horn 1988: 147; OECD 1999: 37.

[4861] Und somit deutlich mehr als alle anderen Bereiche außer Militär. Siehe: **Tabelle 215** und **Tabelle 216**.

[4862] Hier sind zugestandenermaßen systematischere Untersuchungen nötig. Im Jahre 1997 erhält die Defence Advanced Research Projects Agency als direkte Subvention US$ 1 Mrd.. Dieses Geld kam Firmen wie Boeing, Hewlett Packard and Texas Instruments zugute, die es offenbar auch dazu nutzten Produkte für den privaten Verbrauch, also 'dual use'-Produkte herzustellen. Stansel/Moore 1997: 8-9. Unternehmen wie IBM haben jährlich für Grundlagenforschung US$ 4 Mrd. übrig. Vgl. deren Geschäftsbericht im Internet.

[4863] Bletschacher/Klodt 1992; Audretsch 1989: 212.

[4864] Audretsch 1989: 185.

(Lizenzen, Quoten) und Investitionsverbote geschützt. Eine Liberalisierung fand parallel zum Erfolg der eigenen Industrie statt, der durch Subventionen seitens des MITI gefördert wurde. Eine besondere Rolle spielte dabei der staatliche Telefonkonzern NTT, der ähnlich wie AT&T in den USA keine eigene Produktion aufrechterhalten durfte, aber Forschungsprojekte und Forschung sowie Produktion finanzieren konnte. Insgesamt summierte sich die Förderung in den siebziger und frühen achtziger Jahren auf US$ 1 Mrd..[4865] Setzt man dies in Relation zu den gesamten F&E-Ausgaben dieses Industriebereiches, wird in der Literatur, diesen Betrag relativierend, darauf hingewiesen. daß die Förderungen in bezug darauf nur 2,3 % im Jahre 1980 ausmachten.[4866] Zudem gab es in Japan, wie aus Europa bekannt, diverse Banken, die unter öffentlicher Kontrolle stehen. Die Wirtschaftsplanungsagentur MITI ('Ministry of International Trade and Industry) hatte dagegen weniger Geld zur Verfügung, wirkte aber anfangs positiv als Käufer westlicher Technologie und finanzierte kontinuierlich diverse Forschungs- und Entwicklungsprogramme in fast allen Bereichen. Unklar bleibt, ob die Richtung der industriellen Entwicklung vom MITI beeinflußt wurde, welches solche Vorgaben ausgearbeitet hat. Die Wirksamkeit der Vorgaben und Programme ist umstritten, positiv haben wohl diejenigen zur Mikroelektronik und Halbleiterherstellung gewirkt.[4867] Die staatliche Forschungsförderung liegt in Japan unter den Werten anderer Industrieländer.[4868] OECD-Zahlen zu Subventionen: Insgesamt gesehen schwanken die Subventionen relativ zum Bruttosozialprodukt gesehen zwischen 3 % (Frankreich) und 0,5 % (USA). Zählt man in den USA die Rüstungskäufe und Entwicklungsausgaben dazu, steigt der Anteil auf 1,3 %. Der Anteil des Staates an der gesamten jährlichen Kapitalformation beträgt zwischen ca. 20 % (Japan) und 9 % (USA).[4869] Die Rüstungsausgaben sanken in ihrer Relevanz für die USA seit den sechziger Jahren ab und stiegen unter Reagan wieder an.[4870] Nimmt man das Jahr 1988 heraus, um einen Eindruck zu bekommen wie die absoluten Subventionszahlen aussahen, zeigt sich folgendes Bild: Italien US$ 26,2 Mrd.; Frankreich US$ 26,4 Mrd.; Kanada US$ 9,0 Mrd.; GB US$ 11,0 Mrd., BRD US$ 32,9 Mrd.; Japan US$, 23,5 Mrd.; USA US$ 29,7 Mrd. (mit Rüstungsausgaben US$ 69,2 Mrd.).[4871] Für die gesamte OECD wurden 1990 US$ 252 Mrd. Subventionen gezahlt, 1,4 % des BSP, dieser Anteilswert sank bis 1997 nicht ab.[4872] Angemerkt werden muß, daß diese OECD-Zahlen angesichts anderer möglicher Abgrenzungen als untertrieben erscheinen mögen. Traditionell gibt das Institut für Weltwirtschaft Kiel

---

[4865] Dazu ausführlich Flamm 1996: 55-116. Der Betrag wurde vom Verfasser berechnet, nach einem Umrechnungskurs der in Flamm (1996: 99) für das Jahr 1980 impliziert ist. Davor war der Yen billiger, die Subventionsniveaus in US$ niedriger. Addiert sind sämtliche Ausgabe, die von Flamm auf den folgenden Seite aufgeführt werden. Flamm 1996: 81-99.
[4866] Härtel et al. 1987: 75.
[4867] Zu diesem Abschnitt Audretsch 1989: 181-213.
[4868] Audretsch 1989: 190. Die liegt sicher auch daran, daß, wie oben bereits erwähnt, der japanischen Telekommunikation NTT eine besondere Rolle gespielt hat und daran, daß die Industrie einmal vom Staat geförderte kooperative Forschungsprojekte eigenständig weiterführt und mit großen Summen ausstattet. Beides würde kann als private Anstrengung gezählt werden, ist aber vom Ausmaß und der Art und Weise untypisch für den privaten Sektor. Flamm 1996: 55-116.
[4869] Siehe: **Tabelle 217** und **Tabelle 218**.
[4870] Für die USA spielen etwa die hohen Rüstungsausgaben sicherlich eine, wenn auch nicht dominierende Rolle bei der Aufrechterhaltung des Wirtschaftswachstums. Sie betragen 1955 noch 9 % des GDP, fallen, nach einem nochmaligen Höhepunkt von 9 % während des Vietnam-Kriegs, auf 5 % während der Carter-Ära ab und steigen unter Reagan auf ungefähr 6 Prozent 1985 an. Vgl. Goldstein 1988: 352.
[4871] Berechnet aus OECD 1999; siehe: **Tabelle 218**. Dies stimmt ungefähr überein mit den Informationen in **Tabelle 213**, hier wird 1985 für die USA ein F&E Subventionsvolumen von US$ 20 Mrd. angegeben.
[4872] **Tabelle 219**.

für die BRD die höchsten Subventionsschätzungen heraus, diese umfassen Bund, Länder sowie Darlehen und einige Körperschaften, vor allem aber Bereiche, die nicht im engen Sinne als Industriesubventionen angesehen sind. Nach dieser Schätzung beliefen sich die Subventionen der BRD 1993 auf DM 215 Mrd..[4873] Das DIW schätzt, bei weniger umfassender Abgrenzung, das Niveau deutlich niedriger ein.[4874] In bezug auf die USA lagen die Schätzungen des liberalen, subventionsskeptisch eingestellten CATO-Instituts in bezug auf die letzten Jahre bei Zahlungen von US$ 65 Mrd., darunter fallen Agrar- und Rüstungssubventionen.[4875]

15.11 Marktverzerrende Wirkungen der Subventionen

Welche Auswirkungen hatten diese Subventionen auf die weltweiten Märkte? Aus den Informationen hier geht hervor, daß es zu deutlich wahrnehmbaren Marktverzerrungen in der Nachkriegszeit vor allem in der Eisen- und Stahlindustrie, der Werftindustrie und der Luftfahrtindustrie (hier lagen die Subventionen in der EU über den Kapitalinvestitionen der Industrie) und im Agrarbereich kam. Ebenso zählt zu dieser Liste der Pharmabereich, durch die hohe F&E Förderung und sonstige Maßnahmen.[4876] Würde man die zusätzlichen Schutzmaßnahmen einbeziehen, ergäben sich teils andere Schwerpunkte, siehe dazu Abschnitt 'I'. Dort auch mehr zur Frage, ob diese Projekte industriepolitisch erfolgreich waren und inwiefern sie im Widerspruch zu Marktprinzipien standen (mit dem Airbus-Projekt wurde etwa der Wettbewerb gestärkt, dies wurde schon im Abschnitt Marktversagen angedeutet). So wurden im Eisen- und Stahlbereich zu Beginn der siebziger Jahre aufgrund von optimistischen Wachstumsprognosen in der EU Überkapazitäten geschaffen und ein Grund für die Subventionierung war sicher, dieses Problem sozialverträglich anzugehen. Ein Abbau von Kapazitäten fand aber nicht statt, sondern es fand eine - ebenso industriepolitisch deutbare - teils staatlich finanzierte Modernisierung bzw. ein Strukturwandel hin zu moderneren Werken statt. Tendenziell gehörten Subventionen bis Ende der achtziger Jahre zum 'normalen' Set politisch nutzbarer wirtschaftspolitischer Instrumente. Andere Länder, etwa die USA, haben ein anderes Instrumentarium genutzt, aber ebenso teils ihre Firmen unterstützt.

16. Staatliche Konzerne

Von vorneherein wurden staatliche Konzerne vom GATT toleriert und nur generelle handelsbezogene Regeln entwickelt, die zudem kaum in der Streitbeilegung thematisiert wurden. Relevant dafür ist Art. XVII des GATT. Nach allgemeiner Überzeugung sollten die Regeln im GATT einzig sicherstellen, daß Staatshandelsunternehmen nicht bestimmte Länder in ihren Handlungen bevorzugen, also eine

---

[4873] Vgl. Dieses Zahlen beinhalten Ausgaben für die Landwirtschaft, Forstwirtschaft, Fischerei, für Energie- und Wasserversorgung, für Wohnungsvermietung, Verkehr, bestimmte Dienstleistungen, also Bereiche die geläufigerweise nicht zu den Subventionen gezählt werden. Siehe: **Tabelle 220, Tabelle 221**.
[4874] Siehe: **Tabelle 222**.
[4875] . Diese Zahlungen gehen hauptsächlich an die Landwirtschaft, in die Hightech-Förderung, darunter solche für militärische Nutzung sowie für Energieversorgungszwecke und Verkehr. Stansel/Moore 1997: 1.
[4876] Siehe Abschnitt 'J', TRIPS.

Einhaltung des Meistbegünstigungsprinzips nach Art. I des GATT 1994 sicherstellen.[4877] In der Nachkriegszeit haben sich überall in der Welt staatliche Konzerne ausgebreitet, besonders im Ölbereich, der hernach oft auf den Petrochemie und Chemiebereich ausgeweitet wurde.[4878] In Europa waren typischerweise Post, Bahn, Fluggesellschaften, Telekommunikation, Elektrizität, Wasser, Gas und Öl staatliche Konzerne.[4879] In einigen Ländern erstreckte sich die Liste auf weitere Bereiche, in Frankreich wurden Teile des Automobilsektors (Renault), die Eisen- und Stahlindustrie sowie einige Pharmaunternehmen und Elektronikkonzerne staatlich kontrolliert. Kurzfristig, von 1982 bis 1986, waren in Frankreich sogar deutlich mehr Unternehmen staatlich kontrolliert, ohne daß dies allerdings große Auswirkungen auf ihre Unternehmensentscheidungen hatte. Danach fanden, wie überall in Europa, sukzessive Privatisierungsvorgänge statt[4880], bei denen England führend war, weil es seit längerem auch die Energie- und Wasserversorgung privatisiert hatte.[4881] In Spanien, Italien und Belgien waren in der Nachkriegszeit Teile der Eisen- und Stahlindustrie dem Staat zuzurechnen.[4882] Italien und Spanien zeichneten sich dadurch aus, daß sich in allen Bereichen, wenn auch meist nur in der Schwerindustrie dominierend, staatliche kontrollierte Konzerne befanden. So etwa in der Rüstungs- und Flugzeug- und Raumfahrtindustrie, der Rohstoffgewinnung, der Aluminiumherstellung, der Transportmittelindustrie, darunter Werften, im Chemiebereich, der Bauwirtschaft und im Landwirtschafts- und Distributionssektor. Der einzige Unterschied hinsichtlich der Breite des Engagements zwischen den südeuropäischen Ländern scheint hier zu sein, daß Fiat privat ist und Seat staatlich kontrolliert war. Allerdings hatte der Staat in Spanien bei weitem nicht so eine starke Stellung inne wie in Italien.[4883] In Griechenland wurde über Verstaatlichungen der Pharmamarkt kontrolliert.[4884] In allen europäischen Staaten, bis auf Deutschland, wurde aktiv, mit Preiskontrollen etwa, in den Pharmamarkt eingegriffen.[4885] Für die BRD waren die staatlichen Aktivitäten im Automobilbau und Eisen- und Stahlbereich geringfügiger. Allerdings gab es in den siebziger Jahren im Automobilbau die Beteiligung des Staats und des Landes Niedersachsen (für letzteres bis heute, der Staat trennte sich 1988 von seinen Anteilen) an VW und die vollständige Kontrolle der beiden Eisen- und

---

[4877] So z.B. in Canada - Administration of the Foreign Investment Review Act. BISD 30S/140, 163, Para. 5.16, Para. 5.15-5.18. Eine Relevanz bekam Art. I Meistbegünstigung auch in der Zeit des kalten Krieges, als es um die Handelsbeziehungen mit den osteuropäischen Staaten ging: Reuland 1975: 320; siehe zu einem Überblick über 'state trading', auch in Entwicklungsländern Kostecki 1978.
[4878] In Norwegen Statoil, England British Petroleum Company (BNOC), in Italien Ente Nazionale Idrocarburi (ENI). Auch in den Entwicklungsländern gelang es durch Enteignungen staatlich kontrollierte und erfolgreiche Ölkonzerne zu gründen, wie in Mexiko durch Pétroleos Mexicanos (PEMEX) und in Brasilien Petróleo Brasileiro (Petróbras). Bekannt ist auch Malaysias Petroliam Nasional Berhand (Petronas). Alle OPEC Staaten hatten staatliche Ölkonzerne. Dies sind ältere Informationen, aus Zakariya 1978: 482-485. Viele dieser Konzerne engagierten sich später auch im Bereich Petrochemie und Chemie.
[4879] Parker 1998: 21. Ebenso zählten Fernsehsender meist zu staatlichen Unternehmen.
[4880] Bekanntlich gab es nicht nur eine sukzessive Privatisierungstendenz, sondern auch eine breite Nationalisierung in Frankreich nach dem Wahlsieg der Sozialisten zwischen 1982 und 1986. De Band 1998: 92-93. Ähnlich erfolgte die Ausdehnung staatlichen Engagements in England immer dann, wenn eine sozialistisch orientierte Regierung einen Wahlsieg verbuchen konnte. Erst in den achtziger Jahren änderte sich die Situation grundlegend und es kam, auch in Frankreich, zu breit angelegten Verkäufen staatlicher Unternehmen oder Anteilen an ihnen und damit einer grundlegenden Umorientierung der bisherigen Politik. Vgl. Fels 1987.
[4881] Cook 1998: 225.
[4882] Siehe: **Tabelle 209**.
[4883] In Spanien kamen sie für 9 % der Wertschöpfung auf, in Italien für 19 %. Zu diesem Abschnitt Marelli/Stroffolini 1998: 150-153; Gan/Juan 1998: 191-202. Siehe zu ähnlichen, vergleichenden Wertschöpfungsanteilszahlen weiter unten.
[4884] Klepper 1985: 119.
[4885] In Frankreich das Unternehmen Rhone-Poulenc. Klepper 1985: 119.

Stahlkonzernen Salzgitter AG und VIAG (beide 1988 privatisiert).[4886] Im Bereich der Energieversorgung hatte in Deutschland ebenfalls die öffentliche Hand Vorrang, wiewohl auch gemischte Beteiligungsformen möglich waren. Zudem werden den Unternehmen Gebietsmonopole zugestanden.[4887] Zu den Formen direkten staatlichen Engagements zählt hinzu, daß der Staat auch Aktienbeteiligungen hält oder vermittels des Besitzes oder Anteilsbesitzes an Banken wiederum Beteiligungen an Unternehmen hält. Zumal es viele staatliche Banken gibt.[4888] Diese Banken wurden teilweise auch zur Politiken wie der Regionalförderung und sonstiger Förderungsmaßnahmen genutzt. Dies gibt es bis heute: Beispiel: VIAG, von dem gerade die Rede war, weil es 1988 privatisiert wurde, wurde 1994 in eine Kooperation mit dem Bayernwerk überführt und die restlichen Anteile von Banken erworben, die eng mit dem Land verbunden sind. Die zweitgrößte Firma in Bayern wurde somit wieder 'verstaatlicht'.[4889] Dies steht im Einklang mit Entwicklungen in Finnland, Schweden, den Niederlanden, die partieller Privatisierung zum Trotz, in einigen Bereichen weiter staatliches Engagement aufweisen, diese Aktivitäten neu ausrichteten und teilweise wieder die Anteile erhöhten.[4890] Beachtet werden muß weiterhin, daß die privatisierten Unternehmen unter der Kontrolle von Regulierungsbehörden bleiben, die oft über Instrumente wie Preiskontrollen verfügen. In diesen und in anderen Ländern, welche die Privatisierung extremer betrieben wurde zudem versucht, die Firmenanteile an eine Gruppe von Anteilseignern zu verteilen, die mit großen Firmen, Banken und institutionellen Investoren des jeweiligen Landes in Verbindung stehen, die politischen Einfluß ausgesetzt sind und wodurch sich besser gegen feindliche Übernehmen geschützt werden kann.[4891] Über 2459 Privatisierungen (905 öffentliche Verkäufe, 1554 auf privater, nicht-öffentlicher Ebene abgewickelt) von Staatskonzernen in 121 Ländern, Wert: US$ 1110 Mrd., sind zwischen 1977 und

---

[4886] Mittlerweile ist Salzgitter auch privatisiert. Die Privatisierungsdaten in Esser 1998: 108. Die Abkürzung VIAG bedeutet Vereinigte Industrie Unternehmungen AG. Vgl. Monopolkommission 1973/1975: 163. Beteiligt war die BRD auch an VEBA, die ein Energie und Chemiekonzern war und an Lufthansa. Dies wird hier nicht extra aufgezählt, weil sowieso davon ausgegangen werden kann, daß der Energie- und Luftfahrtsektor im großen und ganzen in Europa in staatlicher Hand war. Esser 1998: 106.
[4887] Monopolkommission 1973/1975: 383; 398-399.
[4888] Die den Ländern zugehörige Westdeutsche Landesbank und Bayrische Vereinsbank gehören zu den zehn größten Banken in Deutschland. Insgesamt hat der deutsche Staat 1982 170 Mrd. DM im Bankbereich angelegt, darunter in der Kreditanstalt für Wiederaufbau, sodaß die staatlichen Banken insgesamt direkt hinter der Westdeutschen Landesbank und der Deutschen Bank angesiedelt sind. Esser 1998: 103. Auf die staatlichen Banken kam in den siebziger Jahren ein Geschäftsvolumen von 53 % (private Banken 33 %, Genossenschaften 14 %) Büschgen 1975: 365, 371. Und dies in einer Zeit in der nicht wenige Unternehmen eng mit dem Staat verbunden sind und zudem, beispielsweise in Deutschland ein nicht gerade kleiner staatlicher Bankensektor besteht, über den ein gewisser, wenn auch auf große Unternehmen geringerer Einfluß ausgeübt werden kann. Vgl. Für aktuelle Daten über diese Verflechtung: Sherman/Kean 1997. In Österreich waren alle großen Banken in staatlichem Besitz, darunter die dominierenden: Creditanstalt und Länderbank: Aiginger 1998: 71. In Frankreich waren viele große Banken in staatlichem Besitz, darunter Société Générale, Crédit locale der France, BIMP, CCF, Crédit Lyonais. Einige davon sind seit 1987 privatisiert. De Bandt 1998: 92-93. Bis 1991 wurden in Italien 90 % der Kredite und 80 % der Anlagen von staatlichen Banken verwaltet. Marralli/Stroffolini 1998: 153. In Spanien sind ebenfalls Banken im staatlichen Besitz 1998: 192.
[4889] Nach Siemens, die den ersten Platz einnimmt: Umsatz 40 Mrd. DM und 100.000 Arbeitnehmer. Aus: Esser 1998: 109.
[4890] Für Finland und Schweden Willner 1998: 174-179. Dies gilt allerdings nicht für die überall stattfindenden Privatisierungen im Telekom, Energie, Post, Fluggesellschafts- und Bankbereich. Nach den Privatisierungsprogrammen und einer generellen Tendenz seitens der EU-Kommission in Richtung Privatisierung, trennten sich die Staaten zunehmend von diesen Unternehmen. England hat etwa im Gas, Wasser und Telekombereich Werte von unter 25 % staatliche Kontrolle erreicht. In Deutschland sind Elektrizität und Gas zu unter 25 % unter staatlicher Kontrolle. In Spanien ist der Telekombereich privatisiert. Frankreich und Italien verzeichneten weniger breite Privatisierungen. Parker 1998: 21. Vgl. Frankreich privatisierte Banken, verkauft Anteile an dem Ölkonzern Elf-Aquitaine und anderen Unternehmen. Erst ab 1992 wird mit der teilweise nur partiellen Privatisierung von Renault, den Stahlkonzerne Sacilor und Unisor sowie Post, Bahnen und Elektrizitätsversorger begonnen. Fels 1987. Die Zukunft der staatlichen Energieversorger, der Telekom sowie Air France ist umstritten und es wird seitens der EU-Kommission Druck ausgeübt, mit der Privatisierung fortzufahren. De Bandt 1998: 92-93.
[4891] Am Beispiel von Spanien Gan/Juan 1998: 209; Frankreich 1998: 94.

1991 abgewickelt worden, dies hat insgesamt dazu geführt, daß die globale Wertschöpfung, die im staatlichen Bereich erwirtschaftet wird in dieser Zeitperiode von 9 % auf 6 % abgesunken ist. Die derzeitige Börsenkapitalisierung dieser privatisierten Unternehmen beträgt über US$ 3310 Mrd.[4892] Nur in 617 Fällen (25 %), ist es allerdings dazu gekommen, daß die Anteilsmehrheit verkauft worden ist. In 11 von 76 Ländern ist es zu keinem einzigen Fall gekommen, bei dem die Anteilsmehrheit verkauft worden ist. Tendenziell ist Privatisierung weniger häufig gewesen in Ländern, die über Wirtschaftsgesetze nach deutschem Vorbild und die über einen großen Einfluß der Banken auf die Wirtschaft verfügten: Österreich, Deutschland, Japan, Südkorea, Schweiz und Taiwan.[4893]

Somit behält der Staat in den Industrieländern auch heutzutage noch einen signifikanten, wenn auch sicherlich nicht mehr so starken und selektiven Einfluß auf die Wirtschaft, im Vergleich zu den Jahren davor. Es bietet sich an noch zu bemerken, daß staatliche Konzerne in der Nachkriegszeit nicht unbedingt erfolglos waren (aber auch nicht immer erfolgreich) und es ist ebenfalls nicht ausgemacht, daß Privatisierung immer zu Produktivitätswachstum und Investitionen führt, es scheint allerdings auch nicht ausgeschlossen zu sein.[4894]

Wie dem auch sei, hier ging es darum zu zeigen, daß es bestimmt dreißig Jahre lang ein solches staatliches Engagement gab und in einigen Bereichen immer noch gibt. Dies wurde nicht zuletzt durch die GATT Regeln ermöglicht. Eine ganze Reihe dieser staatlichen Konzerne haben zudem auf internationaler Ebene operiert und hielten Besitzanteile an privaten Firmen in anderen Ländern.[4895]

Erst 1978 begann die Europäischen Kommission die Arbeit an einer Richtlinie für staatliche Konzerne, die 1980 abgeschlossen wurde und vor allem Transparenz hinsichtlich staatlicher Unterstützungszahlungen einforderte, die Zahlungen selbst aber nicht einschränkte. Diese Richtlinie wurde hernach sehr vorsichtig ausgedehnt.[4896]

[4892] Bortolotti et al. 2003: 306.
[4893] Bortolotti et al. 2003: 306.
[4894] Meist gibt es eine Reihe von profitablen staatlichen Konzernen und dann solche die Verluste machen: Für Spanien Gan/Juan 1998: 194. Die durchwachsenden Ergebnisse der Privatisierung in England beschreibt Cook 1998: 235. Von Bortolotti et al. (2003) werden Untersuchungen erwähnt, die generell eine erfolgreiche finanziellen und operativen Performance der privatisierten Firmen zeigen. Bortolotti et al. 2003: 306.
[4895] Unter den 200 größten nicht-amerikanischen staatlichen Unternehmen befanden sich 1973 etwa Renault, Automobile, Frankreich, Salzgitter, Stahlindustrie, Werkzeugmaschinen, Werften, Viag, Aluminium, Chemie, Elektrizität, beides BRD. Sowie eine ganze Reihe Ölkonzerne, siehe Fußnote oben. Im Jahre 1983 waren dies ENI, Erdölerzeugnisse, Chemie, IRI, Stahlindustrie, Luftfahrt, Werften, Telekommunikation, Italien, Renault, Automobile, Frankreich, Saint-Gobain, Glas, Gußeisen, Baustoffe, Frankreich, DSM Chemie, Düngemittel, Plastik, Niederlande, Voest-Alpine, Metallindustrie, Werkzeugmaschinen, Österreich, Thomson, Elektrogeräte, Elektronik, Frankreich, Rhone-Poulenc, Chemie, Frankreich, Pechiney, Aluminium, Frankreich, Aérospatiale, Flugzeugbau, Frankreich. Wieder ohne reine Ölkonzerne. Dazu zählten auch national engagierte Konzerne wie British Leyland, Automobile, England, Cockerill Sambre, Stahlindustrie, Belgien, British Steel, England. In dieser Liste großer Konzerne befindet sich ein einziger staatlicher Konzern aus Entwicklungsländern aus dem Industriebereich, die Steel Authority of India, Stahlindustrie, Indien. Dazu kommen eine Reihe von Ölkonzernen der Entwicklungsländer, die es in diese Liste geschafft haben. Vgl. hierzu Anastassopoulos et al. 1986: 45-47.
[4896] Vgl. Richtlinie der Kommission vom 25. Juni 1980 über die Transparenz der finanziellen Beziehungen zwischen den Mitgliedsstaaten und den öffentlichen Unternehmen. 80/723/EWG. In: Abl. L 195/35, 29.7.80. Und die folgenden Änderungen: 85/413/EWG, 24. Juni 1985. In: Abl. L 229/20, 28.8.85; 93/84/EWG, 30. September 1993. In: Abl. L 254/16, 12.10.93; 2000/52/EG, 26. Juli 2000. In: Abl. L 193/74, 29.7.2000. Im EGKS-Vertrag gab es nur Regeln für Teilaspekte. So das Verbot der Ausnutzung marktbeherrschender Stellung. Zudem waren im Prinzip auch GATT-Vorschriften zu beachten. Groeben/Thiesing/Ehlermann 1991: 2536. Zu diesen weiter unten mehr. Im EWG-Vertrag

Wie sieht dies in den USA aus, das immer als Vorbild für eine liberale Politik gehalten wird? Dort gab es relativ wenig Staatskonzerne, sehr wohl aber private Monopole, etwa auf dem Telekommunikationsmarkt (Bell, AT&T), wobei dieses Monopol seit 1970 langsam abgebaut wurde.[4897] Und es lag aus Tradition[4898] eine staatlich-behördliche Regulierung diverser Industriebereiche vor, die mit Preis-[4899] und Wettbewerbskontrollen sowie Markteintrittsstops relativ weit ging. Dies traf zu für den LkW-Transport, Eisenbahnen, Luftfahrt und Fernsehen. Bis 1980 gab es Preis- und Mengenkontrollen im Öl- und Gasbereich. Alle diese Bereiche wurden spätestens 1980 dereguliert.[4900] Weiterhin gibt es, ähnlich wie in Europa, lokale öffentliche Unternehmen: In den meisten großen Städten zählen dazu die öffentlichen Verkehrsmittel, die Wasser und Abwasserversorgung, Müll, Elektrizität, sowie Häfen und Flughäfeneigentum. Dem Staat gehören zudem Elektrizitätskonzerne, die Post, einige Eisenbahnstrecken und Eisenbahnen (Amtrack), Kreditbanken und Versicherungsanstalten, letztere oft zum Zwecke der Unterstützung von Landwirtschaft, dem Hausbau. Zudem sind Medicare und Medicaid staatlich.[4901] In Japan kommt, zumindest in der Nachkriegszeit, den staatlichen Konzernen eine ähnlich undramatische Rolle zu wie in den USA und ähnlich wie dort und in Europa sind viele öffentliche Versorgungsbetrieben in staatlicher Hand. Ein Unterschied besteht darin, daß die großen Unternehmen in Japan weitaus mehr Aufgaben übernehmen, etwa die Renten- und Krankenversicherung einschließlich der Krankenhäuser für ihre Mitarbeiter. Und zweitens ist die Bahn privat.[4902] Der Anteil staatlicher Konzerne an der gesamten Wertschöpfung lag dabei in den industrialisierten Ländern durchschnittlich bei 9,6 %, in den USA bei 4,9 %, in Japan bei 11,6 % und recht hohe Anteile gab (und gibt es noch) in einzelnen Ländern Europas. Dort erreichten Länder wie Italien und Portugal bei etwas anderer Abgrenzung, im Jahre 1991 einen staatlichen Anteil von 20 % an der Wertschöpfung in der verarbeitenden Industrie und Dienstleistungsgewerbe.[4903] Einen noch höheren Anteil, 25 % an der Wertschöpfung im verarbeitenden Sektor, hielt der Staat bis Anfang der neunziger Jahre in Österreich.[4904]

---

bzw. EGV sind Regeln sind als Art. 86 (ex Art. 90) niedergelegt worden mit komplexen Ausführungsbestimmungen und Abstufungen. Diese Regeln gelten etwa für staatliche Unternehmen, die mit Dienstleistungen im allgemeinen öffentlichen Interesse betraut sind, Post, Bahn, Fernsehanstalten, Hafen- und Flughafenbetriebsgesellschaften, Luftfahrtgesellschaften und Energie- und Wasserversorgungsunternehmen. Dieser Artikel ist bis heute nicht unmittelbar anwendbar, also nicht in Form einer privaten Klage vor heimischen Gerichten durchsetzbar. Die öffentlichen Unternehmen dürfen insofern gefördert werden, als daß die Verluste, die ihr durch staatliche Versorgungsvorschriften entstehen, ersetzt werden dürfen. Die Beihilfevorschriften sind anwendbar. Eine gewisse Flexibilität scheint weiterhin zu bestehen. Die EU-Kommission ist mit der Überwachung und Abwägung betraut. Vgl. genauer Groeben/Thiesing/Ehlermann 1991: 2563-2581; Geiger 1995: 274.

[4897] Die geschah teils durch Entscheidungen staatlicher Kommissionen und der Wettbewerbsbehörden der USA. Stück für Stück muß AT&T Konkurrenz bei den Überlandgesprächen zulassen, dann wurden die lokalen Unternehmen verkauft und bei der Technologie zum Verbindungsaufbau, die traditionell von AT&T selbst produziert wurde, wurde Konkurrenz von NEC, Fujitsu und Siemens zugelassen. Vietor/Yoffie 1993: 144-146.

[4898] Die USA verfügt über eine lange Geschichte staatlicher oder quasi-staatlicher Eingriffe in Industriebereiche, die großteils mit einer Duldung umfassender Kartelle und Wettbewerbsbeschränkungsabkommen in Verbindung stehen. Siehe Audretsch 1989: 120-128.

[4899] Vgl. zur Geschichte der Preiskontrolle in den ersten Nachkriegsjahrzehnten, die teilweise zur Inflationskontrolle genutzt wurde, bezüglich dem Vereinigten Königreich und der USA: Zinn 1978.

[4900] Audretsch 1989: 129-149.

[4901] Dies gilt für 1980. Dieser Überblick findet sich in Shepherd 1981: 319.

[4902] Personal communication.

[4903] **Tabelle 223, Tabelle 224**.

[4904] Darunter Öl, Chemie, Eisen- und Stahl, diversifizierte Hochtechnologie, Aluminium, Rohstoffe und Minen. Aiginger 1998: 71.

17. Öffentliche Auftragsvergabe

Nicht nur die staatlichen Unternehmen, sondern ganz allgemein heimische Konzerne konnten vermittels der öffentlichen Auftragsvergabe gefördert werden. Die öffentliche Auftragsvergabe wird seit 1979, nach dem Abschluß der Tokio-Runde, vom GATT erfaßt und konnte bis dahin ohne Limits dazu genutzt werden, um heimische und staatliche Hersteller zu fördern. Zudem war der Kodex und seine Auslegung auch nach 1979 umstritten und stellte sich als unwirksam heraus, bis es im November 1986 gelang ein Klärungsabkommen zu schließen, daß dann als Vorläufer für das WTO-Abkommen zur öffentlichen Auftragsvergabe diente.[4905] Das gesamte Volumen öffentlicher Aufträge der wichtigsten Industrieländer wurde für 1983 auf US$ 42,9 Mrd. geschätzt.[4906]

18. Zollsenkungsrunden

Soweit zu den Beispielen für die Anwendung von Politiken in der Nachkriegszeit, die durch die Flexibilität der GATT-Regeln ermöglicht wurden. Dabei darf die liberale Seite des GATT nicht vollständig vergessen werden, die beispielsweise bezüglich Art. I Meistbegünstigung und Art. III Inländerbehandlung erwähnt wurde und es muß darauf hingewiesen werden, daß eine solche Flexibilität womöglich erst deshalb genutzt wurden, weil verbindliche Zollkonzessionen gemacht wurden, wodurch Firmen einem intensiveren Wettbewerb ausgesetzt wurden:

18.1 Die Situation nach dem Zweiten Weltkrieg

Nach dem Zweiten Weltkrieg lagen in Europa und in der USA keine vollständig abgesenkten Zolltarife vor.[4907] Dies galt selbst für die BRD, der bei den Zollsenkungen und GATT-Aufnahmeverhandlungen von seiten der alliierten Joint Export-Import Agency (JEIA)[4908] und der OEEC eine Rolle als Liberalisierungsvorbild für die Westzone zugedacht wurde.[4909] In der ersten Genfer Runde im November 1949 hinterlegte die BRD eine Zolliste, die auf den hohen Zöllen von 1937 beruhte. In der Torquay-Runde 1950/51, die als Vorbereitung zur offiziellen Aufnahme der BRD in das GATT im Oktober 1951 galt, nahm die BRD zum erstenmal aktiv an Verhandlungen teil und es wurde von diversen Länder auf die BRD Druck ausgeübt, die Zölle deutlicher abzusenken. Der Zolltarifausschuß der BRD orientierte sich daraufhin an den Zöllen der USA und denen der europäischen Staaten und blieb etwas unter deren Werten. In diesem Ausschuß nahm ein Gewerkschaftsmitglied teil, daß als einziger Konsumenteninteressen vertrat. Es gelang den Agrar-, Chemie-, Stahl-, und Textilinteressengruppen einen moderat hohen Zollschutz, mit vielen Zöllen, die

---

[4905] BISD 33S/190. Der Text des Agreement on Government Procurement findet sich in BISD 26S/33-55, 1980.
[4906] Berechnet aus Grieco 1990: 165; siehe **Tabelle 225**.
[4907] **Tabelle 226**.
[4908] Die JEIA war die gemeinsame Außenhandelsorganisation der englischen und amerikanischen Besatzungszone, anders sah es in der französischen Besatzungszone aus, in der das Office du Commerce Extérieure (Officomex) zuständig war. Gröner 1975: 414.
[4909] Siehe zu diesem Abschnitt Gröner 1975: 414-421; Jerchow 1978: 457-483.

immerhin bei 35 % lagen, einräumen.[4910] Mit dem Alliierten Oberkommando, dessen Zustimmung nötig war, wurden danach Verhandlungen geführt, die seitens der BRD zu einigen Konzessionen führte, aber die grundlegende Schutzstruktur veränderte sich nicht mehr signifikant. Seit März 1951 kann die BRD Handelsabkommen wieder selbst zu unterzeichnen.[4911]

Als es danach zu einer Stagnation bei den GATT-Zollsenkungsrunden kam, konnte Ludwig Erhard mehrfach autonome Zollsenkungen durchsetzen, so die 'individuelle' Zollsenkung des Jahres 1955 und vier konjukturpolitisch begründete Zollsenkungen ('zum Abkühlen') zwischen 1955 und 1957. Dabei handelte es sich hauptsächlich um Industriegüterzölle, die teils um 50 % gesenkt werden. Auf der anderen Seite wurden im Bereich Textilien und Bekleidung, Landwirtschaft, keramische Waren keine Liberalisierungsschritte vorgenommen, hier bestanden auch mengenmäßige Beschränkungen weiter. Im Jahre 1958 wurde zudem die Steinkohleeinfuhr entliberalisiert.[4912]

Als erfolgreiche Zollsenkungsrunde in der Nachkriegszeit ist zunächst einmal nur die erste Genfer Verhandlungsrunde zu bezeichnen. In den darauffolgenden Runden, Annecy 1949, Torquay 1950/51, Genf 1955/56 und der Dillon-Runde 1961/62 gelangen nur moderate Zollsenkungen[4913], die allerdings direkt umgesetzt wurden.[4914] In Detailuntersuchungen bezüglich der allgemeinen Zollniveaus nach dem Zweiten Weltkrieg wird dieser generelle Trend bestätigt, eben daß nicht gerade extrem hohe Zölle bestanden, daß diese aber, in den Anfangsjahren zumindest, zusammen mit den sonstigen Zuwendungen, Subventionen, Steuerausnahmen, verbilligten Krediten der Regierungen für einige Industrien zu hohen effektiven Zöllen bzw. Schutzniveaus kumulieren konnten, die Konkurrenz und Handel verringerten. Für die BRD lag für die erste Zeit ein substantieller Schutz etwa für die Kohleindustrie, Eisen- und Stahlbereich, Chemie, Schiffbau, Papierverarbeitung, Glaswaren, Keramik, Holzverarbeitung, Schuhe, Textilien und Bekleidung vor. Deutlich weniger Schutz genossen damals die - offenbar wettbewerbsfähigeren und exportorientierten Industrien - wie Maschinenbau, Feinmechanik- und Optik, Elektrotechnik und der Straßenfahrzeugbau.[4915] In anderen europäischen Ländern waren diese Schutzniveaus teils ähnlich, teils in anderer Weise ausgeprägt, so genoß der Automobilsektor in Italien und Frankreich einen deutlich höheren Zollschutz, als in der BRD.[4916] Der

---

[4910] Durch den GATT-Beitritt und die Mitarbeit an einer Studiengruppe für eine europäische Zollunion wird die BRD gezwungen auf ein Wertzollsystem umzusteigen. Am 1. Oktober 1951 wurde dieser neue deutsche Wertzolltarif erlassen, mit dem die Zölle erheblich angehoben wurden. Obwohl die BRD auf der Grundlage des Entwurfs zu diesem Wertzolltarif in Torquay verhandelte, schloß sie die Verhandlungen erfolgreich ab. Sie senkte 587 Zölle und ging 595 Zollbindungen ein, erhielt dafür 1533 Zollsenkungen und 1037 Zollbindungen. Gröner 1975: 419.
[4911] Dazu Weiss u.a. 1988: 109-113. Siehe zur JEIA-Gründung, ausführlich für die Zeit von 1944 bis 1947 und leider nicht für die Zeit danach: Jerchow 1978: 457-483.
[4912] Gröner 1975: 418, 420.
[4913] Siehe: **Tabelle 227**.
[4914] Kowalczyk/Davis 1996: 7-8. Zu den Zollsenkungen der Dillon-Runde genauer Finger 1974.
[4915] Vgl. für diesen Abschnitt Hiemenz/von Rabenau 1973: 204-205. Vgl. die Erläuterungen Heimenz/von Rabenau 1973: 183-196. Zu ähnlichen Ergebnissen kommt die Studie von Donges et al. 1973.
[4916] Die nominalen Zolltarife im Automobilbereich für den 1.1.1959, den Tag an dem die EWG-Zollsenkungen begannen lauteten in: Italien 46,8 %, Frankreich 34,7 %, in Belgien/Luxemburg 27,9 %, in den Niederlanden 25,9 % (in den Benelux-Staaten gab es keine eigene Produktion) und in Deutschland 14,8 %. Schon damals exportierte Deutschland 50,4 %, Frankreich 45,7 % und Italien 42,0 % ihrer Produktion. Berg 1993: 126. Dazu kommen schon früh nichttarifäre Handelshemmnisse dazu. Siehe auch den Überblick über die

Aufbau der heimischen Industrie konnte in Europa zumindest in den ersten drei Jahrzehnten ohne allzuviel ausländische Konkurrenz stattfinden, noch im Jahre 1973 wird 'nur' 8,7 % Importpenetration berechnet.[4917] Dazu kommt, daß in Europa ein sehr schneller Aufbau der Wirtschaft nach dem Zweiten Weltkrieg gelang, bei dem schon 1951 in allen europäischen Ländern die jeweils höchsten Vorkriegssozialprodukte erreicht wurden.[4918] Deshalb verwundert es nicht, wenn schon recht früh deutliche Liberalisierungsimpulse politisch akzeptabel waren. So verringerten sich mit der Gründung der Europäischen Wirtschaftsgemeinschaft (EWG) die Barrieren deutlich. Vom 1.1.1959 bis im Jahr 1968 gelang es in der EWG sämtliche Zölle abzuschaffen.[4919]

Auch um den Verdacht zu zerstreuen, daß sich die EWG mit ihrer Binnenliberalisierung von der Welt abgrenzt und die europäischen Unternehmen die Märkte erobern konnten, die bereits von Firmen aus Übersee beliefert wurden (Begriff: Handelsumlenkung 'trade diversion' durch regionale Integrationsprojekte), wurde die Kennedy-Runde[4920] des GATT eröffnet und es gelang substantielle Zollsenkungen durchzusetzen, die, erstmals im GATT nicht sofort, sondern innerhalb eines Zeitrahmens von fünf Jahren, bis 1972 umgesetzt werden mußten.[4921] Die handelsumlenkenden Effekte durch die temporär höheren EWG-Außenzölle (im Vergleich zur Zollstruktur der einzelnen Staaten, die in einigen Bereichen niedrigere Zöllen aufwiesen) wurden dabei abgebaut.[4922] In der Kennedy-Runde wurde von vornherein eine 50 %ige Senkung im Bereich der verarbeiteten Waren angestrebt. Während der Verhandlungen ging es nur noch um die Ausnahmen davon und im Endeffekt wurde durchschnittlich eine 35 %ige Absenkung durchgesetzt.[4923] Die Ausnahmen hatten es aber in sich und lassen erkennen, daß sich vor allem die Struktur des Zollschutzes nicht signifikant änderte. Ausnahmen von der 50 % Senkung, darunter gar keine Absenkung, wurden vor allem im Textil- und

---

Protektionsraten in einzelnen Produktgruppen im Jahre 1959, eingeschlossen einer Berechnung der effektiven Protektion Grubel/Johnson 1967: 766-767. Der Schutz für die Automobilindustrie in Frankreich, Italien, Spanien, Portugal bestand weitaus länger. Siehe Abschnitt 'T.
[4917] Siehe: **Tabelle 228**.
[4918] Spätestens 1951 befanden sich alle europäischen Staaten wieder auf dem Stand ihrer höchsten Vorkriegssozialprodukte. **Tabelle 304**. Crafts/Toniolo 1996: 4; Eichengreen 1996: 38. Dabei ist der Marshallplan hilfreich. Carlin 1996: 463-468. Dieser umfaßte aber nicht extrem hohe Summen und wurde schnell hin auf den Aufbau der europäischen Verteidigungsindustrie gelenkt.
[4919] **Tabelle 298**. Smeets 1996: 63. Schon mit der Gründung der Europäischen Gemeinschaft für Kohle und Stahl (EGKS), am 18. 4. 1951 (in Kraft am 25.6.1952) wurden Zölle für Eisenerz, Kohle und Schrott abgeschafft und eine Freihandelszone für Kohle/Stahl und am 1.8.1954 auch für Spezialstähle eingerichtet. Die EGKS enthielt jedoch nicht nur Verpflichtungen zur Liberalisierung, sondern ermöglicht auch eine Industriepolitik. Anfang Juni 1955 begannen die Verhandlungen der Montanunionländer (BRD, Frankreich, Italien, Belgien, Niederlande, Luxemburg) über die Gründung der Europäischen Wirtschaftsgemeinschaft (EWG). Fink 1989: 38-39. Im Jahre 1961 wurden innerhalb der EU die letzten mengenmäßigen Beschränkungen beseitigt. Die Zölle wurden seit dem 1.1.1959 schrittweise abgesenkt. Dieser Vorgang wurde mit einem völligen Abbau zum 30. Juni 1968, fast zwei Jahre früher als geplant, abgeschlossen. Erst 1973 kamen Dänemark, England und Irland als neue Mitglieder hinzu. Die Aufnahme England führte zur Vergemeinschaftung des Präferenzhandels mit den englischen Kolonien, dem ersten Lomé-Abkommen. Smeets 1996: 63; siehe zur Situation in Europa, mit Daten zu 1958, auch Balassa (1966), der damals kein Intra-Industriehandel entdeckte, der kaum Anpassungsprobleme verursachte. Balassa 1966: 467-469, siehe auch Balassa 1967.
[4920] Literatur speziell zur Kennedy-Runde: Preeg 1970; Curtis/Vastine 1971; Evans 1971.
[4921] Finger 1976: 93; siehe auch Krause 1959, Kreinin 1961, Finger 1974, Krause 1959. Vgl. für die erstmal genutzte Zeitperiode für die Umsetzung Kowalczyk/Davis 1996: 7-8. Für die deutsche Zollsituation nach der Kennedy-Runde, hier aber die effektiven Zölle, die Zölle auf Vorprodukte einbeziehen, siehe Hiemenz/von Rabenau 1973: 204-205; daraus reproduziert: **Tabelle 305**. Eine Untersuchung der BRD-Zollstruktur in diesen Jahren bis zur Kennedy-Runde bieten auch Donges et al. 1973: 24-26; siehe auch Riedel 1977. Vgl. für einen Überblick über die Verhandlungsrunden. **Tabelle 227**. Einen Überblick über das Verhandlungsgeschehen der Kennedy-Runde bietet vor allem Evans 1971; siehe auch Curtis/Vastine 1971.
[4922] Donges et al. 1973: 28.
[4923] Kowalczyk/Davis 1996: 8; die Zahlen schwanken für die Länder in ihre Verhältnis untereinander zwischen 30 % und 41 %. Siehe die Tabelle in Evans 1971: 282-283.

Bekleidungs-, Papier-, Metall- sowie sonstigen Bereichen gemacht.[4924] Die Zollsenkungen der Kennedy-Runde kamen vor allem den industrialisierten Ländern zugute, denn die Zollsenkungen im Bereich der primären Waren und Konsumgüter waren nur gering, im Gegensatz zu deutlichen Senkungen bei den Kapitalgütern.[4925]

Für die Entwicklungsländer fanden meist moderate Zollsenkungen statt. Von sieben Sektoren, die für 65 % der verzollbaren Importe in Industrieländer aufkamen wird geschätzt, daß davon 58 % der Zölle reduziert wurden. Davon wurden wiederum 7/8 um 20 % und mehr und 2/5 um 50 % und mehr abgesenkt, wobei auch Zölle gänzlich abgeschafft wurden. So gab es für Lederprodukte und Textilien, die nicht aus Baumwolle bestanden, deutlichere Zollsenkungen.[4926] Die Zölle für Waren, die von Interesse für die Entwicklungsländer sind, wurden durchschnittlich um 26 % gesenkt, die Industrieländer erreichen untereinander eine Senkung von 36 %.[4927] Anhand der Entwicklungsländerexporte ist zu erkennen, daß schon damals wohl vor allem die Agrarprotektion ein klares Hemmnis war, wiewohl dort auch Exportsteigerungsraten erzielt werden konnten. In bezug auf tropische Produkte gelang in der Kennedy-Runde kein merklicher Abbau, auch weil afrikanische Länder, die Präferenzen innehatten für deren Erosion kompensiert werden wollten.[4928] Dies bedeutet, daß Entwicklungsländer für ihre oftmals nicht in Konkurrenz stehenden Agrarprodukte (Kaffee, Tee) weiterhin relativ hohe Zölle zahlen mußten. Für Zitrusfrüchte bestand dagegen Konkurrenz, in den USA in Florida, in den EU in den Mittelmeerländern. Deshalb wurden hohe Zölle etwa in den USA auf Orangensaft (35 Cent pro Gallone[4929]) erhoben. Erkennbar ist, daß einmal abgesehen von Textilien und Bekleidung und ersten Anzeichen der Entwicklung von Fähigkeiten in der Stahlindustrie und in bezug auf weitere Güter, die Exporte der Entwicklungsländer damals noch von Öl, agrarischen und mineralischen Rohmaterialien dominiert wurden.[4930] Damit muß auch das Phänomen der Zoll bzw. Tarifeskalation Erwähnung finden, wodurch Rohstoffe meist mit geringeren Zölle als Fertigwaren belegt wurden.[4931] Damit verringerte sich für Entwicklungsländer der Anreiz, Industrien zur

---

[4924] Auf die gleichbleibende Struktur weisen hin Donges et al. 1973. 28. Eine Übersichtstabelle über die U.S.-Ausnahmen von der 50 % Regel bietet Evans 1971: 284. Geschützt werden in den USA vor allem Industrien mit vielen, dazu unausgebildeten, Arbeitern, die dazu geringere Wachstumsraten haben. Dazu die ökonometrische Untersuchung von Cheh 1974: 335.

[4925] Baldwin 1970: 165; siehe: **Tabelle 229**. In der Dillon-Runde gingen 11 % der US-Konzessionen im Bereich der Rohmaterialien an andere Industrieländer, 2 % an Entwicklungsländern. Für verarbeitete Produkte sind die Werte 28 % und 21 %. In der Kennedy-Runde sind die Zollsenkungen ebenfalls nicht an den Importen der Entwicklungsländer orientiert, sondern die Senkungen gingen zu 45 % des Ausgangsniveaus an Industrieländer und für Entwicklungsländer gab es nur eine 33 % Senkung. Insgesamt werden die Vorteile durch die Zollsenkungen auf US$ 2 Mrd. geschätzt. Finger 1976: 94. Die Entwicklungsländer forderten zwar Zollsenkungen, so forderte Indien eine 50 % Reduzierung für Produkte von Exportinteresse für Entwicklungsländer, generell traten sie aber kaum aktiv in den Verhandlungen auf. Evans 1971: 249. Siehe speziell zur Dillon-Runde Finger 1974. Dies bei Exporten der Entwicklungsländer von insgesamt 1970 US$ 59 Mrd.. Vgl. UNCTAD 1994: 2.

[4926] Für Leder wurde für 55 % des zollbelasteten Handels eine volle 50 % Zollreduktion vorgenommen, wodurch die Zölle nach der Kennedy-Runde bei 10 % ad valorem lagen. Diese Informationen und einen Überblick bietet Evans 1971: 249-253; siehe: **Tabelle 230**.

[4927] Hudec 1987: 62.

[4928] Evans 1971: 249-250. Siehe für beide Sachverhalte: **Tabelle 230**.

[4929] Hufbauer et al. 1986: 100.

[4930] Siehe: **Tabelle 231**.

[4931] Siehe dazu zum Beispiel die detaillierte Untersuchung von Werner/Willms 1984.

Rohstoffverarbeitung aufzubauen, womit womöglich größere Gewinnspannen hätten erzielt werden können.[4932]

Gegenleistungen für Zollsenkungen wurden, einmal abgesehen von dem damals schon stattfindenden verbindlichen Festschreiben von Zöllen für sehr wenige Waren, von den Entwicklungsländern nicht eingefordert.[4933] Immerhin waren in einer Vielzahl von Warenkategorien Senkungen erfolgt, in denen die Entwicklungsländer erst in den siebziger Jahren Produktionskapazitäten entwickeln, denn dies war zu diesem frühen Zeitpunkt noch im Interesse der Industrieländer, die diese Waren ebenso produzierten. Das Meistbegünstigungsprinzip besagt jedoch, daß eine Zollsenkung allen GATT-Mitgliedsstaaten zugute kommen muß.

Bis zur Tokio-Runde wurden Zollsenkungen somit vor allem von den industrialisierten Staaten durchgeführt. Nicht immer gelang dieser Abbau aber und es blieben hohe Zölle ('tariff peaks') bestehen. Die Entwicklungsländer hatten ihre Zölle großteils nicht verbindlich festgelegt und selbst wenn, haben sie sich vielfach dennoch einen Spielraum zugemessen, um Erhöhungen zur Verminderung von Importen durchzuführen, ohne daß dies zur Folge hatte, daß es zu erneuten GATT-Zollverhandlungen und Kompensationen in anderen Warenkategorien kommen mußte. Die angewandten Zölle lagen oftmals deutlich unter den verbindlich festgelegten GATT-Zöllen ('cielings', 'maximum rates').[4934] Dadurch kam es zu einer Art Vakuum hinsichtlich der Rechte und Pflichten im GATT. Die Entwicklungsländer forderten vor allem Marktzugang von den Industrieländern, ihre weitgehenden Zollspielräume ließen, beispielsweise während der Kennedy-Runde, erst gar kein ernsthaftes Interesse seitens der Industrieländer aufkommen diese zu beschränken. Dadurch hatten die Industrieländer ebenso keinen Grund auf die Entwicklungsländer zuzukommen, eben weil sie garnichts von ihnen wollten. Die Forderungen der Entwicklungsländer wurden bilateral verhandelt und nach der Ja/Nein-Manier beschieden. Die Zollsenkungen, die Industrieländer für ihre Produkte vornahmen, kamen zwar den Entwicklungsländern zugute, für bestimmte Güter im herausragenden Interesse der Entwicklungsländer wurden aber kaum herausragende Liberalisierungsschritte eingeräumt.[4935]

18.2 Empirie des Allgemeines Präferenzsystems

An dieser Stelle muß das Zollpräferenzsystem (General System of Preferences,'GSP') für Entwicklungsländer erwähnt werden[4936], weil es eine Ausnahmen vom Meistbegünstigungsgebot erlaubt, nämlich die bessere Behandlung von Staaten und Staatengruppen.[4937] Dieses wurde von der

---

[4932] Darauf weist auch der Bericht der Arbeitsgruppe hin von Pearson 1969: 87-91.
[4933] Evans 1971: 253, Finger 1976: 94.
[4934] Hoekman 1995: 9. Vergleichende Daten zu angewandten Zölle können hier erst für die achtziger Jahre präsentiert werden: **Tabelle 232** und **Tabelle 190**.
[4935] So die Beschreibung von Hudec 1987: 60-63.
[4936] Die folgende Literatur liegt hier zugrunde: Donges et al. 1973: 86-95; Karsenty/Laird 1987; Langhammer/Saphir 1987; OECD 1983a; Waer/Driessen 1995: 97; Whalley 1990.
[4937] Siehe oben den Punkt: Regionale Integrationsprojekte, Allgemeines Präferenzsystem und Zollunionen.

EWG erstmals am 1. Juli 1971 genutzt und galt damals für 91 Staaten (Gruppe der 77) und 47 abhängige Gebiete. Ausgeschlossen blieben Taiwan, aber auch die südeuropäischen Staaten Spanien, Portugal und Griechenland. Drin waren anfangs Südkorea, Brasilien, Indien, Jugoslawien, Indonesien sowie die meisten asiatischen, afrikanischen und lateinamerikanischen Staaten. Das System und deren Wirkungen sind komplex. Eine weitreichendere Wirkung des GSP wurde dadurch verhindert, daß die präferenzielle Zollfreiheit oder die niedrigeren Zölle, nur im Rahmen von bestimmten Mengen (sog. Plafonds) eingeräumt wurden. Wurde die Menge überschritten, waren die Zölle wieder zu zahlen. Diese Plafonds gelten somit nur für eine bestimmte Einfuhrmenge, 1971 ca. US$ 1 Mrd.. Zudem waren 54 % dieser Plafonds als 'sensible Erzeugnisse' definiert, die einer laufenden Überwachung unterliegen und im Falle der Marktzerrüttung ('market disruption') kann ohne Angaben von Gründen der Import gestoppt werden. Weiterhin gibt es diverse Ausnahmebereiche: Der Agrarbereich war fast vollständig ausgenommen. Textil- und Bekleidung ermöglicht zwar Zollsenkungen in bestimmten Bereichen, diese gingen aber nicht signifikant über das Multifaserabkommen (dazu in Abschnitt 'I' mehr) hinaus.[4938]

Aus empirischen Studien geht hervor, daß eine bestimmte Ländergruppe am meisten vom GSP profitierte (1980): Dies sind zuerst einmal Südkorea, Taiwan, Hongkong, Brasilien, Indien, Singapur, China, Jugoslawien, Mexiko und die Philippinen. Dann folgen Malaysia, Rumänien, Venezuela, Thailand, Argentinien, Israel, Indonesien, Pakistan, Kolumbien, Chile. Nicht wenige dieser Länder wickelten fast 30 % ihrer Exporte unter dem GSP ab.[4939] Am EU GSP profitierte China zu 25 % und die am wenigsten entwickelten Länder, LCDs, 1,7 %.[4940] Dies spricht für eine unausgewogene, aber für die Länder, die das GSP nutzen konnten, moderat positive Wirksamkeit des Präferenzsystems und dafür, daß die Nachteile (vor allem der Verzicht auf höhere Exporte aufgrund der Schwellenwerte und Angst vor einem eventuellen Eingreifen der überwachenden Autoritäten) nicht diese Vorteile überwogen haben, wiewohl es deutliche Hinweise gibt, daß auch diese nachteiligen Aspekte bei der Bewertung beachtet werden müssen.[4941]

Wie dem auch sei, eine Annahme von den bescheidenen Wirkung des GSP ist insofern fragwürdig, weil es, s.o., keine allgemeine Wirkung des GSP gab, sondern eben eine Wirkung in bezug auf eine bestimmte Ländergruppe. In der Literatur wird in Langhammer/Saphir (1987) dem GSP insgesamt gesehen eine Effektivität abgesprochen. Grund sei das komplizierte, protektionistisch administrierte System das GSP Handel verhindert hat, sodaß plausiblerweise geschlossen wird: "Hence, the trade effects are relatively small compared to the potential gains from a system of generalized preferences unhampered by restriction."[4942] Letztendlich möchten diese Autoren mit der These von der

---

[4938] Zu diesem Abschnitt Donges et al. 1973: 86-95; OECD 1983a.
[4939] OECD 1983a: 95; siehe **Tabelle 233**.
[4940] Waer/Driessen 1995: 97.
[4941] OECD 1983a: 98.
[4942] Langhammer/Saphir 1987: 67. Der protektionistische Effekt wird von einer Studie in bezug auf das USA GSP untermauert (für 1978-1981): "It was found that only twelve of 650 commodity groups studies had there been a significant increase in import penetration as a result of the GSP scheme." Langhammer/Saphir 1987: 33.

bescheidenen Wirkung des GSP die Entwicklungsländer davor warnen, wie in den siebziger Jahren, viel Verhandlungskapital mit dieser Frage zu verspielen, weil eben die Industrieländer kaum ihre Möglichkeiten aus der Hand geben werden, weiterhin das Präferenzsystem protektionistisch zu verwalten. Vor diesem Hintergrund erfolgt die Beobachtung: "It should therefore be asked what would have happened if the developing countries had invested their efforts in securing further MFN tariff reductions instead of the GSP scheme."[4943]

Von Karsenty/Laird (1987) wird aus neoklassischer Perspektive geschlossen: "The overall conclusion is that preferences are welfare-expanding in a global sense, although there is a concentration of benefits. Efficiency gains derive from the fact that GSP benefits are concentrated in product areas where developing countries have comparative advantage. The unusually high tariffs on key products that benefit from GSP treatment also suggest that the GSP tends to reduce resource misallocation induced by distortions in the structures of protection of industrialized countries."[4944]

Whalley (1990) vertritt hier die skeptische, neoklassisch liberale Schule, die von einer insgesamt bescheidenen Wirkung des GSP ausgeht, mit dem Ziel das GSP und den Sinn der Sonderbehandlung der Entwicklungsländer im GATT generell zu bezweifeln. Die obigen Zahlen, daß teils 30 % der Exporte unter dem GSP abgewickelt wurden, werden nicht erwähnt, stattdessen wird auf Studien verweisen, die nur minimale Wachstumseffekte und minimale Effekte bezüglich höherer Exporte berechnen und solche, daß nur bestimmte Länder vom GSP profitiert haben.[4945] Dies mag, insgesamt gesehen, genauso gewesen sein. Dies hilft aber bei der Bewertung nicht weiter. In diesem Artikel manifestiert sich die neoklassisch beeinflußte kritisch Haltung anfang der neunziger Jahre gegenüber Präferenzen, die, aus welchen Gründen auch immer (sachlich Gründe sind dies nicht), innerhalb der Forschungsgemeinschaft von Wirtschaftswissenschaftlern[4946] nicht mehr gern gesehen seien. Darüber hinaus wird geschlossen, daß die Zölle der Industrieländer bereits niedrig genug seien. Dies stimmt nicht, denn Zollpräferenzen, besonders im Textil- und Bekleidungsbereich sind nicht zu vernachlässigen und auch die Graduierung ist nicht nur im Sinne eines Druckmittels zu verstehen: Der

---

[4943] Die Passage lautet: "After more than a decade of operation, there is not much evidence of the effectiveness of the GSP. Newly emerging exporting countries in the developing world have not been able to benefit much from the GSP, which is more restrictive than special preferences, such as those contained in the Lomé Convention. The more advanced exporting countries have, in general, performed extremely well in spite of GSP restrictions, even including those denied GSP preferences alltogether (for example, Taiwan in the Community market). For the 'exporters of the second generation', that is, those countries which are trying to diversify their exports, it is uncertain whether and to what extent the GSP has proved to be helpful." Ohne Herv. im Original. Langhammer/Saphir 1987: 68. Letztendlich werden in Langhammer/Sapir (1987) aber sowohl die Gründe für den Fehlschlag des GSP erwähnt, d.h. Protektionismus der Industrieländer und zugestanden, daß das GSP für einzelne Länder positiv gewirkt hat. Somit bleibt als einzige Schlußfolgerung, daß angesichts der Unklarheit, ob diese Mängel jemals behoben werden können, nicht zuviel Verhandlungskapital der Entwicklungsländer in der Uruguay-Runde für eine Stärkung des GSP verbraucht werden sollte. Langhammer/Saphir 1987: 69-80.
[4944] In diese Artikel wird herausgehoben, daß eine Abbau der Beschränkungen innerhalb des GSP wohlfahrtssteigernd wirken würde. Karsenty/Laird 1987: 286.
[4945] Whalley 1990: 1324.
[4946] Für diese spricht Whalley (1990) mit einem Literaturverzeichnis von 14 Einträgen (darunter 4 zum Thema) unter Ausklammerung von Langhammer/Saphir (1987), eine damals einflußreiche Studie. Whalley 1990: 1320.

Ausschluß von Korea, Hongkong, Singapur und Taiwan und teils Thailand aus dem GSP der USA eröffnet nämlich Möglichkeiten, neuen Länder GSP Vorteile einzuräumen.[4947]

In Abschnitt 'G' Exportorientierung wird beschrieben, daß derzeit Präferenzen bezüglich Afrika im Textil- und Bekleidungsbereich positiv wirken und dies gesteigert werden könnte, wenn die Bedingungen gelockert würden. Welche Bedeutung Präferenzen für Afrika haben wird daran deutlich, daß zu den 'Top 25'-Ländern, die am meisten von den Präferenzen profitieren 16 afrikanische Länder gehören.[4948] In der derzeitigen Doha Verhandlungsrunde setzt sich diese Debatte fort. Simulationsmodelle kommen zum Ergebnis, daß die Wirkungen der Präferenzerosion zu vernachlässigen sind. Diese Schlußfolgerung ist fragwürdig, denn es wird in diesen Modellen angenommen, daß sich die negativen Effekte durch einen verbesserten Zugang zu den Märkten anderer Entwicklungsländer abfedern lassen. Realistischerweise muß aber davon ausgegangen werden, daß viele Entwicklungsländer auch nach einer Zollsenkung ihre Textil- und Bekleidungsbereiche schützen werden.[4949] Kurz: Die schwächsten und ärmsten Länder der Welt werden durch eine Präferenzerosion als Folge der Zollsenkungen nachteiligen und armutserhöhenden Effekten ausgesetzt.[4950] Darüber ist selbst der IWF besorgt.[4951] Und die Industrieländern zögern, afrikanischen Ländern Chancen über Präferenzen einzuräumen.

Kurz zum politische Aspekt der Präferenzen: Die GSP-Präferenzen konnten den Entwicklungsländern entzogen werden, wenn dies für nötig befunden wurde. Für Indien endet der Vorwurf unzureichenden Pharmapatentschutzes mit dem Entzug von GSP-Präferenzen im Wert von US$ 60 Mill. im Bereich Pharma- und Chemieprodukte.[4952] Ein weitere Fall kann hier erwähnt werden. Die USA setzten in bezug auf Jamaika durch eine Änderungen von Ursprungsregeln Präferenzen der Caribbean Basin Initiative aus. Weil Firmen in Jamaica investierten und es gelang, bei der Ethanolproduktion 35 % lokale Wertschöpfung zu erreichen, erhöhten die USA diesen ursprungsverleihenden Wert auf 70 %, welcher nicht mehr erreichbar war, sodaß Exporte in die USA verunmöglicht wurden.[4953]

Auch heute gibt es für einige Waren, die besonders schwache und wenig entwickelten Länder interessant sind noch hohe Meistbegünstigungszölle, die diese Länder besonders treffen, weil sie teils

---

[4947] "Overall, therefore, the assessment of the research community seems to be that benefits to developing countries from GSP have been modest, at best. They are restricted by product coverage, and margins of preference are small (in part because developed-country tariffs are low). The contribution to the growth of developing countries is small. When combined with the seeming frailness of GSP schemes under graduation pressures, the overall benefits to developing countries seem of limited consequence." Whalley 1990: 1324.
[4948] Präferenzen sind u.a. wirksam in den Bereichen Textil- und Bekleidung, Aluminium, Blumen und Fischprodukte. ILEAP 2004: 54.
[4949] Daß diese Effekte groß sein können, wird daran deutlich, daß selbst in diesem vorteilhaften Szenario Bangladesh US$ 200 Mill. Präferenzerosionskosten ausgesetzt ist. Cline 2004: 218-219. Der Ratschlag, die Präferenzen bestehen zu lassen, wird gegeben von Mayer 2004.
[4950] So auch das Ergebnis in der vorsichtigen Gleichgewichtssimulation von Bouet et al. 2004: 28. Gefordert wird die Ausweitung von Präferenzen für schwache Länder: "Rather than working towards an expansion of 'shallow' preferences for all developed countries under GSP regimes, it may be more attractive to aim at 'deep' preferences for the least-developed and vulnerable countries." Tangermann 2001a: 4.
[4951] "With many preferential rates set at zero under recent schemes such as African Growth and Opportunity Act (AGOA), Everything but-Arms, or the European Union association agreements, a cut in MFN rates translates directly into a loss of preference." IMF 2004: 1.
[4952] Sutherland et al. 2005: 25.
[4953] Sutherland et al. 2005: 25.

nur in diesen Bereichen produzieren können: Landwirtschaft (darunter tropische Früchte: Bananen, Orangen, Holz, Fisch, Tabak), Textil- und Bekleidung, Schuhe, Fahrräder, Plastikbehälter, Porzellan, Eisen- und Stahlprodukte. Weil 60 % der Exporte in Industrieländer und 34 % in Entwicklungsländer gehen, werden auch die Barrieren der größeren oder fortgeschritteneren Entwicklungsländer relevant.[4954]

Speziell für die am wenigstens entwickelten Länder (LDCs) wurden nach Gründung der WTO im Rahmen der Anstrengungen eine neue Verhandlungsrunde zu etablieren, neue Präferenzen beschlossen, darunter die Everything but Arms (EBA) Initiative der EU, welche für alle Industriegüter, eingeschlossen Textilien- und Bekleidung sowie Agrarprodukte (mit Übergangsfristen sogar für Zucker und Bananen) zollfreien Marktzugang einräumt. Es besteht allerdings ein spezieller Überwachungsmechanismus i.S. einer Schutzklausel, die bei zu starken Importsteigerungen aktiviert werden kann.[4955] Problem auch der EBA Initiative ist allerdings, daß die Präferenznutzung durch Ursprungsregeln gehemmt wird. Am wenigsten entwickelte Länder, die über keine Zuliefererindustrie verfügen, können deshalb die Zollpräferenzen u.a. im Bekleidungsbereich nicht nutzen.[4956]

Präferenzen werden auch durch das Lomé Abkommen den AKP Staaten eingeräumt[4957], darunter auch solche im Agrarbereich für Zucker, Früchte, Gemüse und Fleisch, Wert Euro 630 Mill., wobei z.B. Fleisch zu 75,2 % besseren Bedingungen in die EU importiert werden darf, kurz: Dieser Marktzugang ist wertvoll, da der sonstige Schutz hoch ist. Erreicht wird aber 'nur' ein Handelswert von Euro 104,1 Mill., der immerhin afrikanischen Ländern wie Botswana, Namibia und Zimbabwe zukommt. Andere Präferenzen sind ausgelaufen, für Rum etwa, hier beträgt der Meistbegünstigungszoll nun 0 % bzw. in anderen Worten: Durch diese allgemeine Liberalisierung gab es eine sog. Präferenzerosion.[4958] Auch hier stellen sich Probleme mit den Ursprungsregeln.[4959] In den regionalen Integrationsabkommen der EU für den Mittelmeerraum eröffnete die EU Zugang zu ihrem Markt durch spezielle Zollkontingente für Agrarprodukte, auffällig ist aber, daß die EU bei Agrarprodukten einen Handelsüberschuß mit diesen Ländern hat.[4960] Somit bieten Präferenzen noch heute Möglichkeiten schwache Länder merklich zu fördern, allein fehlt der politische Entschluß dazu.

[4954] Vgl. die Analysen in WT/LDC/HL/14, 23. October 1997, sowie den Zollüberblick in WT/LDC/HL/14/Add.1, 23. October 1997; darunter Zölle von 37,8 % bis 58 % für bestimmte Schuhe in den USA. 30 % Zoll auf gegerbtes, verarbeitetes Leder in Japan. UNCTAD/WT 2000: 5-7; für den Agrarbereich siehe auch Fritz 2000: 6-20.
[4955] Übersicht u.a. zur EBA Initiative im Sekretariatsdokument: WT/LDC/SWG/IF/14/Rev.1, 20 April, S. 14. Sowie eine genaue Analyse der Zollbarrieren und des Handels, in: WT/LDC/SWG/IF/14/Rev.1/Add.1, 25 April 2001. Einige Informationen über GSP Präferenzen im Agrarbereich in Tangermann 2001a: 8.
[4956] "Restrictive rules of origin continue to limit GSP benefits considerably." UNCTAD 1998: 16; siehe ausführlich UNCTAD EU GSP Handbook 2002. Siehe Abschnitt 'A' und 'G' sowie Abschnitt 'J', Ursprungsregeln.
[4957] Grundlegende Informationen in: Rydelski 1998: 398-399.
[4958] Zu diesem Abschnitt Tangermann 2001a: 18-20.
[4959] Siehe die Ursprungsregeln in: Beschluß des Rates und der Kommission vom 25. Februar 1991 über den Abschluß des Vierten AKP-EWG-Abkommens. In: ABl. L 229, 17.8.1991.
[4960] Besonders durch Fleisch, Milch und Eier sowie Zucker. Es geht um die MMC (Magreb and Marrakesh Countries). Agrarimporte aus diesen Ländern ECU 1,7 Mill., EU Exporte in diese Länder ECU 3,0 Mill. Grethe/Tangermann 1999: 4.

18.3 Liberalisierung bis Anfang der neunziger Jahre

Mit den Liberalisierungsinitiativen in Europa und der Kennedy-Runde änderte sich das wirtschaftspolitische Umfeld grundlegend. In Europa läßt sich dies an einem sehr früh ansteigenden innereuropäischen Handel erkennen und auch weltweit wies der Handel hohe Wachstumsraten auf. Besonders zwei Verhandlungsrunden im GATT führten dabei zu einer Liberalisierung, die Kennedy-Runde mit einer durchschnittlichen Zollsenkungen von 35 % und die Tokio-Runde mit einer 34 % Verringerung. Dabei ist zu beachten, daß die Ergebnisse der Kennedy-Runde erst 1972 und die der Tokio-Runde erst 1987 ganz umgesetzt waren.[4961] Kurz: Die Schuldenkrise der Entwicklungsländer fand zu einem Zeitpunkt statt als noch die Kennedy-Runden Zölle bestanden. Dazu kam der Schutz, der in Abschnitt 'I' beschrieben wurde.

Einige konkrete Beispiele: Durch die Kennedy-Runde wurden etwa Zölle auf Automobile und auf Eisen- und Stahlprodukte wahrnehmbar gesenkt (alles nominale Zölle). Die BRD erhob etwa 1961 auf Kraftfahrzeuge einen Zoll von 20,7 %, EWG-intern 14,5 %.[4962] Der EWG-Zollsatz für Drittländer betrug 1970 durchschnittlich 11,2 %, nach der Kennedy-Runde sank er auf durchschnittlich 8,6 % ab.[4963] Dies verdeckt wieder Unterschiede: Omnibusse und Lkw mit einem Hubraum von mehr als 2,5 Liter wurden mit 22 % verzollt, normale Pkw mit 11 %, Motorräder 10,5 % und Montageteile zwischen 7 % und 12 % (Fahrgestelle Pkw).[4964] Die USA nahm für Automobile 1957 einen Zoll von 10 %, 1965 6,5 % und nach der Kennedy-Runde 1976 nur noch 3 %.[4965] Die BRD erhob 1961 auf Eisen-und Stahlprodukte Zölle um die 5 bis 10 %[4966], gegenüber EWG-Länder 1964 zwischen 0,4 und 2,3 %, 1970 für Drittländer noch bis 11,2 %. Diese sanken durch die Kennedy-Runde auf Werte zwischen 4,0 % und 8,6 % ab.[4967] Im höchsten Fall wurden hier 11 % erhoben.[4968] Die USA senkten ihre durchschnittlichen Zoll auf Eisen- und Stahlprodukte von 9 % auf 4 % ab.[4969]

Wie änderte sich die Situation durch die Tokio-Runde aus, deren Zollsenkungen bis 1987 umgesetzt werden mußten.[4970] Die Tokio-Runde erreichte ähnliche Zollsenkungen, die innerhalb von 8 Jahren in jährlichen, proportionalen Schritten, ab dem 1. Januar 1980 implementiert werden mußten.[4971]

Hier wird für die EG ein Überblick gegeben. Speziell die BRD hatte in der Kennedy-Runde oftmals die Zölle für Drittländer nur auf ein Niveau zurückgefahren, das schon vor einer Angleichung an das EWG-Drittlandsniveau für andere Länder bestand, am 1.1.1957. Schon deshalb ist die Tokio-Runde

---

[4961] Siehe: **Tabelle 227**.
[4962] Deutscher Zolltarif 1961: 328-331.
[4963] Donges et al. 1973: 25-26.
[4964] Zolltarif EWG 1973: 329-331.
[4965] Deutsches Handels-Archiv, 1957, 2. Oktoberheft; 1965, 1. Januarheft, 1976, 1. Aprilheft.
[4966] Deutscher Zolltarif 1961: 259-276.
[4967] Wieder sind, siehe drei Fußnote drüber, die Zahlen aus Donges et al. 1973: 25-26.
[4968] Zolltarif EWG 1973: 263-277.
[4969] Haughton/Swaminathan 1992: 98.
[4970] Die Umsetzungsfrist in Werner/Willms 1984: 1.
[4971] Kowalczyk/Davis 1996: 8.

als eine bedeutsame Zollsenkungsrunde anzusehen. Der durchschnittliche gewogene Zollsatz der EG lag 1987 auf dem Niveau von 6 % (nach der Kennedy-Runde 9 %, vor der Kennedy-Runde 12 %).[4972] Die Senkungsraten von 30 % bis 40 % (für alle Länder) können es dabei durchaus mit der Kennedy-Runde aufnehmen.[4973] Solche niedrigen Zollniveaus gab seit Anfang des 20. Jahrhunderts nicht.[4974]

Ein Überblick über die Zollsätze der EG nach der Tokio-Runde zeigt folgendes Bild.[4975]

Um einen Eindruck über diese aggregierten Zollwerte hinaus zu vermitteln werden im folgendem einige auffällig hohe Zölle für die EWG, bzw. EG und EU referiert. Die Struktur des Zollschutzes blieb auch nach der Tokio-Runde gleich und wies neben höheren Werten bei Textilien, Bekleidung (diese Zölle werden in dieser Zeit zusätzlich zum MFA erhoben) Schuhen, Agrarprodukten, eine Reihe von höheren Werte in bezug auf sonstige Fertigwaren auf.

Noch nach der Kennedy-Runde wurden tropische Produkte relativ hoch verzollt. Bananen 20 %, Ananas 9 %, Orangen 15 % (Orangensaft 19 % plus Zusatzabgabe[4976]), Kaffee geröstet, nicht entkoffeiniert 15 % (löslicher Kaffee 18 %), Tee 11,5 % (in großen Mengen verpackt 9 %), Vanille 11,5 %, Pfeffer 10 und 17 %.[4977] Kakao wurd in Form von Bohnen mit 5,4 % verzollt, in verarbeiteter Form als Pulver mit 16 % und Kakaobutter 12 %.[4978] Nach der Tokio-Runde wurde höchstens ein 13 % Zoll auf Orangen erhoben, allerdings Zusatzabgaben eingeführt.[4979] In der Uruguay-Runde werden für Orangen Zölle von 3,3 % bis 17,3 % je nach der Zeit der Einfuhr plus einer Einfuhrpreisregelung ausgehandelt.[4980] Ein klares Absinken des Schutzes ist schwer auszumachen. Nach der Tokio-Runde lagen Bananen weiter bei 20 %, Ananas bei 9 %, Kaffee geröstet, nicht enkoffeiniert bei 15 % und löslicher Kaffee bei 18 %. Der Teezoll sank ab auf 5 % und ist für große Mengen frei.[4981] Vanille lag weiter bei 11,5 % und Pfeffer sank auf Werte zwischen 10 und 12 % ab.[4982] Kakaobohnen wurden nur noch mit 3 %, als Pulver weiter mit 16 % und Kakaobutter mit 12 % verzollt. Kakao mit Zucker unterliegt einer beweglichen Einfuhrabgaben, die sich am Zuckeranteil orientiert.[4983] Der Zollabbau für tropische Produkte (BRD 25% Kaffeezoll 1961, USA frei) geht somit nicht so schnell voran wie schon innerhalb des GATT 1963 dafür gefordert wurde.[4984] Keine Absenkungen gab es hinsichtlich der Zölle für Schnittblumen, diese blieben seit der Kennedy-Runde bei 24 % für die Zeiten vom 1.

[4972] Werner/Willmes 1984: 1. Siehe: **Tabelle 227**.
[4973] Siehe: **Tabelle 234**.
[4974] **Tabelle 226**.
[4975] **Tabelle 235**. Siehe weiterhin: **Tabelle 236**; **Tabelle 237**, **Tabelle 234**.
[4976] HS 27.07 B. II b) 1. Zolltarif EWG 1973: 91.
[4977] Zolltarif EWG 1973: 43-50.
[4978] Zolltarif EWG 1973: 76.
[4979] Zolltarif EWG 1987: 80-81.
[4980] Zolltarif EU 1999: 53, 500.
[4981] Zolltarif EWG 1987: 86.
[4982] Zolltarif EWG 1987: 86-87.
[4983] Zolltarif EWG 1987: 127.
[4984] GATT 1963: 51, 109-111.

Juni bis 31. Oktober und bei 17 % vom 1. November bis 31. Mai.[4985] Erst mit der Uruguay-Runde gab es hier Senkungen auf 16 % und 11,3 %.[4986] Siehe auch Tabelle 275.

Nun eine Auswahl von technischen Produkten, es geht wieder um die EU: Die Zölle der Kennedy-Runde 1972, in Klammern die Zollniveaus, die in der Tokio-Runde (1987) ausgehandelt wurden. Die Zollsätze der Uruguay-Runde, die bis 2000[4987] umgesetzt werden müssen, können hier nicht erwähnt: Für Automobile sank der Zollsatz um 11 %[4988] (auf 10 % ab[4989]). Motoren für Automobile lagen bei 7 %[4990] (gesenkt auf 4,9 %[4991]). Lkw werden stärker geschützt: 22 %[4992] (bleibt bei 22 %[4993]). Fahrräder einschließlich Kinderfahrräder 17 %[4994] (1987 immer noch 17 %, neuerdings werden Fahrradteile einzeln aufgeführt und Zölle von 8 % veranschlagt, um die Montage von Rädern aus billigen Teilen, die anderswo hergestellt werden, in der EU zu erschweren[4995]). Zölle für Videorecorder lagen bei 8 % (hier werden partiell höhere Zölle veranschlagt, so für speziell technisch eingegrenzte Videorecorder, die mit 14 % verzollt werden, auf demselben Niveau liegen Videomonitore, Projektionsfernsehgeräte[4996]). Für Tonaufnahme- und Wiedergabegeräte lagen die Zölle zwischen 7,5 % und 9,5 %[4997], (hier dürfte eine Absenkung vorliegen[4998]). Für Tonaufnahmegeräte mit Radio blieb der Zoll bei 14 %, dies ändert sich bis auf die zollfrei importierbaren Radiowecker nicht.[4999] Fernrohre 13 % (nun 7,2 %), und sonstige Meßinstrumente lagen oftmals bei 10 % (nun meist bei 5 %).[5000] Kabel für Elektrotechnik bei 11 % (nun 6,5 %, optische Faserkabel 8 %).[5001] Kathodenstrahlröhren für TVs 15 %, dieses Niveau bleibt.[5002] Transistoren, Dioden und ähnliches sowie elektronische Mikroschaltungen eingeschlossen integrierte Halbleiterschaltungen wurden mit 17 % verzollt (nach der Tokio-Runde eingeschlossen Transistoren und Leuchtdioden und eben Halbleiterchips liegt dies immer noch bei 14 %, nur einige der Bausteine, die nun detaillierter aufgeführt sind, liegen darunter, etwa Photodioden oder Solarzellen mit 4,6 %[5003], sowie gedruckte Schaltungen (noch nicht bestückte Platinen), nun bei 6,2 %[5004]). Von diesem Zollschutz auf Halbleiter von 14 % sind allerdings die

---

[4985] Zolltarif EWG 1973: 38; Zolltarif EWG 1987: 72; Zolltarif EU 1999: 48.
[4986] Zolltarif EU 1999: 47-48.
[4987] Das letzte Jahr ist 2000. Es wurde festgelegt, daß innerhalb von 5 Jahren, ab 1.1.1995, in fünf gleichen Abbauschritten eine Umsetzung vorgenommen werden soll. Marrakesh Protocol to the General Agreement on Tariffs and Trade 1994. WTO 1995: 37.
[4988] Zolltarif EWG 1973: 329.
[4989] Zolltarif EWG 1987: 598-599.
[4990] Zolltarif EWG 1973: 306.
[4991] HS 8407 34 10. Zolltarif EWG 1987: 521.
[4992] Zolltarif EWG 1973: 329.
[4993] Zolltarif EWG 1978: 598-599.
[4994] Zolltarif EWG 1973: 331.
[4995] Zolltarif EWG 1987: 606.
[4996] Zolltarif EWG 1973: 343. Zolltarif EWG 1987: 582.
[4997] Zolltarif EWG 1973: 343.
[4998] Zu diesem Zeitpunkt waren die Zölle noch nicht festgelegt, im Jahre 1999 wenigstens sind sie entweder frei, liegen bei 2 % oder Ausnahmsweise bei 7 %. Zolltarif EWG 1987: 578. Siehe für 1999: Zolltarif EU 1999: 414-415.
[4999] Zolltarif EWG 1973: 322. Zolltarif EWG 1987: 581.
[5000] Zolltarif EWG 1973: 336-339. Zolltarif EWG 1987: 616-617.
[5001] Zolltarif EWG 1973: 324. Zolltarif EWG 1987: 590-592.
[5002] Zolltarif EWG 1973: 323. Zolltarif EWG 1987: 588.
[5003] Zolltarif EWG 1987: 589-599.
[5004] Zolltarif EWG 1973: 323. Zolltarif EWG 1987: 585.

Computerhersteller ausgenommen.[5005] Bügeleisen lagen bei 11,5 %, Haartrockner 9,5 %, allerdings Rasierapparate nur 6,5 % (nun 6 %, 6 % und 4,6).[5006] Waschmaschinen, Wäscheschleudern, Geschirrspülmaschinen zwischen 7 und 8 % (nun zwischen 4,9 und 5,3 %).[5007] Taschenlampen 13 % (nun 7,2 %).[5008] Handwerkszeuge einschließlich Eßbestecke (8,5 %) zwischen 5 % und 10,5 % (u.a. Scheren).[5009] Hier wurden die Zölle für Eßbestecke aus nichtrostendem Stahl auf 17 % angehoben, sonstige Bestecke liegen bei 8 %, ansonsten lag das Zollniveau circa bei 5 %.[5010] Diese Anhebung wurde mit der Uruguay-Runde rückgängig gemacht. Nun kurz zum Bereich Eisen und Stahl. Rohre aus Zink (10 %), Blei (11%), Aluminium (12 %), Kupfer (8 %), Stahl (9-10 %) markierten die höchsten Werte in diesem Bereich in dem vielfach Werte zwischen 5 und 7 % auftreten.[5011] Diese Rohrzölle sinken ab, liegen nun ungefähr zwischen 2 und 4 %, mit der Ausnahme von Stahl.[5012] Glaswaren zu Schmuckzwecken lagen bei 15,5 % (nun 12 %) oder für Lampen 10 % (nun 6,2 %), ansonsten dort auch gewichtsbezogene Zölle (nun auch maßbezogene) für Flachglas etwa.[5013] Puppen lagen bei 16 % (nun 8 %), anderes Spielzeug 16 %, aus Holz 19 % (nun zwischen 8 und 8,7 %), Spielfahrzeuge blieben bei 10,5 %, Christbaumschmuck 10 % (nun 6,2 %).[5014] Möbel lagen bei 8,5 % (nun 5,6 %).[5015]

Hier wurde sich auf die Zollspitzen konzentriert, um zu verdeutlichen, daß noch recht hohe nominale Zollsätze vorliegen, die von den durchschnittlichen Werten nicht widergespiegelt werden. So für Elektroartikel, etwa Radiogeräte, die bei 14 % bleiben, Tonträger und Kontroll- und Meßgeräte, hier fandet eine Absenkung von 13 % auf 11 % statt. Bei Spielwaren ohne Puppen sinken sie von 19 % auf 8.7 % ab, bei Puppen allen von 16 % auf 8 %. Für Batterien sanken die Werte von 20 % auf 8.9 % ab.[5016] Wohlgemerkt bis 1987.

Die durchschnittlichen nominalen Zölle für die einzelnen Bereiche liegen, von diesen Extremen einmal abgesehen, nach der Tokio-Runde niedriger: Über 6 % liegen nur noch, mit um die 8 %, nur die Zellstoff-, Holzschliff und Papier- und Pappeerzeugung, der Luft- und Raumfahrzeugbau, die Uhrenindustrie, Lederverarbeitung, Gummiverarbeitung, Schuhherstellung, chemische Industrie, Herstellung von Kunststoffwaren. Höher wird es bei Papier- und Pappeverarbeitung (9 %) sowie bei Textil (11 %)- und Bekleidung (13 %).[5017] Einen detaillierten Überblick auch über die effektiven Zölle

---

[5005] Bletschacher/Klodt 1992: 126.
[5006] Zolltarif EWG 1973: 320-321. Zolltarif EWG 1987: 573, 575, 576.
[5007] Zolltarif EWG 1973: 309, 312. Zolltarif EWG 1987: 533, 534, 547.
[5008] Zolltarif EWG 1973: 320. Zolltarif EWG 1987: 574.
[5009] Ausgeklammert hier die 13 % für Klingen, die für Gartenscheren geeignet sind. Zolltarif EWG 1973: 296-298.
[5010] Zolltarif EWG 1987: 505-511.
[5011] Zolltarif EWG 1973: 262-297.
[5012] Zolltarif EWG 1987: 463-504.
[5013] Zolltarif EWG 1973: 252-253.
[5014] Zolltarif EWG 1973: 353. Zolltarif EWG 1987: 647-648.
[5015] Zolltarif EWG 1973: 348. Zolltarif EWG 1987: 642.
[5016] Werner/Willms 1984: 128-129.
[5017] Werner/Willms 1984: 104.

der Tokio-Runde findet sich in Werner/Willms (1984). Die Literatur, welche die Wohlfahrtseffekte der Kennedy- und Tokio-Runde berechnet, kann hier nur erwähnt werden.[5018]

Aus der Perspektive der Entwicklungsländer können daraus folgende Schlußfolgerungen gezogen werden. Erstens hätte mit frühen Senkungen der Meistbegünstigungszölle durch die Industrieländer ein positiver Effekt auf die Entwicklungsländer ausgelöst werden können, dies wurde z.B. früh von Baldwin/Murray (1977) angemahnt.[5019] Aus der Perspektive fortgeschrittener Entwicklungsländer können zwei Schlußfolgerungen gezogen werden: Erstens wurden alle möglichen sonstigen Waren spätestens 1987 mit Zöllen deutlich unter 10 % belegt. Neben den schon genannten Zöllen etwa bezüglich Pappkisten, sämtliche denkbaren Maschinen, Ventilatoren, Kompressoren, Kessel, Handwerkszeuge, darunter Elektrowerkzeuge, Spritzpistolen, Armaturen, Elektromotoren jeder Größe, Transformatoren, Staubsauger, Schlauchboote, Brillenfassungen und -gläser, Musikinstrumente, Bleistifte und Kämme. Diese Waren sind teilweise arbeitsintensiv herzustellen und gleichzeitig weniger wissensintensiv und es ist davon auszugehen, daß einige dieser in dieser Zeit bereits von Entwicklungsländern hergestellt werden konnten. Zweitens lagen in einigen Bereichen, in denen höhere Zölle bestanden, trotzdem signifikante Importe vor, sodaß die Zölle nicht prohibitiv gewirkt, aber sicher zu einem Wettbewerbsvorteil heimischer Unternehmen beigetragen haben. Dies hat Chancen eingeräumt, die von bestimmten Ländern nicht genutzt worden sind.

Insgesamt gesehen ist die durch die GATT Runden erreichte Zollliberalisierung aus dynamisch ordoliberaler Perspektive klar positiv zu bewerten. Dadurch wurde Entwicklungsländern, denen es gelungen ist, sich in bezug auf verarbeitete Waren zu diversifizieren, Chancen eingeräumt am internationalen Handel teilzuhaben. Und ebenso ist klar erkennbar, daß der teils verbliebene Schutz unnötig und unfair war, siehe beispielsweise die hohen Schutzniveaus für u.a. tropische Produkte oder Fahrräder[5020], die noch 1987 galten. Unnötig und unfair deshalb, weil eine Vielzahl von Entwicklungsländer in dieser Zeit - immer noch - nur auf eine sehr geringe Art und Weise in den internationalen Handel integriert waren. Importe aus den Entwicklungsländern haben zwischen 1988 und 1989 am Output im verarbeitenden Gewerbe der Industrieländer einen Anteil von 3,3 %, wobei die Wirtschaftsleistung der Industrieländer seit 1951 auf dem Stand vor dem Zweiten Weltkrieg lag und sich die Wirtschaftsleistung zwischen 1965-1989 fast verdoppelt hatte (eben von diesem verdoppelten BSP konnte die heimische Industrie ca. 97 % des Wachstums für sich reklamieren).[5021] Dies hätte die Möglichkeit eröffnet, einen deutlicheren, auch wohlfahrtssteigernden Strukturwandel in Bereichen zuzulassen, die im Exportinteresse der Entwicklungsländer, speziell der schwächeren Entwicklungsländer, lagen.

[5018] Die Liberalisierung in den sechziger Jahren u.a. die EWG Effekte beleuchtet Balassa 1966, 1967. Zur Kennedy-Runde: statische Effekte berechnen Balassa/Kreinin 1967; mit Fokus auf Deutschland Riedel 1977; bezüglich der Entwicklungsländer Finger 1976; Anpassungskosten berechnet Cheh 1974; zur Tokio-Runde: Cline et al. 1978; Balassa 1980; Müller 1983; Werner/Willms 1984; Kreinin/Officer 1979; Brown/Whalley 1980.
[5019] Im Kontext der Diskussion über das GSP Präferenzsystem. Baldwin/Murray 1977: 44.
[5020] Die EU schützt weiter ihrer Fahrradindustrie und hat die erreichten Importanteile durch Antidumpingzölle rückgängig gemacht. Abschnitt 'J', Antidumping.
[5021] Siehe: **Tabelle 238**. Siehe auch Abschnitt 'D', Historische Entwicklungstendenzen der Handelsintegration.

Nicht zuletzt wird daran deutlich, daß es zwar Bereiche gab, in denen Unternehmen um Schutz vor Importen nachgesucht haben. Dies gilt aber nicht für alle Unternehmen. In vielen Sektoren suchten Unternehmen nicht um Zollschutz oder um einen außerordentlichen Schutz durch nichttarifäre Instrumente nach, der gleich in Abschnitt 'I' diskutiert wird: So entschied sich beispielsweise die Reifenindustrie in den USA (Goodyear) und Frankreich (Michelin) dazu über interne Modernisierungsanstrengungen dem Druck des jeweils anderen Konkurrenten zu widerstehen.[5022] Dabei spielten einige Faktoren eine Rolle, darunter auch die Offenheit von Regierungen für Schutzansinnen der privaten Interessengruppen. So wies u.a. auch die Politik in den USA durchaus Schutzansinnen zurück, etwa als die Maschinenbauindustrie gegen Ende der siebziger Jahre ihre Freihandelsposition aufgab und eine Antidumpinguntersuchung androhte (die später von den Behörden abgelehnt wurde), auf welche die Japaner mit Preiserhöhungen reagierten. Die U.S.-Behörden reagierten darauf mit einer Wettbewerbsuntersuchung und beschuldigten die Maschinenbauindustrie der Preisabsprache mit den Japanern.[5023] Auch später scheint diese Industrie eher den Japanern und Europäern Märkte überlassen und eine sonstige Anpassung vorgenommen zu haben, als das sie Schutz zuerkannt bekam. Weiterhin waren diejenigen Unternehmen, die damals schon Produktionsabschnitte auslagerten oder über signifikante Investitionen in Übersee verfügten meist skeptisch gegenüber protektionistischen Maßnahmen, weil sie selbst mit ihrem Firmennetzwerk von einem freien Handel abhingen und durch die Produktion im Ausland Kosten sparten und somit wieder wettbewerbsfähig wurden. Diese Firmen konnten somit mit einiger Sicherheit oftmals verhindern, daß den Schutzwünschen anderer Unternehmen entsprochen wurde.[5024] Es gab allerdings auch Firmen, die einen Schutz wünschen und auf die Politik dahingehend Einfluß nehmen. Zu solchen erfolgreichen Schutzgesuchen gleich in Abschnitt 'I' ausführlicher.

Die Geschichte des Zollabbaus in bezug auf das GATT gehört somit zur 'liberalism' und nicht zur der 'embedded'-Seite. Auch der Fakt, daß er schrittweise ablief, ändert dies nicht. Immerhin war in der Nachkriegszeit klar, daß die Zölle durch die GATT Verhandlungsrunden immer weiter abgesenkt werden. Der Terminus 'embedded liberalism' ist deshalb schwer zu gebrauchen, denn es nicht zu erkennen, daß es zu einer merklichen und selektiven Verzögerung des Zollabbaus im Industriebereich kam, um zu große Risiken für die Unternehmen abzumildern. Der Zollabbau schritt in einem Umwelt wachsender Volkswirtschaften der Industrieländer progressiv voran, die Konkurrenz der Industrieländer untereinander nahm zu und es kam dadurch, durch die Märkte, zu eine Disziplinierung und Entmachtung der nationalen oligopolistischen Firmenstrukturen. Diese Firmen konnten gleichzeitig über den Export und durch den Intra-Industriehandel expandieren und waren wenig Anpassungskosten ausgesetzt. Auffällig bleibt die sachlich nicht gerechtfertigte Verzögerung der Liberalisierung bei den diversen Produkten gegenüber den Entwicklungsländern. Ebenso gehört es

---

[5022] Es ist in Wirklichkeit etwas komplexer als es dargestellt wird im Artikel von Milner 1987: 648; siehe dazu auch Milner 1988: 150-158.
[5023] Milner 1988: 119.
[5024] Milner 1987: 664-665.

klar zum 'embedded liberalism', daß, über die Zölle hinaus, in dieser Zeit diverse, weitere Schutzinstrumente eingesetzt wurden, dazu gleich in Abschnitt 'I'.

Schließlich ein Kommentar dazu, daß die Entwicklungsländer in dieser Zeit ein hohes Schutzniveau aufweisen.[5025] Dies wurde nicht zuletzt in Abschnitt 'F' und 'G' bereits deutlich, ebenso wurde dort gezeigt, daß einige Länder, u.a. Korea, Taiwan und Brasilien, mit teils anderen Instrumenten, schon relativ früh eine Exportorientierung anstrebten, die auch zur einem, teilweise selektiven, Abbau der Zölle führte. Dort wurde weiterhin klargestellt, daß dieser Zollschutz zwar noch einige Zeit Importsubstitutionsanreize impliziert hat, diese Wirkung aber meist in den siebziger Jahren auslief und ebenso hat Schutz teils wohlfahrtsmindernd gewirkt. Es würde aber die gesamte Geschichte auf den Kopf stellen, wenn den Entwicklungsländern mit einem einfachen Verweis auf ihre Zollniveaus die Schuld gegeben würde, daß die Industrieländern ihrerseits keine schnellere und durchgreifendere Liberalisierung erfolgen ließen. Der Abbau der Zölle in den Entwicklungsländern wäre weitaus schneller vorangegangen, wenn die Industrieländern ein Signal gegeben hätten, daß die Entwicklungsländer vermehrt in die Weltwirtschaft integriert werden sollen. Ein solches Signal ist in dieser Zeitperiode nicht erkennbar. Genauer: Nur partiell erkennbar: So wurde mit China in den achtziger Jahren auf der politischen Ebene ausgemacht, daß es über Textilien- und Bekleidung wachsen darf. Auffällig ist dagegen die Ignoranz, die gegenüber Brasilien und Indien bestand, die nicht nur diese Chance nicht bekamen, sondern denen ebenso keine Chance eingeräumt wurde, in den achtziger Jahren zum Beispiel in bezug auf Eisen- und Stahl (wo komparative Vorteile bestanden) wenigstens ein Stückweit mehr in den Welthandel integriert zu werden.[5026] Sicher haben Länder wie Korea und Taiwan eine bessere Entwicklungspolitik verfolgt. Hier wurde aber ebenso deutlich gemacht, welche Anstrengungen und welche Geduld nötig war, bis Korea nach Jahrzehnten der Aufbauarbeit z.B. endlich Automobile exportieren konnte.

18.4 Stand der Liberalisierung heute

Die wichtigste Errungenschaften der Uruguay-Runde, die in Richtung Liberalisierung wirkt, ist das Verbot der VERs, siehe Abschnitt 'I'. Als zweites in der Liste ist der Rückbau unilateraler Druckmaßnahmen durch die exklusiv zuständige Streitbeilegung zu zählen. Sodann kommen weitere Aspekte dazu: Die verbindlich gültigen Zölle und die Durchsetzung grundlegender WTO Regeln, u.a. GATT Art. I und Art. III, siehe Abschnitt 'J'.

Das zentrale Ergebnis der Uruguay-Runde im Bereich der Zöllen ist, daß die Entwicklungsländer zuvor erst 22 % ihrer Zollpositionen verbindlich festgelegt hatten, danach waren dies 72 % (nach Importen gewichtet: 14 % und 59 %).[5027] Dabei gibt es Unterschiede zwischen den Ländern.[5028] Die

---

[5025] Siehe: **Tabelle 190** und **Tabelle 232**.
[5026] Siehe gleich, Abschnitt 'I'.
[5027] Hoekman 1995: 9. Eine Übersicht über die verbindlichen Zölle etc. findet sich WTO 2001a; siehe auch OECD 1999a; 1999d.
[5028] Siehe: **Tabelle 239**.

Entwicklungsländer legten ihre verbindlichen Zölle insgesamt gesehen auf einem mittelhohen Niveau fest, sektoral sind die Daten nicht sonderlich aufschlußreich.[5029] Somit kam es zu einem reziproken Austausch von Zugeständnisse im Zollbereich zwischen Industrie- und Entwicklungsländern, über den in umfassender Weise Finger et al. (1996), Finger et al. (1999) und UNCTAD (1996) informiert.[5030] Auch hier nur ein Verweis auf Studien zu den Wohlfahrtseffekten der Uruguay-Runde.[5031] Sowie auf Studien zur Teilnahme der Entwicklungsländer an der Runde.[5032]

Kritisch äußern sich etwa Stevens/Kennan (1995) zur Uruguay-Runde und beobachten, daß diverse Produkte von unmittelbarem Exportinteresse der Entwicklungsländer nur geringen Zollsenkungen unterlagen. Von den Produkten, die in einem höheren Zollbereich lagen, 16-20 %, blieben 97,3 % in diesem Bereich; von 11-15 % blieben 99,4 % in diesem Bereich, als Beispiel werden genannt, Schuhe, deren verbindliche Zölle von 20 % auf 17 % abgesenkt wurden und Fahrräder, die von 17 % auf 15 % sinken. In diesen Bereichen betrugen die Zollsenkungen meist 2 % oder 4 %.[5033]

Die Situation ist weiterhin dadurch geprägt, daß die Entwicklungsländer Ende der achtziger/Anfang der neunziger Jahre ihre angewandten Zölle durch eigene Entscheidungen stark abgesenkt hatten und sich somit seit einiger Zeit auf einem moderat hohen Zollniveau befinden, dies gilt auch für Afrika.[5034] Damit haben die Entwicklungsländer in den letzten zwei Jahrzehnten ihre angewandten Zölle stark abgesenkt, ohne daß die Industrieländer ihrerseits mit Senkungen reagiert haben.[5035] Moderat hoch bedeutet, daß diverse Zölle noch über 15 % liegen[5036] wobei insgesamt eine bemerkenswert weitgehende Liberalisierung erfolgt ist:

Angewandte Zölle ('applied tariffs'), einfacher Durchschnitt, liegen im Jahre 2003 auf dem folgendem Niveau: Brasilien 14,7 %, China 9,7 % (2004), Indien 30,8 % (2001), Malaysia 8,0 % (2002), Mexiko 18,5 %, Korea 7,8 %, Taiwan 5,7 %, Thailand 14,6 % (2001), Tunesien 24,5 %, Türkei 1,7 %.[5037] Damit liegen immerhin einige große Märkte der Entwicklungsländer wie China, Malaysia, Korea, Taiwan und die Türkei mit ihren durchschnittlichen, angewandten Zöllen unter 10 %. Indien verfügt noch über ein deutlich höheres Schutzniveau als andere Länder. Selbst Indien ist aber von der eigenständig durchgeführten Liberalisierung bereits betroffen. Es hat mit Gründung der WTO 69,8 % der Zölle verbindlich festgelegt. Für Konsumgüter sind bislang keine verbindlichen Höchstwerte

---

[5029] Siehe: **Tabelle 240**.
[5030] In dieser Publikation wird auf Länderebene und auf sektoraler Ebene gezeigt, von welchen Zollsenkungen die Länder profitiert haben und welche sie gegeben haben. Finger et al. 1996. Aus der Perspektive der Entwicklungsländer UNCTAD 1996. Siehe weiterhin zum Austausch von Konzessionen auf Länderebene, bei dem z.B. Indien mehr gibt als es bekommt. Finger et al. 1999. **Tabelle 306**.
[5031] Francois et al. 1995: 398; Harrison et al. 1995, 1997; Harrold 1995; Safadi/Laird 1996; Vainio 1996; USITC 1994. Zeitlich in Richtung Doha Runde geht es in: Francois et al. 2000; Michalopoulos 1999a; Finger/Schuknecht 1999.
[5032] Michalopoulos 1998a; im Übergang zur WTO zur Rolle afrikanischer Länder: Blackhurst et al. 1999. Zur Teilnahme der Entwicklungsländer an der Tokio-Runde Ibrahim 1978: 15.
[5033] Stevens/Kennan 1995: 398; bestätigt aus der Perspektive Afrikas in UNCTAD 1996: 35.
[5034] Siehe: **Tabelle 241**, **Tabelle 242** und **Tabelle 243**.
[5035] Mattoo/Olarreaga 2000.
[5036] **Tabelle 244**.
[5037] Mayer 2004: 6.

zugesagt, für bestimmte Fertigwaren wurden verbindliche Zölle von 40 % und für Inputgüter, Maschinen und Ausrüstung Höchstwerte von 20 % festgelegt, im Bereich der Computer- und Telekommunikationsausrüstung wurden für 217 Tarifpositionen die Zölle ganz abgeschafft.[5038] Die Importe in der verarbeitenden Industrie lagen 2004 bei 13 %, immerhin 51 % der Firmen im verarbeitenden Sektor sind schon mindestens 10 % Importen ausgesetzt (beides mal in Relation zum Gesamtoutput im Bereich der verarbeitenden Industrie).[5039]

Die Industrieländer haben von dieser Liberalisierung profitiert. Dies wird daran deutlich, daß sie von 1970-2003 ein Wachstum der Exporte von 8,89 % und der Importe von 8,86 % aufweisen. Die Entwicklungsländer kommen auf 9,99 % bezüglich ihrer Exporte und auf ein Importwachstum von 10,28 %. Diese Daten deuten nicht darauf hin, daß sich die Entwicklungsländern gegenüber den Waren aus den Industrieländern abgeschottet haben.[5040]

Somit ist zum Beginn der 21. Jahrhunderts in fast allen Ländern der Welt - der Tendenz nach - eine exportorientierte Wirtschaftspolitik etabliert, bei der ein angemessener Wechselkurs mit einer selektiven Liberalisierung kombiniert wird, wobei selbst in Indien zu einem gewissen Grad der Druck des Wettbewerbs spürbar ist. Dies eröffnet die Chance in den großen Märkten der Entwicklungsländer dynamische Wachstumsprozesse zu etablieren, um einen kontinuierlichen Prozess der Wohlfahrtssteigerung zu ermöglichen, der dadurch abgesichert werden muß, daß die Industrieländer Marktzugangsmöglichkeiten bereitstellen. Dies ist möglich, weil diese seit mehreren Jahrzehnten ungestört wachsen konnten. Schon als Winham (1986) über die Tokio-Runde schrieb hat er diese zukünftigen Anforderungen, beim Thema Schutzklausel und VERs, klar gesehen:

"As an economic issue, safeguards touched on the problem of integrating the developing countries into an international economic system dominated by the developed countries. This is the central economic problem of our time, and it is an enormously painful one. In the longer run, it will entail a struggle over redistribution of productive capacity and economic wealth in the world."[5041]

Dieser 'Kampf' bzw. besser Prozess, der zu einer Vertiefung der Arbeitsteilung auf globaler Ebene führen wird, hat bis heute erst zu sehr moderaten Anpassungskosten geführt, zumal diverse Möglichkeiten bestehen, politisch (auf Antrag privater Akteure) mit Schutzinstrumenten einzugreifen. Er bietet für die Zukunft die Chance zu einer merklichen Wohlfahrtssteigerung für die Welt, wenn -

---

[5038] Trade Policy Review India 1998: 53. Siehe auch: WTO Dokument TN/MA/S/4/Rev.1/Corr.1. Diese Angaben beziehen sich auf die Industriegüterzölle Indiens. Für 'all merchandize trade' liegt 58.5 % Verbindlichkeit vor. Für 'industrial goods' wird dort 69.3 % angegeben. Finger et al. 1996: 31.

[5039] Pandey 2004: 33, 39; siehe: **Tabelle 132**.

[5040] Growth rates of merchandise export and imports. UNCTAD Handbook of Statistics On-Line 2005.

[5041] Das Zitat geht so weiter: "In the near run, however, the problem is a matter of who will pay for free trade. Free trade is not free, for there are costs of adjustment that must be borne if a system is to enjoy the benefits of greater efficiency brought by unrestricted commerce. The safeguards negotiations dealt with conflicting views over the rate at which that adjustment would be made, and the extent to which economically weak sectors in powerful countries would be shielded from making any adjustment at all. This is an economic problem that will continue to be the focus of negotiations in GATT and other international economic institutions." Winham 1986: 246. Dieses Zitat beschreibt den Zustand in den achtziger Jahren exakt so, wie er hier in der Arbeit dargestellt wird, siehe nun Abschnitt T.

mutiger als zuvor - den aufstrebenden Entwicklungsländern tatsächlich höhere Marktanteile in bestimmten Produktbereichen der Industrieländer eingeräumt werden. Der Wohlstand, der dies zuläßt, konnte in den Industrieländern in den letzten Jahrzehnten weitgehend ungestört etabliert werden.

I VERs

Inhalt

1.	Einleitung	820
1.1	Was ist 'managed trade'?	820
1.2	Interessengruppen	825
1.3	Industriepolitik	827
1.3.1	Modernisierung statt Abbau von Überkapazitäten	827
1.3.2	Industriepolitik durch 'managed trade'	829
1.3.3	Produktzyklusgüter	830
1.3.4	Notwendigkeit des Schutzes	830
1.3.5	Die Bewertung in der Fachliteratur dieser Zeit	831
1.4	Weitere Gründe für die VER Abkommen	834
2.	Automobile	835
2.1	USA	835
2.2	EU	840
2.2.1	England	841
2.2.2	Frankreich	843
2.2.3	Weitere europäische Länder	844
2.2.4	Das VER der EU mit Japan	844
2.3	Fazit USA und EU	845
2.4	Japan	848
2.5	Entwicklungsländer	850
2.6	Motorräder	851
3.	Eisen- und Stahl	851
3.1	USA	852
3.2	EU	856
3.3	Japan	857
3.4	Auswirkungen des 'managed trade' auf die Stahlindustrie	859
3.5	Entwicklungsländer	864
4.	Landwirtschaft	866
4.1	Historischer Rückblick	867

4.2	Die Schutzpolitiken	868
4.3	Strukturmerkmale des Welthandels mit Agrarprodukten	868
4.4	Auswirkungen der Liberalisierung	869
5.	Textilien und Bekleidung	870
5.1	Wie Textilien und Bekleidung in das GATT kam	871
5.2	MFA I	876
5.3	MFA II	880
5.4	MFA III	881
5.5	MFA IV	885
5.6	Fazit	887
6.	Schuhe	894
6.1	USA	894
6.2	EU	895
7.	Chemische Produkte	897
7.1	USA	898
7.2	EU	898
7.3	Chemiekartelle und Antidumping	899
8.	Maschinenbau	900
9.	Unterhaltungselektronik und sonstige Elektronik	900
9.1	USA	900
9.2	USA Uhren	902
9.3	EU	902
10.	Speicherchips	903
11.	Sonstige Produkte	908
12.	Weitere Beschränkungen	909
13.	Auswirkungen des 'managed trade'	910
13.1	GATT und 'managed trade' in Kurzform	910
13.2	Wie groß war der Anteil des vom 'managed trade' betroffenen internationalen Handels?	911
13.3	Negative Effekte auf die Entwicklungsländer	912

14.	Fazit aus dynamisch ordoliberaler Perspektive	913
14.1	Müssen alle Sektoren erhalten werden?	913
14.2	Die partiellen Erfolge strategischer Handelspolitik	915
14.3	Kosten dieser Politik	918
15.	Kritik des 'embedded liberalism'	918

I   VERs

1. Einleitung

Vom relativ breiten, diffusen Zollschutz der ersten beiden Nachkriegsjahrzehnte wandelte sich die Situation zunehmend in Richtung eines Ausbaus der regionalen und internationalen Liberalisierung im Sinne eines progressiven, schrittweisen Abbaus der Zölle.[5042] Charakteristisch für diese Zeit ist, daß diese Liberalisierung mit Hilfe neuartiger Schutzinstrumente partiell rückgängig gemacht wurde. Dies wird hier als 'managed trade' bezeichnet.

1.1 Was ist 'managed trade'?

Damit sind zuerst einmal Schutzmaßnahmen gemeint, die einen klaren Regelverstoß gegen das GATT darstellten, weil es sich um mengenmäßige Handelbeschränkungen handelte, die es gemäß Art. XI 'Allgemeine Beseitigung von mengenmäßigen Beschränkungen' nicht hätte geben dürfen, einmal abgesehen von den Ausnahmen, die in diesem Artikel für die Landwirtschaft enthalten sind. Obwohl dies von der GATT Streitbeilegung so festgestellt wurde, wurden diese Urteile ignoriert.[5043] Ausgerechnet solche Maßnahmen im Industriebereich sind das auffälligste Kennzeichen des 'managed trade'. In Abschnitt 'H' wurde bereits gezeigt, daß es der Politik nicht gelang diese Maßnahmen in der Tokio-Verhandlungsrunde 1973-1979 zurückzudrängen.

Die mengenmäßigen Handelsbeschränkungen wurden dabei in Form von sogenannten freiwilligen Selbstbeschränkungsabkommen (voluntary export restraints, 'VERs', voluntary restraint agreements, 'VRA') umgesetzt, die manchmal auch geordnete Absatzvereinbarungen (orderly market arrangements, 'OMAs') genannt werden. Hier wird der übergreifende Terminus des "managed trade" verwendet, um den bewußten Gebrauch von mengenmäßige Handelsbeschränkungen durch freiwillige Selbstbeschränkungsabkommen - und zusätzlich - die Nutzung der GATT kompatiblen Antidumping- und Schutzklauselmaßnahmen zum Schutz vor Importen zu beschreiben.[5044] Dieser Begriff wird hier gewählt, weil durch Antidumpingzölle ebenso erheblich in den Handel eingegriffen wurde, siehe schon Abschnitt 'H' und es die Möglichkeit gibt, durch Vereinbarungen ('undertakings') Antidumpingzölle zu vermeiden. Im Rahmen dieser 'undertakings' konnten wiederum mengenmäßige VER Beschränkungen oder, dies ist typisch für die EU in den achtziger Jahren, preisbezogene

---

[5042] Beachtet werden muß, daß es damals erst wenige Jahre her war, daß 1961 im innereuropäischen Handel mengenmäßige Beschränkungen vollständig abgebaut waren und die Zollsenkungen schrittweise verwirklicht wurden. Sachverständigenrat 1972: 12. Im speziellen waren noch aus Zahlungsbilanzgründen mengenmäßige Beschränkungen und Lizensierungsverpflichtungen benutzt worden. Noch 1968 führte etwa Frankreich Importquoten und Exportsubventionen aus Zahlungsbilanzgründen ein. Baldwin 1970: 2,3. Die substantiellen Zollsenkungen der Kennedy-Runde des GATT waren 1967 beschlossen, traten aber erst im Jahr 1972 voll in Kraft. Curtis/Vastine 1971: 5.
[5043] Siehe: EU vs. Japan, USA - Trade in Semiconductors, BISD 35S/116, 153-163 (1989). Davor war im Agrarbereich schon klargestellt worden, daß Art. XI wirksam ist. United States vs. EEC - Programme of Minimum Prices, Licences and Surety Deposits for Certain Processed Fruits and Vegetables, BISD 25S/68, 99 (1979).
[5044] Gebraucht wird dieser Terminus für VERs und Antidumpingmaßnahmen etwa von Müller 1983: 246; und von Tyson/Yoffie 1993: 29.

Abmachungen verwendet wurden. Die Schutzklausel kann ebenso in Form mengenmäßiger Beschränkungen umgesetzt werden. In Abschnitt 'H' wurde gezeigt, daß bei der Schutzklausel gemäß GATT Regeln nicht zwischen Ländern differenziert werden darf bzw. mindestens eine nicht-diskriminierende Quotenverwaltung etabliert werden muß. Dies war bei vielen VER Maßnahmen der siebziger Jahre nicht gegeben, die sich meist speziell auf ein Land oder eine Ländergruppe bezogen. Bis heute ermöglicht es die WTO, nun beschränkt auf die Schutzklausel und nur unter besonderen Umständen, wirkungsähnliche Maßnahmen zu verwenden. Der Terminus, der diesbezüglich einem VER sehr nahe kommt, lautet Importquote, die vom exportierenden Land verwaltet wird.[5045] Auch im Falle der Ausgleichsmaßnahmen wurden in der Nachkriegszeit "side-agreements" benutzt, darunter die erwähnten Verhandlungen über Subventionen in der OECD, diese dürften aber den Abbau von Subventionen und keine Handelsbeschränkungen zum Inhalt gehabt haben.[5046]

Mit diesem Gebrauch des Terminus 'managed trade' wird vermieden, den Begriff der nicht-tarifären Handelshemmnisse ('non-tariff-barriers', NTBs) zu verwenden. Dieser Begriff deckt einen sehr breiten Bereich von Maßnahmen ab, die handelshemmende Wirkungen haben können[5047], hat aber den Nachteil, daß deren handelbeschränkende Wirkungen teils weniger offen sichtbar sind oder nur aus einer extrem liberalen wirtschaftstheoretischen Perspektive einleuchten: Beispielsweise ist es für den common sense irritierend, wenn technische Regulierungen und Standards, darunter solche, die Produktqualität und Lebensmittelhygiene betreffen, pauschal als Handelshemmnisse bezeichnet werden. Der Begriff der nicht-tarifären Handelshemmnisse verbreitete sich anläßlich der Tokio-Runde des GATT 1973. Damals wurde erstmals systematisch über nicht-tarifäre Handelshemmnisse unter diesem Namen verhandelt und u.a. auch das Problem der VERs einbezogen.[5048] Die damalige Verhandlungsgruppe bestand zu den Fragen (1) mengenmäßige Beschränkungen, (2) technische Handelsbarrieren, (3) Zollangelegenheiten, (4) Subventionen und Ausgleichsmaßnahmen und (5) öffentliche Auftragsvergabe (seit 1976).[5049] Um die GATT Inkompatibilität vieler 'managed trade' Maßnahmen zu unterstreichen, wurden diese schon früh als "grey area trade policy"[5050] bzw. Grauzonenmaßnahmen[5051] bezeichnet, ebenso ist der Terminus "new protectionism"[5052] geläufig.

[5045] Agreement on Safeguards, Art. 11 Abs. 1 (b) Fußnote 3. WTO 1995: 321. Siehe den Text des Artikels in Fußnote 14.
[5046] Es wird die U.S. Praxis beschrieben. Nettesheim 1991: 315.
[5047] Baldwin 1970: 10-12; Winham 1986: 100; OECD 1996a: 7.
[5048] Schon vor der Tokio-Runde ging es in GATT Verhandlungen um NTBs. In der Kennedy-Runde konnte sich auf einen Antidumping Kodex geeinigt werden, die Teilnahme daran war aber freiwillig. Ebenso nutzten die USA damals für Chemieprodukte den sog. 'selling price mechanism', welcher ausländische Produkte bei der Zollwerterhebung zum U.S. Preis bewertete. Über den Abbau dieses nicht-tarifären Handelshemmnisses wurde in der Kennedy Runde verhandelt. Baldwin 1970: 2-3. Letztendlich wurde dieses System erst 1986 abgebaut, siehe dazu den Punkt Chemie unten. Insgesamt gesehen gilt aber, daß in der Tokio-Runde erstmals nicht-tarifäre Handeshemmnisse auf breiter Ebene thematisiert wurden. Diese breite Thematisierung bezog sich nicht nur auf mengenmäßige Beschränkungen und Antidumpingmaßnahmen, sondern auch auf Staatshandel, Exportsubventionen- und steuern, öffentliche Auftragsvergabe, selektive staatliche Subventionen, Zollverfahren, technische Standards, private Wettbewerbsbeschränkungen ('restrictive business practices'), Beschränkungen für Investitionen, Beschränkungen der Mobilität der Arbeiter und sogar Wechselkurspolitiken. Siehe dazu die programmatische Publikation des Brookings Institute von Baldwin 1970: 10-12.
[5049] Winham 1986: 100.
[5050] Petersmann 1988a: 23.
[5051] Hilpold 1995: 89.
[5052] Balassa 1978: 422.

In der Tokio-Runde gelang ausgerechnet zu den VERs kein Durchbruch.[5053] Eines der wichtigsten Ergebnisse der Uruguay-Runde, die zur WTO Gründung führte, ist, daß ausdrücklich erklärt wurde, daß die VERs nicht mit der WTO-kompatibel sind.[5054] Dies wurde in SG Art. 11.1 (a), (b) des Schutzklauselabkommens festgelegt. Schon der Versuch ein VER auszuhandeln geschweige denn aufrechtzuerhalten ist WTO-inkonform. Um einer Umgehung durch die Umbenennung der Maßnahmen entgegenzuwirken, werden VERs und anderen denkbare Abkommen in einer breit angelegten, offenen Liste erwähnt, um es der Streitbeilegung zu ermöglichen, neue Maßnahmen mit ähnlicher Wirkung zu untersuchen und festzustellen, daß auch sie unter das VER Verbot fallen.[5055] Klargestellt wurde zudem, daß es nur nachdem auf Art. XIX, die Schutzklausel, rekurriert wurde, Notfallmaßnahmen gegen Importe benutzt werden dürfen. Gemäß SG Art. 5.1 muß dabei allen Ländern mit einem substantiellen Exportinteresse eine Quote eingeräumt werden. Eine mengenmäßige Beschränkung, die einem VER gleichkommt, weil sie speziell auf ein Land zugeschnitten ist, eine Schutzklauselquote in SG Art. 5 (b), wird in der WTO nur nach Konsultationen im Schutzklauselkommitee und nach dem Aufzeigen, daß aus diesem Land ein disproportionaler Anteil der Exporte kommt, erlaubt.[5056] Dieses Verbot wird durch andere WTO Abkommen abgesichert: Im Antidumpingbereich sind 'undertakings', eben Abkommen mit den Ländern bzw. Herstellern, nur noch als Preisverabredungen (die nicht höher als die Dumpingmargen sein dürfen) erlaubt, nicht als Mengenverabredungen, wie dies teils noch in den achtziger Jahren eingesetzt wurde.[5057] Im Ausgleichszollbereich sind 'undertakings' als Verabredungen zum Abbau oder zur Limitierung von Subventionen oder Preisverabredungen oder andere Maßnahmen hinsichtlich der Effekte von Subventionen erlaubt, offenbar aber keine mengenmäßigen Beschränkungen (wobei diese nicht höher als zur Rückgängigmachung von Schädigung ausfallen dürfen).[5058] In SG Art. 11.2 wurde zudem eine Übergangsklausel etabliert, die es jedem WTO Mitglieder erlaubte ein einziges VER noch bis längstens 31. Dezember 1999 beizubehalten.[5059] Die EU nutzte diese Regel, um ihr VER mit Japan im

---

[5053] "One of the main reasons for negotiating safeguards at the Tokyo Round was the increasing (and extra legal) use of VER's, and yet VER's were not prominent in the negotiation." Winham 1986: 242. Die EU wollte eine selektive Anwendung der Schutzklausel durchsetzen. Damit isolierte sich in den Verhandlungen. Das Thema Selektivität lenkte vom eigentlichen Problem ab, ob VERs als GATT konform anzusehen sind: "Yet another result of focusing on selectivity was that the EC, which was unabiding on the subject, became essentially isolated in the safeguards negotiation. This might have changed had the negotiation shifted to VER's. The United States has made extensive use VER's in its trade relations with Japan and the developing countries, and it is doubtful whether the U.S. government would have accepted substantial limitations on its capacity to make such agreements. It is probable that negotiation of the VER issue would have entailed a greater confrontation between the United States and the developing countries than occurred over the selectivity issue." Winham 1986: 243.

[5054] Siehe Hilpold 1995: 123. Eben in dem Sinne, daß VERs verboten sind, wobei eine breite Definition benutzt wird, um die Umgehung dieses Verbots zu verhindern. Bestimmte VER-ähnliche Maßnahmen, die im Rahmen von Antidumping- und Schutzklauselmaßnahmen genutzt werden, sind weiterhin erlaubt. Agreement on Safeguards, Art. 11 Abs. 1 (b) Fußnote 3. WTO 1995: 321.

[5055] Zitat: Art. 1 (b): "Furthermore, a Member shall not seek, take or maintain any voluntary export restraints, orderly marketing arrangement or any other similar measures on the export or import side." Dieser Satz hat zwei Fußnoten. Hier Fußnote 3: "An import quota applied as a safeguard measure in conformity with the relevant provisions of GATT 1994 and this Agreement may, by mutual agreement, be administered by the exporting member." Nicht mehr erlaubt sind, siehe Fußnote 4: "Examples of similar measures include export moderation, export-price or import-price monitoring systems, export or import surveillance, compulsory import cartels and discretionary export or import licensing schemes, any of which afford protection." Agreement on Safeguards WTO 1995: 312.

[5056] Hoekman 1995: 17.

[5057] Agreement on the Implementation of Article VI of the General Agreement on Tariffs and Trade 1994, AD Art. 8. WTO 1995: 183.

[5058] Agreement on Subsidies and Countervailing Measures. SCM Art. 18. WTO 1995: 290.

[5059] Agreement on Safeguards WTO 1995: 321. Siehe Preeg 1995: 199; Petersman 1997: 219; Hilpold 1995: 120-124.

Automobilbereich zu diesem Datum auslaufen zu lassen.[5060] Die Abschaffung der VERs wurde mit vergrößerter Flexibilität in Bereich der Schutzklausel kompensiert, welche fortan 3 Jahre ohne Vergeltungsmaßnahmen genutzt werden darf.[5061] Das GATT hatte vorgesehen, daß sofort Zollzugeständnisse ausgesetzt werden dürfen, entsprechend dem Wert des betroffenen Handels.[5062] Siehe auch Abschnitt 'J', Schutzklausel.

Erwähnenswert ist weiterhin, daß, obwohl schon das GATT und mehr noch die WTO darauf drängt, Außenhandelsmaßnahmen auf Zölle umzustellen, auch in der WTO noch de facto mengenmäßige Beschränkungen erlaubt sind: Zollkontingente ('tariff quotas'). Bei Zollkontingenten wird für eine bestimmte Menge einer Ware ein geringer Zoll eingeräumt. Wird diese Menge überschritten steigt der Zoll oft rapide an. Diese 'tariff quotas' werden meist im Landwirtschaftsbereich benutzt.[5063] Ebenso dürfen unter bestimmten, nicht ganz geklärten Bedingungen auch variable Zölle benutzt werden, wenn diese die verbindlich festgelegte GATT/WTO Zollobergrenze nicht überschreiten.[5064]

Vier Thesen werden hier vertreten: Erstens war 'managed trade' keine Randphänomen in der Nachkriegszeit, sondern die Industrieländer hatten sich spätestens in der Rezession der siebziger Jahre an die Benutzung dieser Instrumente gewöhnt. Zweitens kann gezeigt werden, daß der 'managed trade' durchaus wahrnehmbare Effekte auf den internationalen Handel hatte. Drittens wurden in dieser Zeit institutionelle und rechtliche Vorbereitungen getroffen, die es erleichterten, daß Interessenvertreter bzw. heimische Industrieverbände Druck ausüben konnte, daß gemäß ihren Wünschen VERs etabliert wurden. Diese Erleichterungen bezogen sich vor allem auf die Antidumping- und Ausgleichszölle sowie die Schutzklausel. Diese Maßnahmen wurden in den achtziger Jahren zunehmend und ergänzend zu den VERs relevant. Viertens ist ohne die Kenntnisnahme dieser Tendenzen nicht zu verstehen, warum heute die Nutzung von Antidumpinguntersuchungen boomt und sich weltweit ausgedehnt hat. Bis heute ist somit der weltweite Wirtschaftsaustausch nicht nur liberal verfaßt, sondern wird durch nationalstaatliche, darunter durch private Interessen initiierte, Schutzmaßnahmen beeinflußt.

Der Anstoß zur Verbreitung der VERs erfolgte schon in den 1950ziger Jahren durch die frühe Lockerung der GATT Regeln bezüglich zweier Sektoren: Landwirtschaft sowie Textilien und Bekleidung: Bereits 1955 erwirkten die USA für ihre Landwirtschaftspolitik eine Sonderstellung ('waiver') und entzogen diese dem Anwendungsbereich der GATT-Regeln. Spätestens seit 1962 ist klar, daß die EU mit der Etablierung einer Gemeinsamen Agrarpolitik ('common agricultural policy', CAP) diesbezüglich ebenfalls große Freiräume beansprucht.[5065] Die EU Agrarpolitik nutzte diverse Instrumente, bilateral ausgehandelte mengenmäßige Beschränkungen, Einfuhrabgaben, Zölle

---

[5060] Preeg 1995: 199; die Details des Abkommens 1991 bis zum 31. Dezember 1999 in Trade Policy Review European Union 2000: 103.
[5061] Agreement on Safeguards Art. 8 Abs. 3. WTO 1995: 320. Siehe Preeg 1995: 1999; Hilpold 1995: 121.
[5062] Siehe Preeg 1995: 1999; Hilpold 1995: 121.
[5063] Siehe zur Zollkontingentverwaltung das Hintergrundpapier des WTO Sekretariats: G/AG/NG/S/20, 8. November 2000.
[5064] Siehe zum hier ausschlaggebenden Fall Wang 2003: 279. Dazu in Abschnitt 'J' mehr.
[5065] Josling et al. 1996: 48, 69-71.

kombiniert mit beweglichen Teilbeträgen.[5066] Oben wurde schon bemerkt, daß auch die Eisen- und Stahlmarktordnung der EU eine GATT Ausnahme zugesprochen bekam, hier wurde aber der Verhältnis bezüglich Außenschutz nur vage thematisiert.[5067] Im Bereich Textil und Bekleidung wurde das erste bilaterale VER nach dem Zweiten Weltkrieg 1956 für Baumwollstoffe zwischen Japan und den USA abgeschlossen.[5068] Nachfolgend wurde dieser Schutz auf viele Länder ausgedehnt und durch zwei Abkommen, 1961 und 1962, im GATT verankert, die als Baumwolltextilabkommen bekannt wurden. Später, 1973, wurde dies in Multifaserabkommen (MFA) umbenannt und auf Kunstfaserprodukte ausgedehnt.[5069]

In den siebziger und frühen achtziger Jahren weiteten sich die Schutzmaßnahmen auf zusätzliche Industriebereiche aus und bestehende Schutzmaßnahmen wurden teils intensiviert. Ausgehandelt wurden VERs in den Bereichen Eisen- und Stahl, Schuhe, chemische Produkte, Motorräder und Automobile. Später in den achtziger Jahren kamen Maschinenbau, Erzeugnisse der Unterhaltungselektronik etwa TV-Geräte und Videorekorder und elektronische Produkte dazu, weiterhin Computerchips und sonstige Produkte, darunter Regenschirme. Auch für die BRD zeichnet sich ein solches Schutzmuster ab.[5070]

Alle diese Abkommen haben eine spezielle Geschichte und nicht alle dienten über eine lange Zeitdauer als Schutz gegen Importe. Teils gab es aber weitere unterstützende Maßnahmen. So reagierten die EU-Länder mit Mindestinlandauflagen ('local content'), als japanische Automobilproduzenten versuchten auf die VERs und Antidumpingzölle mit Direktinvestitionen in der EU zu reagieren.[5071] VERs waren zudem in Bereichen anzutreffen, in denen schon andere staatliche industriepolitische Maßnahmen getroffen wurden.[5072] Ebenso wurden Antidumpingmaßnahmen angestrengt, um ausgelaufene VERs abzulösen oder andersrum dazu genutzt, um den Druck zu erhöhen, ein VER auszuhandeln.[5073] Einige VERs sind nicht dokumentiert, weil sie als informelle Abmachungen abgeschlossen wurden. Weiterhin gab es Maßnahmen, die auf dem Papier keine handelsbeschränkende Wirkung hatten, aber in der Realität abschreckend wirkten: So wurde durch die Etablierung einer Importüberwachung implizit angezeigt, daß hohe Importsteigerungsraten nicht toleriert würden und in der Literatur wird empirisch gezeigt, daß Importe schon allein deshalb zurückgingen.[5074] Schließlich ist für den Chemiebereich dokumentiert, daß bei bestimmten Produkten

---

[5066] Gerken 1997: 48-53, 103.
[5067] Siehe Abschnitt 'H', Punkt 6, Sondergenehmigungen, Exportsubventionen und die Großvaterklausel.
[5068] Weil Japan dem GATT beigetreten war, konnten die USA mengenmäßige Beschränkungen nicht mehr verwenden, die sie davor gegenüber Japan genutzt hatten. Schüler 1991: 464.
[5069] Für Bekleidung und Textilien wurde schon im Jahre 1961 das Short-Term Agreement (STA) ausgehandelt, gefolgt vom Long-Term-Agreement 1962 (LTA). Das erste Multifaserabkommen (MFA I) folgte 1973. Wolf 1987: 25. U.S. Präsident John F. Kennedy ist mit seiner 'New Deal'-Mentalität und der Unterstützung seiner Wahl durch Kongreßabgeordnete aus dem Süden der USA für die Aushandlung der beiden LTAs verantwortlich, zudem noch für ein Embargo auf bestimmte japanische Baumwolltextilien. Vgl. Finger//Harrison 1994: 16-17.
[5070] Siehe: **Tabelle 245**.
[5071] Bletschacher 1992: 75.
[5072] Siehe dazu ausführlich die **Tabelle 246**.
[5073] Schuhknecht 1992: 197; diesen Punkt heben hervor Kolev/Prusa 1999: 1-2.
[5074] Schuhknecht 1992: 108-117.

private Kartelle bzw. Preisabsprachen bestanden und daß die darin involvierten Unternehmer zusätzlich Antidumpinguntersuchungen einleiteten, um ihre Kartelle gegenüber Dritten Firmen aus dem Ausland zu schützen.[5075]

Eine chronologisch angelegte 'cross-reference', welche zeigt, welche Maßnahmen sich zu welchem Zeitpunkt bündelten kann hier nicht geliefert werden.[5076] Immerhin ist es möglich, einzelne Zeiträume und Wirkungen der VERs zu rekonstruieren. Ein Überblick über den Welthandel aus einer anderen Perspektive wird in Abschnitt 'D' gegeben.

1.2 Interessengruppen

Spätestens dann, wenn es um den Schutz vor Importen von Regenschirmen geht, kann der Erkenntnis nicht ausgewichen werden, daß die Politik in dieser Zeitperiode wenig dagegen einzuwenden hatte, auf protektionistische Forderungen privater Interessengruppen einzugehen. In der Literatur ist es unumstritten, daß private Interessengruppen, konkret: Unternehmerverbände, damals nicht nur in der Lage waren (und heute noch sind) die nationale Handelspolitik zu beeinflussen und zwar in den Industrie- und den Entwicklungsländern[5077], sondern daß sie auch direkt auf internationale Verhandlungen einwirkten (und heute noch wirken), im Sinne kontinuierlicher Versuche diese zu beeinflussen und einer dauernden Rücksprache mit den Verhandlungsführern.[5078]

Seit Anfang der siebziger Jahre hat die Politik, teils auf Druck privater Interessengruppen, teils aus anderen Gründen (in den USA: Stärkung des handelspolitischen Einflusses des Kongress gegenüber dem Präsident[5079]) damit begonnen den Zugang privater Interessengruppen zu behördlichen Verfahren, die handelspolitische Maßnahmen beschließen können, zu erleichtern.[5080] Dies trotz dem Widerstand

---

[5075] Am Beispiel von 'high' und 'low density' PVC. Messerlin 1990: 481-485; siehe auch Pierce 2000: 762; Stegemann 1990: 269. Siehe weiter unter den Punkt Chemie.
[5076] Die überzeugendsten Versuche, solche 'cross reference' Ansätze durchzuführen finden sich in: Messerlin 1999: 181; siehe **Tabelle 246**; und, siehe weiter unten, in Schuhknecht 1992: 108-117.
[5077] Thematisiert von Anderson 1995: 401-402; Amelung 1978: 160-161. Eine Untersuchung in bezug auf den U.S. Tariff Act 1824 legt vor Pincus 1975. Daß Interessengruppen Wirtschaftspolitik beeinflussen können, wird ebenso in Abschnitt 'E' zum Thema 'public choice'-Theorie und Rentensuche thematisiert.
[5078] Allgemein stellt dies fest in bezug auf internationale Verhandlungen in den siebziger Jahren, hier spiegelt sich zu einem gewissen Teil auch seine Erfahrung aus der Tokio-Runde wieder. Winham 1979: 118-119. Siehe gleich auch Fußnote 39, für die spätere Zeit siehe etwa Abschnitt 'J', Punkt 26, TRIPS.
[5079] Siehe dazu Abschnitt 'H', Thema Sec. 301 und ihre Vorgeschichte.
[5080] Die EU verfügte seit 1968 über ein Antidumpinggesetz. van Bael 1979: 395. Dieses Gesetz wurde 1979, 1984 und 1988 überarbeitet, parallel zur EU, siehe auch Reutter 1995: 129-186. In den USA wurden in bezug auf Antidumping im Trade Act aus dem Jahre 1974 Verkäufe unter Produktionskosten in die Definition von Dumping aufgenommen, danach stiegen die Anträge um 50 %. Immer noch blieb die Ablehnungsrate hoch, sie lag bei 85 %. Erst mit den Änderungen 1979 stieg die Zahl der Anträge deutlich auf 45 bis 50 Fälle pro Jahr an und die Ablehnungsrate sank auf 50 % ab. Prusa 1997: 193. Speziell ab 1979 (und dann 1984 und 1988) wurden diese Änderungen durch Industrielobbygruppen durchgesetzt. Nettesheim 1991c: 216. Auch die Nutzung der Schutzklausel wurde in den USA 1974 erleichtert. Thomas 1991: 413. Ebenso etablierte die USA den Trade Act 1974 Sec. 301 mit dem Ziel unilateralen Druck auf andere Länder auszuüben. Im Trade Agreements Act 1979 wurde Sec. 301 so ausgestaltet, daß private Beschwerden erleichtert wurden. Als Grund wird genannt, daß die USA frustriert waren und der Meinung, daß die GATT Streitbeilegung nicht dazu tauglich ist, gegen GATT Verstöße vorzugehen. Ein weiterer Grund war, die Verhandlungsmacht der USA in der Tokio-Runde zu stärken. Für die Änderungen 1979 wurde als Grund angeführt, daß nur durch die intensive Nutzung der Streitbeilegung nach der Tokio-Runde die neuen Verpflichtungen durchzusetzen sind. Nettesheim

der Experten, die vor protektionistischem Mißbrauch warnen.[5081] Fortan konnten diese Verfahren u.a. auf Wunsch der privaten Wirtschaft initiiert werden (Antidumping-, Ausgleichs-, U.S. Sec. 301 und EU-Neues Handelspolitisches Instrument und die Schutzklauseluntersuchungen, wobei letztere in den USA aber nicht in der EU[5082] von privaten Akteuren initiiert werden können).[5083] Parallel dazu wurde in den USA die Entscheidungsbefugnis des Präsidenten - der Tendenz nach - zurückgedrängt. Zwar kann der Präsident dort die Anwendung der Schutzklausel durch ein Veto ablehnen, es ist aber immerhin möglich, daß durch ein gemeinsam beschlossenes Gesetz von Repräsentatenhaus und Senat diese Ablehnung wieder rückgängig gemacht wird. Im Bereich Antidumping- und Ausgleichszahlungen ist keine Rolle des Präsidenten vorgesehen, er behält immerhin einen informellen Einfluß. Somit besteht weiter ein Einfluß der Politik, in der Praxis finden diese Untersuchungen aber oft als behördliches Verfahren statt, welches mit der großen Politik nicht mehr in Berührung kommt.[5084]

Parallel muß beachtet werden, daß sich die privaten Interessengruppen und auch die Politik angesichts zunehmender Importe nicht immer für Schutz entschieden. Dies wurde von Milner (1987, 1988) herausgearbeitet. Besonders Unternehmen, die internationale Strategien verfolgten, haben sich gegen die Nutzung solcher Maßnahmen entschieden, beispielsweise im Reifen oder Glasbereich. Es gab aber auch Zwischenformen, d.h. Firmen die sich international engagierten und zusätzlich auf den Schutz nationaler Wirtschaftsräume zurückgriffen. So war Thomson im Farbfernsehbereich an selektiver Protektion gegen japanische Hersteller interessiert.[5085] Auch die Politik verweigerte sich manchmal Schutz bereitzustellen. So ist die Geschichte der TV Gerätehersteller der USA, die Schutz vor Japan forderten, sehr lang. In den Jahren 1961, 1964, 1972, 1971 wurde eine Dumping Feststellung für Bildröhren gefordert, aber von der Politik bzw. den Behörden abgelehnt. Für TV Geräte wurde schon 1968 ein Dumpingschutz beantragt, erst 1976 wurde aber ein VER ausgehandelt.[5086] Ein weiteres

---

1991b: 356. Die EU etablierte ihr Neues Handelspolitisches Instrument 1984. Reutter 1995: 187. Diese Gründe sind fragwürdig, diese Probleme und Interessen hätten von der Politik auch mit anderen Mitteln gelöst werden können.

[5081] In bezug auf Antidumping- und Ausgleichszahlungen und generell unilaterale Maßnahmen reicht hier der Verweis auf die Kritik von Finger et al. 1982: 466; siehe auch Finger/Fung 1994. Die deutsche Monopolkommission forderte, daß Klagemöglichkeiten der Wirtschaft auf europäischer Ebene abgeschafft werden sollten. Antidumping- und Ausgleichsmaßnahmen sollten dem Wettbewerbskommissariat zugeordnet werden und GATT kompatible, multilaterale Maßnahmen genutzt werden. Monopolkommission 1990/1991: 420.

[5082] Entweder durch die Kommission oder durch einen Mitgliedstaat, wobei letzteres meistens so ist. Reuter 1995: 118.

[5083] "Trade restrictions are hardly ever voted directly by Congress. Though the threat of direct congressional action is frequently present, pressure for protection is usually applied through the major instruments for the administrative regulation of imports: the antidumping and countervailing duty procedures and the escape clause mechanism" Finger et al. 1982. Hier wird eine ökonometrische Untersuchung in bezug auf die Einflußgründe präsentiert, aber nicht die Motive der Bürokratie thematisiert. Finger et al. 1982: 452. In der Literatur wird ebenso die These vertreten, daß Bürokraten eigenständige Motivationen ausweisen, sich gegen freien Handel zu entscheiden, um die Proliferation dieser Abkommen besser verstehen zu können. Mehrere Gründe werden hier vorgeschlagen, die sich speziell auf bürokratische Entscheidungsabläufe beziehen: "If industry X gets protection, why not my own industry? In other words, this concession may be analyzed as creating an externality which decreases the cost of lobbying for the not yet satisfied demands for protective decisions. And the decrease in the cost may be expected to be all the stronger as industries ask for protection are distributed among all bureaus involved in the trade policy. This is due to the fact that the logrolling processes between bureaus themselves generally decrease the bureaus' capacities to resist to the industries' pressures." Messerlin 1981: 479.

[5084] Siehe dazu und für weitere Informationen die Passagen zu den Antidumping- und Ausgleichszöllen sowie der Schutzklausel in Abschnitt 'H'.

[5085] Milner 1987: 650. Dies ist der Beitrag zu dieser Debatte von Milner 1987: 647; Milner 1988: 300-301.

[5086] CBO AD/CV Study 1994: 44.

Beispiel: Im Jahre 1977 und 1979 wurde gemäß Schutzklausel ein Schutz gegen Blumen aus Kolumbien beantragt, dieser wurde abgelehnt. Erst als 1986 Antidumpinguntersuchungen gegen spezielle Blumensorten beantragt wurden, wird behördlich dem Schutz zugestimmt und dies führte zwischen 1986 und 1989 zu 49 Anträgen im Blumenbereich, 14 davon gegen Kolumbien.[5087] Die These, daß der Schutz auf den zunehmenden Einfluß privater Interessengruppe auf die Politik zurückzuführen stimmt somit im großen und ganzen, es sind aber auch gegenläufige und differenzierte Tendenzen sichtbar.

1.3 Industriepolitik

Die These vom Einfluß privater Interessengruppen greift aus einem weiteren Grund zu kurz, weil private protektionistische Interessen mit dem Wunsch der Politik nach industriepolitischen Maßnahmen zur Förderung der Gemeinwohls übereinstimmen können.[5088] In anderen Worten stellt sich die Frage: Rentensuche durch Interessengruppen oder gezielte Industriepolitik.[5089]

Die Debatte um Industriepolitik wurde in den siebziger Jahren durch zwei Unterpunkte geprägt, bei denen es beidesmal um Industriepolitik im engen Sinne geht:

1.3.1 Modernisierung statt Abbau von Überkapazitäten

Angesichts der Rezession in den siebziger Jahre fand eine Diskussion um Überkapazitäten statt. In der öffentlichen Diskussion, an die man sich aus den Nachrichtensendungen erinnern kann, wurde dabei ein abgetrenntes, sachliches Problem suggeriert. Tatsächlich war der Übergang zur Industriepolitik fließend. Beim Abbau der Überkapazitäten ging es um einen staatlich induzierten Strukturwandel, der in vielen Fälle eine erhöhte Wettbewerbsfähigkeit zur Folge haben sollte. Aus den vorliegenden Informationen für wichtige Industriebereich folgt, daß ein Abbau von Überkapazitäten damals in dem Sinne stattfand, daß kleinere, ineffiziente Firmen zur Aufgabe angehalten wurden. Eine rein private, über Marktmechanismen ablaufende, Restrukturierung über Firmenzusammenschlüsse erschien damals als gesellschaftlich nicht akzeptabel, sodaß die Politik über komplexe Arrangements u.a. versuchte, einige große Firmen zu stärken und kleine, ineffiziente Produzenten vom Markt auszuschließen. Erst später, in den achtziger Jahren, wurde Industriepolitik in der öffentlichen Diskussion direkter thematisiert. Damals stand die Theorie der strategischen Handelspolitik im Mittelpunkt, wobei U.S. amerikanische Wirtschaftswissenschaftler mögliche wohlfahrtsfördernde, industriepolitische Wirkungen von Zöllen, VERs und gezielten Subventionen thematisierten und damit neoklassische Annahmen kritisierten. Die industriepolitische Seite des 'managed trade' steht somit nicht entgegengesetzt zum industriepolitischen Diskurs der siebziger Jahre über Überkapazitäten und

---

[5087] CBO AD/CV Study 1994: 43.
[5088] Siehe dazu schon Abschnitt 'E'. Interessant ist auch der Fall von Harley-Davidson, denn hier scheint auf den ersten Blick ein privates Unternehmen Schutz zu suchen. Der Effekt kommt aber dem eines industriepolitisch motivierten VER gleich, welches auch vom Staat hätte initiiert werden können. Unklar bleibt aus dieser Perspektive, von wem die Initiative letztendlich ausgegangen ist. Siehe Punkt 2.6.
[5089] So im Titel des Artikel, der diesbezüglich in bezug auf Japan zu differenzieren versucht, von Heitger/Stehn 1988: 123.

Kapazitätsabbau, exemplifizierbar durch die Konsultation in der OECD unter dem Stichwort positiver Strukturanpassung ('positive adjustment').[5090]

Restrukturierung wird in der Theorie des Marktversagens teils als effizienzsteigernd verteidigt, weil in einer Rezession u.a. Marktversagen insofern befürchtet wurde, daß etwa kleine Stahlwerke nur noch ihre variablen Kosten beachten und solange Produktion noch möglich ist, billigen Stahl produzieren und dadurch einen ineffizienten Marktaustritt provozieren ("firms may exit in an inefficient sequence"), d.h. die effizienten Werke würden verdrängt, die in der Rezession Probleme haben, ihre höheren Investitionen zu bezahlen.[5091]

Jedenfalls ging es im Stahlbereich, aber auch anderswo, nicht um den Abbau von Überkapazitäten, sondern um eine subventionierte Restrukturierung, die speziell in der EU und Japan zu einer Stärkung der großen Firmen führte, denen durch handelspolitischen Schutz ein deutlich steigender Anteil am heimischen Markt reserviert wurde, bei weiter bestehenden Exporten.[5092] In Schweden erfolgte eine solche Restrukturierung der Stahlindustrie in idealtypischer Form, mit nachfolgender Globalisierung der Firmenaktivitäten.[5093]

Am Beispiel PVC wird für die Chemieindustrie der EU bemerkt, daß kein Abbau der Kapazitäten erfolgte und daß Überkapazitäten teils einfach daran lagen, daß Kartelle Preisniveaus hochhielten und durch diesen hohen Preis die Kapazitätsauslastung nicht hoch war.[5094]

[5090] "Recognizing that the unfettered market can be a cruel instrument for solving the problem of industrial decline, the OECD has articulated certain principles to guide policy efforts aimed at 'positive adjustment'. Noting that some government intervention in support of declining industry is inevitable and perhaps even desirable, the OECD holds that assistance should be (1) temporary, (2) transparent (i.e. observable by trading partners), (3) linked to the phasing out of obsolete capacity, and (4) free of protectionist measures against imports." Peck et al. 1988: 196.

[5091] Am Beispiel von Japan Peck et al. 1988: 185.

[5092] Dies hört sich damals ganz anders an: Die Stahlindustrie wurde als schrumpfende Branche beschrieben. Immerhin wurde zudem eine 'Europäische Industriepolitik' gefordert, welche die hochmodernen Unternehmen durch einen Abbau der Marktbarrieren stärkt. Franzmeyer et al. 1987a: 189. Im Stahlbereich sei die Gemeinschaftliche Industriepolitik gescheitert, weil die Unternehmen nicht auf einen Übergang zum freien Markt vorbereitet worden seien. Härtel et al. 1987: 165, 170. Die Schutzmaßnahmen für die U.S. Stahlindustrie werden als "passive - Revitalisierungsstrategie" aufgefaßt. Härtel et al. 1987: 46. Dahinter steht, daß in den USA 20 Mill. t Kapazität abgebaut wurde, 200.000 Arbeiter entlassen wurden, wobei der Output der vier größten Firmen "only declined from 52 per cent in 1979 to 47 % in 1983." OECD 1985: 101. Die Protektion der Automobilindustrie der USA wurde mit einer "tiefen Absatzkrise" begründet und es wurde ohne klare Bewertung geschlossen: "Die Protektion der Automobil- und Motorradindustrie beeinflußt in beiden Branchen den Strukturwandel." Härtel et al. 1987: 47. Zwar wird zugestanden: "Die Protektion könnte daher langfristig die Wettbewerbsfähigkeiten der amerikanischen Standorte in der Automobil- und Motorradindustrie verbessern. Kurzfristig ist sie jedoch mit hohen volkswirtschaftlichen Kosten verbunden, die ihren Nutzen fraglich erscheinen lassen." Härtel et al. 1987: 47. Insgesamt wird die Reagansche Politik aber als "rahmenorientiert" aufgefaßt, eine "gestaltende Strukturpolitik fände nicht statt." Härtel et al. 1987: 58-59.

[5093] Siehe den Artikel von Fors 1993. Hier wird beschrieben, daß 1974 die Edelstahlherstellung in Schweden noch in der Hand 'traditioneller' Familienunternehmen lag, die teils in der Rezession Stahl produzierten, weil es ihnen Vergnügen bereitete, obwohl es sich wirtschaftlich nicht mehr lohnte: "What I find extraordinary is that each of the steel firms apparently finds steel-boiling so amusing that, during long periods, they almost entirely ignored the commercial aspect and consciously or unconsciously tried to cover up the low steel profitability in their non-steel activities." Fors 1993: 141. Ende der siebziger Jahre stützte der schwedische Staat die Umstrukturierung mit Subventionen. Sukzessive wurden ältere Produktionsstandorte geschlossen und in speziellen Produktbereichen eine effiziente, skalenintensive Produktion etabliert. Die neuen, professionelleren Gruppen machten sich seit 1984 auf Firmeneinkaufstour in Europa und wurden profitable Weltmarktführer in speziellen Bereichen. Im Kleinformat wird hier sichtbar, auf welchen industriestrukturellen Anfängen und Transformationen die heutige Situation der Globalisierung beruht. Fors 1993: 140-145. Die schwedischen Firmen waren oft U.S. Antidumpingzöllen ausgesetzt. Fors 1993: 155.

[5094] Messerlin 1990: 485-486.

Für Japan wurde diese Politik nicht wie in Europa über Subventionen, sondern teils über wettbewerbsrechtliche Ausnahmen, etwa Rezessionskartelle vorangebracht, deren Zweck es war unter MITI Anleitung Preise zu stabilisieren.[5095] Wiewohl es gelang, kleine ineffiziente Firmen zu schließen, fand auch in Japan ein Abbau von Überkapazitäten nur partiell und auf moderater Ebene statt, selbst die damals klar als ineffizient eingeschätzte Urea-Produktion wurde aufrechterhalten. Einzig in der Aluminiumindustrie wurde ein 25 % Kapazitätsabbau erreicht, dieser gelang, weil die Produktion ins Ausland verlagert wurde.[5096] Zusammen mit den in Abschnitt 'D' vorgelegten Zahlen, die zeigen, daß sich kaum Wertschöpfungsrückgänge in Europa bemerken lassen, können die Thesen dieses Punktes aufrechterhalten werden, obwohl hier nur selektiv Informationen vorgelegt werden können.

1.3.2 Industriepolitik durch 'managed trade'

In Abschnitt 'E' wurde schon erwähnt, daß die Theorie strategischer Handelspolitik zeigt, daß handelspolitischer Schutz, also auch VERs, aus industriepolitischen Erwägungen vorteilhaft sein kann, weil eben Preisniveaus- und Profite heimischer Unternehmen (auf Kosten von Konsumenten) gesteigert werden können. Die Literatur über strategische Handelspolitik ist durch die Erfahrungen mit den VERs in den achtziger Jahren inspiriert worden und viele der unten bei den Beispielen verwandten Daten sind aus dieser Literatur entnommen.[5097] In der deutschen Literatur ist gemäß der Diskussion über strategische Industriepolitik in den achtziger Jahren beim Gebrauch von Zöllen von "defensiver strategischer Handelspolitik" die Rede, "die inländischen Unternehmen auf strategisch bedeutsamen Märkten einen wichtigen Absatzmarkt sichert", angemerkt wird aber, daß eine defensive nicht gut von einer aggressiven Handelspolitik unterschieden werden kann.[5098]

Vertreten wird hier die These, daß 'managed trade' durchaus als Industriepolitik benutzt wurde und daß dies, nicht in allen, aber in einigen wichtigen Fällen funktioniert hat. Den Autoren, die über die Theorie strategischer Handelspolitik reflektieren, wurde früh klar, daß sie handfeste Phänomene der Industriepolitik beschreiben: So stellt Cline (1986)[5099] fest, daß die USA zwar für freien Handel steht und es dort wohl kaum dazu kommen müsse, daß ein Erziehungszoll benutzt würde, schon allein weil ein Marktversagen nicht vorliegt, z.B. seien die Kapitalmärkte am fortgeschrittensten auf der Welt. Einige Seiten weiter wird erwähnt, daß die Automobilindustrie hinsichtlich ihrer Produktivitätsentwicklung wenig herausragend war und daß Investitionen, die durch hohe Gewinne

---

[5095] Überblick in Peck et al. 1988; sowie mit weiterer Literatur Hermanns 2005a: 73-77.
[5096] Peck et al. 1988: 235-237.
[5097] Noch 'neutral' wird die Thematik angegangen von Krugman 1984.
[5098] Weniger problematisch erscheint es den Autoren, wenn als Reaktion gegenüber Maßnahmen anderer Staaten, Zölle, Importkontingente und Exportsubventionen genutzt werden oder es eine "national ausgerichtete öffentliche Beschaffungspolitik gibt. Ebenso erscheint F&E Förderung als defensiv, solange sie nicht gezielt als strategisch angesehene Industrien fördert. Monopolkommission 1990/1991: 382-383. Diese defensive strategische Handelspolitik könne von "allgemeinen protektionistischen Maßnahmen" abgegrenzt werden, von denen angenommen wird, daß sie mißbräuchlich eingesetzt werden. Zweites Zitat in der Fußnote ohne Hervorhebung im Original. Monopolkommission 1990/1991: 416.
[5099] In 'Strategic Trade Policy and the New International Economics' herausgegeben von Paul R. Krugmann 1986.

aus den VER-Abkommen mit Japan ausgelöst wurden, eine 'revitalization' dieser Industrie ermöglicht haben.[5100] Unten wird gezeigt, daß diese Zusatzgewinne tatsächlich zu einer Produktivitätssteigerung der U.S. Automobilindustrie eingesetzt wurden, dazu sind durch die VER-Barrieren Direktinvestitionen japanischer Hersteller angezogen worden. Somit sind die VERs im Automobilbereich bewußt und erfolgreich mit industriepolitischer Absicht genutzt worden. Auch der EU gelang es durch ihre VER-Abkommen japanische Direktinvestitionen anzulocken. Bezieht man diese beiden Effekte auf die Direktinvestitionen mit ein, spricht viel dafür, daß diese strategische Handelspolitik sowohl für die USA als auch die EU klar wohlfahrtssteigernd war.

1.3.3 Produktzyklusgüter

Ebenso wurden VERs und Antidumpingzölle genutzt im Bereich der Elektrotechnik- und Unterhaltungselektronik wie CD-Player, Videorecorder[5101], Mikrowellen, TV-Geräte, Bildröhren, Video- und Audiokassetten.[5102] Hier wurde versucht, den Schutz mit dynamischen Effekten wirtschaftstheoretisch zu verstehen. Anfänglich hohe Gewinne von technologisch aufwendigen Produkt-Zyklus-Waren[5103] seien nötig, um für hohe F&E Kosten zu kompensieren. Weil während der Produktion Lerneffekte und Skalenökonomien wirksam würden, könnten Firmen, welche die Kosten schnell reduzieren, hohe Weltmarktanteile erobern. Würde ein solcher Prozess künstlich initiiert, könne argumentiert werden, daß die Gewinne die Förderungskosten übersteigen und es wird darauf hingewiesen, daß das Ausland durch eine staatliche Forschungsförderung weniger Anreize hat, ebenso hohe Ausgaben zu riskieren.[5104]

1.3.4 Notwendigkeit des Schutzes

Kelly/Mokre (1994) zeigen für die achtziger Jahren, daß die Industrien, die Schutz beantragten typischerweise eher geringe Importzunahmen zu beklagen haben und bei ihren Schwierigkeiten oft weitere Faktoren eine Rolle spielten.[5105] Dies bestätigt die hier vertretene These insofern, daß die meisten Schutzmaßnahmen jedenfalls eines nicht waren, nämlich unter Umständen begründbare Maßnahmen gegenüber extrem schnell steigenden Importen. Es ist nicht sichtbar, daß in dieser Zeit Importe Industriestrukturen der Industrieländer gefährdet oder die internationale Arbeitsteilung aus

---

[5100] Cline 1986: 215, 219. In bezug auf eine aktive Industriepolitik durch Protektionismus und die Gefahr Verlierersektoren zu stützen wird formuliert: "Even if the policy process could look towards the future, it would be dubious that the argument of providing government support to 'infant industries' could be justifiably invoked in the context of an advanced industrial country. To cite just one reason, the classic infant-industry argument assumes that capital markets are poorly developed and are unavailable to provide the financing private firms would need to weather the initial years of learning-by-doing at losses (to be followed by subsequent years of high profits as the infant industry matures). Yet, U.S. capital markets are the most advanced in the world." Cline 1986: 215. Weiterhin wird formuliert, daß eine wichtige Frage sei, "whether the sector has used the period of protection to revitalize". Cline 1986: 228. Zugestanden wird, daß die U.S. Automobilindustrie von den VERs profitiert: "The rise in oligopoly profits is also evident in soaring profits of domestic producers." Cline 1986: 229.
[5101] Für Videorekorder wurde zwischen der EG und Japan 1983 ein VER ausgehandelt und als es offenbar auslief, wurde ab 1986 der Zoll von 8 % auf 14 % erhöht. Vgl. Klepper et al. 1987: 182.
[5102] Schuhknecht 1992: 116-117 (VERs), 129 (Antidumping).
[5103] Benannt nach dem Artikel von Vernon 1966.
[5104] Zu diesem Abschnitt Donges 1986: 15.
[5105] Siehe Abschnitt 'H', Punkt 14.2, Antidumping.

Sicht der Industrieländer, welche den 'managed trade' benutzten, extrem ungünstige Ausmaße angenommen hätte. Die meisten dieser Maßnahmen waren Versuche privater Interessengruppen ihre Einkünfte zu erhöhen. Sie verzögerten entweder sowieso erwartbare Anpassungsprozesse, die im Einklang mit einer vernünftigen Arbeitsteilung im Welthandel standen oder hatten industriepolitische Wirkungen, ohne daß ein Bedarf für diese industriepolitischen Interventionen bestand.

1.3.5 Die Bewertung in der Fachliteratur dieser Zeit

In der deutschen Fachliteratur dieser Zeit wurden diese Ambivalenzen kaum wahrgenommen. Die EU wurde damals etwa als schwach und schutzbedürftig dargestellt und die Schutzmaßnahmen als passive Maßnahmen zum Aufrechterhalten von Beschäftigungsniveaus angesehen.[5106] Die immerhin zu einem gewissen Grad erkennbare Stärkung der U.S. Automobilindustrie durch das VER mit Japan wurde aufgrund der mutmaßlichen japanischen Überlegenheit als unbedeutend angesehen[5107] oder nicht wahrgenommen.[5108] Der Schutz der EU Automobilunternehmen gegenüber Japan wurde anhand von rein statisch argumentierenden Modellen als wohlfahrtsmindernd eingeschätzt.[5109] Einige Untersuchungen renommierter deutscher Wirtschaftsforschungsinstitute hatten zudem solch kurze Literaturlisten, daß fraglich ist, ob die deutsche Forschung auf dem Stand der Dinge angesiedelt war.[5110]

Als später mehr Fakten bekannt sind, wurde eine schwer zu entwirrende Mixtur zwischen Empirie und einer normativ angelegten Wirtschaftswissenschaft vorgelegt, die von der Neoklassik und einem gegenüber staatlichen Interventionen skeptischen Ordoliberalismus beeinflußt war. In Rekurs auf die weniger erfolgreiche Schutzepisode im Bereich der Halbleiter[5111] und das teure, erfolgreiche, nicht für

---

[5106] "In der Abnahme der Beschäftigungsmöglichkeiten im verarbeitenden Gewerbe dürfte wohl das dringlichste wirtschaftspolitische Problem liegen, und es entlastet die Konfliktlage in den einzelnen Länder erheblich, wenn sich der Schrumpfungsprozess nur allmählich vollzieht." Franzmeyer et al. 1987a: 43. "Das dritte Grundmotiv für Industriepolitik ist der soziale Ausgleich". Franzmeyer et al. 1987: 57. Klar wird an der Diskussion industriepolitischer Interventionen, daß der Staat in allen möglichen Bereichen engagiert war, von Textilien-, Bekleidung-, über Stahl-, Schiffbau, F&E Subventionen und Risikoübernahmen bis zum Post und Telekommunikationsmonopol und bei steuerlichen Entlastungsmaßnahmen. Alles dies erschien damals ohne Schwerpunkte als Industriepolitik. Die Autoren konnten sich nicht entscheiden, ob große Unternehmen wünschenswert seien, obwohl Frankreich, Italien und England die Entstehung solcher Firmen förderten. Die ganze Diskussion erfolgte auf einen hohen Unsicherheitsniveau. Franzmeyer et al. 1987a: 43-63. Es fehlt die grundlegende Einsicht, daß erfolgreiche Firmen gut für die Wohlfahrt eines Landes sind und diese sehr wohl durch den Staat gestützt werden können.
[5107] Anhand von einer statischen, nicht genügend komplexen Argumentation, in der Netto-Wohlfahrtsverluste den Gewinnen der U.S. Unternehmen von US$ 6-12 Mrd. entgegengestellt werden. Bletschacher/Klodt 1992: 152-153; siehe auch die identische Schlußfolgerung in Monopolkommission 1990/1991: 404. Ähnlich auch: "Die Regierung hat zwar in einigen Branchen den geforderten Importschutz verweigert, doch wurden die Stahl-, Automobil- und Textilindustrie gegenüber überlegener Auslandkonkurrenz geschützt." Härtel et al. 1987: 181. Als Fazit einer Untersuchung der Industriepolitik der Industriestaaten ist mehr die Rede von der "Krise der staatlichen Lenkung als von einer Krise des Marktes". Härtel et al. 1987: 196.
[5108] Nicht wahrgenommen in der U.S. Länderstudie, immerhin des DIW: Franzmeyer et al. 1987b: 63. Es paßt, daß ausgerechnet dort am Rande auffällt: "in der Automobilbranche wird kräftig modernisiert." Franzmeyer et al. 1987b: 63.
[5109] Bletschacher/Klodt 1992: 15-16.
[5110] So findet sich in der kurzen Literaturliste der Übersichtsstudie des HWWA von Härtel et al. (1987) kein Verweis auf Publikationen von Paul R. Krugman. In der Studie des DIW von Franzmeyer et al. (1987) nur ein Verweis auf einen Artikel Paul R. Krugmans. Diese Kritik gilt nicht für Bletschacher/Klodt (1992).
[5111] Bletschacher/Klodt 1992: 175-178; Monopolkommission 1990/1991: 391-397. Weniger erfolgreich war diese Episode aus der EU und U.S. Perspektive, dabei wird vergessen, daß es noch Japan gab. In der Literatur wird argumentiert, daß Japan durchaus mit seinen

andere Bereiche der Wirtschaft als Vorbild tauglich, weil auf die Annahmen der Theorie der strategischen Handelspolitik perfekt zugeschnittene Airbusprojekt[5112] - wurde vom Kieler Institut für Weltwirtschaft ('liberal' gesinnt, aber empirisch fragwürdig) geschlossen, daß die strategische Handels- und Industriepolitik insgesamt gesehen industriepolitisch ineffizient sei.[5113]

Dies ist zwar normativ wirtschaftswissenschaftlich interessant, weil tatsächlich gewisse Bedingungen eintreffen müssen, damit strategische Handelspolitik wirksam werden kann, die nicht oft vorliegen. Es ist aber nicht plausibel, dies als sowohl empirisches als auch normatives Gesamtfazit dieser Epoche zu präsentieren.[5114] Interessant ist dabei auch, daß in dieser Publikation letztendlich nicht ein völliger Verzicht auf 'managed trade' Maßnahmen gefordert wird, sondern vielmehr eine internationale Einigung auf deren Verzicht.[5115]

Erwähnenswerts sind weitere Pauschalurteile über diese Zeit und die Wirkung der 'managed trade'-Maßnahmen. So stimmt es zwar, daß einige der hier diskutierten Maßnahmen ineffektiv oder nur

---

Stützungsmaßnahmen bei der Halbleiterentwicklung erfolgreich Industriepolitik betrieben hat. Tyson/Yoffie 1993: 71. Dies ist aber umstritten.

[5112] Bletschacher/Klodt 1992: 173; Monopolkommission 1990/1991: 390-391. "Der Flugzeugbau ist durch sehr ausgeprägte statische und dynamische Größenvorteile gekennzeichnet. Bezogen auf das Marktvolumen lassen sie nur wenigen Anbietern Platz. Außerdem erfordert der Markteintritt in erheblichem Maße irreversible Investitionen. Dies bedingt sehr hohe Marktzutrittsschranken. Die Preissetzungsspielräume der im Markt befindlichen Unternehmen werden daher durch potentielle Konkurrenten nicht wesentlich kontrolliert. Die Marktstruktur erfüllt auf ideale Weise die Bedingungen für eine strategische Handelspolitik, die darauf gerichtet ist, inländischen Unternehmen überdurchschnittliche Gewinne auf hochkonzentrierten Märkten zu sichern. " Ohne die diversen Hervorhebungen im Original. Monopolkommission 1990/1991: 390.

[5113] "Angesichts der negativen Erfahrungen mit der strategischen Handels- und Industriepolitik scheint es ratsam, die in der täglichen Praxis auftretenden Konflikte zur Wettbewerbspolitik zunächst einmal dadurch zu entschärfen, daß industriepolitische Maßnahmen sehr zurückhaltend eingesetzt werden. Ein völliger Verzicht auf handels- und industriepolitische Instrumente durch einzelne Länder muß allerdings nicht rational sein, insbesondere dann nicht, wenn die Länder weiterhin strategische Ziele verfolgen. (...) Es scheint daher dringend geboten, nach internationalen Koordinationsmöglichkeiten zu suchen, um ein Abgleiten in Handelskonflikte, bei denen alle Beteiligten schlechter stehen als bei Freihandel, zu vermeiden. Eine Schlüsselrolle kommt dabei dem GATT zu, dessen Kompetenzen zur Überwachung strategischer Handels- und Industriepolitik ausgeweitet werden sollten." Bletschacher/Klodt 1992: 181; umfassend die Ausführungen in bezug diese und anderen Probleme, die es anraten, eine internationale Wettbewerbsordnung zu begründen durch die: Monopolkommission 1990/1991: 405-420.

[5114] Für diese Bedingungen Bletschacher/Klodt 1992: 171. Die erste der Bedingungen, daß kein vollkommener Wettbewerb herrschen darf, ist sicher in einigen Märkten erfüllt. Wie hoch Marktschranken sind, könnte auch eingeschätzt werden. Der Staat muß glaubhaft bei der Durchsetzung sein. Dieses Kriterium erfüllt sowohl die USA als auch die EU. Es darf keine Gegenreaktion erfolgen. Die ist ein wichtiges Argument in bezug auf das Verhältnis USA vs. EU, weil hier Gegenreaktionen durchaus erfolgen. Daß die Politik bei Interventionen nicht Spielball von Unternehmensinteressen werden darf, ist ebenso ein gutes Argument, weil dies wohlfahrtsmindernd sein kann. Ebenso dürfen die Lobbykosten nicht höher als die Gewinne sein. Kurz: Diese Bedingungen sind nicht gänzlich unerfüllbar, bis auf die Gegenreaktionen anderer Staaten und dem generellen Problem, daß es ein schwieriges Unterfangen ist, den Marktwettbewerb vorherzusehen. Bletschacher/Klodt 1992: 171-172. Siehe auch Abschnitt 'E'.

[5115] "Angesichts der negativen Erfahrungen mit der strategischen Handels- und Industriepolitik scheint es ratsam, die in der täglichen Praxis auftretenden Konflikte zur Wettbewerbspolitik zunächst einmal dadurch zu entschärfen, daß industriepolitische Maßnahmen sehr zurückhaltend eingesetzt werden. Ein völliger Verzicht auf handels- und industriepolitische Instrumente durch einzelne Länder muß allerdings nicht rational sein, insbesondere dann nicht, wenn die Länder weiterhin strategische Ziele verfolgen. (...) Es scheint daher dringend geboten, nach internationalen Koordinationsmöglichkeiten zu suchen, um ein Abgleiten in Handelskonflikte, bei denen alle Beteiligten schlechter stehen als bei Freihandel, zu vermeiden. Eine Schlüsselrolle kommt dabei dem GATT zu, dessen Kompetenzen zur Überwachung strategischer Handels- und Industriepolitik ausgeweitet werden sollten." Bletschacher/Klodt 1992: 181; umfassend die Ausführungen in bezug diese und anderen Probleme, die es anraten, eine internationale Wettbewerbsordnung zu begründen durch die: Monopolkommission 1990/1991: 405-420. Am Rande: Ein weiterer industriepolitischer Erfolg der Industrieländer ist die Satellitenkommunikation, deren Entwicklung wurde von der NASA gestützt, später auf der Ebene zweier quasi privater Unternehmen weiterbetrieben, COMSAT und INTELSAT. In dieser Publikation wird aber ebenso auf weitere Mißerfolge hingewiesen, etwa bei der staatlichen Förderung der Kernkraft. Teubal/Steinmueller 1982: 272, 284-286.

temporär wirksam waren.[5116] Daraus zu schließen, daß etwa auf VERs basierte strategische Handelspolitiken generell unwirksam[5117] oder die Schutzbarrieren generell porös waren, ist aber schlicht falsch.[5118] Wenig überzeugend ist ebenso, wenn in der Literatur darauf verwiesen wird, daß die Entwicklungsländer durch den 'managed trade' aufgrund eines merklich ansteigenden Welthandels kaum negativ beeinflußt wurden.[5119]

Aus wissenschaftlicher Perspektive ist es ebenso fragwürdig zu argumentieren, daß dies alles toleriert werden mußte, weil die USA einen weit schlimmeren Protektionismus hätten ausbilden können.[5120] Dies gilt auch für das Argument, daß es besser für die Entwicklungsländer war, sich auf ein multilaterales Abkommen zur Beschränkung des Textil- und Bekleidungshandels einzulassen, weil bilaterale Beschränkung hätten deutlich restriktiver sein können.[5121] Diese beiden Argumente argumentieren erstens nicht mehr sachlich wirtschaftswissenschaftlich und sind zweitens schon insofern falsch, weil auch die USA nicht die Vergeltung aller großer Handelsnationen durchstehen könnte und drittens nehmen sie gänzlich Abschied vom sowohl wirtschaftswissenschaftlich als auch ethisch-normativ begründbaren Ziel einer weltweit breiter verteilten Effizienz- und Wohlfahrtssteigerung auf der Basis sachlich begründbarer Regeln.

In der Zeit als die VERs angewandt wurden, wurde zudem in deutlicher Weise Stellung für VERs genommen. Ihre Wirkung wurde heruntergespielt, es wurde argumentiert, daß VERs etwa von Politikern vorgezogen werden, die nicht protektionistisch eingestellt waren, weil einige VERs nicht sonderlich effektiv gewesen oder nur temporär angelegt worden seien. Diese Argumente treffen aber nur für die temporär angelegten VERs zu, die für nur wenige Jahre bestanden. Speziell für den Textil- und Bekleidungsbereich, für den Stahlbereich und für den Automobilbereich trifft dies nicht zu, hier haben VERs in massiver Weise in den Welthandel eingegriffen. Eine Übersicht über diese Haltung in der Literatur wird in Schuhknecht (1992) präsentiert, der dazu einen passenden Kommentar wählt: "The road to hell is paved with good intentions."[5122]

[5116] Dies trifft, siehe unten, für Schuhe, für Unterhaltungselektronik, für Speicherchips und den Maschinenbau zu.

[5117] Im Bereich Stahl und Automobile war der Schutz sicher effektiver als in anderen Bereichen. Dazu kommt, daß die Schutzmaßnahmen Investitionen in die USA und Europa gelockt haben. Trotzdem wird geschlossen: "Insgesamt gesehen sind die Erfahrungen mit der strategischen Handels- und Industriepolitik also wenig ermutigend." Bletschacher/Klodt 1992: 167.

[5118] Ebenso war der Schutz im Textil- und Bekleidungsbereich effektiv und sicher nicht "leaky" wie im Fazit von Finger/Harrison 1994: 40.

[5119] Typisch ist etwa die Argumentation, daß die VERs nicht die insgesamte Steigerung der Importe aus den Entwicklungsländern stoppen konnten (dies war auch nicht beabsichtigt). Sodann wird geschlossen: "The conclusion is surely clear: protectionism is far less important to LDCs than the rate of growth in the world economy as a whole." Strange 1985: 246-249. Implizit wird damit u.a., daß die teils deutlichen Effekte für die einzelnen Länder zu vernachlässigen waren. Offen zugegeben wird, daß hier von den Erfolgen Koreas, Taiwans, Hongkongs und Singapurs auf die Chancen aller Entwicklungsländer am internationalen Handel zu profitieren geschlossen wird. Strange 1985: 249. Diese Länder profitierten allerdings beispielsweise von den großen Quoten des MFA.

[5120] Franzmeyer et al. 1987a: 176. Dieses Argument klammert unter anderem aus, daß die EU ein eigenständig handelndes politisches Gemeinwesen ist, das sich partiell auch großzügiger als die USA hätte zeigen können.

[5121] "With continuous restrictive regimes since the early 1960s, the textile and apparel sectors are pre-eminent in durability of import protection. An important reason for this durability is the persistent view than in the absence of international regimes (the MFA), protection in the United States and abroad could be even more severe." Cline 1987: 145.

[5122] Zu dieser Debatte mit diesem Zitat: Schuhknecht 1992: 113.

1.4 Weitere Gründe für die VER Abkommen

(1) Der einfachste Grund für ein VER soll hier nicht vorenthalten werden, der Dominoeffekt. Wenn ein Staat ein VER ausgehandelt hatte, entstand meist in den anderen Ländern die Angst, daß alle Waren nun dorthin umgelenkt würden, sodaß schnell versucht wurde, ebenso ein VER auszuhandeln.[5123]

(2) Die Aushandlung von VERs wurde einer Zollerhöhung vorgezogen, weil aufgrund des unklaren Status der VERs und dem Einvernehmen der Staaten keine Gegenmaßnahmen seitens anderer Staaten drohten, denn im GATT war niedergelegt, daß eine Zollerhöhung den davon betroffenen Staat dazu autorisiert Zollzugeständnisse in gleicher Höhe zurückzuziehen.[5124] Ebenso hätte die Schutzklausel des GATT zum Zwecke eines temporären Schutzes genutzt werden können, denn dies ist explizit der Zweck dieser Klausel. Die Länder nutzten diese aber ungern, weil sie über dessen Gebrauch im GATT Rechenschaft ablegen mußten und hier möglich war, Zollzugeständnisse gleicher Höhe zurückzuziehen.[5125]

(3) Zudem führen Zölle zwar zu staatlichen Einnahmen, können aber (schließlich werden sie von den Exporteuren bezahlt) zu Preisanstiegen führen. Dies kann bei Massengüter inflationäre Tendenzen verstärken, die besonders in den siebziger Jahren als Problem bestanden. Aus dieser Perspektive gesehen war ein VER eine Art Kompromiß, denn hier war meist ein relativ moderater Preisanstieg zu erwarten, wovon der ausländische Produzent mitprofitieren konnte, zumindest hinsichtlich der ihm zugestandenen Menge.

(4) Weiterhin ist darauf hinzuweisen, daß die Exportbeschränkungen durch die VERs oft von den betroffenen Ländern selbst verwaltet wurden. Dies bedeutet, daß das betroffene Land Exporteure ausgesucht hat und nur mit diesen Unternehmen konnten die Importeure fortan Handel betreiben. Dies schränkte die Auswahlmöglichkeiten durch die Importeure ein, führte aber dazu, daß nicht immer die gesamte gewünschte Produktpalette vorhanden war und nicht immer die billigsten Produzenten unter den auserwählten Exporteure waren, deren Position dadurch gestärkt wurde. Dies erklärt die sogenannten Renten oder 'windfall profits', die bei der Vergabe von mengenmäßigen Kontingenten bzw. Quoten entstehen, an welchen exportierende Länder ein Interesse entwickeln können.[5126] Bei einer globalen Quote etwa, bei der Importlizenzen vom importierenden Land vergeben werden, kommen die Renten, so oft die Meinung, eher den Importeuren zugute.[5127] Grundsätzlich gilt, daß die

---

[5123] Klepper et al. 1987: 201.
[5124] So wurden etwa die Überlegungen der USA in bezug auf ein VER skizziert in OECD 1985: 153. Die zusätzlichen Einnahmen durch erhöhte Preise werden auch als Bestechungsgeld ('bribe') bezeichnet, die ein Land dazu führen, ein VER zu akzeptieren. Berry et al. 1999: 422. Es wurden aber durchaus auch mal Gegenmaßnahmen, sogar in Form von mengenmäßigen Beschränkungen in anderen Bereichen, während der Verhandlungen zu VERs genutzt, hier kann aber nur ein Beispiel präsentiert werden. So wurden in den Verhandlungen über VER-Stahlquoten von der EU Quoten auf Chemikalien, Waffen, Sportwaren und Einbruchsalarmsysteme verhängt. OECD 1985: 94.
[5125] Jones 1989: 131. Und zur Schutzklausel Abschnitt 'H', Punkt 14.1.
[5126] Zu diesem Abschnitt Jenkins 1980: 5-6.
[5127] Jenkins 1980: 6.

bestehenden Zölle weder durch Quoten noch durch VERs wegfielen und somit trotzdem gezahlt werden mußten.[5128] Dies war vor allem für den Textil- und Bekleidungs-, aber auch den Landwirtschaftsbereich wichtig.

(5) Zudem war es in den U.S. oftmals so, daß protektionistische Lobbygruppen sich den normalen handelspolitischen Klageoptionen bedienten, den Antidumpingmaßnahmen oder der Schutzklauseluntersuchungen oder protektionistischen Gesetzeingaben. Weil der Präsident in bezug auf erstere Einfluß nehmen kann bzw. ein Vetorecht hat und zweite Vorschläge oft nicht konsensfähig waren, u.a. weil andere Interessen dagegen intervenieren, waren VERs oft ein Kompromiß für die Regierung um Schutzinteressen zu befriedigen.[5129]

2. Automobile

Im Automobilsektor wandten sich die Handelsbarrieren vor allem gegen Japan. Zuerst zu den Maßnahmen der USA:

2.1 USA

Während der siebziger Jahre gelang Japan ein Anstieg der Exporte in die USA. Von 728.000 Wagen im Jahre 1975 auf 1.887.000 im Jahr 1980. Dies entsprach 1975 einem Marktanteil von 8,2 % und 1980 von 19,1 %.[5130] Auf diesen Anstieg der Importe hatten nicht nur die Japaner Einfluß. Es gibt Anzeichen dafür, daß in dieser Zeit eine Hochpreispolitik von amerikanischen Unternehmen angewandt wurde, angeführt von General Motors, dem dominierenden Unternehmen, welches seit 1948 mindestens über 40 % Marktanteil verfügte (mit einer weiteren Firma schwankte der Konzentrationsgrad zwischen 60 % und 80 %). Weil die amerikanische Automobilindustrie nicht sonderlich effizient war und sich davor scheute, Investitionen und organisationelle Umstellungen auszuführen, konnte es sich, vor allem für General Motors, mittelfristig als lohnend erweisen, solange ein hoher Marktanteil vorlag, eine Hochpreispolitik durchzuführen, die das Wachstum der Japaner am 'Marktrand' zuließ. Obwohl Ford und Chrysler dadurch Marktanteile verloren, folgten sie ebenfalls dieser Preispolitik.[5131] Wären die Unternehmen wettbewerbsfähiger gewesen, hätte es sich gelohnt, die japanischen Importeure preislich zu unterbieten. Obwohl die Profite seit 1973 nicht mehr extrem hoch

---

[5128] Jenkins 1980: 6-7.
[5129] So wird vorgegangen in vielen Episoden, die dargestellt werden in Destler/Odell 1987: 13-14.
[5130] Berry et al. 1999: 414.
[5131] Diese erfolgte so: Zuerst hat GM Preise angehoben, dann haben Ford und Chrysler ihren eigene Preissteigerungen durchgeführt, oft mehr als GM. Nach dieser ersten Preissteigerungsrunde hat sich jeweils GM dem höchsten Anstiegsniveau angeschlossen. Hier gibt es allerdings keine genauen Informationen darüber wie lang dies so gemacht wurde. In den siebziger Jahren jedenfalls. Zu diesem Abschnitt: Adams/Brock 1990: 110-111. Die enge Koordination der drei großen Hersteller wird auch daran deutlich, daß sie gemeinsam davon absehen, kleine Wagen einzuführen. Sie hatten weiterhin eine lange Zeit eine Abmachung, um die Forschung bezüglich energiesparender Motoren zu verhindern. Diese Abmachung wurde 1969 von den U.S.-Wettbewerbsbehörden angegangen. Vgl. Adams/Brock 1990: 111. Siehe auch Kwoka 1984.

waren und es Fluktuationen gab, wurden doch etwa 1978 von General Motors US$ 3,5 Mrd. Profite nach Steuern und bei Ford US$ 1,6 Mrd. erreicht.[5132] Im Jahr 1980 wurden insgesamt von den U.S. Herstellern General Motors, Ford und Chrysler US$ 4,7 Mrd. Profite gemacht, 1981 US$ 2,3 Mrd., 1982 US$ 0,6 Mrd., 1983 US$ 5,3 Mrd. und 1984 US$ 10,4 Mrd..[5133] Auch die Japaner scheinen mit dieser Politik einverstanden gewesen zu sein, denn die Japaner blieben durchschnittlich US$ 1000 oder mehr unter den durchschnittlichen U.S.-Preisen, hoben ihre Preise ebenfalls kontinuierlich an und ließen keine allzu große Lücke entstehen.[5134] Auch die relativ extremen Outputeinbrüche zwischen 1979 bis 1983 wurden durch steigende Preise hinsichtlich der Firmeneinkommen partiell aufgefangen.[5135] Schon dieses wettbewerbspolitisch problematische 'gleichförmige Preisverhalten', bei dem sich ein Unternehmen als Preisführer verhält[5136], weist darauf hin, daß ein Schutzansinnen aus ordoliberaler Perspektive nicht gerechtfertigt war.

Anfang der achtziger Jahre forderte die U.S. Automobilindustrie Schutz vor japanischen Importen. Am 1. April 1981 wurde eine VER-Exportbeschränkung Japans wirksam. Abgemacht wurde, daß die Exporte Japans für die nächsten 3 Jahre auf dem Niveau von 1,8 Mill. Einheiten bleiben sollten.[5137] Im Jahre 1983 wurde das Abkommen verlängert und auf 1,85 Mill. Einheiten erhöht. Obwohl die USA erklärte, kein Interesse an einer Verlängerung der Vereinbarung zu haben, hält die japanische Seite seit 1985 einseitig eine mengenmäßige Beschränkung von 2,3 Mill. Automobile als Obergrenze ein. Seit 1987 wurde diese Obergrenze nicht mehr berührt.[5138] Danach sanken die japanischen Exporte in die USA sogar ab, weil Japan begann eigene Produktionsstätten in den USA aufzubauen. So gingen 1999 noch 1,5 Mill. Einheiten Personenfahrzeuge von Japan in die USA.[5139] Im Jahre 1998 lag innerhalb der USA eine japanische Produktion von 1.673.120 Einheiten plus 432.882 Pickups vor.[5140] Nimmt man für 1998 insgesamt 3,6 Mill. Einheiten in japanischen Unternehmen produzierter Automobile (Importe aus Japan und japanische inländischer Produktion in den USA), dann liegt, bei einer Produktion von

---

[5132] Zu diesen Thesen vgl. den Artikel von Kwoka 1984. Darauf, daß die U.S.-Automobilkonzerne ausländischen Konzernen das untere Marktsegment überlassen, wird auch, ohne Literaturangaben allerdings und im Kontext von Kanada und einem regen Autoteileaustausch und der Montage, hingewiesen bei Scherer 1992: 177.

[5133] Der Wert für 1984 ist auf das ganze Jahr berechnet aus den Zahlen die von Januar bis Juni 1984 vorlagen. Immerhin sind es also bestimmt mehr als US$ 5 Mrd. Profite, die gemacht wurden. Hufbauer et al. 1986: 256.

[5134] Berry et al. 1995: 44, 46. Es kann sogar dokumentiert werden, daß die japanischen Unternehmen im Kleinwagenbereich im Jahre 1978 jeweils Preissteigerungen begonnen haben, denen dann die U.S.-Unternehmen gefolgt sind, obwohl deren Preise auf höherem Niveau lagen. Dies alles sieht nach einem abgestimmten Verhalten aus. Siehe Kwoka 1984: 514.

[5135] Die Zahlen: 1979 wurden 8,41 Mill. Stück produziert (Wert US$ 49,6 Mrd.), 1980 6,38 Mill. Stück (Wert US$ 40,79 Mrd.), 1981 6,26 Mill. Stück (Wert US$ 44,95 Mrd.), 1982 5,07 Mill. Stück (Wert US$ 38,46 Mrd.), 1983 5,98 Mill. Stück (Wert US$ 45, 57 Mrd.). Hufbauer et al. 1986: 255.

[5136] Siehe Abschnitt 'C', dort auch die Referenzen, daß ein solches Verhalten von den Wettbewerbsbehörden verfolgt werden könnte. Dennoch bleibt dies eine Grauzone und die Wettbewerbsbehörden sehen meist von Eingriffen ab. Dieses Phänomen wird auch als "Politik der festen Preisrelation" bezeichnet. Entwickelt wurde dieser Aspekt der Oligopoltheorie von Ernst Heuss. Siehe Heuss 1960: 178. Siehe auch Borchert/Grossekettler 1985: 82, 85-88.

[5137] Genau: 1.832.500 Fahrzeuge. Generell sollten japanische Exporte unter 1,68 Millionen liegen. Zusätzlich wurden die Exporte nach Puerto Rico auf 82.500 Fahrzeuge festgelegt und der Export geländegängiger Fahrzeuge und Kleinbusse auf 70.000 beschränkt. Zusammengerechnet ergibt dies die zuerst genannte Zahl. Bletschacher 1992: 74.

[5138] Bletschacher 1992: 73-74.

[5139] Auto International 2000: 175.

[5140] Siehe: **Tabelle 84**.

11,19 Mill. Einheiten durch weitere amerikanische Produzenten (einschließlich Pickups) ein 'impliziter' japanischer Marktanteil von 32 % vor.[5141]

Über die Auswirkungen dieser VER-Beschränkung gibt es Untersuchungen[5142], aus denen hier einige Ergebnisse wiedergegeben werden sollen. Einigkeit besteht über die relativ deutlichen Auswirkungen dieses VERs. In einer frühen Untersuchung[5143] werden 9 %tige Preissteigerungen für das Jahr 1984 als direkte Folge der Einschränkung und jährlich zwischen US$ 550 Mill. und US$ 1290 Mill. zusätzliche Profite für amerikanische Unternehmen berechnet. Ohne Beschränkung wäre zu erwarten gewesen, daß 1984 ein japanischer Marktanteil von 28 % und 2,95 Mill. Einheiten Verkäufe erzielt worden wären. Die Verluste für die Konsumenten lagen in dieser Untersuchung zwischen US$ 3,25 Mrd. und US$ 5 Mrd.. Die erhaltenen Arbeitsplätze werden mit 35.000 beziffert. Dies steht in Relation zu Entlassungen von 200.000 Personen seit 1981. Der Erhalt eines U.S.-Arbeitsplatzes kostete dabei zwischen US$ 93.000 und US$ 250.000. Von der Preissteigerung profitierten auch die japanischen Firmen, die höhere Preise veranschlagten und, bei limitierter Zahl, weniger Standardmodelle importieren. Dies sind die sogenannte 'quota rents'.[5144] In weiteren Untersuchungen, welche die Qualität der Wagen einbeziehen, werden niedrigere Preissteigerungen berechnet, so 3,1 %[5145], wodurch die Konsumentenverluste und Profite der japanischen und amerikanischen Unternehmen niedriger ausfallen würden. Auch andere Autoren weisen auf geringere Preisveränderungen hin, schließen aber, daß die Preise immerhin nicht abgesenkt wurden und daß in den Jahren 1987 und 1988 jeweils, US$ 500 Mill. Verluste an Profiten für japanische Unternehmen zu errechnen ist.[5146]

Zum Vergleich: Diese Zahlen sind angesichts von US$ 4,24 Mrd. Profiten japanischer Hersteller im Jahre 1985 auf den U.S.-Märkten nicht extrem, aber nicht völlig zu vernachlässigen.[5147] Dies steht im Einklang mit Autoren, die darauf hinweisen, daß die VERs moderater in ihren Auswirkungen seien als hohe Zölle.[5148]

[5141] Auto International 2000: 335. Diese Zahlen sind in der Größenordnung vergleichbar mit den 2,65 Mill. japanischen Autos die 1994 in den USA verkauft wurden, von ingesamten Verkäufen von 8,782 Mill. Von diesen japanischen Automobilen wurden 1,793 Mill. in den USA produziert. Levinsohn 1996: 10. Weil ein Teil der Produktion in den USA stattfindet, ist die Vergleichbarkeit mit den Vorteilen und Kostenstrukturen der siebziger Jahre und somit ein Vergleich der Marktanteile wenig sinnvoll.

[5142] OECD 1985; OECD 1987a; Feenstra 1984; Weltentwicklungsbericht 1986; Collyns/Dunaway 1987; Finger/Olechowski 1987; Inopoulos/Kreinin 1988; Berry et al. 1995; Berry et al. 1999; sowie allgemeiner: Bletschacher 1992; Bletschacher/Klodt 1993

[5143] OECD 1987a: 32-38.

[5144] Dieser Abschnitt: OECD 1987a: 32-38.

[5145] Feenstra 1984: 54. Zwischen 4 % und 15,3 % Preissteigerungen und ein zusätzlicher Profit von US$ 2,6 Mrd. wird erwähnt aus Studien in Scherer 1992: 215-217.

[5146] Andersrum bedeutet dies, daß 1986, 1989 und 1990 keine Profiteinbußen zu beklagen waren. So: Berry et al. 1995: 25. In anderen Studien wird, allerdings nur in bezug auf reine Preiseffekte, von Gewinnen für japanische Produzenten durch das VER ausgegangen. Dort wird der Preisanstieg höher eingeschätzt. Auf 27 % von 1981 bis 1984. Geschätzt wird, daß in dieser Zeit 4 Mill. Automobile weniger verkauft werden konnten. Die japanischen Gewinne durch höhere Preise beliefen sich auf US$ 4 1/2 Mrd. zwischen 1981 bis 1984. So: Collyns/Dunaway 1987.

[5147] Toyota: US$ 2,3 Mrd., Nissan US$ 677 Mill., Honda US$ 920 Mill., Mazda US$ 264 Mill.. Zudem wird hier die Information gegeben, daß die Profite nicht so hoch sind, wie erwartet wurde. Bhaskar 1986: 152-163.

[5148] Berry et al. 1995: 26.

Auf jeden Fall haben amerikanische Unternehmen (und Arbeiternehmer[5149]) auf Kosten der Konsumenten gewonnen. Geschätzt wird, daß durch das VER zwischen 1986 und 1990 den amerikanischen Unternehmen US$ 10,2 Mrd. zusätzliche Profite zugekommen sind.[5150] Die U.S.-Konsumenten seien in dieser Zeit mit US$ 13,1 Mrd. aufgrund höherer Automobilpreise belastet worden (dies sind um die US$ 11,05 pro Kopf). Die Netto-Wohlfahrtsverluste für die USA werden mit US$ - 2,9 Mrd. angegeben.[5151]

Wird die Verbrauchernachfrage differenziert untersucht, kann die These von erhöhten Kosten für die Konsumenten ebenso differenziert werden. Weil die Kosten für amerikanische Automobile (mit geschätzten 30 $ zusätzlich für Käufer amerikanischer Wagen) nicht so stark angestiegen sind, wie für japanische (geschätzt wird US$ 1242 als Preissteigerung), sind die Wohlstandsverluste für bestimmte Käuferschichten, die etwa traditionell U.S. amerikanische Hersteller bevorzugen, nicht so hoch.[5152] In einer weiteren Untersuchung über diese Frage werden diese Kosten für ein einzelnes früheres Jahr etwas höher angenommen. Hier werden für die Käufer 1983 Mehrkosten von US$ 4,886 Mrd. zu damaligen Preisen errechnet (dies sind US$ 20,61 pro Kopf).[5153] Eine extrem hohe Konsumentenbelastung, die direkt dem VER anzulasten ist, scheint damit nicht aufgetreten zu sein, obwohl hier natürlich immer schwer ist, eine Basis für einen Vergleich zu finden, denn ein Absinken der Preise für U.S.-Automobile wurde durch die Erhöhung der Preise japanischer Automobile weniger dringlich. Auf substantielle Gewinne aus den Preissteigerungen deutet somit auch hin, daß die U.S.-Automobilindustrie, im Gegensatz zu Europa aber auch Japan, stark konzentriert war (1987: GM 48,7 %; Ford 25,8 %; Chrysler 15,6 %; andere: 9,9 %[5154]) und eine Preisführerschaft von General Motors auch in den achtziger Jahren als wahrscheinlich gilt.[5155] Der Herfindahl-Index betrugt 1979 0,5 für die USA und für die EU 0,12.[5156]

Die U.S.-Regierung hat folglich nicht nur die langjährige wettbewerbshemmende Preispolitik der U.S.-Unternehmen mitgetragen, sondern mit dem VER auch gegenüber dem Weltmarkt abgesichert.[5157] Dies deutet auf einen weitgehenden Einfluß privater Interessengruppen hin. Deren

---

[5149] Die Löhne stiegen auch in der Krisenzeit zwischen 1979 und 1983 kontinuierlich an, von 1979 US$ 13,68 pro Stunde auf US$ 22,80 pro Stunde. Hufbauer et al. 1986: 255.
[5150] Zur Relation: Japanische Produzenten machen 1990 in den USA US$ 7,6 Mrd. reine Profite, die U.S.-Hersteller US$ 23,1 Mrd.. Insofern ist die obengenannte Zahl nicht zu vernachlässigen. Berry et al. 1999: 421.
[5151] Berry et al. 1999: 412. Für die Pro-Kopf-Berechnung durch den Verfasser liegen die U.S.-Profite und die Zahl von 237 Mill. Einwohner zugrunde. Von noch höheren Zahlen mit US$ 17 Mrd. Verlusten für Konsumenten geht aus die liberal argumentierende Monopolkommission 1990/1991: 404.
[5152] Hier dient das Jahr 1987 als Referenz. Berry et al. 1995: 27. In einer Regressionsanalyse wird von 1981 bis 1985 kein Preiseffekt festgestellt, danach steigen japanischen Preise um höhere Werte: 1986 um US$ 675; 1989 US$1558; und 1990 liegen sie immer noch um US$1063 US$ höher. Berry et al. 1995: 23.
[5153] Dies sind bei damals 237 Millionen US-Einwohnern, 20 Dollar pro Kopf, bei einem Pro-Kopf-Einkommen von 15.390 US $. Vgl. Finger/Olechowski 1987: 53. Sowie: Daten für 1984 im Weltentwicklungsbericht 1986.
[5154] Adams/Brock 1990: 105.
[5155] Siehe oben sowie Kwoka 1984: 509-521; siehe für die Zeit zwischen 1951 und 1971 Boyle/Hogarty 1975: 86.
[5156] OECD 1985: 140; siehe auch Kwoka 1984: 509-521.
[5157] "One pattern that does appear to be clear is that protection in automobiles heightened the oligopoly power of the industry as the whole including the major foreign producers. Profits at the three largest Japanese firms are much higher than before, the result of a large transfer of income from U.S. consumers to these producers (as they collect higher profits made possible by sharp increases in their prices.) The rise in

Ziele überdeckten sich mit der U.S. Politik im Sinne einer staatlichen strategischen Handels- und Industriepolitik. Eine engagierte Wettbewerbspolitik hat es nicht gegeben, welche ebenso eine industriepolitische Wirkung hätte haben können und als Weckruf für die U.S. Automobilindustrie hätte wirken können. Eine Zerschlagung von GM hätte, so die Ansicht einiger Autoren, deutlich positivere Auswirkungen auf deren hohe Produktionskosten haben können.[5158] Unwahrscheinlich ist dies nicht, weil das enge U.S. Oligopol offenbar dazu geführt hat, daß weniger Anstrengungen unternommen wurden, die Produktivität zu steigern. In der U.S. Automobilindustrie sank die Produktivität seit 1960 bis 1980 jährlich um -0,6 % ab (!).[5159] Geschlossen wird von einem Autor, daß der VER die Modernisierung und strukturelle Anpassung der U.S.-Industrie herausgezögert hat und den Konsumenten die Kosten aufgebürdet hat, die zur Finanzierung einer sowieso anstehenden Modernisierung ansonsten auf dem Kapitalmarkt hätten aufgenommen werden müssen.[5160] Als Reaktion auf die Protektion lagen etwas bessere Produktivitätssteigerungsdaten vor.[5161] Parallel dazu stiegen die Löhne an, welche Anfang der achtziger Jahre in der Automobilindustrie 200 % über den durchschnittlichen Löhnen im verarbeitenden Sektor der USA lagen.[5162] Dazu stieg die Beschäftigung in den Jahren nach 1981 merklich an, es wurden 60.000 Arbeitsplätze geschaffen, hier können leider keine Information präsentiert werden, ob dieses Niveau trotz späterer Modernisierung aufrechterhalten werden konnte.[5163] Dies ist ein Hinweis darauf, daß sich auch Gewerkschaftsvertreter mit diesem oligopolistischen Arrangement und den Wirkungen der VERs abfinden konnten. Als Nebeneffekt des U.S.-Japan-Abkommens profitierten auch europäische Automobilproduzenten, die ihre Preise ebenso erhöhen können.[5164] Insgesamt scheinen Erwartungen der amerikanischen Regierungen zugetroffen haben, welche die Profite der Automobilindustrie steigern wollten, um neue Investitionen zu ermöglichen ohne extreme Preissteigerungen zu provozieren.[5165]

Insofern wird sich hier nicht die Bewertung angeschlossen, daß die Ziele der VERs völlig verfehlt wurden, obwohl sicher alternative, liberalere Politiken möglich gewesen werden. Eine solche pauschale Bewertung der VERs ziehen aber Bletschacher/Klodt (1992).[5166] Zwar gestehen sie zu, daß aus Theorie und Empirie folgt, daß sich: "auf Märkten mit unvollkommener Konkurrenz durchaus gesamtgesellschaftliche Wohlfahrtsgewinne durch staatliche Eingriffe erzielen" lassen.[5167] Dies wird

---

oligopoly is also evident in souring profits of domestic producers." Cline 1986: 229. Zu dieser Preispolitik Abschnitt 'C'. Boyle/Hogarty 1975; Kwoka 1984; Bresnahan 1987; Adams/Brock 1990: 111.

[5158] Dieses Fazit zu den VERs und zur Wettbewerbspolitik in Adams/Brock 1990: 122-124.
[5159] Cline 1986: 219.
[5160] OECD 1987a: 42.
[5161] Dies wird nur erwähnt, Daten werden nicht reproduziert. Cline 1986: 219.
[5162] Cline 1986: 228.
[5163] Bletschacher/Klodt 1992: 153.
[5164] In einer Regressions-Untersuchung kommt etwa für 1984 der Wert von US$ 3,4 Mrd. Wohlfahrtsverlust für die USA durch höhere Preise zustande: Siehe Dinopoulos/Kreinin 1988. Weil es sich hier großteils um Luxuswagen handelt, werden diese höheren Preise von wohlhabenden Amerikanern getragen.
[5165] In der New York Times erschien am 2. Mai 1981 das Statement des U.S. State Representative Bill Brock, der erwartete, daß der heimischen Industrie geholfen wird, daß aber die Preise nicht allzusehr steigen. In: Berry et al. 1999: 401.
[5166] Die Autoren haben Recht mit ihrer These, daß die VERs nicht dazu führten, daß die Produktionskostenvorteile der Japaner wettgemacht worden sind. Sie nehmen aber nicht zur Kenntnis, daß die U.S. Industrie immerhin gegenüber der japanischen Industrie gestärkt wurde. Bletschacher/Klodt 1992: 153.
[5167] Bletschacher/Klodt 1992: 166.

aber in der Analyse nur für Airbus wirklich zugestanden.[5168] Hier wird sich nicht der folgenden, vermeidlich sachlichen[5169] Bewertung angeschlossen:

"Außerhalb Japans spielen strategische Überlegungen bei der Handels- und Industriepolitik für die Automobilindustrieindustrie offenbar kaum eine Rolle. Sowohl in Nordamerika als auch in Europa hat der Schutz von heimischen Arbeitsplätzen durch Behinderung der Importe stets Vorrang gehabt vor dem Ziel der internationalen Rentenumlenkung. Dies dürfte auch heute noch so sein, obwohl gerade aus Kreisen der französischen Automobilindustrie zunehmend strategische Argumente ins Feld geführt werden. In der Automobilindustrie kann Rentenumlenkung letztendlich auch gar nicht das Ziel sein, denn zum einen sind die Gewinnmargen aufgrund des scharfen internationalen Wettbewerbs gering, zum anderen läßt sich ein Verbleib der Renten im Inland kaum gewährleisten, da die betreffenden Unternehmen auf vielfältige Weise international verflochten sind."[5170]

Dieses Fazit ist nicht zuletzt aufgrund des noch heute bestehenden 25 % Zolls auf Pickups schwer verständlich, welcher bei einer wettbewerbsfähigen U.S. Industrie nicht nötig wäre.[5171] Weiterer Effekt des VER war es, daß die japanischen Hersteller begannen sich massiv mit Joint-Ventures (die auch zu Know-how und Technologietransfer zu den U.S.-Firmen führten) und Direktinvestitionen in den USA engagierten.[5172] Dies hat zu einer Wohlfahrtsteigerung in der USA geführt. Interessant ist, daß die genuinen Joint Venture Projekte von U.S. und japanischen Herstellern, also NUMMI (Toyota, GM) und SIA (Subaru, Isuzu bzw. GM) zwar noch existieren. Sie weiten ihre Produktion aber nicht aus, sodaß sie allein als defensive Projekte zum Kennenlernen der jeweiligen Managementkultur betrachtet werden können.[5173]

2.2 EU

In bezug auf Europa zuerst Information über die Zölle: In bezug auf Automobile fanden zwar deutliche Zollsenkungen statt, von der EU wird aber, im Gegensatz zu Japan und den USA, bis Mitte der achtziger Jahre noch ein durchschnittlicher 9,5 % Zoll auf Straßenfahrzeuge erhoben. Die USA verfügen zwar über den 25 % Zoll auf Pickups, liegen aber sonst niedriger, bei durchschnittlich 2,5 %.[5174] Dazu kommen für die japanische Produzenten Transportkosten von ungefähr 20 % nach

---

[5168] Bletschacher/Klodt 1992: 174.
[5169] Interessant ist schon, wie hier zwischen dem Schutz heimischer Arbeitsplätze und einer Rentenumlenkung differenziert wird, was in Wirklichkeit ein und dasselbe ist. Diese Argumente mischen sich mit der deutschen ordoliberalen Skepsis gegenüber Industriepolitik (die in der EU in ständiger Spannung zum französischen, industriepolitischen Denkansatz stand) und einem Festhalten an neoklassischen Dogmas. Zumindest eine der sicher mehreren Denktraditionen des Kieler Instituts für Weltwirtschaft spiegelt sich somit in dieser Argumentation wieder. Siehe das Fazit in Bletschacher/Klodt 1992: 161-162.
[5170] Bletschacher/Klodt 1992: 160.
[5171] Siehe Abschnitt 'D', Punkt 11.1, Automobile.
[5172] Siehe Abschnitt 'D', Punkt 11.1, Automobile.
[5173] NUMMI liegt bei 150.000 Einheiten, die es 1987 schon erreicht hatte. Das Joint Venture Diamond Star zwischen Mitsubishi und Chrysler wird nicht mehr aufgeführt. Auto International 2000: 336. Zu NUMMI, bis 1986, Bhaskar 1986: 49-53.
[5174] Durchschnittliche Importzölle betragen in Japan 0,6 %, den USA 2,5 %, EG einheitlich 9,5 %. Bletschacher 1992: 72. Siehe Abschnitt 'D', Punkt 11.1, Automobile.

Europa.[5175] Auch aufgrund bis zum Plaza Abkommen der G-5 1985 niedrigem Yen, aber auch ihrer überlegenen Produktivität, stellte dies keine ernsthafte Barriere für japanische Firmen dar.[5176] Über diese Zölle hinaus nutzte die EU VER-Handelsbeschränkungen:

Im Automobilbereich bestanden VERs der EU mit Japan bis zu 31. Dezember 1999[5177] und hatten weitreichende Wirkungen. Das erste dieser VERs wurde ausgehandelt bei Marktanteilen japanischer Produzenten, die deutlich geringer als in den USA ausfielen, nämlich bei 7,9 % in England, 10,4 % in Deutschland und 2,5 % in Frankreich.[5178] In Europa überdeckten sich nationale und europaweite Maßnahmen. So handelt die EU 1981 ein bilaterales VER aus, daß die japanischen Automobilimporte auf 110 Prozent des Niveaus des Jahres 1980 beschränkt.[5179] Dieses VER stellte eine Art EU Gesamtquote dar und wurde umgesetzt und ergänzt von nationalen Vereinbarungen, die teils schon früher zustande gekommen waren:

2.2.1 England

Als "prudent marketing"-Abmachung zwischen privaten Parteien bestand seit 1975 zwischen englischen und japanischen Automobilherstellerverbänden ein de facto VER, wobei deutlich gemacht wurde, daß der englische Staat ein Eingreifen ebenso nicht ausschließt. Auch wenn ein formales VER nicht vorlag, hatten sich die Parteien de facto auf eine japanische Marktanteilsbegrenzung von unter 10 % nach 1975 und nach 1977 auf 11 % geeinigt.[5180] Auslöser war die Krise und Verstaatlichung von British Leyland im Jahre 1975. In der Literatur liegen folgende Einschätzungen der Auswirkungen dieses VERs vor: Arbeitsplätze konnten kaum erhalten werden (7.300 gerettete Arbeitplätze gegenüber 180.000 Entlassungen in dieser Zeitperiode) und nicht zuletzt war die englische Automobilindustrie nur eingeschränkt in der Lage, kurzfristige Vorteile durch das VER in langfristige Stärken umzumünzen. Sie hatte schon in den fünfziger und sechziger Jahren (bei absinkenden Zollschutz von 28 % 1962, 18 % 1968 und 11 % 1972) und der inländischen Produktion von Ford immer mehr Marktanteile verloren.[5181] Weiterhin sind japanische Produzenten geschädigt worden, denn es wäre zu erwarten gewesen, daß sie einen 20 % Marktanteil wie in den Beneluxmärkten erhalten und somit 123.000 Wagen mehr (als die bestehenden 180.000 Einheiten) absetzen hätten können.[5182] Die Automobilpreise stiegen in England, aus diversen Gründen, erst an und sanken wieder ab.[5183] Somit haben die Konsumenten offenbar nicht sonderlich unter dem VER gelitten. Dieses VER

[5175] Frachtkosten betragen 15-10 % für große Wagen und 10-25 % für kleine Fahrzeuge. OECD 1987a: 145.
[5176] OECD 1987a: 164.
[5177] Preeg 1995: 199; die Details des Abkommens 1991 bis zum 31. Dezember 1999 in Trade Policy Review European Union 2000: 103.
[5178] OECD 1987a: 121.
[5179] Weiss et al. 1988: 12.
[5180] Zu diesen beiden Sätzen: OECD 1987a: 148.
[5181] Im Jahre 1969 war es noch 50 % Marktanteil , 1974 33 % und 1979 20 % sowie 1984 19 %. Ford hielt 1969 40 %, 1979 teilten sich Ford und andere europäische Produzenten je 20 %. Dazu kamen Importe, die wohl auch Ford zuzurechnen sind, von weiteren 20 %. Insgesamt fielen die Beschäftigtenzahlen in der englischen Automobilindustrie von 510.000 1973 auf 282.000 1984. OECD 1987a: 149-150, 167.
[5182] OCED 1987a: 149, 166.
[5183] OCED 1987a: 165.

hatte bis 1985 Bestand und der japanische Marktanteil ging in dieser Zeit nicht über 11 % hinaus.[5184]
Die Marktanteile von Ford und den europäischen Produzenten stiegen zwischen 1974 und 1984 leicht auf jeweils 40 % und 20 % an, der Marktanteil der englischen Firmen sank und konnte bei 20 % stabilisiert werden.[5185] Seit Mitte der achtziger Jahre wurde in England massiv von japanischen Produzenten investiert.[5186] Die englischen Werke der japanischen Unternehmen unterlagen dabei Mindestinland ('local content')-Bestimmungen, wobei erst 60 % und später 80 %-Anteile der Wagen aus europäischer Produktion stammen mußten, um als EU-Produkt anerkannt zu werden[5187], wobei nach japanischer Praxis der 'just-in-time'-Produktion angenommen werden kann, daß viele der Zulieferer auch in England angesiedelt werden. Die Steigerung der Anteile auf den hohen Wert 80 % steht im Zusammenhang mit einer politischen Intervention Frankreichs und Italiens, die eine erstmalige Einigung auf 60 % später aufgekündigt haben, um ihre Märkte besser vor den japanischen Firmen in England zu schützen. Sie begannen Fahrzeuge, die in England mit 60 % 'local concent' produziert wurden, wieder auf ihre japanische VER Quote anzurechnen.[5188] Italien erwirkte dabei sogar temporär eine gänzliche Sperrung japanische Importe.[5189]

Diese Eingriffe standen im Zusammenhang mit dem späteren Schraubenzieher ('screwdriver') GATT-Streitfall.[5190] Japan wandte sich in diesem Streitfall gegen die EU. Die EU hatte zuerst einmal Antidumpingzölle gegen eine Reihe von japanischen Produkte erhoben und dann 'undertakings' ausgehandelt, also VER-gleiche Abmachungen. Als japanische Unternehmen daraufhin begannen, in der EU zu investieren und zu produzieren, drohte die EU an, Antidumpingzölle auf inländisch produzierte japanische Waren zu erheben, wenn Japan nicht 40 % Mindestinlandanteile erreicht. Argumentiert wurde, daß Japan versucht, die Antidumpingzölle durch inländische Produktion zu umgehen (sog. 'circumvention' nach dem Antidumping-Recht). Dies wurde nicht in bezug auf die Automobilindustrie versucht umzusetzen, sondern auch gegenüber elektrischen Schreibmaschinen, elektronische Waagen, Bagger, Kopierer und Kugellager.[5191] Trotz eines klar negativen GATT-Urteils wurden die Maßnahmen nach den vorliegenden Informationen für einige Zeit aufrechterhalten.[5192] Diese lagen zudem im Widerspruch zum Europarecht gemäß Art. 58 EWGV vor, der eine Beschränkung innereuropäischen Handels verbietet, deren letzte Produktionsstufe in der EG ist.[5193]

[5184] OECD 1987a: 135.
[5185] Hier werden die 'multinational tied imports' insgesamt Ford zugerechnet. OECD 1987a: 150.
[5186] Siehe: **Tabelle 247**.
[5187] Es scheint sich um eine informelle Abmachung gehandelt zu haben, ohne Verweis auf eine Rechtsgrundlage, siehe OECD 1987a: 170. Ob diese Werte auch erreicht wurden, ist damals stark umstritten. Fiat-Techniker schraubten damals japanische Automobile, etwa den Nissan Bluebird, auseinander und stellen fest, daß es nur 30 % europäische Teile (46 % aus Japan, 33 % unbekannt) enthalten waren. Nolte 1990: 206.
[5188] Peugeot-Chef Jacques Calvet hatte sogar 100 % EU-'local content' gefordert. Nolte 1990: 205.
[5189] Nolte 1990: 205.
[5190] Die Beschwerde erfolgte am 8. August 1988; es geht um ABl. L 167, 1987. 26. Juni, S. 9; der Streitbeilegungsbericht lag am 16. Mai 1990 vor. BISD 37S/132. Es war offenbar sogar eine Erweiterung des Antidumping-Rechts in der Diskussion oder wurde tatsächlich umgesetzt, die vorsah, daß Dumpingmargen auch dann festgesetzt werden können, wenn die Preise in Europa höher sind als in Japan. Sonst greift Antidumpingrecht u.a. dann, wenn die Preise im Ausland niedriger sind als im Heimatmarkt. Nolte 1990: 207.
[5191] Hudec 1991: 569.
[5192] Hudec 1991: 569-571.
[5193] Bletschacher/Klodt 1993: 145.

Mit einer solchen Mindestinland-Regulierung wurden nicht nur industrie- und arbeitsmarktpolitische politische Ziele verfolgt, sondern es wurde der, wohl nicht erfolgreiche, Versuch unternommen, die japanische Produktion zu verteuern.[5194]

Insgesamt gesehen hat das VER nur eingeschränkt positive Auswirkungen auf die genuin englischen Produzenten gehabt, die durch eine zusätzliche Subventionierung eine Atempause bekamen und deren Anpassung an die neuen Produktivitätsstandards und die damit verbundenen Arbeitsplatzverluste herausgezögert wurde.[5195] Generell ist zu bemerken, daß in diesem Fall der Wettbewerb, der schon früher durch die europäische Konkurrenz etabliert wurde, nicht zu einer Verbesserung der englischen Automobilproduktion geführt hat.[5196] Die Investitionstätigkeit der Japaner in England ist u.a. darin begründet, daß die englische Sprache einfacher zu erlernen war, dazu wurde vom englischen Staat in Aussicht gestellt 10 % der Investitionskosten zu übernehmen. Die japanischen Investitionen folgten zudem den schon erreichten Marktanteilen: 42,5 % der Exporte Nissans in die EU gingen nach England.[5197]

2.2.2 Frankreich

Obwohl bereits 1977 diskutiert, wurde ein VER im Jahr 1980-1981 installiert, in dem Jahr in dem auch die USA (1981) und Deutschland (1980) diesen Maßnahmen ergriffen. Der Marktanteil japanischer Wagen wurde damals auf 3 % beschränkt (damals betrug er 2,5 %, siehe oben).[5198] Wird einmal geschätzt, welche Auswirkungen dies auf japanische Produzenten hatte, dann ist ungefähr ein Verlust von US$ 1 Mrd. jährlicher Verlust durch die eingeschränkten Verkaufsmöglichkeiten entstanden.[5199] Dies dürfte umgekehrt den Gewinn darstellen, den europäische (bzw. europäisch-amerikanische) Firmen für sich verbuchen konnten. Denn es gelangt den französischen Herstellern nicht, ihre Marktanteile auszuweiten.[5200] Auch die Profite und Arbeitsplatzzahlen konnten kaum gesteigert werden.[5201] Immerhin ist zu bemerken, daß die französische Automobilindustrie es schafft weitaus weniger Arbeiter zu entlassen, als dies in anderen Ländern der Fall war (von 1979 bis 1981 40.000 Arbeiter, von 1981 bis 1983 sind die Zahlen stabil, von 1984 bis 1985 wurden 35.000 Arbeiter entlassen) und der Produktivitätsanstieg ist dementsprechend gering.[5202] Dies hängt natürlich auch

---

[5194] Bletschacher/Klodt 1993: 145-146.
[5195] Subventionen in Britisch Leyland betrugen 1975 346 Mill. Pfund, von 1977 an 1570 Mill. Pfund sowie 495 Mill. Pfund 1986. Zudem wird Chrysler UK gestützt. Dazu und zum Fazit siehe OECD 1987a: 149. British Leyland hatte Standard Triumph International und Rover gekauft und wurde dann mit der British Motor Holdings fusioniert, die Jaguar übernommen hatte. Dieses Konglomerat wird danach zur Rover Group. In dieses Unternehmen fließen offenbar die obengenannten Stützungszahlungen. Berg 1993: 136.
[5196] Berg 1993: 136.
[5197] Bhaskar 1986: 86.
[5198] OECD 1984a: 121.
[5199] Berechnet nach 20 % des Importwertes. Davon wurden 3 % abgezogen. Siehe: **Tabelle 84**.
[5200] Zwischen 1978 und 1985 stieg der Anteil ausländischer Hersteller (außer den Japanern) von 21,7 % auf 36,6 % an. Ford konnte seinen Anteil von 4,0 % auf 7,5 % fast verdoppeln. Der Anteil französischer Firmen sank von 78,3 auf 63 4 %. OECD 1987a: 135. Siehe auch **Tabelle 84**.
[5201] Hier ist die Rede von 35 Mill. Franc, 0,4 % der Verluste von Renaults jährlichen Verlusten seit 1984. OECD 1987a: 126.
[5202] OECD 1987a: 132.

damit zusammen, daß es sich um staatliche Konzerne handelte bzw. ein starker Gewerkschaftseinfluß bestand. Die Verbraucher wurde mit Preiserhöhungen von 5 % 1983 und 7 % 1985 konfrontiert.[5203]

2.2.3 Weitere europäische Länder

Informationen zu Italien, Spanien, Portugal, Belgien, Deutschland und Schweden. Italien und Japan hatten schon 1955 vor dem Beitritt Japans zum GATT eine bilaterale Importquote von 2500 Automobilen jährlich vereinbart. Spanien begrenzte die japanischen Importe auf 10.000 Fahrzeuge pro Jahr und die koreanischen Importe wurden 1989 auf 500 und 1990 auf 600 Einheiten begrenzt.. Portugal etablierte ebenfalls eine Beschränkung und zwar von 20.000 Automobilen aus Drittländern.[5204] Spanien begrenzte darüberhinaus russische Importe (Lada).[5205] In bezug auf Belgien und Deutschland erklärte Japan von sich aus, die Einfuhren nicht extrem ansteigen zu lassen.[5206] Ebenso gab es seit 1988 keinen weiteren Anstieg des japanischen Marktanteils in Schweden.[5207]

Daß eine solche differenzierte Behandlung der EU-Länder trotz Warenverkehrsfreiheit und eines einheitlichen europäischen Außenzolls überhaupt, bis heute, möglich ist, liegt an Art. 115 EWG-Vertrag. Dieser Artikel ermöglicht Schutzmaßnahmen für die Durchführung handelspolitischer Vereinbarungen, mit denen in den binneneuropäischen Handel eingegriffen und verhindert werden kann, daß japanische Firmen nach der Einfuhr nach England nach Spanien exportieren konnten.[5208] Weiterhin wurde im innereuropäischen Handel durch technische Standards und andere Vorschriften die Verbringung von Fahrzeugen erschwert.[5209]

2.2.4 Das VER der EU mit Japan

Mit dem Gemeinsamen Markt wurden ab dem 31. Dezember 1992 die Außenhandelspolitiken harmonisiert und ein Abkommen von Juli 1991 sah einen insgesamten Marktanteil von 16 % für japanische Automobile in Europa vor.[5210] Dabei wurde eine europaweite Begrenzung auf 1,23 Mill. Einheiten Automobile vorgesehen, mit unterschiedliche Länderquoten umgesetzt.[5211] Diese Einigung bezog sich nicht auf in den USA produzierte japanische Automobile und ist entsprechend der WTO-Vereinbarungen am 31.12.1999 ausgelaufen.[5212] Die Produktionskapazitäten der Japaner lagen 1999 in

---

[5203] OECD 1987a: 123.
[5204] Bletschacher/Klodt 1993: 145.
[5205] Im Jahre 1988. Nolte 1990: 198.
[5206] Unklar bleibt aber, für wie lang dieses Versprechen galt. OECD 1985: 136.
[5207] Bletschacher/Klodt 1993. 143.
[5208] Aus Ländern der EG dürfen nach Italien 1989 14.000 und 1990 17.000 japanische Autos importiert werden, für Spanien liegen die Zahlen bei 1989 5142 und 1990 7800. Bletschacher/Klodt 1992: 145.
[5209] Italien und Spanien begrenzten den Import japanischer Fahrzeuge auf sehr niedrige Zahlen. Bletschacher 1992: 76. Es verwundert nicht, daß VW unter diesen Umständen Interesse hatte in Spanien zu investieren.
[5210] Berg 1993: 143.
[5211] Die Länderquoten japanische Direktimporte nach Frankreich 150.000, England 190.000, Italien 138.000, Portugal 23.000, Spanien 79.000. Bletschacher 1992. 76-77.
[5212] Bletschacher 1992. 77.

England bei 564.296 Einheiten. Interessanterweise wurden japanische Investitionen offenbar zumindest in Frankreich nicht toleriert (und die BRD schied damals u.a. weil es als Hochlohnland galt, bei der Standortwahl gegenüber England aus).[5213] Dazu kam, daß die BRD einen Übernahmeversuch von BMW und MAN durch General Motors blockierte und sich insofern wenig einladend für ausländische Investoren zeigte.[5214] Im Gegensatz zur Ansicht des Autors, auf dem die Informationen des letzten Satzes beruhen, erfolgte in den frühen achtziger Jahren weiterhin ein - wenig erfolgreiches - Joint Venture von Alfa Romeo und Nissan in Italien[5215] und seit 1989 gab es eine Produktion von Suzuki in Spanien sowie von Toyota in Portugal.[5216]

2.3 Fazit USA und EU

Klarer Grund für die VERs im Automobilbereich war die Vorbildfunktion des U.S. VER. Denn es wurde befürchtet, daß die Exporte, die in die USA gehen sollten, nun nach Europa umgelenkt werden sollten und so haben Kanada, Deutschland, Belgien und Luxemburg ebenfalls VERs abgeschlossen.[5217] Dies war aber nicht der einige Grund. Mit einiger Sicherheit haben von den europäischen und auch den amerikanischen VERs deutsche Produzenten profitiert.[5218] Ob dies Zufall war oder nicht ist unklar. In der Literatur wird darauf hingewiesen, daß die exportorientierte deutsche Automobilindustrie an einem beschränkendem Abkommen mit Japan nicht interessiert war. Auf der anderen Seite haben prominente Mitglieder der deutschen Automobilindustrie den Fortgang der Protektion gestützt.[5219]

Im großen und ganzen waren die VERs genauso wie in den USA in Europa ein Grund für die Investitionstätigkeit der Japaner. Insofern ist, trotz der moderat hohen Automobilzölle, in Europa irreführend hier von 'tariff-jumping' zu sprechen, es geht um 'tariff-and-VER-jumping'.[5220] Gelungen ist es mit dem Druckmittel des großen Marktes und den Handelsbarrieren, Direktinvestitionen mit nachfolgenden positiven industriepolitischen- und Beschäftigungswirkungen anzulocken und es konnte mit 'local-content' -Investitionsauflagen erzwungen werden, lokalen Produktionsnetzwerke aufzubauen.

Von den USA wird trotz WTO-Inkompatibilität eine solche Politik der Erzwingung von 'local content' bis heute fortgesetzt. Unter der U.S.-Androhung von Zollerhöhungen (von 100 %) gegenüber Japan

---

[5213] Hier wird auch Italien und Spanien genannt. Italien und Spanien lassen japanische Investitionen aber zu. OECD 1987a: 169.
[5214] Bhaskar 1986: 94.
[5215] Bhaskar 1986: 81.
[5216] Womack et al. 1994: 213.
[5217] Klepper et al. 1987: 201.
[5218] Bletschacher 1992: 81.
[5219] So tritt der Chef von Volkswagen Carl H. Hahn in einer Gruppe von Automobilmanagern auf, die von der Europäischen Kommission einen Fortgang der Protektion verlangen. Die offizielle VDA-Position zieht den freien Markt vor. Fischer/Nunnenkamp 1988: 144.
[5220] Vgl. **Tabelle 302**. Vgl. zu den etwas später implementierten nichttarifären Handelshemnissen gegenüber Japan, die von Portugal, Spanien, Frankreich, England, Schweden, Italien, erhoben werden, weiter unten. Diese Maßnahmen bevorzugten nicht nur die Produktion in den eigenen Ländern, sondern eben auch die der europäischen Unternehmen untereinander. Insofern ist die Wirkung komplexer als die eines simplen Außenzolls. Dazu deshalb weiter unten mehr.

sollen deren Unternehmen dazu angehalten werden den Import und interne Kauf von Autoteilen aus U.S. Produktion zu erhöhen sowie NAFTA-'rules of origin'-Standards (die als 'local content'-Standards wirksam sind) einzuhalten. Dabei handelt es sich um eine de facto und eine de jure 'local content'-Erzwingung, kombiniert mit einen Kaufzwang für U.S.-Teile seitens daheimgebliebener japanischer Produzenten.[5221] Deutlich wird daran, daß Zölle weiterhin eine wichtige Politikoption darstellen, die im Wettbewerb der Staaten um mobiles Kapital eingesetzt werden kann, die aber marktverzerrende Wirkungen hat[5222] und zur Machtausübung einladen. Die Begründung für diese U.S. Politik, die auf das Handelsdefizit und mutmaßlich unfaire japanische Geschäftspraktiken, die den japanischen Heimatmarkt schützen verweist, ist fragwürdig. So hatten U.S. Hersteller erst seit 2004 Automobile mit Rechtssteuerung für den japanischen Markt im Programm, sodaß es nicht verwunderlich ist, warum die U.S. Hersteller nur einen geringen Marktanteil in Japan erreichen konnten.[5223] Oben wurde schon gezeigt, daß sich die Japaner an eine Importgrenze von 1,5 Mill. Einheiten halten. Im Vergleich dazu importierten General Motors, Ford und Chrysler schon 1994 2,2 Mill. Einheiten aus Kanada und Mexiko.[5224]

Die Auswirkungen der VERs auf die technologische Entwicklung werden überlagert von Versuchen europäischer und amerikanischer Hersteller gegenüber japanischen Produktionsweisen Boden gutzumachen. In den USA gelang es mit einiger Sicherheit durch die VERs die amerikanischen Unternehmen substantiell zu stärken. Die VERs waren nicht der einzige Grund, aber sicher ein wichtiger Grund für eine ansteigende Investitionstätigkeit amerikanischer Unternehmen, denn diese Investitionstätigkeit begann schon früher. Zwischen 1979 und 1987 investierte GM weltweit durchschnittlich US$ 7,5 Mrd. pro Jahr und modernisierte in dieser Zeit den überwiegenden Teil seiner Produktionsanlagen. Ford schloß einige Werke und modernisierte andere mit jährlich US$ 3,1 Mrd. US$ weltweit, in bezug auf den Umsatz lag dieser Wert um 25 % niedriger als GM. Chrysler lag mit US$ 1,1 Mrd. jahresdurchschnittlich um 40 % niedriger als GM. Diese Investitionen erfolgten angesichts der technischen Entwicklungen offenbar etwas zu früh und es konnten weder die Produktionsabschnitte mit Hilfe elektronischer Datenverarbeitung aufeinander abgestimmt werden noch gelang es durch eine Ausweitung der Automatisierung und Massenfertigung Kostenvorteile zu erzielen.[5225]

Die Lehren der japanischen 'schlanken' Automobilfertigung wurden damals noch nicht ausreichend verstanden. In Japan erfolgte die Produktion in Teams und folgte dem Prinzip eher das Fließband anzuhalten, als Fehler zum Schluß mit hohen Kostenaufwand zu verbessern. Hohe Qualität wurde durch Verbesserungsvorschläge erreicht, es wurde schon beim Design auf den leichten Zusammenbau der Teile in der Produktion geachtet und es wurde ein perfekt abgestimmter Anlieferungsprozeß für Teile organisiert. Dazu kamen flexible Preßwerke, ein hoher Grad der Schweißautomation und eine

---

[5221] Ausführlich: Levinsohn 1996.
[5222] Gerken 1999: 28-29.
[5223] Ausführlich zu diesem U.S. Japan Abkommen. Latham 1996: 2.
[5224] Latham 1996: 4.
[5225] So die überzeugende Analyse von Scherrer 1992: 311-312.

halb so große Zeit für die Entwicklung neuer Modelle und viel geringere Kosten für einen Modellwechsel. Damit konnte selbst bei geringen Produktionszahlen (durchschnittlich 125.000 Exemplare jedes Modells, westliche Großhersteller liegen bei zweimal so viel) Gewinne gemacht werden. Diese Innovationen wurden damals zwar schon allerorten diskutiert, aber erst nach der amerikanischen Modernisierungswelle, Anfang der neunziger Jahren genauer wahrgenommen.[5226] Am Rande: Diese Informationen sprechen nicht dafür, daß Skalenökonomien im Automobilbereich nicht wichtig sind. Skalenökonomien liegen beim Motorenbau, in den Preßwerken und in der Lackiererei vor. Siehe dazu weiter unten.[5227] Die amerikanischen und europäischen Werke lagen gegenüber den japanischen Werken Anfang der neunziger Jahren in bezug auf Produktivität (Std./Auto) und Qualität zurück.[5228]

Hätte ein freier Handel ein anderes Ergebnis gehabt? Die VERs und die bis heute geltenden Pickup-Zölle haben sicherlich die Anpassungsanstrengungen amerikanischer Unternehmen verlangsamt. Dagegen haben die Zusatzgewinne durch die VERs die amerikanischen Automobilindustrie wahrnehmbar gestärkt. Aufgrund der Modernisierungsinvestitionen gelang es auf einem gewissen Niveau Produktivitätsfortschritte zu erzielen, die sonst vielleicht nicht erzielt worden wären. Insgesamt ist eine strategische Handelspolitik schwer zu bewerten, die es schafft, negative Auswirkungen einer schützenden Handelpolitik durch positive Auswirkungen einer schützenden Handelspolitik zu korrigieren.[5229] In Europa sind die Auswirkungen der VERs weniger klar zu fassen: Dort kam es aufgrund des intensiveren internen Wettbewerbs zu einem weniger ausgeprägten Schutz der Unternehmen in Frankreich, England und Italien, weil es die deutschen und die unter amerikanischer Kontrolle stehenden Produzenten gibt. Dennoch lagen Kosten für die Konsumenten vor.[5230] Die Kosten für die Konsumenten lagen daran, daß die VERs, ähnlich wie in den USA, in der EU unterschiedliche, teils höhere Preisniveaus erlaubten. Die dominierenden Unternehmen in Frankreich, England und Italien konnten eine nationale Position der Preisführerschaft einnehmen, der die deutschen Unternehmen gefolgt sind. Dieses insgesamt profitable oligopolistische Arrangement wurde durch die VERs mit Japan geschützt.[5231] In der EU haben sich allerdings, im Unterschied zur USA, schon früh Unterschiede der Investitionsintensität und Produktivitätssteigerung herauskristallisiert. Einen Anhaltspunkt dafür bietet die frühe Zahl, daß die Produktivität in England 1973 30 % unter den Werten der BRD lag.[5232] Unternehmen in Schweden, den Niederlanden und der BRD investierten deutlich mehr als andere Automobilunternehmen.[5233] Dies lag aber womöglich nicht nur daran, daß sich diese Länder nicht so stark schützten, sondern u.a. daran, daß die Hersteller nicht

---

[5226] Siehe dazu das bekannte Buch von Womack et al. 1994: 60-75, 97. Die amerikanische Originalausgabe erschien 1990.
[5227] Siehe den Punkt Skalenökonomien in Abschnitt 'E'. Monopolkommission 1983/1984: 235-237.
[5228] Dies sind durchschnittliche Werte. Die Produktivität einzelner Werke speziell in Europa konnte dabei an die japanischen Vorgaben heranreichen. Womack et al. 1994: 97.
[5229] Dies folgt aus dem abgewogenen und sachlichen Urteil hier. Es überzeugt nicht, wenn pauschal geschlossen wird, daß die VERs die Konkurrenzfähigkeit der europäischen und amerikanischen Unternehmen verschlechtert haben. So aber Monopolkommission 1990/1991: 404.
[5230] So auch das Ergebnis von Smith 1984: 80-81.
[5231] Siehe Abschnitt 'C', eben u.a. Mertens/Ginsburgh 1985: 159, 165.
[5232] OECD 1987a: 169-170.
[5233] OECD 1985: 144.

wie heute auf breiter Front konkurrierten. Weil sie damals nicht sämtliche Modelle anboten, konnten sie sich in ihren Heimatmärkten Nischenmärkte vorbehalten und dort höhere Gewinne machen (sprich VW für normale Personenwagen, Mercedes Benz gehörte die obere Klasse).[5234] Dies führte aber, im Gegensatz zu dem was die liberale Theorie erwarten würde, zumindest in den obengenannten drei Ländern interessanterweise nicht zu einer Investitionszurückhaltung und einer Beibehaltung von Rentensuche. Auch die EU hat aber VERs zum Zwecke der strategischen Handelspolitik mit industrie- und beschäftigungspolitischem Hintergrund genutzt und aller Wahrscheinlichkeit einen partiellen, wohlfahrtssteigernden Effekt damit erzielt.[5235] In beiden Fällen, USA und EU, wurde der partielle Erfolg der VERs damit erkauft, daß die Handelsbarrieren mal mehr und mal weniger erkennbar negative Auswirkungen bezüglich der Anstrengungen eine hohe Produktivität zu erreichen, hatten.

2.4 Japan

Unumstritten ist, daß es Japan auch deshalb gelang es seine Automobilindustrie erfolgreich aufzubauen, weil es eine vollkommene Abschottung des Inlandsmarktes vornahm. Dabei wurde die ganze Palette von Schutzinstrumenten genutzt: Ein Zollschutz, der Ende der sechziger Jahre noch 40 % betrug, mengenmäßige Beschränkungen, nichttarifäre Handelshemmnisse und ein Verbot von Direktinvestitionen.[5236] Dies ermöglichte den Aufbau der eigenen Industrie, weil japanische Unternehmen Kostenvorteile erst nach einer gewissen Zeit erarbeiten konnten.[5237] Dazu kam zweitens, daß die japanischen Produzenten früh erkannten, daß die U.S. Produktions- und Organisationsprozesse nicht effizient waren. Als Antwort darauf begannen sie die schlanke Produktion zu entwickeln, welche diverse Vorteile aufwies und den Erfolg der japanischen Industrie ermöglichte.[5238]

Japan hatte sich nicht immer vor ausländischen Produzenten abgegrenzt. Nach dem großen Erdbeben 1923 gab es Bedarf an Fahrzeugen, um den Wiederaufbau zu erleichtern. Ford etablierte 1925 eine Montagefabrik in Yokohama. Zwischen 1925 und 1932 importierte Japan 26,412 Automobile und 132,425 Montagebausätze. Die heimische Produktion lag bei 3,481 Einheiten, und Firmen wie Nissan begannen erste Erfahrung zu sammeln, indem sie Teile für die U.S. Montagewerke herstellten.[5239] Während der 1930ger Jahre wurde das Militär in Japan mächtiger und lizensierte Toyota und Nissan unter dem Schutz der Regierung Automobile herzustellen. General Motors und Ford versuchten auf dem japanischen Markt zu bleiben, indem sie eine Zusammenarbeit mit japanischen Firmen versuchten, dies scheiterte dann 1939.[5240] In den 1940ziger Jahren wurden amerikanische Firmen wieder in Japan aktiv, als die Wirtschaft wieder zu wachsen beginnt, es wurden aber Zölle erhoben,

---

[5234] Ausführlich Berg 1993.
[5235] Zu den drei letzten Sätzen vgl. Smith 1994: 74-77.
[5236] Bletschacher/Klodt 1993. 148-149.
[5237] Diese strategische Protektion wurde für vier Jahrzehnte aufrechterhalten, die kann einen Indiz dafür bieten, wie lange es dauert eine international wettbewerbsfähige Industrie aufzubauen. Bletschacher/Klodt 1992: 157-159.
[5238] Womack et al. 1994: 60-75, 97.
[5239] Scherer 1999: 87.
[5240] Scherer 1999: 87.

die dieses Engagement abbrachen.[5241] Im Jahre 1960 versuchte Toyota mit Ford ein Joint-Venture zu gründen. Ford wurde damals nach Verhandlungen, die einen 40-40-20 Geschäft vorsahen (20 %) für einen japanischen Distribuetur) ein Anteil von 50 % am Joint-Venture angeboten. In einem Interview aus dem Jahre 1995 wird erklärt, warum Ford damals ablehnte: "We looked at small cars as money losers. Henry Ford II believed the finance guys who told him that. He was preoccupied with building up our European operations. At home in America, we had a big booming market. Japan was a nonfactor in our thinking. It never occured to us that we might learn something from that deal. America was king of the hill; who the hell ever expected a little company called Toyoto to be a world class competitor."[5242]

Vereinzelt setzten sich japanischen Unternehmen über das Verbot von Direktinvestitionen ausländischer Firmen in Japan insofern hinweg, indem sie den Kauf von Firmenanteilen durch U.S. Firmen zuließen. Dies führte aber nicht dazu, daß die U.S. Anteilseigner dies als Chance nutzten eine eigenständig wahrnehmbare Produktion in Japan aufzubauen.[5243] Damals hatten sich U.S.-Firmen, allen voran GM, an japanischen Firmen beteiligt und sogar den Import in die USA organisiert, so etwa von Pickups von Isuzu, das seit 1971 zu 34,2 % zu GM gehörte und deren und Suzukis Automobile im Händlernetz von GM vertrieben wurden (trotz den Pickup-Zöllen der USA von 25 %[5244]). An Suzuki hatte GM seit 1981 einen Anteil von 5 %.[5245] Chrysler hielt seit 1971 einen 15 % Anteil an Mitsubishi, Anfang der achtziger Jahre waren dies 24 %.[5246] Diese letztere Beteiligung wurde aber Ende der achtziger Jahren verkauft als Chrysler in einer Krise steckte.[5247] Ford hält einen 25 % Anteil an Mazda.[5248] Dies führte aber nicht dazu, daß U.S. Unternehmen eine Produktion in Japan aufbauten.[5249] Folglich, dies ist aus (weltweiter) wettbewerbspolitischer Sicht positiv zu beurteilen[5250], haben sich zumindest die folgenden japanische Unternehmen eigenständig entwickeln können, Toyota, Nissan, Honda und Mazda.

Inwiefern in Japan ein anderer - neoklassisch liberalerer - Politikmix (etwa der Verzicht auf Zölle und stattdessen Subventionen) in Japan zu ähnlichen Erfolgen geführt hätte, ist in der Literatur umstritten. Von Industrieanalysten wird auf einen liberalen Aspekt hingewiesen, daß auf dem internen japanischen Markt in den siebziger Jahren ein intensiver Wettbewerb und niedrige Preise herrschten, sodaß japanische Unternehmen Profite vor allem auf den ausländischen Märkten machten.[5251] Auf der

---

[5241] Scherer 1999: 87.
[5242] Latham 1996: 3.
[5243] Latham 1996: 3.
[5244] Siehe Abschnitt 'D', Punkt 11.1, Automobile.
[5245] Nolte 1990: 111; Information gültig bis 1986: Bhaskar 1986: 49-53.
[5246] Nolte 1990: 111.
[5247] Latham 1996: 3.
[5248] Information bis 1986. Bhaskar 1986: 49-53.
[5249] Die U.S. Unternehmen orientieren sich nach Europa, nicht nach Japan und Südasien. Einmal abgesehen von Ford, welches in Taiwan eine Produktionsstätte hat und Anteile von Kia erworben hatte. Latham 1996: 3.
[5250] Richtigerweise wird darauf hingewiesen, daß es bei einem klar oligopolistischen Markt wie in den USA problematisch ist, wenn die großen U.S.-Firmen mit ihren größten Konkurrenten aus Japan Joint-Ventures bilden und Firmenbeteiligungen erwerben. Adams/Brock 1990: 108.
[5251] OECD 1987a: 152, 164. Bhashkar 1986: 152-153.

anderen Seite ist bekannt, daß auch andere Faktoren den japanischen Erfolge erklären, die eigenen Anstrengungen[5252] und die enge Zusammenarbeit der Firmen untereinander, assistiert von Staat. In Untersuchungen über die Automobilindustrie werden hier aber keine konkreten Beispiele aufgezählt, sondern nur allgemein auf diesen Sachverhalt hingewiesen.[5253] Somit scheint sich die Entwicklung der japanischen Automobilindustrie intern relativ liberal vollzogen zu haben. Hinsichtlich der Außenwirtschaftspolitik erfolgt eine späte, aber konsequente Liberalisierung: Bis 1985 baute Japan seine Handelsbarrieren konsequent ab. Dies führte zu einem kontinuierlichen Anstieg der Importe, wiewohl diese auf niedriger Basis bleiben: 1988: 131.370 Einheiten[5254] und 1998: 268.795 Einheiten.[5255]

2.5 Entwicklungsländer

Die Entwicklungsländer produzierten 1980 4,5 % der weltweiten Automobilproduktion. Die Produktion stieg von 0,1 Mill. Einheiten 1960 bis 1980 1,3 Mill. Einheiten. Nur vier Länder erreichen damals 'local-content'-Raten von über 90 %. Dies sind Brasilien, Argentinien, Südkorea und Indien. Alle anderen Länder importierten von 40 % bis 80 % ihrer Teile (letzterer Wert bei den sog. CKD-Montagekits) und es fand die Montage von Automobilen statt, wobei einige dieser Länder dies als Grundstein für den Aufbau der eigenen Industrie ansahen und insgesamt die lokal produzierten Anteile anstiegen (von 1960: 20 % bis 1980: 60%). Exporte gingen vor allem in andere Entwicklungsländer. Sie stabilisierten sich 1980 bei ungefähr 800.000 Einheiten.[5256] Brasilien, welches Anfang der achtziger Jahre klare Kostenvorteile aufwies und Skalenökonomien erreichte, gelang es nicht einen Weg wie Korea einzuschlagen, auch weil Direktinvestoren wie VW die Exporte in ihre eigenen Heimatmärkte bremsten.[5257] Die Unternehmen produzierten vor allem für die Binnenmärkte und ein Export nahm nur langsam zu.

In einigen Ländern sind noch weitaus deutlichere Fehlschläge zu verzeichnen. In Nigeria gelangen aufgrund der mangelhaften Förderung der Zulieferindustrie, sonstige industriepolitische Fehler und Inkohärenzen und durch das Zulassen von Importen durch Strukturanpassungsprogrammen nur geringe Prozentsätze lokal produzierter Teile, bei Peugeot 20 % und bei VW sogar nur 3,5 %.[5258]

Ein Grund für die geringen Exporte der Entwicklungsländer mag weiterhin sein, daß in diesen Bereich aufgrund der Einfuhrbeschränkungen seitens der Industrieländer ein Exportpessimismus vorherrschte. So war Mitte der achtziger Jahre abzusehen, daß auch Korea seine Exporte in die Industrieländer limitieren mußte. Etwa bei seinen Exporten nach Kanada, die, für Hyundai, auf 100.000 begrenzt

---

[5252] Eben die 'Erfindung' eigener effizienterer Produktionsmethoden. Womack et al. 1994: 60-75, 97.
[5253] Nolte 1990: 213-218.
[5254] Bletschacher 1992: 77.
[5255] **Tabelle 84**.
[5256] Zu diesem Abschnitt: Jones/Womack 1985: 393-400.
[5257] Siehe Länderstudie Brasilien in Abschnitt 'G'.
[5258] Vgl. ausführlich zur nigerianischen Automobilindustrie, aus der Sicht von VW, Struck 1995: 174-178.

wurden.[5259] Auf der anderen Seite haben damals schon Länder wie China, Malaysia, Taiwan und Indonesien versucht eine eigene Automobilindustrie aufzubauen. Dies ist nur eingeschränkt mit der These des Exportpessimismus in Einklang zu bringen. Ein weiterer abschreckender Faktor mag gewesen sein, daß die Automobilproduktion hohe F&E Ausgaben nötig macht, so schon in Abschnitt 'D'. Von hellsichtigen Industrieanalysten wurde 1985 gewarnt, daß der Automobilbau noch nicht ein klassisches Produktzyklus-Gut im Sinne von Raymond Vernon ist, das standardisiert produziert werden kann und bei dem die Entwicklungsländer ihre Vorteile vor allem durch niedrige Lohnkosten geltend machen können. Zusätzlich seien technologische Forschung- und Entwicklungsaktivitäten auf hohen Niveau und Designfähigkeiten nötig, wodurch Markteintrittsbarrieren gegenüber schwächeren Firmen aus den Entwicklungsländern entstehen.[5260]

2.6 Motorräder

Die USA intervenierte im Motorradmarkt, nachdem Harley-Davidson eine Schutzklauseluntersuchung nach Sec. 201 des Trade Act von 1974 anstrengte.[5261] Seit 1983 wurden Zollkontingente für Motorräder etabliert, für Japan 6,000 Stück. Der Anteil der Importe an der heimischen Konsumption fiel daraufhin von 1980 60 % auf 1984 31 %. Klares Ziel war es, japanische Hersteller, Kawasaki und Honda, die schon in den USA produzierten, zum Ausbau ihrer Fabriken in den USA anzuhalten.[5262] Im Jahre 1987 lief der Schutz auf Wunsch von Harley-Davidson selbst aus, weil es sich erfolgreich an die neuen Bedingungen angepaßt hatte.[5263] Es gab zwischen der EU und Japan ebenso ein VER in bezug auf Motorräder von 1983 bis 1987, über welches hier keine weiteren Informationen vorliegen.[5264]

3. Eisen- und Stahl

Der internationale Handel mit Eisen- und Stahl[5265] wird nun seit mehr als 30 Jahren durch handelsbeschränkende Eingriffe der Staaten und zusätzlich, seitens privater Akteure, durch Kartelle,

---

[5259] Es ist interessant diese Passagen zu lesen, denn dort findet sich viel wieder von einer weltwirtschaftlichen Atmosphäre, die sich gänzlich von den neunziger Jahren unterscheidet. Die Rede ist von gesättigten Märkten und von wahrscheinlichem Nachgeben gegenüber protektionistischen Forderungen heimischer Hersteller ("their demand is likely to be met by the governments"). Aus ordoliberaler Position ist klar zu erkennen, daß hierdurch weniger Anreize zu Investitionen entstehen. Fischer/Nunnenkamp et al. 1988: 141-143. Auf der anderen Seite hat der Erfolg Korea - trotz Barrieren - etwas später wieder viele Länder der Dritten Welt motiviert, wieder dem Aufbau einer eigenen Automobilindustrie Augenmerk zu schenken.
[5260] Jones/Womack 1985: 401.
[5261] Holmer/Hippler Bello 1988: 199-
[5262] Hufbauer et al. 1986: 264.
[5263] Ein Qualitätskontrollsystem wurde installiert, die Hälfte der Beschäftigen wurde entlassen und die Produktivität gesteigert. Holmer/Hippler Bello 1988: 201.
[5264] Erwähnt in einer Tabelle, in der es um die EC Importüberwachung geht: **Tabelle 248**.
[5265] Die folgende Literatur liegt hier zugrunde: Anderson/Rugman 1989; Fink 1989; Haughton/Swaminathan 1992; Herdmann/Weiss 1985; McKinney/Rowley 1989; Méndez 1986; Kawahito 1982; Krägenau 1986; Wolff 1996a; Wetter 1985; Wienert 1995, Messerlin 1999; Monopolkommission 1983; OECD 1997; Pearson 1979; Vanberg 1971. Siehe weiterhin die beiden aktuellen Studien aus der liberalen Perspektive: Barringer/Pierce 2000; und seitens der U.S.-Regierungsbürokratie eine Studie, die offenbar die Position der Stahlindustrie wiedergibt: Global Steel Trade 2000. Siehe für neuere U.S.-Zahlen und Entwicklungen auch Steel 201 Reports 2001.

reguliert, verzerrt und stark eingeschränkt. Dazu kommen die stützenden industriepolitischen Eingriffe vieler Staaten.[5266] Letzteres wurde schon in Abschnitt 'H' angesprochen.

3.1 USA

Auch hier wurden auf der Zeitachse zuerst Maßnahmen gegen Japan angestrengt. Die frühen U.S.-Maßnahmen bezüglich Eßbesteck aus Japan werden in die Fußnote verbannt.[5267] Seit 1966 versuchte das American Iron and Steel Institute (AISI) einen Schutz vor Importen durchzusetzen. Zuerst wurden Zölle, dann aber VERs bzw. Quoten präferiert. Im Jahre 1967 wurde eine Gesetz eingebracht, daß Marktanteilslimit von 9,6 % des U.S.-Marktes vorschlugt. Im Sommer 1968 boten Japan und Deutschland an, während Anhörungen im U.S. Kongress, in VERs einzuwilligen. Auch andere Produzentenländer wurden dazu eingeladen. Ab Januar 1969 bestanden sodann zwischen den USA und Japan sowie europäischen Ländern Selbstbeschränkungsabkommen für den Stahlbereich. Kanada und England traten nicht bei, schränkten ihre Exporte aber ebenfalls ein.[5268]

Japan blieb im folgenden Hauptziel für Schutzmaßnahmen.[5269] Seit 1968 bestanden zwischen den USA und Japan sowie den europäischen Ländern bilaterale Selbstbeschränkungsabkommen für den Stahlbereich. Das Abkommen der USA mit Japan wurde unter anderem 1985 erneuert und mindestens bis 1989 angewandt.[5270] Die VERs der USA wurden allerdings nicht durchgehend angewandt. So wurde ab 1975 (theoretisch seit 1974, denn der damalige Trade Act war Grund dafür[5271]) dazu übergegangen mit Antidumpingzöllen gegen Japan vorzugehen, wobei die vielen Untersuchungen, die auf Betreiben der U.S.-Industrie angestrengt wurden, dazu führten, daß, seit dem Februar 1978, ein 'trigger price mechanism' etabliert wurde. Dieser Mechanismus verunmöglichte es unter der

---

[5266] Obwohl von der U.S.-Stahlindustrie in Auftrag gegeben, bietet es nichtsdestotrotz eine guten Überblick über Regierungsmaßnahmen in diesem Bereich außerhalb der USA und in den Entwicklungsländern. Howell et al. 1988.
[5267] Trotz der marginalen Bedeutung hier zuerst eine Darstellung der U.S.-Beschränkungen für Besteckimporte. Von 1959 bis 1978 (über eine Verlängerung liegen dem Verfasser keine Informationen vor) gab es mengenmäßige Beschränkungen (mit einem 12,5 % bis 17,5 ad valorem Zoll für Mengen innerhalb der Quote und einem erhöhten Zoll, von 60 % bis 115 % für Mengen außerhalb) für Edelstahlprodukte, hauptsächlich Bestecke. Die Quote war auf Waren, die unter US$ 3 für das Dutzend kosteten, beschränkt. Japan verfügte 1958 über einen 40 % Anteil des U.S.-Marktes. Die Japaner hielten sich an die U.S.-Vorgaben und erhöhten ihre Preise, um 40 % zwischen 1958 und 1964. Im Jahre 1969 mußten zwei U.S.-Firmen aufgeben, andere Firmen beginnen selbst aus Japan zu importieren und im selben Jahr kann 1/3 der Importe U.S.-Firmen zugerechnet werden. Die zugelassenen Mengen innerhalb der Quote wurden pro Jahr um 6 % erhöht. Anfang der siebziger Jahre wurden auch Taiwan und Korea Anteile zugemessen und schließlich hielten sich diese beiden Länder nicht mehr zurück und bezahlten die hohen Zölle für Mengen außerhalb der Quote. Wie sieht eine Umverteilungsrechnung für 1974 aus? US$ 45,7 Mill. kostete dies den Konsumenten, davon gingen US$ 10,7 Mill. an U.S.-Unternehmen, US$ 6,5 Mill. an ausländische Importeure, die Preise erhöhen konnten oder U.S.-Importeure, die dasselbe tun, US$ 13,9 Mill. sind Zolleinnahmen. Die heimischen Produktion erhöhte sich um 12,6 Millionen Dutzend Stücke, 1357 Arbeitsplätze wurden erhalten, pro Job kostet dies US$ 33.677 und der allgemeine Effizienzverlust für die U.S. Wirtschaft wird auf US$ 14,5 Mill. geschätzt. Die heimische Industrie investierte nicht in Produktivitätsverbesserungen und wies bis Ende der siebziger Jahre massive Preisnachteile auf. Die Anzahl der Firmen sank von 1956 20 auf 1977 13 und ein Konzentrationsprozess fand statt. 1970 produzierten zwei U.S.-Firmen bis zu 3/4 des Outputs. Anpassung erfolgt einerseits durch den Import und dadurch, daß ein U.S.-Produzent außerhalb der USA investiert hatte. Dabei gelang es den großen Firmen sowohl von hohen Preis innerhalb der USA, von den teurer verkauften Importen, in einem Fall basierend auf der eigenen Produktion, die auch dem Quotenschutz unterlag, zu profitieren. Für diesen Abschnitt vgl. Pearson 1979: 311-320.
[5268] Eine detaillierte Chronologie, die bis in die achtziger Jahre geht, findet sich in OECD 1985: 93.
[5269] McKinney/Rowley 1989. 69-70.
[5270] McKinney/Rowley 1989: 69-70.
[5271] Vgl. für Details der U.S.-Gesetzgebung und deren Kompatibilität mit den GATT-Regeln: Kawahito 1982.

Androhung automatisch verhängter Antidumpingzölle Stahl unter einem bestimmten Preisniveau in die USA einzuführen.[5272] Dabei wurden auch Ausgleichszolluntersuchungen genutzt, von denen 1982 immerhin 14 zu Ausgleichszöllen geführt haben.[5273] Im März 1982 aufgehoben, gab es ab Oktober 1982 eine zweite Auflage dieser 'trigger price'-Maßnahme und es wurde wieder mit, diesmal mit um 12 % erhöhten Antidumpingzöllen und 'trigger'-Preisen versucht, Importe zu verringern. Danach kam es, im Gegenzug zur Rücknahme der Antidumpingzölle, 1982 zu einem VER mit der EU und dann 1985 zu erneuerten VERs mit Japan, Korea, Brasilien, Mexiko, Spanien, Australien und Südafrika.[5274] Im Jahre 1982 wurden beispielsweise 98 Stahlfälle initiiert, davon haben aber nur 14 zu Ausgleichszöllen geführt. Von den insgesamten Fällen wurden allerdings nur 4 deshalb abgelehnt, weil die International Trade Commission keine bedeutende Schädigung finden konnte.[5275]

Im Kontext der Diskussion um die Schutzklausel der WTO ist es interessant, daß dem letzteren Abkommen zwei Schutzklauselverfahren unter Section 201 des Trade Act 1974 zugrundelagen, von dem eines im Januar 1984 von der Gewerkschaft United Steelworkers of America und der Bethlehem Steel Corporation angestrengt wurde, welches, trotz positivem Ergebnis seitens der International Trade Commission, vom Präsidenten nicht unterstützt wurde, weil Vergeltungsmaßnahmen anderer Länder befürchtet wurden, was spezielles Kennzeichen der Schutzklausel ist.[5276] Stattdessen erfolgte die Aushandlung der VERs.[5277] Die Importe aus weiteren Länder wurden durch Antidumpingmaßnahmen verringert.[5278] Mit den VERs wurden den Staaten bestimmte Mengenanteile des amerikanischen Marktes eingeräumt. Die bisherigen Lieferanten wurden dabei bevorzugt und die Entwicklungsländer mit geringeren Mengen abgefunden: Dies sind die Mengenanteile: EU 5,5 %[5279], Japan 5,9 %, Brasilien 1,5 %, Mexiko 0,46 %, Korea 1,95 %, Spanien 0,72 %, Südafrika 0,52 %, Australien 0,22 %.[5280] Diese VERs liefen im März 1992 aus.[5281] Erste Auswirkung dieser VERs war ein Rückgang der Importe aus allen anderen Länder der Welt um 16 % bis 20 %. Allein die Einfuhren aus der EU im Spezialstahlbereich stiegen um 10 % und solche halbfertiger Stahlprodukte aus Brasilien.[5282] Obwohl

---

[5272] Auch hier gibt es wieder mehr Details: Zwischendurch wurde der 'trigger price mechanism' 1980 kurz abgeschafft und Antidumpinguntersuchungen angestrengt. Im Oktober 1980 wurde er in umfassenderer Form und mit 12 % höheren Preisniveaus reinstalliert. Im Januar 1982 wurde er schließlich abgeschafft und stattdessen versucht mit Antidumpingzöllen einen Anstieg der Importe zu verhindern. Wetter 1985: 490-491.
[5273] USITC 2005a: 61-62. Siehe dazu Abschnitt 'H', Punkt 14.3, Ausgleichszölle.
[5274] Wetter 1985: 492. So auch McKinney/Rowley 1989. Dort wird darauf hingewiesen, daß die VERs mit Japan und der EU 1984 weitergeführt wurden, aber 1984 noch einmal neu verhandelt worden sind.
[5275] USITC 2005a: 61-62.
[5276] McKinney/Rowley 1989: 72. So auch Wetter 1985: 491.
[5277] Wetter 1985: 491. Aus der Perspektive der U.S.-Schutzklausel Untersuchungen Holmer/Hippler Bello 1988: 1201-208. Vgl. auch OECD Steel Outlook 1985/1986: 14.
[5278] Dies sind Schweden, Norwegen, Österreich, Venezuela, DDR, Tschechoslowakei, Ungarn, Polen und Rumänien. Wetter 1985: 493.
[5279] Geschätzt hier nach den tatsächlichen Importzahlen in: OECD Steel Outlook 1988/1989: 17.
[5280] Zahlen aus Wetter 1985: 493. Leicht abweichend die Zahlen in **Tabelle 253**. Weitere spezielle Abkommen über die Importtonnage wurden ausgehandelt mit: China 68.000 t; Tschechoslowakei 40.000 t; DDR 110.000 t; Ungarn 34.000 t; Polen 90.000 t; Portugal 40.000 t; Rumänien 150.000 t; Trinidad 73.500 t; Venezuela 180.000 t; Jugoslawien 25.200 t. Hier werden auch Marktanteilszahlen genannt, die von den obigen Zahlen etwas abweichen: Australien 0,18 %; Österreich 0,21 %; Brasilien 0,8 %; EU 5,4 %; Finnland 0,224 %; Japan 5,89 %; Mexico 0,36 %; Südafrika 0,42 %; Südkorea 1,9 %; Spain 0,67 %. Holmer/Hippler Bello 1988: 208.
[5281] Barringer/Pierce 2000: 71.
[5282] OECD Steel Outlook 1985/1986: 14.

hier keine genauen Mengenzahlen vorliegen, lag die Konsumption der USA 1985 bei 113,1 Mill. t.[5283] Insofern geht es hier ungefähr um Mengen von 5 Mill. t im Falle der EU und Japan und 1,5 Mill. t im Fall von Brasilien. Damals gingen die Importe aus Japan zurück, von 1985 7,0 Mill. t auf 5,1 Mill. t. Die EU lag ohne Spanien und Portugal (die 0,8 Mill. t in die USA exportierten) als EU-10 im Jahre 1985 bei 8,2 Mill. t und 1988, nun als EU-12, bei 7,3 Mill. t. Lateinamerika erreichte immerhin 1988 U.S.-Importmengen von 3,1 Mill. t, Asien 2,7 Mill. t wobei der Rest der Welt sich mit 0,2 Mill. t und Osteuropa mit 0,4 Mill. t des U.S.-Marktes begnügen mußte.[5284] Am 30. Juni 1992 wurden gegen 21 Länder Antidumping- und Ausgleichsuntersuchungen angestrengt, die in allen Fällen mit der Erhebung von Zöllen abgeschlossen wurden.[5285] Bis auf leichte Steigerungen im Fall Brasilien und Mexiko bewegten sich die Marktanteile der Länder am U.S. Markt im Jahre 2000 noch ungefähr in dem Bereich, der von den VERs vorgezeichnet wurden.[5286]

Seit Anfang der neunziger Jahre wurde im Rahmen des GATT über ein weltweites Stahlabkommen verhandelt (multilateral steel agreement, 'MSA'). Die nach Gründung der WTO nicht abgebrochenen Verhandlungen scheiterten 1997 an der Weigerung der U.S.-Stahlindustrie im Gegenzug zu einer Einigung gänzlich auf Antidumping- und Ausgleichszölle zu verzichten.[5287] Vor einiger Zeit hat Präsident Bush wieder ein solches Abkommen angeregt[5288] und die U.S.-Stahlindustrie strengte Schutzklauselverfahren (Sec. 201) an. Die damit verbunden Zölle wurden von März 2002 bis Dezember 2003 aufrecherhalten.[5289] Im Detail dazu in Abschnitt 'J', Schutzklausel.

Wie verhielten sich die Anteile ausländischer Produzenten am U.S.-Markt angesichts dieser Maßnahmen im historischen Überblick? Zuerst einmal zu den U.S.-Importen. Ähnlich wie im Automobilbereich stiegen die Importe der USA in den Jahren nach dem Zweiten Weltkrieg deutlich wahrnehmbar an und ein immer höherer Prozentsatz des heimischen Konsums wurde aus ausländischen Quellen bestritten: 1955 1,2 % bis 1968 16,7 %[5290] und von 1974 von 13,5 % bis 1978 18 %[5291] sodann wurden 1982 22 % erreicht.[5292] Die U.S.-Regierung beschloß 1984, als sie die VERs aushandelte, den Importanteil am amerikanischen Markt auf dem Niveau von 18,5 % (20,2 % mit halbfertigen Stahlprodukten) zu halten.[5293] Dies gelang nicht sofort und noch 1984 wurden 27 % des

---

[5283] OECD Steel Outlook 1985/1986: 30.
[5284] OECD Steel Outlook 1985/1986, 1986/1987, 1988/1989: 31, 33, 39. Nach diesen Jahrgängen liegen wenigstens in dieser Publikation keine solche Zahlen mehr vor.
[5285] Ungünstig geht das Verfahren offenbar auch deshalb aus, weil zu detaillierte Informationen ausländischer Unternehmen angefordert wurden, die in kurzer Zeit herbeigeschafft werden mußten, um zu verhindern, daß die U.S.-Behörden nach ihren eigenen Informationen entscheiden. Dies gelingt den ausländischen Unternehmen offenbar auf breiter Front nicht und dies war von den U.S.-Behörden so gewollt. Barringer/Pierce 2000: 63.
[5286] Steel 201 Reports 2001. Zahlen für 2000 in t (Auswahl): Brasilien: 3.088.673; Mexiko: 2.881.099; Korea: 2.636.002; Japan: 1.794.672; Deutschland: 1.708.347; China: 1.533.520; Rußland 1.382.811; Taiwan: 1.168.906; Indien 906.417; Australien 737.753; Spanien: 563.069; Südafrika: 513.422; Thailand: 486.268; Türkei 444.514; Argentinien: 385.664; Venezuela 352.475; Indonesien: 307.439; Polen 301.961.
[5287] Barringer/Pierce 2000: 65, 70-71; einige Informationen zu den Subventionskriterien dieses Stahlabkommens in Steward 1993: 955.
[5288] Und zwar auf dem EU-Gipfel in Göteborg. Frankfurter Allgemeine, Samstag, 16. Juni 2001, Nr. 137, S. 14.
[5289] Siehe Abschnitt 'H', Punkt 15.4, Eisen- und Stahl.
[5290] Vanberg 1971: 11.
[5291] Wetter 1985: 490.
[5292] Wetter 1985: 491. Siehe auch: **Tabelle 249**.
[5293] Wetter 1985: 492.

amerikanischen Marktes durch Importe versorgt. Von 1984 bis 1989 sanken, in direkten Zusammenhang mit den VERs, die Importanteile auf 18 % ab und blieben auf diesem Niveau bis 1992. Seit 1992 stiegen Importe bis 1994 wieder auf 28 % und im Jahre 1998 wurden 30 % erreicht.[5294] Danach sanken sie 1999 auf 28,9 % ab und die Prognose für 2000 geht von einem Anteil von 26,4 % aus.[5295] Dies läßt erkennen, daß die Schutzmaßnahmen die Importanteile auf einem gewissen Niveau stabilisieren konnten.

Hierzu kann bemerkt werden, daß neuerdings ein Drittel der Importe (1998, 9,5 Mill. t) aus halbfertigem Stahl besteht, der von den U.S.-Stahlunternehmen selbst zur Weiterverarbeitung importiert wird.[5296] Zum Vergleich: Die Rohstahlproduktion lag 1998 in den USA bei 97,7 Mill. t, bei einem Verbrauch von 117 Mill. t und Importen von 38,3 Mill. t.[5297]

Ein beständiges Charakteristikum der Weltstahlmärkte besteht darin, daß die USA der weltweit größte Importeur ist und, in Zahlen für 1998, kaum Exporte (5,0 Mill. t) zu verzeichnen haben. Europa (1992: 12,5 Mill t.[5298]) und Japan (4,8 Mill t.) sind nach diesen Zahlen moderate Importeure, haben aber substantielle Exporte (Japan: 24,9 Mill. t, EU: 24,0 Mill. t) vorzuweisen.[5299]

Folge der Schutzpolitiken ist, daß sich die Importanteile seit vielen Jahren kaum verändern. Nach dem Anstieg bis 1980 blieb die USA auf demselben Niveau, daß vor allem von den Schutzbarrieren bestimmt ist. Bezüglich der Gruppe der Industrieländer verzeichnete Japan immerhin einen leichten Anstieg der Importe. Diese stiegen von 0,2 % im Jahre 1974 auf 8 % in den späten achtziger Jahren in bezug auf den heimischen Verbrauch an.[5300] In der EU ist die Kontinuität in bezug auf die Importanteile in bezug auf die heimische Produktion am deutlichsten erkennbar. Wird der interne Handel ausgeklammert, schwankten die Importe in Relation zur heimischen Verbrauch von 1975 an bis 1992 um 10 %.[5301] Dahinter steht, in den USA ebenso wie der EU, daß versucht wird einen Strukturwandel zugunsten größerer Firmen durchzuführen. Die Renten, die durch die Protektion erhalten wurden, sollten investiert werden. Damals wurde in der EU 20 Mill. t Kapazität abgebaut wurde, 200.000 Arbeiter entlassen, wobei aber der Output der vier größten Firmen "only declined from 52 per cent in 1979 to 47 % in 1983."[5302] Dieser Strukturwandel gelang, siehe die Informationen weiter unten, in der USA nicht so gut wie in der EU.

[5294] Daten aus Barringer/Pierce 2000: 41. Für 1998 wird ein Marktanteil von 32,1 % für die Import erwähnt im OECD Steel Outlook 1999/2000: 12.
[5295] OECD Steel Outlook 1999/2000: 54.
[5296] Barringer/Pierce 2000: 44. Für 1983 ist dokumentiert, daß die U.S.-Stahlindustrie versucht halbfertige Produkte aus England zu importieren. Damals gibt es öffentliche Proteste gegen diese Aktivität. Dazu Scherrer 1992: 227.
[5297] OECD Steel Outlook 1999/2000: 22, 47.
[5298] Leider liegen nur für dieses Jahr die aktuellsten Zahlen für Importe vor, die den internen EU-Handel ausklammern. EU in den heutigen Grenzen. Siehe: **Tabelle 250**.
[5299] Zahlen für 1998 in: OECD Steel Outlook 1999/2000: 51. Dazu **Tabelle 249** und dort auch **Tabelle 251**.
[5300] Messerlin 1999: 192.
[5301] In den heutigen Grenzen. **Tabelle 250**. Messerlin 1999: 186.
[5302] OECD 1985: 101.

3.2 EU

Auch im Falle der EU in ihrem Handel mit Japan hing die Begrenzung der Importe mit handelspolitischen Maßnahmen zusammen. Zuerst zur EU. Nach ihren frühen VERs, siehe oben, folgte sie seit 1977 dem Beispiel der USA und strengte eine Welle von Antidumpinguntersuchungen an, auf Wunsch der schon erwähnten Europäischen Vereinigung der Eisen- und Stahlindustrie (EUROFER).[5303] Ebenfalls schon erwähnt wurde, daß die Kommission 1977 in den Markt eingriff und Mindestpreise festgelegte[5304], darunter auch Mindestimportpreise, die über Importabgaben durchgesetzt wurden.[5305] Ab 1978 wurden VERs[5306] ausgehandelt, die gegen ca. 15 Länder angewandt wurden: Die EFTA Länder, die zentraleuropäischen Länder, die Sowjetunion, Australien, Brasilien, Japan, Korea, Venezuela und Südafrika.[5307] Seitens der EU erfolgte in der zweiten Stahlkrise Anfang der achtziger Jahre von 1981 bis 1984 eine Einschränkung der Stahlimporte. Und zwar wurde durch bilaterale Abkommen eine Reduzierung der Exporte in die EU um 12,5 % in bezug zum Niveau 1980 durchgesetzt: Diese Abkommen wurden mit Australien, Brasilien, Bulgarien, Tschechoslowakei, Japan, Ungarn, Polen, Rumänien, Korea, Südafrika, Spanien sowie den EFTA-Länder außer Portugal abgeschlossen.[5308] Im Jahre 1985 erklärten sich die EFTA Länder bereit, den Preisregeln der EGKS zu folgen und wurden daraufhin von den VER-Abmachungen ausgenommen. Weiterhin wurden Antidumpingzölle gegenüber kleinen Stahlexporteuren (Brasilien, Portugal, Trinidad und Tobago und Venezuela[5309]) angestrengt. Die Zölle auf Stahl sind niedrig, die Antidumpingzölle hoben den Zollschutz aber wieder auf 35 % an.[5310]

Obwohl in den Europaabkommen mit der Tschechei und anderen osteuropäischen Staaten die Zölle abgeschafft wurden, sind Schutzklauseln dazu genutzt worden mengenmäßige Beschränkungen aufzuerlegen und es wurden Antidumpinguntersuchungen angestrengt.[5311] Bis in Mitte 1990 bestanden unter anderem Abkommen der EU mit Brasilien, Korea[5312] und Antidumpingzölle auf Produkte aus der Türkei.[5313] Von den 75 definitiven Antidumping Zöllen, welche die EU zwischen 1. Juli und 31. Dezember 2000 erhob, wurden 40 in bezug auf Stahlprodukte genutzt worden, unter anderen solche aus Brasilien, China, Taiwan, Indien, Japan, Südkorea, Thailand, Malaysia, Mexiko, Polen, Ungarn, Rumänien, Ukraine, Rußland und Serbien.[5314]

[5303] Messerlin 1979: 190-191.
[5304] Monopolkommission 1983. 24-25. Vgl. auch Herdmann/Weiss 1985: 105-106.
[5305] Herdmann/Weiß 1985: 106. Wetter 1985: 487.
[5306] Die Länder erklärten sich zu mengenmäßigen Beschränkungen bereit, die auf dem Niveau von 1976 lagen und ihnen wurden etwas niedrigere Preise zugestanden als die internen EGKS-Preise angesiedelt sind. Wetter 1985. Zum Termin Herdmann/Weiß 1985: 106.
[5307] Messerlin 1999: 191.
[5308] Die Tonnendaten in: **Tabelle 252**. Wetter 1985: 489. Für Spanien wurden noch nach dem Beitritt zum 1. Januar 1986 die Stahlexporte in europäischen Länder begrenzt, weil die spanischen Stahlindustrie bis Ende 1988 staatliche Subventionen erhielt. Fink 1989: 52.
[5309] Wetter 1985: 489.
[5310] Siehe: **Tabelle 246**.
[5311] Zu diesem Abschnitt Messerlin 1999: 190-192.
[5312] Schuknecht 1992: 116.
[5313] Schuknecht 1992: 129.
[5314] Siehe das WTO Dokument: G/ADP/N/72/EEC.

In bezug auf die EU ist zu beobachten, daß die Importe aus Japan seit 1975 kontinuierlich zurückgingen und durch, allerdings geringe, Importe aus der Sowjetunion (nun Rußland) sowie unter anderem aus Südamerika ersetzt wurden.[5315] Dies impliziert, daß bei einem leicht steigenden EU-Eigenverbrauch der für die heimischen Hersteller reservierte Markt kontinuierlich angewachsen ist: Von 1975: 68.817.000 t auf 1992: 96.715.000 t.[5316]

3.3 Japan

Auch Japan engagierte sich in Importbegrenzungen.[5317] In Japan erfolgte ein moderater Anstieg der Importe. Und zwar trotz der Bemühungen privater Gruppen, seit 1984 die Japan Iron and Steel Importers Association (JISII). Diese hat in enger Absprache mit japanischen Stahlherstellern die Importe so kontrolliert, daß das heimische Preisgefüge möglichst nicht durch Importe beeinflußt und erniedrig wurde. Seit 1970 wurde in Japan die Stahlindustrie vom Unternehmen Nippon Steel angeführt, das eine dominante Marktposition[5318] in bezug auf die meisten Stahlsorten hat. Ab 1972, als die Rezession einsetzt, wurde, anstelle der früheren Wettbewerbssituation eine Zusammenarbeit der Stahlproduzenten etabliert, die sich am Preis- und Kapazitätsverhalten von Nippon Steel orientierten.[5319] Kleine Importeure wurden dabei nicht so perfekt kontrolliert und dadurch kam aus Korea und Taiwan, aber auch Lateinamerika Stahl in das Land.[5320] Weiterhin wurden bilaterale Abkommen ausgehandelt, einige davon auf der Ebene privater Unternehmen.[5321] Innerhalb Japans wurde damals ein ähnliches System der Produktionslimitierung angewendet, wie der EU, wobei das MITI unverbindliche Produktionsdaten vorgab und unter dem Beisein von MITI-Angestellten Treffen der Stahlindustrie stattfanden, um Produktionspläne abzustimmen.[5322] Während Rezessionszeiten hat das MITI, nach Verhandlungen mit Stahlherstellern, in einigen Fällen 'administrative guidances' herausgegeben, wobei dies zwar keine Rechtsakte, aber de facto verbindliche Abmachungen sind.[5323] Obwohl viel dafür spricht, wird hier offengelassen, ob formale Kartelle unter den Produzenten bestanden. Im japanischen Wettbewerbsrecht ist eine Ausnahme für Depressions- (bzw. Rezessions-) und Rationalisierungskartelle niedergelegt[5324], welche für die Stahlindustrie zwischen 1979 und 1983 genutzt wurden.[5325] Die Kapazität der Stahlindustrie wird in Japan nicht abgebaut, sondern nahm in diesem Zeitraum um 15 % zu.[5326]

[5315] Messerlin 1999: 191.
[5316] Siehe: **Tabelle 250**. Messerlin 1999: 186.
[5317] Wetter 1985: 495.
[5318] In Japan selbst wurde dieser Zusammenschluß als wettbewerbspolitisch problematische angesehen, aber unter anderem offenbar auf Wunsch von MITI, doch durchgeführt. Howell et al. 1988: 222.
[5319] Howell et al. 1988: 224.
[5320] Von 8,9 Mill. t. Importen kamen 1988 2,7 Mill. t aus Asien und 3,1 Mill. t aus Lateinamerika nach Japan. OECD Steel Outlook 1988/1989: 39.
[5321] Howell et al. 1988: 207-215.
[5322] Howell et al. 1988: 202-205.
[5323] Howell et al. 1988: 204-205.
[5324] Antimonopoly Law, Art. 24 Abs. 3, Art. 24 Abs. 4. Howell et al. 1988: 205.
[5325] Peck et al. 1988: 201-202. Für die japanische Wettbewerbspolitik in bezug auf Stahlindustrie siehe Hermanns 2005a: 76-77.
[5326] Peck et al. 1988: 210.

Box Grauzone privat-staatlicher Kartelle im Stahlbereich. Zumindest geduldet wurden von staatlicher Seite private Kartellabmachungen, die zwischen der EU, Kanada und Japan bestanden.[5327] Dabei wurden direkt von den Firmen produzierte Tonnagen und Preise ausgehandelt, es ging um Einfuhrquoten und geographische Marktaufteilungen. So haben sich die EU Hersteller mit Japan geeinigt, dorthin 1993 nur 121.000 t zu exportieren (weniger als zwei Zehntel des dortigen Stahlverbrauchs). EU-Importe aus Japan sind, obwohl Japan in den letzten dreißig Jahren der unumstritten produktivste Hersteller war, fast inexistent.[5328] Beim EU Beitritt Spaniens mußte sich das Stahlwerk Ensidesa diesem sog. Londoner Abkommen anschließen und seine vormals hohen Exporte nach Japan sanken ab. Die Spanier sind die einzigen, die teilweise signifikante Mengen nach Japan ausführten. Dieses Londoner Abkommen sieht regionale Gebietsaufteilungen vor. Die EU bekam die Märkte westlich von Myanmar, Japan die Märkte östlich davon eingeräumt. Die Exporte der EU gingen dementsprechend in die Türkei, Indien und Pakistan, die Japaner handeln mit Thailand, Indonesien, Malaysia, China und Korea.[5329] Zwischen kanadischen und japanischen Produzenten von Flachwalzstahlerzeugnissen gab es seit langer Zeit ein Stillhalteabkommen, sodaß beide Seiten nicht in die jeweilig anderen Länder exportierten. Kanada exportierte zwar größere Mengen nach Korea und Taiwan, nicht aber nach Japan, obwohl dort sind die Preisniveau viel höher sind. Japan exportiert wiederum große Mengen in die USA, jedoch kaum auf den kanadischen Markt. Als ein kanadisches Unternehmen irrtümlich über ein asiatisches Handelsunternehmen warmgewalzte Coils nach Japan ausführte, entschuldigte es sich bei den japanischen Herstellern. Kurz: Stahlhandel findet vielfach nicht statt, trotz Zollabbau.[5330] Ausgangspunkt vieler dieser Kartelle sollen japanische Hersteller sein, die auch bilaterale Abkommen mit den Stahlwerken abschließen. Weil die japanischen Überkapazitäten gefürchtet werden, schließen sich die Stahlwerke diesen Vorschlägen an.[5331] Dies Information wird mit dem nötigen Vorbehalt wiedergegeben. Da diese Abkommen auch mit Stahlwerken in Korea, Brasilien, Südafrika, Neuseeland, Australien, Taiwan und Indonesien bestanden[5332], wäre interessant zu erfahren, inwiefern dies die Expansion dieser Industrien verhindert hat und welche Rolle europäische Konzerne und Handelsschranken dabei gespielt haben. Das Wachstum der brasilianischen Industrie konnte immerhin auf dem eigenen Markt erfolgreich stattfinden, die Exporte wurden beschränkt. Schwerer betroffen war Indien, welches aufgrund seines

---

[5327] Bestätigung dafür findet sich in dem Artikel von Wolff 1996a; sowie in Howell et al. 1988: 248. Wolff war einer der Autoren in Howell et al. (1988), einem Buchprojekt, daß auf Wunsch der U.S.-Stahlindustrie die Regierungsinterventionen anderer Länder aufarbeitet. Somit ist es denkbar, daß er U.S.-Industrieinteressen vertritt und aus diesem Grund fragwürdige Informationen verbreitet. Auf der anderen Seite scheinen viele Informationen in dem Buch sachlich richtig zu sein, sodaß hier daraus zitiert wird. Akzeptiert werden die Informationen über internationale Kartelle, von EU-Seite her, von Messerlin 1999: 191. Die liberalen Autoren sind skeptischer, nicht zuletzt weil diese Informationen ihre Argumente für den freien Handel unterminieren. Barringer/Pierce 2000: 62. Denn freier Handel macht wenig Sinn, wenn sich die EU und Japan absprechen den US-Markt zu erobern und ihrerseits die Märkte nicht untereinander und für andere öffnen.
[5328] Zahlen: 1984, 1985 lagen die Importe der EU aus Japan bei 0,4 Mill. t. Trotz Erweiterung zur EU (12) sanken die Importe aus Japan auf 0,3 Mill. t 1987 und gingen dann wieder auf 0,4 Mill. t zurück. Dies angesichts insgesamt 28,3 Mill. t japanischer Exporte in diesem Bereich im Jahre 1989. Andersherum lagen die Werte ähnlich niedrig. Die EU exportierte 1984 0,2 Mill. t, dann 1985 0,1 Mill. t, 1986 0,2 Mill. t, 1987, 0,2 Mill. t, 1988, 0,4 Mill. t. Dies ist nicht mit sonstigen Barrieren zu erklären. OECD Steel Outlook 1985/1986, 1986/1987, 1988/1989: 31, 33, 39.
[5329] Wolff 1996a: 244, 255-257.
[5330] Wolff 1996a: 245.
[5331] Wolff 1996a: 245.
[5332] Wolff 1996a: 260.

kleineren Marktes sicherlich seine komparativen Vorteile im Stahlbereich durch diese diversen Schutzabkommen nicht vollständig nutzen konnte. Die U.S. Produzenten schlossen sich diesen Kartellen nicht an, weil gemäß U.S. Wettbewerbsrecht die Teilnahme an Kartellen zu Gefängnisstrafen führen kann. Die USA nahmen stattdessen Rekurs auf Antidumping- und Ausgleichszölle sowie die GATT-Schutzklausel, um ihren Markt zu schützen[5333] und handelte im Rahmen dieser Antidumpinguntersuchungen von staatlicher Seite Abmachungen ('undertakings') mit diesen Kartellen aus. Vor diesem Hintergrund ist es nicht gerade die feine Art, wenn Unternehmerverbände Japans und der EU diskutierten, ob sie ihre Regierungen überreden sollten im GATT gemeinsam gegen U.S.-Antidumpingzölle vorzugehen.[5334]

Diese Informationen von den über die achtziger Jahren fast unverändert bleibenden Weltmarktanteilen im Export und im Import von Stahl für alle wichtiger Ländergruppen werden von der Statistik bestätigt. Die Entwicklungsländer können ihre Industrialisierungserfolge im Stahlbereich nicht in steigenden Exporte, sondern in verminderten Importe umsetzen.[5335] Die USA weist etwas stärker schwankende Importe auf, die immer wieder stark abfallen.[5336] In den neunziger Jahren nahmen immer mehr Länder Rekurs auf Antidumpinguntersuchungen, um ihre Stahlproduzenten zu schützen, darunter auch China.[5337]

3.4 Auswirkungen des 'managed trade' auf die Stahlindustrie

Hinsichtlich der industriestrukturellen Aspekte wurde schon erwähnt, daß die Stahlindustrie mit Überkapazitäten zu kämpfen hatte. Die Nachfrage auf dem Weltstahlmarkt wurde in den frühen siebziger Jahren als zu hoch geschätzt. Selbst wenn dies so gewesen sein mag, ist doch festzustellen, daß diese Überkapazitäten wenig oder garnicht abgebaut wurden.[5338] Hinsichtlich der Preise ist festzustellen, daß sich die Preisniveaus in Japan, USA und EU angenähert haben, wenn die Transportkosten einbezogen werden und es wird die These vertreten, daß die Handelsbarrieren nicht zu Preissteigerungen geführt haben, weil innerhalb der Blöcke, zumal in den USA, einiges dafür spricht, daß eine interne Konkurrenzintensivierung vorlag, ausgelöst durch die sog. Minimills.[5339] Es ist aber fraglich, ob diese These aufrechterhalten werden kann, denn es scheint so zu sein, daß 'Big Steel' in den USA teils in andere Bereiche auswich und somit die Konkurrenz zu den Minimills zuerst einmal nicht so stark war, wie dies teils beschrieben wird.[5340] Die Minimills stellten Anfang der

---

[5333] Hier wird sich nicht der dort nicht dokumentierten Bewertung von Wolff (1996a: 246) angeschlossen, daß die EU und Japan auf dem amerikanischen Markt Dumping betreiben und dies der Grund der Schwäche der U.S. Produzenten ist.
[5334] Zu diesem Abschnitt Wolff 1996a: 239-261.
[5335] Siehe: **Tabelle 251**.
[5336] Siehe: **Tabelle 249** und **Tabelle 251**.
[5337] Hermanns 2001: 286.
[5338] Von 1973 bis 1981 wurden in Europa die Rohstahlkapazitäten um 20 Mill. t auf fast 200 Mill. t ausgebaut. Fink 1989: 43. In bezug auf die gesamte OECD stieg, nach einem Rückgang der Rohstahlkapazitäten seit 1978 bis 1987, die Produktionskapazität wieder auf Werte über dem Stand von 1978 an. Bezug: Die gesamte OECD. Aus: OECD Steel Outlook 1999/2000: 18.
[5339] Messerlin 1999: 192.
[5340] So werden große Stahlbleche ('slabs'), die von der Autoindustrie in Form gepreßt werden, hauptsächlich von den großen integrierten Werken hergestellt. Howell et al. 1988: 23. Wienert 1995: 303.

neunziger Jahre vor allem Betonstähle, Drähte und Profile her und waren nicht in der Lage größere Bleche und Stahlplatten herzustellen, die in der Automobilindustrie benötigt werden. Im Einklang mit dieser skeptischeren Bewertung der Minimills und deren Kostenvorteilen steht, daß gerade die VERs ihnen einen Wachstumsspielraum und hohe Renditen ermöglicht haben, denn die ausländischen Unternehmen haben die vorhandenen Quoten mit Spezialstählen ausgefüllt.[5341] Den Minimills gelang es erst Mitte/Ende der neunziger Jahre in diese Bereiche vorzudringen.[5342] Außerdem ist der Konzentrationsindex für die USA mit C4 0,42 % 1987 relativ hoch.[5343] Dies muß nicht, kann aber Rückschlüsse auf koordiniertes oligopolistisches Verhalten erlauben. Es mag also durchaus so sein, daß sich die Preise in den Märkten der Industrieländer sowohl durch die Handelsbarrieren als auch durch koordiniertes Verhalten der heimischen Industrien erhöht und angenähert haben. In der Literatur wird ein Preisverfall auf den U.S.-Stahlmärkten nicht mit der Minimill-Konkurrenz oder ausländischer Konkurrenz, sondern mit einer temporären Auflösung der Interessenabstimmung unter den großen Stahlfirmen in Verbindung gebracht.[5344] Insofern hier trotzdem von einer "Erosion des Oligopols" die Rede ist, scheint es sich um einen eher langsamen Prozeß zu handeln.[5345] Ob die aktuellen Käufe von amerikanischen Stahlwerken durch ausländische Investoren dazu beitragen, muß neu untersucht werden, es könnte durchaus sein, daß sich diese Investoren nur in das bestehende Oligopol einkaufen und die Preisniveaus nicht verändern.[5346]

Dieses Bild einer zumindest moderaten Preisstabilisierung erleichtert durch VER-Maßnahmen wird durch Studien bestätigt, die sich mit den Auswirkungen der handelspolitischen Maßnahmen auf Produzenten, Konsumenten und andere Unternehmen beschäftigen. Studien liegen dem Verfasser nur für die USA vor.[5347] So wird als Effekt des 'trigger price mechanism' für die USA ein 10 % Preisanstieg geschätzt für 1979.[5348] Andere Studien gehen nur von 1,2 % aus.[5349] Später wird für die VERs nach 1984 durch die Importbegrenzung ein Preisanstieg von 1,1 % bis 6,5 % berechnet, abhängig von niedriger oder hoher Nachfrageelastizität.[5350] Diese Zahlen sind nicht extrem hoch. Insgesamt wird aber ein negativer Effekt auf die Wirtschaft nicht ausgeschlossen, weil viele Stahlverbraucher, darunter die Maschinenbau- und Automobilindustrie, darunter leiden können.[5351] In bezug auf dieselben VERs in den achtziger Jahren wird ein Anstieg der Importpreise von 18,1 % und ein durchschnittlicher Preisanstieg von 4,8 % berechnet und negative Effekte auf andere Industriebereiche konstatiert.[5352] Die Stahlpreiserhöhungen werden von der OECD als moderat

---

[5341] Eine diesbezüglich ausführliche Analyse befindet sich in Scherer 1992: 228-244.
[5342] Devereaux et al. 2006b: 198.
[5343] Haughton/Swaminathan 1992: 98.
[5344] Scherer 1992: 227.
[5345] Siehe den Titel des Kapitels. Scherer 1992: 223.
[5346] Siehe Abschnitt 'D', Punkt 11.2, Eisen und Stahl.
[5347] Auf das Fehlen von Studien für die EU wird auch hingewiesen in OECD 1985: 96.
[5348] Wetter 1985: 490.
[5349] McKinney/Rowley 1989: 70.
[5350] McKinney/Rowley 1989: 80.
[5351] McKinney/Rowley 1989: 80.
[5352] Méndez 1986: 558. Im Jahre 1985 lag der Preis bei US$ 430 t bis US$ 440 t. Die Produktionskosten lagen bei US$ 403 t. Die günstigsten Importe mit US$ 207 t, nach dem damaligem Umtauschkurs. Harris 1994: 140.

eingeschätzt, im höchsten Fall 5,2 %, nur der importierte Stahl stieg preislich deutlich an, wovon ausländische Firmen profitieren können.[5353] In einer weiteren Untersuchung, die sämtliche Phase der U.S.-Protektion beachtet, werden die Kosten für die Konsumenten in den USA durch die künstlich erhöhten Preise, darunter die Bauindustrie und sonstige Unternehmen, die Stahl als Inputs in ihre Produktion einsetzen werden, für die Zeit von 1969 bis 1992 auf US$ 2,2 Mrd. jährlich geschätzt. Davon gingen US$ 0,8 Mrd. erhöhte Gewinne jährlich an die U.S.-Stahlwerke und Arbeiter, US$ 1,2 Mrd. an ausländische Zulieferer und US$ 0,2 Mrd. stellen sonstige Verluste dar. Die Nettokosten für die USA werden mit US$ 1,4 Mrd. angegeben. Jährlich wird ein Erhalt von 2.000 bis 12.000 Arbeitsplätze durch die Handelsbarrieren berechnet (Kosten pro geretteten Job zwischen US$ 180.000 und US$ 1.2 Mill. angesichts dieser Werte für Wohlfahrtsverluste).[5354] Besonders wirksam waren die frühen VERs hinsichtlich der Arbeitsplatzerhaltung[5355], wohl auch deshalb, weil die Firmen zu diesem Zeitpunkt noch keine technisch induzierten Produktivitätssteigerungen durchführten.

Nun bedeutet die Statistik insofern nicht viel, weil es modelltheoretisch berechnete Zahlen sind und Arbeitsplätze schon damals aufgrund der Produktivitätsfortschritte (Umstellung auf Sauerstoffblasverfahren zur Stahlerzeugung, Stranggußverfahren und neue Walzstraßen) abgebaut wurden, wobei es in der ersten Hälfte der achtziger Jahre einen Höhepunkt gab (Arbeitsplatzabbau USA von 1955: 700.000; 1979: 580.000; auf 1988: 270.000).[5356] In der Literatur wird ebenso darauf hingewiesen, daß es Arbeitsplatzverluste in anderen Sektoren gab, die unter höheren Stahlpreisen leiden.[5357] In weiteren Untersuchungen, die gegen neue protektionistische Ansinnen der U.S.-Stahlindustrie gerichtet sind, werden höhere Kosten der Protektion angegeben, US$ 46 Mrd. bis US$ 76 Mrd. (in konstanten U.S.-Dollars: US$ 90 bis US$ 151 Mrd.). Diesen Berechnungen liegt allerdings nur eine einzige Studie zugrunde, die von relativ hohen Kosten ausgeht.[5358] Von den Preiserhöhungen hat die U.S.-Stahlindustrie offenbar vor allem zwischen 1987 und 1989 profitiert[5359], als auch die Nachfrage anstieg. Weiterhin spricht einiges dafür, daß niedrigere Preiserhöhungswerte in einigen Zeitabschnitten in den achtziger Jahren daran lagen, daß es den U.S.-Produzenten nicht mehr gelang, ihre wettbewerbsinkonformen Preisabsprachen durchzuhalten.[5360]

Einige Bemerkungen zur technologischen Entwicklung: Die liberale Theorie würde die Meinung vertreten, daß Schutzbarrieren die Einführung neuer Technologie verlangsamen. Dies steht im Einklang mit der Entwicklung in den USA. In bezug auf die USA ist es allgemein geteilte Meinung, daß die Einführung neuer Technologie durch den kontinuierlich zugestandenen Schutz deutlich

---

[5353] Dies wird hervorgehoben in OECD 1985: 98.
[5354] Zu diesem Abschnitt. Haughton/Swaminathan 1992: 107-109, 113-115.
[5355] Haughton/Swaminathan 1992: 108.
[5356] Haughton/Swaminathan 1992: 97. Zu den technischen Umstellungsprozessen Fink 1989: 81-83 (Strangguß); 96-102 (u.a. Sauerstoffblasverfahren).
[5357] Méndez 1986: 564.
[5358] Barringer/Pierce 2000: 52. Diese stützten sich allerdings nur auf eine Studie von Hufbauer, deren Schätzungen deutlich höher liegen als in anderen Studien: Haughton/Swaminathan 1992: 110.
[5359] Für die Jahre 1982 bis 1986 werden für US$ 11,6 Mrd. Verluste für die in der AISI organisierten Big-Steel-Stahlindustrie angegeben. Von 1987 bis 1989 erwirtschafteten die Unternehmen wieder ansehnliche Gewinne. Scherer 1992: 319.
[5360] Adams/Mueller 1990: 87.

verlangsamt wurde.[5361] Die älteren integrierten Unternehmen ließen sich nicht mehr modernisieren und der Bau eines komplett neuer integrierter Stahlwerke lohnte sich nach Ansicht vieler Autoren in den USA nicht.[5362] Weiterhin wurden Fehler bei der Modernisierung gemacht und alte und neue Anlagenteile kombiniert.[5363] Dazu kam, daß 1988 von 24 integrierten Stahlwerken 14 weniger als 3 Mill. t Produktionsvolumen aufwiesen und es somit schwieriger war Skalenökonomien zu erzielen.[5364]

Dieser Nachteil ist aber, siehe gleich unten, nicht ganz so extrem ausgeprägt. So lagen in Europa 1988 bei einem Produktionsvolumen von 4 Mill. t und darüber 11 Werke (über 6 Mill. t lagen 4 Werke), in Japan sind es 12 Werke, die über 4 Mill. t lagen (darunter 10 Werke über 6 Mill. t) wobei es in den USA nur 5 Werke über 4 Mill. t gab und 2 über 6 Mill. t.[5365] Auch die Japaner, die signifikant in die U.S.-Stahlindustrie investierten, trauen sich eine Investition in ein neues integriertes Stahlwerk nicht zu[5366], sodaß die integrierten Stahlwerke wenigstens in den achtziger Jahren vor allem in U.S.-Hand blieben, wiewohl es einige begrenzte Beteiligungen gibt.[5367] Dies erklärt den politischen Einfluß, den diese Unternehmer, ihrer veralteten Anlagen zum Trotz, ausüben konnten. Die Investitionen lagen zudem zwischen 1979 bis 1988 um die Hälfte niedriger als zwischen 1974 und 1979. Zwar gab es signifikante Produktivitätsfortschritte, diese sind aber beispielsweise 1981 bis 1984 durch viele Faktoren zu erklären: Die Stillegung alter Anlagen mit 23,3%, die Reduzierung der Produktpalette 17,7%, die Erhöhung der Auftragsfremdvergabe 20,8 %. Neue Produktionsanlagen leisteten nur einen Beitrag von 6,5 %. Dazu kam die Schwächung gewerkschaftlicher Schutzrechte, der ebenfalls eine große Wirkung hinsichtlich Produktivitätssteigerung zugesprochen wird und der Beginn von Importen von halbfertigen Stahlteilen aus dem Ausland zur Weiterverarbeitung im Inland.[5368] Auf strengere Umweltauflagen wird verzichtet.[5369] Und es wurden Steuererleichterungen eingeräumt, die noch über die Steuererleichterungen des Tax Reform Act 1986 hinausgingen.[5370] Am Rande: Der Tax Reform Act 1986 ist *das* Steuergesetz mit dem der Steuersenkungswettbewerb in den Industrieländern eingeleitet wurde (Spitzensteuersätze von 21 %).[5371]

[5361] Barringer/Pierce 2000; Adams/Mueller 1990: 90.
[5362] Harris 1994: 140.
[5363] Adams/Mueller 1990: 92.
[5364] Adams/Mueller 1990: 82.
[5365] Adams/Mueller 1990: 83.
[5366] Scherer 1992: 256.
[5367] Dabei sind einige kleinere integrierte Werke: Nisshin kauft 10 % von Weeling-Pittsburg; Kawasaki ein 40 % Anteil in Armco und Kobe ein 50 % Anteil des USX-Werks Lorain in Ohio. Investitionen in National Steel in Kalifornien sowie in der California Steel Company sind, so die hier nicht belegte Ansicht des Verfassers, Investitionen in Werken in den Stahl kaltgerollt wird, also keine integrierten Werke. Für diese Zahlen Adams/Mueller 1990: 78.
[5368] Scherer 1992: 227, 312-314.
[5369] Die Ausgaben für den Umweltschutz reduzierten sich von 650,8 Mill. US$ im Jahr 1979 auf 136,2 Mill. US$ im Jahre 1985. Erst 1990 wurden mit dem Clean Air Act neue Kosten ausgelöst. Scherer 1992: 315-316.
[5370] Für 1988 wurden Rückzahlungen für die großen Stahlkonzerne von 500 Mill. US$ erwartet, die allerdings mit einer Reinvestitionsverpflichtung verbunden waren. Scherer 1992: 212.
[5371] Zu dieser Steuerreform allgemein und der damit verbundenen, nach 1981 weiteren Absenkung der Spitzensteuersätze auf 21 % vgl. Körner 1987.

Weiterhin fanden keine eigenen bemerkenswerten Forschungs- und Entwicklungsanstrengungen mehr statt.[5372] Zudem versuchten sich die U.S.-Konzerne im Engagement in anderen Geschäftsbereichen und investierten die Gelder, die sie durch die VERs und eine 3 Mrd. US$ Subventionierung ihrer Pensionsfonds zusätzlich zur Verfügung hatten, nicht in ihre Produktionsstätten.[5373]

In den USA ist das kostensparende Stranggußverfahren stark verlangsamt eingeführt worden. Im Jahre 1986 lag dort der Anteil bei 51 %, in Japan dagegen bei 93 % und in Europa über 80 %.[5374] Das Sauerstoffblasverfahren wurde 1985 erst von 58,8 % der Werke eingesetzt.[5375] In den neunziger Jahren holte die USA auf und erreichte 97 % Produktion im Stranggußverfahren, die lag sowohl an heimischen Anstrengungen, teils durch die Politik gestützt, aber auch an vermehrten ausländischen Investitionen.[5376] Die Minimills traten gegen Ende der neunziger Jahre in Konkurrenz mit den integrierten Stahlwerken. Ihr Anteil an der U.S. Produktion erreichte 1998 40 %.[5377] Zu einer erneuten Zusammenschlußwelle kam es 2001-2002, als es zur Nutzung von Schutzklauselmaßnahmen kommt. Die Literatur schließt, daß es der U.S. Stahlindustrie (jedenfalls einigen Teilen dieser[5378]) in den neunziger Jahren trotz höherer Preisniveaus in den USA im Vergleich zum Weltmarkt nicht gelang profitabel zu sein, sichtbar an den Insolvenzen ab Ende 1998. Wie dem auch sei, jedenfalls ist ihr eines nicht gelungen, während der Rezession 1999-2000 Preisdisziplin zu halten, kurz: Gewisse Absprachen einzuhalten, um zu verhindern, daß die Preise in einen freien Fall gerieten.[5379] Siehe dazu auch Abschnitt 'J', Schutzklausel.

In Europa wurde, so die These einiger Autoren, durch die Schutzmaßnahmen die Einführung der kostengünstigen Minimill-Technologie, die durch elektrische Lichtbogenöfen aus Stahlschrott Stahl herstellt, verlangsamt, wobei die italienischen Bresciani Minimills unter der EU-Politik litten, weil sie zwar billiger produzieren, aber innerhalb des EU-Stahlregimes nicht frei verkaufen konnten.[5380] In den USA wird im Jahre 1994 40 % der Stahls auf diese Art und Weise hergestellt, in der EU 30 %. In Europa gab es starke regionale Unterschiede. Allein die italienischen Minimills kamen für 10 % einer solchen Produktion in der EU auf, sodaß die sonstige EU ohne Italien den Wert von 20 % erreichte.[5381] Eine Modernisierung, die im Endeffekt auch zu niedrigeren Preisen führte, ist in der EU wohl nicht

---

[5372] Die eigenen Anstrengungen werden vermindert, dagegen Hilfe von der Regierung gefordert. Als eine westdeutsche Firma Erfolge in bezug auf das Stranggußverfahren vorweisen kann, wird ein diesbezüglich gefördertes Forschungsvorhaben aufgegeben. Scherer 1992: 324.
[5373] Der U.S.-Staat übernimmt für mindestens US$ 3 Mrd. Verpflichtungen, die eigentlich die Pensionsfonds der Stahlkonzerne übernehmen müssen. Diese waren jedoch unterfinanziert. Scherer 1992: 221-222. Trotzdem versuchte die Stahlindustrie in den achtziger Jahren eine Diversifizierung. Zwischen 1977 und 1985 sank der Anteil der Stahlproduktion am Umsatz von 72 % auf 55 %. Es wurden etwa Öl- und Erdgasunternehmen gekauft. Scherer 1992: 225.
[5374] Fink 1989: 170. So auch Adams/Mueller 1990: 90-91.
[5375] Zu diesem Zeitpunkt hinkten nur in bezug auf die klassischen Industrieländer nur noch Italien mit 47,5 und Spanien mit 38,6 % zurück. Indien erreicht 34,3 %, Brasilien 71,8 %, Korea 68,6 %. Fischer/Nunnenkamp et al. 1988: 216.
[5376] Perlitz 1996: 5; Devereaux et al. 2006b: 197-199. Siehe zu den ausländischen Investitionen Abschnitt 'D', Punkt 2.11.
[5377] Devereaux et al. 2006b: 198.
[5378] In der Literatur wird unterschieden zwischen den effizienten größeren integrierten Stahlwerken und den kleineren 'second tier mills' wie Weirton, Wheeling-Pittsburgh und Geneva Steel: Diese waren "on the verge of bankruptcy, have been on the verge of bankruptcy, and will be on the verge of bankruptcy." Devereaux et al. 2006b: 198.
[5379] Devereaux et al. 2006b: 198; Pöland 2005: 237.
[5380] Balassa 1978: 425; ähnlich auch Messerlin 1999: 192; im selben Sinne Scherer 1992: 234.
[5381] Messerlin 1999: 192.

zuletzt durch die Subventionen ausgelöst worden, die Ende der achtziger Jahre noch einmal kumulierten, um große Stahlwerke auf die nachfolgende Privatisierung (British Steel 1989, frz. Usinor Sacilor 1995, ital. ILVA früher Finsider teilprivatisiert) vorzubereiten.[5382] Die meisten Großstahlwerke sind auf neuestem technischen Stand. Neue Dünnmembrangießanlagen sind dabei zwar effizienter, müssen aber mit ihren vollen Kosten gegen die variablen Kosten der bestehenden Anlagen angehen.[5383] Andere Autoren weisen auch in bezug auf Europa auf den strukturerhaltenden Effekt der Schutzbarrieren hin.[5384] Und in Japan hätte der Schutz und die internen Abstimmungen offenbar nicht zu Produktivitätsrückständen geführt.[5385]

3.5 Entwicklungsländer

Entwicklungsländer haben ebenfalls Importbarrieren genutzt, so Taiwan in dem Moment als die Produktion bestimmter Teile im eigenen Land gelang. Ähnlich wie in den Industrieländern, hat auch dort der Staat in bezug auf den Aufbau und die Modernisierung der Stahlindustrie eine zentrale Rolle gespielt. Und zwar in Form von staatlichen Kreditgarantien, staatlichen Banken und staatlicher Kontrolle.[5386] Dies gilt auch für Brasilien. Dort gab es schon 1960 drei große integrierte staatliche Stahlkonzerne. Diese wurden nach Problemen durch Preiskontrollen später zur SIDERBRÁS-Holding überführt, die auch direkten Einfluß auf Importentscheidungen hatte. Der staatliche Konzern wurde über die nationale Entwicklungsbank finanziert. Auch die Weltbank war hier involviert.[5387] Das staatliche Engagement steht dabei im Einklang mit komparativen Vorteilen Brasiliens.[5388]

Zentrales Argument zur Begründung staatlicher Interventionen in den Entwicklungsländern ist, daß die Risiken hoher Investitionen nicht vom privaten Sektor getragen und auch nicht finanziert werden. Ist dies der Fall, läge trotz komparativer Vorteile, d.h. Eisenerzvorkommen, Marktversagen vor, weil Möglichkeiten der Wohlfahrtssteigerung nicht genutzt werden. Tatsächlich sind die Kosten für ein integriertes Stahlwerk hoch (mitsamt Hochöfen und einem Konverter, der nach dem Sauerstoffblasverfahren flüssiges Roheisen von Rückständen befreit um Oxygenstahl zu erhalten). Die Kosten lagen 1988 für ein Werk mit einer Jahresproduktion von 6 Mill. t bei US$ 7,3 Mrd..[5389] Zählt man Investitionen für den Eisenerzabbau und zur Bereitstellung von Elektrizität, etwa ein Dammbauprojekt, dazu Straßen und Hafenanlagen dazu, kann dies schnell zu Investitionen von beispielsweise in Venezuela US$ 35 Mrd. (davon für das Stahlwerk US$ 9,9 Mrd.) führen.[5390] Auch in

---

[5382] Siehe: **Tabelle 208**.
[5383] Wienert 1995: 312.
[5384] Vgl. für eine prägnante und kurze Bewertung der Eingriffe, die einen wettbewerbshemmenden, alte Strukturen konservierenden Effekt hatten Klodt/Stehn 1992: 118-120.
[5385] Japan wird geläufig als effizientester Stahlproduzent angesehen. So auch Fischer/Nunnenkamp et al. 1988: 218.
[5386] Zu diesem Abschnitt siehe Howell et al. 1988: 266-268.
[5387] Zu diesem Abschnitt siehe Howell et al. 1988: 266-268.
[5388] Die Vorteile durch sehr niedrige Eisenerzkosten werden in Brasilien partiell durch höhere Kosten für Kohle aufgewogen. Holzkohle wird eingesetzt, die aus den Regenwäldern stammt. Die Arbeitskosten steigen schneller als die Produktivität und die Kapitalkosten dürften, trotz öffentlicher verbilligter Kredite, etwa höher sein als in anderen Ländern. Fischer/Nunnenkamp et al. 1988: 196-206, 266-267.
[5389] Werte für 1988. Howell et al. 1988: 24.
[5390] Werte für 1988. Howell et al. 1988: 352.

Brasilien bewegten sich die Kosten auf diesem Niveau.[5391] Minimills, Elektrostahlwerke, die Schrott verarbeiten und vor allem Profilstahl herstellen haben Produktionsgrößen von 0,5 Mill. t bis 2 Mill. t im Jahr. Sie kosten deutlich weniger, etwa für bei einer Kapazität von 0.5 Mill. t, US$ 284 Mill.[5392] Nicht zuletzt diese hohe Investitionskosten können erklären, warum der koreanische Staat das Stahlwerk POSCO gegründet hat, welches sich zum effizientesten Stahlwerk der Welt entwickelte.[5393]

In bezug auf die Entwicklungsländer ist anzumerken, daß ihre Exporte auch unter die Beschränkungen der Industrieländer fielen. Als der Marktanteil am U.S. Markt von Brasilien auf 1,5 % oder nach anderen Quellen auf 0,8 % zurückgeschraubt wurde, bedeutete dies 1984 einen Exportrückgang von 43 %, noch deutlicher als der für Japan oder Südkorea.[5394] Am Rande sei erwähnt, daß die VER Verhandlungen der USA mit Brasilien nicht reibungslos waren. Die U.S.-Produzenten beharrten auf eine Rückführung auf 1/4 der Exporte von 1983. Als Brasilien nicht darauf einging, wurden 27 % Zölle seitens der U.S.-Regierung erhoben. Erst danach erklärt sich Brasilien zu dem eben erwähnten restriktiveren VER bereit. Die Autoren weisen darauf hin, daß Brasilien über keinerlei Verhandlungsmacht verfügte, um Marktzugang in die USA zu erhalten.[5395]

Die Entwicklungsländer exportierten in die EU noch weniger als in die USA (zuerst die Zahlen für die EU, dann in Klammern die Zahlen der USA) in Mill. t: 1984: 0,9 (7,0); 1985: 0,8 (6,2); 1986: 1,3 (6,2); 1987: 2,7 (5,4).[5396] Die Importe der EU stiegen somit - nur sehr leicht - in den Zeiten der Schuldenkrise an, als es darum geht die Stahlwerke zu bezahlen. In der hier relevanten Zeitperiode, etwa zwischen 1975 und 1983 sind sogar absolute Rückgänge der sowieso geringen Eisen- und Stahlimporte, etwa nach Frankreich und Italien, zu rekonstruieren.[5397] Weder die U.S. noch die EU Schutzpolitik kann somit als fair bezeichnet werden.

Zum Vergleich: In Lateinamerika war 1979 eine Kapazität von 27,9 Mill. t und 1987 eine solche von 40 Mill. t vorhanden (1987 lag der Konsum bei 37,41 Mill. t). Dies bedeutet, daß Exporte hätten ausgeweitet werden können. Weiterhin lag eine negative Handelsbilanz (1979 noch 5,7, 1987 –6,3 %) vor, denn nicht alle Stahlarten können produziert werden und Stahl wird aus den Industrieländern gekauft.[5398] In dieser Zeit gelang es Brasilien (diesen Informationen liegt eine Produktion von 14,59 Mill. t zugrunde) immerhin die Exporte in andere Entwicklungsländer auszudehnen: Die Exporte lagen 1979 insgesamt bei 867.000 t und hatten einen Höhepunkt 1983 von 4,854 Mill. t und es kann noch 1985, als die U.S. und EU-Restriktionen greifen, ein Export von 4,395 Mill t. erzielt werden.[5399] Brasilien gelang es damit aufgrund seines großen eigenen, geschützten Marktes, der 1985 eine

---

[5391] Howell et al. 1988: 267.
[5392] Howell et al. 1988: 24.
[5393] Beez 2000: 261. Gegründet wurde das Werk 1968. Produktionsbeginn ist 1973. Zu den Gründen des Erfolgs Amsden 1989: 291-318.
[5394] Hier die Version von Fischer/Nunnenkamp et al. 1988: 253. Siehe auch: **Tabelle 253**.
[5395] Fischer/Nunnenkamp et al. 1988: 252.
[5396] OECD Steel Outlook, div. Jahrgänge.
[5397] Cable 1987: 306.
[5398] OECD Steel Outlook 1988/1989: 34-39.
[5399] Fischer/Nunnenkamp et al. 1988: 168.

Konsumption von 10 Mill. t erreichte, seine eigene Stahlindustrie halbwegs profitabel zu erhalten und setzt dazu auch Subventionen ein.[5400] Ebenso gelang es eine Importsubstitution durchzuführen, d.h. die Importe sanken ab und die heimische Produktion dehnte sich aus.[5401]

Entwicklungsländer produzieren oft unterhalb der Skalenökonomien, die von den größten Werken in den Industrieländern erzielt werden. So etwa in Brasilien mit Stahlwerken, die durchschnittlich 3 Mill. t Kapazität pro Jahr haben. Geschätzt wird ein mindestoptimale technische Betriebsgröße von 6 Mill. t. Zwar kommt es nicht nur auf die optimale Größe an, sondern auch darauf, wie schnell die Kosten bei geringerer Größe steigen. Diese geschätzten Kostensteigerungen fallen folgendermaßen aus. Ein integriertes Hüttenwerk von 1,2 Mill. t, weist einen Kostennachteil von 11 % gegenüber einem mit 3,6 Mill. t Kapazität pro Jahr auf (davon abweichend folgende Schätzung: bei 3,6 Mill. t bis 4,8 Mill. t gegenüber einer mindestoptimalen Größe von 12 Mill. t im Jahr ein Kostennachteil von 20 %).[5402] Dies bedeutet, daß Entwicklungsländer wettbewerbsfähig sein können und auch komparative Vorteile vorliegen, wenn andere Faktoren, etwa natürliche Ressourcen (Eisenerz) und relativ niedrige Arbeits- und Energiekosten hinzukommen. Dies wird etwa für Brasilien angenommen.[5403]

In einer Schätzung kommen Exporte aus den Entwicklungsländer 1975 auf 1,2 % und 1983 auf 1,1 % des Inlandsverbrauchs in bezug auf Stahl der Industrieländer.[5404] Bis in die neunziger Jahre hielten die Industrieländer bis zu 85 % Weltmarktanteile bei einfacheren Eisen- und Stahlprodukten.[5405]

4. Landwirtschaft

Im Landwirtschaftsbereich werden von den Industrieländern, aber auch von den Entwicklungsländern staatliche Eingriffe vermeldet. Dies hat einen Grund, der von Scherer (1996) prägnant zusammengefaßt wird:

"That farming is characterized by pure competition does not mean that it is without significant economic problems. In fact, farming in the United States (and Europe too) has experienced a seemingly unending series of problems that have precipitated massive governmental interventions. These problems can be grouped under four main headings: unstable prices, an historical tendency

---

[5400] Siehe Abschnitt 'G'.
[5401] Siehe: **Tabelle 120**.
[5402] Fischer/Nunnenkamp et al. 1988: 221-223, 300. Die Schätzung in Klammern aus Monopolkommission 1984/1985: 255-156.
[5403] Die Vorteile durch sehr niedrige Eisenerzkosten werden partiell durch höhere Kosten für Kohle aufgewogen. Holzkohle wird eingesetzt, die aus den Regenwäldern stammt. Die Arbeitskosten steigen schneller als die Produktivität und die Kapitalkosten dürften, trotz öffentlicher verbilligter Kredite, etwa höher sein als in anderen Ländern. Fischer/Nunnenkamp et al. 1988: 196-206, 266-267.
[5404] Siehe: **Tabelle 254**.
[5405] SITC Revision 2, (3-digit) level, 1991-1992. 672 Iron, Steel, primary forms (64 Prozent), 673 Iron, Steel, shapes etc. (74 Prozent), 674 Iron, Steel, univ, plate, sheet (85 Prozent). Die Zahlen in Klammern sind die Weltmarktanteile der Industrieländer. UNCTAD 1994: 204-205.

toward poverty, wide swings in the financial fortunes of farm enterprises, and new problems introduced by the government in its attempts to solve the first three problems."[5406]

Dies impliziert, daß Interventionen im Landwirtschaftsbereich wohlfahrtsteigernd wirken können. Wenn keine Interventionen erfolgen, sollte zumindest darauf geachtet werden, daß die Marktakteure nicht allzu schwach ausgestattet sind und wichtige Aspekte, wie Vorratshaltung und Infrastruktur funktionsfähig sind.[5407]

Andererseits bedeutet das nicht, daß sich nicht in bezug auf Landwirtschaft eine weltweite Arbeitsteilung entwickeln kann und hierbei auf die Interessen vieler Länder geachtet werden kann. So ist es schwer verständlich, wenn die USA, die EU und China den Baumwollanbau massiv subventionieren und die afrikanischen Baumwollproduzenten deshalb einen massiven Preisverfall hinnehmen müssen.[5408]

4.1 Historischer Rückblick

Historisch gesehen entstanden die U.S. Interventionen in der Landwirtschaft durch einen Rückgang der Preise nach dem Boom während des Ersten Weltkriegs. Dazu kam ein Preisrückgang während der großen Rezession.[5409] In dieser Zeit wurden erstmals systematische, teils preisstabilisierende, aber auch produktionskontrollierende Interventionen im Landwirtschaftsbereich durchgeführt.[5410] Im Jahre 1933 begannen die Interventionen in aller Breite, für alle möglichen Produktbereiche: Milch, Zitrusfrüchte, Oliven, Avocados, Johannisbeeren, Mandeln etc.[5411] Weil im Bereich der Landwirtschaft ein preisinelastisches Angebot und eine preisinelastische Nachfrage vorliegen, führt der Rückgang der Nachfrage zu einer proportional größeren Preissenkung, sodaß es während der Rezession in den USA zur Angebotsrückgängen kam, bis ein neues Niedrigpreisgleichgewicht erzielt wurde.[5412]

Dagegen lag die Tendenz von Preisrückgängen nach dem Zweiten Weltkrieg vor allem am technischen Fortschritt. Im Landwirtschaftsbereich wurde eine Produktivitätssteigerung von durchschnittlich 6,07 % pro Jahr zwischen 1950 bis 1970 und von 3,26 % zwischen 1970 und 1990 erzielt. Diese Produktivitätssteigerungsraten sind extrem hoch (der verarbeitende Sektor erreichte zwischen 1960 und 1990 2,83 % pro Jahr) und lagen am Einsatz von technologischen Innovationen wie Hybridsaatgut, Düngemittel und dem Einsatz von arbeitssparender Technologie.[5413] Dies führte dazu, daß das Angebot schneller stieg als die preisinelastische Nachfrage. Ohne Interventionen, hätte dies zu

---

[5406] Scherer 1996: 17.
[5407] Am Beispiel Afrika: Hermanns 2005b; Hermanns 2005d.
[5408] Hermanns 2005d: 406.
[5409] Scherer 1996: 33.
[5410] Scherer 1996: 33.
[5411] Scherer 1996: 35.
[5412] Scherer 1996: 20.
[5413] Scherer 1996: 23.

immer weiter absinkenden Preisen geführt.[5414] Im Jahre 1960 war die Tätigkeit in der Landwirtschaft der Hauptgrund für Armut in den USA.[5415]

Dies bleibt nicht ohne Auswirkungen auf die internationale Ebene. Im Jahre 1955 erwirkten die USA für ihre Landwirtschaftspolitik eine Sonderstellung ('waiver') und entzogen diese dem Anwendungsbereich der GATT-Regeln. Spätestens seit 1962 ist klar, daß die EU mit der Etablierung einer Gemeinsamen Agrarpolitik ('common agricultural policy', CAP) diesbezüglich ebenfalls große Freiräume beanspruchen möchte.[5416] Beide Politiken widersprachen seither den GATT-Regeln, weil sie auf mengenmäßigen Importbeschränkungen, Mindestpreisen etc. beruhten, obwohl die Landwirtschaftspolitik bereits mit einem, allerdings recht engen[5417] GATT-Toleranzbereich für landwirtschaftliche Stützungspolitiken ausgestattet war.[5418]

4.2 Die Schutzpolitiken

Die Industrieländer schützten ihre Märkte[5419], weil durch Importe ihre subventionierten Preisniveaus absinken würden.[5420] Die Entwicklungsländer schützten sich vor Importen und verboten Exporte, teilweise um Preise niedrig zu halten, teilweise um Preise hochzuhalten und um ausländischen Gütern keine Marktanteile einzuräumen. Dies hat dazu geführt, daß sich in den fünfziger und sechziger Jahren die Weltmarktstruktur verändert hat. Vor allem die EU wurde durch ihre Subventionierung vom Importeur in vielen Produktgruppen zum Exporteur.[5421] Durch die Subventionierung der Exporte und später durch den hohen Dollarkurs konnte die EU ihren Weltmarktanteil am Getreideexport auf 40 % steigern und hat dabei den USA Märkte in den Entwicklungsländern abgenommen. Durch Exportfördermaßnahmen der USA sank dieser Anteil bis 1986 wieder auf 23 % ab.[5422] Diese Spannungen waren Grund dafür den Agrarhandel in die Uruguay-Runde einzubeziehen und eine Verhandlungslösung zu finden.

4.3 Strukturmerkmale des Welthandels bei Agrarprodukten

Der Weltmarkt ist durch mehrere Strukturmerkmale gekennzeichnet: Der Handel der Entwicklungsländer ist, mit abnehmender Tendenz, vor allem auf die Industrieländer ausgerichtet. Die

---

[5414] Zahlen dazu in Scherer 1996: 23-24.
[5415] Scherer 1996: 25.
[5416] Josling et al. 1996: 48, 69-71.
[5417] Nach dem GATT waren in Art. XI Einfuhrbeschränkungen erlaubt, wenn diese dazu dienen die heimische Produktion zu beschränken (etwa vermittels Importverboten für Futtermittel) oder wenn es darum geht, einen temporären Überschuß dazu zu nutzen, die Preise sinken zu lassen, um so die Verbraucher von niedrigen Preisen profitieren zu lassen.
[5418] Josling et al. 1996: 13-14. Die USA haben durch die Etablierung der EU-Agrarpolitik in den sechziger Jahren kontinuierlich sinkende Einfuhren in die EU zu verkraften gehabt und waren nicht in der Lage in den GATT-Verhandlungen gegen die CAP-Politik gegenzusteuern. Curtis/Vastine 1971: 20-81.
[5419] Siehe: **Tabelle 255** und **Tabelle 256**.
[5420] Paarlberg 1997: 418.
[5421] Siehe: **Tabelle 257**.
[5422] Henrichsmeyer/Witzke 1991: 176-177.

Industrieländer handeln, hier ist besonders Europa hervorzuheben, auf intensive Art und Weise untereinander. Weiterhin liegen die Exporte der Industrieländer in die Entwicklungsländer auf ähnlichem Niveau wie die Exporte der Entwicklungsländer in die Industrieländer.[5423] Dies zeigt, daß sich in diesem Bereich kein Vorteil der Entwicklungsländer manifestieren konnte. Dies gibt weiterhin einen Hinweis auf den Protektionismus der Industrieländer und weist weiterhin auf den Gebrauch von Exportsubventionen hin, denn in den Entwicklungsländern sind geläufigerweise die Preisniveaus niedriger.

4.4 Auswirkungen der Liberalisierung

Eine vollständige Liberalisierung in diesem Bereich würde komplexe, aber deutliche Auswirkungen haben. Dies ist indirekter Hinweis auf die Schutzbarrieren, die von den Industrieländern genutzt wurden. Dazu Ergebnisse einer diesbezüglichen Studie[5424]: Die komplexen Auswirkungen liegt unter anderem daran, daß viele Entwicklungsländer Nettoimporteure von Weizen und Mais sind. Eine Liberalisierung würde die Weltmarktpreise dieser Produkte wahrscheinlich ansteigen lassen. Davon wären diese Länder negativ betroffen. Profitieren könnten Länder, darunter auch Entwicklungsländer, die Zucker und Fleisch produzieren. Zucker wird allerdings auch von den AKP-Ländern produziert, welche Quotenrenten auf den EU-Märkten abschöpfen (1978-1979: 380 Mill. US$). Im Falle einer Liberalisierung fallen diese zusätzlichen Einnahmen weg.[5425] Im Bereich Fleisch würden nicht nur lateinamerikanische Ländern, Argentinien, Uruguay und Brasilien, profitieren, sondern auch, mindestens zur Hälfte, Australien und die USA.[5426] Im Weizenbereich dominieren weiter die Industrieländer. Für Zucker und Mais kommen Argentinien, Brasilien und Indien für 2/3 der möglichen Liberalisierungsgewinne auf. Kommt Fleisch dazu, steigt der Anteil dieser Länder an den Liberalierungsgewinnen auf 3/4. Besonders kleine Länder mit niedrigem Einkommen importieren mehr Weizen, können aber ihre Zuckerexporte substantiell steigern, nicht aber ihre Fleischexporte. Insgesamt ergeben sich Wohlfahrtsverluste, aber höhere Deviseneinnahmen.[5427] Dies gilt besonders für Sub-Sahara-Afrika, Nordafrika und den Mittleren Osten.[5428] Die EU verliert im Falle einer Liberalisierung ihren Nettoexportstatus in allen Produktbereichen.[5429] Insgesamt wird ein jährlicher Wohlstandsgewinn für die gesamte Gruppe der Entwicklungsländer von 250 Mill. US$ bis zu 1,5 Mrd. US$ berechnet, ohne dynamische Effekte einer langfristigen Investitionsumlenkung einzukalkulieren, die zu höheren Vorteilen führen würde.[5430]

[5423] Siehe: **Tabelle 258**.
[5424] Zietz/Valdés 1986a.
[5425] Zietz/Valdés 1986a: 38.
[5426] Zietz/Valdés 1986a: 42.
[5427] Zietz/Valdés 1986a: 47-48.
[5428] Zietz/Valdés 1986a: 49.
[5429] Zietz/Valdés 1986a: 44-45.
[5430] Zietz/Valdés 1986a: 52-53.

Nur für Zucker liegen Berechnungen vor, die zwischen 1979 bis 1981 für Entwicklungsländer Wohlfahrtsverluste von 1,2 Mrd. US$ berechnen und Deviseneinnahmeverluste von 5,1 Mrd. US$.[5431] Zucker ist Beispiel für eine restriktive Schutzpolitik der USA. 1974 wurden noch 5,8 Mill. t eingeführt, 1985 wurde die Quote auf 2,6 Mill. t reduziert, dazu wurden Produzenten von Süßigkeiten und Backwaren mit Quoten konfrontiert.[5432] Die Marktanteile von quotenkontrollierten Importen im Bereich Milch und Käse sank von 1978 bei 4,5 % leicht ab auf 4,2 % 1983.[5433] Im Fleischbereich wurden ab 1964 Einfuhrbeschränkungen etabliert und VERs ausgehandelt. Der Marktanteil der Importe betrug 1964 3,6 %, 1965, bei Beginn der Protektion, 2,9 % und 1983 5,9 %.[5434]

Seit einiger Zeit steigen die Nahrungsmittelimporte in die LDCs in deutlicher Form an. Im Jahre 1980 lag erstmals ein Nahrungsmitteldefizit vor, also mehr Importe als Exporte. Im Jahre 2002 exportierten die LDCs für ca. US$ 5 Mrd. Agrarprodukte und importierten für ca. US$ 9 Mrd.[5435] Insgesamt gesehen stiegen die Nahrungsmittelimporte der Gruppe der Entwicklungsländer, dies ist vor allem auf höherwertige Lebensmittel wie Fleisch, Öle und Milchprodukte zurückzuführen, nicht auf Getreide.[5436]

5. Textilien und Bekleidung

"Dieses Verhalten erklärt sich unter anderem aus dem Unvermögen der Regierungen in den Industrieländern, den protektionistischen Forderungen der betroffenen gesellschaftlichen Gruppen zu widerstehen."[5437]

In Bereich Textil- und Bekleidung wurden schon früh Barrieren eingeführt, die in extremer Weise den internationalen Handel verringert und ungleich aufgeteilt haben.[5438] Schon 1935 bestand ein "gentlemen's agreement" der USA mit Japan, nachdem der hohe Zollschutz nicht als ausreichend angesehen wurde.[5439] Japan hatte damals gerade England im Weltexport von Textilien- und Bekleidung überholt.[5440] Die USA waren parallel dazu unter Zollschutz zu einem großen Produzenten aufgestiegen.[5441] Nach dem Zweiten Weltkrieg unterlagen Textilien und Bekleidung zuerst einmal einen hohen Zollschutz, der für Textilien durchschnittlich bis zu 14,5 % und für Bekleidung bis 25 %

[5431] Zietz/Valdés in Weltentwicklungsbericht 1985: 47. Siehe auch: **Tabelle 259**.
[5432] Hufbauer et al. 1986: 290.
[5433] Hufbauer et al. 1986: 302-304.
[5434] Hufbauer et al. 1986: 326.
[5435] FAO 2004c: 14.
[5436] Auf einen Wert von US$ 95 Mrd. (1995-2000), davor lag der Wert auf einem Niveau von US$ 65 Mrd. (1990-1995). Für die nettonahrungsmittelkonsumierenden Länder, siehe Definitionen, steigt der Wert von US$ 30 Mrd. (1990-1994) auf US$ 45 Mrd. (1995-2000) an. FAO 2004c: 14.
[5437] Spinanger 1985: 135.
[5438] Diesem Abschnitt liegt folgende Literatur zugrunde: Aggarwal 1985; Bardan 1973; Bierbaum 1992; Cline 1987; Das 1985; De la Torre 1978; Dean 1990; Dehousse et al. 1999; Dickerson 1995; Finger/Harrison 1994; Francois et al. 2000; Gass et al. 1990; Hamilton 1981; Hufbauer et al. 1986; Jenkins 1980; Keesing/Wolf 1980; Koekkoek/Mennes 1986; Majmudar 1988; Majmudar 1996; Meier 1964; Morawetz 1981; Nunnenkamp 1995; OECD 1983; OECD 1995a; Pack 1987; Pelzman 1983; Richter 1994; Scharrer 1972; Spinanger 1985; Spinanger 2000; Suphachalasai 1990; Wolf et al. 1984; USITC 2004.
[5439] Keesing/Wolf 1980: 11.
[5440] Dies gilt für Garne und Baumwollprodukte. Die japanischen Erfolge beschreibt Howe 1996: 178.
[5441] Cline 1987: 146.

ging.[5442] In der Kennedy-Runde wurden kaum Senkungen vorgenommen.[5443] Bis heute sind in sensiblen Produktgruppen Zölle von 25 % vorzufinden.[5444]

Prägend für die Nachkriegszeit war das Multifaserabkommen (MFA) in das eine Vielzahl von Ländern eingebunden waren, welches den Handel in diesem Bereich über mengenmäßige Beschränkungen kontrollierte und einschränkte. Mit der Uruguay-Runde und der Gründung der WTO wurde das MFA abgeschafft, wobei allerdings eine Übergangsfrist bis 2005 eingerichtet wurde. Auf die weiter bestehenden Zölle hat das MFA oder das WTO Abkommen über Textilien keine Auswirkungen. Auch in der Zeit des MFA mußten für die Waren die innerhalb der zugestandenen Menge importiert wurden Zölle gezahlt werden. Beispielsweise hat Kanada die Zölle in diesem Bereich 1977 durch eine veränderte Rechnungsbasis (von f.o.b auf eine pauschal erhöhtes Niveau) noch deutlich gesteigert und zwar für Produkte aus Taiwan um durchschnittlich 33 1/3 % und aus Korea um 15 %.[5445]

In einigen Fällen wurden diese Zölle aber verringert oder erlassen, etwa wenn ein Entwicklungsland gleichzeitig MFA-Mitglied war und am GSP-Präferenzsystem teilnahm: Ägypten, Indien, Jamaika, Kolumbien, Mexiko, Südkorea; seit 1973 Afghanistan, Argentinien, Bangladesh, El Salvador, Thailand. Hongkong nahm am GSP teil, ist aber vom Textil- und Bekleidungsbereich ausgeschlossen.[5446]

Es sind damals aber nicht nur die Entwicklungsländer, die, zumal in einzelnen Produktkategorien, auf niedrigen Preisniveaus produzieren können. Auch die USA oder Griechenland konnten, teilweise zumindest, aufgrund der in diesem Industriebereich niedrigen Lohnkosten und der Vorteil der Massenproduktion sehr niedrige Preisniveau erreichen. Andere Industrieländer lagen über den Entwicklungsländern. Wiewohl dieser Preisvergleich (von 1980) veraltet ist und bereits eine Preissteigerung für Entwicklungsländer durch die Quotenrenten einschließen mag, gibt er einen Eindruck davon, wie weit bzw. wenig weit die Länder auseinanderliegen bzw. gelegen haben.[5447] Am Rande ein Verweis auf die Kostenstruktur bei Bekleidung: Der Anteil der Arbeitskosten, als Schneiden, Nähe liegt zwischen 15 und 25 %, relativ hoch sind die Materialkosten, zwischen 35 und 60 %.[5448] Neben niedrigen Arbeitskosten wird damit der Zugang zu billigen Textilmaterialien wichtig.

5.1 Wie Textil und Bekleidung in das GATT kam

Nach dem Zweiten Weltkrieg ging zuerst einmal darum, vor allem seitens der USA, die Exporte Japans einzuschränken. Japan wurde 1955 GATT-Mitglied. Und Japan erklärte sich 1955 zu einem

---

[5442] Siehe: **Tabelle 260**.
[5443] Keesing/Wolf 1980: 16-17.
[5444] Abschnitt 'D' Punkt 2.11.
[5445] Im Jahre 1979 wurden diese Werte langsam abgesenkt. Jenkins 1980: 6-7. Für die Jahre danach liegen leider keine Informationen vor.
[5446] Donges et al. 1973. 89-90.
[5447] Siehe: **Tabelle 261**.
[5448] Morawetz 1981: 92. Das ist noch heute so, 21,5 % für Arbeit und 54,5 % schätzen Kathuria/Bhardwaj 1998: 14.

ersten VER bei Baumwolltextilien bereit, 1957 wurde das zweite VER abgeschlossen.[5449] Die ersten freiwilligen Selbstbeschränkungsabkommen in diesem Bereich können damit erklärt werden, daß die USA durch den GATT Beitritt Japans gegenüber diesem Land keine mengenmäßigen Importmaßnahmen mehr verwenden durften.[5450] Die Industrieländer nutzten untereinander keine Beschränkungen.

Von den USA initiert wurde 1959 und 1960 im GATT ein Meinungsbildungsprozess zum Thema Marktstörung ('market disruption'). Im November 1960 wurde im GATT eine Entscheidung 'Avoidance of Market Disruption' getätigt, in der u.a. erwähnt wird, daß "multilaterally acceptable solutions, consistent with the principles and objectives of the General Agreement" angestrebt werden könnten.[5451] In dieser Entscheidung wurde Markstörung, mit viel interpretativen Spielräumen, definiert als rasche Importzunahme, niedrige Preisniveaus und der Möglichkeit der ernsthaften Schädigung heimischer Produzenten.[5452] Innerhalb des GATT wurde danach das 1961 abgeschlossene sogenannte 'Short-Term Agreement' (STA) ausgehandelt, welches das Konzept der Marktstörung übernimmt und, entgegengesetzt zum Namen, bereits das Komitee zur Aushandlung eines Long-Term Agreements gründet.[5453] Ein Jahr später, 1962, wurde das sogenannte 'Long-Term Agreement' (LTA)[5454] ebenso unter Federführung der USA ausgehandelt. Daneben fanden diverse weitere Ereignisse unterhalb der hier gewählten Wahrnehmungsschwelle ab, die zeigten, daß die multilateralen Abkommen kaum bilaterale Verhandlungen der Staaten im Textilbereich stoppen konnten.[5455] Wenigstens das STA und das LTA waren direkt auf Präsident Kennedy zurückzuführen, dem die 'New Deal'-Mentalität zusagte

---

[5449] Dickerson 1995: 324-325.

[5450] Weil Japan dem GATT beigetreten werden, konnten die USA reine mengenmäßige Beschränkungen nicht mehr verwenden, die seit davor genutzt hatten. Schüler 1991: 464.

[5451] BISD 9S/26, 27, 1961. Siehe auch die erste Erwähnung des Diskussionsprozesses am 19.11.1959. In: BISD 8S/22, 1960. Siehe dazu Cline 1987: 147; und Dickerson 1995: 327-328.

[5452] Ebenso wird ausgeführt: "These situations have often led governments to take a variety of exceptional measures. In some cases importing countries have taken or maintained discriminatory measures either outside the framework of the General Agreement, or contrary to the provisions of the General Agreements." BISD 9S/26, 26-27, 1961.

[5453] Cotton Textiles. Arrangements Regarding International Trade. BISD 10S/18, 18-21, 1962.

[5454] Long-Term Agreement Regarding International Trade in Cotton Textiles, Geneva 9. Feb. 1962, in force since 1 Oct. 1962. Daten und Text in BISD 11S/25-41, 1963.

[5455] Im November 1958 handelte England eine 'freiwillige' Beschränkung der Exporte Hongkongs aus. Im September folgten ähnliche Abkommen Englands mit Indien und Pakistan. Francois et al. 2000a: 10. Es dürfte sich dabei um den Lancashire-Pact handeln, denn England hatte in den fünfziger Jahren noch sein System imperialer Präferenzen etabliert und die Einfuhr aus Indien, Pakistan und Hongkong erfolgte zollfrei. Dies wurde mit diesem Abkommen gestoppt. So Dickerson 1995: 325. Auch sonstige Länder Europas wurden aktiv und schlossen im Jahr 1958 das Noordwijk-Abkommen zwischen den Verbänden der Baumwollindustrie und den EWG-Ländern sowie Norwegen, Österreich und der Schweiz ab, Neufassung vom 27. Februar 1967. Die Länder ließen zollfreien Veredelungsverkehr aus Japan, China, Indien, Pakistan, Hongkong nur dann zu, wenn der Reexport nicht in Mitgliedsländer des Abkommens führte. Importe aus Osteuropa sollten gar nicht oder nur in sehr geringem Umfang zugelassen werden. Japan stellte daraufhin einen Rückgang seiner Ausfuhren fest. Donges et al. 1973: 46. Das STA und das LTA Abkommen schlossen bilaterale Verhandlungen nicht aus. Angesichts der nachfolgend dargestellten bilateralen Verhandlungen wird deutlich, daß diese beiden Abkommen vor allem die multilaterale Form für bilateral geprägte Abkommen darstellten. Zwischen 1963 und 1964 gelang es den USA nicht ein weiteres internationales Abkommen über Wollprodukte auszuhandeln. Im Juni 1965 scheiterten die Verhandlungen mit Japan über Exportbeschränkungen für Wollprodukte. Im Juni 1966 führte England eine globale Quote ein und verletzte damit das LTA, welches um produktspezifische Barrieren vorsah. Im April 1969 wurde eine Einigung über eine Fortführung des LTA erzielt. Zwischen 1969 und 1971 verhandelte die USA mit asiatischen Produzenten über Beschränkungen. Diese Abkommen wurden dann in das MFA I integriert. Siehe dazu oben im Text. Das MFA wurde von Präsident Nixon durchgesetzt, dessen Wahl von der Textil- und Bekleidungsindustrie gestützt wurde. Im Detail: Finger/Harrison 1994: 59.

und der in seiner Wahlkampagne der Textilindustrie Unterstützung versprach.[5456] Am Rande: Die GATT Entscheidung über Marktstörung war zwar Anfangs nicht speziell auf Textilien und Bekleidung zugeschnitten, wurde aber nicht in bezug auf andere Bereiche angewandt.[5457] Das LTA wurde im Jahre 1967 für drei Jahre verlängert, bis zum 30. September 1970[5458] und dann wiederum für drei Jahre, bis zum 30. September 1973.[5459] Damals wurden in dieses Abkommen bereits viele Länder eingebunden wurden, mit 30 Mitgliedern, darunter Japan.[5460]

Diese frühen Abkommen werden in der Literatur, nicht zuletzt aufgrund der Formulierungen in den Präambel des LTA[5461], so dargestellt, als ob weithin die Überzeugung herrschte, daß die Entwicklungsländer in diesem Bereich komparative Vorteile aufweisen und versucht werden sollte, den als notwendig angesehenen Abbau der Textil- und Bekleidungsindustrie in den Industrieländern herauszuzögern und geregelt ablaufen zu lassen. Erst mit der Rezession in den Industrieländern seit 1973 sei diese Hoffnung gescheitert.[5462]

Diese Darstellung entspricht für die BRD und andere Länder nicht der Realität, weil es damals noch keinen Abbau der Bekleidungsindustrie gab und keine oder nur geringe Auswirkungen der Importe. In den Jahren, als die ersten Abkommen ausgehandelt wurden, war die BRD mitten in einer intensiven Wachstumsphase der Bekleidungsindustrie. Zwischen 1950 und 1962 verdreifachte sich der Umsatz von 2,8 Mrd. auf 9,9 Mrd. DM. Die Ausfuhr betrug 1962 bei meist zweistelligen jährlichen Steigerungsraten 300,7 Mill. DM und die Importe stiegen erst seit 1957 schneller an und lagen zu diesem Datum bei 128,5 und 1962 bei 536,6 Mill. DM. Die Importe lagen bei 5,3 % der Inlandsverfügbarkeit im Jahre 1962. Diese 5,3 % Importe kamen zudem meist nicht aus Entwicklungsländern, sondern aus Industrieländern, zuerst in der Liste findet sich Italien, dann Hongkong, dann Frankreich, dann die Niederlande. Bis 1962, also der Zeitpunkt, als die Barrieren wirksam werden, konnten nur 1/5 der 5 % asiatischen Ländern zugeschrieben werden, also 1 %, dies waren hauptsächlich sehr billige Baumwolltextilien.[5463] In der Literatur wird in bezug auf die Wirkungen geschlossen, daß die steigenden Einfuhren vor allem ein noch größeres Wachstum verhinderten.[5464]

[5456] Dies ist Präsident Kennedys 'New Deal'-Mentalität und den Förderern seine Wahl zuzuschreiben. Finger/Harrison 1994: 59.
[5457] Cline 1987: 147.
[5458] BISD 15S/56-57, 1968.
[5459] BISD 18S/18-19, 1972.
[5460] Darunter 3 nicht-GATT-Mitglieder. Donges et al. 1973: 45.
[5461] Zitate aus dem LTA: "that such action should be designed to facilitate economic expansion and promote the development of less-developed countries possessing the necessary resources, such as raw materials and technical skills, by providing larger opportunities for increasing their exchange earnings from the sale in world markets of products which they can efficiently manufacture", "Art. I that it might be desirable to apply, during the next few years, special practical measures of international co-operations which will assist in any adjustment that may be required by changes in the pattern oft world trade in cotton textiles." BISD 11S/25-26, 1963.
[5462] Curzon in Wolf 1987: 252.
[5463] Umsatz/Ausfuhr plus Einfuhr. Im Jahre 1957 betrugt dieser Wert 1,9 %. Afrika exportierte praktisch nichts, es fanden aber Exporte nach Afrika statt, immerhin für 8 Mill. DM. Die Exporte aus Asien beliefen sich auf 94,1 Mill. DM. Aus: Meier 1964: 48-51.
[5464] Scharrer 1972: 12.

Für die USA kann sogar von 1955 bis 1981 rekonstruiert werden, daß in der Textil- und der Bekleidungsindustrie der Output, die Profite, die Löhne, die Profite (diese fast durchgängig) anstiegen, dazu kommt, daß die Industrie keine substantiellen Anstrengungen zu exportieren unternahm.[5465] Speziell zwischen 1975 und 1983 stiegen die Profite im U.S. Bekleidungsbereich deutlich an:

"A striking feature of the apparel industry is that its profits are relatively high, despite the sector's image of great stress. Profits averaged 9.0 percent of value added in 1960-72, 11.2 percent in 1974-79, and 11.8 percent in 1980-81."[5466]

Dazu kommt, daß schon das Baumwolltextilabkommen hat, im Gegensatz zu frühen Meinungen in der Literatur[5467], deutlich erkennbare protektionistische Wirkungen gehabt hat, die immerhin in bezug auf die BRD schon damals erkannt wurden.[5468]

Immer wieder wird auf die jährlich festgelegten Quotenwachstumsraten von 5 % hingewiesen, um den liberalen Charakter dieses Schutzes zu beweisen.[5469] Angesichts von zweistelligen Steigerungsraten ohne Protektion sind 5 % von einer sehr niedrigen Basis aus gesehen aber nicht viel. Zudem gibt es Hinweise auf den Gebrauch der in dem Abkommen enthaltenen Notfallklauseln.[5470] Der Anstieg der Importe aus Japan, Hongkong und den sonstigen Entwicklungsländern in die BRD wurde deutlich gehemmt. Die jährlichen durchschnittlichen Steigerungsraten der Textil- und Bekleidungsexporte betrugen in der Zeit vor dem Baumwolltextilabkommen von 1956-1960: Hongkong 59,0 %, sonstige Entwicklungsländer 53,0 %, Japan -4,3 %. Von 1966 bis 1970 änderte sich dies: Hongkong 2,9 %, weitere Entwicklungsländer 7,2 % und Japan 0,4 %.[5471] Damals hatte Hongkong noch einen Anteil von 54,4 % an den Bekleidungsausfuhren der Entwicklungsländer, Korea brachte es auf 8,1 %.[5472]

Bis 1970 galt jedenfalls, daß es wenig Grund zur Besorgnis gab. In der BRD stiegen im Textilbereich zwischen 1960 bis 1970 mit 10,1 % die Exporte schneller als die Importe mit 8,7 %.[5473] Die Entwicklungsländer nahmen 20 % der Chemiefaserexporte der BRD auf, haben aber nur einen Anteil von 2 % an den Chemiefaserimporten in die BRD.[5474] Vor allem im Bereich der Baumwollweberei gab

---

[5465] Siehe auch die Tabellen weiter unten. Näheres in Hufbauer et al. 1986: 117-135.
[5466] Das lag unter anderem auch an nicht ansteigenden Textilpreisen und den niedrigen Lohnsteigerungen in den USA. Cline 1987: 31.
[5467] So wird diagnostiziert, daß das LTA seine liberalen und weniger liberalen Seiten hat. Es wird aber geschlossen, daß die liberalen Aspekte überwiegen. Bardan 1973. Ebenso wird in einer GATT Studie behauptet, daß das LTA für Europa eine liberalisierende Wirkung gehabt hat, weil Kriterien für Quoten definiert werden und gewissen Quotensteigerungen zugelassen wurden. Zitiert in Cline 1987: 148.
[5468] Die LTA-Länder erreichten in der BRD einen Marktanteil von 2 %. Davon kamen auf Hongkong 40 %, auf Staatshandelsländer 20 % und die restlichen 40 % auf weitere Länder. Betroffen von den Kontingenten sind Hongkong, Indien, Pakistan, Vereinigte Arabische Republik, Süd-Korea, Taiwan und Jugoslawien. Andere Länder sind bis 1973 noch nicht wettbewerbsfähig. Hinweise auf die prohibitive Wirkung des LTA in bezug auf die BRD geben Hiemenz/von Rabenau 1973.
[5469] Cline 1987: 147.
[5470] Schon 1963 hatten die USA Beschränkungen nach einer Notfallklausel des LTA gegenüber Spanien, Portugal, Jugoslawien und Polen etabliert. Keesing/Wolf 1980: 38.
[5471] Donges et al. 1973: 45.
[5472] Donges et al. 1973. 244.
[5473] Scharrer 1972: 23.
[5474] Scharrer 1972: 13.

es im regulierten Bereich, Zahlen für 1970, höhere Anteile für Länder wie Japan, Jugoslawien, Taiwan, Indien, Pakistan und Südkorea. Insgesamt wurden 3,1 % des inländischen Verbrauchs beliefert. In bezug auf die Importanteile in enger definierten Produktbereichen lagen höhere Zahlen vor. Diese Zahlen werden oft angegeben, wenn es darum geht den Schutz gegenüber diesen Ländern zu rechtfertigen, so bei Ober- und Unterbekleidung für Männer und Knaben aus Baumwolle, 25,9 % Anteile an den Importen, aber 5,6 % vom Inlandsverbrauch. Die Ober- und Unterbekleidung für Frauen und Mädchen aus Baumwolle, 34,4 % der Importe, aber nur 2,5 % des inländischen Verbrauchs. Bei Baumwollgeweben gab es 27,2 % Importanteil und 5,4 % des Verbrauchs. In bezug auf künstliche Fasern sind einzig Japan und Taiwan präsent, mit 59,5 % der Importe, mit einem Anteil von 6,4 % des Inlandsverbrauchs. Für alle Positionen lag der Anteil im vom Baumwolltextilabkommen regulierten Bereich an den Importen bei 6,9 % und der am Inlandsverbrauch 1,4 %.[5475] Zählt man den nicht-regulierten Bereich dazu, denn nicht alle Waren fielen damals unter das Abkommen, stieg der Anteil am Inlandsverbrauch bis 1970 für diese Länder auf 3,6 % und an den Importen auf 16,8 %. Insgesamt kamen die Einfuhren des Textil- und Bekleidungsbereichs damals auf einen Anteil von 21,2 % des Inlandsverbrauchs.[5476] In absoluten Zahlen: Der Umsatz der deutschen Textil- und Bekleidungsindustrie lag 1970 bei 25,2 Mrd. DM, der Inlandsverbrauch bei 27,4 Mrd. DM, die Einfuhr aus Entwicklungsländern bei 1,4 Mrd. DM und die Ausfuhr in die Entwicklungsländer bei 794 Mill. DM.[5477] Die womöglich einzigen Gründe für Wünsche nach Protektionismus in der BRD waren die damals absinkenden Kapitalrenditen in der Textil- und Bekleidungsindustrie, die noch 1958 doppelt so hoch als im Industriedurchschnitt lagen.[5478] Bis 1973 hatte die Bekleidungsindustrie noch zusätzliche Arbeitskräfte eingestellt, die Produktivität erhöhte sich um 3,2 % und die Löhne stiegen um 8,4 %. Ein merklicher Anpassungsprozess hatte in dieser Zeit weder in der Textil- noch Bekleidungsindustrie begonnen.[5479]

Weitere Informationen: Die USA nahm, als größtes Industrieland, die meisten Textil- und Bekleidungsimporte auf. Der Anteil der Entwicklungsländer an den Importen lag dort mit 60 % viel höher als in den europäischen Ländern, die untereinander stärker verflochten waren. England kam auf Entwicklungsländeranteile an den Importe von 35 %, Schweden 17 %, BRD 15 %. Italien lag mit 11 %, Frankreich 6 % und die Benelux-Staaten mit 7 % noch niedriger (Zahlen für 1969).[5480] In den letzteren zwei Staaten dürften die Anteile der Entwicklungsländer am Inlandsverbrauch überhaupt nicht merkbar gewesen sein. Für die USA gilt, daß der Anteile der Entwicklungsländer am Inlandsverbrauch ungefähr auf dem Niveau der BRD damals lag, nämlich 1971 bei einem Anteil an der Konsumption von 3,7 %.[5481] Oder in einer anderen Studie, die mit diversen Modifikationen den

---

[5475] Sämtliche dieser Daten beziehen sich auf Werte nicht Mengen. Donges et al. 1973: 211.
[5476] Eingeschlossen Einfuhren aus anderen Industrieländern. Donges et al. 1973: 202-203. Hinweise auf die prohibitive Wirkung des LTA in bezug auf die BRD geben Hiemenz/von Rabenau 1973.
[5477] Zahlen aus Scharrer 1972: 24; ähnliche Werte auch in **Tabelle 262**.
[5478] Donges et al. 1973: 228.
[5479] Dicke et al. 1976: 78-79.
[5480] Zahlen für 1969. Donges et al. 1973: 230-239.
[5481] Siehe: **Tabelle 263**.

denkbar höchsten Wert berechnet 5,9 %.[5482] Es kann anhand der Daten geschlossen werden, daß für die USA in dieser Zeit Anpassungskosten, bis auf eine leichte Profitdelle 1974-1975, nicht vorlagen. Trotz niedriger Kapazitätsauslastungen, offensichtlich vor allem aufgrund der Rezession damals, gab es, siehe oben, sogar steigende Profite. Siehe dazu die Daten in den Tabellen.[5483]

Noch ein Aspekt: Anzumerken ist, daß es damals eine auffällige Konzentration der Exporte auf fortgeschrittene Entwicklungsländer gab.[5484] Dies deutet nicht nur auf mangelnde Lieferfähigkeiten anderer Ländern hin, denn viele Entwicklungsländer verfügten über eine großen Textil- und Bekleidungssektor. So hat beispielsweise Brasilien eine längere Geschichte diesbezüglich vorzuweisen und ist Baumwollproduzent. Hier mögen die Barrieren der Industrieländern wirksam gewesen sein.[5485] In Indien wurde damals eine Entwicklungspolitik betrieben, die klar gegen die komparativen Vorteile in diesem Bereich ausgerichtet war und dies erklärt zu einem Teil die fehlende frühe Präsenz Indiens.[5486]

5.2 MFA I

Aus den eben präsentierten Zahlen folgt, daß es damals keinen Grund für eine Verlängerung des Baumwolltextilabkommens und auch keinen Grund für eine Ausdehnung dessen auf Chemiefasern gab. Nach bilateralem Druck von Präsident Nixon auf Japan geschah aber genau dies.[5487] Erst nach diesen Geschehnissen entschlossen sich auch die europäischen Regierungen zu neuen Verhandlungen, weil sie fürchteten, daß die von den bilateralen Abkommen betroffenen Länder die Importe nach Europa umlenken.[5488] Im Dezember 1973 wurden die Verhandlungen zum Multifaserabkommen (MFA I) abgeschlossen.[5489] Diesbezüglich wurde auch der Textiles Surveillance Body gegründet, der im GATT angesiedelt wurde.[5490]

[5482] Das beste Maß ist der Wert der Importe relativ zur heimischen Konsumption. Dieser Wert wird meist auf Basis der verzollten Werte angegeben. Dies ist das Geld, das der ausländische Produzent bekommt und deshalb ein recht guter Anhaltspunkt. Trotzdem kann darauf bestanden werden, daß damit der Wert der Ware unterschätzt wird, denn wenn mit c.i.f Werten gerechnet wird, dann sind auch die Ausgaben für Zölle (in den USA recht hoch) darin enthalten und die Werte für Bekleidung liegen 37 % und für Textilien 24 % höher. Die so gewonnenen Werte können als Schätzungen für die höchstmöglich vorliegenden Anteile am heimischen Konsum angesehen werden. Bei dieser Berechnung ging es extrem hohe Zahlen (50 % Anteil an den Bekleidungseinfuhren 1984) zu widerlegen, die von U.S.-Herstellern angegeben wurden. Cline 1987: 47-51; siehe: **Tabelle 264**. Siehe auch **Tabelle 265** und **Tabelle 254**.
[5483] Siehe: **Tabelle 266** und **Tabelle 267**.
[5484] Damals, 1969, kam Hongkong auf 77 % der Lieferungen im Bekleidungsbereich auf. Donges et al. 1973: 250-251.
[5485] Donges et al. 1973: 250.
[5486] Siehe Indien in Abschnitt 'F'.
[5487] Schon zwischen 1971 und 1972 wandten Kanada und die USA zusätzliche bilaterale Abkommen an, die den Import von Textilien einschränkten. Betroffen waren Hongkong, Südkorea und Taiwan. Eine extreme Episode stellten die Verhandlungen der USA mit Japan zwischen 1969 bis 1971 dar. Ein Abschluß gelingt erst als U.S. Präsident Nixon androht, den Trade with the Enemy Act aus dem Jahre 1917 (modifiziert nach dem Pearl Harbor Angriff) zu aktivieren, der dem Präsidenten die Vollmacht einräumt im Krieg und im Falle nationalen Ausnahmezustands, die Importe zu regulieren. Daraufhin erklärten sich die Japaner zu einem bilateralen Abkommen bereit. Dickerson 1995: 333.
[5488] Cline 1987: 149.
[5489] Dezember 1973, in Kraft ab 1. Januar 1974. Es galt für 4 Jahre. Finger/Harrison 1994: 59.
[5490] Keesing/Wolf 1980: 42.

Im Gegenzug zur Zustimmung der Entwicklungsländern zur Ausdehnung auf künstliche Fasern, sollte es ein liberaleres Abkommen werden, so wurde den Entwicklungsländern versichert.[5491] Vorgesehen waren jährliche Wachstumsraten von 6 %, die über dem Wachstum der Märkte in den Industrieländern lagen und wodurch den Entwicklungsländer zunehmend größere Marktanteile eingeräumt würden.[5492]

Ein solcher Anstieg ist für den U.S. Textilmarkt 1970-1980 (zu Bekleidung gleich mehr) kaum zu erkennen: Der Wert der gesamten Importe stieg um 5,2 % pro Jahr.[5493] Der Anstieg der Textilimporte stand im Einklang mit der Ausweitung des heimischen Marktes und die Anteile der Importe am heimischen Konsum sanken leicht von 4,9 % (1965) auf 4,6 % (1980) ab, stiegen danach etwas an, auf 7,9 % (1986).[5494] Die Exportländer versuchten einen Teil der restriktiven Effekte des Abkommens wettzumachen, indem sie die Qualität der Stoffe und Produkte verbesserten. Von 1970-71 bis 1979-80 sanken deshalb die Importvolumina 49,8 % ab, wobei der reale Wert nur um 4,8 % abfiel.[5495] Im U.S. Bekleidungsmarkt war die Steigerung der Importe deutlicher zu erkennen. Sie lag aber immer noch deutlich niedriger als in der Zeit vor den beschränkenden Abkommen. In der Zeit des Baumwolltextilabkommens 1961-62 bis 1972-1973 stiegen die realen Bekleidungsimporte 15,5 % jährlich, schneller als der heimischen Konsumanstieg von 3,6 %. Während des MFA I, zwischen 1973 und 1977, stiegen die Importe um 10,2 %, gemäß Wert, an.[5496] Dieser Zahlen liegen über den vom MFA anvisierten Wachstumsraten von 6 %. Zwischen 1977 und 1982, bis zum MFA III, lag eine Steigerung von jährlich 11 % vor.[5497] An Tabelle 263 wird deutlich, daß sich in dieser Zeit die Anteile der Entwicklungsländer an der U.S.-Konsumption von Bekleidung von 1970, 3,7 %, bis 1980, 11,5 %, fast verdreifachten und dann bis 1984 auf 16,7 % anstiegen. Diese Zahlen beziehen sich auf den Wert der Importe und sind unter anderem Ausdruck der Verbesserung der Qualität der Waren, die daraus resultierte, daß das MFA Mengen beschränkte, nicht aber Werte.[5498] In anderen Berechnungen lag der Anteil an der U.S-Konsumption für 1984 bei 12,5 %.[5499] Diese Wachstumsraten lagen zwischen 1973 und 1983 für die USA vor, obwohl im Bekleidungsbereich hohe Zöllen erhoben wurden.[5500]

Wie beschränkte das MFA Mengen? Für einzelnen Warengruppen wurden Volumengrenzen festgelegt, die in 'square yard equivalents', abgekürzt "SYE' oder Syd.' gemessen wurden. Für einzelne Waren, T-Shirts, Blusen, Hosen wurde zu praktischen Handhabung ein Umrechnungsfaktor angenommen: etwa für das Dutzend T-Shirts, 17,8 Syd.[5501] Die Mengen, gemessen in 'square yard

---

[5491] Keesing/Wolf 1980: 40.
[5492] Keesing/Wolf 1980: 41.
[5493] Eigene Berechnung nach Cline 1987: 35.
[5494] Siehe: **Tabelle 268**. Cline 1987: 35.
[5495] Cline 1987: 36-37.
[5496] Eigene Berechnungen nach Cline 1987: 40.
[5497] Siehe: **Tabelle 269**. Cline 1987: 39-41.
[5498] So Cline 1987: 41; siehe **Tabelle 263**.
[5499] **Tabelle 266**.
[5500] **Tabelle 260**.
[5501] Vgl. dafür ein, in der öffentlichen Version sehr kurz ausgefallenes, bilaterales Abkommen. Beispielsweise das Abkommen der USA mit Brasilien vom 4. und 19. Mai 1978. In: 30 U.S.T. Part I, 1978-1979: 6-10.

equivalents' sanken zwischen 1972 und 1981 ab[5502] oder stiegen zumindest sehr viel langsamer an.[5503] Es gelang den Lieferantenländern durch die Erhöhung des Werts pro Wareneinheit partiell dem langsamen Anstieg der Volumen entgegenzusteuern. Geschätzt wird, daß 44 % des gestiegenen Importwerts zwischen 1972 und 1978 auf Verbesserungen der Qualität und damit auf höherer Preise zurückgeführt werden kann.[5504] Durch die mengenmäßigen Beschränkungen wurde allerdings auch der Wertsteigerung ein Riegel vorgeschoben, denn eine unlimitierte Wertsteigerung pro Wareneinheit ist kaum zu erwarten. So flachte dieser Prozess danach signifikant ab.[5505] Dieses Abflachen lag offenkundig an den strengeren Restriktionen ab 1976. Ab diesem Zeitpunkt lagen die Wertsteigerungsraten zwischen 1976 und 1980 bei 13,9 % für Hongkong und 15,6 % für Korea, damit wird deutlich, daß mit den Wertesteigerungen nicht die mengenmäßigen Restriktionen wettgemacht werden konnten.[5506]

Die heimische Produktion von Textil- und Bekleidung sank aber weder in den USA noch in der EU in den siebziger Jahren deutlich erkennbar ab.[5507] Andere Zahlen, mit geringfügig verschobenen Zeithorizont, zeigen, daß in Japan (-0,6), England (-1,1) BRD (-2,8) und den Niederlanden (-4,0), im Gegensatz zur USA (+1,3) ein Rückgang des Outputs bei Bekleidung vorlag.[5508]

Der Arbeitsplatzabbau, der in diesen Ländern in dieser Zeit begann (in den USA signifikanterweise fast nur im Textilbereich, denn dort wurde mehr investiert und somit modernisiert), lag damals vor allem an Produktivitätsverbesserungen und auch an den signifikanten Marktanteilen, die Länder wie Italien in den Industrieländer erobern konnten.[5509]

In den USA reagierten die Firmen der Bekleidungsindustrie typischerweise mit einer Verbesserung des Marketing und der Qualität und mit einer Migration in den Süden und in ländliche Gebiete mit niedrigeren Lohnkosten.[5510] Der Staat etablierte Programme, die bei Anpassungsschwierigkeiten bezüglich des internationalen Handels Unterstützungsgelder ausschütteten. Diese nahmen bis Juli 1975, nur wenige, 36 Firmen, in Anspruch.[5511] In der EU gab es diverse Programme, etwa eines der Kommission zum Kapazitätsabbau im Bereich der synthetischen Fasern 1977. In Frankreich wurde die Modernisierung subventioniert und in Italien und den Niederlanden erfolgten Subventionen zur Erhaltung von Arbeitsplätzen zwischen 1975 und 1977 in der Höhe von US$ 300 Mill. US$ und in

---

[5502] **Tabelle 265**.
[5503] Cline 1987: 42.
[5504] Cline 1987: 176-178.
[5505] Cline 1987: 176-178.
[5506] Wolf et al. 1984: 94.
[5507] Keesing/Wolf 1980: 111.
[5508] Die Outputveränderungzahlen für den Textilbereich ebenfalls für 1972/73 bis 1983 lauten: Japan –1,0 %, BRD –1,5 %, Niederlande –3,7 %, UK –4,8 %. Italien hatte positive Zuwachsraten: Bekleidung 1,9 %, Textilien 2,4 %. Cline 1987: 129.
[5509] Aus diesen Gründen wird geschlossen: "trade has not brought the harm, and protection has not brought the relief" Keesing/Wolf 1980: 121. Siehe: **Tabelle 270** und **Tabelle 271**. Siehe auch **Tabelle 267**.
[5510] De la Torre 1978: 29-64.
[5511] De la Torre 1978: 212.

England für US$ 200.[5512] Verbreitet sind verbilligte Kredite für die Modernisierung, es gab Arbeitsmobilitätsprogramme (einige Regionen bzw. Städte waren besonders stark betroffen[5513]) und es wurde ein Programm zur Forschung- und Entwicklung aufgelegt. In Europa stieg die Produktivität im Textil- und Bekleidungsbereich deutlich schneller als in der USA.[5514]

Einzig in Japan erfolgte bereits in dieser Zeit eine wahrnehmbare Anpassung an die komparativen Vorteile der Entwicklungsländer. Noch zwischen 1969 und 1971 hatte die USA Japan, siehe oben, bezüglich der Textil- und Bekleidungsimporte, als großes Problem angesehen. Der Handelsüberschuß im Bereich Bekleidung von US$ 1 Mrd. 1972 wandelte sich in ein Defizit von US$ 210 Mill. 1975. Zwischen 1973 und 1975 gaben 1000 Firmen auf und 300.000 Menschen verloren ihre Arbeitsplätze.[5515] Die japanischen Unternehmen traf dies weniger, denn diese lagerten damals ihre Produktionsstätten in den asiatischen Raum aus.[5516]

Wie sahen in den siebziger Jahren die Prognosen bezüglich des Arbeitsplatzabbaus in der BRD aus? In einer Studie aus dem Jahre 1976 wird prognostiziert, daß von den 1.236.516 Arbeitsplätzen, die 1970 im Schuh-, Leder-, Textil-, und Bekleidungsgewerbe bestanden, wenn Zölle und die zusätzlichen nicht-tarifären Handelsbeschränkungen (eben das MFA) abgebaut, bis zum Jahre 1985 430.400 Arbeitsplätze verloren gehen würden. Dies wären 35 % der damals in diesen Bereichen Beschäftigten gewesen, aber nur 1,8 % von 24.021.095 Industriebeschäftigten. Wäre der Rückgang von 1972 bis 1985 kontinuierlich vonstatten gegangen, hätte dies pro Jahr zu 33.107 Arbeitsplatzverluste geführt, dies sind je 7,6 % der Beschäftigten[5517] und je 0,13 % der Industriebeschäftigten.[5518]

Insgesamt wurde damals die Anpassung an höhere Exporte der Entwicklungsländer als unumgänglich und wenig schwerwiegend dargestellt und eine Aufhebung der Schutzmaßnahmen vorgeschlagen.[5519] Als problematisch wird dargestellt, daß bei einer vollständigen Liberalisierung im Feinmechanik-, Schuh-, Leder-, Textil- und Bekleidungsbereich in einigen ländlichen Regionen, dies sind 28 von insgesamt ungefähr 370 Landkreisen Arbeitslosenquoten von über 10 % zu erwarten wären.[5520] Für sämtliche Produkte der verarbeitenden Industrie wird als Maximalszenario, durch Trendextrapolation hoher Importwachstumsraten berechnet, bis 1985 von 600.000 Arbeitsplatzverlusten ausgegangen,

---

[5512] Cline 1987: 130-133.
[5513] Dazu ausführlich Dicke et al. 1976: 112-119.
[5514] Für Japan lagen im Textilbereich positive und im Bekleidungsbereich negative Werte vor. Cline 1987: 130.
[5515] De la Torre 1978: 210.
[5516] So stiegen die Investitionen, die davor auf einem deutlich niedrigerem Niveau lagen, 1973 auf US$ 326 Mill. an und erreichten noch dreimal in den siebziger Jahren eine Wert von über US$ 150 Mill. Farell 1997: 4.
[5517] Zwischen 1970 bis 1974 gab es einen Abbau der Beschäftigung von 5,3 % in der Bekleidungsindustrie, 6,3 % in der Textilindustrie, 9,4 % in der Schuhindustrie und 4,7 % in der lederverarbeitenden Industrie. Dies war auch eine Folge der einsetzenden Rezession. Dicke et al. 1976: 108.
[5518] Dicke et al. 1976: 107. Für ähnliche Werte: Dicke et al. 1976: 146, 216-217. De facto trafen ähnliche Werte (trotz Protektion) für die Niederlande zu: Koekkoek/Mennes 1986: 156.
[5519] Immerhin ist dies eine Folgerung des Kieler Instituts für Weltwirtschaft. Dies ist zwar eine liberale Institution, die aber für qualitativ hochwertige Arbeit bekannt ist. Dicke et al. 1976: 109, 146.
[5520] Dicke et al. 1976: 117.

kompensiert durch 200.000 Arbeitsplatzgewinne durch zusätzliche Ausfuhren in die Entwicklungsländer.[5521]

Solche mit Exporten zusammenhängende Arbeitsplätze entsprangen nicht nur abstrakten Modellvorhersagen: Zwischen 1960 und 1973 stiegen die Importe verarbeiteter Produkte seitens der Entwicklungsländer aus den Industrieländern jährlich um 6,5 % und der Handelsbilanzüberschuß in dieser Kategorie stieg von 1960 US$ 14 Mrd. auf 1973 US$ 43 Mrd., wobei die Entwicklungsländer in diesem Jahr 37,7 % des Weltmarktes für diese Produkte bereitstellten.[5522] Sichtbar ist allein an diesen Zahlen, daß eine vertiefte Arbeitsteilung nicht nur möglich, sondern auch positive Wirkungen auf Industrie- und Entwicklungsländer gehabt hätte.

5.3 MFA II

Für die Mitte der siebziger Jahre erscheint es somit ein weiteres Mal nicht als zwangläufig, daß die Verlängerung des MFAs in einer restriktiveren Form ausgehandelt wird. Der Politik in den Industrieländern gelingt es aber nicht, den protektionistischen Forderungen der betroffenen Unternehmer und Gewerkschaften zu widerstehen.[5523] Im Jahre 1977 wurde das MFA II ausgehandelt, das für viele Waren eine globale Deckelung vorsah.[5524] Damals war besonders die EU an einem restriktiveren Regime interessiert.[5525] Dort wurde das MFA II zum Beginn eines verstärkten Schutzes. Dies lag auch daran, daß die EU versuchte relativ arme Regionen innerhalb der EU vor Importen zu schützen.[5526]

Die Wachstumsraten der EU-Importe aus Ländern mit bilateralen Abkommen über Bekleidung und Textilien waren mit einem Volumenwachstum von 0,9 % zwischen 1976-81 und 5 % zwischen 1981 bis 1985 nicht sonderlich hoch.[5527] Seit 1976 hatte die EU ihre Barrieren gegenüber Entwicklungsländern deutlich erhöht. Wenn auch für diese Zeit keine Wertzahlen präsentiert werden können, werden die Effekte dieser Politik für die EU daran deutlich, daß in dieser Zeit Importe in sensiblen Produktkategorien aus Hongkong, Indien, Südkorea und Taiwan stagnierten oder sogar zurückgingen und im selben Zeitraum die USA ihre Exporte in diesen Kategorien teils vervierfachen konnten.[5528]

[5521] Dicke et al. 1976: 92-97
[5522] Ohne Handel zwischen USA und Kanada und innerhalb der EWG und EFTA. Balassa 1978: 413.
[5523] So etwa Spinanger 1985: 135.
[5524] Genauer: Vom Juli bis Dezember 1977 wurden von der EU und den USA bilaterale Abkommen mit den Entwicklungsländern ausgehandelt und im Dezember 1977 wurde das MFA auf vier Jahre verlängert. Finger/Harrison 1994: 59. Siehe auch Wolf 1987: 256-257.
[5525] Cline 1987: 150-151, 216.
[5526] Spinanger 1985: 138.
[5527] Wolf 1987: 263.
[5528] Diese Informationen beziehen sich nur auf eine Untergruppe und sind somit nur als Anhaltspunkt zu gebrauchen. Deutlich wird aber, wie schnell die Einkäufer auf Barrieren regierten und aus anderen Ländern Produkte orderten, wenn bisherige Ströme versiegten. Wolf et al. 1984: 96-97.

Die Mengen wurden in der EU so verwaltet, daß sie länderspezifisch zugeteilt werden konnten.[5529] Zusammen mit den solchen Entwicklungsländern, die Präferenzen (Lomé) geltend machen können lag der Anstieg der Importe zwischen 1976 und 1981 bei 1,5 % und zwischen 1981 bis 1985 bei 6,5 %.[5530]

Auch für die USA kann im Bekleidungsbereich nach der Aushandlung des MFA II eine deutliche Verlangsamung des Anstiegs in bezug auf die Anteile an der heimischen Konsumption zwischen 1977 und 1983, also immerhin für 6 Jahre lang beobachtet werden.[5531]

> Box T-Shirts aus Kanada. Seit dem MFA II kommen T-Shirts wieder aus Kanada. Für den Zeitraum 1977 bis 1983 wird für Kanada berichtet, daß die traditionellen Exporteure in qualitativ höhere Produktbereiche ausweichen, um ihre Quoten mit höheren Gewinnspannen ausnutzen zu können. Dazu kommt die Intensität des Schutzes. Beides führte dazu, daß die kanadischen Unternehmen wieder damit begannen, Produktionskapazitäten für Bekleidung geringerer Qualität und niedriger Preise aufzubauen, also für T-Shirts und Socken und billige Sweatshirts sowie Hosen. In diesen Bereichen bestände ohne Schutz keine Möglichkeit im Wettbewerb zu bestehen.[5532] Dies bestätigt mittelbar auch die allgemeine Ansicht in der Literatur, daß viele Industrieländern, etwa Schweden, Finnland, die nicht so sehr im Rampenlicht standen wie die USA oder die BRD, ähnlich wie Kanada, offenbar sehr restriktive bilaterale Abkommen im MFA verankert hatten.[5533]

5.4 MFA III

Neuerliche Verhandlungen für ein MFA III begannen schon 1981 und wurden ab dem Januar 1982 implementiert.[5534] Das MFA III wird in seinen Wirkungen zuerst einmal so bewertet, daß es die Bedingungen für die großen Produzentenländer erschwerte. Für die USA wurde festgelegt, daß das Wachstum der Importe sich an der Ausweitung des heimischen Konsums orientieren sollte, die mit jährlich 1,5 % geschätzt wurde. Hongkong, Taiwan und Südkorea wurden davon besonders betroffen und es wurden bilaterale Abkommen abgeschlossen, die für sensitive Produktgruppen das Wachstum zwischen 0,5 % und 2,0 % begrenzten.[5535] Kleineren Exporteuren wurde ein Wachstum von 6 % zugestanden.[5536] Damit stellt sich die Frage, ob dadurch kleineren Exporteuren eine Chance zur Expansion eingeräumt wurde, zumal sich diese Chance durch die Beschränkung der 'Big Three' ergibt. Zu beobachten ist aber, daß der Anteil der wichtigsten Lieferanten ('Big Three'), Hongkong, Südkorea,

---

[5529] Zum Beispiel: Verordnung (EWG) Nr. 429/80 der Kommission vom 21. Februar 1980 zur Regelung der Einfuhr in die Benelux-Länder von bestimmten Textilerzeugnissen mit Ursprung in den Philippinen. In: ABl. Nr. L 49/9, 23.2.80.
[5530] Wolf 1987: 263.
[5531] **Tabelle 263**. Cline 1987: 64.
[5532] Jenkins 1980: 14-15.
[5533] Hinweis bei Keesing/Wolf 1980: 67-68.
[5534] Das 1985: 70. Das Abkommen wurde verlängert um 4 Jahre und 7 Monate. Finger/Harrison 1994: 59. Zu einer politikwissenschaftlichen Analyse besonders der Rolle der USA und EU bei der Aushandlung dieses und der anderen Abkommen vgl. Aggarwal 1985.
[5535] Pelzman 1984: 116.
[5536] Pelzman 1984. 116.

Taiwan kaum zurückgeht und die sonstigen Länder ihre Anteile nur geringfügig steigern konnten.[5537] Hongkong, Taiwan und Südkorea konnten zwischen 1975 und 1983 ihren 42 % Anteil am U.S.-Markt halten und erst bis 1985 sank dieser auf 37 % ab.[5538]

Besonders die USA (nicht aber Europa) haben Importzuwächse zu verzeichnen. Zwischen 1983 und 1986 stiegen diese nach Wert um 100 %.[5539] Oder jährlich um 16,4 %.[5540] Dies sind aber Zahlen, die nicht zwischen Entwicklungs- und Industrieländern unterscheiden. Diese Anfang der achtziger Jahre höheren Zahlen bezüglich der Importe, die trotz des installierten MFA III erreicht werden, liegen aber nicht an einer neuen, deutlich liberaleren Ausrichtung dieses Abkommens, sondern an anderen Phänomenen, der Dollaraufwertung und dem Wirtschaftsaufschwung (während der Rezession wurden die leicht ansteigenden Quoten nicht voll genutzt und es gab deshalb noch offene Positionen, vor allem auch im Textilbereich). Ebenso daran, daß die Industrieländer ihre Importe steigerten und schließlich konnten auch die Entwicklungsländer ihre Exporte und deren Wert steigern, allerdings begrenzt auf ihre sehr unterschiedlich ausgeprägten Quoten.[5541]

Zwischen 1981 und 1987 stieg der Anteil der Entwicklungsländer an den insgesamten Textil- und Bekleidungsimporten der EU von 56,5 % auf 67,1 %. In den USA sank er leicht ab von 77,6 % auf 77,5 %; in Kanada ist ein Anstieg von 35,3 % auf 43,3 % zu beobachten und in Schweden stieg der Anteil leicht von 24,2 % auf 24,5 %.[5542] Für Bekleidung allein lagen Zahlen auf leicht höherem Niveau vor. Insgesamt erhielten die Entwicklungsländer für diese Industrieländer Importanteile von 1981: 76,4 % und 1987: 82,2 %.[5543] Diese Importanteile lagen klar höher als in den sechziger Jahren, dort lagen sie 1965 für die USA für Textilien bei 37,6 %, für Bekleidung bei 35,1 %, für die BRD bei Textilien bei 8,3 % und für Bekleidung bei 16,1%.[5544] Von einer dramatischen Entwicklung kann dennoch nicht die Rede sein. Der Anteils der Bekleidungsimporte aus Nicht-OECD-Quellen, lag noch im Jahre 1984 relativ niedrig, in Relation zum U.S.-Konsum bei 16,7 %. Somit lag noch 1984 ein Anteil von 83,3 % der Bekleidungsproduktion in den Händen heimischer Produzenten (mit 978.000 Beschäftigten von insgesamt 17,7 Mill., die in der verarbeitenden Industrie der USA arbeiteten[5545]).[5546]

[5537] Wolf 1987: 271. Nur in den Momenten, in denen ihre Quoten ansteigen und gleichzeitig eine Expansion des U.S.-Marktes stattfand wurden Verbesserungen erzielt So in einer Untersuchung die bis 1984 gilt: Dean 1990: 68-69. Im selben Sinne: Spinanger 1985: 134, 137; Weltentwicklungsbericht 1985: 48. Die diversen Veränderungen in der Quotenausnutzung und auch das Zurückfallen einiger Länder in den achtziger Jahren kann hier nicht ausführlich dargestellt werden. Dazu; Erzan/Goto et al. 1990. Eine Diskussion der Bedeutung der Quotennutzungsraten erfolgt auch in: Trela/Whalley 1990: 18-21.
[5538] Dean 1990: 64.
[5539] Cline 1987: 178.
[5540] **Tabelle 265**.
[5541] Dazu ausführlich Cline 1987: 178-186.
[5542] Erzan/Goto et al. 1990: 65-66.
[5543] Erzan/Goto et al. 1990: 71.
[5544] Spinanger 1985: 141.
[5545] OECD Industrial Structure 1989/1999: 142. Von Hufbauer werden für die U.S. Bekleidungsindustrie 1984 1,2 Mill. Arbeiter angegeben. Hufbauer et al. 1986: 132.
[5546] **Tabelle 263**.

Zwei weitere Aspekte erklären diese Steigerungsraten, wobei einer nur temporär vorliegt. Die Steigerungsraten liegen auch daran, daß nicht alle Produkte vom MFA kontrolliert wurden. Vor allem China begann in solchen Kategorien zu exportieren, die nicht unter das MFA fielen: Seide, Leinen, pflanzliche Fasern und deren Mischungen. Im Jahre 1985 lagen von US$ 15,7 Mrd. U.S. Bekleidungsimporten US$ 3,8 Mrd. außerhalb des vom MFA abgedeckten Bereiches. Seit 1980 sank der Anteil, der vom MFA abgedeckt wird, von 87,4 % (ein hoher Wert, der auf den restriktiven Charakter vor 1980 hindeutet) auf 75,9 % im Jahre 1985.[5547] Insgesamt wurde das MFA III in der Literatur wie folgt bewertet. Die Schutzbarrieren wurden ausgeweitet und verdichtet, traditionelle Exporteure beschränkt und erfolgreiche Newcomer begrenzt.[5548]

Immer wieder wird von Autoren vorgebracht, daß das MFA nicht restriktiv war, weil Quoten nicht ausgefüllt wurden.[5549] Besonders Länder wie Mexiko, Brasilien, Pakistan für die USA und Indien, Brasilien und Hongkong würden in bezug auf den Handel mit der EU diesbezüglich niedrige Werte aufweisen.[5550] Dafür gab es aber mehr Gründe als der simple Verweis auf mangelnde Exportkapazitäten. Lag dies wirklich am mangelndem Engagement der Entwicklungsländer ihre Wohlfahrt zu steigern? Dazu ist zu bemerken, daß es das MFA generell weniger attraktiv machte, eine breit angelegte Textil- und Bekleidungsindustrie aufzubauen.[5551] Weiterhin ist es normal, wenn sich Länder auf bestimmte Produkte spezialisieren (zumal wenn sie Baumwolle anbauen wie Brasilien, Kolumbien[5552] und Indien[5553] und China[5554], der Weltmarkt war aber von Kunstfaserprodukten dominiert[5555]) und diese Länder nicht die gesamte Bandbreite an Bekleidung aus allen verschiedenen Stoffen liefern konnten und deshalb Quoten offenließen. Da zusätzlich Ursprungsregeln von den Industrieländern benutzt wurden, litten diese Länder zudem unter ihrer teils unzureichend wettbewerbsfähigen Textilindustrie.

Kurz muß auf die Ursprungsregeln verwiesen werden, die schon in Abschnitt 'A' und 'G' dargestellt wurden, welche in substantieller Weise kleine Länder daran gehindert haben, Bekleidung zu exportieren, eben weil ohne eine Textilindustrie im Inland kein Ursprung attestiert wurde und damit etwa Zollpräferenzen für schwache Entwicklungsländer nicht aktualisiert werden konnten. Weil diese Länder nicht über eine breiter angelegte Textilfertigung verfügten und es zudem schwer war, die Quadratur des Kreises zu schaffen und Kostenvorteile durch hohe Produktionszahlen zu erreichen - und - eine breite Palette von Stoffen im Angebot zu haben, wurden diese Länder erheblich benachteiligt. Wenn, wie in Kenya, indische Textilproduzenten vor Ort waren, wären weitere Investitionen in Qualitätsverbesserungen etc. getätigt worden, wenn ein steigender Marktzugang hätte

---

[5547] Cline 1987: 185.
[5548] Erzan/Goto et al. 1990: 75; Spinanger 1985: 136-137.
[5549] Cline 1987: 159-160.
[5550] Cline 1987: 160.
[5551] Kessing/Wolf 1980: 86-87.
[5552] Morawetz 1981: 93.
[5553] Kathuria/Bhardwaj 1998: 20.
[5554] Anderson/Park 1989: 130.
[5555] Kathuria/Bhardwaj 1998: 20.

erwartet werden können. Davon konnte man aber, selbst in den Präferenzregimen nicht mit Sicherheit ausgehen und das MFA hat typischerweise Neulingen sehr niedrige Quotenanteile eingeräumt.[5556]

Der Vorwurf mangelnder Entwicklungsanstrengungen dürfte aus einem weiteren Grund nur eingeschränkt zutreffen: Das MFA erlaubte zusätzliche Restriktionen, wenn die Importzuwachsraten (nicht die Mengen) zu hoch erschienen. Die Feststellung, ob 'market disruption' vorlag konnte bilateral festgestellt werden, ohne daß es einen neutralen Überprüfungsmechanismus gab. Speziell für die EU wird in den Studien berichtet, daß sie damit die Exporteure verunsicherte, sodaß die Quotennutzungsraten niedriger lagen. In den USA lagen die Quotennutzungsraten vielfach deutlich höher.[5557] Der im GATT tätige Textiles Surveillance Body hätte solche bilateralen Praktiken anprangern können, war aber dazu nicht in der Lage, weil die Industrieländer dort ihren Einfluß verankert hatten.[5558]

Letztendlich lenkt diese Frage zudem nur davon ab, wie groß die Quoten eigentlich waren. Daten dazu können hier erst für die achtziger Jahre präsentiert werden, nicht zuletzt deshalb, weil diese allerwichtigste Information selbst für die Fachliteratur offenbar nicht zugänglich war. Dies kann, muß aber nicht am Interessengruppeneinfluß gelegen haben. Allein die EU mußte 3000 einzelne Quoten festlegen und bei weiteren MFA-Produkten Importe überwachen werden, ob nicht eine Marktstörung vorliegt, sodaß "selbst MFA Experten keinen vollständigen Überblick mehr haben."[5559]

Bevor diese Zahlen im nächsten Punkt präsentiert werden, noch zwei weitere Argumente, die den liberalen Charakter des MFA versuchen zu beweisen:

Ein weiteres Argument wird angeführt, nämlich daß nur 60 % des Handels mit Textil- und Bekleidung überhaupt Beschränkungen unterlag. Auch diese Meinung läßt sich auflösen, denn die 40 % sind simplerweise der Anteil, der zwischen den Industrieländern unbeschränkt stattfand. Weiterhin kann zur Erklärung hinzugezogen werden, daß einige Länder nicht Mitglied des MFA waren, dies sind Australien, Neuseeland und Schweden. Dagegen waren Japan und die Schweiz MFA-Mitglieder, verfügten aber nicht über bilaterale Quotensysteme. Mit Taiwan und osteuropäischen Ländern wurden bilaterale Begrenzungsabkommen abgeschlossen, die nicht zum MFA zugehörig waren.[5560]

Weitere Informationen zu Quotenrenten. Oben wurde auf die Quotenrenten eingegangen und bereits bezweifelt, daß diese dazu ausreichen, um für die Einschränkungen zu kompensieren. Die Quotenrenten werden in der Literatur angeführt, um den wenig hemmenden Charakter der Protektion

---

[5556] Siehe Afrika in Abschnitt 'G'.
[5557] Spinanger 1985: 139-140; Cline 1987: 160.
[5558] Von acht Sitzen wurden drei permanent an die Länder USA, EU und Japan vergeben. Sonstige Länder wechselten ihre Repräsentanten, sodaß diese schwer in die Fragestellungen eindringen konnten. Dieses Ergebnis einer UNCTAD Studie wird berichtet in Cline 1987: 161.
[5559] So das Zitat aus: Spinanger 1985: 137.
[5560] Leider gibt es dort keine weiteren Informationen über die Verfahrensweisen dieser Länder. Dickerson 1995: 348.

insbesondere für die asiatischen Länder aufzuzeigen.[5561] Die traditionellen Exporteure, etwa Hongkong, verfügten über Quotenrenten, die nach Berechnungen etwa für 1982 bis 1983 bei 700 Mill. US$ lagen. Diese Renten waren aber durchaus variabel[5562] und der Anstieg der Kosten pro Einheit verkaufter Waren erreichte 1985 erst wieder einen Wert, den er, nach einen Höhepunkt in Ende der siebziger Jahre, 1976, erzielte.[5563] Bestätigt wird diese Information partiell dadurch, weil dokumentiert ist, daß sich ab 1973 die Importpreise dem Preisniveau in den OECD-Märkten anpaßten, dies deutet auf signifikante Quotenrenten hin.[5564] Die teilweise in der Literatur geäußerte Meinung, daß die Quotenrenten gegenüber dem Verlust von Expansionsmöglichkeiten zumindest partiell kompensieren konnten[5565], ist aber nicht zuletzt aufgrund der Deutlichkeit der Wachstumsbeschränkungen durch das MFA nicht haltbar[5566], siehe schon oben.

5.5 MFA IV

Mit dem MFA IV, gültig vom 31. Juli 1986 bis zum 31. Juli 1991, wurden Seide, Leinen und sonstige pflanzliche Fasern (mit Ausnahme von Jute und Abaca) einbezogen sowie insgesamt, so die Literatur, eine restriktive Politik eingeschlagen[5567], die aber überraschende Details aufwies. Während des Aushandlungsprozesses des MFA IV trat, aufgrund der dort hohen Importsteigung, vor allem die USA als aggressiver Verhandler auf, es gelang den Entwicklungsländern immerhin Verhandlungen über den Textil- und Bekleidungsbereich nahezu zeitgleich auf die Tagesordnung der neuen GATT-Verhandlungsrunde zu setzen, die im September 1986 in Punta del Este in Uruguay gestartet wurde. Dies war für die Entwicklungsländer wichtig, um der Runde zuzustimmen.[5568]

Die Verhandlungen über das MFA IV waren nicht zuletzt deshalb so komplex, weil die großen Exporteure befürchteten gegenüber neuen Konkurrenten zu den Verlierern zu gehören und die kleineren Länder, die über Quoten verfügen, sorgten sich darum, daß sie bei einer vollständigen Liberalisierung zu den Verlieren zu gehören.[5569] Zum erstenmal wurde im MFA IV Abkommen erwähnt, daß es das letztendliche Ziel sei die GATT-Regeln auch in diesem Bereich anzuwenden, also einen Abbau der mengenmäßigen Beschränkungen und eine Liberalisierung vorzunehmen.[5570] Dieses Abkommen zeichnete sich durch einen widersprüchlichen Aspekt aus. Nämlich die großzügigere Behandlung kleinerer Lieferantenländer, parallel zur politisch gewollten Förderung größerer Länder wie China. Dies ging einher mit der strengeren Behandlung der klassischen Zulieferer. In den bilateralen Verhandlungen zum MFA 1986 hat die USA etwa gegenüber Hongkong und Taiwan

---

[5561] Cable 1987: 312.
[5562] Wolf 1987: 27.
[5563] Cline 1987: 176.
[5564] OECD 1985: 212.
[5565] Keesing/Wolf 1980: 125-128.
[5566] Trela/Whalley 1990: 22-31.
[5567] Cline 1987: 214-215, 218-220.
[5568] Cline 1987: 221.
[5569] Cline 1987: 216-220.
[5570] Majmudar 1988:112.

niedrige Quotensteigerungsraten von jeweils 1 % und 0,5 % durchsetzt.[5571] Korea bekam zwischen 1982 und 1984 eine jährliche Quotensteigerung von 2,1 % zugestanden. China dagegen eine von 12,3 %.[5572] Damit wurde - aller Wahrscheinlichkeit nach im August 1983 gestützt von Präsident Reagan, in Vorbereitung auf einen Besuch im Frühling 1984 - auf der politische Ebene beschlossen, daß China fortan im Textil- und Bekleidungsbereich das weltweit führende Land werden wird und der private und staatliche Sektor konnte mit dem Aufbau der Produktionskapazitäten in China beginnen.[5573]

Die USA räumte fortan etwas höhere Quotenwachstumsraten ein:

Zwar fielen 1985 mehr Länder als je zuvor unter das MFA, darunter solche, die Mitte der achtziger ihre Textil- und Bekleidungsindustrie aufbauten, wie Indonesien (und Ägypten, Guam, Ungarn, Uruguay, Mauritius, Peru, Guatemala, Malediven, Panama und ab 1989 Bangladesch, Vereinigte Arabische Emirate, El Salvador, DDR, Jamaika, Burma, Nepal, Kanada, nördl. Marianen, Trinidad und Tobago). Wenn aber die Quotenzuteilung für die gesamte Zeit von 1981 bis 1989 beachtet wird, stiegen die prozentualen Steigerungsraten für viele Länder deutlicher an. Erwähnt wurde die Spezialbehandlung für China (für diesen Zeitraum 10,2 % Quotensteigerung bei US$ 5,8 Mrd. Importen in die USA 1989) und die Türkei (83,4 % Quotensteigerung bei US$ 2 Mrd. Importen in die USA 1989). Dabei wurden u.a. auch Länder bevorzugt, die Exporte der USA zulassen.[5574] Für eine Auswahl von Ländern liegen folgende Werte vor, die einen guten Überblick über die Quotensteigerungen und die wertbezogenen Niveaus geben (Quotensteigerungsprozentsatz, Importe in die USA 1989): Jamaika 18,8 % bei US$ 1 Mrd.; Bangladesch 17,4 % bei US$ 282 Mill.; Indonesien 11,4 % bei US$ 1,2 Mrd.; Malaysia 16,0 % bei US$ 2,8 Mrd.; Thailand 11,6 % bei US$ 2,2 Mrd.; Jugoslawien 12,4 % bei US$ 501 Mill.. Andere Länder, darunter die traditionellen Exporteure, wiesen niedrigere Werte aus: Taiwan 3,4 % bei US$ 11,3 Mrd.; Korea 1 % bei US$ 13,4 Mrd.; Japan –1,6 % bei US$ 44,5 Mrd.; und Hongkong, 2,2 % bei US$ 6,3 Mrd..[5575]

Diese Steigerungsraten waren administrativ vorgesehen, es liegt also keine Grund dafür, wie Finger/Harrigan (1994) zu schließen, daß in den gesamten achtziger Jahren der MFA-Schutz 'leaky' war, nur weil die Quoten von einigen Ländern nicht ganz ausgenutzt wurden (diese These wird

---

[5571] Näher Cline 1987: 214.
[5572] Cline 1987: 183.
[5573] Daß 1983 von den USA ein solches Abkommen mit China ausgehandelt wurde, wird erwähnt in Destler 2005: 154. Umgehend wurde von der U.S. Textilindustrie Druck ausgeübt: "In the fall of 1983 came another example, involving China and textiles. Unhappy with the terms of a bilateral quota agreement concluded in August, the US textile industry retaliated with an innovative suit, alleging that China's dual exchange rate system constituted a subsidy under the CVD law. This put the US authorities in another bind. They had just reached a deal with China, but its substance was being threatened by a procedure over which they had little control in the short run. They feared that, to Beijing, the administration would appear either two-faced or impotent at a time when the president was preparing for a major state visit the following spring." Auch auf Druck von zwei Senatoren, die 1984 wiedergewählt werden sollten, beschloß Ronald Reagan, daß die existierenden Quotenabkommen konsequenter durchgesetzt werden, allerdings nicht gegenüber China, sondern gegenüber anderen asiatischen Staaten. Destler 2005: 155.
[5574] Finger/Harrison 1994: 40.
[5575] Leider liegen die Daten nicht für zwei Zeitperioden in den achtziger Jahren vor, um MFA III und MFA IV auseinanderhalten zu können. Daten aus: Finger/Harrison 1994: 62-63. Ohne absolute Exportzahlen siehe auch die Verteilung der Länderanteile an der U.S. Quote in **Tabelle 109**.

dadurch gestützt, daß besonders die erfolgreichen Länder ihre Quoten sehr weitgehend nutzten, also ihre MFA-Quoten keinesfalls als 'leaky' wahrnahmen).[5576] Ebenso ist, angesichts der klar protektionistischen und extrem in bezug auf die Länder verzerrenden Wirkung nicht einsichtig, was der in der Literatur verwendete Terminus "liberal protectionism" für die MFA-Regime bedeuten soll, zumal vom Autor das Problem vergleichender Kriterien und Schwellenwerte nicht thematisiert wird.[5577]

Aus den achtziger Jahren können Episoden über die Behandlung kleinerer Länder berichtet werden, die die Schutzwirkung des MFA einmal mehr verdeutlichen: Bangladesch wurde Ende 1984 eine Hemdenquote seitens England auferlegt, obwohl der Anteil an den gesamten Bekleidungsimporten zu diesem Zeitpunkt nicht mehr als 0,1 % betrug.[5578] Seit 1985 sanken in Reaktion auf die offenbar auch andere Waren betreffenden restriktiven Quoten die ausländischen Direktinvestitionen nach Bangladesh ab.[5579] Für Sri Lanka wurde in der Literatur eine beispielhafte Quote errechnet, um festzustellen, wo die Grenze für die 'late-comers' liegt. Für 1984 wird eine Obergrenze von ECU 218,4 Mill. berechnet. Diese Zahl ist 3 mal so groß wie die tatsächlich vorliegenden Exporte, liegt aber auf 12 % der für Hongkong verfügbaren Quote (=100). Dies gibt einen Hinweis auf den einschränkenden Charakter des MFA, trotz gewisser Flexibilitäten.[5580]

Im Juli 1991 wurde das MFA IV verlängert, um den Ausgang der Uruguay-Runde abzuwarten. Ab Dezember 1993 bahnte sich dort die Abschaffung des MFA an.[5581] Das noch einmal erneuerte MFA IV hatte letztendlich ähnliche Folgen wie das MFA III. Hongkong, Korea, Taiwan wurde aus der U.S. Perspektive auf Importwachstumsraten von 0,9 % bis 1,0 % beschränkt. Für andere Länder ergaben sich, diesmal Zahlen für die EU, Wachstumsraten zwischen 3,5 und 6,4 %.[5582]

5.6 Fazit

Insgesamt gesehen haben das MFA einen höheren Anstieg der Importe von Textilien und Bekleidung in die Industrieländer verhindert, Handelsstrukturen verzerrt und verstetigt, den Neueinstieg von Ländern u.a. Sri Lanka, Thailand, Philippinen oder Bangladesh erschwert[5583], weiterhin wurden politische Manöver ermöglicht, etwa die Förderung von China und der Türkei und, auf dem Papier, der Lomé-Staaten (die dies aber u.a. wegen der restriktiven Ursprungsregeln nicht nutzen konnten[5584]).[5585] Hongkong, Taiwan und Südkorea konnten bis Mitte der siebziger Jahre knapp

---

[5576] Finger/Harrison 1994: 40.
[5577] Verwendet von Aggarwal 1985.
[5578] Spinanger 1985: 137.
[5579] Trela/Whalley 1990: 32.
[5580] Wolf 1987: 270.
[5581] Finger/Harrison 1994: 59.
[5582] Majmudar 1988: 118-120.
[5583] Wolf 1987: 282.
[5584] Siehe Afrika in Abschnitt 'G', Punkt 14.
[5585] Wolf 1987: 275.

zweistellig über die Bekleidungs- und Textilindustrie ihr Wachstum stützen. Vor und ab Mitte des siebziger Jahre war diese Option für andere Länder 'unsicherer' geworden.[5586] Die Autoren, die trotzalledem noch der Meinung sind, daß das MFA wenig restriktiv war[5587] und daß es in dieser Zeit sehr wohl möglich war, über Exporte in diesem Bereich zu wachsen, insbesondere dann wenn eine Politik der Diversifizierung bezüglich der Produkte und der Exportziele gewählt wurde[5588] müßten zur Kenntnis nehmen, daß das Erreichen höherer Exportniveaus und ein darauf basierendes dynamisches Wachstum durch das MFA verhindert wurde.

Hinweise auf Wachstumsmöglichkeiten trotz MFA sollen hier nicht unterschlagen werden. Zuzugestehen ist, daß einige Länder kontraproduktive heimische Politiken durchgeführt haben, die dazu führten, daß ihr Land sein Potential nicht ausschöpfen konnte. Obwohl es in Kenya, Simbabwe und Tansania etwa eine Textil- und Bekleidungsindustrie gab, war diese relativ gesehen klein und hat unter anderem Probleme mit der Qualität.[5589] Simbabwe konnte für 60 Mill. US$ Bekleidung exportieren[5590], gegenüber 2,7 Mrd. aus Bangladesch.[5591] Dazu mehr unter Punkt Afrika in Abschnitt 'G'.

Eine detaillierte Untersuchung zu dieser Frage liegt für Kolumbien vor, in bezug auf die siebziger Jahre. Hier war es tatsächlich so, daß sich die Exporteure nicht durch die MFA-Quoten in ihren Exporten in die USA (für die EU liegen vernachlässigbare Mengen vor) beschränkt fühlten. Dies lag vor allem daran, daß sie aufgrund heimischer, importsubstituierender Wirtschaftspolitiken nur wenig Interesse hatten in die USA zu exportieren. Es war profitabler in Kolumbien und in der Karibik zu verkaufen. Durch hohe Zölle waren in Kolumbien weniger als 1 % der heimischen Verkäufe auf Importe zurückzuführen. Die karibischen Märkte waren den kolumbianischen Herstellern vertraut und waren Hochpreismärkte, dazu kam oft ein fehlender Wettbewerb und die Möglichkeit sich auf Nischenmärkten zu etablieren. Exporte in die USA waren oft nicht profitabel. Die lag ein diversen Faktoren, dem Wechselkurs, Problemen mit Qualität, vor allem aber an der von der Politik in Kolumbien geschützten heimischen Textilproduktion (die auf dem heimischen Baumwollanbau basierte), die ihrerseits Exporte vorweisen konnte, aber auf dem heimischen Märkt, durch Zollschutz, 50 % bis 108 % höhere Preise (gegenüber ihren Exportpreisen) aufrechterhalten konnte, wodurch es für heimische Bekleidungsproduzenten sogar lohneswert gewesen wäre aus Europa Stoff zu kaufen, wenn dies nicht durch hohe Zölle (55 % bis 77 % Zoll auf importierte Baumwolltextilien, 40 % bis 55 % auf Kunstfasertextilien) weitgehend verhindert worden wäre. Eine Kunstfaserindustrie wurde trotz vorhandenem Erdöl nicht aufgebaut. Ohne diese Nachteile wäre es, bei damaligen Flugpreisen in die USA, die auf dem Niveau von Schiffstransportkosten aus Asien lagen und Lohnkosten, die sogar unter asiatischen Niveau gelegen haben, durchaus möglich gewesen eine erfolgreiche Bekleidungsindustrie

---

[5586] Wolf 1987: 26.
[5587] Cable 1987: 309.
[5588] Cable 1987: 307.
[5589] Siehe die Beiträge in Lall 1999a.
[5590] Latsch/Robinson 1999: 170.
[5591] **Tabelle 112**.

in Kolumbien aufzubauen.[5592] Überhaupt ist es so, daß Kapital auch im Textilbereich (im Bekleidungsbereich sowieso) nicht eine vollständig dominierende Rolle spielt, auch mit älteren Maschinen kann bei einer funktionierenden Qualitätskontrolle sowie hochwertigen Design eine weltmarktfähige Ware erzeugt werden.[5593] Klar ist auch, daß durch eine Politik der Diversifizierung der Exportziele in nicht-MFA-Länder die Abhängigkeit von MFA-Barrieren hätte verringert werden können.

Daß durch eine solche Politik, trotz des MFA, ein gewisses Wachstum erzielt werden konnte wird sichtbar an Thailand, Indonesien und weniger dramatisch, für Philippinen und Malaysia. Thailand hat seine Textil- und Bekleidungsexporte von 1984 bis 1988 von US$ 0,8 Mrd. auf US$ 2,4 Mrd. steigern können. Die MFA-Märkte nahmen davon 1987 56 % auf, EU und USA je 23 %. Die restlichen Exporte in nicht-MFA-Länder gingen hauptsächlich in den Mittleren Osten, nach Singapur und Japan.[5594] Diese Steigerung Thailands beruhte zum Teil auf Investitionen aus Hongkong, Taiwan und in den achtziger Jahren Japan.[5595] Auch dies war eine Wirkung des MFA, nämlich daß stark beschränkte Länder wie Japan in anderen, meist asiatischen Ländern, investierten, um über deren Quoten zu exportieren, darunter auch in Indonesien.[5596]

Mitte der neunziger Jahre war die Struktur des Welthandels weiterhin von traditionellen Exporteuren (Hongkong, Korea, Taiwan) dominiert. Dazu hatte sich, durch die NAFTA, der Handel zwischen USA und Mexiko etabliert, China war aber schon damals dominierender Zulieferer für die USA. Die europäischen Märkte werden durch die Zollunion mit der Türkei, den Abkommen mit Osteuropa sowie den Mittelmeerraumländer auch aus diesen Ländern beliefert. Ebenso ist Indien für den europäischen Markt relevant. Der dominierende Newcomer ist China, es können aber weitere Länder Exporte auf einen höheren Niveau etablieren: Bangladesh, Thailand und Indonesien, die in bezug auf alle Märkte eine auffallende Position etabliert haben. Oben wurde schon kurz erwähnt, warum kaum afrikanische und wenig lateinamerikanische Länder in der Tabelle auftauchen.[5597] Durch die Verzögerung der Liberalisierung gelang es der USA Mexiko und der EU Osteuropa und den Mediterranen Raum als Lohnveredelungsort zu etablieren. Deshalb wurde die schon beschlossene Liberalisierung unter dem Übereinkommen über Textilwaren und Bekleidung (Agreement on Textiles and Clothing, 'ATC') derzeit immer weiter herausgezögert (sog. 'backloading').[5598]

Welche Verluste lagen für die Konsumenten vor? Das MFA führte vor dem Hintergrund eines Liberalisierungsszenarios zu deutlich größeren Verlusten für Konsumenten als dies im Stahl- oder Automobilbereich zu beobachten war. Für 1980 werden für Textilien und Bekleidung Kosten für die

---

[5592] Morawetz 1981: 34-39, 78-79, 83-84, 92-95, 98-99, 102-103.
[5593] Vgl. dazu ausführlich Pack 1984; 1987.
[5594] Suphachalasai 1990: 59-60.
[5595] Suphachalasai 1990: 55-56.
[5596] Kaminski 1995: 198, 305, 381, 384.
[5597] **Tabelle 112**.
[5598] Spinanger 2000: 10.

Kosumenten von US$ 18,4 Mrd. geschätzt. Die U.S.-Produzenten erhielten durch den Schutz US$ 18 Mrd., und ausländische Unternehmen US$ 350 Mill. über höhere Preise, insgesamt wurden 540.000 Arbeitsplätze erhalten und der Erhalt eines Arbeitsplatzes kostete die Konsumenten 1978 US$ 81.000.[5599] Andere Studien liegen auf ähnlichem Niveau. Berechnet werden für die USA mindestens die Kosten von US$ 20,3 Mrd. pro Jahr, dies sind 238 $ pro Haushalt oder 0,72 % des verfügbaren Haushaltseinkommens pro Jahr, die durch die Protektion im Textil- und Bekleidungsbereich entstanden. Nicht unwahrscheinlich ist, daß die Kosten doppelt so hoch lagen.[5600] Diese hohen Werte erklären sich daraus, daß angenommen wird, daß die Preisniveaus nach einer Liberalisierung stark absinken werden und zwar, je nach Studie, um 53 % und 39 % oder zwischen 17 % und 25 %.[5601] Deutliche Preissenkungen sind auch deshalb wahrscheinlich, weil etwa in Hongkong Quoten ersteigert werden und dafür bezahlt wird. Diese Kosten werden nachher auf die Kleidung aufgeschlagen und erhöhen die Preise.[5602] Hinsichtlich der Einkommensgruppen wurden von den Preissteigerungen vor allen Personen mit geringen Einkommen betroffen[5603] und Eltern mit Kleinkindern, weil sich speziell die Preise für Babykleidung erhöhten.[5604]

In einer frühen Studie über die Situation 1979 in Kanada für Bekleidung wird dieses Bild bestätigt und noch einmal herausgearbeitet, daß die Renten nicht die sonstigen Kosten des Schutzes kompensieren konnten. Die gesamten Kosten für Zölle und Quoten beliefen sich hier auf Can$ 467,4 Mill., davon kamen den ausländischen Lieferanten Can$ 41,1 Mill. Quotenrenten zu, die kanadische Regierung erhielt Zolleinnahmen von Can$ 92,8 Mill., etwas vermindert durch die bilateralen Quoten und die kanadischen Produzenten erhielten Can$ 267 Mill. von den Konsumenten. Weitere Wohlfahrtsverluste kamen den Konsumenten durch die durch höhere Preise insgesamt reduzierte Konsumption zu von Can$ 20,7 Mill.. Die Kosten für eine ineffiziente Verwendung der ökonomischen Ressourcen Kanadas werden hier mit Can$ 45,6 Mill. berechnet, die dadurch entstehen, daß die Faktorausstattung Land, Energie, Kapital und Arbeit nicht in effizienteren Sektoren untergebracht werden. Zieht man die Zolleinnahmen und Gewinne für die kanadischen Unternehmen ab, ergibt sich ein ökonomischer Verlust für Kanada auf der Ebene von Can$ 107,5 Mill..[5605] Einen Wohlstandverlust von Can$ 4428 für ein Jahr Arbeitslosigkeit steht ein insgesamter Verlust von Can$ 14,386 entgehen.[5606] Für Jacken

---

[5599] Hufbauer et al. 1986: 136.

[5600] Cline 1987: 192-193. Für einen Arbeitsplatz wurden im Textilbereich seitens der Konsumenten US$ 134.686 gezahlt, im Bekleidungsbereich US$ 81.973. Dies bei Löhnen von US$ 12.000 jährlich. Cline 1987: 193. Durch die Verhinderung der Arbeitslosigkeit konnten Kosten von US$ 316 Mill. im Textilbereich und US$ 2,32 Mrd. vermieden werden. Dies sind einmalige Kosten. In Relation zur den Kosten der Protektion gehen diese 30-fach darüber hinaus. Cline 1987: 195-196. Einen Überblick über weitere Studien, mit teils geringeren Schätzungen der Konsumentenverluste, gibt Cline 1987: 197-201. Dort wird auch eine verbreitete Studie Hufbauers et al. zitiert, die mit ähnlichen Werten wie Cline aufwartet. Einen Überblick über frühere Studien, die sich den siebziger Jahren widmen, gibt Pelzman 1983. Eine weiterer tabellarischer Überblick über Studien, deren Ergebnisse auf ähnlichem Niveau liegen, befindet sich in Dickerson 1995: 509.

[5601] Cline 1987: 198.

[5602] Dickerson 1995: 505.

[5603] Cline 1987: 205; so auch Jenkins 1980: 44. Grund ist, daß Familien mit geringem Einkommen (die ärmsten 20 %) über viermal soviel ihres Einkommens (15,1 % vs. 3,8 %) für Textil- und Bekleidung ausgeben, relativ zu reicheren Familien (die reichsten 20 %). Bovard 1991: 50.

[5604] Bovard 1991: 51.

[5605] Jenkins 1980: 27-33.

[5606] Zudem wird auf Studien hingewiesen, daß meist relativ schnell neue Arbeit gefunden wird. Jenkins 1980: 40, 52.

und anderes 'outerwear' kommen Zoll und Quote für 69 % des c.i.f-Preises auf und schließlich auf 18,17 % des Verkaufspreises.[5607] Insgesamt wird hier geschlossen, daß diese Politik, neben einer Konzentration auf die großen Exporteure, Taiwan, Hongkong, Korea, dazu geführt hat, daß diese Länder qualitativ hochwertigere Waren herstellen, in Kanada wieder vermehrt minderwertigere Standardware produziert wird und somit eine Verzerrung vorliegt und daß zudem die ärmere Bevölkerung in Kanada für einen großen Teil der Kosten aufkommt.[5608]

Für England wird geschätzt, daß die Textil- und Bekleidungspreise um 5 % bis 10 % niedriger liegen würden ohne MFA, für einzelne Produkte etwa Jeans und Kinderbekleidung wird von Preissteigerungen durch das MFA von 50 % ausgegangen.[5609]

Für die EU ist bemerkenswert, daß die Importquoten unterschiedlich verteilt waren: BRD und England haben 60 % der Importe übernommen.[5610] Preisunterschiede deuten daraufhin, daß innerhalb der EU keine freier Handel mit Textilien möglich war und zudem gab es relativ häufig Rekurs auf Art. 115 EWGV. Dies deutet auf Kosten für die Konsumenten hin.[5611] Für die EU liegt folgende Liberalisierungsschätzung vor. Für 1980 sind US$ 1,2 bis 3,0 Mrd. mehr Textilimporte zu erwarten und US$ 1,4 bis 3,4 Mrd. Bekleidungsimporte. Geschätzt wird, daß insgesamt 122.000 bis 303.000 Arbeitsplätze in Entwicklungsländer entstehen. Die europäischen Konsumenten profitieren durch die Liberalisierung mit US$ 0,5 Mrd. bis 1,5 Mrd..[5612] In einer späteren Studie, die sich schon auf die Situation unter dem WTO-ATC bezieht, werden für die EU jährliche Wohlfahrtseinbußen von ECU 12 Mrd. (für 1997) berechnet, das bedeutet jährlich eine Mehrausgabe von ECU 130 für eine Familien mit vier Mitgliedern, wobei die Belastung ansteigen kann, wenn Kleinkinder vorhanden sind.[5613]

In diesen Studien wird somit berechnet, daß diese Schutzbarrieren zu Kosten führten, die größer sind als die, die durch eine Anpassung entstehen. Relativ zu den Kosten von Arbeitsplatzverlusten, trägt die Gesellschaft, etwa für das Jahr 1984, 20 bis 80 mal höhere Kosten.[5614]

In einer OECD-Studie wird angenommen, daß die Textilexporte der Entwicklungsländer 1982/83 ohne das MFA doppelt so groß gewesen wären.[5615] Dies wären 1983 immerhin US$ 60 Mrd. gewesen, von den damals US$ 265 Mrd. Exporten der Entwicklungsländer, darunter US$ 58 Mrd. Öl, aber schon US$ 117 Mrd. weitere verarbeitete Produkte.[5616] Geschätzt wird, daß ohne MFA im Jahre 1980 die Bekleidungsexporte der Entwicklungsländer um 90 % (US$ 10 Mrd.) höher gewesen wären. Für

---

[5607] Jenkins 1980: 31.
[5608] Jenkins 1980: 45.
[5609] OECD 1985: 109.
[5610] OECD 1995a: 40.
[5611] OECD 1995a: 35-36. Eine Tabelle zum Art. 115 Rekurs aufgegliedert in MFA-Kategorien findet sich in OECD 1995a: 246.
[5612] Koekkoek/Mennes 1986: 163-165.
[5613] Auf der Basis eines partiellen Gleichgewichtsmodells. Siehe dort auch weitere Berechnungen. Francois et al. 2000a: 53.
[5614] Dies und ein Überblick über damalige Studien in: Wolf et al. 1984: 134.
[5615] Cable 1987: 310.
[5616] Wolf 1987: 276.

Textilexporte liegt die Zahl niedriger, US$ 1,25 Mrd..[5617] In einer anderen Schätzung werden für Korea 210 %, Hongkong 35 %, China 322 % und Bangladesh 70 % höhere Exporten angenommen, falls eine vollständige Liberalisierung stattgefunden hätte.[5618]

Der Lohnveredelungsverkehr wurde ebenso durch das MFA verteuert. Von 1,3 Mrd. DM Textil- und 3,8 Mrd. Bekleidungsveredelungsverkehr 1987 stammten jeweils für 534 Mill. DM und 2,1 Mrd. DM aus MFA-Ländern, der Rest aus Europa, Mittelmeer und Osteuropa.[5619] Im Jahre 1991 sind 15 % der deutschen Importe aus Entwicklungsländer dem 'outward processing' zuordnabar, dagegen nur 1,4 % für Italien. Für die EU ein Durchschnitt von 10,5 %. Vor allem kommen diese Importe aus Osteuropa 46,3 %, Jugoslawien 31 %, Mittelmeerraum 17,7 % und Asien 2,0 % sowie übrige 2,3 %.[5620]

Einmal abgesehen davon, daß die Entscheidungsgrundlagen der Politiker damals falsch waren und der Verzicht auf Liberalisierung zu hohen Kosten für die Konsumenten geführt hat, wie sah die spätere Entwicklung hinsichtlich der Arbeitsplätze in den Industrieländern aus?

Der Arbeitsplatzabbau im Schuh-, Textil- und Bekleidungsbereich (dieser gesamte Bereich lag den Prognosen oben zugrunde) war in Deutschland weitreichender, als die oben erwähnten Prognosen vorausgesagt hatten. Im Jahre 1980 lag diese Zahl der Arbeitskräfte, die in diesen Bereichen tätig waren bei 637.000; 1985 bei 485.900 und 1990 bei 423.400.[5621] Im Jahre 1997 arbeiteten in Deutschland noch 245.400 Personen im Schuh-, Textil- und Bekleidungsbereich.[5622] Nur für den Textil- und Bekleidungsbereich liegen folgende Zahlen vor: 1970: Textil: 500.000, Bekleidung 380.000; 1975: Textil: 445.000, Bekleidung: 370.000; 1980: Textil: 320.000, Bekleidung: 260.000; 1990: Textil: 230.000; Bekleidung: 180.000. Zwischen 1960 und 1970 verloren die Textilindustrie 120.000 Arbeitsplätze, zwischen 1970 und 1980 190.000 und zwischen 1980 und 1990: 100.000. In der Bekleidungsindustrie ging die Zahl der Beschäftigten in den siebziger Jahren um 130.000 und in den achtziger Jahren um 90.000 zurück.[5623] In anderen Ländern liegen andere Zahlen vor. Mit Ausnahme Italiens lag überall ein Beschäftigungsrückgang vor.[5624]

In der BRD mußte die Bekleidungsindustrie hinsichtlich der Nettoproduktion einen deutlichen Rückgang hinnehmen, zwischen 1980 und 1990 von 125,8 auf 88,1 (Indexzahlen: bezug 100 im Jahre 1985). Für die Textilindustrie sank der Index auf eine moderatere Art und Weise ab, von 107,4 auf 100,4 (das gesamte verarbeitende Gewerbe stieg von 97,4 auf 118,3).[5625] Dies reflektiert, daß

[5617] Wenn die Nachfrageelastizität die zwischen 1968 und 1976 beobachtet werden konnte, weiter bestehen bleibt. OECD 1985: 175.
[5618] Trela/Whalley 1990: 32.
[5619] Bierbaum 1992: 278.
[5620] OCED 1995a: 137.
[5621] OECD Industrial Structure 1989/1990: 44; OECD Industrial Structure 1982: 19.
[5622] Hier liegen möglicherweise etwas veränderte, ISIC Rev. 3, vorher ISIC Rev. 2, Abgrenzungen zugrunde. OECD Industrial Structure 1999: 121.
[5623] Bierbaum 1992: 165-166.
[5624] **Tabelle 271**.
[5625] Bierbaum 1992: 164.

Deutschland 1989 der weltweit größte Textilexporteur war mit US$ 11 Mrd.[5626] Auf der anderen Seite ist Deutschland auch einer der wichtigsten Importeure: Importe Bekleidung 1989: USA US$ 26,0 Mrd., Deutschland US$ 14,6 Mrd., Japan US$ 9,0 Mrd., Frankreich US$ 6,4 Mrd., England US$ 5,8 Mrd., Hongkong (einschließlich Re-exporte) US$ 5,7 Mrd., UDSSR US$ 4,8 Mrd., Niederlande US$ 3,7 Mrd., Schweiz US$ 2,8 Mrd., Belgien-Luxemburg US$ 2,7 Mrd., Kanada US$ 2,2 Mrd..[5627]

Feststeht, daß ein großer Teil dieser Arbeitsplatzverluste durch eine Modernisierung der Industrie ausgelöst wurden[5628], die auch durch die Konkurrenz der Industrieländer untereinander vorangetrieben wurde. Geschätzt wird für die BRD, daß zwischen 1965 und 1975 ein Rückgang von 190.174 Arbeitsplätzen in der Textil- und Bekleidungsindustrie ausschließlich produktivitätsbedingt war. In dieser Zeit fand ein Anstieg der Produktion statt, wobei ohne Produktivitätssteigerung noch 122.280 zusätzliche Arbeiter hätten eingestellt werden müssen.[5629] Zwischen 1976 und 1985 wurden Konkurrenzeffekte, darunter aus den Entwicklungsländern, deutlicher: Durch weitere Produktivitätsverbesserungen ging die Beschäftigtenzahl in diesem Zeitabschnitt um 51.558 (41 %) zurück, wobei den Markteinfluß 73.897 (59 %) zugerechnet werden können. Insgesamt erfolgte in dieser Zeit ein Rückgang der Beschäftigung um 125.455 Personen.[5630] Oder es wird geschätzt, daß der Produktivitätsanstieg 4 mal mehr Arbeitsplätze vernichtete, als die Marktpenetration durch andere Länder.[5631] In deutlichem Maße gilt dies für die Textilindustrie, weniger für die Bekleidungsindustrie.[5632] Frankreich subventionierte etwa zwischen 1981 bis 1983 die Textilindustrie, sodaß ein 30 % Anstieg der Investitionen möglich waren.[5633] Die Konkurrenz der Entwicklungsländer stieg vor allem im Bereich der Bekleidungsindustrie an und dort in bestimmten Produktgruppen. Dies impliziert, daß die Firmen in den Industrieländern durch Spezialisierung, Nutzung ihrer Kompetenzen im Bereich des Designs und der Distribution, durch Lohnveredelung bzw. Auslagerung von Produktionsabschnitten selbst in einem Szenario vollständiger Liberalisierung auf die neue Situation einstellen können. Für Deutschland nimmt der Veredelungsverkehrs zu, der arbeitsintensive Abschnitte in Niedriglohnländer auslagert und Teile der Wertschöpfungskette im eigenen Land beläßt.[5634]

Für abgemilderte Anpassungskosten spricht nicht nur, daß die Industrieländer bei der kapitalintensiven Textilproduktion weniger extreme Kostennachteile haben, sondern auch, daß sie teilweise eine Lohnspreizung zulassen, die Arbeitsplatzverluste begrenzen kann. Dies gilt besonders für die niedrigen Löhne in diesem Bereich in den USA.[5635] Die Arbeitskosten in den Industrieländern sind

---

[5626] Bierbaum 1992: 172.
[5627] Bierbaum 1992: 173.
[5628] Darüber sind sich alle Autoren einig: Cline 1987: 92-95;
[5629] Jahrbuch der Textilindustrie 1986: 55.
[5630] Jahrbuch der Textilindustrie 1986: 55.
[5631] OECD 1983: 81.
[5632] OECD 1983: 81-82.
[5633] OECD 1985: 57.
[5634] Bierbaum 1992: 278.
[5635] Dazu Nunnenkamp 1995: 565.

dennoch so hoch, daß zumindest im Bekleidungsbereich langfristig keine wettbewerbsfähige Produktion aufrechtzuerhalten ist. In Deutschland sind die Kosten im Vergleich zu allen anderen Ländern höher, allerdings nicht immer extrem und in unterschiedlicher Ausprägung. Garne (plus 22 %), Gewebe (plus 11 %) und höher auch für die Veredelung von Stoffen. Bei Fertigwaren ist der Lohnkostenanteil so hoch, daß eine wettbewerbsfähige Produktion in Deutschland nicht mehr möglich ist.[5636]

6. Schuhe

6.1 USA

Von den USA wurden vor allem Gummischuhe mit hohen Zöllen geschützt. Hier wurde, wie im Chemiebereich, ein spezielles Zollberechnungssystem ('American Selling Price System', ASP) verwendet, daß den heimischen Preis als Grundlage für einen nach Wert berechnete Zollgebühr festlegte. Dieser Wert war höher, als wenn die niedrigeren Importstückpreise zugrundegelegt worden wären. Für Gummischuhe, darunter Sportschuhe, Sandalen, Gummistiefel etc. lagen diese Zölle bei 20 % des Wertes gleichartiger inländischen Waren. Mit dem Zollberechnungskodex (customs valuation code) der Tokio-Runde wurde dieses Berechnungssystem abgeschafft. Für Gummischuhwaren sanken die Zölle bis Anfang 1987 auf 6,6 % ab.[5637] Sonstige Schuhe waren seit Ende der siebziger Jahre nur mit 8,8 % Zöllen (mit Zollspitzen von 20 %) geschützt.[5638] Hintergrund der Schutzansinnen und der Verweigerung gegenüber einer weiteren Liberalisierung war die Steigerung der Importe. Zwischen 1968 und 1979 stieg in den USA der Anteil der Konsumption, der von Importen ausgefüllt wurde, von 21,5 % auf 51 %. Von 1000 Niederlassungen schlossen 400 zwischen 1968 und 1983.[5639] Bis 1984 stieg der Marktanteil der Importe bezogen auf die Konsumption auf 71,5 % an. Von diesen waren 41,9 % von Schutzmaßnahmen betroffen waren, vor allem aus Taiwan und Südkorea, siehe gleich unten.[5640] Der Output in der USA Schuhindustrie sank von 1975 413,1 Mill. Paare auf 1983 344,3 Mill. Paare ab.[5641] Von 136.000 Beschäftigten 1975 blieben 1984 noch 108.000 Arbeitsplätze erhalten.[5642] Eine Auslagerung der Produktion hatte bis Mitte der siebziger Jahre nicht stattgefunden. Die großen Firmen entwickelten sich eher zu Importeuren, begannen aber auch die Produktion im Ausland.[5643] Nicht zuletzt aufgrund der fehlenden Internationalisierung konnte die betreffende U.S.-Industrieorganisation in dieser Zeit ein Konsens bezüglich des Wunsches nach mehr Protektion erzielen. Die Schuhindustrie bewirkte durch ihre Mitarbeit am "industry sector advisory committee", daß in den Verhandlungen der

---

[5636] Bierbaum 1992: 190-200.
[5637] Hufbauer et al. 1986: 72-73.
[5638] Hufbauer et al. 1986: 209.
[5639] Diese letzten zwei Sätze: Milner 1988: 103-104.
[5640] Hufbauer et al. 1986: 210-211.
[5641] Hufbauer et al. 1986: 211-212.
[5642] Hufbauer et al. 1986: 212.
[5643] Milner 1988: 105.

Tokio-Runde kaum und wenn dann reziproke Zollsenkungen stattfanden.[5644] Zwischen 1973 und 1978 wurden an die International Trade Commission (ITC) 22 Anträge auf entweder Schutzklausel-, Antidumping- oder Ausgleichszolluntersuchungen gestellt. Es gibt diverse Anforderungen nach 'trade adjustment assistance'. Dieser Untersuchungen gingen jedoch regelmäßig mit einem geteilten Abstimmungsergebnis aus, sodaß sich der U.S.-Präsident damals nicht verpflichtet fühlte Maßnahmen zu ergreifen. Erst auf Druck einer Klage der Industrie wurden Ausgleichszölle gegenüber Brasilien, Spanien und Argentinien erhoben. Parallel dazu wurde Italien dazu aufgefordert seine Exporte in die USA zu 'organisieren'.[5645] Erst unter Präsenten Charter gelang es 1976 weitergehenden Schutz zu erreichen. Er ließ ein 'orderly market agreement' mit Südkorea und Taiwan aushandeln, denen ein substantieller Teil der Importe zukommt. Ebenso wurden für andere Länder Obergrenzen etabliert. Das Abkommen lief nach 4 Jahren aus und 1981 wurde ein weiteres Schutzansinnen durch Präsident Reagan abgelehnt.[5646] Diese Ablehnung stützte sich auf einen stärken Industrieverband (Volume Footwear Retailers Organization, 'VFRA') in dem große Importeure und vermehrt Firmen mit Auslandsproduktion zusammengeschlossen waren. Er setzt sich gegenüber der American Footwear Industry Association (AFIA) durch.[5647] Im Jahre 1986 lagen die Anteile für den Import nach Wert bei US$ 6,3 Mrd., und US$ 3,79 Mrd. blieb der heimischen Produktion (Anteil am Großhandel) vorbehalten. Somit erreichten Importe einen Marktanteil von 63,2 %. Die Importe lagen gemessen an Paaren höher, dies waren aber oft Produkte geringerer Qualität. Seit 1972 sank der Wert der U.S.-Schuhproduktion um 42,6 % ab und die Beschäftigung um 52,6 %.[5648] Nach der Ablehnung der Protektion durch Reagan gab es diverse weitere Versuche Schutz zu erreichen. Für das Jahr 1985 wurde berechnet, daß eine Anpassungshilfe US$ 77 Mill. kosten würde, erneute Handelsbarrieren aber US$ 940 Mill.. Nach Drohungen der EU und anderer Handelspartner mit Vergeltung, falls erneut Barrieren etabliert werden, wurden in diesem Jahr keine Barrieren umgesetzt. Wie seither in den USA verfahren wurde, kann hier nicht recherchiert werden.[5649]

6.2 EU

Die EU etablierte zwischen 1978-1987 Beschränkungen von Schuhimporten aus Entwicklungsländern.[5650] Abkommen gab es mit Korea und Taiwan, daneben informelle Abmachungen von Frankreich mit China und Irland mit Korea. Insgesamt waren 5 Entwicklungsländer und 2 osteuropäische Länder betroffen.[5651] Bezüglich der Auswirkungen dieser Beschränkungen liegen keine näheren Informationen vor, zumal deren Existenz in umfassenden Studien ausgeklammert wurde.[5652] Auf einige Punkte aus einer Studie bezüglich der Schuhindustrie

---

[5644] Milner 1988: 110-112.
[5645] Milner 1988: 107.
[5646] Milner 1988: 108. Siehe auch Hufbauer et al. 1986: 73.
[5647] Milner 1988: 111.
[5648] Cline 1987: 267.
[5649] Hufbauer et al. 1986: 209.
[5650] Winters 1994: 221.
[5651] Siehe: **Tabelle 272** und **Tabelle 273** sowie **Tabelle 248**.
[5652] So in der DIW-Studie von Neckermann/Wessels 1988.

der BRD sei hingewiesen. In der Schuhindustrie dominieren in der Kostenstruktur die Materialkosten, darunter die Kosten für Vorleistungen (Leder und schon vorbearbeitete Teile) und nicht die Lohnkosten (sie liegen bei 3 %). Um diese Kosten zu senken werden nicht nur Leder, sondern vorbearbeitete Teile importiert und zwar aus Entwicklungsländer mit niedrigeren Lohnkosten vor allem Schuhoberteile aus Leder (sog. Schäfte). Hier sind Jugoslawien, Portugal, Indien, Malta, Brasilien, Ungarn, Tunesien und Taiwan zu nennen. Deutlich weniger stammen aus Österreich, Frankreich, Italien, Belgien/Luxemburg und anderen Ländern.[5653] Aus letzteren Ländern wurden aber andere Schuhteile importiert. Weiterhin gab es auch hier Veredelungsverkehr, mit einem Lohnanteil von 36 % (im Jahre 1983).[5654] Diese Zahl ist schon deshalb erwähnenswert, weil sie mit dem Erfahrungswert übereinstimmt, daß bei Lohnveredelung im Ausland meist 1/3 Wert hinzugefügt wird. Zusammen mit Sportschuhen hat sich der Eigenimport, d.h. der Import von fertigen Schuhen von ausländischen Unternehmen und, dies kann nur schwer abgegrenzt werden, der Import von Schuhe aus eigenen Tochterunternehmen im Ausland zu weiteren Distribution in der BRD, kontinuierlich erhöht. Er lag wertmäßig im Jahre 1981 bei 20 % und stieg auf 21 % 1985 (mengenmäßig ergab sich eine Steigerung von 14 % auf 18 %). Im gleichen Zeitraum verringerte sich die inländische Schuhproduktion von 98 Mill. Schuhpaare auf 87 Mill. Paare, während 1981 19,9 Mill. Schuhpaare importiert wurden. Im Jahr 1985 lag die Zahl bei 33,9 Mill. Paar importierter Schuhe.[5655] Die Schuhe stammten großteils aus den obengenannten Ländern (Österreich lag klar an der Spitze, womöglich wegen Wander- und Skischuhen und der engen Verbindungen der Industrien in beiden Ländern). Indien taucht nicht mehr in der Liste auf, ist also kein wichtiger Standort für Direktinvestitionen oder Beteiligungen.[5656] An der Schuhindustrie der BRD wird die Anfang der achtziger Jahre ansetzende Dominanz multinationaler Konzerne sichtbar (Salamander, Sioux, Adidas, Puma, sowie einige mehr[5657]). Sieben Unternehmen bestritten fast 90 % der Eigenimporte, wobei schon 1981 zwei Unternehmen ihren Produktionsschwerpunkt im Ausland hatten. Diese Unternehmen bezogen 32 % ihrer Produktion aus dem Ausland, davon 70 % aus eigenen Konzerngesellschaften. Die Auslandsproduktion floß dabei interessanterweise nur zu 50 % in die BRD zurück. Dies gibt einen Hinweis darauf, daß Direktinvestitionen oder Beteiligungen auch zur Markterschließung im Ausland tauglich sind.[5658] Aus Italien ist der Anteil der Eigenimporte gering, weil Italien gute direkte Kontakte zum Handel in der BRD hat und auf diesen Umweg nicht angewiesen war.[5659] Im Jahre 1988 hielt Italien 29 % des deutschen Schuhmarktes und war auf allen OECD-Märkten mit ähnlich hohen Werten vertreten.[5660] Entwicklungsländer, besonders Taiwan, Südkorea, Brasilien konnten ihre Marktanteile

---

[5653] Neckermann/Wessels 1988: 131-132.
[5654] Zahl vom statistischen Bundesamt. Neckermann/Wessels 1988: 133.
[5655] Eingeschlossen der Sportschuhhersteller, deren Eigenimporte mit 56 % im Jahre 1981 über dem Durchschnitt liegen. In anderen Untersuchungen wurden vom Statistischen Bundesamt 1981 Eigenimporte von 14 % festgestellt. Wie dem auch sei, diese Zahl dürfte sich danach deutlich erhöht haben. Neckermann/Wessels 1988: 136-137.
[5656] Neckermann/Wessels 1988: 135.
[5657] Mit der Art und Weise der Formulierung wird in der Literatur nahegelegt, daß diese Konzerne die 'Multis' sind, die für hohen Eigenimporte verantwortlich sind. Für Sportschuhhersteller gilt dies sowieso. Neckermann/Wessels 1988: 54, 134, 136.
[5658] Neckermann/Wessels 1988: 134.
[5659] Neckermann/Wessels 1988: 135.
[5660] Neckermann/Wessels 1988: 149.

nicht nur in der BRD, sondern in allen anderen OECD-Märkten deutlich ausweiten.[5661] Gibt es Anhaltspunkte für die Wirksamkeit der Schutzmaßnahmen? Ab 1979 sanken die Importe ab, erreichen dann 1982 wieder das davor bestehende Niveau und stiegen danach deutlich an.[5662]

Weitere Daten zur Produktions- und Beschäftigungsentwicklung in der BRD. Schon oben wurde gezeigt, daß die Produktion in der BRD klar und schnell absankt. Von 1950 bis 1969 stieg sie auf 175 Mill. Paare, danach sank sie bis 1985 auf 80 Mill. Paare ab[5663], wiewohl der Wert aufgrund überdurchschnittlicher Preiserhöhungen in den siebziger Jahren[5664], anstieg. Und zwar stieg der Wert der Schuhproduktion bis 1980 (= 100) an und sank bis 1986 auf 97,6 % ab. Die Beschäftigtenzahl sank von 1961 104.000 auf 1986 38.300.[5665] Der Umsatz konnte zwischen 1986 bis 1986 auf dem Niveau von 4,7 Mrd. DM gehalten werden, die im Inland erfolgte Bruttowertschöpfung, abzüglich der Vorleistungen aus dem Ausland, verringerte sich aber von 2,0 Mrd. DM 1980 auf 1,6 Mrd. DM 1986 ab.[5666] Noch 1971 hielt die BRD-Industrie fast 3/4 des Schuhmarktes, 1986 wurde in bezug auf den Wert nur noch 1/3 des Marktes versorgt. In dieser Zeit verdoppelte Italien seinen Anteil.[5667] Deutlich an diesen Informationen, daß hier nicht nur die Entwicklungsländer mitspielen. Auffällig ist weiterhin, daß der Export anstieg, allerdings stagnierte dieser Anstieg und 29 % der importierten Schuhe wurden wieder exportiert.[5668] Der Abbau der Beschäftigung fand ab der zweiten Hälfte der siebziger Jahre weniger stark statt[5669], dies wäre ggf. ein Hinweis auf einen Effekt von Barrieren. Der Abbau der Beschäftigung resultierte nicht aus einer Steigerung der Produktivität.[5670] Es gibt keinen Hinweis, daß die Einfuhrpreisentwicklung von Barrieren beeinflußt wird. Die Einfuhrpreise entwickelten sich schon seit 1970 (davor lagen sie auf einem geringerem Niveau) auf einem Niveau wie die Inlandspreise.[5671] Insgesamt gesehen haben in diesem Bereich die Lohnveredelung, die Eigenimporte (damit verbunden die Direktinvestitionen) und die Exporte den Anpassungsprozeß erleichtert, aber nicht verhindert. Handelsbarrieren haben für die USA und die BRD in diesem Bereich nur eine marginale Rolle gespielt.

7. Chemische Produkte

Der Handel mit Chemieprodukten wurde zwar nicht von VERs geprägt, hat sich dennoch in der Nachkriegszeit nicht nur auf eine liberale Art und Weise vollzogen.

[5661] Neckermann/Wessels 1988: 149-151; siehe: **Tabelle 274**.
[5662] Neckermann/Wessels 1988: 100.
[5663] Neckermann/Wessels 1988: 24-25.
[5664] Die Lebenshaltungskosten stiegen zwischen 1970 und 1980 um 65 %, die Schuhpreise um 101 %. Neckermann/Wessels 1988: 96.
[5665] Neckermann/Wessels 1988: 55-57.
[5666] Neckermann/Wessels 1988: 154-155.
[5667] Neckermann/Wessels 1988: 148.
[5668] Neckermann/Wessels 1988: 101.
[5669] Neckermann/Wessels 1988: 55.
[5670] Neckermann/Wessels 1988: 55, 69.
[5671] Neckermann/Wessels 1988: 95.

7.1 USA

Die USA etablierte seit dem Ersten Weltkrieg hohe Schutzzölle auf bestimmte synthetische organische Chemikalien, um seine Abhängigkeit von Deutschland zu reduzieren und den Aufbau einer eigenen Industrie zu fördern. Nach dem Zweiten Weltkrieg bestand das aus dem Jahre 1922 datierende American Selling Price System (APS) zur Zollbewertung weiter. Es erlaubte eine Zollberechnung, die letztendlich einen Zoll ergab, der nicht über 100 % lag, aber nichtsdestotrotz einen deutlichen Schutz für die amerikanische Industrie einräumte. Diese Schutzpolitik war bereits ein prominenter Streitpunkt während der GATT-Runde und führte zu einem separaten Abkommen zwischen USA und EU, das aber nicht umgesetzt wurde. Mit der Tokio-Runde gelang 1979 der Beschluß zur Abschaffung, der bis Ende 1986 umgesetzt werden mußte (diese Form der Protektion dauerte damit 64 Jahre). Der durchschnittliche Zoll sank bis dahin auf 10,5 % ab.[5672] Für das Jahr 1984 wird geschätzt, daß U.S.-Importe chemischer Produkte 2 % der heimischen Konsumtion erreichten.[5673]

7.2 EU

Die nominalen Zölle auf Chemieprodukte lagen 1972 bei 11,2 % und sanken bis 1982 auf 9,9 % ab. Plastikprodukte lagen 1972 bei 14,3 % und 1982 bei 12,0. Damit lagen sie über dem Durchschnitt für verarbeitete Produkte (1982: 7,9 %).[5674] Am Anfang der achtziger Jahre gab es zudem eine Konzentration von Antidumpinguntersuchungen im Chemiebereich: Zwischen 1982 und 1988 verantwortete die Chemieindustrie teils jährlich 80 % der Antidumpingentscheidungen. Zwischen 1980 und 1990 sind es 39 % der 903 Antidumpingentscheidungen, die auf Betreiben der Chemieindustrie getätigt wurden. Davon richteten sich 42 % gegen Entwicklungsländer bzw. die NICs, darunter auch im Kunstfaserbereich, sodaß der Schutzeffekt des MFA verstärkt wurde.[5675] Ende der achtziger Jahren sank dieser Wert auf 20 % der Fälle ab und andere Produktgruppen gerieten in den Antidumping Fokus.[5676] Die EU verwandte in den Jahren 1977 bis 1983 eine Importüberwachung gegen Phosphatdünger.[5677] Von Schuhknecht (1992) wird festgestellt, daß sich die Chemieindustrie auf Antidumpingmaßnahmen spezialisiert hat und keine VERs nutzte.[5678] Dies hatte sie auch nicht nötig, weil durch die EU im Rahmen der Antidumpinguntersuchungen 'undertakings' ausgehandelt wurden. Diese waren nicht mengenmässig ausgelegt waren, sondern implizierten meist eine Preisabsprache.[5679] Diese 'undertakings' implizierten damit Preisabsprachen europäischer Industrieverbände mit Drittlandsfirmen, wobei diese Absprachen meist auf privater Ebene überwacht wurde. Obwohl damit noch keine Kartelle zwischen den EU Firmen bestehen, ist erkennbar, daß die EU Firmen nur dann

---

[5672] Hufbauer et al. 1986: 55-56.
[5673] Hufbauer et al. 1986: 56.
[5674] Informationen werden hier für Deutschland präsentiert, gleichzeitig aber im Text angemerkt, daß es sich um EU Werte handelt. Klepper et al. 1987: 178.
[5675] Schuhknecht 1992: 126-128.
[5676] Schuhknecht 1992: 128.
[5677] Siehe: **Tabelle 248**.
[5678] Schuhkecht 1992: 196.
[5679] Stegemann 1990: 269, 282-283.

Preisabsprachen vorschlagen würden, die sie diese selbst für akzeptabel halten. Damit wurde es wahrscheinlicher, daß die EU Firmen dieses Preisniveau nicht durch übermäßigen Preiswettbewerb im EU Markt gefährden würden, nicht zuletzt deshalb, weil die Preisabsprachen meist implizierten, daß Drittlandsfirmen einen gewissen Marktanteil behalten und die EU Firmen dies durch Preisunterbietung nicht verunmöglichen durfen.[5680] Damit wurden durch diese Preisabmachungen Strukturen etabliert, die in der Grauzone von Kartellen anzusiedeln sind.

7.3 Chemiekartelle und Antidumping

In einigen Fällen habe Firmen im Chemiebereich Kartelle gegründet oder haben in sonstiger Weise gegen das Wettbewerbsrecht verstoßen und, um diese Kartelle durchzusetzen, erfolgreich Antidumpingzölle beantragt.[5681] Für den Chemiebereich ist für die EU dokumentiert, daß für Polyvinyl Cloride (PVC) und Low-density Polyethylene (LdPE) private Kartelle bzw. Preisabsprachen bestanden und daß die darin involvierten Unternehmer zusätzlich Antidumpinguntersuchungen einleiteten, um ihre Kartelle gegenüber Dritten Firmen aus dem Ausland zu schützen.[5682] Die EU Zölle für PVC betrugen 12,5 %.[5683] Dabei wurden Antidumpinguntersuchungen auch hinsichtlich der Faktenhintergründe manipuliert, indem beispielsweise vom Kartell stark fallende Preise simuliert wurden.[5684] Es ist schwer zu verstehen, daß es Firmen gegenüber den EU Behörden gelang Antidumpingzölle zu beantragen, deren Kartelle zeitgleich von den EU-Wettbewerbsbehörden aufgedeckt wurden und dies zu Strafen geführt hat. Fakt ist, daß diese Firmen mit ihren erheblichen Zusatzgewinnen durch die Antidumpingzölle die Strafe an die Wettbewerbsbehörden leicht bezahlen konnten.[5685] Daß die EU Behörden anders können, wurde am Glycine Fall deutlich. Hier wurde erst 1984 mit der Produktion in der EU begonnen, aber sofort, im Oktober 1984 eine Antidumpingbeschwerde eingereicht. Hier intervenierte die Kommission, um Wettbewerb aufrechtzuerhalten, allerdings nur insofern, daß sie den Antidumpingzoll auf 14,5 % beschränkte und einen 31,2 % hohen Zoll gegen einen japanischen Produzenten ablehnte. Der hohe Zoll hätte bewirkt, daß statt drei nur noch zwei Wettbewerber auf dem EU Markt konkurriert hätten.[5686]

In den USA fand sich ein ähnlicher Fall beim Ferrosilicon Kartell, welches 1989 begründet wurde. Das Kartell bestand aus den drei größten US Firmen. Diese erhöhten erst einmal die Preise. Dadurch nahmen die Importe zu. Dies bot einen Grund dafür, eine Antidumpinguntersuchungen anzustrengen. Weil einige Firmen ebenso in den EU operierten, wurden ebenso Antidumpinguntersuchungen in der EU initiiert. Nach der erfolgreichen Durchführung dieser Struktur wurde sowohl der U.S. Markt als auch der EU Markt gegenüber Drittlandimporten abgeschirmt. Die Antidumpingzölle richteten sich

---

[5680] Bis hier Stegemann 1990: 277-279.
[5681] Siehe Messerlin 1990: 472-477; Pierce 2000: 762; Stegemann 1990: 269.
[5682] Messerlin 1990: 481-485.
[5683] Messerlin 1990: 469.
[5684] Messerlin 1990: 482.
[5685] Messerlin 1990: 481-485.
[5686] Stegemann 1990: 292-293.

gegen China, Venezuela, Ukraine, Rußland und Kasachstan. Als Brasilien als neuer Produzent in den Markt eintrat, wurden ebenso Antidumpinguntersuchungen angestrengt, als dieser Produzent sich weigerte sich dem Kartell anzuschließen.[5687] In den USA werden Firmen durch die Noell-Pennington Doctrine von wettbewerbsrechtlicher Verfolgung geschützt, wenn sie sich treffen, um die Möglichkeit einer Anti-Dumpingklage diskutieren und dabei die Preise ihrer ausländischen Wettbewerber diskutierten. Ebenso wird dadurch geregelt, daß die Firmen nicht wettbewerbsrechtlich haften müssen, wenn sie falsche Fakten bei einer Antidumping-Untersuchungen präsentieren.[5688] Sobald es aber um Mengen- und Preisabmachungen geht, müssen die U.S. Behörden informiert und involviert werden, ebenso dürfen sie eigenen Preise nicht absprechen.[5689] In der Literatur wird aus diesen Gründen gefordert, daß das Marktverhalten der Firmen, die Antidumping-Untersuchungen beantragen, genau untersucht werden muß.[5690] Siehe zu weiteren Beispielen simulierter Preisbewegungen, Abschnitt 'J', Antidumping.

8. Maschinenbau

Die EU unterhielt VERs mit Japan für Werkzeugmaschinen, numerisch gesteuerte Drehbänke bzw. Fräsen und Bearbeitungszentren, Gabelstapler und gab eine informelle Abmachung bezüglich Kugellager. Implementiert wurde dies in Form eines Mindestpreissystems, daß vom japanische MITI überwacht wurden, indem es die Exporte überwachte und genehmigte.[5691] Daneben muß es noch VERs der EU mit zwei weiteren Industrieländer gegeben haben.[5692] Antidumpingzölle sind in bezug auf Wälzlager eingesetzt worden.[5693]

9. Unterhaltungselektronik und sonstige Elektronik

9.1 USA

Für japanische Exporte von Transitorradios wurde 1960 vom MITI auf Druck der USA ein VER verkündet, das Quoten und Minimumpreise vorsah. Im Jahre 1971 bestanden mit 29 Länder VERs in bezug auf Transistorradios.[5694] Japan schätzte für Anfang der sechziger Jahre, daß 30 % des Exporte (bezug ist der Wert) in die USA von mengenmäßigen Beschränkungen betroffen waren.[5695] Auch der Handel mit Transistoren wurde beschränkt, nach 1962 wurden japanischen Importe aber frei erlaubt,

---

[5687] Pierce 2000: 726-728.
[5688] Pierce 2000: 741.
[5689] Taylor 2001: 6.
[5690] Pierce 2000: 742-743.
[5691] Vieweg/Hilpert 1993: 71. **Tabelle 273, Tabelle 248**.
[5692] **Tabelle 272**.
[5693] Vieweg/Hilpert 1993: 71.
[5694] Flamm 1996: 131.
[5695] Flamm 1996: 132.

weil die U.S. Industrie ein Großteil ihrer Kapazitäten für die Verteidigungsindustrie brauchte und den Japanern der Unterhaltungselektronikmarkt überlassen wurde.[5696] Die ersten TV-Geräte kamen 1960 aus Japan in die USA und 1966 wurden Farbfernsehgeräte in größerer Zahl produziert. Im Herbst 1963 stimmte der japanische Unternehmerverband einem privaten 'orderly market agreement' zu, welches Minimumpreise vorsah. Dieses Abkommen brach Ende 1960 auseinander.[5697] Seit 1976 versuchten U.S.-Hersteller (in einer Koalition mit den Gewerkschaften zwei Hersteller: GTE-Sylvania und Wells Gardner sowie dreier Zulieferer Corning Glass, Owens-Illinois und Sprague Electric) etwas gegen die steigenden Importe zu unternehmen. Nachdem in einer Schutzklauseluntersuchung, die teils auf Widerstand in der Administration stieß, eine temporäre Erhöhung der Zölle vorgeschlagen wurde, entschied sich Präsident Charter für die Aushandlung eines 'orderly market agreement' bzw. VER mit Japan.[5698] Kaum wirksam war eine Beschränkung für japanischen Farbfernseherimporte von 1977 bis 1980. Damals hatte Japan über 1/3 des USA-Marktes erobert. Wirkung des VERs war, daß der japanische Importanteil von 90 % auf 50% sank und Korea und Taiwan ab 1978 die weiteren 50 % ausfüllten.[5699] Ein Großteil der Produktion in Korea und Taiwan wurde damals jedoch von japanischen Firmen organisiert.[5700] Sodann wurden mit Korea und Taiwan Abkommen abgeschlossen. Weitere Zahlen: Zwischen 1978 und 1979 fielen die Importanteile asiatischer Firmen am U.S.-Markt von 27 auf 15 %. Dies führte in Korea zu einem Fall des monatlichen Outputs von 82.000 Einheiten auf 45.000 Einheiten Ende 1979. Weil die EU Korea damals die Lizenz für europäische Farbfernsehtechnologie verweigerte, stellte die USA den einzigen weiteren großen Farb-TV-Markt da, zumal es damals noch nicht überall Farbfernsehen gab.[5701] Japan reagierte auf diese Schutzbarrieren mit Direktinvestitionen und der Produktion von Videorecordern in den USA.[5702] Die Schutzbarrieren wurden 1982 aufgehoben und sind somit ein weiteres Beispiel für eine nur temporäre Protektion.[5703]

Ein Grund dafür, daß die Protektion nicht erfolgreich aufrechterhalten werden konnte und Japan wenig Probleme hinsichtlich seiner Direktinvestitionen hatte, war, daß japanische Halbleiterplatten und andere elektronische Bausteine nicht unter die Barrieren fielen, denn U.S.-Firmen benötigten ebenso diese Inputs.[5704]

Der temporäre und selektive Charakter des Schutzes lag auch daran, daß die großen multinational engagierten Hersteller, die über Auslandproduktionen verfügten, etwa RCA und General Electric teils gegen die Beschränkungen argumentiert hatten und aufgrund der Ausnahme für Baustein-Inputs weniger davon betroffen waren. Zenith begann 1978 seine Produktion nach Mexiko und Taiwan

---

[5696] Flamm 1996. 132.
[5697] Flamm 1996: 133-134.
[5698] Milner 1988: 138-139.
[5699] OECD 1985: 151, 155. Zu einem Detail, der rechtlichen Lage in bezug auf die Einbeziehung indirekter Verbrauchssteuern in den Untersuchungen der Ausgleichszölle, vgl. einen Artikel in bezug auf ein U.S.-Gerichtsurteil im Zenith-Fall. Dort wurde dem Wunsch von Zenith nach einer Einbeziehung der Verbrauchssteuern im Einklang mit den GATT-Regeln nicht entsprochen. De Rosa et al. 1979.
[5700] In Korea 40 bis 50 % und in Taiwan 70 bis 80 %. OCED 1985: 161.
[5701] OECD 1985: 158.
[5702] OECD1985: 162-164.
[5703] OECD 1984: 164.
[5704] OECD 1985: 167.

auszulagern, Sylvania verkauft seine Fernsehproduktion an die holländische Firma Philips.[5705] Zenith gelang mit seiner Lobbyarbeit bei der U.S. Regierung die Zeitperioden der U.S.-Antidumping- und Ausgleichsuntersuchungen zu beeinflussen, denn es war unzufrieden mit den langen Verzögerungen bei den Fällen, die es anstrengte.[5706] Die U.S.-Firma Zenith gibt es noch, sie hält 12-13 % des U.S.-TV-Marktes.[5707]

9.2 USA Uhren.

Obwohl es immer wieder Versuche gibt, einen Schutz zu etablieren, wurde dieser immer wieder von der U.S.-Regierung und den großen Firmen, die im Ausland produzieren, abgelehnt. Bis Anfang 1980 gab es hinsichtlich der großen U.S.-Firmen nur noch Timex und japanische Importe. Daraufhin begannen die Japaner von sich aus ihre Exporte in die USA zu kontrollieren.[5708]

9.3 EU

Die EU etablierte Handelsbeschränkungen für Hifi-Equipment, Quartzuhren und numerisch gesteuerte Werkzeugmaschinen. Weiterhin gab es zwischen Korea und der EU ein VER in bezug auf Videorecorder und eine informelle Abmachung in bezug auf Mikrowellengeräte. Im Jahre 1987 gab es eine Antidumpinguntersuchung in bezug auf koreanische Videorecorder.[5709] In bezug auf Japan handelte die EU ab 1983 eine Begrenzung der Importe für Farbfernsehgeräte aus, die offenbar etwas später in ein VER umgewandelt wurde. Dazu kamen VERs im Bereich Videorecorder und Kathodenstrahlröhren für Farbfernsehgeräte. Die VERs wurden teils zwischendurch ausgesetzt und dann wieder eingesetzt und bis 1987 wurden sie aufgehoben.[5710] Einige davon sind offenbar noch 1990 wirksam.[5711] Nach anderen Quellen gab es ab 1981 informelle Begrenzungsabmachungen.[5712] Öffentlich sichtbare Beschränkungen für Videorecorder begannen mit der Maßnahme Frankreichs, seit Oktober 1982 die Zollabfertigung von Videogeräten nur an einem kleinen Zollposten in Poitiers zuzulassen.[5713] Dies verringerte den Import von 50.000 Geräten auf 1000 Geräte im Monat. Japan legte daraufhin GATT-Beschwerde ein. Ein Streitbeilegungsfall wurde allerdings nicht daraus, denn mit den EU-VERs 1983 nahm Frankreich diese Maßnahme zurück.[5714] Speziell die Maßnahmen in bezug auf Videorecorder wurden in bezug auf die ersten Jahre als industriepolitisch ineffektiv eingeschätzt. Eines gelingt schon einmal nicht: Der europäische Video 2000 Standard konnte nicht durchgesetzt werden und weiterhin ergaben sich für Grundig und Philips, die nur über einen 15 % Marktanteil

---

[5705] Milner 1988: 138-141.
[5706] Milner 1988: 140.
[5707] OECD 1996: 239.
[5708] Milner 1988: 142-150.
[5709] **Tabelle 273**, **Tabelle 248**.
[5710] **Tabelle 248**. Weiss et al. 1988: 13. Zu mehr Details Winter 1994: 220-222. Die VERs für Videorecorder stehen auch im Zusammenhang mit einer Dumping-Klage von Grundig und Philips. Zu den VERs für Videorecorder weitere Details von Hindley 1986: 179.
[5711] **Tabelle 273**.
[5712] **Tabelle 248**.
[5713] Hindley 1986: 170.
[5714] Hudec 1991: 508.

verfügten, keine Anreize die Produktion zu erhöhen, sodaß der Schutz zwar zusätzliche Gewinne ermöglichte, eine Stärkung der Wettbewerbsposition der europäischen Industrie erfolgte aber nicht. Weiterhin wurden japanische Lizenzen für den VHS-Standard gekauft. Für Konsumenten ergab sich ein Schaden von 350 Mill. Pfund.[5715] Am 14. Januar 1986 erhöhte die EU den Zoll auf Videorecorder von 8 % auf 14 %. Die Importe von 5 Millionen Einheiten 1982 sanken auf 1,8 Millionen 1985 ab. Erlaubt waren im VER 2,3 Mill. Einheiten.[5716] Im Jahre 1989 wurde ein Antidumping Zoll auf Videorecorder erhoben.[5717] In bezug auf die NICs waren besonders Geräte der Unterhaltungselektronik und Speicherchips betroffen, mit einem Volumen von 1.3 Mrd. ECU.[5718] Dazu bestanden 1989 Antidumping-Zölle für CD-Player aus Japan und Korea, für kleine Farbfernsehgeräte aus Korea, Kassetten aus Japan, Korea und Hongkong und Videokassetten aus Korea und Hongkong.[5719] In Asien schützte sich zumindest Korea von den Unterhaltungselektronikimporten Japans.[5720]

10. Speicherchips

USA und EU: Nun zu den VER-Maßnahmen gegen japanische Speicherchips, die sogenannten DRAMs (dynamic random access memory). Die DRAMs stellten in den achtziger Jahren die Hauptmenge, nämlich 2/3 der weltweit gehandelten Speicherchips dar, weitere 1/3 kamen auf andere Arten von Speicherchips, die offenbar nicht unter das VERs gefallen sind: Dies sind die RAMs (random access memory), SRAM (static random access memory), ROMs (read only memory), (SROM (static read only memory) und EPROM (erasable programmable read only memory).[5721] Geschützt vor ausländischer Konkurrenz durch ein Investitionsverbot, durch selektive, temporäre Einfuhrschutzmaßnahmen, durch Forschungssubventionen und Stützung durch öffentliche Auftragsvergabe erreichte die japanische Chipindustrie einen starke Position bei der Produktion von 64k DRAM-Chips.[5722]

Seit März 1982 fuhren, so die Version in Flamm (1996), japanische Unternehmen, in Reaktion auf MITI-Interventionen ihre Exporte von 64k Chips in die USA zurück. Damit begann die lange und komplexe Geschichte des japanisch-amerikanischen Handelskonfliktes im Halbleiterbereich. Ein erstes formales Abkommen wurde 1983 ausgehandelt. Dort einigte man sich auf die Abschaffung von Zöllen und auf einen, 1985 in beiden Ländern umgesetzten, Patentschutz auf Halbleiterdesigns und auf diverse andere Maßnahmen, etwa verbesserten Zugang zur öffentlichen Auftragsvergabe in Japan. Hieran wird deutlich, daß die USA auf die Politiken in Japan nicht allein mit VERs reagierte, sondern ein umfassendes Liberalisierungsprogramm anstrebten, um Zugang zum japanischen Markt zu

---

[5715] Hindley 1986: 179.
[5716] Weiss et al. 1988: 14.
[5717] Schuhknecht 1992: 197.
[5718] Schuhknecht 1992: 128.
[5719] Schuhknecht 1990: 129; siehe: **Tabelle 203**.
[5720] Köllner 1998: 173.
[5721] Überblick aus Monopolkommission 1990/1991: 393.
[5722] Flamm 1996: 55-59, 70, 76, 81-85, 88-89, 90, 93, 102.

erhalten.[5723] Ein anderer Hintergrund war, daß japanische Produzenten 1982 von U.S. Vertretern dazu gedrängt wurden, ihre Preise für die 64k Chips zu erhöhen. Erst daraufhin organisierte das MITI ein Kartell, welche die Preise senkte und die Exporte in die USA verringerte. Aus diesem Grund war Japan verwundert, daß sein Verhalten danach von den U.S. Wettbewerbsbehörden untersucht wurde, welche die Untersuchung 1 Jahr später einstellte.[5724] Auch durch drei Antidumpinguntersuchungen und eine Sec. 301 Untersuchung unter Druck gesetzt, darunter in einem Fall mit dem Ergebnis hoher Zölle, erfolgt die Aushandlung und Unterzeichung des Semiconductor Trade Agreement am 2. September 1986.[5725] Hier wurden insbesondere Minimalpreise und Produktionsbeschränkungen beschlossen, die auch für Drittlandmärkte Geltung hatten.[5726] Dieses Abkommen wurde im Juni 1991 fortgesetzt.[5727] Dort wurde noch einmal die schon vorher niedergelegte, aber nicht erreichte Erwartung erneuert, daß die U.S.-Produzenten einen Anteil am japanischen Markt von 20 % innehaben.[5728]

Die EU hatte während der U.S.-Japan Verhandlungen eine Antidumpinguntersuchung angestrengt[5729], dann gegen das U.S.-Japan Abkommen von 1987 vor dem GATT geklagt und 1988 Recht bekommen. Ein Verstoß gegen das Verbot der Nutzung mengenmäßiger Beschränkungen in Art. XI.1 wurde vom GATT Panel festgestellt. Für die meiste Aufmerksamkeit sorgte, daß die 'administrative guidance' des MITI, dessen Rechtsstatus unklar war, als gleichbedeutend mit einem zwingenden Rechtsakt ('mandatory legislation') vom Panel bewertet wurde.[5730] Aufgrund dieses GATT-Falls bezeichnete das MITI seine Produktionsvorhersagen fortan als 'references', aber blieb aber dabei, Vorhersagen zu veröffentlichen und der japanische private Sektor erkannte zunehmend, daß es in seinem Interesse ist, sich daran zu halten.[5731] Die EU schloß nach seinem GATT Erfolg mit Japan ein Schlichtungsabkommen über Minimumpreise ab, daß auf genau demselben Mechanismus beruhte, den sie gerade vor dem GATT beklagt hatten. Weil dies im Zusammenhang mit den Antidumpinguntersuchungen erfolgte, wurde dies allerdings als 'undertaking' klassifiziert, welches erlaubt ist.[5732]

Der Effekt dieses Semiconductor Trade Agreements war, daß die japanische und U.S.-Hersteller nicht mehr im Wettbewerb zueinander standen, sondern sich an Marktanteilen orientierten und im Falle einer Nachfrageschwäche ihre Produktion zurückfuhren, um die Preise auf hohem Niveau zu

---

[5723] Zu diesem Abschnitt Flamm 1996: 147-157.
[5724] Diese Verwunderung wird wiederum in Flamm wiedergegeben. Kelly/Mokre 2002: 8.
[5725] Flamm 1996: 160-170.
[5726] Flamm 1996: 227-230.
[5727] Unterschied ist, daß es keine Minimalpreise mehr gab, sondern daß die japanischen Hersteller im Falle einer Antidumpinguntersuchung innerhalb von 14 Tagen Preis- und Kostendaten übergeben müssen. Die Japaner fuhren daraufhin mit ihrer Minimumpreiskalkulation fort, um Antidumpinguntersuchungen zu vermeiden. Flamm 1996. 223-224.
[5728] Flamm 1996: 280. Erst als die U.S.-Produzenten 1992 begannen ihren Vorteil bei den komplexen Logikchips auszuspielen wurde dieser Anteil erreicht. Dennoch wird dem politischen Druck eine große Rolle beim Erreichen dieses Ziels eingeräumt. Flamm 1996: 283-284.
[5729] Flamm 1996: 173.
[5730] EU vs. Japan, USA - Trade in Semiconductors, BISD 35S/116, 1989. Siehe auch Hudec 1991: 541-542.
[5731] Flamm 1996: 195-196; 205-208.
[5732] Flamm 1996: 190-1991; Hudec 1991: 542.

halten.[5733] Dies wurde dadurch erleichtert, daß die Japaner teilweise 80 % bis 90 % Marktanteile an den weltweiten DRAM Verkäufen innehatten.[5734] Somit etablierte sich de facto ein internationales, vor allem von japanischen Produzenten aufrecherhaltenes, oligopolistisches Kartell durch das VER.[5735]

Erst als Samsung, Siemens und U.S.-Produzenten wie Micron in der Lage waren 1M Chips zu bauen sanken die Preise etwas ab und es lag eine ausreichende Angebotsmenge vor. In dieser Zeit konzentrieren sich japanischen Hersteller allerdings bereits auf die 4M Chips.[5736] Beim 1M Chip erreichten die U.S. Hersteller eine 6 % Weltmarktanteil 1989, sodann einen 21 % Marktanteil 1990. In diesem Jahr erreichten die Koreaner 15 % und die Europäer 5 %. Der größere 4M Chip zeigte die damalige Überlegenheit der Japaner, die wieder mit einem Weltmarktanteil von 80 % 1989 einstiegen.[5737] Diese Zahl dürfte die Kräfteverhältnisse und technologischen Fertigkeiten dieser Zeitperiode deutlich machen. Später wurden Antidumpinguntersuchungen gegenüber koreanischen Herstellern von Halbleitern durchgeführt, in der EU 1991 und den USA 1992. Die EU handelte nach der provisorischen Erhebung von 10,1 % Antidumpingzöllen ein 'undertaking' aus, in diesem Fall eine Vereinbarung über die Einhaltung eines bestimmten Preises. Die USA ließ die Untersuchungen bis zum Ende laufen und erhob relativ geringe, endgültige Antidumpingzölle: 0,82 % für Samsung; 11,45 % für Hyundai; 4,97 % für Goldstar und für die restlichen Firmen 3,89 %, wobei diese Zölle danach noch per U.S.-Gerichtsbeschluß abgesenkt wurden. Allein die Beobachtung der koreanischen Preise und die Androhung weiterer Dumpinguntersuchungen führte dazu, daß die Preise angehoben wurden.[5738] In der EU wurden 14 % Zölle auf Halbleiter erhoben, dieser Zoll war für Computerhersteller allerdings ausgesetzt.[5739] Somit wurde eine Preisgestaltung, die zumindest durch Minimalpreise beschränkt war, nun unter Einbeziehung der Koreaner, weiter aufrechterhalten.

Die liberale These zu diesem Industriebereich lautet, daß eine Industriepolitik fehl am Platz war, nicht zuletzt, weil jedes größere Unternehmen Chancen hatte beim Wechsel in eine neue Chipgeneration eine führende Rolle einzunehmen. Die gilt aufgrund der Lerneffekte während der Chipproduktion, bei der es auf die Feinabstimmung von Maschinen und Chemikalien ankommt. Ebenso wird argumentiert, daß Firmen nicht in der Halbleitertechnik führend sein müßten, um erfolgreich auf nachgelagerten Märkten tätig werden zu können. Schließlich wird das Scheitern des europäischen Jessi-Projektes angeführt, um zu verdeutlichen, daß Firmen überhaupt kein Interesse an einer solchen Stützung haben.

[5733] Dazu kommt, daß die USA darauf drängten, daß weniger Investitionen der Japaner erfolgen. Nach dem Rückzug des MITI aus den Produktionskontrollen übernahmen die privaten Akteure diese Tätigkeit. Flamm 1996: 192-205, 215. Die Preise blieben deutlich, 3 mal, über den Minimumpreisen des Department of Commerce: Flamm 1996: 211, 213. De facto gab es aber große Preisschwankungen, so der 256k DRAMs, die vor allem in Zeiten der Kernwirksamkeit des Abkommen von 1987 US$ 2,0 auf 1989 US$ 6,5 pro Chip anstiegen und 1991 dann Werte unter US$ 2,0 erreichten. Flamm 1996: 245. Den Japanern kamen zusätzliche Profite von 3 bis 4 Mrd. US$ pro Jahr zu. In anderen Berechnungen sind diese Zahlen allerdings 10 mal geringer. Flamm 1996: 274-275, 277.
[5734] Für 1987 und 1988. Flamm 1996: 243.
[5735] Flamm 1996: 206; 398; 417. Obwohl die japanischen Produzenten davon profitierten und auch Hinweise auf koordiniertes Verhalten bestand ist es nicht sehr sinnvoll zu fragen, wem nun die größte Wirkungskraft zukam, dem VER oder dem Kartell.
[5736] Flamm 1996: 221-222.
[5737] Flamm 1996: 256-257.
[5738] Für diese Episoden Flamm 1996: 224-226.
[5739] Bletschacher/Klodt 1992: 126.

Diese Argumente sind sicherlich teilweise zutreffend, dies gilt besonders für die Situation Anfang der neunziger Jahre, als es zunehmend dazu kam, daß europäische, japanische und U.S.-Firmen ohne jede Beschränkungen Kooperationen und gemeinsame Forschungs- und Entwicklungsprojekte eingehen und Übernahmen tätigten (Fujitsu kaufte 1990 das am Jessi-Projekt beteiligten britische Unternehmen International Computer Ltd.[5740]), um nicht von neuesten Stand der Technik abgehängt zu werden.

Angesichts dieser neuen Strategien konnte staatliche Förderung nicht mehr sichergehen, daß die Vorteile einer industriepolitischen Förderung nur eigenen Unternehmen bzw. dem eigenen Land zugute kam und konnte somit kaum noch begründet werden.[5741] Dazu kam, daß seit Anfang der neunziger Jahre etwa in der EU Direktinvestitionen ausländischer Chipproduzenten zunehmen und somit eine Industriepolitik durch Außenschutz immer schwieriger wurde.[5742] Blickt man einige Jahre weiter zurück, zeigt sich jedoch, daß die 1 Mrd. US$-Förderung[5743] der Halbleitertechnologie in Japan und deren technische Erkenntnisse zusammen mit eigenständigen Forschungsanstrengungen der Firmen dazu beigetragen hatten, daß die Japaner immerhin bis Anfang der neunziger Jahre eine führende Rolle in der Chipproduktion spielen konnten.[5744]

Zur Einschätzung insbesondere des diesbezüglichen VLSI-Förderprojekts ist eine Debatte entstanden, weil die Konkurrenz etwa zwischen Hitachi, Fujitsu und Toshiba dazu geführt hat, daß bei weitem nicht alle Erkenntnisse geteilt wurden. Immerhin schienen aber auf breiter Ebene Erkenntnisse erzielt worden sein, die vielen Firmen zugute kamen und es wurde der Ankauf von U.S.-Technologie zum Auseinanderbau ('reverse engineering') bezahlt.[5745] Für einen gewissen Erfolg des Projekts spricht auch, daß diese Forschungskooperation nach Ablauf des Programms privat von den beteiligten Firmen weiterfinanziert wurde.[5746] Skeptischer sind die Einschätzungen anderer Autoren, die erwähnen, daß es sich um Basistechnologie gehandelt und die Firmen ihre Produkte in einem Konkurrenzverhältnis zueinander entwickelt hätten. Zudem wird auf den relativ geringen Anteil der Förderung an den gesamten F&E-Ausgaben hingewiesen, 2,3 % im Jahre 1980.[5747] Schließlich gibt es Stimmen, die diesen Projekten jegliche Wirksamkeit absprechen und vor allem hervorheben, daß dadurch die

---

[5740] Monopolkommission 1990/1991: 401.
[5741] Die Argumentation in diesem Abschnitt findet sich in Bletschacher/Klodt 1992: 126; Monopolkommission 1990/1991: 400-401. Eher liberale Faktoren: Konkurrenz, Fähigkeiten von Unternehmen aber auch den geschützten Markt und die großen Unternehmensgrößen als strukturelle Faktoren erwähnen Härtel et al. 1988: 77-78.
[5742] Monopolkommission 1990/1991: 401.
[5743] Dazu ausführlich Flamm 1996: 55-116. Der Betrag wurde vom Verfasser berechnet, nach einem Umrechnungskurs der in Flamm (1996: 99) für das Jahr 1980 impliziert ist. Davor war der Yen billiger und die Subventionsniveaus in US$ gemessen niedriger. Addiert wurden hier sämtliche Ausgabe, die von Flamm aufgeführt werden. Flamm 1996: 81-99.
[5744] Dies zeigt Flamm 1996: 100-102. Zu den diversen Aspekte der Förderung durch Investitionsverbote, temporäre Importbeschränkungen und Subventionen siehe: Flamm 1996: 55-59, 70, 76, 81-85, 88-89, 90, 93, 102.
[5745] So der ausbalancierte Schluß von Flamm 1996: 100-113.
[5746] Flamm 1996: 112.
[5747] Härtel et al. 1987: 75.

Strategien japanischen Firmen nicht allzusehr behindert worden sind.[5748] Zur weiteren Illustration dieser These wird auf gescheiterte japanische Forschungsprojekte hingewiesen.[5749]

Insgesamt gesehen stützt der Entwicklungsgang der Halbleitertechnologie erst neuerdings, aufgrund der internationalen Vernetzung der Firmen, die liberale Warnung vor eine Industriepolitik. In den siebziger Jahren mag dies anders ausgesehen haben. Zudem gab es bis zum Aufkommen von Intel, kaum Risiken für staatliche Förderprogramme hinsichtlich schnell wechselnder Technologie, die zur Produktion von Speicherchips eingesetzt werden kann, denn es gab keine unklare Lage hinsichtlich sich durchsetzender (Industrie-)Standards. Dies spielte erst für die betriebssystemabhängigen Mikroprozessoren ein Rolle. In einer Stellungnahme der deutschen Monopolkommission zur Industriepolitik im Halbleitersektor wird bemerkt, daß die dauerhafte Monopolisierung eines Sektors, der als Schlüsseltechnologie bezeichnet werden kann, "schwerwiegende Folgen für die inländische Wirtschaft"[5750] haben kann. Neben der Erwähnung der bekannten Schwierigkeiten mit Subventionen aus liberaler Perspektive und den möglichen unerwünschten Effekten, die aus der staatlich-interventionistischen Schaffung eines zusätzlichen Anbieters resultieren (etwa zu viel Wettbewerb) wird vor allem auf die internationale Arbeitsteilung gesetzt, die eine monopolistische Preisgestaltung durch gegenseitige Abhängigkeiten von einer Vielzahl von Produkten und anderen Technologie unwahrscheinlich macht.[5751] Als beruhigend wird angesehen, daß japanische Unternehmen 'nur' in bezug auf DRAMs eine dominante Position innehatten, die nur 15 % des Gesamtumsatzes integrierter Schaltung ausmachen würden.[5752] Diese scheinbar schwache Stellung der Japaner wird allerdings durch die Ausführungen und Zahlen in derselben Publikation kaum gestützt. Problematisch ist es, einfache Halbleiter wie Transistoren mit komplexen Speicherchips und Mikroprozessoren zu vergleichen, weil es hier um qualitativ differenzierbare technologische Fähigkeiten geht. Die japanischen Unternehmen hatten 1990 in sämtlichen Kategorien, nicht nur Speicherchips (DRAMs etc.), sondern auch bei Mikroprozessoren, ASICs (application specific integrated circuits) und schließlich auch den Transistoren für analoge und digitale Signalverarbeitung einen Marktanteil von fast 40 % inne. Die damals starke Stellung der Japaner im DRAM-Bereich mit 61 % Marktanteil setzte sich hier noch einmal deutlich ab.[5753] Somit ist die Argumentation der Monopolkommission gegen industriepolitische Interventionen mit diesen Gründen nicht sonderlich überzeugend. Beruhigend mag damals wohl eher gestimmt haben, daß in all diesen Produktkategorien viele Wettbewerber auftraten, auch wenn diese keine hohen Marktanteile für sich in Anspruch nehmen konnten: U.S.-Firmen wie Intel, Motorola, Texas Instruments, europäische Unternehmen wie Siemens und Philips sowie der koreanische Neuling Samsung. Damit verringerte sich die Gefahr einer langfristigen Dominanz eines

---

[5748] Monopolkommission 1990/1991: 401.
[5749] So das Supercomputerprojekt 1981-1989 für extrem schnelle Chips, das FED-Projekt 1981-1990 für dreidimensionale Chiparchitekturen und das Fifth-Generation Projekt 1982-1991 in dem es um künstliche Intelligenz ging. Es muß hier nicht ausführlich belegt werden, daß diese Projekte nicht unbedingt erfolgreich gewesen sind. Dazu Monopolkommission 1990/1991: 393.
[5750] Monopolkommission 1990/1991: 384.
[5751] Monopolkommission 1990/1991: 384-385.
[5752] Monopolkommission 1990/1991: 397.
[5753] Monopolkommission 1990/1991: 397.

Landes und/oder weniger Unternehmen.[5754] Schließlich wird darauf hingewiesen, daß die europäischen VERs in deutlicher Weise das Problem verschärften, nämlich indem sie eine kartellähnliche Preisgestaltung japanischer Anbieter befördern und erleichtern.[5755]

Zuletzt einige Informationen zu Japan: Es schützt seinen eigenen Markt und ließ keine ausländischen Investitionen bezüglich der Elektronik-und Halbleiterindustrie zu. Dies geschah in Zusammenarbeit der Firmen mit der MITI-Behörde, die eine Fall-zu-Fall Überprüfung von Investitionen vornimmt.[5756]

Ähnlich wie im Automobilbereich drängt sich hier das Fazit auf, daß diverse Interventionen nicht nötig gewesen wären und ein liberaler verfaßter Markt eine ebensolche, wenn nicht bessere, Leistung hätte erbringen können. Gleichzeitig weist die Forschungsförderung Japans darauf hin, daß staatliche Interventionen partiell erfolgreich sein können, wenigstens unter den industriestrukturellen Bedingungen der achtziger Jahre.

11. Sonstige Produkte

Frankreich hatte mit Singapur, Thailand und Taiwan eine informelle VER Abmachung über Regenschirme getroffen, ebenso scheint dies auf Spanien zuzutreffen.[5757] Es gab Anfang der achtziger Jahre einen kurzfristigen Schutz gegenüber Präzisionkeramiken aus Japan.[5758] England hielt bis 1990 eine informelle Beschränkung für Keramikerzeugnisse aus Japan aufrecht.[5759] Dies war offenbar ein Überbleibsel aus den fünfziger und sechziger Jahren als viele Industrieländer, darunter die BRD, mengenmäßige Beschränkungen und Genehmigungspflichten für Importe feinkeramischer Erzeugnisse aus Japan und anderen Entwicklungsländern aufrechterhielten.[5760] Die USA beschäftigte sich ebenfalls mit feinkeramischen Erzeugnissen. Vor der Kennedy-Runde gab es einen Zollschutz von 50 % bis 70 %, der noch aus dem Smoot-Hawley-Bill aus dem Jahre 1930 stammte. Mit der Kennedy-Runde gelang eine Absenkung auf einen durchschnittlich 20 %tigen Wertzoll.[5761] Daraufhin stiegen die Importe an. Im Jahre 1972 wurde von Präsident Nixon Rekurs auf die GATT-Schutzklausel

---

[5754] Bei den Speicherchips hatte Siemens 1990 immerhin einen Marktanteil von 2,5 % inne, wohingegen japanische Firmen höher lagen, Toshiba bei 12,3 %, NEC 10,7 %, Hitachi 9,9 %, Fujitsu 8,2 %, Mitsubishi 7,3 %, sowie Samsung 7,1 %, Texas Instruments 5,4 %, Sharp 4,0 %, Motorola 3,0 %, Oki 2,9 % und Intel 2,5 %. Im Mikroprozessorbereich lag Intel schon damals an der Spitze mit 27 %, NEC mit 10,7 %, Motorola bei 9,9 %. und Hitachi bei 6,4 % und dann kamen immerhin 16 weitere Firmen mit Marktanteilen von 4,6 bis 1,1 %. Bis auf den Marktanteil von Intel bei Mikroprozessoren, 27 %, wird in bezug auf keinen der Märkte eine Marktbeherrschungsvermutung ausgesprochen. Monopolkommission 1990/1991: 394-395.
[5755] Monopolkommission 1996: 400.
[5756] In bezug auf Elektronik und Halbleiter. Flamm 1996: 55-59.
[5757] Siehe: **Tabelle 273**. Schuhknecht 1992: 197.
[5758] Hier werden 28 % der diesbezüglichen Tarifnummern als betroffen angegeben. Daten für 1982. Seither, also offenbar bis 1987, wurde diese Maßnahme aufgehoben. Weiss et al. 1988: 13.
[5759] Siehe: **Tabelle 273**.
[5760] Hier handelte es sich um Geschirr, Fliesen, Ziergegenstände und Keramikisolatoren. Neben durch die EWG-Integration erhöhten Zöllen, darunter mengenbezogene Zölle, die teilweise bis zu 100 % hoch sind, wurden die Mengen beschränkt. Hier gab es in der Kennedy-Runde etwa nur Senkungen der Wertzölle nicht der Mengenzölle. Donges et al. 1973. 7, 188-196.
[5761] Hufbauer et al. 1986: 80-81.

genommen (nach einer Untersuchung der US Tariff Commission, jetzt die International Trade Commission, die auf ernsthafte Schädigung 'serious injury' befand) und eine Steigerung der Zölle zwischen 7 % und 111 % wurde angeordnet. Zwischen 1972 und 1975 ließ sich ein Schutzeffekt erzielen, danach stiegen die Importe an, weil mittlerweile qualitativ hochwertige Produkte angeboten wurden, die in eine andere Zollklassifizierung fielen. Am 6. Oktober 1978 wurden von Präsident Charter wieder die GATT-Zölle von durchschnittlich 20 % eingesetzt. Die U.S. Industrie durchlief seit 1972 eine deutliche Modernisierung, der Output blieb von 1976 bis 1984 ungefähr auf demselben Niveau (30 Mill. Dutzend Stück), die Arbeitsplätze lagen auf dem Niveau von 8.000, der Anteil der Importe an der Konsumption stieg von 50,5 % 1976 auf 66,0 % im Jahre 1984 an.[5762]

In bezug auf Keramikfliesen ergab sich ein ähnlicher Verlauf in den USA. Auch hier sanken die Zölle signifikant mit der Kennedy- und Tokio-Runde ab, es blieben nach 1987 immerhin noch durchschnittliche Zölle von 19,8 %. Zwischendurch gab es Rekurs auf Ausgleichszölle gegenüber mexikanischen Importen und das Allgemeine Präferenzsystem für Entwicklungsländer (GSP) wurde, nach Anfragen von Malaysia und Kolumbien, immerhin für kleine Fliesen und solche mit einem bestimmten Design, aktiviert. Die Keramikfliesenindustrie in den USA ist oligopolistische strukturiert und wird von 7 Unternehmern kontrolliert, davon sind 5 im Besitz des Auslands. Der Importanteil an der heimischen Konsumption stieg von 1976 bis 1984 von 33,2 % auf 57,9 %.[5763]

12. Weitere Beschränkungen

Die USA schottet ihre Buchproduktion vor ausländischer Konkurrenz und einer Abwanderung in Länder mit niedrigeren Löhnen ab, indem eine Verpflichtung besteht, daß in den USA veröffentlichte Bücher und Zeitschriften auch dort gedruckt werden müssen ('manufacturing clause'). Dieses Gewerbe nimmt den zehnten Platz gemäß Wertschöpfung im verarbeitenden Sektor ein. Diese Klausel galt zumindest bis 1986 und konnte in den GATT-Runden nicht abgebaut werden, obwohl es bereits das Zugeständnis seitens der USA in der Tokio-Runde gab. Dem Kongress gelang es 1982 ein Veto des Präsidenten zu überstimmen. Die EU forderte daraufhin im GATT-Kompensationen, es gab aber keine Einigung. Es wird geschätzt, daß mindestens 2 % bis 10 % der Bücher in Ländern mit niedrigeren Lohnkosten produziert werden würden, wenn diese Regulierung auslaufen würde.[5764] Ein GATT Panel zu diesem Thema legte die U.S. Regulierung als Verstoß das Verbot mengenmäßiger Beschränkungen in Art. XI des GATT aus.[5765]

Die USA nutzt ein spezielles Gesetz, welches durch die Großvaterklausel des GATT geschützt ist, welches die Benutzung von im Ausland gebauten Schiffen auf amerikanischen Binnenlandsrouten

---

[5762] Hufbauer et al. 1986: 80-85.
[5763] Hufbauer et al. 1986: 90-93.
[5764] Harbour et al. 1986: 48; Informationen bestätigt in EU vs. United States - United States Manufacturing Clause, BISD 31S/74, 77 (1985).
[5765] EU vs. United States - United States Manufacturing Clause, BISD 31S/74, 88 (1985).

verbietet. Dazu gibt es regelmäßig Konsultationen im Allgemeinen Rat, wobei sich besonders Japan und Australien beschweren. Die Werften des letzteren Landes haben sich auf Schnellfähren und Kreuzfahrtschiffe spezialisiert.[5766] Weitere NTBs, etwa technische Standards und Gesundheitsschutzmaßnahmen können hier nicht thematisiert werden.[5767]

13. Auswirkungen des 'managed trade'

13.1 GATT und 'managed trade' in Kurzform

Die folgende Auflistung faßt zuerst einmal die liberale und weniger liberale Seite der Nachkriegszeit in bezug auf die GATT Regeln zusammen, anhand der Ergebnisse in Abschnitt 'H' und 'I':

- das GATT war selektiv erfolgreich: Bezüglich Art. I Meistbegünstigung, Art. III Inländerbehandlung, bezüglich der relativ erfolgreichen Schlichtung von Streitigkeiten durch seine Streitbeilegungsfunktion und bezüglich des Zollabbaus für einen breiten Bereich verarbeiteter Produkte. In diesem Bereich entwickelte sich ein umfassender Güteraustausch, mit großer Intensität vor allem zwischen den Industrieländern.

- dem GATT gelang nicht oder nur eingeschränkt, Art. XI mengenmäßige Beschränkungen, Art. XIX Schutzklausel und Art. VI Antidumping, Ausgleichsmaßnahmen sowie die Regeln für die Agrarpolitik durchzusetzen, besonders in den Bereichen Auto-, Stahl-, Chemie-, Textil-, Bekleidung- und Agrargüter. Hier gab es nur marginale Disziplinierungseffekte der GATT Regeln, immerhin aber eine Langzeitwirkung, die daran sichtbar wird, daß durch die Gründung der WTO VERs verboten und der Schutzklausel-, Antidumping- und Ausgleichsbereich einer größeren Disziplin unterworfen wurde.

- das GATT eröffnete - allen Ländern - den Entwicklungs- und Industrieländern, Spielräume für den Zollschutz und für die Subventionierung ihrer Industrien auf den Heimatmärkten. Erst durch Ausgleichszölle, die meist auf die Stahlindustrie beschränkt blieben, wurde hier ein externer, dezentraler disziplinierender Effekt erzielt. Das GATT war dadurch entwicklungsfreundlich, weil es solche Spielräume ermöglichte, aber doch entwicklungsfeindlich, weil es den Industrieländern keine begründbare 'progressive Liberalisierung' und 'Konstanz der Wirtschaftspolitik' vorschrieb, um den Entwicklungsländern einen langfristig sicheren Marktzugang zu ermöglichen. Dadurch konnten die Entwicklungsländer diese Spielräume weniger gut zu einem schnelleren Entwicklungsprozeß nutzen. Dazu haben auch die Industrieländer geschützt und subventioniert und nicht nur in Schlüsselindustrien, obwohl dies aufgrund ihrer komplexen dynamischen Industriestruktur oft garnicht

---

[5766] Die USA sagt dazu offen, daß der Sinn der Gesetzgebung "were such that US commercial shipbuilding for domestic trade could sustain the US core shipbuilding industrial base in light of declining military orders from the US Navy." Ein zweijähriger Überprüfungsprozeß für diese Ausnahme ist beschlossen. Siehe das Treffen des allgemeinen Rates am 15. bis 16. Dezember 2003, WT/GC/M84: S. 71, Para. 234.
[5767] Siehe Abschnitt 'J', SPS und TBT.

nötig gewesen wäre. Zudem wurde der Textil-, Bekleidungs- und Agrarbereich auf ganzer Breite geschützt, wodurch eine wohlfahrtsfördernde internationale Arbeitsteilung verhindert wurde.

- die Nicht-Gültigkeit von GATT Regeln bezüglich vieler Bereiche, u.a. Schutz geistigen Eigentums und Investitionsregeln, ermöglichte vielen Länder, darunter Entwicklungs- und Industrieländern, weitere Spielräume. Besonders beeindruckt war der Verfasser dieses Textes davon, daß in den siebziger Jahren noch deutsche Banken zur Überfremdungsabwehr eingesetzt wurden. Die Industrieländer waren somit nur beschränkt offen für grenzüberschreitenden Investitionen, anhand der obigen Informationen könnte man fast den Eindruck bekommen, daß die Entwicklungsländer, die ausländische Direktinvestitionen nur in bestimmten Sektoren zuließen, liberaler eingestellt waren. Ebenso gab es unterschiedliche Durchsetzungsintensitäten des Wettbewerbsrechts.

- die Industrieländer schützten, genauso wie die Entwicklungsländer, ihre Automobilindustrie (teils durch Zölle, teils durch die VERs, teils durch Subventionen), ihre Stahlindustrie und ihre Chemieindustrie bis weit in die achtziger Jahre (die USA zudem ihre Buchdruckereien und ihre Werften) und hohe Zölle gab es nicht nur auf Textilien- und Bekleidung, sondern u.a. auch auf Fahrräder.

13.2 Wie groß war der Anteil des vom 'managed trade' betroffenen internationalen Handels

Wendet man eine breite Abgrenzung an und bezieht Antidumpingzölle und Antisubventionsmaßnahmen mit ein, unter anderem, weil sie 'undertakings' vorsehen, die wirkungsgleich mit VERs sind, steigt, nach einer auf hohem Niveau liegenden Schätzung, zwischen 1974 und 1979 der Anteil des weltweiten Industriegüterhandels, der dem "managed trade" unterlag, von 12,9 % auf 21,3 % an. Für die USA stiegen die Werte von 5,6 % auf 21,0 %, für Europa von 0,1 % auf 17,4 % und für Japan von 0 % auf 4,3 %. Noch im Jahre 1993 lagen diese Zahlen bei USA 17,0 %, EU 11,1 %, Japan 8,1 %.[5768]

Weil in bezug auf den Textil- und Bekleidungsbereich, die Agrarpolitik und sonstige Maßnahmen besonders die Exportfähigkeiten der Entwicklungsländer betroffen war, sind die Exporte der Gruppe der Entwicklungsländer in bezug auf die industrialisierten OECD-Länder gesehen schon früh einem relativ hohen Prozentsatz von 'managed trade' bzw. VER-Regulierungen ausgesetzt gewesen:

Siehe hierzu den frühen Überblick in Tabelle 300, der nicht in einer Zahl zusammengefaßt werden kann.[5769] Einige Jahre später wird geschätzt, daß die OECD-Länder in ihrer Gesamtheit im Jahre 1974 54 % und 1979 62 % der Importe aus Entwicklungsländern durch Formen staatlich reglementierten

---

[5768] Dies sind importgewichtete Zahlen, die auf der gerade erwähnten breiten Abgrenzung beruhen. OECD 1996a: 46. Vgl. für eine Übersicht der EU-Maßnahmen gegenüber den einzelnen Ländern Schuknecht 1992: 109-117. Siehe auch: **Tabelle 276**.
[5769] Walter 1971: 204; **Tabelle 300**.

Handels einschränkten.[5770] Wieder einige Jahre später, für 1983, sank die Schätzung für die Entwicklungsländer auf 34,3 %, mit einem Wert von 57,2 % für Textilien/Bekleidung.[5771] In anderen Untersuchungen liegen niedrigere Zahlen vor. So wurde für 1984 geschätzt, daß 19 % der Importe aus Entwicklungsländer VERs und sonstigen NTBs unterliegen, Textilien/Bekleidung liegen bei 62 %, Agrarprodukte bei 33 % und Industriegüter bei 21 %.[5772] Einige der Informationen stimmen dort aber nicht. So sind die Beschränkungen für Schuhe (47 % 1981 sinkt auf 4 % 1984 ab) und Stahl (47 % 1981 sinkt auf 4 % 1984 ab) nicht so stark abgesunken, wie dort verzeichnet wird. Bemerkenswert ist zudem, daß in dieser Tabelle die Agrarprotektion leicht ansteigt, daß für Industriegüter ein kontinuierlich hoher Wert von 20 % bis 21 % besteht und ebenso ein leichter Anstieg für elektrische Geräte zu verzeichnen ist.[5773]

Hohe Werte werden speziell dann erreicht, wenn einzelne Länder untersucht werden.[5774] Im Agrarbereich werden hier extrem hohe Werte erreicht, Argentinien fiel mit seinem US$ 2 Mrd. Agrarhandel zu 100 % unter nicht-tarifäre Handelsbarrieren, für Brasilien sind es 51,6 % des US$ 3,2 Mrd. Agrarhandels. Für den Agrarhandel wird bei diesen Ländern durchschnittlich 74,8 % erreicht. Für ein Schwellenland wie Korea, welches sowohl hohe Textil- und Bekleidungsexporte vorliegen hatte als auch solche im Stahlbereich, im Unterhaltungselektronikbereich und in den späten achtziger Jahre auch im Automobilbereich lagen die Anteile des Handels, die unter nicht-tarifäre Barrieren fielen 1981 bei 42,6 % und sanken bis 1989 auf 19,7 % ab.[5775]

Einen Eindruck von der Relevanz der von den Maßnahmen betroffenen Sektoren kann nicht nur durch eine Schätzung des Anteils am Handel, der durch NTBs und VERs betroffen ist, gewonnen werden, sondern auch durch sonstige Daten in bezug auf die involvierten Sektoren. So ist der Automobilbau für Industrieländer wichtig. In der BRD liegen die Anteile des Kraftfahrzeugbaus an den Gesamtinvestitionen in der verarbeitenden Industrie jährlich bei ungefähr 15 %, in Japan bei ungefähr 20 %. In Frankreich bei circa 10 % und Italien, England und die USA schwanken die Zahlen zwischen 6 % und 10 %.[5776] Zwischen Automobilbau und Stahlindustrie gibt es wichtige Verbindungen. Weiterhin spielt die Stahlindustrie in der Industrialisierung von Entwicklungsländern eine große Rolle. Gelingt es hier durch VERs höhere Preise auszulösen und Direktinvestitionen anzulocken, hat dies unverkennbar industriepolitische Vorteile. Im Umkehrschluß sind die industriepolitischen Nachteile

---

[5770] Sämtliche Zahlen aus Page 1981: 29-30. Für detailliertere Zahlen bezüglich der Entwicklungsländer vgl. OECD 1985: 181. Die Messung dieser Barrieren ist generell schwierig. Umstritten ist somit auch das Ausmaß der Beschränkungen. Einig sind sich die Autoren allerdings darin, daß der 'managed trade' in den siebziger Jahren rapide zunahm. Die oben präsentierten Schätzungen von Page sind auf einem hohen Niveau angesiedelt, sind aber vergleichbar mit Untersuchungen der OECD (1996a: 46), die ebenfalls sämtliche Maßnahmenkategorien unter 'managed trade' zusammenfassen, darunter Antidumpingzölle, Ausgleichszölle, Preisabsprachen ('undertakings') im Zuge von Antidumpingzöllen und Ausgleichsmaßnahmen, nicht-automatische Lizenzvergabe und sonstige Exportbeschränkungen. Vgl. zu weiteren Untersuchungen: Roningen/Yeats 1976; Balassa 1978: 418; Finger/Olechowski 1987: 40.
[5771] **Tabelle 277**.
[5772] **Tabelle 278**.
[5773] **Tabelle 278**.
[5774] Vgl. für die Philippinen weiterhin Tecson 1989.
[5775] Aus der Sicht von Korea: **Tabelle 279**.
[5776] Monopolkommission 1990/1991: 404.

dieses Schutzes für die Entwicklungsländer ebenso klar faßbar. So hat die Textil- und Bekleidungsindustrie oft einen großen Anteil am BSP von Entwicklungsländern gehabt und konnte als erster Schritt in Richtung Industrialisierung angesehen werden, denn die komparativen Vorteile sind unumstritten und es konnten Devisen erwirtschaftet werden, die anders gelagerte Ausgaben ermöglichen und zudem bestand die Chance wenigstens grundlegende Fertigkeiten in bezug auf den Maschinenbau zu erwerben.[5777]

13.3 Negative Effekte auf die Entwicklungsländer

Diese Schlußfolgerung von negativen Effekten auf die Entwicklungsländer wird durch zahlreiche Studien gestützt. Im Jahre 1977 schätzte die Weltbank, daß die Exporte der Entwicklungsländer ohne Barrieren der Industrieländer 1985 um 30 % höher sein würden.[5778] Insgesamt werden die Kosten des Protektionismus für die Industrieländer, darunter die für die Konsumenten, bei 0,3 % bis 0,5 % ihres BSP geschätzt, dies sind zum Zeitpunkt dieser Schätzung, 1986, US$ 31 Mrd. bis US$ 52 Mrd. US.[5779] Die Weltbank schätzt für 1986, daß die Maßnahmen der Industrieländer gegenüber den Entwicklungsländern den letzteren Kosten von 2,5 % bis 9 % des BSP verursachten. Dies sind jährlich US$ 59 Mrd. bis US$ 212 Mrd., bei einem gesamten Einkommen der Entwicklungsländer von damals US$ 2361 Mrd..[5780] Zum Vergleich: In dieser Zeit, Beispiel 1987, haben die Entwicklungsländer jährlich US$ 55,9 Mrd. Kreditzinsen gezahlt und nur US$ 30,4 Mrd. neue langfristige Darlehen erhalten.[5781]

14. Fazit aus dynamischer ordoliberaler Perspektive

14.1 Müssen alle Sektoren erhalten werden?

Ein erstes Problem des 'managed trade' kann aus dynamischer ordoliberaler Perspektive mit dem Schlagwort 'picking losers' zusammengefaßt werden.[5782] Wenn die Möglichkeit eröffnet wird, daß nicht nur der Staat, sondern auch private Interessengruppen die Außenhandelspolitik beeinflussen können, dann besteht die Gefahr, daß versucht wird, jeden einzelnen Industriebereich zu erhalten. Im Zeitalter des 'managed trade' wurden nicht nur Bereiche gefördert, die im Einklang mit einer internationalen Arbeitsteilung gemäß komparativer Vorteile stehen, die etwa im technologie- oder kapitalintensiven Bereich langfristig hohe Wohlfahrtsgewinne versprechen - und - mit einer internationalen Arbeitsteilung mit den Entwicklungsländern vereinbar sind, sondern es wurden - fast -

---

[5777] Dies war in Taiwan und Korea so. Durch die Entwicklung der Bekleidungsindustrie wurde auch eine diesbezügliche Maschinenbauindustrie entwickelt, eben die Produktion von Nähmaschinen beispielsweise. Richter 1994: 158.
[5778] OECD 1985: 175.
[5779] Weltentwicklungsbericht 1986: 18.
[5780] Weltentwicklungsbereich 1986: 18, 232.
[5781] Weltentwicklungsbericht 1988: 232.
[5782] Inspiriert durch den Titel des Artikels von Peck et al. 1988.

alle Industriebereiche lange Zeit für erhaltenswert angesehen. Wie ist es anders zu erklären, daß der gesamte Bereich Textil- und Bekleidung (von 1950 bis 1985) und Landwirtschaft (bis heute) in der breitest denkbaren Form aus dem internationalen Handel herausgehalten wird, obwohl eine merklich intensivere internationale Arbeitsteilung möglich wäre. Oder es wird trotz Spezialisierung und Anpassung die Schiffbauindustrie weiterhin subventioniert.

Wenn, wie im Abschnitt 'D', ernstgenommen wird, daß nicht alles, aber viel dafür spricht, daß der internationale Handel zu Wohlfahrtsgewinnen führt, dann kann die Frage, ob strategische Handelspolitik wirkt oder nicht, nicht mehr ohne Einschränkung gestellt werden. Selbst wenn eine strategische Handels- bzw. Schutzpolitik teils Wohlfahrts- und Effizienzsteigerungen verspricht, folgt aus einer sinnvoll ausgerichteten internationalen Arbeitsteilung ebensolches. Deshalb müßte von vorneherein akzeptiert werden können, daß eine wirtschaftspolitisch sachgerechte strategische Handelspolitik keinesfalls in der gesamten Bandbreite der Industrien eingesetzt werden sollte. Eine solche Politik sollte angesichts der Leistungsfähigkeit der heimischen Wirtschaft auf ihren Sinn befragt werden und daraufhin geprüft werden, inwieweit eine effizienz- und wohlfahrtssteigernde intensivere Arbeitsteilung denkbar wäre, u.a. eine solche, die im Einklang mit den komparativen Vorteilen steht, die hier nicht im simplen neoklassischen Sinn gesehen werden. Den "intelligent guesses"[5783] der Neoklassik wird aber nur eingeschränkt getraut, weil der internationale Handel auch durch den Intra-Industriehandel mit verarbeiteten Produkten gekennzeichnet ist.

Wäre eine dynamisch liberale Entwicklung in diesem Sinne in der Nachkriegszeit zugelassen worden, sähe die Welt heute anders aus. Der Mittelmeerraum sowie Afrika hätten von einer frühen Auslagerung der Textil- und Bekleidungsindustrie aber auch von Agrarexporten nach Europa profitieren können und durch den später erfolgten Aufbau einer wettbewerbsfähigeren Leichtindustrie, viel deutlicher am Wohlstand Europas teilhaben können, mit Vorteilen für Europa. Brasilien, Indien und China hätten früher ihre Binnenorientierung aufgeben können, wenn die Industrieländer zu einem gewissen Grad und ohne ständige Drohungen mit Untersuchungen schwerindustrielle Importe akzeptiert hätten. Obwohl auch in diesem Szenario Spannungen absehbar gewesen wären, wäre eine gleichmäßigere Entwicklung effizienz- und wohlfahrtssteigernder Industrien erfolgt.

Zu diesem Argument paßt, daß die Monopolkommission (1990/1991) gegen Besitzstandsdenken in der Wirtschaftspolitik argumentiert und selbst vor der Automobilindustrie nicht haltmacht: "Die Automobilindustrie nimmt ohne Zweifel in den Ländern einen bedeutenden Rolle ein, die maßgeblich an der Weltproduktion beteiligt sind. (...) Dennoch ist eine wettbewerbfähige Automobilindustrie nicht notwendig für eine florierende Wirtschaft. Die Schweiz, die keine eigene Automobilindustrie besitzt, zählt trotzdem zu den reichsten Ländern der Welt."[5784]

[5783] So wird in Theorie heimischer Ressourcenkosten versucht zu berechnen, über welche Faktorvorteile die Länder verfügen und in welcher Intensität diese vorliegen, um soziale Opportunitätskosten zu berechen bzw. eben zu sagen, wo es aus der Perspektive sozialer Wohlfahrt besser ist zu investieren. Zugestanden wird aber, daß dies schwierig festzustellen ist. Dies sei aber nicht unmöglich und könne durch "intelligent guesses" erfolgen. Bruno 1972: 31.
[5784] Monopolkommission 1990/1991: 403.

Ein solches Besitzstandsdenken ist mit einer ordoliberalen Wirtschaftpolitik übertragen auf die weltweite Ebene nicht vereinbar. Die Monopolkommission (1990/1991) kritisiert in diesem Zusammenhang Instrumente, die privaten Interessengruppen zum Antrag auf Schutz bereitgestellt werden, wie Antidumpingmaßnahmen und fordert, daß diese abgeschafft oder wenigstens deutlich verändert werden.[5785]

14.2 Die partiellen Erfolge strategischer Handelspolitik

Aus den Fallstudien folgt weiterhin ein klares Ergebnis, welches für die neoklassisch liberale Theorie nicht einfach zu verkraften ist: Einerseits waren die Märkte im dynamisch liberalen Sinne wirksam und ihnen hätte sogar mehr vertraut werden können. Andererseits läßt sich der Erfolg bestimmter staatlicher Interventionen aufzeigen.

Hier wird die These vertreten, daß eine strategische Handelspolitik bzw. Industriepolitik zumindest in einigen Fällen eine langfristig wohlfahrtssteigende Wirkungen hatte. Dies widerspricht einer enger gefaßten liberalen Theorie.[5786] Daraus folgt zuerst einmal, daß ein internationaler Subventions- oder Schutzwettlauf bei solchen Maßnahmen bei gleichen Gütern verhindert werden muß, weil er schädigend für die Wohlfahrt der beteiligten Staaten sein kann.[5787] Dies wäre Marktversagen, siehe dazu Abschnitt 'E'. Wie können staatliche strategische Eingriffe bewertet werden?

Obwohl nicht alle Maßnahmen erfolgreich waren, ist zu erkennen, daß einige ihre Ziele erreichten und eine Effizienz- und Wohlfahrtssteigerung nach sich zogen, wenigstens in den USA und der EU. Japan wurde teils negativ berührt, teils wurde es in oligopolistische Arrangements eingebunden und hat davon profitiert, speziell im Automobilbereich in den USA, ähnliches gilt für Korea und Taiwan. In Bletschacher/Klodt (1992) wird etwa geschlossen, daß staatliche strategische Eingriffe weiter zugelassen werden sollten.[5788] Die Monopolkommission (1990/1991) schließt, daß solche Interventionen begründbar wären, wenn "Schlüsseltechnologien" durch das Ausland monopolisiert würden, die für die Wohlfahrt eine Wirtschaft unerläßlich sind. Daß ein solcher Fall vorlag, wird aber verneint.[5789]

[5785] "Die Klagemöglichkeiten durch Vertreter der europäischen Wirtschaftszweige sollte abgeschafft werden." Monopolkommission 1990/1991: 420.
[5786] Monopolkommission 1990/1991: 377-382.
[5787] "Es scheint daher dringend geboten, nach internationalen Koordinationsmöglichkeiten zu suchen, um ein Abgleiten in Handelskonflikte, bei denen alle Beteiligten schlechter stehen als bei Freihandel, zu vermeiden. Eine Schlüsselrolle kommt dabei dem GATT zu, dessen Kompetenzen zur Überwachung strategische Handels- und Industriepolitik ausgeweitet werden sollten." Bletschacher/Klodt 1992: 181; umfassend die Ausführungen zum einer internationalen Wettbewerbsordnung: Monopolkommission 1990/1991: 405-420.
Bletschacher/Klodt 1992: 181. "Wenn sich ausländische Regierungen an einem Subventionswettlauf zur Entdeckung neuer Märkte beteiligen ist es wahrscheinlich, daß die späteren Gewinne schon im Vorfeld, d.h. im Wettbewerb um den Markt, wegkonkurriert werden." Monopolkommission 1990/1991: 381.
[5788] "Ein völliger Verzicht auf handels- und industriepolitische Instrumente durch einzelne Länder muß allerdings nicht rational sein, insbesondere dann nicht, wenn die Länder weiterhin strategische Ziele verfolgen." Bletschacher/Klodt 1992: 181.
[5789] Zur Frage nach Schlüsseltechnologien: "Eine exakte Definition gibt es nicht. Gemeint ist eine Technologie, die für den technischen Fortschritt in einer bestimmten Phase von zentraler Bedeutung ist." Als Schlüsseltechnologie wird hier die Mikroelektronik angesehen. Eine

Ein Beispiel für eine erfolgreiche strategische Intervention ist der Automobilbereich in den USA und der EU. Hier hat die - offensive[5790] - und defensive strategische Industriepolitik im Automobilbereich zwar den Konsumenten erhebliche Kosten verursacht. Nimmt man die hohen Zusatzgewinne der Unternehmen zusammen mit der Anlockung ausländischer Investitionen aus Japan, dann spricht viel dafür, daß in den USA und der EU insgesamt gesehen ein Wohlfahrtsgewinn erzielt wurde. Interessanterweise ist ebenso erkennbar, dies bestätigt liberale Erwartungen, daß Schutz Anpassung und Modernisierung teils verzögerte. Weiterhin ist aber klar sichtbar, daß selbst bei höheren Importanteilen staatliche Interventionen - etwa mit der GATT Schutzklausel - nicht automatisch gerechtfertigt sind. Viel hängt hier von einer Detailanalyse u.a. der Industriestruktur und ihrer längerfristigen Entwicklungstendenzen ab. Ganz ohne Schutzklausel auszukommen- dies wäre irreversibler freier Handel - ist es ebenso schwer vorstellbar: Die USA sind heute auf einem höheren Wohlfahrtsniveau angesiedelt, als wenn Japan Anfang der achtziger Jahre die gesamte U.S. Industrie durch reine Exporte zum Marktaustritt gezwungen hätte.

Gleichzeitig folgen aus dynamischer Perspektive viele Argumente gegen eine Industriepolitik, zumal in einer solchen Ausprägung. An vielen Episoden oben ist erkennbar, daß die Schutzpolitik, so wie die liberale Theorie erwartet, auch negative Wirkungen hatte. Modernisierung und Anpassung verzögerten sich, selbst wenn der Staat erwartete, daß auf seine Maßnahmen reagiert wurde. Ebenso ist erkennbar, daß solche Politiken risikoreich und teuer waren und es bestand die Gefahr, daß nur private Akteure, aber nicht die gesellschaftliche Wohlfahrt davon profitierte. Die Maßnahmen haben weiterhin internationalen Kartellen Vorschub geleistet. Und ist sie seit der Internationalisierung bestimmter Industriestrukturen kaum mehr sinnvoll anwendbar.[5791] Zudem ist schwer zu erkennen, wann eingegriffen werden muß. Empirische Untersuchungen zeigen, daß viele der großen U.S. Firmen im Hochtechnologiebereich, die in die Defensive gedrängt wurden, ohne staatliche Hilfe zu "fast second" Reaktionen in der Lage waren.[5792] Ebenso ist es nicht immer klar, ob positive Wirkungen im Sinne der Theorie des Marktversagens erzielt werden können und ob es überhaupt nötig ist, z.B. Lerneffekte, Skalenökonomien oder pekunäre Externalitäten zu fördern, die auch ohne Industriepolitik erreicht werden, jedenfalls in den Industrieländern.[5793]

Dazu gesellt sich ein ethisch-normatives Fairnessargument gemixt mit einem wirtschaftspolitischem Argument: Die Rahmenbedingungen für die Wirtschaft in den Industrieländern unterstützen die

---

Begründung von Eingriffen bestünde erst dann, wenn diese Technologie von ausländischen Anbietern monopolisiert würde und mehrere andere Faktoren dazukommen würde, etwa wenn nicht alternative Technologien zur Verfügung stehen würden und es nicht möglich ist, daß die heimische Industrie nicht ebenso in diesem Bereich, etwa durch Imitation, Erfolge erzielen kann. Angesichts der Internationalisierung der Produktion wird aber bezweifelt, ob im Bereich der Halbleiter interveniert werden muß. Monopolkommission 1990/1991: 384-385, 400.

[5790] Siehe Abschnitt 'H' für die Nachzeichnung von 'offensiven' Subventionen für die Automobilindustrie.

[5791] Weil u.a. kaum zu garantieren ist, daß die dabei entwickelte Technologie und das Wissen überhaupt in der Industrie geschützt werden kann. Technologie und Wissen ist zudem durch andere Wege beschaffbar. Lizenzen und strategische Partnerschaften. Hierauf kann der Staat kaum Einfluß nehmen. Dazu kommt, daß inländische Preise erhöht werden, welches die Konsumenten und andere Produzenten schwächt. Monopolkommission 1990/1991: 379-381, 403-404.

[5792] Scherer 1992: 34-35, 108-112.

[5793] Monopolkommission 1990/1991: 377-379. In diesem Sinne auch Abschnitt 'E'.

Unternehmen durch ein risikoreduzierendes Arrangement, wobei Risiken nicht ganz abschafft wurden. Weil die Anpassungsfähigkeit der Unternehmen durch dieses risikoreduzierenden Arrangement erhöht wurden, welches eine schnelle Technologie- und Wissensdiffusion, die Bereitstellung qualifizierter Fachkräfte und eine staatliche Förderung von F&E (eine Korrektur vor Marktversagen) einschließt, muß erst einmal bezweifelt werden, ob Förderungs- oder Schutzansinnen überhaupt begründet werden können.[5794] Wie in Abschnitt 'B' bereits dargelegt, sind staatliche Interventionen schwer zu begründen, wenn ein funktionierender Wettbewerb vorliegt, bei denen Firmen immer wieder in Produktinnovation und Produktivitätsvorsprünge investieren, weil dadurch Vorsprungsgewinne erzielt, wobei andere Firmen zeitlich verzögert immer wieder aufholen können.

Deutlich wird am U.S. Automobilfall, daß ein solcher funktionierender Wettbewerb von vorneherein nicht bestand und schon deshalb ein starker Rückstand gegenüber Japan entstehen konnte. Historisch gesehen ist dieser Rückstand nicht durch die VERs mit Japan entstanden, sondern dadurch, daß die Firmen auf dem heimischen Markt in ein oligopolistisches Arrangement eingebettet waren und deshalb keinen Grund sahen eine Produktivitätssteigerung anzustreben. Dies führt zum Schluß, daß es in den USA industriepolitisch sinnvoll gewesen wäre, wenn der Wettbewerb intensiviert worden wäre, etwa durch die Abschaffung des Pickup-Zolls und einer Intervention der Wettbewerbsbehörden, die oligopolistische Preispraktiken in Zukunft nicht mehr tolerieren. Eine solche Anpassungsverzögerung wurde in der EU nicht so deutlich sichtbar, weil es auf dem Binnenmärkten Konkurrenz auf eine höheren Niveau als in den USA gegeben hat.[5795] Ähnlich Effekte hatte fehlender Wettbewerb bei Eisen- und Stahl. Geht es zu weit zu vermuten, daß die Automobilindustrie in den USA und der EU schon in den siebziger Jahren über genügend Fähigkeiten verfügte, um auf dem freien Markt der japanischen Konkurrenz widerstehen zu können? Schon damals wäre es möglich gewesen die Ursachen für den Erfolg japanischer Firmen herauszufinden und die Firmen in USA und EU hätten wieder aufholen können. Somit hätte auch ein international freierer Markt den Automobilbereich in der Nachkriegszeit prägen können, mit ebenso effizienz- und wohlfahrtssteigernden Wirkungen in diesen drei wichtigen Wirtschaftsräumen. Hier wird nicht behauptet, daß der Markt immer und in allen Wirtschaftsbereichen funktioniert und das Aufholen vieler Firmen ermöglicht. Die hier vorliegenden Informationen sprechen aber dafür, daß ein dynamischer Wettbewerb in vielen Wirtschaftsbereichen funktioniert hat und in mehr Bereichen in der Nachkriegszeit funktionieren hätte können und deshalb ein mehr an Liberalisierung möglich gewesen wäre.

[5794] Monopolkommission 1990/1991: 378, 380. "Die Modelle strategische Handelspolitik gehen grundsätzlich von der Annahme aus, daß allein die strategische Position der Unternehmen über Erfolg oder Mißerfolg im Kampf um Weltmärkte entscheidet. Damit wird unterstellt, daß die konkurrierenden Unternehmen in Bezug auf andere Erfolgsfaktoren identisch sind. Diese Annahme muß in der Realität nicht erfüllt sein. Es ist genau zu prüfen, ob Unternehmen nicht auch über andere als strategische Vor- und Nachteile verfügen. *Ungünstige Rahmenbedingungen*, etwa eine fehlende Forschungsinfrastruktur oder ein innovationsfeindliches Steuersystem, ein geringer Pool an qualifizierten Fachkräften und ähnliche Standortnachteile verschlechtern die Ausgangsposition inländischer Unternehmen und schmälern die Aussichten auf eine gesamtwirtschaftlich erfolgreiche strategische Handelspolitik." Herv. im Original. Monopolkommission 1990/1991: 380.

[5795] Daß in den Binnenmärkten auch Konkurrenz stattfindet mildert die Anpassungsverzögerung durch die VERs, schafft sie aber nicht ganz ab. Und es spricht nichts dagegen, einen grenzüberschreitenden Wettbewerb zuzulassen, der noch höhere Produktivitätssteigerungen verspricht. Vgl. für die Beobachtung der Binnenmarktkonkurrenz schon Euken 1952: 265.

14.3 Die Kosten dieser Politik

Zuletzt zum Thema Kosten des 'managed trade' für die Konsumenten und andere Bezieher von Inputs. These ist in der Literatur, daß generell mehr Kosten als Vorteile aus diesen Maßnahmenmixturen resultiert haben.[5796] Dieses Argument wird hier nicht in dieser allgemeinen Form mitgetragen, obwohl hier der Eindruck letztendlich ähnlich ist. Die Studien besagen, daß die Kosten für die Konsumenten, in Form höherer Preise- und höherer Steuern, siehe das MFA, teils hoch, und in anderen Fällen, etwa Stahl, niedriger gewesen sind. Die gesamtwirtschaftlichen Kosten dieser Politiken steigen an, wenn alternative Verwendungsmöglichkeiten einbezogen werden, etwa statt Subventionen Steuerersparnisse für die Normalbürger und eine bessere Finanzierung der Wettbewerbspolitik, um vor oligopolistischem Preisverhalten besser abzuschrecken. Noch höher werden die Kosten, auch für die Konsumenten, wenn einbezogen wird, daß auf weltweiter Ebene eine höhere und gleichmäßigere Wohlfahrtssteigerung erzielt worden wäre, wenn die Intensität des Schutzes weniger ausgeprägt gewesen wäre. Somit spricht einiges dafür, daß die Kosten insgesamt hoch lagen und von den ebenso vorhandenen Vorteilen durch die Industriepolitiken nicht kompensiert werden konnten.

15. Kritik des 'embedded liberalism'

Zu Beginn von Abschnitt 'H' wurde anhand von John Gerard Ruggies Szenario des 'Embedded Liberalism' die leitende Frage an diesen vom GATT geprägten Zeitabschnitt gestellt. Letztendlich entwickelt Ruggie eine alternative Ordnungstheorie, die nicht nur der neoklassisch liberale Theorie, sondern auch den Annahmen des Ordoliberalismus widerspricht. Er stellt damit die Frage nach der Gültigkeit nicht-liberaler Argumente und der Wirkungen nicht-liberaler Instrumente in der Wirtschaftspolitik. Mit diesen Thesen eröffnen sich Erklärungsalternativen für Liberalisierungsprozesse, vor allem wird die Möglichkeit eröffnet, 'managed trade' als wirtschaftspolitisch-institutionelle Rahmenordnung für den weltweiten Handel als bestehende Alternative zu einem liberalen System anzusehen.

Womöglich ist sogar ein neuer "embedded liberalism compromise" nötig, wie ihn Ruggie (1997) fordert, um im Zeitalter der Globalisierung internationale und nationale gesellschaftliche Stabilität aufrechterhalten zu können.[5797] Damit fordert Ruggie auf weltweiter Ebene weiterhin eine solche flexible Politik, ähnlich wie von Chang (2005), der für die Entwicklungsländer einen "policy space" fordert, weil er von den Vorteilen einer flexiblen Politik teils recht eindimensional überzeugt ist.[5798]

[5796] Monopolkommission 1990/1991: 381-382.
[5797] Ruggie 1997: 7.
[5798] Teils wird von diesem Autor vereinfacht und eine lineare Beziehung zwischen Flexibilität und wirtschaftlichem Wachstum gezogen, aber für die Entwicklungsländer. Chang 2005: 19-20.

(1) Von Ruggie (1997) wird erstens die These vertreten, daß die Abfederung von Risiko und gewisse staatlichen Interventionen letztendlich positiv gewirkt haben und u.a. dies die Firmen und Staaten dafür kompensieren konnte, daß auf internationalem Niveau eine deutlich geringere Planungssicherheit vorlag.[5799]

Aus liberaler und dynamisch ordoliberaler Perspektive erscheinen diese Argumente - von einem gewissen wahren Kern, der sich um das risikoreduzierende Arrangement der Nachkriegszeit ansiedelt, einmal abgesehen - nicht als überzeugend. Fragen läßt sich, ob nicht die Anreize, die aus den nationalen Märkten und den internationalen offenen Märkten resultierten und resultieren können nicht für die Unternehmen größer sind als die, die aus dem Schutzversprechen der Politik folgen. Wenn Regeln für den weltweiten Handel und den Marktzugang progressiv strenger gefaßt werden, kann dies, auch wenn dies den eigenen Markt einschließt, ebensolche oder noch intensivere Anreize einräumen und etwa sowohl im Interesse multinationaler Konzerne und sonstiger international aktiver Firmen als auch kleiner und mittelgroßer Firmen aus den Entwicklungsländern liegen.

Ebenso spricht gegen die These von Ruggie, daß - aller sonstiger Eingriffe zum Trotz - der Handel innerhalb der EU und zwischen den USA und der EU, obwohl auf geringer Ebene noch Zölle bestanden, schon früh, zu einem deutlich erkennbaren Prozentsatz von einem Wettbewerb gemäß liberaler Vorstellungen geprägt war. Zwar gab es, dies wurde oben ausführlich gezeigt, eine breite Anzahl von Schutzmaßnahmen und es gelang nicht, eine teils großzügige Unterstützung der Unternehmen durch die Politik vermittels der EU- und internationalen GATT-Regeln zu disziplinieren. Man würde aber zuweit gehen, wenn man schlösse, daß die Marktmechanismen in der Nachkriegszeit gänzlich ausgehebelt worden seien und es - allein - dieser Flexibilität zuzusprechen ist, daß die wirtschaftliche Entwicklung erfolgreich verlaufen ist. Geschätzt wird, daß 10,5 % der Handels der Industrieländer untereinander von VERs und anderen NTBs betroffen war.[5800] Dies bedeutet im Umkehrschluß, daß vielleicht 80 % der Handels innerhalb Europas und zwischen der USA und Europa relativ frei ablief. Dabei standen Firmen im Wettbewerb, denen es gemäß dynamisch ordoliberaler Erwartung, durch Verbesserung technologischer Fähigkeiten, Modernisierung, Produktivitätsverbesserung sowie sonstigen Strategien, wie Produktdifferenzierung oder Zusammenschlüsse, gelang, sich anpassungsfähig zu erhalten.[5801]

[5799] Die nationalstaatliche Ebene ist durch Schutz und die staatlichen Eingriffe, darunter Investitionen und Maßnahmen zur Erhaltung der Nachfrage auf den ersten Blick scheinbar 'berechenbarer'. Der grenzüberschreitenden Handel erscheint dagegen risikobehafteter. Das erstere Argument wird in der Wirtschaftstheorie benutzt, unter anderem als Rechtfertigung für eine geplante Industrialisierung in großem Stil, weil dadurch das Risiko, daß für einzelne Unternehmer und ihre Investitionen besteht, reduziert wird und ein Risiko immer Kosten verursachen kann, allerdings nicht muß. Aus dieser Perspektive stellt eine Risikominimierung einen Spezialfall externer Ökonomien dar. Es paßt zur hier verfolgten Argumentation, daß diese Beobachtung gemacht wird von Rosenstein-Rodhan 1943: 206. Diese Argumentation ist allerdings zu simpel. Eingriffe zum Schutz nationaler Industrien, sowohl Zölle als auch Subventionen, erzeugen zum Beispiel auch 'verunsichernde' Momente für nationale Industrien, etwa für solche Firmen, die Waren und Vorprodukte aus dem Ausland beziehen und unter Verteuerungen leiden. Siehe für die Thesen Ruggies den Beginn von Abschnitt 'H'.
[5800] Siehe die Berechnungen der Weltbank in: **Tabelle 280**. Etwas höher liegen die Werte der OECD in: **Tabelle 276**.
[5801] Milner 1988: 222-247.

Schließlich ist Sicherheit und Schutz nicht der einzige Aspekt, der Risiken reduziert. Risiken wurden zwar auch dadurch reduziert, daß auf Schutzmaßnahmen zurückgegriffen wurde. Ebenso wurden Risiken durch das allgemeine risikoreduzierende Arrangement der Industrieländer reduziert, welches eine schnelle Technologie- und Wissensdiffusion einschloß, die Bereitstellung qualifizierter Fachkräfte und die Subventionierung von F&E. Diese Aspekte des Risikominderung haben in der täglichen Praxis u.a. von Firmen, die sich nicht in die Position bringen wollten, schutzbedürftig zu sein, eine wichtigere risikominimierendere Rolle gespielt als Schutz. Dies impliziert, daß den Industrieländer gelungen ist, ein Arrangement bereitzustellen, welches die Notwendigkeit für Schutz von vornehrein reduzierte, weil es zu vielen Firmen führte, die anpassungsfähig waren, trotz Wettbewerb. Diese Beobachtung trifft einen brisanten Punkt, nämlich die Rechtfertigung von Schutz. Nach Ruggie muß nicht hinterfragt werden, ob Schutz überhaupt rechtfertigbar ist. Dagegen spricht im hier gewählten Rahmen viel dafür, daß angesichts eines solchen wirtschaftlichen Umfelds und anpassungsfähiger Firmen Schutz nicht rechtfertigbar ist. Zuletzt geht es bei Ruggie nicht um eine graduell abgestufte Argumentation: Entweder gibt es 'embedded liberalism' oder ein rein liberales, weniger akzeptables System. Denkbar ist aber eine Kombination beider Aspekte: Eine progressive Liberalisierung, bei Rückbau und Disziplinierung von staatlichen Interventionen, wobei einige staatliche Schutzmaßnahmen immer noch möglich sind, aber besser vor wohlfahrtsminderndem und ungerechtfertigtem Gebrauch abgesichert sind.

(2) Auch in bezug auf die Liberalisierung kann die Kausalkette umgedreht werden. Nicht weil die Liberalisierung Produktivitätsfortschritte verspricht wurde sie vorgenommen, sondern gerade der partielle Schutz und die Flexibilität der internationalen Ordnung hat das graduelle Fortschreiten der Liberalisierung ermöglicht. Liberalisierungsmaßnahmen seien gesellschaftlich (von den Unternehmen und der Bevölkerung) akzeptiert und beschleunigt vorgenommen worden, weil darauf vertraut werden konnte, daß von außen erfolgende, schwerwiegende Störungen der heimischen Ökonomie politisch abgefedert würden.[5802] Dieser zweite Argumentationszusammenhang enthält ebenso einen wahren Kern. Es wäre aber auch hier problematisch, diese von Ruggie präsentierte Fassung kritiklos zu übernehmen. Warum? Weil auch hier nicht die Frage gestellt wird, inwiefern dieser partielle Schutz wirtschaftswissenschaftlich sachlich berechtigt war. In Abschnitt 'D' wurde gezeigt, daß angesichts eines in den Industrieländern durchgängig positiven Wertschöpfungswachstum kaum sozialpolitische Notwendigkeiten für Schutz angeführt werden konnten, zumal bei konsequenterer Liberalisierung auf weltweiter Ebene ein größerer Wachstumsimpuls hätte erzielt werden können, der auch für die Industrieländer hätte positiv wirken können. Die Alternative dazu ist unmittelbar einsichtig: Eine moderate Regelbindung außenhandelspolitischer Maßnahmen: Die Politik kann durch eine internationale Wirtschaftsordnung beispielsweise dafür sorgen, daß Beweise dafür vorgelegt werden müssen, daß heimische Unternehmen tatsächlich von stark steigenden Importen geschädigt worden

---

[5802] Ruggie 1982: 405. Dieses Argument wird später wiederkehren, wenn es um die Diskussion der Schutzklausel der WTO geht. Vgl. Jackson et al. 1995: 603.

sind, wenn Schutzmaßnahmen benutzt werden sollen.[5803] Es ist wenig zufriedenstellend, wenn, wie im 'embedded liberalism', einzelne Firmen den Antrag stellen dürfen, ob sie sich gegen Importe aus Entwicklungsländern schützen wollen oder nicht und zusätzlich die Begründung für Schutzmaßnahmen zweifelhaft ist. Dies müssen politische Entscheidungen bleiben, die vor einem wirtschaftspolitisch sachgerechten Hintergrund gefällt werden, um die Möglichkeiten zu nutzen, die ein international wohlfahrtssteigernder Handel etabliert.

Für die Beibehaltung einer Schutzklausel in Zukunft spricht aber, daß Industrie in Schwierigkeiten geraten können, die klar erkennbare positive Auswirkungen für die Wohlfahrtssteigerung in einem Land haben oder die temporär Schwierigkeiten haben, aber im Einklang mit den komparativen Vorteilen stehen und somit weiter Chancen vorliegen. In bezug auf den Automobilbereich wäre der Rekurs der USA auf die GATT Schutzklausel zweifellos begründbar gewesen, wenn der japanischen Marktanteil im U.S.-Automobilmarkt extrem angestiegen wäre und Mitte der achtziger Jahre 50 % betragen hätte, bei einem absoluten Rückgang der U.S. Produktion. Ebensolches gilt für die EU. Dies hätte auch den Vorteil gehabt, daß die Schutzregime der Industrieländer weniger abschreckend gewesen wären und wenigstens auf einem gewissen Niveau erfolgreiche Investitionen in Entwicklungsländern stattgefunden hätten. Die Nutzung der Schutzklausel hätte der U.S Industrie dann eine Atempause eröffnen können, aber unter strengeren Bedingungen als die VERs.

Deshalb wird hier die These vertreten, daß nicht Flexibilität an sich, sondern Ordnungen mit einer gewissen Flexibilität bei gleichzeitiger Regelbindung einen klaren Vorteil aufweisen. Dies gilt sowohl für die Industrie- als auch die Entwicklungsländer. Eine gewisse Flexibilität sollte es weiterhin beispielsweise in einem Land wie Korea in einer die gesamte Wirtschaft betreffenden Krisensituation ermöglichen, daß es durch staatliche Eingriffe wieder Anschluß findet. Während der Asienkrise geschah dies durch eine Gesamtanstrengung von Staat, Gesellschaft und Wirtschaft, begleitet von einer Subventionierung und/oder Zusammenschlüssen der angeschlagenen Firmen. In einer solchen Situation sollte der Staat weiterhin eingreifen können, denn sonst käme die gesamte Wirtschaft zum Erliegen mit unabsehbaren sozialen Konsequenzen.[5804] Solche Interventionen sind, wenn es sich um moderatere Subventionen handelt, die auf viele Firmen verteilt werden, mit den derzeitigen WTO Subventionsregeln vereinbar, siehe zu diesen Fragen Abschnitt 'J'.

Insofern ist ein klares Fazit zu ziehen. Wenn gewisse Bedingungen vorhanden sind, etwa anpassungsfähige Unternehmen, Wissendiffusion, ein funktionierendes Ausbildungssystem, Möglichkeiten komparative Vorteile im internationalen Handel zu nutzen und anderen Ländern Chancen auf eigenen Märkten einzuräumen etc., kann eine Wirtschaftsordnung deutlich liberaler

---

[5803] In der WTO gibt es eine Schutzklausel, wobei allerdings darauf gedrängt wird, daß diese Maßnahme begründet stattfinden muß, d.h. wenn tatsächlich ein substantieller Schaden für die heimische Wirtschaft vorliegt. Zudem wird eine temporäre Anwendung nahegelegt und es wird eine Rücknahme von Konzession durch die von der Erhöhung betroffenen Staaten ermöglicht. Damit wird ein temporärer Schutz ermöglicht, um zu verhindern, daß ein über den internationalen Handel stattfindender Strukturwandel gänzlich verunmöglicht wird.
[5804] Für die Zeit der Asienkrise: Seliger 1999: 575-581. Siehe für die Krise in Korea Anfang der achtziger Jahren, als der Staat ähnlich reagierte: Eingeschlossen Fusionen und Kapazitätsreduktionen. Kim/Leipziger 1993: 17, 23; siehe auch World Bank 1993: 309.

ausgestaltet werden, als es die Nachkriegsordnung war, ohne daß befürchtet werden muß, was Ruggie dieser implizit unterstellt, wenn eine erhöhte Regelbindung zugelassen wird: Nämlich eine extrem risikoreiche Wettbewerbsumgebung, in der sehr viele Firmen keine Möglichkeit zur Anpassung mehr haben und die Länder in extremer Weise um eine vorteilhafte Integration in den internationalen Handel fürchten müssen. Dies bedeutet nicht, daß eine vollständig liberale Ordnung, die auch Direktinvestitionen und Kapitalströme umfaßt, sachgerecht erscheint. Somit ging es in Abschnitt 'I', diesmal anhand der Vielzahl der Interventionen und ihrer Hintergründe, ein weiteres Mal darum, den Versuch zu machen, zu erkennen, wie eine nicht absolute, aber merklich gestärkte und sachgerechtere Regelbindung aussehen könnte, die nicht Gruppeninteressen, sondern dynamisch liberale Wirkungsketten befördert, die eine weltweit optimale Effizienz- und Wohlfahrtssteigerung ermöglicht. Nun wird untersucht, ob die WTO Regeln mit diesen Ansprüchen übereinstimmen: